教養 故事成語 大辭典

교양 고사성어 대사전

김석민 편저

정진출판사

책머리에

우리는 일상생활의 대화에서, 신문이나 뉴스의 기사에서, 그리고 모든 서적에서 심지어는 소설 같은 문학 서적에서도 자주 故事成語(고사성어)를 접하게 된다. 그런데 그 뜻을 알 때는 쉽게 이해되어 넘어가지만, 모를 때는 이해가 막혀버리는 경우를 종종 접한다.

나는 40여 년 가까이 학생들에게 國語(국어)와 漢文(한문)을 가르치면서, 20여 년 문화원에서 歷史(역사)와 漢文(한문)을 강의하면서, 고사성어 부분을 나름대로 정리해 보았다. 고사성어 부분을 특별히 정리한 것은 단순히 그 의미 이상으로 그 속에는 삶의 지혜가 담겨 있고, 정치의 이념이 담겨 있음을 깨달았기 때문이다. 또한 여기에서 그 사회, 그 국가의 역사가 이룩되었으며, 재미있는 이야기가 짜여져 있음을 알았기 때문이다. 그리고 우리에게 寸鐵殺人(촌철살인)의 교훈을 주기 때문이다.

결론적으로 고사성어는 그 속에서 성현의 眞理(진리), 정치가의 統治哲學(통치철학), 학자의 思想(사상), 시인의 感性(감성), 역사가의 眼目(안목) 등 우리에게 필요한 모든 지혜와 교훈을 주며, 부수적으로 역사와 인물도 알게 하고, 풍자와 해학을 접하고 그리고 임기응변의 요령까지 가르쳐 준다. 고사성어는 가장 짧지만, 가장 훌륭한 單語(단어)이자 言語(언어)인 것이다.

원고를 정리하면서 많은 어려움을 겪었다. 시중에는 많은 고사성어 서적들이 있으나 그 내용면에서 부실한 것들이 많았고, 그 형식면에서는 체계적이지 못하였다. 이 점들을 극복하고자 노력하였다.

그리하여 이 책을 통해 독자들이 먼저 기본적으로 한자의 音(음)과 訓(훈)을 이해하게 하였고, 다음으로 한자어의 直譯(직역)과 意譯(의역)을 알 수 있게 하였다. 또 각 고사성어의 사용 용례를 들어 실제 활용하는 데 유용하도록 하였다. 同音異議語(동음이의어)·類義語(유의어)·相對語(상대어)·原語(원어)도 제시하여 그 이해의 폭을 넓혔다. 또한 出典(출전)을 소개하고 그 내용을 이해하기 쉽도록 하였으며, 재미를 느낄 수 있도록 서술하였다. 그 내용의 깊이를 알 수 있도록 그 原文(원문)도 함께 실었다. 본문의 풀이 과정 중 보충이 필요한 인물·국가·책명·작품·일화·역사적 사건 등에 대하여는 밑줄을 그어 표시했고, 본문의 맨 뒤에 참고표를 하여 풀이함으로써 그 이해의 폭을 넓혔다.

고사성어라고 하면 대체로 4음절의 단어를 생각하는데, 주로 4음절이 많아서 四字成語(사자성어)라고 할 뿐 여러 음절의 단어들이 많이 있다. 본 저서에서는 2음절, 3음절, 4음절, 그리고 4음절 이상 多音節(다음절)의 成語(성어)들도 충분히 제시하였다.

출전의 원문을 찾아 직접 번역하여 정확한 내용을 제시하기 위해 많은 책들을 구입하기도 하였고, 여러 도서관을 돌아다니며 대조 작업을 하였고, 해당 부분의 대가들을 방문하기도 하였다.

일반적으로 고사성어에 대한 중요성을 깨달아 접근하게 될 때, 보통 그 뜻을 외우려고 든다. 그러나 이런 방법은 그 뜻을 어렵게 알았다가도 쉽게 잊어버린다. 그래서 몇 번씩 되풀이하는 것을 볼 수 있다. 그런데 출전에서 제시한 이야기를 통해 접근하면, 재미가 있을 뿐더러 그 뜻이 저절로 이해되고 결국 암기가 쉬워진다. 고사성어는 우리의 어휘력의 영역을 넓혀주어 상황에 맞는 적절한 사용으로, 듣는 사람의 이해력도 높여 주고, 유식하고 세련된 지식인으로 인정받게도 된다.

끝으로 요즈음은 漢子(한자)에 대한 교육 문제가 새삼 제기되고 있으며, 신문의 한자 병행 표기, 초등학교 교과서에서의 한자 표기 요구 등 모두가 인정하고 있다. 그래서 교육제도도 그런 방향으로 개편되어 가고 있다. 이 책을 통하여 모든 사람들이 故事成語(고사성어)를 쉽고 재미있게 익히며, 智慧(지혜)를 얻고 각자의 敎養(교양)을 한 단계 높이는 계기가 되었으면 하는 바람이다.

차례 / 색인

二音節(2음절) — 54개 항목

001	**敬遠**(경원) _ 21	• 孔子(공자)의 10대 제자
002	**鷄肋**(계륵) _ 23	• 兵站(병참) / 竹林七賢(죽림칠현) / 劉伶(유령)과 술 / 酒德頌(주덕송)
003	**股肱**(고굉) _ 27	
004	**古稀**(고희) _ 29	• 唐 肅宗(당 숙종) / 孔子(공자)가 말한 나이에 관련된 용어 • 曲江一首(곡강일수)
005	**管見**(관견) _ 32	• 莊子(장자) / 公孫龍(공손룡) / 桓溫(환온) / 扁鵲(편작)
006	**跼蹐**(국척) _ 36	• 正月篇(정월편) 제5장 誰知烏之雌雄(수지오지자웅) 소개
007	**肯綮**(긍경) _ 38	
008	**杞憂**(기우) _ 41	• 列子(열자, 책명) / 杞(기)
009	**奇貨**(기화) _ 44	• 趙(조) / 韓(한) / 呂不韋(여불위) / 趙姬(조희)
010	**落魄**(낙백) _ 47	• 酈食其(역이기) / 韓信(한신)
011	**濫觴**(남상) _ 50	• 荀子(순자, 책명) / 孔子家語(공자가어) / 子路(자로)
012	**狼狽**(낭패) _ 53	• 李密(이밀) / 陳情表(진정표) / 司馬炎(사마염)
013	**綠林**(녹림) _ 56	• 前漢(전한) / 王莽(왕망) / 馬武(마무)
014	**壟(隴)斷**(농단) _ 59	• 孟子(맹자) 公孫丑(공손추) 下篇(하편) 一章(1장) 소개 / 祿(녹) • 齊(제)나라 宣王(선왕) 시절에 있었던 이야기 한 편
015	**斷腸**(단장) _ 62	• 東晉(동진) / 桓溫(환온)
016	**豚犬**(돈견) _ 64	• 袁紹(원소) / 孫堅(손견) / 孫權(손권) / 劉琮(유종)
017	**頭角**(두각) _ 67	• 韓愈(한유) / 柳宗元(유종원) / 一擧手一投足(일거수일투족) / 古文(고문)
018	**杜撰**(두찬) _ 70	• 野客叢書(야객총서) / 道藏(도장) / 杜光庭(두광정)
019	**輓(挽)歌**(만가) _ 72	• 蒙求(몽구) / 田橫(전횡)
020	**矛盾**(모순) _ 75	• '矛盾(모순)'의 몇 가지 예
021	**木鐸**(목탁) _ 77	• 木鐸(목탁)의 원뜻 / 木鐸(목탁)의 유래
022	**無顔**(무안) _ 79	• 白樂天(백낙천)
023	**無恙**(무양) _ 81	• 趙(조) / 晉(진)
024	**物議**(물의) _ 83	• 南北朝時代(남북조시대)

025	跋扈(발호) _ 85	• 後漢(후한) / 梁冀(양기)	
026	白眉(백미) _ 88	• 馬良(마량) / 諸葛孔明(제갈공명) / 馬謖(마속)	
027	駙馬(부마) _ 91		
028	四端(사단) _ 93		
029	席卷(석권) _ 95	• 魏豹(위표) / 彭越(팽월) / 漢中(한중)	
030	細君(세군) _ 97	• 東方朔(동방삭) / 東方朔(동방삭) 관련 예화 한 편	
031	菽麥(숙맥) _ 101	• 朱熹(주희)	
032	食言(식언) _ 104	• 湯誓(탕서) / 殷(은) / 湯王(탕왕) / 夏(하) / 桀王(걸왕) / 魯 哀公(노 애공)	
		• 秦 穆公(진 목공)	
033	娥眉(아미) _ 108	• 王昭君(왕소군) / 漢 元帝(한 원제) / 昭君怨(소군원)	
		• 論介(논개)의 '蛾眉(아미)'가 사용된 樹州(수주) 卞榮魯(변영로) 시인의 시 / 論介(논개)	
034	雁書(안서) _ 112	• 蘇武(소무) / 漢 武帝(한 무제) / 漢 昭帝(한 소제) / 符節(부절)	
035	弱冠(약관) _ 115	• '나이'에 관련된 공자의 말씀 / 기타 나이에 관련된 용어들	
036	逆鱗(역린) _ 119	• 韓非子(한비자) / 說難篇(세난편)의 一部(일부) 소개 / 龍(용)	
037	完璧(완벽) _ 122	• 張儀(장의) / 和氏璧(화씨벽) 後記(후기)	
038	維新(유신) _ 127	• 周 文王(주 문왕) / 書經(서경)	
039	積善(적선) _ 129		
040	折檻(절함) _ 131	• 孝成帝(효성제)	
041	正鵠(정곡) _ 134	• 周禮(주례)	
042	庭訓(정훈) _ 136	• 伯魚(백어) / 陳亢(진항)	
043	助長(조장) _ 138	• 浩然之氣(호연지기)	
044	左袒(좌단) _ 140	• 呂后(여후) / 西太后(서태후)	
045	知音(지음) _ 144	• 秋夜雨中(추야우중) / 崔致遠(최치원) / 謫仙吟(적선음)	
046	掣肘(철주) _ 147	• 身體(신체) 관련 한자어 및 사용 용례	
047	淸談(청담) _ 151	• 顔氏家訓(안씨가훈) / 魏晉南北朝時代(위진남북조시대) / 竹林七賢(죽림칠현)	
		• 나나니벌과 배추벌레	
048	逐鹿(축록) _ 153	• 陳豨(진희) / 蒯通(괴통) / 六韜(육도)	
049	泰斗(태두) _ 156	• 六經(육경)	
050	推敲(퇴고) _ 158	• 賈島(가도) / '推敲(퇴고)'에 대하여	
051	破鏡(파경) _ 161	• 楊堅(양견)	
052	豹變(표변) _ 163	• 易經(역경)	
053	膾炙(회자) _ 165	• 曾參(증삼) / 羊棗(양조)	
054	嚆矢(효시) _ 167		

三音節(3음절) - 33개 항목

055	乞骸骨(걸해골) _ 171	• 范增(범증) / 陳平(진평) / 反間計(반간계)
056	老益壯(노익장) _ 174	• 馬援(마원) / 光武帝(광무제)
		• 광무제의 말에서 유래한 고사성어 '得隴望蜀(득롱망촉)'
057	茶飯事(다반사) _ 177	• 草衣(초의) / 趙州禪師(조주선사) / 公案(공안) / 止觀(지관)
		• 臨濟宗(임제종)
058	大丈夫(대장부) _ 180	• 張儀(장의) / 公孫淵(공손연) / 大丈夫(대장부)에 대한 名言(명언)
059	獨眼龍(독안룡) _ 183	• 黃巢(황소) / 李克用(이극용) / 朱全忠(주전충) / 李存勖(이존욱)
060	登龍門(등용문) _ 186	• 李膺(이응) / 登龍門(등용문)의 한글 표기
061	未亡人(미망인) _ 189	
062	彌縫策(미봉책) _ 191	• 春秋左氏傳(춘추좌씨전)
063	背水陣(배수진) _ 194	• 背水陣(배수진)의 역사적인 예
064	白眼視(백안시) _ 196	• 魏晉(위진)의 시대 상황
065	法三章(법삼장) _ 198	• 樊噲(번쾌) / 鴻門(홍문)의 會(회) / 檀君朝鮮(단군조선)의 禁八條(금팔조)
066	付驥尾(부기미) _ 201	• 驥(기) / 名馬(명마) 구하는 방법
067	不動心(부동심) _ 203	• 子夏(자하) / 曾子(증자)
068	氷炭間(빙탄간) _ 206	• 屈原(굴원) / 漁父辭(어부사)
069	似而非(사이비) _ 209	• 鄕愿(향원) / 正樂(정악) / 雅樂(아악)
070	獅子吼(사자후) _ 211	• 傳燈錄(전등록) / 本草綱目(본초강목)
071	相思病(상사병) _ 213	• 搜神記(수신기) / 宋(송) / 宋 康王(송 강왕)
072	壽辱多(수욕다) _ 216	• 堯(요)임금
073	食指動(식지동) _ 218	• 鄭(정) / 食指(식지) / 鄭 康公(정 강공)
074	連理枝(연리지) _ 221	• 蔡邕(채옹) / 玄宗(현종)
075	月旦評(월단평) _ 224	• 太平道(태평도) / 許劭(허소)
076	採薇歌(채미가) _ 227	• 殷(은) / 成三問(성삼문)
077	千里眼(천리안) _ 230	• 北魏(북위) / 사이코메트리(Psychometry)
078	鐵面皮(철면피) _ 233	• 趙卞(조변) / 阿諂(아첨)의 대표적인 예 / 阿諂(아첨)에 대한 어록
079	淸白吏(청백리) _ 236	• 淵鑑類函(연감유함) / 淸白吏(청백리) 趙士秀(조사수)
		• 淸白吏(청백리)의 사전적인 의미
080	秋風扇(추풍선) _ 239	• 漢書(한서) / 班婕妤(반첩여) / 趙飛燕(조비연)
081	七步才(칠보재) _ 242	• 曹植(조식)
082	破天荒(파천황) _ 244	• 衣冠(의관) / 우리나라의 과거제도

			• 蔭敍(음서) / 堂上官(당상관) / 淸要職(청요직)
083	解語花(해어화) _ 247		• 開元天寶遺事(개원천보유사) / 唐 玄宗(당 현종) / 楊貴妃(양귀비)
			• 荔枝(여지) / 安祿山(안녹산)의 亂(난)
084	胡蝶夢(호접몽) _ 250		• 齊物論(제물론) / 逍遙遊(소요유) / 일화로 본 莊子(장자)의 인품
085	紅一點(홍일점) _ 253		• 王安石(왕안석) / 石榴(석류)를 소재로 한 시 소개
086	和氏璧(화씨벽) _ 256		
087	火牛計(화우계) _ 259		• 燕(연) / 齊(제)

四音節(4음절) – 180개 항목

088	佳人薄命(가인박명) _ 263		• 蘇軾(소식) / 赤壁賦(적벽부) / 佳人薄命(가인박명)의 대표적 사례
089	苛政猛虎(가정맹호) _ 266		• 捕蛇者說(포사자설)
090	刻舟求劍(각주구검) _ 269		• 呂氏春秋(여씨춘추) / 呂不韋(여불위) / 莊襄王(장양왕)
091	肝膽相照(간담상조) _ 271		• 韓愈(한유) / 柳宗元(유종원) / 墓誌銘(묘지명) / 墓碑銘(묘비명) 소개
092	改過遷善(개과천선) _ 276		• 周處(주처) / 陸機(육기)
093	擧案齊眉(거안제미) _ 278		• 梁鴻(양홍) / 王莽(왕망) / 漢 平帝(한 평제) / 五倫歌(오륜가)
			• 周世鵬(주세붕)
094	乾坤一擲(건곤일척) _ 282		• 唐宋八大家(당송팔대가)
095	格物致知(격물치지) _ 284		• 朱熹(주희) / 王守仁(왕수인)
096	見利思義(견리사의) _ 287		• 見利思義(견리사의) 見危授命(견위수명) / 安重根(안중근)
			• '見利思義(견리사의)'와 유사한 의미의 글귀
097	犬馬之勞(견마지로) _ 289		• 蕭何(소하) / 犬馬之養(견마지양)
098	結草報恩(결초보은) _ 291		• 魏顆(위과)와 杜回(두회)의 전투 상황
			• 魏顆(위과)를 칭송한 髥仙(염선)의 시
099	傾國之色(경국지색) _ 294		• 長恨歌(장한가) / 淸平調詞(청평조사)
100	鷄卵有骨(계란유골) _ 297		• 世宗(세종) / 黃喜(황희)
			• '鷄卵有骨(계란유골)'과 비슷한 뜻을 가진 俗談(속담)
			• 黃喜(황희) 정승의 몇 가지 逸話(일화)
101	膏粱珍味(고량진미) _ 301		• 趙孟(조맹) / 司馬光(사마광) / 司馬光(사마광)에 대한 일화
102	鼓腹擊壤(고복격양) _ 304		• 十八史略(십팔사략) / 堯(요) / 曾先之(증선지) / 三皇五帝(삼황오제)
103	曲學阿世(곡학아세) _ 307		• 公孫弘(공손홍)
104	過猶不及(과유불급) _ 309		• 子貢(자공) / 子張(자장) / 子夏(자하)

		• '過猶不及(과유불급)'에 해당하는 실생활의 예
105	瓜田李下(과전이하) _ 312	• 君子行(군자행)
106	管鮑之交(관포지교) _ 315	• 齊(제) / 齊 襄公(제 양공) / 齊 桓公(제 환공)
		• 그 후 管仲(관중)과 鮑叔牙(포숙아)의 구체적 이야기
107	刮目相對(괄목상대) _ 319	• 呂蒙(여몽) / 魯肅(노숙) / 吳下阿蒙(오하아몽)
108	敎外別傳(교외별전) _ 322	• 禪宗(선종) / 敎宗(교종)
109	口尚乳臭(구상유취) _ 324	• 한신과 백직의 전투와 '聲東擊西(성동격서)' / 聲東擊西(성동격서)
		• '口尚乳臭(구상유취)'와 관련된 김삿갓의 일화
110	九牛一毛(구우일모) _ 327	• 司馬遷(사마천) / 宮刑(궁형) / 太史令(태사령) / 通史(통사)
		• 史記(사기) / '九牛一毛(구우일모)'의 재구성
111	群鷄一鶴(군계일학) _ 330	• 중국 역사에 등장한 武帝(무제) / 司馬炎(사마염)
112	君子三樂(군자삼락) _ 332	• 孔子(공자)의 人生三樂(인생삼락) / 益者三樂(익자삼요)
		• 損者三樂(손자삼요) / 申欽(신흠)의 人間三樂(인간삼락) / 申欽(신흠)
		• 佛敎(불교) 三樂(삼락) / 君子(군자)와 관련된 말들
113	捲土重來(권토중래) _ 336	• 杜牧(두목)
114	錦上添花(금상첨화) _ 338	• 王安石(왕안석) / 王安石(왕안석)의 '初夏卽事(초하즉사)'
		• 王安石(왕안석)의 '鐘山卽事(종산즉사)'
115	騎虎之勢(기호지세) _ 340	• 宣帝(선제) / 鮮卑族(선비족) / 隋 文帝(수 문제) / 隋 煬帝(수 양제)
		• 乙支文德(을지문덕) / 與隨將于仲文詩(여수장우중문시)
116	難兄難弟(난형난제) _ 343	• 陳寔(진식) / 梁上君子(양상군자) / 李山海(이산해)의 詩(시) – '栗(율)'
117	南柯一夢(남가일몽) _ 345	• 邯鄲之夢(한단지몽) / 唐 德宗 李适(당 덕종 이괄)
		• 唐 代宗 李豫(당 대종 이예)
118	囊中之錐(낭중지추) _ 348	• 趙勝(조승) / 毛遂自薦(모수자천)
119	內憂外患(내우외환) _ 350	• 范文子(범문자)에 대한 이야기 하나
		• '內外(내외)'가 들어가는 四字成語(사자성어)
120	弄璋之慶(농장지경) _ 352	• 詩經(시경)
	弄瓦之慶(농와지경) _ 352	
121	累卵之危(누란지위) _ 354	• 范雎(범저) / 昭襄王(소양왕)
122	多多益善(다다익선) _ 356	• 韓信(한신)
123	斷機之戒(단기지계) _ 358	• 孟子(맹자) / 子思(자사)
124	簞食瓢飮(단사표음) _ 360	• 子貢(자공) / 子路(자로) / 顔回(안회)
		• '簞食瓢飮(단사표음)'이 우리 문학에 사용된 예시
125	螳螂拒轍(당랑거철) _ 363	• 漢詩外傳(한시외전) / 齊 莊公(제 장공) / 陳琳(진림)

			• 사마귀[Mantodea, 螳螂(당랑)]
126	大器晩成(대기만성) _ 367		• 楚 莊王(초 장왕) / 老子(노자, 책명) / 老子(노자, 인명)
			• 光武帝(광무제)
127	大同小異(대동소이) _ 371		• 莊子(장자) / 墨家(묵가) / 法家(법가) / 惠施(혜시)
			• 寓話(우화) '물고기의 즐거움[魚之樂(어지락)]'
128	桃園結義(도원결의) _ 374		• 羅貫中(나관중) / 靈帝 劉宏(영제 유굉)
129	塗炭之苦(도탄지고) _ 377		• 天命思想(천명사상)
130	同病相憐(동병상련) _ 379		• 闔閭(합려) / 伍子胥(오자서)
131	杜門不出(두문불출) _ 381		• 黃喜(황희)
132	磨斧作針(마부작침) _ 383		• 李白(이백) / 杜甫(두보)
133	馬耳東風(마이동풍) _ 385		• 原文(원문) 더 보기 / 李白(이백)의 시 한 수 - '山中問答(산중문답)'
134	望洋之歎(嘆)(망양지탄) _ 387		• 亡羊之歎(망양지탄)
135	望雲之情(망운지정) _ 389		• 狄仁傑(적인걸) / 人倫(인륜)·道義(도의)를 주제로 한 漢詩(한시) 소개
136	麥秀之嘆(맥수지탄) _ 391		• 箕子東來說(기자동래설) / 黍離(서리)의 詩(시)
			• '麥秀之嘆(맥수지탄)'을 노래한 吉再(길재)의 時調(시조)
137	孟母三遷(맹모삼천) _ 393		• 孟母(맹모)와 관련된 또 다른 故事成語(고사성어) / 新造語(신조어)
138	明鏡止水(명경지수) _ 395		• 莊子(장자, 책명) / 莊子(장자)의 명언 모음
139	無間地獄(무간지옥) _ 398		• 摩耶夫人(마야부인) / 地藏菩薩(지장보살) / 八熱地獄(팔열지옥)
			• 八寒地獄(팔한지옥)
140	無稽之言(무계지언) _ 401		• 書經(서경) / 舜(순) / 禹(우)
141	武陵桃源(무릉도원) _ 403		• 陶淵明(도연명) / 桃花源記(도화원기) / 歸去來辭(귀거래사)
142	刎頸之交(문경지교) _ 408		• 廉頗(염파)
143	聞一知十(문일지십) _ 410		• 子貢(자공) / 顔回(안회)
144	門前成市(문전성시) _ 412		• 哀帝(애제)와 董賢(동현)의 동성연애 / 削奪官職(삭탈관직)
145	拔本塞源(발본색원) _ 416		• 周(주) / 戎族(융족)
146	傍若無人(방약무인) _ 418		• 衛(위) / 荊軻(형가) / 燕(연)
147	百年河淸(백년하청) _ 422		• 鄭(정)
148	白面書生(백면서생) _ 424		• 南北朝時代(남북조시대) / 宋(송)
149	伯牙絕絃(백아절현) _ 426		• 거문고[琴(금)]
150	百戰百勝(백전백승) _ 429		• 孫子(손자) / 軍(군) / 旅(려)·卒(졸)·伍(오) / 白戰不殆(백전불태)
151	浮生若夢(부생약몽) _ 432		• 語彙(어휘) 풀이
152	焚書坑儒(분서갱유) _ 435		• 秦始皇(진시황) / 李斯(이사)
153	髀肉之嘆(비육지탄) _ 437		• 呂布(여포) / 漢 獻帝(한 헌제) / 劉豹(유표) / 孫堅(손견)

154	四面楚歌(사면초가) _ 440	• 項羽(항우) / 劉邦(유방) / 范增(범증) / 韓信(한신) / 張良(장량)
155	殺身成仁(살신성인) _ 444	• 儒家(유가)
156	三顧草廬(삼고초려) _ 446	• 司馬徽(사마휘) / 鳳雛(봉추) / 諸葛亮(제갈량) / 司馬懿(사마의)
		• 元助(원조) 三顧草廬(삼고초려) / 믿거나 말거나 '三顧草廬(삼고초려)'
157	喪家之拘(상가지구) _ 450	• 魯(노) / 鄭(정)
158	塞翁之馬(새옹지마) _ 452	• 淮南子(회남자, 책명) / 淮南王(회남왕)
159	先聲後室(선성후실) _ 455	• 燕(연) / 齊(제)
160	先則制人(선즉제인) _ 457	• 秦始皇(진시황)
161	城下之盟(성하지맹) _ 459	• 楚(초) / 絞(교) / 楚 莊王(초 장왕)
162	城狐社鼠(성호사서) _ 462	• 司馬睿(사마예) / 司馬炎(사마염) / 司馬懿(사마의)
		• 王導(왕도)의 명언
163	宋襄之仁(송양지인) _ 464	• 宋 襄公(송 양공) / 齊 桓公(제 환공)
164	首鼠兩端(수서양단) _ 467	• 漢 景帝(한 경제) / 漢 文帝(한 문제) / 漢 武帝(한 무제)
		• 다른 왕조의 文帝(문제)
165	水魚之交(수어지교) _ 470	• 諸葛孔明(제갈공명)과 관련된 일화
166	水滴石穿(수적석천) _ 472	• 鶴林玉露(학림옥로) / 菜根譚(채근담) / 洪自誠(홍자성)
167	守株待兎(수주대토) _ 474	• 韓非子(한비자) / 法家(법가)
168	壽則多辱(수즉다욕) _ 476	• 堯(요)
169	脣亡齒寒(순망치한) _ 478	• 晉 文公(진 문공) / 晉 獻公(진 헌공)
170	食前方丈(식전방장) _ 480	• 孟子(맹자)의 名言(명언) 모음
171	眼中之人(안중지인) _ 483	• 杜甫(두보) / 短歌行贈王郎司直(단가행증왕랑사직) / 豫章(예장)
		• 靑眼(청안) / 杜甫(두보)의 대표작 소개
172	眼中之釘(안중지정) _ 486	• 新五代史(신오대사) / 口是禍止門(구시화지문) / 二十五史(이십오사)
173	暗中摸索(암중모색) _ 489	• 許敬宗(허경종) / 十八學士(십팔학사)
174	良禽擇木(양금택목) _ 491	• 衛(위) / 孔文子(공문자) / 관련 語句(어구)
175	梁上君子(양상군자) _ 493	• 陳寔(진식)
176	兩虎相鬪(양호상투) _ 495	• 廉頗(염파) / 藺相如(인상여)와 和氏璧(화씨벽)
177	餘桃之罪(여도지죄) _ 497	
178	緣木求魚(연목구어) _ 499	• 宣王(선왕) 때의 일화 – '두 아들과 어머니'
179	拈華示衆(염화시중) _ 501	• 釋迦牟尼(석가모니) / 迦葉(가섭)
180	五里霧中(오리무중) _ 503	• 古文尙書(고문상서)
181	烏飛梨落(오비이락) _ 505	• 天台智者大師(천태지자대사) / 止觀三昧(지관삼매)
182	吳越同舟(오월동주) _ 508	• 孫子(손자, 책명) / 孫子(손자, 인명) / 長蛇陣(장사진)

183	溫故知新(온고지신) _ 511	• 鄭玄(정현)
184	蝸角之爭(와각지쟁) _ 514	• 白樂天(백낙천)의 對酒(대주)
185	臥薪嘗膽(와신상담) _ 517	• 越王 勾踐(월왕 구천) / 吳王 夫差(오왕 부차) / 伍子胥(오자서)
186	樂此不疲(요차불피) _ 519	• 後漢書(후한서) / 黃帝(황제)
187	欲速不達(욕속부달) _ 521	• 孔門十哲(공문십철) / 拔苗助長(발묘조장)의 고사
188	龍頭蛇尾(용두사미) _ 523	• 傳燈錄(전등록) / 禪問答(선문답)의 예화
189	愚公移山(우공이산) _ 525	
190	愚者一得(우자일득) _ 527	
191	月下氷人(월하빙인) _ 529	• 媒婆(매파)의 由來(유래)와 中媒(중매)의 뜻
192	流連荒亡(유련황망) _ 532	
193	有備無患(유비무환) _ 534	• 說命篇(열명편) / 魏絳(위강)
194	唯我獨尊(유아독존) _ 536	• 釋迦牟尼(석가모니) 誕生(탄생) 說話(설화)
195	流言蜚語(유언비어) _ 538	
196	泣斬馬謖(읍참마속) _ 540	• 馬謖(마속)
197	意氣揚揚(의기양양) _ 542	• 晏子(안자) / 晏子(안자)에 대한 逸話(일화) / 晏子春秋(안자춘추)
198	衣繡夜行(의수야행) _ 545	• 范增(범증)
199	以夷制夷(이이제이) _ 547	• 羌族(강족) / 鄧訓(등훈)
200	泥田鬪狗(이전투구) _ 551	• 太祖(태조) / 鄭道傳(정도전)
201	理判事判(이판사판) _ 553	• 理判事判(이판사판)에 대한 다른 逸話(일화)
202	仁者無敵(인자무적) _ 555	
203	仁者樂山(인자요산) _ 557	• 樊遲(번지) / 孔子(공자)와 樊遲(번지)와의 다른 대화 한 편
204	一擧兩得(일거양득) _ 559	• '一擧兩得(일거양득)'이 나타나는 다른 문헌
205	日暮途遠(일모도원) _ 561	• 楚(초)
206	一葉知秋(일엽지추) _ 564	• 淮南子(회남자, 책명) / 唐庚(당경)의 시 '春日郊外(춘일교외)'
207	日就月將(일취월장) _ 566	• 詩經(시경)
208	一敗塗地(일패도지) _ 568	• 漢太祖 劉邦(한태조 유방) / 英布(영포) / 彭越(팽월)
209	自家撞着(자가당착) _ 571	• 葛藤(갈등)의 뜻과 由來(유래) / 看經門(간경문)
210	自暴自棄(자포자기) _ 574	• 菜根譚(채근담)에서 自暴自棄(자포자기)가 쓰인 예
211	輾轉反側(전전반측) _ 576	
212	轉禍爲福(전화위복) _ 578	• 管子(관자, 책명) / 轉禍爲福(전화위복)에 관한 예화 모음
213	切磋琢磨(절차탁마) _ 581	
214	井底之蛙(정저지와) _ 583	• 王莽(왕망) / 新(신) / 馬援(마원) / 公孫述(공손술)
215	齊東野人(제동야인) _ 586	• 齊(제)

216	糟糠之妻(조강지처) _ 588	• 光武帝(광무제) / 建武(건무)	
217	朝令暮改(조령모개) _ 590	• 漢 文帝(한 문제) / 漢 景帝(한 경제) / 晁錯(조착) / 人頭稅(인두세)	
218	朝三暮四(조삼모사) _ 593		
219	走馬看山(주마간산) _ 595	• 孟郊(맹교)	
220	酒池肉林(주지육림) _ 597	• 妹喜(말희 : 매희) / 妲己(달기) / 封神演義(봉신연의)	
		• 關龍逢(관용봉)	
221	竹馬故友(죽마고우) _ 600	• 簡文帝(간문제) / 桓溫(환온) / 晉 武帝(진 무제) / 諸葛靚(제갈정)	
222	衆寡不敵(중과부적) _ 603	• 鄒(추) / 顓頊(전욱) / 믿거나 말거나 '중과부적'의 유래	
223	櫛風沐雨(즐풍목우) _ 606	• 墨子(묵자) / 董昭(동소)의 逸話(일화) / 九錫(구석)	
224	知己之友(지기지우) _ 609	• 그 뒤의 豫讓(예양)의 行蹟(행적)	
225	指鹿爲馬(지록위마) _ 611	• 秦(진) / 趙高(조고) / 李斯(이사)	
226	採薪之憂(채신지우) _ 614	• 孟子(맹자)	
227	泉石膏肓(천석고황) _ 616	• 唐高宗(당 고종) / '陶山十二曲(도산십이곡)' 중 첫 수	
228	天衣無縫(천의무봉) _ 618	• 織女(직녀) / 七夕(칠석)	
229	千載一遇(천재일우) _ 620	• 筍文若(순문약) / 伯樂(백락)과 관련된 詩句(시구)	
230	轍鮒之急(철부지급) _ 622	• 莊子(장자, 인명)	
231	鐵中錚錚(철중쟁쟁) _ 624	• 光武帝(광무제) / 뤄양[洛陽(낙양)] / 赤眉(적미)의 亂(난)	
232	靑出於藍(청출어람) _ 627	• 筍子(순자) / 藍(남) / 李謐(이밀)	
233	寸鐵殺人(촌철살인) _ 630	• 鶴林玉露(학림옥로) / 臨濟宗(임제종) / 五家七宗(오가칠종)	
		• 寸鐵殺人(촌철살인)의 스님 대화	
234	惻隱之心(측은지심) _ 633	• 四端(사단) / 比干(비간)	
235	置錐之地(치추지지) _ 636	• 盜跖(도척) / 柳下惠(유하혜)에 대한 逸話(일화)	
236	七縱七擒(칠종칠금) _ 639	• 孟獲(맹획)	
237	快刀亂麻(쾌도난마) _ 641	• 北齊書(북제서) / 北齊(북제) / 鮮卑族(선비족)	
238	他山之石(타산지석) _ 643	• 詩經(시경)	
239	兔死狗烹(토사구팽) _ 645	• 范蠡(범려) / 鍾離眛(종리매)	
240	破竹之勢(파죽지세) _ 648	• 司馬炎(사마염) / 杜預(두예)	
241	平地風波(평지풍파) _ 650	• 劉禹錫(유우석) / 鄭燮(정섭)의 '竹枝詞(죽지사)'	
242	炮烙之刑(포락지형) _ 653	• 紂王(주왕) / 妲己(달기) / 中國(중국)의 3대 惡女(악녀)	
243	豹死留皮(표사유피) _ 658	• 新五代史(신오대사) / 王彦章(왕언장) / 後梁(후량) / 後唐(후당)	
		• 石敬瑭(석경당)	
244	飽食暖衣(포식난의) _ 661	• 井田法(정전법)	
245	風樹之嘆(歎)(풍수지탄) _ 663	• 중국 고대의 二十四孝(24효)	

		• 孝道(효도)를 주제로 한 시조 3편
246	風雲之會(풍운지회) _ 667	• 寄李白(기이백) / 風雲之會(풍운지회)의 例示(예시) 하나
247	匹夫之勇(필부지용) _ 669	• 王道政治(왕도정치)
248	匹夫匹婦(필부필부) _ 671	• 春秋左氏傳(춘추좌씨전) / 子産(자산) / 鄭 穆公(정 목공) / 鄭(정)
249	邯鄲之夢(한단지몽) _ 674	• 沈中記(침중기) / 沈旣濟(심기제)
250	邯鄲之步(한단지보) _ 677	• 公孫龍(공손룡) / 名家(명가)
251	寒往暑來(한왕서래) _ 679	• 周易(주역) / 咸卦(함괘) / 爻辭(효사)
252	汗牛充棟(한우충동) _ 681	• 柳宗元(유종원) / 陸文通(육문통)
253	含哺鼓腹(함포고복) _ 683	• 十八史略(십팔사략) / 擊壤歌(격양가)
254	咸興差使(함흥차사) _ 685	• 太上王(태상왕) / 朴淳(박순)
255	合縱連衡(橫)(합종연횡) _ 689	• 商鞅(상앙) / 蘇秦(소진) / 張儀(장의)
256	螢雪之功(형설지공) _ 692	• 東晉(동진)
		• 중국의 역사 ① [秦(진)나라 이전] / 중국의 역사 ② [秦(진)나라 이후]
257	狐假虎威(호가호위) _ 695	• 和珅(화신) / 이문열 편 三國志(삼국지)에서의 狐假虎威(호가호위)
258	狐死首丘(호사수구) _ 698	• 太公(태공)
259	浩然之氣(호연지기) _ 700	• 茶山(다산) 丁若鏞(정약용)의 '浩然之氣(호연지기)'
		• 栗谷(율곡) 李珥(이이)의 '浩然之氣(호연지기)'
260	昏定晨省(혼정신성) _ 703	• 州閭鄕黨(주려향당) / 孝道(효도)와 관련된 四字成語(사자성어)
		• 太祖實錄(태조실록) 14권의 '昏定晨省(혼정신성)'
261	弘益人間(홍익인간) _ 706	• 檀君(단군) / 桓因(환인) / 桓雄(환웅) / 三危太伯(삼위태백)
		• 天符印(천부인)
262	畵龍點睛(화룡점정) _ 709	• 梁(양) / 張僧繇(장승요)
263	畵蛇添足(화사첨족) _ 711	• 楚(초) / 懷王(회왕)
264	華胥之夢(화서지몽) _ 714	• 列子(열자, 책명) / 黃帝(황제)
265	換骨奪胎(환골탈태) _ 716	• 唐宋八大家(당송팔대가) / 黃庭堅(황정견) / 痴人說夢(치인설몽)
		• 독수리의 換骨奪胎(환골탈태)
266	鷸蚌之爭(휼방지쟁) _ 719	• 燕(연) / 趙(조)
267	黑猫白猫(흑묘백묘) _ 721	• 덩샤오핑[鄧小平(등소평)] / 漢字語(한자어) 原地音(원지음) 정리

多音節(다음절) – 45개 항목

268　家和萬事成(가화만사성) _ 727
- 通俗篇(통속편) / '家和萬事成(가화만사성)'을 주제로 한 전래동화
- 聖人(성인)도 하기 힘든 '家和萬事成(가화만사성)'

269　去者不追 來者不拒(거자불추 내자불거) _ 730

270　空手來空手去(공수래공수거) _ 732
- 懶翁和尙(나옹화상) / 懶翁和尙(나옹화상)의 詩(시) – '靑山別曲(청산별곡)'

271　過則勿憚改(과즉물탄개) _ 734
- 遽伯玉(거백옥)의 '세상을 사는 지혜'

272　口是禍之門(구시화지문) _ 738
- 全唐詩(전당시)

273　口有密腹有劍(구유밀복유검) _ 740
- 李林甫(이임보) / 楊國忠(양국충)

274　國破山河在(국파산하재) _ 743
- 唐 肅宗(당 숙종)

275　讀書百遍義自見(독서백편의자현) _ 745
- 董遇(동우) / 梁柱東(양주동) / 三餘圖(삼여도)

276　東家食西家宿(동가식서가숙) _ 748
- 唐 高宗(당 고종) / 藝文類聚(예문유취) / 太平御覽(태평어람)

277　登泰山而小天下(등태산이소천하) _ 751
- 泰山(태산) / 中國(중국)의 五嶽(오악)

278　無恒産無恒心(무항산무항심) _ 754
- 齊 宣王(제 선왕) / 鍾離春(종리춘) / 中國(중국)의 4대 醜女(추녀)

279　百聞不如一見(백문불여일견) _ 757
- 趙充國(조충국) / 車騎將軍(거기장군) / 漢 宣帝(한 선제) / 屯田策(둔전책)

280　白髮三千丈(백발삼천장) _ 760
- 李白(이백) / 誇張法(과장법) / 李白(이백)의 또 다른 誇張(과장)

281　別有天地非人間(별유천지비인간) _ 763
- 陶淵明(도연명)

282　富貴如浮雲(부귀여부운) _ 765
- 魏 惠王(위 혜왕)

283　不共戴天之讐(불공대천지수) _ 767

- 禮記(예기) / 大學(대학)

284 不入虎穴 不得虎子(불입호혈 부득호자) _ 769
- 班超(반초) / 漢書(한서) / 樓蘭[누란(Loulan)] / 高仙芝(고선지)

285 死孔明走生仲達(사공명주생중달) _ 773
- 通鑑綱目(통감강목) / 司馬仲達(사마중달) / 姜維(강유) / 死孔明走生仲達(사공명주생중달)의 새로운 이야기

286 歲月不待人(세월부대인) _ 777
- 陶淵明(도연명) 詩(시)의 價値(가치) / 陶淵明(도연명)의 詩風(시풍)
- 朱熹(주희)의 勸學文(권학문) / 偶成(우성)

287 修身齊家治國平天下(수신제가치국평천하) _ 781
- 八條目(팔조목)

288 水至淸則無魚(수지청즉무어) _ 783
- 班超(반초) / 漢 明帝(한 명제) / 杜甫(두보)의 '五盤(오반)'

289 勝敗兵家常事(승패병가상사) _ 786
- 裵度(배도) / 唐 憲宗(당 헌종)

290 力拔山氣蓋世(역발산기개세) _ 788
- 垓下(해하) 전투 후

291 燕雀安知鴻鵠之志(연작안지홍곡지지) _ 790
- 陳涉(진섭) / 吳廣(오광)

292 五十步百步(오십보백보) _ 793
- 유머 四字成語(사자성어)

293 王侯將相寧有種乎(왕후장상영유종호) _ 796
- 胡亥(호해) / 扶蘇(부소) / 李斯(이사)

294 窈窕淑女 君子好逑(요조숙녀 군자호구) _ 799
- 詩經(시경)

295 危急存亡之秋(위급존망지추) _ 801

296 衣食足而知禮節(의식족이지예절) _ 803
- 法家(법가) / 韓非子(한비자) / 覇者(패자)와 敗者(패자)

297 一擧手一投足(일거수일투족) _ 807
- 韓愈(한유)의 詩(시) 소개 – '初春小雨(초춘소우)'

298 一日如三秋(일일여삼추) _ 809
- 王風(왕풍)의 시 소개 – '黍稷(서직)'

299 積善之家 必有餘慶(적선지가 필유여경) _ 811
- 孔子(공자)와 周易(주역)

300 精神一到 何事不成(정신일도 하사불성) _ 813
- 朱子語類(주자어류) / 朱子(주자)의 生涯(생애)
- 精神一到 何事不成(정신일도 하사불성)과 의미가 통하는 말 / 一切唯心造(일체유심조) 原文(원문)

301 朝聞道夕死可矣(조문도석사가의) _ 816
- 何晏(하안)

302 知者樂水 仁者樂山(지자요수 인자요산) _ 818
- 退溪(퇴계)와 杜香(두향)의 사랑 이야기

303 盡人事待天命(진인사대천명) _ 820
- 三國志演義(삼국지연의)

304 天時地利人和(천시지리인화) _ 822
- 孟子(맹자)의 名言(명언) 소개

305 天地者萬物之逆旅(천지자만물지역려) _ 824
- 石崇(석숭) / 김삿갓 金炳淵(김병연)의 詩(시) – '天地萬物之逆旅(천지만물지역려)'

306 春來不似春(춘래불사춘) _ 827
- 貢女(공녀)

307 忠臣不事二君(충신불사이군) _ 830
- 王燭(왕촉) / 樂毅(악의)

308 泰山鳴動鼠一匹(태산명동서일필) _ 832
- 퀸투스 호라티우스 플라쿠스(Quintus Horatius Flaccus) / 호라티우스의 名言(명언) 모음

309 風馬牛不相及(풍마우불상급) _ 835

310 彼一時此一時(피일시차일시) _ 837
- 充虞(충우)와 孟子(맹자)와의 대화

311 必死則生 必生則死(필사즉생 필생즉사) _ 839
- 亂中日記(난중일기) / 蜀道難(촉도난) / 충무공 李舜臣(이순신) 장군의 名言(명언) 모음

312 學不厭而教不倦(학불염이교불권) _ 844
- 公孫丑(공손추) / 公孫丑(공손추)와 孟子(맹자)의 대화 하나

일러두기

1. 이 책은 故事成語(고사성어)를 음절수로 분류하여, 2음절·3음절·4음절·다음절(5음절 이상)로 나누어 정리했다.

2. 2음절 54개, 3음절 33개, 4음절 180개, 다음절 45개, 총 312개의 고사성어를 음절 수로 묶고, 각각 가나다순으로 정리했다.

3. 단어의 표기에서 한자를 먼저 쓰고, 괄호를 열어 한글 표기를 덧붙였다.

4. 체재는 다음과 같은 순서로 서술하였다.

    ① **字解**(자해) – 한자 하나하나에 훈과 음을 살펴보고, 그 쓰임을 한자어를 통해 이해하도록 했다. 해당 훈과 음을 굵은체로 했고, 훈에는 밑줄을 그었다.

    ② **語義**(어의) – 성어의 직역을 먼저 제시하고, 괄호를 열어 그 의역 또는 부드러운 풀이를 했다.

    ③ **用例**(용례) – 성어에 대한 실제 사용의 예를 제시하여, 그 의미 파악에 도움이 되도록 했다.

    ④ **同音異議語**(동음이의어)·**類義語**(유의어)·**相對語**(상대어)·**原語**(원어) 등도 제시하였다.

    ⑤ **出典**(출전) – 출전을 꼭 밝혔다. 복수일 경우 出典①, ②, ③ 등으로 열거하였다.

    ⑥ **本文**(본문) – 내용을 자세하면서도 분명하게 전개하였고, 되도록 한자 원문을 소개하여 깊이 있게 의미를 파악하도록 하였다.

5. 본문에 나온 단어 또는 내용 중 풀이가 필요한 것은 밑줄을 그어 표시했으며, 참고사항으로 나온 순서대로 번호와 ※표를 달고 본문의 뒤에 서술하였다. 중복이 되는 것이 있으나, 각 고사성어 항목마다 필요하고 내용이 조금씩 다르기 때문에 그대로 두었다.

6. 字解(자해)·語義(어의)·用例(용례)·出典(출전)·原文(원문) 등의 표제어는 한글 병기 없이 한자어만 썼다.

7. 同音異議語(동음이의어)·類義語(유의어)·相對語(상대어) 등의 표제어도 한글 병기 없이 한자어만 썼다.

8. 〈用例(용례)〉에서 해당 고사성어는 진한 글씨체를 사용하였다.

9. 본문에서 해당 고사성어의 한자와 우리말 풀이는 진한 글씨체와 밑줄을 사용하여, 그 의미를 쉽게 이해하는 데 도움이 되도록 하였다.

10. 본 책자를 통해 한자의 음과 훈, 한자어를 익히도록 하였으며, 중국의 역사와 각 시대의 인물들에 대한 이해가 되어, 중·고·대학생들에게 꼭 필요한 내용이 되도록 하였다. 또 일반 성인에게도 교양과 역사를 통한 지혜를 갖추도록 하였다.

二音節(2음절)
- 54개 항목 -

001 敬遠(경원) ~ **054** 嚆矢(효시)

001 敬遠 경원

字解 敬 : 공경할 경 [敬愛(경애) : 존경하고 사랑함]
　　　　삼갈 경 [敬畏(경외) : 공경하고 어려워함]
　　　遠 : 멀 원 [遠境(원경) : 먼 데서 보는 경치]
　　　　심오할 원 [遠慮(원려) : 먼 앞일을 잘 헤아려 생각함]

語義 공경하나 멀리함.
　　　(존경은 하면서도 가까이하기를 꺼림)
　　　(겉으로는 존경하는 체하면서, 속으로는 못마땅해 함)
　　　(야구에서 투수가 고의로 사구를 던져 타자를 1루에 보내는 일)
　　　※ '경원사구'의 준말.

用例

▶ 영식이가 자기를 敬遠(경원)하고, 살살 빠져 달아나려고만 든다.
▶ 당대의 필수 품목과도 같았던 신시사이저와 뮤직비디오를 敬遠(경원)했던 태도는 지금 생각해도 알 수가 없다.

【原語】　　敬鬼神之遠之(경귀신지원지), 敬而遠之(경이원지)
【同音異議語】景元(경원) : 중국 삼국시대 魏(위)나라 元帝(원제)의 첫 번째 年號(연호).
　　　　　　　　　　　260년 6월부터 264년 5월까지 5년간 사용함.
　　　　　　　經援(경원) : '經濟(경제) 援助(원조)'를 줄여 이르는 말.
　　　　　　　耕園(경원) : 경작하는 채소밭이나 과수원.

出典 論語(논어) - 雍也篇(옹야편)

孔子(공자)에게 제자인 樊遲(번지)가 '知(지)'에 대해 물었다. 공자 가로되,
"백성의 도리에 힘쓰고, **귀신을 공경하나 멀리하면**, 知(지)라 말할 수 있다."
'仁(인)'을 물으니, 공자 가로되,
"仁(인)이라는 것은 어려움을 먼저 하고 뒤에 功(공)을 얻으면, 가히 이를 仁(인)이라 말할 수 있다."

【原文】 樊遲問知(번지문지) 子曰(자왈) 務民之義(무민지의) 敬鬼神而遠之(경귀신이원지)
可謂知矣(가위지의) 問仁(문인) 曰(왈) 仁者先難而後獲功(인자선난이후획공) 可謂仁矣

(가위인의)

백성의 도리란 곧 사람의 도리를 말하는 것이다. 공자는 똑같은 물음에 대해서도 상대방에 따라 각각 다른 대답을 하는 것이 보통이었는데, 대개는 상대방의 잘못을 시정하기 위한 처방과 같은 것이었다.

知(지)는 知慧(지혜)도 될 수 있고, 知識(지식)도 될 수 있고, 知覺(지각)도 될 수 있다. 그러나 여기서는 역시 우리말의 '앎' 즉, '옳게 알고 옳게 깨달은 참다운 앎이란 어떤 것입니까?' 하고 물은 것으로 생각된다. 그런데 세상에는 흔히 보통 사람들이 이해할 수 있는 올바른 지식보다는, 잘 믿어지지 않는 미묘한 존재나 이치 같은 것을 앎의 대상으로 삼는 경우가 많다. 공자 당시에도 그런 폐단이 많았고, 제자인 樊遲(번지) 역시 그런데 관심을 가지고 물은 질문이었을 것이다.

그래서 공자는 '사람이 마땅히 해야 할 도리를 실천하는 데 힘을 기울이고, 귀신의 힘을 빌려 복을 구하고 화를 물리치는 어리석은 짓은 하지 않는 것이, 아는 사람의 올바른 삶의 자세다.' 하고 대답했던 것이다.

『논어』「八佾篇(팔일편)」에 보면, 공자는 조상의 제사를 지낼 때면 정말 조상이 앞에 있는 것처럼 했고, 조상 이외의 신에게 제사를 드릴 때는 정말 신이 있는 것처럼 하였다고 했다. 그러나 공자는 感謝(감사)의 제사는 드렸어도, 福(복)을 빌기 위한 제사는 드리지 않았다. 그것은 귀신을 공경하는 것이 아니라, 보채는 것이 되기 때문이다. 귀신을 멀리하라는 것은 잘 되게 해달라고 빌지 말라는 것이다.

『논어』「述而篇(술이편)」에 보면, 공자가 오랫동안 병으로 누워 있자, 제자 子老(자로)가 神明(신명 : 하늘과 땅의 신령)에게 기도를 드리고 싶다면서 공자에게 허락해 줄 것을 간청했다. 그러자 공자는,

"내가 기도한 지 이미 오래다[丘之禱久矣(구지수구의)]."

라고 대답하며, 이를 못하게 했다. 공자가 말한 '기도한 지 오래다.'라는 뜻은, 聖者(성자)의 일상생활 그 자체, 즉 사람의 할 일을 묵묵히 실천하며, 하늘을 원망하지 않고, 허물을 짓지 않는 것을 말한 것이라고 할 수 있다.

결론적으로 '敬遠(경원)'은 '귀신을 공경하나, 귀신에게 매달리어 복을 빌지는 않고 멀리한다.'는 공자의 말씀에서 비롯된 말이다. '공경하여 이를 멀리한다.'는 원래의 뜻에서 지금은 '꺼려해서 피한다.'의 뜻으로 바뀌어 쓰이고 있다.

※ **孔子(공자)의 10대 제자** : 중국 춘추시대의 공자의 문하생 중 뛰어난 제자 10명을 말한다. 『논어』「先進篇(선진편)」에 **德行**(덕행)에는 顔淵(안연)·閔子騫(민자건)·冉伯牛(염백우)·仲弓(중궁), **言語**(언어)에는 宰我(재아)·子貢(자공), **政事**(정사)에는 冉有(염유)·季路(계로), **文學**(문학)에는 子遊(자유)·子夏(자하)'라 하여, 공자의 제자 3천 명 중 문하생 70여 명. 여기에서 중심을 이룬 제자 10명을 그 장점에 따라 4가지로 분류하고 있다. 이것을 후세에 四科十哲(사과십철)이라 하였다. 그 이외에 뛰어난 제자로 曾參(증삼 : 증자)·子張(자장)·有若(유약) 등이 있다.

002 鷄肋 계륵

字解 鷄 : 닭 계 [鷄冠(계관) : 닭의 볏. 맨드라미]
　　　肋 : 갈비 륵 [肋骨(늑골) : 가슴을 둘러싸고, 폐와 심장을 보호하는 뼈]

語義 닭의 갈비.
　　　(먹을 것은 없으나, 버리기는 아까운 것)
　　　(몹시 허약한 몸)

用例

▶ 요즘 태반주사가 블루오션에서 **鷄肋**(계륵)으로 전락하고 말았다.
▶ 요즘 프로 야구를 보면, 외국에서 비싼 돈 주고 들여온 용병 선수가 제 역할을 하지 못해, **鷄肋**(계륵) 같은 신세인 경우가 많다.

【類義語】兩手執餠(양수집병) : 양손에 든 떡. 갖기도 버리기도 아깝다.

出典 ① 後漢書(후한서) – 楊修傳(양수전)

　중국 고대 소설『三國志演義(삼국지연의)』의 배경이 되는 三國(삼국) 정립시대가 나타나기 1년 전 (219년)인 後漢(후한) 末(말)의 일이다. 劉備(유비)가 益州(익주)를 점령하고 漢中(한중)을 평정한 다음, 魏(위)나라 丞相(승상 : 옛 중국의 벼슬 이름, 우리나라 정승에 해당) 曹操(조조)의 군대를 맞아 한중 쟁탈전을 벌이고 있었다.

　싸움은 여러 달에 걸친 장기전 양상을 띠고 있었는데, 유비의 兵站[1](병참)은 諸葛亮(제갈량)의 용의주도한 확보로 넉넉한 데 반하여, 조조는 병참을 소홀히 하여 내부의 질서가 문란하고, 거기에다 脫營兵(탈영병)이 속출하여 공격도 수비도 불가능한 상태에 있었다.

　전쟁이 지루하게 계속되던 어느 날, 위나라 조조의 막료 한 사람이 현황을 보고하고 후퇴 여부를 묻자, 닭고기를 뜯고 있던 조조는 鷄肋(계륵)을 들었다 놓았다만 했다. 장수 夏侯惇(하후돈, ? ~ 220. 위나라 장군)이 그 날의 암호를 조조에게 물었다. 조조는 무심코 '鷄肋(계륵)'이라고 했다. 그 장수가 어리둥절한 마음으로 나오는데, 主簿(주부) 벼슬의 楊修(양수)가 그 이야기를 듣고, 長安(장안)으로 귀환할 준비를 서두르기 시작했다. 다른 참모들이 놀라 그 까닭을 물었다.

양수는 혼잣말처럼 말했다.

"무릇 **닭의 갈비**는 먹으려 하면 먹을 것이 없고, 그렇다고 내버리기도 애석한 것이오. (한중을 여기에 비유한 것은) 승상께서 돌아가기로 계획하고 결정하신 것이오."

 原文 修獨日(수독왈) 夫鷄肋(부계륵) 食之則無所得(식지즉무소득) 棄之則如可惜(기지즉여가석) 公歸計決矣(공귀계결의)

과연 양수의 예상대로 조조는 그 이튿날 철수 명령을 내렸다. 양수의 字(자)는 德祖(덕조)로, 학문을 좋아하고 재주가 뛰어나, 조조에게 주부 벼슬을 받았다. 그러나 미리 철수 준비를 한 양수는, 조조의 미움을 사 목이 베어져 성문에 걸리게 되었다. 미리 아는 체하거나 또는 잘난 체하는 것은 자기 자랑이 될지 모르나, 남의 미움을 사게 되고 마침내는 큰 화를 입게 됨을 볼 수 있다.

여하튼 이때 조조는 이익이 없다고 하여 한중에서 후퇴하고, 그곳을 확보한 유비는 스스로 漢中王(한중왕)이 되었다. 그러나 후에는 조조의 魏(위)나라가 유비의 蜀漢(촉한)과 손권의 吳(오)나라를 멸망시키고, 천하를 통일하기에 이른다.

 ② **晉書**(진서) − 劉伶傳(유령전)

중국 晉(진, 265 ~ 316)나라 초기에 竹林七賢[2](죽림칠현) 가운데 술로 유명한 劉伶[3](유령)이라는 사람이 있었다.

유령이 어느 날 술에 취하여 세속의 행인과 말다툼을 벌였는데, 그 사람이 주먹을 치켜들고 화를 내며 달려들자, 유영이 천천히 말하기를,

"보다시피 '**닭갈비**'처럼 빈약한 몸이라서, 그대의 귀하신 주먹을 받아들이지 못할 것 같소."

그 사람은 엉겁결에 웃음을 터뜨리고, 싸움을 그치고 말았다고 한다.

 原文 伶嘗醉與俗人相忤(령상취여속인상오) 其人攘袂奮拳而往(기인양메분이왕) 伶徐曰(령서왈) 鷄肋不足而安尊拳(계륵부족이안존권) 其人笑而止(기인소이지)

'鷄肋(계륵)'이란 원래 '큰 소용은 없으나 버리기는 아까운 것'이라는 뜻으로 쓰이지만, 이런 의미와 달리 '사람의 몸이 닭갈비처럼 비쩍 마른 것'을 비유해서 쓰기도 한다. 우리말에도 몸이 비쩍 말라 허약한 사람을 가리켜 '새갈비'라고 하는데, 다 같은 비유이다.

1) **兵站**(병참) : 軍隊(군대)의 戰鬪力(전투력)을 유지하고, 作戰(작전)을 지원하기 위한 補給(보급)·整備(정비)·回收(회수)·交通(교통)·衛生(위생)·建設(건설) 등 一切(일체) 기능의 總稱(총칭)이다.

2) **竹林七賢**(죽림칠현) : 삼국시대 말부터 西晉(서진) 초기인 3세기 중엽에, 중국에서 관료 세계를 떠나 전원에서 유유자적한 생활을 즐긴 7명의 隱者(은자). 그들은 때때로 뤄양[洛陽(낙양)] 북쪽의 한 대나무 숲에 모여, 시를 짓고 거문고를 타면서 丹藥(단약)을 만들거나 술을 마시기도 했으므로, 당시의 사람들이 죽림칠현이라고 불렀다. 그들은 또한 '淸談(청담)'이라고 하는 독특한 담론을 전개한 대표적인 인물들이다. 청담은 당시의 어지러운 현실 세계에서 벗어나 자아의 해방과 개성적인 표현의 자유를 옹호한 것으로, 그 주제는 주로 道家(도가)를 중심으로 한 玄學(현학)에 속하는 것이었다.

　　七賢(칠현) 가운데에서도 자유사상가이며 매우 탁월한 시인인 阮籍(완적, 210～263)이 대표적 인물이다. 向秀(상수, 230?～280)는 『莊子注(장자주)』를 썼다. 그 밖에 시인인 劉伶(유령, 225?～280?), 음악가인 阮咸(완함), 독실한 도가인 山濤(산도), 王戎(왕융), 그리고 思想家(사상가)이며 煙丹術(연단술 : 진사로 황금·약을 만드는 기술)에도 일가견이 있던 嵇康(혜강, 223～262), 이상 7인이다.

3) **劉伶**(유령)과 술 : 죽림칠현 중에서 술로서는 劉伶(유령)이 가장 유명할 것이다. 후대에 발견된 竹林七賢圖(죽림칠현도)를 보면, 양치질 준비를 하면서도 두 손은 여전히 술잔을 잡고 있는데, 술잔 속의 물건을 차마 버리지 못하는 그의 모습에서 그가 얼마나 술을 좋아했는지를 알 수 있다. 그가 어찌나 술을 많이 마시는지 그의 부인은 그것이 불만이었다. 한번은 유령이 부인에게 술을 받아오라고 시키니, 부인은 남은 술을 버리고 술병을 깨뜨려 버리고선 울면서 간하였다.

"당신의 음주는 너무 심하니, 攝生(섭생 : 건강의 유지와 증진에 힘씀)의 道(도)가 아닙니다. 반드시 술을 끊으셔야 합니다."

그러자 유령은 다음과 같이 말하였다.

"정말 옳구려. 나는 스스로 술을 끊을 수가 없으니, 오직 귀신에게 축원하여 술을 끊을 맹세를 드려야 할 것이오. 곧 술과 안주를 준비하구려!"

이 말을 들은 부인은,

"삼가 명령을 따르겠습니다."

라고 대답하고, 술과 안주를 神(신) 앞에 준비하고 유령에게 술을 끊겠다고 맹세하도록 하였다. 그러나 유령은 무릎을 꿇고서 축원하되,

"하늘이 유령을 낳으시고, 술로써 名聲(명성)을 얻게 하였습니다. 한번 마시면 열 말을 마시고, 다섯 되의 술로써 해장을 하였습니다. 부인의 말은 삼가 들을 만한 것이 아닙니다."

라고 하면서, 곧 술을 마시고 안주를 먹으며 도도히 취했다.

　　지금의 시각으로 보면, 정말 간이 배 밖으로 나온 인물임에 틀림이 없다. 그런데 六朝(육조)시대의 『世說新語(세설신어)』「任誕篇(임탄편)」이나 明代(명대) 夏樹芳(하수방)의 『酒顚(주전)』 속에서, 이 고사를 언급하고 있는 것으로 봐선 그다지 나쁘게만 보지 않은 듯하다. 오히려 그가 정말로 '酒鬼(주귀 : 술꾼)'라는 사실을 부각시키는 자료로 이용되는 실정이다.

　　그는 왜 술로 인한 명성을 가지게 되었으며, 술 취한 자신의 모습에 왜 이토록 당당했던가? 그는 주량이 阮籍(완적 : 죽림칠현의 한 사람)보다도 더 셌다고 하는데, 외출할 때 그는 항상 술병을 들고 수레에 오르며, 하인

들에게는 삽을 들고 뒤따라오게 하고선 그들에게,

"내가 죽거든 곧 나를 묻어 달라."

고 말했다. 그의 일상이 항상 술과 함께 했음을 엿볼 수 있는 부분이다.

그런데 그를 술과 분리시킬 수 없는 것은, 그가 중국 역사상 가장 먼저 '酒德頌[4](주덕송)'을 지어, 술의 공덕을 노래한 점과도 관련이 있을 것이다. 주덕송에서는 자신을 암시하는 大人先生(대인선생)을 내세웠는데, 이 대인선생은,

"천지를 하나의 마을로 보고, 만년을 순간으로 여기고, 日月(일월)을 문과 창으로 여기고, 세계를 정원으로 삼는다."

라고 말했다. 그는 항상 술에 취해 있었기에, 존귀한 공경대부와 유학자가 찾아와 술에 취한 대인선생의 시비를 따졌지만, 대인선생은 '권주가에 심취하며 술지게미에 누워서는 근심도 없이 도도하게 즐거움을 누리며', 그들의 말과 모습도 느끼지 못했으며, '추위와 더위가 몸에 들어오거나, 利慾(이욕)이 마음을 자극하는 것을 느끼지 못했다.'고 한다.

4) **酒德頌**(주덕송) : 다음은 주덕송의 내용이다.

어떤 大人先生(대인선생)이 천지개벽을 하루아침으로 삼고, 만년을 찰나로 삼으며, 해와 달을 창문의 빗장으로 삼고, 광활한 천지를 뜰과 길거리로 여겼다. 길을 다니는데 수레바퀴 자국이 없으며, 거처함에 정해 놓은 집이 없으며, 하늘을 천막으로 삼고, 땅을 자리로 삼으며, 뜻이 가는 대로 내어 맡기는구나. 머물러 있을 때는 크고 작은 술잔을 잡고, 움직일 때는 술통과 술병을 들고 오직 술에만 힘을 쓰니, 어찌 그 나머지를 알겠는가?

귀하고 높은 자와 학덕이 높은 선비가 선생의 소문을 듣고 그 까닭을 논하러 와서, 소매를 떨치고 옷깃을 드날리며 눈을 부라리고 이를 갈면서 禮法(예법)을 늘어놓고서 칼끝처럼 날카롭게 옳고 그름을 따지지만, 선생은 이런데도 술 단지를 들고 술통을 받들고서는 술잔을 입에 물고 술로 양치질을 하고, 수염을 털고 두 다리를 쭉 뻗고 앉았다가, 누룩을 베개로 삼고 술 찌꺼기를 깔고 누워, 생각도 없고 걱정도 없이 즐거움으로 도도한 모습이어라.

남보다 많이 취하여 황홀히 깨어 있다 보니, 조용히 들어도 우레와 벼락소리를 듣지 못하고, 자세히 보아도 태산의 형체를 보지 못하며, 피부에 파고드는 추위와 더위와 즐김과 욕심의 감정도 느끼지 못하고, 만물을 굽어 보니 어지러워 마치 長江(장강)이나 漢水(한수)에 떠 있는 부평초와 같구나. 따지러온 두 豪傑(호걸)이 옆에 있어도 마치 나나니벌과 배추벌레를 대하는 것 같구나.

003 股肱 고굉

字解 股 : <u>넓적다리</u> **고** [股間(고간) : 두 넓적다리 사이. 샅]
　　　　肱 : <u>팔뚝</u> **굉** [肱膂(굉려) : 팔뚝과 등뼈. 심복]

語義 넓적다리와 팔꿈치(처럼 보필하는 신하).
　　　(임금이 팔다리 같이 믿고 중히 여기는 신하)
　　　※ '股肱之臣(고굉지신)'의 준말.

 用例

▶당나라 초기의 名臣(명신)이자, 皇帝(황제)의 **股肱**之臣(고굉지신)인 魏徵(위징)의 '四不(사불)'이란 것이 있다. 사불은 위징이 당태종 이세민에게 올린 疏(소)의 '十漸不極疏(십점불극소)'에 제시한 글로서, 傲不可長(오불가장 : 오만한 마음을 가지도록 내버려두면 안 된다), 欲不可從(욕불가종 : 욕심을 한껏 부려도 아니 된다), 樂不可極(낙불가극 : 즐거움을 끝까지 누리려고 해서도 아니 된다), 志不可滿(지불가만 : 뜻을 다 채우려고 해도 안 된다)이라는 네 개의 警句(경구)를 말한다.

▶미국에서는 닉슨 당시의 키신저가 **股肱**(고굉)의 典型(전형)이고, 우리나라도 노태우 당시의 김종휘, 김대중의 임동원, 노무현의 이종석 등이 이들 대통령의 首腦(수뇌)요 **股肱**(고굉)이었다. 〈Asia N〉

【類義語】 股掌之臣(고장지신) : 다리와 손바닥 같은 신하.
　　　　　柱石之臣(주석지신) : 나라를 떠받치는 중심이 되는 신하.
　　　　　社稷之臣(사직지신) : 나라의 안위를 맡은 중신.

 ① **書經**(서경) – 益稷篇(익직편)

중국 고대 왕조의 舜(순)임금과 두 신하인 益(익)과 稷(직)에 대한 이야기이다. 禹(우)임금이 이 두 신하의 공을 칭찬하면서, 순임금과 대화하는 내용의 일부분이다. 舜(순)임금이 말했다.

"신하들이여, 朕(짐)의 옆에서 나를 도와주오. 어려울 때 도와주는 사람이 진실로 참된 신하로다."
禹(우)가 그 말을 이었다.
"옳으신 말씀입니다."
순임금은 차분한 어조로 다시 말을 이었다.
"그대들과 같은 신하들은 짐의 **팔과 다리**요, 눈과 귀로다. 내가 백성들을 돌보고자 하니, 그대들도 힘써 참여해 달라. 내가 위엄을 온 천하에 떨치려 하거든, 그대들이 대신해 달라[臣作朕**股肱**耳目(신작짐고굉이목) 予欲左右有民(여욕좌우유민) 汝翼(여익) 予欲宣力四方(여욕선력사방) 汝爲(여위)].

내가 잘못하고 있을 때는 그대들이 나를 보필하여 규정해 달라. 내 앞에서 순종하는 척하고 뒤에 물러나서 뒷이야기 할 것이 아니라, 나의 면전에서 직접 충고해 달라. 그리고 전후좌우의 동료들은 서로 공경하여 서로 예의를 갖추도록 하라. 관리들은 백성들의 뜻을 나에게 전하는 것이 임무이니, 올바른 이치를 세상에 크게 퍼지도록 할 것이며, 잘못을 뉘우치는 자가 있으면 용서하고 그렇지 않은 자에게는 철퇴를 가해 나라의 위엄을 보이도록 하라."

이처럼 순임금이 聖君(성군)이 되는 데는 신하들의 보좌가 필요했고, 나라가 잘되기 위해서는 制度(제도)의 준수, 仁愛(인애)와 刑罰(형벌)의 병행이 필요했다.

또한 다음과 같은 구절도 나온다.
帝(제)가 노래를 지어 이르시되,
"하늘의 명을 경계한즉 때로 하며 기미로 할지라."
하시고, 노래하여 이르시되,
"**고굉**이 기뻐하면, 元首(원수 : 임금)도 일어나 백공이 밝으리다."
〈중략〉 또 이어서 노래하여 이르시되,
"元首(원수)께서 밝으시면, **고굉**이 어질어 뭇 일이 편하리로다."

 原文 帝庸作歌曰(제용작가왈) 勅天之命(칙천지명) 惟時惟幾(유시유기) 乃歌曰(내가왈) **股肱**喜哉(고굉희재) 元首起哉(원수기재) 百工喜哉(백공희재) 〈中略〉 乃賡載歌曰(내갱재가왈) 元首明哉(원수명재) **股肱**良哉(고굉양재) 庶事康哉(서사강재)

 ② 左傳(좌전) − 昭公 九年(소공 9년)

그리하여 屠蒯(도괴 : 궁중 요리사 이름)는 드디어 악공 師曠(사광)에게 술잔을 올려 마시게 하면서 말하기를,

"당신은 임금님의 귀이니, 잘 들으셔야 하기에 장차 가히 총명해야 합니다. 紂王(주왕)이 죽은 甲子(갑자)일과 桀王(걸왕)이 죽은 乙卯(을묘)일은 나쁜 날이라고 합니다. 따라서 임금님들이 잔치와 음악을 거두고 음악 견습생이 학업을 쉬는 것은 그 날이 나쁜 날이기 때문입니다. 임금의 卿佐[경좌 : 公(공)·卿(경)·大夫(대부)]를 **股肱**(고굉)이라고 합니다. 그 **팔다리**가 혹 부러졌다면, 어느 아픔이 그만 하겠습니까? 그런데 당신은 그런 소리를 듣지 못하고 음악을 연주하니, 이는 총명하지 못한 것이오."

 原文 而遂酌以飲工曰(이수작이음공왈) 女爲君耳(여위군이) 將可聰也(장가총야) 辰在子卯(진재자묘) 謂之疾日(위지질일) 君撤宴樂(군철연악) 學人舍業(학인사업) 爲疾故也(위질고야) 君之卿佐(군지경좌) 是謂**股肱**(시위고굉) **股肱**或虧(고굉혹휴) 何痛如之(하통여지) 女弗聞而樂(여불문이악) 是不聰也(시불총야)

004 古稀 고희

字解 古 : 옛 **고** [古代(고대) : 옛 시대]
　　　　稀 : 드물 **희** [稀貴(희귀) : 드물어서 매우 진귀함]

語義 옛날부터 드물다.
　　　　(70세 나이를 일컫는 한자 용어)
　　　　(70세에 이른 것을 축하하는 의례)

 用例

▶ 어느새 **古稀**(고희)를 바라보는 나이가 되었다.
▶ 그는 **古稀**(고희)를 맞아, 後學(후학)들의 성화로 가벼운 주제의 글들을 모아 책을 펴냈다.
▶ 어제 은행 창구에서 **古稀**(고희)를 넘긴 할아버지가 매우 만족하신 표정을 지으셨다. 매달 65만 원씩 저축을 했는데, 오늘이 그 10년째 되는 날이라고 한다. 73세의 할아버지, 하얀 머리에 작은 키, 검버섯이 많이 피어 검은 얼굴이 되었지만, 좋아하시는 모습을 보니, 1억 저축의 목표가 늙어 버린 나이를 잊게 한 모양이다.

【類義語】 從心(종심) : '從心所慾不踰矩(종심소욕불유구)'의 준말로 70세.
　　　　　　七旬(칠순) : 70세 나이.

 **出典** 　**杜甫**(두보)의 曲江二首(곡강이수)

사람의 나이 70세를 '古稀(고희)'라고 하는데, 그 유래는 唐(당)나라 시인 杜甫(두보)의 '**人生七十古來稀**(인생칠십고래희)'라는 詩句(시구)에서 비롯된 것으로 본다. 즉, 사람이 일흔을 산 것은 예로부터 드물었기 때문이다. 두보의 이 구절이 나오는 '曲江二首(곡강이수)'라는 제목의 시는 다음과 같다.

朝回日日典春衣(조회일일전춘의)　　조회에서 돌아오면 날마다 봄옷을 전당잡히고,
每日江頭盡醉歸(매일강두진취귀)　　매일 강 머리에서 만취하여 돌아온다.
酒債尋常行處有(주채심상행처유)　　술빚은 보통 가는 곳마다 있기 마련이지만,
人生七十古來稀(인생칠십고래희)　　**인생 칠십 년은 예부터 드문 일이라네.**
穿花蛺蝶深深見(천화협접심심견)　　꽃 사이를 맴도는 호랑나비는 깊숙한 곳에서 보이고,
點水蜻蜓款款飛(점수청정관관비)　　물을 적시는 물잠자리는 유유히 난다.

傳語風光共流轉(전어풍광공류전)　풍광에 전해 말하니 함께 흘러 구르면서,
暫時相賞莫相違(잠시상상막상위)　잠시나마 봄을 감상하는 기쁨 나누자, 서로 어기지 말고.

이 시는 두보가 마흔 일곱 살 때(758년) 지은 것이다. 두보는 젊어서 각지를 방랑하다가, 30여 세에 長安(장안 : 당나라 수도)에 돌아와 관직을 구했다. 그러나 그의 희망은 이루어지지 않았다. '安祿山(안녹산)의 亂(난)' 때, 靈武(영무)의 行宮(행궁 : 임금이 거동할 때 머무는 궁)에 있는 肅宗[1](숙종)에게 달려갔다.

가는 도중 반란군에 붙잡혀 9개월 동안이나 유폐되었다가, 간신히 탈출하여 나중에 그 공에 의하여 左拾遺[좌습유 : 諫官(간관)]라는 벼슬에 임명되었다. 그러나 숙종을 에워싸고 소용돌이치는 정치와 조정 내부의 부패는 그를 너무도 실망시켰다. 그는 답답한 가슴을 달래기 위해 매일 술이나 마시며, 아름다운 자연을 벗삼아 세월을 보냈다. 두보는 59세에 생을 마감했다.

曲江(곡강)은 장안 중심지에 있는 못 이름으로 風光(풍광)이 아름답기로 유명했으며, 특히 봄이면 꽃놀이하는 사람들로 붐볐다고 한다. 위 시를 쉽게 풀이해 보면 다음과 같다.

요즘은 조정에서 돌아오면, 매일 曲江(곡강) 가에 가서 옷을 잡히고, 마냥 술에 취해 돌아오곤 한다. 술꾼이 술빚을 지는 것은 너무나 당연한 일로, 내가 가는 술집마다 외상값이 밀려 있다. 하지만 내가 살면 몇 해나 더 살겠는가. 예부터 말하기를, 사람은 70을 살기가 어렵다고 하지 않았던가.

꽃밭 사이를 깊숙이 누비며 날아다니는 호랑나비도 제철을 만난 듯 즐겁게만 보이고, 날개를 물에 적시며 날아다니는 잠자리도 제 세상을 만난 듯 기운 차 보이기만 한다. 나는 이 약동하는 대자연의 풍광과 소리 없는 대화를 주고받는다. 우리 함께 자연과 더불어 흘러가면서 잠시나마 서로 위로하며 즐겨 보자꾸나.

두보의 '曲江(곡강)'이라는 詩(시)에서 유래한 '古稀(고희)'라는 말은 '人生七十古來稀(인생칠십고래희)'의 준말로 '인생의 70세는 옛날로부터 드물다.'로 그 뜻을 명확히 이해할 수 있다. 고희라는 말은 우리의 일상생활에서 너무도 자주 쓰고 듣는 말이다. 그런데 오늘날의 인간의 수명이 길어져서 '人生一百古來稀(인생일백고래희)'로 바꾸어야 될 것 같다.

---

1) 唐 肅宗(당 숙종, 711 ~ 762. 재위 756 ~ 762) : 중국 唐(당)나라의 제7대 황제. 이름은 李亨(이형). 양귀비로 더 유명한 제6대 황제 玄宗(현종, 685 ~ 762. 재위 712 ~ 756)의 셋째아들이다. 그는 756년 '안녹산의 난'을 피해 쓰촨[四川(사천)]으로 피신하던 현종을 수행했으나, 도중에 맞서 싸울 것을 청원하는 민중에게 제지당하여 현종과 헤어져 북상하던 중, 靈武[영무 : 지금의 영하회족자치구(寧夏回族自治區)]에서 즉위했다. 그는 郭子儀(곽자

의) · 李光弼(이광필) 등에게 명하여 군사를 모으게 하고, 위구르와 서역 등 여러 나라의 원병을 얻어, 757년 長安[장안 : 지금의 서안(西安)]과 洛陽(낙양)을 수복했다.

그러나 禁軍(금군)을 장악한 환관 李輔國(이보국)과 張皇后(장황후)의 세력을 누르지 못해, 결국 이들이 國事(국사)를 도맡았다. 762년, 이보국과 장황후의 갈등이 심화되면서, 이보국이 程元振(정원진)과 함께 장황후를 살해하고, 태자 李豫[이예, 726 ~ 779. 제8대 황제 代宗(대종). 재위 762 ~ 779]를 옹립하였으며, 숙종은 憂患(우환)으로 죽고 말았다.

※ 孔子(공자)가 말한 나이에 관련된 용어

공자는 『論語(논어)』 「爲政篇(위정편)」에서 일생을 회고하며, 자신의 학문과 수양에 대한 발전 과정을 다음과 같이 말했다.

孔子(공자) 가로되, 나는 15세가 되어서 학문에 뜻을 두었고, 30세가 되어서 학문의 기초를 확립하였고, 40세가 되어서는 판단에 혼란을 일으키지 않았고, 50세가 되어서는 하늘이 정해준 命(명)을 알았고, 60세가 되어서 귀로 들으면 그 뜻을 알았고, 70세가 되어서는 마음이 하고자 하는 것대로 하여도 法度(법도)에서 벗어나지 않았다.

〈原文〉子曰(자왈) 吾十有五而志于學(오십유오이지우학) 三十而立(삼십이립) 四十而不惑(사십이불혹) 五十而知天命(오십이지천명) 六十而耳順(육십이이순) 七十而從心所欲不踰矩(칠십이종심소욕불유구)

바로 이 공자의 말에서 15세를 **志學**(지학), 30세를 **而立**(이립), 40세를 **不惑**(불혹), 50세를 **知天命**(지천명), 60세를 **耳順**(이순), 70세를 **從心**(종심)이라는 용어가 생기게 되었다.

※ 曲江一首(곡강일수)

一片花飛減却春(일편화비감각춘)	한 조각 꽃잎이 져도 봄빛이 줄어드는데,
風飄萬點正愁人(풍표만점정수인)	만 점 바람에 날리니 참으로 시름에 잠기네.
且看欲盡花經眼(차간욕진화경안)	지는 꽃잎 눈앞을 스쳐 지나감도 잠깐이려니,
莫厭傷多酒入脣(막염상다주입순)	몸 상할까 두려워 술 마심을 꺼리지는 말라.
江上小堂巢翡翠(강상소당소비취)	강가 작은 정자엔 비취새 깃들었고,
苑邊高塚臥麒麟(원변고총와기린)	뒤뜰 가 높은 무덤에 기린 석상도 누웠어라.
細推物理須行樂(세추물리수행락)	세상 이치 따져보면 모름지기 즐거움을 따르니,
何用浮榮絆此身(하용부영반차신)	어찌 헛된 이름에 이 한 몸 얽매일 필요 있으랴?

005 管見 관견

字解 管 : **대롱 관** [管絃樂(관현악) : 관악기, 현악기, 타악기 따위로 함께 연주하는 음악]
　　　　　맡을 관 [管理(관리) : 일을 맡아 처리함]
　　　 見 : **볼 견** [見聞(견문) : 보고 들음 또는 보고 들은 지식]
　　　　　견해 견 [卓見(탁견) : 뛰어난 견해]
　　　　　뵐 현, 나타날 현 [謁見(알현) : 찾아가 뵘]

語義 대롱 구멍으로 사물을 본다.
　　　 (좁은 소견, 넓지 못한 견문, 좁은 시야와 얕은 지식)
　　　 (자기의 소견을 겸손하게 이르는 말)

 用例

▶ 우리나라는 管見(관견)을 가진 정치인, 관료, 경제인, 언론인들이 나라를 망친다고 하지 않을 수 없습니다.

▶ 한국 속담의 "소견이 바늘구멍 같다."는 말과 같은 뜻이다. "붓 대롱의 구멍을 통하여 하늘을 보는 것과 마찬가지니, 저의 管見(관견)은 넓지 못합니다." 하고 자기를 겸손하게 말할 때도 쓰인다.

【類義語】 井底之蛙(정저지와) : 우물 밑의 개구리.
　　　　 坐井觀天(좌정관천) : 우물에 앉아서 하늘을 바라봄.
　　　　 蜀犬吠日(촉견폐일) : 촉나라 개가 해를 보고 짖음.
　　　　 越犬吠雪(월견폐설) : 월나라 개가 눈을 보고 짖음.

 ① **莊子**[1](장자) − 秋水篇(추수편)

『莊子(장자)』「秋水篇(추수편)」의 문답이다. 논리에 뛰어난 <u>公孫龍</u>[2](공손룡)이 자신의 변론과 지혜를 비교해 보려고, 위나라 公子(공자) 魏牟(위모)에게 장자의 '道(도)'를 알고 싶다고 말했다. 장자의 선배인 위모는 공손룡의 의중을 알았다.

위모가 탁자에 기댄 채 한숨을 쉬고, 하늘을 우러러 웃으면서 말했다.
"지금 저 장자의 도는 아래로는 땅 밑의 黃泉(황천)을 밟고 있으며, 위로는 하늘 끝까지 올라 있다.

그곳에는 남쪽도 없고 북쪽도 없으니, 망연히 자신을 잊고 사방으로 풀려나가 헤아릴 수 없는 곳에 잠겨 있는 것이다. 또 동쪽도 없고 서쪽도 없으니, 玄冥(현명 : 우주의 근원인 깊고 그윽한 상태)에서 비롯하여 大通(대통 : 만물에 통하는 절대의 대도)으로 돌아가는 것이다. 그런데도 그대[공손룡을 가리킴]는 지금 얄팍한 지식으로 그 도를 구하려 하고, 좁은 지혜로 그 도를 찾으려 하는구려.

이것은 마치 **대롱을 통해 하늘을 보면서** 그 광활함을 측정하려는 것과 같으며, 송곳으로 땅을 찔러 그 깊이를 측정하려는 것과 같으니, 또한 작다고 할 수밖에 없지 않겠는가?

 原文 是直用管窺天(시직용관규천) 用錐指地也(용추지지야) 不亦小乎(불역소호)

여기에 나오는 '用管窺天(용관규천)' 즉 '대롱을 통해 하늘을 본다.'는 말에서 '管見(관견)'이란 말이 생겼다. 장자에 비해 크게 뒤떨어지는 공손룡의 식견을 비유한 말로, '한 부분만을 보고 전체를 보지 못하는 좁은 시야와 얕은 지식'을 말한 것이다.

 ② **晉書**(진서) - 王獻之傳(왕헌지전)

중국 東晉(동진, 317 ~ 420. 사마예가 세운 나라)의 중국 최고의 서예가인 王羲之(왕희지, 307 ~ 362)에게는 여러 명의 아들이 있었다. 그 가운데 王獻之(왕헌지, 344 ~ 386. 왕희지의 일곱째 아들로 부친의 재능을 가장 많이 이어받음)라는 아들이 아홉 살 나던 해의 일이었다. 어느 날 왕희지의 집 뜰에서 서생들이 모여 앉아 즐겁게 놀이를 하고 있었다.

이곳을 지나가던 왕헌지는 노름판을 한참 동안 보다가, 패가 잘 풀리지 않는 한 사람에게 이렇게 훈수를 했다.

"남쪽 바람이 굳세지 못하여 형세가 불리하니 힘을 내세요."

어린아이의 훈수에 마음이 상한 그 사람은 발끈 화를 내면서 말했다.

"**대롱 속으로 표범을 보면**, 얼룩점 하나만 보이느니라[**管中窺豹** 時見一斑(관중규표 시견일반)]."

왕헌지는 이 말이 자신의 시야가 좁음을 빗대어 말하고 있다는 것을 알았기 때문에, 몹시 화가 나서 즉시 이렇게 반박했다.

"멀리로는 荀奉倩(순봉정)에게 부끄러워하고, 가까이로는 劉眞長(유진장)에게 부끄러워하십시오. 아버지의 친구인 유진장은 놀음을 통해 桓溫[3](환온)의 역모를 간파했습니다."

여기에서 '管中窺豹(관중규표)'는 두 가지의 뜻으로 발전되었다. 하나는 '식견이 좁다'는 뜻으로, 다른 하나는 '자기의 견해가 전반적이지 못하다는 것을 겸손하게 표시하는 말'로, 즉 '管見(관견)'의 뜻으로 쓰이게 된 것이다.

出典 ③ 史記(사기) – 扁鵲倉公列傳(편작창공열전)

중국 춘추시대의 名醫(명의) 扁鵲[4](편작)이 虢(괵)나라에 갔을 때, 태자가 막 병으로 숨져 있었다. 편작은 중서자 벼슬에 있는 사람을 대궐 문 앞에서 만나, 태자의 병과 죽은 시간에 대해서 물었다.

이야기를 다 들은 편작은,

"선생이 병을 보는 방법은 마치 **대롱으로 하늘을 보고[管見(관견)]**, 틈 사이로 무늬를 보는 것과 같습니다."

라면서, 태자는 죽지 않았다고 했다.

"내 말을 믿지 못하겠거든, 대궐에 들어가 태자를 다시 살펴보시오. 아마 그의 귓속이 울고, 콧구멍이 벌름해 있을 것이며, 두 넓적다리와 사타구니가 아직도 따뜻할 것입니다."

라고 말했다.

눈앞이 아찔해진 중서자는 혀가 굳어져 말을 못하고 있다가, 다시 대궐로 들어가 편작이 한 말을 임금께 고했다.

임금이 놀라 대궐 문밖까지 나와, 울며 편작에게 살려달라고 매달렸다. 이에 편작이 대궐로 들어가 제자들을 시켜 침을 놓게 하였더니, 태자는 곧 정신이 들면서 깨어났다고 한다.

---

1) 莊子(장자, ? ~ ?) : 기원전 4세기경에 활동한 중국 道家(도가) 초기의 가장 대표적인 사상가. 본명은 莊周(장주). 그가 쓴 저서 『莊子(장자)』는 도가의 시조인 노자가 쓴 것으로 알려진 『道德經(도덕경)』보다 더 분명하며 이해하기 쉽다고 일컬어진다. 장자의 사상은 중국 불교의 발전에도 영향을 주었으며, 중국의 山水畵(산수화)와 詩歌(시가)에도 많은 영향을 미쳤다.

후대의 학자들이 가장 뛰어난 莊子(장자) 연구가로 평가한 西晉(서진)의 郭象(곽상, ? ~ 312)은 장자의 저작에 처음으로 註釋(주석)을 달았고, 장자의 위치를 도가사상의 원류로 끌어올렸다. 漢代(한대)의 위대한 역사가 司馬遷(사마천, ? ~ B.C.85)은 그의 『史記(사기)』 「列傳(열전)」에서 장자의 생애에 대해 아주 간략하게 언급하고 있다.

「열전」에 의하면, 장자는 전국시대 宋(송)나라의 蒙(몽 : 지금의 하남성 상구현)에서 태어났고, 고향에서 漆園(칠원)의 하급 관리를 지냈다고 되어 있다. 그는 楚(초)나라 威王(위왕, ? ~ B.C.327) 시대에 활동했으며, 공자에 버금가는 聖人(성인)으로 존경받는 맹자와 같은 시대 사람이다.

2) 公孫龍(공손룡, B.C.320? ~ B.C.250) : 중국 전국시대 趙(조)나라의 사상가이며 논리의 대가로, 중국 철학파인 名家(명가)의 대표적인 인물. 명가의 신봉자들은 말의 진정한 의미를 분석하는 데 관심을 기울였다. 그러나 명가는 이 시기 이후로는 별 영향력을 갖지 못했다. 공손룡은 '하얀 말은 말이 아니다[白馬非馬(백마비마)].'라는

논제로 유명하다.

그의 설명에 따르면, 하얀 말은 하얗기 때문에 '形象(형상)'이 하얀 특수한 종류의 말이며, 이것은 보편적 개념의 말이 아니기 때문에 하얀 말은 말이 아니라는 것이다. 그가 쓴 「公孫龍子(공손룡자)」는 일부나마 보존되어 있는, 고대 중국의 유일한 논리학 서적이다. 원래는 14개의 장으로 이루어졌지만, 지금은 6개의 장만 남아 있다.

3) **桓溫**(환온, 312 ~ 373) : 東晉(동진) 사람으로 자는 元子(원자)이고, 桓彝(환이)의 아들이자, 明帝(명제, 제2대 황제, 재위 322 ~ 325)의 사위다. 駙馬都尉(부마도위)와 琅邪太守(낭야태수)를 지냈다. 穆帝(목제, 제5대 황제. 재위 344~361) 초에 荊州刺史(형주자사)에 올랐다. 형주와 司州(사주) 등 고을의 軍事(군사)를 총괄하는 임무를 맡기도 했다.

346년 군대를 이끌고 蜀(촉)나라를 정벌하고, 다음 해 成漢(성한)을 멸망시켰다. 殷浩(은호)를 물리치고, 정권을 장악했다. 前秦(전진)을 공격하고, 姚襄(요양)을 치는 등 위세를 떨쳤다. 354년 북쪽으로 關中(관중)을 공격했지만, 군량이 부족해 후퇴했다. 356년 洛陽(낙양)을 수복했다. 여러 차례 환도할 것을 건의했지만, 조정이 듣지 않았다.

廢帝(폐제) 海西公(해서공) 太和(태화) 4년(369년), 보병 5만 명을 이끌고 북쪽으로 燕(연)을 공격해 처음에는 연승했지만, 보급로가 끊기자 대패했다. 2년 뒤 海西公(해서공) 司馬奕(사마혁)을 폐위시키고, 簡文帝(간문제, 제8대 황제. 재위 371 ~ 372)를 세운 다음, 大司馬(대사마)로 姑孰(고숙)에 주군하면서 정권을 장악했다. 몰래 皇位(황위)를 찬탈하려고 하다가, 뜻을 이루지 못하고 병들어 죽었다.

4) **扁鵲**(편작, ? ~ ?) : 『史記(사기)』에 傳記(전기)가 실려 있는 중국 周代(주대)의 名醫(명의). 성은 秦(진), 이름은 越人(월인). 渤海郡[발해군 : 지금의 허베이성(河北省)] 사람이다. 제자와 함께 여러 나라를 다니면서 진료했으며, 편작이라는 이름은 趙(조)나라에 갔을 때 지어진 것이라고 한다. 그는 광범위한 종류의 병을 침·약초 등으로 치료했으며, 맥박에 의한 진단에 탁월했다고 한다.

『史記(사기)』에는 趙簡子(조간자)가 의식을 잃었을 때, 소생하리라고 알아맞힌 이야기, 虢(괵)나라의 태자가 尸厥(시궐 : 정신이 아찔하여 갑자기 쓰러져 인사불성이 되는 위급한 증상)이라는 병에 걸려 거의 죽은 것으로 여겨졌을 때, 鍼石(함석 : 침술)·熨法(위법 : 찜질) 등을 사용하여 치유시킨 이야기, 齊(제)나라 桓公(환공)의 안색만을 보고도 병의 소재를 알아냈다는 이야기 등이 기재되어 있다.

그러나 같은 책에 있는 위의 해당 인물에 대한 전기에는 그 기록이 없는 점과 그들의 생존 연대가 수백 년에 걸쳐 있다는 점에 비추어 볼 때, 편작은 여러 가지 전설을 합해 만든 가상 인물로 생각된다. 한편 산둥[山東(산동)] 지방에 있는 새[鳥(조)]의 전설이 변형된 것이라는 설 등이 있다. 편작이 『難經(난경, 중국 고대의 한의서)』의 편찬자라는 설도 있지만, 그것은 그의 명성을 빌린 것이다. 여하튼 그는 후세에 '名醫(명의)'의 대명사'로 알려져 내려오고 있다.

006 跼蹐 국척

字解 跼 : 구부릴 **국** [跼斂(국렴) : 몸을 구부리고 손을 모음(몹시 두려워서 몸둘 곳을 모름)]

蹐 : 살살 걸을 **척** [跼蹐(국척) : 구부리고 살살 걸음]

語義 구부리고 살살 걷는다.

(조심스러워 몸을 구부리고 걸음을 곱게 걸어가는 것)

用例

▶한국이라는 작은 천지에 跼蹐(국척)할 것이 아니라, 세계의 무대에 나가서 당대의 군웅과 세계정세를 의논하여 웅지를 펼치자.

▶똑똑하고 해사한 얼굴에는 귀공자다운 기상이 넘쳐흘렀다. 조금도 跼蹐(국척)하지 않았다. 떨지도 않았다.

【同音異議語】 國戚(국척) : 임금의 친척.

【類義語】 跼天蹐地(국천척지) : 하늘이 비록 높다고 하지만 감히 머리를 숙이지 않을 수 없고, 땅이 비록 두껍다고 하지만 감히 발을 조심해 딛지 않을 수 없다.

跼縮(국축) : 몸을 구부리고 조아리다.

出典 詩經(시경) - 小雅(소아) 正月篇(정월편)

"정월(여기 나오는 정월은 지금의 4월을 뜻한다)에 심한 서리가 내려, 내 마음이 걱정되고 아프다[正月繁霜(정월번상) 我心憂傷(아심우상)]."로 시작되는 『詩經(시경)』 「小雅(소아) 正月篇(정월편)」에 나오는 詩(시) 구절로, 모진 정치를 원망하여 부른 이 시의 제 2절에,

謂天蓋高(위천개고)　하늘이 대개 높다고 이르지만,
不敢不跼(불감불국)　감히 **굽히지** 않고는 살 수 없고,
謂地蓋厚(위지개후)　땅이 대개 두텁다고 이르지만,
不敢不蹐(불감불척)　감히 **조심해서 걷지** 않을 수 없다.
維號斯言(유호사언)　이 말을 부르짖는 것은,
有倫有脊(유륜유척)　인륜도 있고 조리도 있다.
哀今之人(애금지인)　슬프도다, 오늘날 사람은,

胡爲虺蜴(호위훼척)　어찌하여 독사요 도마뱀인가.

라고 되어 있어, 간신들이 국정을 어지럽히고 있어서, 뜻있는 선비가 高天(고천 : 높은 하늘)에 몸 굽히고, 厚地(후지 : 두터운 땅)를 조심스럽게 걸어 화를 입지 않으려고 겁을 먹고 떨고 있다는 뜻이다.

위의 글을 좀 더 쉽게 풀이하면, 다음과 같다.
"하늘이 아무리 높다지만 머리가 하늘에 받힐까 두려워 허리를 굽혀 걸어야만 하고, 땅이 아무리 두텁다지만 꺼지지 않을까 걱정하여 발을 조심히 디뎌야만 한다. 이런 말을 외치는 것은 人倫(인륜)에 벗어난 것도, 條理(조리)에 어긋난 것도 아니다. 슬프다. 오늘의 정치하는 사람은 어찌하여 독사나 도마뱀처럼 독을 품고 있단 말인가? 어째서 이 넓으나 넓은 천지에 걸음마저 마음 놓고 걸을 수 없게 만든단 말인가?"

이 작품은 소인배들이 정권을 잡고 올바른 사람들에게 해를 끼치는 어지러운 현실을 慨歎(개탄)한 것이다. 즉 높은 산 아래 좁고 작은 길이 나 있듯이, 포악한 관리 밑에는 虐政(학정)에 시달리는 백성이 없을 수 없다고 한다. 貪官汚吏(탐관오리 : 백성의 재물을 탐내어 빼앗는, 행실이 깨끗하지 못한 관리)를 독사나 뱀에 비유하여, 그들에게 시달리는 백성의 실정을 암암리에 드러냄과 동시에 자신의 말이 통하지 않는 시대를 한탄한 것이다.

그런 시대에는 행여 하늘이라도 무너질까 허리를 굽히고, 땅이 꺼질까 조심해 걸으면서 화를 피해야 한다는 말이다. 이 시는 시대를 풍자하는 의미가 강한 시구였는데, 오늘날에는 '**단지 겁 많고 소심한 행동**'을 비유할 때 주로 쓰인다.

※ **正月篇**(정월편) 제5장 **誰知烏之雌雄**(수지오지자웅) 소개

謂山蓋卑(위산개비)	산을 일러 대개 낮다고 하나,
爲岡爲陵(위강위릉)	등성이를 이루고 능선을 이루느니라.
民之訛言(민지와언)	백성의 거짓된 말을,
寧莫之懲(영막지징)	어찌 징계하지 못하는가.
召彼故老(소피고로)	저 원로를 불러,
訊之占夢(신지점몽)	꿈을 점쳐 묻는다.
具曰予聖(구왈여성)	모두 내가(자기가) 성인이라 하니,
誰知烏之雌雄(수지오지자웅)	누가 까마귀의 암수를 알랴(누가 옳고 그르다고 말할 수 있으랴?).

007 肯綮 긍경

字解 肯 : 뼈에 붙은 살 **긍** [肯綮(긍경) : 뼈에 붙은 살과 힘줄이 얽힌 곳]
　　　　　옳게 여길 긍 [肯定(긍정) : 그러하다고 인정 또는 승인함]
　　　綮 : 힘줄 얽힌 곳 **경** [肯綮(긍경) : 뼈에 붙은 살과 힘줄이 얽힌 곳]

語義 뼈에 붙은 살과, 근육과 뼈의 힘줄이 얽힌 곳.
　　　(사물의 가장 요긴한 곳이나 일의 가장 중요한 대목)
　　　(사물의 급소를 찌름, 요점을 정확하게 찌름)

用例

▶'肯綮(긍경)'이란 말은 뼈에 붙은 살과 힘줄이 얽혀 있는 부분을 뜻하는 것으로, 사물의 핵심을 지칭할 때 사용한다. 제구력이 훌륭한 투수들의 투구를 두고 '肯綮(긍경)을 찌르다'는 표현으로 비유해도 되겠다.

▶또 다른 그림 '흰 소'는 뼈와 힘줄로 묘사한 우리 토종의 진경이다. 소의 부위별 조직이 해부도를 능가할 정도로 눈에 선하다. 이는 '잡는 가축마다 肯綮(긍경)에 닿았다.'는, 『장자』에 나오는 전설의 칼잡이 庖丁(포정)이 아닌 담에야 불가한 통찰이다. 이중섭이 백정 출신이 아니고 정육점을 연 적도 없는데, 이런 그림을 그렸다는 게 도무지 믿기 어렵다.

【同音異議語】矜競(긍경) : 능한 재주를 뽐내어, 낫고 못함을 겨룸.
【類義語】　急所(급소) : 사물의 가장 중요한 부분.
　　　　　要諦(요체) : 사물의 가장 중요한 점. 요점.
　　　　　庖丁解牛(포정해우) : 솜씨가 뛰어난 포정이 소의 뼈와 살을 발라낸다는 뜻으로, 기술이 매우 뛰어남.

出典 莊子(장자) - 養生主篇(양생주편)

중국 戰國(전국)시대의 이야기이다. 梁(양)나라 惠王(혜왕)에게 庖丁(포정)이라는 요리사가 있었다. 그가 소를 잡을 때의 교묘한 수단이란, 소의 몸에 왼손을 가볍게 대고, 왼편 어깨를 살짝 기댄다. 그 손을 대는 것이라든지 어깨를 기대는 것이라든지 또는 발을 디디는 것이라든지 무릎을 꿇는 데까지 참으로 빈틈이 없다. 칼을 움직이기 시작하면, 뼈와 살이 싹싹 떨어져 나가며, 베어진 살덩이는 툭하고 땅에 떨어진다. 포정이 혜왕을 위해 소를 잡는데, 모든 것이 마치 춤을 추는 듯하여, 옛 舞樂(무악)이었던

桑林之舞(상림지무 : 탕왕 때의 상림의 춤)나 經首之會(경수지회 : 요임금 때의 명곡인 경수의 악장)를 연상시킬 정도였다고 한다.

惠王(혜왕)은 무척 감탄하여,
"아, 참 훌륭한 기술이구나. 명인이 되면 저런 정도가 되는가?"
라고 말하니까, 포정은 칼을 옆에 놓고 한숨을 쉬면서 다음과 같이 말하였다.
"아니올시다. 제가 뜻을 두는 것은 道(도)입니다. 기술 이상의 것입니다. 물론 저도 처음으로 소를 잡았을 때는 소 그 자체에 마음을 빼앗겨 손도 잘 대지 못하였습니다마는, 3년을 두고 해 오는 동안에 소 전체의 육중한 모양은 걱정하지 않게 되었습니다. 이제는 눈으로 보지도 않고, 오직 六感(육감)만으로 훌륭히 해치울 수 있습니다. 다시 말해서 五官[오관 : 耳(이), 目(목), 口(구), 鼻(비), 形(형)]의 작용은 멎고, 정신의 작용에만 좇아서 일을 하고 있다고 말씀드릴 수 있습니다. 그러기에 소의 자연 그대로 理(리 : 살결)에 따라, 큰 竅(규 : 구멍)나 빈틈에 칼을 넣어 베어내기 때문에 무리를 하지 않습니다. 그래서 여태껏 한 번도 칼을 **뼈에 붙은 살과 힘줄 얽힌 곳**에 대본 일이 없사오며, 더군다나 큰 뼈에 칼을 부딪치는 실수 같은 것은 상상조차 못할 일입니다."

 原文 文惠君曰(문혜군왈) 善哉(선재) 吾聞庖丁之言(오문포정지언) 得養生焉(득양생언) 庖丁釋刀對曰(포정석도대왈) 臣之所好者道也(신지소호자도야) 進乎技矣(진호기의) 始臣之解牛之時(시신지해우지시) 所見无非全牛者(소견무비전우자) 三年之後(삼년지후) 未嘗見全牛也(미상견전우야) 方今之時(방금지시) 臣以神遇而不以目視(신이신우이불이목시) 官知止而神欲行(관지지이신욕행) 依乎天理(의호천리) 批大卻(비대각) 導大窾因其固然(도대관인기고연) 技經肯綮之未嘗(기경긍경지미상) 而況大軱乎(이황대고호)

肯綮(긍경)의 肯(긍)은 '뼈에 붙은 살', 綮(경)은 '힘줄과 뼈가 얽히어 붙은 곳', 따라서 '肯綮(긍경)'은 '일의 급소나 요소', '肯綮(긍경)에 닿는다.' 하면, '일의 급소나 요소를 찌른다.'는 의미로 쓰이게 되었다.

庖丁(포정)의 名人譚(명인담)은 더 계속된다.
"솜씨가 월등한 요리사쯤 되면 어쩌다 칼을 부러뜨리는 정도이기 때문에, 일 년에 한 자루면 충분하지만, 그렇지 못한 요리인은 잘못 칼을 뼈에 부딪쳐 부러뜨리기 때문에 한 달에 한 자루는 필요합니다. 그런데 저는 이 칼을 19년 동안 썼으며, 몇 천 마리의 소를 잡았는지 기억조차 없습니다마는, 보시는 바와 같이 칼날은 항상 갈아 놓은 것 같이 빤짝이며, 이 하나 빠지지 않았습니다.

또한 소의 뼈마디에는 자연적인 빈틈이 있어서 엷은 칼날을 그 틈에 넣으면, 조금도 무리가 없고 힘 안 들이고 칼을 자유자재로 쓸 수가 있습니다. 물론 저도 肯綮(긍경)에 손을 댈 때는 가만히 마음을 가다듬고, 한참 들여다보다가 천천히 그리고 조심조심 손을 놀립니다.

그리하여 급소를 피하며, 큰 살덩이가 마치 흙덩이와 같이 툭 하고 땅에 떨어지는 것을 보았을 때는,

'후우!' 하고 칼을 손에 든 채 일어서서 사방을 돌아보며, 흡족한 마음으로 칼을 씻어 간수하는 것입니다."

이 말을 듣고 혜왕은 더욱 감탄하여 말하였다.

"아아, 참 훌륭하도다. 나는 지금 포정의 이야기를 듣고, '養生(양생)의 道(도)'까지도 배웠도다."

혜왕이 배웠다는 '養生之道(양생지도)'라는 것은 도대체 무엇인가. 이 이야기를 전한 哲人(철인) 莊子(장자)는 그 서두에 다음과 같이 쓰고 있다.

"우리 인간의 생명에는 한이 있지만, 그 知欲(지욕 : 지식에 대한 욕심)에는 한이 없다. 한이 있는 몸을 가지고 한이 없는 지식, 욕망을 추구한다는 것은 위험하다고 알면서도, 이에 이끌려 들어가는 것은 더욱 위험하다. 그러기에 善(선)을 행하면서도 名利(명리)를 가깝게 하지 않고, 惡(악)을 저지르면서도 刑戮(형륙 : 죄 지은 사람을 형벌에 따라 죽임)을 가깝게 하지 않으며, 선에 치우치지 않고, 악에 기울어지지 않는 무심의 경지를 지켜, 자연 그 자체를 생활의 근본 원리로 삼는다면, 내 몸을 보존하고 내 목숨을 다하여 부모에 효성을 다하고, 天壽(천수)를 다할 수 있는 것이다."

人知(인지)의 오만을 버리고, 無心(무심)으로 자연에 따르는 것이 養生(양생)의 근본적인 道(도)이며, 포정의 체험담도 또한 이 자연 隨順(수순 : 남의 뜻에 맞추거나 순순히 따름)을 示唆(시사)하는 것이다. 물(物)과 심(心)의 경계가 없어진 渾然一體(혼연일체)의 상태가 그것이다. 그런데 이런 경지에로의 上昇(상승)은 몸이 점차 대상과 合一(합일)해 가는 과정 못지않게, 마음의 때를 씻고 사물을 순수하게 볼 것을 요구한다.

포정은 소를 屠殺(도살 : 마구잡이로 죽임)한 것이 아니라, 解牛(해우)한 것으로 기록되어 있다. 문혜왕의 질문에 '臣之所好者道也(신지소호자도야)'라 하여 '臣(신)은 道(도)를 좇아 소를 잡았다'고 답하였다. 포정이 답한 道(도)를 언급하기 앞서 포정의 직업을 살펴볼 필요가 있다. 당시 천한 관리로 輝(운), 胞(포), 翟(적), 閽(혼)의 4가지가 있었다. '輝(운)'은 가죽을 다루는 천한 자로 갑옷을 손질하며, '胞(포)'는 가축을 도살하는 천한 자이고, '翟(적)'은 악기를 다루는 천한 자이고, '閽(혼)'은 문을 지키는 천한 자이다. 공자의 말처럼 포정은 胞(포)에 해당하는 천한 관리였다.

그럼에도 불구하고 왕과 대화를 나눈다. 더구나 천한 직업에 종사하는 포정이 桑林之舞(상림지무)라는 은나라 탕왕 시절 기우제를 올릴 때의 武曲(무곡)과 같은 음률을 알고 있었다는 것은 그가 예사 백정이 아닌, 분명 다른 것을 암시하기에 충분하다. 곧, 포정의 직위는 왕과 대화를 나눌 수 있는 자리였으며, 제사를 알고 있을 정도로 그 지식이 상당했다는 것을 엿볼 수 있다.

008 杞憂 기우

字解 杞 : 나라 이름 **기** [杞憂(기우) : 기나라 사람의 걱정]
　　　　　소태나무 기 [枸杞子(구기자) : 구기자나무 또는 그 열매]
　　　　　나무 이름 기 [杞柳(기류) : 고리버들]
　　　憂 : 근심 **우** [憂慮(우려) : 걱정, 근심]
　　　　　상제될 우 [丁憂(정우) : 부모의 喪事(상사)를 당함]

語義 杞(기)나라 사람의 근심.
　　　　(앞일에 대한 쓸데없는 걱정)
　　　　(무익한 근심)

用例

▶ 경기 북부 지역을 중심으로 도내 전역을 강타한 폭설로 출근길 교통대란이 우려됐으나, 철야 제설작업 등 만반의 대책으로 출근길 혼란은 **杞憂**(기우)에 그쳤다.

▶ 중국의 경제성장이 건전한 가운데, 선진국을 중심으로 소비가 살아나려는 모습을 보이고 있다는 점을 감안할 때, 공급 과잉 우려는 **杞憂**(기우)에 불과하다는 생각입니다.

▶ 결국 삼성그룹의 새로운 신입사원 채용 방법에 대한 우려는 **杞憂**(기우)로 끝나지 않았다. 삼성이 대학총장 추천제 도입을 발표하면서 어느 정도의 반발은 있을 것이란 예상을 했지만, 반발의 강도는 그 범위를 훌쩍 뛰어넘었다. 다행히 여론이 심상치 않음을 감지한 삼성이 조기에 전면 유보를 밝히며 파장은 더 이상 확대되지 않았다.

【同音異議語】 奇遇(기우) : 뜻하지 않게 만남, 기이하게 만남.
　　　　　　祈雨(기우) : 가물 때에 비 오기를 빎.
　　　　　　氣宇(기우) : 마음의 넓이, 기백 또는 기재와 도량.
　　　　　　寄寓(기우) : 한때 남에게 몸을 의지하여 지냄.
【類義語】　杞人憂天(기인우천) : 기나라 사람이 하늘이 무너짐을 걱정함.
　　　　　　杞人之憂(기인지우) : 기나라 사람의 근심.
　　　　　　杯中蛇影(배중사영) : 술잔 속의 뱀 그림자란 뜻으로, 의심을 품고 지나치게 근심함.
　　　　　　疑心暗鬼(의심암귀) : 의심이 생기면 귀신이 생긴다는 뜻으로, 의심하고 두려워하여 불안함.

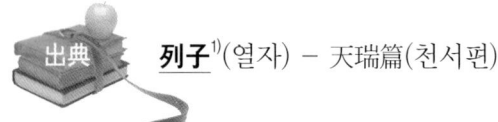 **列子**[1](열자) - 天瑞篇(천서편)

옛날 중국의 杞[2](기 : 주나라 시대 하남성 개봉 근처에 있던 나라)나라에 어떤 사람이 있었는데, 하늘이 무너져 내리면 몸 둘 바가 없을 것이라 **걱정**[憂(우)]하여, 寢食(침식 : 잠자고 먹음)을 전폐하였다. 이 소리를 들은 어떤 사람이 이를 딱하게 여겨, 일부러 그 사람에게 가서 깨우쳐 말하되,

"하늘은 기운이 가득 차서 이루어진 것이니, 어찌 무너져 떨어지겠는가?"

그 사람이 말하되,

"하늘이 과연 기운이 쌓여 이루어졌다면, 해와 달과 별은 마땅히 떨어지지 않겠는가?"

일깨워 주는 사람이 말하되,

"해와 달과 별 또한 기운이 쌓여 있는 가운데 빛이 있는 것이라. 비록 떨어지더라도 또한 능히 맞아서 상하는 바가 없느니라."

그 사람이 말하되,

"어찌하여 땅은 무너지지 않는가?"

일깨워 주는 사람이 말하되,

"땅은 기운이 뭉쳐서 이루어진 것이니, 어찌 그 무너지는 것을 근심하리요?"

그 사람이 근심을 풀고서 크게 기뻐하고, 일깨워 준 사람도 걱정을 풀고서 크게 기뻐하더라.

 原文 杞國有人憂天崩墜(기국유인우천붕추) 身無所寄廢寢食者(신무소기폐침식자) 又有憂彼之所憂者(우유우피지소우자) 因往曉之曰(인왕효지왈) "天積氣耳(천적기이) 奈何憂崩墜乎(내하우붕추호)" 其人曰(기인왈) "天果積氣(천과적기) 日月星宿(일월성수) 不當墜耶(부당추야)"

曉之者曰(효지자왈) "日月星宿(일월성수) 亦積氣中(역적기중) 有光曜者(유광요자) 只使墜(지사추) 又不能有所中傷(우불능유소중상)" 其人曰(기인왈) "奈地壞何(내지괴하)" 曉者曰(효자왈) "地積塊耳(지적괴이) 奈何憂其壞(내하우기괴)" 其人舍然大喜(기인사연대희) 曉之者亦舍然大喜(효지자역사연대희)

列子(열자)는 이 이야기를 듣고 웃으며 말했다.

"天地(천지)가 무너지지 않는다고 한 사람 역시 옳지 않은 것이다. 무너지고 안 무너지는 것은 우리들이 알 도리가 없는 것이다. 그러나 무너진다고 한 사람에게도 一理(일리)는 있고, 무너지지 않는다고 한 사람의 말에도 일리는 있다. 그러므로 生(생)은 死(사)를 모르고, 死(사)는 生(생)을 모른다. 미래는 과거를 모르고, 과거는 미래를 모른다. 천지가 무너지고 안 무너지는 것은 우리가 어찌 생각할 수 있을 것인가."

중국 唐(당)나라 詩仙(시선) 李白(이백, 701 ~ 762)의 시 중에,
"杞(기)나라는 무사하구나. 하늘이 무너짐을 염려하더라."
라는 구절이 있는데, 여기서는 앞에서 말한 '쓸데없는 근심·걱정'보다는, '옛사람의 소박함과 虛心(허심 : 마음에 거리낌이 없음)함'을 그대로 긍정하려는 이백의 따뜻한 인간성이 스며 있는 표현이라고 본다.

위의 故事(고사)에서 '杞憂(기우)'라는 成語(성어)가 유래하였다. '기나라 사람의 근심'이라는 말에서 '쓸데없는 걱정'이라는 뜻이 나왔다. 오늘날 매우 많이 쓰는 말로서, 고사성어 같은 느낌을 전혀 받지 못한다. 고사를 통해서 그 유래를 알게 되고, 그 뜻도 명확히 이해됨을 알 수 있다.

---

1) **列子**(열자, 책명) : 『忠虛至德眞經(충허지덕진경)』이라고도 한다. 전국시대 사상가 列子(열자, ? ~ ?, 기원전 4세기경 사람)가 쓴 책으로 전해진다. 『漢書(한서)』 「藝文志(예문지)」에 8편으로 기록되어 있으나, 이미 亡失(망실)되었다. 현재 전하는 『열자』 8편은 晉(진)나라 張湛(장담)이 쓴 것이다. 내용 가운데 일부는 先秦時代(선진시대)의 자료를 베껴 쓴 것이나, 사상과 내용에서 보면 魏秦時代(위진시대)의 사조가 반영된 작품이다.
  唐代(당대)의 柳宗元(유종원, 773 ~ 819)에서부터 근대의 梁啓超(양계초)·馬敍論(마서론) 등이 모두 이 책의 진위에 관해서 논증했는데, 그 가운데 마서론의 『列子僞書考(열자위서고)』 논증이 가장 타당한 것으로 여긴다.
  내용으로는 민간고사·우화·신화·전설이 많이 실려 있다. 이는 『孟子(맹자)』·『淮南子(회남자)』에 나오는 楊朱(양주) 사상과 같지 않은데, 진대 사람이 양주에 가탁하여 쓴 것으로 여겨진다. 후에 도교가 유행하면서 도교 경전으로 인정받아서, 『忠虛眞經(충허진경)·忠虛至德眞經(충허지덕진경)』으로 존칭되었다.

2) **杞**(기) : 고대 중국의 상대부터 전국시대에 걸쳐 존재한 나라이다. 국성은 姒(사) 성이며 禹(우)의 후예라고 칭했다. 商末周初(상말주초)에 일시적으로 멸망했지만, 周初(주초)에 재흥되어 사료에서는 東樓公(동루공)부터 20대의 왕이 기록되어 있다. 기원전 445년, 楚(초)에 의해서 멸망했다.
  杞(기)는 소국이었기 때문에 사서에서의 기술은 지극히 한정적이다. 『사기』에는 「陳杞世家(진기세가, 진나라 왕실에 관한 기록)」의 기술이 있지만, 기에 대한 기술은 불과 270자이며, '기는 작고 약하여 기사를 쓰기에는 부족하다[杞小微 其事不足稱述(기소미 기사부족칭술)]'고 다루어지고 있다.
  기는 비록 소국이었지만 夏(하) 왕실의 후예이고 夏禮(하례 : 하나라의 예의범절, 사회 정치적인 제도와 문물을 포함하는 포괄적인 문화)를 보존하고 있어, 儒家(유가)에서는 큰 의의가 있었다. 공자도 하례를 배우기 위해서 기를 방문한 기록이 있다. 後(후)에 杞(기)의 공자 중 한 명이 齊(제)를 섬겨 鮑(포)의 땅을 받은 데에서 鮑氏(포씨)를 자칭했고, 賢臣(현신)으로서 유명한 鮑叔牙(포숙아 : 제나라의 문신)를 배출하였다.

009 奇貨 기화

字解 奇 : 기이할 기 [奇蹟(기적) : 상식으로는 생각할 수 없는 기이한 일]
　　　　　홀수 기 [奇數(기수) : 홀수. ↔ 偶數(우수)]
　　　　　운수 사나울 기 [奇薄(기박) : 이상하게 일이 빗나가 운수가 사납고 복이 없음]
　　　貨 : 재화 화, 화폐 화 [銀貨(은화) : 은돈]
　　　　　물건 화 [貨物(화물) : 수송수단으로 운송할 때의 '짐'을 이르는 말]

語義 기이한 재화, 재물.
　　　　(요긴하게 이용할 수 있는 뜻밖의 물건이나 기회)
　　　　(못되게 이용되는 기회)

用例

▶그녀는 이 삼사 년 동안 장사를 곧잘 하여, 재산이 불어난 것을 **奇貨**(기화)로 남편을 졸랐다.
▶결국 나는 엄마의 불행을 **奇貨**(기화)로, 힘 안 들이고 엄마의 돈을 우려낼 수 있었다.

【同音異議語】 氣化(기화) : 액체가 증발하여 기체로 변함. 또는 그런 현상.
　　　　　　琪花(기화) : 선경에 있다는 아름다운 꽃.
　　　　　　奇貨(기화) : 궁중에서 '뒤주'를 이르는 말.
　　　　　　奇花(기화) : 보기 드문 신비하고 이상한 꽃.
　　　　　　奇禍(기화) : 뜻밖에 당하는 재난.
　　　　　　奇話(기화) : 기이한 이야기.

史記(사기) - 呂不韋傳(여불위전)

　중국 전국시대(B.C.475 ~ B.C.221) 말엽 때였다. 趙[1](조)나라 서울 邯鄲(한단 : 하북성 남부에 위치, '한단지몽'이란 고사가 있음)은 나라가 쇠망해 가는 것을 모르는 듯, 중원 문화의 꽃을 피우고 상업은 번성하여 다른 나라 상인들의 내왕이 많았다.
　韓[2](한)나라 수도 陽翟(양적)에 呂不韋[3](여불위)라는 큰 장사꾼이 있었다. 각국을 돌아다니며 물건을 싸게 사다가 비싼 값으로 넘겨, 수천 금의 재산을 모았다. 그는 장사일로 곧잘 한단에 나타나곤 했는데, 우연히 秦(진)나라 태자 安國君(안국군 : 후에 효문왕)의 서자인 子楚(자초)가 볼모(대립되는 두

세력 사이에 항복, 우호 관계 등을 보증받기 위한 방법으로, 상대쪽 사람을 머무르게 했던 일. 인질)로 한단에 와 있다는 것을 알게 되었다.

　진나라는 昭王(소왕. 재위 B.C.307 ~ B.C.251)의 태자가 죽자, 소왕은 둘째아들 안국군을 태자로 책봉했다. 안국군에게는 20여 명의 아들이 있었다. 또 그에게는 대단히 사랑하는 첩이 있어서, 그녀를 정부인으로 세우고 華陽夫人(화양부인)이라 부르게 했는데, 그녀에게는 아들이 없었다. 자초의 어머니 夏姬(하희)는 안국군의 사랑을 받지 못하고 있었다.
　인질이란 서로 침략하지 않겠다는 약속의 증거로 서로 교환되는 사람으로, 대개 왕자나 왕손들이 인질로 가 있었다. 그런데 진나라가 약속과는 달리 자꾸만 조나라를 침략해 왔기 때문에, 자초에 대한 조나라의 대우는 갈수록 나빠져만 갔다. 감시가 심해질 뿐만 아니라, 일상생활마저 어려워져 가는 형편이었다.

　그 무렵, 여불위가 조나라 수도 한단으로 장사 차 들어오게 되었다. 그는 우연히 자초가 있는 집 앞을 지나다가, 자초의 남다른 행색을 보고 주위 사람에게 그 내력을 물었다. 얘기를 다 듣고 난 여불위는 매우 딱하게 여겼으나, 타고난 장사꾼의 기질로 문득 혼자 이런 말을 던졌다.
　'이것은 **진귀한 재물**이다. 차지해야 한다.[此**奇貨**可居(차기화가거)]'
　이리하여 여불위는 자초를 만나, 그를 갖은 방법으로 도와주고 위로하였다.
　마침내는 그와 뒷날을 굳게 약속한 다음, 그를 화양부인의 아들로 입양시켜 안국군의 後嗣(후사 : 대를 잇는 자식)를 만드는 데 성공했다.
　그가 자초의 환심을 사고 화양부인을 달래기 위해서, 교제비로 천금의 돈을 물 쓰듯 써야 했다. 그런데 여불위는 약속 외에 무서운 음모를 품고 있었다. 그것은 그가 한단에서 돈을 주고 산, 얼굴이 기막히게 예쁘고 춤과 노래에 뛰어난 趙姬[4](조희)란 여자를 자초의 아내로 보낸 것이다. 그녀의 뱃속에는 이미 여불위의 자식의 씨가 들어 있었다. 그것이 요행히 사내아이일 경우, 진나라가 자기 자식의 손으로 넘겨질 수도 있겠다는 음모였다. 과연 아들을 낳았고, 조희는 정부인이 되었다. 이 아들이 뒤에 진시황이 된 嬴政(영정)이었다.
　그러나 결국에는 여불위가 자기 아들에게 쫓겨나고 목숨을 잃게 되고 만다. 그러나 한 장사꾼으로서 불행 속에 있던 자초를 奇貨(기화)로 삼아, 일거에 진나라 승상이 되어 文信候(문신후)란 이름을 받았다. 또한 10만 호의 봉록에다가, 천하에 그의 이름과 세력을 떨쳤으니, 장사꾼의 출세로서는 그가 아마 첫손에 꼽히고도 남을 것이다.

　'奇貨(기화)'는 '奇貨可居(기화가거)'의 줄임말로 '진귀한 財貨(재화)를 사 두었다가, 때를 기다리면 훗날 큰 이익을 얻게 된다.'는 뜻이었다. 그러나 지금은 본래의 뜻과는 달리 '죄를 범할 수 있는 기회'로 주로 쓰인다. 예를 찾아보면, 검찰이 피의자의 논고에 흔히 쓰는 말로 '이를 奇貨(기화)로 하여'가 사용됨을 볼 수 있다.

1) **趙**(조, B.C.403 ~ B.C.228)**나라** : 晉(진)나라에서 분리되어 나온 나라로서, 전국시대의 전국 칠웅 중 하나이다. 魏(위)나라, 韓(한)나라와 더불어 三晉(삼진)이라고 일컬어진다. 북쪽엔 燕(연)나라와 붙어 있고, 남쪽에는 황하가 흐르고 있다. 胡腹(호복 : 통소매와 바지)을 채용하였고, 중국에 처음 기마전술을 도입한 나라이기도 하다. 갑병 수십만과, 전차 천 승, 馬(마) 만 필을 낼 수 있었다. 기원전 222년, 秦(진)나라의 침공을 받고 멸망한다. 도읍인 邯鄲(한단)은 상공업의 대중심지였다.

2) **韓**(한, B.C.403 ~ B.C.230)**나라** : 전국시대의 나라 가운데 하나이다. 춘추오패의 하나인 晉(진)에서 분리된 나라이며, 魏(위)나라, 趙(조)나라와 더불어 三晉(삼진)이라고 일컬어졌다. 전국시대의 전국 칠웅 중 하나이다. 영토는 북쪽으로는 지금의 허난성[河南省(하남성)], 서쪽으로는 지금의 허베이성[河北省(하북성)]에 이르렀고, 일천 리에 달했다고 한다. 갑병 수십만을 낼 수 있었고, 무기가 뛰어났다.

3) **呂不韋**(여불위, ? ~ B.C.235) : 허난성[河南省(하남성)] 濮陽(복양) 사람. 중국 북서부의 많은 인접 국가들 사이에 끼어 있던 晉(진)은, 그의 유능한 외교 능력 때문에 그의 임기가 끝날 무렵에는 중국 통일이 순조로이 진행되고 있었다.

원래 상인 출신이었던 그는 자신의 영향력을 행사해서 진의 왕자들 중 왕위 계승의 가능성이 있던 子楚(자초)를 후원했다. 그는 자초의 아버지 安國君[안국군 : 孝文王(효문왕)]과 華陽夫人(화양부인)의 환심을 사, 자초가 太子(태자)로 책봉되도록 하는 데 성공했다. 기원전 250년, 莊襄王(장양왕)으로 즉위한 자초는 그를 相國(상국)으로 임명하고, 文信侯(문신후)에 봉했다. 여불위는 장양왕이 죽고, 자기 첩의 아들 嬴政(영정 : 후에 진시황)이 기원전 246년 왕위에 오르고 난 뒤에도, 직책을 사임하지 않았다.

기원전 238년 어린 황제에 대한 반역 음모에 말려든 그는 파면당하여, 자신의 봉지인 하남으로 돌아갔다. 그 후 반란을 두려워한 황제가 그를 蜀[촉 : 지금의 사천성(四川省)] 지방으로 쫓아버리려 하자, 독약을 먹고 자살했다고 한다. 스스로 始皇帝(시황제)라고 칭한 영정은 그가 시작해 놓은 중국 통일을 완성하여, 통일제국 秦(진, B.C.221 ~ B.C.206)을 이룩했다. 여불위는 승상으로 재임하는 동안 수많은 학자들을 동원하여 여러 학문을 집대성한 책을 만들게 했다. 그 결과 최초로 정리되어 나온 방대한 내용의 『呂氏春秋(여씨춘추)』는 제자백가의 학설뿐만 아니라, 민간전설·민간요법·도교 등에 관한 개론 성격의 책이다.

4) **趙姬**(조희) : 子楚(자초)의 夫人(부인)으로 秦始皇帝(진시황제)의 生母(생모)이다. 중국의 전국시대 趙(조)나라 邯鄲(한단)에서 태어났다. 呂不韋(여불위)의 애첩이었으나, 진나라의 公子(공자) 子楚(자초)에게 바쳐진다. 그녀는 진나라의 환관 嫪毐(노애)와 밀통하는 관계였으며, 노애와의 사이에서 2명의 아이를 두었다. 노애가 일으킨 반란이 실패하자, 노애는 진시황제에게 죽임을 당하고, 두 아이 또한 죽임을 당하였다.

010 落魄 낙백

字解 落 : **떨어질 락(낙)** [落第(낙제) : 시험에 떨어짐. 성적이 나빠서 상급 학년으로 오르지 못함]
　　　　마을 락(낙) [村落(촌락) : 시골의 마을. ↔ 都市(도시)]
　　　　비로소 락(낙) [落成(낙성) : 공사의 목적물이 완성됨]
　　　　쓸쓸할 락(낙) [落莫(낙막) : 마음이 쓸쓸한 모양]

　　　魄 : **혼백 백, 넋 백** [魂魄(혼백) : 넋]
　　　　재강(술을 걸러내고 남은 찌꺼기) 박 [酒魄(주박) : 술 찌꺼기]
　　　　영락할 탁 [落魄(낙탁) : 넋을 잃음]

語義 혼백이 떨어지다. 넋이 달아나다.
　　　(모든 일이 뜻대로 되지 않아 형편이 말이 아닌 상태)
　　　(집안이 가난하여 뜻을 이루지 못하고 실의에 빠짐)

用例

▶ 궁벽한 촌의 落魄(낙백)한 양반들.
▶ 이때 강화 도령 원범은 萬不成樣(만불성양 : 전혀 꼴이 갖추어지지 않음)의 꼴이 아닌, 落魄(낙백)하고 가난한 떠꺼머리 총각이었다. 〈박종화 – 전야〉

出典 史記(사기) – 酈生陸賈列傳(역생육가열전)

중국 秦(진)나라 말, 酈生(역생) 食其(이기)란 사람[酈食其¹⁾(역이기)]은 陳留縣(진류현) 高陽(고양) 출신으로, 책 읽기를 좋아했다. 집이 가난하고 **혼백이 떨어져서**, 입고 먹기 위한 직업이 없게 되자, 마을의 문지기 자리를 하나 얻었다. 그러나 마을의 현인이나 호걸들은 그를 부려 일을 시키지 않았고, 마을의 사람들도 모두 그를 '미친 선생[狂生(광생)]'이라고 부를 뿐이었다.

原文 酈生食其者(역생이기자) 陳留高陽人也(진류고양인야) 好讀書(호독서) 家貧落魄(가빈낙백) 無以爲衣食業(무이위의식업) 爲里監門吏(위리감문리) 然縣中賢豪不敢役(연현중현호불감역) 縣中皆謂之狂生(현중개위지광생) *食 ; 사람 이름 이

그는 監門(감문 : 마을의 문지기)이란 천한 일을 하면서도, 말과 행동만은 그렇게 거만할 수가 없었다. 또한 나이는 60이 넘었고 키는 8척에 이르렀으나, 때를 만나지 못해 술에 취한 채 거리를 헤매며, 미친 척 떠들고 바보같이 행세하였기에, 마을 사람들이 狂生(광생)이라 부른 것이다. 그러나 그는 남을

설득시키는 능력만큼은 타의 추종을 불허했다.

이즈음 秦始皇(진시황)이 죽고 천하가 다시 어지러워지자, 酈食其(역이기)는 출세의 부푼 꿈을 불붙이기 시작했다. 호걸들이 의병을 일으켜 서북으로 진격해 올라가느라 고양을 지나가게 되면, 그는 혹시나 하고 그들 장수들을 만나 보았다. 그러나 한 사람도 마음에 드는 사람이 없었다. 이때(B.C.207) 뒷날 한고조가 된 沛公(패공) 劉邦(유방, B.C.256 ~ B.C.195)이 陣留縣(진류현) 근처에서 義軍(의군)을 지도한다는 풍문이 들려왔다. 유방의 휘하에는 사방에서 모여든 賢士(현사)들로 가득했기에, 그는 유방이야말로 천하를 차지할 영웅이라고 판단하고 그에게 의탁하기로 결심했다.

그러나 유방이 儒生(유생 : 유학을 공부하는 선비)들을 싫어하여 그들이 찾아오면, 冠(관)을 벗겨서 거기에 오줌을 누고 욕을 퍼붓는다는 말을 들었다. 역이기는 심사숙고한 끝에 대책을 마련한 뒤, 유방을 만나려고 하였다. 그런데 다행히도 유방 휘하에 있는 騎士(기사) 한 사람이 역이기와 같은 마을 사람이었는데, 그가 고양 가까이 온 기회에 집에 들르게 되었다. 그리고 이 기사의 소개로 유방이 고양에 들어왔을 때, 사람을 보내어 역이기를 불러들였다.

역이기는 유방의 진영 앞에서 侍衛(시위 : 임금을 모시어 호위함. 또는 그 직책을 맡은 사람)에게 말했다.
"고양에 사는 천민 역이기가 천하대사를 도모하고자, 유방을 만나러 왔소."
시위가 이 사실을 황급히 유방에게 보고하자, 유방이 물었다.
"찾아온 자의 모습이 어떠했느냐?"
시위가 대답하였다.
"유생의 모자를 쓰고, 유생의 옷을 입은 자입니다."
유방은 크게 노하여 말하였다.
"유생 따위는 만날 시간이 없다고 전해라."
시위의 말을 전해들은 역이기는 노발대발하며, 칼을 쥐고 시위를 노려보며 소리쳤다
"나는 고양 땅의 술꾼이지 유생이 아니다[吾高陽酒徒 非儒人也(오고양주도 비유인야)]. 어서 가서 그대로 보고하시오."
이 말을 듣고 유방이 역이기를 불러들였다.

이때 유방은 두 명의 여인들에게 발을 씻기고 있었다. 역이기가 말하기를,
"足下(족하 : '아주 가까운 곳'이란 뜻으로, 상대편을 높여 이르는 말)는 다만 秦(진)나라를 도와 諸侯(제후 : 봉건 시대에 일정한 영토를 가지고 그 영내의 백성을 지배하는 권력을 가지던 사람)를 칠 생각이오, 아니면 제후를 거느리고 秦(진)나라를 칠 생각이오?"
하니 유방이 큰 소리로 꾸짖으며 대답했다.
"이 철부지 선비야, 천하가 다 같이 진나라에 시달린 지 오래다. 그래서 제후가 힘을 합해 진나라를

치려는 것이 아니냐?"

이에 역이기가,

"만일 군대를 모으고 의병을 합쳐 무도한 진나라를 칠 생각이면, 그렇게 걸터앉아 늙은이를 대하지는 못할 거요."

하고 말하니, 유방은 급히 의관을 갖추고, 역이기를 上座(상좌 : 윗자리 또는 높은 자리)로 모시며 의견을 구했다.

역이기의 첫 번째 임무는 陣留(진류) 縣令(현령)을 설득하는 일이었는데, 설득이 여의치 않자 대담하게도 현령의 목을 베어 유방에게 바쳤다. 이튿날 유방은 군대를 이끌고 단숨에 진류성을 점령할 수 있었다. 이 공로로 역이기는 廣野君(광야군)으로 불렸다. 이후 유방을 도와 동분서주하며, 뛰어난 말재주로 군사를 동원하지 않고, 제후들을 유방의 휘하로 들어오게 하는 데 비상한 공을 세웠다.

역사에 이름을 남긴 많은 사람들은 '落魄(낙백)'의 경험이 있다. 순풍에 돛 단 듯이 목표 달성을 하면 좋겠지만, 대부분은 맹자에 있는 '必先苦其心志(필선고기심지 : 반드시 먼저 그 마음과 의지를 고통스럽게 한다)'의 절차로 낙백에 처한다. 낙백을 못 이기고 좌절해 버리면 끝이 나지만, 참고 단련하면서 강태공이 낚시하듯 기다리면, 역이기처럼 언젠가 때가 찾아오기 마련이다.

---

1) **酈食其**(역이기, ? ~ B.C.204) : 秦(진)나라 말기 楚漢戰(초한전) 당시 한고조 유방의 휘하에 있던 謀士(모사 : 꾀를 잘 내어 일을 잘 이루게 하는 사람)이다. 평소 독서를 즐겼지만, 집안이 가난해서 마을의 성문을 관리하는 監門吏(감문리)로 있었다. 술을 즐기고 능력을 드러내지 않아, 사람들은 '미치광이 선생[狂生(광생)]'이라고 불렀다. 각지에서 민란이 일어나자, 때를 기다렸던 역이기는 유방을 만나고는 드디어 그 뜻을 펼치기 시작한다. 외교 활동에서 큰 공을 세웠는데, 陣留(진류) 현령을 속여 진류성을 유방에게 바치고, 齊王(제왕) 田廣(전광)을 설득하여 항복하도록 하였다.

그러나 역이기의 공을 시기한 韓信[2](한신)이 이미 말로써 항복을 받은 제나라를 무력으로 침공해 들어감으로써, 역이기의 술책에 넘어간 줄로 오해한 제왕 전광에 의해 烹殺(팽살 : 끓는 물에 삶아 죽임)된다. 이때 제왕은 역이기에게 한신의 침략군이 고이 물러가게 하면 살려 준다는 조건을 내걸었으나, 역이기는 이미 일이 틀린 줄을 알고, 큰소리를 치며 태연히 기름 가마로 뛰어들었다. 역이기의 아들 역개는 그 부친의 공이 크다 하여, 아무런 전공 없이 高梁侯(고량후)에 봉해졌다.

2) **韓信**(한신, ? ~ B.C.196) : 중국 전한의 武將(무장). 漢(한) 高祖(고조) 유방을 도와 趙(조)·魏(위)·燕(연)·齊(제)나라를 멸망시키고, 楚(초)나라 항우를 공격하여 큰 공을 세웠다. 한나라가 통일된 후 楚王(초왕)에 봉해졌으나, 呂后(여후, 유방의 부인. B.C.241 ~ B.C.180)에게 살해되었다.

011 濫觴 남상

字解 濫 : 넘칠 **람**(남) [氾濫(범람) : 물이 차서 넘쳐 흐름]
　　　　함부로 람(남) [濫發(남발) : 함부로 씀]
　　　觴 : 술잔 **상** [觴詠(상영) : 술을 마시며 시가를 읊음]

語義 술잔을 물 위에 띄우다. 잔이 넘치다.
(술잔을 띄울 만한 적은 물. 술잔이 겨우 넘칠 정도의 적은 물)
(사물의 시초나 근원)

 用例

▶ 100년 전의 이 학교 설립이 곧 신교육의 **濫觴**(남상)이었다.
▶ 강강수월래가 언제부터 무슨 연유로 시작되었는지 그 **濫觴**(남상)을 알기란 쉽지 않다. 그러나 대체로 임진왜란 때 전라도 지방에서 민속놀이로 시작되었다고 보는 견해가 많다.

【同音異議語】 男像(남상) : 남자의 형상.
　　　　　　男相(남상) : 사내 얼굴과 같이 생긴 여자의 얼굴.
　　　　　　濫賞(남상) : 일정한 기준도 없이 함부로 상을 줌.
　　　　　　南床(남상) : 홍문관 정구품 벼슬인 '正字(정자)'를 달리 이르던 말.
【類義語】　權輿(권여) : '저울대와 수레 바탕'이라는 뜻으로, 사물의 시초를 이르는 말.
　　　　　起源(기원) : 사물이 처음으로 생김. 또는 그런 근원.
　　　　　鼻祖(비조) : 어떤 일을 가장 먼저 시작한 사람.
　　　　　源流(원류) : 물이 흐르는 원천.
　　　　　源泉(원천) : 물이 흘러나오는 근원.
　　　　　嚆矢(효시) : '전쟁터에서 우는 화살을 쏘아 전투의 시작 신호로 삼다.'라는 뜻으로, 모든 일의 시초.

 **出典** 荀子[1](순자) - 子道篇(자도편), **孔子家語**[2](공자가어) - 三恕篇(삼서편)

孔子(공자)의 제자 子路[3](자로)가 화려한 옷차림을 하고 공자를 가 뵈었다. 공자는 자로의 그 같은 모습을 보고 말했다.

"由(유 : 자로의 이름)야, 너의 그 거창한 차림은 어찌 된 일이냐?"

공자는 자로가 전과 달리 그런 화려한 차림을 하고 있는 것을 보자, 그가 혹시 사치와 교만에 빠져드는 것이 아닌가 싶어 걱정이 되었다.

그래서 揚子江(양자강 : 티베트 고원의 북동부에서 발원하여 동중국해로 흘러들어감. 장강이라고도 불림. 길이 5,800Km)을 비유로 들어 이야기를 시작했다.
"원래 양자강은 岷山(민산 : 사천·청해 두 성의 경계에 위치한 산)으로부터 흘러나왔다. 그것이 처음 시작할 때는 그 물이 겨우 **술잔을 띄울 만했다**. 그러나 그것이 강나루에 와 닿았을 때는, 큰 배를 띄우지 않거나, 바람을 피하지 않고는 가히 건널 수 없게 된다.

 原文 昔者(석자) 江始出岷山(강시출민산), 其源何以濫觴(기원하이남상), 及至江津(급지강진), 不舫舟(불방주), 不避風則不可以涉(불피풍즉불가이섭)

그것은 하류의 물이 많기 때문에 사람들이 겁이 나서 그러는 것이다. 지금 너는 화려한 옷을 입고 몹시 만족해하는 얼굴을 하고 있는데, 사람들이 너의 그 같은 태도를 보게 될 때, 누가 너를 위해 좋은 충고를 해 줄 사람이 있겠느냐?"
하고 타일렀다.

항상 자기의 허물을 듣기 좋아하고, 또 그 허물을 고치는 데 과감하기로 유명한 자로는, 공자의 꾸중을 듣자 당장 옷을 바꾸어 입고, 겸손한 태도로 다시 공자를 뵙게 된다. 한마디로 濫觴(남상)은 子路(자로)가 화려한 옷을 입고 공자를 방문했을 때, 사치와 교만에 빠져들 것을 염려하여 한 말이다. 또한 사물의 시초가 중요하여, 처음이 나쁘면 갈수록 점점 더 심해짐을 강조한 말이기도 하다.
글자 그대로의 뜻을 살펴보면, '濫(남)'이란 말은 '떠오르다, 드러나다'는 의미이다. 『爾雅(이아, 고서의 자구를 해석한 중국의 책)』의 「釋水(석수)편」에서는 '濫(남)은 샘이 용솟음치는 것이다.'라고 풀이했다. '觴(상)'의 원래 의미는 '고대에 술을 마실 때 사용하던 그릇'이다. 그래서 '술잔을 띄울 수 있는 하천의 발원지'를 濫觴(남상)이라 하게 되었다.

공자는 다시 자로에게 긴 교훈의 말씀을 주게 된다.
"유야, 여기에 뜻을 두어라. 내가 너에게 말하리라. 말을 꾸미는 자는 진실이 없고, 행동을 꾸미는 자는 자만에 빠져 있으며, 아는 것을 곧 얼굴에 나타내어 자기 능력을 자랑하려는 자는 小人(소인)이다. 그러므로 君子(군자)는 아는 것과 모르는 것을 확실히 구별하여, 아는 것을 안다고 말하고 모르는 것은 모른다고 말하는 것이다. 이것이 말할 때의 초점인 것이다.
또 실행할 수 있는 것을 실행할 수 있다고 하고, 실행할 수 없는 일은 할 수 없다고 할 것이니, 이것이 행동의 목표인 것이다. 앞의 상태를 智(지)라 하고, 뒤의 상태를 仁(인)이라 한다. 지에다 인을 더하게 되면, 이보다 더 좋은 것은 없다고 생각해야 한다."

1) 荀子(순자, 책명) : 중국 戰國時代(전국시대) 말기, 趙(조)나라의 사상가인 荀子(순자, B.C.298? ~ B.C.238?, 중국 고대의 3대 유학자 가운데 한 사람)의 언론을 모은 것으로 책 이름이다.『荀子(순자)』에 처음으로 주석을 한 것은 唐(당)나라의 楊凉(양량)인데, 32편을 20권으로 나누었고 순서도 조금 변경하였다. 양량 이후 宋學(송학)의 발흥과 함께 4서의 道統(도통)이 중시되어, 순자는 이단의 서적으로서 오랫동안 배척되기도 했다.

　내용은 철학·심리·도덕·논리·교육·정치·경제·전략·사상가 비판 등에 미쳤고, 韻文(운문)·說話(설화)에 대해서도 기재돼 있고, 내용은 각 부분에 걸쳐 문제도 상당한 차이가 있어, 동일인의 저술이라고 보기 어려운 점이 있다.

2) 孔子家語(공자가어) : 공자의 言行(언행) 및 문인과의 問答(문답)과 논의를 수록한 책이다. 공자가 당시 公卿(공경) 士大夫(사대부) 및 제자들과 더불어 道(도)에 관해 문답한 내용이 특히 많다.

　중국 魏(위)나라 王肅(왕숙, 195 ~ 256)이 공자에 관한 기록을 모아 주를 붙인 것으로, 처음에는 27권이었으나, 失傳(실전 : 분실되어 전하지 않음)되었다. 지금은 10권만 전하여진다. 공자의 일상생활에서의 진면목이 표현되고 있으나, 내용이 자질구레하다는 이유로 중국뿐 아니라 우리나라에서도 異端視(이단시)하는 경향이 있었다.

3) 子路(자로, B.C.542 ~ B.C.480) : 중국 춘추시대 魯(노)나라의 정치가이자 무인이다. 季路(계로)라고도 부른다. 자로는 孔子(공자)의 핵심 제자 중의 한 사람으로 공자의 여행 동안 고난을 함께 하였다. 자로는 공자가 살아 있을 때, 冉求(염구 : 자는 자유)와 함께 노나라의 유력한 정치가였다. 공자와 14년의 유랑생활을 함께 했으며, 공자가 노나라로 돌아갈 때 위나라에 남아서 공씨의 가신이 되었으나, 왕실 계승 분쟁에 휘말려 '蒯聵(괴외 : 훗날의 장공)의 亂(난)' 때 전사하였다. 그의 유해는 발효되어 젓으로 담가지는 수모를 당했다. 이 소식을 들은 공자는 크게 슬퍼하여 집안에 있는 젓갈을 모두 내다 버렸으며, 이후에도 젓갈과 같은 종류의 음식만 보면, "젓으로 담가지다니!" 하며 탄식했다고 한다.

　자로는 공자의 제자 중 최고 연장자였으며, 어떤 면에서는 제자라기보다 가장 친한 친구요, 가장 엄격한 비판자였다는 견해도 있다. 그는 공자가 문란한 陳后(진후) 南子(남자)와 회견하였을 때 분개하였으며, 공자가 두 번이나 읍을 거점으로 반란을 일으킨 자들을 섬기려고 생각하였을 때도 항의하였다. 자로는 자기 자신에 대해서도 엄격한 사람이었다고 평가되었으며,『論語(논어)』의 「顔淵篇(안연편)」에는 '그는 약속을 다음날까지 미루는 일이 없었다.'라고 기록되어 있다.

　『孟子(맹자, 책명)』에 의하면 자로는 다른 사람이 자기의 결점을 지적하면 기뻐하였다고 한다. 그는 용맹스러웠고 직선적이고 성급한 성격 때문에, 예의 바르고 학자적인 취향을 가진 다른 제자들과는 이질적인 존재였다. 그의 성격은 거칠었으나 꾸밈없고 소박한 인품으로, 부모에게 효도하여 공자의 많은 사랑을 받았다.

012 狼狽 낭패

字解 狼 : 승냥이 **랑(낭)** [豺狼(시랑) : 승냥이]
　　　　어지러울 랑(낭) [狼藉(낭자) : 여기저기 흩어져 어지러운 모양]
　　　狽 : 이리 **패** [狼狽(낭패) : 일이 실패로 돌아가 매우 딱하게 됨]

語義 승냥이와 이리.
　　　(일이 뜻대로 되지 않아 몹시 딱하게 됨)
　　　(조급한 나머지 당황하여 조치를 잘못함)

 用例

▶ 벌써 기차가 떠났다니, 이것 참 **狼狽**(낭패)로다.
▶ 곡식을 가득 실은 마바리를 잃어버렸으니, 이만저만한 **狼狽**(낭패)가 아니었다.
▶ 수년 동안 개조 정비업체가 우후죽순으로 생기면서 가격 경쟁이 붙었다. 하지만 가격이 싸다고 덜컥 계약을 했다가 **狼狽**(낭패)를 보기 십상이다.

*마바리 : 짐을 실은 말. 또는 그 짐.

 **李密**[1](이밀)의 陳情表[2](진정표)

　중국 三國(삼국)시대 蜀(촉, 221 ~ 263. 유비가 세움)나라에 李密(이밀)이라는 관리가 있었다. 촉이 멸망하자, 晉(진, 265 ~ 420. 사마염이 위의 황제를 폐위시키고 세움)나라 武帝(무제) 司馬炎[3](사마염)은 그를 太子洗馬(태자세마)에 임명하려고 했으나, 번번이 사양하였다. 그러나 이밀은 더 이상 사양할 방법이 없자, 자신의 처지를 글로 써서 올렸는데, 바로 이것이 陳情表(진정표 : 마음을 진술한 글)이다. 소개하면 다음과 같다.

"저는 운명이 아주 기구하여 어려서 일찍이 가혹한 우환을 맞아, 태어난 지 6개월 만에 부친께서 돌아가셨고, 4살이 되었을 때 외삼촌께서 貞節(정절)을 지키려는 모친을 억지로 改嫁(개가)시켰습니다. 할머니 劉氏(유씨)는 어리고 연약한 저를 가엾게 여기시어 손수 거두어 길러주셨습니다. 저는 어려서 병을 자주 앓아서 9살이 되어서도 걷지를 못하였고, 의지할 곳 없이 외롭고 쓸쓸하게 자랐으며, 저에게는 큰아버지ㆍ작은아버지도 없었고, 형님ㆍ아우도 없었습니다. 가문이 쇠약하고 박복하여, 부모님께서는 뒤늦게 자식을 본 것입니다.

할머니 유씨는 상복을 입을 자식과 친척도 없고, 집에 대문을 지키고 손님을 맞이할 동자도 없었습니다. 외롭고 쓸쓸한 제 그림자를 보며, 벗을 삼고 위안을 얻을 뿐이었습니다. 그런데다 할머니는 오랜 지병으로 자주 앓아 누우셔서, 제가 할머니께 약을 달여 드리고 모시면서, 한 번도 할머니 곁을 떠나 본 적이 없었습니다.

처음 犍爲郡(건위군) 太守(태수 : 행정장관)를 역임할 때, 제가 청렴하여 효도하는 것을 보고 저를 孝廉(효렴 : 효성스럽고 청렴한 사람)으로 추천을 하였고, 그 이후에도 益州(익주) 행정장관으로 있을 때, 저를 秀才(수재 : 재능이 뛰어난 자)로 추천하였습니다. 그렇지만 할머니를 봉양할 사람이 없어서 임명을 받아들이지 않았습니다. 황제께서는 특별히 저를 태자의 스승으로 임명하셨습니다. 뜻밖에 저 같이 미천한 사람에게 태자를 모시는 일을 담당하게 하신 큰 은혜는, 목숨을 다 바쳐 일한다 해도 다 보답할 수 있는 것이 아니라는 걸 잘 알고 있습니다.

제가 이렇게 집안 사정을 사실대로 告(고)하는 것은 황제의 임명을 받고 바로 달려가 일을 할 수 없음을 알려드리기 위해서입니다. 그러나 황제의 御命(어명)은 저에게 아주 매섭고 다급하게 도망갈 마음이 있는데다, 속에 오만함까지 품고 있다고 질책했습니다. 郡縣(군현)의 관리가 와서 빨리 집을 챙겨 길을 떠나라고 윽박지르고, 州(주)에서도 저희 집에 특별히 사람을 파견하여 流星(유성)보다 더 다급하게 재촉하였습니다.

臣(신)이 詔書(조서)를 받들어 바삐 달려가고 싶지만, 할머니 유씨의 병환이 날로 위독하오니, 구차스럽게도 사정을 따르고자 하여 하소연해도 들어주지 않으니, 신이 벼슬길에 나아갈지 물러나야 할지, **실로 일이 뜻대로 되지 않아 몹시 딱하게 되었습니다.**

 原文 臣欲奉詔奔馳(신욕봉조분치) 則以劉病日篤(칙이유병일독) 欲苟順私情(욕구순사정) 則告訴不許(칙고소불허) 臣之進退(신지진퇴) 實爲狼狽(실위낭패)

지병이 많으신 할머니께서는 저 산 너머로 지는 희미한 태양처럼 가느다란 한 가닥의 숨만 겨우 남아 있을 뿐이며, 이미 임종의 문턱에 와 있습니다. 할머니의 병세가 아침이나 저녁에 어떻게 될지 예측할 수 없습니다. 저는 할머니가 아니시면 오늘까지 살아올 수 없었고, 할머니께서는 제가 아니면 여생을 다 마칠 수가 없으십니다. 이렇게 할머니와 손자 저희 두 사람은 서로 의지하면서 목숨을 부지해 왔습니다. 그러므로 저는 할머니를 홀로 두고 먼 길을 떠날 수가 없습니다.

저는 올해 44세이고 할머니는 96세이시니, 저는 황제께 충성을 다할 날이 많으나, 할머니께 보답할 시간은 얼마 남지 않았습니다. 까마귀도 늙은 어미에게 먹이를 물어다 주듯, 저에게 있어서도 이것은 본능의 情(정)인 것입니다. 그러니 제발 저에게 할머니께서 돌아가시는 그 날까지 봉양하게 허락하여 주시옵소서. 쓰촨[四川(사천)] 지방의 인사뿐만 아니라, 梁州(양주), 益州(익주)의 행정장관들도 저의 이러한 딱한 사정을 마치 천지신명이 훤하게 꿰뚫고 있는 것처럼 다 알고 있습니다.

황제 폐하! 제발 이와 같은 저의 정성스런 마음을 불쌍히 여기시어, 제 조그만 소원을 이루게 해주신다면, 할머니께서는 요행히 餘生(여생)을 편히 보내실 수 있을 것입니다. 제가 이 세상에 살아있는 한 이 목숨 다 바쳐 충성을 다할 것이며, 제가 죽어 귀신이 되어서도 이 은혜에 보답하겠습니다. 지극히 두렵고 경건한 마음으로 공손하게 이 글을 올리니, 굽이 살피시어 용서해 주옵소서."

결국 이밀의 간곡한 上疏(상소)는 받아들여졌다.

옛날 사람들은 승냥이[狼(낭)]와 이리[狽(패)]는 전설상의 동물로 인식하였다. 승냥이 앞다리는 길고 뒷다리가 짧은 모습을 하고 있고, 이리는 앞다리가 짧고 뒷다리가 긴 동물이다. 낭은 패가 없으면 서지 못하고, 패는 낭이 없으면 다니지 못한다. 낭은 용맹하나 꾀가 없고, 패는 꾀가 많으나 겁쟁이다. 둘은 걸을 때도 사냥할 때도 서로 의지해야 한다. 둘이 떨어지기라도 하면 아무 일도 못한다. 여기서 '상황이 곤란하여 이러지도 저러지도 못하는 것'을 '狼狽不堪(낭패불감 : 승냥이와 이리는 견디지 못함)'이라고 했다.

---

1) **李密**(이밀, 224 ~ 287) : 蜀漢(촉한)에서 尙書郎(상서랑)을 지냈고, 촉한이 망한 후 진무제가 이밀을 太子洗馬(태자세마)로 등용하려 했으나, 이밀은 祖母(조모) 奉養(봉양)을 이유로 「陳情表(진정표)」를 올려 사퇴했다. 무제는 그의 孝行(효행)에 탄복하여 노비 두 사람을 하사하고, 郡縣(군현)의 관리에 명령하여 이밀의 조모에게 衣食(의식)을 돕도록 하였다. 조모가 죽은 후에 이밀은 漢中(한중)의 태수가 되었다.

2) **陳情表**(진정표) : 中國(중국) 晉(진)나라의 武帝(무제)가 太子洗馬(태자세마)에 李密(이밀)을 任命(임명)하려고 했을 때, 나이 구십이 넘은 祖母(조모) 劉(유)씨를 奉養(봉양)할 사람이 없어, 관직을 拜辭(배사 : 삼가 공손히 사양함)하며 임금에게 올린 글의 이름이다.

제갈공명의 「出師表(출사표)」를 읽고 눈물을 흘리지 않는 사람은 忠臣(충신)이 아니며, 이밀의 「陳情表(진정표)」를 읽고 눈물을 흘리지 않는 사람은 孝子(효자)가 아니고, 한유의 「祭十二郞文(제십이랑문)」을 읽고 눈물을 흘리지 않는 이는 友愛(우애)가 없는 사람이라고 평한다. 세상에서는 이를 '3대 名文(명문)'이라고 말해 왔다.

3) **司馬炎**(사마염, 236 ~ 290. 재위 265 ~ 290) : 중국 西晉(서진)의 제1대 황제. 시호는 武帝(무제). 廟號(묘호 : 왕이 죽은 뒤, 그의 공덕을 칭송하여 종묘에 신위를 올릴 때 올리는 칭호)는 世祖(세조). 魏(위, 220 ~ 265. 조조의 아들 조비가 세움)나라 元帝(원제. 제5대 왕. 조조의 손자)에게 禪位(선위 : 왕이 살아 있으면서 다른 사람에게 왕위를 물려주는 일)의 형식으로 제위를 빼앗아, 晉(진)을 세우고 洛陽(낙양)에 도읍하였다.

280년에 吳(오, 229 ~ 280. 손권이 세움)나라를 쳐서 중국을 통일하였다. 그의 조부는 魏(위) 왕조의 大臣(대신)으로 諸葛亮(제갈량)과 결전을 벌이고 노년에 정권을 잡은 司馬懿(사마의), 백부는 司馬師(사마사), 아버지는 司馬昭(사마소)이다.

013 綠林 녹림

字解 綠 ; 푸를 **록**(녹) [綠化(녹화) : 나무를 많이 심고 잘 가꾸어 푸르게 만듦]

林 ; 수풀 **림**(임) [林野(임야) : 수풀이 있는 들]

語義 푸른 수풀.

(화적이나 도둑의 소굴)

 用例

▶ 綠林(녹림)에서 알 만한 자들은 모두 그 이름을 알아줍니다만, 우리 두령님은 김개팔 장사라오.

▶ 綠林(녹림)의 무림인들은 가축을 죽여 그 피를 입술에 묻혀 굳은 마음을 표시하였던 삽혈의 오랜 습속이 있었다. 주문을 외우거나, 주문을 燒紙(소지)로 태운다거나, '桃園結義(도원결의)' 등을 가미하여, 결맹을 더욱 근엄하고 기품 있는 의식으로 발전시켰다.

  *歃血(삽혈) : 맹세할 때에 짐승의 피를 입가에 바르던 일. 歃 ; 마실 삽

【類義語】 靑林(청림) : 푸르게 무성한 숲.

 **出典** 漢書(한서) - 王莽傳(왕망전), 後漢書(후한서) - 劉玄傳(유현전)

  중국 前漢[1](전한) 말, 대사마 王莽[2](왕망)이 마침내 왕위를 簒奪(찬탈 : 왕위를 억지로 빼앗음)하여 天子(천자)가 되고, 국호를 新(신, 8 ~ 23)이라고 고치고 나서, 새로운 정책이 눈코 뜰 새 없이 쏟아져 나왔다. 관직도 바뀌고, 지명도 바뀌었다. 또 토지의 兼倂(겸병 : 둘 이상의 것을 하나로 합치어 가짐, 즉 대토지 소유)을 없애고, 노비를 해방한다고 하며 '王田制度(왕전제도)'와 '奴婢制度(노비제도)'가 정해졌으나, 결과는 도리어 반대였다.

  난해한 세칙에 걸려, 토지를 잃고 노비가 되는 자가 꼬리를 물게 되었다. 화폐가 8년 동안에 네 차례나 바뀌고, '五均(오균 : 물가를 균등하게 하여 빈부의 차가 너무 벌어지지 않도록 하던 다섯 가지 정책)' 등 경제 정책이 공포 실시되었으나, 제도의 취지와는 반대로 일반의 생활은 더욱더 궁핍해졌다. 많은 농민이나 상인이 생업을 잃고 농촌은 황폐해 갔다.

  왕망은 당시 세력이 커진 지방 호족과 민중 쌍방으로부터 원한을 샀다. 이 혼란 속에서 天鳳(천봉) 2년(A.D.15년), 변경의 농민이 폭동을 일으킨 것을 계기로 대규모 반란이 연달아 폭발했다.

천봉 4년(A.D.17년), 남방에서는 綠林兵(녹림병)이 일어났다. 후베이[湖北(호북 : 동정호 이북의 지역으로 중국 중앙에 위치)] 서부는 그때까지 수년에 걸쳐 가뭄이 계속되어, 굶주린 농민은 들풀을 캐기 위해 다투고 있었다. 이 다툼을 진정시켜 신망을 얻은 사람이 新市(신시)의 王匡(왕광)·王鳳(왕봉) 둘이었다. 수백 명의 농민은 이 두 사람을 앞세우고 폭동을 일으켰다. 조금 뒤에는 馬武[3](마무)·王常(왕상)·成丹(성단) 등도 가담했다.

이들은 먹을 것을 찾아 헤매는 窮民(궁민)으로, 官(관)에 반항하여 수배된 자들이었다. 그들은 群盜(군도 : 떼도둑)가 되어 지주의 창고를 습격하고 관원을 공격하고, 나중에는 지금의 후베이성[湖北省(호북성)] 當陽縣(당양현)에 있는 綠林山(녹림산)에 웅거했다. 동조자는 곧 7, 8천으로 불어, 스스로 綠林兵(녹림병)이라 칭했다. 그 후 4년, 그들은 2만의 관군을 격파하였으며, 그 총 세력은 5만이 되었다. 그래서 이 녹림군의 행동이 각지의 반란을 유도하고 궐기하게 하였다.

녹림의 무리는 후에 산에서 내려와 下江兵(하강병)·新市兵(신시병)이 되는데, 뒷날 後漢(후한) 光武帝(광무제)가 된 劉秀(유수, B.C.4 ~ A.D.57), 更始帝(경시제) 劉玄(유현, ? ~ 25. 현한의 황제. 전한의 황족으로 경제의 6대손이며, 후한 광무제의 족형)이 일어나자, 이들은 합세해서 反(반) 왕망의 대군이 된다.

이 역사의 큰 흐름 속에 가담해서 녹림병들도 혹은 영달하고, 혹은 멸망했다. 후에 後漢(후한) 中興(중흥 : 쇠퇴한 것이 중간에서 다시 일어남)에 공이 있었던 28宿(숙)이 정해졌을 때, 앞서 말한 두목 중에서는 馬武(마무)가 가장 두드러지게 이름을 전하고 있다.

지금까지 살펴본 것처럼 녹림은 원래 산 이름이지만, 王匡(왕광)의 무리가 굶주린 백성을 모아 이곳을 근거지로 도둑질을 하였기 때문에, 이후부터 '**도둑의 소굴**'을 '綠林(녹림)'이라고 부르게 되었다. 물론 後漢(후한) 건설의 한 밑바탕이 된 것도 사실이다. 元末明初(원말명초)의 施耐庵(시내암)이 쓴 水滸誌(수호지)와 唐(당)나라 李涉(이섭)이 지은 遇盜詩(우도시)에 도둑을 가리켜, '녹림의 豪客(호객 : 호탕한 사람)'이라 하였다. 그것은 녹림이 한편으로는 도리어 민중에게는 정서적으로 가까움을 느꼈기 때문일 것이다.

---

1) 前漢(전한, B.C.206 ~ A.D.8) : 漢高祖(한고조) 劉邦(유방)이 楚(초)나라 項羽(항우)와 대륙 쟁탈 뒤에 세운 왕조로서, 秦(진)에 이어 중국을 두 번째로 통일했다. 고조 유방이 長安(장안)에 도읍을 정하여 세웠는데, 王莽(왕망)의 簒奪(찬탈) 기간을 계기로 前漢(전한)과 後漢(후한)으로 나뉘며, 후한은 삼국시대 삼국의 하나인 조조의 魏(위)나라에 멸망하였다.

2) 王莽(왕망, B.C.45 ~ A.D.25. 재위 A.D.9 ~ 23) : 중국 前漢(전한) 말의 정치가, 新(신)왕조의 건국자로서 산둥[山東(산동)] 출생이다. 漢(한)나라 元帝(원제, 제11대. 재위 B.C.49 ~ B.C.33)의 왕후인 王(왕)씨 서모의 동생인 王曼(왕만)의 둘째 아들로서, 갖가지 권모술수를 써서 사실상 최초로 禪讓革命(선양혁명)에 의하여 전한의 황제 권력을 빼앗았다. 왕 왕후의 아들 成帝(성제, 제12대. 재위 B.C.33 ~ B.C.7)가 즉위하자, 왕망의 큰아버지 王鳳(왕봉)이 大司馬大將軍領尙書事(대사마대장군영상서사)가 되어 정치를 한 손에 쥐었다.

왕망은 불우하게 자랐으나 유학을 배웠고, 어른을 잘 섬겼으므로 왕봉의 인정을 받았다. 기원전 33년 黃門郞(황문랑)이 되고, 기원후 16년에는 封邑(봉읍) 1,500호를 영유하는 新野侯(신야후)가 되었다. 그 뒤 왕씨 일족의 두령으로서 지위를 굳히고, 기원후 8년 38세로 재상이라 할 수 있는 大司馬(대사마)가 되었다. 다음의 哀帝(애제, 제13대. 재위 B.C.7 ~ B.C.1) 때에 신흥 외척의 압박을 피하여 한때 정계에서 물러났으나, 애제가 1년 만에 아들 없이 죽자, 태황태후 왕씨와 쿠데타에 성공하여 대사마에 복귀하였다. 9세의 平帝(평제, 제14대. 재위 B.C.1 ~ A.D.5)를 옹립하여 자기의 딸을 왕후로 삼았으며, 자기에게는 安漢公(안한공) 宰衡(재형)이라는 칭호를 붙여, 평제의 輔政者(보정자)로서의 외관을 갖추었다.

기원후 5년에는 평제를 독살한 뒤, 2세의 劉嬰[유영, 宣帝(선제)의 현손, 제15대. 재위 A.D.5 ~ 8]을 세워, 당시 유행하던 五行讖緯說(오행참위설 : 고대 중국에서 유행한 일종의 예언설)을 교묘히 이용하며 인심을 모았다. 자기를 스스로 假皇帝(가황제)라 하고, 신하들에게는 攝皇帝(섭황제)라 부르게 하였다.

그리고 "안한공 왕망은 황제가 되라."는 붉은 글씨가 씌어진 흰 돌이 나타나게 하고, "왕망이 황제가 되라."는 하늘의 의사 표시로 간주되는, 새 우물을 출현시키는 연극을 벌였다. 이 신비적인 형태를 수반하여 인간에게 표시되는 天命(천명)을 符命(부명)이라 하는데, 왕망은 이 부명을 교묘히 이용하였다.

기원후 8년, 유영을 몰아내어 한나라를 멸망시키고, 국호를 '新(신)'이라 하여 황제가 됨으로써 선양 혁명에 성공하였다. '新(신)'이라는 국호는 일찍이 그가 제후로 봉해졌을 때, 新都侯(신도후)라는 爵侯(작후)를 받았던 데서 연유한 것이다.

3) 馬武(마무, ? ~ 61) : 字(자)는 字張(자장). 後漢(후한) 초기 南陽郡(남양군) 湖陽(호양) 사람. 일찍이 綠林軍(녹림군)으로 농민난에 참가했었고, 후에 更始帝(경시제)가 정권을 잡았을 때 振威將軍(진위장군)을 역임하였으며, 상서령 謝躬(사궁)과 더불어 王郞(왕랑)을 공격하기도 했다. 그러다가 경시제를 떠나 후에 光武帝(광무제)가 되는 劉秀(유수)를 따랐다. 유수를 따르면서 謝躬(사궁)을 습격하여 죽이고, 尤來(우래), 五幡(오번) 등의 농민난을 진압했다.

후에 모든 장군들이 유수를 주대하여 황제를 삼았을 때, 侍中(시중), 騎都尉(기도위)를 역임했고, 山都侯(산도후)에 봉해졌다. 그리고 蓋延(개연), 耿弇(경엄) 등과 더불어 劉永(유영), 龐萌(방맹), 鬼梟(귀효) 등을 공격하여 계속해서 전공을 세운다. 建武(건무) 13년(A.D.37) 陽虛侯(양허후)에 봉해졌고, 건무 25년에는 馬援(마원)을 따라 武陵蠻(무릉만 : 남만 지역의 오랑캐)을 진압했다.

明帝(명제, 후한 제2대 황제. 광무제의 아들. 재위 57 ~ 75) 초기에는 破虜將軍(파로장군)을 역임하였고, 西羌(서강) 지역으로 출병하여 서강 세력 평정에 큰 공을 세운다. 명제 때, 雲台二十八將(운태28장 : 후한 건국에 공을 세운 28명의 장군들의 초상을 운태라는 궁전에 그려놓은 데서 비롯된 명칭) 중 한 명으로, 雲台宮(운태궁)에 초상을 남기게 된다.

014 壟(隴)斷 농단

字解 壟 : 언덕 롱(농) [壟斷(농단) : 높이 솟아 있는 언덕]
　　　　　밭두둑 롱(농) [壟畝(농묘) : 밭이랑. 시골]
　　　隴 : 언덕 롱(농) [隴樹(농수) : 언덕 위의 나무. 묘지의 나무]
　　　斷 : 끊을 단 [斷絕(단절) : 어떤 관계나 교류를 끊음]
　　　　　결단할 단 [斷定(단정) : 분명한 태도로 결정함]

語義 우뚝 솟은 높다란 언덕.
　　　　(재물을 독점함)
　　　　(이익이나 권리를 혼자서 독차지함)

  用例

▶경제적 독과점이나 권력의 독단, 각종 연줄을 통한 세력화 등을 壟斷(농단)이라고 한다. 壟斷(농단)이 있는 곳에 억울한 사람들이 생기는 것은 당연한 일이다.
▶정치권의 막후 실세가 국정을 壟斷(농단)했다. 이러한 국정 壟斷(농단) 세력에 대해 정부와 여당이 침묵하는 것은 정치권 전체의 위기라고 하지 않을 수 없다.

 出典 孟子(맹자) – 公孫丑(공손추) 下篇(하편)[1]

　중국 전국시대 기원전 4세기 말에, 孟子(맹자)는 수년간 齊(제, 춘추오패이자 전국 칠웅 중의 하나. B.C.1046 ~ B.C.221)나라의 정치 고문인 客卿(객경) 자리에 있었다. 제나라 宣王(선왕. 재위 B.C.319 ~ B.C.301)은 도무지 그의 進言(진언 : 윗사람에게 말한 의견)을 채택하여 주지 않았다. 그래서 맹자는 그 지위에서 물러나 고향으로 돌아가려고 하였다. 그것을 안 선왕은 맹자를 붙들고 싶어서, 時子(시자)라는 사람을 통해 자기의 의사를 맹자에게 이렇게 전하게 했다.
　"중심지에 큰 저택을 마련해 드리고, 萬鐘(만종 : 1종은 8곡, 1곡은 10말)의 祿[2](녹)을 드려 제자를 양성하게 하며, 모든 대신들과 국민으로 하여금 공경하고 본받게 하고 싶소."

　이 말을 陳臻(진진)이란 제자를 통해 전해들은 맹자가 말하였다.
　"나는 돈이나 재산을 바라는 것이 아니다. 만일 富(부)를 원하는 것이라면, 정치 고문의 신분으로 10만 종의 녹을 마다하고 굳이 1만 종의 녹을 받겠느냐? 옛날 季孫(계손)이란 사람이 子叔疑(자숙의)를 이렇게 평했다. '자신이 뜻이 맞지 않아 물러났으면 그만둘 일이지, 어찌하여 또 제자에게 그 자리를 대신 물려주었는가? 사람들이 또한 누가 부귀를 원하지 않겠는가마는, 홀로 부귀 속에서 **혼자 차지해서야** 쓰겠는가.'"

 原文 人亦孰不欲富貴(인역숙불욕부귀) 而獨於富貴之中(이독어부귀지중) 有私壟斷焉(유사농단언)

이렇게 계손의 말을 인용하고, 다시 농단에 대한 설명을 다음과 같이 하였다.

"옛날에는 시장에서 자기에게 남는 물건을 가지고 와서 자기에게 필요한 물건으로 바꾸었으며, 시장을 다스리는 관리가 있어 부정한 거래 행위를 단속하였습니다. 그러나 세금을 징수하지는 않았습니다. 그런데 그 중에 한 욕심 많은 장사치가 있어 **우뚝 솟은 높다란 언덕**[壟斷(농단)]을 차지하고는 시장 전체를 둘러보고 이리저리 뛰어다니며 시장의 모든 이익을 혼자 독차지하였습니다. 그래서 사람들이 그 자를 비난하였으며, 관리도 이 장사치로부터 세금을 징수하게 되었는데, 그것이 상인에게서 세금을 징수하게 된 시초였습니다."

아주 소박한 상행위의 성립과 이에 대한 세금의 징수 등 經濟史(경제사)적인 설명으로서 꽤 흥미 있는 이야기다. 그러나 맹자가 이 이야기를 하게 된 본래의 의도는, '농단' 즉 이익의 독점 행위가 정정당당한 일이 될 수 없는 것과 마찬가지로, 부귀를 독점할 생각은 조금도 없다는 것을 밝히려고 한 것이었다. 맹자는 이익을 독차지하는 자숙의의 처사나 욕심 많은 장사치의 소행을 못마땅하게 여겼으며, 선왕이 제의한 1만 종의 봉록은 거들떠보지도 않고, 제나라를 떠났다.

지금까지 살펴본 壟斷(농단)은 『맹자』 「공손추편」에서 비롯된 이야기인데, 원문은 龍斷(용단)으로 되어 있지만, 여기서의 龍(용)은 壟(농)의 뜻으로 쓰였다. 說(설)이 悅(열 : 기쁘다)의 뜻으로도 쓰이는 이치와 같다. 壟(농)은 언덕, 斷(단)은 낭떠러지, 즉 '壟斷(농단)'이란 원래는 '우뚝 솟은 높다란 언덕'을 말하였으나, 바뀌어서 '혼자서 차지함' 곧 '獨占(독점)'이란 뜻으로 쓰이게 된 것이다.

---

1) 孟子(맹자) **公孫丑**(공손추) **下篇**(하편) **一章**(1장) **소개**

孟子(맹자)께서 말씀하셨다.

"天時(천시)는 地利(지리)만 못하고, 地利(지리)는 人和(인화)만 못하다. 3리 되는 城(성)과 7리 되는 外廓(외곽)을 완전히 포위하고 공격하여도 이기지는 못한다. 완전히 포위하고 공격하게 되면, 반드시 천시를 얻는 점이 있게 마련이다. 그리하고도 이기지 못하는 것은 천시가 지리만은 못해서이다. 城(성)이 높지 않은 것도 아니고, 武備(무비)가 堅固(견고), 銳利(예리)하지 않은 것도 아니고, 곡식이 많지 않은 것도 아닌데, 내버리고 가는 것은 지리가 인화만은 못해서이다.

그래서 말하기를 백성들을 나라 안에 살게 하는 데는 領土(영토)의 경계를 가지고 하지는 않고, 나라의 防衛

(방위)를 견고하게 하는 데는 산이나 골짜기의 險峻(험준)한 것을 가지고 하지는 않고, 천하의 威勢(위세)를 떨치는 데는 무비의 예리한 것을 가지고 하지는 않는다고 하는 것이다. 正道(정도)를 얻은 사람은 도와주는 사람이 많고, 정도를 잃은 사람은 도와주는 사람이 적다. 도와주는 사람이 가장 적은 경우에는 친척마저 배반하고, 도와주는 사람이 가장 많을 경우에는 온 天下(천하)가 순종한다."

2) **祿**(녹) : 祿俸(녹봉)의 준말로 벼슬아치에게 연봉으로 주는 곡식·피륙·돈 따위를 통틀어 이르는 말이다. 俸祿(봉록), 食祿(식록)이라고도 한다. 한마디로 전근대사회에서 정부가 관리에게 주던 봉급이다. 정부는 관리들이 국가에 복무하는 대가로 그들의 경제 형편과 상관없이 등급에 따라 일정한 양의 봉급을 연봉이나 월봉으로 차등 있게 지급했다.

    구체적으로 살펴보면 녹봉은 祿(녹)과 俸(봉)으로 구별되는데, 원칙적으로 녹은 米穀(미곡 : 쌀 또는 쌀을 비롯한 갖가지 곡식)을 뜻하고 봉은 布帛(포백 : 베와 비단)을 의미했다. 또한 녹봉은 문무 流品官(유품관)에게 지급하는 경제적 반대급부의 하나로서, 流品外(유품외)의 하급 관리나 군인 및 수공업자에게 지급되는 급료나 朔料(삭료) 등의 料(요)와는 구별되는 특권적인 것이다.

※ 齊(제)**나라** 宣王(선왕) **시절에 있었던 이야기 한 편**

    길거리에서 사람들이 싸우다가 한 사람이 넘어져 죽었다. 관리들이 현장에서 죽은 사람과 싸우던 형제를 체포했다. 그들을 심문하자, 형과 아우가 서로 자기가 죽였다고 자백을 하였다. 관리는 형제가 서로 자기의 잘못이라고 주장하므로, 누구에게 벌을 줄 수 없어 고심하게 되었다.

    마침내 왕에게 보고되어, 왕은 형제의 어머니를 불러 물었다.

    "두 형제 중 누가 사람을 죽였는가? 너는 자식들 중 누가 선하고 누가 악한가를 알 것이다. 누구를 죽이고 누구를 살릴 것인가?"

    그러자 어머니는 흐느껴 울면서 말했다.

    "작은놈을 죽이십시오."

    왕이 의아해하며 다시 물었다.

    "대개 어머니들은 작은아들을 더 사랑하게 마련인데, 너는 어찌하여 주저 없이 작은아들을 죽이라고 하느냐?"

    어머니가 눈물을 흘리며 대답했다.

    "작은놈은 제가 난 자식이고, 큰놈은 前妻(전처)의 자식입니다. 아이의 아버지가 숨을 거둘 때, 큰놈을 잘 보살펴 달라고 부탁하여 제가 약속을 하였는데, 이제 와서 제 아이만을 살리려 한다면 사람의 도리가 아닙니다. 그것은 약속을 어기고 신의를 저버려, 죽은 남편을 배신하는 것입니다. 작은놈의 처지가 비록 불쌍하지만, 그 역시 제가 사람을 죽였다 하니 제가 어찌하겠습니까?"

    실로 훌륭한 어머니였고, 우애 깊은 형제들이었다. 이에 왕이 감동하여 아들들의 죄를 용서해 주었다.

015 斷腸 단장

字解　斷 : 끊을 단 [斷絶(단절) : 어떤 관계나 교류를 끊음]
　　　　　 결단할 단 [斷定(단정) : 분명한 태도로 결정함]
　　　　 腸 : 창자 장 [胃腸(위장) : 위와 창자]
　　　　　 마음 장 [熱腸(열장) : 뜨거운 마음]

語義　창자가 끊어지다.
　　　　(몹시 슬퍼서 창자가 끊어지는 듯함. 애끊는 듯함)

用例

▶ **斷腸**(단장)의 미아리고개.
▶ 역사처럼 긴 슬픔이 가야금 줄을 타고 먼 데서 전해오는 그런 **斷腸**(단장)의 슬픔이었다.

【同音異議語】 丹粧(단장) : 얼굴을 곱게 하고 머리나 옷맵시를 꾸밈.
　　　　　　 短杖(단장) : 짧은 지팡이.
　　　　　　 團長(단장) : 단체의 우두머리.
　　　　　　 壇場(단장) : 제사를 지내기 위하여 흙을 한 계단 높이 쌓아 올린 단.
　　　　　　 短長(단장) : 짧고 길음.
　　　　　　 斷章(단장) : 시나 문장의 일부분 또는 산문체로 쓴 토막글.
【類義語】　 九腸寸斷(구장촌단) : 아홉 굽이의 창자가 마디마디 끊어짐.

出典　世說新語(세설신어, 후한에서 동진의 사대부 일화를 기록. 유의경 편찬)

중국 東晉[1](동진)의 桓溫[2](환온, 312 ~ 373)이 蜀(촉)을 정벌하기 위해, 여러 척의 배에 군사를 나누어 싣고 가는 도중, 양자강 중류의 협곡인 三峽(삼협)이라는 곳을 지나게 되었다. 이곳은 쓰촨[四川(사천)]과 후베이[胡北(호북)]의 경계를 이루는 곳으로, 중국에서도 험하기로 유명한 곳이다.

이곳을 지나면서 한 병사가 근처 숲에서 원숭이 새끼 한 마리를 붙잡아 배로 돌아왔다. 그런데 그 원숭이 어미가 환온이 탄 배를 쫓아, 백여 리를 뒤따라오며 슬피 울부짖었다. 그러다가 배가 강어귀가 좁아지는 곳에 이를 즈음에, 그 원숭이는 몸을 날려 배 위로 뛰어올랐다. 하지만 원숭이는 자식을 구하려는 일념으로 애를 태우며 달려왔기 때문에, 배에 오르자마자 죽고 말았다. 배에 있던 병사들이 죽은 원숭이의 배를 가르자, 너무나 애통했던 나머지 창자가 토막토막 끊어져 있었다. 자식을 잃은 슬픔이 毒

素(독소)가 되어 창자를 끊은 것이다. 배 안의 사람들은 모두 놀라고, 이 말을 전해들은 환온은 새끼원숭이를 풀어주고, 그 원숭이를 잡아왔던 병사를 매질하고 내쫓아 버렸다.

原文(원문)에는 '그 배 속을 가르고 보았더니, **창자가** 다 마디마디 **끊어져 있었다**[破視其腹中(파시기복중) **腸**皆寸寸**斷**(장개촌촌단)].'로 되어 있다.

唐(당)나라 시인 白居易(백거이)의 '長恨歌(장한가)'에서 양귀비를 그리는 玄宗(현종)의 마음을 다음과 같이 읊고 있다.

蜀江水碧蜀山青(촉강수벽촉산청)	촉의 강물 푸르르고 촉의 산도 푸른데
聖主朝朝暮暮情(성주조조모모정)	천자는 아침 저녁으로 (양귀비를) 그리워하니
行宮見月傷心色(행궁견월상심색)	행궁에서 보는 달은 마음을 아프게 하고
夜雨聞鈴腸斷聲(야우문령장단성)	밤비 속에 풍경소리 들으니 **창자를 끊는** 소리이네.

---

1) **東晉**(동진, 317 ~ 420) : 중국의 西晉(서진) 왕조가 劉淵(유연)의 前趙(전조)에 의해 멸망한 후, 司馬睿(사마예, 재위 317 ~ 322)에 의해 江南(강남)에 세워진 晉(진)의 망명 왕조이다. 서진과 구별하여 동진이라고 부른다.

306년 서진 말기에, '永嘉(영가)의 亂(난)'에 의해 낙양이 함락되었고, 懷帝(회제)가 포로가 되어 사실상 서진은 멸망하였다. 진의 琅邪王(낭야왕)인 사마예는 建康(건업)으로 피하여, 낭야의 호족인 왕도의 힘을 빌려 이 땅에 동진을 건국했다. 약 100년간 11대에 걸쳐 지속되었고, 화북으로부터 피해 온 북쪽 세력과 강남 토착의 호족 세력과 협력으로 운영되었다. 현대와는 달리, 당시의 화남 지역은 중국 대륙 안에서는 인구가 희박하고 낙후된 지역이었으나, 화북 지방으로부터 온 피난민은 초기에 세금을 감면하는 등 세제상 혜택을 주어, 적극적으로 유랑민을 받아들이고 미개지 개간을 장려하였다.

제9대 孝武(효무) 황제 때, 前秦(전진)의 남하 정복 전투에 의해 위기를 맞게 되었다. 383년 비수 대전에서 승리하여 위기를 넘기지만, 이때부터 농민의 반란이 잦아지자, 桓玄(환현, 369 ~ 404. 환온의 아들)이 반란을 탄압한다는 명분으로 거병하여 집권하게 되었다. 다시 劉裕(유유)가 이를 진압하고, 이에 대한 명분과 북벌 성공으로 새로이 집권에 성공한 뒤, 아예 새로 왕조를 세워 왕위에 오르면서 동진은 멸망하게 되었다. 유유가 새로 세운 나라의 이름은 宋(송)이며, 이는 남북조 시대에 강남에 세워진 남조의 첫 왕조이다.

2) **桓溫**(환온, 312 ~ 373) : 東晉(동진) 譙國(초국) 龍亢(용항) 사람. 자는 元子(원자)이고, 桓彝(환이)의 아들이자, 明帝(명제)의 사위다. 駙馬都尉(부마도위)와 琅邪太守(낭야태수)를 지냈다. 穆帝(목제) 永和(영화) 초에 荊州刺史(형주자사)에 올랐다. 형주와 司州(사주) 등 고을의 軍事(군사)를 총괄했다. 346년 군대를 이끌고 蜀(촉)나라를 정벌하고, 다음 해 成漢(성한)을 멸망시켰다. 殷浩(은호)를 물리치고 정권을 장악했다. 前秦(전진)을 공격하고, 姚襄(요양)을 치는 등 위세를 떨쳤다. 354년 북쪽으로 關中(관중)을 공격했지만, 군량이 부족해 후퇴했다. 356년 洛陽(낙양)을 수복했다.

여러 차례 환도할 것을 건의했지만, 조정이 듣지 않았다. 369년 廢帝(폐제) 海西公(해서공) 때, 보병 5만 명을 이끌고 북쪽으로 燕(연)을 공격해 처음에는 연승했지만, 보급로가 끊기자 대패했다. 2년 뒤, 해서공 司馬奕(사마혁)을 폐위시키고 簡文帝(간문제)를 세운 다음, 大司馬(대사마)로 姑孰(고숙)에 주군하면서 정권을 장악했다. 몰래 황위를 찬탈하려고 하다가, 뜻을 이루지 못하고 병들어 죽었다.

016 豚犬 돈견

字解 豚 : 돼지 돈 [養豚(양돈) : 돼지를 먹여 기름]
　　　　　지척거릴 돈

　　　犬 : 개 견 [猛犬(맹견) : 사나운 개]

語義 돼지와 개.
　　　(미련하고 못난 사람)
　　　('자기 아들'을 겸손하게 일컫는 말)

▶ 자기 아들의 낮춤말은 흔히 家兒(가아)라고 한자어를 쓰는데, 유의어에 '家豚(가돈) · 豚犬(돈견) · 愚息(우식)'이 있습니다. '不敏(불민)한 자식'도 좋을 듯합니다.

▶ 제 豚犬(돈견)에게 베풀어 주신 厚意(후의)에 감사드립니다.

【類義語】家豚(가돈) : 집에서 키우는 돼지. 자신의 변변치 못한 아들.
　　　　家兒(가아) : 남에게 자기의 아들을 낮추어 이르는 말.
　　　　迷豚(미돈) : 자기 아들의 낮춤말.
　　　　迷息(미식) : 못난 자식. 자기 자식에 대한 낮춤말.

 十八史略(십팔사략) – 東漢(동한) 孝獻帝條(효헌제조)

중국 三國(삼국)시대, 官渡(관도)의 싸움에서 袁紹[1](원소)의 軍(군)을 물리치고 기반을 확립한 曹操(조조, 155~220)는, 이어 荊州(형주)를 공략하고 劉備(유비, 161~223)를 하구라는 곳으로 몰아넣은 후, 백만 대군을 동원하여 江東(강동 : 양자강 동쪽)의 吳(오)나라로 진격해 갔다. 이때 오나라에는 孫堅[2](손견)이 죽고 그 아들 孫權[3](손권)이 즉위하여, 周瑜(주유) · 呂蒙(여몽) · 魯叔(노숙) 등 막강한 참모의 보좌를 받고 있었다.

조조의 대군이 밀려온다는 소식을 들은 손권은 유비군과 연합하여 이를 대적하려 하였다. 그리하여 두 나라의 군대는 長江(장강 : 양자강의 다른 이름)을 사이에 두고 포진하였다. 조조는 水戰(수전)에 약한 군사를 보호하기 위해, 戰艦(전함)의 고물(배의 뒷부분)과 이물(배의 앞부분)을 연결시켜 선단을 하나로 묶었다.

오나라 사령관 주유는 이를 보고, 곧 火攻(화공)을 준비하였다. 주유와 노장 黃蓋(황개)는 남쪽 해안가에 있었다.

황개가 말하였다.

"조조의 군대는 지금 배를 진격시켜 고물과 이물이 서로 이어져 있습니다. 배에 불을 지르면, 그들을 달아나게 할 수 있습니다."

이에 蒙衝(몽충 : 폭이 좁고 길며 적선과 충돌하여 침몰시키기 쉽게 만든 배)과 투함 열 척에 마른 풀과 마른 나무를 싣고, 기름을 그 안에 붓고 휘장을 씌웠다. 그리고 나서 깃발을 위에 세워 신속히 달릴 수 있는 작은 배를 준비하여 후미에 매었다. 황개는 먼저 편지를 조조에게 보내 거짓으로 항복하려고 했다. 그때 동남풍이 거세게 불었다. 황개는 배 열 척을 가장 선두에 두고, 강 중앙에서 돛을 세워 나머지 배는 다음에 함께 나아갔다. 조조군은 모두 황개가 이끄는 배를 가리키며 말했다.

"황개가 항복한다."

조조의 군대로부터 2리쯤 떨어진 곳까지 오자, 황개는 동시에 불을 놓았다. 불은 타올랐고 바람은 강하여 배는 마치 화살처럼 나아갔다. 황개가 조조군에 다가가 火攻(화공)을 시작한 후에야, 모든 것을 눈치 챈 조조군은 혼란에 빠질 수밖에 없었다. 불은 바람을 타고 곧 조조군의 선단에 옮겨 붙었다. 연기는 하늘을 가득 메웠으며, 가뜩이나 물에 약한 조조 군사들은 우왕좌왕하다가 불에 타 죽거나 물에 빠져 죽었다.

이때 주유의 본군이 물밀듯이 밀어닥치자, 조조군은 대적 한번 제대로 하지 못하고 潰滅(궤멸)하고 말았다. 이것이 유명한 '赤壁大戰(적벽대전)'이다. 주유 등은 정예병을 인솔하여 우레같이 북을 치며 진격하였고, 조조 군대는 크게 붕괴되었다. 조조는 달아나 곧장 북쪽으로 돌아갔다.

적벽대전으로 자존심을 크게 상한 조조는 틈만 나면 오나라의 손권을 공략하려 했지만, 번번이 뜻을 이루지 못하였다. 그러자 조조는 탄식하며 말하였다.

"자식을 낳으면 당연히 孫仲謀(손중모 : 중모는 손권의 자)와 같아야 한다. 앞서 항복한 형주의 劉景升[유경승, 142~208. 劉表(유표)]의 아들[劉琮[4](유종)을 가리킴]은 마치 **돼지나 개**와 같을 따름이다."

 原文 生子當如孫仲謀(생자당여손중모) 劉景升兒子(유경승아자) 苦**豚犬**耳(약돈견이)

삼국지 주해에 '豚犬(돈견)'은 '豚兒犬子(돈아견자)'로, 경멸하고 업신여기는 말이라고 되어 있다. 그러나 자기 아들을 낮추어 말할 때, '豚兒(돈아)'라고 말하는 것도 여기에서 비롯되었다. 돈견이란 이와 같이 '어리석고 못난 사람'을 가리킬 때와 그리고 '부모가 남 앞에서 자기 자식을 겸손하게 부르는 말'로 쓰인다.

建安期(건안기 : 오언시가 융성하였던 시기)를 대표하는 시인이기도 했던 조조는 무슨 일이 생겼을 때마다 한마디 하지 않고서는 못 배겼던 것 같다. '돈견'이라는 악담을 뒤집어보면, 쉽게 무찌를 줄 알았다가 의외로 적벽에서 패한 것을 원통해 하는 심정도 숨겨져 있을 것이다.

---

1) **袁紹**(원소, ? ~ 202) : 후한 말의 관료·정치가. 자는 本初(본초)이며, 豫州(예주) 汝南郡(여남군) 汝陽縣(여양현) 사람이다. 후한의 명문가 출신으로 젊어서는 청류 사상가로 명성을 떨쳤다. 후한 말의 정치적 부패를 타파하고자 十常侍(십상시)를 일소하였으나, 董卓(동탁)의 개입으로 정권을 잡는 데 실패하고 수도에서 쫓겨났다. 원래는 중앙에서 태어난 관료 출신이었지만, 사상가·정치가로서의 명망과 경력을 바탕으로 빠르게 군벌화했고, 韓馥(한복)·公孫瓚(공손찬)·張燕(장연)·田楷(전해)·孔融(공융) 등의 군벌들을 격파, 병합함으로써 당시 중국에서 가장 강력한 세력을 형성하였으나, 관도 대전에서 曹操(조조)와 싸워 크게 패한 뒤 憤死(분사)하였다.

2) **孫堅**(손견, 156 ~ 192) : 중국 후한 말의 장수이자, 吳郡(오군) 富春縣(부춘현) 출신이다. 자는 文臺(문대)이며, 孫策(손책)·孫權(손권)의 아버지이다. 시호는 武烈皇帝(무열황제). 춘추시대의 명장 손자의 후손일 것이라고도 하며, 손권이 오나라를 세우는 기초를 닦은 사람이기도 하다.

3) **孫權**(손권, 181 ~ 252) : 후한 말기에 중국을 갈라놓았던 3국 가운데 하나인 吳(오)의 초대 황제[재위 229 ~ 252]. 자는 仲謀(중모), 시호는 大帝(대제). 오나라는 난징[南京(남경)]을 중심으로 중국 동부지역을 차지했으나, 존속 기간은 222 ~ 280년에 불과했다. 200년 형 孫策(손책)을 계승하여, 江東六郡(강동6군)을 다스리고 山越(산월)을 제압했다. 208년 劉備(유비)와 연합하여 赤壁(적벽)에서 曹操(조조)의 군대를 대파했다. 222년 彝陵(이릉)의 전투에서 유비를 무찌르고, 같은 해 吳王(오왕)임을 선포했다. 229년 武昌(무창)에서 연호를 黃龍(황룡)이라 하고 황제가 되었으며, 얼마 후 建業(건업 : 지금의 남경)으로 천도했다.

農官(농관)을 두어 수리사업을 활발히 전개하고, 屯田(둔전)을 시행했다. 山越(산월) 지역을 개발하고 郡縣(군현)을 설치하여, 강남의 농업 발전을 촉진시켰다. 또한 대규모 항해 사업을 벌여 夷洲(이주 : 지금의 타이완)와의 연계를 강화하고, 동남아시아 제국과 문화·경제 교류를 했다.

4) **劉琮**(유종, ? ~ ?) : 후한 말의 軍雄(군웅) 劉表(유표 : 유기와 유종의 아버지)의 차남. 이복형은 劉琦(유기, ? ~ 209)이다. 형 유기와는 결코 사이가 나빴던 것이 아니고, 오히려 사이가 좋았다고 한다. 그러나 아내의 숙부 蔡瑁(채모)를 비롯한 주위의 일파가 형을 배제하고 그를 옹립하려고 했기 때문에, 유기와 유종의 사이는 험악하게 되었다고 한다. 『삼국지』, 『後漢書(후한서)』 「劉表傳(유표전)」을 보면, 유표는 병약한 유기보다 유종을 후계자로서 일찍 지명하고 있는 것 같다.

208년 유표의 사후에, 채모·장윤 등의 의해서 후계자가 되었다. 그러나 유표의 죽음으로 조조가 남하를 개시한다. 유종은 싸우려고 했지만, 부손·한숭·괴월·왕찬 등이 반대하여 항복하였다. 그 후 조조에 의해서 靑州刺史(청주자사)로 부임을 받아 가는 도중에 우금에 살해되었지만, 이것은 삼국지연의의 창작이고, 조조에게 항복한 후에 간의대부 참동군사에 임명된다.

017 頭角 두각

字解 頭 : 머리 두 [頭腦(두뇌) : 머릿골]

우두머리 두 [頭目(두목) : 우두머리]

첫머리 두 [先頭(선두) : 맨 앞 또는 첫머리]

마리 두 [人頭稅(인두세) : 가족의 수에 따라 매기는 세금]

角 : 뿔 각 [角弓(각궁) : 뿔로 장식한 활]

총각 각 [總角(총각) : 결혼하지 않은 성년 남자]

다툴 각 [角逐(각축) : 서로 이기려고 다툼]

모 각, 모날 각 [角帽(각모) : 모난 모자, 대학생의 사각 모자]

각 각 [角度(각도) : 각의 크기]

語義 머리의 뿔. 머리의 끝.

('여럿 중에서 특히 뛰어난 학식·재능·기예'를 이르는 말)

 **用例**

▶頭角(두각)을 드러내다.

▶강태는 학업에도 그만큼 남다른 頭角(두각)을 나타냈다.

▶무엇인가를 이루려고 하는 마음이 없다면, 세상 어디를 가나 頭角(두각)을 나타낼 수가 없다.

【慣用語】두각을 나타내다[見頭角(견두각)] : 가지고 있는 학식·재능·기예가 남보다 한층 뛰어나 보이다.

 **出典** 韓愈[1](한유)의 柳子厚墓誌銘(유자후묘지명)

'頭角(두각)'은 唐(당)나라 韓愈(한유)의 柳子厚墓誌銘(유자후묘지명)에 나오는 말인데, 子厚(자후)는 柳宗元[2](유종원)의 字(자)이다. 즉 한유가 쓴 유종원의 묘지명에 나오는 말이다. 묘지명은 고인의 유덕을 칭찬한 글을 돌에 새겨 널과 함께 넣는 것이다. 한유와 유종원은 唐(당)나라를 대표하는 문장가로, 唐宋八大家(당송팔대가)에 들어가는 인물이었으며, 세상에 둘도 없는 知己(지기)의 관계였다.

유종원은 한유보다 다섯 살 적었지만, 5년 먼저 세상을 떠났다. 유종원은 26세 때 博學宏詞科(박학굉사과)에 합격했으나, 한유는 이 시험에 세 번이나 도전하고도, 끝내 성공하지 못하였다. 이 사실은

'一擧手一投足[3](일거수일투족)'이란 항목에 자세히 소개된다.

한유와 유종원은 서로 깊이 이해하면서 交遊(교유)했는데, 古文[4](고문)의 부흥에도 힘쓰는 등 문학사에 큰 자취를 남겼다. 젊어서부터 筆名(필명)을 드날렸으며 官運(관운)도 좋아, 사람들의 선망을 받아온 유종원은 생의 후반부에 접어들면서, 지방인 永州(영주) 고을의 司馬(사마)로 좌천되는 등 불운을 겪었다.

그 뒤로는 다시 중앙에 돌아오지 못하고, 柳州(유주) 자사로 가 있다가, 거기서 47세의 짧은 생애를 살고 마침내 세상을 떠나고 만다. 그러나 인생 후반부의 불행이 그의 문장에 깊이와 무게를 더해 줌으로써, 그의 명문장은 그의 불행과 교환하여 이루어진 것이라는 평가도 있다.

한유는 불교를 배척하는 상소문을 올린 것이 문제가 되어, 潮州(조주)로 귀양을 갔다가 다시 풀려나 袁州(원주) 자사로 부임하는데, 새 任地(임지)로 부임해 가는 도중에 유종원의 죽음 소식을 듣는다. 한유는 임지에 도착하자마자, 祭文(제문)을 짓고 또 유종원의 유언에 따라 묘지명을 지었다. 그의 조상에서 시작해서 그의 부친의 공적을 기록한 다음, 유종원에 대해서 기록하고 있다. 그 중 유종원의 생애를 살펴보는 대목 중 한 부분이다.

"子厚(자후)는 어려서부터 정밀하고 민첩하며 통달하지 않은 것이 없었습니다. 아버님이 살아 계실 적에 나이는 적었으나 스스로 인격을 형성하였고, 능히 진사 급제하여 **여럿 가운데서 특히 뛰어나**, 뭇 사람들은 '유씨 집안에 자식다운 자식이 있다.'고 했습니다."

 原文 子厚少精敏無不通達(자후소정민무불통달) 逮其父時雖少年(체기부시수소년) 已自成人(이자성인) 能取進士第(능취진사제) 嶄然見頭角(참연견두각) 衆謂(중위) 柳氏有子矣(유씨유자의)

여기에서 볼 수 있듯이, 頭角(두각)은 글자 그대로의 뜻이 아닌 '머리끝'을 가리키는 말이다. 결국 머리끝을 쳐들고 우뚝 일어나 서 있게 되므로, 사람들이 그 존재를 알게 된다는 뜻이다. 그리고 '가지고 있는 재주나 실력이 남보다 한층 뛰어나 보이는 것'을 '두각을 나타낸다'고 하게 되었다.

---

1) **韓愈**(한유, 768 ~ 824) : 중국 산문의 대가이며 탁월한 시인. 字(자)는 退之(퇴지). 韓文公(한문공)이라고도 한다. 중국과 일본에 광범위한 영향을 미친 후대 性理學(성리학)의 원조이다. 어려서 고아였고, 처음 과거에 응시했을 때는 인습에 얽매이지 않은 문체 때문에 좋은 평가를 받지 못해 낙방했다. 그 후 25세에 진사에 급제, 여러 관직을 거쳐 吏部侍郞(이부시랑)까지 지냈다. 死後(사후)에 禮部尙書(예부상서)로 추증되었고 文(문)이라는 시호를 받는 영예를 누렸다.

2) **柳宗元**(유종원, 773 ~ 819) : 중국 唐(당)의 문학자·철학자. 異名(이명)은 柳河東(유하동), 자는 子厚(자후). 河東解[하동해 : 지금의 산시성(山西省)] 사람이다. 劉禹錫(유우석) 등과 함께 王叔文(왕숙문)의 혁신단체에 참가했으나, 실패하여 永州司馬(영주사마)로 좌천되었다. 후에 柳州刺史(유주자사)를 지내 柳柳州(유유주)라고도 한다. 韓愈(한유)와 함께 古文運動(고문운동)을 제창하여, 거의 1,000년 동안 귀족 출신의 문인들에게 애용된 騈儷文(변려문)에서 작가들을 해방시키려고 했다.

3) **一擧手一投足**(일거수일투족) : 당송팔대가 중 하나인 碩學(석학) 韓愈(한유)도 25세가 되도록 과거시험에서 계속 낙방하였다. 한유가 치른 과거의 본 시험이 博學鴻詞科(박학홍사과)였는데, 이 과거 제도는 2단계로 되어 있어, 1차 禮部(예부)에서 행하는 시험에는 합격했지만, 2차 吏部(이부)에서 실시하는 시험에는 계속 실패하였다. 당시에는 書生(서생)들이 시험관에게 미리 詩文(시문)을 지어서 증정하여, 자기의 역량을 알아주기를 바라는 습관이 있었다. 한유도 그런 편지를 보낸 것 중 '應科目時與人書(응과목시여인서 : 과거시험에 응시하면서 사람에게 주는 글)'에 이런 부분이 있다.

"재배하고 말씀드립니다. 큰 해변이나 큰 강변에는 괴물이 있다고 합니다. 그 괴물은 범상한 물고기나 조개와 같은 종류가 아닙니다. 물을 얻었을 때는 풍우를 불러 하늘에 오를 수도 있는 겁니다. 그러나 물을 얻지 못하면, 어떻게 할 수가 없으며 기껏해야 수달의 웃음거리가 되는 것이 고작입니다. 저는 바로 그 괴물인 것입니다.

만일 힘이 있는 사람이 나의 이 궁상을 가엾이 여겨, 물이 있는 곳까지 옮겨 주려고 생각해 주신다면, 그것은 손을 한 번 들고 발을 한 번 던지는 것뿐인 수고로 족한 것입니다[如有力者哀(여유력자애) 其窮而運轉之蓋(기궁이운전지개) 一擧手一投足之勞也(일거수일투족지노야)]."

'一擧手一投足(일거수일투족)'은 '손 한 번 들고 발 한 번 옮겨 놓는 일', 곧 '아주 쉽게 할 수 있는 일'을 이르는 말이다. 그러나 오늘날은 이 말이 '사소한 하나하나의 동작이나 행동'을 이르는 뜻으로 주로 쓰인다.

4) **古文**(고문) : 漢文(한문)으로 씌어진 산문 文體(문체)의 하나. 기교와 형식을 지나치게 중시한 騈儷文(변려문)에 반발하여, 秦漢(진한) 이전의 순정한 문체로 돌아가야 한다는 사상에 따라 지어진 글이다. 唐代(당대)에 유행한 변려문은 현실을 반영하거나 사상과 감정을 나타내는 것을 외면하였고 꾸밈이 많았다. 이에 한유를 중심으로 한 고문 운동가들은 순정한 고문으로 되돌아가자고 주장했다.

그러나 한유가 주장한 것은 고문을 모범으로 삼아 창조적인 문장을 구사하자는 것이었고, 옛사람의 陳腐(진부 : 케케묵고 낡음)한 말을 답습하자는 것은 아니었다. 그의 목적은 공자의 道德仁義(도덕인의)를 보호하고 邪說(사설)을 막으려는 것이었기 때문에 평이한 文言文(문언문)을 썼으며, 이는 모방이 아니라 새로운 품격을 갖춘 문장을 내세운 것이었다. 이러한 경향은 후대의 唐宋八大家(당송팔대가)에게 이어져 고문 운동의 주된 줄기를 이루게 된다.

018 杜撰두찬

字解 杜 ; 막을 두 [杜絶(두절) : 교통, 통신 등이 막히고 끊어짐]
　　　　성 두 [杜撰(두찬) : 두묵이 지은 글]
　　　撰 ; 지을 찬 [撰述(찬술) : 글을 지음]
　　　　가릴 선 [選擇(선택) : 둘 이상의 것에서 가려 뽑음. 選 → 撰]

語義 杜黙(두묵)이 지은 작품.
　　　(전거나 출처가 확실하지 못한 저술)
　　　(틀린 곳이 많은 작품)

　用例

▶시는 율격이 잘 맞지 않는 폐단이 있었다. 그래서 문장이 격식에 잘 맞지 않는 경우를 **杜撰**(두찬)이라고 하게 되었다.

　① **夜客叢書**[1](야객총서, 송나라 왕무 지음)

말 중에 典據(전거 : 말·문장 등의 근거로 삼는 문헌상의 출처)가 확실하지 못한 것을 杜撰(두찬)이라고 하지만, 이 두찬이란 말 자체도 실상은 전거가 확실하지 못한 점이 없지 않다. 그러나 그 중 宋(송)나라 王楙(왕무)가 지은『夜客叢書(야객총서)』에 나오는 두찬에 관한 설명이 가장 널리 알려져 있다.

중국 宋(송)나라 시인으로 杜黙(두묵)이라는 사람이 있었다. 그의 시는 당시 歐陽脩(구양수, 1007 ~ 1072. 북송의 시인·정치가)와 함께 인기가 있었으나, 律(율)이 잘 맞지 않았다. 그래서 무엇이고 격식에 맞지 않는 것을 가리켜 '杜撰(두찬)'이라고 했다. 즉 '두묵이 지은 글'이란 뜻이다. 그 원문은 다음과 같다.

"두묵은 시를 짓는 것이 율에 맞지 않는 것이 많았다. 그런고로 **일이 격에 맞지 않는 것을 두찬**이라고 한다."

　原文 杜黙爲詩(두묵위시) 多不合律(다불합률) 故言事不合格者爲杜撰(고언사불합격자위두찬)

杜撰(두찬)을 이렇게 설명한 왕무 자신도, 자기의 설명이 '두찬'이라는 평을 면하기 어렵다는 것을 염두에 두어서인지, 이 말이 두묵의 이야기 이전부터 쓰이고 있었던 例(예)들을 들고 있다. 그는 먼저

'杜(두)'란 글자의 뜻부터 캐고 있다. 민간에서는 좋지 못한 밭이나 농장들을 杜田(두전)이니, 杜園(두원)이니 하고 말한다. 즉 杜(두)란 글자는 나쁘다거나, 덜 좋다는 뜻으로 쓰이는 것을 알 수 있다. 또 자기 집에서 빚은 맛없는 술을 杜酒(두주)라고 한다. 보잘것없지만 대용품으로 쓴다는 정도의 뜻이다. 말하자면 엉터리란 뜻이 들어 있는 것이다.

두보가 지은 시 가운데 '杜酒(두주)를 옆에 놓고 일에 골몰한다.'는 구절이 있는데, 이것은 술의 별명인 杜康(두강)이란 것을 염두에 둔 것이겠지만, 그것이 좋지 못한 술을 뜻하는 두주와 일치한 것으로 볼 수 있다는 것이다. 따라서 왕무의 이야기는 '杜(두)'란 글자가 이렇게 쓰여 온 걸로 보아 덜 된 문장의 뜻으로, '杜撰(두찬)'이란 말을 써도 이상할 것이 없다는 것이다.

② 湘山野錄(상산야록, 송나라 석문형 지음)

일반적으로 道敎(도교)는 중국 고래의 神仙說(신선설)과 노자의 道(도)를 융합한 것으로 알려져 있는데, 漢末(한말) 불교가 전해지고부터 이와 충돌하게 되었다. 이로 인하여 정연하게 씌어진 불전에 대항하기 위하여 그와 비슷한 경전을 만들고, 유교로 潤色(윤색 : 윤이 나도록 매만져 곱게 함)하여 불교의 대장경에 대하여 '道藏[2](도장)'이라고 이름지었다. 宋(송)의 釋文瑩(석문형)이 북송의 雜事(잡사)에 대하여 쓴 『湘山野錄(상산야록)』에는 이 도장에 관하여 다음과 같이 쓰고 있다.

"도장 5천여 권은 『도덕경』 2권만이 진본이고, 나머지는 전부 蜀(촉)의 학자 杜光庭[3](두광정)이 저술한 僞作(위작 : 다른 사람의 작품을 흉내 내어 비슷하게 만든 작품)이다. 그때부터 '하찮은 위작'을 '杜撰(두찬)'이라고 부르게 되었다."

이 밖에도 두찬에 대해서는 많은 이야기들이 있지만, 위의 두 出典(출전)의 내용에 비해 설득력이 매우 떨어진다.

---

1) **野客叢書**(야객총서) : 중국 宋(송)나라 왕무가 편찬한 민간 설화집. 15세기경 木版本(목판본)으로 간행. 총 24책으로 되어 있다.

2) **道藏**(도장) : 도교의 經典類(경전류)를 모은 것으로, 불교의 대장경과 같은 것이다. 도장의 성립은 唐代(당대)에서부터 비롯되었지만, 현행의 도장은 明(명)의 正統年間(정통년간, 1436 ~ 1449)에 이루어진 正統道藏(정통도장, 5,305권)과 萬曆年間(만력년간, 1573 ~ 1619)에 추가된 續藏(속장, 180권)을 합하여 모두 5,485권이다. 淸(청)의 道光(도광) 25년(1845)에 重修(중수)되었으며, 1925년에 상하이[上海(상해)]에서 사진판이 간행되었다. 원본은 베이징[北京(북경)]의 백운관에 소장되어 있다.

3) **杜光庭**(두광정, 850 ~ 933) : 중국 唐(당)나라 말 五代(오대)의 道士(도사). 天太山(천태산)에 들어가 도교를 공부하여 도사가 되었다. 前蜀(전촉)을 세운 왕건에게 중용되어, 호부시랑까지 벼슬이 오르기도 했다. 이후 靑城山(청성산) 白雲溪谷(백운계곡)에 은거하며, 『諫書(간서)』, 『錄異記(녹이기)』 등 많은 저서를 남겼다. 도교의 완성에 중요한 공로자로 알려져 있다.

019 輓(挽)歌 만가

字解 輓 ; 수레 끌 만 [輓歌(만가) : 상여를 메고 갈 때 부르는 노래]
　　　　　상여꾼 노래 **만** [輓詞(만사) : 죽은 이를 슬퍼하여 지은 글]
　　　　挽 ; 당길 만 [挽留(만류) : 붙잡고 말림]
　　　　　상여꾼 노래 **만** [挽歌(만가) : 죽은 이를 애도하는 노래]
　　　　歌 ; 노래 가 [歌舞(가무) : 노래와 춤]

語義 수레를 끌며 부르는 노래, 상엿소리.
　　　(상여를 메고 갈 때 부르는 노래)
　　　(죽은 사람을 애도하는 노래나 가사)

 用例

▶ 영결식장에는 **輓歌**(만가)가 쓸쓸히 흘렀다.
▶ 喪制(상제)도 없고 만장도 없는 초라한 상여였지만, 이십여 명의 상두꾼이 **輓歌**(만가) 소리에 맞춰 천천히 매곡 다리를 넘어갔다.
▶ 명량대첩 축제의 마지막 날, 전남 진도군 녹진 광장에서 진도대교를 건너 해남군 우수영으로 이어지는 2km의 **輓歌**(만가) 행렬이 펼쳐져 장관을 이루었다.

【同音異議語】 滿假(만가) : 자만심이 많아 거만하게 행동함.
　　　　　　　萬家(만가) : 매우 많은 집. 또는 모든 집.
　　　　　　　滿家(만가) : 집에 가득함.
【類義語】　　悼歌(도가) : 죽은 사람을 애도하는 노래.
　　　　　　　回心曲(회심곡) : 임진왜란 때 서산대사가 지은, 선행하여 극락에 갈 것을 권하는 노래.

 **出典** 蒙求[1](몽구, 당나라 이한이 지은 역사서)

　중국 漢(한)나라 劉邦(유방, B.C.256 ~ B.C.195)이 楚(초)의 項羽(항우, B.C.232 ~ B.C.202)를 垓下(해하)에서 격파하고, 즉위하여 漢高祖(한고조)가 되었을 때의 일이다. 이보다 앞서 齊(제)나라 왕 田橫[2](전횡)은 유방과 화친을 맺게 되었을 때, 공로를 시샘한 한신의 습격을 받아 화해 사절로 온 說客(세객 : 능란한 말솜씨로 각지를 유세하고 다니는 사람) 酈食其(역이기, ? ~ B.C.204, 한고조 휘하의 모사)를 끓는 물에 삶아 죽인 일이 있었으므로, 전횡은 보복을 두려워하여 부하 5백 명을 데리고 섬으

로 피신했다.

漢高祖(한고조)는 전횡이 후일 반란을 일으킬까 염려가 되어, 그의 죄를 용서하고 불렀다. 그러나 전횡은 낙양 가까이까지 왔을 때, 포로가 되어 한고조를 섬길 일을 수치스럽다고 생각하고 스스로 목을 베어 목숨을 끊었다. 그 목을 한고조에게 바친 두 사람의 使臣(사신)도 뒤이어 전횡의 묘소에서 스스로 목을 베어 殉死(순사 : 왕의 뒤를 따라 죽음)했다. 섬에 남아 있던 5백여 명도 전횡의 높은 절개를 사모해서 모두 순사를 했다. 이렇게 해서 그들은 모두 죽고 말았다.

그 무렵 전횡의 문하에 있던 한 사람이 '薤露歌(해로가) · 蒿里曲(호리곡)'이라는 두 章(장)의 喪歌(상가 : 죽음을 슬퍼하는 노래)를 지었는데, 전횡의 죽음을 슬퍼하는 노래이다. 두 노래를 소개하면, 다음과 같다.

· 薤露歌(해로가)
薤上朝露何易晞(해상조로하이희)
　부추 위의 아침 이슬은 쉬이 마르도다.
露晞明朝更復落(노희명조갱복락)
　이슬은 말라도 내일 아침 다시 내리지만,
人死一去何時歸(인사일거하시귀)
　사람은 죽어 한번 가면 언제 다시 돌아오나.

· 蒿里曲(호리곡)
露蒿里誰家地(노호리수가지)
　호리는 누구 터인고
聚斂魂魄舞賢愚(취렴혼백무현우)
　혼백을 모아 거둘 땐 현명함과 어리석음이 없네.
鬼伯一何相催促(귀백일하상최촉)
　귀신의 우두머리는 어찌 그리 재촉하는가,
人命不得少踟躕(인명부득소치두)
　인명은 잠시도 머뭇거리지 못하네.

이윽고 漢朝(한조)는 '尙武(상무)' 또는 '好文(호문)'의 名君(명군)으로 불린 武帝(무제)의 시대가 된다. 무제는 樂府(악부 : 음악을 관장하던 기구)라는 국립 음악원을 만들어 음악 가요의 연구 작성에 힘쓰고, 樂人(악인)인 李延年(이연년)을 총재에 임명했다. 이연년은 앞의 두 장을 나누어 두 곡으로 만들고, 해로가는 公卿貴人(공경귀인)을, 호리곡은 士夫庶人(사부서인)을 送葬(송장 : 시신을 장지로 보냄)

하며 관을 끄는 자로 하여금 부르게 했다. 사람들은 그것을 보고서 '**輓歌**(만가)'라고 부르게 되었다. 죽음을 弔喪(조상)하는 말을 '輓(만)' 또는 '挽(만)'이라고 하는 것은 여기서 유래되었다.

『晉書(진서)』「禮志(예지)」에 따르면, 輓歌(만가)는 원래 武帝(무제) 때 노동자가 부르던 노래였다. 歌聲(가성)이 애절해서 구구절절 가슴을 울리므로, 마침내 死者(사자)를 운구하는 의식에 쓰이게 되었다고 한다.

그러나 만가의 기원은 전횡보다 더 오래라고 한다. 周(주)나라 敬王(경왕, ? ~ B.C.476) 36년(B.C.484), 魯(노)나라 哀公(애공, ? ~ B.C.467. 제25대 왕)은 吳(오)왕 夫差(부차, ? ~ 473. 제7대 왕으로 마지막 왕. 춘추오패의 한 사람)와 함께 齊(제)나라를 쳤다. 그때 요격 준비를 갖춘 齊軍(제군)의 公孫夏(공손하 : 제나라 무장)가 宗子陽(종자양)과 閭丘明(여구명) 두 사람을 격려해서 말했다.

"필사적인 각오로 하라."

마침내 싸움이 시작되려고 할 때, 공손하는 부하에게 '虞殯(우빈)'을 노래하라고 명했다. 우빈이란 장송곡이란 뜻으로 지금의 만가다. 슬프게 가슴을 파고드는 우빈의 노래 가락은 병사들에게 必死必勝(필사필승 : 죽을 각오로 싸워 반드시 이김)을 격려한 것이다. 이 뜻을 깨닫고, 두 사람 종자양과 여구명은 용기백배하여 싸웠다. 그러나 艾陵(애능)의 전투에서 제나라 군대는 오·노 연합군에게 대패하고, 공손하·여구명 등은 포로가 되어 노애공에게 바쳐졌으며, 우빈은 불길한 前兆(전조 : 미리 나타내는 것으로 해석할 수 있는 현상)가 되고 말았다.

---

1) 蒙求(몽구) : 中國(중국) 唐(당)나라의 李瀚(이한)이 어린아이들의 學習(학습)에 편리하도록, 經史(경사 : 중국 고전인 경서와 사기) 속에서 古人(고인)의 사적을 뽑아 엮은 책이다. 『몽구』라는 책 이름은 『周易(주역)』「蒙卦(몽괘)」에 있는 구절에서 따왔다. 古代(고대)에서 南北朝(남북조)까지의 유명한 사람의 엇비슷한 언행을 둘씩 짝지어 配列(배열)해서 4자구의 韻語(운어 : 압운의 어구)로 기록하였다. 모두 3권으로 되어 있다. 『몽구』가 나온 이후에 宋代(송대)에 徐子光(서자광)이라는 사람이 주석을 추가한 『蒙求補注(몽구보주)』를 편찬하여, 지금 현재에도 전해지고 있다.

2) 田橫(전횡) : 전국시대 齊王(제왕)의 후예로서, 秦(진)나라 말기에 자립하여 왕이 된 뒤에 형세가 불리해지자, 부하 500여 명과 함께 嗚呼島(오호도)로 피해 들어갔다. 그러나 王侯(왕후)에 봉해 주겠다는 漢高祖(한고조) 유방의 부름을 받고 뤄양[洛陽(낙양)]으로 가다가, '내가 한고조와 같이 왕이라고 칭하다가, 이제 머리를 굽혀 그의 신하가 되는 일은 차마 하지 못하겠다.'면서 자결하였다.

그 목을 한고조에게 바친 두 사람의 사신도 뒤이어 전횡의 묘소에서 스스로 목을 베어 殉死(순사)했다. 그러자 섬에 남아 있던 무리 500여 명도 전횡의 높은 절개를 사모하여 모두 따라서 자결하였다.

020 矛盾 모순

字解 矛 ; 창 모 [矛戟(모극) : 창 또는 병기]
　　　盾 ; 방패 순 [矛盾(모순) : 창과 방패. 앞뒤가 맞지 않음]
　　　　사람 이름 돈(사람 이름으로 쓰일 때 '돈'으로 발음하는 경우가 있음)

語義 창과 방패.
　　　(말이나 행동의 앞뒤가 서로 일치하지 아니함)
　　　(두 개의 명제가 동시에 참이 될 수 없는 상태 〈논리학〉)
　　　(투쟁 관계에 있는 두 대립물이 공존하면서 맺는 상호 관계 〈철학〉)

 用例

▶ 이 法(법)은 여러 가지 면에서 **矛盾**(모순)을 안고 있다.

▶ 나타나기를 기다리면서 나타나 주지 않기를 바라는 묘한 심적 **矛盾**(모순)으로 마음이 이상야릇했다.

▶ 결국 경제 가치는 노동에 의해서만 생산되는 것이 아니라, 조직이나, 발명, 자본, 그리고 기계의 효율적 사용 등에 의해서 생산되는 것임에도, 노동에 의해서만 생산된다는데 노동가치설의 근본적인 **矛盾**(모순)이 있는 것이다.

【類義語】 二律背反(이율배반) : 서로 모순되어 양립할 수 없는 두 개의 명제.
　　　　 自家撞着(자가당착) : 같은 사람의 말이나 행동이 앞뒤가 서로 맞지 아니하고 모순됨.

 **韓非子**(한비자) – 難一(난일) 難勢篇(난세편)

　중국 전국시대, 周(주, B.C.1046경 ~ B.C.256. 무왕이 은나라를 멸망시키고 건국하여, 호경에 도읍을 정함)나라의 위세는 땅에 떨어지고, 群雄(군웅)이 여기저기서 일어나 서로 세력을 다투고 있었다. 곳곳에서 싸움이 되풀이되고, 토지와 성을 뺏고 빼앗으며, 피비린내가 중국 천지를 뒤덮고 있었다. 이런 상황이라, 兵器(병기)의 소모가 심하고 좋은 무기일수록 불티나게 팔렸다.

　楚(초, B.C.771 ~ B.C.223. 양자강 중류 유역에 근거한 나라)나라 사람 중에 **창과 더불어 방패**를 파는 자가 있었는데, 그는 그것을 자랑하여 말하기를,

　"내가 만든 방패의 견고함은 (어떤 창으로도) 능히 꿰뚫을 수가 없다."

또한 자기 창을 자랑하여 말하기를,

"나의 창의 날카로움은 어떤 방패도 뚫지 못하는 것은 없다."

어떤 사람이 말하기를,

"그대의 창으로써 그대의 방패를 찔러 보시오. 어찌 되겠소?"

그 사람은 어떠한 대꾸도 하지 못했다. 무릇 뚫리지 않는 방패와 뚫지 못할 것이 없는 창은 세상에 같이 있을 수가 없다.

 原文 楚人有鬻盾與矛者(초인유육순여모자) 譽之曰(예지왈) 吾盾之堅莫能陷也(오순지견막능함야) 又譽其矛曰(우예기모왈) 吾矛之利於物無不陷也(오모지리어물무불함야) 或曰(혹왈) 以子之矛陷子之盾(이자지모함자지순) 何如(하여) 其人弗能應也(기인불능응야) 夫不可陷之盾與無不陷之矛(부불가함지순여무불함지모) 不可同世而立立(불가동세이병립)

'矛盾(모순)'은 '창과 방패'란 말이다. 창과 방패는 서로 대립된 위치에 있는 것을 말하는 것이 아니고, 장사꾼이 말한 성립될 수 없는 내용을 가리키는 말로 쓰이게 되었다. 즉 '말이나 행동의 앞뒤가 서로 일치하지 않음'을 말한다.

※ '矛盾(모순)'의 몇 가지 예

- **미국의 세계 평화**
  - 미국은 세계 평화라는 명목 하에 전쟁을 일으킨다.
- **아담과 이브**
  - 기독교에서는 우리가 아담과 이브의 자손이라고 한다. 그렇다면 전 세계의 인종이 같아야 하는데, 흑인·백인·황인 등 전 세계의 인종은 다양하다.
- **어떤 괴물의 문제**
  - 베르나르 베르베르의 소설 '뇌'에서 주인공은 어떤 괴물이 낸 문제를 풀게 된다. 괴물은,
    "네가 지금 하는 말이 진실이면 너를 찢어 죽일 것이고, 거짓이면 너를 불태워 죽일 것이다."
    라고 말했다. 주인공은,
    "나는 불에 타 죽을 것이다."
    라고 말했다. 만약 불에 타 죽는 것이 사실이라면 찢어 죽게 된다. 그리고 불에 타 죽는 것이 거짓이라면 불에 타 죽게 된다. 이것은 모두 모순이어서 결국 괴물은 그를 죽이지 못했다.
- **사형제도의 모순**
  - 사람들은 살인 등의 범죄 행위를 처벌하기 위해 사형제도를 만들었다. 즉, 법으로 인해 사형이 결정된다. 그러나 그 법은 인간이 만들었다. 결국 인간을 위해 만든 법이 인간을 죽이는 것이다.
- **종교인의 말과 행동**
  - 모든 종교의 교리 중 핵심은 '이웃을 사랑하라, 선행을 베풀어라.'인데, 타 종교를 믿는 사람들을 배척하며, 심지어 전쟁을 일으켜 많은 사람을 죽게 하기도 한다.

021 木鐸 목탁

字解 木 ; 나무 **목** [木造(목조) : 나무로 지음]
　　　　　질박할 목 [木訥(목눌) : 순박하고 말재주가 없음]

　　　　鐸 ; 방울 **탁** [鈴鐸(영탁) : 방울, 요령]
　　　　　풍경 탁 [風鐸(풍탁) : 풍경]

語義 나무 방울.
(불공을 드릴 때나 사람을 모이게 할 때 두드려 소리를 내는 기구)
(세상 사람을 가르쳐 바로 이끌 만한 사람이나 기관)

用例
▶ 木鐸(목탁) 소리 울리면 마음이 맑고, 木鐸(목탁) 소리 울리면 행복이 오네.
▶ 흔히 언론을 사회의 木鐸(목탁)이라고 한다. 언론의 역할을 가장 간명하게 표현한 말이다.

出典 論語(논어) - 八佾篇(팔일편)

　　木鐸(목탁) 하면 일반적으로 절을 생각한다. 불공을 드릴 때 두드려 소리를 내는 기구로 주로 쓰이기 때문이다. 목탁은 물고기의 혀를 형상화한 나무로 된 방울을 말한다. 쇠로 만든 것을 옛날에는 金鐸(금탁)이라고 했다. 지금은 방울이라면 쇠로 만든 것, 즉 금방울, 은방울 등을 떠올리게 된다.

　　그러나 목탁은 일반적인 뜻 외에 특별한 뜻으로 쓰이는 경우가 많다. 예를 들어 '신문은 사회의 목탁이다.'라고 할 때, 그것은 '사회를 올바로 깨우쳐 주고 이끌어 주는 것'이란 뜻을 갖게 된다. 이런 의미는 오랜 옛날 제도에서 유래한다. 오늘과 같이 홍보 수단이 발달하지 못했던 옛날에는 대중의 관심을 집중시키기 위한 방법으로 금탁과 목탁을 사용했다. 즉, 관에서 軍事(군사)와 관련이 있는 일을 백성들에게 주지시킬 때는, 담당 관원이 금탁을 두들기며 관의 지시와 명령을 대중에게 전달했다. 또 군사가 아닌 일반 행정이나 文敎(문교)에 관한 사항을 전달할 때는, 목탁을 두들기며 관원이 골목을 돌곤 했다. 즉 '신문은 문교에 관한 일을 사회와 대중에게 전달하는 매개체다.' 하는 뜻으로 목탁이란 말을 쓰게 된 것이다.

　　그런데 이 목탁이란 말이 지니는 특별한 의미는 『論語(논어)』에서 비롯되었다. 「八佾篇(팔일편)」 24장을 보면,
　　禮(예) 사상을 중시하는 사회를 건설하려고 천하를 周遊(주유)하던 孔子(공자, B.C.551 ~ B.C.479)

가, 그 어느 해 어느 날쯤 衛(위, ? ~ B.C.209. 춘추시대에 제후국의 하나)나라로 떠나, 그 국경인 儀(의 : 위나라 국경지방의 지명)에서 잠시 머물 즈음의 일이다. 이때 공자의 나이 56세였으며, 魯(노, B.C.1055 ~ B.C.249)나라에서 司寇(사구)라는 벼슬을 잃은 직후이다.

儀(의) 땅의 封人(봉인 : 국경수비 담당 관리)이 (공자) 뵙기를 청하며 말하기를,
"군자가 이곳에 이르면, 내 일찍이 만나 뵙지 않은 적이 없었습니다."
라고 하므로, 從者(종자 : 공자님의 수행인)가 뵙도록 하였더니, 뵙고서 말하기를,
"이삼인의 그대들은 (공자님이 벼슬을) 잃는다 하여 무엇을 걱정합니까? 천하의 道(도)가 없어진 지 오래 되었습니다. 하늘이 앞으로 공자님을 木鐸(목탁 : 세상 사람을 가르쳐 바로 이끌 사람)으로 삼으실 것입니다."

 原文 儀封人(의봉인) 請見曰(청견왈) 君子之至於斯也(군자지지어사야) 吾未嘗不得見也(오미상부득견야) 從者見之(종자견지) 出曰(출왈) 二三子何患於喪乎(이삼자하환어상호) 天下之無道也久矣(천하지무도야구의) 天將以夫子爲木鐸(천장이부자위목탁)

어찌 보면 보잘것없는 한낱 국경 수비대의 하급 관리가 공자님을 한번 만나 뵙고, 그가 위대한 인류의 스승임을 단번에 알아차리고, 오히려 공자님을 수행하는 제자들에게 걱정하지 말라는 위로의 말을 한은 차치하고서라도, 공자님이 이 세상의 영원한 인도자임을 하늘의 이름을 빌어 천명하는 내용임을 알 수 있다.

※ 木鐸(목탁)의 원뜻

佛具(불구 : 사찰에서 의식을 행하거나 불도를 닦을 때 필요한 도구)의 하나. 현재 불교에서 가장 많이 사용되는 의식 용구 가운데 하나이다. 木魚(목어)가 변형된 것으로, 목어는 물고기 모양이지만 목탁은 둥근 형태이다. 단 위에 놓고 치는 큰 목탁은 대중을 모으거나 식사 시간을 알릴 때 사용하며, 직접 들고 치는 작은 목탁은 불공을 드리거나 讀經(독경)을 할 때 사용한다.

※ 木鐸(목탁)의 유래

옛날 어느 절에 덕이 높은 스님이 여러 제자를 가르치고 있었다. 그 가운데 한 제자는 스승의 가르침을 어기고, 제멋대로 생활하며 계율에 어긋난 생활을 일삼다가, 그만 병이 들어 죽게 되었다. 죽은 뒤에는 물고기 몸을 받아 태어났는데, 등 위에 큰 나무가 솟아나서 여간 큰 고통이 아니었다. 하루는 스승이 배를 타고 강을 건너가는데, 등 위에 커다란 나무가 달린 고기가 뱃전에 머리를 들이대고 눈물을 흘리는 것이었다. 스승이 깊은 禪定(선정 : 불교 특유의 수행법인 명상과 정신집중)에 잠겨 고기의 전생을 살펴보니, 이는 바로 병들어 일찍 죽은 자기 제자가 果報(과보)로 물고기로 태어나 고통받는 모습이었다. 이를 알고 가엾은 생각이 들어, 水陸薦度齋(수륙천도재)를 베풀어 고기의 몸을 벗게 해주었다. 그날 밤 스승의 꿈에 제자가 나타나서 스승의 큰 은혜를 감사하며, 다음 생애에는 참으로 發心(발심)하여 공부할 것을 다짐하는 것이었다. 그리고 자기 등에 있는 나무를 베어, 고기 모양을 만들어 부처님 앞에 두고 쳐주기를 부탁하였다. 이로부터 목어가 그리고 목탁이 만들어졌다고 한다.

022 無顔 무안

字解 無 : 없을 **무** [無念(무념) : 무아의 경지에 이르러 아무 생각이 없음]
　　　顔 : 얼굴 **안** [顔面(안면) : 얼굴, 서로 알 만한 친분]
　　　　　　　　　　[厚顔無恥(후안무치) : 낯가죽이 두꺼워 부끄러움이 없음]

語義 얼굴이 없다.
　　　　(부끄러워 볼 낯이 없음. 면목이 없음)

用例

▶ 그녀는 많은 사람들 가운데서 당한 **無顔**(무안)을 혼자서 삭이느라고, 느닷없는 생병을 앓기 시작했다.
▶ 오늘은 웬일인지 명선이가 톡톡 쏘는 소리를 하여가며, 일부러 **無顔**(무안)을 주려고 하는 눈치에 자리를 피했다.

白樂天[1](백낙천) – 長恨歌(장한가)

'無顔(무안)'은 '상대를 대할 면목이 없다.'는 말이다. '無面目(무면목)'이란 말도 있으나, 이는 項羽(항우)가 마지막 싸움에서 패한 뒤 고향으로 돌아갈 면목이 없다고 한 데서 비롯된 말이었고, '無顔(무안)'이란 말은 白樂天(백낙천)의 유명한 '長恨歌(장한가)'에서 비롯된 말이다.

장한가는 백낙천이 37세 때 지은, 그의 대표적 작품이다. '安祿山(안녹산)의 亂(난)'으로 인하여 唐(당) 玄宗(현종, 685 ~ 762. 제6대 황제. 재위 712 ~ 756)이 양귀비를 잃은 극적인 사건을 소재로 하고 있다. 唐詩(당시) 가운데 걸작 중의 하나로 손꼽히는 이 작품은 120句(구) 840字(자)로 된 장편인데, 여기에서는 양귀비의 아리따운 모습 앞에 궁녀들이 얼굴값을 못하는 대목을 소개한다. 이 부분이 장한가의 첫 부분이다.

漢皇重色思傾國(한황중색사경국)
　한나라 황제가 여색을 중히 여겨 나라를 기울일 만한 미인을 그리워하시어,
御宇多年求不得(어우다년구부득)
　천하를 다스리며 오랜 세월 찾았으나 구할 수 없었네.
楊家有女初長成(양가유녀초장성)
　양씨 집안에 갓 성장한 여식이 있어,

養在深閨人未識(양재심규인미식)
  깊은 규중에서 자라 아무도 그녀의 아름다움을 몰랐네.
天生麗質難自棄(천생려질난자기)
  타고난 아름다움 그대로 묻힐 리 없어,
一朝選在君王側(일조선재군왕측)
  하루아침에 뽑혀 군왕의 곁에 있게 되었네.
回眸一笑百媚生(회모일소백미생)
  머리 돌려 한 번 웃으매 백 가지 교태가 생겨나,
六宮粉黛無顏色(육궁분대무안색)
  육궁의 분 바르고 눈썹 그린 궁녀들이 **얼굴빛을 잃고 말았네**.
春寒賜浴華淸池(춘한사욕화청지)
  봄추위 안 가셔 화청지에서 목욕하길 천자께서 허락하니,
溫泉水滑洗凝脂(온천수활세응지)
  온천물에 기름처럼 매끄러운 그녀의 살 씻겨졌네.
侍兒扶起嬌無力(시아부기교무력)
  시녀들에게 부축받은 모습, 아리따움으로 바로 설 힘마저 없는 듯했으니,
始是新承恩澤時(시시신승은택시)
  그때가 바로 군왕의 새로운 은총이 내려진 때였네.
雲鬢花顏金步搖(운빈화안금보요)
  구름 같은 머리, 꽃 같은 얼굴, 금 머리 장식, 걸을 때마다 한들거리고,
芙蓉帳暖度春宵(부용장난도춘소)
  연꽃 수놓은 휘장 안은 따뜻하고 봄밤은 깊어갔네.
春宵苦短日高起(춘소고단일고기)
  봄밤의 짧음을 한탄하여 해가 높이 뜬 뒤에야 천자께서 일어나셨으니,
從此君王不早朝(종차군왕부조조)
  그때부터 군왕께선 조회를 거르셨네. 〈後略(후략)〉

---

1) 白樂天(백낙천, 772 ~ 846) : 중국 唐(당)나라 시인. 樂天(낙천)은 字(자)이고, 본명은 白居易(백거이), 호는 香山居士(향산거사), 시호는 文(문)이다. 中唐(중당)시대에는 과거제도가 효과를 거두어, 그 시험에 통과한 진사 출신의 신관료 집단이 진출하여 구문벌을 압도했는데, 백거이가 이 시기에 태어난 것은 그로서는 행운이었다. 그는 800년 29세 때, 최연소로 진사에 급제했다. 이어서 書判拔萃科(서판발췌과)·才識兼茂明於體用科(재식겸무명어체용과)에 연속 합격했다. 그 재능을 인정받아 翰林學士(한림학사)·左拾遺(좌습유) 등의 좋은 직위에 발탁되었다. 808년 37세 되던 해에, 부인 楊氏(양씨)와 결혼했다. 당 현종과 양귀비의 사랑을 노래한 장편시 장한가에는 부인에 대한 작자의 사랑이 잘 반영되어 있다. '比翼鳥(비익조)'·'連理枝(연리지)' 등도 이 장한가의 후반부에 나오는 말이다. 그는 총 2,800여 개의 시를 썼으며, 장편 서사시로 장한가 외에 '琵琶行(비파행 : 88구의 칠언 고시. 비파 타는 여인이 영락하게 된 과정을 읊은 노래)'도 있다.

023 無恙 무양

字解 無 : 없을 **무** [無窮(무궁) : 시간이나 공간의 한이 없음]
　　　 恙 : 병 **양** [無恙(무양) : 몸에 병이 없음]
　　　　　 근심할 양 [恙憂(양우) : 염려되는 일. 근심]

語義 병이 없다. 탈이 없다.
　　　 (몸에 병이나 탈이 없음)
　　　 (윗사람에게 자기를 말하거나, 아랫사람의 안부를 물을 때 쓰는 말)

 用例

▶숙부님, 그간 **無恙**(무양)하십니까?
▶감사까지 밤사이 **無恙**(무양)한 것을 기뻐하는 기색이 현연하였다.

【同音異議語】 武揚(무양) : 거문고를 연주할 때, 술대로 여섯째 줄인 武絃(무현)을 뜯어서 소리 내는 법.
　　　　　　 撫養(무양) : 잘 돌보고 사랑하여 기름.

 ① **全國策**(전국책) – 齊策(제책)

중국 전국시대 때, 齊(제)나라 왕이 어느 날 趙[1](조)나라 실권자인 威太后(위태후)에게 사신을 보내 안부를 물었는데, 사신을 맞이한 위태후는 왕이 보낸 글을 펴보기 전에 이렇게 물었다.

"해가 **탈이 없는가**, 백성들도 **탈이 없는가**, 왕도 **탈이 없는가**?"

 原文 歲亦無恙耶(세역무양야) 民亦無恙耶(민역무양야) 王亦無恙耶(왕역무양야)

'해가 무양하냐[歲亦無恙耶(세역무양야)]'는 말은 '기후가 농사짓기에 알맞게 좋으냐?'는 뜻이다. 이 말을 듣고, 사신은 왕의 안부를 먼저 묻고, 백성의 안부를 묻는 것이 순서가 아니냐고 불평스럽게 물었다. 그러자 태후는 이렇게 말했다.

"풍년이 들어야 백성이 잘살 수 있고, 백성이 잘살아야 왕도 그 지위를 보존할 수 있는 것인데, 그 근본부터 묻는 것이 당연한 이치 아니겠소?"

이 말을 들은 제나라의 사신은 자신의 所見(소견)이 좁았음을 대단히 부끄러워하며, 아무 말도 못하였다. 그 후로 국가간의 외교적인 문안 인사에는 해·백성·임금의 三無恙(삼무양)으로 인사말을 주고

받았다고 한다.

 ② **楚辭**(초사) – 九辯(구변)

"皇王(황왕)의 덕에 힘입어 돌아가신 我君(아군)의 <u>無恙</u>(무양)함을 보오리다."

 ③ **史記**(사기) – 匈奴列傳(흉노열전)

흉노의 單于(선우)가 漢(한)나라 황제에게 서간을 보내는데, 그 첫머리에 나오는 말이다.
"하늘이 세운 흉노의 대선우는 삼가 묻노니, 황제는 <u>無恙</u>(무양)하신가?"

---

1) 趙(조, B.C.403 ~ B.C.228) : 晉[2](진)나라에서 분리되어 나온 나라로서 전국시대의 전국 칠웅 중 하나이다. 위나라, 한나라와 더불어 三晉(삼진)이라고 일컬어진다. 북쪽엔 연나라와 붙어 있고, 남쪽에는 황하가 흐르고 있다.

胡服(호복 : 통소매와 바지)을 채용하였고, 중국에 처음 기마전술을 도입한 나라이기도 한다. 갑병 수십 만과, 전차 천 승, 말(馬) 만 필을 낼 수 있었으나, 기원전 228년 진나라의 침공을 받아 유목왕이 사로잡혀 멸망한다. 이때 태자 대왕은 멀리 대나라로 쫓겨가 대나라의 왕 자리에 올랐으며, 도읍인 邯鄲(한단)은 상공업의 대중심지였다.

2) 晉(진, B.C.1106 ~ B.C.349) : 무왕의 둘째 아들 당숙 우가 세운 나라이다. 文公(문공) 때 전성기를 맞이하였다. 기원전 5세기에 대부 智伯(지백)이 실권을 장악했으나, 韓(한)·魏(위)·趙(조) 세 가문의 협공으로 암살된다. 이후 이 3가문이 독립국의 기초를 닦았다. 기원전 497년이 되자, 지씨의 당주인 智伯瑤(지백요)의 주도로 한·위·조의 당주들과 함께 범씨와 중항씨의 영토를 분할해 차지해 버린다. 그리고 지씨는 35대 군주 出公(출공)이 삼환과 전씨에게 지백요·한호·위구·조앙을 죽여 달라는 문서를 보냈다가, 오히려 삼환과 전씨가 진출공이 그런 문서를 보내왔다는 문서를 보내는 바람에 진출공은 살해당한다.

이후에 智(지)의 당주 智伯瑤(지백요)가 한·위·조의 당주에게 영토를 나누어 달라는 제의를 하게 된다. 그 중 조의 당주 趙襄子(조양자)만이 영토를 주기를 거부한다. 기원전 455년 지백요는 자신의 제의를 거절한 趙(조)의 당주 趙襄子(조양자)를 치기 위해 한의 당주 韓康子(한강자)와 魏桓子(위환자)에게 연합을 요청한다. 조양자는 자신의 옛 성인 晉陽城(진양성)으로 들어가, 백성들과 힘을 합쳐서 지백요와 그의 연합군에 대항했으나 사태가 매우 위급한 지경에 놓였다.

이때 조양자의 가신인 張孟談(장맹담)은 한강자와 위환자에게 찾아가 면담하면서 지백요를 배반하기를 설득한다. 결국 조양자는 두 당주를 자신의 편으로 끌어들여 지백요의 진영을 치게 되었고, 지백요는 사로잡혀 죽게된다. 이리하여 진나라는 기원전 403년에 한·위·조의 의 세 나라로 분할되었다. 이 분할로 전국시대가 시작된다. 하지만 그때도 진나라는 살아 있었다. 그때의 군주는 37대 幽公(유공)이었고, 몇 년 뒤 烈公(열공) 대에는 한·위·조가 정식 국가가 된다. 그렇게 두 마을만 다스리던 진나라 왕실은 靜公(정공) 대에 평민으로 강등당해 멸망한다.

024 物議 물의

字解 物 ; 만물, 물건 물 [萬物(만물) : 세상의 온갖 물건]
　　　　일 물 [物情(물정) : 일의 형편이나 성질]
　　　　헤아릴 물 [物理(물리) : 이치를 헤아림]
　　　議 ; 의논할 의 [議題(의제) : 회의에서 의논할 문제]

語義 일을 의논하다.
(세상 사람들의 평판이나 뒷소문)
(타인의 주목을 받아 구설수에 오르내리는 대상)
(대개 부정적인 뜻으로 쓰여, 어떤 사람 또는 단체의 처사에 대하여 많은 사람이 이러쿵저러쿵 논하는 상태)

 用例

▶더 이상 사회에 **物議**(물의)를 일으키는 일이 없도록 하시오.
▶음주 사고를 내 **物議**(물의)를 빚은 현직 경찰 간부가 정직 1개월 처분을 받았다.
▶졸업식 '알몸 뒤풀이'로 **物議**(물의)를 일으켰던 고등학생들에게, 법원이 처벌 대신 사과 편지와 독후감 쓰기와 같은 특별한 과제를 부과했습니다.

【同音異議語】 物宜(물의) : ① 사물이 훌륭함.　② 사물이 당연히 그러하여야 할 상태.
【類義語】　　 物論(물론) : 어떤 사람의 좋지 않은 행동에 대해 많은 사람이 수군거리는 상태.

 出典　漢書(한서) - 謝幾卿傳(사기경전)

중국 南朝[1](남조)시대 때, 謝幾卿(사기경)은 齊(제)나라와 梁(양)나라에서 尙書左丞(상서좌승) 등의 벼슬을 한 사람이다. 그는 陶淵明(도연명, 365 ~ 427. 중국 동진의 시인. '귀거래사' 지음)과 더불어 山水文學(산수문학)의 雙璧(쌍벽)으로 일컬어지는 謝靈運(사영운, 385 ~ 433. 중국 남북조시대 송나라 시인)의 증손자이기도 하다. 어릴 때 神童(신동)으로 소문난 사기경은 여덟 살 때, 물에 빠져 위태롭게 된 아버지를 구해내는 등 남다른 재주를 보여주곤 했다. 커서는 대범한 성품으로 조정의 규정 따위에는 아예 신경을 쓰지 않은 자유인이었고, 술을 좋아하여 주변에 친구가 많았다.

그가 산 시대는 王朝(왕조)의 浮沈(부침)이 극심하던 때였다. 그가 정치에 흥미를 잃고 술과 친구를 가까이한 것도 그런 시대적 배경 때문이었을 것이다. 한번은 잔칫집에 갔다가 모처럼 취하지 않은 채

돌아오는 길이었다. 마침 술집 하나가 눈에 띄자, 수레를 술집 앞에 세워 놓고 일행 3명과 술판을 벌였다. 술 마시는 품이 얼마나 요란했던지 구경꾼이 담을 치고 있었지만, 개의치 않고 마구 마셔대곤 했다.

마침내 술로 인한 무질서한 행동과 지방의 토벌에 나섰다가 패한 죄로, 사기경은 벼슬을 내놓고 고향집으로 돌아왔다. 그때에 친구 左丞(좌승) 庾仲容(유중용)도 파직되어 돌아왔는데, 둘은 어울려 자유분방한 생활을 마음껏 즐겼다.

두 사람은 뜻이 서로 맞으면 기분대로 자유롭게 행동했으며, 때로는 덮개가 없는 수레를 타고 두루 들판을 노닐면서 **세상의 평판**에는 조금도 개의치 않았다.

 原文 二人意相得(이인의상득) 竝肆情誕縱(병사정탄종) 或乘露車(혹승노차) 歷遊郊野(역유교야) 不屑物議(불설물의)

여기에서 '物議(물의)'라는 말이 쓰이기 시작했는데, 처음에는 '세상 사람들의 평판' 정도의 뜻으로 쓰였다. 그러나 이 말은 나중에 否定的(부정적)인 의미로 발전하여, '타인의 주목을 받아 입에 오르내리는 대상이 되거나, 말썽의 대상이 되는 것'이라는 뜻으로 쓰이게 되었다.

---

1) **南北朝時代**(남북조시대, 439 ~ 589) : 한족이 세운 남조와 유목민족이 세운 북조가 대립하며 수나라가 통일할 때까지의 시기를 말한다. 이 시기 강남에는 宋(송)·齊(제)·梁(양)·陳(진)의 4개 왕조가 차례로 흥망했는데, 이것을 가리켜 南朝(남조)라고 불렀다. 또한 같은 建康(건강 : 건업의 새 이름)을 수도로 삼았던 삼국시대의 吳(오)와 東晉(동진)을 합쳐 六朝(육조)라고 불러 이 시대를 六朝時代(육조시대)라고 부르기도 하나, 이는 주로 문화사를 다룰 때 쓰이는 시대 구분이다.

이 시대 강남이 크게 개발되어, 이후 수나라, 당나라 시대에 강남은 중국 전체의 경제 기반이 되었다. 남조는 정치적 혼란과는 대조적으로 문화와 불교 등이 융성하여 육조 문화라 불리는 귀족 문화가 번영하였으며, 도연명·왕희지 등이 활약했다.

강북에서는 선비족 탁발부가 건국한 北魏(북위)가 오호십육국시대의 혼란을 수습하고, 북방 유목민의 부족제을 해체하고 귀족제에 의거한 중국적인 국가로 탈피했다. 북위는 六鎭之亂(육진지난 : 육진의 난)을 거치면서, 534년에 東魏(동위)·西魏(서위)로 분열하였다. 동위는 550년 北齊(북제)로 정권이 바뀌고, 서위는 556년에 北周(북주)가 대신했다. 577년, 북주는 북제를 멸망시켜 화북을 통일하였다.

그 후 581년, 수나라의 양견이 북주의 양위를 받아 제위에 오른다. 589년 수나라는 남조의 마지막 왕조 진나라를 멸망시켜 중국을 재통일하였다. 화북의 북위·동위·서위·북제·북주의 5개 왕조를 가리켜 北朝(북조)라고 불렀고, 여기에 隋(수)나라도 합쳐야 한다는 설도 있다. 李延壽(이연수)의 『北史(북사)』에는 수나라를 북조에 넣기도 하였다.

025 跋扈 발호

字解 跋 : 밟을 **발** [跋涉(발섭) : 산을 넘고 물을 건너서 여러 지방을 돌아다님]
　　　　　　발문 발 [跋文(발문) : 책의 끝에 적는 글]
　　　　扈 : 뒤따를 호 [扈從(호종) : 임금의 행차에 뒤따라감]
　　　　　　통발 호 [跋扈(발호) : 통발을 뛰어넘다. 제멋대로 날뛰다]

語義 통발을 밟다. 통발을 뛰어넘다.
　　　　(권세나 세력을 제멋대로 부리며 함부로 날뜀)

 用例

▶ 나에게는 아직도 천하를 근심하고 왜적의 跋扈(발호)에 비분강개하시던, 公(공)의 목소리가 귓가에 쟁쟁하옵니다.

▶ 튀니지에 이어 이집트에서도 반독재 시위가 이어지면서, 미국의 대 아랍권 외교 정책이 進退兩難(진퇴양난)에 빠졌다. 민주주의를 좇자니 중동과 북아프리카의 친미 국가에서 이슬람 근본주의 세력이 跋扈(발호)할까 걱정이고, 그렇다고 독재자들을 마냥 옹호할 수도 없기 때문이다.

【同音異議語】 發號(발호) : 호령을 내림.
　　　　　　　發呼(발호) : 통신망에 접속된 단말기기가 통신을 행하는 상대기기를 불러내기 위한 동작.
　　　　　　　跋胡(발호) : 進退兩難(진퇴양난)에 빠지는 것.

 **出典** 後漢書(후한서) - 梁冀傳(양기전)

　중국의 後漢[1](후한)은 온갖 횡포를 부린 外戚(외척)과 宦官(환관) 때문에 멸망하였다고 해도 과언이 아니다. 외척 가운데 가장 포악한 사람은 20년 동안 권력을 專橫(전횡 : 권세를 혼자 쥐고 제 마음대로 휘두름)한, 제8대 順帝(순제. 재위 125 ~ 144)의 양황후의 오빠인 梁冀[2](양기)를 꼽을 수 있다. 그는 외모가 아주 특이한 사람이었다. 어깨는 성이라도 난 듯이 늘 들썩거렸고, 눈은 날카롭기 짝이 없었다. 또 눈동자는 남을 꿰뚫을 듯 섬광이 번뜩였고, 말투는 더듬거려 알아들을 수가 없었다. 대장군에 임명되었으나, 그 기질은 생긴 그대로여서 포악함은 극에 달했다.

　양기는 순제가 죽자, 두 살 된 어린 조카를 제9대 沖帝(충제. 재위 144 ~ 145)에 즉위하도록 하였다. 충제가 3세 때 죽자, 8세의 제10대 質帝(질제. 재위 145 ~ 146)를 즉위시켰다. 질제는 즉위 당시부터 매우 총명하여, 양기의 교만하고 방자한 성질을 잘 알고 있었다. 어린 자신의 눈에도 양기의 전횡이 늘 못마땅하였다.

어느 날 조회 때, 질제가 양기를 가리키면서,

"이 분이 **발호**장군이시군[此**跋扈**將軍也(차발호장군야)]."

이라고 하였다. 跋扈(발호)의 跋(발)은 '뛰어넘는다'는 뜻이고, 扈(호)는 '물고기를 잡기 위해 대나무로 만든 통발'을 가리킨다. 작은 물고기는 통발 속에 갇히면 도망가지 못하지만, 큰 물고기는 통발을 뛰어넘어 도망칠 수 있다. 즉 **신하가 권력을 마음대로 휘둘러 윗사람을 무시하거나 또는 침범하는 오만 방자함**'을 통발에 비유한 것이다. 조정 신하 앞에서 망신을 톡톡히 당한 양기는 황제를 몹시 미워하게 되고, 이후 나이 9세가 된 질제마저 떡에 독을 넣어 독살하였다. 그런 다음 제11대 桓帝(환제. 재위 146 ~ 167)를 세우고, 의견이 달랐던 신하 李固(이고)와 杜喬(두교)는 죄를 뒤집어씌워 살해해 버렸다. 나라 안은 이런 일련의 일들로 해서 탄식과 두려움으로 가득 차게 되었고, 민심 또한 극도로 흉흉해졌다.

그의 권력이 얼마나 대단했는지는, 歲時(세시 : 새해, 설) 때가 되어 헌상한 물품들이 도성에 도착하면, 최상급품은 먼저 양기의 집으로 옮겨졌고, 天子(천자)에게는 한 등급 아래의 물품이 보내졌다는 것만 보고도 잘 알 수 있었다. 이후 그의 가문은 크게 번성하여, 일곱 명의 諸侯(제후)와 세 명의 皇后(황후)를 배출했으며, 여섯 명의 貴人(귀인)과 將軍(장군)도 둘이 나왔다. 그가 군림한 20년 남짓한 세월에 영화는 극에 달했고, 권세는 조정의 안팎에 넘쳐나, 모든 관리들이 두려움에 떨며 감히 그의 명령을 거역할 수가 없었다.

桓帝(환제)는 몸을 삼가고 정치를 아예 그에게 맡겨버려, 직접 정치에 간섭하는 일도 드물게 되었다. 그러나 환제는 오래 전부터 이것을 몹시 불만스럽게 여기고 있었다. 그러다가 마침내 견디다 못해 계략을 꾸며 마침내 양기를 제거하고, 조정의 안팎에 널리 깔려 있는 그의 일족과 친척들을 남녀노소를 가리지 않고 모두 屠戮(도륙 : 무참하게 마구 죽임)하고, 그 시체를 시장 바닥에 내걸었다.

그 밖에도 양기에게 빌붙던 벼슬아치와 교위·자사·군수 등 처형된 사람이 부지기수였다. 양기가 임명한 관리들 중 면직된 사람만도 3백여 명에 이르러서, 조정은 삽시간에 텅 비어 버렸다. 환제는 또 양기의 재산 30여만 석을 몰수하여, 천자의 창고에 두고 그것을 재정에 충당하자, 백성들의 세금이 반으로 줄었다고 한다. 그만큼 양기는 엄청난 권력과 부를 누렸던 것이다.

또 다른 예화로 원말은 '跋扈將軍(발호장군)'인데, 발호장군은 때로는 '**폭풍**'을 의미하는 경우도 있다. 隋(수) 煬帝(양제)가 항해 도중 강한 폭풍을 만나자,

"이 바람은 과연 **跋扈**將軍(발호장군)처럼 무섭군."

이라고 한 데에서 由來(유래)한다.

1) **後漢**(후한, 25 ~ 220) : 新(신)나라 말기, 한조 부흥 운동 과정에서 제위에 오른 경시제의 휘하에 있었던 劉秀(유수 : 후한 초대 황제 광무제)는 곤양 전투에서 대활약을 펼치는 등 두각을 나타냈다. 이후 유수는 왕망과 적미군을 연달아 격파하면서, 제장들의 추대를 받아 무능한 경시제를 폐위하고, 후한 왕조를 창업하였다.

   후한시대에는 채륜이 세계 최초의 종이인 채후지를 만들고, 장형이 혼천의와 지동의를 만드는 등 문화가 번창하였다. 그리고 반초가 서역의 여러 나라와의 교역길을 열어 실크로드를 다시 개척하였다. 그러나 외척과 환관들의 세력 다툼으로 정치는 점점 타락해 갔으며, 사회 전반의 침체가 뒤따랐다. '黨錮(당고)의 禍(화)'가 두 차례나 일어나면서 유능한 선비들이 정가에서 축출·제거되어 조정의 자정 능력이 현저히 저하되었고, 매관매직과 수탈이 빈번해지면서 백성들의 삶이 피폐해져 갔다.

   정국이 점차 어지러워지는 틈을 타 張角(장각, ? ~ 184)이 黃巾賊(황건적)의 난을 일으켰다. 결국 이 난은 정부군과 조정을 지지하는 군벌에 의하여 제압되기는 하였지만, 그 과정에서 각지의 군벌들이 힘은 강화된 반면, 후한 조정의 권위는 더욱 약해졌다. 결국 군벌들의 힘이 후한 왕조를 능가하게 되면서, 천하를 둘러싼 영웅들의 대결이 펼쳐지고 삼국시대가 사실상 개막되었다.

   서량의 군벌이었던 董卓(동탁)이 낙양에 입성하여 제13대 少帝(소제)를 폐위시키고, 제14대 獻帝(헌제)를 추대함으로써 본격적인 군웅할거 시대가 개막되었다. 탁월한 전략가이자 정치가인 曹操(조조)는 헌제를 보위하는 데 성공하고, 숙적 袁紹(원소)와의 대결에서 승리하며, 화북과 화중을 차지한다. 이후 조조의 아들인 魏(위)의 文帝(문제) 曹丕(조비 : 조조의 셋째 아들이며, 위의 초대 황제)에게 헌제가 제위를 넘겨주며, 후한 왕조는 멸망하였다.

2) **梁冀**(양기, ? ~ 159) : 중국 후한 말의 정치가로, 자는 伯卓(백탁)이며, 涼州(양주) 安定郡(안정군) 烏氏縣(오씨현) 사람이다. 陽嘉(양가) 원년(132년), 누이동생 梁妠(양날)이 황후가 되었다. 이때 양기는 襄邑侯(양읍후)에 봉해졌는데, 그의 부친 梁商(양상)은 左雄(좌웅)의 간언을 듣고 이를 고사하였다. 처음에는 黃門侍郎(황문시랑)이 되었고, 그 후에는 侍中(시중)·虎賁中郎將(호분중랑장)·越騎校尉(월기교위)·步兵校尉(보병교위)·執金吾(집금오) 등을 역임한 후, 河南尹(하남윤)에 임명되었다.

   永和(영화) 6년(141년), 부친 양상이 죽은 뒤, 양기는 부친의 大將軍(대장군) 작위를 물려받았다. 환제 대에 이르러 양기의 세도는 한층 심해졌고, 심지어는 그의 아내 孫壽(손수)의 일족까지도 권세를 휘둘렀으며, 양기가 대저택을 짓자 그의 처가도 지지 않기 위해 저택을 지을 정도가 되었다.

   和平(화평) 원년(150년), 梁太后(양태후)는 정치를 환제에게 맡기라는 내용의 유언을 남기고 죽었다. 그러나 양기는 여전히 권세를 휘둘렀다. 그러나 延熹(연희) 2년(159년), 梁皇后(양황후)가 죽는 한편 양씨로 위장하여 환제의 총애를 받던 鄧猛女(등맹녀)가 양씨가 아님이 발각되었다. 이에 환제는 單超(선초) 등 5명의 환관들과 모의하여, 양기의 편을 들은 환관 張惲(장운)을 체포하고, 군사를 일으켜 양기의 저택을 포위하였다. 양기는 처자식과 함께 목숨을 끊었고, 그의 일족들도 모두 처형되었다.

026 白眉 백미

字解 白 ; 흰 백 [白髮(백발) : 하얗게 센 머리]
　　　　　깨끗할 백 [潔白(결백) : 행동이나 마음 따위가 조촐하고 깨끗하여 허물이 없음]
　　　　　밝을 백 [明白(명백) : 분명하고 밝아 뚜렷함]
　　　　　아뢸 백 [告白(고백) : 마음속에 숨기고 있던 것을 말함]
　　　　　빌 백, 아무것도 없을 백 [餘白(여백) : 아무것도 없이 비어 있는 부분. 공백]
　　　　眉 ; 눈썹 미 [眉間(미간) : 두 눈썹 사이]
　　　　　가 미, 가장자리 미

語義 흰 눈썹.
　　　　(여럿 가운데 가장 뛰어난 사람이나 물건)

 用例

▶ 春香傳(춘향전)은 한국 고전 문학의 **白眉**(백미)이다.
▶ 안동에 가면 꼭 찾아야 할 서원 건축의 **白眉**(백미)는 바로 병산서원이었다.
▶ 설 명절 장터 풍경의 **白眉**(백미)는 방앗간입니다. 떡방아가 이른 새벽부터 쉴 새 없이 돌아가고 먹음직스럽게 쪄 낸 떡에선 하얀 김이 무럭무럭 피어납니다.

【同音異議語】 白米(백미) : 흰 쌀.
　　　　　　 百媚(백미) : 온갖 아양.
　　　　　　 百味(백미) : 온갖 맛있는 음식물.
　　　　　　 白薇(백미) : 백미꽃, 박주가릿과의 여러해살이풀.
　　　　　　 百米(백미) : 1미터의 100배, 100미터.
【類義語】 拔群(발군) : 여럿 가운데 특별히 빼어남.
　　　　　壓卷(압권) : ① 여러 책 가운데 제일 잘된 책. ② 여럿 중에서 가장 뛰어난 것.
　　　　　出衆(출중) : 뭇 사람 속에서 뛰어남.
　　　　　群鷄一鶴(군계일학) : '닭의 무리 가운데에서 한 마리의 학'이란 뜻으로, 많은 사람들 가운데서 뛰어난 인물.

 **出典** 三國志(삼국지) - 蜀志(촉지) 馬良傳(마량전)

중국의 三國(삼국)시대, 魏(위)·蜀(촉)·吳(오)의 세 나라가 서로 세력을 다툴 때의 일이다. 蜀(촉)나라에 馬良(마량)이라는 이름난 참모가 있었다. 마량은 호북성 출신으로, 劉備(유비, 161~223)가 촉한의 昭烈帝(소열제. 재위 221~223)가 되자, 侍中(시중)에 임명되었다. 유비는 마량에게 명령하여 남쪽의 오랑캐들을 타이르게 했는데, 마량은 세치의 혀로서 곧잘 그들을 설득시켜 부하로 삼는 데 성공한 인재였다.

마량의 字(자)는 季常(계상)으로 宣城(선성) 사람이었다. 그에게는 형제가 다섯이 있었는데, 모두 재주가 뛰어나 이름이 알려졌다. 마을 사람들이 그들을 평하여 속된 말로 가로되,

"馬氏(마씨) 집에 五常[오상 : 마량의 다섯 형제의 字(자)에 모두 '常(상)'이 들어감]이 있는데, 그중에 **흰 눈썹**이 가장 뛰어나다."

마량의 눈썹에는 흰 털이 있어, 그 까닭으로 그렇게 칭하였다.

原文 良字季常宣城人(양자계상선성인) 兄弟五人(형제오인) 竝有才名(병유재명) 鄕里謂之諺曰(향리위지언왈) 馬氏五常(마씨오상) 白眉最良(백미최량) 良眉中有白毛(양미중유백모) 故以稱之(고이칭지)

마량의 主君(주군)인 유비는 魏(위)·吳(오) 두 나라를 정복하고 한실의 부흥을 유일한 소원으로 하여, 두 나라와 격렬한 싸움을 계속하였다. 마량도 유비를 따라 싸움터에서 큰 공을 많이 세웠는데, 뒤에 諸葛孔明(제갈공명)이 나서고부터는 촉나라의 국위도 크게 떨쳐, 그 세력은 위·오를 능히 누르게 되었다.

그러나 유비에게도 실패가 있었다. 유비는 章武(장무) 3년, 巫峽(무협)에서 오군과의 싸움이 반년에 걸쳐 교착 상태에 있는 것을 초조하게 여겨, 참모인 공명에게 의논하지 않고 자기 마음대로 군사들을 進軍(진군)시켜 크게 패했다. 마량도 이 전투에서 전사하고 말았다. 이 패전이 상처가 되어 유비는 이듬해 4월 공명에게,

"만약 태자 劉禪(유선, 제2대 효회 황제. 재위 223~263)이 어리석은 자이거든, 그대가 대신 帝位(제위)에 앉아 주기 바라오."

라는 유언을 남기고 죽었다.

뒷일을 부탁받은 공명은 유선을 잘 도와서 두 적국과 싸웠다. 그 후에 공명은 위나라를 치기 위해 3군을 거느리고 북방으로 진출했다. 그때 중요한 蜀軍(촉군)의 수송로인 두 성의 수비를 맡고 나선 것은 마량의 막내아우 馬謖(마속)이었다. 街亭(가정)의 큰 싸움에서 군량의 중요한 보급로인 산을 맡아 보는 중책을 짊어지게 되는데, 마속은 소홀하여 산을 빼앗기고, 촉군은 후퇴할 수밖에 없게 된다. 제갈공명은 마속에게 패전의 책임을 물어, 결국 그의 목을 치게 된다. 제갈공명이 눈물을 머금고 그를 斬(참 : 목을 벰)하는 모습에서 '泣斬馬謖(읍참마속 : 사사로운 감정을 버리고 엄정히 법을 지켜 기강을 세움)'이란 成語(성어)가 생겼다.

1) **馬良**(마량, 187 ~ 223) : 중국 삼국시대 촉한의 문신. 자는 季常(계상). 襄陽(양양) 선성 출신이다. 흰 눈썹을 가지고 있어 白眉(백미)라고도 불렸으며, 수재로서 다섯 형제 중 맏이였다.

유비의 부름을 받아 동생 마속과 함께 유비를 섬겼다. 東吳(동오)와 친선을 유지하고, 남만을 회유하는 데 공이 컸다. 유비에게 荊州四郡(형주사군) 정벌을 제안하였으며, 관우가 형주를 지킬 때 내정을 보좌했다. 오와의 전쟁 때, 유비에게 칠백 리 걸친 촉군의 긴 戰線(전선) 문제를 제기하였다. 유비가 관우의 죽음으로 오나라를 정벌할 때, 마량은 五溪(오계)의 蠻族(만족)을 달래기 위해 파견되었다. 만족은 촉나라의 관위와 칭호를 받고 그를 따랐으며, 유비가 이릉에서 패퇴하자, 이때 마량은 살해당했다. 관직은 從事(종사)였다.

2) **諸葛孔明**(제갈공명, 181 ~ 234) : 중국 삼국시대 촉한의 謀臣(모신). 성은 諸葛(제갈), 이름은 亮(량), 자는 孔明(공명)이며, 별호는 와룡(臥龍)·복룡(伏龍)이다. 전란의 시대, 형주의 초야에서 지내던 중 劉備(유비, 161 ~ 223. 촉한의 초대 황제. 재위 221 ~ 223)의 三顧草廬(삼고초려)로 세상에 나온 제갈량은 지략이 뛰어난 雄才(웅재)로서, 유비를 도와 촉한을 건국하는 제업을 이루었다. 적벽에서 孫權(손권)과의 연합을 이끌어내 당대 최강의 제후인 曹操(조조)의 남하를 저지하였고, 형양을 차지한 후 익천을 도모해 유비를 제위에 오르게 하고, 제갈량은 승상의 직에 오른다.

유비의 사후, 「出師表(출사표)」를 後主(후주) 劉禪(유선, 207 ~ 271. 촉한의 제2대이자 마지막 황제. 재위 223 ~ 263)에게 올린 후 중원을 도모하였으나, 적수 司馬懿(사마의)와의 대결 도중 오장원에서 숨을 거두었다. 그의 「出師表(출사표)」는 후세 사람들이 이 글을 보고 울지 않으면 충신이 아니라고 평하는 名文(명문)으로 꼽히고 있다.

3) **馬謖**(마속, 190 ~ 228) : 마속의 자는 幼常(유상)이며, 襄陽(양양) 출신으로 馬良(마량)의 막내동생이다. 관직은 參軍(참군)이었으며, 司馬懿(사마의)를 거짓 소문으로 한때 물러나게 한 적도 있으며, 諸葛亮(제갈량)의 총애를 받는다.

『三國志演義(삼국지연의)』에서의 마속은 223년, 형님 마량이 제갈량의 南征(남정) 직전에 죽자, 상복을 입고 제갈량을 찾아가 참군이 되어 남정에 공을 세운다. 그 후, 228년에 제갈량의 북벌에 참전하여 스스로 街亭(가정)을 원하였고, 큰 싸움에서 군량의 중요한 보급로인 산을 맡아 보는 중책을 짊어지게 되는데, 王平(왕평)과 함께 가정을 지키나 마속은 스스로 판단하여 산꼭대기에 오르려 했다.

이에 왕평이 그를 막지만 이를 뿌리치고 산꼭대기에 진영을 세워, 위나라의 장수 張郃(장합)에게 격파되었다. 결국 마속은 부장 10명과 함께 아군의 도움으로 구출되었으나, 제갈량은 마속에게 책임을 물어 처형시킨다. 劉備(유비)는 죽을 때, 마속에게 言過其實(언과기실 : 말만 지나치도록 크게 해 놓고 실행이 부족함)이란 評(평)을 하였었다.

027 駙馬 부마

字解 駙 : 곁말 **부** [駙馬(부마) : 副車(부거)를 모는 말. 임금의 사위]
　　　　馬 : 말 **마** [駿馬(준마) : 잘 달리는 좋은 말]

語義 副車(부거 : 임금이 거동할 때 여벌로 따라가는 수레)를 모는 말.
　　　　(왕의 사위. 공주의 부군)
　　　　※ 벼슬 이름 '駙馬都尉(부마도위)'의 준말.

 用例

▶ 그는 임금의 **駙馬**(부마)가 되었다.
▶ 삼국시대나 고려시대는 잘 모르겠으나, 조선시대에는 **駙馬**(부마)들이 첩을 둘 수 있었습니다. 다만 정식 부인을 다시 얻는 재혼은 금지되었습니다.

【同音異議語】 付魔(부마) : 귀신 들리는 일.
　　　　　　 副馬(부마) : 주로 쓰는 말 대신에 쓰려고, 함께 끌고 다니는 말.
　　　　　　 夫馬(부마) : 마부와 말.
【類義語】　　 粉侯(분후) : 중국 송나라 때, 왕의 사위를 이르던 말.
　　　　　　 女壻(여서) : 일반인들의 사위.
　　　　　　 東床(동상) : '坦腹東床(탄복동상)'의 준말. 남의 사위를 높여 이르는 말.
　　　　　　　　＊坦腹東床(탄복동상) : 동쪽 침상에 배를 내놓고 누워 있음.

 **出典** 搜神記(수신기, 기이하고 신기한 인물, 고사를 엮은 책. 동진의 간보 지음)

옛날 중국 隴西(농서) 땅에 辛道度(신도탁)이란 젊은이가 있었다. 그는 이름 높은 스승을 찾아 雍州(옹주)로 가던 도중 날이 저물자, 어느 큰 기와집의 솟을대문을 두드렸다. 이윽고 하녀가 나와 대문을 열었다.

"옹주로 가는 나그네인데 하룻밤 재워 줄 수 없겠습니까?"

하녀는 잠시 기다리라며 안으로 들어갔다 나오더니, 그를 안방으로 안내했다. 방안에는 잘 차린 밥상이 있었는데, 하녀가 사양 말고 먹으라고 하였다. 식사가 끝나자, 안주인이 들어왔다.

"저는 秦(진)나라 閔王(민왕)의 딸이온데, 曹(조)나라로 시집갔다가 남편과 사별하고, 이제까지 23년 동안 혼자 살고 있습니다. 그런데 오늘 이처럼 찾아 주셨으니, 저와 부부의 인연을 맺어 주십시오."

신도탁은 그렇게 신분이 높은 분과 어찌 부부의 인연을 맺을 수 있겠느냐고 극구 사양했으나, 여인의 끈질긴 간청에 못 이겨 사흘 낮 사흘 밤을 함께 지냈다. 그 다음날 아침, 여인은 슬픈 얼굴로 말했다.

"좀 더 함께 지내고 싶지만, 사흘 밤이 한도예요. 이 이상 같이 있으면 화를 당하게 됩니다. 그래서 헤어져야 하지만, 제 진심을 보여드릴 수 없는 것이 슬프군요. 정표로 이거라도 받아 주세요."

여인은 신도탁에게 금베개를 건네주고는, 하녀에게 대문까지 배웅하라고 일렀다. 대문을 나선 신도탁이 뒤돌아보니 그 큰 기와집은 간데없고, 잡초만이 무성한 벌판에 무덤이 하나 있을 뿐이었다. 그러나 품속에 간직한 금베개는 그대로 있었다.

신도탁은 금베개를 팔아 음식을 사 먹었다. 그 후 왕비가 공주의 금베개를 저잣거리에서 발견하자, 관원을 시켜 조사해 본 결과 신도탁의 소행임이 드러났다. 왕비는 그를 잡아다 경위를 알아본 다음, 공주의 무덤을 파고 관을 열어보니, 다른 副葬品(부장품)은 다 있었으나, 금베개만 없어졌다. 그리고 시체를 조사해 본 결과, 性交(성교)한 흔적이 역력했다. 모든 사실이 신도탁의 이야기와 부합하자, 왕비는 신도탁이야말로 내 **사위**라며, '**駙**馬都尉(부마도위)'라는 벼슬을 내리고 후대했다.

그러나 일반적으로 살펴보면, 지금부터 2천여 년 전 중국 漢(한)나라 때에는 이 '駙馬(부마)'라는 말이 황제의 사위라는 뜻이 아니라, 일종의 관직이었다. 당시에 황제가 巡幸(순행 : 임금이 나라 안을 두루 보살피며 돌아다님)을 나가면 이는 대단한 일이어서, 따르는 신하들이 앞뒤에서 호위하여 마차의 행렬이 隊伍(대오)를 결성하여 갔다. 이때 황제는 正車(정거) 안에 타고, 수행원들은 副車(부거)를 타게 되었다.

이렇게 행차를 할 때, 자객의 습격을 방지하기 위하여 부거의 외관을 정거와 똑같이 치장을 한다. 따라서 일반인들이 보기에 황제가 어느 마차에 타고 있는지를 전혀 모르게 된다. 그렇기 때문에 자객은 행동에 옮기기가 어렵게 된다. 이 부거를 관장하는 관원을 일컬어 '駙馬都尉(부마도위)'라고 하는데, 줄여서 '駙馬(부마)'라고 한다. 駙(부)는 '곁마' 또는 '따르다'라는 뜻으로 쓰인다. 따라서 우리말로 굳이 풀이한다면, '임금의 말을 따르는 관원'이라고 할 수 있겠다.

이러한 관직이 오랫동안 계속해서 전례대로 행해져 내려왔다. 그런데 후에 이 부마도위가 황제를 찔러 죽이는 사건이 발생하였다. 이 사건은 황제들로 하여금 몹시 불안에 떨게 하였다. 그래서 晉(진) 武帝(무제) 司馬炎(사마염, 236 ~ 290)이 한 가지 방법을 생각해 냈으니, 바로 그의 사위로 하여금 부마도위의 관직에 임명하여 자기의 안전을 담당하게 하였다.

이후 많은 皇帝(황제)들이 진 무제의 이러한 방법을 본받아, 오직 자기의 사위만이 부마도위를 할 수 있도록 규정하였다. 그래서 다시는 부마도위가 황제를 암살하는 일이 일어나지 않았다. 이렇게 오래도록 사람들은 駙馬(부마)라는 말이 황제의 사위를 지칭하는 말로 알고 있지만, 이 말이 원래 관직을 뜻한다는 것은 잘 모르고 있다. 淸(청)나라 때에 와서는 황제의 사위를 부마라고 하지 않고, '額駙(액부)'라고 고쳐 불렀다.

028 四端 사단

字解 四 : 넉 **사** [四方(사방) : 동서남북 네 방향]
  端 : 바를 단 [端正(단정) : 흐트러짐 없이 얌전하고 바름]
  　 실마리 단 [端緒(단서) : 일의 시초 또는 실마리]
  　 끝 단 [極端(극단) : 맨 끄트머리, 극도에 달한 막다른 지경]

語義 네 가지 실마리. 네 가지 단서.
  (사람의 본성에서 우러나는 네 가지 마음씨)
  [仁(인), 義(의), 禮(예), 智(지)]
  [惻隱之心(측은지심), 羞惡之心(수오지심), 辭讓之心(사양지심), 是非之心(시비지심)]

 用例

▶ 四端(사단)은 惻隱之心(측은지심) · 羞惡之心(수오지심) · 辭讓之心(사양지심) · 是非之心(시비지심)을 말하는데, 각각 仁(인) · 義(의) · 禮(예) · 智(지)의 실마리가 된다.

▶ 高峰(고봉) 奇大升(기대승)은 四端(사단)과 七情(칠정)은 같은 감정으로 이해하면서, 칠정 가운데 있는 착한 마음을 四端(사단)으로 보았다.

【同音異議語】 師團(사단) : 군대 편성 단위의 하나.
  事端(사단) : 일의 실마리, 사건의 실마리.
  社團(사단) : ① 일정한 목적을 위하여 조직된 단체. ② 社團法人(사단법인)의 준말.
  斜斷(사단) : 비스듬히 자름.
  社壇(사단) : 토지신에게 제사를 지내는 제단, 곧 사직단.
  私斷(사단) : 개인의 판단.
【類義語】 自由之情(자유지정) : 사람이 나면서부터 지니고 있는 정.

 **出典** 孟子(맹자) - 公孫丑上(공손추상) 第五章(제5장)

孟子(맹자)가 말씀하시기를,
"사람은 누구나 남에게 차마 하지 못하는 마음을 가지고 있다. 옛 先王(선왕)들은 남에게 차마 하지 못하는 마음을 가지고, 남에게 차마 하지 못하는 정치를 했다. 남에게 차마 하지 못하는 마음으로 남에게 차마 하지 못하는 정치를 행하면, 천하를 다스리는 것은 손바닥 위에 올려놓고 놀리는 것과 같다.

이른바 사람이 다 남에게 차마 하지 못하는 마음을 가졌다는 것은, 지금 사람들이 어린아이가 우물에 빠진 것을 보면, 그 순간 누구나가 놀라며 슬퍼하고 아파하는 마음을 갖게 된다. 그것은 어린아이 부모에게 잘 보이려는 것도 아니요, 이웃 친구들의 칭찬을 듣기 위해서도 아니며, 흉보는 소리가 싫어서 그런 것도 아니다.

이것을 놓고 보면, 측은해 하는 마음이 없으면 사람이 아니고, 부끄러워하는 마음이 없으면 사람이 아니고, 사양하는 마음이 없으면 사람이 아니고, 옳고 그름을 가리는 마음이 없으면 사람이 아니다.

측은해 하는 마음은 仁(인)의 端緒(단서 : 실마리)이고[惻隱之心(측은지심)], 부끄러워하고 미워하는 마음은 義(의)의 단서이고[羞惡之心(수오지심)], 사양하는 마음은 禮(예)의 단서이고[(辭讓之心(사양지심)], 옳고 그름을 가리는 마음은 智(지)의 단서[是非之心(시비지심)]이다. 사람들이 이 四端(사단 : 네 가지 단서)을 지니고 있는 것은 그들이 四體(사체 : 네 팔다리)를 가진 것과도 같다. 이 사단을 가지고 있으면서 스스로 못한다고 하는 사람은 자기 자신을 해치는 사람이요, 임금을 보고 못한다고 하는 사람은 임금을 해치는 사람이다. 무릇 사단이 나에게 있는 것을 모두 키워 나가 이를 충실하게 할 줄을 알면, 그것은 불이 처음 타기 시작하는 것과 같고, 샘물이 처음 솟아나는 것과 같다. 참으로 계속 키워 나가면 천하도 능히 다스릴 수 있고, 참으로 키워 나가지 못한다면 부모도 제대로 섬길 수 없다."

原文 惻隱之心(측은지심) 仁之端也(인지단야) 羞惡之心(수오지심) 義之端也(의지단야) 辭讓之心(사양지심) 禮之端也(예지단야) 是非之心(시비지심) 智之端也(지지단야) 人之有是四端也(인지유시사단야) 猶其有四體也(유기유사체야) 有是四端而自謂不能者(유시사단이자위불능자) 自賊者也(자적자야) 謂其君不能者(위기군불능자) 賊其君者也(적기군자야) 凡有四端於我者(범유사단어아자) 知皆擴而充之矣(지개확이충지의) 若火之始然(약화지시연) 泉之始達(천지시달) 苟能充之(구능충지) 足以保四海(족이보사해) 苟不充之(구불충지) 不足以事父母(부족이사부모)

이상이 四端論(사단론)의 전부다. 조리 정연한 이론으로 설명이 필요치 않다. 곧 '端(단)'이란 '끝'이란 뜻으로, 우리가 어떤 사건을 해결하는 '端緒(단서)'를 찾았다고 할 때의 단서와 같은 말이다. 보통 四端(사단)이라고 하면 仁義禮智(인의예지) 네 가지를 말하기도 하나, 구체적으로 여기에서 우러나는 측은지심·수오지심·사양지심·시비지심을 가리킨다.

그리고 四端(사단)은 사람의 성품은 누구나 착하다는 성선설을 바탕으로 하고 있는 것을 알 수 있다. 곧 이것은 儒學(유학)에서 인간의 本性(본성)을 가리키는 말이며, 본성 중에서도 理性的(이성적) 본성에 해당한다. 感性的(감성적) 본성으로는 인간의 일곱 가지 감성인 喜(희 : 기쁨), 怒(노 : 성냄), 哀(애 : 슬픔), 樂(락 : 즐거움), 愛(애 : 사랑함), 惡(오 : 미워함), 欲(욕 : 욕심을 부림)을 말하는데, 이것을 七情(칠정)이라고 한다. 樂(락) 대신에 懼(구 : 두려워함)를 말하기도 한다. 이 두 가지를 묶어 '四端七情(사단칠정)'이라고 한다.

029 席卷 석권

字解 席 ; 자리 **석** : [出席(출석) : 자리에 나아감]
卷 ; 책 권 [卷數(권수) : 책의 수효]
말 **권**, 접을 권 [卷尺(권척) : 둥근 갑 속에 말아 두는 자]

語義 자리를 말다.
(빠른 기세로 영토를 휩쓸거나 세력 범위를 넓힘)
(어느 부분을 자신의 손아귀에 넣어 좌지우지함)

 用例

▶그룹 동방신기가 한국에 이어 일본에서도 신곡 '와이(Why? Keep Your Head Down)'로 각종 음반, 음원 차트를 **席卷**(석권)했습니다.
▶"그는 달리기 종목을 완전히 **席卷**(석권)했다.", "전 과목을 **席卷**(석권)했다." 등의 말들은 스포츠 경기나 학교에서 종종 사용되는 말입니다.

【類義語】 席捲(석권) : 거침없는 기세로 우위나 정상을 차지하여 휩쓸음.

 **史記**(사기) - 魏豹彭越列傳(위표팽월열전)

중국 秦(진)나라 이후, 劉邦(유방)의 漢(한)나라와 項羽(항우)의 楚(초)나라가 천하의 覇權(패권)을 다투고 있을 때였다. 이 무렵 魏豹[1](위표)와 彭越[2](팽월)이라는 사람이 있었다.

魏(위)나라를 평정한 위표는 항우로부터 魏王(위왕)에 봉해졌다. 그러나 유방이 漢中[3](한중)으로부터 동쪽으로 진군하여 황하를 건너오자, 이번에는 유방 편에 붙어 彭城(팽성)에서 항우의 군사를 토벌하는 데 앞장섰다. 나중에 유방이 수세에 몰리다가 패하자, 유방을 배반하고 항우 편에 붙었다. 기회를 보아 여기 붙었다 저기 붙었다 하는 위표의 간사스러운 태도에 분개한 유방은 그를 잡아오게 했다. 결국 장군 한신에게 잡힌 유표는 유방의 명령에 따라 죽음을 당하고 만다.

또 팽월이라는 자는 유방 편에 붙어서 게릴라전으로 항우의 초나라 군대를 괴롭히곤 했다. 그의 공적을 인정한 유방이 그를 梁王(양왕)으로 삼았으며, 나중에 항우군을 垓下(해하)에서 격파하는 데 혁혁한 무공을 세우기도 한다. 그런 그에게 5년 뒤, 반란군 토벌을 위해 도움을 청하는데 듣지 않았다. 이를 괘씸하게 여긴 유방은 팽월에게 반란의 흔적이 있다고 덮어씌워 역시 잡아 죽였다.

중국 역사의 아버지 司馬遷(사마천 : 중국 전한의 역사가)은 최초의 通史(통사) 『史記(사기)』에서 이 두 사람에 대해 이렇게 쓰고 있다.

"위표와 팽월은 비천한 집안 출신으로 천리의 땅을 **席卷**(석권)한 인물이다. 〈中略(중략)〉 그 명성이 날로 높아졌지만, 반란을 도모하다가 패하자, 스스로 목숨을 끊지 않고 포로가 되어 죽음을 당한 것은 무슨 까닭인가? 그것은 두 사람 모두 지략이 뛰어나, 몸만 무사하면 후일 다시 큰일을 할 수 있는 기회가 올 것이라고 기대해서 포로가 되는 것도 마다하지 않았기 때문이다."

 原文 太史公曰(태사공왈) 魏豹彭越雖故賤(위표팽월수고천) 然已席卷千里(연이석권천리) 〈中略(중략)〉 南面稱孤(남면칭고) 喋血乘勝日有聞矣(첩혈승승일유문의) 懷畔逆之意(회반역지의) 及敗(급패) 不死而虜囚(불사이로수) 身被刑戮(신피형륙) 何哉(하재) 中材已上且羞其行(중재이상차수기행) 況王者乎(황왕자호) 彼無異故(피무이고) 智略絶人(지략절인) 獨患無身耳(독환무신이) 得攝尺寸之柄(득섭척촌지병) 其雲蒸龍變(기운증룡변) 欲有所會其度(욕유소회기도) 以故幽囚而不辭云(이고유수이불사운)

위의 故事(고사)에서 '席卷(석권)'이란 成語(성어)가 나왔다. '자리를 말다'라는 말에서 '세력을 차지한다'는 뜻이 나왔으며, 오늘날 일상생활에서 매우 많이 쓰이는 말이다.

---

1) **魏豹**(위표, ? ~ B.C.204) : 魏(위)나라 왕실의 일족으로, 陳勝(진승)의 반란 이후 주불과 함께 사촌형 魏咎(위구)를 魏王(위왕)으로 옹립하였다. 이후 章邯(장한)의 공격을 받아 형 위구가 죽자, 초나라로 도망간다. 鉅鹿(거록)에서 장한이 항우에게 대패하자, 楚懷王(초회왕)에게 군사를 빌려 위나라 영토를 회복하고 스스로 왕위에 올랐다.

항우에 의해서 西魏王(서위왕)에 봉해졌으나, 항우를 배반하고 유방에게 귀순했다. 기원전 205년, 유방에 의해 대원수로 임명되어 60만 대군을 이끌고 항우와 팽성대전을 치렀으나, 漢軍(한군)은 항우에게 크게 패하고, 위표 역시 항우에게 중상을 입었다. 그리고 다시 항우에게로 돌아갔으나, 기원전 202년, 垓下(해하) 전투에서 항우가 유방에게 패하자, 다시 유방에게로 투항했다가 주가에 의해 암살당했다.

2) **彭越**(팽월, ? ~ B.C.195) : 중국 前漢(전한)시대의 인물로, 昌邑(창읍) 출신이며 자는 仲(중)이다. 항상 巨野澤(거야택)에서 살다가 무리를 모아 반군의 한 우두머리가 된다. 유방을 도와 前漢(전한) 왕조를 세우는 데 기여한 개국 공신이다. 예전에는 초패왕 항우의 장수였다. 해하 전투 때 큰 공을 세워 개국 공신이 된다. 하지만 그의 최후는 좋지 못하여, 한 고조의 왕후인 呂太后(여태후)가 韓信(한신), 英布(영포)와 함께 그에게 누명을 뒤집어 씌워 죽이고 말았다. 살려두면 화근이 되며, 反逆(반역)을 꾀할 수 있다고 여겼기 때문이다.

3) **漢中**(한중) : 중국 산시성[山西省(산서성)]의 서남부에 있는 地級市(지급시). 유방이 항우를 피해 험난한 지형인 이곳에서 힘을 비축하였다. 삼국시대에는 曹操(조조)가 다스리던 魏(위)나라와 유비의 蜀(촉)나라와의 국경지대였으며, 전략적 요충지였다. 제갈량이 숨을 거둔 곳이기도 하며, 조조가 이곳을 가리켜 '鷄肋(계륵)'이라고도 했다.

030 細君 세군

字解 細 : 가늘 세 [細毛(세모) : 가는 털]
　　　　잘 세, 작을 세 [細目(세목) : 자질구레한 조목]
　　　　세밀할 세 [詳細(상세) : 자상하고 세밀함]

　　　君 : 임금 군 [君主(군주) : 임금]
　　　　남편 군 [郎君(낭군) : 남편을 정답게 일컫는 말]
　　　　그대 군 [諸君(제군) : 그대들, 여러분]
　　　　어진이 군 [君子(군자) : 학식과 덕행이 높은 사람]
　　　　봉작 군 [大院君(대원군) : 왕을 하지 못한, 임금의 친아버지에게 봉하던 작위]

語義 가는 임금. 작은 임금.
　　　(동방삭이 그의 아내를 농담 삼아 부른 故事〈고사〉에서 유래된 말)
　　　(자기 아내)

▶ 고기를 자르되 많이 갖지 않았으니 정말로 깨끗하구나! 집에 가지고 가서 **細君**(세군)에게 주니 인정이 넘치는구나.
▶ 이 사람아, 한 잔 더 먹고 일어나세.
　자네는 **細君**(세군)이 그렇게 무서운가.
　옹졸한 사내 같으니라고.

漢書(한서) - 東方朔傳(동방삭전)

　중국 漢(한)나라 武帝(무제)는 거칠고 웅대하여 전형적인 고대 제국의 전제 군주였지만, 그의 조정에는 東方朔[1](동방삭)이라는 아주 색다른 인물이 섞여 있었다. 무제는 즉위하자마자, 널리 천하의 유능한 인재를 뽑았다.

　그때 齊(제)나라 사람으로 동방삭이라는 자가 자기를 써 달라는 글을 올렸다. 관청에 붙여 놓은 것이 놀랍게도 3천 장의 上書文(상서문 : 백성이 황제에게 올리는 글)이었으나, 무제는 그 한 장 한 장을 읽어갔다. 문장이 당당하고 거리낌이 없었다. 장장 두 달이 걸려 그것을 다 읽은 무제는 그를 '郎(낭)'이라는 벼슬에 앉혔다. 이로부터 동방삭은 무제를 측근에서 섬기며 가끔 자리를 같이하여 이야기도 했는데, 입에서 나오는 그의 말은 機智(기지)로 빛나 무제를 몹시 기쁘게 했다.

행동도 역시 그러했다. 때때로 무제 앞에서 음식을 먹게 되는데, 식사가 끝나면 남은 고기를 덜렁 옷 속에 넣어 가지고 가 옷이 얼룩으로 더러워졌다. 그래서 비단을 주면, 그것을 어깨에 걸메고 돌아갔다. 여러 신하들은 그를 반미치광이로 여겼다.

여름 삼복이 되면, 황제가 신하들에게 고기를 하사하는 관습이 있었다. 그때 마침 고기는 준비되어 있었지만, 나누어 줄 관리가 아직 오지를 않아 기다리고 있었다. 동방삭은 제 칼을 뽑아 고기를 자르더니 품에 넣고,

"실례하오."

하고는 가 버렸다. 그는 이 일로 무제 앞에 서게 되었다. 무제가 함부로 고기를 잘라 간 까닭을 묻자, 그는 관을 벗고 한 번 절한 다음,

"진실로 폐하의 말씀도 있기 전에 함부로 가져간 것은 이 어찌 無禮(무례)한 짓이 아니오리까? 칼을 뽑아 고기를 잘랐으니 이 어찌 壯烈(장렬)하지 않사오며, 자른 고기는 극히 적은 것이었으니 이 어찌 廉直(염직 : 청렴하고 강직함)하지 않사오리까? 더구나 가지고 간 고기는 '細君(세군)'에게 주었으니 이 어찌 정에 넘치는 일이 아니오리까?"

하고 능청스럽게 아뢰었다. 무제는 크게 웃고, 술 한 섬과 고기 백 근을 주어,

"돌아가서 細君(세군)에게 주게."

라고 했다 한다.

細君(세군)이란 말은 '자기 아내'를 부르는 말로 쓰인 것이다. 여기에도 여러 가지 설이 있지만, 『禮記(예기)』에 보면, 諸侯(제후 : 군주로부터 받은 영토와 백성을 다스리던 사람)의 부인을 부르는 말이 小君(소군)이었다고 나와 있다. 소군은 곧 세군으로 변형됐으며, 동방삭은 자기를 제후에 비하여 자기 아내를 세군이라고 한 것이라고 한다.

또 漢代(한대)에는 細君(세군)이라는 字(자)를 가진 사람도 더러 보이는데, 동방삭의 아내의 이름이 사실 세군이었다고도 한다. 아무튼 여기서부터 세군은 '자기의 아내'를 일컫는 말이 되었고, 또 남의 부인까지도 그렇게 말하며, '妻君(처군)'이라고도 쓰이게 되었다.

그러나 동방삭은 단순히 익살스럽기만 한 사람은 아니었던 것 같다. 그는 널리 책을 읽어, 일을 당하면 무제에게 뚜렷한 諫言(간언)을 하기도 했다. 무제가 많은 백성을 부려 上林苑(상림원 : 중국 장안의 서쪽에 있었던 궁전의 정원. 진나라 시황제가 건설하고, 한나라 무제가 증축함)을 만들려고 했을 때에도 두려워하지 않고 이를 반대했다. 그는 公卿(공경)들까지도 거침없이 대했고, 오히려 그들을 놀려 주기도 했다. 술에 취하면,

所謂避世於朝廷間者也(소위피세어조정한자야)
　나는 말하자면 궁중에 한가로이 은둔하고 있는 셈이지.
古之人, 乃避世於深山中(고지인, 내피세어심산중)
　옛날의 은둔자들은 심산유곡에서 세상을 피했지만.

라고 시로 노래했다. 그는 술이 거나하게 취하면, 땅에 넙죽 드러누워 다음과 같은 노래를 부르곤 했다.

陸沈於俗(육침어속)
 속세에 푹 파묻혀,
避世金馬門(피세금마문)
 궁궐 문안인 금마문에서 세상을 피한다네.
宮殿中可以避世全身(궁전중가이피세전신)
 궁전 안에서 세상을 피해 몸을 온전히 하나니,
何必深山之中, 蒿廬之下(하필심산지중, 호려지하)
 하필이면 깊은 산속, 초막 아래가 아니어도 좋은 것을!

이러한 그를 서민들도 좋아했을지 모른다. 그래서 그에게는 우리나라에까지도 여러 가지 전설[炭川(탄천)설화]이 생겨나기도 했다. 그는 임기응변에 능한 기회주의자가 아니라, 현실세계에 뿌리박고 있으면서, 초월적인 것을 품을 줄 아는 넉넉한 마음의 소유자였다고 할 수 있겠다.

---

1) **東方朔**(동방삭, B.C.154 ~ B.C.93) : 漢(한)나라 사람으로 무제 때에 太中大夫(태중대부), 金馬門(금마문) 侍中(시중)까지 지냈던 인물. 자는 曼倩(만천)이고, 平原(평원) 厭次(염차 : 산동성 양신현 동남쪽에 해당되는 지역) 출신이다. 걸출한 외모, 익살스러운 언변과 거침없는 행동 때문에, 동방삭은 생존할 당시부터 이미 무성한 소문을 만들어냈다.

사람들은 특히 동방삭의 해학과 말재주를 좋아하였다고 전해지는데, 동방삭에 관련된 설화는 한국에서도 널리 유행하였다. 한서 동방삭전에는 그의 저술로 「答客難(답객난)」, 「非有先生(비유선생)」, 「封泰山(봉태산)」, 「責和氏璧(책화씨벽)」, 「皇太子生禖(황태자생매)」, 「屛風(병풍)」, 「殿上柏柱(전상백주)」, 「平樂觀賦獵(평락관부렵)」, 「八言七言(팔언칠언)」, 「從公孫弘借車(종공손홍차거)」 등이 언급되어 있다.

전설에 따르면 동방삭이 三千甲子(삼천갑자 : 3,000×60년. 18만 년)를 살았는데, 西王母(서왕모 : 중국 신화에 나오는 여신의 이름. 불사약을 가진 선녀라고 하며, 음양설에서는 일몰의 여신)의 복숭아를 훔쳐 먹어 죽지 않게 되었다고도 하고, 저승사자를 잘 대접했다고도 한다. 원래 별의 요정이었다는 말도 있다. 麻姑(마고 : 무속신앙에서 받드는 신선 할머니)가 동방삭을 잡으려 계교를 꾸몄는데, 냇가에서 숯을 씻고 있었다. 동방삭이 이를 보고 '내가 삼천갑자를 살았으나, 검은 숯을 씻어 희게 한다는 이야기를 듣지 못했다.' 하니, 마고가 잡아갔다고 한다.

우리나라에도 경기도 용인에서 발원하는 炭川(탄천)에는 이 같은 전설이 전해지고 있어, 탄천의 상류인 경기도 용인시 수지구 竹田洞(죽전동)에서는 전설을 중심으로 炭川祭(탄천제)를 지내고 있다. '三千甲子東方朔(삼천갑자동방삭)을 잡기 위해 저승사자가 이곳에서 숯을 갈았다.'는 전설이 깃든 탄천에서 저승사자의 숯 가는 모습을 연출하고 고싸움도 벌인다고 한다.

※ **東方朔**(동방삭) 관련 예화 한 편

　　중국 漢武帝(한무제) 때, 동방삭이 太中大夫(태중대부)를 맡고 있을 때이다. 무제는 만년에 神仙術(신선술)을 좋아하였다. 무제는 동방삭을 특별히 총애하였는데, 한번은 동방삭에게 물었다.

　　"朕(짐)이 사랑하는 첩을 영원히 늙지 않게 하는 방법이 없겠는가?"

　　"동북 지방에 가면 靈芝草(영지초)가 있고, 서남해 중에는 봄에 자라는 고기가 있는데, 이들은 모두 사람들이 먹으면 수명을 더하고, 영원히 젊음을 유지하게 합니다."

　　라고 대답하였다. 무제는 흥미가 진진하여, 서둘러서 추궁하듯 묻는다.

　　"동방삭! 자네는 이것을 어떻게 아는가?"

　　"당초, 태양 속에 있는 다리가 셋인 새[三足烏(삼족오 : 태양 속에서 산다는 세 발을 가진 까마귀)]가 지상에 내려와 영지초를 먹으려 하는데, 태양차를 돌린다는 羲(희)란 사람이 손으로 삼족오의 두 눈을 가려 지상으로 내려가지 못하게 하였습니다."

　　이를 듣던 무제는 다시 다그쳐 물었다.

　　"너는 이를 어떻게 아는가?"

　　"臣(신)이 어릴 때, 우물을 파다가 땅이 함몰되어, 수십 년간 지하세계에 있게 되었습니다. 탈출하기 위해서 길을 찾던 중에 紅泉(홍천)이 앞을 가로막았습니다. 그때 어떤 사람이 나무신 하나를 주어서, 그 신발을 신고 이 홍천을 건너게 되었습니다.

　　그 사람은 저를 인도하여 어떤 나라로 데리고 갔는데, 그곳에서 영지초를 뜯어 먹으며 연명했습니다. 그곳 백성들은 저를 짐승 가죽으로 만든 천막 안으로 데리고 갔습니다. 그 속에 펼쳐져 있는 것은 세상에서는 보기 드문 희한한 것이었습니다. 구슬로 짠 방석, 검은색의 玉石(옥석)으로 조각한 침상, 침상머리에는 태양, 달, 구름, 우뢰를 조각한 형상으로 소위 鏤空枕(누공침) 혹은 玄雕枕(현조침)이 있었습니다.

　　그리고 일백여 종의 새털을 모아 짠 이불과 침구가 있었습니다. 이 새털 이불은 매우 시원하였는데, 여름에 덮으면 특별히 시원하면서 포근했습니다. 이 때문에 '柔毫水藻(유호수조)'의 이불이라고 부릅니다. 한번은 제가 이불 위에 물방울이 가득한 것을 보고 젖을까 염려되어, 막 그 물방울을 닦으려 자세히 살펴보니, 그것은 반짝반짝 빛나는 빛방울이었습니다. 이때 알게 되었습니다."

　　동방삭은 어떠한 기묘한 질문에도 모르는 것이 없었고 대답에 막힘이 없었다. 처음 보는 기이한 새라든가, 무슨 신기한 벌레 등이라도 그들에게 코가 있고 눈이 있다면 소통할 수 있었다. 그 깊이와 博學(박학)함, 그리고 몸소 체험한 기이한 이야기 등은 듣는 사람들이 이상하게 여길 정도였다.

031 菽麥 숙맥

字解 菽 : <u>콩</u> **숙** [菽水(숙수) : 콩과 물, 곧 변변하지 못한 음식물]
　　　麥 : <u>보리</u> **맥** [麥酒(맥주) : 보리로 만든 술. 비어(beer)]

語義 콩과 보리.
　　　(콩과 보리를 구별할 줄 모르는 어리석고 못난 사람)
　　　(너무 순진하여서 숫기가 없음)
　　　※ '菽麥不辨(숙맥불변)'의 준말.

 用例

▶ 나는 처음부터 똑똑하지 않은 **菽麥**(숙맥) 같은 여자를 아내로 맞기로 작정했었다. 그래야만 내 한평생의 삶이 편할 것 같았기 때문이었다. 그 결과로 다행스럽게도 **菽麥**(숙맥) 같은 여자를 만나 결혼을 했고, 비록 시방은 서울과 시골에 떨어져 살고 있긴 하지만, 못나게도 아직은 이혼 서류에 도장 찍을 생각 없이 살고 있다. 그런데 살다 보니 시간이 흐르면 흐를수록 똑똑하던 나는 **菽麥**(숙맥)이 되고, **菽麥**(숙맥)이던 아내는 점점 똑똑해져 간다는 생각이 들었다.

▶ 미혼 여성의 절반 이상이 연애 경험이 없는 **菽麥**(숙맥)보다, 바람둥이를 더 선호하는 것으로 조사됐다. 13일 결혼정보회사 ○○이 미혼남녀 300명을 대상으로 **菽麥**(숙맥)과 바람둥이 선호도를 조사한 결과에 따르면, 여성의 63%는 '여자가 무엇을 원하는지 잘 아는 바람둥이 남자'를 선택했다. '여자를 한 번도 사귀어 본 적 없는 **菽麥**(숙맥) 남자'를 선호한 여성은 37%에 그쳐, 연애에 너무 소극적이고 답답한 남자에 대한 거부감을 드러냈다.

【同音異議語】 宿麥(숙맥) : 주요 農作物(농작물)의 한 가지인 보리를 달리 이르는 말. 보리는 가을에 심어 이듬해에 익기 때문에 '宿(숙)'자를 붙인다. 줄기는 1m쯤으로 곧고 속이 비고 마디가 있으며, 잎은 가늘고 길며 나란히 맥이 있다. 5월쯤에 꽃줄기가 나와 10cm쯤의 이삭이 생기는 데, 긴 까끄라기가 있다.

【類義語】 目不識丁(목불식정) : 고무래를 보고도 그것이 고무래 '丁'자인 줄 모른다는 뜻으로, 글자를 전혀 모름. 또는 그러한 사람.
　　　　魚魯不辨(어로불변) : '魚'자와 '魯'자를 구별하지 못한다는 뜻으로, 아주 무식함. 또는 그런 사람.
　　　　一字無識(일자무식) : 글자를 한 자도 모르는 무식함. 또는 그런 사람.
　　　　楊布之狗(양포지구) : 양포의 개. 겉이 달라졌다고 속까지 달라진 것으로 아는 어리석은 사람.

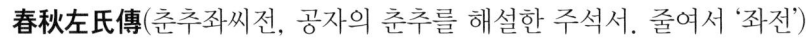

出典 春秋左氏傳(춘추좌씨전, 공자의 춘추를 해설한 주석서. 줄여서 '좌전')

중국 宋(송)나라에 朱熹[1](주희 : 주자)라는 뛰어난 학자가 있었다. 훗날 사람들은 그를 높이 기리어 공자, 맹자의 뒤를 잇는 유교의 성인 반열에 올려놓았다. 그가 집대성한 性理學(성리학)은 그의 이름을 따서 '朱子學(주자학)'이라고도 하였으며, 우리나라 朝鮮(조선) 오백 년 통치의 바탕이 되어 많은 영향을 끼쳤다. 退溪(퇴계) 李滉(이황), 栗谷(율곡) 李珥(이이) 등도 바로 이 성리학을 연구한 유학자들이다.

주희에게 형이 한 분 있었다. 어느 날 주희는 형을 앉혀 놓고, 방바닥에 콩과 보리를 주르르 쏟았다. 주희와 달리 그의 형은 지혜가 없었으며, **콩과 보리**도 구별하지 못할 정도로 어리석고 모자랐다[朱子有兄弟而無慧(주자유형제이무혜) 不能辨菽麥(불능변숙맥)].

"형님, 잘 보십시오. 요렇게 크고 둥글둥글하게 생긴 것이 콩이란 말입니다."
주희는 콩을 들고 자세히 설명했다. 형은 질질 흐르는 콧물을 훌쩍이고는 고개를 갸우뚱거렸다.
"아니⋯⋯. 그건 보리 아닌가?"
주희는 답답했지만, 형에게 화를 낼 수는 없었다. 주희가 이번에는 보리를 들고, 찬찬히 그리고 부드럽게 말했다.
"형님, 이게 보리입니다. 보세요. 콩보다 작고, 생긴 것도 콩은 둥글둥글한데 보리는 납작하죠?"
주희는 몇 번이나 되풀이해서 콩과 보리를 설명했고, 콩과 보리를 번갈아 가며 한참 뚫어지게 쳐다보던 형은 그제야 구별이 간다는 듯 고개를 끄덕였다.
"음, 이제 알았어. 둥글고 큰 것이 콩이고, 약간 납작하고 작은 것이 보리지?"
"예! 형님, 맞습니다."
주희는 가르친 보람이 있자, 마음이 흐뭇했다. 다음 날, 주희가 형에게 부탁했다.
"형님, 창고에서 콩 좀 꺼내다 주실래요?"
형은 얼른 창고로 들어가, 주희가 얘기한 콩을 부대째 가져왔다. 그런데 부대를 들여다 본 주희는 할 말을 잊고 말았다.
"형님⋯⋯!"
"아니, 뭐가 잘못된 거야?"
"어제 그렇게 얘기해 주었는데도⋯⋯. 형님, 이건 보리잖아요, 보리요!"
형은 무안을 당하자, 얼굴이 새빨개졌다.

菽麥(숙맥)은 위의 일화에서 유래하였으며, 사서오경 중의 하나인 『春秋(춘추)』의 주석서인 『춘추좌씨전』에 나오는 말로 원말은 '菽麥不辨(숙맥불변 : 콩과 보리를 분별하지 못한다)'이다. 원래는 '모양이 뚜렷이 차이가 나는 콩과 보리도 구분하지 못할 정도로 어리석은 사람'이라는 뜻으로 쓰였으나, 요즘에 와서는 '남들이 다 아는 사실도 모를 정도로 순진한 사람'을 가리키는 말로 널리 쓰인다. 흔히들 '쑥맥'으로 잘못 쓰는 경우도 있는데, '숙맥(菽麥)'이 맞는 말이다.

不能辨菽麥(불능변숙맥)에서 不辨菽麥(불변숙맥)이 되고, 다시 菽麥(숙맥)으로 줄인 이 말은 한마디로 '바보', '멍청이'를 뜻하며, 통속적으로 쓰이는 '밥통(밥만 축내고 제구실을 못하는 사람)'에 가장 근접한 말이라고 볼 수 있겠다.

周子(주자)라는 인물에 대해서는 중국 춘추시대 晉(진)나라의 襄公(양공)의 증손자이며 悼公(도공)의 형이라고 보는 견해도 있다.

---

1) 朱熹(주희, 1130 ~ 1200) : 중국 南宋(남송) 때의 유학자, 철학자. 성리학을 집대성하여 중국 사상계에 가장 큰 영향을 미쳤다. 자는 元晦(원회) · 仲晦(중회), 호는 晦庵(회암) · 晦翁(회옹) · 雲谷老人(운곡노인) · 遯翁(둔옹)이다. 존칭하여 朱子(주자)라고 한다.

주희는 지방 관리의 아들로 태어나, 아버지로부터 유교 교육을 받았다. 18세 때 大科(대과)에 급제했는데, 당시 그 시험에 급제한 사람들의 평균 연령은 35세였다. 그가 맡은 첫 번째 관직(1151 ~ 1158)은 푸젠성[福建省(복건성)] 同安(동안)의 主簿(주부)였다. 이곳에서 조세 · 감찰 업무를 개혁하고, 지방에 있는 서원의 書庫(서고)와 학칙을 개선했다. 또한 그때까지 없었던 엄격한 의례와 관혼상제의 규율을 제정하는 등 여러 개혁에 착수했다. 동안으로 부임하기 전에 李侗(이동, 1093 ~ 1163. 송나라의 유학자. 주희의 스승)을 찾아갔는데, 그는 송 유학의 전통을 지킨 사상가로서 주희의 사상에 결정적인 영향을 준 인물이었다.

1158년 주희는 그를 다시 방문했고, 1160년에는 수개월 동안 그와 함께 지내면서 가르침을 받았다. 11세기에 성리학자들은 불교와 도교의 철학에 대항하여 새로운 형이상학을 제창하면서, 거의 1,000년간에 걸쳐 실추되었던 유학의 학문적 · 사상적인 우위성을 회복하게 되었는데, 이동은 그 가운데 가장 유능한 후계자의 한 사람이었다. 그의 영향을 받아 주희는 유교에 전념하겠다는 결심을 하게 되었다. 한마디로 그는 孔子(공자) · 孟子(맹자) 등의 학문에 전념하였으며, 周敦頤(주돈이) · 程顥(정호) · 程頤(정이) 등의 사상을 이어받았다.

주희는 만년에 조정의 부름을 받아 고위직으로 승진할 수 있는 기회가 여러 번 있었다. 그러나 과감한 직언, 소신 있는 의견, 부패와 사리사욕이 판치는 정치에 대한 비타협적인 공격 등으로 인해 파면되거나, 수도로부터 멀리 떨어진 지방 관직으로 쫓겨났다. 만년에 이르러서도 政敵(정적)인 韓侂胄(한탁주)가 그의 학설과 행동에 대해 중상모략을 하여 정치 활동이 금지되었다.

그가 죽을 때까지도 정치적인 명예는 여전히 회복되지 않았으나, 그가 죽은 뒤에 곧 회복되었다. 1209년과 1230년에는 그에게 諡號(시호)가 내려졌고, 1241년에는 그의 위패가 정식으로 공자 사당에 모셔졌다. 후대에는 주희가 비판했던 것보다 더 전제주의적인 통치자들도 조정에 대한 주희의 정치적 비판과 이성적인 자세에는 귀 기울이지 않으면서도, 그의 철학 체계만큼은 유일한 官學(관학)으로 삼았는데, 이 같은 풍조는 19세기 말까지 지속되었다. 주요 저서에 『詩傳(시전)』 · 『四書集註(사서집주)』 · 『近思錄(근사록)』 · 『資治通鑑綱目(자치통감강목)』 등이 있다.

특히 그의 漢詩(한시) 중 '少年易老學難成(소년이로학난성)'으로 시작되는 '偶成(우성 : 우연히 이룸)'이라는 제목의 勸學文(권학문)이 널리 알려져 있다.

032 食言 식언

字解 食 : 먹을 식 [食用(식용) : 먹을 것으로 씀]
　　　　　먹이 식 [糧食(양식) : 살아가는 데 필요한 먹거리]
　　　　　밥 사 [簞食(단사) : 도시락에 담은 밥]
　　　　　사람 이름 이 [審食其(심이기) : 사람 이름. '식'이 아닌 '이'로 발음]

　　　　言 : 말 언, 말씀 언, 말할 언 [甘言(감언) : 달콤한 말]

語義 말을 먹는다.
　　　　(한번 입 밖에 낸 말을 도로 입속에 넣는다)
　　　　(약속한 말을 지키지 않음)

 用例

▶ 그는 **食言**(식언)하기를 밥 먹듯 해서 친구들 사이에 신의를 잃은 지 오래다.

▶ 자공이 스승 공자에게 묻는다.
　"무엇이 진정 군자입니까?"
　공자가 대답하기를,
　"먼저 실천을 하고, 그런 다음 말한 바를 그대로 좇는 자가 군자이니라."
　다시 말하면, **食言**(식언)하지 말라는 현자의 말씀이시다.

【同音異議語】 飾言(식언) : 말을 꾸밈. 또는 거짓으로 꾸며서 하는 말.

【類義語】　負約(부약) : 약속을 어기거나 저버림.
　　　　　違約(위약) : 약속이나 계약을 어김.
　　　　　僞言(위언) : 거짓말.

【相對語】　移木之信(이목지신) : 위정자가 '나무 옮기기로 백성을 믿게 한다.'는 뜻으로, '신용을 지킴'을 이르는 말.

　※ 秦(진)나라의 孝公(효공, B.C.381 ~ B.C.338. 제25대 군주) 때, 商鞅(상앙)이라는 宰相(재상)이 있었다. 상앙은 衛(위)나라의 公族(공족) 출신이었으며 법률에 밝았는데, 특히 法治主義(법치주의)를 바탕으로 한 富國强兵策(부국강병책)을 펴, 天下統一(천하통일)의 기틀을 마련하였다. 상앙이 한번은 법을 제정해 놓고도 공포를 하지 않았다. 백성들이 믿어 줄지 그것을 염려했기 때문이다.

　그래서 상앙은 한 가지 計策(계책)을 세웠다. 남문에 길이 三丈(3장 : 약 9m) 높이의 나무를 세우고, "이 나무를 북문으로 옮기는 사람에게 十金(십금)을 주겠다."라고 말했다. 그러나 아무도 옮기려 하는 사람이 없었다. 상앙은 다시 옮긴 사람에게 五十金(오십금)을 주겠다고 하였다. 이번에는 옮긴 사람이 있어, 즉시 그 약속을 지켰다고 한다. 그리고 새로운 법을 공포하자, 백성들은 조정을 믿고 법을 잘 지켰다고 한다. 여기에서 '移木之信(이목지신)'이란 말이 나왔다.

① 書經(서경) - 湯誓¹⁾篇(탕서편)

殷²⁾(은)나라 湯³⁾(탕)왕이 夏⁴⁾(하)나라 桀⁵⁾(걸)왕의 포악무도함을 보다 못하여 정벌할 군대를 일으켰을 때, 領地(영지)인 亳(박 : 지명)의 백성들에게,

"그대들은 바라건대 나 한 사람을 도와 하늘의 벌을 이루도록 하라. 나는 그대들에게 큰 상을 주리라. 너희는 믿지 아니하지 말라. 나는 거짓말을 하지 않는다. 짐은 **약속한 말을 지키지 않음**은 없으리다. 너희들이 맹서한 말을 좇지 아니하면, 내가 곧 너희 처자까지 죽여 영원히 사면이 없으리라."

 原文 爾尙輔予一人(이상보여일인) 致天之罰(치천지벌) 予其大賚汝(여기대뢰여) 爾無不信(이무불신) 朕不食言(짐불식언) 爾不從誓言(이불종서언) 予則孥戮汝(여즉노륙여) 罔有攸赦(망유유사)

② 春秋左氏傳(춘추좌씨전) - 哀公⁶⁾(애공) 二十五年(이십오년)

중국 춘추시대 말기 애공 25년 6월에, 哀公(애공)이 越(월)나라로부터 돌아오자, 季康子(계강자)와 孟武伯(맹무백)이 五梧(오오)에 나가서 영접하였다. 애공의 수레를 郭重(곽중)이 시종하였는데, 그는 계씨와 맹씨 두 사람을 먼저 만나고 나서, 애공을 뵙고 말하기를,

"저 계씨와 맹씨 두 사람들은 비방하는 말이 많으니, 임금께서는 대처하는 도리를 다하시기 바라나이다."

라고 했다. 이윽고 노나라의 애공이 오오에서 연회를 베풀었다. 맹무백이 애공에게 祝壽(축수)하는 술잔을 올리고, 곽중을 보고 미워하며 빈정대기를,

"당신은 어찌 그리 살이 쪘소?"

하였다. 이때 계강자가 말하기를,

"청컨대 맹무백에게 벌주를 내리소서. 우리 노나라가 원수의 나라들과 밀접하여 있기 때문에, 임금께서 수종하지 못하고 능히 먼 도로에 왕래하는 것을 면하였거늘, 저 곽중을 보고 살쪘다고 하니 그게 말이나 됩니까?"

라고 하였다. 이에 애공이 말하기를,

"여러 사람들의 **말을** 많이 **먹었는데**, 어찌 살이 찌지 않겠는가?"

이와 같이 말이 서로 거슬렸으므로, 술을 마셔도 즐겁지 아니하였다. 그 후로 애공과 大夫(대부)들 사이에는 불화가 일기 시작했다.

原文 六月(유월) 公至自越(공지자월) 季康子孟武伯(계강자맹무백) 逆於五梧(역어오오) 郭重僕(곽중복) 見二子曰(견이자왈) 惡言多矣(악언다의) 君聽盡之(군청진지) 公宴於五梧(공연어오오) 武伯爲祝(무백위축) 惡郭重曰(오곽중왈) 何肥也(하비야) 季孫曰(계손왈) 請飮彘也(청음체야) 以魯國之密邇仇讐(이노국지밀이구수) 臣是以不獲從君(신시이불획종군) 克免於大行(극면어대행) 又請重也肥(우청중야비) 公曰(공왈) 是食言多矣(시식언다의) 能無肥乎(능무비호) 飮酒不樂(음주불락) 公與大夫始有惡(공여대부시유악)

 ③ **春秋左氏傳**(춘추좌씨전) – 僖公(희공) 十五年(십오년)

〈秦(진)나라 대부들이 晉(진)나라의 惠公(혜공)을 데리고 서울로 들어오자고 하니〉 <u>穆公</u>[7](목공)이 말하기를,

"晉(진)나라 혜공을 생포하여 온 것은 그것을 공로로 돌리기 위함이었는데, 만약 그렇게 되면 부인이 자살하게 되어 결국 장례를 위하여 데리고 돌아온 격이 되니, 어찌 그렇게 할 수가 있겠는가? 대부들도 아무런 이득이 없을 것이오. 게다가 진나라 사람들은 혜공에 대해 크게 걱정하여 그 중임을 나에게 맡겨 하늘과 땅도 그 약속의 실천을 기다리고 있소. 그러니 진나라 사람들의 걱정을 생각하지 않는다면, 그들의 화를 더욱 크게 하는 것이오. **내가 나의 말을 먹는다면(내가 약속을 지키지 않는다면)**, 천지를 배반하는 것이오. 진나라의 노여움을 크게 하면, 진나라는 적대할 수가 없어 앞으로 감당할 수가 없게 되며, 천지를 배반하는 것은 상서롭지 못한 것이오. 그러니 할 수 없이 진나라 임금을 돌려보내도록 합시다."

 原文 公曰(공왈) 獲晉侯(획진후) 以厚歸也(이후귀야) 旣而喪歸(기이상귀) 焉用之(언용지) 大夫其何有言(대부기하유언) 且晉人感憂以重我(차진인감우이중아) 天地以要我(천지이요아) 不圖晉憂(부도진우) 重其怒也(중기노야) 我食吾言(아식오언) 背天地也(배천지야) 重怒難任(중노난임) 背天不祥(배천불상) 必歸晉君(필귀진군)

---

1) **湯誓**(탕서) : 은나라 탕왕이 군사를 일으켜, 夏(하)나라의 桀王(걸왕)을 치는 데 있어, 그 취지를 많은 사람들에게 맹서한 내용. 즉 '탕왕의 맹서'이다.

2) **殷**(은) : 중국 고대에 탕왕이 夏(하)나라의 桀王(걸왕)을 물리치고 세운 나라. 黃河(황하)강 중류 지역을 중심으로 갑골문자와 청동기 문화가 발달하였으며, 占卜(점복)에 따르는 祭政(제정)을 행하였는데, 기원전 11세기 무렵 제30대 紂王(주왕 : 미녀 달기에 빠져 정사를 돌보지 않은 폭군) 때, 周(주, B.C.1111 ~ B.C.255)나라의 武王(무왕)에게 망하였다.

3) **湯王**(탕왕) : 중국 고대 殷(은)나라 초대 왕으로, 13년간 재위하였다. 원래 이름은 履(이) 또는 大乙(대을)이다. 亳(박)에 도읍을 정하고 국호를 商(상)이라 칭하였으며, 制度(제도)와 典禮(전례)를 정비하였다.

4) **夏**(하) : 治水(치수)에 공로가 있는 禹(우)가 舜帝(순제)로부터 왕위를 물려받아 세운 중국 최초의 나라. 그 연대는 기원전 2070년경에서 기원전 1600년까지로 추정된다. 과학적으로 그 존재가 입증되지 않아 나라 자체가 의심스러웠으나, 1980년대부터 2000년대까지 꾸준한 발굴 작업이 진행 중인 二里頭(이리두) 유적[황하 중·하류를 중심으로 번창한 신석기 시대에서 청동기 시대 초기에 걸친 문화]과 사료 검토를 통해, 중국 史學界(사학계)에서는 하나라의 존재가 인정되고 있다. 은나라의 탕왕에게 멸망당했다.

5) **桀王**(걸왕) : 중국 고대 夏王朝(하왕조)의 마지막 왕. 이름은 履癸(이계). 殷王朝(은왕조)의 마지막 왕인 紂(주)와 함께 포악한 임금의 상징으로 '桀紂(걸주)'라 한다. 그는 웅장한 궁전을 건축하여 천하의 희귀한 보화와 미녀를 모았으며, 궁전 뒤뜰에 酒池(주지)를 만들어 배를 띄우고, 長夜宮(장야궁)을 지어 남녀합환의 유흥에 빠졌다고 한다. 걸왕은 부도덕하였고, 폭정을 자행하였으며, 결국 탕왕에게 토벌되어 도망가다가 죽어 하왕조는 멸망했다. '酒池肉林(주지육림)'이라는 故事(고사)를 만든 장본인이다.

6) **魯 哀公**(노 애공, ? ~ B.C.467) : 魯(노 : 현재 중국 산동성 남부)나라의 제27대 왕이다. 이름은 將(장)이고, 부왕은 노의 제26대 왕 定公(정공, ? ~ B.C495)이다. 기원전 494년에 부왕 정공을 대신해 왕에 즉위했다. 기원전 487년에 이웃 오나라의 공격을 받아 물리쳤으며, 그 후 제나라의 공격에 패배했다. 기원전 485년에는 오나라와 함께 제나라를 침공하여 대승을 거두었다. 다음 해인 기원전 484년에는 제나라의 역공을 받았으며, 기원전 483년에 노나라 曲阜(곡부) 태생의 대유학자인 공자가 제나라 簡公(간공)의 정벌을 권하지만 실현되지 않았다.

그로부터 2년 후인 기원전 481년, 제나라 임금 간공이 재상 田恒(전항)에 살해당하자, 공자가 다시 제나라 정벌을 세 차례나 권하지만, 애공은 들어주지 않았다. 기원전 471년에 애공은 진나라와 함께 제나라 정벌에 친정을 나갔다. 기원전 468년, 당시 절대적 권력을 행사하던 三桓氏(삼환씨 : 노나라 국정을 좌우했던 계손씨, 숙손씨, 맹손씨)에게 무력을 행사해 반란을 일으키게 하여, 삼환씨의 군사력에 굴복당해 월나라로 추방되어, 기원전 467년에 그 땅에서 죽었다.

7) **秦 穆公**(진 목공, ? ~ B.C.621. 재위 B.C.659 ~ B.C.621) : 중국 春秋(춘추)시대의 秦(진)나라 제9대 왕. 秦(진) 德公(덕공)의 셋째아들이며, 春秋五覇(춘추오패)의 한 사람이다. 대부 百里奚(백리해) 등 어진 인재를 등용, 善政(선정)을 베풀고 국력을 伸張(신장)하여, 국토를 넓히어 천리에 달하게 했다. 西戎(서융)의 覇者(패자)라 불리었다.

033 蛾眉 아미

字解 蛾 : 누에나방 **아** [蛾眉(아미) : 가늘고 긴 누에나방의 촉수처럼 아름다운 눈썹]
　　　　 眉 : 눈썹 **미** [眉間(미간) : 두 눈썹 사이]

語義 누에나방의 눈썹.
　　　　(가늘고 길게 굽어진 아름다운 눈썹)
　　　　('미인'의 비유)

用例

▶ 그녀는 고운 **蛾眉**(아미)를 찌푸리며 깊은 생각에 잠겨 있었다.
▶ 蟬首**蛾眉**(진수아미) – '매미의 이마와 누에나방의 눈썹'이라는 뜻으로 미인을 비유하는 말.

【同音異議語】 阿媚(아미) : 남의 환심을 사기 위해 알랑거림, 즉 아첨.
【類義語】　　 傾國之色(경국지색) : 임금이 미혹되어 나라가 위기에 빠져도 모를 정도의 미색이라
　　　　　　　　　　　　　　　 는 뜻으로 뛰어나게 아름다운 여자.
　　　　　　 丹脣皓齒(단순호치) : '붉은 입술과 하얀 이'라는 뜻으로, 미인의 얼굴.
　　　　　　 澹粧佳人(담장가인) : 담박하게 화장한 미인.
　　　　　　 明眸皓齒(명모호치) : 밝은 눈동자와 하얀 이를 가진 미인.
　　　　　　 半夜佳人(반야가인) : 한밤중의 아름다운 여인.
　　　　　　 雪膚花容(설부화용) : 눈처럼 흰 살갗과 꽃처럼 고운 얼굴.
　　　　　　 羞花閉月(수화폐월) : 꽃도 부끄러워하고 달도 숨는다는 뜻으로, 미인.
　　　　　　 天香國色(천향국색) : 천하제일의 향기와 빛깔. 모란꽃. 절세미인.
　　　　　　 侵魚落雁(침어낙안) : 물고기가 숨고 기러기가 땅으로 떨어짐. 미인.
　　　　　　 花容月態(화용월태) : 꽃다운 얼굴과 달 같은 자태. 미인의 얼굴과 맵시.

出典　① **詩經**(시경) – 衛風(위풍) 碩人篇(석인편)

　　중국 춘추전국시대, 衛(위, ? ~ B.C.209)나라 莊公(장공)의 부인인 莊姜(장강 : 제나라 동궁 득신의 누이)의 아름다움을 기린 노래에 蛾眉(아미)가 등장한다. 장강은 아름답고 어질었으나, 남편 장공에겐 외면당한 채 아들도 없이 쓸쓸히 지냈으므로, 위나라 백성들이 이를 동정하여 쓴 시이다.

手如柔荑(수여유이) 손은 고와 부드러운 띠 싹 같고,
膚如凝脂(부여응지) 피부는 윤이 흘러 엉긴 기름이라.
領如蝤蠐(영여유제) 목은 나무굼벵이이고,
齒如瓠犀(치여호서) 이는 조롱박씨 같다.
螓首蛾眉(진수아미) 매미 이마에 난 **누에나방의 눈썹**.
巧笑倩兮(교소천혜) 웃으면 예쁜 보조개,
美目盼兮(미목분혜) 아름다운 그 눈매로다.

 ② **白居易**(백거이) – 王昭君[1](왕소군) 其二(기이)

백거이가 漢(한)나라 元帝[2](원제) 때의 궁녀인 왕소군을 소재로, 17세에 지었다는 시가 있다. 오랑캐에 팔려간 여인의 애달픈 심정이 잘 나타난 七言絕句(7언절구)이다. 한나라로 되돌아가고 싶은 간절한 마음을 잘 표현하였고, 아울러 현재 자신이 초췌한 몰골로 쇠퇴했다는 말을 하지 말라고 애절하게 부탁하고 있다.

漢使却廻憑寄語(한사각회빙기어)
  한나라로 돌아가는 사신에게 부탁하노라.
黃金何日贖蛾眉(황금하일속아미)
  황금으로 **미인**을 다시 사갈 날은 언제일까요.
君王若問妾顏色(군왕약문첩안색)
  임금께서 만약 저의 얼굴이 어떠냐고 물으셔도,
莫道不如宮裏時(막도불여궁리시)
  한나라 궁에 있을 때만 못하다고 말하지 마세요.

---

1) **王昭君**(왕소군) : 중국 한나라 元帝(원제) 때의 궁녀. 성은 王(왕), 이름은 嬙(장). 자는 昭君(소군). 明妃(명비), 王明君(왕명군) 등으로도 일컬어진다. 기원전 33년[竟寧(경녕) 1년], 匈奴(흉노)와의 친화 정책을 위해 흉노왕 呼韓邪單于(호한야선우)에게 시집가서 아들 하나를 낳았다. 그 뒤 호한야가 죽자, 흉노의 풍습에 따라 왕위를 이은 그의 正妻(정처) 아들에게 재가하여 두 딸을 낳고, 생을 마쳤다.
  왕소군에 대한 이야기는 전설화되어 후대에 많이 윤색되어 전해진다.『西京雜記(서경잡기)』에 따르면, 원제는 화공들에게 궁녀를 그리도록 명하여 그림을 보고 마음에 드는 여자를 불러들였다고 한다. 궁녀들은 모두 화공에게 뇌물을 주고 아름답게 그려달라고 했으나, 왕소군은 뇌물을 주지 않아 추하게 그려졌다. 원제는 그런 사실을 모르고 왕소군을 호한야에게 보내기로 결정한 후, 그녀의 뛰어난 미모를 알고 나서 매우 안타까워했다. 그

러나 외국과의 신의를 저버릴 수 없어, 그녀를 보내고는 畵工(화공)들을 처형했다고 한다.

또 『後漢書(후한서)』·『琴操(금조)』에는 왕소군이 몇 년 동안 황제의 관심을 받지 못하여 자진해서 흉노의 왕에게 시집갔으며, 그녀가 호한야의 아들에게 재가하게 되었을 때, 독을 마시고 자살했다고 되어 있다. 이 이야기는 후세에 널리 전송되었으며, 많은 문학작품에서도 다루어졌다.

晉(진)의 石崇(석숭)이 작사·작곡하여, 기녀에게 부르게 했다는 '王明君辭(왕명군사)'는 매우 유명하다. 杜甫(두보)와 李白(이백)을 비롯해서 唐代(당대)의 시인들도 이 이야기를 즐겨 썼다. 원·명대에는 희곡으로도 각색되었는데, 특히 원대 馬致遠(마치원)의 희곡 '漢宮秋(한궁추)'가 최고의 걸작으로 꼽힌다.

2) 漢 元帝(한 원제, B.C.75 ~ B.C.33. 재위 B.C.48 ~ B.C.33) : 前漢(전한)의 제11대 황제. 유교를 중국의 공식적인 통치이념으로 정착시키는 데 많은 노력을 기울였다. 유교는 이미 기원전 136년에 국교로 지정되었지만, 先王(선왕)들은 유교의 가르침을 소홀히 다루었다. 그러나 원제는 유교를 성심성의껏 지원했을 뿐 아니라, 유교학자들을 정부 요직에 임명했다. 이들은 정부의 지출을 줄이고, 백성들의 생활을 개선하는 일에 이바지했다.

그러나 원제는 환관들의 득세를 막지 못해, 결국 한나라의 부패와 몰락을 가속시켰다. 뿐만 아니라 자신을 유교적인 '孝(효)'의 실천가로 믿었으므로, 그의 황후 집안인 王氏(왕씨) 일가에게 막강한 권력을 주었다. 왕씨 일가는 정부 요직에 임명되어, 실질적으로 정부를 장악했다. 원제의 아들이며 후계자인 成帝(성제. 재위 B.C.33 ~ B.C.7) 또한 왕씨 일가가 정부를 장악하도록 허용했다. 결국 그의 조카 王莽(왕망, B.C.45 ~ A.D.25)이 한나라를 부정하고 권력을 장악한 뒤, 9년에 스스로 황제임을 선포하고 新(신, 9 ~ 25)나라를 세웠다.

※ **昭君怨**(소군원)
- **唐**(당)**나라 시인 東方虯**(동방규)**의 시**

胡地無花草(호지무화초)	오랑캐 땅에는 꽃과 풀이 없으니,
春來不似春(춘래불사춘)	봄이 와도 봄 같지 않구나.
自然衣帶緩(자연의대완)	자연히 옷의 혁대가 느슨해지니,
非是爲腰身(비시위요신)	이는 허리 몸매 때문이 아니라네.

위 시 주인공인 왕소군은 西施(서시)·貂蟬(초선)·楊貴妃(양귀비) 등과 함께 중국의 4대 미인으로 알려져 있는 바, 그녀의 슬픈 이야기는 중국 문학에 많은 소재를 제공하게 되었다. 위의 시는 동방규의 시로 우리에게 잘 알려져 있는 바, 특히 '春來不似春(춘래불사춘)'이라는 구절은 오늘날에도 우리들에게 여러 가지 뜻으로 자주 회자되고 있는 부분이기도 하다.

- **唐**(당)**나라 시인 李白**(이백)**의 시**

漢家秦地月 (한가진지월)	한나라 시절 진나라 땅에 떠 있던,
流影照明妃 (유영조명비)	그림자 흘러 명비[왕소군]를 비추네.
一上玉關道 (일상옥관도)	한 번 옥관도에 올라,
天涯去不歸 (천애거불귀)	하늘가에 떠나간 뒤 다시 돌아오지 않네.
漢月還從東海出(한월환종동해출)	한의 달은 다시 돌아와 동해에 떠오르건만,
明妃西嫁無來日(명비서가무래일)	명비는 서쪽으로 시집가 돌아오지 않네.
燕地長寒雪作花(연지장한설작화)	연나라 땅 긴 추위 눈꽃을 만들었으나,

娥眉憔悴沒胡沙(아미초췌몰호사)	고운 얼굴 초췌해 오랑캐 모래에 사라지다.
生乏黃金枉畵工(생핍황금왕화공)	살았을 때 돈 없어 화공이 잘못 저질렀으니,
死遺靑塚使人嗟(사유청총사인차)	죽어 푸른 무덤 남겨 사람을 탄식케 하네.

※ **論介**(논개)의 '**娥眉**(아미)'가 사용된 樹州(수주) **卞榮魯**(변영로) 시인의 시

거룩한 憤怒(분노)는
宗敎(종교)보다도 깊고
불붙는 情熱(정열)은
사랑보다도 강하다.
아! 강낭콩꽃보다도 더 푸른
그 물결 위에
양귀비꽃보다도 더 붉은
그 마음 흘러라.

아리땁던 그 **娥眉**(아미)
높게 흔들리우며
그 石榴(석류) 속 같은 입술
죽음을 입맞추었네!
아! 강낭콩꽃보다도 더 푸른
그 물결 위에
양귀비꽃보다도 더 붉은
그 마음 흘러라.

흐르는 강물은
길이길이 푸르리니
그대의 꽃다운 魂(혼)
어이 아니 붉으랴.
아! 강낭콩꽃보다도 더 푸른
그 물결 위에
양귀비꽃보다도 더 붉은
그 마음 흘러라.

※ **論介**(논개, ? ~ 1593) : 전북 장수군 장계면 대곡리에서 양반가의 딸로 태어났으나, 아버지가 사망하고 집안이 어려워지자, 경상우도 병마절도사 崔慶會(최경회, 1532 ~ 1593)의 후처가 되었다. 임진왜란 때 진주성 전투에서 최경회가 전사하자, 논개는 복수를 위해 기생으로 위장하여, 왜장 게야무라 로구스케[毛谷村六助]를 안고 진주 남강 矗石樓(촉석루)에서 떨어져 죽었다.

034 雁書 안서

字解 雁 : 기러기 **안** [雁行(안행) : 기러기가 줄지어 날아감]
  書 : 글 **서** [書體(서체) : 글씨의 모양, 곧 해서·행서·초서 등]
    쓸 서 [淨書(정서) : 읽기 쉽도록 깨끗이 옮겨 씀]
    편지 서 [書翰(서한) : 편지]

語義 기러기의 글. 기러기 편지.
  (먼 곳에서 소식을 전하는 편지)

 用例

▶ 보내 주신 **雁書**(안서) 잘 받았습니다. 氣體(기체) 萬康(만강)하시다 하오니, 기쁜 마음입니다. 돌아오는 생신 때, 내려가 뵙도록 하겠습니다.
▶ 인터넷이 발달하기 전에는 벗들과 주로 **雁書**(안서)를 주고받으며 소식을 전했다.

【同音異議語】 安徐(안서) : 잠시 보류함.
    安舒(안서) : 마음이 편안하고 조용함.
    雁序(안서) : 기러기가 나는 차례. '형제'를 가리킴.
    岸曙(안서) : 시인이며 문학평론가인 김억(1896 ~ ?)의 호.
【類義語】 雁信(안신) : 기러기가 전해 주는 서신.
    雁帛(안백) : 기러기가 전해 주는 비단에 적은 편지.
    雁札(안찰) : 기러기가 전해 주는 서찰.

 **出典** **漢書**(한서) - 蘇武傳(소무전)

끝없이 높은 하늘, 그 아래에는 바다같이 넓은 호수, 그리고 호숫가에 우거진 대밀림이 있었다. 그 호숫가 통나무집에서 홀로 나타난 한 사나이가 있었다. 손에는 활을 쥐고, 머리에서부터 털가죽을 뒤집어썼으며, 수염이 온 얼굴을 덮고 있었다. 그러나 그 사나이의 눈에는 강렬한 불굴의 의지가 빛나고 있었다. 머리 위로 울며 날아가는 새소리에, 그는 얼굴을 들어 하늘을 쳐다보았다.
"기러기가 벌써 날아가는구나."

이 사람은 漢(한)나라 中郎將(중랑장 : 황제의 호위와 궁중의 경비를 맡은 광록훈에 속하는 무관직.

3등관. 녹봉 2천 석) 벼슬을 지낸 蘇武[1](소무)이다. 武帝[2](무제. 재위 B.C.141 ~ B.C.87) 때, 그는 사신으로서 포로 교환을 의논하기 위해 북쪽 흉노의 나라에 갔다. 그러나 흉노에게 항복하느냐 아니면 죽느냐 하는 상황에 이르렀다. 항복하는 사람들 틈에서 소무만은 끝내 항복하지 않았다. 그는 산속 굴에 갇히는 몸이 되어 굶주림에 시달리게 되었다.

이때 그는 가죽 담요를 씹고, 눈을 먹으며 굶주림을 견뎠다. 소무가 여러 날이 지나도 죽지 않음을 본 흉노는 그가 신이 아닐까 두려워하여, 북해 바이칼 호 근처 사람 없는 곳에 보내어 양치는 일을 시켰다. 주어진 양은 숫양뿐이었는데, 흉노는 이렇게 말하는 것이었다.

"숫양이 새끼를 낳으면, 네 나라에 돌아가게 해 줄 테다."

그곳에 있는 것은 하늘과 숲과 물과 혹독한 추위, 그리고 굶주림이었다. 한번은 도둑들이 들어와서 그가 사육하는 양을 훔쳐갔다. 그는 들쥐를 잡아먹으며 배고픔을 견뎠다. 그러면서도 흉노에게 항복하려 하지는 않았다. 언젠가는 한나라에 돌아갈 수 있으려니 해서가 아니었다. 다만 항복하기가 죽기보다 싫었던 것이다. 이 황량한 먼 땅에 유배되어, 이미 몇 년이란 세월이 지났는지 그것조차 희미했다. 가혹하고 단조로운 나날, 넓고 넓은 하늘을 날아가는 기러기는 소무에게 고향 생각을 간절하게 했다.

그러는 동안 무제는 죽고, 昭帝[3](소제. 재위 B.C.87 ~ B.C.74)가 즉위했다. 소제가 즉위한 몇 해 뒤, 한나라와 흉노는 다시 화친을 맺게 되었다. 이때 흉노에 온 한나라 사신은 전에 왔다가 소식이 없는 소무를 돌려 달라고 요구했다. 흉노는 소무는 이미 죽고 없다고 거짓말을 했다. 사신으로서는 그 말의 眞僞(진위 : 참과 거짓)를 알 길이 없었으나, 그날 밤 소무와 같이 왔다가 이곳에 머물러 있던 常惠(상혜)라는 사람이 찾아와서, 그가 살아 있다는 것을 은밀히 일러 주고 갔다. 다음 날 회견 때, 한나라 사신은 상혜가 시킨 대로 흉노의 우두머리 單于(선우)에게 이렇게 말하였다.

"(내가 이곳에 오기 전에) 天子(천자)께서 上林苑(상림원)에서 사냥을 하시다가 **기러기**를 쏘아 잡았습니다. 그 기러기 발목에는 헝겊이 감겨 있었소. 소무는 어느 연못에 있다는 **편지**가 있었소."

 原文 言天子射上林中得雁(언천자사상림중득안) 足有係帛(족유계백) 書武等在某澤中 (서무등재모택중)

흉노의 추장은 얼굴에 놀란 빛을 띠며 신하와 속삭였다. 그리고는 말했다.

"전날 한 말은 잘못된 것이오. 蘇武(소무)는 살아 있소."

使者(사자)가 바이칼 호를 향해 말을 달려 그를 데려왔다. 머리와 수염이 모두 허옇게 되었고, 다 해진 털가죽으로 몸을 싼 모습은 牧者(목자)와 다를 바 없었으나, 그의 손에는 한나라 사자의 표적인 符節[4](부절)을 꼭 쥐고 있었다.

그는 본국으로 돌아가게 되었다. 포로가 되어 북해 근방에서 굶주리고 추위에 떨며 어느덧 19년의 긴 세월을 보낸 끝이었다. 그러나 40살에 떠난 당시의 씩씩하던 모습은 볼 수 없었고, 머리털이 센 늙은이가 되어 있었다.

이 故事(고사)로 인하여 便紙(편지)를 '기러기의 서찰'이라고 하는 '雁書(안서)'를 쓰게 되었다. 그리고 雁信(안신)·雁帛(안백)·雁札(안찰)·安便(안편)·安禮(안례) 등도 쓰인다.

---

1) **蘇武**(소무, ?~B.C.60) : 중국 한나라의 충신. 자는 子卿(자경). 아버지 蘇建(소건)은 大將軍(대장군) 衛靑(위청) 휘하에서 공신이 되었고, 소무는 어려서 郎(낭)이 되었다. 武帝(무제) 때인 기원전 100년에, 中郞將(중랑장)으로서 匈奴(흉노)에 사신으로 갔다가 체포되어 항복을 강요받았다. 그러나 절의를 굽히지 않고 이를 거부하자, 바이칼 호 주변의 황야로 보내져 19년에 걸친 억류 생활을 했다.

昭帝(소제)가 즉위한 후, 흉노와의 화해가 성립되어, 기원전 81년 長安(장안)으로 돌아왔다. 昭帝(소제)는 그의 충절을 높이 사, 典屬國(전속국)에 봉했고, 소제의 뒤를 이은 宣帝(선제, 제9대 황제. 재위 B.C.74~48)도 그의 노고를 중시하여 關內侯(관내후)에 봉했다.

2) **漢 武帝**(한 무제, B.C.156~B.C.87) : 중국 前漢(전한)의 전성기를 이룬 제7대 황제. 이름은 劉徹(유철)이고, 시호는 世宗(세종)이다. 고조 유방의 증손자이다. 기원전 141년에 황제가 되었다. 전국에 13주를 두어 중국에서 처음으로 강력한 중앙 집권제를 확립하는 한편, 儒敎(유교)를 일으켜 사상의 중심이 되게 하였다.

그리고 운하를 파 농사와 상업에 도움을 주는 등 경제 발전에 노력하였다. 또 밖으로는 흉노족을 멀리 북쪽으로 내쫓고, 남쪽의 티베트와 미얀마 족들을 지배하는 등 국방과 영토 확장에도 힘썼다. 또 장건을 대월지국에 보내 서역 교통로를 열게 하는 등 훌륭한 업적을 쌓았으나, 군사들의 원정과 사치·낭비가 심하여 백성들이 어려움을 겪기도 하였다.

3) **漢 昭帝**(한 소제, B.C.94~B.C.74) : 중국 前漢(전한)의 제8대 황제. 이름은 劉弗陵(유불릉). 무제의 아들이다. 소제가 8세의 어린 나이에 즉위하자, 霍光(곽광)·桑弘羊(상홍양) 등이 무제의 유언을 받들어 정무를 보좌했다. 재위 기간 중 지속적으로 백성을 위해 요역·부역을 줄이는 정책을 폈다. 또한 농업을 장려하고 상업을 억제했으며, 屯田(둔전)을 장려했다.

凶奴族(흉노족)·烏桓族(오환족)의 노략질을 막아, 북방 변경지역의 안정을 도모했다. 郡國(군국)의 賢良(현량)과 文學(문학 : 현량과 문학은 과거 추천과목 중의 하나로, 여기에 천거되면 이러한 칭호가 주어졌음)을 초빙하여 소금·철에 대한 회의를 개최했고, 소금·철 전매정책을 계속 시행했다.

4) **符節**(부절) : 돌이나 대나무, 玉(옥) 따위로 만든 符信(부신 : 증표로 삼던 물건). 옛날에는 使臣(사신)이 가지고 다니던 물건으로, 둘로 갈라 하나는 朝廷(조정)에 두고 하나는 本人(본인)이 가지고 다니며 信標(신표)로 쓰다가, 후일 서로 맞추어 봄으로써 증거로 삼던 것이다.

035 弱冠 약관

字解 弱 : 약할 약 [弱骨(약골) : 약한 골격, 몸이 약한 사람]

　　　　어릴 약, 나이 젊을 약 [弱年(약년) : 나이가 어림, 남자 나이 스무 살]

　　　　날씬할 약 [腰弱(요약) : 허리가 날씬함]

　　冠 : 갓 관 [衣冠(의관) : 옷과 갓, 옷차림]

　　　　볏 관 [鷄冠(계관) : 닭의 벼슬]

　　　　어른 관 [冠禮(관례) : 아이가 어른이 될 때 올리는 예식]

語義 어리나, 갓을 씀.

　　　(남자 나이 20세)

用例

▶조성하의 나이는 올해 열여덟 살, 아직 **弱冠**(약관)도 되지 못한 소년이건만…….

▶그는 20세의 **弱冠**(약관)임에도 불구하고, 앞으로의 사업 활동에 대해 확고한 계획을 가지고 있었다.

【同音異議語】 約款(약관) : 일정한 형식으로 계약의 내용을 미리 작성해 놓은 것.

【類義語】　　弱年(약년) : 젊은 나이.

　　　　　　弱齡(약령) : 젊은 나이.

出典 禮記(예기) - 曲禮篇 (곡례편) 第八(제8)

人生十年曰幼, 學(인생십년왈유, 학)
　사람이 나서 열을 말하여 幼(유)라고 한다. 이때부터 글을 배운다.

二十曰弱, 冠(이십왈약, 관)
　스물을 말하여 弱(약)이라 한다. 갓을 쓴다.

三十曰壯, 有室(삼십왈장, 유실)
　서른을 말하여 壯(장)이라 한다. 집[室(실)·妻(처)]을 갖는다.

四十曰强, 而仕(사십왈강, 이사)
　마흔을 말하여 强(강)이라 한다. 벼슬[仕(사)]을 한다.

五十曰艾, 服官政(오십왈애, 복관정)

쉰을 말하여 艾(애 : 늙음)라 한다. 官政(관정)을 맡는다.

六十曰耆, 指使(육십왈기, 지사)

예순을 말하여 耆(기 : 늙음)라 한다. 가리켜 시킨다.

七十曰老, 而傳(칠십왈로, 이전)

일흔을 말하여 老(노)라 한다. (자식에게) 전한다.

八十九十曰耄(팔십구십왈모)

七年曰悼 悼與耄 雖有罪 不加刑焉(칠년왈도 도여모 수유죄 불가형언)

8, 90세를 말하여 耄(모 : 늙은이)라 하며,

일곱 살을 悼(도)라 하는데, 도와 모는 죄가 있어도 형벌을 더하지 않는다.

百年曰期, 頤(백년왈기, 이)

백 살을 말하여 期(기)라 한다. 부양[頤(이 : 기르다)]된다.

〈意譯〉

열 살은 어리다고 부르는데, 이때부터 공부를 시작하게 된다.

스무 살은 아직 약한 편이지만, 다 자랐으므로 어른으로서 갓을 쓰게 한다.

서른 살은 완전히 여물 대로 여문 장정이 된 나이이므로, 이때는 아내를 맞아 집을 가지고 자식을 낳게 한다.

마흔 살은 뜻이 굳어지는 나이이므로, 바른 판단을 할 수 있어 벼슬을 하게 된다.

쉰 살은 머리가 희끗해지는 반백의 노인이 되는 시기이므로, 이때는 많은 경험과 함께 마음이 가라앉아 나라의 큰일을 맡게 된다.

예순 살은 늙은이의 문턱에 들어서는 나이이므로, 자기가 한 일을 앉아서 시켜도 된다.

일흔 살은 완전히 늙었으므로, 살림은 자식들에게 맡기고 벼슬은 후배들에게 물려준 다음 자신은 은퇴하게 된다. 〈이 耆(기)와 老(노)를 합하여 耆老(기로)라고도 한다.〉

여든 · 아흔이 되면 기력이 완전히 소모되었기 때문에 耄(모)라고 한다. 그리고 일곱 살까지를 가엾다고 해서 悼(도)라고 하는데, 여든이 넘은 늙은이와 일곱 살까지의 어린 아기는 죄를 범해도 벌을 주지 않는다.

백 살을 期(기)라고 하는데, 남의 부축을 받아가며 먹고 입고 움직이게 된다.

※ '나이'에 관련된 공자의 말씀 – 『論語(논어)』「爲政篇(위정편)」

子曰 吾十有五而**志于學**(자왈 오십유오이지우학)

공자가 말씀하시기를, 나는 15세에 학문에 뜻을 두었고,

三十**而立**(삼십이립)

서른 살에 자립하였고,

四十而**不惑**(사십이불혹)
　마흔 살에 이르러 사리에 분명하여 유혹받지 않았고,
五十而**知天命**(오십이지천명)
　오십 세가 되어 천명을 알았고,
六十而**耳順**(육십이이순)
　예순 살이 되어 귀로 들으면 그대로 이해되었고,
七十而**從心**所慾 不踰矩(칠십이종심소욕 불유구)
　일흔 살이 되어서야 마음에 하고자 하는 일을 하여도, 법도에 어긋나지 않았느니라.

여기에서 비롯하여 다음과 같은 용어가 생기게 되었다.
[15세 - 志學(지학), 30세 - 而立(이립), 40세 - 不惑(불혹), 50세 - 知天命(지천명), 60세 - 耳順(이순), 70세 - 從心(종심)]

〈意譯①〉
　공자가 말씀하시기를,
　"15세에 일생을 학문을 하기로 결심하고,
　30세에 이르러서야 학문의 기초를 확립하게 되었다.
　40세에 이르러 학문의 기초를 바로잡게 되고, 자기 학문에 자신을 얻게 되었다.
　50세에 이르러 학문하는 것이 자기의 운명이라는 하늘의 명을 알고,
　60세가 되면 자기와 다른 남의 의견을 들어도 순순히 수긍하게 될 만큼, 인간생활의 다양성을 인식하고 부질없이 반발하지 않았으며,
　70세에 이르면 자기가 하고 싶은 대로 하여도, 법도를 어기지 않게 된다."
고 하였다.

〈意譯②〉
　일흔세 살까지 산 공자가 그의 晩年(만년)에 일생을 회고한다.
　나는 열다섯 살에 聖人(성인)의 학문을 배우려고 뜻을 세웠다.
　서른 살이 되어 학문적으로 내 나름의 견해를 확립하여 독립할 수 있었다.
　마흔 살이 될 때 나 자신의 인생의 문제에 대하여 흔들림 없이 안정되었다.
　쉰 살이 되어 사람에게 닥치는 生老病死(생로병사)나 吉凶禍福(길흉화복)이나 榮枯盛衰(영고성쇠) 같은 것은 사람으로서는 피할 수 없는 천명이라는 것을 깨달았으며, 군자의 인격을 지니고 도덕 정치를 具顯(구현)해야 할 사명이 하늘로부터 나에게 주어졌다는 것을 자각했다.
　육십이 되니, 修養(수양)과 정치 현실에의 참여로 사려는 더 깊어지고 경험이 풍부해진, 나의 귀는 무엇을 들어도 그것에 저항이나 놀라움이 없어졌다. 곧 나에게 주는 남의 충언이나 교훈을 듣고 그 말의 表裏(표리)와 眞相(진상)을 무리 없이 이해할 수 있고, 귀에 거슬림이 없이 들을 수 있었다.
　일흔 살이 되기 바로 전에 周遊天下(주유천하)의 망명 생활에서 귀국한 공자는 고전의 정리에 심혈을 기울이기 시작하고, 후학을 육성하는 교육에 몰두하여 자신이 하고 싶은 대로 하여도 결코 도리에 벗어나는 일이 없었다.

※ 기타 나이에 관련된 용어들

- 2~3세 – 孩兒(해아), 提孩(제해 : 어린아이를 손으로 안음)   *孩 ; 어린아이 해
- 10세 또는 그 전후 – 沖年(충년)
- 16세 – 瓜年(과년) *여자의 결혼 적령기 – 二八靑春(이팔청춘)
- 48세 – 桑年(상년 : '桑'의 속자는 '十'자 세 개 밑에 '木'자를 쓰는데, 이를 파자하면 '十'자 4개와 '八'자가 되기 때문임)
- 50세 – 艾年(애년 : 쑥과 같이 머리가 희어지는 나이)   *艾 ; 쑥 애
- 60세 – 六旬(육순)
- 61세 – 回甲(회갑), 還甲(환갑 : 태어난 해의 간지가 다시 돌아옴)
- 62세 – 進甲(진갑 : 태어난 해의 간지를 다시 시작하는 해)
- 66세 – 美壽(미수 : '六十六'을 뒤집어 쓰고 바로 쓴 글자)
- 70세 – 七旬(칠순), 古稀(고희 : 예부터 드물다)

    [**두보**의 '曲江(곡강)' 〈칠언율시〉 – '古稀(고희)'의 출전]

    朝回日日典春衣 (조회일일전춘의)
      조회에서 돌아오면 날마다 봄옷을 저당잡혀,
    每日江頭盡醉歸 (매일강두진취귀)
      매일 곡강에서 만취하여 돌아온다.
    酒債尋常行處有 (주채심상행처유)
      몇 푼 안 되는 술빚은 가는 곳마다 있기 마련이지만,
    人生七十古來稀 (인생칠십고래희)
      인생살이 칠십 년은 예부터 드문 일이라네.
    穿花蛺蝶深深見 (천화협접심심견)
      꽃 사이를 맴도는 호랑나비는 보이다 말다 하고,
    點水蜻蜓款款飛 (점수청정관관비)
      강물 위를 스치는 물잠자리는 유유히 난다.
    傳語風光共流轉 (전어풍광공류전)
      풍광에 전하리라, 우리 모두 흘러가자고,
    暫時相賞莫相違 (잠시상상막상위)
      잠시나마 서로 어기지 말고 賞春(상춘)의 기쁨 나누자.

- 77세 – 喜壽(희수 : 喜의 전자가 七을 두 번 겹친 글자임)
- 71세 – 望八(망팔 : 80세를 바라본다는 뜻)
- 80세 – 八旬(팔순), 傘壽(산수 : 傘 속에 八十이 들어 있음)
- 81세 – 望九(망구), 半壽(반수 : 半자를 파자하면 八十一이 됨)
- 88세 – 米壽(미수 : 米 속에 八十八이 들어 있음)
- 90세 – 卒壽(졸수 : 졸의 속자가 구십을 위아래로 배열한 글자임), 凍梨(동리 : '언 배'란 뜻으로, 나이 90이 되면 얼굴에 반점이나 검버섯이 생겨, 마치 언 배 껍질처럼 보임)
- 99세 – 白壽(백수)
- 100세 또는 그 이상 – 上壽(상수)

036 逆鱗 역린

字解 逆 : 거스를 역 [逆流(역류) : 거꾸로 흐르는 물]
　　　　　맞을 역 [逆旅(역려) : 나그네를 맞이함, 여관]
　　　鱗 : 비늘 린(인) [鱗甲(인갑) : 비늘과 껍데기, 비늘 모양을 한 껍데기]

語義 거꾸로 난 비늘.
(건드리면 살해됨)
(임금 또는 왕비의 분노)

用例

▶ 이제 때를 당하여 한 말씀 올리려니와, 행여 **逆鱗**(역린)을 건듦이 있으면 길게 늘인 늙은 목을 베소서.

▶ 그들이 이번의 사건을 왕비께 아뢸 때에 왕비의 **逆鱗**(역린)은 컸다. 당장에 이활민파 및 그의 제자 전부를 잡아서 찢어 죽이라 하였다. 〈김동인 – 젊은 그들〉

出典 韓非子[1](한비자) – 說難篇[2](세난편)

중국에는 龍[3](용)에 관한 전설적 이야기가 많다. 용은 물론 가상적 동물이지만 鳳(봉 : 봉황), 麟(인 : 기린), 龜(귀 : 거북이)와 더불어 四靈(사령)이라 하여, 영물로 실재화하여 생각하였다. 용은 특히 비늘 달린 짐승 중 으뜸가는 것으로, 구름을 일으키고 비를 몰고 온다고 여겼다. 그리고 君主(군주)를 용에 비겨서 龍床(용상 : 임금이 앉는 의자)이니 龍顔(용안 : 임금의 얼굴)이니 하여 그 권위와 존엄성을 높이기도 하였다.

전국시대에 韓非(한비)라는 사람이 있었다. 그는 현실주의적인 法家(법가)였다. 그는 군신간의 謀害(모해 : 모략을 써서 남을 해침)와 온갖 불법 등을 직시하면서, 전국시대의 難局(난국)을 이겨낼 국가적 대계를 강구하고 있었다. 그의 저서『한비자』「세난편」에 다음과 같은 이야기가 있다.

"무릇 龍(용)은 순한 짐승으로 잘 친하기만 하면 타고 다닐 수도 있다. 그러나 목 아래에 붙어 있는 직경 한 자쯤 되는 **거꾸로 난 비늘**이 있다. 만약 이것을 건드리는 자가 있으면, 용은 반드시 그 사람을 죽이고 만다. 군주에게도 **역린**이 있어 마찬가지다. 말하는 사람이 임금의 **역린**만 능히 건드리지 않을 수 있다면, 곧 목적을 달성할 수 있을 것이다."

 原文 夫龍之爲虫也(부용지위충야) 柔可狎而騎也(유가압이기야) 然其喉下有逆鱗徑尺(연기후하유역린경척) 若人有嬰之者(약인유영지자) 則必殺人(즉필살인) 人主亦有逆鱗(인주역유역린) 說者能無嬰人主之逆鱗(세자능무영인주지역린) 則幾矣(즉기의)

위의 故事(고사)에서 '逆鱗(역린)'이란 成語(성어)가 유래하였다. '거꾸로 난 비늘'에서 '건드리면 아픈 상처'를 뜻하는 말로 이 역린을 건드려 죽음을 당하는 신하들을 고금의 역사에서 많이 보아왔다. 그래도 역린을 건드려야 하는 것인가? 아니면 자신의 안위만을 돌보아야 할 것인가? 그것이 문제이다.

1) **韓非子**(한비자, ? ~ B.C.233) : 중국의 法家(법가)·철학자. 秦王(진왕) 政(정 : 후에 시황제가 됨)은 그의 전제정부에 관한 이론에 깊은 감명을 받아, 기원전 221년 중국을 통일한 후, 그의 이론을 통일국가의 정치 원리로 삼았다. 그의 이름을 따라 한비자로 명명된 그의 저서는 당시 법가 이론의 총괄이다.

　한비자의 생애에 대해서는 알려진 바가 거의 없다. 그는 전국시대의 약소국이었던 韓(한, B.C.202 ~ A.D.220)나라의 귀족 출신이었다. 한비자는 유가인 筍子(순자, B.C.300 ~ B.C.230년경. 조나라의 사상가)의 문하에서 공부했으나 나중에 순자를 저버리고, 그 당시 봉건체계가 붕괴되는 상황과 보다 밀접한 이론을 가진 다른 학파를 따랐다. 자신의 충고가 한나라 왕에게 무시당하자, 한비자는 자신의 생각을 글로 쓰기 시작했다. 그는 말솜씨가 별로 없었기 때문에 자신의 이론에 대해 있을지도 모를 반론에 대한 논박도 글로 썼다.

　기원전 221년 진나라 통일 후, 시황제가 된 당시의 진왕 정은 한비자의 글을 읽고 이를 높이 평가했다. 기원전 234년 진은 한을 공격했고, 한왕은 한비자를 진에 협상자로서 파견했다. 진왕은 한비자를 보고 매우 기뻐하며 그에게 높은 직위를 주려고 했다. 진의 승상이자 이전에 한비자와 같은 스승 밑에서 공부한 李斯(이사, ? ~ B.C.208. 진나라 통일의 일등 공신이며 재상)는 한비자가 자신보다 더 뛰어났기 때문에 왕의 총애를 잃을까 두려워, 한비자가 二心(이심)을 가졌다고 모함하여 그를 투옥시켰다. 이사는 한비자를 속여 그가 스스로 독약을 마시고 자살하게 했다.

2) **說難篇**(세난편, 유세의 어려움을 말한 부분)**의 一部**(일부) **소개**

　대체로 일은 비밀을 지키는 것으로 인해 성취하고, 말이 새는 데서 실패한다. 그런데 遊說(유세 : 각처로 돌아다니며 자기의 의견이나 주장 따위를 설명하고 선전함)를 하는 자는 어쨌든 君主(군주)가 숨기는 일에 말이 미치는 일이 있다. 그런 자는 목숨이 위험하다.

　또한 유세하는 자가 貴人(귀인 : 권력자) 중에서 과실의 단서를 찾아내어, 다시 명백한 바른 논설을 세워서 그러한 것을 밝힌다고 하면 역시 목숨이 위험하다.

　유세하는 자가 아직 군주의 두터운 은총도 얻지 않았는데, 言說(언설)에 함축이 있는 지혜를 번득거리는 것은 그 언설이 효과를 거두고 공을 이룰지라도 별로 덕이 되는 것이 아니며, 효과를 거두지 못하고 실패한다면 엉뚱한 일까지 의심을 받는다. 그러한 자의 목숨도 역시 위험해진다.

　대체로 귀인이 남에게서 計巧(계교)를 얻어 그로 인해 자기의 공을 세우고자 생각할 때, 유세하는 자가 계교의 출처를 들추어내면 목숨이 위험해진다. 군주가 겉으로는 다른 일을 하는 것처럼 가장하고 뒤로 비열한 일을 하려고 생각하는 때, 유세하는 자가 그것을 아는 체하면 역시 목숨이 위험하다. 군주에 대해 도저히 손이 미치지 않는 일을 강요한다거나, 도저히 중지하게 할 수 없는 일을 그치도록 하여도 목숨은 위험하다.

그렇기 때문에 군주와 함께 밝은 임금, 어진 임금의 얘기를 하면 속으로 군주를 비방하는 것이라 의심을 하고, 미천한 자를 얘기하면 임금의 권세를 팔려는 줄로 알며, 군주가 총애하는 자를 얘기하면 이를 이용하려는 줄로 알고, 군주가 미워하는 자를 얘기하면 이로써 군주의 마음을 시험하려는 줄로 알고, 말을 꾸미지 않고 생략하여 표현하면 무식한 자라고 업신여기며, 여러 학설을 끌어다가 해박하게 하면 말이 많아 지루하다고 한다. 일에 순응하여 솔직하게 의견을 말하면 겁쟁이로서 말을 다 못하는 사람이라 하고, 일의 앞뒤를 재어 이러쿵저러쿵 따져서 말하면 방자하고 본 데 없다고 한다.

이것이 유세의 어려움이니 몰라서는 안 된다. 대체로 유세의 요령은 상대방 군주의 긍지를 만족케 하고, 그의 부끄러워함을 건드리지 않는 데 있다.

3) **龍**(용) : 『廣雅(광아, 중국 위나라의 장읍이 편찬한 자전)』「翼條(익조)」에 용의 모습을 다음과 같이 묘사해 놓았다.

"용은 鱗蟲(인충 : 비늘이 있는 동물) 중의 우두머리이며, 그 모양은 다른 짐승들과 아홉 가지 비슷한 모습을 하고 있다. 즉, 낙타[駝(타)]의 머리, 사슴[鹿(록)]의 뿔, 토끼[兎(토)]의 눈, 소[牛(우)]의 귀, 뱀[蛇(사)]을 닮은 목덜미, 조개[蜃(신)]와 같은 배, 잉어[鯉(리)]의 비늘, 호랑이[虎(호)]의 발, 매[鷹(응)]의 발톱이다. 그 중에서 9 × 9 양수인 81개의 비늘이 있고, 그 소리는 구리로 만든 쟁반을 울리는 듯하고, 입 주위에는 긴 수염이 있고, 턱 밑에는 明珠(명주 : 여의주)가 있고, 목 아래에는 **거꾸로 박힌 비늘**[逆鱗(역린)]이 있으며, 머리 위에는 博山(박산 : 중국의 전설에 나오는, 바다 가운데 있는 신선이 산다는 산)이 있다."

어느 문헌에는 용에게는 귀가 없기에 뿔이 귀를 대신한다고도 한다. 용은 또한 황제와 현자의 상징이기도 하다. 황제의 얼굴을 龍顔(용안), 의자를 龍床(용상) 등으로 부를 만큼, 용은 권위의 상징이자 힘의 상징이었다. 그리고 『易經(역경)』에서는 용을 賢人(현인)의 상징이라고 하였다.

특히 용은 물과 깊은 관련을 맺고 있다. 『菅子(관자, 전국시대 후기 제자백가의 논문집)』의 「水地編(수지편)」을 보면,

"용은 물에서 낳으며, 그 색깔은 오색을 마음대로 변화시키는 능력이 있는 神(신)이다."

라고 적고 있다.

또한 용왕은 바다의 왕으로서 水界(수계)를 다스리는 신이기도 하고, 비와 바람을 주재한다. 또한 종류에 따라 달라서 불을 주관하는 火龍(화룡)이 등장하기도 한다. 용이 가지고 있는 如意珠(여의주)는 일명 夜光珠(야광주)로서 달과 관련이 있다. 용은 이 여의주로써 비를 다스리고, 바람을 조종한다고 한다.

037 完璧 완벽

字解 完 : 온전할 **완** [完結(완결) : 온전하게 끝을 맺음]
    璧 : 둥근옥 **벽** [璧侑(벽유) : 옥으로 만든 잔]

語義 온전한 옥구슬.
(고리 모양의 보옥을 끝까지 지키다)
(결점이 없이 훌륭함. 완전무결함)

 用例

▶ 행사 준비에 **完璧**(완벽)을 기하다.
▶ 언제부터인가 항상 **完璧**(완벽)하게 맞아떨어지는 도표와 보고서 작성에 싫증이 났다.
▶ 처음부터 연인에게 **完璧**(완벽)한 사랑을 바라고, 연인의 사랑이 기대에 미치지 못한다고 이별하다 보면, 계속 헤어지다가 세월만 허송하기 십상이다. 연인의 사랑이 **完璧**(완벽)하지 못하다고 이별하는 여자들의 사랑은 **完璧**(완벽)한 것일까? 과일이 무르익기 전에는 맛이 없기 마련이고, 사랑이 무르익기 전에는 사랑에 부족함이 많기 마련이다. 연인에게는 **完璧**(완벽)한 사랑을 바라면서도 연예인이나 헤어진 연인이 지금의 연인보다 좋은 여자들이 많으니, 그들은 과연 연인을 **完璧**(완벽)하게 사랑하고 있는 것일까?

【類義語】 和氏璧(화씨벽) : 화씨가 발견한 구슬. 〈'3음절 86. 和氏璧(화씨벽)' 참조〉

 **史記**(사기) - 藺相如列傳(인상여열전)

중국 春秋(춘추)시대, 楚(초, B.C.771 ~ B.C.221)나라에 卞和(변화)라는 사람이 있었다. 그는 산에서 한 개의 璞(박 : 옥을 싸고 있는 돌덩어리)을 얻어서, 楚勵王(초려왕)에게 바쳤다. 초려왕은 玉匠人(옥장인 : 옥을 다듬는 사람)에게 돌을 감정하게 하였는데, 옥장인은 그냥 평범한 돌이라고 말했다. 그러자 초려왕은 변화가 자기를 속였다고 생각하고, 변화의 왼쪽 다리를 잘라버렸다.

후에 楚武王(초무왕)이 즉위하자, 변화는 다시 박을 가져다 초무왕에게 바쳤다. 초무왕도 역시 옥장인에게 감정을 시켰는데, 옥장인은 또 그냥 돌맹이일 뿐이라고 말했다. 초무왕도 변화가 자기를 속였다 하여, 변화의 오른쪽 다리를 잘라버렸다.

楚文王(초문왕)이 즉위하자, 변화는 璞(박)을 안고 산에 가서 대성통곡을 하였다. 사흘 밤낮을 울어서 눈물도 모두 마르고, 피눈물이 나기 시작했다. 초문왕이 이 소식을 듣고 기이하게 생각하여, 사람을 보내서 물어보았다.

"천하에 다리 두 개가 잘린 사람은 많은데, 너는 왜 이렇게 슬프게 우느냐?"

변화는 이렇게 대답했다.

"저는 다리 두 개가 잘린 것을 슬퍼해서 우는 것은 아닙니다. 저는 玉石(옥석)을 돌멩이라고 하여서 슬픈 것이고, 忠貞(충정) 있는 사람이 사기꾼으로 몰리는 것이 슬픈 것입니다."

초문왕은 다시 옥장인에게 명을 내려, 박을 쪼개 보도록 하였다. 과연 박 안에는 寶玉(보옥)이 있었다. 이로 인하여 이 옥을 변화의 이름을 따서, '和氏璧(화씨벽)'이라 하였다.

그런데 어떻게 이웃 趙(조)나라 惠文王(혜문왕)이 화씨벽을 얻게 되었는가? 초문왕 이래로, 화씨벽은 계속 초나라에 머물러 있었다. 楚威王(초위왕)의 시대에 이르러, 초위왕은 공이 많은 초나라의 재상인 昭陽(소양)에게 화씨벽을 상으로 내렸다. 소양이 한번은 크게 연회를 연 적이 있는데, 이때 화씨벽을 가지고 와서 사람들에게 보여준 적이 있었다. 그런데, 연회 중에 화씨벽이 쥐도 새도 모르게 사라져 버렸다.

소양은 張儀[1](장의)가 훔친 것으로 의심하였다. 왜냐하면 당시 초위왕이 장의를 받아주지 않아, 장의는 살길이 막막하여 당시 소양의 문하에 기탁하고 있었기 때문이다. 소양은 장의를 피부가 터지고 살이 뭉그러지도록 때렸으며, 몇 번 죽을 지경에 이르렀다. 장의는 결국 초나라를 떠나서 진나라로 돌아갔다. 후에 소양은 천금을 내걸고 이 화씨벽을 사겠다고 하였지만, 화씨벽을 훔친 사람은 끝내 나타나지 않았고, 소양은 결국 화씨벽을 찾지 못하였다.

50년이 지난 어느 날, 먼 곳에서 온 손님 하나가 趙(조)나라의 宦官(환관)인 영현의 집에 와서 하나의 玉璧(옥벽)을 팔았다. 영현은 이 옥벽이 흰색에 윤이 나고 하자가 없으며, 빛을 내뿜는 것을 보고는 오백 금을 주고 사들였다. 후에 영현은 옥장인에게 옥을 감정하라고 시키자, 옥장인은 깜짝 놀라면서 이것이 바로 화씨벽이라고 하였다. 영현은 매우 기뻐하며 이를 감추어 두었다. 그러나 이 일은 이미 사람을 통해 조나라 혜문왕에게 알려지게 되었고, 혜문왕은 영현에게 화씨벽을 내놓으라고 하였다. 그러나 영현은 화씨벽을 너무나 아껴 즉시 바치지 않고 머뭇거리고 있었다. 왕은 크게 노하여 사냥하러 가는 길에 갑자기 영현의 집안으로 들이닥쳐, 화씨벽을 수색해서 가지고 가버렸다.

이 사실을 눈치챈 것은 초강대국 秦(진)나라였다. 아니나 다를까, 진의 昭襄王(소양왕)은 15개 城(성)을 줄 테니, 화씨벽과 바꾸자는 제안을 趙(조)나라에 해왔다. 惠文王(혜문왕)은 고민에 빠졌다. 주자니 성을 주겠다는 약속을 어길 것은 뻔하고, 그렇다고 안 주자니 나라가 위태로울 것이 걱정이었다. 혜문왕은 大臣(대신)들에게 이 문제를 해결할 사신으로 누가 적당한지를 물으니, 藺相如(인상여)를 추천하기에 그를 불러 대책을 논의하였다.

이에 왕이 불러서 인상여에게 물어 가로되,

"진나라 왕이 15개의 성과 과인의 벽옥을 교환하자고 청해 왔다. 보내 주어야 할 것인가, 보내 주지 말아야 할 것인가?"

인상여가 가로되,

"진나라는 강하고, 조나라는 약합니다. 허락하지 않을 수 없을 것입니다."

왕이 말하였다.

"(진나라가) 나의 벽옥만 빼앗고, 성읍을 주지 않으면 어찌할 것인가?"

인상여가 가로되,

"진나라가 성읍을 준다는 조건으로 벽옥을 달라고 하는데 조나라가 벽옥을 주지 않았다면, 잘못은 조나라에 있습니다. 조나라가 벽옥을 주었는데도 진나라가 성읍을 주지 않는다면, 그 책임은 진나라에 있습니다. 이 두 가지 책략을 비교해 보면, 그 청을 들어주고 진나라에게 책임을 지우는 것이 나을 것으로 생각됩니다."

왕이 말했다.

"누구를 사신으로 보내면 좋겠는가?"

인상여가 가로되,

"왕께서 마땅히 보낼 만한 사람이 없다면, 臣(신)을 벽옥을 받들고 갈 사신으로 진나라에 보내주시기 바랍니다. 성읍이 조나라에 들어오게 되면 벽옥은 진나라에 두고 올 것이고, 성읍이 조나라에 들어오지 않는다면 신은 **벽옥을 완전하게 하여** 조나라로 돌아오겠습니다."

조왕은 이에 드디어 인상여로 하여금, 벽옥을 받들고 서쪽 진나라로 가게 하였다.

 原文 於是王召見(어시왕소견) 問藺相如曰(문인상여왈) 秦王以十五城請易寡人之璧(진왕이십오성청역과인지벽) 可予不(가여불) 相如曰(상여왈) 秦强而趙弱(진강이조약) 不可不許(불가불허) 王曰(왕왈) 取吾璧(취오벽) 不予我城(불여아성) 奈何(내하) 相如曰(상여왈) 秦以城求璧而趙不許曲在趙(진이성구벽이조불허곡재조) 趙予璧而秦不如趙城(조여벽이진불여조성) 曲在秦(곡재진) 均之二策(균지이책) 寧許以負秦曲(녕허이부진곡) 王曰(왕왈) 誰可使者(수가사자) 相如曰(상여왈) 王必無人(왕필무인) 臣願奉璧往使(신원봉벽왕사) 城入趙而璧留秦(성입조이벽류진) 城不入(성불입) 臣請完璧歸趙(신청완벽귀조) 趙王於是遂遺相如(조왕어시수유상여) 奉璧西入秦(봉벽서입진)

이리하여 인상여는 화씨벽을 가지고 진나라에 가게 되었다. 소양왕은 구슬을 보고 크게 기뻐하여, 좌우 신하들과 후궁의 미인들에게까지 돌려가며 구경을 시켰다. 인상여는 소양왕이 城(성)을 줄 생각이 없는 것을 눈치채자 곧 앞으로 나아가,

"사실 화씨벽에는 보통 사람의 눈에는 잘 보이지 않는 흠집이 하나 있습니다. 그것을 알려 드릴까 합니다."

라고 말해 일단 화씨벽을 돌려받아 손에 넣자마자, 궁전의 기둥에 기대어 섰는데, 어찌나 격분하였던지 곤두선 머리털이 冠(관)을 밀어 올릴 정도의 흥분한 어조로,

"약속을 지키지 않는다면, 이 구슬을 도로 가져가겠습니다. 만약 돌아가는 길을 막는다면, 저는 머리와 함께 구슬을 기둥에 부딪쳐 산산조각 내 버리겠습니다."

의리를 저버린 소양왕은 아무 말도 못했으며, 인상여는 수행원에 명하여 화씨벽을 가지고 몰래 조나라로 돌아가게 했다는 데서, '完璧(완벽)'이란 고사가 생겼다. 그로 인한 공로로 인상여는 벼슬이 上大夫(상대부)가 되고, 재상에까지 이르렀다.

---

1) **張儀**(장의, ? ~ B.C.309) : 춘추시대 위나라 출신으로, 連衡策(연횡책 : 진나라와 이웃 여섯 나라를 동서로 연합하려던 외교 정책)의 대가이다. 친구 蘇秦(소진)과 함께 鬼谷(귀곡) 선생에게서 수학하였다. 그는 진나라에 등용되기 전까지 갖은 수모를 겪다가, 마침내 진 혜문왕을 만나 정치 고문이 되었다. 얼마 지나지 않아 그는 재상으로 승진되었는데, 촉나라를 평정하고 위나라의 일부를 차지하는 공을 세웠다.

6년 뒤에 진나라와 짜고 위나라의 재상이 되었는데, 위나라로 하여 진을 섬기게 하려 했으나 말을 듣지 아니하자, 진에게 연락해 위나라가 크게 지도록 만들었다. 이듬해 제나라가 위나라를 공격하고, 마침내 진나라가 위나라를 공격할 목적으로 먼저 한나라를 쳐, 8만 명을 몰살시켰다. 이에 장의는 위나라 왕을 설득하여, 소진이 이룩해 낸 合從策(합종책 : 여섯 나라가 동맹하여 진나라에 대항해야 한다는 정책)의 약속을 깨고 진나라와 화친했으며, 장의는 다시 진으로 돌아가 재상이 되었다. 3년 뒤 위는 진을 배반하고 합종에 다시 가담했으나, 진이 공격하자 다시 화친했다.

장의는 강대국 초나라로 달려가 초를 망국의 위기에 몰아넣고, 다시 한나라로 가 그 왕을 협박하여, 한 역시 진을 섬기도록 했다. 진나라로 돌아간 그는 혜문왕으로부터 武信君(무신군)이라는 칭호를 받고, 다시 제나라로 갔다. 제나라 왕 또한 장의의 설득을 듣고 진을 섬기게 되었으며, 조나라로 간 장의는 또한 왕을 설득하는 데 성공했다. 뿐만 아니라 그는 연까지 설득하여, 진나라와의 연횡책을 완성시켰다.

그러나 그는 진나라로 돌아갔으나, 왕이 혜문왕의 아들 무왕으로 바뀌어 있었다. 진 무왕은 어릴 적부터 장의를 싫어하였을 뿐더러, 이를 눈치챈 신하들은 장의를 비방하기 시작했다. 장의와 왕의 관계가 예전만 못하다는 소문이 퍼져, 다시 모든 나라는 연횡책을 버리고 다시 합종책을 택하였다. 이후 장의는 자원해서 위나라로 간 뒤, 1년 동안 재상으로 있다가 죽었다.

※ **和氏璧**(화씨벽) **後記**(후기)

趙(조)나라의 藺相如(인상여)가 진나라의 성 15개와 바꾸기 위해 화씨벽을 들고 갔다가, 秦(진)의 소양왕이 화씨벽만 취하고 성을 내어 줄 생각이 없다는 것을 알고, 목숨을 걸고 소양왕을 속여 화씨벽을 보전함으로써, '完璧(완벽)'이라는 단어의 어원이 되었다는 것을 위에서 살펴보았다.

그 일이 있고 나서 얼마 후에, 중국은 秦(진)나라의 진시황에 의해 통일되어 조나라의 소유였던 화씨벽도 진나라의 소유가 되었다. 진시황이 공인에게 명하여 화씨벽을 갈아 옥새를 만들라고 하자, 李斯(이사)가 "受命天下 旣壽永昌(수명천하 기수영창 : 하늘에서 명을 받았으니, 오래 살고 영원토록 번창하리라)"이라는 篆字體(전자체)의 여덟 자를 새겨 넣었다.

〈화씨벽에 새겨 넣은 永昌(영창)이라는 단어는 약 1800년 후에 조선의 선조가 그의 어린 아들에게 사용함으로 해서, 광해군의 비극을 잉태하게 하여 인조반정의 구실을 제공하고, 결국은 조선을 병자호란이라는 재앙의

원인이 되기도 한다.〉

　이 후로 화씨벽은 황제의 명을 상징하는 傳國(전국)의 옥쇄로 사용되게 되었다. 진시황 28년, 즉 기원전 219년은 진시황이 중국을 통일한 지 3년이 되는 해다. 진시황이 巡狩(순수 : 임금이 나라 안을 돌아다니며 살피던 일. 순행)를 나갔다가 동정호를 배로 건너게 되었다. 도중에 갑자기 풍랑이 크게 일어 진시황이 타고 있던 배가 전복하려고 했다. 이에 진시황이 명하여 화씨벽으로 만든 옥쇄를 호수 속으로 던져 넣자, 파도가 이내 잠잠해졌다.

　진시황 36년 기원전 211년에 시황이 다시 巡狩(순수)를 나가 그 일행이 華陰(화음)에 이르렀을 때, 어떤 사람이 시황의 행렬을 가로막으며 시황의 수행원들에게, "이것을 조룡에게 다시 돌려주기 위해 기다리고 있던 중이다."라고 말한 다음 어디론가 사라져 버렸다. 그래서 그 옥쇄는 다시 진나라 궁중으로 돌아오게 되었다. 다음 해에 진시황이 죽고, 이어서 2세 황제의 뒤를 이은 子嬰(자영 : 진 3세 황제)이 항복하면서 한고조 유방에게 바쳤다.

　화씨벽으로 만든 옥쇄는 한나라 황제들에게 傳國(전국)의 寶器(보기)로 전해지다가, 서한 말기에 王莽(왕망)이 한나라 황족 劉(유)씨들을 대신하여 황제의 위에 찬탈할 때, 王導(왕도)와 蘇獻(소헌)이 옥쇄를 빼앗아 왕망에게 바치려고 하였다. 이에 분격한 효원황태후가 옥쇄를 두 사람을 향해 던져 그 모서리가 부서졌다. 후에 금을 녹여 부서진 모서리를 떼웠다. 후한을 일으킨 광무제 劉秀(유수)가 宜陽(의양) 땅에서 옥쇄를 얻어, 한나라를 다시 일으킬 수 있었다.

　무대가 삼국시대에 이르러, 화씨벽의 옥쇄는 후한 말 靈帝(영제. 재위 168 ~ 189) 때 일어난 '十常侍(십상시)의 亂(난)'으로 인하여 어디론가 사라졌다. 십상시의 난에 뒤이어 동탁이 정권을 잡고 전권을 휘두르자, 그를 토벌하기 위해 지방의 군벌들이 정벌군을 일으켰다. 동탁은 군벌들의 세력에 위협을 느끼고, 낙양을 버리고 외부의 적을 막는 데 유리한 지형을 갖고 있던 장안으로 황제와 함께 천도했다.

　토벌군의 선봉을 맡았던 孫堅(손견)이 낙양성의 궁궐로 진입했다가, 우물 안에서 옥새를 발견하였다. 옥쇄를 얻은 손견이 황제가 될 욕심으로 토벌군에서 이탈하여 자기의 본거지인 강동으로 돌아갔다. 후에 손견이 유표와 싸우다가 전사하자, 옥새는 그 아들 孫策(손책 : 손권의 형)에게 전해졌다. 부친의 원수를 갚기 위해 유표를 공격한 손책은 오히려 싸움에서 패했다. 이에 손책은 옥쇄를 원술에게 바치고, 군사를 얻어 강동에 오나라를 세웠다. 옥쇄를 얻은 원술은 황제를 참칭하다가 유비와의 싸움에서 지고 죽었다. 옥쇄는 그의 조카 袁胤(원윤)에게 전해졌으나, 원술의 부하로 여겨지는 徐璆(서구)라는 자가 원윤과 원술의 가족들을 모조리 죽이고, 옥쇄를 빼앗아 曹操(조조)에게 바쳤다. 조조가 그 공로로 서구를 고릉태수에 봉했다.

038 維新 유신

字解 維 : 발어사 **유**, 오직 유 [維歲次(유세차) : 해의 차례]
　　　新 : 새 **신**, 새로울 신 [新刊(신간) : 새로 책을 간행함]

語義 새롭다.
　　　(모든 것이 개혁되어 새롭게 됨)
　　　(낡은 제도를 새롭게 고침)

▶ 사회가 부패하니 維新(유신)이 필요하다.
▶ 10월 維新(유신)은 1972년 10월 17일에 박정희 대통령의 특별 선언으로, 維新(유신) 헌법이 공포되고 제4공화국이 등장한 일을 말한다.

【同音異議語】 儒臣(유신) : 유학에 조예가 깊은 신하.
　　　　　　有信(유신) : 신용이 있음.
　　　　　　遺臣(유신) : 왕조가 망한 뒤에 남아 있는 옛 신하.
　　　　　　諛臣(유신) : 아첨하는 신하.
　　　　　　有娠(유신) : 임신.

 **詩經**(시경) - 大雅(대아) 文王篇(문왕편)

『詩經(시경)』의 「大雅(대아 : 시경에서 큰 정치를 말한 정악의 노래)」는 「小雅(소아 : 시경에서 작은 정사에 관한 일을 노래한 정악)」와 함께 國風(국풍 : 시경 중에서 민요 부분을 통틀어 이르는 말)과는 달리 자연발생적이 아니고, 궁중 악사에 의해 만들어진 의식적이고 창작적인 성격을 띤 雅樂(아악 : 궁중에서 연주되던 전통 음악)의 가사다. 「소아」는 손님들이 모인 연회석에 쓰이는 아악으로 그 가사 안에는 성격상 민간의 것이 많이 포함되어 있지만, 「대아」는 會朝(회조 : 조정의 모임)에 쓰이던 아악으로 공식적인 성격을 띠어 장중한 맛이 있다.

「文王篇(문왕편)」은 文王[1](문왕)의 덕을 추모하고 찬양한 시로서, 전부 7장으로 되어 있는데, 維新(유신)이란 말이 들어 있는 첫 장을 소개하면 다음과 같다.

文王在上 於昭于天(문왕재상 어소우천)　문왕이 위에 계시니, 하늘에 빛나시도다.
周雖舊邦 其命維新(주수구방 기명유신)　주나라가 비록 옛 나라이나, 그 명이 **새롭다**.
有周不顯 帝命不時(유주불현 제명불시)　주나라가 빛나지 않으리오. 상제의 명이 때가 아니리오.
文王陟降 在帝左右(문왕척강 재제좌우)　문왕이 오르내리시며, 상제의 좌우에 계시도다.

부드럽게 풀이하면, 다음과 같다.

'문왕의 덕이 높고 또 높아 해처럼 온 하늘에 빛나고 있다. 주나라가 천년이나 전통을 지닌 오랜 제후의 나라였지만, 우리 문왕의 높고 높은 덕으로 말미암아, 하느님께서 통일천하의 새로운 사명을 내리셨다. 주나라가 어찌 찬란하게 일어나지 않을 수 있겠는가. 하느님의 명령이 어찌 때에 맞게 내리지 않을 리 있겠는가. 문왕의 혼령은 임의로 하늘과 땅을 오르내리시며, 늘 상제의 옆에 계신다.'

우리가 현재 쓰고 있는 '**維新**(유신)'이란 말 가운데는 '주나라가 비록 오랜 나라이나 그 명이 **새롭다**.'고 한, '革新(혁신)'의 뜻이 보다 강하게 들어 있다. 즉 국가적인 차원에서 그것도 근본적인 개혁을 뜻하는 것이다.

이 '**維新**(유신)'이란 말이 보다 먼저 쓰인 것은 『書經[2](서경)』 「夏書(하서) 胤征篇(윤정편)」에서였다. 이 글은 胤候(윤후)가 夏王(하왕)의 명령으로 羲和(희화)를 치러 갈 때의 선언으로, 희화를 치게 된 까닭을 설명하고 그곳 관리들과 백성들을 안심시키기 위해 만들어진 것이다. 목적은 괴수인 희화 한 사람을 제거함으로써, 무고한 백성이 화를 입지 않도록 하기 위한 것이었다. 그러므로 그의 위협에 못 이겨 본의 아닌 과오를 범한 사람은 일체 죄를 묻지 않는다고 선언한 다음, 오래 물들어 있는 더러운 습성을 모두가 함께 씻어내어 새롭게 하자고 당부했다. 즉 '다함께 **새롭게 하자**.'는 말을 '咸與**維新**(함여유신)'이라고 썼다.

또한 '유신'이란 말이 널리 알려지게 된 것은, 『大學(대학)』 「新民章(신민장)」에, '시에 말하기를, 주나라가 비록 옛 나라이나, 그 명은 **새롭다**[詩曰(시왈) 周雖舊邦(주수구방) 其命**維新**(기명유신)].'는 『시경』의 말이 인용되어 있기 때문이다.

---

1) 周 文王(주 문왕, B.C.1111 ~ ?) : 기원전 12세기 周(주)나라의 창건자인 武王(무왕)의 아버지로, 무왕이 주나라를 세울 수 있는 기반을 닦아 주었다. 성은 姬(희), 이름은 昌(창). 西伯(서백)은 그의 직위이다. 羑里(유리)라고 불리는 감옥에서 유교의 고전인 『周易(주역)』의 卦辭(괘사)를 지었으며, 복희 선천 八卦(팔괘)를 演易(연역)하여 문왕 후천 팔괘를 지었다. '演易(연역)'이란 '팔괘를 그 이치대로 풀어내는 일'을 일컬으며, 『주역』은 연역에서 비롯하였다.

2) 書經(서경) : 중국 儒家(유가) 五經(오경 : 『시경』·『서경』·『주역』·『예기』·『춘추』) 가운데 하나로, 중국에서 가장 오래된 역사서이다. 중국 고대의 政事(정사)에 관한 문서를 孔子(공자)가 편찬하였다고 전한다.

039 積善 적선

字解 積 : 쌓을 **적** [積善(적선) : 착한 일을 많이 쌓음]
　　　　善 : 착할 **선** [善良(선량) : 착하고 어짊]
　　　　　　좋을 선, 훌륭할 선 [善策(선책) : 좋은 대책이나 계책]
　　　　　　친할 선, 사이좋을 선 [親善(친선) : 친하고 사이가 좋음]
　　　　　　옳게 여길 선 [獨善(독선) : 자기 혼자만이 옳다고 여기는 것]

語義 선을 쌓는다.
　　　　(착한 일을 많이 함)
　　　　('구걸'에 응하는 행위를 미화하여 이르는 말)

 用例

▶ 사또께옵서는 오직 **積善**(적선)으로 백성들을 돌보고 계시옵니다요.
▶ 밥상 앞에 앉아 한 숟갈의 **積善**(적선)을 거절할 만큼 모질지는 못했다.

【同音異議語】 赤線(적선) : 붉은색으로 그은 선.
　　　　　　 賊船(적선) : 해적의 배.
　　　　　　 敵線(적선) : 적의 戰線(전선).
　　　　　　 敵船(적선) : 적이나 적국의 배.
　　　　　　 謫仙(적선) : ① 벌을 받아 인간세계로 쫓겨 내려온 신선.
　　　　　　　　　　　　② '아주 뛰어난 시인'을 비유적으로 이르는 말.
【相對語】　 積不善(적불선) : 착하지 아니한 행실을 쌓음.

 易經(역경) - 坤卦(곤괘) 文言傳(문언전)

善(선)을 쌓은 집안은 반드시 남은 경사가 있고, 不善(불선)을 쌓은 집안은 반드시 남은 재앙이 있으니, 신하가 군주를 시해하며 자식이 아비를 시해하는 것은 하루아침과 하룻저녁의 변고가 아니요, 그로 말미암아 온 것이 점진적으로 이루어진 것이니, 分辯(분변 : 같고 다름을 가림)하기를 일찍 분변하지 않음에서 말미암은 것이다. 『易(역)』에 이르기를 '서리를 밟으면 단단한 얼음이 이른다.' 하였으니, 이는 순차적임을 말한 것이다.

原文 積善之家(적선지가) 必有餘慶(필유여경) 積不善之家(적불선지가) 必有餘殃(필유여앙) 臣弒其君(신시기군) 子弒其父(자시기부) 非一朝一夕之故(비일조일석지고) 其所由來者漸矣(기소유래자점의) 由辨之不早辨也(유변지부조변야) 易曰履霜堅冰至(역왈리상견빙지) 蓋言順也(개언순야)

〈意譯〉 天下(천하)의 일은 쌓음으로 말미암아 이루어지지 않음이 없으니, 집안에서 쌓은 것이 善(선)이면 복과 경사가 자손에게 미치고, 쌓은 것이 不善(불선)이면 재앙이 후세에 흐른다. 그 큰 惡(악)으로 弒逆(시역 : 부모나 임금을 죽임)의 禍(화)에 이르더라도 모두 쌓고 쌓여 이루어지는 것이요, 아침저녁에 이루어지는 것이 아니다. 지혜가 밝은 자는 조짐을 자라게 해서는 안 되며, 작은 것이 쌓여 큰 것을 이룸을 알아서 일찍이 분변하여 순차적으로 자라지 못하게 한다. 그러므로 천하의 惡(악)이 갑자기 이루어지지 않는 것이니, 이에 서리를 밟으면 얼음이 이르는 경계를 안다. 서리가 얼음에 이르고 작은 惡(악)이 큰 惡(악)에 이름은 모두 事勢(사세)가 순차적으로 자라는 것이다.

〈착한 일이든 악한 일이든 오래 쌓은 뒤라야, 복을 받고 화를 입게 된다는 뜻이다. 나무를 심어 과일을 따듯이, 꾸준한 노력이 계속되지 않으면 그 성과를 볼 수 없는 것이다. 나무에서 과일을 따지만, 그 관리를 소홀히 한다고 해서 금방 나무가 죽어 없어지는 것은 아니다. 몇 해를 거듭 게을리하게 되면, 비로소 그 과일밭은 완전히 버리게 된다. 그러나 노력을 쌓아 좋은 결과를 얻기는 어렵고, 게으름으로 인하여 얻은 결과는 망치기가 쉽다. 福(복)과 禍(화)의 경우도 마찬가지다.〉

중국 漢(한)나라 劉向(유향, B.C.77 ~ B.C.6. 학자, 정치가. 『전국책』의 저자)이 편찬한 『說苑(설원)』이란 책에는, 不善(불선)을 惡(악)이란 글자로 바꾸어, '積惡之家 必有餘殃(적악지가 필유여앙)'이라고 했다. 또한 '積善之家 必有餘慶(적선지가 필유여경) 積不善之家 必有餘殃(적불선지가 필유여앙)'의 부분을 '積善有餘慶(적선유여경) 積惡有餘殃(적악유여앙)'이라고 줄여 썼으며, 여기에서 積(적)을 생략하여 '善有餘慶(선유여경)', '惡有餘殃(악유여앙)'이라고도 했다.

그리고 『史記(사기)』에는 "착한 일을 한 사람에게는 하늘이 복으로써 보답하고, 그릇된 일을 한 사람에게는 하늘이 화로써 보답한다[爲善者天報以福(위선자천보이복) 不善者天報以禍(불선자천보이화)]."라는 말이 있다. 또 『晏子(안자)』에도 "착한 일을 한 사람에게는 하늘이 복으로 보답하고, 그릇된 일을 한 사람에게는 하늘이 재앙으로 갚아준다.[爲善者天報之以福(위선자천보지이복) 爲非者天報之以殃(위비자천보지이앙)]"라는 말이 나온다.

이런 여러 例文(예문)들이 주는 교훈은, 선이든 악이든 그것의 보상이나 결과는 한 번이 아니라 거듭 행함으로써 나타난다는 것이다. 악행은 차치하고, 선행의 경우에도 한 번 실천하고 보답이 오지 않는다고 원망한다면, 어리석은 욕심이 될 뿐이다. 한 번의 선행이 그 사람의 인격의 모든 것을 대변하는 것은 아니다. 오히려 선을 쌓는 것 중에는, 남이 아는 그런 선보다는 남이 알지 못하는 陰德(음덕 : 드러나지 않게 베푸는 덕)과 같은 선을 쌓는 것이, 참복을 받게 된다는 것을 알아야 한다. 남이 몰라주는 노력과 봉사가 모두 음덕에 속하는 일이다.

040 折檻 절함

字解 折 : 꺾을 **절**, 부러뜨릴 **절** [折骨(절골) : 뼈가 부러짐]

일찍 죽을 절 [夭折(요절) : 젊어서 일찍 죽음]

꾸짖을 절 [面折(면절) : 눈앞에서 꾸짖음]

檻 : **난간 함**, 우리 함 [檻車(함거) : 수레 위에 판자나 난간 같은 것으로 둘러싸 맹수 또는 죄인을 호송하는 수레]

語義 난간을 부러뜨리다.

(신하가 임금에게 강경하게 충간함)

(진심에서 우러난 충고)

 用例

▶ '판관 포청천'이라는 史劇(사극)은 宋(송)나라 때의 실존 인물을 극화한 것으로 시청률이 높았다고 한다. 왕의 어명이라도 잘못되었다고 판단되면, 포청천은 **折檻**(절함)하여 맡은 바 임무를 충실히 수행해 나가는 모습이 시청자들에게 속 시원함을 보여 주었기 때문이다.

【類義語】切諫(절간) : 어른이나 임금에게 옳지 못하거나 잘못된 일을 고치도록 간절히 말함.

 **出典** 漢書(한서) - 朱雲傳(주운전)

중국 前漢(전한)의 제9대 孝成[1](효성) 황제 때는, 宦官(환관)과 外戚(외척)들이 득세하여 정치에까지 손을 뻗치게 되었다. 효성제 때의 외척은 王(왕)씨 일족으로 모두 입신출세하여 정치를 隴斷(농단 : 이익이나 권리를 독차지하여 마음대로 함)하고 있었다. 이런 꼴을 보다 못해 분개한 것은, 南昌(남창) 지방의 장관인 梅福(매복)으로, 그는 기골이 장대한 사나이로서, 임금에게 상소를 올렸다.

"이제 외척의 권력이 날로 심해 漢室(한실 : 한나라 왕실)의 威光(위광 : 범하기 어려운 위엄과 권위)은 땅에 떨어지고 말았습니다. 선대 이래의 충신 石顯(석현)을 추방시킨 이후, 日蝕(일식)과 지진이 많고 水害(수해)에 이르러서는 그 예를 이루 헤아릴 수조차 없습니다. 저 천하가 어지러웠던 춘추시대에도 볼 수 없을 정도의 天變地異(천변지이)가 일어나고 있는 것은 정치가 제대로 행해지고 있지 않은 증거입니다."

그럼에도 불구하고 황제는 반성하는 빛이 없고, 忠臣(충신)의 諫言(간언)을 받아들이지 않았을 뿐만 아니라, 황제의 스승으로 있는 엉터리 학자 張禹(장우)까지 정치에 참여시키는 등 정말 보기에 딱한 몰골이 되어 가고 있었다. 지금까지 말이 없던 관리나 백성들도 마침내는 비난하는 소리가 빗발치고, 외척 王(왕)씨의 專橫(전횡 : 권세를 혼자 쥐고 제 마음대로 함)을 분개하는 상소가 쇄도했다.

이렇게 되자 효성제도 다소 당황하여, 스승인 장우를 몰래 찾아가 대책을 下問(하문)했다. 그러나 장우 선생은 이름은 널리 알려졌으나, 그의 재주는 보잘것없는 사이비 학자로, 왕씨 일족의 원한이라도 사면 어쩔까 하는 걱정에서,

"황공하오나 천지이변의 뜻은 深遠(심원)해서 도저히 미루어 알 수가 없습니다. 그러므로 성인 공자도 이런 점에 대해서는 그런 언급을 하지 않았으며, 性(성)과 天道(천도)에 대해서는 愛弟子(애제자)인 子貢(자공)도 배우지 못했을 정도입니다. 그것은 학문도 모르는 소인배들이 이러니저러니 하고 사람을 眩惑(현혹)시키는 것으로 정말 옳지 못합니다. 그런 자들이 하는 말을 가지고 심려하실 필요는 조금도 없습니다."

하고 그럴듯하게 대답했다. 迷惑(미혹)한 효성제 역시 지당한 말이라 여기고, 한층 더 왕씨 일족과 장우를 신임했다.

이런 상황을 悲嘆(비탄)하고 있던 지방장관인 槐里(괴리)의 지사 朱雲(주운)이 보다 못하여, 감히 황제 앞에 나가서 혁신적인 인사 刷新(쇄신)으로 정치를 바로잡아야 한다고 강력히 의견을 제출하여, 황제를 깨우치려 했다.

"원컨대 폐하께서 秘藏(비장)하고 계신 '참마의 검[斬馬之劍(참마지검)]'을 받아, 惡人(악인)들의 목을 쳐 다른 자의 본보기로 하겠습니다. 부디 허락해 주시기를 바랍니다."

"그게 대체 누구인가?"

"장우이옵니다."

효성제는 이런 諫言(간언)을 받아들이기는커녕 크게 怒(노)하여, 시종들로 하여금 주운을 당장 끌어내라고 명령했다.

"닥쳐라. 무례한 놈! 천한 신분으로 짐의 스승을 滿座(만좌) 중에서 모욕을 하다니 절대로 용서할 수 없다. 이놈을 끌어내 목을 쳐라!"

주운은 시종들에게 끌려 나가면서도 간언하기를 서슴지 않았다. 필사적으로 난간에 매달리며 외쳤다.

"臣(신)의 이 몸은 어찌 되든 상관이 없습니다. 오지 폐하의 聖代(성대)가 걱정이 될 뿐이옵니다."

그런 朱雲(주운)을 한사코 밀어내려고 하다가, 그만 **折檻**(절함 : **난간을 부러뜨림**)되면서 주운이 땅바닥에 떨어졌다. 그래도 그는 황제에게 간언을 멈추지 않았다. 피눈물을 흘리면서 목이 메도록 호소했다. 이 일을 '折檻諫言(절함간언)'이라 하며, 여기에서 '折檻(절함)'이라는 말이 생겼다.

이런 모습을 옆에서 지켜보던 辛慶忌(신경기)라는 장군이 주운의 태도에 감동되어, 울분을 참지 못하고 뛰어나와 땅에 머리를 찧자, 이마에서는 삽시간에 선혈이 줄줄 흘러내렸다. 신경기 장군은 효성제에게,

"폐하, 저런 충신을 죽인다는 것은 더욱 폐하의 德(덕)을 해치는 결과를 낳을 것입니다. 부디 洞燭(통촉)하시옵소서."

하며 諫(간)하였다. 사태가 이렇게 되자, 아둔하기 그지없던 효성제도 두 사람의 나라를 생각하는 진심에 감동되어,

"寡人(과인)이 잘못했노라. 자칫했으면 참된 忠臣(충신)을 죽일 뻔했구나. 풀어 주도록 해라."

하고 말하면서 내실로 들어갔다. 이렇게 해서 주운은 무사히 풀려날 수 있었다.

그 뒤 가신이 부러진 난간을 고치려고 하였으나 효성제는,

"아니다. 고치지 말라. 저것은 내게 直諫(직간 : 임금이나 웃어른에게 잘못된 일에 대하여 직접 말함)해 준 충신의 기념이다. 저걸 볼 때마다 주운을 생각하고 정치를 바로잡을 거울로 삼겠다."

그래서 효성제 在位(재위) 중에는 부러진 난간을 그대로 두었다고 한다. 그러나 그런 일쯤으로 왕씨 일족의 전횡이 그칠 리가 없었다. 나라는 갈수록 쇠해져, 효성제 死後(사후) 얼마 되지 않아, 외척인 逆臣(역신) 王莽[왕망, '新(신)'나라의 창시자. B.C.45 ~ A.D.25.]에게 제위를 빼앗기고, 8년에 前漢(전한)은 망하고 만다.

折檻(절함)이라는 성어는 이렇게 朱雲(주운)의 목숨을 건 용기 있는 諫言(간언)에서 유래하였다. 또한 절함과 같은 뜻으로 切諫(절간 : 간절히 엄중하게 하는 간언)이란 말도 쓰이고 있으며, 이것은 『史記(사기)』「主父偃傳(주부언전)」에 있다. '明主(명주)는 切諫(절간)을 미워하지 않는다.'라는 말에서 온 것이다. 잘못된 점에 대해서는 목숨을 걸고 황제에게 고하여 바로잡으려는 옛 충신들의 모습을 볼 수 있는 成語(성어)이다.

---

1) 孝成帝(효성제, B.C.51 ~ B.C.7) : 중국 前漢(전한)의 제9대 황제(재위 B.C.33 ~ B.C.7). 이름은 劉驁(유오). 元帝(원제)의 아들이다. 사치스러운 생활을 했으며, 술과 여자에 빠져 趙飛燕(조비연 : 본명은 조의주. 황제의 손바닥 위에서 춤을 추어 '나는 제비'라는 이름을 얻음)과 趙合德(조합덕 : 조비연의 친동생으로 피부가 매끄러운 미인)을 총애했다.

政事(정사)는 외척 王鳳(왕봉, ? ~ B.C.22)에게 전적으로 위임하여, 왕봉이 권력을 독차지했다. 지방 호족들은 많은 토지를 兼倂(겸병 : 둘 이상의 것을 하나로 합치어 가짐)하고, 소금·철 전매의 이익을 독점했다. 더욱이 효성제는 昌陵(창릉)을 짓기 위해 거액의 비용을 소모하여 국고를 탕진했다. 이에 따라 백성들은 塗炭(도탄)에 빠져 떠돌아다녔으며, 거리에는 굶어죽는 사람이 셀 수 없을 정도였다. 결국 농민반란이 자주 발생하여 前漢(전한)은 급속히 기울었다.

041 正鵠 정곡

字解 正 : 바를 정 [正道(정도) : 바른 도, 사람이 행하여야 할 바른 길]
　　　　　　정월 정 [正月(정월) : 일월, 한 해의 첫째 달]
　　　　鵠 : 고니 곡 [鴻鵠(홍곡) : 큰 기러기와 고니, '큰 인물'의 비유]
　　　　　　과녁 곡, 정곡 곡 [正鵠(정곡) : 과녁의 한가운데가 되는 점]

語義 바른 과녁.
　　　　(과녁의 한가운데 되는 점) / (정확한 목표) / (가장 중요한 요점. 핵심)

 用例

▶ 화살이 **正鵠**(정곡)에 꽂히다.
▶ 그는 자신이 異民族(이민족)이라는 사실을 그녀가 어떻게 생각하느냐가 걱정이 되어, **正鵠**(정곡)을 말하지 못하고 빙빙 우회해야만 하는 것이 서글펐다.

【同音異議語】 情曲(정곡) : 간곡한 정.
　　　　　　　精穀(정곡) : 깨끗하게 껍질을 벗긴 곡식.
【類義語】　　　鵠的(곡적) : 과녁의 중심점.

 出典　禮記(예기) – 射義篇(사의편)

'正鵠(정곡)'은 '정곡을 잃지 않는다[不失正鵠(불실정곡)].'라는 말에서 온 것으로, 이 말은 『禮記(예기)』「射義篇(사의편)」에 있는 孔子(공자)의 말이다.

"쏘아 정곡을 잃지 않는 것은, 오직 어진 사람일 것이다[發而不失正鵠者(발이부실정곡자) 其唯賢者乎(기유현자호)]."

正鵠(정곡)은 활을 쏠 때, '과녁의 중심점'을 가리켜 말하는 것으로, '정확한 목표' 또는 '이론의 핵심 같은 것'을 비유해서 말한다. 즉 '정곡을 찌른 이론'이라고 하면, '핵심점을 파헤친 이론'이란 뜻이 된다.
원래 정곡은 弓術(궁술 : 활 쏘는 기술)의 전문 용어로 『周禮[1]』(주례)「天官(천관) 司裘(사구)」에 따르면,

"과녁에 있어서 사방 열 자 되는 것을 侯(후)라 하고, 넉 자 되는 것을 鵠(곡)이라 하고, 두 자 되는 것을 正(정)이라 하고, 네 치 되는 것을 質(질)이라 한다."

고 했다. 즉 과녁의 크기에 따라 이름이 각각 달랐던 모양이다. 아마 기술이 향상되는 데 따라, 과녁의 크기를 차츰 줄여 갔던 것 같다. 그래서 아주 초보자의 '侯(후)'와 명사수의 '質(질)'은 예외로 하고, 두 자인 '正(정)'과 넉 자인 '鵠(곡)'이 과녁의 목표점으로 사용되었던 것이다.

다른 문헌의 설명으로는, 옛날에는 흙벽에다가 천을 대고 거기에 사냥감을 그려 넣어 과녁을 삼고 활 쏘는 연습을 하다가, 점차 흙벽을 쓰지 않고 과녁으로 베를 썼다. 베를 네모반듯하게 잘라서, 두 개의 나무 기둥에 아래와 위를 묶어 두 기둥을 땅 위에 세우면, 그것이 이동식 과녁이 되었다 한다. 이렇게 만들어진 과녁의 한 가운데에 네모난 가죽을 대었는데 이것을 '鵠(곡)'이라 하고, 가죽 대신에 베에 직접 그리거나 헝겊을 덧대기도 하였는데 이것을 '正(정)'이라 하였다고 한다.

따라서 정곡이란 정과 곡의 합성어로서 이동식 과녁의 중앙 부분을 뜻하는 말이다. 이 정곡을 '貫(관)' 또는 '的(적)'이라고 하고, 우리말로는 '알과녁'이라고도 하였다. 그래서 활을 쏠 때에 그곳을 맞추면 '貫中(관중)'이라고 하는 것이다. 그리고 제대로 문제의 답을 잘 알아맞힌 것을 '的中(적중)'하였다고도 한다.

또 『中庸(중용)』 14장에 나오는 孔子(공자)의 말에,
"활 쏘는 것은 군자의 태도와 같은 점이 있다. 正鵠(정곡)을 잃으면 자기 자신에게 돌이켜 구한다."
고 한 말이 있는데, 註解(주해)에 풀이하기를,
"베에다 그린 것이 '正(정)'이고, 가죽에다 그린 것이 '鵠(곡)'이다. 모두 '侯(후)'의 중심으로 활 쏘는 과녁이다."
라고 했다.
곧 '<u>正鵠</u>(정곡)'은 '<u>활을 쏘는 목표물로 과녁의 중심점</u>'이라고 풀이하면 좋을 것이다.

---

1) **周禮**(주례) : 儒家(유가)의 9경 · 12경 · 13경에 속하는 고대의 예법에 관한 3권의 책 가운데 하나. 『周官(주관)』이라고도 한다. 나머지 2권은 『儀禮(의례)』 · 『禮記(예기)』이다. 예부터 周公(주공, B.C.12세기)의 저술로 간주되어 왔으나, 현대 학자들은 이 책이 기원전 300년경에 무명의 이상주의자가 彙撰(휘찬 : 모아서 편집함)한 것이라고 추측한다. 수세기 동안 주례는 예기와 합쳐져 6경에 포함되었다.

주례는 유가 사상뿐만 아니라, 법가 사상의 영향도 받았다. 「天官(천관)」에서 통치 일반을, 「地官(지관)」에서 교육을, 「春官(춘관)」에서 사회적 · 종교적 제도를, 「夏官(하관)」에서 군사를, 「秋官(추관)」에서 법무를, 「冬官(동관)」에서 인구 · 영토 · 농업을 다루었다. 12세기에는 오래전에 유실된 『樂經(악경)』 대신 6경에 포함되면서 특별한 평가를 받았다.

『주례』가 한국에 전래된 정확한 시기는 알 수 없으나, 이미 삼국시대에 그 영향을 받은 것으로 보이는 제도를 확인할 수 있다. 이후 『주례』는 고려시대에 주요 유교경전의 하나로서 국가 교육기관의 공식 과목으로 채택되어, 1109년(예종 4년)에는 國子監(국자감)에 설치된 七齋(7재) 중의 하나인 求仁齋(구인재)에서 專講(전강)되었다.

042 庭訓 정훈

字解 庭 : 뜰 정 [庭園(정원) : 집안의 뜰과 꽃밭]
집안 정 [家庭(가정) : 가족이 생활하는, 사회의 가장 작은 집단]
訓 : 가르칠 훈 [訓戒(훈계) : 가르치고 타일러 경계함]
새김 훈, 훈 훈 [訓詁(훈고) : 경서의 고증·해명·주석 등의 말]

語義 뜰에서의 가르침.
(가정의 교훈. 가정의 가르침)

 用例

▶ 장병들의 정신 전력 강화를 위해, **庭訓**(정훈)교육 담당 장교들을 교육시키는 기관이 설립된다.

【同音異議語】 正訓(정훈) : 올바른 가르침.
政訓(정훈) : 군인들을 대상으로 한 교양, 이념 및 군사 선전, 대외 보도 따위에 관한 일을 통틀어 이르는 말.
【類義語】 家敎(가교) : 가훈.
過庭之訓(과정지훈) : 아버지가 자식에게 사람의 도리를 가르침.
趨庭(추정) : 자식이 부모의 가르침을 받음.

 **出典** 論語(논어) - 季氏篇(계씨편)

'위대한 스승인 孔子(공자)는 자기 아들 伯魚[1](백어)에게 어떠한 교육을 하고 있었을까? 성인이며 군자로서 道(도)를 역설해 온 공자일지라도, 자기 아들에 대해서만은 일반 제자와는 달리 구별하여 특별한 교육을 시키지는 않을까?' 하고 생각한 陳亢[2](진항)이라는 공자의 제자가 있었다.

어느 날, 진항은 빠른 걸음으로 뜰을 지나가는, 공자의 아들인 백어에게 물었다.
"당신은 아버님으로부터 뭔가 특별한 가르침을 받은 일이 있습니까? 또는 아버님에게서 다른 말씀이라도 들은 것이 있습니까?"
"아직 없습니다만, 아버지께서 혼자 서 계실 때, 제가 종종걸음으로 뜰을 지나가는 것을 보시더니, 저에게 '詩(시)를 배웠느냐?'라고 물으시기에, '아직 안 배웠습니다.'라고 대답했습니다. 그러자 '詩(시)를 배우지 않으면, 말을 할 수가 없느니라.'라고 하셨습니다. 그래서 저는 물러 나와 詩(시)를 공부했습니다.

다른 날, 역시 아버지께서 혼자 서 계실 때, 제가 종종걸음으로 뜰을 지나가는데, '禮(예)를 배웠느냐?' 하고 물으시기에, 저는 '아직 안 배웠습니다.'라고 대답하였습니다. 아버지께서 '禮(예)를 배우지 않으면, 남의 앞에 나설 수가 없느니라.'라고 하시기에, 저는 禮(예)를 공부하였습니다. 제가 아버지께 들은 것은 이 두 가지뿐이었습니다."

 原文 孔子嘗獨立(공자상독립) 鯉趨而過庭(이추이과정) 曰學詩乎(왈학시호) 對曰未也(대왈미야) 不學詩(불학시) 無以言(무이언) 鯉退而學詩(이퇴이학시) 他日(타일) 又獨立(우독립) 鯉趨而過庭(이추이과정) 曰學禮乎(왈학예호) 對曰未也(대왈미야) 不學禮(불학예) 無以立(무이립) 鯉退而學禮(이퇴이학례)

詩(시)와 禮(예)는 공자가 중시한 修學(수학)의 토대였지만, 그 시와 예에 대하여 자기 아들이라 할지라도, 뜰에서 만났을 때 이상으로 특별히 교육을 하지 않았다는 것을 알게 되었다. 陳亢(진항)은 이 말을 듣고 물러나와, 사람들을 보고 기뻐하며 다음과 같이 말했다.

"한 가지를 물었는데 세 가지를 알게 되었도다[問一得三(문일득삼)]. 詩(시)에 관한 것, 禮(예)에 관한 것, 그리고 군자는 자기의 아들을 멀리한다는 것을 깨달았도다."

옛날에는 아버지가 직접 자식을 가르치는 것을 피했다. 이른바 '易子而敎之(역자이교지 : 다른 사람의 자식은 내가 가르치고, 내 자식은 다른 사람에게 부탁하여 가르친다)'라는 것이다. 伯魚(백어)도 다른 곳에서 공부하고 있었음을 이로써 알 수 있다. 그러나 뜰을 지나가는 아들을 불러 세워놓고, 그에게 시를 배우라 하고, 예를 배우라 한 것은 간접적인 가르침을 내리고 있는 예다.

공자는 아들을 가르칠 때, 자식이라고 해서 특별히 많은 교육을 시키거나 偏愛(편애)하지 않고, 그저 뜰을 지나다 몇 마디 가르침을 주었는데, 이후로 이 가르침을 일러 '庭訓(정훈 : 뜰에서의 가르침)'이라고 한 것이다.

---

1) 伯魚(백어) : 공자의 아들. 성은 孔(공), 이름은 鯉(리). 공자가 열아홉 살에 송나라 사람 견관씨의 딸과 혼인하여 백어를 낳았다. 魯(노) 昭公(소공 : 노나라 왕)이 백어의 탄생을 축하하는 뜻으로, 공자의 부인에게 산후 조리를 잘하라고 잉어를 보내왔고, 이를 고맙게 여긴 공자는 아들 이름을 '잉어'의 뜻을 나타내는 '鯉(리)'로 지었다고 한다. 백어는 아버지 공자보다 먼저 죽었다.

2) 陳亢(진항) : 공자의 제자로, 陳(진)나라 사람이다. 자는 子禽(자금), 于元(우원)으로, 공자보다 40세 연하이며, 『논어』에 세 번 등장하는 인물이다. 호기심이 많아 늘 궁금하고 의심나는 것이 많아서, 子貢(자공 : 공자의 다른 제자)에게 자주 질문을 하는 장면이 나온다.

043 助長 조장

字解 助 : 도울 **조** [內助(내조) : 내부에서 도움. 특히 아내가 집안에서 남편을 돕는 경우를 가리킴.]

長 : 자랄 **장** [成長(성장) : 크게 자라남]
　　길 장 [長劍(장검) : 허리에 차게 만든 긴 칼]
　　어른 장 [家長(가장) : 한 집안을 다스리는 어른]
　　키 장, 길이 장 [身長(신장) : 사람의 키]

語義 성장을 돕는다. 도와서 자라게 한다.
(조급히 키우려다 오히려 망친다)

※ '助長(조장)'은 '拔苗助長(발묘조장)'의 준말로, 실제 생활 속에서 이 말은 다소 부정적인 개념으로 사용되고 있다. 곧 '부추기다, 선동하다'의 의미에 가깝게 쓰인다.

 用例

▶ 계층 간의 위화감이 **助長**(조장)되다.
▶ 산업 사회의 치열한 경쟁은 이기주의를 **助長**(조장)한다.
▶ 대한민국을 들썩였던 자살 **助長**(조장) 사이트가 또다시 재현되는 것이 아니냐는 지적과 함께, 자살 예방에 대한 범국가적 대책 마련이 요구된다.

【同音異議語】 組長(조장) : 어떤 조직체에서 조로 편성한 책임자나 우두머리.
　　　　　　弔狀(조장) : 애도의 뜻을 나타내기 위하여 달거나 끼는 표지나 완장.
　　　　　　條章(조장) : 條(조)나 章(장) 따위의 여러 조목으로 나눈 규정.
　　　　　　鳥葬(조장) : 시체를 들에 내다 놓아, 새가 파먹게 하는 원시적인 葬事(장사).
　　　　　　彫匠(조장) : 조각을 하는 사람, 조각가.
　　　　　　彫牆(조장) : 여러 가지 색채로 글자나 무늬를 넣고 쌓는 담.
　　　　　　朝獎(조장) : 조정에서 恩典(은전)을 내리어 장려함.

 **出典** 孟子(맹자) – 公孫丑上(공손추상) 浩然章(호연장)

孟子(맹자)가 제자인 공손추와 정치에 대한 이야기를 하다가, '浩然之氣[1](호연지기)'란 말이 나왔다. 맹자는 호연지기에 대해 설명하고 氣(기)를 기르는 방법을 일러 주었다.

"浩然之氣(호연지기)를 기르는 데 있어서, 첫째 유념해야 할 것은 그 行(행)하는 것이 모두 道義(도의)에 맞아야 한다. 氣(기)만을 목적으로 해서 길러서는 안 된다. 그렇다고 해서 養氣(양기 : 기를 기름)의 방법을 전혀 잊어버리는 것도 좋지 않다. 宋(송)나라의 어떤 사람처럼 너무 서둘러 무리하게 **助長**(조장)하려고 해서는 안 된다."

孟子(맹자)는 여기에서 재미있는 예를 들어 설명했다. 송나라의 어떤 농부가 모를 심었는데, 그 모가 좀처럼 잘 자라지 않았다. 어떻게 하면 빨리 자랄까 하고 궁리한 끝에 손으로 뻗게 해주기로 했다. 그래서 모를 하나씩 뽑아서 늘여 주었다. 그 많은 모를 하나하나 뽑아 늘이자니 얼마나 힘이 들었겠는가. 녹초가 된 농부는 집으로 돌아와 말했다.

"아, 피곤해. 모가 하도 작아서 잘 **자라도록 도와주고**[**助長**(조장)] 왔지."

그 아들이 놀라 논으로 뛰어 가봤더니, 모가 전부 말라 죽어 있었다.

"천하에 싹을 뽑아 올리는 일을 하지 않는 자는 적다. 유익함이 없다고 버리는 자는 김 매지 않는 자이다. 억지로 자라게 하는 자는 싹을 뽑아 올리는 자이다. 한갓 유익함이 없을 뿐만 아니라 해로운 것이다."

 原文 必有事焉而勿正(필유사언이물정) 心勿忘勿**助長**也(심물망물조장야) 無若宋人然(무약송인연) 宋人有閔其苗之不長而揠之者(송인유민기묘지부장이알지자) 芒芒然歸(망망연귀) 謂其人曰 今日病矣(위기인왈 금일병의) 予**助**苗**長**矣(여조묘장의) 其子趨而往視之(기자추이왕시지) 苗則槁矣(묘즉고의) 天下之不**助**苗**長**者寡矣(천하지부조묘장자과의) 以爲無益而舍之者(이위무익이사지자) 不耘苗者也(불운묘자야) **助**之**長**者 揠苗者也(조지장자 알묘자야) 非徒無益 而又害之(비도무익 이우해지)

결론적으로 '**助長**(조장)'은 '拔苗助長(발묘조장)'이란 말을 줄인 것이다. 글자 그대로 해석하면, '억지로 싹[苗(묘)]을 뽑아서[拔(발)] 성장[長(장)]을 도와준다[助(조)].'는 뜻이다. 군주가 백성들을 통치할 때, 자신의 생각을 너무 강조한 나머지 간섭과 규제만으로 이끌어 나가면, 결국엔 백성들의 마음이 떠나게 될 것이란 경고의 뜻으로 맹자가 공손추에게 한 이야기이다.

---

1) **浩然之氣**(호연지기) : 중국의 사상가 孟子(맹자)가 말한 인격의 이상적 기상으로, '거침없이 넓고 큰 기개'의 의미를 가진다. 인간 본성의 함양에 대한 맹자의 견해로, 지극히 크고 굳세며 곧은 마음으로 진취적 기상의 바탕이 된다. 이 말은 『孟子(맹자)』의 「公孫丑章(공손추장)」에 나오는 말로, 제자인 公孫丑(공손추)가 맹자의 장점을 묻는 물음에 맹자가,

"나는 말을 알며, 나는 나의 浩然之氣(호연지기)를 잘 기른다."

고 대답한 데서 유래한 유명한 성어다. 그러나 이 외에 '하늘과 땅 사이에 가득 찬 넓고 큰 精氣(정기)', '公明正大(공명정대)하여 조금도 부끄럼 없는 勇氣(용기)', '雜多(잡다)한 일에서 벗어난 자유로운 마음.' 등으로도 쓰인다.

044 左袒 좌단

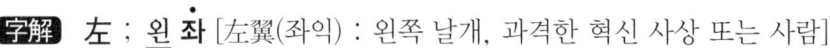

字解 左 : 왼 **좌** [左翼(좌익) : 왼쪽 날개. 과격한 혁신 사상 또는 사람]
　　　　그를 **좌** [左言(좌언) : 사리에 어긋나는 말]
　　　袒 : 웃통 벗을 **단** [袒肩(단견) : 한쪽 어깨를 내놓음. 한쪽 소매를 벗음]

語義 웃옷의 왼쪽 어깨(소매)를 벗는다.
　　　　(남에게 편들어 동의한다. 편을 가른다)

 用例

▶ 편조는 마지못해서 **左袒**(좌단)한 채로 왕에게 끌리어 편전으로 들어갔다.
▶ 우리나라 정치사에서 좌우의 대립 분쟁은 두고두고 눈살을 찌푸리게 한다. 혹자는 **左袒**(좌단), 右袒(우단)하면서 한나라 때에 나온 고사라는 둥, 혹자는 左翼(좌익), 右翼(우익)하면서 프랑스혁명 때에 연유한다는 둥, 말이 무성하지만 좌우에 대해서 구별은 둘지언정 차별해서는 안 된다.

 **出典** **史記**(사기) – 呂后本紀(여후본기)

　중국 漢高祖(한고조) 劉邦(유방, B.C. 256 ~ B.C.195)의 아들 惠帝(혜제, 전한의 제2대 황제. B.C.211 ~ B.C.188. 재위 B.C.195 ~ B.C.188)가 즉위한 지 7년 만에 23세의 나이로 죽자, 그의 어머니이며 한고조의 황후였던 呂后[1](여후)는 소리를 내어 울기는 했으나, 눈물 한 방울 흘리지 않았다.
　張良(장량, ? ~ B.C.189. 한나라의 건국 공신)의 아들인 張辟彊(장벽강)은 이때 열다섯 살 어린 나이로 시중이란 벼슬에 올라 측근을 모시고 있었다. 그는 좌승상인 陳平(진평, ? ~ B.C.178. 한나라의 정치가)을 보고,
　"呂后(여후)가 눈물을 흘리지 않는 이유를 아십니까?"
　하고 물었다.
　"글쎄 어째서일까?"
　"돌아가신 황제에게 長成(장성)한 아들이 없기 때문입니다. 승상과 고조의 옛 신하들이 실권을 잡게 될 것이므로, 불안한 생각에서 그런 것입니다."
　"좌승상께서 태후에게 친정 사람들로 近衛(근위)장군을 시키고, 궁중의 요직에 임명토록 권하십시오. 그러면 여후도 안심을 하고, 重臣(중신)들도 화를 면하게 될 것입니다."

　진평은 장벽강의 꾀에 따랐다. 여후는 몹시 기뻐했다. 그제야 눈물을 흘리며 통곡을 했다. 슬픔을

누르고 있던 불안이 가시자, 눈물이 쏟아져 나온 것이다. 그 뒤로 모든 정치와 명령은 여후 한 사람에 의해 나오게 되었다.

여후는 다시 친정 식구 呂(여)씨들을 제후에 封(봉)하려 했다. 우승상 王陵(왕릉 : 전한의 무장으로 개국공신. 여태후와 갈등으로 후일 파면됨)은,

"劉氏(유씨)가 아니면 王(왕)에 봉할 수 없다."

며, 고조의 유지에 위배된다고 이를 반대했다. 그러나 진평과 周勃(주발, ? ~ B.C.169, 전한의 무장으로 개국공신)은 呂(여)씨가 제후가 되고, 封地(봉지 : 지방의 땅을 받아 다스리는 곳)를 받는 것에 찬성했다. 태후가 기뻐하며 조정을 나가자, 왕릉은 두 사람을 책망했다. 그러자 두 사람은,

"大義(대의)를 끝까지 주장하는 용기는 우리가 당신에 미칠 수 없지만, 나라를 편안히 하고 劉(유)씨의 천하를 지키는 데는 당신이 우리만 못할 거요."

하고 대답했다.

王陵(왕릉)은 곧 퇴직하고, 陳平(진평)이 우승상으로 승진했다. 그러나 진평은 정치에는 관심이 없어 매일 주색에만 빠져 있었다. 여후가 가장 두려워하고 있는 진평이 타락하게 된 것은 여후에게는 매우 다행한 일이었다. 한고조의 일족인 劉(유)씨의 제후들은 차례로 쫓겨나고 혹은 피살되거나 자살을 강요당했다. 그 뒷자리는 여씨들이 대신 들어가 앉았다.

그러나 여후는 집권 8년 만에 병으로 눕게 되었다. 다시 일어나지 못할 것을 짐작한 여후는 趙王(조왕) 呂祿(여록)과 呂王(여왕) 呂産(여산)을 상장군에 임명하여, 근위 북군과 남군을 각각 장악하게 한 다음 두 사람을 불러 유언을 남겼다.

"너희들이 제후가 된 것을 대신들은 못마땅해 하고 있다. 내가 죽으면 난을 일으키게 될 것이다. 너희들은 군대를 이끌고 궁중을 지키고 있어야 하며, 내 出喪(출상) 때에도 허술한 점이 없어야 한다."

劉邦(유방)의 황후인 呂太后(여태후)가 죽자[B.C.180], 이제까지 그녀의 위세에 눌려 숨도 제대로 못 쉬고 살았던 劉氏(유씨) 일족과 陳平(진평), 周勃(주발) 등 고조의 遺臣(유신)들은 上將軍(상장군)이 되어, 北軍(북군)을 장악한 조왕 여록, 南軍(남군)을 장악한 여왕 여산을 비롯한 외척 呂(여)씨 타도에 나섰다.

그간 주색에 빠진 양 가장했던 右丞相(우승상) 진평은 太尉(태위) 주발과 상의하여, 우선 呂祿(여록)으로부터 상장군의 印綬(인수 : 임금에게 받은 벼슬을 나타내는 관인의 끈)를 회수하기로 했다. 마침 어린 황제를 보필하는 酈寄(역기)가 여록과 친한 사이임을 안 진평은 그를 여록에게 보냈다. 역기는 여록을 찾아가 황제의 뜻이라 속이고, 상장군의 인수를 회수해 왔다.

그러자 주발은 즉시 북군의 병사들을 모아 놓고 이렇게 말했다.

"원래 漢室(한실)의 주인은 劉(유)씨이다. 그런데 무엄하게도 여씨가 유씨를 누르고 실권을 장악하고 있으니, 이는 한실의 불행이 아닐 수 없다. 이제, 나 상장군 주발은 천하를 바로잡으려고 한다. 여기서

'여씨에게 충성하려는 자는 오른쪽 소매를 벗고, 나와 함께 유씨에게 충성하려는 자는 **왼쪽 소매를 벗어라**[爲呂氏右袒 爲劉氏左袒(위여씨우단 위유씨좌단)].'"

그러자 全軍(전군)은 모두 左袒(좌단)하고, 유씨에게 충성할 것을 맹세했다. 병사들은 이때부터 일어나, 여씨 일족을 刺殺(척살 : 칼로 찔러 죽임)해 나갔다. 이 와중에서 樊噲(번쾌 : 전한의 무장으로 괴력의 소유자)의 아내였던 여수도 매를 맞아 죽었고, 그의 아들 번항까지 죽는 불상사가 벌어졌다.

이렇듯 여씨 일족에 대한 주변이 정리되자, 주발은 고조의 넷째 아들 劉恒(유항)을 맞아 寶位(보위)에 올렸다. 이가 文帝(문제, 제5대 황제. B.C.202 ~ B.C.157. 재위 B.C.180 ~ B.C.157)이다. 여기에 흥미로운 기록이 보인다. 유방은 죽기 전에 이런 말을 했었다.

"유씨를 편안케 할 자는 주발이다."

그 豫言(예언)은 맞아떨어졌다. 이리하여 천하는 다시 유방의 후예인 劉(유)씨에게로 돌아갔다.

위의 故事(고사)에서 '左袒(좌단)'이라는 成語(성어)가 나왔다. '왼쪽 소매를 벗는다.'는 말에서 '한 편에 동의한다'는 뜻이 되었다. 정치라는 것은 옛날이나 지금이나 편을 가르고, 이합집산하고, 자신들의 목적을 달성하고 정권을 잡기 위해서는 모든 것을 걸고 목숨까지도 바치는 것이 예사인 것이 똑같다.

---

1) **呂后**(여후) : 중국을 통치한 최초의 皇后(황후). 자는 娥姁(아후). 呂氏(여씨) 또는 呂太后(여태후)라고도 한다. 漢高祖(한고조) 劉邦(유방)의 황후이다. 한고조가 죽은 후, 어린 아들 惠帝(혜제. 재위 B.C.195 ~ B.C.188)가 제위에 오르자, 권력의 야망을 품은 그녀는 황족들을 무시하고, 외척을 주요 자리에 앉혀 자신의 위치를 강화했다. 혜제가 죽자, 그녀는 다른 아들[소제 유공, 제3대 황제. 재위 B.C.188 ~ B.C.184]을 제위에 앉혔다. 그러나 어린 황제가 자신의 독립을 주장하기 시작하자, 그를 감옥에 가두고 또 다른 아들[소제 유홍, 제4대 황제. B.C.184 ~ B.C. 180]을 황제로 임명했다.

그녀가 죽은 뒤, 외척을 위주로 했던 그녀의 정책은 고위 대신들의 연합 세력에 의해 무너졌고, 그녀에게 불만을 품었던 황족의 왕자들은 외척 여씨들을 몰살시켰다. 한고조의 직계 친족이 다시 권력을 장악하게 되었으며, 고조의 아들 중 가장 나이가 많은 文帝(문제)가 帝位(제위)를 계승했다.

여후는 한고조 유방의 사랑을 받았던 戚夫人(척부인, ? ~ B.C.195)과 태자의 자리를 넘보았던 척부인의 아들인 趙王(조왕) 劉如意(유여의, ? ~ B.C.196)를 그대로 놓아두지 않았다. 여후는 유여의에게 毒酒(독주)를 먹여 죽였다. 그 후 척부인의 손과 발을 자르고 눈을 뽑고 귀를 태우고 벙어리가 되는 약을 먹인 다음, '돼지우리'에 가두고 그녀를 '사람돼지'라 불렀다. 그래서 중국의 3대 악녀로 '殷(은)나라 달기', '唐(당)나라 측천무후'와 함께 '漢(한)나라 여태후'를 꼽는다. 하나를 더 추가할 때는 '淸(청)나라 서태후[2]'를 든다.

2) **西太后**(서태후, 1835 ~ 1908) : 중국 청(淸)나라 咸豊帝(함풍제, 제9대 황제. 재위 1850 ~ 1861)의 황후. 孝欽(효흠), 西皇后(서황후), 慈禧皇太后(자희황태후)라고도 한다. 同治帝(동치제, 제10대 황제. 재위 1861 ~ 1875)의

어머니이자 光緖帝(광서제, 제11대 황제. 재위 1875 ~ 1908)의 양어머니로서 청 제국을 거의 반세기 동안 지배했다. 보수파 부패 관료 일당을 기반으로 청을 철권 통치함으로써, 중국 역사상 강력한 여성 지배자로 꼽히고 있다. 그녀는 함풍제의 서열이 낮은 후궁이었는데, 1856년 황제의 유일한 아들 載淳(재순)을 낳았다. 황제가 죽자 당시 6세이던 재순은 同治帝(동치제)로 즉위했고, 國事(국사)는 8명의 원로로 구성된 섭정위원회가 주관하게 되었다.

그러나 그녀와 함풍제의 정실인 慈安皇太后[자안황태후 : 東太后(동태후)]가 교묘한 계략을 세워 결국 섭정을 넘겨받게 되었고, 전 황제의 동생으로서 議政王(의정왕)이 된 恭親王(공친왕)이 두 태후를 보좌했다. 이 같은 三人執政(3인집정) 아래 정부는 일시적으로 활기찬 정책을 폈다. 중국 남부를 황폐화시켰던 태평천국운동(1850 ~ 1864)과 북부 지방에서 발생한 '捻軍(염군)의 亂(난)'을 차례로 평정했다. 외국어 교육을 위한 학교를 설립했으며, 근대적인 세관을 설치했다. 서양식의 군수 공장을 세웠고, 외교 담당부서를 최초로 만들었다. 대내적으로도 정부의 부패를 종식시키고, 자질이 뛰어난 사람을 채용하기 위해 노력했다.

동치제가 성년이 된 이후인 1873년 攝政(섭정)은 끝났지만, 서태후는 계속해서 국사를 장악했다. 심지어는 그녀가 젊은 황제에게 무절제한 생활을 하도록 유도하여 황제의 서거를 앞당기게 했다는 소문마저 돌았다. 동치제가 죽자 서태후는 군대의 힘을 빌려 제위계승의 원칙을 무시하고, 3세밖에 되지 않은 조카를 양자로 삼아 제위를 넘겨주었다. 결국 두 태후는 계속해서 섭정을 했지만, 1881년 자안황태후가 갑자기 사망하자 서태후는 권력을 독점하게 되었다.

3년 후 그녀는 恭親王(공친왕 : 함풍제의 동생)을 제거하고, 그가 추진하던 개혁정책의 대부분을 폐기시켰다. 1889년 서태후는 명목상 자신의 권력을 정부에 넘겨주고 은퇴하여, 베이징[北京(북경)] 북서쪽에 재건한 호화로운 이허위안[頤和園(이화원)]에서 기거했다. 그러나 중국이 청일전쟁(1894 ~ 1895)에서 충격적인 패배를 당한 지 3년이 지난 1898년, 젊은 光緖帝(광서제)가 개혁주의자들의 영향으로 중국 정부를 쇄신·근대화하고 부패를 제거하기 위한 급진적인 계획을 추진하자, 수구파 관료들이 서태후 주위에 집결하여 군사력을 동원한 일격을 가했다. 새로운 개혁 정책은 원점으로 돌아갔으며, 황제는 자신의 궁전에 연금되었고 서태후가 다시 섭정을 시작했다.

대부분의 역사가들은 이 사건으로 인해서 중국이 평화롭게 변화할 수 있는 마지막 기회가 무산된 것으로 보고 있다. 그 이듬해 서태후는 反外勢的(반외세적) 성격의 義和團運動(의화단운동 : 청나라 말기 1899년 11월부터 1901년 9월까지 산둥 지방, 화베이 지역에서 의화단이 일으킨 외세 배척 운동)을 조장한 관료들을 지원했다. 1900년 의화단운동은 최고조에 달하여 수백 명의 외국인이 살해되었고, 베이징에 주재하던 외국공사관들이 포위되었다.

그러나 외국 연합군이 곧 베이징을 장악함에 따라 서태후는 베이징을 떠나 치욕스러운 강화 조건을 받아들일 수밖에 없었다. 광서제는 아직 정부에 참여할 수 없었지만, 1902년 베이징으로 돌아온 서태후는 1898년에 자신이 무산시켰던 개혁 정책을 실시하기 시작했다. 그녀가 죽기 전날 광서제의 죽음이 공표되었는데, 그녀의 명에 따라 毒殺(독살)된 것으로 추측되고 있다.

045 知音 지음

字解 知 : 알 지 [諒知(양지) : 살피어 앎]
　　　　　　깨달을 지 [知言(지언) : 깨달은 말, 도리에 맞는 말]
　　　　　　맡을 지, 다스릴 지 [知事(지사) : 일을 맡음, 일을 다스림, 관직 이름]
　　　音 : 소리 음 [轟音(굉음) : 요란하게 울리는 소리]
　　　　　　음 음 [音訓(음훈) : 음과 뜻]
　　　　　　소식 음 [音信(음신) : 소식, 편지]

語義 (거문고) 소리를 알다.
　　　　(마음까지 통할 수 있는 '절친한 친구')
　　　　(음악의 곡조를 잘 앎)
　　　　(새나 짐승의 소리를 가리어 알아들음)

用例

▶ 평생 동안에 한 명의 **知音**(지음)이라도 만들기란 결코 쉬운 일이 아니다.
▶ 新羅(신라) 말 당대 최고의 문장가이며, 唐(당)나라에 가서 벼슬을 하고 '討黃巢檄文(토황소격문)'을 지었던, 崔致遠(최치원)이 고국을 그리며 향수를 달래는 내용의 한시 '秋夜雨中[1](추야우중, 오언절구)' 속에 '**知音**(지음)'의 用例(용례)를 볼 수 있다.

【類義語】莫逆之友(막역지우) : 마음이 맞아 서로 거스르는 일이 없는 벗.
　　　　刎頸之友(문경지우) : 생사를 같이하여 목이 떨어져도 두려워하지 않을 만큼 친한 벗.
　　　　伯牙絶絃(백아절현) : 자기를 알아주는 절친한 벗.
　　　　知己之友(지기지우) : 자기를 가장 잘 알아주는 친한 벗.

 **出典** 列子(열자) - 湯問篇(탕문편)

　중국 春秋時代(춘추시대) 晉(진)의 大夫(대부)에 俞伯牙(유백아)라는 사람이 있었다. 그는 본디 楚(초)나라 사람으로 成連子(성연자)로부터 음악을 배웠다. 스승은 제자인 백아에게 수년 동안 음악의 기초를 배우게 했다. 그런 다음 泰山(태산)으로 그를 데리고 가서, 해와 달이 뜨고 지는 우주의 장관을 보여 주었다. 뿐만 아니라 蓬萊(봉래)의 해안으로 데리고 가서는, 거센 비바람과 휘몰아치는 도도한 파도를 보여 주면서 바다와 비바람 소리도 들려주었다. 백아는 스승의 이러한 지도로써, 비로소 대자연이

어울려 화합하는 聲調(성조 : 소리의 가락)와 신비하고 무궁한 조화된 자연의 음악을 터득한, 거문고의 達人(달인)이 되었다.

한번은 祖國(조국) 초나라에 사신으로 가게 되어, 오랜만에 고향을 찾았다. 때마침 秋夕(추석) 무렵이라, 그는 휘영청 밝은 달을 배경으로 구성지게 거문고를 뜯었다. 그때 몰래 그의 연주를 엿듣고 있는 사람이 있었다. 허름한 차림의 젊은 나무꾼이었다. 놀랍게도 그는 그 음악을 꿰뚫고 있었다. 백아는 깜짝 놀랐다. 백아가 높은 산에 오르는 장면을 생각하면서 거문고를 켜자, 그는 그 소리를 듣고 이렇게 말했다.

"정말 굉장합니다. 태산이 눈앞에 우뚝 솟아 있는 느낌입니다."

또 백아가 도도히 흐르는 강을 떠올리면서 거문고를 켜자, 그가 말했다.

"정말 대단합니다. 洋洋(양양)한 큰 강이 눈앞에 흐르고 있는 것 같습니다."

이처럼 나무꾼은 백아의 생각을 거문고 소리를 통해 척척 알아맞혔다. 어느 날 두 사람은 북쪽으로 여행을 떠났는데, 도중에 폭풍우를 만나 바위 그늘에 머물렀다. 백아는 자신의 우울한 기분을 거문고에 담았다. 한 곡 한 곡마다 그는 척척 그 기분을 알아맞혔다. 이에 백아가 거문고를 내려놓고 감탄했다.

"정말 대단하네. 그대의 가슴에 떠오르는 것은, 곧 내 마음 그대로일세. 그대 앞에서 거문고를 켜면, 도저히 내 기분을 숨길 수가 없네."

백아는 다시 무릎을 치면서 말했다.

"당신이야말로 진정 **소리를 아는**[知音(지음)] 사람이네."

그는 種子期(종자기)라는 사람이었다. 내년에 다시 만나자는 약속을 하고서, 두 사람은 의형제를 맺고 헤어졌다.

이듬해 伯牙(백아)가 種子期(종자기)의 집을 찾았을 때, 그는 이미 죽고 없었다. 종자기의 묘를 찾은 백아는 너무도 슬픈 나머지 최후의 한 곡을 뜯었다. 그리고는 거문고 줄을 끊고 산산조각을 냈다. 종자기 같은 知音(지음)이 없으니, 더 이상 거문고를 연주하고 싶은 생각이 없었기 때문이다. 여기에서 백아가 거문고 줄을 끊었다는 '伯牙絶絃(백아절현)'의 故事(고사)가 나왔다. 그리고 이때부터 '知音(지음)'은 마음까지 통할 수 있는 '절친한 친구'를 뜻하게 되었다.

---

1) 秋夜雨中(추야우중) 〈崔致遠[2](최치원) 지음〉 - 知音(지음)이 쓰인 예시 ①

秋風惟苦吟(추풍유고음)　가을 바람에 오직 괴롭게 읊조리나,
世路少**知音**(세로소지음)　세상에는 **나를 알아 줄 벗**이 적구나.
窓外三更雨(창외삼경우)　창 밖엔 삼경인데 비 저리 내리고,
燈前萬里心(등전만리심)　등불 앞 만 리를 향한 아득한 마음.

2) 崔致遠(최치원, 857 ~ ?) : 본관은 慶州(경주). 자는 孤雲(고운) · 海雲(해운). 857년 경주에서 출생했다. 868년 (경문왕 8년) 당나라 유학을 떠나, 12세의 나이로 당나라에 유학한 지 7년 만에 과거에 급제, 宣州(선주) 漂水縣尉(표수현위)가 되고, 承務郎(승무랑), 侍御史(시어사), 內供奉(내공봉)에 올라 紫金魚袋(자금어대)를 하사받았다. 874년 빈공과에 급제하였다. 양저우 지방으로 벼슬을 제수받았고, '황소의 난' 당시 이를 비난하는「討黃巢檄文(토황소격문)」을 지었다.

884년 음력 10월에 귀국했다. 885년 侍讀(시독) 겸 翰林學士(한림학사), 守兵部侍郎(수병부시랑) 知瑞書監(지서서감)이 되었으나, 문란한 국정을 통탄하고 外職(외직)을 자청, 太山(태산 : 지금의 전북 태인) 등지의 太守(태수)를 지냈다.

894년 진성여왕에게 時務(시무) 10여 條(조)를 상소해서 아찬이 되었다. 그러나 귀족들의 거센 반발로 인하여, 그 후 관직을 내놓고 亂世(난세)를 비관, 각지를 유랑하다가 가야산 해인사에서 여생을 마쳤다.

오늘날까지 전하는 저서로는 계원필경 · 사산비명 · 법장화상전이 있으며, 동문선에 실린 시문 몇 편과 후대의 寺跡記(사적기) 등에 그가 지은 글의 片鱗(편린)이 전한다. 고려시대에 들어와서 1020년(현종11) 內史令(내사령)에 추증되고, 聖廟[성모 : 孔子廟(공자묘)]에 從祀(종사)되었으며, 1023년 文昌侯(문창후)에 追封(추봉)되었다. 조선시대에 들어 태인 武成書院(무성서원), 경주 西嶽書院(서악서원), 함양 柏淵書院(백연서원), 영평 孤雲影堂(고운영당) 등에 제향되었다.

최치원은 부산 동백섬 일대의 경관에 반하여, 자신의 호 '海雲(해운)'을 따서 그 지역 지명을 海雲臺(해운대)라고 붙였다고 한다. 최치원이 직접 새겼다는 '海雲臺'는 석각도 동백섬 절벽 한 켠에 남아 있다. 이러한 이유로 최치원의 동상과 시비가 동백섬 언덕에 생겼으며, 최치원이 벼슬을 하며「討黃巢檄文(토황소격문)」을 지었던 양저우[揚州(양주)]시구는 해운대구와 자매결연을 맺게 되었다.

※ **謫仙吟**(적선음) 〈李詹(이첨) 지음〉 – 知音(지음)이 쓰인 예시 ②

太白飄然謫夜郎(태백표연적야랑)	이태백이 멀리 야랑으로 귀양 가니,
長安故人消息絶(장안고인소식절)	장안의 친구들 소식 끊어졌네.
梨園不奏淸平詞(이원불주청평사)	이원에서 아뢰는 청평사 들을 수 없어,
沈香百花香色歇(침향백화향색헐)	침향정의 온갖 꽃도 향내가 멎고,
知音獨有杜草堂(지음독유두초당)	**나를 알아주는 이**는 오직 두보 한 분,
夢中見之夢中別(몽중견지몽중별)	꿈에 만나 꿈에 작별하였지.
風吹羽翼天網恢(풍취우익천망회)	바람이 날개에 불고 하늘 그물 넓어서,
錦袍坐弄水底月(금포좌롱수저월)	비단 도포 입고 앉아 물 속의 달을 희롱하며,
醉中俯仰度春秋(취중부앙도춘추)	취한 가운데 봄 가을 보내니,
萱花柳絮白如雪(훤화유서백여설)	원추리꽃, 버들개지 눈처럼 희더니라.
濯纓才罷好歸來(탁영재파호귀래)	갓끈 씻기 끝나거든 좋이 돌아오소.
江湖風波不堪說(강호풍파불감설)	강호의 모진 풍파가 이루 말할 수 없으니.

046 掣肘 철주

字解 掣 : 당길 **철** [掣肘(철주) : 남의 팔꿈치를 당겨서 부자유하게 함]
　　　　　끌 체 [掣曳(체예) : 끌어 멈춤, 방해함]
　　　　肘 : 팔꿈치 **주** [肘腋(주액) : 팔꿈치와 겨드랑이. 아주 가까운 곳]

語義 팔꿈치를 잡아당긴다.
　　　　(남의 일에 훼방을 놓는다.)
　　　　(일을 맡겨 놓고 간섭하거나 제한하여 일을 제대로 못하게 하는 것.)
　　　※ '掣搖其肘(철요기주)'의 준말.

 用例

▶상관이 무슨 일을 시켜놓고 지나친 간섭으로 소신껏 일할 수 없는 경우가 많다. 이는 글을 쓰라고 해 놓고서 팔꿈치를 건드려, 글을 제대로 못 쓰게 방해하고 또 나무라기까지 하는 **掣肘**(철주)인 것이다.

▶일을 맡겼으면 소신껏 하도록 믿어야지, 자꾸 **掣肘**(철주)하면 어떻게 일을 하겠습니까?

【同音異議語】鐵柱(철주) : 쇠로 만든 기둥.
　　　　　　　鐵舟(철주) : 쇠로 만든 작은 배.
　　　　　　　鐵酒(철주) : 구연산암몬을 백포도주로 용해하여 여과시킨 황갈색의 맑은 술.

 **出典** **呂氏春秋**(여씨춘추) – 具備篇(구비편)

'掣肘(철주)'는 공자의 제자 宓子賤(복자천)의 고사에서 나온 말이다. 복자천은 공자보다 마흔 아홉 살이나 적은 제자였다. 공자는 그를 君子(군자)라고 칭찬한 일이 있다. 그가 魯(노, B.C.1042 ~ B.C.259)나라 哀公(애공, 제25대 왕. 재위 B.C.494 ~ B.C.468) 때, 亶父(단보)란 지방의 장관으로 부임한 일이 있었다. 일흔세 살로 돌아가신 공자가 살아 있을 때 일이었으니, 그의 나이에 대한 기록이 사실과 다름이 없다면, 많아도 스물 남짓밖에 안 되었을 때이다.

복자천은 赴任(부임)에 앞서, 임금이 간신들의 말에 의해 자기 하는 일에 간섭하게 될 것이 두려워 꾀를 썼다. 임금 가까이 있는 두 관원을 청해 함께 단보로 부임한 것이다. 그가 부임하자 고을 官員(관원)들이 모두 신임 장관에게 인사를 드리기 위해 모였다. 복자천은 많은 사람들의 인사를 받으며, 데리고 온 두 관원에게 그들의 이름을 기록하도록 시켰다. 그런데 그들이 정성들여 이름을 한창 적고 있노라면, 복자천은 이따금 옆에서 그들의 **팔을 잡아당겨 흔들었다**[宓子賤(복자천) 從彥時**掣搖其肘**(종언시철요기주)].

글씨가 제대로 될 리가 만무했다. 그러면 복자천은 글씨가 그게 뭐냐고 성을 내며 야단을 쳤다. 두 관원은 하도 속이 상해서 돌아가게 해달라고 사정을 했다. 그러자 복자천은,

"자네들은 글씨가 서툴러서 안 되겠네. 부디 앞으로 조심해서 잘 하게."

하고 즉시 돌아가게 했다. 두 관원은 朝廷(조정)으로 돌아와 임금에게,

"복장관 밑에서는 일을 할 수가 없어 돌아오고 말았습니다."

하고 보고를 드렸다. 그러자 임금이 물었다.

"어째서냐?"

"복장관은 저희들에게 기록을 하라고 시키고는, 옆에서 팔을 흔들어 글씨를 바로 쓸 수 없게 만듭니다. 그리고는 저희들 보고 글씨가 그게 뭐냐고 화를 내며 꾸중을 하는 통에, 보고 있던 아전들까지 모두 웃고 있었습니다. 저희들은 더 참을 수 없어 돌아온 것입니다."

임금 哀公(애공)은 그들의 말을 듣고 크게 한숨을 지으며 말했다.

"복자천은 그것으로 寡人(과인)의 부족함을 諫(간)하고 있는 것이다. 나는 지금까지 그가 하는 일에 필요 없는 간섭을 해온 것이리라. 너희들이 아니었던들 과인은 또 같은 실수를 하게 되었을 것이다."

哀公(애공)은 즉시 심복을 亶父(단보)로 보내 복자천에게 이렇게 전하게 했다.

"이제부터 단보는 과인의 것이 아니고 경의 것이다. 단보를 위한 일이면 무슨 일이든 과감히 행하라. 결과는 5년 뒤에 보고하면 된다."

이리하여 복자천은 자기 생각대로 단보를 다스릴 수 있었다. 단보의 백성들이 살기 좋게 되었다는 소문이 공자의 귀로 들려왔다. 3년 되던 해 공자는 巫馬期(무마기)란 제자를 단보로 보내 복자천의 정치가 어떤 것인가를 보고 오게 했다. 무마기는 평민 옷차림을 하고 단보로 들어갔다.

어느 날 밤 강변의 한 고기잡이가 그물에 걸린 고기를 도로 강물에 던지는 것을 본 그는,

"모처럼 애써 잡은 고기를 왜 도로 물에 넣소."

하고 물어보았다. 그러자 고기잡이는,

"어린고기는 잡지 말라는 복장관의 지시가 있기 때문이지요. 지금 물에 넣은 것은 어린 고기뿐입니다."

더 볼 것이 없다고 생각한 무마기는 그 길로 돌아와 공자에게 이렇게 보고했다.

"복자천의 덕은 단보의 구석구석까지 다 보급되어 있었습니다. 백성들은 아무도 보는 사람이 없는 어둠 속에서도, 마치 무서운 法令(법령)이 옆에 지켜보고 있는 것처럼 행동을 조심하고 있었습니다."

라고 했다.

『論語(논어)』「公冶長篇(공야장편)」에,

"君子(군자)로다. 이 사람이여, 노나라에 군자가 없었으면 이 사람이 어찌 이런 덕을 가질 수 있으리오."

하고 공자가 감탄한 것도 이 이야기를 들은 뒤의 일이다. 간섭하기 좋아하는 윗사람들은 다 같이 한 번 생각해 볼 일이다.

※ 身體(신체) 관련 한자어 및 사용 용례

- 肌(살 기)　　　　　銘肌鏤骨(명기누골) / 氷肌玉骨(빙기옥골) / 刻肌削骨(각기삭골)
- 肋(갈비 륵)　　　　鷄肋(계륵)
- 肝(간 간)　　　　　九曲肝腸(구곡간장) / 鼠肝蟲臂(서간충비) / 肝膽楚越(간담초월)
- 肚(배 두)　　　　　肚裏淚落(두리누락)
- 肘(팔꿈치 주)　　　掣肘(철주)
- 肛(항문 항)
- 肓(명치끝 황)　　　泉石膏肓(천석고황)
- 肩(어깨 견)　　　　肩摩轂擊(견마곡격) / 高肩弱脊(고견약척)
- 股(넓적다리 고)　　股掌之臣(고장지신) / 懸頭刺股(현두자고)
- 肱(팔뚝 굉)　　　　股肱之臣(고굉지신)
- 肪(비계 방)
- 肢(사지 지)　　　　四肢畸形(사지기형)
- 肫(광대뼈 순)
- 肺(허파 폐)　　　　如見心肺(여견심폐)
- 背(등 배)　　　　　背水之陣(배수지진)
- 胃(밥통 위)　　　　飮灰洗胃(음회세위)
- 胛(어깨뼈 갑)
- 胱(오줌통 광)　　　膀胱結石(방광결석)
- 胯(사타구니 과)
- 胴(큰창자 동)
- 脊(등성마루 척)　　語無倫脊(어무윤척)
- 脅(옆구리 협)　　　脅肩諂笑(협견첨소)
- 胸(가슴 흉)　　　　胸有成竹(흉유성죽)
- 脚(다리 각)　　　　兩脚書廚(양각서주)
- 脛(정강이 경)　　　蝨脛蟣肝(슬경기간)
- 脣(입술 순)　　　　脣亡齒寒(순망치한) / 脣齒之國(순치지국)
- 腑(장부 부)　　　　五臟六腑(오장육부)
- 腓(장딴지 비)
- 腎(콩팥 신)　　　　腎不全症(신부전증)

- 筋(힘줄 근)　　　　　　筋力運動(근력운동)
- 腋(겨드랑이 액)　　　　集腋成裘(집액성구)
- 腕(팔 완)　　　　　　　腕章(완장)
- 脾(지라 비)
- 腦(뇌 뇌)　　　　　　　肝腦塗地(간뇌도지)
- 腹(배 복)　　　　　　　腹心之疾(복심지질)
- 腰(허리 요)　　　　　　腰折腹痛(요절복통)
- 腠(살결 주)
- 腱(힘줄밑동 건)
- 腸(창자 장)　　　　　　腸肚相連(장두상연)
- 膂(등골뼈 려)
- 膀(오줌통 방)　　　　　膀胱結石(방광결석)
- 腿(넓적다리 퇴)　　　　大腿部(대퇴부)
- 膚(살갗 부)　　　　　　雪膚花容(설부화용) / 身體髮膚(신체발부)
- 膝(무릎 슬)　　　　　　膝痒搔背(슬양소등)
- 膕(오금 괵)
- 膛(가슴 당)
- 膣(음도 질)
- 膵(췌장 췌)
- 膽(쓸개 담)　　　　　　臥薪嘗膽(와신상담) / 肝膽相照(간담상조)
- 臀(볼기 둔)
- 臂(팔 비)　　　　　　　臂不外曲(비불외곡)
- 髓(골수 수)
- 臆(가슴 억)
- 臉(뺨 검)
- 膺(가슴 응)
- 臍(배꼽 제)　　　　　　臍下丹田(제하단전) / 噬臍莫及(서제막급)
- 臏(종지뼈 빈)
- 臟(오장 장)　　　　　　五臟六腑(오장육부)
- 掌(손바닥 장)　　　　　孤掌難鳴(고장난명)
- 心(심장 심)　　　　　　一心同體(일심동체) / 以心傳心(이심전심)
- 體(몸 체)　　　　　　　主客一體(주객일체)
- 眼(눈 안)　　　　　　　眼下無人(안하무인)
- 舌(혀 설)　　　　　　　舌芒於劍(설망어검)
- 足(발 족)　　　　　　　如斷手足(여단수족) / 安分知足(안분지족)
- 手(손 수)　　　　　　　自手成家(자수성가) / 赤手空拳(적수공권)
- 髓(뼛골 수)　　　　　　怨入骨髓(원입골수)

047 淸談 청담

字解 淸 ; 맑을 **청** [淸凉(청량) : 맑고 시원함]
깨끗할 청 [淸白吏(청백리) : 마음이 깨끗하고 결백한 관리]
끝맺을 청 [淸算(청산) : 계산하여 끝맺음]
談 ; 말씀 **담**, 이야기 담 [談判(담판) : 이야기하여 시비를 가리거나 사리를 판단함]

語義 맑은 말.
(명리를 달관한 맑고 고상한 이야기)
(남의 이야기를 높여 이르는 말)

 用例

▶ 술 한 순배를 돌리려면 별 재미없는 잔소리가 많다. **淸談**(청담)도 아니요, 醉談(취담)도 아니요, 구석 빈 客談(객담)으로 일삼는다.
▶ 당시 선비들은 노장사상을 숭상하여 속세를 버리고, 淸淨無爲(청정무위)의 空理空談(공리공담) 즉, **淸談**(청담)으로 소일했다.

【同音異議語】 晴曇(청담) : 일기의 맑음과 흐림.
　　　　　　　淸淡(청담) : ① 맛, 빛깔 등이 맑고 엷음.　② 마음이 깨끗하고 담백함.
　　　　　　　淸潭(청담) : 맑은 물.
　　　　　　　靑潭(청담) : 푸른 빛깔의 깊은 못.
【類義語】　　淸言(청언) : 맑은 말.

 **出典** 晉書(진서) - 郄超傳(극초전), **顔氏家訓**[1](안씨가훈)

　淸談(청담)은 중국 魏晉南北朝時代[2](위진남북조시대)에 유행한 淸淨無爲(청정무위 : 맑고 깨끗해서 어떠한 행위도 없음)의 空理公談(공리공담 : 아무 소용이 없는 헛된 말)을 말한다. 이 말이 나오게 된 것은, 중국이 한창 격동기에 접어들어 연일 전쟁과 살육으로 하루도 바람 잘 날이 없었던 이 시대에 형성된, 일군의 선비 집단인 竹林七賢[3](죽림칠현)과 밀접한 관련이 있다.

　위진남북조시대는 정치가 불안하고 사회가 혼란해서, 자칫하면 목숨을 잃는 亂世(난세)였다. 거기에다가 정치적 권력자와 그에 추종하는 세속적 관료들의 횡포도 극심했다. 자고 나면 왕조가 바뀌고, 그릴 때마다 肅淸(숙청)이 자행되던 시기에, 이런 현실에 염증을 느낀 뜻있는 사람들이 모였다. 그들은 세간의 이런 정황을 깨끗이 잊어버리고, 보다 고상하고 운치 있는 대화만 나누며 술에 취해 세상을 잊고자 노력하였다. 특히 그 가운데 일곱 사람이 당시에 크게 알려졌다.

그들은 山濤(산도)・阮籍(완적)・嵇康(혜강)・阮咸(완함)・劉伶(유영)・向秀(향수)・王戎(왕융) 7명이다. 이들이 '술을 마시면서 시를 짓고 노닐 때, 나누었던 이야기'를 일러 후세 사람들이 '**淸談**(청담)'이라고 한 것이다. 이들에게 있어서, 술은 그 무엇과도 바꿀 수 없는 친근한 벗이라 할 수 있다. 그래서 劉伶(유영)과 같은 사람은 술을 찬양하는 酒德頌(주덕송 : 술의 효용을 칭송하는 노래)이라는 글까지 남겼을 정도였다.

時俗(시속)의 득실에 빠져 그들을 비방하던 世俗之士(세속지사)를 한낱 **나나니벌과 배추벌레**[4]로 격하시킨 풍류와 호방함은, 가히 이들 竹林七賢(죽림칠현)들의 정신세계를 한마디로 대신한 것이라 하겠다.

---

1) **顔氏家訓**(안씨가훈) : 중국 北齊(북제, 550 ~ 577, 중국 남북조시대 한족화한 선비족 고씨에 의해 건국한 왕조) 사람으로 顔之推(안지추 : 남조의 양나라에서 태어난 문인・학자로 북제에서 벼슬살이를 함. 가족과 가정도덕의 확립을 중요시했으며, 유불의 조화를 주창함)가 지은 중국 역대 왕조와 명문대가에 대를 이어 전해진 최고의 훈육서이다. 가족생활을 중심으로 한 立身治家(입신치가)의 법을 기술하고, 世俗(세속)의 잘못된 점을 지적하는 등 자손들에 대한 訓戒(훈계)를 목적으로 하였다. 六朝史(육조사 : 오・동진・송・제・양・진의 역사) 연구에 귀중한 문헌이다. 총 7권 20편으로 되어 있다.

2) **魏晉南北朝時代**(위진남북조시대) : 중국 역사상 後漢(후한)이 멸망한 해로부터 隋(수)나라가 천하를 통일하기까지의 시대. 220년에서 589년까지로 삼국시대, 서진의 통일시대, 동진, 오호십육국시대, 남북조시대로 세분하기도 한다. 정치・경제・사회 분야는 혼란스러웠으나, 사상이나 문학을 비롯한 예술 분야는 눈부시게 발전하였다.

3) **竹林七賢**(죽림칠현) : 중국 魏晉(위진) 왕조 시절, 정치권력에는 등을 돌리고 죽림에 모여 거문고와 술을 즐기며, 淸談(청담)을 주고받고 세월을 보낸 일곱 명의 선비들이다. 개인주의적, 무정부주의적인 老莊思想(노장사상)이 그들의 근본 사상이었다. '언제나 죽림 아래 모여 거칠 것 없이 술을 마셔, 竹林七賢(죽림칠현)이라고 불렀다.'라고, 송나라 劉義慶(유의경)이 『世說新語(세설신어)』에 말하고 있다.

4) **나나니벌과 배추벌레** : '酒德頌(주덕송)'의 마지막 구절에 다음과 같은 내용이 나온다.
　　二豪侍側焉(이호시측언)　　따지러 온 두 호걸이 옆에 모신 듯 서 있어도
　　如蜾蠃之螟蛉(여과라지명령)　마치 나나니벌과 배추벌레 같도다.

048 逐鹿 축록

字解 逐 : <u>쫓을 축</u> [逐出(축출) : 쫓아 내보냄]
鹿 : <u>사슴 록</u> [鹿茸(녹용) : 사슴의 새로 돋은 연한 뿔. 보혈 강장제로 쓰임]

語義 사슴을 쫓다.
(제위나 정권 따위를 얻으려고 다투는 일)
※ '中原逐鹿(중원축록)'의 준말이며, '逐鹿中原(축록중원)'이라고도 한다.

▶이렇듯 너나없이 '**逐鹿**(축록) 황제릉!'을 외치며, 다투어 황제릉을 향해 달려간 이유는 무엇일까?
▶**逐鹿**者不顧兎(축록자불고토 : 사슴을 쫓는 자는 토끼를 돌아보지 않는다. 곧 큰일을 꿈꾸는 자는 작은 일은 돌보지 않는다.)

【類義語】 角逐(각축) : 서로 이기려고 다투며 덤벼들다.
中原逐鹿(중원축록) : ① 群雄(군웅)이 제왕의 지위를 얻으려고 다투는 일.
② 서로 경쟁하여 어떤 지위를 얻고자 하는 일.
中原場裡(중원장리) : 어떤 지위를 얻기 위해 서로 경쟁함.
群雄逐鹿(군웅축록) : 군웅들이 가시권에 들어온 사슴을 잡기 위해 서로 정신없이 줄달음 침.
【相對語】 失鹿(실록) : 사슴을 잃음. 제위나 정권을 잃음.

史記(사기) - 淮陰侯傳(회음후전)

중국 漢(한)나라 高祖(고조) 11년(B.C.195)에, 趙(조, B.C.403 ~ 228)나라의 재상이었던 <u>秦稀</u>[1](진희)가 代縣(대현 : 산서성)에서 반란을 일으켰다. 한고조 유방이 몸소 이를 토벌하러 나간 사이에, 일찍이 진희와 짜고 있던 韓信(한신, 한나라 무장. ? ~ B.C.196)이 서울에서 군사를 일으키려 했다. 그러나 일은 사전에 탄로가 나서, 한신은 도리어 呂后(여후 : 한고조의 황후)와 蕭何(소하 : 한고조의 참모)에 의해 長樂宮(장락궁 : 한나라 궁전)에서 목숨을 잃게 된다.

이윽고 고조는 진희를 쳐부수고 돌아왔으나, 한신의 죽음을 듣고는 감개가 무량했다. 자기에게 미칠 화가 없어진 것은 다행으로 생각되었지만, 동시에 지난날에 이룩한 한신의 功績(공적)을 잊을 수가 없

었던 것이다. 고조가 황후 呂后(여후)에게,

"한신이 마지막에 한 말이 무엇이냐?"

고 묻자, 여후는

"그는 蒯通(괴통)의 계략을 듣지 않은 것이 분하다고 말했습니다."

라고 대답하였다.

괴통은 齊(제)나라의 언변가로 한고조가 項羽(항우, B.C.232 ~ B.C.202, 초나라 왕)와 천하를 다툴 때, 齊王(제왕)이던 한신에게 독립할 것을 권한 사람이다.

"그렇겠다. 당장 그 괴통을 잡아들이라."

얼마 후, 괴통은 제나라에서 붙들려 고조 앞에 끌려 나왔다.

"너는 淮陰侯(회음후) 한신에게 반란을 일으키라고 권한 일이 있었지?"

"예, 확실히 그러했습니다. 그러나 그 못난이는 저의 책략을 쓰지 않았습니다. 그래서 그런 최후를 마치게 된 것이옵니다. 만일 그때 제가 시키는 대로 했더라면 陛下(폐하)라 할지라도 쉽게 그를 치지 못했을 것이옵니다."

괴통은 조금도 겁내는 기색 없이 당당히 말했다. 고조는 크게 화가 났다.

"저놈을 당장 끓는 물에 삶아 죽여라!"

무서운 형벌의 명령이 내려졌다. 그러자 괴통은 이렇게 항변했다.

"아니 그건 당치 않은 말씀입니다. 이런 것을 怨罪(원죄 : 원통한 죄)라 하옵니다. 저는 죄를 지은 일이 없습니다."

"무슨 소리! 너는 한신에게 謀反(모반 : 임금을 배반하여 군사를 일으킴)을 권하지 않았느냐? 이보다 큰 죄가 또 있을까?"

"아니올시다. 폐하, 제 말을 들으십시오. 秦(진)나라의 기강이 무너지고 천하가 어지러워지자, 각지에 영웅호걸들이 일어났습니다. 진나라가 **사슴[鹿**(녹) : 帝位(제위)]을 잃음으로 해서 천하는 모두 이것을 **쫓았던[逐**(축) : 정권을 얻으려 다툼] 것이오며, 그중 키 크고 발 빠른 傑物(걸물 : 뛰어난 사람, 곧 한고조 유방을 가리킴)이 이것을 잡았던 것이옵니다. 그 옛날 대악당인 '盜跖(도척 : 도둑의 대명사)의 개가 堯(요)임금을 보고 짖었다[跖之狗吠堯(척지구폐요)].'고 해서, 요임금이 악인이라 짖은 것은 아니옵니다. 개란 원래 주인이 아니면 짖는 법이온데, 당시 臣(신)은 오직 한신만 알고 폐하를 몰랐기 때문에 짖었던 것이옵니다. 천하가 어지러워지면, 이를 통일하여 제위에 앉으려는 호걸은 얼마든지 있습니다. 그런데 천하가 평정된 지금, 난세에 폐하와 마찬가지로 천하를 노렸다 해서 삶아 죽이려 하신다면, 이는 도리에 어긋나는 일이옵니다. 저에게는 죄가 없습니다. 洞燭(통촉)하시옵기를……."

빈틈없는 항변에 고조는 괴통을 용서하고, 놓아주지 않을 수 없었다.

'사슴을 쫓는다.'는 말의 본문은 '秦(진)이 사슴을 잃으매, 천하가 모두 이를 쫓는다.'로 되어 있다. 즉 帝位(제위)를 사슴에 비유한 것이다. 결국 '逐鹿(축록)'이란 '帝位(제위)나 政權(정권)을 얻으려 다투는 일'의 뜻으로 쓰인다.

고대 중국의 兵書(병서)인 『六韜³⁾(육도)』에도 다음과 같은 기록이 있다.

"사냥꾼은 몰이꾼과 함께 사냥을 한다. 혹 노루나 사슴 따위를 잡으면, 목을 따 피를 마시고 고기는 나눈다. 물론 차등을 두었다. 英雄豪傑(영웅호걸)이 천하를 다투는 것도 사냥과 같다. 힘을 합쳐 천하를 손에 넣고 나면, 고기를 나누듯 어김없이 論功行賞(논공행상)이 따른다. 그래서 중국 사람들은 천하를 다투는 것을 사슴 사냥에 비유하여, '逐鹿(축록 : 사슴쫓기)'이라고 했다. 原文(원문)은 取天下若逐野鹿(취천하약축야록 : 천하를 취하는 것은 마치 들의 사슴을 좇는 것과 같다)."이다.

---

1) 陳豨(진희, ? ~ B.C.196) : 중국 秦(진)나라 말기, 前漢(전한) 초의 인물이다. 전한 高祖(고조)의 개국공신이었으나, 한신·흉노와 연계한 반란으로 한나라의 북방을 뒤흔들었다. 진희는 5백 명을 거느리고 전한 고조 유방을 원년부터 따라 패상에서 侯(후)에 봉해졌고, 유격장군으로 대나라 땅을 평정했고, 燕王(연왕) 臧荼(장도, ? ~ B.C. 202)의 반란 진압에서 공이 있어 陽夏侯(양하후)에 봉해졌다.

한고조 7년(기원전 200년), 고조가 흉노를 막기 위해 흉노와의 접경지대에 배치한 한신이 모반을 일으키고 흉노에 투항했다. 고조는 한신을 공격하다 백등산 포위전에서 흉노의 포위를 뚫고 나온 후에, 진희를 조나라의 상국으로 삼아 조나라와 대나라 변경의 군대를 지휘하게 했다. 진희는 信陵君(신릉군)을 존경했었고, 많은 빈객을 모아 섬겼는데, 진희가 조나라를 들르자 이를 본 조나라 상국 周昌(주창)이 진희가 수상하다고 고조에게 말했다. 고조가 조사해 보니 과연 여러 가지 불법 사항이 진희와 관련되어 있었다. 진희는 이 때문에 두려움을 품었다. 고조 10년(기원전 197년), 고조의 아버지 태상황이 죽자 고조는 진희를 불러들였으나, 진희는 도리어 대나라와 조나라를 들어 반란을 일으켰으며, 결국 비참한 최후를 맞이했다.

2) 蒯通(괴통, ? ~ ?) : 원명은 蒯徹(괴철). 한나라 초기 모략가. 한나라 대원수 한신의 세객이다. 그 이름이 무제의 휘와 같다 하여 사마천이 『사기』에서 이름을 바꿔 쓴 뒤로는 괴통으로 더 많이 알려졌다. 범양 사람이다. 한신이 진희와 연계하여 모반하려다 고황후 여씨와 소하에게 걸려들어 죽으면서, "괴철의 계책을 쓰지 않아, 여자(여후)의 손에 죽게 되니 후회스럽다!"라고 하자 한고조는 괴통을 소환했으나, 괴통은 자기 주군을 위해서 말했을 뿐이라고 말하여 목숨을 건졌다. 이후, 曹參(조참)이 齊悼惠王(제도혜왕)의 재상이 되면서, 그 빈객으로 들어갔다.

3) 六韜(육도) : 중국의 병법서로, 武經七書(무경칠서 : 중국 병법의 대표적 고전으로 여겨지는 일곱 가지 병법서) 중의 하나이다. 『三略(삼략 : 황석공이 장량에게 전해준 태공망의 병서)』과 같이 병칭된다. 韜(도)는 검이나 활 등을 넣는 봉투의 의미이다. 「文韜(문도)」·「武韜(무도)」·「龍韜(용도)」·「虎韜(호도)」·「豹韜(표도)」·「犬韜(견도)」 등 6권 60편으로 완성되어, 모든 편목이 太公望(태공망) 姜尙(강상)이 주 문왕, 무왕에 병법을 전수하는 내용으로 구성되어 있다.

049 泰斗 태두

字解 泰 : 클 태 [泰山峻嶺(태산준령) : 큰 산과 험한 재]
　　　　　 편안할 태 [泰平(태평) : 몸이나 마음이 편안하고 평화로움]
　　　　　 산 이름 태 [泰山(태산) : 고유명사로 중국에 있는 산 이름]
　　　斗 : 말 두 [斗量(두량) : 한 말의 양식]
　　　　　 별 이름 두 [北斗七星(북두칠성) : 큰곰자리에서 가장 크게 보이는, 국자 모양으로 된 일곱 개의 별]

語義 태산과 북두칠성.
　　　　 (세상 사람들로부터 존경받는 사람)
　　　　 (학문이나 예술 방면에 손꼽을 만한 권위가 있는 사람)
　　　　 ※ '泰山北斗(태산북두)'의 준말.

 用例

▶ 서산 마애삼존불상, 팔공산 제2 석굴암, 문무대왕 水中陵(수중릉), 울주 반구대 암각화 유적 등을 발굴한 미술사학계 **泰斗**(태두) 황수영 박사가 별세했습니다.

[同音異議語] 太豆(태두) : 식용으로 이용하는 소의 콩팥을 달리 이르는 말.
[類義語]　　 山斗(산두) : 태산북두의 또 다른 준말로 존경받는 인물.
　　　　　　 德爲人表(덕위인표) : 덕망이 높아 사람들의 사표가 됨.
　　　　　　 萬夫之望(만부지망) : 모든 사람들이 우러러봄.
　　　　　　 百世之師(백세지사) : 후세에 사표가 되어 존경받을 만한 훌륭한 인물.

 唐書(당서) - 韓愈傳贊(한유전찬)

중국 唐(당)나라 때, 四大詩人(4대시인)의 한 사람이며, 唐宋八大家(당송팔대가) 중 굴지의 명문장가로 꼽혔던 韓愈[한유 : 자는 退之(퇴지), 호는 昌黎(창려)]는 768년에 지금의 허난성[河南省(하남성)]에서 태어났다. 그는 제9대 황제인 德宗(덕종, 779 ~ 805) 때, 25세의 나이로 進士(진사) 시험에 급제한 뒤 吏部尙書(이부상서)까지 되었다. 한유는 벼슬살이를 할 때에 궁중에서 일어나는 여러 가지 폐단을 상소하여 皇帝(황제)의 노여움을 사기도 하였는데, '論佛骨表(논불골표)'라 하여 '황제가 부처의 유골을 영접하여 궁중에 삼 일간이나 머물게 한 후, 여러 절에 보낸 일'에 대해 極諫(극간)한 글이 유명하다.

한유는 이 글에서 불교는 邪敎(사교 : 그릇된 교리로 사회에 해를 끼치는 종교)이므로 佛骨(불골) 같은 것은 水火(수화)에 던져버려야 한다고 통렬히 간하다가, 이 일로 潮州刺史(조주자사)로 左遷(좌천)되었다.

그 후 제12대 穆宗(목종) 때, 다시 부름을 받아 國子祭酒(국자제주)에 임명되었다가 兵部侍郎(병부시랑)에 이른다. 천성이 강직했던 한유는 여러 차례 좌천, 罷職(파직 : 관직에서 물러나게 함)당했다가 다시 등용되곤 했다. 만년에 吏部侍郎(이부시랑)을 역임한 뒤, 57세를 일기로 824년에 세상을 떠났다. 그가 죽은 뒤 조정에서는 禮部尙書(예부상서)를 贈(증)하고, 시호를 文(문)이라 하였다.

이처럼 순탄치 못했던 그의 벼슬살이와는 달리 韓愈(한유)는 '韓·柳(한·유)'로 불렸을 정도로, 친한 벗인 柳宗元(유종원 : 당나라의 문인, 당송팔대가)과 함께 古文復興(고문부흥) 운동을 제창하는 등 학문에 힘썼다. 그 결과 후학들로부터 존경의 대상이 되었는데, 그에 대해 『唐書(당서)』「韓愈專(한유전)」에는 이렇게 적혀 있다.

"唐(당)나라가 흥성한 이래 韓愈(한유)는 六經[1](육경)의 문장으로써, 여러 학자들의 스승이 되었다. 한유가 죽은 뒤, 그의 학문은 더욱 흥성했으며, 그래서 학자들은 한유를 '**태산과 북두칠성**'을 우러러보듯 존경했다.

 原文 愈以六經之文(유이육경지문) 爲諸儒倡(위제유창) 自愈沒(자유몰) 其言大行(기언대행) 學者仰之(학자앙지) 如泰山北斗云(여태산북두운)

'泰山(태산)'은 중국 오악 중의 하나인 산둥성[山東省(산동성)] 泰安縣(태안현) 북쪽에 있는 산으로서, 중국인들이 신성시 여기는 靈山(영산)이다. 옛날 중국 천자가 천하의 제후와 회동하던 곳이기도 했다. 흔히 큰 것을 비유할 때 '태산만 하다'고 말하므로 무척 높은 산으로 알고 있지만, 실제 높이는 1,450m로 백두산의 반절에 불과하다. '北斗(북두)'는 北斗七星(북두칠성)을 이른다. 북쪽 하늘의 큰곰자리에서 가장 뚜렷하게 보이는 국자 모양을 이룬 일곱 개의 별이다. 자리가 거의 변하지 않아서 方位(방위) 및 緯度(위도)의 길잡이로, 모든 별들의 중심이 된다.

원래 '泰斗(태두)'라는 말은 천자의 제사 의식에서 유래된 말이다. 옛날 중국에서는 새로운 왕조가 탄생하거나 태평성대를 누렸을 때는 그 감사함을 천지신명께 고하는 풍습이 있었다. 제사는 태산의 정상에서 북두칠성을 향해 올렸다. 북두칠성을 뭇 별의 중심으로 생각했기 때문이었다. 또 지신을 올리는 제사는 梁父山(양부산)에서 지냈는데, 반드시 태산을 향해 올렸다. 地神(지신)이 깃든 곳이라 여겼기 때문이다. 결론적으로 '**泰斗**(태두)'는 泰山(태산)과 北斗七星(북두칠성), 즉 '**泰山北斗**(태산북두)'의 준말로, 이때부터 '우러러보이는 중요한 존재'를 일렀으며, 훗날 '훌륭한 업적을 남긴 사람'에게 붙이는 존칭으로 그 뜻이 바뀌었다.

---

1) 六經(육경) : 『莊子(장자)』「天運(천운)편」에서 처음 언급되었는데, 중국 춘추시대의 여섯 가지 경서, 즉 『詩經(시경)』·『書經(서경)』·『禮記(예기)』·『易經(역경)』·『春秋(춘추)』에 『樂經(악경)』이 추가된다. 후세의 학자들은 『악경』이 秦(진)의 焚書(분서)로 망실되었다고도 하며, 혹은 유가에 본래 『악경』이 없었으며, 樂(악)은 곧 『시경』이나 『예경』 속에 포괄되는 것이라고도 한다. 고증에 보면 후자의 설이 비교적 타당하다.

050 推敲 퇴고

字解 推 : 밀 **퇴** [推敲(퇴고) : 밀거나 두드림]
　　　　옮길 추 [推移(추이) : 옮기어 이동해 가는 과정]
　　　　밀 추 [推進(추진) : 앞으로 밀고 나아감]
　　　　미루어 헤아릴 추 [推理(추리) : 이치를 미루어 헤아림]
　　　　천거할 추 [推薦(추천) : 알맞은 사람을 천거함]
　　　敲 : **두드릴 고** [敲門(고문) : 문을 두드려 사람을 찾음]

語義 밀거나 두드린다.
(시나 글의 자구를 여러 번 생각하여 고치는 일)

 用例

▶ 반드시 '**推敲**(퇴고)'를 원칙으로 하고, 현재는 2차 **推敲**(퇴고)까지 해서 '준완성작'을 만드는 것이 목표입니다.
▶ 대통령은 이날 오전 대통령실장을 비롯한 신임 참모진과 청계천을 산책한 뒤, 관저로 돌아와 전날까지 완성된 경축사 원고 초안을 꼼꼼히 검토하면서, **推敲**(퇴고)에 심혈을 기울인 것으로 전해졌다.

【類義語】 改稿(개고) : 원고를 고쳐 씀.
　　　　　 潤文(윤문) : 글을 매만져 곱게 함.
　　　　　 一字百鍊(일자백련) : 시문의 글자 하나하나를 여러 번 고쳐서 다듬는 일.

 **出典** 唐書(당서) - 賈島傳(가도전)

중국 唐(당)나라 시인이었던 賈島[1](가도)가 서울[長安(장안)]로 과거를 보러 갔을 때다. 어느 날 나귀를 타고 가는데, 문득 옛날에 있었던 일이 생각나며 다음과 같은 詩想(시상)이 떠올랐다. 제목은 '題李凝幽居(제이응유거 : 이응이 속세를 떠나 삶에 제함)'로 정했다.

閑居少隣竝(한거소린병)　　한가롭게 사노라니 사귄 이웃 드물고
草徑入荒遠(초경입황원)　　풀밭 지름길은 멀리 황원으로 들어가는데
鳥宿池邊樹(조숙지변수)　　새는 연못가 나무숲에 깃들고

僧推月下門(승퇴월하문)	스님은 달빛 아래 문을 **민다**.
過橋分野色(과교분야색)	다리를 지나니 들 풍경 분명하고
移石動雲根(이석동운근)	구름이 움직이니 돌도 따라 움직이는 듯.
暫去還來此(잠거환래차)	잠시 갔다가 다시 돌아오리니
幽期不負言(유기불부언)	은거의 약속 어기지 않으리라.

그런데 중간 구절의 '스님은 달빛 아래 문을 **민다**[僧推月下門(승퇴월하문).]'에 '**민다**'라고 하는 '推(퇴)'가 좋을지, '**두드린다**'고 하는 '鼓(고)'가 좋을지, 여기서 그만 고민에 빠졌다. 그래서 가도는 '推(퇴)'와 '鼓(고)'의 두 글자만 정신없이 되뇌며 생각에 잠겼다. 그는 시를 지을 때면 시간도 장소도 잊고, 눈에 보이는 것도 귀로 듣는 것도 없는 그런 상태에 빠지는 버릇이 있었다. 그런데 타고 가던 그의 나귀가 그만 高官(고관)의 행차 행렬과 마주쳤다. 당시 고관의 행차에는 반드시 길을 비켜야 하며, 혹 이를 방해하거나 막는 것은 큰 죄가 되었다.

그 고관은 唐代(당대)의 대문장가인 韓愈(한유)로서 당시 그의 벼슬은 京兆尹(경조윤 : 도읍을 다스리는 으뜸 벼슬. 오늘날 시장)이었다. 행차 길을 침범한 혐의로, 한유 앞에 끌려온 賈島(가도)는 먼저 길을 비키지 못한 까닭을 솔직히 말하고 사죄하자, 한유는 노여워하는 기색이 없이 잠시 생각하더니,

"'推(퇴)'보다 '鼓(고)'로 바꾸는 것이 낫겠구나."

하고 말했다.

그 후로 두 사람은 절친한 文友(문우)가 됐다는데, 한유가 '推(퇴)'보다 '鼓(고)'가 낫겠다고 한 의미는 아마 이러할 것이다. '推(민다)'라고 쓸 때에는, 바랑을 맨 스님이 날이 저물자 자신의 암자로 돌아와 스스럼없이 그저 문을 밀고 들어가면 될 뿐이니, 詩(시) 속에 그려지는 풍경의 역동성이 작아질 것이다. 그러나 '鼓(두드린다)'로 바꾸면, 스님은 늦은 밤 외딴 집이나 낯모르는 암자를 찾은 게 되어, 그 문을 두드리는 순간부터 공간 전체가 입체적으로 술렁이게 될 것인 바, 생동감이 있을 것이다.

이처럼, 詩(시)는 글자 한 자를 바뀌는 데에도 느낌과 맛이 싹 변하는 섬세한 글이다. 그 후로부터 '**推敲**(퇴고)'란 '**詩(시)를 짓거나 글을 쓸 때, 字句(자구)를 여러 번 생각하여 고치는 것**'을 이르는 말로서, 文士(문사)들에겐 필수 과정이 아닐 수 없게 되었다.

---

1) 賈島(가도, 779 ~ 843) : 중국 당나라 시인. 자는 浪仙(낭선). 范陽(범양) 사람이다. 집안이 가난하여 일찍이 출가하여 승려가 되었으며, 無本(무본)이라는 법명을 얻었다. 韓愈(한유)에게 詩才(시재)를 인정받은 그는 속세로 돌아와 과거에 응시했으나 번번이 실패했다. 창장현[長江縣(장강현)]의 主簿(주부)로 시작한 그의 관직 생활은 결국 푸저우[普州(보주)]의 司倉參軍(사창참군)에 머무는 데 그쳤다.

가도는 승려로 있을 때부터 시인으로 이름을 날렸으며, '賈浪仙體(가랑선체)'라는 그의 시를 보면 시구 하나

하나를 선택함에 있어 작가가 얼마나 고심했는가를 잘 알 수 있다. 표현이 날카롭고 간결하며 자연스러운 것이 가도 시의 전반적인 분위기이다. '推敲(퇴고)'라는 말의 유래가 된 유명한 일화의 주인공이기도 하다. 한유 문하에 같이 있던 孟郊(맹교)와 더불어 '郊寒島瘦(교한도수 : '빈한한 맹교와 수척한 가도'라는 뜻. 송의 소동파가 한 말)'라고도 일컬어진다. 시집에 '賈浪仙長江集(가랑선장강집) 10권'이 있다.

다음에 '松下問童子(송하문동자 : 소나무 아래서 아이에게 길을 묻다)'라는 그의 시를 한 편 소개한다.

松下問童子(송하문동자)	소나무 아래서 동자에게 물으니,
言師採藥去(언사채약거)	스승은 약초 캐러 가셨다고 하네.
只在此山中(지재차산중)	다만 이 산속 어딘가에 계시련만,
雲深不知處(운심부지처)	구름이 깊어 계신 곳을 모르겠네.

※ '推敲(퇴고)'에 대하여

1. 퇴고의 일반 원칙
① 부가의 원칙 : 모자라거나 빠뜨린 것을 찾아서 보충해 넣는다.
② 삭제의 원칙 : 불필요하거나 지나치게 복잡한 말로 쓰인 것 중에서 깎아 없앨 부분을 골라 삭제한다.
③ 구조의 원칙 : 문장의 전개 방식이 효과적인 것이 되도록 재배열하여야 한다.

2. 퇴고의 과정
① 전체의 검토 : 첫째, 주제는 처음의 의도와 틀리지 않은가, 좀 더 정확한 주제문으로 나타낼 수 없는가.
둘째, 주제 외의 다른 부분이 더 강조되지는 않았는가.
셋째, 상술이 주제에 들어맞으며, 어울리지 않은 제목, 상술은 없는가를 검토한다.
② 부분의 검토 : 첫째, 논점, 단락 등 글의 중심부가 유기적인 통일성을 이루고 있는가.
강조성이 살려져 있으며, 중요도에 따른 비율은 적절한가.
둘째, 부분과 부분의 접속관계는 논리적으로 모순이 없으며, 명료한가를 검토한다.
③ 단어의 검토 : 단어는 정확성, 명료성, 참신성, 구체성 등의 요구에 맞도록 선택되었는가를 검토한다.
④ 표기법 및 부호의 검토 : 표기법, 띄어쓰기는 바르며, 부호는 적절하게 사용되었는가를 검토한다.
⑤ 자연스러움의 검토 : 퇴고가 끝나면 소리 내어 읽어서 부자연스러운 곳이 없는가를 검토한다.

051 破鏡 파경

字解 破 : <u>깨뜨릴 파</u> [破壞(파괴) : 때려 부수거나 헐어 버림]
  다할 파 [走破(주파) : 정해진 거리를 끝까지 달림]
  가를 파, 갈라질 파 [破竹之勢(파죽지세) : 대나무를 쪼개는 기세]
 鏡 : <u>거울 경</u> [銅鏡(동경) : 구리로 만든 거울]

語義 깨진 거울.
  (부부간에 이별하거나 헤어지는 것)
  (한쪽이 이지러진 달)
  (아비를 잡아먹는다는 짐승의 이름)

 用例

▶ 결혼 5개월 만에 **破鏡**(파경)에 이르렀다면, 禮緞費(예단비)를 상대방에게 돌려줘야 한다는 법원의 판결이 나왔다. 단, 이혼에 책임이 없는 쪽만이 반환을 요구할 수 있다고 밝혔다.
▶ 만남과 헤어짐이 쉽고 잦은 연예계에서, 제법 잉꼬부부로 통하던 한 커플의 **破鏡**(파경)이 얼마 전까지 여러 사람들의 입방아 속에서 짓이겨지고 있었다.

【同音異議語】 罷經(파경) : 國樂(국악) 곡조의 하나.
  장문의 逐鬼經(축귀경)을 타령 장단에 얹어 부르는 西道(서도) 소리 곡조임.
【類義語】 覆水不返盆(복수불반분) : 한번 쏟은 물은 다시 그릇에 담을 수 없다는 뜻으로, 한번 헤어진 부부가 다시 결합할 수 없음을 비유한 말.

 **出典** **太平廣記**(태평광기, 송나라 이방 등이 엮은 소설집) - 義氣(의기)

중국 南北朝(남북조)시대 말년, 南朝(남조)의 마지막 왕조인 陳(진)이 후에 隋(수)나라를 세운 北周(북주)의 승상 楊堅[1](양견)에게 멸망했을 때의 이야기다.

陳(진)나라 조정의 太子舍人(태자사인), 곧 시종을 지내던 徐德言(서덕언)이란 사람이 있었다. 그는 隋(수)나라 대군이 양자강 북쪽 기슭에 도착하자, 손거울을 반으로 쪼개 한쪽을 아내인 樂昌公主(낙창공주)에게 건네주며 말하였다. 그의 아내는 南朝(남조)의 마지막 황제가 된 陳(진)나라의 陳叔寶(진숙보)의 누님으로, 낙창공주에 봉해져 있었다.

"그대는 용모와 재주가 뛰어나므로, 이 나라가 망하면 당신은 분명 포로가 되어, 누군가 權勢家(권세가)의 집으로 끌려갈 것이오. 그렇게 되면 서로 만나기가 어렵겠지만, 혹시 만날 기회가 있을지 누가 알겠소?"

그는 옆에 있던 한 장의 거울을 돌로 깨뜨려 한쪽은 자신이 갖고, 한쪽을 아내에게 건네주었다.

"이것을 잘 지니고 있다가 나라가 망한 뒤, 첫 정월 보름날 수나라 도읍지의 시장에서 파시오. 만일 내가 살아남는다면, 반드시 당신을 찾을 것이오."

두 사람은 이렇게 해서 깨진 거울을 한쪽씩 간직한 채 눈물로 이별을 하였다. 얼마 후 진나라는 멸망하고, 낙창공주는 수나라 건국공신인 楊素(양소 : 수문제 양견의 신하)의 집에서 일하게 되었다.

한편 徐德言(서덕언)은 난리 속에서 겨우 목숨을 건져, 이리저리 떠돌다가 수나라 도읍인 장안에 도착했다. 약속한 정월 보름날에 시장으로 가 보니, 깨어져 반쪽만 있는 거울을 들어올리고, 소리를 높여 거울을 파는 사나이가 있었다.

"이 거울은 단지 십 금이오. 누가 사지 않겠소?"

"단돈 한 푼이라도 살 사람이 없는 반쪽의 거울을 누가 십 금을 내고 살 것인가?"

통행인들은 웃으면서 지나갔다.

"그것을 나에게 주시오."

소리를 지른 서덕언은 자기가 임시로 머무는 곳으로 사나이를 데리고 가서, 거울에 얽힌 내력을 이야기하고, 자기가 몸에 지니고 있던 한쪽의 거울을 내놓았다. 두 조각으로 난 거울은 완전히 하나가 되었다. 그 한쪽 거울의 표면에 시를 한 수 써서, 그 사나이에게 가지고 돌아가게 했다.

鏡與人俱去(경여인구거)	거울은 사람과 함께 갔으나,
鏡歸人不歸(경귀인불귀)	거울은 돌아오고, 사람은 돌아오지 않네.
無復姮娥影(무복항아영)	항아(달에 사는 선녀)의 그림자는 다시 없고,
空留明月輝(공유명월휘)	헛되이 밝은 달빛만 머무네.

그 거울을 본 서덕언의 아내는 아무것도 먹지 않고 눈물만 흘렸다. 그 일을 알게 된 양소는 두 사람의 애절한 사랑에 감동되어, 서덕언을 불러 부부를 함께 고향으로 돌려보냈다.

이 이야기에서 살아서 이별한 부부가 다시 만나는 것을 '破鏡重圓(파경중원 : 깨진 거울이 거듭 둥글게 되었다)'이라고 하게 되었다. 또 '부부의 이혼'을 가리켜 '破鏡(파경)'이라고 하는 것도 여기에서 비롯된 것이다. 지금은 '부부 사이가 나빠져 헤어진다.'는 뜻으로 사용되고 있지만, 사실은 '다시 합쳐지기 위해 일부러 거울을 깨뜨린다.'는 뜻이다. '破鏡重圓(파경중원)'의 略語(약어)다.

---

1) 楊堅(양견, 541 ~ 604) : 중국 隋(수, 581 ~ 618)나라를 세운 文帝(문제. 재위 581 ~ 604). 시호는 高祖(고조). 중국 남부에서 군웅할거 하던 여러 왕조를 정복하고, 300여 년에 걸친 혼란시대에 종지부를 찍고 중국 대륙을 재통일했으며, 북방의 몽골족과 투르크족[突厥(돌궐)]의 세력을 약화시켰다.

052 豹變 표변

字解 豹 : 표범 **표** [豹皮(표피) : 표범의 털가죽]
　　　 變 : 변할 **변** [變遷(변천) : 변하여 달라짐]
　　　　　 고칠 변 [變節(변절) : 절개를 지키지 않고 바꿈]
　　　　　 재앙 변 [逢變(봉변) : 뜻밖에 재앙을 당함]

語義 표범처럼 변하다.
(표범의 무늬가 가을이 되면 아름다워진다는 뜻으로, 허물을 고쳐 말과 행동이 뚜렷이 달라짐)
(군자는 자신에게 과실이 있다고 일단 판단되면 이를 고치는 데에 매우 신속하고 확실함)
(마음 행동 따위가 갑작스럽게 달라짐. 또는 마음 행동 따위를 갑작스럽게 바꿈)

 用例

▶ 지금까지 은근히 모시고 있던 태도에 비하여, 그것이 너무 낯이 간지러운 **豹變**(표변)임을 알기 때문에, 실망이나 하는 체하고 잠시 더 앉아 있는 것이다.

▶ 당시 책 집필 때문에 저 역시 바빠서 미루었는데, 최근에 다시 催告帳(최고장 : 재촉하는 문서)을 보냈더니, **豹變**(표변)하여 소송을 하면 대응하겠다는 식의 반응을 보였습니다.

▶ 실제 중국인들은 금전적인 이익에 대단히 민감하다. 바로 자신들의 이익과 관련해서는 언제 관용과 느긋함의 상징이었는지 모르게 **豹變**(표변)하는 기질이 그것이다.

【類義語】 突變(돌변) : 뜻밖에 갑자기 달라짐. 또는 그런 변화.

 易經[1](역경) – 革卦(혁괘, 64괘 가운데 49번째 효사)

豹變(표변)은 원래 『易經(역경)』 64괘 중의 하나인 革(혁)이란 卦(괘)에 나오는 말이다. '革(혁)'은 變革(변혁)이니 革命(혁명)이니 하는 '혁'으로, '달라지는 것, 변하는 것'을 말한다. 한 괘는 여섯 爻(효)로 되어 있고, 각 효마다 爻辭(효사)라는 것이 있는데, 革卦(혁괘)의 다섯 번째 효와 맨 위에 있는 여섯 번째 효의 효사는 다음과 같다.

다섯 번째 陽爻(양효)는 大人(대인 : 군주)이 호랑처럼 변하는 것이니, 그 무늬가 빛난다. 맨 위의 陰爻(음효)는 君子(군자 : 지도자)는 **표범처럼 변하고**, 소인은 얼굴빛만 고친다. 계속 밀고 나가면 흉하고, 조용히 머무르면 바르고 길하다.

原文 象曰(상왈) 大人虎變(대인호변) 其文炳也(기문병야) 上六(상육) 君子豹變(군자표변) 小人革面(소인혁면) 征凶居貞吉(정흉거정길)

이처럼 '豹變(표변)'은 '君子豹變(군자표변)'에서 나온 말로, 원래 '군자는 자신에게 과실이 있다고 일단 판단되고 나면, 이를 고치는 데에 매우 신속하고 확실하다.'는 의미이다.

그러나 오늘날 이 말은 그저 '표변'이라고만 따로 떼어 쓰면서, '태도나 행동이 갑자기 싹 달라지는 것'을 뜻한다. 자기의 理解(이해)만을 위주로 하고 信義(신의)라든가 約束(약속) 같은 것은 전혀 무시하는 좋지 못한 태도를 말한다. 즉 '자신의 주의·주장이나 행동을 지조 없이 하루아침에 싹 바꾸어버리는, 비겁한 행위'를 말하는 것이 되고 말았다. 본래는 좋은 의미로 쓰이던 것이 반대로 나쁜 의미의 뜻으로 쓰이는 대표적인 말이 되었다.

---

1) **易經**(역경) : 儒學(유학)의 三經(삼경 : 『시경』·『서경』·『역경』) 중 하나로, 세계의 변화에 관한 원리를 기술한 책이라 일컬어지고 있다. 『周易(주역)』이라고도 한다. 쓴 연대는 대략 東周(동주, B.C.770 ~ B.C.221)시대로 추정된다.

고대의 龜甲(귀갑)이나 獸骨(수골)에 의한 점(占)은, 그것들을 불에 구웠을 때 생긴 線(선)을 판단의 재료로 하여 길흉을 점쳤다. 한편 筮竹(서죽 : 점치는 데 쓰는 댓개비)을 써서 길흉을 점치는 방법이 주대에는 행해졌다. 이러한 점의 말이나 점법의 정신을 해설한 것이 『易經(역경)』이다. 주대의 占書(점서)라고 하는 데서 『周易(주역)』이라고도 호칭한다.

서죽을 조작하여 남은 수가 奇數(기수)일 때는 陽(양) 즉(-), 偶數(우수)일 때는 陰(음) 즉 (- -)이라 하여 그것을 세 번 반복하여 卦(괘)의 象(상)을 얻는다. (-)이냐 (- -)이냐를 결정하기 위해 3회 반복하여 얻어지는 組合(조합)은 여덟 가지가 있다. 이것을 8괘라고 한다. 乾(건)·坤(곤)·震(진)·巽(손) 등이 그것이다. 8괘를 알맞게 둘씩 조합하여 조합의 가능 한계인 64괘를 얻는다. 이 64괘 각자의 설명을 卦辭(괘사)라 하고, (-)이나 (- -)을 각각 爻(효)라고 하거니와, 이 효에 대하여 설명한 것을 爻辭(효사)라고 한다. 이 괘사와 효사를 『易經(역경)』의 經(경)이라고 한다. 경의 해석이나 易(역)의 정신을 표기한 것을 十翼(10익)이라고 한다.

그러한 말들을 신비화시키고 권위를 부여하려고 괘사는 주나라의 文王(문왕)이 지었고, 효사는 周公旦(주공단 : 문왕의 아들이자 무왕의 동생)이 지었고, 10익은 공자가 지었다고 전해지지만, 괘사나 효사는 점의 전문가들 사이에서 생겨 고정된 것으로, 특정한 작자를 생각할 수는 없으므로 그다지 신빙성 있는 얘기는 아니라고 지적된다. 오늘날은 이들이 東周(동주)의 후기에서 戰國時代(전국시대, B.C.403년 이후) 사이에 체제가 갖추어진 것으로 보고 있다.

053 膾炙 회자

字解 膾 : 회 **회**, 날고기 회 [肉膾(육회) : 소의 살코기 등을 잘게 썰어, 익히지 않고 양념한 음식]
　　　　炙 : 구울 **자**, 구운 고기 **자** [膾炙(회자) : 회와 구운 고기]
　　　　　　구울 적 [炙鐵(적철) : 고기를 굽는 석쇠]

語義 회와 구운 고기.
　　　(널리 여러 사람의 입에 자주 오르내림)
　　　(좋은 글귀가 여러 사람들에게 자주 인용되는 것을 비유하는 말)

 用例

▶ '일톱삼박', 최근 청와대 기자실인 춘추관에서 청와대 출입 기자들 사이에 **膾炙**(회자)되는 유행어다. '일톱삼박'은 '1면 톱기사에 3면 박스기사'의 줄인 말이다.

▶ 제주의 맛집으로 오래 전부터 **膾炙**(회자)되어 온 성읍 ○○○주막은, 97번 제주지방도로를 따라 내려가다 보면 나오는 개오름과 모지오름 사이에서, 5분 정도 표선 방향으로 가면 나온다.

【同音異議語】 回刺(회자) : 옛날에 承文院(승문원)의 새로 벼슬한 사람이 밤에 귀복을 입고 선배들을 찾아다니며, 정해진 시간에 맡겨진 자리로 나아감을 허락받던 일.
　　　　　　　會子(회자) : 중국 북송시대에, 금융업자 사이에서 통용되던 일종의 約束(약속) 어음.

 孟子(맹자) - 盡心下(진심하)

중국 春秋時代(춘추시대, B.C.770 ~ B.C.403. 주나라의 동천부터 한·위·조의 독립까지), 曾參[1](증삼)과 그의 부친 曾晳(증석)은 다 같이 공자의 제자였으며, 아버지 증석은 羊棗[2](양조 : 고욤)라는 산열매를 매우 즐겨 먹었다. 나중에 아버지가 세상을 떠난 뒤, 효자인 증삼은 양조를 보아도 차마 먹지를 못하였다.

戰國時代(전국시대, B.C.403 ~ B.C.221. 춘추시대에 이어 진나라 통일까지)에 이르러, 맹자의 제자 公孫丑(공손추)가 이 일에 대해서 맹자에게,
　"**회와 구운 고기**와 羊棗(양조) 중 어느 것이 더 맛이 좋습니까[**膾炙**與羊棗孰美(회자여양조숙미)]?"
하고 물었다. 그러자 맹자는 당연히 膾炙(회자)라고 하면서 회자는 즐겨하지 않는 사람이 없다고 했다. 그러자 공손추는 다시 물었다.

"그렇다면 증석 부자도 다 회자를 즐겨했을 텐데, 부친이 돌아간 뒤 증삼은 어찌하여 회자는 먹고 양조만 먹지 않았습니까[曾子何爲食膾炙(증자하위식회자) 而不食羊棗(이불식양조)]?"

맹자가 대답했다.

"**회와 구운 고기는 다같이 먹기를 좋아하는 것**이고, 양조는 증석의 특별한 별식이었기 때문에 증삼은 양조를 먹지 않은 것이다. 마찬가지로 이름은 피하고 성을 피하지 않는 것도 성은 함께 쓰는 것이고, 이름은 한 사람만 쓰는 것이기 때문이다[**膾炙**所同也(회자소동야) 羊棗所獨也(양조소독야) 諱名不諱名(휘명불휘명) 姓所同也(성소동야) 名所獨也(명소독야)]."

'膾炙所同(회자소동)'이란 말에서 '膾炙人口(회자인구)'가 나오고, 보통은 '人口(인구)에 膾炙(회자)된다.'라는 일종의 관용구로 많이 쓰이며, '널리 사람의 입에 오르내리다.'라는 뜻으로 쓰인다. 더 줄여서 '膾炙(회자)'라고 쓴다.

---

1) 曾參(증삼, B.C.505 ~ 435) : 중국 춘추시대의 儒家(유가) 사상가이다. 이름은 參(삼), 자는 子輿(자여)이며, 曾子(증자)는 존칭이다. 南武城[남무성 : 지금의 산둥성(山東省)] 출신이다.

공자의 만년의 제자로서 공자보다도 46세 연하이다. 공자 사후 유가의 유력한 일파를 형성하여, 공자 사상의 유심주의적 측면을 발전시켰다. 그의 언행은 『논어』에 몇 조목이 보이며, 또 『大戴禮記(대대례기)』의 『증자』 10편 및 『孝經(효경)』은 그의 저작이라고 인정된다. 그는 당시 진행 중이던 봉건제의 붕괴를 제지하기 위하여, 씨족제로부터 비롯된 '孝(효)'라는 덕목을 강조하였다. 또 "하루에 세 번 내 몸을 살펴본다."라고 하여, 공자 사상의 근본을 忠恕(충서)라는 말로 표현했다. 공자 사상의 계승자로서의 역할을 했으며, 후에 증자의 학통은 子思(자사 : 공자의 손자이며 『중용』의 저자), 孟子(맹자)로 이어져 유가의 道通(도통)을 전하는 데에 큰 역할을 했다.

2) 羊棗(양조) : 고욤나무. 한국·중국·일본 등지에 분포하는 낙엽활엽교목으로, 높이는 10m 정도이나 작은 가지에는 회색 털이 있으며 차차 없어진다. 잎은 어긋나고 타원형 또는 장타원형으로 끝이 좁아져 뾰족하다. 꽃은 2가화로서 암수가 한 그루에 붙는데, 6월에 연한 녹색으로 피고 새 가지 밑 부분의 잎겨드랑이에 달린다. 수꽃은 2~3개씩 한군데에 달리고 수술이 16개이며, 암꽃은 꽃밥이 없는 8개의 수술과 1개의 암술로 되어 있다.

10월에 둥근 장과가 황색 또는 암자색으로 익는데, 덜 익은 열매를 따 저장하였다가 익으면 먹기도 한다. 열매의 외형에 따라 여러 가지 품종으로 나뉜다. 생약의 君遷子(군천자)는 이 열매를 말린 것인데, 한방에서는 소갈·번열증 등에 사용한다. 과실에는 타닌이 들어 있다. 씨를 뿌려서 난 고욤나무는 감나무 접목 때 대목용으로도 널리 쓰이며, 목재는 器具材(기구재)로 쓴다.

054 嚆矢 효시

字解 嚆 : 울 효 [嚆矢(효시) : 우는 화살]
矢 : 화살 시 [弓矢(궁시) : 활과 화살]
　　　맹세할 시 [矢言(시언) : 맹세하여 언약한 말]

語義 우는 화살, 날아가며 소리 나는 화살.
(사물의 시초. 모든 일의 시초)

- 오컬트 무비의 **嚆矢**(효시)라 불리는 '로즈마리의 아기'는 로만 폴란스키 감독이 1968년에 제작한, 개봉 당시 사회적으로 상당한 화제를 불러 모은 영화입니다.
- 국내 원전의 **嚆矢**(효시)인 고리원전 1호기가 연속 운전 신기록을 달성해, 한국 원전 운영 능력과 기술력을 세계에 입증했다. 고리원전 1호기는 1978년부터 상업 운전을 한 이후, 현재까지 국내 원전 최다인 10회 무고장 안전 운전을 기록했다.

【同音異議語】 梟示(효시) : 목을 베어 높은 곳에 매달아 놓아 뭇사람에게 보임.
　　　　　　曉示(효시) : 깨달아 알아듣도록 타이름.
【類義語】　 濫觴(남상) : 큰 하천의 근원도 잔을 띄울 만큼 가늘게 흐르는 시냇물이라는 뜻으로,
　　　　　　　　　　　 사물의 처음이나 기원을 이르는 말.
　　　　　　鼻祖(비조) : 어떤 일을 가장 먼저 시작한 사람. 원조.
　　　　　　權輿(권여) : 저울대와 수레 바탕이라는 뜻으로, 사물의 시초를 이르는 말.
　　　　　　原流(원류) : 물의 흐름의 근원, 곧 사물이 일어나는 근원.
　　　　　　響樸頭(향박두) : 일의 시작, 박두는 화살의 한 종류를 뜻함.

 莊子(장자) - 在宥篇(재유편)

嚆矢(효시)는 화살촉에 소리통을 달아서, 날아갈 때 높고 날카로운 소리가 나도록 만든 신호용 화살로, '鳴鏑(명적 : 우는 화살)'이라고도 불린다. 이것은 적을 두렵게 하거나, 지휘관이 공격 신호 또는 공격할 곳을 지시할 때 사용되었다. 또 넓은 들에서 사냥을 할 때에 서로 신호를 하거나, 숨어 있는 짐승들에게 겁을 주어 도망하게 하고 사냥하는 데에도 쓰였다. 여기에서 효시는 '사물의 시초' 혹은 '모든 일의 시초'를 뜻하는 단어가 되어, '始初(시초)'의 유사어로 쓰이고 있다.

老子(노자 : 기원전 6세기에 활동한 중국 제자백가 가운데 하나인 도가의 창시자)의 제자 崔瞿(최구)는 천하를 다스리지 않으면 어떻게 사람들의 마음이 좋아지는지에 대해, 노자에게 질문한 적이 있다. 이 때 노자는 이렇게 말했다.

"자네, 공연히 사람의 마음을 묶지 않도록 조심하게. 사람의 마음을 억누르면 가라앉고 치켜올리면 올라가는데, 오르락내리락하다가는 쇠잔해지네. 부드러움으로 굳센 것을 유연하게 만들고, 날카로운 것으로 파고 새겨 상처를 내지. 또 뜨거워지면 불길같이 타오르고, 차가워지면 얼음처럼 꽁꽁 뭉친다네."

여기서 사람의 마음을 묶는다는 것은 儒家(유가)에서 말하는 仁義(인의)와 같은 것으로, 구속을 뜻한다. 노자는 인간의 마음은 인위적인 방법으로 다스려지는 것이 아니라, 자연 그대로 놓아두면 다스려지게 된다고 주장하고 있다.

이에 대해 莊子(장자 : B.C.4세기에 활동한 중국 도가 초기의 가장 중요한 사상가)도 동의하고 이렇게 말하고 있다.

"자귀나 톱 같은 처형 도구로 사람을 억누르고, 오랏줄이나 墨罪(묵죄 : 이마에 무늬를 새기고 먹을 집어넣는 문신형) 같은 법률로 사람을 죽이며, 망치나 끌로 사람 목숨을 끊게 되었다. 그래서 세상은 더욱더 어지러워졌다. 그 죄는 사람의 마음을 仁義(인의)로 묶는 데에 있다. 그러므로 어진 이는 높은 산이나 험준한 바위 아래에 숨어 살고, 큰 나라의 군주는 조정의 훌륭한 건물에서 두려움에 떨게 되었다.

지금 세상에서는 처형된 자가 베개를 나란히 하고, 칼을 쓰고 차꼬(두 개의 기다란 나무토막을 맞대어 그 사이에 구멍을 파서, 죄인의 두 발목을 넣고 자물쇠를 채우는 형구. 족계)를 찬 자가 비좁은 곳에서 서로 밀치며, 형벌로 죽은 자가 멀리까지 바라보인다. 이렇게 되자, 儒家(유가 : 공자의 학설과 학풍 따위를 신봉하고 연구하는 학자나 학파)나 墨家(묵가 : 기원전 5세기에 묵자가 창시한 중국의 철학 유파)는 죄인들 사이에서 기세를 부리게 된 것이다. 아! 심한 짓이다. 그들이 반성을 모르고 부끄러움을 깨닫지 못하는 꼴이란 참 너무하구나. 나는 聖人(성인)이나 知慧(지혜)가 칼과 차꼬를 죄는 쐐기가 되지 않는지, 仁義(인의)가 수갑과 차꼬를 단단하게 하는 형구가 되지 않는지 알 수 없다. 효도로 유명한 曾參(증삼)과 강직하기로 유명한 사유가 폭군인 桀王(걸왕)과 가장 큰 도둑인 도척의 嚆矢(효시 : 시초)가 된 것이 아닌지 어찌 알겠는가? 그래서 성인을 없애고 지혜를 버리면, 천하가 잘 다스려질 수 있는 것이다.

 原文 焉知曾史之不爲桀跖嚆矢也(언지증사지불위걸척효시야) 故曰(고왈) 絶聖棄知而天下大治也(절성기지이천하대치야)

이것이 亂世(난세)를 산 장자다운 날카로운 警告(경고)이다. 세상을 다스리려는 인의나 지혜가 오히려 세상을 어지럽게 하여 인간을 옥죄는 도구가 되고 있으니, 자연 그대로의 마음이야말로 인간을 가장 인간답게 하는 것이라고 주장한다. 이때 이후로 '嚆矢(효시)'는 '<u>모든 일의 맨 처음</u>'을 가리키는 말로 사용되고 있다.

三音節(3음절)
- 33개 항목 -

055 乞骸骨(걸해골) ~ 087 火牛計(화우계)

055 乞骸骨 걸해골

字解
乞 : 빌 **걸** [乞人(걸인) : 빌어먹는 사람. 거지]
骸 : 뼈 **해** [骸骨(해골) : 죽은 사람의 살이 썩고 남은 뼈. 또는 그러한 머리뼈]
骨 : 뼈 **골** [遺骨(유골) : 죽은 사람이 남긴 뼈. 유해]

語義 해골을 빈다. 해골을 구걸하다. 해골을 돌려달라.
(신하가 임금에게 사직을 주청하는 것)
(신하가 임금에게 자기 한 몸을 바쳤지만, 이제 뼈만이라도 돌려달라고 청하는 것)

 用例

▶독재국가에서는 고위층이나 독재자 측근들이 독재자에게 '乞骸骨(걸해골)'을 하는 경우가 거의 없다. 순진하게도 '걸해골'을 하다가는 쥐도 새도 모르게 숙청되기 때문이다. 그래서 그들은 "내 목숨은 내가 챙긴다."고 결심하여 대개 해외로 망명한다. 그래서 고위층의 망명이 증가하는 것은 그 나라나 정권의 파멸이 가까웠다는 증거가 된다. 구소련 또는 동독의 경우가 좋은 예가 된다.

▶청나라 말기 정치에 많은 영향을 끼친 西太后(서태후)는 생전에 '老祖宗(노조종 : 살아 있는 위대한 조상님)'이라고 불리면서 고령에 이르기까지 정사에 개입했다. 이에 따라 관료들이 퇴직을 하지 않아 사회적으로 폐단이 많았다. '노조종께서도 국사를 보시거늘, 못 한다니 말이 되는가?'라면서, '乞骸骨(걸해골 : 낙향해 여생을 보내게 해달라는 사직 신청)'을 하는 자체를 민망히 여겼기 때문이다.

【原語】 願賜骸骨(원사해골) : 원컨대 해골을 빈다.
【類義語】 乞骸(걸해) : 해골을 구걸하다. '걸해골'의 준말.
　　　　　乞身(걸신) : 몸을 구걸하다.

 **出典** **史記**(사기) - 項羽本紀(항우본기)

중국 秦(진)나라 말기, 楚覇王(초패왕) 項羽(항우)에게 쫓긴 漢王(한왕) 劉邦(유방)이 고전하고 있을 때의 일이다. 기원전 203년, 초나라 항우가 반란을 일으킨 彭越(팽월)·田榮(전영) 등을 치기 위해 출병한 사이에, 한나라 유방은 초나라의 도읍인 彭城[팽성 : 西州(서주)]을 공략했다가, 항우의 반격을 받고 겨우 滎陽[형양 : 河南省(하남성) 내]으로 도망쳤다. 그러나 수개월 후, 軍糧(군량) 수송로까지 끊겨 더 이상 지탱하기 어렵게 되자, 항우에게 휴전을 제의했다. 항우는 응할 생각이었으나, 亞父(아부 : 아

버지 다음으로 존경하는 사람이란 뜻) 范增[1](범증)이 반대하는 바람에 쉽게 이루어지지 않았다.

"휴전은 안 됩니다. 지금이야말로 한나라를 휘어잡을 때인데, 여기서 유방을 없애지 않으면 반드시 후회할 것입니다."

이 사실을 안 유방의 참모 陳平[2](진평)은 간첩을 풀어, 초나라 陣中(진중)에 헛소문을 퍼뜨렸다. 劉邦(유방)이 진평의 계책을 듣고, 항우와 범중을 이간시키려고 황금 4만 금을 뿌려 反間計[3](반간계 : 이간을 붙이는 술책)를 썼다.

'범증이 항우 몰래 유방과 내통하고 있다.'

이에 화가 난 항우는 범증에게는 알리지도 않고, 은밀히 유방에게 강화의 使臣(사신)을 보냈다. 진평은 항우를 섬기다가 유방의 신하가 된 사람인만큼 누구보다도 항우를 잘 안다. 그래서 성급하고도 단순한 항우의 성격을 겨냥한 離間策(이간책)은 멋지게 맞아떨어진 것이다.

진평은 張良(장량) 등 여러 重臣(중신)과 함께 정중히 사신을 맞이하고, 이렇게 물었다.

"阿父(아부 : 범증을 지칭)께서는 안녕하십니까?"

"나는 초패왕의 사신으로 온 사람이오."

사신은 불쾌한 말투로 대답했다.

"뭐, 楚王(초왕)의 使臣(사신)이라고? 난 아부의 사신인 줄 알았는데……."

진평은 짐짓 놀란 체하면서 잘 차린 음식을 素饌(소찬 : 고기나 생선이 들어 있지 아니한 반찬)으로 바꾸게 한 뒤, 말없이 방을 나가 버렸다.

사신이 楚(초)나라에 돌아와서 사실을 항우에게 보고하자, 항우는 곧 범증이 한나라와 私的(사적)으로 내통하고 있는 것으로 의심하고, 그에게 주어진 모든 권리를 박탈했다. 이에 범증은 크게 怒(노)하였다. 가로되,

"천하의 대세는 결정된 것과 같사오니, 전하 스스로 처리하시옵소서. 臣(신)은 이제 '<u>원컨대 해골을 빌어</u>' 초야에 묻힐까 하나이다."

 原文 使子歸報項王(사자귀보항왕) 項王乃疑范增與漢有私(항왕내의범증여한유사) 稍奪之權(초탈지권) 范增大怒曰(범증대노왈) 天下事大定矣(천하사대정의) 君王自爲之(군왕자위지) 願賜骸骨歸卒伍(원사해골귀졸오)

이렇게 하여 항우는 어리석게도 진평의 책략에 걸려, 유일한 謀臣(모신 : 지혜와 모략이 뛰어난 신하) 범증을 잃고 말았다. 범증은 팽성으로 돌아가던 중에 火病(화병)으로 인하여, 등창병이 터져 75세의 나이로 죽었다. 그 후 항우는 垓下(해하)에서 유방의 군대에 포위되어 대패하였으며, 겨우 烏江(오강)으로 빠져나갔다가 스스로 목숨을 끊었다.

『史記(사기)』「平津侯傳(평진후전)」이나, 『漢書(한서)』「趙忠國傳(조충국전)」 등에는 '乞骸骨(걸해골)'

이라 되어 있는데, 『史記(사기)』「項羽本傳(항우본전)」과「陳丞相世家(진승상세가)」 등에는 '願賜骸骨(원사해골 : 원컨대 해골을 돌려주소서)'이라고 되어 있다. 학자에 따라서는 '乞骸骨(걸해골)'을 줄여서 '乞骸(걸해)' 또는 '乞身(걸신)'이라고 하는 사례가 있다.

유방과 항우의 흥망을 건 싸움은 '人間管理(인간관리)'의 싸움이라 할 수 있다. 유방이 謀臣(모신 : 슬기와 꾀가 있는 신하, 모사에 뛰어난 신하)과 勇將(용장)을 잘 통솔한 반면, 항우는 敵(적)의 奸計(간계)로 단 한 사람의 모신인 범증마저 잃어버리고 말았다. 그 결과 용맹하고 전투에 능했던 항우는 오히려 천하를 유방에게 넘겨주고, 모든 부하를 잃고 스스로 자결하는 비참한 최후를 맞이할 수밖에 없었다.

---

1) 范增(범증, B.C.277 ~ B.C.204) : 초한시대, 항우의 謀士(모사)이며 軍師(군사). 기고산에서 스승이던 楊眞人(양진인)을 섬겨 도를 닦아 仙人(선인)이 되고자 하였으나, 項羽(항우)의 부하인 계포가 끈질기게 쫓아와 임관을 청하여 항우의 모사가 되었다(B.C.208). 통일 秦(진)나라를 격파하기 위하여, 각종 神妙(신묘)한 계책을 짜내었다. 항우와 楚(초)나라를 위해 유방을 줄곧 죽이려고 했지만 계속 실패하고, 유방의 모사 진평의 反間計(반간계)에 빠진 항우에 의해 쫓겨난다. 항우에게 퇴출당하고 천하를 떠돌다가, 악성 등창으로 인해 객사하였다.

2) 陳平(진평, ? ~ B.C.178) : 漢(한)나라의 정치가이다. 衛(위, ? ~ B.C.209)나라의 신하였으나, 위왕이 章邯(장한 : 진나라 말기의 장수. 진승과 오광의 농민반란 진압. 후에 항우에게 투항)에게 죽자, 항우에게 귀순하여 항우의 策士(책사)가 되었다. 그 후 前漢(전한) 高祖(고조) 劉邦(유방)이 三秦(삼진)을 공격할 때, 위무기의 설득으로 유방에게 귀의, 호군중위의 직책을 맡게 된다.

반간계를 써 항우의 참모였던 범증을 내친다. 유방의 참모로 큰 공을 세운 것을 인정받아서, '戶牖侯(호유후)'에 임명되었다. 그 후 '曲逆侯(곡역후)'로 승진하였고, 相國(상국) 曹參(조참) 서거 후, 左丞相(좌승상)이 되었다. 유방의 부인인 여태후가 유방 서거 후, 여씨 친족과 모반을 꾀하자, 右丞相(우승상) 왕릉과 장군 周勃(주발)과 함께 여씨의 난을 평정한 뒤, 유방의 차남 劉恒(유항)을 文帝(문제)로 옹립하였다. 『史記(사기)』에 진평에 대한 전기인 「陳丞相世家(진승상세가)」가 전해진다.

3) 反間計(반간계) : 36계 兵法(병법) 중 제33계. 敵(적)의 諜者(첩자)를 이용하는 책략이다. 이는 상대방 첩자에게 역정보를 흘려서 상대를 혼란하게 하는 수법인데, 여기에 두 가지 방법이 있다.

하나는 첩자를 買收(매수)하는 것, 또 하나는 눈치채지 못한 체하고 故意(고의)로 거짓 정보를 흘리는 방법이다. 어느 방법을 선택하든지 힘들이지 않고는 승리를 거둘 수 없다. 반간계야말로 적에 대한 기만전술 중 으뜸가는 것이다. 적의 첩자를 역이용함으로써 아무런 손실 없이 적을 물리칠 수 있는 計略(계략)이다.

056 老益壯 노익장

字解 老 : 늙을 로(노) [老朽(노후) : 늙어서 소용없음 또는 그런 사람]
　　　　　익숙할 로(노) [老鍊(노련) : 오랜 경험을 쌓아 익숙하고 능란함. 노숙]

　　　　益 : 이로울 익, 이익 익 [收益(수익) : 이익을 거둠 또는 그 이익]
　　　　　더욱 익, ~수록 익 [益甚(익심) : 갈수록 더욱 심함]

　　　　壯 : 씩씩할 장 [壯夫(장부) : 씩씩한 남자. 장년의 남자]
　　　　　웅장할 장 [壯觀(장관) : 웅장하여 볼 만한 광경]

語義 늙을수록 씩씩하다.
　　　　(나이는 들었으나, 의욕이나 기력은 더욱 좋아짐)
　　　　※ '老當益壯(노당익장)'의 준말.

用例

▶ 최근 무더위가 무색하게 김포시 고촌읍 노인일자리 사업 참여자는 각 분야에서 **老益壯**(노익장)을 과시하고 있다. 읍에 따르면 공공분야 환경정화 사업과 민간분야 노익장 사업에 많은 노인이 참여하고 있다.

▶ 우리 나이로 34세, 유도 선수로는 '환갑'에 맞먹는 나이! 하지만 그는 좌절하지 않았다. 한 번도 나가지 못했던 올림픽, 하지만 체급을 바꿔 도전한 런던올림픽에서 '**老益壯**(노익장)'은 세계를 들어 메쳤다. 남자 유도 81kg급 이하에서, 송대남 선수는 2012 런던올림픽에서 일을 냈다. 금메달을 딴 것이다.

【類義語】 老當益壯(노당익장) : 늙을수록 마땅히 더욱 씩씩해짐.

出典 後漢書(후한서) - 馬援傳(마원전)

중국 前漢(전한) 말기, 扶風郡(부풍군)에 馬援[1](마원)이라는 장수가 있었다. 어려서부터 큰 뜻을 품고 글을 배우고 예절을 익혔으며, 무예에도 정통하여 그의 형은 그를 大器晚成(대기만성)형이라고 말했다. 그러나 불행히도 그의 형이 젊은 나이에 죽자, 마원이 喪禮(상례)를 정중히 모셔 치른 후 예를 다하여 형수를 받들었다.

그 뒤 마원이 부풍군의 督郵官(독우관)이란 벼슬을 하고 있을 때, 명을 받들어 많은 죄수들을 어느 곳으로 압송하게 되었다. 그러나 도중에 죄수들이 고통을 못 이겨 애통하게 부르짖는 것을 보고는, 동정심이 우러난 나머지 모두 풀어주고 각기 제 살길을 찾아가도록 하고, 자신은 북방으로 달아나고 말았다. 마원은 북방으로 가서 소·말·양 등을 놓아먹이면서 지냈다. 부지런하고 수완이 좋은 그는 수년간 정성껏 가축을 길러 수천 頭(두)의 축산으로 늘어났다. 그래서 생활이 윤택해지고 많은 돈을 벌게 되자, 가까운 친구나 이웃사람들에게 돈을 나누어 주었고, 자기는 오히려 떨어진 양가죽 옷을 걸치고 소박한 식사를 하는 등 근면한 생활을 하였다 한다.

마원은 어려서부터 큰 뜻을 품고 있었다. 일찍이 賓客(빈객 : 손님, 문하의 식객)에게 입버릇처럼 말했다.

"무릇 대장부가 뜻을 품었으면, 어려울수록 마땅히 굳세어야 하며, **늙을수록 마땅히 씩씩해야 한다.**"

 原文 少有大志(소유대지) 嘗謂賓客曰(상위빈객왈) 大丈夫爲者(대장부위자) 窮當益堅(궁당익견) **老當益壯**(노당익장)

그 후 마원은 光武帝[2](광무제)를 만나게 된다. 광무제는 마원을 만나자, 예절을 다해 대접하였으며, 각 부서를 데리고 다니며 조언할 말이 있는지 물었다. 마원은 이러한 후한 대접에 감동되어, 嵬曉(외효 : 후한 농서지방의 맹주)에게 돌아가지 않고 광무제의 麾下(휘하)에 있기로 결심하였다. 광무제는 마원을 僕波將軍(복파장군)에 임명하여, 남방의 交趾(교지 : 월남 북부 지명)를 평정하게 하여 성공한다.

얼마 후, 洞庭湖(동정호) 일대의 蠻族(만족)이 반란을 일으키자, 광무제가 군대를 파견하였으나 전멸하고 말았다. 이 소식을 들은 마원이 자신에게 군대를 달라고 청하며 나섰다. 광무제는 그가 너무 늙었으므로 주저하자, 마원이 말하기를,

"小臣(소신)의 나이 비록 예순두 살이나, 갑옷을 입고 말도 탈 수 있으니 어찌 늙었다고 할 수 있습니까?"

하고는 말에 안장을 태우고 훌쩍 뛰어올랐다. 광무제는 미소를 지으며,

"이 노인이야말로 **老當益壯**(노당익장)이로군."

마원이 평소 좋아한 '노당익장'이란 말을 광무제도 입 밖에 낼 수밖에 없었다. 결국 광무제는 出征(출정)을 허락하였다. 마원은 군대를 이끌고 정벌의 길에 올랐다. 그 후 대장군으로 임명되어 반란을 평정하고, 匈奴(흉노) 토벌에 큰 공을 세움으로써, 그의 형이 말한 대로 大器晩成(대기만성)하였다.

---

1) **馬援**(마원, B.C.14 ~ A.D.49) : 광무제를 도와 後漢(후한, 25 ~ 220)의 건국을 도운 장군. 처음에는 왕망이 세운 新(신)나라에서 벼슬을 하였으나, 왕망의 정책에 반대하는 반란이 전국 각지에서 일어나자 왕망의 政敵(정적)들과 손잡았고, 결국에는 후한을 세운 光武帝(광무제. 재위 25 ~ 57/58)의 신하가 되었다.

35년 華南(화남)지방의 太守(태수)로 임명되어, 남쪽으로 지금의 북베트남에 이르는 지역까지 중국의 지배권

을 다시 확립하였다. 45년에는 북방 국경지대로 파견되어, 중앙아시아의 흉노족을 제압하는 데 힘썼다.

구이린[桂林(계림)]의 이강가에 있는 伏波山(복파산 : 파도 옆에 엎드려 있는 산) 입구에는 복파장군 마원의 騎馬像(기마상)이 있다. 늠름한 동상의 당겨진 화살에는 화살이 채워져 있지 않다. 그 옛날 베트남이 침공해 왔을 때, 마원은 병사들의 희생을 줄이기 위하여 베트남의 장군에게 활쏘기를 제안하고, 내기에 지는 편이 철군하자고 하였다. 마원이 쏜 화살은 복파산 인근에 있는 穿山(천산)에 큰 구멍을 내고, 계속 날아가 베트남에 떨어졌다고 한다. 결국, 베트남 장군이 패배를 시인하고 철수하였다. 이것이 복파산 마원 동상의 유래이다.

2) 光武帝(광무제, B.C.4 ~ A.D.57. 재위 25 ~ 57) : 이름은 劉秀(유수), 묘호는 世祖(세조). 왕망에게 찬탈당한 漢(한)나라를 재건한 황제. 그가 재건한 왕조를 後漢(후한) 또는 東漢(동한)이라고 한다. 광무제는 황실 劉(유)씨 가문의 일원으로, 한조의 창시자인 高祖(고조) 유방의 후예로 추정된다.

22년 왕망의 급진적인 개혁 조치로 信(신)나라에 대한 평판이 나빠지게 되자 그는 곧 군대를 일으켰고, 강력한 유씨 문중과 다른 부유한 호족가문들의 지원을 받아 23년에 왕망을 격파했다. 2년 뒤에 수도를 중국 동부에 있는 자신의 고향 뤄양[洛陽(낙양)]으로 옮기고, 스스로 황제임을 선포했다. 東漢(동한)이라는 이름은 이같이 수도를 동쪽으로 천도한 데서 연유한 것이다. 그 뒤 10년간 통치권을 강화하고 '赤眉(적미)의 亂(난)'을 비롯한 많은 국내 반란을 진압했다. 또한 중국 북쪽 국경지대에 있는 유목 민족을 진압했고, 중국 남부 변방지역에 대한 제국의 통치권을 되찾았다.

※ 광무제의 말에서 유래한 고사성어 '得隴望蜀(득롱망촉 : 욕망이 한이 없음)**'**

후한을 세운 광무제 劉秀(유수)가 처음으로 낙양에 입성하여, 이를 도읍으로 삼았을 무렵(A.D.26)의 일이다. 당시 전한의 도읍 장안을 점거한 赤眉之賊(적미지적)의 劉盆子(유분자)를 비롯하여 隴西(농서 : 감숙성)에 嵬囂(외효), 蜀(촉 : 사천성)에 公孫述(공손술), 睡陽(수양 : 하남성)에 劉永(유영), 盧江(노강 : 안휘성)에 李憲(이헌), 臨淄(임치 : 산동성)에 張步(장보) 등이 割據(할거)하고 있었는데, 그중 유분자·공손술·유영·이헌 등은 저마다 황제를 일컫는 세력으로까지 발전했다. 그러나 그 후 외효와 공손술을 제외하고는 모두 광무제에게 토벌되었다. 외효는 광무제와 修好(수호)하고 西州上將軍(서주상장군)이란 칭호까지 받았으나, 광무제의 세력이 커지자 촉 땅의 공손술과 손잡고 대항하려 했다.

그러나 이미 成(성)나라를 세우고 황제를 僭稱(참칭 : 분수에 맞지 않게 스스로 황제나 왕이라고 일컬음)하는 공손술은 외효의 사신을 냉대하여 그냥 돌려보냈다. 이에 실망한 외효는 생각을 바꾸어 광무제와 수호를 강화하려 했으나, 광무제가 신하될 것을 강요하므로 외효의 양다리 외교는 결국 실패로 끝나고 말았다. 建武(건무) 9년(A.D.33), 광무제와 대립 상태에 있던 외효가 병으로 죽자, 이듬해 그의 외아들 嵬寇恂(외구순)이 항복했다. 따라서 농서 역시 광무제의 손에 들어왔다. 이때 광무제는 이렇게 말했다.

"인간은 만족할 줄 모른다더니 이미 '**농**(외효가 지배하던 땅. 농서)**을 얻고도 다시 촉**(공손술이 지배하던 땅)**을 바라는구나**[得隴望蜀(득롱망촉)]'."

그로부터 4년 후인 建武(건무) 13년(A.D.37), 광무제는 대군을 이끌고 蜀(촉)을 쳐 격파하고 천하 평정의 宿願(숙원)을 이루었다.

057 茶飯事 다반사

字解
- 茶 : 차 **다** [茶菓(다과) : 차와 과자]
- 飯 : 밥 **반** [飯饌(반찬) : 밥에 곁들여 먹는 여러 가지 음식]
  - 먹을 반 [飯果(반과) : 식후에 먹는 과일]
  - 기를 반 [飯牛(반우) : 소를 기름]
- 事 : 일 **사** [慶事(경사) : 축하할 만한 기쁜 일]
  - 섬길 사 [事大(사대) : 약자가 강자를 또는 작은 나라가 큰 나라를 섬김]

語義 차를 마시고 밥을 먹는 일.
(늘 있는 예사로운 일)

 用例

▶ 아침잠이 많아 맨얼굴로 출근하는 경우가 **茶飯事(다반사)**이다.
▶ 결산을 하는 월말에는, 일이 밀려 며칠씩 집에 안 들어오는 일이 **茶飯事(다반사)**였다.
▶ 아마추어 골퍼들을 보면, 벙커 샷을 할 때 거리를 너무 의식하여 오히려 볼을 벙커 밖으로 빼내는 것조차 실패하는 경우가 **茶飯事(다반사)**다.

【類義語】 恒茶飯事(항다반사) : 항상 있어서 이상하거나 신통할 것이 없는 일.
　　　　　 恒茶飯(항다반) : 차를 먹듯 늘 있어 예사롭고 흔함.

 **出典** **趙州語錄**(조주어록, 당나라 조주선사의 말씀을 엮은 책)

옛날에 차를 마시거나 밥을 먹는 일은 항상 있는 일이기 때문에 이런 말이 나온 것이다. '恒茶飯(항다반)' 또는 '恒茶飯事(항다반사)'라고도 한다. 원래 동양에서 차는 일상생활에 있어서 중요한 의미를 가진다. 설이면 일가친척이 모여서 茶禮(차례 : 명절날에 지내는 제사)를 지냈고, 차를 마시며 담소를 하고 정신적 깊이도 서로 나누었다 해서 茶道(다도 : 차를 마실 때의 방식 및 예의범절)가 있었다.

본래 불교용어로 '茶飯事(다반사)'는 극히 일반적이고도 당연한 일로서, 불교 중에서도 선종(禪宗)에서 유래했다. 茶禪一如(다선일여)라 해서 참선 수행을 하는 데는 유별난 방법이 있는 것이 아니고, 차를 마시고 밥을 먹듯이 일상생활이 곧 선으로 연결된다는 것을 의미한다. 조선 후기의 스님인 草衣[1](초의)는 『茶神傳(다신전)』이라는 책을 집필해, 차의 신비한 맛과 운치를 자랑한 바도 있다.

『趙州語錄(조주어록)』에는 다음과 같은 이야기가 있다.

趙州禪士[2](조주선사)는 차를 즐겨 마셨다. 절을 찾는 사람이면 누구에게나 차를 대접했다. 어느 날 한사람이 절을 방문하자, 스님이 물었다.

"당신은 여기 몇 번째 오는 거요?"

"처음입니다."

"그래요? 차나 한잔 드십시오[喫茶去(끽다거)]."

얼마 뒤 또 한 사람이 왔다.

"당신은 여기 몇 번째 오는 거요?"

"여러 번 왔습니다."

"그래요? 차나 한잔 드십시오."

그러자 곁에서 차 시중을 들던 侍奉(시봉)이 의아해하며 물었다.

"아니 스님, 스님께서는 처음 온 사람이나, 여러 번 온 사람이나 모두 '차나 한잔 드십시오.' 하고 권하시니 무슨 까닭이십니까?"

이 말을 들은 조주선사가 말했다.

"아, 그랬나? 그럼 자네도 차나 한잔 들게나."

이 이야기는 불가에서 전해오는 公案[3](공안) 가운데 하나로 유명하다. 그만큼 차 마시는 일은 옛사람들에게는 밀접한 일상사였던 것이다.

이 밖에도 茶飯(다반)과 관련해서는 여러 선사스님들이 평상의 일을 비유해 법을 말했다.『禪林僧寶傳(선림승보전)』에서는, "佛祖(불조)가 하신 말씀은 집에서 **보통 밥 먹고 차 마시는 일**[茶飯(다반)]과 같은 것이니, 이것을 떠나 별도로 사람들에게 설법하는 것이 있습니까?"라고 했으며,

『拈八方珠玉集(염팔방주옥집)』에는, "禪(선)의 달인들이 만나면 **평상시 차 마시고 밥 먹듯이**[茶飯(다반)], 자연스럽게 이렇게 자세하고 숙성된 경지를 얻는다. 그래서 열거나 닫고, 펴거나 거두는 일을 자유자재로 하는 데 거리낄 것이 없지만, 모름지기 물을 먹고서 목메는 일을 막을 줄도 알아야 한다."고 했다.

「黃龍慧南禪寺語錄續補(황룡혜남선사어록속보)」에는, "거대한 바다의 물을 통째로 삼키고, 須彌山(수미산 : 불교의 우주관에서 우주의 중심을 이루는 거대한 산)을 거꾸로 세우는 것도 衲僧(납승 : 납의를 입은 사람이란 뜻으로 중을 이르는 말)의 면전에는 **보통 차 마시고 밥 먹는 것**[茶飯(다반)]과 다를 바 없는 평상사일 뿐이다. 수행하는 사람은 모름지기 가시나무 숲 속의 큰 도량에 앉아, 진흙과 물속으로 뛰어들어 자신을 더럽히는 상황에서도 본래 면목을 알아차려야 한다."고 비유했다.

또『五祖法演語錄(오조법연어록)』에는, "허다하게 많은 시간 동안 **차를 마시고 밥을 먹음**[茶飯(다반)]에 있어, 그 맛을 제대로 아는 사람은 따로 없다. 조사의 心印(심인 : 마음속에서의 깨달음)은 좋은 소식을 담은 곳에 오히려 아무런 소식도 없다."고 했다.

1) **草衣**(초의, 1786 ~ 1866) : 조선 후기의 승려. 본명은 意恂(의순). 15세에 南平(남평) 雲興寺(운흥사)에서 승려가 되어 金潭(금담)에게서 禪(선)을 닦고, 倫佑(윤우)의 법을 이어받았다. 梵字(범자) 및 神像(신상)에 능했고, 정약용에게서 儒學(유학)과 詩文(시문)을 배웠다. 申緯(신위)·金正喜(김정희) 등과 사귀면서 해남의 頭輪山(두륜산)에 一枝庵(일지암)을 짓고 40년간 止觀[4](지관)을 닦았다. 명맥만 유지해 오던 한국 다도를 중흥시키고, 茶道(다도) 문화를 정착시켰다.

2) **趙州禪師**(조주선사, 778 ~ 897) : 중국 당나라 때 臨濟宗[5](임제종) 승려. 많은 이야기와 기행을 남긴 스님으로, 120세의 장수를 누렸다 한다. 『趙州語錄(조주어록)』은 조주선사의 말씀을 엮은 책이다. 다음은 그가 지은, 차를 제재로 한 시 한 편이다.

    一椀茶出一片心(일완차출일편심)   한 잔의 차는 한 조각 마음에서 나왔으니,
    一片心在一椀茶(일편심재일완차)   한 조각 마음은 차에 담겼네.
    當用一椀茶一嘗(당용일완차일상)   이 차 한 잔 맛보시게,
    一嘗應生無量樂(일상응생무량락)   한 번 맛보시면 한량없는 즐거움이 생긴다네.

3) **公案**(공안) : 선불교, 특히 臨濟宗(임제종)에서 禪(선)을 시작하는 사람들에게 精進(정진)을 돕기 위해 사용하는 간결하고도 역설적인 문구나 물음이다. '話頭(화두)'라고도 한다. 공안을 풀기 위해 분석적인 사고와 의지적인 노력을 다하는 동안 사고의 전환이 이루어져, 직관 수준에서 적절한 답을 찾을 수 있는 준비가 이루어진다. 이러한 과정을 통해 禪師(선사)는 수행자에게 參禪(참선)에서 얻은 경험의 어떤 부분을 전수해 주고, 또한 수행자의 역량을 시험해 본다.

   원래 중국에서 '公府(공부)의 案牘(안독)'이라고 하는 말에서 나온 公案(공안)은 선사의 언행록에서 뽑아 모은 것이다. 현재 모두 1,700개가 전해진다고 한다. 가장 중요한 公案集(공안집)으로는, 1125년에 중국 승려 圜悟(원오)가 그전부터 있던 공안집에서 100개 정도를 가려내어 편집·주석한 『碧巖錄(벽암록)』과 1228년에 중국 승려 蕙開(혜개)가 48개를 모은 『無門關(무문관)』이 있다.

4) **止觀**(지관) : 불교의 수행방법. 禪定(선정)과 智慧(지혜)를 균등하게 담는 수행법으로, '止(지)'는 '멈추어 모든 번뇌를 그치는 것'이고, '觀(관)'은 '자신의 본래 마음을 관찰하고, 사물의 본성을 꿰뚫어보는 것'을 말한다.

5) **臨濟宗**(임제종) : 중국 불교의 선종에서 당나라 때, 선사 臨濟義玄(임제의현)을 開祖(개조)로 하는 일파로서, 5가 7종 중의 하나. 임제는 馬祖道一(마조도일)이 대성한 남종선의 전통을 더욱 철저히 하여, '無位(무위)의 眞人(진인)'이라는 절대 주체를 세우는 道(도)를 확립했다.

   宋(송)대 이후 임제종은 수행자의 見性(견성)을 위한 수단으로, 선사의 언행록인 공안을 사용하는 公案禪(공안선) 또는 看話禪(간화선)을 고취했다. 이 간화선은 공안을 통해 본래 지닌 불성을 자각하여 지혜에 의한 깨달음을 얻고자 하는 선이지만, 坐禪(좌선)을 경시하여 선 본래의 방식으로부터 벗어났다는 비난도 받았다.

058 大丈夫 대장부

字解 大 : 큰 대 [大會(대회) : 많은 사람이 모이는 큰 모임]
　　　　　대강 대 [大槪(대개) : 대강의 사연, 대략]
　　　丈 : 어른 장 [椿府丈(춘부장) : '남의 아버지'를 높이어 일컫는 말]
　　　　　길이의 단위 장 [方丈(방장) : 가로, 세로가 1丈(장)인 넓이. 1丈(장)은 10尺(척)]
　　　夫 : 사내 부 [凡夫(범부) : 평범한 사내]
　　　　　남편 부 [夫婦(부부) : 남편과 아내]
　　　　　발어사 부 [夫天地者萬物之逆旅(부천지자만물지역려) : 대저, 천지는 만물이 쉬어가는 나그네의 집이다.]

語義 크고 어른다운 사내.
　　　　(장하고 씩씩한 남자)

▶ 大丈夫(대장부)가 창피하게 울 수는 없지.
▶ 부유하다고 친하지 않으며, 가난하다고 멀리하지 않음은 이것이 바로 인간 중에서 大丈夫(대장부)요, 부유하면 찾아가고 가난하면 돌아보지 않는 이것이 바로 인간 중에서 拙丈夫(졸장부)다.

【相對語】 拙丈夫(졸장부) : 활달하지 못하고 옹졸한 사내.
　　　　　小人輩(소인배) : 도량이 좁고 간사한 사람.

 孟子(맹자) - 藤文公下(등문공하)

　흔히 '사내대장부'라고도 쓰는 바, 이는 대장부를 강조한 말이며, 줄여서는 '丈夫(장부)'라고도 한다. 大丈夫(대장부)란 말이 나오는 기록이 어느 것이 가장 오래된 것인지는 잘 알 수 없으나, 대장부란 말을 놓고 그 정의를 내린 것이 『孟子(맹자)』에 나온다. 「藤文公下篇(등문공하편)」에 보면, 從橫家(종횡가)의 학자인 景春(경춘)이란 사람이 맹자를 찾아와 이런 말을 했다.

　"張儀[1](장의)와 公孫衍[2](공손연)은 어찌 참으로 大丈夫(대장부)가 아니겠습니까? 그들이 한번 성을 내면 제후들이 행여나 싶어 겁을 먹고, 그들이 조용히 있으면 온 천하가 다 조용합니다."

　공손연과 장의는 역사적으로 너무나 유명한 맹자 시대의 辯士(변사 : 말솜씨가 아주 능란한 사람)들이다. 경춘의 말처럼 그들이 한번 반감을 가지면 상대는 잠을 편히 자지 못하고, 그들이 조용히 있으면 천하도 따라 조용한 형편이었다. 出世(출세)가 사나이의 전부라고 한다면, 그들이야말로 사나이 중의 사나이라 할 수 있다.

그러나 맹자가 보는 눈은 달랐다.

"이들이 어떻게 大丈夫(대장부)일 수 있겠는가? 그대는 禮(예)를 배우지 않았던가? 장부가 갓을 처음 쓰게 될 때는 아버지가 교훈을 주고, 여자가 시집을 가면 어머니가 교훈을 주는데, 어머니는 대문 앞에서 딸을 보내며 이렇게 말한다. '너희 집에 가거든 공경하고 조심하여, 남편에게 어기는 일이 없게 하라.' 남에게 순종함으로써 정당함을 삼는 것은 아내나 첩이 하는 길이다."

이것은 공손연과 장의가 집권층의 비위에 맞게 갖은 아부와 교묘한 말재주로 상대의 마음을 낚아 자기 목적을 달성하는 것이, 마치 교활한 첩이나 영리한 아내가 남편에게 하는 그런 수법과 다를 것이 없다는 것을 통렬히 비난한 것이다. 그리고 맹자는 그가 생각하고 있는 대장부의 정의에 대해서 이렇게 말했다.

"천하의 넓은 곳에 몸을 두고 천하의 바른 위치에 서 있으며, 천하의 큰 길을 걸으며, 뜻을 얻었을 때는 백성들과 함께 그 길을 가고, 뜻을 얻지 못했을 때는 혼자 그 길을 가며, 부귀를 가지고도 그의 마음을 어지럽게 만들 수 없고, 가난과 천대로 그의 마음을 바꿔 놓지 못하며, 위세나 폭력으로도 그의 지조를 꺾지 못한다. 이런 사람을 가리켜 '크고 어른다운 사내'라고 한다."

 原文 居天下之廣居(거천하지광거) 立天下之正立(입천하지정립) 行天下之大道(행천하지대도) 得志(득지) 與民由之(여민유지) 不得志(부득지) 獨行其道(독행기도) 富貴不能淫(부귀불능음) 貧賤不能移(빈천불능이) 威武不能屈(위무불능굴) 此之謂大丈夫(차지위대장부)

凡人(범인)이 보는 대장부와 哲人(철인)이 보는 대장부와는 이처럼 많은 차이가 있다. 과연 어느 쪽이 참다운 대장부이겠는가?

---

1) 張儀(장의) : 중국 戰國(전국)시대, 魏(위)나라의 政治家(정치가)·遊說家(유세가). 蘇秦(소진)과 더불어 縱橫(종횡)의 術策(술책)을 鬼谷(귀곡) 선생에게서 배웠다. 뒤에 秦(진)나라 惠文王(혜문왕)의 신임을 받아 宰相(재상)이 되어, 연횡의 策(책)으로 韓(한)·齊(제)·趙(조)·燕(연) 등 연횡책을 유세하여 열국으로 하여금 진나라에 복종하도록 하였다. 혜문왕이 죽은 후, 讒訴(참소 : 남을 헐뜯어서 없는 죄를 있는 듯이 꾸며 고해바치는 일)를 당하여 그 뜻을 이루지 못하고, 위나라에서 客死(객사)했다.

2) 公孫淵(공손연, ? ~ 238) : 3세기 요동지방의 세력가이자 燕(연)나라의 왕으로, 公孫康(공손강)의 차남이다. 자는 文懿(문의)이다.

228년, 숙부 公孫恭(공손공)을 몰아내고 요동 지방의 군주로 군림했다. 그의 車騎將軍(거기장군)직을 이어 받았다. 공손연은 東吳(동오)의 군주인 손권이 그에게 燕王(연왕)의 작위와 九錫(구석 : 중국에서 천자가 공로가 큰 제후와 대신에게 하사하던 아홉 가지 물품)의 지위를 제공하였음에도 그를 배신하는가 하면, 국경을 접한 고구려와도 적을 지는 등 국제 외교 관계에 문제점을 드러내었다. 그는 손권의 사신을 참수하여 그 수급을 魏(위)에 보냈는데, 위나라 황제 曹叡(조예, 205 ~ 239, 조조의 손자. 위나라 2대 황제)로부터 樂郎公(낙랑공)의 작위를 제공받았다.

그러나 237년, 공손연은 연호를 素漢(소한)으로 하고, 燕王(연왕)을 자칭하여 魏(위)에 정면으로 대항할 뜻을 분명히 했다. 그러는 사이에 위나라에 인질로 잡혀 있던 그의 형, 公孫煌(공손황)은 죽임을 당하였다. 238년, 司馬懿(사마의)의 군대에 패퇴하여 그의 아들, 公孫修(공손수)와 도주하다 魏軍(위군)에 잡혀 참수되었다.

※ 大丈夫(대장부)에 대한 名言(명언)

- **대장부**란 '仁(인)'이라는 천하의 넓은 집에 살고, '禮(예)'라는 천하의 바른 위치에 서서, '義理(의리)'라는 천하의 큰 道(도)를 행하는 자이다.

- **대장부**는 마땅히 남을 용서하는 사람은 될지언정, 남에게 용서받는 사람이 되어서는 안 된다[**大丈夫**當容人 無爲人所容(대장부당용인 무위인소용)].

- 자취를 남기지 않는 발걸음으로 걸어가라. 닥치는 모든 일에 대해 어느 것 하나라도 마다하지 않고, 긍정하는 **대장부**가 되어라. 무엇을 求(구)한다, 버린다 하는 마음이 아니라, 오는 인연 막지 않고 가는 인연 붙잡지 않는 大收容(대수용)의 **대장부**가 되어라. 일체의 경계에 물들거나 執着(집착)하지 않는 **대장부**가 되어라.

- **대장부**로 세상에 태어나 나라에서 써준다면, 목숨을 바쳐 충성할 것이요, 써주지 않는다면, 물러나 밭갈이를 하면서 살아도 족하다. 〈이순신〉

- 국가 존망의 위기를 보면 천명을 받을 것 같이 생각하고, 이익을 보면 먼저 정의를 생각하라. 하루라도 책을 읽지 아니하면 입 속에 가시가 생긴다. 나라를 위해서 몸을 바치는 것이 군인의 본분이다. 사나이 **대장부**로 세상에 태어나서 적을 무찌르려 의지를 쌓았더니 이제야 뜻한 대로 좋은 때를 만났구나. 때가 영웅을 만드는가? 영웅이 때를 만나는가? 북쪽바람 차기도 하나, 내 피는 뜨겁구나. 쌓였던 원한을 한번 털어놓으면, 어김없이 꼭 도적을 잡으리라. 우리 동포 형제자매들아. 이 공업을 잊지 말라. 만세, 만세, 만세, 대한독립 만세!

- 마음이 좁으면 군자가 되지 못하고, 독하지 않으면 사내 **대장부**가 되지 못한다. 〈중국 속담〉

- 멋지지 아니한가! 사나이 **대장부**는 패배해도 주눅 들지 않고, 저돌성과 용기와 패기가 있어야 한다.

- 사나이 **대장부**로 세상에 태어나서 적을 무찌르려 의지를 쌓았더니, 이제야 뜻한 대로 좋은 때를 만났구나. 〈안중근〉

- 술에 취했어도 말이 없어야 참다운 군자이며, 재물 앞에서 분명하게 하는 것이 **대장부**이다[酒中不言(주중불언) 眞君子(진군자) 財上分明(재상분명) 大丈夫(대장부)]. 〈명심보감〉

059 獨眼龍 독안룡

字解 獨 : 홀로 독 [獨創(독창) : 혼자의 힘으로 처음으로 생각해 내거나 만들어 냄]
　　　　　　외로울 독 [孤獨(고독) : 쓸쓸하고 외로움]
　　　　眼 : 눈 안 [眼鏡(안경) : (불안전한 시력을 돕거나, 강한 광선으로부터 눈을 보호하기 위하여) 눈에 쓰는 기구]
　　　　　　요점 안 [主眼(주안) : 중심이 되는 요점]
　　　　龍 : 용 룡(용) [龍頭(용두) : 용의 머리]
　　　　　　언덕 롱

語義 애꾸눈(외눈박이)의 용.
　　　　(한 눈을 가지고도 용맹한 사람)
　　　　(출중하고 용감한 젊은 사람)

用例

▶ 애꾸눈으로 유명한 후고구려 왕 弓裔(궁예)는 **獨眼龍**(독안룡)이라 할 수 있다.
▶ 도요토미 히데요시의 천하로 일본의 정세가 굳혀지던 무렵, 엄청난 속도로 동북일본을 제압한 사람이 있었으니 바로 다테 마사무네[政宗(정종)]였다. 천연두로 한쪽 눈을 잃어, 별명이 '**獨眼龍**(독안룡)'이었다.

出典 **唐書**(당서) – 李克龍傳(이극용전), **五代史**(오대사) – 唐記(당기)

　중국 唐(당)나라 懿宗(의종 : 제17대 황제) 말년[873년], 산동·하남 지방은 대홍수를 만났는데, 이 듬해인 僖宗(희종 : 제18대 황제) 원년에도 같은 이 지방에 큰 가뭄을 당하는 불행을 만났다. 그런데도 나라의 세금 징수는 가혹하기 짝이 없어, 농민들은 부득이 그 자식을 팔고 아내를 팔아 겨우 苛稅(가세 : 가혹하게 많이 매긴 세금)를 감당하고 있었다.

　마침내 산동(山東)의 일각에서 불타오른 농민 봉기의 불길은 드디어 曹州(조주) 출신인 黃巢[1](황소)를 궐기하게 만들었다. 그는 산동 출신의 王仙之(왕선지)와 손을 잡고 각지를 轉掠(전략 : 돌아다니며 노략질을 함)할 때마다, 찾아와 투항하는 자들을 합쳐 급속히 그 병력을 증강시켜 갔다.

얼마 안 되어 병력 수십만을 헤아리게 된 황소는 廣明(광명) 원년[881년] 11월, 洛陽(낙양)을 무찌르고 노도와 같이 진격을 계속하여 드디어 당의 수도 長安(장안)을 함락하고, 백성이 환호하는 가운데 장안에 입성하여 스스로 齊帝(제제)라 칭하고서 大齊國(대제국)을 세웠다.

그러나 한편 興元(흥원)에서 成都(성도)로 난을 피해 蒙塵(몽진 : 머리에 먼지를 쓴다는 뜻으로, 임금이 난리를 피하여 안전한 곳으로 떠남)해 있던 僖宗(희종) 측에서도 착착 반격의 태세를 굳히고 있었다. 즉 唐軍(당군)의 맹장 李克用[2](이극용)의 등장이다. 이극용은 6세기 경부터 중국 북부 몽고고원으로부터 알타이 지방을 지배했던 突厥(돌궐)의 일파인 沙陀族(사타족) 출신이었다. 할아버지 때부터 당나라에 들어와, 아버지가 '龐勛(방훈)의 亂(난)'에서 공을 세워, 李國昌(이국창)이라는 이름을 하사받아 이후 성씨를 李(이)씨로 하였다.

'황소의 난'은 일개 소금 밀매업자가 주동이 된 폭동이었지만, 순식간에 폭정과 극빈에 시달리던 농민들의 지지를 얻어, 전후 십년간에 걸쳐 천하를 뒤흔들어 놓았다. 당시 세계 최고의 문화를 자랑하던 당나라도 이 반란의 여파에 휩쓸려 결국 위기에 빠지고 말았다. 누구도 섣불리 황소의 반군에 대항하지 못하고 있었는데, 유독 이극용이 이끄는 달단족의 기마부대만 용감하게 그들과 맞붙어 전과를 올렸다.

황소의 반군들은 이들을 鴉兒軍(아아군 : 까마귀 부대)이라 하며, 이들이 나타나면 싸우지도 않고 달아났다고 한다. 『資治通鑑(자치통감, 송나라 사마광이 편찬한 중국의 3대 역사서 중 하나)』에는 이극용의 모습을 다음과 같이 기술하고 있다.

"이극용의 그때 나이 28세로 여러 장군들 중에서 가장 나이가 어렸다. 그러나 황소를 격파하고 장안성을 회복하는 데 제일 큰 공을 세웠다. 병력의 세력이 가장 군세어서 여러 장군들은 모두 그를 두려워하였다. 이극용은 한쪽 눈이 아주 작고 애꾸눈이어서 세상 사람들은 그를 가리켜 **외눈박이 용**이라고 불렀다."

 原文 克用時年二十八(극용시년이십팔) 於諸將最少(어제장최소) 而跛黃巢(이파황소) 復長安功第一(복장안공제일) 兵勢最彊(병세최강) 諸將皆畏之(제장개외지) 克用一目微眇(극용일목미묘) 時人謂之獨眼龍(시인위지독안룡)

'독안룡'은 바로 여기에서 유래하였으며, 이 뒤로는 '애꾸눈의 용맹한 사람', 그리고 발전하여 '남달리 출중하고 용감한 젊은 사람'을 비유할 때 쓰인다.

---

1) **黃巢**(황소, ? ~ 884) : 중국 唐代(당대)의 반란 지도자. 그가 일으킨 반란으로 인해 唐朝(당조, 618 ~ 907)의 힘이 크게 약화되어, 반란이 끝난 몇 년 뒤에 당나라는 붕괴되었다. 황소는 재주가 출중했음에도 불구하고 과거시

험에 낙방하자, 정부의 소금 전매제도를 무시한 채 소금 밀매업으로 직업을 바꾸었다.

875년 수천 명의 추종자들을 모아, 여러 차례 반란을 일으켜 중국 전체를 휩쓸었다. 그는 군대를 남쪽으로 이끌어 879년 부유한 무역도시 광저우[廣州(광주)]를 점령했고, 이후 북쪽으로 방향을 돌려 881년 수도 長安(장안)을 점령했다. 그 후 자신을 스스로 大齊(대제)의 초대 황제라고 칭했으나, 장안에 대한 식량 공급선을 확보하는 데 실패했다. 883년 唐(당)나라는 돌궐계 유목민인 沙陀族(사타족) 출신 이극용의 도움을 받아 그를 장안에서 몰아냈다. 이듬해 황소는 체포되어 처형되었다. 당을 최종적으로 전복했던 朱全忠[3](주전충)은 황소의 부하 장군이었다.

2) **李克用**(이극용, ? ~ 908) : 중국 당대 돌궐족 출신의 장군. 당 말기에 나라를 크게 위협한 '황소의 난'을 진압했다. 그 후 당이 강한 세력을 지닌 절도사들에 의해 분할되자, 이극용은 중국 북부에서 권력 장악을 둘러싸고 세력을 다투게 되었다. 그러나 이극용은 숙적 朱全忠(주전충 : 반란군에 가담했다가 귀순한 뒤, 황소 토멸에 공을 세워 동평군왕이 됨)과 정권을 다투다 패하고, 실의 속에 세상을 떠났다.

3) **朱全忠**(주전충, 852 ~ 912) : 後梁(후량)의 초대 황제(재위 907 ~ 912). 朱溫(주온)·朱晃(주황)이라고도 한다. 묘호는 太祖(태조). 원래 그는 반란군 황소의 진영에 있다가, 적절한 기회에 당에 투항한 보상으로 중국 중부의 카이펑[開封(개봉)] 부근의 전략적 요지에 절도사로 임명되었다. 황소의 난이 진압된 뒤, 이 난을 진압한 돌궐족 출신의 장군 이극용과 함께 중국 북부의 지배권을 둘러싸고 쟁탈전을 벌였다. 여기서 승리를 거둔 주전충은 당의 황제 昭宗(소종 : 제19대 황제)에게 수도를 長安(장안)으로부터 자기가 주둔하고 있던 뤄양[洛陽(낙양)]으로 강제로 옮기게 했다.

904년 소종을 시해하고, 소종의 13살짜리 아들을 제외한 나머지 아들을 모두 죽여 버렸다. 살려둔 아들을 哀宗(애종 : 제20대 황제)으로 옹립했다가 907년 폐위시키고, 스스로 후량의 초대 황제 자리에 올랐다. 5년 후, 그의 맏아들이 그를 죽이고 제위에 올랐다.

※ **李存勖**(이존욱, 885 ~ 926. 재위 923 ~ 926) : 오대십국시대 後唐(후당)의 창건자로서 초대 황제. 묘호는 莊宗(장종). 이극용의 뒤를 계승한 장남 이존욱은 후량에 맹렬한 공격을 시작했다. 후량 측에서도 주전충의 실정과 추락이 심해 차례로 영토를 빼앗겼다. 거기에다 주전충이 후계자를 선택하는 것에도 실패해 내분을 초래했다.

이를 지켜본 이존욱은 연왕을 칭하던 유인공을 공격하여 그 나라를 병합했다. 923년 자신감을 가진 이존욱은 진왕 황제라 칭하고, 국호를 대당이라 하며 나라를 세웠다. 역사상 後唐(후당)이었다. 923년 11월 19일 후당군이 카이펑[開封(개봉)]을 함락시키자, 후량은 멸망하게 되었다. 이극용의 李(이)씨 성은 공적에 의해 당나라로부터 國姓(국성)을 하사받은 것이었다. 이것을 이유로 이존욱은 스스로가 당나라의 후계자임을 자칭하고 후당을 건국하게 되었다.

후량을 멸망시킨 후, 뒤이어 冀王(기왕)을 자칭한 李茂貞(이무정), 쓰촨[四川(사천)]을 지배한 前蜀(전촉, 오대십국의 하나)을 멸망시켜 영토를 확대했다. 그러나 莊宗(장종) 이존욱의 생각은 당나라의 위광을 되살리는 것으로 낙양으로 천도하고, 주전충이 폐지했던 군대에 환관을 감찰로써 파견하는 제도를 부활시켜 무장들의 불만을 샀다. 이 불만 때문에 926년 무장들이 李嗣源(이사원 : 후에 명종. 후당의 제2대 황제)을 옹립하였다. 이사원의 군대가 낙양에 육박하자, 禁軍(금군 : 근위병)들에 의해 장종 이존욱은 살해당했다.

060 登龍門 등용문

字解 登 ; 오를 **등** [登山(등산) : 산에 오름]
　　　　　나아갈 등 [登校(등교) : 학교에 나감]
　　　　　올릴 등 [登錄(등록) : 문서나 장부에 올림]
　　　龍 ; 용 **룡(용)** [臥龍(와룡) : 누워 있는 용]
　　　門 ; **문** 문 [門牌(문패) : 문에 다는 패]
　　　　　집 문, 집안 문 [名門(명문) : 문벌이 좋은 집안]
　　　　　지체 문 [門閥(문벌) : 가문의 대대로 내려오는 지체]

語義 용이 되어 하늘로 올라가는 문.
　　　　(뜻을 펴서 크게 영달함)
　　　　(어려운 관문을 통과하여 크게 출세하게 됨. 또는 그 관문)

 **用例**

▶ 각 일간지의 신춘문예 공모는 젊은 소설가들의 **登龍門**(등용문)이다.
▶ 'ㅇㅇㅇ' 시리즈가 신진 디자이너의 **登龍門**(등용문)이 된 것은, 철저히 실력 위주로 선발하기 때문이다.
▶ 오디션 프로그램이 봇물을 이루고 있습니다. 그러나 꽉 막혀 있는 **登龍門**(등용문), 어디로 들어가야 할지 모르는 암담함의 현실이 시청자로 하여금 오디션 프로그램에 빠져들게 해줍니다. 인생의 각기 다른 오디션 앞에 서 있는 당신을 응원합니다.

【相對語】 點額(점액) : '이마에 상처를 입는다.'는 뜻으로 시험에 낙제하거나, 출세 경쟁에서 패배하는 일. *額 ; 이마 액

 **後漢書**(후한서) – 李膺傳(이응전)

'龍門(용문)'은 '중국 황하 상류에 있는 지명'이다. 山西省(산서성) 河津縣(하진현)과 陝西省(섬서성) 漢城縣(한성현) 사이를 폭포처럼 내리 쏟아지는 급류 지역이다. 급류가 거세어 큰 잉어도 거슬러 오르기가 매우 어렵고, 오르기만 하면 龍(용)이 된다고 전하는 곳이다.

三秦記(삼진기)에 따르면, 황하의 무수한 큰 잉어들이 용이 되려는 대망을 안고, 용문 밑으로 모여들

어 일생의 명운을 걸고 용문에 오르려 한다. 험난한 물길을 거슬러 오르려고 온 정력을 다 쏟지만, 좀처럼 오를 수가 없다. 1차 시도하다 실패하면 2차, 3차로 계속된다. 그러다가 자칫 실수로 암벽에 부딪혀 죽음을 당하기도 하고, 비늘만 뜯긴 채 도중에 하차하기도 하며, 기진맥진하여 중간에 떨어져 하류로 둥둥 떠내려가기도 한다. 험난한 물길을 거슬러 용이 되고자 하는 수많은 魚群(어군)들을 물리치고, **'당당히 용문에 오르면, 용이 되는 영광을 차지한다.'**는 데서 나온 말이 '**登龍門**(등용문)'이다.

 原文 河津一名龍門(하진일명용문) 水險不通(수험불통) 魚鼈之屬莫能上(어별지속막능상) 江海大魚薄集龍門下數千(강해대어박집용문하수천) 不得上(부득상) 上則爲龍也(상즉위용야)

〈直譯〉 하진은 일명 **용문**인데, 물이 험해 통하지 못한다. 물고기나 자라의 무리는 오를 수가 없었다. 강과 바다의 큰 물고기가 용문 밑으로 모이는 것이 수천이었지만, 오르지는 못한다. 오르면 용이 된다.

이 등용문에 이르는 피나는 경쟁에서 고배를 마신 무리들에게는 點額(점액 : 이마에 점이 찍힘)이라는 패배의 쓰라린 상처가 안겨진다. 험난한 물길을 거슬러 오르거나 떠밀리다가 바위에 부딪혀 '입은 상처로 이마에 점이 찍혔다'는 뜻이다.

'**名士**(명사)의 후광을 입어 유명해지는 경우'를 '**登龍門**(등용문)'이라 일컬음은, 다음과 같은 李膺[1](이응)의 고사에서 비롯되었다.

後漢(후한)의 제11대 황제 桓帝(환제. 재위 147 ~ 167) 때, 환관 禪超(선초)를 위시한 이른바 五侯(오후)라는 간악한 무리들이 국정에 깊숙이 개입해, 매관매직 등 온갖 추악한 짓을 자행했다. 정치는 날로 문란해지고 기강은 갈수록 해이해져, 도의심은 땅에 떨어지고 부정부패는 사회 전반에 만연했다. 이럴 때 절실히 요구되는 것이 淸廉剛直(청렴강직)한 인물이었다.

潁川(영천)의 襄城(양성) 출신 李膺(이응)은 천성이 고결하고 廉直(염직 : 청렴하고 결백함)하여, 불의를 묵과하지 않는 유능한 관리이며 학자였다. 菁州刺史(청주자사)를 비롯하여 漁陽(어양), 蜀郡(촉군)의 太守(태수)를 역임했다. 그는 官紀(관기 : 관청의 규율)·肅正(숙정 : 엄하게 다스려 바로잡음)을 위해 일호의 부정도 용납함이 없었고, 중앙 정부의 부당한 개입에 신명을 걸고 의연히 직분을 수행했다. 이응의 사람됨을 잘 아는 현령들은 그가 태수로 부임한다는 소식에 자신들의 비위가 드러날까 겁을 먹고 물러나기도 했다.

李膺(이응)은 황제에게 인정을 받자 자주 발탁되기도 했지만, 모함을 받기도 했고 소신껏 밀고 나가다가 뜻대로 되지 않으면 관직에서 물러나기도 했다. 어둠이 짙을수록 불빛은 멀리 비치게 마련이다. 사회가 혼탁할수록 이응의 명성은 높아만 갔다. 뜻있는 선비들은 이응을 우러러 경의를 표했다. 신진 관료들은 이응의 추천을 큰 명예로 알았고, 이응과 접촉한 인사들은 그의 후광을 입어 유명해졌다. 그렇다고 이응이 아무나 접촉하고 추천하며 交遊(교유)하는 것은 아니었다. 반드시 사람을 가려서 접촉하고 추천하며 교유하는 까닭에, 이응을 만나는 것은 잉어가 용문을 거슬러 올라 용이 되는 것만큼이나 어려웠다. 그만큼 어려웠기 때문에 '이응을 만나 후광을 입게 된 것'을 '<u>登龍門</u>(등용문)'이라 일컫기도 했다.

 原文 膺李聲名自高(응이성명자고) 士有被其容接者(사유피기용접자) 名爲登龍門(명위등용문)

〈直譯〉 이응의 명성이 절로 높아져, 신진 선비들은 그와 친분을 갖거나 추천받는 것을, 대단한 명예로 여겨 이를 <u>등용문</u>이라 하였다.

'登龍門(등용문)'이란 말은 글자 그대로 '용이 되어 하늘로 올라가는 문'이란 뜻이다. 그러나 지금까지 살펴본 대로 '출세의 관문'이란 뜻이 되었다. 그래서 오늘날 고등고시나 그 밖의 어려운 시험에 합격하는 것을 이르고 있다.

---

1) **李膺**(이응, ? ~ 169) : 천하의 모범으로 불린 청류파의 거두였다. 후한 제11대 桓帝(환제, 132 ~ 168) 때, 단초 등 내시의 전횡으로 太學(태학 : 국가교육의 최고기관으로 관료 양성기관)의 학생 3만여 명을 배경으로 하는 정의파 관료의 저항이 일어나 '淸流運動(청류운동)'이 활발해졌다. 이 운동에 가담한 이응은 단연 拔群(발군)이었다고 한다. 당시 태위 陳蕃(진번, ? ~ 168)의 천거로 사례교위가 된 이응은 정의파 관료의 대표적 인물로 바른 품행과 청빈한 자세를 지키고 있었다. 이 당시 학생들은 '천하의 모범은 이응, 강적을 두려워하지 않는 것은 陳蕃(진번), 천하의 수재는 王叔茂(왕숙무)'라고 평했다. 이렇듯 이응의 명성은 높아져 이응의 집 바깥 대청에 오르는 자가 있으면, 사람들은 그를 보고 용문에 올랐다고 말했다.

※ **登龍門**(등용문)**의 한글 표기** 〈문법 상식〉

 '登龍門'의 올바른 한글 표기는 '등룡문'인가?, '등용문'인가? 한글 맞춤법의 규정에 의하여 살펴본다.
 옛날에는 '등룡문'이라 발음해 오다가, 한글 맞춤법에 '頭音法則(두음법칙)'이 생기면서, '등용문'으로 쓰이게 되었다.
 원래 두음법칙은 단어의 첫머리에 적용되지만, 語頭(어두)가 아니어도 적용되는 경우가 있다.
 접두사처럼 쓰이는 한자가 붙어서 된 말이나, 합성어에서는 뒷말의 첫소리가 'ㄴ' 또는 'ㄹ' 소리로 나더라도, 두음법칙에 따라 적는다.

〈用例〉

 신여성(←신녀성), 구여성(←구녀성), 상노인(←상로인), 중노동(←중로동), 비논리적(←비론리적), 공염불(←공념불), 실낙원(←실락원), 남존여비(←남존녀비)
 '雙龍'은 '쌍룡'으로 표기하지만, 登龍門(등용문)은 登(등)과 龍門(용문)이 결합된 합성어로 간주하여 '등용문'으로 표기하는 것이다.

061 未亡人 미망인

字解 未 : 아닐 **미** [未開(미개) : 꽃이 아직 피지 않음. 문명이 아직 발달하지 못한 상태]

여덟째지지 미 [未時(미시) : 오후 1 ~ 3시]

亡 : 멸할 망 [亡國(망국) : 망한 나라 또는 나라가 망함]

달아날 망 [逃亡(도망) : 몰래 피해 달아남]

죽을 **망** [亡靈(망령) : 죽은 사람의 넋]

人 : 사람 **인** [證人(증인) : 어떤 사실을 증명하는 사람]

인품 인, 인격 인 [爲人(위인) : 사람의 됨됨이]

語義 아직 죽지 못한 사람.

(남편이 죽고 홀로 남은 여자. 즉 과부)

(과부가 스스로를 겸손하게 일컫는 말)

 用例

▶아직 나이가 젊은 **未亡人**(미망인)에 대한 같은 여자로서의 애뜻한 동정이리라.
▶아직도 **未亡人**(미망인)이라는 말이 버젓이 쓰이고 있습니다. 다음은 신문기사의 한 구절입니다. 이달 초 보훈지청에서 '전쟁 **未亡人**(미망인)들을 모시고 봄나들이를 다녀왔다.'는 보도 자료를 내었습니다.

出典 ① **春秋左氏傳**(춘추좌씨전) – 莊公篇(장공편)

중국 楚(초)나라 莊公(장공) 28년에, 슈尹(영윤 : 재상 벼슬) 子元(자원)이 죽은 文王(문왕)의 부인 文夫人(문부인)을 유혹할 계획으로, 부인이 거처하는 궁전 옆에 자기 관사를 짓고, 거기에서 殷(은)나라 蕩(탕)임금이 처음 만들었다는 萬(만)이라는 춤을 추게 하며 음악을 울렸다.

초나라 문부인이 (음악 소리를 듣자 눈물을 흘리며) 말했다.

"先君(선군 : 돌아가신 왕)께서는 이 舞樂(무악)을 군사 훈련에 한해서 썼다. 이제 영윤이 이것을 원수 갚는 일에 쓰지 않고, **아직 따라 죽지 못한 사람**의 곁에만 있으니, 또한 이상스럽지 아니한가?"

原文 楚文夫人曰(초문부인왈) 先君以是舞也(선군이시무야) 習戎備也(습융비야) 今令尹不尋諸仇讎(금영윤불심제구수) 而於未亡人之側(이어미망인지측) 不亦異乎(불역이호)

故事成語 三音節 189

시종 하나가 이 사실을 子元(자원)에게 알리니, 그는

"부인은 원수를 잊지 않고 있는데, 오히려 내가 잊고 있었구나."

하고는 즉시 춤과 음악을 걷어치우고, 군사를 동원하여 鄭(정)나라를 쳤다.

 ② **春秋左氏傳**(춘추좌씨전) - 成公篇(성공편)

중국 춘추시대 魯(노)나라 제23대 成公(성공)이 왕위에 있었는데, 재위 중 노나라의 공주 伯姬(백희)가 宋(송)나라 제13대 宋公(송공)에게 출가하게 되자, 季文子(계문자)라는 사람이 백희를 따라 송나라에 갔다. 계문자는 後行(후행)으로서의 임무를 무사히 마치고 돌아왔으므로, 성공은 위로의 연회를 베풀었다. 그 연회석상에서 계문자는 『詩經(시경)』을 인용하여 成公(성공)과 宋公(송공)을 칭송한 후, 송의 땅은 좋은 곳이니 출가한 공주께서는 틀림없이 잘살 것이라고 노래하였다. 이를 듣고 있던 선대 宣公(선공)의 부인이자 공주의 모친인 穆姜(목강)은 매우 기뻐하여 말하기를,

"이번에 퍽이나 큰 신세를 끼쳤습니다. 당신은 先君(선군) 때부터 충성을 다하였고, 이 **未亡人**(미망인)인 나에게까지 진력하여 주셔서 고맙기 그지없습니다."

라고 말하고, 역시 『詩經(시경)』의 「綠衣(녹의)」 終章(종장)의 마지막 장을 노래하고, 자기 방으로 돌아갔다.

또 하나의 용례를 보면, 중국 춘추시대 衛(위)나라의 定公(정공) 때, 정공이 병을 앓아 자리에 눕자 정실부인 강씨의 아들을 외면하고, 첩인 敬似(경사)의 몸에서 난 衎(간)을 태자로 세웠다. 그리고 정공은 그 해 10월에 드디어 세상을 떠나 버렸다. 그런데 태자가 된 衎(간)은 아버지의 죽음을 조금도 슬퍼하는 기색이 없었다. 정공의 아내 강씨는 이미 사흘 동안 식음을 전폐하는 상례를 치르고 와서 태자의 모양을 보고는, 크게 분해하며 다시 음식을 입에 대지 않고 탄식하며 말했다.

"이 되지 못한 놈이, 장차 위나라의 국정을 그르칠 뿐만이 아니라, 반드시 이 **아직 따라 죽지 못한 사람**을 제일 먼저 학대할 것이다. 아, 하늘은 衛(위)나라에 화를 내리시는구나. 나는 鱄也(전야 : 자신의 아들 이름)를 위나라의 주인이 되게 할 수가 없었다니……."

 原文 是夫也(시부야) 將不唯衛國之敗(장불유위국지패) **其必始於未亡人**(기필시어미망인) 烏呼(오호) 天禍衛國也夫(천화위국야부) 吾不獲鱄也使主社稷(오불획전야사주사직)

지금까지 살펴보았듯이, '未亡人(미망인)'은 여러 문헌에서 '남편을 잃은 아내가 자신을 일컫는 말'로 쓰이고 있다. 즉, 미망인이라 함은 남편이 죽으면, 아내도 따라 죽어야 할 것이나 아직 죽지 못하고 있다는 뜻으로, 아내가 자신을 겸손하게 이르는 말이다. 그러나 따지고 보면, 남이 미망인이라고 부르는 것은 크게 실례되는 말임에 틀림이 없다. 그런데도 현실적으로 이 말은 오늘날 '남편 잃은 부인을 가리키는 품위 있는 말'로 주로 쓰이고 있다.

062 彌縫策 미봉책

字解 彌 : 두루 미, 널리 미 [彌滿(미만) : 두루 널리 가득 참]
　　　　 더욱 미 [彌盛(미성) : 더욱더 성함]
　　　　 기울 미 [彌縫(미봉) : 임시변통으로 이리저리 꾸며 대어 맞춤]
　　　 縫 : 꿰맬 봉 [縫合(봉합) : 꿰매어 합침]
　　　 策 : 꾀 책, 계책 책 [妙策(묘책) : 기묘한 계책]
　　　　 채찍(질할) 책 [策勵(책려) : 채찍질하여 격려함]

語義 꿰매어 깁는 계책. 깁고 꿰맨 계책.
　　　 (결점이나 실패를 덮어, 발각되지 않게 이리저리 주선하여 감추기만 하는 계책)

 **用例**

▶이번에 개정된 주택 정책은 彌縫策(미봉책)으로 일관해 낙제점이라는 지적이다.
▶언론은 정부 정책이 彌縫策(미봉책)일 뿐, 근본적인 해결책은 될 수 없다고 했다.

【類義語】姑息之計(고식지계) : 우선 당장 편한 것만을 택하는 꾀나 방법.
　　　　 凍足放尿(동족방뇨) : 언 발에 오줌 누기, 잠시의 효력이 있을 뿐, 그 효력은 없어지고
　　　　　　　　　　　　　　마침내는 더 나쁘게 될 일을 함.
　　　　 因循姑息(인순고식) : 낡은 관습이나 폐단을 벗어나지 못하고, 당장의 편안함만을 취함.
　　　　 抱火厝薪(포화조신) : 불을 안아서 땔나무에 둠.

 **春秋左氏傳**[1](춘추좌씨전) – 桓公篇(환공편)

　중국 춘추시대 周(주)나라는 실세가 그다지 크지 못하여, 제14대 桓王(환왕. 재위 B.C.720 ~ B.C.697)은 기울어져만 가고 있는 주 왕실의 세력을 일으킬 방도를 모색하다가, 환왕 13년[B.C.707], 鄭(정)나라를 공격하기로 했다. 그 당시 정나라는 한창 세력이 커지자, 천자의 나라인 주나라를 노골적으로 무시하곤 했다.

　정나라를 다스리고 있던 자는 莊公(장공, 제3대 임금. 재위 B.C.744 ~ B.C.701)이었는데, 환왕은 공격에 앞서 왕실 卿士(경사)로서의 그의 자격을 박탈했다. 그러자 장공이 분개하여 朝見(조견 : 신하가 왕을 찾아뵙는 것)을 중단하였다. 이를 빌미로 환왕은 정절군을 일으켜, 虢(괵) · 蔡(채) · 衛(위) ·

秦(진)나라 군사를 모아 자신이 총사령관이 되어, 정나라 정벌에 나섰다. 천자의 이러한 '自將擊之(자장격지 : 천자가 몸소 군사를 지휘하는 일)'는 그때까지 전무후무한 일이었다. 환왕은 정나라에 도착하여 자신은 중군을 맡고, 괵·채·위나라를 우군에, 진나라를 좌군에 포진시켰다. 장공은 환왕의 공격에 강경하게 대응하기로 했다. 이미 잃어버린 경사의 직책에 대해서는 참을 수 있을지언정, 토벌의 미끼는 될 수 없다고 생각하여 단호히 토벌군을 맞아 싸울 각오를 했다. 토벌군은 왕 스스로 중앙군을 지휘하고, 왕의 경사 괵공림부가 우익군의 장이 되고, 채와 위의 군이 이에 따랐다. 周公(주공) 黑肩(흑견)은 좌익군의 장이 되어 진군이 이에 속했다.

장공의 신하 중 元(원)이라는 자가 환왕의 군사 배치를 보고 이렇게 말했다.

"좌군을 맡고 있는 秦(진)나라 군사는 국내 정세가 혼란스럽기 때문에 사기가 떨어져 있는 상태입니다. 그러니 먼저 좌군을 공격하면, 그들은 패하여 도망갈 것입니다. 그렇게 되면 환왕의 중군도 혼란에 빠지고, 괵·채·위나라 군사들도 달아날 것입니다. 이때 중군을 본격적으로 공격하면, 승리는 우리의 것입니다."

장공은 이 의견에 따라 曼伯(만백)을 우익, 蔡仲(채중)을 좌익으로 하고, 직접 장군을 거느리고 중앙군이 되어 출전하였다. 이때 장공이 친 陳(진)에 대하여 『春秋左氏傳(춘추좌씨전)』에는 다음과 같이 씌여 있다.

"장공은 圓形(원형)의 진을 쳤다. 전차를 앞세우고 보병들을 뒤따르게 했는데, 전차와 전차 사이의 간격을 보병으로 **彌縫**(미봉)했다."

'彌縫(미봉)'은 곧 '**꿰맨다거나 보충하여 메꾼다.**'는 뜻이다. 즉 전차부대를 앞세우고 보병을 그 뒤에 세워 전차의 틈 사이를 보병으로 미봉했다. 전차가 헝겊조각이라면 사람은 실이 된 것이다. 이들은 정나라의 땅 유갈이라는 곳에서 맞붙어 싸웠는데, 장공은 좌·우익군에게 명령했다.

"본진의 깃발이 움직이거든, 북을 치며 진격하라."

정나라가 취한 전략은 성공했다. 채·위·진의 군사는 패해 달아나고, 환왕의 군대는 혼란에 빠졌다. 정나라 군대는 한달음에 환왕군을 공격하여 이를 크게 쳐부수었다. 이 전투에서 환왕은 어깨에 화살을 맞았는데, 패하고도 달아나지 않고 군사를 정리하여 그 자리에 머물러 있었다. 장공은 이를 공격하려는 부하를 말리며, 이렇게 말했다.

"군자는 끝까지 쳐들어가서 남을 이겨내려 하는 것이 아니다. 하물며 천자를 이겨내서는 안 된다. 본시 목적이 自衛(자위 : 침략에 대하여 스스로 자신을 지킴)에 있었으므로, 나라의 안전이 보장되면 그것으로 족하다."

그날 밤 장공은 蔡仲(채중)을 환왕의 진에 파견하여, 왕의 노고를 위로했다고 한다. 이 싸움으로 장공의 이름은 천하에 높아지고, 뒤에는 제나라 환공에 의해 실현된 覇者(패자 : 제후들의 우두머리)의 길을 터놓게 되었다.

'彌縫(미봉)'이란 '군대를 재배치하여 보충한다.'는 뜻으로 원래 군대와 관련이 있는 것이었지만, 일반적으로 "일을 근본적으로 해결하지 않고 순간의 결함만 때우는, '눈 가리고 아웅' 하는 식으로 일을 처리할 때 많이 쓰는 말"이 되었다. 결국 '임시 방편의 계책'이라는 '彌縫策(미봉책)'은 여기에서 유래하였다.

---

1) **春秋左氏傳**(춘추좌씨전) : 공자의 『春秋(춘추)』를 해설한 주석서이다. 『左氏傳(좌씨전)』・『左氏春秋(좌씨춘추)』・『左傳(좌전)』이라고도 한다. 『春秋穀梁傳(춘추곡량전)』・『春秋公羊傳(춘추공양전)』과 더불어 春秋三傳(춘추삼전)이라고 한다. 중국 최초의 편년체 역사서인 『春秋(춘추)』에는 중국 역사 중 춘추시대(B.C.770 ~ B.C.476)에 일어난 사건들이 기록되어 있다.

『춘추좌씨전』은 『춘추』의 상세한 주해서로서, 『춘추』에 기록된 사건들에 대해 상세한 산문체 설명과 풍부한 배경 자료를 제공하고 있다. 비록 단편적이기는 하지만 당시 철학 유파들에 관한 믿을 만한 역사적 자료들과 증거들도 담겨 있다. 『춘추좌씨전』은 춘추시대 전 시기에 일어난 주요 정치적・사회적・군사적 사건들을 포괄적으로 설명하고 있다. 또한 중국 최초의 담화체 서술방식으로 후세에 큰 영향을 끼쳐, 중국 문학사상 독보적인 지위를 차지하고 있다.

역사적인 사건과 인물들은 당사자들의 행동과 대화를 통해 직접적으로 드러나 있으며, 이 책의 3인칭 화술은 정연한 구조를 갖추고 명료하고 간결한 표현을 사용한 것으로 정평이 나 있다. 편찬자는 左丘明(좌구명, 또는 左邱明)으로 알려져 있으나 이견도 있으며, 편찬시기도 확실하지 않고 그 시대의 사적 등에 대해서도 알려져 있지 않다. 현재는 전국시대(B.C.475 ~ B.C.221) 초기에 익명의 작가가 이 책을 편찬한 것으로 보고 있다.

『좌씨춘추』가 『춘추좌씨전』으로서 體裁(체재)를 갖추어 정비된 것은 前漢末(전한말) 劉歆(유흠) 이후의 일로 추측된다. 『좌씨전』의 사상은 대체로 천하통일을 실현하여 君權(군권)을 확립한 秦漢時代(진한시대)의 색채보다는 戰國時代(전국시대)의 사상을 반영하고 있어 맹자의 사상을 통한 것으로 보기도 한다.

『좌씨전』은 기록된 사실과 그에 관련된 史實(사실)을 통하여 역사적・실증적으로 春秋大義(춘추대의)를 구명하고 있어 『공양전』・『곡량전』에 비해 經學的(경학적)인 경향이 약하고 역사학적 경향이 강하다. 史學(사학)에 있어서 중국 편년체 역사의 모범이 되며, 역사적 상황과 정치사회적 변혁, 인물의 역사와 제도・문물 등 다양한 내용을 담고 있다.

현존하는 『좌씨전』의 注(주)로서 가장 오래된 것은 晉(진)나라 杜預(두예)의 『春秋經傳集解(춘추경전집해)』이다. 그 외에도 唐代(당대) 孔穎達(공영달)의 『春秋左傳正義(춘추좌전정의)』, 宋代(송대) 呂祖謙(여조겸)의 『東萊左氏博議(동래좌씨박의)』, 元代(원대) 朱申(주신)의 『春秋左傳句解(춘추좌전구해)』, 趙汸(조방)의 『春秋左傳補注(춘추좌전보주)』, 明代(명대) 陸粲(육찬)의 『左傳附注(좌전부주)』, 淸代(청대) 顧炎武(고염무)의 『左傳杜解補正(좌전두해보정)』 등이 있다.

한편 고구려 때 太學(태학)에서 五經(오경)을 가르쳤고, 백제에서도 五經博士(오경박사) 제도가 있었던 것으로 보아, 우리나라에는 이미 삼국시대에 『춘추좌씨전』이 들어왔다고 여겨진다. 유교의 주요 경전으로 애독되었으며, 崔錫鼎(최석정)의 『左氏輯選(좌씨집선)』과 편찬자를 모르는 『左傳彙類(좌전휘류)』, 丁若鏞(정약용)의 『春秋考徵(춘추고징)』 등이 참고서로 쓰였다. 『좌전』은 9경・12경・13경 중의 하나로 꼽힌다.

063 背水陣 배수진

字解 背 : 등 **배**, 뒤 배 [背景(배경) : 등 뒤의 경치]
　　　　　등질 배 [背恩(배은) : 은혜를 등지고 저버림]
　　　水 : 물 **수** [治水(치수) : 수리 시설을 하여 물을 다스림]
　　　陣 : 진칠 **진** [陣地(진지) : 진을 치고 있는 곳]

語義 물을 등지고 치는 진.
　　　　(죽기를 각오하고 임하는 자세)
　　　　※ '背水之陣(배수지진)'의 준말.

用例

▶이번 경기에서 지면 탈락이 확정되기 때문에 두 팀 모두 **背水陣**(배수진)을 치고, 시종일관 공격적인 경기를 펼쳤다.

▶신립 장군이 이끄는 조선군 8천 명은 천혜의 요새인 문경새재(조령관문)를 버리고, 충주 남한강 탄금대에서 **背水陣**(배수진)을 치고 일본 1진의 군대와 싸웠으나, 반나절 만에 몰살을 당하고 조선은 그대로 평양까지 함락당하고 만다.

【類義語】 濟河焚舟(제하분주) : 강을 건너고 나서 배를 불사른다는 뜻으로, 필사의 각오로 싸움에 임함.
　　　　　　捨糧沈舟(사량침주) : 식량을 버리고 배를 침몰시킨다는 뜻으로, 목숨을 걸고 어떤 일에 대처함.
　　　　　　破釜沈船(파부침선) : 솥을 깨뜨리고 배를 침몰시킨다는 뜻으로, 죽을 각오로 싸움에 임함.

 **史記**(사기) – 淮陰侯列傳(회음후열전)

　중국 漢(한, B.C.206 ~ 220)나라 高祖(고조) 劉邦(유방, B.C.256 ~ B.C.195)이 제위에 오르기 2년 전, 漢軍(한군)을 이끌고 있던 韓信(한신)은 魏(위)를 격파한 여세를 몰아 趙(조)나라로 진격했다. 한신이 쳐들어온다는 것을 안 趙王(조왕) 歇(헐)과 成安君(성안군) 陳餘(진여)는, 재빨리 이십만의 군사를 집결시키고 견고한 성채를 쌓아 놓고, 적을 기다리고 있었다. 조나라는 강한 군사에 유리한 위치를 차지하고 있었는데, 한신의 군사는 烏合之卒(오합지졸 : 까마귀가 모인 것처럼 규율이 없고 무질서한 병졸)에다가 위치도 불리했다.

一萬(일만)의 군대는 강을 등지고 진을 쳤고, 주력부대는 성문 가까이 공격해 들어갔다. 한신은 적이 성에서 나오자 패배를 가장하여 배수진까지 퇴각을 하게 했고, 한편으로는 조나라 군대가 성을 비우고 추격해 올 때 매복병을 시켜 성 안으로 잠입하여, 조나라 旗(기)를 뽑고 한나라 깃발을 세우게 했다. **물을 등지고 진을 친[背水之陣(배수지진)]** 한신의 군대는 죽기 아니면 살기로 결사 항전을 하니, 조나라 군대는 퇴각할 수밖에 없었다. 그리고 이미 한나라 기가 꽂힌 성을 보고 당황한 조나라 군대에게, 한신의 부대가 맹공격을 퍼부어 간단히 승리를 거두었다. 조나라 장수는 전사하고, 왕은 포로가 되었다. 한신은 군대를 死地(사지)에 몰아넣음으로써, 결사 항전하게 하여 승리를 거둔 것이다.

싸움이 끝나고 祝宴(축연)이 벌어졌을 때, 부장들은 한신에게 물었다.

"병법에는 산을 등지고 물을 앞에 두고서 싸우라고 했습니다. 그런데 이번에는 물을 등지고 싸워 마침내 승리를 거두었습니다. 이것은 대체 어떻게 된 일입니까?"

"이것도 병법의 한 수로, 兵書(병서)에 자신을 사지에 몰아넣음으로써 살 길을 찾을 수가 있다고 적혀 있지 않소. 그것을 잠시 응용한 것이 이번의 **背水陣**(배수진)이오. 원래 우리 군은 원정을 계속하여 보강한 군사들이 대부분이니, 이들을 生地(생지)에 두었다면, 그냥 흩어져 달아나 버렸을 것이오. 그래서 死地(사지)에다 몰아넣은 것뿐이오."

한신은 이렇게 대답했다. 이 말을 들은 모든 장수들이 탄복했다고 한다.

이때부터 '背水陣(배수진)'은 '물을 뒤에 등지고 싸우는 전법으로, 죽을 각오로 승부에 임하는 것'을 말하며, '배수진을 쳤다'라는 말은 '더 이상 물러설 수 없는 막다른 곳에서 죽기를 각오하고 맞서는 것'을 뜻하게 되었다.

※ **背水陣**(배수진)**의 역사적인 예**

- **임진왜란 때 신립 장군의 배수진**

조선 宣祖(선조) 때 三道巡邊使(삼도순변사) 申砬(신립, 1546 ~ 1592) 장군은 문경새재[鳥嶺(조령)]에서 왜군을 막지 않고, 8,000여 군졸을 거느리고 충주 탄금대에 배수진을 쳤다. 왜장 가토 기요마사[加藤淸正(가등청정)]와 고시니 유키나가[小西行長(소서행장)]의 1만 5,000여 군대를 맞서 싸웠으나, 크게 패배하고 말았다. 申砬(신립)은 천추의 씻지 못할 한을 품고 강물에 몸을 던져 자살하였다. 또 이 전투의 패배로, 선조는 평안도 義州(의주)로 피난을 떠나게 되었다.

- **배를 불태워버린 로마군의 배수진**

로마시대에 줄리어스 시저(Julius Caesar, 율리우스 카이사르, B.C.100 ~ B.C.44, 로마의 유명한 장군·정치가. 브루투스에게 암살당함)가 이끄는 군대가 영국을 정복하기 위하여 도버 해협을 건넌 다음, 타고 온 배를 모두 불질러버렸다. 군인들은 이기지 않으면 돌아갈 수 없음을 알고 死力(사력)을 다해 싸웠고, 이에 영국군은 그 기세에 눌려 곧바로 항복하였다. 이것이 바로 背水陣(배수진)과 같은 의미의 '濟河焚舟(제하분주 : 물을 건너고 배를 불태워 버림)'라고 할 수 있겠다.

064 白眼視 백안시

字解 白 : 흰 **백** [白髮(백발) : 흰 머리]
　　　　 깨끗할 백 [潔白(결백) : 마음이 깨끗하고 사욕이 없음]
　　　　 밝을 백 [明白(명백) : 분명하고 뚜렷함]
　　　　 아뢸 백 [告白(고백) : 마음 속에 있는 것을 털어 놓음]
　　　 眼 : 눈 **안** [着眼(착안) : 어느 점에 눈을 돌림. 착목]
　　　 視 : 볼 **시** [視覺(시각) : 보는 감각 작용]

語義 눈을 하얗게 뜨고 바라본다.
　　　　(남을 업신여기거나 무시하는 태도로 흘겨봄)

 用例

▶ 고향에 돌아와 사람들로부터 받은 **白眼視**(백안시), 그리고 수모가 그녀의 가슴에 적개심으로 남아 있었다.

▶ 누가 무엇이라고 비웃든 나는 나의 길을 가야 한다. 애인이, 벗들이 무엇이라고 비웃고 **白眼視**(백안시)하든 그것이 문제일 까닭이 없다.

▶ 채식을 처음 시작한 2001년경에는 채식을 한다면 '별난 사람', '인생을 어렵고 까다롭게 사는 사람'으로 **白眼視**(백안시)하는 사람들이 많았다. 조금 관심을 갖는 사람은 고기를 먹지 않으면, 건강에 좋지 않고 영양실조에 걸리니 조심하라는 충고를 하기도 했다.

【類義語】 **反目嫉視**(반목질시) : 서로 미워하고 질투하는 눈으로 봄.
【相對語】 **靑眼視**(청안시) : 남을 달갑게 여겨 좋은 마음으로 봄.

 **出典**　晉書(진서) - 阮籍傳(완적전)

중국 三國(삼국)시대 이후, 魏晉[1](위진)시대는 왕보다 세력이 강한 제후들의 권력 투쟁으로 극도로 혼란스러웠다. 그렇다 보니 백성들의 생활은 피폐했고, 현실 초월주의를 근간으로 한 老莊思想(노장사상)이 성했으며, 지식인들은 세상을 등지고 자연 속으로 숨어버렸다.

그들 가운데 유명한 竹林七賢(죽림칠현 : 죽림에서 청담을 나누며 지내던 일곱 선비)이 있었는데, 이 일곱 선비 역시 세상을 등지고 高談峻論(고담준론 : 뜻이 높고 바르며 엄숙하고 날카로운 말)과 술로 일생을 보냈다. 그 중에서도 위나라 阮籍(완적, 210 ~ 263. 문학가이며 사상가)은 좋은 가문에서 태어나고 학문도 뛰어나 관료로 진출했다. 그러나 嘉平(가평) 元年(원년) 249년에, 司馬仲達(사마중달, 179 ~ 251. 진나라의 기초를 세운 인물)이 반란을 일으켜 위나라 황실의 曹爽(조상) 등을 죽이고 정권을 잡자, 그만 환멸을 느껴 벼슬을 그만두고 산야에 묻혀 살았다.

阮籍(완적)은 모친상을 당하게 되었다. 그런데 그는 喪主(상주)로서 예를 갖추거나 어머니를 잃은 슬픔은 팽개치고, 찾아오는 손님들에게 평소 품어오던 자신의 감정을 푸른 눈동자와 흰 눈동자로 표시했다. 통속적인 예절을 지키는 선비를 만나면 **흰 눈으로 흘겨보았다.**

어느 날 역시 죽림칠현의 한 사람이었던 혜강의 형인 嵇喜(혜희)가 찾아오자, 완적은 흰 눈으로 그를 흘겨보았다. 혜희는 속물 취급을 당하고 돌아왔다. 이 소식을 듣고 혜강이 술과 거문고를 들고 찾아갔다. 그러자 완적은 크게 기뻐하며 푸른 눈동자를 보이면서 환영했다. 〈당시 이름난 명사 중에는 그의 눈 밖에 나서 망신을 당한 사람이 한둘이 아니었다.〉 또한 완적이 흰 눈으로 흘겨보았던 선비들은 그를 마치 원수처럼 미워했다고 한다.

 原文 籍不拘禮敎(적불구예교) 能爲靑白眼(능위청백안) 見禮俗之士以白眼對之(견예속지사이백안대지) 及嵇喜來(급혜희래) 卽籍爲白眼(즉적위백안) 喜不懌而退(희불역이퇴) 喜弟康聞之(희제강문지) 乃齎酒挾琴造焉(내재주협금조언) 籍大悅(적대열) 乃見靑眼(내견청안) 由是禮法之士疾若讎(유시예법지사질약수)

1) 魏晉(위진)의 시대 상황

위진시대는 전국시대 못지않은 혼란의 시대였다. 중국 역사상 최초의 통일국가였던 秦(진)제국을 뒤이은 漢(한)제국은 후한 말에 이르러 서서히 붕괴되었고, 이후 중국 천하는 분열되어 장기간에 걸친 혼전의 국면으로 접어들었다. 비록 晉(진)나라가 魏(위)나라를 멸망시킴으로써 중국 천하를 다시 통일하였지만, 통일 후의 西晉(서진, 265 ~ 316) 왕조는 매우 부패하여, '八王(팔왕)의 亂(난)[중국 서진 말기에 황족인 여덟 명의 왕이 정권쟁탈을 벌인 난]'을 기점으로 다시 혼란에 빠지게 되었다.

이후 쇠약해진 서진 왕조는 힘없이 멸망하였고, 이로부터 중국 사회는 남북으로 분열되어, 군소 국가와 통치자들이 흥망성쇠를 거듭하게 되었다. 전쟁은 빈발하였고, 사람들은 삶을 즐길 만한 마음의 여유가 없었다. 그러므로 선비와 관리들은 세상을 경영하는 데 뜻을 잃고 산림에 은거하여, 空理空談(공리공담)만 즐기는 풍조가 성행하게 되었으니, 이른바 '魏晉玄學(위진현학)'의 시대가 열리고 있었다.

何晏(하안)과 王弼(왕필) 같은 무리들은 노장을 숭상함으로써 '淸談(청담)'을 유행시켰고, 왕필 이후 向秀(향수)와 郭象(곽상) 등은 '玄風(현풍 : 깊고 그윽한 풍취)'을 숭상하여,

"자연에 맡길 뿐 인위적인 것을 더하지 않는다[任自然而不加巧(임자연이불가교)]."

라고 하는 무위정치를 주장하였다. 심지어 완적 같은 사람은 '無君無治說(무군무치설)'까지 주장하기에 이르게 되었다.

065 法三章 법삼장

字解 法 ; 법 **법** [法規(법규) : 법률상의 규정. 법]
　　　三 ; 석 **삼** [三權(삼권) : 국가 통치의 세 가지 권력. 입법, 사법, 행정권]
　　　章 ; 글 **장** [文章(문장) : 생각이나 느낌을 글자로 기록하여 나타낸 것]

語義 세 가지 죄만을 정한 법.
　　　(진나라의 가혹한 벌을 대신한 가장 간단명료한 법)
　　　(사람을 죽이는 자는 죽고, 사람을 상하게 하거나 물건을 훔친 자는 벌을 받는다는 세 가지 법)

 用例

▶ '約法三章(약법삼장)'이란 '나라를 다스리는 법은 세 조목이면 된다.'는 의미로, 규정은 간단명료하고 단순할수록 힘을 발휘한다는 것이다. 간단히 '**法三章**(법삼장)'이라고도 한다.
▶ 民道(민도)가 많이 향상되어 도덕적으로 사회 규범화가 이루어졌기 때문에, **法三章**(법삼장)으로도 통치하는 데는 별로 지장이 없을 것으로 봅니다. 그러나 현대사회의 법조항은 전문적인 법조인도 잘 모르는 많은 법을 가지고 있습니다. 그러나 법으로 통치가 안 되고 있다는 것은, 많은 법이 집행자나 통치자들의 요술방망이인 耳懸鈴鼻懸鈴(이현령비현령)과 有錢無罪(유전무죄), 無錢有罪(무전유죄)가 사회규범으로 자리를 잡고 작동하고 있기 때문일 것입니다.

【類義語】 約法三章(약법삼장) : 약속한 법이 세 가지, 또는 법을 세 가지로 요약함.

 **史記**(사기) - 高祖本記留侯世家(고조본기유후세가)

　중국 漢(한)나라 원년 10월에, 高祖(고조) 劉邦(유방, B.C.247 ~ B.C.195. 한나라를 세운 황제)은 秦(진)나라 군사를 격파하고 覇上(패상) 근처에 이르렀다. 진왕 子嬰(자영 : 진의 3대이자 마지막 왕)은 스스로 나와서 항복하여 진은 멸망했고, 유방은 드디어 覇王(패왕)이 되었다. 유방은 진나라의 수도 咸陽(함양)에 입성하여 궁궐로 들어갔다.

　그 궁궐은 호화스럽기 그지없었으며, 재물은 산같이 쌓여 있고, 후궁들의 수도 천 명이 넘었다. 유방은 그곳에 계속 머물고 싶었다. 유방의 이런 마음을 눈치 챈 장수 樊噲[1](번쾌, ? ~ B.C.189)가 말했다.
　"밖에서 야영을 하십시오. 이러한 재물과 후궁은 모두 진나라가 멸망하게 된 원인입니다. 이곳에서 머물면 안 됩니다."

그러나 유방이 받아들이지 않으려고 하자, 이번에는 張良(장량, ? ~ B.C.189)이 諫言(간언)했다.

"지금 왕께서 이곳에 올 수 있었던 것은 秦(진)나라가 無道(무도)했기 때문입니다. 진나라에 들어와서 진나라와 똑같은 즐거움을 즐긴다면, 진나라의 전철을 밟는 것입니다. 충고하는 말은 귀에 거슬리지만 행동에 이롭고, 좋은 약은 입에 쓰지만 병에는 좋다고 합니다. 번쾌의 말을 들으십시오."

그래서 유방은 재물과 미녀에 손대지 않고 물건을 봉인해 둔 후, 패상으로 돌아가 야영을 했다. 그리고 각 고을의 대표와 호걸들을 불러 이렇게 말했다.

"여러분들은 오랫동안 진나라의 가혹한 법에 시달렸습니다. 진나라의 법을 비방하는 사람은 온 집안 식구가 죽음을 당했고, 그것을 화제로 삼은 자도 시체가 되었습니다. 나는 먼저 關門(관문)에 들어온 사람이 왕이 된다고 약속하였으므로, 關中(관중)의 왕이 될 것입니다. 나는 각 고을의 대표와 호걸들에게 약속하겠습니다. **법은 세 가지만 둘 뿐입니다[法三章(법삼장)].** 살인한 자는 사형에 처하고, 사람에게 상해를 입힌 자와 남의 물건을 훔친 자는 그 정도에 따라 벌하겠습니다. 그 밖의 진나라 법은 모두 폐기할 것입니다. 여러 관리와 백성들은 지금까지와 마찬가지로 생활하십시오. 제가 여기에 온 것은 여러분들을 위해 해악을 제거하려는 것이지, 괴롭히려는 것이 아닙니다. 두려워하지 마십시오. 내가 패상으로 돌아가서 진을 치고 있는 것은 제후가 이르기를 기다려서 약속을 정하려고 하는 것뿐입니다."

이어서 사람들을 진나라 관리들과 같이 각 현, 향 등의 고을에 파견하여 이 사실을 알리며 순시하도록 하였다. 진나라 사람들은 크게 기뻐하여 서로 앞을 다투어가며 소와 양을 잡고 술과 음식을 가져와 군사들을 대접하였다.

 原文 父老苦秦苛法久矣(부노고진가법구의) 誹謗者族(비방자족) 偶語者棄市(우어자기시) 吾與諸侯約(오여제후약) 先入關者王之(선입관자왕지) 吳當王關中(오당왕관중) 與父老約法三章耳(여부노약법삼장이) 殺人者死(살인자사) 傷人及盜抵罪(상인급도저죄) 餘悉除去秦法(여실제거진법) 諸吏人皆案堵如故(제리인개안도여고) 凡吾所以來(범오소이래) 爲父老除害(위부노제해) 非有所侵暴(비유소침포) 無恐(무공) 且吾所以還軍(차오소이환군) 上(상) 待諸侯至而定約束耳(대제후지이정약속이) 乃使人與秦吏行縣鄉邑(내사인여진리행현향읍) 告諭之(고유지) 秦人大喜(진인대희) 爭持牛羊酒食獻饗軍士(쟁지우양주식헌향군사)

이렇듯 유방은 사람됨이 어질어 백성들을 사랑하였던 것이다. 진나라 백성들은 모두 기뻐하며, 유방이 왕이 되기를 바랐음은 말할 것도 없다. 約法三章(약법삼장)의 해석에는 異說(이설)이 있다. 즉, 約(약)은 절약 또는 생략을 뜻하며, 진나라의 법을 폐지하고 다만 3장으로 생략하였다고 하는 설도 있다. '法三章(법삼장)'은 간단하고 要諦(요체 : 핵심)를 파악한 것이기는 하였으나, 그것만으로는 세상을 다스리는 데에 부족하였기 때문에, 얼마 되지 않아서 宰相(재상) 蕭何(소하)가 九章律(구장률)을 제정하였다고 한다.

1) **樊噲**(번쾌, ? ~ B.C.189) : 중국의 前漢(전한) 초기의 무장. 유방과 같은 패현의 사람. 작위는 舞陽侯(무양후). 시호는 武侯(무후)이다. 개고기를 파는 미천한 신분었지만, 유방과 친형제처럼 절친한 관계이다. 高祖(고조)의 장인인 여문의 둘째 딸과 결혼해 고조와 동서지간이기도 하다.

力拔山氣蓋世(역발산기개세)의 항우와 비교될 만큼 괴력의 소유자로 유방의 거병 이후 유방을 따라 무장이 되고, 선봉에 서서 수많은 공을 세운다. 유방이 즉위한 뒤 좌승상, 상국이 되었으며, 그 뒤 여러 반란을 평정하였다. 공신서열 5번째, 무양후에 봉해지고 식읍 5,000호를 하사받았다. 칼을 들기만 하면 하늘이 내린 무인이 되었으며, '鴻門(홍문)의 會(회)[2]'에서 유방을 구하는 결정적 역할을 한다. 훗날 유방이 반역죄를 뒤집어씌워 처형시키려고 하였으나, 유방이 죽어서 석방되었다.

2) **鴻門**(홍문)**의 會**(회) : 중국 秦(진)나라 말기에 항우와 유방이 咸陽(함양) 쟁탈을 둘러싸고 鴻門(홍문 : 중국 산시성에 있는 지명)에서 회동한 일을 뜻한다. 기원전 208년 8월 항량이 전사하자, 초나라 군사의 중심이 된 사람은 항우와 유방이었다. 9월이 되어 항우는 北路(북로)에서, 유방은 南路(남로)에서 함양으로 진격하게 되었는데, 이때 회왕은 맨 먼저 關中(관중)에 들어간 사람을 關中王(관중왕)으로 삼을 것을 약속했다.

유방이 먼저 관중을 지배하자, 격노한 항우는 총력을 기울여 단번에 函谷關(함곡관)을 돌파하고, 12월에 홍문에 진을 쳤다. 이 험악한 양자의 대립을 해결하기 위해 유방이 사과하는 형식으로 열린 會見(회견)이 역사상 유명한 '鴻門之會(홍문지회)'이다. 항우 쪽에서는 이 기회에 유방을 죽일 계획이 세워져 있었다. 그러나 항우의 우유부단한 태도로 말미암아 그 기회를 잃었으며, 유방은 부하의 필사적인 활약으로 손쉽게 호랑이 굴을 벗어나, 그 후의 운명을 크게 바꾸어 놓을 수 있었다. '鴻門之宴(홍문지연)'이라고도 한다.

※ **檀君朝鮮**(단군조선)**의 禁八條**(금팔조)
① 남을 죽이면, 같이 죽여서 다스린다.
② 남을 다치게 하면, 곡식으로 배상하게 한다.
③ 남의 것을 도둑질하면 재물을 빼앗고, 신분을 막론하고 남자는 그 집의 노비가 되게 하고, 여자는 계집종이 되게 한다.
④ 蘇塗(소도 : 각 고을에 방울과 북을 단 큰 나무를 세우고 천신에게 제사를 드리던 일)를 훼손시킨 자는 가두어둔다.
⑤ 예의를 잃은 자는 軍(군)에 복무하게 한다.
⑥ 근면하게 일하지 않는 자는 賦役(부역 : 의무적으로 지우는 노역)을 시킨다.
⑦ 음란한 행동을 한 자는 笞刑(태형)으로 다스린다.
⑧ 사기 치는 자는 훈계하여 방면하는데, 스스로 속죄하면 공표하여 여러 사람에게 알리는 것은 면하여 준다.

066 付驥尾 부기미

字解
付 : 줄 부 [交付(교부) : 내어 줌]
　　부탁 부 [付託(부탁) : (무슨 일을) 하여 달라고 맡기거나 청함]
　　붙을 부 [貼付(첩부) : 착 달라붙게 함]
驥 : **천리마 기** [驥足(기족) : 천리마의 발. '뛰어난 재능을 가진 사람'의 비유]
尾 : **꼬리 미** [尾骨(미골) : 척추의 가장 아랫부분에 있는 3~5개의 작은 뼈로 된 부분]
　　끝 미 [末尾(말미) : 끝부분. 맨 끄트머리]
　　흘레할 미 [交尾(교미) : 동물의 암수가 교접하는 일]

語義 천리마의 꼬리에 붙는다.
　　(큰 인물에게 인정을 받은 뒤에야 비로소 참된 가치가 드러남)
　　(큰 인물의 힘을 빌려 출세하거나 능력을 발휘함)

用例

▶ 천리마 꼬리에 붙은 쉬파리는 천리를 간다[중국 속담으로 원문은 '蒼蠅附驥尾而致千里(창승부기미이치천리)'].
▶ 오로지 스승의 귀여움 속에만 묻혀 빛을 발할 뿐이다. 이 점을 두고 사마천은 附驥尾(부기미)라 해서 좋게 평가하고 있지만, 사마천의 말에도 비웃음기가 느껴진다.

出典 ① 史記(사기) - 伯夷列傳(백이열전)

중국의 史馬遷(사마천)이 지은 『史記(사기)』의 〈列傳(열전)〉 맨 앞에 「伯夷(백이)」·「叔齊(숙제)」편이 있는데, 이 대목의 마지막에는 아래와 같은 구절이 있다.
"구름이 용을 따르고 바람이 호랑이를 따르듯, 성인이 세상에 나타나고서야 만물도 빛을 보게 되는 것이다. 백이·숙제는 賢人(현인)임에는 틀림없으나, 공자가 그들을 찬양함으로써 더욱 세상에 드러나게 되었다. 顔淵(안연 : 공자의 제자)도 학문에 충실했지만, 공자의 '**천리마의 꼬리에 붙음으로써[附驥尾(부기미)]**' 그 품행이 더욱 세상에 드러나게 된 것이다.
함께 동굴에 숨어 사는 선비라도 나아가고 들어감에 따라 때의 이로움과 이롭지 못한 것이 있으니, 그 이름이 묻혀 칭송되지 못하는 수가 많은 것은 슬픈 일이다. 촌구석에 살면서 품행을 닦고 이름을 세우고자 하는 사람이 아무리 능력이 있더라도, 덕 있는 명사를 만나지 못하면 어떻게 그 이름을 후세에 전할 수 있겠는가."

② 後漢書(후한서)

중국 前漢(전한) 말기의 사람인 張敞(장창)도 이렇게 썼다.

"파리는 열 걸음 거리밖에 날지 못하지만, **천리마의 꼬리에 붙으면** 천리 길도 쉽게 갈 수 있다[蒼蠅 **附驥尾**致千里(창승부기미치천리)]. 그러면서도 파리는 말에게 조금도 폐를 끼치지 않고, 다른 것들을 훨씬 멀리 떼어 놓을 수가 있다."

'附驥[1]尾(부기미)'는 '그저 세상에 널리 알려진다.'는 뜻 이외에, '큰 인물의 힘을 빌려 출세한다.', 또는 '능력을 발휘한다.'라는 뜻이 생겼다. 아무리 유능한 사람이라도 영향력 있는 인물이 손을 들어 주지 않으면, 능력을 발휘해 보지도 못하고 초야에 묻혀 쓸쓸히 인생을 마감하여, 후세에 이름을 전할 수 없다는 말일 것이다.

그래서 '驥尾(기미)에 託(탁)한다.'라는 말도 생겼다. 요즈음의 용례로 '대선배의 기미에 붙어 저도 열심히 노력하겠습니다.'라고 인사를 한다면, 선배를 칭찬하고 자기도 노력하겠다는 뜻이 담겨 있다고 볼 수 있을 것이다.

---

1) 驥(기) : 하루에 천 리를 달린다는 名馬(명마). 騏(기), 驊(화), 騮(유) 등도 천리마를 가리키는 漢字(한자) 이름이다.

※ 名馬(명마) 구하는 방법

옛날 어느 나라에 말을 좋아하는 王(왕)이 살고 있었다. 하루는 그 왕이 신하에게 돈을 주면서 名馬(명마)를 구해 오라는 명령을 내렸다. 신하는 석 달간 찾아 헤맨 끝에, 좋은 말이 있는 곳을 알아내었다. 그러나 신하가 그곳에 도착했을 때, 그 명마는 이미 죽어 버렸다. 신하는 왕이 준 돈의 절반을 지불해서 그 명마의 시체를 산 뒤, 왕에게 돌아갔다. 죽은 말을 사온 신하를 보고 왕이 버럭 화를 내었다.

"아니, 내가 언제 죽은 말을 사오라고 했소? 이 말이 아무리 名馬(명마)이면 뭘 하겠소? 달릴 수가 없는데."

그러자 신하가 대답했다.

"임금님, 한번 차분히 생각해 보십시오. 임금님이 말을 너무 사랑한 나머지, 죽은 말까지 샀다는 소문이 천하에 퍼졌다고 말입니다. 아마 명마를 팔겠다는 사람이 틀림없이 나타날 것입니다."

"아하, 그렇구나."

왕은 그 신하의 말을 듣고 무릎을 탁 쳤다. 과연 얼마 지나지 않아서 명마를 가지고 있는 사람이 나타났고, 왕은 天下(천하)의 명마를 구할 수 있었다.

모든 일에서 승부는 몇 수 앞을 내다보고 두는 사람이 항상 이긴다. 당장 눈앞에 있는 이익에 연연하다 보면, 크게 손해 보는 일이 생기게 마련이다. 장기적인 眼目(안목)을 가지고 일을 처리할 수 있는 사람이 성공인의 대열에 설 수 있는 것이다.

067 不動心 부동심

字解 不 : 아니 **부** [不當(부당) : 정당하지 아니함, 이치에 맞지 않음]
　　　　　아니 불 [不朽(불후) : 썩어서 없어지지 아니함]
　　　動 : **움직일 동** [動力(동력) : 움직이게 하는 힘]
　　　　　어지러울 동 [動亂(동란) : 어지러운 난리]
　　　　　동물 동 [動植物(동식물) : 동물과 식물]
　　　　　일할 동 [勞動(노동) : 몸을 움직여 일을 함]
　　　心 : **마음 심** [心亂(심란) : 마음이 산란함]
　　　　　염통 심 [心臟(심장) : 내장의 하나로 혈액 순환의 원동력이 되는 기관]
　　　　　가운데 심 [中心(중심) : 한가운데]

語義 움직이지 않는 마음, 동요되지 않는 마음.
　　　　(마음이 외부의 충동을 받아도 흔들리거나 동요되지 아니함)

 用例

▶그녀는 주위 사람들이 아무리 치켜세워도 우쭐하거나 자만에 빠지지 않는 **不動心**(부동심)의 소유자였다.
▶이상적으론, 사진을 찍고 나서야 비로소 사진을 찍었다는 사실을 알아야 한다. 이런 경지에 도달하려면, 송어의 민첩성과 궁수의 **不動心**(부동심)을 적절히 배합할 줄 알아야 한다.
▶맹자의 '大丈夫(대장부) 사상'이란 것이 있다. 대장부란 **不動心**(부동심)을 가지고 있는 사람이다. 공자도 不惑(불혹)이라 하여 흔들리지 않는 경지를 이야기했다. 어떻게 하면 **不動心**(부동심)을 가질 수 있을까? 그것은 *浩然之氣*(호연지기)를 길러야 한다.

 **出典** 孟子(맹자) - 公孫丑(공손추) 上(상)

중국 춘추시대, 孟子(맹자)와 제자 公孫丑(공손추)와의 一問一答(일문일답)에 이런 내용이 나온다.

공손추가 물어 가로되,
"선생님께서 齊(제)나라의 재상이 되어 道(도)를 행하시게 되면, 비록 이것으로 말미암아 覇王(패왕)을 이루시더라도 이상할 것이 없습니다. 이렇게 된다면 마음이 동요하지 않으시겠습니까?"
맹자께서 말씀하셨다.

"아니다. 내 나이 사십 세가 되어서부터 **마음이 동요하지 않게 되었다.**"

 原文 公孫丑問曰(공손추문왈) 夫子加齊之卿相(부자가제지경상) 得行道焉(득행도언) 雖由此霸王不異矣(수유차패왕불이의) 如此(여차) 則動心否乎(즉동심부호) 孟子曰(맹자왈) 否我四十不動心(부아사십부동심)

孟子(맹자)께서 만일 벼슬을 얻어서 道(도)를 행하신다면, 비록 이것으로 말미암아 霸王(패왕)의 업을 이룩하시더라도 괴이할 것이 없다. 그러나 책임이 이와 같이 크고 무거우면 또한 두렵고 의혹하는 바가 있어, 그 마음이 동요하지 않겠느냐고 한 것이다. 사십 세는 막 벼슬할 때이며, 君子(군자)의 도가 밝아지고 德(덕)이 확립되는 때이다. 孔子(공자)께서 사십 세에 不惑(불혹)하신 것 또한 '不動心(부동심)'을 말씀하신 것이다.

이어서 公孫丑(공손추)가 말하기를,
"그렇다면 선생님께서는 孟賁(맹분 : 한 손으로 황소 뿔을 잡아 뽑아 죽게 만들었다는 그 당시의 이름난 장사)과는 거리가 머시겠습니다."
맹자께서 말씀하셨다.
"이것은 어렵지 않다. 告子(고자 : 중국 전국시대의 사상가)도 나보다 앞서 마음이 동요하지 않았다."

孟賁(맹분)은 혈기의 勇士(용사)인데, 공손추가 이것을 빌어서 맹자의 '不動心(부동심)'을 칭찬하니, 맹자께서는 '고자는 도를 알지 못해도 나보다 앞서 '부동심'하였으니, 맹분의 용맹 같은 것은 어렵지 않은 것이다.'라고 말한 것이다.

또 공손추가 말하기를,
"不動心(부동심)하는 방법이 있습니까?"
맹자께서 말씀하셨다.
"있다."
그리고 몇 가지 예를 들어 설명하셨다.
"程子(정자 : 중국 송나라의 유학자 정호와 정이 형제를 높여 이르는 말)는 마음에 중심이 있으면 능히 움직이지 않는다."
고 하였다.

北宮黝(북궁유 : 제나라 용사)는 용맹을 기르기를 칼에 찔려도 살을 떨지 아니하고, 눈을 찔려도 깜빡도 아니하고, 한 터럭이라도 남에게 꺾이면 장터거리에서 종아리를 맞은 것같이 여겼다. 賤(천)한 사람에게서나 萬乘(만승)의 임금에게서나 모욕을 받지 않았다. 임금을 찌르는 것을 천한 사람 죽이는 것처럼 여겼다. 그에게는 두려운 제후가 없었다. 욕하는 소리가 들리면 반드시 보복하였다. 그는 자객의 類(류)이니, 반드시 이기는 것으로써 주를 삼아서 '不動心(부동심)'한 사람이다.

孟施舍(맹시사 : 제나라 용사)는 '용맹을 기르는 것'을 '이기지 못할 것이라도 이길 듯이 여긴다. 적을 헤아린 뒤에야 나아가며, 이길 만한 뒤에야 맞서 싸운다면 이것은 大軍(대군)을 두려워하는 짓이다. 내가 어찌 꼭 이길 수가 있겠는가? 두려워하지 않을 따름이다.'라고 하였다. 맹사시는 戰士(전사)이므로, 두려워하지 않는 것으로써 주를 삼아서 '不動心(부동심)'한 사람이다.

北宮黝(북궁유)는 子夏[1](자하) 같고, 孟施舍(맹시사)는 曾子[2](증자) 같다. 두 사람의 용맹 중 누가 나은지는 알 수 없으나, 맹시사는 지키는 바에 요점이 있다. 북궁유는 남과 대적하기를 힘쓰고, 맹시사는 자신을 지키는 것에 오로지 힘썼다. 자하는 성인을 敦篤(돈독)하게 믿었고, 증자는 자신에게 돌이켜 구하였다. 두 사람의 용맹을 논한다면 누가 나은지는 알기 어렵지만, 그 지키는 바를 논한다면 맹시사가 북궁유에 비하여 그 요령을 얻었다고 할 수 있다.

예전에 曾子(증자)가 子襄(자양)에게 말하기를,

"자네는 勇猛(용맹)을 좋아하는가? 내가 일찍이 선생님한테서 큰 용맹에 관해서 들었는데, '스스로 반성하여 의롭지 않으면, 천한 사람일지라도 양보를 한다. 그러나 스스로 반성하여 의롭다면, 비록 천만 사람 앞이라도 나는 겁내지 않고 갈 것이다.'고 하셨다."

라고 하였다. 즉 양심의 명령에 따라 행동을 하는 곳에 참다운 용기가 생기고, 이러한 용기가 '不動心(부동심)'의 밑거름이 된다는 이야기다.

---

[1] **子夏**(자하, B.C.507 ~ B.C.420) : 중국 춘추시대의 유학자. 본명은 卜商(복상). 공자의 제자로서 十哲(십철)의 한 사람이다. 위나라 文侯(문후)의 스승으로 詩(시)와 禮(예)에 능통하였는데, 특히 예의 객관적 형식을 존중하였다. 공자가 刪定(산정 : 쓸데없는 글자나 구절을 깎고 다듬어서 글을 잘 정리함. 산수)한 『詩經(시경)』과 『易經(역경)』 및 『春秋(춘추)』를 전했다고 한다.

[2] **曾子**(증자, B.C.505 ~ B.C.435) : 중국 전국시대의 儒家(유가) 사상가이다. 이름은 參(삼), 자는 子輿(자여)이며, 曾子(증자)는 존칭이다. 공자의 만년의 제자로서 공자보다도 46세 연하이다. 공자 사후 유가의 유력한 일파를 형성하여, 공자사상의 唯心主義的(유심주의적) 측면을 발전시켰다.

그의 언행은 『논어』에 몇 조목이 보이며, 또 『大戴禮記(대대례기)』의 『증자』 10편 및 『孝經(효경)』은 그의 저작이라고 인정된다. 그는 당시 진행 중이던 봉건제의 붕괴를 제지하기 위하여 씨족제로부터 비롯된 '孝(효)'라는 덕목을 강조하였다. 또 "하루에 세 번 내 몸을 살펴본다."라고 하여, 공자 사상의 근본을 '忠恕(충서)'라는 말로 표현했다. 공자 사상의 계승자로서의 역할을 했으며, 후에 증자의 학통은 子思(자사), 孟子(맹자)로 이어져 유가의 도통을 전하는 데에 큰 역할을 했다.

068 氷炭間 빙탄간

字解 氷 : 얼음 빙 [氷板(빙판) : 얼음 판]
　　　　　얼 빙 [氷點(빙점) : 어는 점]
　　　　炭 : 숯 탄 [薪炭(신탄) : 땔나무와 숯]
　　　　　석탄 탄 [炭鑛(탄광) : 석탄을 파내는 광산]
　　　　間 : 사이 간 [間隔(간격) : 물건과 물건과의 떨어진 사이]
　　　　　염탐꾼 간 [間諜(간첩) : 적의 기밀을 염탐하는 사람]
　　　　　이간할 간 [離間(이간) : 두 사람을 갈라 서로 떨어지게 함]
　　　　　섞일 간 [間色(간색) : 두 가지 이상의 색이 섞여서 된 색]

語義 얼음과 숯 사이.
　　　　(조화될 수 없는 사이)
　　　　(성질이 정반대여서 도저히 서로 융합될 수 없는 사이)
　　　　※ '氷炭之間(빙탄지간)'의 준말.

 用例

▶속된 말로 그녀와 나는 애시당초 궁합이 너무 맞지 않는 配匹(배필)이었다. 氷炭間(빙탄간)의 만남이었다.

▶정치에서 여당과 야당은 꼭 氷炭間(빙탄간)이어야만 하는가? 반대를 위한 반대가 아니라, 相生(상생)의 자세로 이마를 맞대어야 한다.

【類義語】 犬猿之間(견원지간) : '개와 원숭이의 사이'라는 뜻으로, 사이가 매우 나쁜 두 사람의 관계.
　　　　　不俱戴天(불구대천) : 같이 한 하늘을 떠받들 수 없음.
【相對語】 和光同塵(화광동진) : 자기의 재능을 감추고 남과 어울려 동화함.

 楚辭(초사, 중국의 시가 총집. 전한 때 유향이 편찬) - 七諫(칠간)

'氷炭間(빙탄간)'은 『楚辭(초사)』「七諫(칠간)」의 '自悲(자비)'에 나오는 말이다. 「칠간」은 한무제 당시의 문장과 해학으로 유명한 東方朔(동방삭)이 초나라 충신 屈原[1](굴원)을 추모해서 지은 것이다. 『楚辭(초사)』는 굴원의 작품과 뒷사람들이 굴원을 위해 지은 작품들을 수록한 책이다.

이 '氷炭(빙탄)'이란 말이 나와 있는 부분의 문장을 소개하면 다음과 같다.

氷炭不可以相竝兮(빙탄불가이상병혜)	얼음과 숯이 서로 같이할 수 없음이여.
吾固知乎命之不長(오고지호명지부장)	내 진실로 목숨이 길지 못함을 알았노라.
哀獨苦死之無樂兮(애독고사지무락혜)	홀로 고생하다 죽어 낙이 없음이여
惜予年之未央(석여년지미앙)	내 나이를 다하지 못함을 안타까워하노라.

이 글에서는 굴원이 고향을 떠나 고민하는 모습을 그리고 있는데, 고향에서 자기를 쫓아낸 사람들과 자신은 얼음과 숯 같은 사이여서, 고향으로 돌아가고 싶지만 그들이 있는 고향으로 갈 수 없는 마음을 표현하고 있다.

우리가 일상생활에서 쓰고 있는 '氷炭不相容(빙탄불상용)'이란 말은, 이 글에는 '氷炭不相竝(빙탄불상병)'으로 되어 있다. 서로 같이 있을 수 없다는 不相竝(불상병)은 無生物(무생물)의 자연법칙을 말하고 있는 데 반해, 서로 용납하지 않는다는 不相容(불상용)은 얼음과 숯을 擬人化(의인화)시켜 의식적인 대립을 강조한 느낌이 없지 않다. 그래서 '不相竝(불상병)'이란 말이 '不相容(불상용)'으로 바뀌게 된 것인지도 모른다. 그것이 인간관계를 표현하는 말인 이상 역시 그래야만 실감이 나기 때문이다.

이 글을 구체적으로 풀이하면 다음과 같은 내용이다.

"굴원은 간신들의 모함을 받아, 나라를 위하고 임금을 위하는 일편단심을 안은 채, 멀리 고향을 떠나 귀양살이를 하는 신세가 되었다. 간신들과 나는, 성질상 **얼음과 숯이 함께 있을 수 없는[氷炭不相竝(빙탄불상병)]** 그런 운명을 지니고 있다. 나는 목숨이 날 때부터 길게 타고 나지 않은 것을 알고 있다. 그러나 그 길지 않은 일생이나마 낙이란 것을 모르고 고생만 하던 끝에, 결국은 그 길지 않은 나이마저 다 살지 못하고 객지에서 죽어 갈 것을 생각하면 그저 안타깝기만 하다."

---

1) **屈原**(굴원, B.C.343 ~ B.C.278) : 중국 戰國(전국)시대, 楚(초)나라의 政治家(정치가)이자 詩人(시인)이다. 이름은 平(평), 자는 原(원). 일찍이 懷王(회왕)을 보좌하여 三閭大夫(삼려대부)의 높은 직책을 역임하였으나, 중상모략을 받아 관직을 떠났다. 자신의 정치 이상을 실현할 방도가 없음을 통탄하여, 汨羅水(멱라수)에 몸을 던져 죽었다.

그의 시 작품은 『楚辭(초사)』라는 새로운 형식을 창출해 냈다. 일찍부터 그 명성이 널리 알려졌다. 독창적이고 개성적인 그의 시들은 초기 중국 시단에 많은 영향을 주었다. 懷王(회왕, ? ~ B.C.296. 제37대 왕)을 客死(객사)하게 한 子蘭(자란 : 회왕의 막내아들)을 백성들과 함께 비난하다가, 모함을 받아 양자강 이남의 沼澤地(소택지)로 추방되는데, 그때 쓴 작품인 『漁夫辭²⁾(어부사)』와 맨 처음 회왕을 모시다 모함을 받아 내쫓기어 유배되었을 때 쓴, 『離騷(이소)』가 특히 유명하다.

2) 漁父辭(어부사)
: 굴원의 强直(강직)한 성품이 묻어나며, 어부의 達觀(달관)한 삶의 자세와 굴원의 인품이 대조되어 그 빛을 더하는 작품이다.

屈原旣放(굴원기방) 游於江潭(유어강담) 行吟澤畔(행음택반) 顔色憔悴(안색초췌) 形容枯槁(형용고고)

굴원이 이미 추방되어(쫓겨나) 강가와 물가에 노닐고 못가에서 시를 읊조리고 다니는데, 얼굴색은 초췌하고 모습은 수척해 보였다.

漁父見而問之曰(어부견이문지왈), 子非三閭大夫與(자비삼려대부여) 何故至於斯(하고지어사) 屈原曰(굴원왈), 擧世皆濁(거세개탁) 我獨淸(아독청) 衆人皆醉(중인개취) 我獨醒(아독성) 是以見放(시이견방)

어부가 그를 보고 묻기를, "그대는 삼려대부가 아니십니까? 무슨 까닭으로 이 지경에 이르셨습니까?" 하니, 굴원이 말하기를, "세상이 다 혼탁한데 나 홀로 깨끗하고, 모든 사람이 다 취해 있는데 나 홀로 깨어 있었습니다. 이런 까닭에 추방을 당했다."고 하니,

漁父曰(어부왈) 聖人不凝滯於物(성인불응체어물) 而能與世推移(이능여세추이) 世人皆濁(세인개탁) 何不淈其泥而揚其波(하불굴기니이양기파) 衆人皆醉(중인개취) 何不餔其糟而歠其醨(하불포기조이철기리) 何故深思高擧(하고심사고거) 自令放爲(자령방위)

어부가 말하기를, "성인은 세상 사물에 얽매이지 않고, 세상을 따라 변하여 갈 수 있어야 합니다. 세상 사람들이 모두 탁하면 어찌 진흙탕을 휘저어 그 물결을 일으키지 않으며, 뭇 사람이 모두 취해 있거늘 어찌하여 술지게미를 먹고 박주를 마시지 않으십니까? 어찌하여 깊이 생각하고 고결하게 처신하여 스스로 쫓겨남을 당하게 하십니까?" 하니,

屈原曰(굴원왈), 吾聞之(오문지) 新沐者必彈冠(신목자필탄관) 新浴者必振衣(신욕자필진의) 安能以身之察察(안능이신지찰찰) 受物之汶汶者乎(수물지문문자호) 寧赴湘流(영부상류) 葬於江魚之腹中(장어강어지복중) 安能以皓皓之白(안능이호호지백) 而蒙世俗之塵埃乎(이몽세속지진애호)

굴원이 말하기를, "내가 듣건대 새로 머리를 감은 사람은 반드시 관을 털어서 쓰고, 새로 목욕한 사람은 반드시 옷을 털어서 입는다고 하였소. 어찌 맑고 깨끗한 몸으로 더러운 것을 받아들일 수 있겠소? 차라리 상수에 몸을 던져 물고기 뱃속에 장사를 지낼지언정, 어찌 결백한 몸으로서 세속의 티끌과 먼지를 뒤집어쓸 수 있겠소?" 하니,

漁父(어부) 莞爾而笑(완이이소) 鼓枻而去(고설이거) 乃歌曰(내가왈), 滄浪之水淸兮(창랑지수청혜) 可以濯吾纓(가이탁오영) 滄浪之水濁兮(창랑지수탁혜) 可以濯吾足(가이탁오족) 遂去不復與言(수거불부여언)

어부는 빙그레 웃고서, 노를 두드리고 떠나가면서 노래하기를, "창랑의 물이 맑으면 내 갓끈을 씻고, 창랑의 물이 흐리면 내 발을 씻으리라." 하고 마침내 떠나가고 다시는 대화가 없었다.

069 似而非 사이비

字解
- 似 : <u>같을 사</u>, 비슷할 사 [類似(유사) : 서로 비슷함]
- 而 : <u>말이을 이</u> [視而不見(시이불견) : 보고 있어도 그것이 눈에 들어오지 아니함]
- 非 : <u>아닐 비</u> [非凡(비범) : 평범하지 않음, 뛰어남]
  - 어긋날 비 [非行(비행) : 어긋난 행동, 나쁜 짓]
  - 나무랄 비 [非難(비난) : 남의 잘못을 나무람]

語義 비슷하나 아닌 것. 같은 것 같으나 다른 것.
(겉으로 보기엔 비슷한 것 같으나 실제로는 아주 다름)

用例

▶ 지식이 인격과 단절될 때, 그 지식인은 **似而非**(사이비)요, 위선자가 되고 만다.

▶ 우리나라 암 환자의 약 85% 정도가 대체요법과 민간요법에 의지하고 있다. 이에 절망 속에 살아가는 암 환자와 그 가족들을 상대로 **似而非**(사이비) 대체요법이 기승을 부리고 있다.

[類義語]
- 口蜜腹劍(구밀복검) : 입으로는 달콤한 말을 하면서 뱃속에는 칼을 지님.
- 面從腹背(면종복배) : 겉으로는 복종하는 체하면서 속으로는 배반함.
- 笑裏藏刀(소리장도) : 웃음 속에 칼을 감춤.
- 陽奉陰違(양봉음위) : 겉으로는 받들고, 숨어서는 딴마음을 먹음.
- 羊質虎皮(양질호피) : 속은 양이고, 거죽은 호랑이. 겉과 속이 다름.
- 表裏不同(표리부동) : 마음이 음흉하고 불량하여 겉과 속이 다름.

出典 孟子(맹자) – 盡心下篇(진심하편)

孟子(맹자)는 다음과 같이 말했다.

"似而非(사이비)란, 사람으로 보면 僞善者(위선자)요 사기꾼이다. 사이비란, 물건으로 보면 가짜요 模造品(모조품)이다. 사이비란, 행동으로 보면 위선이요, 가면이요, 術策(술책)이다. 유사 종교니 유사품이니 하는 것도 다 사이비라고 말할 수 있다. 이 세상을 어지럽게 만드는 것 중에 사이비가 차지하는 비중이 가장 클 것이다."

또한 맹자는 제자 萬章(만장)과 이런 문답을 한다. 만장이 물었다.

"온 고을 사람들이 다 鄕愿[1](향원)을 原人(원인 : 점잖은 사람)이라고 하면, 어디를 가나 원인일 터인데, 孔子(공자)께서 '德(덕)의 도적'이라고 하신 것은 무슨 까닭입니까?"

"비난을 하려 해도 비난할 것이 없고, 공격을 하려 해도 공격할 것이 없다. 시대의 흐름에 함께 휩쓸리며 더러운 세상과 호흡을 같이 하여, 그의 태도는 충실하고 신의 있는 것 같으며, 그의 행동은 청렴하고 결백한 것 같다. 모든 사람들도 다 그를 좋아하고, 그 자신도 스스로 옳다고 생각하고 있다. 그러나 그와는 함께 참다운 성현의 길로는 들어갈 수가 없다. '德(덕)의 도적'이라고 말하는 것이다."

孔子(공자)는 말씀하시기를,

"나는 **비슷하나 아닌 것**을 미워한다. 가라지(밭에 난 강아지풀)를 미워하는 것은 그것이 곡식의 싹을 어지럽게 할까 두려워서이고, 재주 있게 말을 둘러대는 자를 미워하는 것은 그 자가 義(의)를 어지럽힐까 두려워서이고, 口辯(구변)만 좋은 자를 미워하는 것은 그 자가 신용을 어지럽힐까 두려워서이고, 淫亂(음란)한 정나라의 음악을 미워하는 것은 그것이 正樂[2](정악)을 어지럽힐까 두려워서이고, 鄕愿(향원)을 미워하는 것은 그것이 德(덕)을 어지럽게 할까 두려워함이다. 군자란 도덕의 근본 이치를 반복 실천할 따름이다. 세상에 아첨하는 법은 없다. 올바른 길을 행하면 민중들도 따라온다. 그렇게 되면 세상의 사악도 없어질 것이다."

原文 孔子曰(공자왈) 惡似而非者(오사이비자) 惡莠恐其亂苗也(오유공기란묘야) 惡妄恐其亂義也(오망공기란의야) 惡利口恐其亂信也(오리구공기란신야) 惡鄭聲恐其亂樂也(오정성공기란악야) 惡紫恐其亂朱也(오자공기란주야) 惡鄕愿恐其亂德也(오향원공기란덕야) 君子反經而已矣(군자반경이이의) 經正則庶民與(경정즉서민여) 庶民與(서민여) 斯無邪慝矣(사무사특의)

---

1) 鄕愿(향원) : 守令(수령)을 속이고 양민에게 弊害(폐해)를 입히던 촌락의 土豪(토호 : 향촌을 토착화한 지배 세력). 함부로 土木(토목) 사업을 일으켜 백성에게 폐해를 끼치거나, 還穀(환곡 : 백성에게 봄에 꾸어주고, 가을에 이자를 붙여 받아들이던 곡식)을 중간에서 着服(착복)하여 백성에게 그 혜택이 미치지 못하게 하거나, 定數(정수) 이외의 貢物(공물)을 착복하거나, 촌민을 불러 모아 수시로 사냥을 하여 농사를 방해하는 등의 일을 하던 자를 일컫는다.

2) 正樂(정악) : '속되지 아니한 雅正(아정)한 音樂(음악)'이라는 뜻으로,
 ① 國樂(국악) 가운데 넓은 의미의 雅樂[3](아악)을 일컬음.
 ② 雅樂(아악) 가운데 궁중 음악에 대하여, 민간에 계승되어 온 아정하고 고상한 純正(순정) 음악의 일컬음. 風流(풍류)와 正歌(정가)로 나뉨.

3) 雅樂(아악) : 중국 古樂(고악) 계통의 음악으로, 우리나라에 들어와 고려·조선 때에 궁중의식에서 연주된 전통 음악. 좁은 뜻으로는 '文廟祭禮樂(문묘제례악 : 공자 사당의 제사 때 연주하는 음악)'만을 가리키고, 넓은 의미로는 궁중 밖의 민속악에 대하여 '궁중 안의 의식에 쓰이던 음악'을 총칭하는 말로 쓰이기도 한다.

070 獅子吼 사자후

字解
獅 : <u>사자</u> **사** [獅子(사자) : 고양잇과의 맹수. 사자]

子 : <u>아들</u> **자** [子孫(자손) : 아들과 손자. 후손]
　　첫째지지 자 [子時(자시) : 오후 11시부터 오전 1시까지의 동안. 자정 무렵]
　　씨 자, 열매 자 [種子(종자) : 씨앗]
　　임 자 [孔子(공자) : '孔丘(공구)'를 높여 부르는 말]

吼 : <u>울</u> **후** [獅子吼(사자후) : 사자의 울음]

語義 사자의 울음소리.
(바른 도를 설하는 것. 부처님의 한 번 설법에 뭇 악마가 굴복해 귀의함을 비유)
(크게 부르짖는 열변이나 거침없는 웅변)
(질투심이 강한 여인이 남편에게 암팡스레 떠드는 일의 비유)

用例
▶ 그의 열성에 가득 찬 **獅子吼**(사자후)에 관중은 뜨거운 박수를 보냈다.
▶ 대학에서 후학을 가르치며 명강의로 이름을 날린 저자가 토해내는 이 **獅子吼**(사자후)는 방황하는 젊은이들에게 귀중한 길잡이가 될 것이다.

 **傳燈錄**[1] (전등록, 송나라 고승 도언의 불서)

'사자의 부르짖음'이 '獅子吼(사자후)'이다. 사자가 한번 소리를 지르면, 그 우렁찬 소리에 짐승이란 짐승은 모두 놀라서 피해 숨는다고 한다. 『<u>本草綱目</u>[2](본초강목)』에, '사자는 서역 여러 나라에서 사는데, 눈빛이 번개 같고, 부르짖는 소리가 우레 같아, 한번 부르짖으면 모든 짐승이 피해 숨는다.'고 소개되어 있다.

이것을 佛家(불가)에서는 석가모니와 연결시켰다. 석가모니는 처음 태어나자마자, 한 손으로는 하늘을 가리키고, 한 손으로는 땅을 가리키며, 일곱 걸음을 옮겨 돌은 다음,
"하늘 위와 하늘 아래 오직 나만이 홀로 높다[天上天下 唯我獨尊(천상천하 유아독존)]."
라고 했다는 이야기가 傳燈錄(전등록)에 나오는데, 이 '천상천하 유아독존'이란 말을 獅子吼(사자후)로 풀이하여, '석가모니 부처께서 兜率天(도솔천 : 미륵보살이 사는 곳)에 태어나 손을 나눠 하늘과 땅을 가리키며, 사자후 소리를 질렀다.'라고 했다.

또한 발전하여 '**부처의 說法(설법)**'을 가리키는 말로도 쓰이게 되었다. 사자가 소리쳐 울 때, 작은 사자는 용기를 내고 기타 일체의 禽獸(금수)는 도망쳐 숨어 버리는 것과 같이, 부처의 설법을 들을 때, 菩薩(보살)은 정진하고, 도를 벗어난 악마들은 숨어 버린다고 여기기 때문이다.

석가의 설법이 사자후와 같다고 한 말이 다시 일반에게 전용되어, 열변을 토하며 정당한 의론으로 남을 설복한다는, 다시 말해 '雄辯(웅변)'이란 뜻으로도 쓰이게 되었다.

그런데 이 사자후란 말이 '**아내의 불호령**'이란 뜻으로 쓴 예도 있다. 송나라 蘇東坡(소동파)가 그의 친구인 吳德仁(오덕인)에게 보낸 시 가운데에, 같은 친구인 陳季常(진계상 : 용구거사)의 아내가 남편에게 퍼붓는 욕설을 사자후라고 표현하고 있다. 편지로 된, 이 長詩(장시)에 다음과 같은 대목이 있다.

龍丘居士亦可憐(용구거사역가련)　용구거사는 역시 가련하다.
談空說有夜不眠(담공설유야불면)　空(공)과 有(유)를 말하면 밤에도 자지 않는데,
忽聞河東獅子吼(홀문하동사자후)　문득 하동의 **사자의 울음소리**를 듣자,
拄丈落手心茫然(주장낙수심망연)　지팡이가 손에서 떨어지면서 마음이 아득하다.

陳季常(진계상)은 열렬한 불교도로 항상 참선을 하고, 또 친구들을 모아 불법을 논하며 밤을 새기도 했다. 그의 아내는 하동 柳(류)씨인데, 질투가 어찌나 심한지 손님과 노는 자리에 나타나 남편에게 발악하기를 예사로 했다고 한다.

소동파는 불경에 나오는 문자 사자후를 인용하여, 불교도인 陳季常(진계상)을 놀린 것이다. 이 시로 인하여 '질투심이 강한 아내가 남편에게 불미스러운 욕설을 퍼붓는 것'을 특히 '獅子吼(사자후)', 또는 '하동 사자후'라고 부르게도 되었다.

지금까지 살펴본 바와 같이, '獅子吼(사자후)'란 말은 과거에는 여러 가지 뜻으로 사용되었는데, 지금은 '웅변'과 '열변을 토한다.' 정도의 뜻에만 주로 쓰이고 있다.

---

1) **傳燈錄**(전등록) : 중국 송나라 진종 景德(경덕) 원년(1004년)에 高僧(고승) 道彦(도언)이 쓴 佛書(불서). 석가모니 이래의 역대 法脈(법맥)과 그 法語(법어)를 수록한 것으로, 조선시대 僧科(승과) 과목에도 들어 있다. 총 30권.

2) **本草綱目**(본초강목) : 1590년에 중국 명나라의 李時珍(이시진)이 지은 본초학의 연구서. 종래의 본초학에 관한 책을 정리하여, 약의 올바른 이름을 綱(강)이라 하고, 해석한 이름을 目(목)이라 하였다. 약이 되는 흙[土(토)]·玉(옥)·돌[石(석)]·草木(초목)·禽獸(금수)·蟲魚(충어) 따위의 1,892종을 7항목으로 분류하고, 形狀(형상)과 處方(처방)을 적었다. 총 52권.

071 相思病 상사병

字解
- 相: **서로 상** [相議(상의) : 서로 의논함]
  - 볼 상 [觀相(관상) : 사람의 얼굴을 보고, 성질이나 운명 따위를 판단함]
  - 모양 상 [眞相(진상) : 참 모습. 있는 대로 사실의 모습]
  - 정승 상 [宰相(재상) : 임금을 보필하며, 모든 관원을 지휘·감독하는 자리에 있는 이품 이상의 벼슬]
- 思: **생각할 사** [思考(사고) : 생각함. 궁리함]
  - 그리워할 사 [思慕(사모) : 그리워하고 우러러 받들음]
  - 생각 사 [思想(사상) : 판단과 추리를 거쳐서 생긴 의식 내용. 생각]
- 病: **병 병** [病苦(병고) : 병으로 인한 고통]

語義 서로 생각하는 병.
(남녀가 마음에 둔 사람을 몹시 그리워하는 데서 생기는 마음의 병)

用例

▶ 옛날에 **相思病**(상사병)에 걸려 죽은 사람들이 '전설의 고향'에 많이 등장하는데요. 살아서 이루지 못한 사랑은 죽어 귀신이 되어 사람들을 겁주고 괴롭히다가, 결국 배필을 만나 저승을 떠나는 이야기가 등장하는데, **相思病**(상사병)이란 꽤 무서운 병인가 봅니다.

▶ 지난 일요일부터 몸살기가 있어서 그냥 약 먹고 잤는데, 지금까지 끙끙대고 있어요. 병원에서는 몸살이 아니고, 정확하진 않지만 **相思病**(상사병)이라고 하네요. 왜 사귀는 과정에서 **相思病**(상사병)이 생기나요? 지금도 너무 힘들어서 죽어 버리고 싶을 정도예요. 왜 그럴까요?

【類義語】
- 戀病(연병) : 남녀 간에 그리워서 생기는 병.
- 和風病(화풍병) : 그리움으로 인하여 생기는 병.
- 花風病(화풍병) : 이성의 상대를 그리워하여 생기는 병. 꽃바람 병.
- 懷心病(회심병) : 그리움이 사무쳐서 근심이 된 병.

出典 **搜神記**[1](수신기, 동진 때 간보가 지은 기이한 인물의 고사를 엮은 책)

중국 춘추시대[B.C.770 ~ B.C.476]에 大國(대국)이었던 宋[2](송)나라는 전국시대[B.C.475 ~ B.C.221] 말기에, 康王[3](강왕 : 제34대이며 마지막 왕)의 虐政(학정)으로 인해 망하고 만다. 康王(강왕)은 뛰어난 용병술로 한때 이웃나라를 침략해서 영토를 확장하는 등 대단한 위세를 떨쳤다.

그리하여 그는 천하에 무서울 것이 없다는 자신을 가지고, 분수에 벗어난 짓을 마구 하게 되었다. 심지어는 가죽부대에 피를 담아 공중 높이 달아매고, 화살로 이를 쏘아 피가 흐르면,

"내가 하늘과 싸워 이겼다."

라고 하면서, 미치광이 같은 호기를 부리기도 했다고 한다. 康王(강왕)은 술로 밤을 지새우고, 여자를 많이 거느리는 것을 자랑으로 삼았으며, 이를 諫(간)하는 신하가 있으면 모조리 사형에 처했다.

이 포악하고 음란하기 비길 데 없는 康王(강왕)의 侍從(시종 : 임금을 가까이 모시고 따라다니는 신하)으로 韓憑(한빙)이라는 사람이 있었다. 그런데 그의 아내 河(하)씨가 절세미인이었다. 우연히 그녀를 본 강왕은 하씨를 강제로 데려와, 후궁으로 삼고 말았다. 한빙이 왕을 원망하지 않을 수 없었다. 강왕은 한빙에게 없는 죄를 씌워, '城旦(성단)의 형'에 처했다. '변방으로 가서 낮에는 도적을 지키는 군사가 되고, 밤에는 성을 쌓는 인부가 되는 고된 형벌'이다. 이때 아내 하씨가 강왕 몰래 남편 한빙에게 짤막한 편지를 전했다.

"비는 어지럽게 내려 그칠 줄 모르고, 강은 크고 물은 깊으니, 해가 나오면 마음에 맞겠다[其雨淫淫 河大水深 日出當心(기우음음 하대수심 일출당심)]."

그러나 이 편지는 전달이 되지 못하고, 강왕의 손에 들어갔다. 강왕이 신하들에게 편지의 뜻을 물었지만, 아는 자가 없었다. 그런데 蘇賀(소하)란 자가 나서서,

"당신을 그리는 마음을 어찌할 길 없으나, 방해물이 많아 만날 수가 없으니, 죽고 말 것을 하늘에 맹세한다는 뜻입니다."

하고, 그럴 듯한 풀이를 했다.

얼마 후, 한빙이 자살했다는 소식이 들려왔다. 그러자 하씨는 자기가 입는 옷을 썩게 만들었다가, 성위를 구경하던 중에 몸을 아래로 던졌다. 수행한 사람들이 급히 옷소매를 잡았으나, 소매만 끊어지고 사람은 아래로 떨어졌다. 죽은 그녀의 치마를 두르는 끈 위에 유언이 적혀 있었다.

"임금은 사는 것을 다행으로 여기지만, 나는 죽는 것을 다행으로 압니다. 바라건대 나의 시체를 한빙과 합장하여 주옵소서."

怒(노)한 강왕은 고의로 무덤을 서로 떨어진 곳에 만들게 하고는,

"죽어서도 서로 사랑하겠다고 하는 거냐? 정 그렇다면 두 무덤을 하나로 합쳐 보아라. 그것까지는 방해하지 않겠다."

라고 했다. 그러자 밤 사이에 두 그루의 나무가 각각 두 무덤 끝에 나더니, 열흘이 채 못가서 큰 아름드리나무가 되었다. 그리고 나무 위에는 가지가 서로 얽히고, 아래로는 뿌리가 서로 맞닿았다. 그리고 나무 위에는 한 쌍의 원앙새가 앉아, 서로 목을 안고 슬피 울며 듣는 사람을 애처롭게 만들었다.

세상 사람들은 이 새를 한빙 부부의 넋이라 했다. 송나라 사람들은 이를 슬피 여겨, 그 나무를 '相思

樹(상사수)'라고 불렀고, 이때부터 '서로 그리워하는 마음의 병'을 '相思病(상사병)'이라 했으며, 널리 퍼져 쓰이게 되었다. 상사병을 좀더 쉽게 풀이하면, '남녀 사이에 서로 그리워하며 뜻을 이루지 못해 생긴 병'이라고 할 수 있겠다.

---

1) **搜神記**(수신기) : 기이하고 신기한 인물의 고사를 기록한 중국 최초의 책 가운데 하나. 작자는 東晉(동진) 元帝(원제. 재위 317 ~ 323) 때 著作郞(저작랑)의 벼슬을 지냈던 干寶(간보, ? ~ 336)이다. 그는 이 책 속에서 신기하고 괴이한 사건을 기록하여, 신령한 존재가 있음을 증명하려고 했다. 현존하는 『수신기』는 여러 종의 판본이 있으나, 어느 것도 간보의 원래 저작이라고 단정할 수 없다.

　明代(명대)의 胡震亨(호진형, 1569 ~ 1645)이 편찬한 『秘册彙函(비책휘함)』이 가장 오래된 판본이다. 주로 鬼神(귀신)·靈魂(영혼)·道家仙人(도가선인)·占卜(점복)·奇現象(기현상)·凶兆(흉조) 등에 관계된 사건들을 서술하고 있다. 역사서의 문체처럼 간결하면서도 이야기의 구성이 치밀하고 인물의 형상이 다양하여, 이후 중국의 소설과 희극에 깊은 영향을 미쳤으며, 후대 작가들의 모범이 되기도 했다.

2) **宋**(송) : 중국 周(주)나라, 春秋(춘추)시대, 戰國(전국)시대에 걸쳐 중국 대륙에 존재한 나라이다. 수도는 商丘(상구 : 하남성 동부의 도시)이다. 주나라에 의해 멸망한 殷(은)나라 紂王(주왕)의 배다른 형 微子啓(미자계)가 봉해진 나라이다. 국력이 그리 크지는 않았으나, 전 왕조의 왕통을 잇는 나라라 하여 공작 지위가 부여되었다.

　宋襄公(송양공, ? ~ B.C.637. 제20대 임금. 재위 B.C.651 ~ B.C.637)이 즉위하여, 송의 국력을 신장하고, 齊桓公(제환공)의 사후 제후들의 회맹을 주도했다. 이를 불쾌하게 여긴 楚成王(초성왕)은 회맹에 온 宋襄公(송양공)을 감금했고, 양공은 이를 설욕하기 위해 泓水(홍수)에서 楚(초)와 결전을 벌였지만 참패하고 말았다. 宋襄之仁(송양지인 : '송나라 양공의 어짊'이라는 뜻으로, '쓸데없이 베푸는 인정'을 이르는 말)의 고사는 여기에서 유래한다.

　홍수 전투 이후 秦(진)나라의 공자 重耳(중이)가 宋(송)으로 망명을 왔고, 양공은 중이의 재능을 알아보고 좋은 대우를 해주었다. 훗날 송나라가 楚(초)나라에게 공격당하자, 秦(진)나라의 군주가 된 중이는 대군을 이끌고 송을 구원하였다. 그러나 양공 이후 齊(제)나라, 楚(초)나라, 秦(진)나라 같은 대국들 사이에 끼어 세력이 약화되어 갔다. 결국 기원전 286년, 齊(제)나라에 의해 멸망하였다.

3) **宋 康王**(송 강왕. ? ~ B.C.286. 재위 B.C.329 ~ B.C.286) : 중국의 춘추전국시대 송나라의 제34대 군주이다. 성은 子(자), 씨는 戴(대), 휘는 偃(언), 시호는 康王(강왕)이며, 『荀子(순자)』 「王霸篇(왕패편)」에는 獻王(헌왕)으로 기록되고, 『史記(사기)』 「송세가」에는 宋王(송왕) 偃(언)으로 기록되어 있다. 剔成君(척성군)의 아우다.

072 壽辱多 수욕다

字解 壽 : 목숨 **수** [長壽(장수) : 목숨이 긺. 오래 삶]
　　　　辱 : 욕보일 **욕** [恥辱(치욕) : 수치와 모욕]
　　　　多 : 많을 **다** [多寡(다과) : 많음과 적음]

語義 수명이 길면, 욕됨이 많다.
　　　　(사람이 오래 살다 보면, 좋지 못한 일을 많이 겪게 된다)

 用例

▶ "영감님, 건강하게 오래 사십시오."
"고맙다만, 옛말에 '**壽辱多**(수욕다)'라 했느니라. 오래 사는 것은 욕됨이 많다 했으니, 꼭 좋은 것만은 아니니라."

▶ 오래 살다보니 재산 잃고, 자식 죽이고, 몸에 병들고, 내 꼴이 꼭 **壽辱多**(수욕다)네 그려.

 **出典** 莊子(장자) - 天地篇(천지편) 〈'4음절 168. 壽則多辱(수즉다욕)' 참조〉

중국 고대 堯舜(요순)시대에, 聖天子(성천자 : 덕이 높은 천자)로서 유명했던 堯[1](요)임금이 華(화)라는 지방을 순회했을 때의 일이다. 그곳의 華封人(화봉인 : 수비 관원)이 요임금 앞으로 나와 인사를 드렸다.

"오, 聖人(성인)이시여, 삼가 임금님의 장래를 祝壽(축수)하겠습니다. 우선은 임금님께서 萬壽無疆(만수무강)하시기를 빕니다."

그러자 요는 손을 내저으며 말했다.

"아니야, 나는 오래 살기를 바라지 않네."

"그러시다면 임금님의 富(부)가 더욱더 풍성해지기를……."

"아니야, 나는 부를 더하고 싶은 생각은 꿈에도 하지 않네."

"그러시다면 임금님의 子孫(자손)이 번성하시기를……."

"아닐세. 그것도 나는 바라지 않는 일이야."

이쯤 되자, 관원은 이상하다는 듯 堯(요)임금의 얼굴을 바라보며 되물었다.

"壽(수)와 富(부)와 子孫(자손)의 번성은 누구나가 바라는 일인데, 임금님께서는 그것을 바라시지 않는다니 어찌 된 일입니까?"

요임금이 말했다.

"요컨대 **오래 살면 욕된 일이 많아진다네**[壽辱多(수욕다)]. 富(부)해지면 혹여 잃지나 않을까 걱정해야 하며, 자식이 많으면 못난 놈도 생겨서 도리어 걱정거리가 되지 않겠는가? 이 세 가지는 어느 것이나 다 내 몸의 덕을 기르는 데 無用之物(무용지물)이라고 볼 수밖에 없네."

요임금의 말에 관원은 어처구니가 없다는 표정을 지으며 중얼거렸다.

'체, 싱겁기 짝이 없군. 요임금은 聖人(성인)이라고 들었는데, 지금 말하는 것으로 미루어 보아 기껏해야 君子(군자) 정도밖에는 되지 못하겠구나. 아이들이 많더라도 각기 분에 맞는 직업을 가지면 아무 걱정이 없을 것이다. 돈이 많아지면 그만큼 남에게 나누어 주면 또한 아무 걱정도 없을 것이다. 진정한 성인이란 메추리같이 둥지를 고르지 않고, 병아리처럼 무심하게 먹고, 새가 난 뒤 흔적이 없는 것같이 자유자재여야 한다. 세상이 올바르면 모든 사람들과 함께 그 번성함을 즐기는 것이 좋고, 올바르지 않으면 몸에 덕을 쌓아 은둔하는 것도 좋다. 천 년이나 오래 살아 싫증이 나면, 그때는 신선이 되어 저 흰 구름을 타고 옥황상제의 나라로 가서 노는 것도 좋다. 病(병)·老(노)·死(사)의 三患(삼환)을 걱정할 필요도 없고, 몸이 언제나 탈이 없으면 오래 산다고 해서 아무런 욕될 것이 없잖은가?'

이런 소리를 하고, 수비 관원은 발길을 돌렸다.

보기 좋게 허점을 찔린 꼴이 된 요임금은 순간 정신이 퍼뜩 들어 뒤를 쫓아가,

"기다리게. 조금 더 그대의 말을 듣고 싶네."

하고 소리쳤으나, 그는 뒤도 돌아보지 않고 어디론지 사라지고 말았다고 한다.

위의 내용은 『莊子(장자)』「天地篇(천지편)」에 나오는 이야기이다. 장자는 이 우화로써 유가적 성인인 요임금과 대비시켜 가며, 道(도)의 세계에서 사는 자유자재인 도가적 성인의 모습을 示唆(시사 : 미리 암시하여 일러 줌)하고 있다.

莊子(장자)는 전국시대의 가장 특이한 사상가 가운데 한 사람이다. 그는 공자를 시조로 하는 儒家(유가)의 사람들이 강조하는 仁義道德(인의도덕)을 잔꾀가 많은 인간의 作爲(작위 : 인위적으로 벌인 짓이나 행동)라 하여 배척하고, 있는 그대로 자연을 사랑하고 그 어떤 것에도 사로잡히지 않는 정신적 자유 경지인 道(도)의 세계에 동경을 보냈다. 그는 그 사상을 그의 특이한 풍자와 우화를 빌어 표현했다.

---

1) 堯(요)임금 : 명군으로 알려진 중국의 神話(신화) 속 군주. 제곡고신의 아들로 이름은 放勳(방훈)이고, 唐堯(당요)로도 부른다. 20세에 왕위에 올라, 德(덕)으로 나라를 다스렸다. 재위 기간은 70여 년이며, 효행으로 이름이 높았던 舜(순)에게 왕위를 물려주었다. 중국의 三皇五帝(삼황오제) 신화 가운데 五帝(오제)의 하나이다. 다음 군주인 舜(순)과 함께 聖君(성군)의 대명사로 일컬어지며 '堯舜(요순)'과 같이 함께 묶어 많이 사용한다. 이 말은 주로 뛰어난 군주를 찬양하거나 먼 옛날의 이상적인 군주를 지칭하는 표현으로 쓰였으며, 하나라의 禹(우)왕·은나라의 湯(탕)왕을 합쳐 '堯舜禹湯(요순우탕)'이라는 표현으로 쓰이기도 한다. 현재까지 요의 역사적 실존성은 정확히 밝혀진 바가 없고, 다만 우왕과의 관계에서 夏(하)나라 이전에도 국가 비슷한 실체가 형성되어 있음을 보여주는 자료로 사용된다.

073 食指動 식지동

字解 食 : 먹을 식 [食福(식복) : 먹을 복]
　　　　　먹이 식 [糧食(양식) : 살아가는 데 필요한 먹거리. 식량]
　　　　　밥 사 [簞食(단사) : 도시락에 담은 밥]
　　　　　사람 이름 이 [審食其(심이기) : 진나라 말엽 沛(패)땅 사람으로 한고조의 부친]
　　　　指 : 손가락 지 [指紋(지문) : 손가락 끝마디 안쪽에 있는 피부의 지름]
　　　　　가리킬 지 [指示(지시) : ① 가리켜 보임. ② 일러서 시킴]
　　　　動 : 움직일 동 [動詞(동사) : 움직임을 나타내는 말]
　　　　　어지러울 동 [動亂(동란) : 폭동, 반란, 전쟁 등으로 사회가 질서 없이 소란해지는 일]
　　　　　일할 동 [勞動(노동) : 몸을 움직여 일을 함]

語義 식지(둘째손가락, 집게손가락)가 움직인다.
　　　　(구미가 당긴다)
　　　　(욕망이나 야심을 품다)
　　　　(어떤 물건을 욕심내어 구할 생각이 있다)

 用例

▶ 우리 좀 좋은 곳에 **食指動**(식지동)하여 보자. 정의를 이루겠다는 의지, 소외당하는 자들에게 친구가 되어야겠다는 정, 나이가 들었어도 새것을 얻어 보려는 열정, 참 신앙을 가지려는 꾸준한 기도와 노력, 나 자신의 內的美(내적미)를 위한 투자 따위가 있어야 하겠다.

▶ 자라탕 한 그릇에 한 나라의 정권과 사람 목숨이 왔다갔다한, 어이없다면 어이없는 사건이지요. 그래서 '**食指動**(식지동)'이라는 고사성어가 생겼다고도 합니다.

 **春秋左氏傳**(춘추좌씨전, 공자의 춘추를 해설한 주석서. '좌전')

중국 春秋(춘추)시대 周(주)나라 宣公(선공 : 제11대 임금) 4년(B.C.605)에, 楚(초)나라 사람이 큰 자라[鼈(별)]를 鄭¹⁾(정)나라 靈公(영공, ? ~ 605. 제12대 임금으로 재위 기간은 1년)에게 바쳤다. 영공은 그 자라로 죽을 끓여, 신하들과 다 같이 나눠 먹을 셈으로 자라를 솥에 끓이도록 했다.

한편 公子(공자) 宋(송 : 위의 자공)과 大夫(대부) 벼슬의 子家(자가)가 마침 정 영공을 배알하러 궁에 왔는데, 갑자기 공자 宋(송)의 **食指**[2](식지 : 둘째손가락, 집게손가락. 음식을 집어먹는 손가락이라고 해서 '식지'라 한다)가 저절로 움직였다. 그러자 공자 송이 子家(자가)에게 일전에도 식지가 저절로 움직이면, 반드시 別味(별미)를 맛보았다면서 뭔가 別食(별식)을 맛볼 것이라고 했다. 두 사람이 궁에 들어가니, 과연 자라가 솥에서 끓고 있기에 마주보며 웃었다.

이에 鄭 靈公(정 영공)이 무슨 일로 웃느냐고 물으니, 자가가 조금 전에 있었던 일을 이야기했는데, 그러자 정 영공 왈,

"손가락이 움직였다 한들, 내가 주지 않으면 먹지 못할 것 아닌가?"

하고 장난기 어린 말을 던지더니만, 요리사에게 이야기해 요리를 사람 수보다 한 그릇 덜 만들게 한다. 그리고는 일부러 공자 송에게만 자라 요리를 주지 않고,

"자네의 食指(식지)가 틀렸구만."

하고 놀렸다.

이에 열을 받은 공자 송이 솥으로 달려가 요리를 손가락으로 찍어 먹고는,

"이래도 내 예감이 틀렸단 말입니까!"

하고는 씩씩대며 궁을 나가 버렸다.

정 영공은 영공대로 그 태도에 화가 나서, 공자 宋(송)을 장차 죽일 기색을 내비쳤다. 임금의 그 같은 속마음을 짐작한 공자 송은 자기가 먼저 선수를 쳐서 임금을 죽일 결심을 한다. 이리하여 대부 子家(자가)를 위협해 둘이 함께 공모하여 영공을 먼저 죽여 버리고, 임금 자리를 갈아치워 버린다. 음식 차별처럼 상대에게 깊은 원한을 주는 것도 드문 모양이다.

이처럼 '食指動(식지동)'은 글자 그대로 '집게손가락이 움직인다'에서 출발하여, '구미가 당긴다'의 뜻으로, 더 나아가서 '욕망이나 야심을 품는다.'의 의미로 확대되어 쓰이고 있다.

---

1) 鄭(정, B.C.806 ~ B.C.375) : 중국 中原(중원)의 한가운데 자리한 소국 鄭(정)나라는, 춘추시대 초기 제후 열강들과 세력을 같이하고, 국제 질서를 주도한 强國(강국)이었다. 周(주)나라에 犬戎族(견융족)이 침범하자, 鄭 桓公(정 환공, 이름은 우, 정나라 초대 임금. 재위 B.C.806 ~ B.C.771)은 이를 격퇴하다 견융족의 화살을 맞고 장렬히 戰死(전사)함으로써, 소국 정나라가 중원 무대에 처음으로 모습을 나타내었다.

세자 鄭 武公(정 무공, 이름은 굴돌. 제2대 임금. 재위 B.C.770 ~ B.C.744)도 부친의 뜻을 이어, 견융족을 격퇴한 공으로 주 황실의 경사를 겸직하여 몰락한 주 황실을 보필하고 부흥하는 데 많은 노력을 기울였을 뿐 아니라, 周 平王(주 평왕)을 도와 뤄양[洛陽(낙양)]으로 東遷(동천)하여 동주를 재건함으로써, 소국 정나라의 위세와 세력은 급성장하기 시작했다. 東虢(동괵)과 檜(회 : 하남성 신정시 부근) 땅을 정복하고 도읍을 회로 옮겨 新鄭(신정)이라 일컬었다.

제3대 鄭 莊公(정 장공, 이름은 오생. 재위 B.C.770 ~ B.C.701)도 탁월한 지략과 수완으로 친동생 公叔段(공숙단)이 친모와 짜고 반역을 일으키자, 이를 기다렸다는 듯이 일거에 진압하였다. 祭仲(제중), 高渠彌(고거미) 등의 뛰어난 명신들의 보좌를 받으면서, 부친의 업적을 계승하여 정나라 최고의 전성기를 구가하였다.

　정 장공의 업적이 춘추오패보다는 못하지만, 小霸(소패)로서의 세력을 떨칠 만할 정도로 정나라의 판세는 위력적이었으며 열강을 주도하였다. 장공을 오만하다고 본 주 환공이 친히 군사를 이끌고 응징하려다, 오히려 어깨에 화살을 맞는 수모를 당한 적 있고, 장공은 황실을 위협하여 인질을 맞교환할 정도로 위세가 대단하였다.

　그러나 정 장공이 죽고 난 후 제4대부터 자식들 간에 내쫓고 쫓기면서, 임금을 번갈아 바꾸기 시작하여 국세는 약화되기 시작하였다. 골육상쟁으로 조그만 국토는 이리저리 떼이고 뺏기면서, 춘추시대 말 명재상 子産(자산, B.C.585? ~ B.C.522?)만 반짝거렸을 뿐 약소국으로 전락하고 말았다. 康公[3](강공) 21년(B.C 375년)에 韓(한)나라에게 倂呑(병탄 : 남의 재물이나 다른 나라의 영토를 한데 아울러서 제 것으로 만듦)당하고 말았다.

2) 食指(식지) : 식지는 '둘째손가락'이다. 우리나라에서는 뭔가를 집을 때 제일 많이 사용하는 손가락이라 해서 '집게손가락'이라 하는데, 중국인들은 생각이 달랐던 모양이다. 음식을 먹을 때 제일 많은 활동을 하는 손가락이라고 여겨 '食指(식지)'라 했다. 동의어에는 검지 · 頭指(두지) · 鹽指(염지) 등이 있다.

　나머지 네 손가락의 이름은 다음과 같다.

　－엄지손가락 : 大指(대지) · 拇指(무지) · 巨指(거지) · 엄지손.

　－가운뎃손가락 : 中指(중지) · 長指(장지) / 將指(장지) · 가운뎃손.

　－약손가락 : 藥指(약지) · 無名指(무명지) · 약손.

　－새끼손가락 : 季指(계지) · 小指(소지) · 새끼손.

3) 鄭 康公(정 강공, ? ~ ?. 재위 B.C.395 ~ B.C.375) : 중국 전국시대 정나라의 제23대, 마지막 임금이다. 諱(휘)는 乙(을)이다. 幽公(유공, ? ~ B.C.423. 정나라 제21대 임금. 한 무자의 침공을 받아 살해당함)의 아우다. 기원전 395년, 2년 전에 피살된 재상 사자양의 무리가 繻公(수공, ? ~ B.C.396. 재위 B.C.422 ~ B.C.396. 정나라 제22대 임금)을 시해하고 임금으로 세웠다.

　재위 기간 내내 韓(한)나라에 눌려, 강공 2년(B.C.393)에 부서 땅을 잃었고, 강공 11년(B.C.384)에는 양성을 한나라에 빼앗겼다. 강공 15년(B.C.380)에는 한나라를 패퇴시켰으나, 강공 21년(B.C.375)에 결국 한나라에 멸망당했다.

074 連理枝 연리지

字解 連 : 이를 **련(연)** [連結(연결) : 서로 이어서 맺음]
　　　理 : 다스릴 리 [理事(이사) : 조직의 사무를 집행하는 직위나 사람]
　　　　　 나뭇결 리 [木理(목리) : 세로로 자른 나무에 나타나는 무늬]
　　　枝 : 가지 **지** [枝葉(지엽) : 가지와 잎. 중요하지 않은 부분]

語義 두 나무의 가지가 맞닿아서 결이 서로 통한 것.
　　　 뿌리가 다른 두 그루의 나무에서 나란히 붙어 있는 가지.
　　　 ('다정한 연인' 또는 '화목한 부부 사이'를 비유하여 이르는 말)

 用例

▶ 태풍 '볼라벤'이 전국을 강타한 데 이어 '덴빈'까지 상륙하면서, 전국 사찰의 전각 기와가 파손되고 인근 나무가 부러지는 등 태풍 피해가 잇따르고 있다. 조계종 제17교구 본사인 전북 김제 금산사에서는 '사랑나무'로 불리며 많은 연인이 즐겨 찾던 **連理枝(연리지)**'의 한쪽 가지가 부러졌다. 연리지는 서로 다른 나무의 가지가 이어져 한 몸이 된 것을 말하며, 예로부터 귀하고 상서로운 것으로 여겨지고 있다.

▶ 우리나라에서 널리 알려진 **連理枝**(연리지)로는, 충남 보령시의 외연도 동백나무 연리지, 충북 괴산군 청천면 송면리 소나무 연리지, 경기도 광주시에 있는 소나무 연리지, 북제주군 우도에 있는 소나무 연리지 등이 있다.

【類義語】 比翼鳥(비익조) : 암컷과 수컷이 눈과 날개가 하나씩이라서 짝을 짓지 않으면 날지 못한다는 새. '남녀 사이 혹은 부부애가 두터움'을 이르는 말.

　　　　 琴瑟之樂(금슬지락) : 거문고와 비파의 조화로운 소리. 부부 사이의 다정하고 화목한 즐거움.

 ① **後漢書**(후한서) – **蔡邕傳**(채옹전)

중국 後漢(후한) 말의 文人(문인) 蔡邕[1](채옹, 133 ~ 192)은 經典(경전)의 문자 통일을 꾀하여, 碑(비)에 써서 太學門(태학문 : 인재 양성 가관인 국자감의 두 번째 문) 밖에 세운 것으로 유명하지만, 그 밖에 효자로도 유명한 사람이었다.

그의 어머니는 병이 들어, 만년에는 줄곧 병상에 누워 있었다. 채옹은 병간호에 정신을 쏟아, 3년 동안 옷을 벗고 편안하게 잠을 자 본 적이 없었다. 특히 어머니의 병이 危重(위중)해진 후, 백일 동안은 잠자리에도 들지 않았다. 어머니가 돌아가시자, 그는 무덤 옆에 초막을 짓고 거기서 服喪(복상 : 상중에 상복을 입음)을 하고, 형식만이 아니라 시종여일하게 예법에 정해진 그대로 실행을 했다.

후에 채옹의 방 앞에 두 그루의 나무가 자라났다. 그것은 자라면서 차츰 서로 붙어 나뭇결까지 하나가 되고 말았다. 바로 **連理木**(연리목)이다. 세상 사람들은 그것을 기이하게 생각하여, 채옹의 효도가 이 진기한 현상을 가져왔다고 떠들었으며, 많은 원근 사람들이 이 나무를 구경하러 왔다고 한다.

이상의 이야기에서 볼 수 있듯이, 처음에는 '連理木(연리목)'이 孝(효)와 결부시켜 일컬어지는 말이었다.

 ② **長恨歌**[장한가 : 백낙천이 쓴 칠언고시로, 120句(구) 840字(자)의 대서사시]

連理枝(연리지)가 다정한 戀人(연인)의 상징으로 사용되게 된 것은 唐(당)의 시인 白居易(백거이, 772 ~ 846. 자는 낙천, 호는 향산거사)에 의해서이다. 그가 태어났을 때는 大唐帝國(대당제국)의 榮華(영화)가 차츰 기울기 시작했을 때였다. 그때에 玄宗[2](현종)이 楊貴妃(양귀비)에 빠져 있어, 정치에 뜻을 잃게 된 것이다. 둘의 로맨스가 워낙 유명했으므로, 그는 시를 지어 노래했는데, 그것이 유명한 '長恨歌(장한가)'이다. 끝부분 여덟 행은 다음과 같으며, 서로의 사랑을 확인하는 내용이다.

臨別慇懃重寄詞(임별은근중기사)	떠날 무렵 은근히 거듭 전하노니,
詞中有誓兩心知(사중유서양심지)	거기에 둘만이 아는 맹서 담겼네.
七月七日長生殿(칠월칠일장생전)	7월 7일 장생전에서,
夜半無人和語時(야반무인화어시)	깊은 밤 사람들 모르게 속삭였네.
在天願作比翼鳥(재천원작비익조)	하늘에서는 비익조가 되기를 원하고,
在地願爲連理枝(재지원위연리지)	땅에서는 **잇닿아 이어진 가지**가 되기를 원하네.
天長地久有時盡(천장지구유시진)	높은 하늘 넓은 땅은 다할 때가 있겠지만
此恨綿綿無絶期(차한면면무절기)	이 한은 면면히 다할 때가 없겠구나.

玄宗(현종)은 '安史之亂(안사지란)'으로 꽃다운 나이에, 그것도 非命(비명)에 간 양귀비를 잊지 못해 늘 이 말을 되뇌었다고 하는 이야기가 전한다. 이 시에서는 현종의 정치에 대한 비난보다는, 그들의 사랑 그 자체의 아름다움과 비극성에 초점을 맞추고 있다.

양귀비 사후, 늘 양귀비를 그리던 현종은 亂(난)이 조금 진정되어 장안으로 돌아온 뒤에, 죽은 이의 혼을 부른다는 도사에게 부탁하여 양귀비의 혼을 찾게 한다. 바다 위의 선산에서 선녀로 살고 있다는 양귀비는, 자신을 찾아온 현종의 사신에게 사랑의 징표를 주며, 둘만이 아는 맹세를 전한다.

위 시는 바로 이 맹세 부분이다. '比翼鳥(비익조)'란 '날개가 한 쪽씩 붙어 언제나 쌍으로 나는 새'이며, **'連理枝(연리지)'**란 **'뿌리는 둘이면서 가지가 서로 얽혀 붙은 나무'**를 말한다. 이 두 단어는 이때부터 '애정이 깊은 연인', '부부'를 의미하는 말로 쓰이었다.

결국 連理枝(연리지)는 '부모에 대한 孝(효)'에서 시작하여, '부모를 같이하는 한 형제간에 우애를 돈독히 하는 것'을 뜻하기도 하며, 오늘날에는 '깊은 사랑과 아름다운 금슬의 부부'를 이야기할 때 주로 사용되는 말이다.

지방을 여행하다 보면 간혹 '連理枝(연리지)'라는 나무를 소개하는 곳이 있고, 보는 사람들은 열심히 찾아 매우 신기하게 바라보며, 자신들의 사랑이 아름답고 영원하기를 소망하는 모습을 볼 수 있다.

---

1) 蔡邕(채옹, 133 ~ 192) : 중국 後漢(후한)의 문인, 정치가. 자는 伯喈(백개). 陳留(진류) 圉縣(어현 : 지금의 허난성 치현 남쪽) 사람이다. 젊어서부터 박학했으며, 太傅(태부) 胡廣(호광)에게서 학문을 배웠다. 辭章(사장) · 數術(수술) · 天文(천문)을 좋아했으며, 음악적인 재능이 뛰어나 거문고를 잘 탔다. 170년, 郞中(낭중)을 하사받았다. 175년, 堂谿(당계) · 楊賜(양사) 등과 함께 六經(6경)의 문자를 바로잡으려고 상주했으며, 직접 문장을 비에다 쓰고 장인에게 새기게 해서 太學(태학)의 문밖에 세웠는데, 이것을 '熹平石經(희평석경)'이라고 한다. 나중에 災異(재이)의 변에 관해 상주문을 올렸다가, 程璜(정황) 등에게 참소당하여 투옥된 뒤 멀리 쫓겨 갔다. 그 뒤 사면을 받았으나 江海(강해)로 망명하여, 12년 동안 吳(오)나라에 머물렀다.

189년, 司空(사공) 董卓(동탁)에게 불려가서, 侍御史(시어사) · 侍書御史(시서어사) · 尙書(상서)를 지낸 뒤 巴郡(파군)의 태수가 되었으며, 侍中(시중) · 左中郞將(좌중랑장)까지 지냈다. 192년, 王允(왕윤)이 동탁을 죽였을 때, 왕윤과 같은 자리에 있던 채옹은 동탁의 죽음을 탄식하였다. 이를 노엽게 여긴 왕윤은 채옹을 죽이려 했다. 채옹은 자신의 잘못을 인정하면서도 한나라 역사를 저술할 것을 원하였고, 大尉(태위) 馬日磾(마일제)를 비롯한 대부분의 신하들도 채옹을 구제하려 했으나, 왕윤은 듣지 않고 끝내 채옹을 죽게 했다. 저서로는 『獨斷(독단)』 · 『釋誨(석회)』 · 『蔡中郞集(채중랑집)』 등이 있다.

2) 玄宗(현종, 685 ~ 762) : 당나라 제6대 황제로, 본명은 李隆基(이융기)이며, 별호는 唐明皇(당명황)이다. 睿宗(예종, 662 ~ 716. 제5대 황제)의 3남으로, 어머니는 肅明皇后(숙명황후) 劉(유)씨이다. 재위 초기에는 유능한 재상들의 보좌에 힘입어, '짐이 마르더라도 천하와 백성들이 살찌면 아무 여한이 없다.'라고 할 정도로 민생 위주의 정치에 전력을 다하였다. 그리하여 국력은 강성해지고, 태평성대를 구가하게 되었다.

그러나 현종은 거만해지고, 충신을 내치며 아첨하는 간신들을 중용하였다. 737년, 사랑하던 武惠妃(무혜비 : 정순황후)가 죽고 방황하던 때, 양귀비를 보게 되고 거기에 빠져 政事(정사)를 등한시한다. 결국 755년, '安史(안사)의 亂(난)'이 일어나고, 양귀비는 죽음을 맞이하였다. 亂(난)은 평정되었으나, 그는 양귀비에 대한 그리움과 지난날의 榮華(영화)에 대한 허무함 때문에 병이 들었다. 말년을 쓸쓸하게 보내다가, 78세에 崩御(붕어 : 임금이 세상을 떠남)하였다.

075 月旦評 월단평

字解 月 : 달 **월** [滿月(만월) : 가득 찬 달. 보름달]
　　　　　세월 월 [歲月(세월) : 흘러가는 시간]
　　　　旦 : 아침 **단** [元旦(원단) : 설날 아침]
　　　　評 : **품평할 평**, 평론할 평 [酷評(혹평) : 가혹하게 평함]

語義 매월 초하루에 하는 품평.
　　　　(사람에 대한 평. 인물평)

用例

▶ 밑에 표시된 무장들의 이름은 **月旦評**(월단평)을 받으며, 許劭(허소)가 거론하는 인물입니다.
▶ 評(평)은 말을 어느 한쪽에 치우치지 않게 공평하게 한다는 것이다. 사람에 대한 평가, 곧 人物評(인물평)으로 유명했던 건 後漢(후한)시대의 **月旦評**(월단평)이었다.

【類義語】月朝評(월조평) : 매월 초하루에 하는 평.

出典 後漢書(후한서) - 許劭傳(허소전), 十八史略(십팔사략)

　중국 後漢(후한, 25 ~ 220)도 前漢(전한, B.C.206 ~ A.D.8)처럼 外戚(외척 : 황후의 일족)과 宦官(환관 : 내시, 왕의 시종)의 세력에 골머리를 앓았다. 제11대 桓帝(환제. 재위 146 ~ 167) 때, 그 환관들이 결속하여 기개와 절개가 있는 선비 2백여 명을 禁錮(금고 : 감옥에 가두어 두나, 노역은 시키지 않는 형벌)에 처한 '前黨錮(전당고)의 禍(화)〈166년〉'가 일어났으며, 다음 황제 靈帝(영제. 재위 168 ~ 189) 때도 마찬가지로 7백여 명이 살해되고, 다시 그 문하생에서 지인, 친척까지 流配刑(유배형)이나 투옥을 당한 '後黨錮(후당고)의 禍(화)〈176년〉'가 일어났다.
　이런 일련의 사건으로 정치는 어지러워지고 漢(한) 왕실의 威光(위광)도 쇠퇴하여, 천하는 騷然(소연 : 시끄럽고 어수선함)해졌다.

　그런데 이에 박차를 가하는 사태가 발생했다. 그것은 太平道[1](태평도)라는 邪敎(사교 : 그릇된 교리로 사회에 해를 끼치는 종교)의 유행이었다. 태평도는 河北(하북)의 張角(장각)이라는 사나이가 시작한 당시의 신흥 종교로, 黃帝(황제 : 삼황오제의 하나로 전설상의 인물)나 老子(노자)의 학설에 엉터리 이론을 붙인 것이다. 정치가 올바르지 못하면, 민중이 이런 것에서 구원을 찾게 되는 것이 人之常情(인지상정)이다.

어쨌든 천하가 소연해진 틈을 타 순식간에 수십만의 信徒(신도)를 모으게 되었다. 이렇게 세력을 얻은 장각은, 이번에는 천하를 자기의 소유물로 만들려는 야망을 품고, 영제 17년(184년) 宗徒(종도)들을 이끌고 군사를 일으켰다. 그 세력이 왕성해서 순식간에 전국으로 퍼졌다. 반란군은 標識(표지)로써 황색 巾(건 : 수건)을 두르고 있었으므로 '黃巾賊(황건적)'이라 부르고, 이 亂(난)을 '黃巾賊(황건적)의 亂(난)'이라고 불렀다.

이렇게 되고 보니, 궁정 안에서 권모술수로 남을 해치는 재주밖에 없는 환관들로서는 束手無策(속수무책)이었다. '黨錮(당고)의 禍(화)'로 감금했던 선비들을 허겁지겁 풀어주어, 황건적을 토벌케 함과 동시에 전국의 유력자들에게 수하를 막론하고 토벌을 명했다. 무슨 일이라도 일어났으면 하고, 목을 길게 빼고 기다리고 있던 야심만만한 호걸들은 다투어 군사를 일으켰으며, 그 중에서도 智謀(지모)가 출중한 曹操(조조, 155 ~ 220. 후한 말기의 유명한 장군)는 반란군을 크게 격파하고, 천하에 이름을 떨쳤다. 그 밖의 사람들도 勇戰(용전)하여 각지에서 반란군은 참패를 당했으며, 수령 장각도 病死(병사)하여 그토록 기세를 올리던 大亂(대란)도 거의 진정되었다.

그러나 수그러들지 않는 것은 군사를 일으켰던 호걸들로, 추켜올렸던 주먹을 그냥 내려놓을 수는 없었다. 그래서 擧兵(거병 : 군사를 일으킴)의 명목을 '횡포한 宦官(환관)을 응징한다.'로 변경하고, 군사를 해산하지 않고 기회를 노리고 있었다.

靈帝(영제)가 재위 20년(188년)에 죽자, 袁紹(원소)라는 장군이 먼저 일어나 군사를 이끌고 궁중으로 난입하여, 환관이라고 이름이 붙은 자 2천여 명을 모조리 죽였다. 이어 董卓(동탁)이라는 장군도 다음에 즉위한 幼帝(유제)를 쿠데타로 폐위시켜, 후한 왕조에 종지부를 찍고 마침내 삼국지 시대의 발단이 된다.

한편, 황건적을 토벌하여 큰 공을 세운 曹操(조조)는 젊었을 때부터 家業(가업)은 돌보지 않고 호걸들과 교제를 즐겼다. 그 무렵 하남성 汝南(여남)에 許劭[2](허소)와 사촌형 許靖(허정)이라는 두 명사가 살고 있었다. 이 두 사람은 매달 초하루에 鄕黨(향당 : 자기가 태어났거나 사는 마을)의 인물을 골라서 비평을 하고 있었다. 그 비평이 매우 적절했기 때문에, '汝南(여남)의 月旦評(월단평)'이라고 항간에서 평판이 파다해서, 그 평을 들으러 가는 사람이 많았다.

이 인물평이 너무나도 유명했으므로, 그로부터 **인물 비평**을 '**月旦評(월단평)**', 줄여서 '月旦(월단)'이라고 하게 되었다. 즉 '**매달 초하루의 평**'이란 말인데, '人物評(인물평)'이란 말로 통하게 되었다.

허소의 이 같은 인물평이 당시에 상당히 높이 평가되고 있었으므로, '삼국지'의 영웅 조조가 그를 찾아가 비평을 청한 것은 유명한 이야기로 전해지고 있다. 허소는 조조에게 평을 해줄 수 없다고 거부했다. 그러자 조조는 평을 해주지 않으면 죽이겠다고 위협을 했다. 허소는 조조를 좋지 못한 인간으로 보았기 때문에 평을 거부한 것이었는데, 막상 위협을 받고 보니 뭐라고 말을 하지 않을 수가 없었다.

"그대는 바르고 태평스런 세상에서는 간사한 도적이 될 것이요, 어지러운 세상에서는 영웅이 될 것이다[君淸平之姦賊(군청평지간적) 亂世之英雄 (난세지영웅)]."

라고 했다. 이 말은 『후한서』 「허소전」에 나오는데, 조조는 허소의 이같은 평에 몹시 만족해하며 돌아갔다고 한다.

그러나 『十八史略(십팔사략)』에는,

"그대는 잘 다스려진 세상에서는 능력 있는 臣下(신하)가 될 것이요, 어지러운 세상에서는 간사한 英雄(영웅)이 될 것이다[子治世之能臣(자치세지능신) 亂世之姦雄(난세지간웅)]."

라고 말한 것으로 되어 있다. 아무튼 조조가 기뻐한 것은 '난세의 영웅'이란 말이었던 것 같은데, 보통 『十八史略(십팔사략)』의 말이 널리 알려지고 있다.

'月旦評(월단평)'은 우리나라에서는 '月朝評(월조평)'이라고도 한다. 李朝(이조)시대에는 '旦(단)'이 태조 李成桂(이성계)가 임금이 된 뒤의 이름이었기 때문에, 글자를 본래대로 쓰지 않고, 같은 의미의 글자인 '朝(조)'로 바꾸어 쓴 것이다.

'元旦(원단 : 설날 아침)'을 '元朝(원조)'로 쓰는 것도 역시 이와 같은 이유라고 볼 수 있다. 이른바 觸諱(촉휘 : 존대하여야 할 웃어른의 이름을 함부로 놓아 부름. 또는 그런 이름)를 금지하는 것으로, 임금의 이름을 함부로 부르지 못하는 제도 때문이었다.

---

1) 太平道(태평도) : 중국 초기 민간도교의 교파. 2세기 후반에 張角(장각)이 창시했고, 黃帝(황제)와 老子(노자)를 받들었다. 사람들에게 참회의 기도를 올리도록 했고, 부적과 정화수로 병을 치료했다. 『太平經(태평경)』이라는 교의서와 '黃天太平(황천태평)'의 구호를 사용했기 때문에 '태평도'라고 한다.

이 교파는 농민 속에서 매우 급속히 전파되어, 10여 년 동안에 신도수가 수십만 명에 달해, 36개의 교구 조직이 만들어질 정도였다. 184년 장각은 신도들을 군대조직으로 편성하고, '黃巾(황건)의 亂(난)'을 일으켰다. 이들은 비록 진압되었으나, 後漢(후한)이 무너지는 요인이 되었다. 이후 태평도는 일반인 사이에서 오랫동안 유행했다.

2) 許劭(허소, 150 ~ 195) : 후한 汝南(여남) 平輿(평여) 사람. 자는 子將(자장)이다. 젊을 때부터 명분과 절개를 존중하고 품행이 단정하여, 從兄(종형) 許靖(허정)과 함께 명성이 자자했다. 그 앞에서는 옷깃을 여미지 않는 이가 없었다. 인물 품평하기를 좋아해 매월 초하룻날 1회 人品(인품)을 평했다.

후한 말기 혼란기에 권력자들로부터 여러 차례 초청되었지만, 신중한 처신으로 身命(신명)을 보전했다. 나중에 揚州刺史(양주자사) 劉繇(유요)에게 가서 의지했다. 孫策(손책)이 吳(오)나라를 평정하자, 유요와 함께 豫章(예장)으로 달아나 그곳에서 죽었다. 형 許虔(허건)과 함께 '平輿二龍(평여이룡)'으로 불렸다.

076 採薇歌 채미가

字解
- 採 : 캘 채 [採鑛(채광) : 광산에서 광석을 캐냄]
  가릴 채 [採擇(채택) : 가려서 뽑음]
- 薇 : 고비 미 [採薇(채미) : 고사리를 캠]
  장미 미 [薔薇(장미) : 장미과의 낙엽 관목]
  백일홍 미 [紫薇(자미) : 자줏빛 백일홍]
- 歌 : 노래 가 [歌詞(가사) : 노랫말]

語義 고사리를 캐는 노래.
(지조와 절개를 지키는 노래 또는 선비)

用例

▶ 기울어 가는 고려 말 충절을 지킨 '節義之士(절의지사)' 思復齋(사복재) 權定(권정)의 불굴의 不事二君(불사이군) 정신을 다시 생각하며, 봉송대에 서서 伯夷(백이)와 叔齊(숙제)가 부른 절의지사의 노래 '採薇歌(채미가)'를 되뇌어 본다.

▶ 屈原(굴원)의 離騷經(이소경)을 알고 伯夷叔齊(백이숙제)의 采薇歌(채미가)를 안다면, 나는 그 친구와 함께 의기투합하여 어느 밤 주막에서 휘테를 얘기하고……

　　　*採(채), 采(채) : 두 한자 모두 訓(훈 : 뜻)이 '캐다'이다.

出典 **史記**(사기) – 伯夷列傳(백이열전)

伯夷(백이)와 叔齊(숙제)는 중국 殷¹⁾(은)나라 말기에 제후국인 孤竹國(고죽국)의 두 왕자이었다. 왕은 맏아들인 백이보다 막내인 숙제를 왕위에 세우고자 하였다. 그런데 아버지가 갑자기 죽자, 숙제는 형인 백이에게 왕위를 이으라고 사양했다. 그러나 백이가 말하기를 '아버지의 命(명)이다.' 하고는 마침내 달아나 버리니, 숙제 또한 王位(왕위)에 서지 않고 국외로 달아났다. 고죽국 신하들은 할 수 없이 가운데 아들로 임금을 세웠다.

　그리하여 국외로 달아난 백이와 숙제는 전부터 仁德(인덕)으로 이름 높은 西伯(서백 : 제후국인 주나라 문왕)을 동경하고 있었으므로, 서쪽 주나라로 향하였다. 그러나 두 사람이 주에 이르렀을 때는 서백은 이미 죽은 후였다. 정세도 크게 변화하고 있었다. 서백의 뒤를 이은 태자 發(발)은 스스로 武王(무왕, ? ~ B.C1043. 주나라의 첫 군주)이라 칭하고, 널리 제후들의 군사를 모아, 은나라 紂王(주왕 : 제

31대 왕. 달기에게 빠져 폭정을 한 왕)을 치려고 준비하고 있었다. 무왕은 軍衆(군중 : 군사의 무리)의 수레에 아버지 서백의 位牌(위패)를 모시고 있었다. 백이와 숙제는 이것을 보고 그냥 넘어갈 수가 없었다.

백이숙제가 出征(출정)하는 무왕의 말을 잡아당기며 諫(간)하여 말하기를,

"아버지가 죽었는데, 장사도 지내지 않고 이에 전쟁을 일으키니, 가히 孝(효)라 할 수 있습니까? 신하로서 임금을 죽이니 가히 어질다 할 수 있습니까?"

좌우에서 그를 찌르고자 하였는데, 姜太公(강태공 : 주나라 정치가)이 말하기를,

"이 사람들은 어진 사람들이다."

하고 도와서, 그들을 살려주도록 하였다.

武王(무왕)이 이미 은나라 주왕을 무찌르고 평정함에, 온 천하가 周(주)나라를 종주국으로 섬겼다. 백이숙제는 그것을 부끄럽게 여겨서, 주나라 곡식을 먹지 않았다. 首陽山(수양산)으로 숨어 들어가 고사리를 캐서 그것을 먹다가, 굶어서 죽기에 이르렀다. 백이숙제가 죽음에 임하여, '採薇歌(채미가 : 고사리를 캐는 노래)'라는 노래를 지어 불렀는데, 그 내용은 다음과 같다.

登彼西山兮 采其薇矣(등피서산혜 채기미의)
　저 서산에 올라, **고사리 캐련다**.
以暴易暴兮 不知其非矣(이폭역폭혜 불지기비의)
　포악함으로 포악함을 바꾸고도, 그 잘못을 알지 못하네.
神農虞夏 忽焉沒兮(신농우하 홀언몰혜)
　신농씨와 우임금, 순임금의 시대는, 홀연히 사라졌으니,
我安適歸矣 于嗟徂兮(아안적귀의 우차조혜)
　내 어디로 돌아가리오, 아 슬프다 이젠 가리다.
命之衰矣(명지쇠의)
　목숨도 쇠하였도다.

우리나라에서는 또 이런 詩話(시화)가 전해지고 있다. 成三問[2](성삼문)이 중국에 간 길에, 伯夷叔齊(백이숙제)의 무덤 앞에 있는 찬양의 비문이 새겨진 碑石(비석)에다가 다음과 같은 시를 지어 불렀다고 한다.

大義堂堂日月明(대의당당일월명)
　큰 뜻은 당당이 해와 달처럼 밝아,
叩馬當年敢言非(고마당년감언비)
　말을 잡아당기던 당년에 감히 잘못을 말했네.

草木亦沾周雨露(초목역첨주우로)
　풀과 나무 또한 주나라 비와 이슬을 먹고 자란다.
愧君猶食首陽薇(괴군유식수양미)
　부끄러워하노라, 오히려 그대들이 **수양산 고사리를 먹은 것을**.

　그랬더니 비석에서 땀이 비 오듯 흘렀다는 것이다. 따지고 보면, 곡식이나 고사리나 별 차이가 없는 물건이다. 형식에 불과한 공연한 좁은 생각이요, 僞善(위선)이기도 하다. 그래서 백이숙제의 영혼이 바로 죽지 못하고, 고사리로 연명한 자신들의 소행이 너무도 안타까워 땀을 흘렸다는 이야기일 것이다. 死六臣(사육신)의 주동 인물인 성삼문이니만큼 가히 있음직한 이야기이다.

　그러나 淸代(청대)의 유명한 고증학자 顧炎武(고염무, 1613 ~ 1682)에 의하면, 무왕이 주나라를 치러 갔을 때, 백이숙제는 이미 세상에 없었다고 한다. 결국 후세 사람들이 만들어 붙인 이야기에 불과하다고 주장했다.

　성삼문의 이런 時調(시조)도 있다.

- **수양산 바라보며**
首陽山(수양산) 바라보며 夷齊(이제)를 한하노라.
주려 죽을진대 採薇(채미)도 하는 것가.
비록에 푸새엣 것인들 그 뉘 따헤 났더니.
〈현대어 풀이〉 수양산 바라보며 백이와 숙제를 한스럽게 생각하노라.
　　　　　　 차라리 굶주려 죽을망정 고사리는 왜 캐 먹었던가?
　　　　　　 비록 푸성귀(풀)일망정 그것이 누구의 땅에 났더냐?

---

1) 殷(은, B.C.1600 ~ B.C.1046) : 중국 고대의 왕조. 부족의 이름을 따라 商(상)이라고도 한다. 夏(하)·殷(은)·周(주) 3대의 왕조가 잇달아 중국 본토를 지배하였다고 하나, 夏(하)왕조는 古典(고전)에만 기록되어 있을 뿐, 전설적인 존재에 불과하다. 이에 대하여 殷(은)왕조는 20세기에 들어서, 그 수도에 해당하는 殷墟(은허)의 발굴이 진행됨에 따라서, 적어도 그 후기에는 당시의 문화세계였던 華北(화북)에 군림하였던 실재의 왕조였음이 판명되었다. 따라서 은나라는 중국 最古(최고)의 역사적 왕조라 할 수 있다. 은나라 前期(전기)는 기원전 1600년부터 1300년까지이고, 도읍을 殷墟(은허)로 바꾼 은나라 後期(후기)는 기원전 1300년부터 1046년까지이다.

2) 成三問(성삼문, 1418 ~ 1456) : 조선 세종 때의 문신. 자는 謹甫(근보). 호는 梅竹軒(매죽헌). 집현전 학사로 세종을 도와, '訓民正音(훈민정음)'을 창제하였다. 死六臣(사육신)의 한 사람으로, 세조 원년에 단종의 復位(복위)를 꾀하다가 실패하여 처형되었다. 저서에 『成謹甫集(성근보집)』이 있다. 그가 태어날 때 '낳았느냐?' 하고, 하늘에서 세 번 물어서 이름을 三問(삼문)으로 지었다고 한다.

077 千里眼 천리안

字解 千 ; 일천 천 [千載一遇(천재일우) : 천 년에 한 번 만남.
　　　　　　　　　　천 년에 한 번 있을까 말까 한 얻기 어려운 기회]
　　　여러 번 천, 많을 천 [千秋(천추) : 오래고 긴 세월]
　　里 ; 마을 리(이) [鄕里(향리) : 고향의 마을]
　　　이수 리(이) [里數(이수) : 거리를 里(이)의 단위로 센 수]
　　眼 ; 눈 안 [着眼(착안) : 어느 점에 눈을 돌림]
　　　고동 안 [主眼(주안) : 중요한 목표. 요점]

語義 천 리 밖을 보는 눈.
　　　(먼 데서 일어난 일을 직감적으로 알아맞히는 능력)
　　　(사물의 이면을 꿰뚫어 보는 능력)

用例

▶문득 고개를 들면, **千里眼**(천리안)이라고 소문난 편집장의 두 줄 시선이 쏘고 있었다.

▶**千里眼**(천리안)을 가졌다는 그도 이번 일은 제대로 예측하지 못하여, 결국 큰 손해를 보고 말았다.

▶중학교 때 담임선생님은 학생들이 자습 시간에 몰래 한 일을 다 알아맞혀서 **千里眼**(천리안)이라는 별명이 붙었다.

▶요즘은 사람의 됨됨이를 '옷'으로 해석하는 시대이다. 겉모습만 보고 판단하는 그런 시대 말이다. 그러나 만나는 사람들의 '내면의 아름다움'을 바라볼 수 있는 시력이 필요하다. 진정한 꽃미남 꽃미녀를 알아볼 수 있는, 그런 '**千里眼**(천리안)'을 소유한 사람이 되었으면 한다.

【類義語】慧眼(혜안) : 사물을 꿰뚫어 보는 지혜로운 눈.
　　　　　　　　모든 차별과 망집을 버리고 진리를 통찰하는 눈.
　　　法眼(법안) : 불법의 바른 이치를 꿰뚫어 보는 지혜의 눈.

出典 魏書(위서, 후위의 역사서. 북제의 학자 위수가 편찬) - 楊逸傳(양일전)

중국 南北朝(남북조)시대의 北魏[1](북위) 莊帝(장제, 제9대 임금. 재위 528 ~ 530) 때, 楊逸(양일)이라는 사람이 있었다. 그는 지혜롭고 총명하며 명문 출신의 귀공자로, 29세의 젊은 나이에 한 고을[光州

(광주)]을 다스리는 현감이 되었다. 그러나 현감이 된 뒤에 밤낮없이 방안에 틀어박혀, 책만 읽을 뿐 아무것도 하지 않았다. 현감은 고을을 다스리는 일에는 관심이 없는 것처럼 보였다. 그러자 현감 밑에 있는 관리들은 그를 얕보기 시작했다.

"아직 어리고 순진해서 세상 물정을 잘 모르는구나."

관리들은 현감의 눈을 피해, 백성들을 괴롭히며 마음대로 재물을 빼앗았다. 백성들의 불만은 이만저만이 아니었다.

"관리들 등쌀에 못 살겠구먼."

"그러게 말일세. 관리들이 백성들을 이렇게 괴롭히는 것도 모르고, 현감은 매일 책만 읽고 있으니······. 정말 한심해."

고을 백성들은 하나같이 현감을 원망했다.

그러나 사실 현감은 심복을 풀어 놓아, 고을 관리들의 잘못을 낱낱이 알고 있었다. 드디어 어느 날, 현감은 고을의 관리들을 뜰 앞에 불러 세웠다.

"너는 윗마을 김씨네 황소를 억지로 빼앗았다."

"너는 아랫마을 박 노인의 논 두 다랑이와 밭 세 마지기를 강제로 빼앗았다."

관리들 모두의 죄를 낱낱이 밝혀 주인에게 돌려주게 하고, 곤장을 치고 옥에 가두었다. 그러자 백성들은 감탄했다.

"현감 어른은 천 리 밖까지 내다볼 수 있는 **천리안**을 가진 사람이야. 어떻게 방안에만 계시면서 바깥일을 훤히 다 아실까[楊使君有**千里眼**(양사군유천리안) 那可欺之(나하기지)]?"

그 뒤로 고을에는 관리들의 부정부패가 자취를 감추었다. 아무리 몰래 한다고 해도 현감이 다 보고 있을 것이라고 믿었기 때문이다. '千里眼(천리안)'이란 바로 여기에서 비롯된 말이다. '천리 밖까지 내다보는 눈'이란 뜻으로, '가만히 앉아서 멀리서 일어나는 일까지도 꿰뚫어 보는 사람'을 가리킨다.

한때는 흉작이 계속되어 심한 饑饉(기근 : 식량이 모자라서 굶주리는 상태)이 들고 굶어죽는 자가 속출하자, 楊逸(양일) 현감은 곡물 창고를 열어 사람들에게 식량을 배급하려고 했다. 그러나 관원들은 허가 없이 멋대로 창고를 열면, 틀림없이 나라의 문책을 당할 것이라고 생각하여 반대했다. 그러자 양일이 단호히 잘라 말했다.

"백성은 먹을 것이 없어 고통받고 있는데, 군주가 배불리 먹을 수 있겠는가? 창고를 여는 것이 잘못이라면, 내가 기꺼이 벌을 받겠다."

그리고는 창고를 열어 사람들에게 식사를 제공하고, 황제에게 그 사실을 보고했다. 조정에서는 이를 비난하는 의견도 있었으나, 황제는 그 措置(조치)를 칭찬했다. 그는 이와 같이 백성을 진심으로 생각하였으며, 혹시 백성을 괴롭히는 관리가 있으면, 엄중히 問責(문책)했다. 또 관원이나 병사가 지방으로 나갈 때는 民弊(민폐)를 끼치지 않도록 식량을 가지고 가게 했다. 또한 법을 엄정하게 지켜, 犯法者(범

법자)는 지위와 귀천을 묻지 않고 이를 용서 없이 시행했기 때문에 죄를 범하는 사람이 없었다.

양일이 부임한 이래 광주 사람들은 과거와 다른 모습을 보게 되었다. 전에는 위의 관리나 군인이 오면 반드시 연회가 베풀어졌고, 심지어는 뇌물까지 강요당했다. 그런데 그것이 모두 없어지고, 뿐만 아니라 도시락을 싸들고 오는 것이었다. 잘 보이려고 '이런 곳이면 상관없겠지 ……' 하고 음침한 방에서 음식을 대접하려고 해도 절대로 응하지 않는 것이었다.

양일은 백성을 가장 중하게 생각하였다. 그래서 부하 관리들의 행패를 어떻게든 막아보려고 애를 썼다. 그는 州內(주내)에 널리 부하들을 배치하여, 관리나 군인의 움직임을 낱낱이 보고하도록 시키고 있었던 것이다.

그러나 양일은 왕위를 노리는 반대파 일당에게 미움을 사고, 軍閥(군벌 : 무장한 군대를 갖추고 특정 지역을 지배하는 사람)들의 싸움에 휘말려 광주에서 살해되었다. 그때 그의 나이 서른둘, 그 밑에 있던 관리는 물론이고 그보다도 시민이나 농민은 그의 죽음을 더욱 슬퍼했다. 거리나 마을에서는 그의 영혼을 위로하는 供物(공물)과 獻花(헌화)가 끊이지 않았으며, 또한 시골 구석구석까지 그의 冥福(명복)을 비는 제단이 몇 달씩 설치되었다고 한다.

이와 같이 '千里眼(천리안)'은 '가만히 앉아서 천리 밖을 내다볼 수 있다.'는 데서 나온 말로, '사물의 裏面(이면)을 꿰뚫어 보는 능력'으로 발전하였으며, '慧眼(혜안)'이나 불교에서 말하는 '眼通(안통)'과 같은 의미이다.

---

1) 北魏(북위, 386 ~ 534) : 중국 남북조시대 鮮卑族(선비족 : 은대 동호족의 한 갈래로 중국의 고대 민족)의 拓跋部(탁발부 : 탁발씨에서 갈라져 나온 선비족의 일파)에 의해 화북에 건국된 왕조이다. 국호가 '魏(위)'였기에 '전국시대 魏(위)나라', 그리고 '삼국시대 조조의 魏(위)나라'와 구별하기 위해 北魏(북위)라고 불리고 있다. 그리고 後魏(후위)는 元(원)씨가 지배하였다 하여, 元魏(원위)·代魏(대위)란 호칭을 사용하기도 한다.

이후 북위가 멸망하고, 534년 동서로 분열하게 되었는데, 역사상 이것을 東魏(동위)·西魏(서위)라 불렀다. 동위는 550년 高洋(고양)에 의해 왕위가 찬탈되고, 北齊(북제)가 세워졌다. 서위도 宇文覺(우문각)에게 제위를 빼앗기고, 北周(북주)가 세워졌다. 이로써 동서 兩魏(양위)도 멸망하고 말았다.

※ **사이코메트리**(Psychometry) : 그리스어의 'Psyche(혼)'과 'metron(측정)'이 합성된 단어로서, 말 그대로 해석하면 '물건의 혼을 計測(계측)하여 해석하는 能力(능력)'이라는 뜻이다. 천리안과 유사한 말로는, 이 외에도 心眼(심안)·念力(염력)·超能力(초능력 : Supernatural Power)·텔레파시(Telepathy) 등이 있다.

078 鐵面皮 철면피

字解 鐵 : 쇠 철 [鐵甲(철갑) : 쇠로 만든 갑옷]
　　　　　병장기 철 [寸鐵(촌철) : 작고 날카로운 쇠붙이나 무기]
　　　面 : 낯 면 [顔面(안면) : 얼굴. 낯]
　　　　　쪽 면 [方面(방면) : 어떤 장소나 지역이 있는 방향]
　　　　　만날 면 [面會(면회) : 만나 봄]
　　　皮 : 가죽 피 [皮骨(피골) : 가죽과 뼈]

語義 쇠로 만든 낯가죽. 쇠처럼 두꺼운 낯가죽.
　　　　(뻔뻔스럽고 염치없는 사람)

 用例

▶뇌물을 받고서도 자신의 잘못을 반성하기는커녕, 발뺌하기에 급급한 사람들을 가리켜 **鐵面皮**(철면피)라고 할 수 있겠지요.

▶사돈집 물건을 몰래 빼내서 전당 잡혀 먹고, 다시 그 물건을 찾기 위해서 그 사돈 집으로 돈을 얻으러 왔다면, **鐵面皮**(철면피) 소리를 들을 것이 아닌가?

【類義語】强顔(강안) : 뻔뻔스러워 부끄러움을 모름. 또는 그런 사람.
　　　　　剝面皮(박면피) : 낯가죽이 두꺼운 자.
　　　　　寡廉鮮恥(과렴선치) : 염치가 없고 부끄러움을 모름.
　　　　　面張牛皮(면장우피) : 얼굴에 쇠가죽을 덮어쓴 사람.
　　　　　破廉恥漢(파렴치한) : 염치를 모르는 뻔뻔한 사람.
　　　　　厚顔無恥(후안무치) : 얼굴이 두꺼워 부끄러움을 모름.

 ① **北夢瑣言**(북몽쇄언, 송나라 송광헌이 지은 고사성어집)

옛날 중국 宋(송)나라에 王光遠(왕광원)이라는 사람이 있었다. 그는 학문과 재능이 뛰어나 진사 시험에도 합격했으나, 워낙 出世慾(출세욕)이 남달라 물불을 가리지 않고 아첨하는 사람이었다. 진사가 된 뒤에는 더욱 온갖 아첨을 일삼았다. 이를테면 高官(고관)이 습작한 시를 보면 讚歌(찬가)를 불렀다.

"李太白(이태백, 701 ~ 762. 중국 최고의 시인)도 감히 미치지 못할 神韻(신운 : 고상하고 신비스러운 운치)이 감도는 시입니다."

한번은 권력자가 술에 취해 채찍을 집어 들고 이렇게 말했다.

"내가 자네를 때려도 되겠는가?"

그러자 왕광원은 이렇게 말했다

"물론이고 말고요. 나으리의 채찍을 맞게 되어 영광입니다."

술에 취한 권력자가 정말 사정없이 그의 등을 후려쳤다. 그런데도 왕광원은 화를 내기는커녕 오히려 기쁘게 웃으며, 듣기 좋은 말만 해대는 것이었다. 이 광경을 본 그의 친구가 이렇게 꾸짖었다.

"자네는 수치스럽지도 않은가? 이렇게 많은 사람들 앞에서 이런 일을 당하고도 아부를 하고 싶은가?"

그러나 왕광원은 아무렇지도 않다는 듯이 태연하게 말했다.

"자네 말이 맞소만, 이렇게 잘 보여서 出世(출세)할 수 있다면, 손해 볼 것이 없지 않은가?"

왕광원의 친구는 할 말을 잃었다. 이런 일로 인해서 당시 사람들은 그를 가리켜, '왕광원의 **낯가죽은 철갑을 열 겹이나 씌운 것처럼 두껍다**[光遠顔(광원안) **厚如十重鐵甲**(후여십중철갑)].'고 입을 모았다.

② **福建通志**(복건통지, 청나라 1634년 간행)

"宋(송)나라의 趙善(조선)은 宣敎郞(선교랑)이라는 관직에 임명되어 崇安縣(숭안현)의 지사가 되었는데, 현의 법률을 엄격하게 지켰기 때문에 사람들은 그를 조**鐵面**(趙鐵面)이라고 불렀다."

이 이야기는 '인정사정이 없었다.'는 뜻으로 철면이 쓰인 또 다른 예이다.

③ **宋史**(송사, 송나라 역사서. 원나라 아로도, 탁극탁 편찬) - 趙卞傳(조변전)

중국 宋(송)나라의 趙卞[1](조변)은 殿中侍御史(전중시어사 : 관리의 부정을 감찰하는 벼슬)가 되자, 권력자이든 천자의 총애를 받는 사람이든 지위 고하를 불문하고 그 부정을 적발하므로, 사람들은 그를 **鐵面**御史(**철면**어사)라 불렀다.

지금까지 살펴본 것처럼 '**鐵面**(철면)'이라는 말에는 '부끄러운 줄을 모르는 뻔뻔스러운 사람'이라는 뜻 외에 '강직한 사람, 준엄한 사람'의 뜻도 있다. 여기에 皮(피)라는 말이 더해져, 오늘날에는 보통 '**염치를 모르는 뻔뻔스러운 사람**'이라는 한 가지 뜻으로만 쓰인다.

---

1) **趙卞**(조변) : 송나라 衢州(구주) 西安(서안) 사람이었다. 그는 진사에 급제한 후, 무안군절도추관이라는 관직을 맡다가, 한림학사 曾公亮(증공량)의 추천으로 殿中侍御使(전중시어사)로 승진하였다. 조변은 사람됨이 정직하

여, 관리들의 과실을 적발하는 데 권세를 두려워하지 않았으며, 황제가 총애하는 사람들도 피하지 않았다. 재상 진진중이 학식이나 재능이 없는 사람으로 조정의 업무를 처리함에 실수가 많았고, 추밀사 왕덕용과 한림학사 李淑(이숙) 등은 부덕함과 무능으로, 왕공진은 불법 행위 등으로 모두 파면되어야 한다고 주장할 정도였다.

당시 사람들은 그를 '철면어사(鐵面御使)'라고 칭찬하였으며, 충신들과 어진 관리들은 최선을 다해 업무를 처리하여 官家(관가)의 기풍이 바로잡혔다. 그러나 철면어사(공평무사하고 법률을 엄격하게 지키고 날카롭고 강직한 성격의 소유자를 비유함) 조변은 미움을 받아, 조정에서는 조변을 외지로 발령하여 경성에서 멀리 떨어진 睦州(목주) 태수를 맡게 하였다. 얼마 후, 조변은 益州(익주) 태수로 자리를 옮기게 되었다. 익주는 송나라의 변방지역으로서, 이른바 '하늘은 높고 황제는 멀다.'라는 '天高皇帝遠(천고황제원)'이라 불리는 곳으로 조정의 영향력이 미치지 못하는 곳이었다. 관리들은 법을 마음대로 왜곡하고 서로 향응을 제공하고 있었으며, 백성들의 생활은 궁핍하였고 민심은 안정되지 못한 상태였다. 조변은 직접 자신이 본보기가 되어, 잘못된 氣風(기풍)을 바로잡으며 백성들을 위로하였다. 백성들은 매우 기뻐하였고, 간사한 관리들은 놀라서 순종하였다.

훗날, 神宗(신종, 송나라 제6대 황제. 재위 1067 ~ 1085)이 즉위하자, 조변은 경성으로 불려 올라가 감찰 업무를 다시 맡게 되었다. 신종은 일찍이 조변에 대하여 이렇게 말한 적이 있었다.

"들으니 경은 촉나라로 부임할 때, 거문고 하나와 학 한 마리만을 가지고 갔다. 청렴결백한 다스림은 칭찬받을 만하다[聞卿匹馬人蜀(문경필마인촉) 以一琴一鶴自隨(이일금일학자수) 爲政簡易(위정간이) 亦稱是乎(역칭시호)]."

※ 阿諂(아첨)의 대표적인 예 – 출전 : 『虛堂錄(허당록)』

① 중국 춘추시대 齊(제)나라의 桓公(환공)은 아첨하는 신하를 특히 좋아했는데, 요리사 易牙(역아)에게,
"나는 아직 人肉(인육 : 사람 고기)을 먹어 보지 못했다."
했더니, 이날 환공의 저녁상에는 역아가 자기 장남을 잡아 삶아서 人肉湯(인육탕)을 끓여 바쳤다.

② 중국 청나라 西太后(서태후, 1835 ~ 1908, 함풍제의 황후. 섭정으로 유명)가 병석에 있을 때, 人肉(인육)을 한 접시 먹으면 속효가 있다는 말을 듣고, 光楮帝(광저제, 청조 제11대 황제. 재위 1805 ~ 1908)에게 상의했으나, 광저제가 답이 없었다. 가까이서 이 얘기를 서태후의 몸종인 李連英(이연영) 宦官(환관)이 듣고, 자기 허벅다리 고기를 두 군데 잘라 요리해서 바치고 자기는 약을 바르기에 출근을 못했는데, 그 사실을 알게 된 서태후는 宦官大總管(환관대총관) 安德海(안덕해)를 불경죄로 죽이고, 이연영을 후임으로 발탁 임명하니, 이연영은 서태후 후광으로 그 권세가 황제와 맞먹었다.

춘추전국시대 이래 대신 급에만도 '鐵面皮(철면피)'가 많았다. 直言(직언)으로 죽은 자가 많았으며, 阿諂(아첨)으로 출세한 자도 많았다. 유명한 중국 史學家(사학가) 劉知機(유지기)가 저술한 『史通(사통)』이라는 책에 다음과 같은 구절이 있다.

"옛부터 直言(직언)에 의해서 추방되거나 죽음을 당하는 경우가 있을 뿐, 阿諂(아첨)에 의해서 죄를 얻었다는 사실을 들은 바는 없다."

※ 阿諂(아첨)에 대한 어록

① 사냥꾼은 개로써 토끼를 잡지만, 아첨꾼은 칭찬으로써 우둔한 자를 잡는다. 〈소크라테스〉
② 아첨에 속지는 않아도 우리는 아첨을 퍽 좋아한다. 우리의 호감을 사야 할 만큼 남들이 우리를 중요하게 여기고 있다는 뜻이기 때문이다. 〈R.W.에머슨〉
③ 아첨의 특징은 무엇보다도 상대방을 기쁘고 즐겁게 해주는 기술이다. 부도덕한 행위라고 비난하면서도 아첨을 결코 싫어하지 않는 이유가 바로 여기에 있다. 〈송건호 – 아첨의 철학〉

079 淸白吏 청백리

字解 淸 : 맑을 **청** [淸凉(청량) : 맑고 시원함]
　　　　　깨끗할 청 [淸潔(청결) : 깨끗하여 더러움이 없음]
　　　　　끝맺을 청 [淸算(청산) : 지금까지의 관계를 끝맺음]

　　　　白 : 흰 백 [白髮(백발) : 흰 머리]
　　　　　깨끗할 백 [潔白(결백) : 깨끗하고 흼. 지조를 더럽힘 없이 깨끗함]
　　　　　밝을 백 [明白(명백) : 아주 분명함]
　　　　　아뢸 백 [告白(고백) : 마음속에 숨기고 있던 것을 털어놓음]
　　　　　빌 백, 아무것도 없을 백 [餘白(여백) : 아무것도 없이 빈 부분]

　　　　吏 : **관리 리(이)**, **벼슬아치 리(이)** [官吏(관리) : 관직에 있는 사람]
　　　　　아전 리(이) [吏屬(이속) : 아전의 무리]

語義 맑고 깨끗한 벼슬아치. 청렴결백한 벼슬아치.
　　　　(맑고 깨끗한 마음으로 재물을 탐하지 않는 관리)

 用例

▶ 지난해 깨끗한 공무원으로 선정된 그는, 부정한 蓄財(축재)는 나라에 불충하고 조상을 욕되게 하는 짓이라 믿어 온 淸白吏(청백리) 집안의 자손이었다.

▶ 서울시는 지난해에 이어 올해에도 청렴·결백하고 헌신·봉사하는 공무원을 발굴, 깨끗한 공직 풍토 조성에 기여한 청렴한 공무원 2명을 '夏亭(하정) 淸白吏(청백리)'로 선발하였다. 서울시 공직자로서 받을 수 있는 최고의 영예인 '서울특별시 夏亭(하정) 淸白吏(청백리)'는 올해 제2회째로 조선 초기 3대 청백리 중 한 사람인 柳寬(유관) 선생의 호를 따서 제정·시행해 오고 있는 상이다.

【類義語】 廉謹吏(염근리) : 청렴하고 매사에 조심성이 있는 관리. 염리.

 **出典** 莊子(장자) - 漁夫篇(어부편)

"행실이 **맑고 결백하지** 않으면, 아래 관리들이 거칠고 게을러지니, 이것이 대부의 근심이다[行不淸白 群下荒怠 大夫之憂也(행불청백 군하황식 대부지우야)]."

『장자』「어부편」에 나오는 말로, '淸白(청백)'은 '품행이 순수하고 깨끗한 것'을 뜻하며, 여기에서 '淸

白吏(청백리)'가 나왔다.

'廉謹吏(염근리)'라고도 하고, 고려시대에는 '廉吏(염리)'로 불렸다. 중국에서는 淸白吏(청백리)란 말보다는 '淸白宰相(청백재상)'이란 말이 더 많이 쓰였다. '청렴하고 결백한 재상'이란 말인데, 이것은 일반명사가 아니고 실제로 宋(송)나라 때의 官吏(관리)인 杜衍(두연, 978 ~ 1057. 어사중승, 추밀사, 태자소부 등 역임)을 일컫는 말이었다.

다음은 『淵鑑類函』[1](연감유함)「宰相篇(재상편)」에 나오는 말이다.

"송나라 慶歷(경력 : 제4대 인종 때의 연호) 연간에 杜衍(두연)이란 사람이 재상이 되었는데, 예물로 주는 물품이 있어도 절대로 집안으로 가져가지 않았다. 그래서 당시 사람들이 그를 일러 '淸白宰相(청백재상)'이라고 하였다."

우리나라에서는 '議政府(의정부)·六曹(육조)·京兆(경조)의 正從(정종) 2품 이상의 堂上官(당상관)·司憲府(사헌부)·司諫院(사간원)의 首職(수직 : 우두머리의 벼슬)들이 추천하여 선정한 청렴한 벼슬아치'를 '淸白吏(청백리)'라고 일컬었다. 錄選(녹선 : 추천하여 뽑음)이 되면 만민의 추앙을 받았으며, 자손들에게도 蔭補(음보 : 조상의 덕으로 벼슬을 얻음)의 혜택이 있었다. 대표적인 청백리로는 黃喜(황희, 1363 ~ 1452. 세종 때 영의정)·孟思誠(맹사성, 1360 ~ 1438. 세종 때 좌의정)·趙士秀[2](조사수)·李元翼(이원익, 1547 ~ 1634. 선조 ~ 인조 때 문신)·李恒福(이항복, 1556 ~ 1618. 선조 때 문신) 등이 있다.

---

1) **淵鑑類函**(연감유함) : 중국 淸(청)나라 康熙帝(강희제, 제4대 황제. 재위 1661 ~ 1722) 49년(1710년)에, 張英(장영)을 비롯하여 130여 명의 학자가 펴낸 백과사전. 元(원)나라·明(명)나라 이전의 故事成語(고사성어)를 분류하여 설명한 것으로 내용이 풍부하여 글이나 시를 짓는 데에 크게 도움이 되며, 중국의 詩文(시문)을 읽거나, 古事(고사)·典故(전고 : 의식의 차례)를 찾아보는 데에 간편하고도 귀중한 자료이다. 총 450권.

2) **淸白吏**(청백리) **趙士秀**(조사수, 1502 ~ 1558)
   본관은 楊州(양주), 자는 季任(계임), 호는 松岡(송강)이다. 趙邦座(조방좌)의 아들이며, 조선 중기의 文臣(문신)이다. 중종 26년(1531) 式年文科(식년문과)에 甲科(갑과)로 급제한 후, 정원·교리·輔德(보덕) 등을 지냈으며, 1539년 敬差官(경차관)으로서 전소된 星州(성주) 史庫(사고)의 화재 원인을 조사했다. 그 후 제주 목사·이조참찬·대사성·대사간·대사헌·경상도 관찰사 등을 거쳐 이조·호조·형조·공조 판서를 지내고, 지중추부사·좌참찬에 이르렀다.
   명종 12년(1557) 宗系辨誣奏請使(종계변무주청사)로 명나라에 다녀왔다. 그는 청렴하고 謹身(근신 : 몸차림이나 행동을 삼감)했으며 문장에 뛰어났다. 그가 죽자, 명종은 敎書(교서 : 왕이 내리는 명령의 내용이 적힌 문서)를 내려 애도했다. 시호는 文貞(문정)이다.

中宗(중종, 1488 ～ 1544. 조선 제11대 왕)은 궁전 안뜰에 문을 세 개 만들어 세우고, 淸門(청문)·例問(예문)·濁門(탁문)이라고 써 붙이도록 했다. 청문은 맑고 깨끗한 사람이 통과할 문, 예문은 예사(보통) 사람이 통과할 문, 탁문은 깨끗하지 못한 사람이 통과할 문이다. 그리고 만조백관들에게 자기가 해당된다고 생각하는 문을 통과하게 했다. 고관대작들이 모두 예문으로 나가는데, 조사수 대감만이 당당하게 청문으로 나갔다. 조금도 머뭇거림이 없었고, 아무도 손가락질하는 사람이 없었다고 한다. 하늘을 우러러 한 점 부끄러움이 없음을 당당히 보였던 것이다.

한번은 明宗(명종, 1534 ～ 1567. 조선 제13대 왕) 앞에서 經筵(경연 : 임금에게 경서를 강론하는 것)을 하는 자리에서, 영의정 沈連原(심연원, 1491 ～ 1558) 대감을 아주 난처하게 한 일이 있었다.

"요즈음 백성들이 집을 지을 때, 법에 맞지 않게 크거나 호화롭게 짓습니다. 이는 영의정이 妾(첩)의 집을 사치스럽게 지어, 법을 어긴 탓에 백성들 또한 어기는 것입니다."

하고 질책했다.

영의정은 식은땀을 흘리다가 물러났으며, 그 후 첩의 집을 멀리했다 한다. 그러나 심연원 대감은 원한을 품지 않고, 뒷날 이조판서 자리에 조사수를 천거했다. 그의 청렴함을 높이 샀기 때문이었다.

※ 淸白吏(청백리)의 사전적 의미

淸白吏(청백리)란 淸貴(청귀)한 관직을 수행할 수 있는 능력과, 품행이 단정하고 순결하며, 자기 일신은 물론 가내까지도 청백하여 汚賤(오천 : 더러움과 천함)에 조종되지 않는 정신을 가진 관리, 즉 소극적 의미인 부패하지 않은 관리가 아닌 적극적 의미의 깨끗한 관리를 가리킨다.

청백리 정신에서 가장 중요시하는 청렴 정신은 탐욕의 억제, 買名(매명) 행위의 금지, 성품의 온화성 등을 내포하고 있다. 청백리 정신은 선비사상과 함께 백의민족의 예의 국가관에 의한 전통적 민족정신이며, 이상적인 관료상이기도 했다. 우리나라의 전통적 민족정신은 단군 이래 홍익인간적 윤리관에 바탕을 두고 형성되어 삼국시대의 화랑정신, 고려와 조선시대의 구국항쟁, 그 후 의병활동 등으로 계승·발전했다.

『高麗史(고려사)』에는 청백리로 庾碩(유석)·王諧(왕해)·金六錫(김육석)·崔碩(최석)·鄭云(정운)·尹諧(윤해)·崔瑩(최영) 등이 기록되어 있다. 조선시대에는 『典故大方(전고대방)』에 219명, 『淸選考(청선고)』에 186명이 기록되어 있다. 조선시대의 청백리는 유교적 지도이념과 주자학적 실천수행의 도에 철저했던 인물들이었다. 1695년(숙종 21년)에 영의정 南九萬(남구만)이 청백리 抄選(초선)을 하면서 살아 있는 경우에는 '염근리', 죽은 후에는 '청백리'라고 호칭했다는 기록이 있다. 그러나 명종 전후에 이미 청백리라는 용어가 사용되었으며, 그 내용에 있어 살아 있는 사람을 청백리라고 부르는 것은 중종 대에도 보인다.

또한 염근리라는 명칭은 1552년(명종 7년) 기록에서 볼 수 있으므로, 그 명칭은 조선 후기가 아니라 전기부터 사용했음을 알 수 있다. 명종 대에 와서 살아 있는 사람은 염근리라는 명칭을 붙여 선발하고, 특별한 과오가 없는 한 사후에는 청백리로 錄選(녹선)하기로 결정했던 것이다. 결국 청백리는 이후 공식 명칭으로 공인된 것 같으나, 구체적인 시기는 확인할 수 없다. 청백리들이 지켰던 공직윤리는 修己治人(수기치인)이며, 청렴·근검·도덕·경효·인의 등을 매우 중요시했다. 더욱이 이것들은 국가에 대한 사명감, 왕조 체제에 대한 忠誠心(충성심), 백성을 위한 봉사정신 등 개인적인 생활철학으로 정립되었고, 나아가 공직자의 倫理觀(윤리관)으로 확립되었다.

080 秋風扇 추풍선

字解 秋 : <u>가을 추</u> [秋收(추수) : 가을에 익은 곡식을 거둬들이는 일]
       때 추 [千秋(천추) : 썩 오랜 세월]

   風 : <u>바람 풍</u> [風霜(풍상) : 바람과 서리]
       습속 풍 [風習(풍습) : 풍속과 습관]
       경치 풍 [風景(풍경) : 경치]
       모습 풍 [威風(위풍) : 위엄 있는 모습]

   扇 : <u>부채 선</u> [合竹扇(합죽선) : 얇게 깎은 겉대를 맞붙여서 살을 만든 부채]

語義 가을바람을 만난 부채.
       (철이 지나 쓸모없게 된 물건)
       (남자의 사랑을 잃은 여자)

 用例

▶ '가을바람의 부채'라는 뜻인 '秋風扇(추풍선)'. 가슴 아픈 말이다. 세상을 살면서 秋風扇(추풍선)이 되지는 말아야겠다.

▶ 그 남자는 명예와 부를 좇아, 그녀를 버리고 재벌 상속녀에게 가 버렸다. 그녀는 이제 秋風扇(추풍선)이 되고 만 것이다.

 出典 **文選**(문선), **漢書**[1](한서) – 怨歌行(원가행)

중국 漢(한)나라 孝成帝(효성제, 전한 제11대 황제. 재위 B.C.32 ~ B.C.7)의 후궁에 <u>班婕妤</u>[2](반첩여)와 <u>趙飛燕</u>[3](조비연)이 있었다.

班婕妤(반첩여)는 반황(班況)의 딸이자, 史家(사가)로서 『漢書(한서)』를 찬술한 班固(반고, 32 ~ 92)의 고모할머니가 된다. 어려서부터 才學(재학)이 뛰어났다. 효성제 즉위년에 후궁으로 들어갔다. 처음에는 少使(소사)가 되었다가 곧 大幸(대행)이 되고, 나중에 婕妤(첩여 : 정3품의 후궁 계급)가 되었다.

趙飛燕(조비연)은 漢(한)나라 成陽侯(성양후) 趙臨(조임)의 양녀로 본명은 憑宣主(빙선주)다. 歌舞(가무)를 배워 몸이 가볍기가 나는 제비 같았으므로 '飛燕(비연)'이라 하였다. 어릴 적 집안이 가난하고 병든 어머니의 약값과 생계비가 필요해서, 쌍둥이 여동생 合德(합덕)과 함께 趙氏(조씨) 집안에 팔려 간 뒤 성이 조씨가 됐다.

　효성제는 처음 반첩여를 매우 총애했지만, 시간이 흐르자 조비연에게로 사랑이 옮겨갔다. 조비연은 날렵한 몸매를 가진 여인이었다. 특히 자신이 개발한 독특한 굴신체조법으로 몸매를 가꿨다. 조비연은 혹시라도 효성제의 마음이 반첩여에게 되돌아갈까 염려하여, 반첩여가 황제를 중상모략 했다고 誣告(무고 : 없는 사실을 거짓으로 꾸며 고발함)하여, 그를 옥에 갇히게 한다.

　반첩여가 문책을 당할 때 그녀가 대답하기를,
"小妾(소첩)은 '죽고 사는 것은 하늘에 달려 있고, 부귀는 명예에 달려 있다.'고 들었습니다. 바른 길을 닦고도 좀처럼 복을 받지 못하는데, 더구나 악행을 꾀하여 어떤 복을 바라겠습니까? 만일 귀신에게 귀가 있다 해도, 天子(천자)를 저주할 불충한 호소에는 귀를 기울이지 않을 것입니다. 소첩은 결코 그런 일을 하지 않았습니다."
　효성제는 이 대답을 듣고 반첩여가 진실하다고 믿고 가엽게 여겨, 무죄를 인정하고 황금 백 근을 하사했다. 반첩여의 혐의는 풀렸지만, 그녀의 처지는 과거 임금의 총애를 한 몸에 받던 때와 같지 않았다. 그는 長信宮(장신궁)에 머물면서, 한때 임금의 사랑을 받던 일을 회상하고, 현재의 자신의 처지를 돌이켜보게 된다. 그러다가 가을이 되어 쓸모없게 된 부채와 자신의 처지가 같다는 생각이 들어, '怨歌行(원가행)'이라는 제목의 시를 지어 불렀다. 내용은 다음과 같다.

　新裂齊紈素 皎潔如霜雪(신렬제환소 교결여상설)
　　새로 자르는 제나라의 흰 비단, 깨끗하기가 서리와 눈과 같구나.
　裁爲合歡扇 團團似明月(재위합환선 단단사명월)
　　재단하여 만든 합환**부채**, 둥글기가 명월 같구나.
　出入君懷袖 動搖微豐發(출입군회수 동요미풍발)
　　그대의 품속으로 드나들면서, 움직여 미풍을 일으킨다.
　常恐秋節至 涼風奪炎熱(상공추절지 양풍탈염열)
　　언제고 두려운 **가을**이 되어, 서늘한 **바람**이 더위를 쫓으니,
　棄損篋笥中 恩情中道絶(기손협사중 은정중도절)
　　상자 속으로 버림을 받아, (님의) 따뜻한 정도 중도에서 끊어지고 만다.

　세월은 장신궁에도 흘러 綏和(수화) 2년(B.C.7년), 효성제가 죽은 뒤, 곧 반첩여도 40세 남짓한 삶을 마감했다. '**秋風扇**(추풍선)'이란 말은 바로 '怨歌行(원가행)'에서 나왔으며, '남자의 사랑을 잃은 여자'의 뜻으로 쓰였다.

---

1) 漢書(한서) : 중국 前漢(전한)의 역사를 기록한 총 120권의 책이다. 중국 正史(정사)의 하나로, 후한의 班固(반고)가 82년 무렵에 완성했다. 반고는 자가 孟堅(맹견)이고, 부풍(扶風) 安陵(안릉) 사람이다. 반고의 아버지 班彪(반

표)는 司馬遷(사마천)의 『史記(사기)』가 한 무제 때까지만 기록되어 있고, 그 뒤의 일을 쓴 劉向(유향)·劉歆(유흠)·揚雄(양웅) 등의 역사책이 王莽(왕망) 정권에 아첨하여 곡필한 것을 유감으로 여겼다.

반표는 직접 사료를 찾아, 『사기』 이후의 한나라 역사인 『後傳(후전)』 65편을 저술했다. 반고는 아버지의 뜻을 이어받아, 이 책을 더욱 정비함과 아울러 『사기』의 기록을 토대로 무제 이전의 한나라 역사를 덧붙였고, 한 고조로부터 왕망 정권의 멸망에 이르는 230년간(B.C.206 ~ A.D.24)의 역사를 기록했다.

2) 班婕妤(반첩여, B.C.48 ~ B.C.6) : 이름은 김(沽). 樓煩(누번)[지금의 山西省(산서성) 朔城區(삭성구)] 사람이다. 서한의 여류작가이며 漢(한) 孝成帝(효성제)의 嬪妃(빈비 : 후궁)였다. 班況(반황)의 딸이자 班彪(반표)의 고모이며, 班固(반고)와 班超(반초)와 班昭(반소) 형제의 고모할머니이다. 그녀는 용모가 아름다울 뿐 아니라 덕까지 갖춰서, 성제가 그녀에게 함께 가마에 탈 것을 요구할 때마다 반첩여는,

"현명한 군주는 모두 명신을 옆에 두었고, 삼대의 말기에만 군주들이 여자를 곁에 두었을 뿐입니다[聖賢之君皆有名臣在側(성현지군개유명신재측) 三代末主乃有嬖女(삼대말주내유벽녀)]."

라고 하며, 황제의 명을 따르지 않았다고 한다.

晉(진)의 顧愷之(고개지)가 그린 '女史箴圖(여사잠도)'는 이때의 정경을 묘사한 것이다. 趙飛燕(조비연), 趙合德(조합덕) 자매가 궁에 들어온 후 황제의 총애를 잃자, 조씨 자매와의 투쟁을 피하기 위해 스스로 청원하여 태후를 모셨고, 태후가 죽은 후에는 능을 지키다가 외롭게 죽었다. 한명의 皇子(황자)를 낳았으나, 수개월 만에 요절하였다고 한다.

3) 趙飛燕(조비연, ? ~ B.C.1) : 본명은 宜主(의주)이나, 비연으로 改名(개명)하였다. 시호는 孝成皇后(효성황후)이다. 그녀의 출신은 미천한 신분이었고, 유년기에 장안에 거주하면서 어렵게 지냈다. 가무에 뛰어난 소질을 타고났고, 그녀의 미모에 반한 효성제가 그녀를 후궁으로 맞이하였다.

후궁이 된 이후에는 효성제의 총애를 받아, 여동생 趙合德(조합덕)을 입궁시켜 후궁이 되게 하였으며, 조합덕은 昭儀(소의)가 되었다. 효성제는 조비연을 황후로 책봉할 계획을 세운다. 그러나, 太后(태후 : 황제의 생존한 모후)의 강한 반대를 받았고, 기원전 18년에 허황후를 쫓아내고, 기원전 16년에 결국에는 조비연은 황후가 되었다.

기원전 7년 효성제가 사망하자, 상황이 변하기 시작하였다. 효성제가 갑자기 사망한 그 이유가 조씨 자매(조비연, 조합덕)들이 효성제의 사망에 관여되었다는 말이 있어서, 이 일로 여동생인 조합덕이 자살하였다. 이러한 위기를 맞이한 조비연이지만, 스스로 아이가 없었기 때문에 漢(한) 哀帝(애제)의 즉위를 지지했고, 애제가 즉위하면서 황태후로 지위가 격상되었다.

그러나 기원전 1년에 애제가 사망하고, 平帝(평제)가 즉위하면서 지지 기반을 잃었다. 조비연은 王莽(왕망)에 의해 종가를 어지럽혔다는 이유로 죄를 얻어 황태후에서 효성황후로 지위가 격하되었고, 그 뒤에 신분이 서인으로 강등되자 얼마 후에 자살했다.

081 七步才 칠보재

字解 七 : <u>일곱 칠</u>, 일곱번 칠 [七情(칠정) : 일곱 가지 감정]
步 : <u>걸음 보</u>, 걸을 보 [步道(보도) : 걸어 다니는 길]
才 : <u>재주 재</u> [秀才(수재) : 뛰어난 재주 또는 그런 사람]

語義 일곱 걸음에 시를 짓는 재주.
(시와 글을 잘 짓는 아주 뛰어난 재주)
※ '七步之才(칠보지재)'의 준말.

用例

▶ 七步成詩(칠보성시)는 文才(문재)가 민첩함을 말하며, **七步才**(칠보재)란 글재주가 뛰어난 사람을 일컫는 말이다.
▶ 그는 **七步才**(칠보재)를 가진, 우리 시단에 보기 드문 시인이었으나 방랑아였다.

出典 **世說新語**(세설신어) – 文學篇(문학편)

중국 三國(삼국)시대의 영웅이었던 魏王(위왕) 曹操(조조, 155 ~ 220)는 유명한 장수였지만, 원래 文章家(문장가) 출신으로, 建安(건안) 문학의 융성을 가져왔을 정도로, 詩文(시문)을 애호하여 우수한 작품을 많이 남겼다. 그 영향을 받아서인지 맏아들인 曹丕(조비, 186 ~ 226)와 셋째 아들인 曹植[1](조식, 192 ~ 232)도 글재주가 出衆(출중)했다. 그래서 조조와 조비, 조식을 가리켜 당시에 '三曹(삼조)'라고 일컬었다.

특히 조조의 셋째 아들 조식의 詩才(시재)는 당대의 대가들로부터도 칭송이 자자했다. 그래서 조식을 더욱 총애하게 된 조조는 한때 조비를 제쳐놓고, 조식으로 하여금 後嗣(후사 : 대를 잇는 자식)를 잇게 할 생각이었다. 조비는 어릴 때부터 조식의 글재주를 늘 시기해 오던 차에, 후사 문제까지 불리하게 돌아간 적도 있고 해서, 조식에 대한 증오심은 형용할 수 없을 정도로 깊었다.

曹操(조조)가 죽은 뒤, 魏王(위왕)을 세습한 조비는 後漢(후한)의 獻帝(헌제, 189 ~ 226. 후한의 마지막이자 제14대 황제. 재위 189 ~ 220)를 폐하고, 스스로 帝位(제위)에 올라, 文帝(문제. 재위 220 ~ 226)라 일컫고 국호를 魏(위)라고 했다. 그는 황제가 된 후에도 동생 조식에 대한 시기는 변치 않았다. 그래서 조식은 늘 형 문제의 감시를 받으며 살았다.

어느 날, 조비는 東阿王(동아왕)으로 책봉된 조식이 반역 음모를 꾀하고 있다는 보고를 듣고는, 그를 불러서 이렇게 下命(하명)했다.

"일곱 걸음을 옮기는 사이에 시를 짓도록 하라. 짓지 못할 땐 重罰(중벌)을 면치 못할 것이니라."

조식은 걸음을 옮기며 이렇게 읊었다.

煮豆燃豆箕(자두연두기)   콩깍지를 태워서 콩을 삶으니,
豆在釜中泣(두재부중읍)   콩은 가마솥 속에서 우는구나.
本是同根生(본시동근생)   본디 같은 뿌리에서 태어났건만,
相煎何太急(상전하태급)   서로 볶는 것이 어찌 이다지도 급한가.

〈참고〉 위의 시 1행에서 유래한 '煮豆燃豆箕(자두연두기)'를 줄여서 쓴 '**煮豆燃箕**(자두연기)'는 훗날 '**형제 혹은 동족간의 싸움**'을 가리키는 四字成語(사자성어)로 쓰이게 되었다.

자신을 콩에다 비유하고, 자신을 괴롭히는 형을 콩깍지에 비유하여, '부모를 같이하는 친형제간인데도 어째서 이다지도 심히 逼迫(핍박)하는가'라는 뜻의 七步詩(칠보시)를 듣자, 조비는 얼굴을 붉히며 부끄러워했다고 한다. 이 정도의 짧은 글이라면, 일곱 걸음 걷는 동안에 아무라도 지을 수 있다고 생각할지 모르지만, 그것은 自由詩(자유시)의 경우도 힘든 일이다. 특히 漢詩(한시)에서 韻字(운자)를 부르고, 그 운자를 끝에 붙여 말이 되게 만들어야 하기 때문에 어려운 것이다.

즉 조비가 '泣(읍)'이란 글자와 '急(급)'이란 글자를 부르면, 조식은 그 글자를 붙여 말을 만들어야 하는 것이다. 사실 시를 짓는 것은 고사하고 그저 말만 되게 만들기도 힘든 일인데, 이렇게 시로써 그 내용까지 기막히게 만든다는 것은 어려운 일이 아닐 수 없다. '七步才(칠보재)'는 '七步之才(칠보지재)' 또는 '七寶成才(칠보성재)'의 준말이다.

---

1) 曹植(조식) : 중국 삼국시대 魏(위)나라의 시인. 자는 子建(자건). 시호는 陳思王(진사왕). 중국의 가장 위대한 서정시인 가운데 한 사람이며, 아버지는 유명한 장군 曹操(조조)이다. 아버지가 중국의 1/3에 해당하는 북부지방을 지배하고 있을 때 태어났다. 형이며 경쟁자로서 조조의 후계자가 된 曹丕(조비)는 나중에 漢(한)나라를 찬탈하고 魏(위)나라를 세웠다.

시인 가문에서 태어난 조식의 재능은 곧 아버지와 형의 재능을 능가했다[조조와 조비도 시인으로 유명했음]. 실제로 조조는 조식이 일찍부터 보여준 시적 재능에 깊은 감명을 받아, 한때는 맏아들 조비 대신 조식을 세자로 봉하려고 생각했을 정도였다.

曹丕(조비)가 동생 조식을 더욱 괘씸하게 여기게 된 것은 당시 소년이었던 조식이 나중에 형의 아내가 된 甄(견) 부인과 사랑에 빠졌기 때문이다. 220년 조비는 文帝(문제)가 되자, 동생의 생활을 되도록 고달프게 하려고 했다. 그에 따른 조식의 좌절과 불행은 그가 지은 시 대부분의 주제가 되었다. 그는 당시의 정형이었던 五言詩(오언시)로 글을 썼지만, 이 형식을 확대·강화하여 그의 다양한 감정을 좀더 유연하면서도 정확하게 표현할 수 있는 수단으로 만들었다.

082 破天荒 파천황

字解　破：깨뜨릴 파 [破壞(파괴) : 깨뜨려 부수거나 헐어 버림]
　　　　　다할 파 [走破(주파) : 예정된 거리를 달려서 끝냄]
　　　　　가를 파, 쪼갤 파 [破竹之勢(파죽지세) : 대나무를 쪼개는 기세]
　　　　天：하늘 천 [天地(천지) : 하늘과 땅]
　　　　　자연 천 [天然(천연) : 사람이 손대거나 달리 만들지 아니한, 자연 그대로의 상태]
　　　　　임금 천, 천자 천 [天顔(천안) : 임금의 얼굴. 천자의 얼굴]
　　　　荒：거칠 황 [荒廢(황폐) : 거두지 않고 그냥 버려두어 거칠고 못쓰게 됨]
　　　　　흉년들 황 [荒年(황년) : 흉년]
　　　　　버릴 황 [荒棄(황기) : 폐기하여 버림]

語義　하늘의 거친 혼돈 상태를 깨뜨리다.
　　　　(이전에 아무도 한 적이 없는 놀랄 만한 일을 하는 것)
　　　　(진사에 급제한 사람을 이름)

用例

▶그것은 전혀 예측하지 못했고, 도무지 믿어지지 않는 **破天荒**(파천황)의 상태였다.
▶일상생활 속에서 종래로 겪어 보지 못했던 일이나 혹은 처음 나타난 일에 대해 중국에서는 종종 '**破天荒**(파천황)'이란 표현을 쓴다. 예를 들면, "동경증권거래소는 작년 11월 1일 시스템 업그레이드에 오류가 발생해 처음으로 매매거래가 중단되었다(東證所去年11月1日因爲系統升級產生錯誤, **破天荒**地暫停交易)."는 등이다.

【類義語】破僻(파벽) : 훌륭한 인재가 나서 본디의 미천한 처지를 벗어남.
　　　　未曾有(미증유) : 지금까지 아직 한 번도 있어 본 적이 없음.
　　　　前代未聞(전대미문) : 지금까지 들어본 적이 없음.
　　　　前代未踏(전대미답) : 지금까지 아무도 발을 디딘 일이 없음.

出典　北夢瑣言(북몽쇄언, 송나라 송광헌이 지은 고사성어집)

중국의 과거제도는 隋(수, 581 ~ 618)나라 때 시작하여 淸(청, 1616 ~ 1912)나라 말기에 제도가 폐지될 때까지, 1,300년의 긴 역사를 갖고 있다. 유교 경전에 대한 지식, 시와 문장을 짓는 능력, 정치에 대한 식견 등을 출제한 공개 시험제도인데, 門閥(문벌 : 대대로 내려오는 그 집안의 사회적 신분이나 지위) 편중의 인재 선발에서 벗어나, 전국에서 공평하게 인재를 뽑으려는 제도였다.

당나라 때의 과거제도는 詩(시)와 賦(부 : 시와 산문의 요소들을 결합한 한문 문체의 하나)를 짓는 능력을 시험하는 進士科(진사과)가 주류였다. 응시 자격은 지방에 설치한 국립학교에서 우수한 성적을 낸 자와 지방장관이 시행하는 선발 시험에 합격해서 중앙에 추천받는 두 종류였다. 이 중 후자의 합격자를 '通達(통달)했다.'는 뜻의 '解(해)'라고 불렀다.

宋(송)나라 孫光憲(손광헌)이 지은 『北夢瑣言(북몽쇄언)』을 보면, 이런 이야기가 나온다.
"당나라 荊州(형주)는 衣冠[1](의관 : 글 공부하는 사람)이 많이 모이는 곳이다. 해마다 解(해)를 뽑아 중앙에 보냈지만, 이름을 이루는 사람[급제하는 사람]이 없어서, 이름하여 말하기를 '天荒解(천황해)'라고 했다. 그런데 劉蛻(유세)라는 사람이 형주의 解(해)로서 중앙에 급제하였다. 그래서 사람들은 그를 破天荒(파천황)이라 불렀다."

 原文 唐荊州衣冠藪澤(당형주의관수택) 每歲解送擧人(매세해송거인) 多不成名(다불성명) 號曰天荒解(호왈천황해) 劉蛻舍人(유세사인) 以荊解及第(이형해급제) 號爲破天荒(호위파천황)

여기서 '天荒(천황)'은 원래 '천지가 아직 열리지 않은 때의 혼돈한 상태'이나, '중앙에 급제하지 못한 것'을 뜻하는 말로 사용되었다. 그리고 '破天荒(파천황)'은 이 **천황**[하늘의 거칠은 혼돈 상태]을 **깨버린**, 다시 말해서 **중앙에 급제한 것**을 가리킨다. 이 의미가 轉移(전이)되어 '前代未聞(전대미문)의 사건'을 가리킬 때, 파천황이란 말을 쓰는 것이다.

형주 사람 劉蛻(유세)가 급제하자, 당시 荊南軍節度使(형남군절도사) 崔鉉(최현)은 '破天荒錢(파천황전)'이란 명목으로 상금 70만 전을 보냈다고 한다. 어마어마한 액수의 상금으로 보아도 당시의 과거급제가 얼마나 어려웠는지 짐작할 수 있다.

위의 故事(고사)에서 '破天荒(파천황)'이란 成語(성어)가 생겼다. '하늘의 거친 상태를 깨뜨리다.'라는 뜻에서 획기적인 새로운 일을 이룩함이란 의미가 담기게 되었다. 형주 사람 劉蛻(유세)가 이 지방에서 누구도 하지 못했던 중앙에서의 급제를 표현한 말로서, 오늘날 전에 없는 일을 새롭게 이루어 낼 때 쓰는 말이다.

---

1) 衣冠(의관) : '남자의 웃옷과 갓'이라는 뜻으로, 남자가 정식으로 갖추어 입는 옷차림. 여기서는 '선비'의 뜻으로 쓰였다.

※ 우리나라의 과거제도

高麗(고려)의 과거제도는 제4대 光宗(광종) 때, 중국인 雙冀(쌍기)의 건의에 의해 처음 실시되었다. 처음에는 製述科[제술과 – 進士科(진사과)]·明經科[명경과 – 生員科(생원과)]·醫科(의과)·卜科(복과)를 두었으며, 제9대 德宗(덕종) 때는 國子監試(국자감시)가 실시되었고, 제17대 仁宗(인종) 때에 대략적인 정비를 보았다.

제술과는 詩(시)·賦(부)·頌(송)·策(책) 등의 詞章(사장)으로, 명경과는 유교의 경전으로, 잡과는 법률·의학·천문·지리 등의 기술 과목으로 시험을 보았다. 제술과와 명경과는 다같이 文臣(문신) 등용을 위한 시험이었으나, 일반적으로 경학보다는 문예가 더 숭상되었기 때문에 상대적으로 제술과가 더욱 중요시되었다. 기술관 등용을 위한 잡과는 그 격이 가장 낮았다.

제6대 成宗(성종) 때에는 과거제도가 한층 강화되어 覆試制(복시제)가 시행되었으며, 무신의 등용 시험인 武科試(무과시)는 제34대 恭讓王(공양왕) 때에 비로소 설치되었다. 고려의 과거제도는 관리의 등용이라는 측면에 있어서 蔭敍[2](음서) 등의 제도 때문에 그리 절대적인 위치를 차지하지는 못하였다.

조선의 과거제도는 대체로 世宗(세종) 때 정비되었으며, 제대로 제도화된 것은 成宗(성종) 5년(1474년)에 반포된 『經國大典(경국대전)』에서 대부분 법제화로 이룩되었다. 과거는 지금의 국가고시와 같이 일정한 시험을 통하여 관인을 뽑는 登龍門(등용문)이었다. 과거 중에 문·무과는 고급 관료를 뽑는 시험이었고, 잡과는 하급 관료를 뽑는 시험이었다. 이러한 의미에서 과거는 初入仕(초입사)로서 중요한 관문이었다. 초입사로는 과거 이외에 門蔭(문음 : 공신이나 고관의 자제를 관리로 채용하는 일, 음서)과 薦擧(천거)가 있었다.

2) 蔭敍(음서) : '蔭敍制(음서제)'라고도 한다. 고려와 조선시대에 중신 및 양반의 신분을 우대하여, 친족 및 처족을 과거제도와 같은 선발 기준이 아닌, 출신을 고려하여 관리로 등용하는 제도이다. 蔭補(음보)·門蔭(문음)·蔭仕(음사)·蔭職(음직)이라고도 표기하며, 蔭德(음덕)으로 표현하기도 한다.

음서로 선발된 관료들은 蔭官(음관)으로 불렸는데, 규정에는 음서제로 관직에 오른 자는 堂上官[3](당상관) 이상의 직책과 淸要職[4](청요직)에는 오르지 못했으나, 문벌의 영향력에 따라 간혹 청요직과 3정승, 2찬성까지 올라가는 경우도 있었다.

3) 堂上官(당상관) : 조선시대 관제를 둘로 나눈 官階(관계) 분류의 하나. 朝儀(조의)를 행할 때 당상의 交椅(교의)에 앉을 수 있는 관원을 말한다. 동반은 정3품 通政大夫(통정대부) 이상, 宗親(종친)은 明善大夫(명선대부) 이상, 儀賓(의빈)은 奉順大夫(봉순대부) 이상, 서반은 折衝將軍(절충장군) 이상의 품계를 가진 사람이다.

고려시대에는 2품 이상의 宰樞(재추)만이 국정 의결에 참여할 수 있었으나, 조선시대에는 정3품 당상관까지 확대되어 국정을 입안, 집행하는 관료 집단이 되었다.

4) 淸要職(청요직) : 臺官(대관)은 관리를 감찰하는 벼슬아치이며, 諫官(간관)은 임금에게 간언하는 벼슬아치이다. 이들은 좁게는 사간원과 사헌부의 관직이며, 넓게는 이 두 관소와 홍문관까지를 아우르는 관직이다. 홍문관은 經筵(경연 : 왕에게 유학의 경서와 사서를 강의하고 논의하는 교육 제도)의 자리에서 국왕의 교수 역할을 하였기 때문이다. 사간원, 사헌부, 홍문관을 함께 이르러 三司(3사)라고 한다.

臺官(대관)과 諫官(간관)을 臺諫(대간)이라고 하고 또 언관이라고 부르기도 하는데, 조선시대에 언론을 주도한 관직이기 때문이다. 또한 조선시대에는 유교 문치주의를 표방한 사회였으므로, 이러한 대간을 매우 중요시하여 이들 대간 직책은 청빈함을 요구하여서, 淸要職(청요직)이라 불렀다.

083 解語花 해어화

字解 解 : 풀 해, 풀이할 해 [解釋(해석) : 알기 쉽게 풀이함]
　　　　　　가를 해 [解剖(해부) : 생물의 몸을 갈라 내부를 조사함]
　　　　　　흩을 해, 흩어질 해 [解散(해산) : 모인 사람이 흩어짐 또는 흩어지게 함]
　　　　　　게으를 해 [解怠(해태) : 게으름]
　　　　語 : 말씀 어, 말할 어 [語感(어감) : 말이 주는 느낌]
　　　　花 : 꽃 화 [花卉(화훼) : 꽃이 피는 풀. 화초]
　　　　　　아름다울 화 [花燭(화촉) : 아름답게 물들인 밀초]

語義 말을 알아듣는 꽃.
　　　　(미인)
　　　　(화류계의 여인, 곧 기녀)

用例

▶ 인터넷 '로망띠끄' 사이트에 연재된 역사 로맨스 소설이다. 17세기 초 조선사회를 배경으로 '말을 알아듣는 꽃'이라는 뜻으로 **解語花**(해어화)라 불린 기녀들의 애절하고 애달픈 시와 사연을 바탕으로 소설을 구성했다.

▶ 양귀비는 중국 역사를 통틀어서 황제의 사랑을 가장 오래 독차지한 絶世美人(절세미인)으로 유명하다. 지금까지도 사람들의 입에 자주 오르내리는 **解語花**(해어화)의 주인공, 양귀비에 대한 이야기를 해보기로 하겠다.

【類義語】傾國之色(경국지색) : 임금이 혹하여 나라가 기울어져도 모를 정도의 미인이라는 뜻으로, 뛰어나게 아름다운 미인.

開元天寶遺事[1](개원천보유사, 당나라 풍문과 설화 모음집. 왕인유 지음)

　중국 唐(당)나라 수도 長安(장안)에, 화창한 봄이 지나가고 바람도 훈훈한 여름이 오고 있을 때였다. 玄宗[2](현종) 황제는 楊貴妃[3](양귀비)와 궁녀들을 거느리고 太液池(태액지)라는 연못가로 나갔다. 연못은 온통 연잎으로 뒤덮여 있었고, 만개한 꽃들은 그 아름다운 자태를 한껏 뽐내고 있었다. 연못가의 모든 사람들은 저마다 감탄의 소리를 질렀다. 그때 연꽃을 흐뭇하게 바라보던 현종이 양귀비를 가리키며, 좌우의 사람들에게 말했다.

"어떠하냐? 이 꽃들의 아름다움이 내 **말을 알아듣는 꽃**과 비길 만하지 아니한가?[何如此 **解語花**耶(하여차해어화야)]"

여기서 '말을 알아듣는 꽃'이란 물론 '양귀비'를 두고 한 말이다. 현종은 치세의 전반 20여 년을 '開元(개원)의 治(치)'라고 불릴 정도로 훌륭한 업적을 많이 쌓았지만, 후반에 가서는 양귀비와의 사랑에 푹 빠져 政事(정사)를 제대로 돌보지 않았다.

현종은 양귀비를 기쁘게 해주기 위해 荔枝[4](여지)라는 과일을 멀고 먼 영남지방에서 가져오라 명했다. 맛이 변하기 쉬운 여지를 싱싱한 채로 가져오기 위하여 역마를 탄 사람이 말을 갈아타 가면서 주야로 달렸다. 말이 쓰러지고 또 도랑에 빠져 죽는 자도 많았다. 모든 일이 이런 식으로 양귀비에게만 초점이 맞추어졌다.

그리고 양귀비의 일족들은 높은 벼슬자리에 올라 세도를 부렸다. 현종은 그녀의 숙부와 세 명의 오빠에게 높은 벼슬을 하사했다. 또한 세 명의 언니도 모두 국부인으로 책봉하였다. 특히 사촌오빠 楊劍(양검)은 현종에게 國忠(국충)이라는 이름을 하사받고, 승상에 올라 국정을 專橫(전횡 : 권세를 혼자 쥐고 제 마음대로 함)하였다. 그것은 결국 '安祿山(안녹산)의 亂(난)[5]〈755년〉'이 일어나는 계기가 되었고, 양귀비는 성난 군사들의 요구로 교살되었다. 그리고 退位(퇴위)하여 上皇(상황)이 된 현종은 죽을 때까지 양귀비를 그리워했다고 한다.

우리나라 조선시대 선비들은 그들의 시와 풍류를 알아듣는다 하여, 妓女(기녀)들을 '解語花(해어화)'라고도 하였다. 그러나 선비들과 더불어 詩文(시문)을 首唱(수창 : 선창을 하거나, 함께 부르면서 노래를 바르게 이끌어 가는 사람)할 수 있는 문학적 재주를 지녔다고 하더라도, 양귀비와 같은 절색의 기녀가 아니라면, 해어화의 칭송을 듣기엔 부족함이 있다.

---

1) **開元天寶遺事**(개원천보유사) : 중국 盛唐(성당)의 영화를 전하는 遺聞(유문)을 모은 책. 五代(오대)의 翰林學士(한림학사) 등을 역임한 王仁裕(왕인유, 880 ~ 956)가 後唐(후당) 莊宗(장종) 때에 秦州節度判官(진주절도판관)이 되어 長安(장안)에 있을 무렵, 민간에 전해져 오던 故事(고사) 159條(조)를 모아서 이 책을 만들었다고 한다. 그러나 南宋(남송)의 洪邁(홍매)는 이 책이 왕인유의 이름만 얹어 만들어진 것이라고 주장했다. 여하튼 역사적인 사실을 전하기보다는 현종 시대에 대한 동경에서 나온 풍문과 설화로서, 음미할 만한 글이 많은 점이 특징이다.

2) **唐 玄宗**(당 현종, 685 ~ 762. 제위 712 ~ 756) : 中國(중국) 唐(당)나라 제6대 황제. 현종은 則天武后(측천무후)의 아들인 睿宗(예종)의 셋째 아들로 태어났다. 그가 태어났던 시기에 제국의 실권은 전적으로 측천무후의 손에 있었고, 예종은 명목상의 황제에 지나지 않았다.

687년에 周公(주공)으로 책봉된 현종은 측천무후가 제위를 찬탈한 뒤인 693년에 靈州公(영주공)으로 책봉되었다. 무후의 치세 말년에 현종은 궁중의 儀典(의전) 담당직에 임명되었고, 이로 인해 궁중 내의 禁衛軍(금위군)에 영향력을 가지게 되었다. 705년 측천무후의 죽음으로 궁중에 복잡한 권력승계 투쟁이 벌어지는 과정에서 현종의 아버지인 예종이 710년 황제로 재등극하게 되었다. 그 과정에서 중요한 역할을 했던 현종은 공로를 인정받아 황태자로 책봉되었다.

712년 예종은 현종에게 제위를 계승했으나, 야심만만한 太平公主(태평공주 : 예종의 누이)의 권유를 받아들여 太上皇(태상황)이 되었다. 이 직위는 일종의 攝政(섭정)으로서 고관직의 임명권을 가지고 있었으며, 고관직은 태평공주의 지지자들이 모두 차지했다. 713년 현종이 태평공주와의 권력 투쟁에서 이기게 되자, 공주는 자결했다. 현종은 황권을 완전 장악하게 되었고 예종은 은퇴했다.

초기에는 賢臣(현신)을 기용하여 '開元(개원)의 治(치)'라고 일컬어지는 당나라의 隆盛(융성)을 이루었으나, 만년에는 간신에게 정치를 맡기고, 양귀비에게 빠져 나라를 혼란에 빠뜨렸다. '안녹산의 난'이 일어나자 蜀(촉)나라로 피하고, 아들 肅宗(숙종, 제7대 황제. 재위 756~762)에게 帝位(제위)를 물려주었다.

3) **楊貴妃**(양귀비, 719 ~ 756) : 당나라 현종의 貴妃(귀비). 현종이 그녀에게 빠져 국정을 돌보지 않자 반란이 일어났고, 그로 인해 唐朝(당조, 618 ~ 907)의 세력이 크게 약화되었다. 고관의 딸이었던 그녀는 중국 역사상 절세의 미인으로 통하는 몇몇 풍만한 체구의 여인 가운데 하나였다. 처음에는 현종 아들의 비였으나, 그녀에게 매혹된 60세의 현종은 아들에게서 그녀를 빼앗았다. 얼마 후 그녀의 두 자매도 현종의 비로 맞아들여졌고, 사촌 오빠인 楊國忠(양국충)은 재상이 되었다. 그러나 '안녹산의 난'이 일어나, 양국충은 처형되고 양귀비는 자결을 명령받게 된다.

양귀비의 최후에 대해서는 여러가지 설이 있지만, 史書(사서)에서는 '불당에서 목을 매어 죽였다'고 기록하고 있다. 하지만 삭발하고 비구니가 되었다는 설, 배를 타고 도망치게 했다는 설, 금속을 삼켜서 자살했다는 설 등이 있다.

4) **荔枝**(여지) : 無患子木科(무환자목과 Sapindaceae)의 喬木(교목 : 줄기가 곧고 굵으며, 높이 자라는 나무)인 여지(Litchichinensis)의 열매.

중국과 그 인접 지역이 원산지로 추정된다. 1년 내내 밝은 녹색을 띠는 잎이 빽빽하게 달려 아름다운 樹冠(수관)을 이룬다. 잎은 겹잎으로 2 ~ 4장의 잔잎이 쌍으로 달리는데, 타원형에서 창 모양까지 다양하며 잔잎의 길이가 5 ~ 7.5㎝이다. 꽃은 작아 눈에 잘 띄지 않으며, 줄기 끝에 느슨하나 다양하게 달리는 圓錐(원추 : 둥근 뿔) 꽃차례를 이루어 피는데, 이 꽃차례는 길이가 30㎝ 정도에 달하기도 한다.

무리지어 맺히는 열매는 넓은 타원형에서 둥근 것까지 있으며, 딸기 빛이 도는 붉은색이고 지름이 약 25㎜이다. 열매의 겉껍질은 부서지기 쉬우며, 수분이 많고 반투명한 흰색의 과육과 1개의 큰 씨를 둘러싸고 있다. 열매는 날것으로 먹거나 통조림으로 만들며 또는 말려서 상업용 여지로 만든다. 신선한 과육은 사향 같은 맛이 나는데, 마르면 시고 매우 달다.

5) **安祿山**(안녹산)**의 亂**(난) : 755년 12월 16일부터 763년 2월 17일에 걸쳐 당나라의 절도사인 안녹산과 그 부하인 사사명 그리고 그 자녀들에 의해 일어난 대규모 반란이다. '安史之亂(안사의 난)'이라고도 했는데 이는 安祿山(안녹산)과 史思明(사사명)의 첫 글자를 따서 지은 이름이며, '天寶之亂(천보의 난)'이라고도 한다. 안녹산은 나라 이름을 燕(연)이라고 하여 칭제를 했으며, 9년간 지속했다.

084 胡蝶夢 호접몽

[字解] 胡 : **나비 호** [胡蝶(호접) : 나비. 胡 → 蝴(나비 호). 胡蝶 = 蝴蝶]
　　　　　오랑캐 호 [胡亂(호란) : 오랑캐가 일으킨 병란]
　　　　　오래 살 호 [胡耉(호구) : 아흔 살을 일컬음. 노인]
　　　　　멀 호 [胡福(호복) : 큰 행복]
　　　蝶 : **나비 접** [蝴蝶(호접) : 나비]
　　　夢 : **꿈 몽**, 꿈꿀 몽 [夢想(몽상) : 꿈같은 헛된 생각]

[語義] 나비의 꿈. 나비가 되어 날아다닌 꿈.
　　　　(현실과 꿈의 구별이 안 되는 것. 자연과 내가 하나가 되는 것)
　　　　(인생의 덧없음)

 用例

▶ 굳이 장자의 '**胡蝶夢**(호접몽)'을 언급하지 않아도, 동양에선 인생이 한 편의 '꿈속의 꿈'이라 했다. 우리가 아등바등거리며 하루하루의 일상을 헤매는 것, 아니 경쟁과 다툼과 전쟁 속에서 사랑하는 사람과 헤어지고 또는 떠나보내는 수많은 인연의 맺음과 꼬임의 실타래 역시 '꿈속의 꿈'일 수 있다.

▶ 제가 너무 **胡蝶夢**(호접몽)이라는 키워드에 집착하여 그러한 비약을 했을 수도 있습니다. 하지만 **胡蝶夢**(호접몽)은 노장사상에서 주장하는 무위자연, 물아일체의 개념을 가장 직설적이고 쉽게 이해할 수 있게 해주는 대표적인 예로서, 자연주의를 주장하는 도가로서의 노장사상은 동양사상의 큰 맥입니다.

[類義語] 莊周之夢(장주지몽) : 나와 외물은 본디 하나이던 것이 현실에서 갈라진 것에 불과하다는
　　　　　　　　　　　　　　이치를 비유하여 설명한 말.
　　　　　夢爲胡蝶(몽위호접) : 꿈에 나비가 되었음.

 **出典** 莊子(장자) - 齊物論[1](제물론)

사람들은 가끔 복잡하고 삭막한 현실 세계를 벗어나 자연과 호흡해 보려는 욕구를 가지게 된다. 집착과 고집·욕심을 버리고, '無(무)'의 깨끗한 자유를 얻고 싶은 욕망이 가끔은 일어나는 것이다. 이럴 때 연상되는 故事(고사)가 바로 '胡蝶夢(호접몽)'이다.

호접몽은 '나비의 꿈'이라는 뜻으로 '사물과 자기와의 구별을 잊은 것, 바로 物我一體(물아일체) 또는 主客一體(주객일체)의 心境(심경)'을 말하는 것이다. 그래서 莊子(장자)는 '齊物論(제물론)', 즉 일체의 것을 똑같은 것으로 보고, 萬物卽一(만물즉일)의 절대적 궁극적인 세계에 마음을 逍遙(소요)시켜야 한다는 생각을 수많은 우화로 표현하는데, 그 중에서도 이 호접몽은 적절하고 향기 그윽한 특색 있는 이야기다. 道家思想(도가사상)의 장자는 「제물론」에서 다음과 같이 말하고 있다.

"옛날에 莊周(장주 : 장자의 본명)가 **꿈에 나비가 되었다**. 나비가 되어 기쁘게 날아 다녔다. 자기 자신은 유쾌하게 느껴졌지만, 자기가 장주임은 알지 못하였다. 갑자기 꿈을 깨니, 곧 두렵게도 엄연히 자신은 장주였다. 그러니 장주가 꿈에 나비가 되었던 것인지, 나비가 꿈에 장주가 되었던 것인지 알 수가 없었다. 장주와 나비에는 반드시 분별이 있을 것이다. 이것을 物化(물화 : 사물의 변화)라고 이른다."

 原文 昔者莊周(석자장주) 夢爲胡蝶(몽위호접) 栩栩然胡蝶也(허허연호접야) 自喩適志 與不知周也(자유적지여부지주야) 俄然覺(아연각) 則遽遽然周也(즉거거연주야) 不知周 之夢爲胡蝶與(부지주지몽위호접여) 胡蝶之夢爲周與(호접지몽위주여) 周與胡蝶則必有 分矣(주여호접즉필유분의) 此之謂物化(차지위물화)

인간적 분별로 보면, 장자와 호접 사이에는 뚜렷한 구별이 있고, 꿈과 현실도 역시 뚜렷하게 다르다. 장자는 장자이며 호접이 장자일 수 없고, 현실은 어디까지나 현실로서 꿈이 현실일 수도 없다. 그러나 이런 구별을 지어 그것에 구애되는 것, 그 자체가 실은 인간의 외람됨이며, 또 어리석음이기도 하다.

장자는 여기에서 道家思想(도가사상)의 본질을 깨달은 것이다. 現實主義(현실주의)의 바탕에서 인간이 萬物(만물)의 靈長(영장)이라고 생각하는 孔孟(공맹)의 儒家(유가)에서 본다면, 사람이 꿈속에서 나비가 된 것은 별 상관이 없지만, 나비가 꿈속에서 인간이 되었다는 것은 모든 것의 종말을 의미할 것이다.

그러나 장자는 인간도 역시 모든 宇宙(우주) 만물 속의 하나의 客體(객체)로 인정한다면, 나비이든 사람이든 아무런 관계가 없다는 것을 깨달은 것이다. 이것이 바로 모든 만물을 가지런하게 생각하는 도가의 '萬物齊同(만물제동)' 사상인 것이다. 이것이 또한 장자가 주장한 '齊物論(제물론)'의 핵심이기도 하다. 곧 장자는 인간이 가지고 있는 편협한 사고의 틀을 벗어나 우주 만물의 자연적인 상태인 道(도)를 따르라는, 흔히 이야기하는 無爲自然(무위자연)을 주장한 것이다. 차별적이고 유한적인 인간의 세계에서 벗어나 참된 자유의 무한적 세계에서 노닐 수 있는 逍遙遊[2](소요유)의 단계에 도달하면, 무위자연의 진리를 얻는다고 본 것이다.

결론적으로 장자의 꿈 이야기와 장자의 사상을 같이 살펴보면, 꿈과 현실 그리고 삶과 죽음의 구별이 없는 세계를 강조했다. 우리가 보고 생각하는 것은 한낱 만물의 변화상의 한 일면에 불과한 것이라고 하였다. 즉 外物(외물)과 自我(자아)의 구별이 없는 세계를 강조한 것이다. 장자의 이 꿈에 대한 해석이 처음에는 '현실과 꿈의 구별이 안 되는 것, 자연과 내가 하나가 되는 것'에서 오늘날에는 주로 '인생의 덧없음'에 비유하여 쓰이고 있다.

---

1) **齊物論**(제물론) : 중국 고대의 사상가인 장자의 중심 사상. 또는 그의 저서인 『장자』의 제2편의 編名(편명, 곧 제목). 모든 사물의 眞僞(진위)·是非(시비)를 다루는 논의를 상대적인 것으로 보고, 이러한 잡다한 논의를 다스려 절대 근원적인 하나의 경지로 돌아가, 萬物一體(만물일체)의 무차별한 평등 상태에 도달하는 것이 수양의 목표가 된다고 보는 것이 그 내용이다.

2) **逍遙遊**(소요유) : '한가롭게 어슬렁거리며 노는 것'이라는 뜻이다. 장자는 육체적으로나 정신적으로 아무것에도 얽매이지 않고 한가롭게 노는 것, 즉 '逍遙遊(소요유)'야말로 인간 삶의 목표가 되어야 한다고 주장했다. 노자의 '無爲自然(무위자연)'과 상통하는 말로서, 쉽게 말하면 자유로운 정신으로 마음이 가는 대로 이리저리 자유롭게 거닐면서 살아가는 삶을 가리킨다. 인간 삶의 경제적인 측면이 고려되지 않은 점이 현대들은 실행하기가 어려워 보인다.

※ 일화로 본 莊子(장자)의 인품

장자는 일화 속에서 개인의 안락함이나 대중의 존경 따위에는 전혀 신경 쓰지 않은, 예측불허의 괴팍한 성인으로 나타나 있다. 그의 의복은 거칠고 남루했으며 신발은 떨어져 나가지 않게 끈으로 발에 묶어놓았다고 한다. 그러나 그는 자신이 비천하거나 가난하다고 생각하지 않았다. 그의 친한 친구인 惠施(혜시)가 부인의 喪(상)을 당한 장자를 조문하러 와서 보니, 장자는 돗자리에 앉아 대야를 두드리며 노래를 부르고 있었다. 혜시가 장자에게 평생을 같이 살고 아이까지 낳은 아내의 죽음에 어떻게 그럴 수가 있느냐고 따지자, 장자는 다음과 같이 말했다.

"아내가 죽었을 때 내가 왜 슬프지 않았겠는가? 그러나 다시 생각해 보니 아내에게는 애당초 생명도 형체도 氣(기)도 없었다. 有(유)와 無(무)의 사이에서 기가 생겨났고, 기가 변형되어 형체가 되었으며, 형체가 다시 생명으로 모양을 바꾸었다. 이제 삶이 변하여 죽음이 되었으니, 이는 춘하추동의 사계절이 순환하는 것과 다를 바 없다. 아내는 지금 우주 안에 잠들어 있다. 내가 슬퍼하고 운다는 것은 자연의 이치를 모른다는 것과 같다. 그래서 나는 슬퍼하기를 멈췄다."

장자의 임종에 즈음하여, 제자들이 그의 장례식을 성대히 치르려고 의논하고 있었다. 이것을 들은 장자는,

"나는 천지로 棺(관)을 삼고, 日月(일월)로 連璧(연벽 : 한 쌍의 옥)을, 星辰(성신)으로 구슬을 삼으며, 萬物(만물)이 弔喪客(조상객)이니 모든 것이 다 구비되었다. 무엇이 더 필요한가?"

라고 말하면서 그 의논을 즉시 중단하게 했다.

이에 제자들은 깜짝 놀라 매장을 소홀히 하면, 까마귀와 솔개의 밥이 될 우려가 있다고 말했다. 이에 대해 장자는 다음과 같이 말했다.

"땅 위에 있으면 까마귀와 솔개의 밥이 되고, 땅속에 있으면 땅속의 벌레와 개미의 밥이 된다. 까마귀와 솔개의 밥을 빼앗아 땅속의 벌레와 개미에게 준다는 것은 공평하지 않다."

위와 같은 장자의 기괴한 言動(언동)은 그의 宿命論(숙명론)에 대한 깨달음과 직결되어 있다. 장자에 의하면 인생의 모든 것이 하나, 즉 道(도)로 통한다는 것을 인식해야만 깨달음을 얻을 수 있다고 한다.

085 紅一點 홍일점

字解 紅 ; <u>붉을</u> **홍** [紅顔(홍안) : 혈색 좋은 불그레한 얼굴. 미인의 얼굴]

一 ; <u>한</u> 일, 하나 일 [統一(통일) : 두 개 이상을 몰아서 하나로 만듦]
　　첫째 일 [一等(일등) : 첫째 등급. 으뜸가는 등급]
　　오로지 일 [一心(일심) : 오로지 한결같은 마음]
　　같을 일 [同一(동일) : 다른 데가 없이 똑같음]

點 ; <u>점</u> **점** [點綴(점철) : 점을 찍은 듯이 이어져 있음]
　　켤 점 [點火(점화) : 불을 켜거나 붙임]
　　조사할 점 [點檢(점검) : 낱낱이 조사함]

語義 붉은 하나의 점. 붉은 한 송이의 꽃.
　　(많은 남자 중에 하나뿐인 여자)
　　(여럿 중에서 오직 하나의 이채로운 것)
　　(여러 하찮은 것 가운데 단 하나 우수한 것)

 用例

▶ 일반적으로 **紅一點**(홍일점)은 당당한데, 靑一點(청일점)은 기를 못 펴는 이유는 무엇일까요?
▶ 그러나 여성들의 기대와는 달리, 막상 **紅一點**(홍일점)이 되는 상황을 겪게 되면 그다지 유쾌하지만은 않은 것이 현실이다. 여성들은 **紅一點**(홍일점)에 대한 로망을 가지고 있지만, 그것은 꽤 위험하고 무모한 욕망이라는 것이다.

【相對語】 靑一點(청일점) : 많은 여자 사이에 있는 한 사람의 남자.

 **出典** **王安石**[1](왕안석) - 石榴詩(석류시)

중국 宋(송)나라 神宗(신종, 1048 ~ 1085. 제6대 황제. 재위 1067 ~ 1085) 때, 王安石(왕안석)의 시 '石榴詩(석류시)'에 다음과 같은 구절이 있다.

萬綠叢中紅一點(만록총중홍일점)
　만 가지 초록의 덤불 속에 **붉은 하나의 점**

故事成語 三音節 253

動人春色不須多(동인춘색불수다)
　사람을 움직이게 하는 봄의 빛깔은 모름지기 많을 필요가 없다.

다시 풀이해 보면, '온통 새파랗기만 한 푸른 잎 속에 한 송이 붉은 꽃이 활짝 피어 있다. 사람의 마음을 들뜨게 하는 봄의 빛깔은 많은 것이 필요하지 않다.'이다.

바로 이런 감동이다. 여러 꽃들이 앞을 다투어 피어 있는 것보다는, 무성한 푸른 잎 사이로 어쩌다 피어 있는 한 송이 빨간 석류꽃이 훨씬 사람의 눈과 마음을 끈다. 이와 같이 '萬綠叢中紅一點(만록총중홍일점)'이란, 여성들이 사회생활에 제약이 많았던 시절에, '많은 남성 사이에 홀로 끼어 있는 여성'을 나뭇잎 속에 파묻혀 있는 꽃에 비유한 것이다.

반면 다른 해석으로는 왕안석이 司馬光(사마광)·歐陽修(구양수)·程伊川(정이천)·蘇軾(소식) 등 유명한 학자들 모두의 반대 속에, 홀로 외롭게 개혁을 이끌어 가는 자기 자신을 비유한 것이라는 풀이도 있다. 결국 왕안석의 개혁은 중도에 좌절되고, 그는 66세로 죽었다.

또한 홍일점의 출처는 이 외에도 여러 개가 있다. 먼저 『壬齊詩話(임제시화)』에서는 靑州(청주)의 推官(추관 : 신문하는 관원) 유부가 일찍이 다음과 같이 말하였다고 전하고 있다.

"시를 생각하는데 그 자리에 만약 **一點紅**(일점홍)이 있다면, 한 말[斗(두)] 들이의 작은 그릇이라도 천 개의 鐘(종)과 같이 훨씬 더 뛰어날 것이다."

그리고 『七修類稿(칠수유고 : 중국 명나라의 문인 남영의 저서)』에는 英廟(영묘)가 일찍이 천하의 畵工(화공)들을 서울로 불러올려서, 다음의 시구를 題號(제호 : 제목이 되는 이름)로 삼아 이들 화공을 시험한 일이 있었다는 기록이 있다.

　萬綠枝頭紅一點(만록지두홍일점)　　많은 푸른 잎 위에 **한 송이 붉은 꽃**.
　動人春色不須多(동인춘색불수다)　　사람을 움직이는 봄빛 많은들 무엇하리.

또 事文後集(사문후집) 『王直方詩話(왕직방시화)』에 荊公(형공)이 內相(내상)이 되어 정원을 산책하고 있었는데, 석류나무가 한 그루 있었다. 가지는 우거졌지만 겨우 붉은 꽃 한 송이만이 붙어 있었다. 흥이 난 형공은 그것을 보고, 다음과 같이 읊었다.

　濃綠萬枝紅一點(농록만지홍일점)　　짙고 푸른 여러 가지에 **한 송이 붉은 꽃**.
　動人春色不須多(동인춘색불수다)　　사람을 움직이는 봄빛 많은들 무엇하리.

이상과 같이 '紅一點(홍일점)'의 출처는 여럿이 있고, 다 같이 유명한 이야기라 한다. 그러나 최초의 出典(출전)으로는 '왕안석의 석류시'라고 볼 수 있으며, 다른 시들은 이를 모방하거나 일부를 인용한 것이 아닌가 한다.

---

1) 王安石(왕안석, 1021 ～ 1086) : 중국 北宋(북송)의 시인·문필가·개혁 정치가. 자는 介甫(개보), 호는 半山(반산). 시와 문장에 뛰어나서 唐宋八大家(당송팔대가)의 한사람이 되었다. 1069 ～ 1076년에 新法(신법)이라는 혁신 정책을 단행한 것으로 유명하다. 왕안석은 실용주의적인 경향이 강한 남부 출신의 新法黨(신법당)에 속해 있었다. 이들은 북부 출신의 대토지를 소유한 보수적인 舊法黨(구법당)과 대립하였다.

왕안석은 21세에 진사가 되어, 거의 20년 동안 華南(화남)에서 각급 지방관직을 유능하게 수행했다. 벼슬길에 오른 초기에 곧은 성격, 뛰어난 문장력, 탁월한 행정능력으로 정평이 나서 후원자들에 의해 고위직에 오를 만한 인물로 천거되었다. 神宗(신종, 제6대 황제. 재위 1067 ～ 1085)의 신임을 얻었기 때문에 재상에 봉해져 새로운 정치를 실행하였다. 후에 보수파의 공격을 받아 재상에서 물러나고, 江寧(강녕)으로 은퇴하였다.

※ 石榴(석류)를 소재로 한 시 소개

- **석류꽃** – 나태주

  들판은 이제 / 젖을 대로 젖은 여자

  사타구니 / 까르르 까르르 / 개구리 알을 낳고

  꽈리를 불 때 / 바람은 보리밭에서 / 몰려오고

  담장 아래 / 석류꽃 핀다.

  옴마, 징한 거 / 저 새빨간 피 좀 봐

  흰 구름은 또 장광 너머 / 엉덩이 까 벌리고

  퍼질러 앉아 / 뒷물하느라

  눈치도 없고 / 코치도 없네.

- **석류꽃** – 이해인

  지울 수 없는 / 사랑의 火印(화인) / 가슴에 찍혀

  오늘도 / 달아오른 / 붉은 석류꽃

  황홀하여라 / 끌 수 없는 / 사랑

  초록의 잎새마다 / 불을 붙이며 / 꽃으로 타고 있네.

- **石榴(석류)** – 진의하

  하룻길 저문 서녘 / 노을도 핏빛인데,

  한 생명 키운 꿈 / 그 가슴속

  뭉클뭉클 응어리 진 / 핏빛이네.

  주홍빛 보드라운 꽃잎 / 한 여름 용광로 속에서

  얼마를 요동치며 견디었던가?

  혼신에 생채기 진 / 저 피맺힌 産苦(산고)

  망울망울 미어지는 / 어미의 가슴이네.

086 和氏璧 화씨벽

字解
和 : 성 화 [和氏(화씨) : '화'씨 성을 가진 사람을 높여 불러주는 말]
　　화할 화, 화목할 화 [和睦(화목) : 서로 뜻이 맞고 정다움]
　　가락맞출 화 [和答(화답) : 가락을 맞추어 답함]
　　화해할 화 [和解(화해) : 다툼을 서로 그치고 불화를 풂]
氏 : 씨 씨 [姓氏(성씨) : 성의 높임말]
璧 : 둥근옥 벽 [璧侑(벽유) : 옥으로 만든 잔]

語義 화씨의 둥근 옥. 화씨의 구슬. 화씨가 발견한 구슬.
(천하제일의 아름다운 구슬)

用例

▶ 글쎄요, 쓰레기장에서 손톱만한 **和氏璧**(화씨벽) 찾아내는 기분이랄까요. 그렇지만 **和氏璧**(화씨벽)도 쓰레기장에 있다 보면 쓰레기가 되기 마련이니까요.
▶ 오늘 폐하께서는 昆岡(곤강)의 옥을 모으고, 隨侯之珠(수후지주)와 **和氏璧**(화씨벽)을 가지고 계시며, 또한 夜光珠(야광주)는 몸에 두르시고, 보검 太阿(태아)는 허리에 차고, 纖離馬(섬리마)가 모는 수레에 翠鳳旗(취봉기)를 꽂고, 그 옆에는 우레와 같이 큰 소리를 낼 수 있는 靈鼉(영타)라는 북을 달고 계십니다.

【類義語】 完璧(완벽) : 흠이 없는 구슬. 〈'2음절 37. 完璧(완벽)' 참조〉
　　　　　 連城之璧(연성지벽) : 성과 연관이 있는 구슬.

出典 韓非子(한비자) - 和氏篇(화씨편)

　중국 전국시대 楚(초, ? ~ B.C.223)나라에 卞和(변화)라는 사람이 살았다. 그는 산에서 한 개의 璞玉(박옥 : 옥을 싸고 있는 돌덩어리)을 얻어서, 楚 勵王(초 여왕)에게 바쳤다. 여왕은 玉匠人(옥장인 : 옥을 다듬는 사람)에게 돌을 감정하게 하였는데, 옥장인은 그냥 평범한 돌이라고 말했다. 그러자 여왕은 변화가 자기를 속였다고 생각하고, 변화의 왼쪽 다리를 잘라버렸다.

　나중에 楚 武王(초 무왕 : 제18대)이 즉위하자, 변화는 다시 박옥을 가져다 무왕에게 바쳤다. 무왕도 역시 옥장인에게 감정을 시켰는데, 옥장인은 또 그냥 돌멩이일 뿐이라고 말했다. 무왕도 변화가 자기를 속였다고 생각하고, 다시 변화의 오른쪽 다리를 잘라버렸다.

楚 文王(초 문왕 : 제19대)이 즉위하자, 변화는 박옥을 안고 산에 가서 대성통곡을 하였다. 삼일 밤낮을 울어서 눈물도 모두 마르고, 피눈물이 나기 시작했다. 문왕이 이 소식을 듣고 기이하게 생각하여, 사람을 보내서 물어보았다.

"천하에 다리 두 개가 잘린 사람은 많은데, 너는 왜 이렇게 슬프게 우느냐?"

변화는 이렇게 대답했다.

"저는 다리 두 개가 잘린 것을 슬퍼해서 우는 것은 아닙니다. 저는 玉石(옥석 : 옥을 품은 돌)을 돌멩이라고 말해서 슬픈 것이고, 忠貞(충정 : 충성스럽고 절개가 곧음) 있는 사람이 사기꾼으로 몰리는 것이 슬픈 것입니다."

초문왕은 다시 옥장인에게 명을 내려 박옥을 쪼개 보도록 하였다. 과연 박 안에는 寶玉(보옥 : 보배로운 구슬)이 있었다. 이로 인하여 이 옥을 변화의 이름을 따서 "<u>和氏璧</u>(화씨벽)"이라 하였다.

原文 楚人和氏得玉璞楚山中(초인화씨득옥박초산중) 奉而獻之厲王(봉이헌지여왕) 厲王使玉人相之(여왕사옥인상지) 玉人曰(옥인왈) "石也(석야)" 王以和爲誑(왕이화위광) 而刖其左足(이월기좌족) 及厲王薨武王卽位(급여왕훙무왕즉위) 和又奉其璞而獻之武王(화우봉기박이헌지무왕) 武王使玉人相之(무왕사옥인상지) 又曰(우왈) "石也(석야)" 王又以和爲誑(왕우이화위광) 而刖其右足(이월기우족) 武王薨(무왕훙) 文王卽位(문왕즉위) 和乃抱其璞而哭於楚山之下(화내포기박이곡어초산지하) 三日三夜(삼일삼야) 泣盡而繼之以血(읍진이계지이혈) 王聞之(왕문지) 使人問其故曰(사인문기고왈) "天下之刖者多矣(천하지월자다의) 子奚哭之悲也(자해곡지비야)" 和曰(화왈) "吾非悲刖也(오비비월야) 悲夫寶玉而題之以石(비부보옥이제지이석) 貞士而名之以誑(정사이명지이광) 此吾所以悲也(차오소이비야)" 王乃使玉人理其璞而得寶焉(왕내사옥인리기박이득보언) 遂命曰(수명왈) "和氏之璧(화씨지벽)"

초문왕 이래로, 화씨벽은 계속 초나라에 머물러 있었다. 楚 威王(초 위왕 : 제37대)의 시대에 이르러, 위왕은 공이 많은 초나라의 재상인 昭陽(소양)에게 화씨벽을 상으로 내렸다. 소양이 한번은 크게 연회를 연 적이 있는데, 이때 화씨벽을 가지고 와서 사람들에게 보여준 적이 있었다. 그런데, 연회 중에 화씨벽이 쥐도 새도 모르게 사라져 버렸다. 소양은 張儀(장의, ? ~ B.C.309, 위나라 출신으로 연횡책의 대가)가 훔친 것으로 의심하였다. 왜냐하면 당시 초 위왕이 장의를 받아주지 않아, 장의는 살길이 막막하여 당시 소양의 문하에 기탁하고 있었기 때문이다. 소양은 장의를 피부가 터지고 살이 뭉그러지도록 때렸으며, 몇 번 죽을 지경에 이르렀다. 장의는 결국 초나라를 떠나서 진나라로 돌아갔다. 후에 소양은 천금을 내걸고 이 화씨벽을 사겠다고 하였지만, 화씨벽을 훔친 사람은 끝내 나타나지 않았고, 소양은 결국 화씨벽을 찾지 못하였다.

세월이 흘러 50년이 지난 어느 날, 먼 곳에서 온 손님 하나가 趙(조, B.C.403 ~ B.C.228)나라의 환관인 영현의 집에 와서 하나의 玉璧(옥벽)을 팔았다. 영현은 이 옥벽이 흰색에 윤이 나고 하자가 없으며, 빛을 내뿜는 것을 보고는 五百金(오백금)을 주고 사들였다. 후에 영현은 옥장인에게 옥을 감정하라고 시키자, 옥장인은 깜짝 놀라면서 이것이 바로 화씨벽이라고 하였다. 영현은 매우 기뻐하며 이를 감추어 두었다. 그러나 이 일은 이미 사람을 통해 조나라 惠文王(혜문왕)에게 알려지게 되었고, 혜문왕은 영현에게 화씨벽을 내놓으라고 하였다. 그러나 영현은 화씨벽을 너무나 아껴, 즉시 바치지 않고 머뭇거리고 있었다. 왕은 크게 노하여, 사냥하러 가는 길에 갑자기 영현의 집안으로 들이닥쳐, 화씨벽을 수색해서 가지고 가버렸다.

이 사실을 눈치챈 것은 초강대국 秦(진)나라였다. 아니나 다를까, 秦(진)의 昭襄王(소양왕. 재위 B.C.306 ~ B.C.251)은 15개 城(성)을 줄 테니, 화씨벽과 바꾸자는 제안이 들어왔다. 혜문왕은 고민에 빠졌다. 주자니 빼앗길 것은 뻔하고, 그렇다고 안 주자니 나라가 위태로울 것이고……. 혜문왕은 대신들에게 사신으로 누가 적당한지를 물으니, 藺相如(인상여)를 추천하기에 그를 불러 대책을 논의하였다.

"적임자가 없으시다면 臣(신)으로 하여금 화씨벽을 가지고 진나라에 갈 수 있게 해주십시오. 만약 약속한 성들이 우리 조나라에 들어오게 된다면, 화씨벽을 진나라에 주겠습니다. 그러나 성들이 수중에 들어오지 않는다면, 신은 和氏璧(화씨벽)을 완전히 보존하여 조나라로 돌아오겠습니다[臣請完璧歸趙(신청완벽귀조)]."

인상여는 화씨벽을 가지고 진나라에 가서, 소양왕에게 바쳤다. 그러나 화씨벽을 받아든 소양왕은 탐욕을 부리고, 약속한 성을 내준다는 말이 없었다. 이에 눈치를 챈 인상여는,

"사실 화씨벽에는 보통 사람의 눈에는 잘 보이지 않는 흠집이 하나 있습니다. 그것을 알려 드릴까 합니다."

라고 말해 일단 화씨벽을 돌려받아 손에 넣자마자, 궁전의 기둥에 기대어 섰는데, 어찌나 격분하였던지 곤두선 머리털이 冠(관)을 밀어 올릴 정도의 흥분한 어조로,

"약속을 지키지 않으신다면, 이 구슬을 도로 가져가겠습니다. 만약 돌아가는 길을 막는다면, 저는 머리와 함께 구슬을 기둥에 부딪쳐 산산조각 내 버리겠습니다."

의리를 저버리고 약속을 안 지킨 소양왕은 아무 말도 못했으며, 인상여는 수행원에 명하여 화씨벽을 가지고 조나라로 돌아가게 했다는 데서, '完璧[완벽 : 完璧歸趙(완벽귀조)의 준말]'이란 고사가 생겨나게 되었고, 그로 인한 공로로 인상여는 벼슬이 上大夫(상대부)가 되었다.

그 후 秦(진) 26년, 초(楚)를 멸망시키고 이 옥을 얻은 始皇帝(시황제)는 玉工(옥공)으로 하여금 도장을 깎게 하고, 재상 李斯(이사)에게 여덟 자를 篆書(전서)로 쓰게 해서 처음 옥새로 사용하게 하였다.

受命於天(수명어천) 명을 하늘로부터 받았으니

旣壽永昌(기수영창) 오래 가고 크게 뻗으리라.

和氏璧(화씨벽)은 어두운 곳에 있을수록 더욱 빛을 발해 '夜光之璧(야광지벽)'이라고도 하며, 겨울이면 화로보다 따뜻하고 여름이면 매우 서늘해서, 파리와 벌레가 들어오지 못하고, 부채가 필요 없다고 하여 '천하의 보물'이라 했다.

087 火牛計 화우계

字解
火 : 불 화 [鎭火(진화) : 불을 끔]
　　급할 화 [火急(화급) : 대단히 급함]
牛 : 소 우 [牛耳讀經(우이독경) : 소의 귀에 경 읽기]
計 : 셈 계, 계산 계 [計量(계량) : 분량을 계산함, 분량을 셈함]
　　꾀 계 [計略(계략) : 꾀와 책략]

語義 소에 불을 붙인 꾀.
(소꼬리에 불을 붙여 적을 공격한 계책)
(쇠뿔에 칼을 잡아매고, 꼬리에는 기름을 뿌린 갈대 다발을 매달아 불을 붙인 후, 그 소 떼를 적진으로 내모는 전법)

用例

▶한 將帥(장수)의 계책이 전장에서의 승패에 얼마나 크게 좌우하는지를 알게 한다. 한마디로 **火牛計**(화우계)는 멸망 직전에 있던 齊(제)나라를 구출한 전무후무한, 田單(전단) 장군의 戰法(전법)이었다.
▶**火牛計**(화우계)는 병법의 한 가지로, 성공하기 위해서는 사전에 적의 방심을 유도해야 한다.

史記(사기) - 田單列傳(전단열전)

중국 춘추전국시대 燕[1](연)나라는 昭王(소왕. 재위 B.C 311 ~ B.C 279)의 올바른 인재 등용 정책과 善政(선정)으로 국력이 충실해지자, 齊[2](제)나라에 대한 보복을 감행했다. 소왕은 樂毅(악의)를 상장군으로 임명하고, 동맹을 맺은 趙(조)·秦(진)·魏(위) 등의 다섯 나라의 군대를 이끌고 제나라를 공략하였다. 제나라 湣王(민왕. 재위 B.C.301 ~ B.C.283)은 군대를 이끌고 맞서 싸웠지만, 크게 패하여 제나라의 70여 성을 모두 잃고 위나라로 도망갔다. 제나라에는 오직 莒(거)와 卽墨(즉묵)의 두 성만 남게 되었다. 마침내 연나라와 동맹을 맺은 네 나라의 군대는 모두 돌아가고, 악의가 이끄는 연나라 군대만이 남아서 이 두 성을 포위하고 항복을 기다리는 대치 상태가 3년 동안이나 계속되었다.

그러는 동안 연나라에서는 소왕이 죽고 惠王(혜왕. 재위 B.C.279 ~ B.C.272)이 즉위했고, 제나라 즉묵에서는 연나라 군대와의 싸움에서 장군이 전사하여, 田單(전단)을 새로운 장군으로 삼았다. 전단은 연나라의 혜왕이 상장군인 악의를 좋지 않게 생각하고 있다는 것을 알아내자, 급히 첩자를 보내 악의를 모함하였다.

혜왕은 전단의 계략에 말려들어 악의를 파면시키고, 騎劫(기겁)으로 교체시켰다. 전단은 다시 첩자를 연나라 군대의 진중으로 보내, 기겁으로 하여금 무모한 짓을 하도록 유도하여 제나라 백성들을 흥분시켰다. 그리하여 연나라의 포로가 되느니, 차라리 죽을 때까지 싸우겠다는 생각을 하도록 만드는데 성공하였다.

이어서 전단은 연나라 군대에게 거짓으로 항복하겠다고 사자를 보내자, 연나라 장병들은 승리감에 도취되어, 즉묵에서 보낸 고기와 술을 마시며 밤늦도록 춤추며 즐겼다. 상황을 이렇게 만든 전단은 미리 성 밑을 파서 적의 진지로 돌격할 수 있도록 지하도를 여러 곳에 만들었다.

그리고 1,000여 마리의 소를 모아 오색의 용을 그린 붉은 비단으로 옷을 만들어 입히고, 양쪽 뿔에 칼을 붙들어 매고, 꼬리에는 기름을 묻힌 갈대를 매달았다. 적군이 술에 곯아떨어진 한밤중에 장사 5,000여 명이 칼을 들고 소떼의 뒤를 따라갔다. 적의 진지 가까이 가서 일제히 소의 꼬리에 불을 붙이자, 꼬리가 뜨거워진 소들이 미친 듯이 연나라 진지를 향해 내달렸다. 연나라 군대는 용처럼 생긴 괴물이 칼을 들고 들이닥치자, 제대로 대항도 못하고 우왕좌왕하다가 죽거나 다쳤다.

장사 5천 명은 뒤처진 군사들을 처치하며 전진했다. 성 안에서는 북소리와 함성을 질러 사기를 북돋우고, 노인과 아이들은 구리 그릇을 때려 소리 내어, 그 소리가 천지를 진동했다. 연나라 대장 기겁은 전사하고, 연나라 군대는 크게 패해 도망갔다. 마침내 적에게 항복했던 70여 성읍들이 전단에 가담하여 연나라의 적군들을 몰아내게 되었다.

이 이야기는 『史記(사기)』 외에도 여러 역사적 기록에 나와 있는 유명한 대사건이요, 기적 같은 성공담이다. 군주의 인재 등용과 한 장수의 계책이 전장에서의 승패에 얼마나 크게 좌우하는지를 알게 한다. 한마디로 '火牛計(화우계)'는 멸망 직전에 있던 齊(제)나라를 구출한 田單(전단) 장군의 전무후무한 戰法(전법)이었다.

---

1) 燕(연, B.C.1046 ~ B.C.222) : 중국 춘추시대의 제후국이자, 전국시대의 전국 칠웅 가운데 하나이다. 圈域(권역)은 동쪽으로 조선에 이르고, 남쪽으로 易水(역수)까지 영토가 이천여 리에 달했다. 군사력은 갑병 수십만과 전차 칠백 승, 말 육천 필을 낼 수 있었다. 기원전 222년 秦(진)에게 멸망하였다.

2) 齊(제, B.C.1057 ~ B.C.221) : 춘추시대의 춘추오패이자, 전국시대의 전국 칠웅 중 하나로, 근거지는 현재의 산둥[山東(산동)] 지방이다. 周(주)의 文王(문왕 : 기원전 12세기 주나라의 실질적 창건자인 무왕의 아버지)이 나라를 건국할 때, 재상 太公望(태공망)에게 봉토로 내린 땅이다. 이후 齊(제) 桓公(환공) 시대에 管仲(관중)을 등용하여, 覇者(패자)의 자리에 오르게 된다. 齊(제) 景公(경공) 때는 晏嬰(안영, ? ~ B.C.500. 명재상)을 등용하였다. 기원전 386년 田和(전화)가 齊(제) 姜公(강공)을 폐하면서, 제후의 성씨가 姜(강)씨에서 田(전)씨로 바뀐다. 후에 威王(위왕)이 행정을 개혁하여 국력을 증대하고, 기원전 4세기에는 秦(진)과 중국을 양분하는 세력을 이루었다. 그 후도 계속해서 명석한 두뇌의 군주가 이어져, 그 보호 하에 수도 臨淄(임치)에서 '稷下(직하)의 學(학)'이 일어나 이 시기의 학문의 중심을 이루었다. 기원전 221년 秦始皇(진시황)의 침공으로 멸망하였다.

四音節(4음절)
- 180개 항목 -

088 佳人薄命(가인박명)

~

267 黑猫白猫(흑묘백묘)

088 佳人薄命 가인박명

字解
佳 : 아름다울 **가** [才子佳人(재자가인) : 재주 있는 젊은 남자와 아름다운 여인]
　　좋을 가, 훌륭할 가 [佳節(가절) : 좋은 계절]
人 : **사람 인** [人類(인류) : 사람을 다른 동물과 구별하여 이르는 말]
　　남 인, 딴사람 인 [與人相約(여인상약) : 남과 서로 약속함]
薄 : 얇을 박 [薄氷(박빙) : 얇은 얼음. 살얼음]
　　적을 박 [薄福(박복) : 복이 적거나 없음]
命 : 목숨 명 [生命(생명) : 목숨. 살아 있는 기간]
　　운명 명, 운수 명 [薄命(박명) : 기구한 운명. 팔자가 사나움]

語義 아름다운 사람은 기박한 운명이다.
(용모가 너무 아름다우면 운명이 기박함)

用例

▶이렇게 아름다운 여인이 일찍 죽음을 맞이하게 될 경우 **佳人薄命**(가인박명)이라는 말을 씁니다. 이 말은 중국 송나라의 유명한 시인 소동파의 시에서 유래했습니다.
▶'佳人(가인)'은 '아름다운 사람', '薄明(박명)'은 '명이 짧다'는 뜻이므로, '**佳人薄命**(가인박명)'은 '용모가 빼어나고 아름다운 사람은 일찍 죽는다.'는 뜻입니다.
▶美女(미녀)는 괴롭다. 짓궂은 수컷들의 폭력까지 동원한 구애작전 때문이다. **佳人薄命**(가인박명)이라는 말이 있다. 미인은 불행한 일이 따르기 쉽고, 그래서 夭折(요절)하기 쉽다는 말이다.

【類義語】美人薄命(미인박명) : 아름다운 사람은 기박한 운명임.
　　　　　紅顏薄命(홍안박명) : 얼굴에 복숭아 빛을 띤 예쁜 여자는 기박한 운명임.

出典 蘇軾[1](소식) – '薄命佳人(박명가인)'

중국 宋(송)나라 문장가로 '赤壁賦[2](적벽부)'를 지은 蘇軾(소식)이 杭州(항주), 楊州(양주) 등의 지방 장관으로 있을 때, 우연히 절간에서 나이 삼십이 넘었다는 아름다우나 우수에 젖은 女僧(여승)을 보고, 그녀의 아리따웠을 소녀 시절과 파란만장한 삶을 유추하여, 미인의 운수가 기박함을 쓴 七言律詩(칠언율시 : 한 구가 일곱 자인 8행의 한시)가 '薄命佳人(박명가인)'이란 시로서, 내용은 다음과 같다.

두 뺨은 엉긴 우윳빛, 머리엔 옻을 발랐는데,
눈빛은 발 사이로 들어와 구슬처럼 또렷하구나.
원래 흰 비단으로 선녀의 옷을 만들고,
붉은 연지로 타고난 바탕을 더럽히지 못한다.
오나라 말소리는 귀엽고 부드러워 아직 어린데,
한없는 인간의 근심은 전혀 알지 못한다.
예로부터 **아름다운 사람은 대부분 기박한 운명**이라 하니,
문을 닫고 봄이 다하면, 버들꽃도 지고 말겠구나.

 原文 雙頰凝酥髮抹漆(쌍협응수발말칠)
　　　　眼光入簾珠的爍(안광입렴주적락)
　　　　故將白練作仙衣(고장백련작선의)
　　　　不許紅膏汙天質(불허홍고한천질)
　　　　吳音嬌軟帶兒癡(오음교연대아치)
　　　　無限間愁總未知(무한간수총미지)
　　　　自古佳人多命薄(자고가인다명박)
　　　　閉門春盡楊花落(폐문춘진양화락)

　이 시 '佳人多命薄(가인다명박)'에서 유래하여, '佳人薄命(가인박명)'이라는 말이 쓰이게 되었다. 얼굴이 예쁜 사람 혹은 재주가 많고 출중한 사람의 운명이 평탄치 않을 때 주로 쓰이는 말이다. 흔히 '美人薄命(미인박명)'이라는 말이 또한 많이 사용되고 있는데, 이는 언제 누가 특별히 만들어 낸 것은 아니지만, 역사적 교훈이 사람들로 하여금 그런 말을 낳게 한 것 같다. '佳人薄福(가인박복)'이란 말도 비슷한 의미의 말로 많이 쓰이고 있다.

---

1) **蘇軾**(소식, 1036 ~ 1101) : 자는 子瞻(자첨), 호는 東坡(동파). 北宋(북송) 후기의 大文章家(대문장가)요, 학자로 唐宋八大家(당송팔대가)의 한 사람이다. 官界(관계)에 들어가서는 일생의 거의 전부를 政敵(정적)과의 抗爭(항쟁)으로 보내어, 官吏(관리)로서는 몹시 불행하였다. 그는 이곳저곳의 관리를 歷任(역임)했는데, 晩年(만년)에는 특히 불운하여 海南島(해남도)에 귀양가 지내다가, 겨우 용서를 받고 돌아오는 도중, 장쑤성[江蘇省(강소성)]의 常州(상주)에서 병으로 죽으니, 나이는 66세였다.
　極度(극도)의 逆境(역경) 속에서 살았음에도 불구하고, 그의 인품이나 문학은 자유롭고 활달하여 氣量(기량)이 풍부했다. 유학자이면서도 때로는 老莊的(노장적)이기도 하고, 佛家的(불가적)이기도 하여, 豪壯(호장)하기도 하고 때로는 섬세하기도 하며, 高踏的(고답적)이면서도 아랫사람들의 人情(인정)을 잘 分揀(분간)하는 矛盾(모순)을 안에 지닌 큰 英傑(영걸)이었다.

- **蘇軾**(소식)이 우리나라 문단에 끼친 영향

    蘇軾(소식 : 호는 동파)이 우리 문단에 끼친 영향은 실로 지대했다. 그러기에 고려 때 李奎報(이규보, 1168 ~ 1241. 고려 중기의 문신, 문인. 호는 백운거사)는,

    "세상의 학자들이 처음에는 과거시험에 필요한 문제를 익히느라 風月(풍월)을 즐길 겨를이 없다가, 과거에 급제하고 나서 시 짓는 법을 배우기 시작하면 소동파의 시를 무척 좋아하게 된다. 이렇기 때문에 매년 과거의 방이 나붙은 뒤에 사람들은 금년에 또 서른 명의 소동파가 나왔다고 말한다."

    라고 했다.

    金宗直(김종직, 1431 ~ 1492. 조선 초기의 문신, 학자. 호는 점필재)은,

    "신라 말에서 고려 초까지는 오로지 晚唐(만당 : 중국 당나라 후기) 시만 익혔고, 고려 중엽에는 오로지 소동파 시만 배웠다."

    라고 했다.

    金富軾(김부식, 1075 ~ 1151. 고려 중기의 유학자, 역사가, 정치가. 호는 뇌천)과 동생 金富轍(김부철)의 이름이 소동파의 본명 軾(식)과 그의 동생 蘇轍(소철)의 轍(철)에서 유래했다는 사실은, 소동파에 대한 우리 문인들의 추앙심을 보여주는 단적인 예라고 하겠다. 이렇듯 우리의 선조들은 소동파 시의 영향을 많이 받았다.

    조선 중기의 문신이며 문장자 許曄(허엽, 호는 초당. 1517 ~ 1580)은 소동파의 '綠筠軒(녹균헌)'이란 시의 제목에서 글자를 따서 아들은 許筠(허균, 호는 교산, 1569 ~ 1618. 홍길동전 지음), 딸은 許蘭雪軒(허난설헌, 여류시인. 1563 ~ 1589)이라 이름지었다.

2) **赤壁賦**(적벽부) : 1082년 소식이 유배지인 후베이성[湖北省(호북성)] 황저우[黃州(황주)]의 양쯔강에 배를 띄워, 적벽에서 船遊(선유)하면서 지은 것으로, 음력 7월에 지은 '前赤壁賦(전적벽부)'와 음력 10월에 읊은 '後赤壁賦(후적벽부)'가 있다. 전편은 적벽에서 벌어졌던 삼국시대의 고사를 생각하고 덧없는 인생에서 벗어나 자연과의 합일을 노래한 것이고, 후편은 赤壁夜遊(적벽야유)의 즐거움을 구가한 것이다. 소동파 문학의 대표적인 걸작품으로 많은 사람들에게 愛誦(애송)된 중국의 명문장 가운데 하나이다.

※ **佳人薄命**(가인박명)**의 대표적 사례**
- 양귀비는 당나라 현종의 총애를 한 몸에 받다가 '안녹산의 亂(난)' 때 38세의 나이로 처참한 죽음을 맞았고, 조선 최고의 미인이라는 황진이는 숱한 남자를 울리다, 마흔 살 전후해 病死(병사)했다.
- 춘추시대 息國(식국)의 息夫人(식부인)은 그 미모가 강대국 楚(초)나라 文王(문왕)의 눈에 띄어, 남편과 자신과 나라까지 송두리째 폭군의 희생이 되고 말았다.
- 이집트의 파라오 클레오파트라도 39세에 뱀에 물리는 방법으로 자살했다.
- 세상 여성의 부러움을 한 몸에 받던 영국의 다이애나 비는 36세에 교통사고로 세상을 떠났고, 요염한 자태로 뭇 남성의 눈길을 사로잡던 미국의 여배우 마릴린 먼로는 36세에 수면제 과다 복용으로 유명을 달리했다.
- 1996년 미스 러시아로 뽑힌 알렉산드라 페트로바라는 여성은 겨우 20살 때 총탄을 맞았고, '死(사)의 讚美(찬미)'를 노래했던 미모의 가수 尹心悳(윤심덕)은 29살에 현해탄에 빠져 비운의 삶을 마감했다.
- 일본의 빼어난 미모의 여배우 나츠메 마사코는 27세에 급성 골수성 백혈병을 치료하다가, 폐렴이 발생하여 요절하였다.

089 苛政猛虎 가정맹호

字解 苛 : **가혹할 가**, 독할 가 [苛虐(가학) : 가혹하게 학대함]
　　　　　까다로울 가 [苛細(가세) : 성질이 까다롭고 잚]
　　　政 : **정사 정** [國政(국정) : 나라의 정사]
　　　猛 : **사나울 맹** [猛獸(맹수) : 사나운 짐승]
　　　　　날랠 맹 [猛將(맹장) : 날래고 용감한 장수]
　　　　　엄할 맹 [寬猛(관맹) : 너그러움과 엄함]
　　　虎 : **범(호랑이) 호** [猛虎(맹호) : 사나운 호랑이]

語義 가혹한 정치는 호랑이보다 무섭다.
　　　(가혹한 정치가 백성에게 미치는 해는 매우 큼)
　　　※ '苛政猛於虎(가정맹어호)'의 준말.

 用例

▶ 현세에 위정자들이여! 세금이 너무 많다. 특히 준조세의 부담은 더욱 크다. 기업은 어려운데, 정부는 계속하여 준조세 비율을 높여가고 있다. 요즘에 자꾸 '**苛政猛虎**(가정맹호)'라는 사자성어가 머릿속에서 떠나질 않는다.

▶ 그는 지난 한 해를 돌아보면서, "지난해는 칠흑 같은 암흑 속을 건너온 느낌."이라고 말했다. 그의 동료도 "지난해는 끔찍한 한 해였다. '**苛政猛虎**(가정맹호)'라는 말로 압축할 수 있는 해였다."라고 했다.

 ① 禮記(예기) – 檀弓篇(단궁편)

　　중국 春秋(춘추)시대 말엽, 孔子(공자)의 고국인 魯(노)나라에서는 조정의 실세인 大夫(대부) 季孫子(계손자)의 苛斂誅求(가렴주구)로 백성들이 몹시 시달리고 있을 때였다. 하루는 공자가 서서히 움직이는 수레 위에 온화한 얼굴로 점잖게 앉아 있었다. 옆에는 공자를 중심으로 몇 사람의 제자가 따르고 있었다. 사람의 왕래가 거의 없었고, 태산이 한결 높이 솟아 있었으며, 근처는 죽은 듯 고요했다.

　　일행은 얼마 후, 여인의 울음소리가 정적을 깨고 들려오는 것을 들었다. 그 울음소리는 앞에 있는 묘지에서 들려오는 듯했다. 공자는 이상히 여기며, 그 소리에 귀를 기울였다. 예상한 대로 한 부인이 길가에 있는 세 개의 초라한 무덤 앞에서 울고 있었다. 그 울음소리는 비통하고도 애절해서 사람의 가슴을 찌르는 듯했다. 공자는 예의를 표하고 난 다음, 제자인 子路(자로)를 시켜 그 까닭을 묻게 했다.

"몹시 슬퍼 보이십니다. 거듭해서 슬픈 일이 생기신 모양이로군요."

"그렇습니다. 이 근처는 참으로 무서운 곳입니다. 옛날 저의 시아버님이 호랑이에게 물려 돌아가셨는데, 곧이어 저의 남편도 호랑이에게 당했습니다. 그런데 이번에는 아들까지 잡아먹혔답니다."

공자가 또다시 묻게 하였다.

"그렇게 위험한 곳인데, 왜 다른 곳으로 떠나지 않습니까?"

"그것도 이유가 있습니다. 이곳에 살고 있으면, 마구 뜯어 가는 세금을 재촉받을 걱정은 없으니까요."

결국 호랑이에게 물려 죽을지언정, 마을로 내려가 관리들에게 수탈당하는 꼴은 못 보겠다는 이야기다. 공자는 이 말을 듣고 깊이 느끼는 바가 있어, 동행하는 제자들에게 말했다.

"잘 알아두어라. **가혹한 정치는 호랑이보다 무서운 것이니라**[小子識之(소자식지) **苛政猛於虎**也(가정맹어호야)."

 ② **捕蛇者說**¹⁾(포사자설 : 뱀 잡는 사람 이야기) - 柳宗元(유종원)

중국 永州(영주) 지방의 들판에 기이한 뱀이 나는데 검은색 바탕에 흰색 무늬가 있었다. 그 뱀이 초목에 닿기만 하면 모조리 죽었고 사람이 물리면 치료할 방법이 없었다. 하지만 그 뱀을 잡아 건육으로 만든 뒤 약용으로 먹으면, 심한 중풍이나 팔다리가 굽는 병과 악성 종양 등을 치료할 수 있고, 썩은 피부나 三尸蟲(삼시충 : 인간의 몸에 기생하며 장부에 해를 끼치고, 하늘에 그 사람의 죄를 고하는 벌레)도 없앨 수 있다고 한다. 애당초 御醫(어의)가 왕명에 의해 그 뱀들을 모아들였는데, 일 년에 두 마리를 진상토록 하였다. 그 뱀을 잘 잡는 사람을 모집하되, 잡은 뱀으로 조세 수입에 충당하도록 하니, 영주 사람이 다투어 나서게 되었다.

蔣氏(장씨)라는 이가 있었는데 삼대에 걸쳐 그 일에 종사하여 왔다. 그에게 물은 즉 대답하기를,

"제 조부도 이 뱀에 죽었고, 부친도 이 뱀에 죽었고, 제가 이 일을 이어 맡은 지 십이 년이 되었지만 몇 번이나 죽을 뻔했지요."

라고 말했다. 이러한 말을 하는데, 말하는 모습이 심히 슬픔이 있어 보였다. 나는 측은한 생각이 들어,

"그대는 그 일을 싫어하는가? 내가 담당관에게 이야기하여 그대의 일을 바꾸고 세금을 회복시켜 주면 어떻겠는가?"

라고 말했더니, 장씨는 몹시 슬퍼하면서 눈물을 흘리며 말하기를,

"선생님께서는 저를 불쌍히 여기시어 계속 살 수 있도록 하실 수 있을지언정, 저는 이 일에 종사함으로써 생기는 불행이 저의 세금이 다시 회복됨으로써 생기는 불행보다 나을 것입니다. 이전부터 제가

이 일에 종사하지 않았다면, 저는 이미 오래전에 살기 어려워졌을 것입니다. 제 가문이 삼대에 걸쳐 이곳에서 산 지가 지금껏 60년이 되었지만, 이웃 사람들의 생활은 날로 궁핍해졌으며, 그들 땅의 소출이 다하고 그 집의 수입마저 전부 고갈되어, 도와달라고 외치면서 이리저리 떠돌다가 목마름과 굶주림에 쓰러지기도 하였습니다. 비바람과 추위와 더위를 겪으면서 독기를 호흡하여 때때로 죽은 자가 서로 깔고 깔렸습니다.

예전에 저의 조부와 함께 살았던 집안들 가운데 지금은 열에 하나도 남아 있지 않고, 저의 부친과 함께 살았던 집안들 가운데 지금은 열에 두셋도 남지 않았습니다. 저와 함께 12년 동안 이곳에서 살던 집안들 가운데 지금은 열에 네다섯도 남지 않았으니, 그들은 죽은 것이 아니면 떠나 버렸을 뿐입니다. 오로지 저만은 뱀을 잡으면서 살고 있습니다.

또 혹독한 관리가 마을에 와서 동서로 소란을 피우며, 남북으로 헤집고 다닐 때에는 모두들 잔뜩 놀라 시끌거리고, 닭이나 개도 편안하지 못하지요. 저는 매일같이 천천히 일어나 항아리를 보고 아직도 뱀이 남아 있으면, 안심하고 다시 누워 조심하면서 뱀을 먹여 때가 되면 진상하고, 돌아와 제 땅에서 나는 소출로 달게 먹고 살면서 제 생애를 마칠 것이니, 대체로 일년 중 죽음을 무릅쓰는 때는 두 번입니다. 그 나머지는 희희낙락하니, 이웃 사람들이 매일같이 고통스러워하는 것에 비해 어찌 이러한 일이 있겠습니까? 지금 비록 이 일을 하다 죽는다 하더라도, 나의 이웃 사람의 죽음에 비하면 늦게 죽는 것이니, 어찌 감히 독하다 하겠습니까?"

나는 이야기를 듣고 슬퍼졌노라. 공자가 이르기를, '**가혹한 정치는 호랑이보다 무섭다.**'고 하였으나, 나는 일찍이 이 말을 의심했었는데, 지금 장씨의 경우로 보아 더욱 믿게 되었다. 아, 세금을 거둬들이는 혹독함이 그 뱀보다 더욱 심할 줄이야 누가 알았겠는가? 그런 까닭에 이러한 글을 지어 민풍을 관찰하는 사람들을 기다려 도움이 되도록 하려는 것이다.

 原文 余聞而有悲(여문이유비) 孔子曰苟政猛於虎也(공자왈가정맹어호야) 吾嘗疑乎是(오상의호시) 今以蔣氏觀之(금이장씨관지) 尤信(우신) 嗚呼(오호) 孰知賦斂之毒有甚是蛇者乎(숙지부렴지독유심시사자호) 故爲之說(고위지설) 以俟夫觀人風者得焉(이사부관인풍자득언)

---

1) **捕蛇者說**(포사자설) : 중국 唐(당)나라의 문장가·시인이고, 당송팔대가인 柳宗元(유종원, 773 ~ 819)이 영주사마로 좌천되었을 때, 뱀을 잡는 사람인 蔣氏(장씨)의 이야기에 기탁하여 정치를 풍자한 글이다.

安史之亂(안사지란 : 현종 말기 755년부터 763년에 걸쳐, 안녹산과 그의 부하인 사사명에 의해 일어난 대규모 반란) 이후에, 당시 지방의 백성들은 가혹한 세금을 못 이기고 민생의 어려움을 겪고 있었는데, 장씨는 위험을 무릅쓰고 뱀을 잡아 세금을 충당하는 생활에 만족하고 있었다. 이를 목격한 작가 유종원은 백성들의 비참한 실정과 관리들의 苟斂誅求(가렴주구)에 대한 개선책을 건의하고 싶었지만, 좌천된 처지였으므로 이 글로 대신한 것이다. 유종원의 저서에는 시문집 『柳河東集(유하동집)』 45권, 『外集(외집)』 2권, 『補遺(보유)』 1권 등이 있다.

090 刻舟求劍 각주구검

字解 刻 : 새길 **각** [刻骨(각골) : 뼈에 새기다]
　　　　　모질 각, 몰인정할 각 [刻薄(각박) : 모질고 인정이 없음]
　　　　　시각 각 [寸刻(촌각) : 매우 짧은 시각. 촌음]
　　　舟 : 배 **주** [舟遊(주유) : 뱃놀이]
　　　求 : 구할 **구** [求職(구직) : 직업을 구함]
　　　劍 : 칼 **검** [劍客(검객) : 검술을 잘하는 사람]

語義 배에다 새겨 놓고 칼을 찾다.
　　　(고지식하고 완고하거나 물정에 어두움)
　　　(융통성 없이 현실에 맞지 않는 낡은 생각을 고집하는 어리석음)

 用例

▶ 어린이 출연 '붕어빵'은 시청 등급은 12세, **刻舟求劍**(각주구검)의 표본?
▶ 어째서 우리 스승들은 제자들에게는 '**刻舟求劍**(각주구검)을 하지 마라.'고 훈계를 하고는, 자신은 사또 떠난 뒤에 나팔 부는 어리석은 짓을 합니까?

【類義語】刻船求劍(각선구검) : 배에다 새겨 놓고 칼을 찾다.
　　　　　守株待兔(수주대토) : 그루터기를 지켜 토끼를 기다린다.
　　　　　尾生之信(미생지신) : 우직하여 융통성이 없이 약속만을 굳게 지킨다.
　　　　*尾生之信(미생지신) : 중국 춘추시대에 尾生(미생)이라는 자가 다리 밑에서 만나자고 한 여자와의 약속을 지키기 위하여, 홍수에도 피하지 않고 기다리다가 마침내 익사하였다는 고사에서 유래함.

 **出典** **呂氏春秋**[1](여씨춘추) – 察今篇(찰금편)

　중국 春秋戰國時代(춘추전국시대)에 楚(초)나라의 한 젊은이가 매우 소중히 여기는 칼을 가지고 양자강을 건너기 위하여 배를 타고 가다가, 강 한복판에서 그만 실수로 쥐고 있던 칼을 강물에 떨어뜨리고 말았다. 놀란 이 사람은 얼른 주머니칼을 꺼내서, 칼을 빠뜨린 부분의 **뱃전에 자국을 내어 표시를 해 놓았다**. 그는,
　"내 칼이 떨어진 곳이 바로 여기야."
하고 말했다. 배가 건너편 언덕 나루터에 닿자, 그는 뱃전에서 표시를 해 놓은 자리를 따라 물속으로

뛰어 들어가 칼을 찾았다. 그러나 배는 이미 이동하였으므로, 칼은 그곳에 있을 리가 없었다. 이렇게 **칼을 찾으려 하니** 얼마나 어리석은가?

 原文 楚人有涉江者(초인유섭강자) 其劍自舟中墮於水(기검자주중타어수) 遽刻其舟曰(거각기주왈) 是吾劍之所從墮(시오검지소종타) 舟止(주지) 從其所刻者入水求之(종기소각자입수구지) 舟已行矣(주이행의) 而劍不行(이검불행) 求劍若此(구검약차) 不亦惑乎(불역혹호)

이것을 보고 사람들이 그의 어리석은 행동을 비웃었다. '刻舟求劍(각주구검)'은 어리석고 융통성이 없음을 나타내는 말이다. 낡은 법으로 나라를 다스리면 시행착오를 겪게 마련이다. 시대는 바뀌었는데 법이 바뀌지 아니하면, 나라가 어렵게 된다는 것을 경계한 유명한 일화이다.

---

1) 呂氏春秋(여씨춘추) : 중국 秦(진)나라의 宰相(재상)이었던 呂不韋[2](여불위)가 先秦(선진)시대에 여러 학설과 史實(사실)·說話(설화)를 모아 편찬한 책이다. 呂氏(여씨)란 여불위를 가리킨다. 諸子百家(제자백가)들의 학설이 다양하게 포함되어 있어 雜家(잡가)에 속하나, 主導的(주도적)인 사상은 陰陽家(음양가)로 본다. 음양가란 天文(천문)·曆法(역법)·吉凶(길흉)·禍福(화복) 등에 관한 학문이다.

　秦(진)나라 莊襄王[3](장양왕)의 卽位(즉위)에 공을 세우고, 始皇帝(시황제) 초기까지 宰相(재상)으로 재임했던 여불위가, 식객 3,000명에게 著述(저술)을 맡겨 編纂(편찬)했다고 하는데, 일종의 백과전서라 할 수 있다. 八覽六論十二紀(8람6론12기)로 된 전 26권, 20여만 言(언)으로 이루어졌다. 後代(후대)의 加筆(가필)도 약간 포함되어 있다.

　道家(도가)·儒家(유가)·法家(법가)·陰陽家(음양가)·農家(농가) 등의 여러 說(설)과 時事(시사)를 수록하고 있어, 선진시대의 思想史(사상사) 등을 연구하는 데, 빼놓을 수 없는 중요한 자료이다. 8람은 八大綱(팔대강)으로 나누어 각 覽(람) 8편씩 모두 64편이며, 6론은 각 論(론) 6편씩 모두 36편이고, 12기는 각 紀(기) 5편씩 모두 60편으로, 각 기 처음의 1편은 각각 그 계절의 行事(행사)를 말하고, 다음 4편은 정치, 도덕 관계의 記事(기사)와 논설을 쓴 것이다. 주석서로 尹仲容(윤중용)의 『呂氏春秋校釋(여씨춘추교석)』 등이 있다.

2) 呂不韋(여불위, ? ~ B.C.235) : 중국 전국시대 말기 秦(진)나라의 宰相(재상). 趙(조)나라에 인질이 되어 있었던, 진나라 莊襄王(장양왕)을 도와 그 공로로 丞相(승상)이 되고, 장양왕의 아들 始皇帝(시황제)로부터 仲父(중부)로 존칭되었지만, 密通(밀통) 사건에 연루되어 失脚(실각)하고 자살하였다. 진시황제가 그의 첩의 아들이라는 설이 있다. 『呂氏春秋(여씨춘추)』를 편찬하였다.

3) 莊襄王(장양왕, ? ~ B.C.247. 재위 B.C.250 ~ B.C.247) : 중국 전국시대 말기 秦(진)나라의 군주. 孝文王(효문왕) 安國君(안국군)의 둘째 아들이다. 재위 3년 만에 세상을 떠나자 아들 政(정)이 즉위했는데, 그가 바로 秦(진) 始皇帝(시황제)이다.

091 肝膽相照 간담상조

字解 肝 : 간 **간** [肝膽(간담) : 간과 쓸개]
　　　　　마음 간, 충정 간 [肝銘(간명) : 마음에 깊이 새겨 잊지 않음]
　　　　　요긴할 간 [肝要(간요) : 매우 요긴하고 필요함. 썩 중요함]
　　　膽 : 쓸개 **담** [膽汁(담즙) : 쓸개즙. 쓸개액]
　　　　　담력 담 [大膽(대담) : 큰 담력. 담력이 크다]
　　　相 : 서로 **상** [相互(상호) : 피차간. 서로]
　　　　　모습 상, 모양 상 [眞相(진상) : 사물의 참된 모습]
　　　　　정승 상 [宰相(재상) : 임금을 보필하며 모든 관헌을 지휘·감독하는 자리에 있는 이품
　　　　　　　　　　이상의 벼슬]
　　　照 : 비출 **조** [照明(조명) : 밝게 비춤. 밝게 비침]

語義 간과 쓸개를 서로 꺼내 보인다.
　　　(친구 사이의 진정한 우정)
　　　(진심을 터놓는 허물없는 우정)

用例

▶ 肝膽相照(간담상조)하던 벗이 떠나 마음이 쓸쓸하다.
▶ 肝膽相照(간담상조)할 수 있는 친구들이 있다고, 얼마나 위안을 하시고 소리 없이 자랑하셨는지요.
▶ 肝膽相照(간담상조)라는 말이 있다. 간과 쓸개를 드러내 보일 정도로 마음을 서로 터놓고 절친한 사이가 된다는 말이다. 이렇게 사람을 사귀려면 자신을 포장하거나 각색하지 말고 있는 그대로 드러내야 하지 않을까?

【類義語】 管鮑之交(관포지교) : 관중과 포숙아의 사귐. 아주 친한 친구 사이의 사귐.
　　　　 肺肝相示(폐간상시) : 허파와 간을 꺼내 서로 보여줌.
　　　　 腹心相照(복심상조) : 마음속 깊은 곳을 서로 보여줌.
　　　　 氣味相投(기미상투) : 생각하는 바나 취미가 서로 맞아 투합함.
　　　　 心照神交(심조신교) : 마음을 서로 보여주는 사귐.

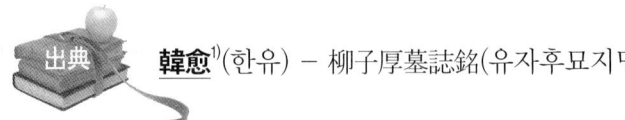 **韓愈**[1](한유) – 柳子厚墓誌銘(유자후묘지명)

　중국 唐(당)나라 때, 唐宋八大家(당송팔대가)의 한 사람인 柳宗元[2](유종원)은 혁신적인 정책을 펴나가다가, 환관과 보수파에 밀려 柳州刺史(유주자사)로 좌천되었다. 이때 동료인 劉夢得(유몽득)도 변경 지방으로 좌천되었는데, 그는 좌천 소식을 그의 늙은 어머니에게 차마 말씀드리지 못하고 있었다. 이 소식을 들은 유종원은 눈물을 흘리면서 말했다.

　"그곳은 척박한 변방으로 도저히 유몽득 같은 사람이 살 곳이 못 된다. 어머니에게 어떻게 말씀드려야할지 난처해하는 그의 모습을 차마 볼 수 없구나. 늙은 어머니와 함께 갈 수도 없을 테니, 차라리 내가 자청해서 가야겠다."

　이 이야기를 들은 韓愈(한유)는 두 사람의 우정에 감동되어, 유종원이 죽은 뒤 그를 위해 쓴 「柳子厚墓誌銘[3](유자후묘지명)」에서 이렇게 말하고 있다.

　"아, 선비는 역경에 처했을 때, 그 지조와 절개가 나타나는 법이다. 평소에 사람들은 서로 담소하고, 술좌석에도 함께 어울리고, 서로 사양하며 손을 마주잡고, **간과 쓸개를 꺼내어 서로 보이고**, 태양을 가리키며 눈물을 흘리면서 맹세하고, 살아 있는 동안이나 죽은 뒤에도 배신치 않겠다고 서약을 한다.

　하지만 머리카락만한 이해관계라도 생기면, 눈을 부릅뜨고 낯선 사람처럼 행동한다. 상대가 함정에 빠졌는데도 손을 내밀어 구원할 생각은 하지 않고, 오히려 상대를 함정에 밀어 넣고 돌을 던지려고 할 뿐이다. 이러한 사람들은 누구나 그렇습니다. 이러한 일은 짐승이나 오랑캐들도 차마 하지 못하는 짓인데, 그들 스스로는 좋은 계책이라고 여깁니다. 子厚(자후 : 유종원의 자)의 풍교를 듣기만 해도 또한 다소나마 부끄러워할 것입니다. 그 자후께서는 젊었을 때부터, 다른 사람을 위하는데 매우 용기가 있었고, 자신을 중요하게 생각하지 않아야 일이 빨리 이루어진다고 여기다가, 마침내 죄를 입고 관직에서 쫓겨났습니다."

 原文 嗚呼(오호) 士窮乃見節義(사궁내현절의) 今夫平居里巷相慕悅(금부평거리항상모열) 酒食游戲相徵逐(주식유희상징축) 詡詡强笑語(후후강소어) 以相取下(이상취하) 握手出肝膽相照(악수출간담상조) 指天日涕泣(지천일체읍) 誓生死不相背負(서생사불상배부) 眞若可信(진약가신)
　一旦臨小利害(일단임소리해) 僅如毛髮比(근여모발비) 反眼若不相識(반안약불상식) 落陷穽不一引手救(낙함정불일인수구) 反擠之(반제지) 又下石焉者(우하석언자) 皆是也(개시야) 此宜禽獸夷狄所不忍爲(차의금수이적소불인위) 而其人自視以爲得計(이기인자시이위득계) 聞子厚之風(문자후지풍) 亦可以少愧矣(역가이소괴의) 子厚前時少年(자후전시소년) 勇於爲人(용어위인) 不自貴重顧藉(불자귀중고자) 謂功業可立就(위공업가립취) 故坐廢退(고좌폐퇴)

진정한 우정을 찬양하고 경박한 사귐에 일침을 가하는, 그의 銘文(명문)은 오늘까지도 전해진다. 여기에서 '肝膽相照(간담상조)'가 친구 사이의 진정한 우정을 비유하는 말로서 쓰이게 되었다. 한유와 유종원은 당대를 대표하는 대문장가였다. 이들은 모두 당시 유행하던 화려한 문장을 천시하고, 古文(고문 : 진한 이전의 실용적인 고체 산문)을 부흥시키고자 노력했던 사람들로서, 오랜 세월 두터운 우정을 나눈 절친한 친구였다.

　　위의 故事(고사)에서 '肝膽相照(간담상조)'라는 成語(성어)가 유래하였다. 우리가 흔히 표현하는 '숨김없이 있는 그대로 보여 준다.'라는 뜻의 '간을 꺼내 보인다.'와 조금은 상통하는 말이다. '간과 쓸개를 꺼내 보일 수 있을 정도의 믿음이 두터운 우정'이라는 뜻으로 발전된 이 말은 원래 한유가 쓴 '유자후묘지명'에서 유종원 성품을 평하는 대목에서 나온다.

---

1) 韓愈(한유, 768 ~ 824) : 중국 산문의 대가이며 탁월한 시인. 字(자)는 退之(퇴지). 韓文公(한문공)이라고도 한다. 중국과 일본에 광범위한 영향을 미친 후대 性理學(성리학)의 원조이다. 어려서 고아가 되었고, 처음 과거에 응시했을 때는 인습에 얽매이지 않은 문체 때문에 좋은 평가를 받지 못해 낙방했다. 그 후 25세에 진사에 급제, 여러 관직을 거쳐 吏部侍郞(이부시랑)까지 지냈다. 사후에 禮部尙書(예부상서)로 추증되었고 文(문)이라는 시호를 받는 영예를 누렸다.

　　유학이 침체되어 가던 시기에 유학을 옹호했던 그는, 헌종(憲宗)이 佛舍利(불사리)에 참배한 데 대해 끝까지 諫(간)한 일로 인하여, 1년 동안 차오저우[潮州(조주)] 刺史(자사)로 밀려나 있었고, 평생을 불우하게 지내야 했다. 유학을 옹호하기 위해 그때까지 유학자들이 다소 소홀히 하던 『孟子(맹자)』・『大學(대학)』・『中庸(중용)』・『周易(주역)』을 광범위하게 인용했다.

　　후대의 성리학자들은 기초개념을 이 책들에서 취했고, 한유는 성리학의 기초를 놓은 셈이었다. 한유는 당시에 유행하던 규칙적인 운율과 고사성어로 가득 찬 騈儷文(변려문)을 배격했고, 위의 책들을 만든 옛 학자들처럼 자유롭고 간결한 문체의 사용을 주장했다. 이것이 古文(고문) 부흥운동이다.

2) 柳宗元(유종원, 773 ~ 819) : 중국 당대의 문학자・철학자. 異名(이명)은 柳河東(유하동), 자는 子厚(자후). 河東解(하동해 : 지금의 산시성 운청) 사람이다. 일찍이 劉禹錫(유우석) 등과 함께 王叔文(왕숙문)의 혁신 단체에 참가했으나, 실패하여 永州司馬(영주사마)로 좌천되었다.

　　후에 柳州刺史(유주자사)를 지내 柳柳州(유유주)라고도 한다. 韓愈(한유)와 함께 古文運動(고문운동)을 제창하여, 거의 1,000년 동안 귀족 출신의 문인들에게 애용된 騈儷文(변려문)에서 작가들을 해방시키려고 했다. 한유와 함께 당송팔대가에 속하여 '韓・柳(한・유)'라고 병칭된다.

　　그러나 철학상으로는 한유와 큰 견해 차이를 보여, 天(천)의 意志有無(의지유무)에 관해 논쟁을 벌였다. 유종원은 天地(천지)가 생기기 전에는 오직 元氣(원기)만이 존재했으며, 천지가 나누어진 뒤에도 원기는 천지 중에 있다고 생각했다. 원기 위에 천이라는 최상위 개념이 있는 것을 부정하여, 천이 상과 벌을 내린다는 天命論(천명론)에 반대했다. 雜文(잡문)에서 전형적인 사물을 예로 들어 심오한 哲理(철리)를 제시했다.

3) 墓誌銘(묘지명) : 亡者(망자)가 남긴, 개인과 역사의 기록이다. 무덤의 주인공이 누구인지 알리기 위해 무덤 속이나 주위에 남긴 기록으로서 죽은 이의 이름과 생몰년월일, 집안 내력, 주요 발자취 등이 담긴다. 죽은 이의 족적이나 주변의 평가를 엿볼 수 있지만, 한 시대 여러 명의 묘지명을 일별하면 당시의 시대상 역시 그려볼 수 있다. 고려시대에는 대개 장방형 석재로 만들어졌고, 조선시대에 와서는 분청사기·백자 등 다양한 재질의 도자기로도 만들어졌다. 그 형태도 원형·벼루형·서책형·그릇형 등으로 다양하게 제작됐다.

보통 무덤 주인공에 대한 기록인 墓誌(묘지)와 그를 추모하는 시구인 銘(명)으로 구성돼 있으며, 墓記(묘기)·誌文(지문)·葬誌(장지)·壙銘(광명) 등 다양한 명칭으로 불린다. 오늘날에는 일반적으로 '墓碑銘(묘비명)'이라는 말을 주로 쓴다.

※ **墓碑銘(묘비명) 소개**

- 김미화(개그우먼) – 웃기고 자빠졌네. 〈미리 써 둔 묘비명〉
  (김미화 씨는 언젠가 이렇게 말했다. "나는 남을 웃기는 게 너무 좋다. 내가 죽은 뒤 묘비에 '웃기고 자빠졌네.'라고 쓰였으면 좋겠다. 경박하게 들릴 수도 있지만, 무대에서 사람들을 웃기다 쓰러지고 싶은 마음이라고 생각해 줬으면 한다."고 강조했다.)
- 김수환(추기경) – 주님은 나의 목자, 나는 아쉬울 것이 없어라. 너희와 모든 이를 위하여. 〈성경, 시편〉
- 김유정(소설가) – 세상에 진실하고 겸손한 사람이 많되 김유정만한 사람은 드물고, 세상에 불쌍한 사람이 많되 김유정만큼 불쌍한 사람도 드물다.
- 노스트라다무스(천문학자, 예언가) – 후세 사람들이여, 그의 휴식을 방해하지 마시오.
- 노신(중국의 소설가) – 나는 하나의 종착점을 확실히 알고 있다. 그것은 무덤이다. 이것은 누구나 다 알고 있으며, 길잡이가 필요 없다. 문제는 그곳까지 가는 길에 있다. 물론 길은 한 가닥이 아니다.
- 데레사(수녀) – 인생이란 낯선 여인숙에서의 하루와 같다.
- 도요토미 히데요시(일본의 군주) – 이슬처럼 왔다가 이슬처럼 사라지는 게 인생인가 보다. 살아온 한 세상이 봄날의 꿈만 같구나.
- 라이너 마리아 릴케(시인) – 오, 장미여! 순수한 모순의 꽃.
- 모리야 센얀(일본의 유명한 선승) – 내가 죽으면 술통 밑에 묻어 주게. 운이 좋으면 밑동이 샐지도 모르니까.
- 모파상(소설가) – 나는 모든 것을 갖고자 했지만, 결국 아무것도 갖지 못했다.
- 미셸 투르니에(프랑스의 작가) – 내 그대를 찬양했더니, 그대는 그보다 백 배나 많은 것을 내게 갚아주었도다. 고맙다, 나의 인생이여!
- 미켈란젤로(화가, 조각가) – 아무것도 보지 않고, 아무것도 듣지 않는 것만이, 진실로 내가 원하는 것.
- 박수근(화가) – 천당이 가까운 줄 알았는데, 멀어 멀어……
- 박인환(시인) – 사랑은 가고 옛날은 남는 것.
- 방정환(아동문학가) – 童心如仙(동심여선 : 아이 마음은 신선과 같다)
- 베토벤(작곡가) – 이런! 너무 늦었어.
- 빈센트 반 고흐(화가) – 여기 쉬다.
- 사도세자(영조의 아들) – 끝내는 만고에 없던 사변에 이르고, 백발이 성성한 아비로 하여금 만고에 없던 짓을 저지르게 하였단 말인가.
- 스탕달(소설가) – 살고, 쓰고, 사랑했다.
- 알렉산드로스(마케도니아왕) – 용기 있게 살고, 영원한 명성을 남기고 죽는 것은 아주 멋진 일이도다.

- **알버트 슈바이처**(의사, 음악가, 철학자, 신학자, 루터교 목사) – 만약 식인종이 나를 잡으면, 나는 그들이 다음과 같이 말해 주길 바란다.

    "우리는 슈바이처 박사를 먹었어. 그는 끝까지 맛이 좋았어. 그리고 그의 끝도 나쁘지는 않았어."

    〈말을 앞세우기보다는 직접 행동으로 實踐(실천)하는 삶을 보여준 그의 生涯(생애)를 잘 알고 있기에, 자신의 죽음이 아프리카 흑인들의 살이 될 수 있다면, 자신의 몸까지도 기꺼이 바치겠다는 그의 이러한 마음을 우리는 허풍이 아니라 진심임을 알 수 있다.〉

- **어니스트 헤밍웨이**(소설가) – 일어나지 못해서 미안하오.
- **에밀리 디킨슨**(여류 시인) – 돌아오라는 부름을 받다. 〈called back〉
- **엔드류 카네기**(기업인) – 여기 자신보다 현명한 사람을 주위에 모으는 기술을 알고 있었던 한 인간이 잠들다.
- **오쇼 라즈니쉬**(인도의 작가) – 태어난 적도 없고, 죽은 적도 없다. 다만, 1931년 12월 11일부터 1990년 1월 19일까지, 이 세상을 방문하다.
- **윌리엄 셰익스피어** – 여기 묻힌 유해가 도굴되지 않도록 예수의 가호가 있기를…
- **자니 카슨**(미국 심야토크쇼 진행자) – 곧 돌아오겠습니다. 〈이것은 카슨이 토크쇼 중간광고 전에 하던 말이다. I'll be back soon.〉
- **조병화**(시인) – 나는 어머님의 심부름으로 이 세상에 나왔다가 / 이제 어머님 심부름을 다 마치고 / 어머님께 돌아왔습니다.
- **조셉 콘래드**(영국의 소설가) – 수고가 끝난 후의 수면, 폭풍우 치는 바다를 항해한 후의 항구, 전쟁이 끝난 후의 안락. 삶 다음의 죽음은 기쁨을 주는 것이다.
- **조지 버나드 쇼**(극작가, 평론가, 소설가) – 우물쭈물하다 내 이럴 줄 알았다. 오래 살더니 내 이런 꼴 당할 줄 알았다. 〈I know if I stayed around long enough, something like this would happen.〉
- **조지 칼린**(미국의 코미디언) – 이런, 그 사람 조금 전까지도 여기 있었는데.
- **중광**(스님) – 에이, 괜히 왔다 간다.
- **처칠**(영국의 수상) – 나는 창조주께 돌아갈 준비가 됐다. 창조주께서는 나를 만나는 고역을 치를 준비가 됐는지는 내 알 바 아니다.
- **천상병**(시인) – 나 하늘로 돌아가리라. 아름다운 이 세상 소풍 끝나는 날, 가서 아름다웠더라고 말하리라.
- **페스탈로찌**(교육가) – 모든 일을 남을 위해 했을 뿐, 그 자신을 위해서는 아무것도 하지 않았다.
- **평생 처녀로 산 영국의 한 우체국장** – 返送(반송), 개봉하지 않았음.
- **프랭크 시나트라**(가수) – 최상의 것은 앞으로 올 것이다.
- **한비야**(월드비전 긴급구호 팀장이자 여행가) – 몽땅 다 쓰고 가다. 〈미리 써 둔 묘비명〉

墓碑銘(묘비명)을 통해서 우리가 얻게 되는 가장 소중한 삶의 智慧(지혜)는, 무엇보다도 '삶과 죽음은 서로 이어져 있기에 죽음은 삶의 끝이 아니며, 따라서 살아가는 동안 삶을 충실하게 살았다면, 죽음은 결코 두려움의 대상이 아니다.'라는 깨달음일 것이다.

지금 삶과 죽음에 대한 문제를 생각하는 우리보다 먼저 같은 고민을 했던 이들이 있었다. 그들이 남긴 짧고 긴 묘비명을 보며 '어떻게 살 것인가?'와 '어떻게 죽을 것인가?'를 생각해 본다면, 우리의 삶이 가치 있고 즐겁고 행복한 쪽으로 흐르지 않겠는가?

092 改過遷善 개과천선

字解 改 : 고칠 개 [悔改(회개) : 잘못을 뉘우치고 고침]

過 : 지날 과, 지나칠 과 [過勞(과로) : 지나치게 일을 하여 고달픔]

예전 과 [過去(과거) : 지나간 때]

잘못할 과, 허물 과 [過誤(과오) : 잘못. 허물]

遷 : 옮길 천 [左遷(좌천) : 낮은 관직이나 지위로 떨어져 옮김]

善 : 착할 선 [善良(선량) : 착하고 어짊]

좋을 선, 훌륭할 선 [善策(선책) : 좋은 대책이나 계책]

친할 선, 사이좋을 선 [親善(친선) : 친밀하고 사이가 좋음]

잘할 선 [善用(선용) : 알맞게 잘 씀]

옳게 여길 선 [獨善(독선) : 자기만이 옳다고 생각하고 행동하는 일]

語義 잘못을 고치어 착하게 되다.

(지나간 허물을 뉘우치고 고쳐서 착한 사람이 됨)

用例

▶ 망나니였던 그가 지금은 봉사 활동을 하며, 改過遷善(개과천선)의 길을 걷고 있다.

▶ 뺑덕이가 改過遷善(개과천선)했으면, 府夫人(부부인)이 되었을 것이다. 그러나 뺑덕이는 남을 등쳐먹는 습성을 버리지 못하고, 마침내 하늘의 천벌을 받는다. 뺑덕이는 改過遷善(개과천선)이 불가능한 인간 등외품의 典型(전형)이다.

【類義語】 改過自新(개과자신) : 허물을 고쳐 스스로 새로워짐.

悔過遷善(회과천선) : 잘못을 뉘우치고 착한 일을 하게 됨.

 **出典** 晉書(진서) - 本傳(본전)

중국 晉(진)나라에 周處[1](주처)라는 사람이 있었는데, 태수 벼슬을 한 주처의 아버지 周紡(주방)이 그의 나이 열 살 때 세상을 떠났다. 그는 아버지의 가르침과 보살핌을 잃어, 하루 종일 하릴없이 방탕한 생활을 하며 지냈다. 그는 불량기가 있는 데다 심성이 포악하여, 마을 사람들을 매우 괴롭혔다. 그러나 그는 나이가 점점 들면서 자신의 잘못을 뉘우치고 착한 사람이 되고자 노력했다. 하지만 마을 사람들은 그의 말을 믿지 않고 계속 피하기만 하였다. 결국 그는 마을 사람들에게 어떻게 하면 자기의 말을

믿어 주겠느냐며 구원을 청하게 됐다. 이에 마을 사람들은 그에게,

"남산에 있는 사나운 호랑이와 다리 밑에 사는 蛟龍(교룡 : 큰비를 만나면 하늘에 올라 용이 된다는 상상의 동물)을 죽인다면, 자네의 말을 믿겠네."

라고 말했다. 마을 사람들은 눈엣가시 같은 周處(주처)가 호랑이나 교룡과 싸우다 죽기를 바라고, 이런 제안을 한 것이다.

하지만 주처는 곧장 남산으로 달려가 목숨을 건 사투 끝에 호랑이를 죽였으며, 물속으로 들어가 3일 밤낮을 싸운 끝에 교룡을 죽이고 마을로 돌아왔다. 그럼에도 아무도 자신을 반갑게 맞아주는 사람이 없자, 주처는 마을 사람들이 여전히 자신을 미워한다는 것을 알고, 더욱더 허물을 벗고 착한 사람이 되겠다는 각오를 다졌다.

그는 마을을 떠나 吳(오)나라에 가서, 당시의 대학자인 陸機[2](육기)를 만나, 솔직하게 잘못을 이야기했다.

"선생님, 저는 전에 나쁜 짓을 헤아릴 수 없이 많이 했습니다. 지금 제가 뜻을 세워 착한 사람이 되고자 하지만, 이미 나이가 들어 너무 늦지는 않을지 그게 두렵습니다."

그러자 육기는,

"자네의 나이는 아직 젊네. 굳센 의지를 가지고 지난날의 **잘못을 뉘우쳐 착하게 된다면[改過遷善(개과천선)]**, 자네의 앞날은 무한할 것이네."

하며 격려해 주었다. 주처는 이 말에 용기를 얻어, 이후 10여 년 동안 학문과 덕을 익혀 마침내 대학자가 되었고, '御史中丞(어사중승)'이란 높은 벼슬에까지 올랐다.

---

1) **周處**(주처, 236 ~ 297) : 晉(진)나라 陽羨(양선) 사람으로 字(자)는 子隱(자은). 젊었을 때 난폭하여, 南山(남산)의 白額虎(백액호), 長橋(장교) 아래의 교룡과 함께 세 가지 해악으로 불렸다. 나중에 그가 호랑이와 교룡을 죽였을 때, 마을 사람들은 그도 함께 죽은 줄 알고 기뻐하였다. 그 사실을 안 주처는 자신이 세 가지 해악 중 하나였음을 알고, 마음을 고쳐먹고 학문에 정진하여 충신이 되었다. 후에 御史中丞(어사중승 : 감찰의 임무를 맡아 보던 관직)의 벼슬에 올랐다.

2) **陸機**(육기, 261 ~ 303) : 西晉(서진)의 문학가. 자는 士衡(사형) · 吳郡(오군). 華亭(화정 : 지금의 상하이시 쑹장) 사람이다. 吳(오, 222 ~ 280)나라 출신으로는 최초의 주요 작가이자, 문학 비평가이다. 吳(오)의 개국공신 가운데 한 명인 陸遜(육손)의 손자이며, 총사령관이었던 陸抗(육항)의 넷째 아들로, 吳(오)가 晉(진, 265 ~ 317)에 의해 멸망하고 난 뒤, 10년 동안 숨어 살았다. 290년 수도인 뤄양[洛陽(낙양)]으로 가서, 학자들의 환대를 받고 太學(태학)의 長(장)으로 임명되었다. 결국 진의 고위 관직에 오르고 귀족이 되었으나, 후에 황제를 폐하고 수도를 점령하려던 정치 음모에 연루되어, 303년에 처형되었다.

육기는 擬古(의고)적인 서정시를 많이 남겼지만, 그보다는 시와 산문이 뒤섞인 복잡한 형식으로 이루어진 賦(부)의 작가로 더 잘 알려져 있다. 그의 저서 『文賦(문부)』는 이러한 형식의 좋은 본보기로서, 탁월한 관찰력과 정확성으로 문장 구성의 원칙을 정의한 뛰어난 문학비평서이다.

093 擧案齊眉 거안제미

字解
擧 ; 들 **거** [擧手(거수) : 손을 들음]
　　일으킬 거 [擧兵(거병) : 군사를 일으킴]
　　거동 거 [一擧一動(일거일동) : 하나하나의 행동이나 동작]
案 ; 책상 안, 밥상 **안** [案上(안상) : 밥상 위. 책상 위]
　　생각할 안 [考案(고안) : 새로운 것을 연구하여 생각해 냄]
齊 ; 가지런할 **제** [整齊(정제) : 정돈되어 한결같이 가지런함]
　　재계할 재 [齊戒(재계) : 부정을 피하고 심신을 깨끗이 함]
　　옷자락 자, 상복 자 [齊衰(자최) : 좀 굵은 생베로 지은 상복]
眉 ; 눈썹 **미** [眉間(미간) : 두 눈썹 사이]

語義 밥상을 들어 눈썹과 가지런히 하다.
(남편을 깍듯이 공경함)

用例

▶지하철 시청역 휴게소에 나무로 만들어 걸터앉을 수 있는 걸상 몇 개가 있다. 이것은 노원구청에서 재활용 목재로 만든 걸상이고, 거기에다 '**擧案齊眉**(거안제미)'라고 한자 성어를 써놓았다.

▶아내가 남편에게 밥상을 차려온다. 이마에 닿을 듯 상을 들고 가는 아내는 공손하기 그지없다. 남편도 두 손 맞잡으며 아내를 맞는다. 바로 '**擧案齊眉**(거안제미)'의 고사를 풀이한 그림이다. 18세기 화원 출신 양기성이 단정하게 정성들여 그렸다.

出典 後漢書(후한서) - 梁鴻傳(양홍전)

　중국 後漢(후한) 때, 梁鴻[1](양홍)이란 학자가 있었는데, 그는 비록 집은 가난하지만 절개만은 꿋꿋해 모든 사람의 존경을 받고 있었다. 그는 뜻하는 바 있어 장가를 늦추고 있었는데, 어느 날 같은 마을에 사는 몸이 크고 얼굴이 못생긴 데다가 피부까지 검었으나, 마음이 상냥하고 언행이 단정한 孟光(맹광)이란 처녀가 있었다. 돌절구를 들 정도로 힘이 센 그녀는 나이가 서른이 넘는 처지에서도,
　"양홍 같은 훌륭한 분이 아니면, 절대로 시집을 가지 않겠다."
　며 버티고 있다는 소문이 들려왔다.

　그러자 양홍은 그 처녀의 뜻이 기특해, 그 처녀에게 청혼을 하였고 곧 결혼을 하였다. 그런데 양홍이

결혼 후, 며칠이 지나도 색시와 잠자리를 같이하지 않자, 색시가 궁금하여 그 까닭을 물었다. 이에 양홍이 대답하기를,

"내가 원했던 부인은 비단옷을 걸치고 짙은 화장을 하는 여자가 아니라, 누더기 옷을 부끄러워하지 않고 깊은 산속에서라도 살 수 있는 여자였소."

라고 하자, 색시는

"이제 당신의 마음을 알았으니, 당신의 뜻에 따르겠습니다."

라고 하였다. 그 후부터 아내는 화장도 않고 산골 농부 차림으로 생활하다가, 남편의 뜻에 따라 산속으로 들어가 농사를 짓고 베를 짜면서 살았다.

당시 중국은 王莽[2](왕망)이 정권을 빼앗아 국호를 新(신)이라 칭한 때로, 그의 惡政(악정)을 견디지 못해 각지에서 반란이 일어나는 등 세상이 어지러웠다. 양홍은 학식과 인품이 높아 사방의 반란자로부터 끊임없이 유혹을 받았다. 그러던 어느 날 양홍이 농사일 가운데 틈틈이 친구들에게 시를 지어 보냈는데, 그중 몇몇 시에 황실을 비방하는 내용이 들어 있었다. 그것이 발각되어 나라에서 그에게 체포령이 떨어졌다. 이에 환멸을 느낀 양홍은 吳(오)나라의 깊은 산속으로 들어가 땅을 갈고 베를 짜며 살았다.

또한 皐伯通(고백통)이라는 명문가의 방앗간지기로 있으면서, 이름을 숨긴 채 생활을 꾸려나갔다. 양홍은 삯방아를 찧으며, 겨우 목구멍에 풀칠할 정도의 가난한 생활을 할 수밖에 없었다. 그런데도 아내 맹광은 매일 단정한 옷차림으로 남편을 따뜻하게 맞이했다.

다음은 「梁鴻傳(양홍전)」의 한 구절이다.

"양홍이 일을 마치고 돌아오면, 그 아내는 늘 밥상을 차려 양홍 앞에서 감히 눈을 치뜨지 않고, **밥상을 눈썹 위까지 들어 올려 바쳤다**[每歸妻爲具食(매귀처위구식) 不敢於鴻前仰視(불감어홍전앙시) **擧案齊眉**(거안제미)]."

맹광의 모습을 보고 주위 사람들 모두 양홍을 높이 받들었다. 또 고백통은 이 부부의 사람됨을 예사롭지 않게 여겨 여러 면에서 도와주어, 양홍이 수십 편의 훌륭한 책을 저술할 수가 있었다고 한다.

다음은 '擧案齊眉(거안제미)' 原文(원문)의 일부와 直譯(직역)한 내용이다.

 原文 梁鴻字伯(양홍자백) 扶風平陵人也(부풍평릉인야) 家貧而尙節介(가빈이상절개) 同縣孟氏有女(동현맹씨유녀) 肥醜而黑(비추이흑) 力擧石臼(역거석구) 擇對不嫁(택대불가) 曰欲得賢如梁伯者(왈욕득현여양백자) 鴻聞而聘之(홍문이빙지) 字之曰德曜(자지왈덕요) 名孟光(명맹광) 至吳爲人賃(지오위인임) 每歸(매귀) 妻爲具食(처위구식) 不敢於鴻前(불감어홍전) 仰視(앙시) **擧案齊眉**(거안제미)

〈直譯〉 梁鴻(양홍)은 字(자)가 伯(백)으로, 바람을 붙들고 언덕을 고르게 하는 사람이었다. 집안은 가

난하였지만, 절개를 숭상하였다. 같은 고을의 孟(맹)씨에게는 딸이 있었는데, 뚱뚱하고 못생기고 피부는 거무튀튀하였으며, 힘은 돌절구를 들 정도였으나, 짝을 골라 시집을 가지는 않고 말하였다.

"양백과 같은 어진 사람을 얻고 싶습니다."

양홍이 듣고서 그녀에게 장가들고는 그녀에게 자를 지어 주어 德曜(덕요)라 하였으니, 이름은 孟光(맹광)이었다. 오나라에 이르러 남의 품삯 일을 하였으나, 돌아올 때마다 아내는 음식을 잘 차려놓고는 감히 양홍 면전에서 눈을 치켜떠 보기는커녕 **밥상을 들기를 눈썹과 가지런히 하였다.**

위의 故事(고사)에서 볼 수 있듯이 '擧案齊眉(거안제미)'는 남편을 공경하는 맹광의 모습에서 유래된 말이다. 진정한 부부의 사랑은 항상 접하고 있어서 오히려 소홀하기 쉬운 상대에 대한 존중의 태도와 마음이 바탕이 되어야 함을 깨닫게 한다. 현대인들은 거안제미를 단순히 옛 사람의 한 일면으로만 여기지 말고, 놓치기 쉬운 부부 사이의 예절을 배울 수 있어야 하겠다.

---

1) 梁鴻(양홍) : 자가 伯鸞(백란)이며 우부풍 평릉현 사람이다. 난세에 太學(태학)에서 수업을 받았는데, 여러 典籍(전적)을 널리 보며 章句(장구)에 구애받지 않았다. 학업을 마친 뒤에는, 上林苑(상림원)에서 돼지를 길렀다. 한번은 잘못해서 불을 냈는데, 그 불이 다른 집으로 번지고 말았다. 양홍은 화재를 입은 사람을 찾아가 불탄 것을 물어 모두 돼지로 변상해 주었는데, 그 주인이 그래도 부족하다고 여기자 양홍 자신이 그 집으로 들어가 일하면서 게으름을 부리지 않고 열심히 하였다.

권세 있는 가문에서 그의 높은 절조를 흠모하여 대부분 그에게 딸을 시집보내고 싶어했지만, 양홍은 모두 거절하고 장가들지 않았다. 같은 현의 맹씨에게 딸이 있었는데, 모습이 추하면서도 상대를 가려 시집을 가지 못하고 있었다. 부모가 그 까닭을 물었더니, 딸은

"梁伯鸞(양백란)처럼 어진 사람을 얻고 싶어서입니다."

라고 하는 것이었다. 양홍은 그 얘기를 듣고 그녀를 맞아들였다. 그녀는 시집갈 때 처음 치장을 하고 문으로 들어갔는데, 이레 동안 양홍이 대꾸조차 하지 않는 것이었다. 이에 부인이 이유를 묻자 양홍은,

"나는 깊은 산속에서 함께 은거할 수 있는 소박한 옷을 입은 사람을 바랐소. 그런데 당신은 지금 고운 비단 옷을 입고 분을 바르고 눈썹을 칠하고 있으니, 어찌 내가 원하는 사람이겠소?"

라고 하였다. 그러자 부인은,

"당신의 뜻을 떠본 것이었지요. 첩은 은거하기에 편리한 옷을 가지고 있습니다."

하더니, 머리를 매고 베옷을 입은 채 나오는 것이었다. 양홍은 크게 기뻐하며,

"이 사람이 진정 양홍의 처이니, 나를 받들 수 있겠구나!"

하고는 그녀의 자를 '德曜(덕요)', 이름을 '孟光(맹광)'이라 하였다.

얼마 살지 않아, 함께 패릉산 속으로 들어가 농사짓고 베 짜는 것을 생업으로 삼으며, 『시경』과 『서경』을 읊조리고, 琴(금)을 타면서 스스로 즐겼다. 전대의 高士(고사)를 흠모하여 四皓(사호) 이후의 24명을 위해 頌(송)을 지었다. 그리고 동쪽으로 관문을 나와 도성을 지나면서 『五噫歌(오희가)』를 지었다. 숙종이 양홍을 찾았으나 찾지 못하였는데, 그는 곧 성을 '運期(운기)', 이름을 '燿(요)', 자를 '侯光(후광)'으로 바꾸고 처자와 함께 齊(제)와

魯(노) 지방 사이에서 머물렀다.

　얼마 후에는 다시 그곳을 떠나 吳(오) 지방으로 가서 皐伯通(고백통)이라는 사람의 처마 밑에 살면서 남을 위해 방아 찧는 품팔이를 하였다. 양홍이 귀가할 때면, 부인은 식사를 차려 밥상을 눈썹 높이까지 들어 공손히 바쳤다. 고백통은 그를 살펴보고 남달리 여겨 자신의 집에서 살도록 해주었다. 이에 양홍은 방에 틀어박혀 문을 걸어 닫고서, 10여 편의 책을 지었다. 병이 들자 집주인에게,

　"옛날에 延陵季子(연릉계자)도 영읍과 박읍 사이에 묻혀 고향으로 돌아가지 않았으니, 제 아들에게 상여를 메고 귀향하지 않도록 해주십시오."

　라고 하였다. 양홍이 죽자, 고백통 등은 오 지방에 있는 要離(요리)의 무덤 옆에 장지를 마련해 주었다.

2) 王莽(왕망, B.C.45 ~ A.D.23) : 중국 前漢(전한)의 정치가. 자는 巨君(거군). 자신이 옹립한 平帝[3](평제)를 독살하고, 帝位(제위)를 빼앗아 국호를 '新(신)'으로 命名(명명)하였다. 漢(한)나라 光武帝(광무제) 劉秀(유수)에게 피살되었다. 在位(재위) 기간은 8 ~ 23년이다. 新(신)은 15년 만에 망하고, 後漢(후한)이 이어졌다.

3) 漢 平帝(한 평제) : 중국 前漢(전한)의 마지막 황제로 기원전 8년부터 기원후 8년까지 활동했다. 평제는 기원전 1년에 권력이 막강했던 大司馬(대사마) 王莽(왕망)의 추대에 의해 황제가 되었으며, 5년 후 왕망의 딸과 결혼했다. 확실한 증거는 없지만, 평제는 장인 왕망에게 독살당했다고 전해진다. 평제가 죽음으로써 왕망은 그 뒤, 제위를 계승한 어린 황제를 대신하여 攝政(섭정)을 할 수 있었다. 8년 왕망은 결국 漢(한)의 제위를 찬탈하고, 스스로 황제가 되어 新(신)나라를 세웠다.

※ 五倫歌(오륜가)
지아비 밭 갈라 간 듸 밥고리 이고 가,
밥상을 들오디 눈썹에 마초이다.
친코도 고마우시니 손이시나 다르실까.

　위 古時調(고시조)는 조선 중종 때, 일명 무릉도인으로 불렸던 周世鵬[4](주세붕)의 작품으로 오륜가 중 네 번째 수이다. '擧案齊眉(거안제미)'의 고사를 인용하여 夫婦有別(부부유별)을 노래하고 있다. 아내는 남편을 하늘처럼 정성과 공경스런 마음으로 언제나 손님 대하듯 하라는, 남편 섬기는 도리를 담은 교훈이 있는 시조이다.

4) 周世鵬(주세붕, 1495 ~ 1554. 문신, 성리학자) : 1522년(중종 17년) 생원시와 별시문과에 급제하고, 승문원 권지부정자로 관직 생활을 시작하여, 홍문관의 정자·수찬, 공조좌랑·병조좌랑·강원도사·사간원헌납을 역임했다. 1537년 權臣(권신) 金安老(김안로)의 배척을 피해, 어머니 봉양을 이유로 昆陽郡守(곤양군수)로 나갔으나 이듬해 파직당했다. 이후 승문원 교리를 거쳐, 1541년 豊基郡守(풍기군수)가 되었다. 이때 우리나라 최초의 서원인 '白雲洞書院(백운동서원 : 후에 소수서원)'을 세웠다.

　1545년(명종 즉위) 성균관 사성에 임명된 후, 홍문관 직제학·도승지·호조참판을 역임했다. 1549년 황해도 관찰사로 나갔다가, 뒤에 대사성·동지중추부사 등에 임명되었다. 중앙에 있을 때는 주로 홍문관·성균관 등 학문기관에서 관직을 맡았고, 지방관으로 나가서는 敎學(교학) 진흥에 힘썼다. 지극한 효행과 청빈한 생활로 조야에 신망이 높았으며, 淸白吏(청백리)에 錄選(녹선 : 추천하여 뽑음)되었다.

094 乾坤一擲 건곤일척

字解 乾 : 하늘 건 [乾坤(건곤) : 하늘과 땅. 천지]
　　　　　　마를 건, 말릴 건 [乾燥(건조) : 말라 물기가 없음]
　　　　坤 : 땅 곤 [坤殿(곤전) : 왕후. 왕비]
　　　　一 : 한 일, 하나 일 [一人(일인) : 한 사람]
　　　　擲 : 던질 척 [擲柶(척사) : 윷을 던짐. 윷놀이]

語義 하늘과 땅을 걸고 한 번 (주사위를) 던진다.
　　　　(운명을 걸고 승부를 겨룸)
　　　　(천하를 놓고 벌이는 한판 승부)

 用例

▶ 삼성전자, LG전자를 비롯한 글로벌 휴대폰 제조사들이 오는 4월 국내 스마트폰, 태블릿PC 시장에서 **乾坤一擲**(건곤일척)의 승부를 펼칠 전망이다.

▶ 어차피 세상은 모든 인류가 水火不通(수화불통 : 물과 불이 어울릴 수 없다는 뜻으로, 절교함을 이르는 말) 시대로서 겨우겨우 살아 나가고 있다. 財界(재계)의 대다수가 최후의 한판 승부인 **乾坤一擲**(건곤일척)으로 천하를 잃느냐 얻느냐, 죽느냐 사느냐로 사생결단을 걸고 사업을 하고 있다.

【類義語】 一擲乾坤(일척건곤) : 한 번 던져서 하늘이냐 땅이냐를 결정함.
　　　　　　在此一擧(재차일거) : 단 한 번의 거사로 흥망을 결정함.

 **韓愈**(한유)의 시 – '過鴻溝(과홍구)'

　乾坤一擲(건곤일척), 이 말은 중국 唐(당)나라의 大文章家(대문장가)인 韓愈(한유, 768 ~ 824. 당송팔대가[1]의 한 사람)가 鴻溝(홍구 : 하남성 내의 지명)를 지나다가, 그 옛날[B.C. 203], 漢王(한왕) 劉邦(유방)에게 '乾坤一擲(건곤일척)'을 촉구한 張良(장량)·陳平(진평)을 기리며 읊은 회고시 '過鴻溝(과홍구 : 홍구를 지나며)'에 나오는 마지막 구절이다.

龍疲虎困割川原(용피호곤할천원),
　용은 지치고, 호랑이는 피곤하여 이 강을 가르니,

億萬蒼生性命存(억만창생성명존).
  억만 창생들은 性命(성명)을 보존하도다.
誰勸君王回馬首(수권군왕회마수),
  누가 군왕을 권하여 말머리를 돌릴 수 있을까?
眞成一擲賭乾坤(진성일척도건곤)
  진실로 한 번 던짐을 이루어 건곤(乾坤)을 걸게 하였도다.

項羽(항우)가 齊(제)·趙(조)·梁(양) 땅을 전전하면서, 田榮(전영)·陳餘(진여)·彭越(팽월) 등의 반군을 치는 사이에, 유방은 關中(관중)을 합병하고, 이듬해 의제 弑害(살해)에 대한 징벌을 구실로 56만 대군을 휘몰아 彭城(팽성)을 공략했다. 그러나 급보를 받고 달려온 항우가 반격하자, 유방은 아버지와 아내까지 敵(적)의 수중에 남겨둔 채, 겨우 목숨만 살아 하남성 내의 滎陽(형양)으로 패주했다.

그 후 병력을 보충한 유방은 항우와 일진일퇴의 공방전을 계속하다가, 홍구를 경계로 천하를 양분하고 싸움을 멈췄다. 항우는 유방의 아버지와 아내를 돌려보내고, 팽성을 향해 철군 길에 올랐다. 이어 유방도 철군하려 하자, 참모인 張良(장량)과 陳平(진평)이 유방에게 진언했다.

"漢(한)나라는 천하의 태반을 차지하고 제후들도 따르고 있사오나, 楚(초)나라는 군사들이 몹시 지쳐 있는 데다가 군량미마저 바닥이 났사옵니다. 이야말로 하늘이 초나라를 멸하라는 天意(천의)이오니 당장 쳐부숴야 하옵니다. 지금 치지 않으면, '호랑이를 길러 후환을 남기는 꼴[養虎遺患(양호유환)]'이 될 것이옵니다."

여기서 마음을 굳힌 유방은 말머리를 돌려 항우를 추격하였다. 이듬해 유방은 韓信(한신)·팽월 등의 군사와 더불어 安徽城(안휘성) 내의 垓下(해하)에서 초나라 군사를 포위하고, '四面楚歌(사면초가)' 작전을 폈다. 참패한 항우는 안휘성 내의 烏江(오강)으로 패주하여 자결하고, 유방은 천하 통일의 길로 들어섰다.

韓愈(한유)는 홍구 땅에서 한왕 유방이 항우를 친 것을 '천하를 건 큰 도박'이라고 생각하고 시에 표현했으며, 여기에서 '乾坤一擲(건곤일척)'이라는 사자성어가 생기게 되었다.

---

1) **唐宋八大家**(당송팔대가) : 중국 唐(당)나라의 韓愈(한유)·柳宗元(유종원), 宋(송)나라의 歐陽修(구양수)·蘇洵(소순)·蘇軾(소식)·蘇轍(소철)·曾鞏(증공)·王安石(왕안석) 등 8명의 산문작가의 총칭이다. 한유·유종원은 육조 이후 산문의 내용이 空疎(공소)하며 화려한 四六騈儷體(사륙변려체)의 문장인 데 대하여, 秦漢(진한) 이전의 고문으로 돌아가, 유교적 정신을 바탕으로 간결하며 뜻의 전달을 지향하는 새로운 산문운동을 전개하였다. 이것이 이른바 古文運動(고문운동)이다. 이 운동은 획기적인 성과를 거두었지만, 두 사람이 죽은 후에는 점차 기세가 약해졌다. 그것은 새로운 표현과 착상의 연구가 뜻의 전달성을 희박하게 하였고, 또한 도덕지향의 면이 지나치게 강조되어 도학 냄새가 짙은 것이 원인이었으며, 그 반동으로 당나라 말기에서 5대에 걸쳐 六朝式(육조식) 耽美的散文(탐미적산문)이 부활하였고, 北宋(북송)의 天聖期(천성기)가 되자 구양수가 한유의 문집을 규범으로 하여, 알기 쉽고 유창한 산문을 만드는 혁신운동에 앞장서, 이 운동으로부터 소순·소식·소철·증공·왕안석 등 우수한 문학자가 배출되었다.

095 格物致知 격물치지

字解 格 : 궁구할 격 [格物(격물) : 사물의 이치를 철저히 연구하여 밝힘]
　　　　자품 격 [人格(인격) : 사람의 품격]
　　　　그칠 각 [沮格(저각) : 막아서 그치게 함]
　　　物 : 만물 물, 물건 물 [物價(물가) : 물건의 값]
　　　　일 물 [物情(물정) : 세상의 일이나 인심]
　　　致 : 이를 치 [致富(치부) : 부를 이룸. 재물을 모아 부자가 됨]
　　　　줄 치, 드릴 치 [致賀(치하) : 축하하는 뜻을 드림]
　　　　보낼 치 [送致(송치) : 넘겨 보냄]
　　　　그만둘 치 [致仕(치사) : 늙어 관직에서 물러남]
　　　知 : 알 지, 알릴 지 [知覺(지각) : 알아서 깨달음]
　　　　깨달을 지 [知言(지언) : 깨달은 말. 사리가 통하는 말]
　　　　맡을 지 [知事(지사) : 행정 사무의 일을 맡음 또는 그런 사람]

語義 실제 사물의 이치를 연구하여 지식을 완전하게 하다.
　　　(사물의 이치를 연구하여 후천적인 지식을 명확히 함 - 주자의 설)
　　　(낱낱의 사물에 존재하는 마음을 바로잡고 선천적인 良知〈양지 : 타고난 지능. 마음의 본체〉
　　　를 갈고 닦음 - 왕양명의 설)

 用例

▶ '好學近乎知(호학근호지)'란 '학문은 **格物致知**(격물치지)하는 길이므로, 학문을 좋아하는 것 자체가 知(지)에 가까움을 이르는 말'이란 뜻이다.
▶ 주자학의 **格物致知**(격물치지) 이론에 보이는 두드러진 특징 가운데 하나는, 궁극적으로 모든 사물의 이치를 인식할 수 있다고 본다는 점이다. '오랫동안 천하의 사물에 나아가 그 理(이)를 탐구하다 보면, 어느 날 갑자기 환하게 관통하여 모든 사물의 理(이)를 알지 못함이 없게 된다는 것'이 그것이다.

【준말】 格物(격물)

 **出典**　大學(대학) - 八條目(팔조목)

格物致知(격물치지)에 관한 논의는 朱熹[1](주희)가 『大學(대학)』 이른바 『古本大學(고본대학)』을 개정하여, 『大學章句(대학장구)』를 지으면서 활발해졌다. 주희는 『고본대학』의 순서를 세 군데 이동하고, 1자를 고치며, 4자를 삭제하고, 134자를 새로이 지어, 經(경) 1장과 傳(전) 10장으로 구성된 『대학장구』를 만들었던 바, 그 논의의 핵심은 특히 전 5장의 「格物致知補亡章(격물치지보망장)」이었다. 주희는 『고본대학』에는 격물치지 조목에 관한 해석문이 빠져 있는 것으로 가정하여, 性卽理(성즉리)의 체계에 따라 그 해석문을 보충하였다.

격물치지 해석문의 보충, 즉 격물치지보전은 『대학』 원문 중,

"그 뜻을 성실하게 하려고 하는 사람은 먼저 그 아는 것을 극진히 해야 할 것이니, **아는 것을 극진히 하는 것은 사물의 이치를 연구하는 데에 있다**[欲誠其意者(욕성기의자) 先致其知(선치기지) **致知在格物**(치지재격물)]."

라는 구절은 주희가 간결하게 정리한 이론이다.

『대학장구』에 따르면, 그 이론의 주된 내용은 卽物窮理(즉물궁리)로 다음과 같다.

"致知在格物(치지재격물)이란 나의 아는 것을 이루고자 하면, 사물에 나아가서 그 이치를 궁구해야 함을 말하는 것이다. 대개 사람의 마음이 신령한 것으로 알지 못하는 것이 없고 천하에 사물의 이치가 없는 데가 없지만, 오직 이치에 궁진하지 못하는 것이 있으므로 다하지 못하는 것이 있다.

그러므로 『대학』을 처음 가르치고자 할 때에는, 반드시 배우는 자로 하여금 천하의 사물에 나아가서 이미 아는 이치를 바탕으로 하여 더욱 궁구해서 극진한 데 이르는 것을 구하지 않는 것이 없게 하고, 힘을 쓰는 것이 오래되면 하루아침에 확연히 관통하게 되어 모든 사물의 겉과 속, 정한 것과 거친 것이 이르지 아니함이 없고, 내 마음 전체의 작용이 밝지 않은 것이 없으므로, 이것이 사물의 이치가 구명되는 것이며, 이것이 곧 지혜가 지극하게 되는 것이다."

인식주관으로서의 마음의 理(이)와 인식객관으로서의 사물의 理(이)가 상응하기 때문에 우리의 인식은 가능한데, 오늘 한 사물의 이를 탐구하고, 또 내일 한 사물의 이를 탐구하여 지식을 확충하면, 자연히 우리는 豁然貫通(활연관통 : 막혀 있던 것이 환하게 터져 시원하게 트인 상태)의 경지에 이르게 된다.

격물치지는 결국 마음을 밝히기 위한 것이다. 현실적 인간은 氣質之性(기질지성)을 포함하고 있으므로 불완전한 상태에 놓여 있다. 이 불완전한 상태를 완전한 것으로 하기 위해서는 나의 밖에 있는 이를 窮究(궁구 : 속속들이 파고들어 깊게 연구함)하여야 한다. 이것은 내 안에 있는 이를 아는 데 도움이 되며, 기질지성을 本然之性(본연지성)과 일치시키는 데 유익하다. 격물치지의 해석에 관해 주희 이전에도 많은 주석이 있었으나, 주희의 즉물궁리설적 격물치지론이 오랫동안 통용되어 왔으며, 많은 사람에게 지대한 영향을 끼쳐 왔다.

격물치지론에 있어서 주희와 견줄 수 있는 사람은 明(명)의 王守仁[2](왕수인)이다. 왕수인은 『대학』

즉 『고본대학』을 그대로 인정하며, 주희의 「격물치지보망장」은 불필요하다고 보았다. 격물치지의 해석문은 주희가 말하는 바와 같이 빠진 것이 아니라, 『대학』의 원문 중에 있다고 보고 있다. 그리고 왕수인은 격물치지를 心卽理(심즉리) 체계 안에서 설명하고 있다. 격물치지는 다름 아닌 우리의 마음을 바로잡는 것으로 풀이하고 있다.

모든 이는 내 마음에 있으며, 사물의 바름과 부정도 내 마음으로 판단되기 때문이다. '**마음의 부정을 바로잡아 회복하는 것**'이 '格物(격물)'이요, '**마음을 발휘하여 모든 사물이 이를 얻는 것**'이 '致知(치지)'인 것이다. 왕수인이 주희의 설을 반대한 것은 격물치지설이 직접적으로 나의 마음에서 이를 구하지 않고 마음 바깥에서 이를 구하여, 외적 지식의 탐구에 급급해 결국 주체를 상실할 우려가 있는 주자학의 폐단을 시정하려고 한 것이 목적이었다.

위의 故事(고사)에서 '格物致知(격물치지)'라는 이해하기가 조금은 어려운 成語(성어)가 유래하였다. '사물의 이치를 연구하여 완전한 지식에 이른다.'는 뜻의 『大學(대학)』에서 나온 말이다.

---

1) 朱熹(주희, 1130 ~ 1200) : 중국 南宋(남송) 때의 유학자. 자는 元晦(원회)·仲晦(중회), 호는 晦庵(회암)·晦翁(회옹)·雲谷老人(운곡노인). 道學(도학)과 理學(이학)을 합친 이른바 宋學(송학)을 집대성하여, 중국 사상계에 가장 큰 영향을 미쳤다. '朱子(주자)'라고 높여 이르며, 그의 학문을 朱子學(주자학)이라고 한다.

주희는 지방 관리의 아들로 태어나 아버지로부터 유교 교육을 받았다. 18세 때 대과(大科)에 급제했는데, 당시 그 시험에 급제한 사람들의 평균 연령은 35세였다. 그가 맡은 첫 번째 관직은 푸젠성[福建省(복건성)] 同安(동안)의 主簿(주부)였다. 이곳에서 조세·감찰 업무를 개혁하고, 지방에 있는 서원의 書庫(서고)와 학칙을 개선했다. 또한 그때까지 없었던 엄격한 의례와 관혼상제의 규율을 제정하는 등 여러 개혁에 착수했다.

동안으로 부임하기 전에 李侗(이동, 1093 ~ 1163. 주희의 스승)을 찾아갔는데, 그는 송 유학의 전통을 지킨 사상가로서 주희의 사상에 결정적인 영향을 준 인물이었다. 11세기에 성리학자들은 불교와 도교의 철학에 대항해 새로운 형이상학을 제창하면서 거의 1,000년간에 걸쳐 실추되었던 유학의 학문적·사상적인 우위성을 회복하게 되었는데, 이동은 그 가운데 가장 유능한 후계자의 한 사람이었다. 그의 영향을 받아 주희는 유교에 전념하겠다는 결심을 하게 되었다.

주희는 만년에 조정의 부름을 받아 고위직으로 승진할 수 있는 기회가 여러 번 있었다. 그러나 과감한 직언, 소신 있는 의견, 부패와 사리사욕이 판치는 정치에 대한 비타협적인 공격 등으로 인해 파면되거나 수도로부터 멀리 떨어진 지방관직으로 쫓겨났다. 만년에는 政敵(정적)인 韓侂胄(한탁주, ? ~ 1207)가 그의 학설과 행동에 대해 중상모략을 하여 정치활동이 금지되었다. 그가 죽을 때까지도 정치적인 명예는 여전히 회복되지 않았으나, 그가 죽은 뒤에 곧 회복되었다. 1209년과 1230년에는 그에게 시호가 내려졌고, 1241년에는 그의 위패가 정식으로 공자사당에 모셔졌다.

2) 王守仁(왕수인, 1472 ~ 1528) : 호는 陽明(양명), 자는 伯安(백안), 시호는 文成(문성). 주관적 관념론자. 중국 明(명)나라 시대의 철학자·정치가·군인으로, 호 양명을 따서 '王陽明(왕양명)'이라고 주로 한다. 원래 이름은 王雲(왕운)이었으나, 나중에 수인으로 고쳤다. 陽明學(양명학)을 주장했다. 각처에 학교를 설치하여 후진 교육에 진력하였다. 그의 저서로는 『傳習錄(전습록)』, 『朱子晚年定論(주자만년정론)』, 『大學古本(대학고본)』 등이 있다.

096 見利思義 견리사의

字解 見 : 볼 **견** [見聞(견문) : 보고 들음]
   견해 견 [識見(식견) : 학식과 견해]
   뵐 현 [謁見(알현) : 찾아 뵘]
   나타날 현 [露見(노현) : 감춘 것이 겉으로 드러나 보임]

   利 : **이익 리**(이), 이로울 리(이) [利害(이해) : 이익과 손해. 득실]
   날카로울 리(이) [利劍(이검) : 잘 드는 날카로운 칼]

   思 : 생각 사, **생각할 사** [思考(사고) : 생각함]
   그리워할 사 [思慕(사모) : 생각하고 그리워함]

   義 : **의리 의**, 옳을 의 [信義(신의) : 믿음과 의리]
   뜻 의 [廣義(광의) : 넓은 뜻]

語義 이익이 보일 때, 의리를 먼저 생각한다.
(눈앞에 이익이 보이거든, 먼저 그것을 취함이 의리에 합당한지를 생각함)

 **用例**

▶이미 10년에 걸쳐 거의 1,000여 명의 학생들에게 혜택을 주었으니 말이다. 기쁨과 즐거움은 전염된다는 말이 맞는 모양이다. **見利思義**(견리사의)가 맞다. 눈앞의 이익이 보일 때, 의를 생각하는 것은 우리 그룹의 기업 정신이다. 학교의 장학금 혜택을 한 번이라도 받고 졸업한 분들은 생활이 조금만 좋아지면, 다시 후배들을 위해 장학금을 기부하는 것 같다.

▶『論語(논어)』에서 인용한 '**見利思義**(견리사의)'는 이러한 경우에 적합한 警句(경구)인 것 같습니다. "이익을 보면 정의를 생각하라."는 공자의 교훈에서, 이익은 재물만을 뜻하는 것이 아니라 虛名(허명)도 해당할 것입니다. 격에 맞지 않는 사람이 고위 공직자가 되어서 나라가 혼란스럽게 운영되고 있는 현실을 보면서, 과연 正義(정의)가 무엇일까 생각해 봅니다.

【相對語】見利忘義(견리망의) : 이익이 보이면 의리를 잊는다.

 **論語**(논어) – 憲問篇(헌문편)

중국 春秋(춘추)시대, 孔子(공자)의 제자 子路(자로, B.C.542 ~ B.C.480. 중국 노나라의 정치가이자 무인)가 스승에게 '人間完成(인간완성)'에 대해 묻자, 공자가 다음과 같이 말하였다.

"智慧(지혜)·淸廉(청렴)·無慾(무욕)·勇敢(용감)·藝能(예능)을 두루 갖추고, 禮樂(예악)으로 교양을 높여야 한다.

그러나 오늘날에는, **이익을 보면 의로움을 생각하고[見利思義(견리사의)]**, (나라가) 위태로움을 보면 목숨을 바칠 줄 알고[見危授命(견위수명)], 오랜 약속일지라도 전날의 자기 말을 잊지 않고 실천한다면 [久要不忘平生之言(구요불망평생지언)], 역시 인간완성이라고 할 수 있다[亦可以爲成人矣(역가이위성인의)]."

'見利思義(견리사의)'는 위와 같은 공자의 답변에서 나오는 말로 '見危授命(견위수명)'과 대구를 이루는데, 바꾸어 말하면 '정당하게 얻은 부귀가 아니면 취하지 않고, 의를 보고 행하지 않는 것은 용감함이 아니다.'는 뜻을 담고 있다.

여하튼 見利思義(견리사이)는 각박한 현대사회에서 무조건 利益(이익)만 추구하는 사람들에게 좋은 교훈을 주며, 옛 성현의 생각을 접해볼 수 있는 고사성어라고 할 수 있겠다.

※ **見利思義**(견리사의) **見危授命**(견위수명)
　安重根(안중근) 의사가 뤼순[旅順(여순)] 감옥에서, 나라의 앞날을 걱정하며 쓴 글귀로 더욱 유명해진 말이다 (손가락 하나가 잘린 수인 찍음).

※ **安重根**(안중근, 1879 ~ 1910. 한말 교육자, 독립운동가) : 황해도 해주부 수양산 아래에서 진사 안태훈의 장남으로 태어났다. 안중근의 집안은 천주교 성당 건축에 참여할 정도로 독실한 신앙심을 갖고 있었기 때문에, 안중근 자신도 1895년 천주교 학교에 입학하여 신학과 프랑스어를 배웠다(세례명 : 토마스). 1904년 평양에서 석탄장사를 하다가, 1905년 조선을 사실상 일본의 식민지로 만든 을사늑약이 체결되는 것을 보고 이를 저항해 독립운동에 투신했다. 이어 삼흥학교를 세우고 돈의학교를 인수해 교육에 힘쓰다가, 1907년 연해주로 건너가 의병에 가담하였다.

1908년에는 소수의 의병을 이끌고 함경북도 경흥군으로 2차례 진입하여 일본군 수비대를 습격하여 승리하였으나, 석방한 포로에 의해 위치가 노출되어 회령군 인근에서 일본군의 기습을 받아 부대가 와해되었다. 1909년 초, 안중근은 뜻이 맞는 동지 11인과 함께 '同義斷指會(동의단지회)'를 결성하고 의병으로 재기하기 위해 노력하였다. 안중근은 이때 왼손 넷째 손가락 한 마디를 끊어 결의를 다졌다. 1909년 10월 26일에 청나라 지린성[吉林省(길림성)] 하얼빈역에서 이토 히로부미를 저격 사살했으며, 1910년 3월 26일 사형되었다.

※ **'見利思義(견리사의)'와 유사한 의미의 글귀**
　• 君子喻於義 小人喻於利(군자유어의 소인유어리) 〈孟子(맹자)〉
　　 − 군자는 의로움에 밝고, 소인은 이로움에 밝다.
　• 放於利而行 多怨(방어리이행 다원) 〈孔子(공자)〉
　　 − 이익에 따라 행하면 원망이 많다.
　• 道德的 義務(도덕적 의무) 〈칸트〉
　　 − 머리 위에는 별이 빛나는 하늘, 마음속에는 도덕 법칙.

097 犬馬之勞 견마지로

字解
- 犬 : 개 견 [犬猿之間(견원지간) : 개와 원숭이의 사이처럼 대단히 나쁜 관계]
- 馬 : 말 마 [駿馬(준마) : 잘 달리는 좋은 말]
  산가지 마 [籌馬(주마) : 말의 수효를 셈]
- 之 : 갈 지 [之東之西(지동지서) : 동으로 갔다 서로 갔다 함. 어떤 일에 주견이 없이 갈팡질팡함을 이르는 말]
  의 지 [人之常情(인지상정) : 사람의 보편적 마음]
- 勞 : 수고로울 로(노) [勞苦(노고) : 수고하고 애쓰는 일]
  위로할 로(노) [慰勞(위로) : 괴로움을 어루만져 잊게 함]

語義 개와 말의 하찮은 노력(수고).
(윗사람에게 바치는 자기의 노력)
(자기의 노력을 겸손하게 일컫는 말)

 用例

▶ 이날 김 아나운서는 OBS 입사 시험에서, '**犬馬之勞**(견마지로)'란 사자성어를 거론하며 합격한 사연을 밝혀 눈길을 끌었다.

▶ "말 산업 발전을 위해 **犬馬之勞**(견마지로)를 다하겠습니다." 김○○ 회장이 지난 2008년 9월 한국마사회장으로 취임할 당시 내던진 말이다.

【類義語】 汗馬之勞(한마지로) : 말이 달려 땀투성이가 되는 노고. 전공.
盡忠竭力(진충갈력) : 충성을 다하고 힘을 다함.
犬馬之誠(견마지성) : 개와 말의 정성.
粉骨碎身(분골쇄신) : 뼈가 가루가 되고 몸이 부서지도록 노력함.
股肱之臣(고굉지신) : 넓적다리와 팔뚝 같은 심복 신하.

 史記(사기) – 蕭相國世家(소상국세가), **韓非子**(한비자) – 五蠹(오두)

중국 漢(한) 高祖(고조) 유방은 항우를 이기고 천하를 평정하자, 蕭何[1](소하 : 한의 정치가)의 공이 가장 크다 하여 鄼侯(찬후)로 봉하고, 가장 많은 食邑(식읍 : 공신에게 내리어 그곳의 조세를 받아 먹게 하던 고을)을 주었다. 그러자 공신들은 모두 투덜거리며 불평했다.

"臣(신)들은 몸에 갑옷을 입고 손에는 날카로운 무기를 잡은 채, 많은 이는 백여 번이나 싸웠고 적은 이는 수십 번이나 싸웠습니다. 그런데 蕭何(소하)는 한 번도 <u>汗馬之勞(한마지로)</u>를 다한 적이 없습니다."

 原文 高祖以蕭何功最盛(고조이소하공최성) 封爲諸侯(봉위제후) 所食邑多(소식읍다) 功臣皆曰云云(공신개왈운운) 蕭何未嘗有<u>汗馬之勞</u>(소하미상유한마지로)

高祖(고조) 유방은 짐짓 비유해서 말했다.

"사냥에서 토끼를 쫓아가 죽이는 것은 사냥개지만, 개의 줄을 놓아 짐승을 잡으라고 시키는 것은 사람이다. 지금 그대들의 공은 짐승을 잡는 사냥개와 같지만, 소하의 공은 개를 시켜 짐승을 잡게 하는 사람과 같다."

훗날 蕭何(소하)는 밭과 집을 살 때에도 외진 곳에 마련하면서 말했다.

"훗날 나의 자손이 현명하다면 나의 검소함을 배울 것이고, 현명하지 못하다 해도 남에게는 빼앗기지는 않을 것이다."

아무도 탐내지 않는 땅을 사들인 소하의 땅은 탐내는 사람이 없어, 자손들은 큰 화를 당하지 않고 先祖(선조)의 땅을 지킬 수 있었다.

高祖(고조)와 신하와의 대화에서 나온 말인, 이 '汗馬之勞(한마지로)'에서 '犬馬之勞(견마지로)'라는 말이 파생되었으며, '윗사람에게 바치는 노력' 그리고 '자신의 노력을 겸손하게 일컫는 말'로 쓰이게 되었다. '犬馬之心(견마지심)', '犬馬之誠(견마지성)'이라고도 한다.

---

1) **蕭何**(소하, ? ~ B.C.193. 중국 전한시대의 정치가) : 沛縣[패현 : 지금의 江蘇省(장쑤성)에 속함] 사람으로, 전한 건국의 일등공신이다. 그는 패현의 하급 관리를 지내다가, 기원전 209년 훗날 漢(한)의 高祖(고조)가 된 劉邦(유방)을 도와 秦(진)의 수도 셴양[咸陽(함양)]을 점령했다. 그 후 진의 丞相(승상) 御史府(어사부)에 있던 律令集(율령집)들을 거두어, 전국의 戶口(호구)와 민정을 장악했다. 項羽(항우)가 유방을 漢王(한왕)에 봉했을 때도 그는 한의 승상으로 있으면서, 關中[관중 : 陝西省(산시성) 渭河(웨이허)강 일대] 지방을 중심으로 세력 확대에 주력했고, 韓信(한신)을 유방에게 천거하여 대장으로 삼기도 했다.

　楚(초)·漢(한) 전쟁 때 그는 승상의 신분으로 관중 지방에 머물면서, 그 지역을 漢軍(한군)의 후방기지로 만들어 병력·군비의 보급을 원활하게 했다. 유방이 천하를 평정한 후, 그는 鄭侯(찬후)에 봉해졌으며, 秦(진)의 법을 참고한 '九章律(9장률)'을 만들어 후세에 큰 영향을 미쳤다. 또한 유방이 자신과 姓(성)이 다른 韓信(한신)·陳豨(진희)·英布(영포) 등의 제후들을 암살하는 데 협조하여 相國(상국 : 재상)에 임명되었다.

※ **犬馬之養**(견마지양) : 개와 말을 기르는 봉양. 부모를 봉양하되, 음식으로만 할뿐 공경하는 마음이 형식적인 것을 이른다. '犬馬之誠(견마지성)'이라는 말도 있다. 임금이나 나라에 정성으로 바치는 정성. 자기의 정성을 낮추어 일컫는 말이다.

098 結草報恩 결초보은

字解 結 : <u>맺을</u> **결** [結果(결과) : 열매를 맺음. 결말의 상태]
　　　　끝맺을 결 [結論(결론) : 끝맺는 말이나 글]

　　　 草 : <u>풀</u> **초** [草野(초야) : 풀이 우거진 들판. 시골. 민간]
　　　　시작할 초 [草稿(초고) : 초벌로 쓴 원고]

　　　 報 : <u>갚을</u> **보** [報恩(보은) : 남에게 받은 은혜를 갚음]
　　　　알릴 보, 여쭐 보 [報告(보고) : 상부나 대중에게 일의 내용이나 결과를 말이나 글로 알림]

　　　 恩 : <u>은혜</u> **은** [恩人(은인) : 은혜를 베풀어 준 사람]
　　　　사랑할 은 [恩寵(은총) : 사랑과 총애]

語義 풀을 맺어(묶어) 은혜를 갚는다.
　　　 (죽어 혼령이 되어서라도 은혜를 잊지 않고 갚음)

 用例

▶ 영감의 은혜는 백골난망이외다. 저승에 가서라도 **結草報恩**(결초보은)을 하오리다.

▶ 자유 대한을 지키고 오늘의 번영을 이루게 된 데는, 유엔의 깃발 아래 온몸을 던진 16개 참전국 병사들의 희생이 있었기 때문입니다. 이들에 대한 **結草報恩**(결초보은)의 뜻을 담아 리틀엔젤스가 다시 날개를 활짝 펍니다. 지난 40여 년간, 50여 개국을 돌며 6,000여 회의 공연으로 우리 문화를 세계에 알려온 작은 천사들, 그들의 합창은 천상의 소리입니다.

【類義語】 刻骨難忘(각골난망) : 입은 은혜가 뼈에 새길 만큼 커서 잊혀지지 아니함.
　　　　　 白骨難忘(백골난망) : 죽어서 백골이 되어도 은혜를 잊기 어려움.

 **出典** **春秋左氏傳**(춘추좌씨전)

중국 춘추시대 晉(진)나라에 大夫(대부) 魏武(위무)라는 사람이 살았는데, 그에게는 妾(첩)이 한 명 있었다. 어느 날 위무가 병으로 몸져 눕게 되었다. 아직 제정신일 때, 그는 아들 魏顆(위과)에게 일러 말하였다.

"내가 죽으면, 이 첩을 다른 사람에게 改嫁(개가)를 시켜라."

하더니, 그 뒤 병이 심하여 죽게 되거늘 또 말하되,

"내가 죽으면 이 첩을 殉葬(순장 : 산 사람을 함께 묻는 일)시켜라."

고 유언을 하였다. 아버지가 죽음에 이르자, 아들 위과가 말하되,

"사람이 병이 위중하면 정신이 혼미해지기 마련이니, 차라리 정신이 있을 때의 명령을 좇아서 庶母(서모 : 아버지의 첩)를 개가시키리라."

그리하여 서모를 개가시켜, 殉死(순사 : 남편을 따라 죽음)를 면하게 하였다.

후에 晉(진)나라와 秦(진)나라 사이에 전쟁이 일어나서, 秦(진) 桓公(환공, 제12대 왕. 재위 B.C.744 ~ B.C.707)이 침략하여 왔기 때문에 위과가 전쟁에 나갔다. 秦(진)나라의 大力士(대역사)인 杜回(두회)와 싸우다가 위험한 지경에 이르렀을 때에 두회가 풀에 걸려 넘어져, 위과가 두회를 사로잡아 뜻밖에도 큰 전공을 세울 수가 있었다.

그날 밤, 위과의 꿈속에 한 노인이 나타나서 말을 하는데, 그는 서모의 아버지의 亡魂(망혼 : 죽은 사람의 넋)이었다.

"나는 그대가 출가시켜 준 여인의 아비요. 그대는 아버님이 옳은 정신일 때의 유언에 따라, 내 딸을 출가시켜 주었소. 그래서 나는 그대에게 보답할 길을 찾았는데, 이제야 전쟁터에서 **풀을 묶어 그 은혜를 갚은 것이오**[結草報恩(결초보은)]."

라고 했다.

위의 故事(고사)에서 '結草報恩(결초보은)'이라는 말이 나오게 되었다. 일반적으로 '은혜를 갚는데 풀을 묶는 것이 무슨 연관이 있을까?' 하고 생각하곤 한다. 고사를 통해서만이 그 뜻이 확연히 이해가 된다.

※ **魏顆**(위과)**와 杜回**(두회)**의 전투 상황**

秦(진) 桓公(환공)이 晉(진)나라를 침략하여, 군대를 輔氏(보씨) 지역에 출전시켰다. 秦(진)의 장수 杜回(두회)는 천하에 둘도 없는 유명한 장사였다. 본래는 白翟(백적) 사람인데, 하루는 산으로 사냥을 나가서 주먹으로 호랑이 다섯 마리를 때려잡아, 모두 가죽을 벗겨 가지고 돌아왔다. 진 환공이 두회의 용맹함을 소문으로 듣고 불러 우장군으로 삼았다. 두회는 장군이 되자, 삼백 명의 군사만을 데리고 嵯峨山(차아산)에 할거하고 있던 산적 만여 명을 잡아들여, 이름이 진나라 안을 진동시켰다. 그 공으로 두회는 대장군이 되었다.

輔氏(보씨) 지역에 있던 晉(진)의 魏顆(위과)는 陣(진)을 펼치고, 두회와의 싸움에 대비하였다. 두회는 말도 타지 않고 큰 도끼를 손에 들고, 역시 손에 도끼를 든 역전의 용사 삼백 명을 거느리고 아무것도 거칠 것 없이 晉軍(진군) 쪽으로 쳐들어왔다. 그들은 밑으로는 말의 다리를 찍고 위로는 장수들을 베는데, 마치 하늘에서 하강한 악귀처럼 보였다. 두회와 그 부하들을 막을 수가 없었던 진군의 전위부대는 크게 패하였다. 위과는 진군에게 후퇴 명령을 내리고, 진을 굳게 봉쇄하고 절대 출전하면 안 된다고 명령을 내렸다.

두회가 삼백의 도부수를 데리고 진군의 진영 앞으로 나와 삼일 밤낮을 욕설을 하며 싸움을 걸어왔지만, 위과는 감히 싸움에 응하지 못했다. 위과는 막사에 앉아서 여러 가지 궁리로 고민을 하였으나, 별 뾰쪽한 방법이 없

었다. 이윽고 시간이 三更(삼경)이 되자, 피곤을 못 이기고 몽롱한 상태에서 깜빡 잠이든 중에, 누군가가 귀에 대고 '靑草坡(청초파)'라고 말해 주는 것을 들었다. 위과는 얼떨결에 꿈에서 깨어났으나, 그 뜻을 풀 길이 없었다. 다시 잠을 청하여 자는데, 똑같은 꿈을 꾸게 되었다. 위과는 동생 魏錡(위기)를 불러 자기가 꿈속에서 들은 이야기를 했다. 위기가 꿈 이야기를 듣고 말했다.

"輔氏(보씨)들이 사는 땅 왼쪽으로 십리를 가면 큰 언덕이 있는데, 그 이름을 靑草坡(청초파)라고 합니다. 혹시 우리가 이곳에서 진군을 물리칠지 모르겠습니다. 제가 군마를 끌고 먼저 가서 매복을 하고 있으면, 형님께서는 남은 군사를 이끌고 출전하여 이곳으로 적군을 유인한 후, 협공하면 승리를 취할 수 있을 것입니다."

위기가 매복을 하기 위하여 먼저 가고, 위과는 군사들에게 명령을 내렸다.

"진채를 거두어 모두 黎城(여성)으로 돌아간다."

위과가 후퇴한다고 군대를 물리자, 과연 두회가 그 뒤를 추격해 왔다. 위과는 두회와 몇 합을 겨루다가, 못 이기는 척하며 전차를 돌려 도주하여 두회를 청초파까지 유인하였다. 그러자 두회의 뒤쪽에서 갑자기 큰소리가 나며 위기의 복병이 쏟아져 나와, 두회의 군사를 공격했다. 위과도 도망을 치다가 몸을 돌려 위기와 함께 두회를 양쪽에서 포위하여 공격하였으나, 정작 두회는 전혀 두려워하지 않고 120근짜리 도끼를 상하좌우로 힘껏 마구 휘둘러, 많은 장졸이 두회의 도끼에 죽어 나갔다. 위씨 형제는 군사를 독려하여 두회와의 싸움에서 끝까지 한 발자국도 물러서지 않았다. 잠깐 사이에 청초파의 중간 지점까지 달려온 두회는 갑자기 헛발을 내딛고 앞으로 넘어졌다.

晉(진)의 군사들이 지르는 함성을 듣고, 위과가 두 눈을 크게 뜨고 秦軍(진군) 쪽을 자세히 살펴보니, 한 노인이 멀리서 보이는데 도포를 걸치고 짚신을 신은 것이 마치 농부의 모습을 하고, 파란 풀들을 한 가닥으로 묶어 두회의 발목을 붙들고 있었다. 위과와 위기의 전차 두 대가 두회에게 다가가서 둘이 동시에 창을 겨눠 땅바닥에 쓰러트린 다음, 생포하여 결박을 짓게 하였다. 두회가 거느렸던 살수들은 사방으로 흩어져 도망가다가, 晉軍(진군)의 추격에 거의 다 죽고, 도망간 사람은 사오십 명에 불과하였다.

위과가 사로잡힌 두회에게 물었다.

"너는 스스로 영웅 행세를 해 왔는데, 어찌하여 포로가 되었는가?"

"나의 두 발이 마치 무엇에 걸리는 것 같아 도저히 움직일 수가 없었다. 이것은 하늘의 뜻이라, 내 힘으로는 안 되는 일이었다."

위과가 속으로 참으로 기이한 일이라고 생각했다. 위기가 두회의 처리 문제에 대해서 의견을 말했다.

"두회는 힘이 무쌍한 사람이라 군중에 그대로 놔두면, 큰 변이 일어나지 않을까 근심이 됩니다."

위과는 즉시 두회를 斬首(참수)토록 하고, 稷山(직산)에 있던 晉(진) 景公(경공)에게 전과를 보고했다.

※ **魏顆(위과)를 칭송한 髥仙(염선)의 시**

結草何人亢杜回(결초하인항두회)
　누가 풀을 묶어 두회를 잡게 했는가?
夢中明說報恩來(몽중명설보은래)
　꿈속에 노인이 나타나서 은혜를 갚기 위해 왔다고 했다.
勸人廣積陰功事(권인광적음공사)
　사람들에게 음덕을 널리 쌓으라고 권하노라.
理順心安福自該(이순심안복자해)
　마음을 순리에 맞추어 편안히 하면, 스스로 복받지 않겠는가?

099 傾國之色 경국지색

字解
傾 : 기울 경 [傾斜(경사) : 비스듬히 기울어짐]
　　위태로울 경 [傾國(경국) : 나라를 위태롭게 함]
國 : 나라 국 [國是(국시) : 나라가 내세운 정책상의 기본 방침]
之 : 의 지 (소유격, 어조사) [管鮑之交(관포지교) : 관중과 포숙아의 사귐]
色 : 빛 색 [色彩(색채) : 빛깔]
　　색 색 [色情(색정) : 남녀 간의 욕정. 색을 좋아하는 마음]

語義 (임금이 혹하여) 나라를 위태롭게 할 정도의 미인.
(뛰어나게 아름다운 미인. 국력을 기울게 할 만한 미인)

 用例

▶楊貴妃(양귀비)는 중국의 대시인 이백과 백거이 등이 그 아름다움을 노래할 정도로 유명하였을 뿐만 아니라, **傾國之色**(경국지색)이라고 일컬어지는 중국의 대표적 미인인데, 본명은 양옥환이고, 지금의 섬서 화음현 출신입니다.

▶전설처럼 그렇게 사람들에게 떠내려져 오는, 비단 왕소군뿐만이 아니라 지난 역사 속에서 회자되었던 수많은 아름다운 여인들, 서시·초선·달기, 그러한 여인들은 가히 **傾國之色**(경국지색)이라는 수식어가 어울리는 여인들이었다.

【類義語】丹脣皓齒(단순호치) : 붉은 입술과 하얀 치아. 미인.
　　　　萬古絶色(만고절색) : 고금에 예가 없이 뛰어난 미색.
　　　　雪膚花容(설부화용) : 눈처럼 흰 살갗과 꽃처럼 고운 얼굴.
　　　　絶世佳人(절세가인) : 세상에 견줄 데 없이 아름다운 사람.
　　　　朱脣白齒(주순백치) : 붉은 입술과 흰 치아. 미인.
　　　　天下一色(천하일색) : 세상에 드문 아주 뛰어난 미인.
　　　　花容月態(화용월태) : 꽃다운 얼굴과 달 같은 자태.

 ① 漢書(한서) - 外戚傳(외척전)

　중국 漢 武帝(한 무제, B.C.156 ~ B.C.79, 전한의 제7대 황제) 때, 協律都尉(협률도위 : 음악을 관장하는 관직) 李延年(이연년)은 음악적인 재능이 풍부한 사람으로, 다음과 같은 시를 지었다.

北方有佳人(북방유가인)
　북방에 아름다운 사람이 있어,

絶世而獨立(절세이독립)
　세상과 떨어져 홀로 서 있네.

一顧傾人城(일고경인성)
　한 번 돌아보면 성을 위태롭게 하고,

再顧傾人國(재고경인국)
　두 번 돌아보면 나라를 위태롭게 한다.

寧不知傾城與傾國(영부지경성여경국)
　어찌 성이 위태로워지고 **나라가 위태로워지는 것**을 모르리오마는,

佳人難再得(가인난재득)
　아름다운 사람은 다시 얻기 어렵도다.

이 노래는 한무제 앞에서 절세미인인 자기 누이동생을 자랑하여 부른 것이었다. 무제는 이때 이미 50고개를 넘어 있었고, 사랑하는 여인도 없이 쓸쓸한 처지였으므로 당장 그녀를 불러들이게 하였다. 무제는 그녀의 아름다운 자태와 날아갈 듯이 춤추는 솜씨에 매혹되었는데, 이 여인이 무제의 만년에 총애를 독차지하였던 李夫人(이부인)이었다. 그러나 그녀가 병들었을 때, 무제가 문병을 와서 얼굴 보기를 청하였으나, 초췌한 얼굴을 보이기 싫다고 끝내 얼굴을 들지 않았다 한다.

 ② **白居易**(백거이) – 長恨歌(장한가)

漢皇重色思傾國(한황중색사경국)
　한나라 황제는 색을 중시하여 **아름다운 미인**을 생각하고,

御宇多年求不得(어우다년구부득)
　황제에 오른 후 많은 해 동안 구했으나 얻지 못하였다.

楊家有女初長成(양가유녀초장성)
　양씨 가문의 한 아씨가 갓 장성하였는데,

養在深閨人未識(양재심규인미식)
　깊은 규방에서 자라 사람들은 알지 못했지만,

天成麗質難自棄(천성려질난자기)
　타고난 미모는 그대로 묻힐 리 없어,

一朝選在君王側(일조선재군왕측)
　어느 날 갑자기 선택되어 군왕을 모시게 되었다.

廻眸一笑百媚生(회모일소백미생)

눈동자를 돌려 한 번 웃으면 백 가지 아첨이 생겨나니,

六宮粉黛無顏色(육궁분대무안색)
육궁의 단장한 미인들이 무색해졌다.

 ③ **李白**(이백) – *清平調詞*²⁾(청평조사) 三(삼)

名花傾國兩相歡(명화경국량상환)	모란꽃과 **뛰어난 미인**이 서로 반기니,
常得君王帶笑看(상득군왕대소간)	항상 눈웃음 띤 임금님 물리지 않네.
解釋春風無限恨(해석춘풍무한한)	봄바람에 끝없는 한은 눈같이 녹아,
沈香亭北倚欄干(심향정북의난간)	침향정 북쪽 난간에 흐뭇이 기댔네.

---

1) **長恨歌**(장한가) : 중국 당나라 때에 백거이가 지은 서사시. 모두 七言(7언) 120구로 되어 있다. 唐(당) 玄宗(현종)이 楊貴妃(양귀비, 719 ~ 756. 본명은 양옥환, 양태진)에게 홀려 政事(정사)를 소홀히 하자, 혼란한 틈을 타서 '安史(안사)의 亂(난)'이 일어난다. 六軍(6군)의 강압에 의해 양귀비를 자살하게 하나, 현종은 양귀비가 그리워 잊지 못한다. '長恨歌(장한가)'는 이 비련을 漢武帝(한무제)와 李夫人(이부인)의 故事(고사)에 假託(가탁)하여 노래한 것이다.

2) **淸平調詞**(청평조사) : 이백이 양귀비에 대해 지은 총 3편의 가사. 淸平調(청평조)는 樂府(악부 : 인정·풍속을 내용으로 읊은 한시의 한 체)의 제목이고, 詞(사)는 그 악곡의 가사를 말한다. 743년 봄, 唐(당) 玄宗(현종)이 양귀비와 함께 沈香亭(침향정) 연못가에서 모란을 玩賞(완상 : 즐겨 구경함)하고 있었다.

　현종은 이백을 불러 이 모습을 시로 짓게 했다. 그러나 평소 술과 더불어 醉生夢死(취생몽사 : 술에 취한 듯 살다가 꿈을 꾸듯이 죽는다는 뜻으로, 한평생을 의미 없이 살아감) 해 온 이백은 이날도 어전에 불려 나왔으나 長醉不醒(장취불성 : 늘 술에 취하여 깨어나지 아니함), 도무지 깨어날 줄을 몰랐다. 찬물을 끼얹고, 몸을 주무르는 법석을 떤 끝에 겨우 의식을 차린 이백, 술기운이 가시지 않은 혼미한 가운데 붓을 들어 단숨에 연작시 세 편을 지어 바치니, 이것이 청평조사다. 3首(수) 중 두 번째 시에 있는 漢(한)나라의 成帝(성제)를 유혹한 趙飛燕(조비연)과 자신을 비유한 글귀를 문제 삼아 양귀비가 왕에게 참소하니, 이로써 李白(이백)은 추방당하게 된다. 양귀비 사후에 사면되었다. 아래에 청평조사 3수 중, 첫 번째와 두 번째의 시를 소개한다.

雲想衣裳花想容(운상의상화상용)	구름 같은 치맛자락, 꽃 같은 얼굴.
春風拂檻露華濃(춘풍불함노화농)	살랑이는 봄바람. 영롱한 이슬일레라.
若非群玉山頭見(야비군옥산두견)	군옥산 마루서 못 볼 양이면,
會向瑤臺月下逢(회향요대월하봉)	요대의 달 아래서 만날 선녀여!

一枝濃艶露凝香(일지농염노응향)	한 가지 농염한 이슬에 향기 엉긴 모란꽃.
雲雨巫山枉斷腸(운우무산왕단장)	구름비 된다던 무산녀 애만 끊이로라.
借問漢宮誰得似(차문한궁수득사)	묻노니, 한나라 궁궐에서 뉘에 비기리.
可憐飛燕倚新粧(가련비연의신장)	가련하게 새 단장한 조비연이면 혹시 모를까?

100 鷄卵有骨 계란유골

字解
- 鷄 : 닭 계 [鷄冠(계관) : 닭의 볏. 맨드라미]
- 卵 : 알 란(난) [累卵(누란) : 쌓아 놓은 알. 위태로운 형편]
  기를 란(난) [卵育(난육) : 품에 안아서 기름]
- 有 : 있을 유 [有給(유급) : 급료가 있음]
  가질 유 [所有(소유) : 가지고 있음]
- 骨 : 뼈 골 [遺骨(유골) : 남긴 뼈. 죽은 사람의 뼈]

語義 달걀에도 뼈가 있다. 계란이 곯아 있다.
(운수가 나쁜 사람은 모처럼 좋은 기회를 만나도 역시 일이 잘 안 됨)

 用例

▶ 鷄卵有骨(계란유골)이라더니 하는 일마다 번번이 실패를 한다.
▶ 鷄卵有骨(계란유골)은 조선시대 판 '머피의 법칙'을 뜻한다. 즉, 운이 나쁜 사람은 모처럼의 좋은 기회가 와도, 무엇 하나 뜻대로 되는 일이 없음을 가리키는 말이다.
▶ '계란 속에서 소 잡을 공론을 한다.'라는 우리 속담은 늘 일이 잘 안 풀리던 사람이 모처럼 좋은 기회를 만났건만, 그 일마저 역시 잘 안 됨을 이르는 말이다. 이를 한자어로 '鷄卵有骨(계란유골)'이라 한다. '계란 속에 뼈가 있다.'는 곧 '썩었다'는 말이다.

 **大東韻府群玉**(대동운부군옥, 선조 때 권문해가 편찬한 백과사전)
松南雜識(송남잡지, 조선 후기 학자 조재삼이 자녀 교육을 위해 지은 책)

대부분의 故事成語(고사성어)는 중국의 역사와 인물에서 유래되었지만, 이 '鷄卵有骨(계란유골)'은 우리나라의 역사와 인물에서 유래된, 몇 안 되는 말 중의 하나다. 우리나라에서 유래된 고사성어로는 弘益人間(홍익인간 - 고조선, 단군), 視金如石(시금여석 - 고려, 최영), 咸興差使(함흥차사 - 조선, 이성계), 我田引水(아전인수 - 조선, 정도전), 泥田鬪狗(이전투구 - 조선, 정도전), 興淸亡淸(흥청망청 - 조선, 연산군), 白衣從軍(백의종군 - 조선, 이순신), 三日天下(삼일천하 - 조선, 김옥균), 賊反荷杖(적반하장 - 조선, 홍만종의 순오지), 杜門不出(두문불출 - 고려말, 유신) 등이 있다.

우리나라 조선 世宗[1](세종) 때, 영의정을 지낸 黃喜[2](황희) 정승은 어질고 검소한 생활을 하였다. 황희 정승이 매우 청렴하여, 관복도 한 벌로 빨아 입고 장마철에는 집에 비가 샐 지경이었다. 세종대왕은

황희 정승의 생활이 가난한 것을 알고 도와줄 방법을 생각하였다. 궁리 끝에 왕은,

"내일 아침 일찍 남대문을 열었을 때부터 문을 닫을 때까지, 문 안으로 들어오는 물건을 다 사서 황희 정승에게 주겠다."

라고 하였다.

그러나 그날은 뜻밖에 새벽부터 몰아친 폭풍우가 종일토록 멈추지 않아, 남대문을 드나드는 장사치가 한 명도 없었다. 그러다가 다 어두워져 문을 닫으려고 할 때, 한 시골 영감이 달걀 한 꾸러미를 들고 들어왔다. 세종은 약속대로 이 달걀을 사서 황희에게 주었다. 그런데 황희가 달걀을 가지고 집으로 돌아와 삶아 먹으려고 하자, 달걀이 모두 곯아서 한 알도 먹을 수 없었다. 이 일에서 '鷄卵有骨(계란유골)'이라는 성어가 생겼다.

한편으론 옛부터 '계란에도 뼈가 있다.'는 속담이 있었고, 이 말이 漢字化(한자화)되어 鷄卵有骨(계란유골)이라는 四字成語(사자성어)가 되었다는 견해도 있다. 또한 계란유골의 원래 주인공은 고려 예종 때의 문신 康日用(강일용, ? ~ ?)이라고도 전한다.

---

1) 世宗(세종, 1397 ~ 1450. 조선 제4대 왕. 재위 1418 ~ 1450) : 재위 기간 동안 유교 정치의 기틀을 확립하고, 貢法(공법 : 토지에 부과하는 세금제도)을 시행하는 등 각종 제도를 정비해 조선왕조의 기반을 굳건히 했다. 또한 한글의 창제를 비롯하여 조선시대 문화의 융성에 이바지하고, 과학 기술을 크게 발전시키는 한편, 축적된 국력을 바탕으로 국토를 넓혔다. 이름은 祹(도). 자는 元正(원정). 太宗(태종, 1367 ~ 1422. 조선 제3대 왕. 재위 1401 ~ 1418. 이름은 방원)의 셋째 아들이며, 어머니는 元敬王后(원경왕후) 閔(민)씨이다. 妃(비)는 靑川府院君(청천부원군) 沈溫(심온)의 딸 昭憲王后(소헌왕후)이다. 1명의 정비와 5명의 후궁 사이에 18남 4녀를 두었다.

2) 黃喜(황희, 1363 ~ 1452) : 조선시대의 名臣(명신). 초명은 壽老(수로). 자는 懼夫(구부). 호는 厖村(방촌). 세종 때에 18년간 영의정을 지내면서 농사법을 개량하고, 禮法(예법)을 개정하는 등 문물제도의 정비에 힘썼으며, 어질고 깨끗한 관리의 표본이 되었다. 조선 초기 국가의 기틀을 마련하는 데 노력한 유능한 정치가일 뿐만 아니라, 淸白吏(청백리)의 典型(전형)으로서 조선왕조를 통틀어 가장 뛰어난 재상으로 꼽히고 있다. 저서에 『厖村集(방촌집)』이 있다.

※ '鷄卵有骨(계란유골)'과 비슷한 뜻을 가진 俗談(속담)
- 재수 없는 포수는 곰을 잡아도 웅담이 없다.
- 도둑을 맞으려면 개도 안 짖는다.
- 밀가루 장사를 하면 바람이 불고, 소금 장사를 하면 비가 온다.
- 짚신 장사를 하면 비가 오고, 우산 장사를 하면 볕이 나고 바람이 분다.
- 재수가 없는 사람은 뒤로 자빠져도 코가 깨진다.

※ **黃喜**(황희) **정승의 몇 가지 逸話**(일화)
① 진눈깨비가 내린 어느 겨울날, 퇴궐한 영의정 황희가 부인에게 말했다.

"부인, 서둘러 옷을 뜯어서 빨아 주시오. 밤새 말리고 꿰매면, 내일 아침 入闕(입궐)할 때 입을 수 있을 것이오."

황희의 겨울옷은 단벌이었다. 황희가 속옷차림으로 책을 뒤적이고 있을 때였다.

"대감마님. 속히 입궐하라는 御命(어명)이십니다."

부인은 당황했다.

"에그머니! 대감, 큰일 났습니다. 어서 입궐하셔야 하는데, 무얼 입고 들어가신단 말입니까?"

황희는 잠시 생각하다가 대답했다.

"하는 수 없소. 그 솜을 이리 주시오."

"솜이라니요?"

"바지저고리를 뜯어 빨았으면 솜이라도 있지 않겠소?"

"대감도 참 딱하십니다. 어느 안전이라고 솜만 꿰고 입궐하시겠단 말씀입니까?"

"그럼 어쩌겠소? 어명이니 입궐하지 않을 수도 없고, 그렇다고 벌거벗은 채 官服(관복)만 걸칠 수는 없는 일이니, 어서 솜을 가져오시오."

황희는 부인이 가져온 솜을 몸에 둘렀다.

"부인, 실 좀 주시오. 굵은 실로…… ."

부인이 바지 솜과 저고리 솜을 실로 얼기설기 이어주자, 황희는 그 위에 관복을 덧입고 서둘러 입궐했다. 영의정 이하 중신들을 불러놓고, 경상도에 침입한 倭寇(왜구)를 물리칠 대책을 강구하라 이르던 세종의 눈에, 황희의 관복 밑으로 비죽이 나온 하얀 것이 얼핏 보였다. 세종은 양털인 줄 알고 속으로 생각했다.

'그것 참 이상하도다. 청렴하고 검소하기로 소문난 황 정승이 양털로 옷을 해 입다니…….'

회의가 끝나고 세종은 황희를 가까이 오라고 이르셨다.

"과인이 듣기로 경의 청렴결백이야말로 타의 龜鑑(귀감 : 본받을 만한 모범)이 되며, 하늘에게까지 상달된 것으로 아는데, 어찌 오늘은 양털 옷을 입으시었소?"

황희는 당황하여 가까스로 대답했다.

"전하, 아뢰옵기 황송하오나…… 실은 …… 저어 …… 이것은 양털이 아니오라 솜이옵니다."

"솜? 솜이라니? 왜 솜을 걸치고 다니시오?"

"예, 전하. 신은 겨울옷이…… 단벌이옵니다. 오늘은 마침 일찍 退闕(퇴궐)하였사옵기에, 그 옷을 뜯어서……."

"아니, 이럴 수가…… 領相(영상 : 영의정의 다른 이름), 이리 좀 더 다가오시오, 이럴 수가……."

세종은 황희의 옷 밑으로 빠져 나온 솜을 만져 보았다.

"영상, 일국의 領相(영상)이 청렴한 것도 분수가 있지요. 단벌옷으로 겨울을 난다니, 어찌 그럴 수가 있소. 여봐라! 영상 대감에게 당장 비단 열 필을 내리도록 하라!"

황희는 정색을 하며 아뢰었다.

"전하, 아뢰옵기 황송하오나, 방금 내리신 어명은 거두어 주시옵소서. 지금 이 나라 백성들은 계속된 흉년으로 인하여 헐벗고 굶주리는 자가 많사옵니다. 이런 때에 어찌 영상인 신의 몸에 비단을 걸치리까? 솜옷 한 벌도 과분하오니, 이 점 洞燭(통촉)하여 주시옵소서."

"오! 과연 경다운 말이오. 과인이 龍袍(용포)를 걸치고 있음이 부끄럽소이다."

결국, 세종은 비단 下賜(하사)하기를 그만두었다고 한다.

② 황희가 政丞(정승)이 되었는데도, 다 쓰러져가는 초가집에서 담장도 없이 살아 마당이 더럽다는 얘기를 들은 세종은, 황희를 위해서 비밀리에 工曹判書(공조판서)를 불러들여 황희의 집 주변에 몰래 담장을 쌓으라고 지시하였다. 그래서 공조판서는 건축업자 여러 명을 모아, 비가 오는 밤 시간을 맞추어 황희의 집으로 갔다. 그리고는 서둘러 집 둘레에 담장을 쌓기 시작했는데, 갑자기 한 쪽의 담장이 무너지면서 황희가 방문을 열어 이들의 행실이 밝혀지게 되었다.

그래서 공조판서는 황희에게 불려갔는데, 공조판서가 원래는 이러이러해서 이렇게 됐다고 말하자, 황희는 비록 자신이 정승이지만 아직 백성들은 가난하게 담장이 없이 사는 사람들이 많다며, 담장을 쌓으라고 했던 세종의 명을 거두어 달라고 奏請(주청 : 임금에게 아뢰어 청함)하였다. 그러자 세종과 주변의 신하들은 황희의 淸廉(청렴)함을 확실히 알고 감동하며 울기도 하였다.

③ 황희는 너무 청렴하게 살다 보니, 자신의 딸이 시집을 가는데도 婚需品(혼수품)을 살 돈조차 없을 지경이었다. 그래서 이 소식을 들은 세종은 황희의 청렴함이 지극하다는 것을 알고 있었으므로, 신하들과 상의하여 황희의 딸이 시집을 갈 때, 혼수품을 살 돈은 물론 그 규모도 공주나 옹주 못지않게 성대하게 열어 주었다. 이를 본 백성들은 황희는 하늘이 내려주신 인물이라며 더욱더 존경하고 따랐다.

④ 金宗瑞(김종서, 1383 ~ 1453. 조선의 문신이자 명장)는 북방의 六鎭(육진)을 개척한 공로로 兵曹判書(병조판서)가 되어, 六曹(육조)에 들어와 거만함을 떨며 다녔다. 그러던 어느 날, 영의정 황희가 정승과 판서들이 모여 회의하는 자리에 미리 와서 있었는데, 잠시 후 김종서가 들어왔다. 그런데 무례하게도 김종서는 영상대감이 앞에 있는데도 거드름을 피우며 의자에 삐딱하게 앉았다. 그러자 황희는 노기를 띠며 밖에 대고 이렇게 소리를 쳤다.

"병조판서께서 의자의 다리 한쪽이 짧으신가 보니, 와서 의자 다리 한쪽을 손질해 드려라!"

이 말이 떨어지기 무섭게, 김종서는 놀라며 자신의 무례함을 빌고 용서를 구했다. 하지만 황희는 이렇게 말하며 화를 내고 나가버렸다.

"앞으로 의자 다리가 짧거든 반드시 수리하시오!"

그래서 이 일이 있은 후, 김종서는 그 동안 거드름을 피우던 일을 싹 고치고 곧은 신하로 지내게 되었다. 또 이런 말이 퍼지게 되었다. 사나운 호랑이와 女眞族(여진족)이 공격하는데도, 두 눈 깜빡 안 하던 호랑이 장군이 황희의 한 마디에 놀라며 빌었다.

101 膏粱珍味 고량진미

字解 膏 : <u>기름 고</u> [膏血(고혈) : 사람의 기름과 피]
고약 고 [膏藥(고약) : 헌데나 곪은 데에 붙이는 끈끈한 약]

粱 : 조 량(양), 기장 량(양) [粱饘(양전) : 조로 쑨 죽]
<u>좋은 곡식 량(양)</u> [粱肉(양육) : 좋은 곡식으로 지은 밥과 고기 반찬]

珍 : <u>보배 진</u> [珍貴(진귀) : 보배롭고 귀중함]

味 : <u>맛 미</u>, 맛볼 미 [味覺(미각) : 맛의 감각]
뜻 미 [意味(의미) : 어떤 말이 나타내고 있는 내용. 뜻]

語義 기름진 고기와 좋은 곡식으로 만든 맛있는 음식.
(고급스럽고 맛있는 음식. 매우 훌륭한 요리)

 用例

▶**膏粱珍味**(고량진미)도 나물국부터 시작하고, 천리 길도 문 앞에서부터 시작하는 법. 나의 오늘 역시 내일의 희망을 향해 걸어가는 첫걸음이다.

▶**痰飮**(담음)은 단순히 '담이 결리다.'의 뜻만이 아니라, 인체의 체액대사 중에 생기는 병리적인 산물의 총칭이다. 한의학에서 '十病久痰(십병구담)'이란 말이 있는데, '열 가지 병 중에 아홉 가지는 담음이 원인'이라고 할 정도로 많은 질환의 원인을 제공한다. 담음은 주로 음식이 소화기관을 거쳐 영양물질로 변해 혈액과 체액이 되는 일련의 과정에서 생성되는데, 체액대사를 담당하는 脾臟(비장)의 기능 저하가 주원인이다. 주로 **膏粱珍味**(고량진미)의 섭취로 노폐물의 과다한 생성이 문제가 된다.

[類義語] 珍羞盛饌(진수성찬) : 맛이 좋은 음식으로 잘 차린 것.
山海珍味(산해진미) : 산과 바다의 산물을 다 갖추어 아주 잘 차린 진귀한 음식.
水陸珍味(수륙진미) : 강과 바다, 육지에서 나는 맛있는 음식물.
龍味鳳湯(용미봉탕) : 용 고기로 맛을 낸 요리와 봉새로 끓인 탕.
食前方丈(식전방장) : 사방 열 자의 상에 잘 차린 음식.

出典 ① **孟子**(맹자) 告者(고자) 上篇(상편) – "膏粱(고량)"

孟子(맹자)가 말하기를,

"귀하게 되려고 하는 마음은 사람마다 다 같다. 사람마다 자기가 고귀한 것을 갖고 있으면서도 그것을 알지 못하고 있다. 남이 귀하게 만들어 주는 것은 참으로 귀한 것이 아니다. 趙孟[1](조맹)이 귀하게 만들어 준 것은, 조맹이 그것을 천하게 만들 수도 있다. 『詩經(시경)』에서 '술에 흠씬 취하였고, 德(덕)에 이미 배불렀네.'라고 하였다. 이것은 仁義(인의)의 德(덕)에 배불렀다는 것이다. 그래서 남이 즐기는 **기름진 고기나 좋은 곡식**을 바라지 않게 되고, 좋은 평판이나 널리 알려지는 명예가 자기 자신에 갖추어져 있기 때문에, 다른 사람의 문양과 수놓은 옷을 바라지 않게 된다."

原文 孟子曰(맹자왈) 欲貴子(욕귀자) 人之同心也(인지동심야) 人人有貴於己者(인인유귀어기자) 弗思耳(불사이) 人之所貴者(인지소귀자) 非良貴也(비량귀야) 趙孟之所貴(조맹지소귀) 趙孟能賤之(조맹능천지) 詩云(시운) 旣醉以酒(기취이주) 旣飽以德(기포이덕) 言飽乎仁義也(언포호인의야) 所以不願人之膏粱之味也(소이불원인지고량지미야) 令聞廣譽施於身(영문광예시어신) 所以不願人之文繡也(소이불원인지문수야)

② 司馬光[2](사마광) 枇杷洲詩(비파주시) – '珍味(진미)'

사마광의 '비파주시'에,
"周(주)나라 관리는 **진귀한 음식**[珍味(진미)]을 거두고, 漢(한)나라 정원엔 꽃들이 맺혔구나."
라는 구절이 있다.

위의 두 고사에서 즉 '膏粱(고량)'은 『맹자』「고자 상편」, '珍味(진미)'는 '사마광의 비파주시'에서 나온 말로, 이 둘이 합하여 '膏粱珍味(고량진미)'라는 故事成語(고사성어)가 생기게 되었다. 한마디로 '맛있는 음식'을 말할 때, 珍羞盛饌(진수성찬)과 함께 일반적으로 가장 널리 쓰이는 말이다. 〈진수성찬의 羞(수)자는 '부끄럽다'는 訓(훈) 이외에 '음식'이라는 뜻도 있다.〉

---

1) **趙孟**(조맹, 조무휼 또는 조양자. B.C.475 ~ 425) : 晉(진)나라의 大夫(대부)로 六卿(육경) 중의 한 사람. 진의 최대 실권자이자 최대의 영토를 보유한 知伯(지백)의 공격을 백성의 단합된 힘으로 막아 내고, 韓(한)·魏(위)와 연합군을 형성하여 지백을 무찌르고 趙(조)나라를 세웠다.

2) **司馬光**(사마광, 1019 ~ 1086) : 중국 北宋(북송) 때의 학자·정치가·시인. 유교 경전을 공부했으며, 과거에 합격한 후 고속 승진했다. 1069년 ~ 1085년에는 개혁가 王安石(왕안석)의 급진적인 개혁에 반대하는 당파인 舊法黨(구법당)을 이끌었다. 유교 경전 해석에 보수적 입장을 취했던 그는 단호한 조치보다는 도덕적인 지도력을 통해, 그리고 엄청난 변화보다는 기존 기구의 활성화를 통해 훌륭한 정부를 만들 것을 주장했다. 죽기 직전에 왕안석 일파의 新法黨(신법당)을 조정에서 제거하는 데 성공했으며, 자신은 門下侍郞(문하시랑), 즉 재상에 임

명되어 왕안석이 시행한 개혁정책을 대부분 폐지했다.

사마광은 편찬국 관리들과 함께 B.C.403 ~ A.D.995년의 중국 역사를 다룬 『資治通鑑(자치통감)』을 편찬했는데, 이 책은 공자가 편찬했다고 알려져 있는 『春秋(춘추)』에 필적하는 편년체 역사서로, 중국에서 가장 뛰어난 역사서 가운데 하나이다. 그는 유교적 도덕론의 관점에서 인물·기구를 비평했다. 그의 관심은 대부분 정치적 사건에 집중되어 있었으나, 祭禮(제례)·音樂(음악)·天文(천문)·地理(지리)·經濟(경제) 등과 같은 다양한 주제들도 다루었다.

※ 司馬光(사마광)에 대한 일화

① 항아리를 깬 사마광

사마광이 어렸을 때의 이야기이다. 어느 날, 동네 아이들과 신나게 놀다가, 한 아이가 커다란 항아리에 빠지게 되었다. 그 큰 항아리 속에는 물이 가득 담겨져 있기 때문에, 그 아이의 목숨이 위태로웠다. 모든 아이들이 발을 동동 구르기만 할 뿐, 어찌할 바를 모르고 있었다. 이때 사마광이 돌을 들어, 그 항아리를 힘껏 내리쳤다. 그러자 항아리가 깨지면서 물이 와르르 쏟아졌고, 물에 빠졌던 아이는 살아날 수 있었다. 이 말을 들은 마을 어른들이 사마광을 크게 칭찬하며 이렇게 말했다.

"기특한지고! 장차 크게 될 인물이로다."

그는 후에 큰 학자가 되고 재상이 되었다.

② 자식에게 검소함을 가르친 사마광

사마광은 일생 동안 많은 감동적인 일화들을 남겼다. 史料(사료)의 기재에 따르면, 사마광은 일을 하거나 가정에서 생활할 때, 특히 자식들에게 사치를 경계하고 몸을 삼가며 근검절약하도록 가르쳤다고 한다.

『자치통감』이란 巨作(거작)을 완성하기 위해, 그는 范祖禹(범조우)·劉恕(유서)·劉儉(유검) 등을 조수로 했을 뿐만 아니라, 자신의 아들인 司馬康(사마강)도 작업에 참여시켰다. 한번은 아들이 책을 읽을 때, 손톱으로 책장을 넘기는 것을 본 사마광이 불같이 화를 내며 자신이 책을 애호하는 방법을 진지하게 알려주었다.

역사 서적을 통해 나라를 다스리는 데 도움이 되는 거울을 만들기 위해, 그는 15년 동안 조금도 해이해지지 않았다. 늘 병마에 시달리면서도 끊임없이 작업에 몰두했다. 한번은 그의 친한 벗이 찾아와,

"일을 좀 줄이라."

라고 충고하자, 사마광은 다음과 같이 대답했다.

"先王(선왕)께서 말씀하시기를 살고 죽는 것은 명에 달려 있다 하셨네."

그는 이렇게 생사에 초연한 자세로 열심히 자신의 일에 몰두했으며, 그의 이런 기풍은 자연스럽게 아들에게 큰 영향을 끼쳤다. 일상생활 방면에서도 사마광은 근검하고 소박했다. 그는 아들인 司馬康(사마강)에게 근검절약에 대해 훈계한 문장인 「訓儉示康(훈검시강)」에 다음과 같은 내용이 있다.

"나는 본래 가난한 집에서 태어나 대대로 청렴하고 결백함을 이어왔다. 나는 천성적으로 화려한 것을 좋아하지 않는데, 어릴 때부터 어른들이 금은 장식이 달린 화려한 옷을 주면 부끄럽게 여겨 입지 않았다. 20세에 진사에 급제했으나, 축하잔치가 열린다는 말을 듣고서도 홀로 꽃을 꽂지 않았다. 이때 한 친구가 '꽃을 꽂는 것은 임금께서 하사하신 것이니 어길 수 없다.'고 하여 한 송이를 꽂았다."

102 鼓腹擊壤 고복격양

字解 鼓 : 북 고 [鼓舞(고무) : ① 북을 치면서 춤을 춤.
　　　　　　　　　　　　② 부추겨 힘이 나게 함]

　　두드릴 고 [鼓手(고수) : 북을 두드리는 사람]

腹 : 배 복 [腹痛(복통) : 배가 아픈 증세]

　　마음 복 [腹案(복안) : 마음속에 품고 있는 생각]

擊 : 칠 격 [擊滅(격멸) : 쳐서 멸망시킴]

　　마주칠 격 [目擊(목격) : 눈으로 직접 마주침]

壤 : 땅 양, 흙 양 [土壤(토양) : 흙. 식물이 자라나는 땅]

語義 배를 두드리고 땅을 친다.
　　　 (태평한 세월, 태평성대)

用例

▶요즘 들녘에 서면 떠오르는 말이 있다. **鼓腹擊壤**(고복격양), '백성들이 배 두드리고 발로 땅을 구르며 흥겨워한다.'는 뜻이다.

▶이런 관점에서 國利民福(국리민복)의 역량 있는 정부는 굳이 정권의 정책을 홍보하지도 않고 대통령의 업적을 알릴 필요도 없다. 국민이 저절로 그런 **鼓腹擊壤**(고복격양), 즉 권력이 필요 없는 태평성대의 성과를 배를 두드리며 체감하기 때문이다.

【類義語】 含哺鼓腹(함포고복) : 음식을 잔뜩 먹으며, 배를 두드린다.
　　　　　 康衢煙月(강구연월) : 큰 길에 연기가 나고, 달빛이 비친다.
　　　　　 堯舜時節(요순시절) : 요순 임금이 덕으로 다스리던 태평한 시대.

出典 十八史略[1](십팔사략) - 帝堯篇(제오편), 史記(사기) - 五帝本紀篇(오제본기편)

고대 중국의 聖君(성군)으로 꼽히는 堯[2](요)임금이 천하를 통치한 지 50년이 지난 어느 날, 자신의 통치에 대한 백성들의 반응을 알아보기 위해 平服(평복)으로 거리에 나섰다. 그가 어느 네거리를 지날 때였다. 어린아이들이 서로 손을 잡고 이런 노래를 부르고 있었다.

立我烝民(입아증민)　　우리가 이처럼 잘 살아가는 것은,

莫匪爾極(막비이극)　모두가 임금님의 지극한 덕이네.
不識不知(불식부지)　우리는 아무것도 알지 못하지만,
順帝之則(순제지측)　임금님이 정하신 대로 살아가네.

어린이들의 순진한 노랫소리에 요임금은 기분이 매우 좋았다. 마음이 흐뭇해진 요임금은 어느 새 마을 끝까지 걸어갔다. 그곳에는 머리가 하얀 노인이 우물우물 무언가를 씹으면서 손으로 '배를 두드리고 땅을 치며[鼓腹擊壤(고복격양)]', 흥겹게 노래를 부르고 있었다.

日出而作 日入而息(일출이작 일입이식)　해가 뜨면 일하고 해가 지면 쉬네.
耕田而食 鑿井而飮(경전이식 착정이음)　밭 갈아 먹고 우물을 파서 마시니,
帝力何有于我哉(제력하유우아재)　　　　임금님의 힘이 나에게 무슨 소용인가.

백발노인의 고복격양에 요임금은 정말 기뻤다. 정치가 잘되어 백성들이 배불리 먹고, 여유를 즐기는 모습을 직접 확인한 요임금은 흐뭇한 마음으로 궁궐로 돌아왔다고 한다. 백성들이 아무 불만 없이 배를 두드리고 땅을 치며 흥겨워하고, 정치의 힘 따위는 완전히 잊어버리고 있으니, 그야말로 정치가 잘 되고 있다는 증거이다.

이 노래의 내용은 요임금이 이상적으로 생각했던 정치였다. 다시 말해서 요임금은 백성들이 그 누구의 간섭도 받지 않고 스스로 일하고 먹고 쉬는, 이른바 無爲之治(무위지치)를 바랐던 것이다. '요임금의 덕택이다', '좋은 정치다'라고 사람들이 말하는 것보다, 그 노인처럼 백성이 정치의 힘을 의식하지 않고, 즐겁게 살 수 있게 되는 것이 이상적인 정치라고 생각했다. 그래서 요임금은 자신이 지금 정치를 잘하고 있다는 생각에 뿌듯했다.

道敎(도교)의 창시자 老子(노자)도, 이런 정치를 두고 '無爲(무위 : 아무 꾸밈이 없는, 인위적이 아닌)의 治(치 : 다스림)'라고 했으며, 정치론의 근본으로 삼았다. 그리고 요임금처럼 지배자가 있는지 없는지를 모를 정도로, 정치를 잘하는 지배자를 최고의 통치자로 꼽았다.

---

1) **十八史略**(십팔사략) : 중국 南宋(남송) 말에서 元(원)나라 초에 걸쳐 활약했던 曾先之[3](증선지)가 편찬한 중국의 역사서. 『史記(사기)』, 『漢書(한서)』에서 시작하여 『新五代史(신오대사)』에 이르는 17종의 正史(정사), 宋代(송대)의 『續宋編年資治通鑑(속송편년자치통감)』, 『續宋中興編年資治通鑑(속송중흥편년자치통감)』 등 史料(사료)를 첨가한 十八史(십팔사)의 사료 중에서, 太古(태고) 때부터 송나라 말까지의 史實(사실)을 拔書(발서 : 뽑아서 씀)하여 初學者(초학자)를 위한 초보적 역사 교과서로 편찬하였다.

原書(원서)는 2권이었으나, 明(명)나라 초기에 陳殷(진은)이 음과 해석을 달아 7권으로 하고, 劉剡(유염)이 補注(보주 : 설명이 부족한 부분을 보충하기 위해 덧붙인 풀이)하여 간행한 것이 현행본이다. 사실의 취사선택이

부정확하였기 때문에 사료적 가치가 적은 통속본이지만, 중국 왕조의 흥망을 알 수 있고, 많은 인물의 略傳(약전)·故事(고사)·金言(금언) 등이 포함되어 있다.

처음 이 책이 우리나라에 소개된 시기는 1403년(태종 3년)으로 추정된다. 기록에 의하면, 명나라 태감 黃儼(황엄)이 관복과 비단 그리고 元史(원사) 등과 함께 『十八史略(십팔사략)』을 우리나라에 보내왔다는 기록이 최초로 전해 온다. 우리나라에서는 중국의 역사와 아울러 한문을 익히기 위하여, 조선 초기부터 교육용으로 많이 사용되었다.

洪大容(홍대용 : 조선 후기의 실학자)이 중국에 가서 남긴 문답에 의하면, 조선시대 우리나라의 어린이들은 처음에 『千字文(천자문)』을 읽고, 다음에 『十八史略(십팔사략)』을 읽었으며, 다음에 『小學(소학)』을 읽는다."라고 기록이 남아 있다. 또 李德懋(이덕무 : 조선 후기의 실학자)의 『靑莊館全書(청장관전서)』에서도 "우리나라에서는 어린 학생들에게 반드시 통감과 사략을 가르친다."고 되어 있다.

반면 『於于野談(어우야담)』의 유몽인·허균 등은 『십팔사략』의 내용과 문장 구성 등을 비판하면서, 그것이 우리나라 어린이들의 학습교재로 활용되는 것을 다소 회의적으로 받아들였다. 그러나 초학자들에게는 내용이 쉽고 간략하여 중국 역사의 대강을 알 수 있다는 점 때문에, 초학의 학습서로 널리 활용되어 왔다.

2) **堯**(요) : 명군으로 알려진 중국의 신화 속 군주의 이름으로, 중국의 三皇五帝(삼황오제) 신화 가운데 오제의 하나이다. 다음대의 군주인 舜(순)과 함께 聖君(성군)의 대명사로 일컬어지며, '堯舜(요순)'과 같이 함께 묶어 많이 사용한다. 이 말은 주로 뛰어난 군주를 찬양하거나, 먼 옛날의 이상적인 군주를 지칭하는 표현으로 쓰였으며, 하나라의 禹(우)왕, 은나라의 湯(탕)왕을 합쳐 '堯舜禹湯(요순우탕)'이라는 표현으로 쓰이기도 한다.

3) **曾先之**(증선지) : 宋(송)나라 말기에서 元(원)나라 초기를 살았던 인물로, 자는 從野(종야)이고 강서 노릉 출신이다. 자칭 前進士(전진사)라고 했다. 그는 송나라 때 진사 시험에 합격하고 지방관을 역임하고, 원나라가 들어선 뒤로는 관직에 나가지 않고 평생 후학 양성에 힘썼다. 그가 편찬한 『십팔사략』의 본래 명칭은 『古今歷代十八史略(고금역대십팔사략)』으로 十八史(십팔사)의 서적을 略記(약기 : 줄거리만 따서 대충 간략하게 적음)한 것이다. 우리나라에서는 중국의 역사와 아울러 한문을 익히기 위하여, 조선 초기부터 교육용으로 많이 사용되었다.

※ **三皇五帝**(삼황오제) : 三皇(삼황)은 태호 복희·염제 신농·황제 헌원을 말한다. 삼황의 첫째인 복희는 太昊(태호 : 큰 하늘)라 불렸다. 뱀 몸에 사람 머리를 하고 있으며, 사람들에게 처음으로 사냥법과 불을 활용하는 법을 가르쳤다. 炎帝(염제 : 불꽃 임금)라고도 불린 신농은 사람 몸에 소의 머리를 가졌다. 그는 태양신이자 농업신으로 농경을 처음으로 가르쳤다. 또한, 태양이 높게 떠 있는 시간에는 사람들에게 상업을 가르쳤다고 한다. 黃帝(황제 : 재위 시절 황룡이 나타남) 헌원은 사람들에게 집 짓는 법과 옷 짜는 법을 가르쳤으며, 수레를 발명했다. 글자 개념을 처음으로 도입해 천문과 역산을 시작하고, 의료술을 시작한 것도 황제였다.

五帝(오제)는 황제의 뒤를 이은 다섯 자손을 뜻하며, 少昊 金天(소호 금천)·顓頊 高陽(전욱 고양)·帝嚳 高辛(제곡 고신)·帝堯 陶唐(제요 도당)·帝舜 有虞(제순 유우)의 다섯 명이다. 모두 신화 상의 전설적 군주들이다. 뒤의 두 명을 따로 떼어 '聖君(성군)'을 칭송할 때 관용적으로 쓰이는 '堯舜(요순)' 임금이라고 부르기도 한다. 그러나 삼황오제의 분류 기준이 시대에 따라 조금씩 다르다.

103 曲學阿世 곡학아세

字解 曲 : 굽을 곡 [曲線(곡선) : 구부러진 선]
　　　　가락 곡 [曲調(곡조) : 음악이나 가사의 가락]
　　　學 : 배울 학 [學生(학생) : 배우는 사람. 공부하는 사람]
　　　　학문 학 [學說(학설) : 학문으로 주장하는 이론]
　　　阿 : 언덕 아 [阿丘(아구) : 한쪽이 높은 언덕]
　　　　아첨할 아 [阿附(아부) : 남의 비위를 맞추고 알랑거림]
　　　世 : 세대 세, 대대 세 [世襲(세습) : (재산, 지위 등을) 대대로 이어받음]
　　　　세상 세 [世俗(세속) : 세상의 풍속]

語義 학문을 굽히어 세상에 아첨한다.
　　　(정도를 벗어난 학문으로 시류에 편승해, 권력자나 세상에 아첨함)

 用例

▶ '爲人之學(위인지학)'에서 앎을 취득하는 이유와 앎을 활용하는 방법, 그리고 앎을 통해 기대하는 결과는 현저히 달라진다. '남을 위한 배움'은 취득한 앎을 상품 가치의 향상이라는 측면에서 활용하게 된다. 남의 평가에 연연하고 세상에 아부하게 되는, 어떻게든 세상의 눈길을 끌어보겠다는 자신이 배운 학문의 본질을 왜곡하는 것으로, 결국 '**曲學阿世**(곡학아세)'에 귀결된다.

▶ 우리는 과거에 **曲學阿世**(곡학아세)하는 수많은 학자를 보며 실망을 했다. 학계에서 존경을 받던 학자가 정치권에 발을 들여놓고, 추한 뒷모습을 남기는 경우가 많았기 때문이다. 국민들은 정치권에 아첨 발언을 하는 학자들을 보며, 권력이 무엇이기에 저렇게 **曲學阿世**(곡학아세)하나 하고 실망을 한다. 요즘 갑자기 정치권과 국민들 사이에서 이 고사가 자주 입에 오르내린다. 올곧게 학문에 전념하는 학자들의 사기를 저하시키지나 않을까 걱정이 된다.

【類義語】 御用學者(어용학자) : 권력에 아첨하고 자주성이 없는 학자.

 **出典** **史記**(사기) - 儒林傳(유림전)

　老子(노자)의 글을 좋아하던 竇太后(두태후 : 한나라 문제의 부인이며, 경제의 어머니)가 轅固生(원고생)이란 이를 불러, 노자의 글에 대해 물은 적이 있었다. 원고생은 전국시대 齊(제)나라 사람으로, 『詩經(시경)』에 정통해서 景帝(경제, 한나라 제6대 황제. 재위 B.C.157 ~ B.C.141) 때 박사가 되었고,

성품이 강직하여 평소 어떤 사람도 두려워하지 않고, 直言(직언)을 하는 성격이었다. 원고생은 두태후의 물음에 이렇게 대답했다.

"그것은 무식한 하인들과 같은 말이어서 취할 바가 못 되옵니다."

이 말에 화가 난 두태후가 원고생에게 짐승 우리에 들어가 돼지를 찔러 죽이게 하는 賤(천)한 형벌을 내렸는데, 그로부터 얼마 안 되어 경제는 원고생을 정직한 사람으로 인정하여 淸河王(청하왕)의 太傅(태부)로 임명했다. 그 뒤 원고생은 병이 들어 벼슬을 그만두었다. 다음은 『史記(사기)』의 원고생에 대한 부분이다.

금상(경제)이 즉위하자, 다시 賢良(현량)으로서 불려오게 되었다. 그러나 많은 아첨하는 사람들이 그의 강직함을 미워하여 헐뜯었다. 그리하여 말하되,

"원고생은 늙었습니다. 파직하고 돌려보내야 합니다. 지금 그의 나이가 이미 90여 세입니다."

그와 같이 현량으로서 불려 온 薛(설)나라 사람 公孫弘[1](공손홍)도 마찬가지였다. 공손홍은 못마땅한 눈초리로 원고생을 노려보았는데, 이에 반해 원고생은 공손홍을 젊고 학식이 풍부한 그야말로 현량으로 보고 아끼는 마음이 있었다. 원고생이 공손홍에게 이렇게 말했다.

"공손자여 바른 학문에 힘쓰고 바른말을 하시오. <u>삐뚤어진 학문으로 세상에 아부해서는</u> 안 되오."

이 말에 공손홍은 자신의 잘못을 크게 뉘우치고, 원고생의 제자가 되기를 간청하였다. 그 뒤부터 제나라에서 『詩經(시경)』을 논하는 사람들은 모두 원고생을 바탕으로 했으며, 또 『시경』으로 귀인이 된 제나라 선비들은 모두 원고생의 제자였다.

 原文 今上初卽位(금상초즉위) 復以賢良徵固(부이현량징고) 諸諛儒多疾毀固(제유유다질훼고) 曰(왈) 固老(고로) 罷歸之(파귀지) 時固已九十餘矣(시고이구십여의) 固之徵也(고지징야) 薛人公孫弘亦徵(설인공손홍역징) 側目而視固(측목이시고) 固曰(고왈) 公孫子(공손자) 務正學以言(무정학이언) 無<u>曲學以阿世</u>(무곡학이아세) 自是之後(자시지후) 齊言詩皆本轅固生也(제언시개본원고생야) 諸齊人以詩顯貴(제제인이시현귀) 皆固之弟子也(개고지제자야)

---

1) 公孫弘(공손홍, ? ~ B.C.121) : 유교를 중국의 공식적인 통치 이념으로 확립하는 데 이바지한 학자. 공손홍은 가난한 돼지치기이어서 40세가 된 뒤에야 비로소 유교 경전을 공부하기 시작했다고 한다. 기원전 140년 漢(한) 武帝(무제)가 실시한 賢良方正科(현량방정과)에 장원으로 급제하여, 무제의 중요한 조언자가 되었다. 중대한 일이 일어날 전조와 징후들을 잘 해석하기로 유명했던 그는 이러한 징조들을 해석하는 일을 유교 원리로 공인했다.

후대의 행정 관료들은 그들이 찬성하지 않는 황제의 정책에 제동을 걸 때, 자연현상에 대한 공손홍의 해석을 이용했다. 기원전 124년 그는 학자인 董仲舒(동중서)와 함께 최초의 太學(태학)을 세웠다. 이곳은 미래의 관리들을 양성하고 심사하는 儒家(유가) 학교로, 후대에 실시된 과거제도의 선구가 되었다.

104 過猶不及 과유불급

字解 過 : 지날 과 [過去(과거) : 지나간 때. 옛날]

  지나칠 과 [過勞(과로) : 지나치게 일을 하여 고달픔]

  허물 과 [改過遷善(개과천선) : 허물을 고치고 착하게 됨]

 猶 : **오히려 유** [猶不足(유부족) : 오히려 부족함]

 不 : 아니 불, **못할 불**, 없을 불 [不具(불구) : 몸의 어느 부분이 온전하지 못함. 또는 그런 상태]

  ※ 不(불) 다음에 'ㄷ・ㅈ'을 첫소리로 하는 글자가 오면, '불'의 발음은 '부'가 됨.

 及 : **미칠 급**, 이를 급 [及第(급제) : 과거에 합격함]

  와 급, 과 급 [予及汝(여급여) : 나와 너]

語義 지나치면 미치지 못함과 같다.

(부족함은 물론 지나친 것도 좋지 않음)

(모든 일이 정도를 지나치면 안 한 것만 못함)

(Too much is as bad as little)

(Excess is as bad as deficiency)

 **用例**

▶우리는 일상을 살아가면서 中庸(중용)의 道(도)를 지킨다는 말을 흔히 합니다. 어떠한 상황에도 한곳으로 치우침이 없는 도리, 진정한 삶의 중심을 지키면서 자신의 주체를 잃지 않는 자세를 중용으로 정의할 수 있겠지만, 그것이 槪念(개념)처럼 쉬운 것은 아닙니다. 자신의 私慾(사욕)이 배제될 수 있는 상황이란 정말 어려운 것입니다. 그러나 거창한 철학적인 정의를 논하지 않더라도 일상에서의 중용의 도를 지켜나가는 방법이 있습니다. 그것이 바로 '**過猶不及**(과유불급)'의 고사에서 쉽게 해답을 찾을 수 있습니다.

▶세상만사를 극한에 대한 도전으로 받아들이는 정신은 위험하다. 열정적이고 열성적인 자세는 중요하지만, 목숨을 잃을 정도의 중독이나 집착은 무의미하다. 그래서 **過猶不及**(과유불급), 즉 '지나침은 미치지 못함과 같다.'는 말이 생겼다. 요컨대 지나치지 않고 치우치지 않는 삶, 다시 말해 중용의 도가 필요하다.

【類義語】矯角殺牛(교각살우) : 소의 뿔을 바로잡으려다가 소를 죽인다.

  矯枉過正(교왕과정) : 구부러진 것을 바로잡으려다가 정도를 지나친다.

  矯枉過直(교왕과직) : 구부러진 것을 바로잡으려다가 너무 곧게 한다.

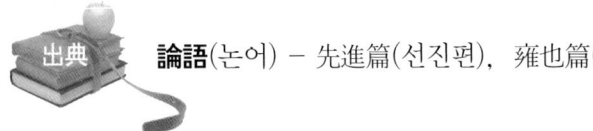
出典 論語(논어) - 先進篇(선진편), 雍也篇(옹야편)

어느 날, 孔子(공자)의 제자 子貢¹⁾(자공, B.C.520 ~ B.C.456. 탁월한 외교가이며 사업가)이 스승에게,

"子張²⁾(자장 : 이름은 사)과 子夏³⁾(자하 : 이름은 상) 중, 누가 현명합니까?[師與商也孰賢(사여상야숙현)]."

하고 물은 적이 있다.

지난 날, 子張(자장)이 공자에게 묻기를,

"士(사)로서 어떻게 하면, 達(달)이라 할 수 있겠습니까?"

공자는 도리어 자장에게 反問(반문)하기를,

"그대가 말하는 達(달)이란 무엇인가?"

"諸侯(제후)를 섬겨도 반드시 그 이름이 높아지고, 卿大夫(경대부)의 신하가 되어도 또한 그 이름이 나는 것을 말합니다."

"그것은 聞(문)이지, 達(달)이 아니다. 본성이 곧아 의를 좋아하고, 말과 얼굴빛으로 상대방의 마음을 알며, 신중히 생각하여 남에게 겸손하며, 그렇게 함으로써 제후를 섬기거나, 경대부의 신하가 되어도 그릇되는 일을 하지 않는 사람이라야 達(달)이라 할 수 있느니라."

하고 공자는 자장의 虛榮心(허영심)을 은근히 나무랐다.

또한 지난 날, 공자가 子夏(자하)에게도 이렇게 타이른 적이 있다.

"君子儒(군자유 : 자신의 수양을 본의로 하는 구도자)가 되고, 小人儒(소인유 : 지식을 얻는 일에만 급급한 학자)가 되지 말라."

이 두 사람을 비교해 달라는 자공의 말에, 공자는 이렇게 말했다.

"자장은 매사에 지나친 면이 있고, 자하는 미치지 못한 점이 많은 것 같다[師也過商也不及(사야과상야불급)]."

자공이 다시 물었다.

"그러면 자장이 나은 것입니까[然則師愈與(연즉사유여)]?"

공자는 이렇게 대답했다.

"지나침은 못 미침과 같으니라[過猶不及(과유불급)]."

위의 故事(고사)에서 '過猶不及(과유불급)'이란 成語(성어)가 유래되었다. '너무 많아도 좋지 않다.'는 뜻으로, 일반적으로 대부분의 사람들은 많으면 좋은 줄만 알고 열심히 쌓는데 이를 경계하는 말이다. 재물과 보약도 지나치면 오히려 해롭고, 사랑도 과도하면 좋지 못한 결과를 초래하는 예를 주위에서 흔히 볼 수 있다. 항상 평범하고 적당한 것이 최고의 善(선)이며 眞理(진리)라고 할 수 있겠다.

---

1) **子貢**(자공, B.C.520년경 ~ B.C.456년경) : 중국 春秋(춘추)시대 衛(위)나라의 유학자. 본명은 端木賜(단목사)이다. 孔門十哲(공문십철)의 한 사람으로, 공자가 매우 아꼈으며 言語(언어)에 뛰어났다. 정치적 수완이 뛰어나, 魯(노)나라·衛(위)나라의 재상을 지냈다. 제자 중 제일가는 富者(부자)였으며, 공자를 경제적으로 많이 도와주었다.

   자공은 언변이 뛰어나고 막힘이 없어, 많은 사람들은 그가 공자보다 지식이 풍부한 사람이라고 여기고 있었다. 魯(노)나라의 대부인 叔孫武叔(숙손무숙)이라는 사람이 조정의 대신들에게 자공에 대해 이렇게 말했다.

   "자공은 그의 스승인 공자보다 더욱 뛰어나다."

   어떤 사람이 이 말을 자공에게 전하자, 자공은 고개를 가로저으며 입을 열었다.

   "집의 담을 놓고 비유하자면, 나의 담은 겨우 어깨의 높이에 불과하여 어느 누구라도 쉽게 고개만 쳐들면 집안에 있는 좋은 물건을 구경할 수가 있소. 그러나 스승님의 담은 너무나 높아서 대문으로 들어가지 않고서는 그곳을 알 수가 없소이다. 지금까지 대문으로 들어온 사람도 거의 없다시피 하다오. 그러하니 무숙 그 사람이 그렇게 말을 하는 것도 따지고 보면 무리는 아니지요."

2) **子張**(자장, B.C.503 출생. 공자보다 48세 어림) : 성은 顓孫(전손), 이름은 師(사)이며 子張(자장)은 字(자)다. 진(陳)나라 사람이다. 특징은 외모가 뛰어나며, 성격도 너그럽고 인맥도 넓었다. 子游(자유)는 그를 '어려운 일은 잘하고 당당하지만, 仁(인)하지는 못하다.'고 했다.

   겉으로는 인기가 많으나 이렇게 인색한 평가를 받은 것은, 자장이 평소 權力(권력)에 대한 의지가 강했기 때문이다. 모든 일에 적극적이나, 자유분방하고 허영심이 많았다. 하지만 벼슬에 오른 후에는 德行(덕행)을 펼치고 사리사욕을 채우지 않아, 스승 공자에게 긍정적인 평가를 받았다.

3) **子夏**(자하, B.C.507 출생. 공자보다 44세 어림) : 성은 卜(복), 이름은 商(상)이며, 子夏(자하)는 字(자)다. 魏(위)나라 사람이다. 공자의 제자 가운데서 공자의 가르침을 후세에 전하는 데 크게 공헌을 한 사람이다. 그리고 그는 공자의 제자들 중에서도 文學(문학) 방면에 있어서는 타의 추종을 불허하는 제일인자였다.

   자신감이 부족하고, 스스로 규율을 만들어 자신을 얽매는 점이 있었다. 나중에 魏(위)나라 文侯(문후, 위나라 초대 군주. 재위 B.C.446 ~ B.C.396)의 스승이 되었으나, 아들이 죽자 통곡을 하다가 눈이 멀었다고 한다.

※ **'過猶不及(과유불급)'에 해당하는 실생활의 예**
- 겸양이 지나치면, 오만(또는 바보, 자만)이 된다.
- 훈계가 길면, 잔소리가 된다.
- 너무 착하면, 바보인 줄 안다.
- 늘 돈을 내면, 봉으로 안다.
- 술이 과하면, 주정하게 된다.
- 너무 구운 것은 설익은 것보다 나쁘다.
- 지나친 친절은 오히려 상대의 마음을 상하게 할 수 있다.

105 瓜田李下 과전이하

字解 瓜 : 오이 **과** [瓜年(과년) : 여자가 혼기에 이른 나이]
　　　田 : 밭 **전** [田畓(전답) : 논과 밭]
　　　　　사냥할 전 [田獵(전렵) : 사냥]
　　　李 : 오얏나무(자두나무) **리(이)** [桃李(도리) : 복숭아나무와 오얏나무]
　　　　　성 리(이) [張三李四(장삼이사) : 장씨의 셋째 아들과 이씨의 넷째 아들. 평범한 보통 사람]
　　　下 : 아래 **하** [下行(하행) : 아래쪽으로 내려감]
　　　　　내릴 하 [下車(하차) : 차에서 내림]

語義 오이 밭과 자두나무 아래.
　　(오이 밭에서 신을 고쳐 신지 말고, 자두나무 아래서 갓을 고쳐 쓰지 말라)
　　(의심받기 쉬운 행동은 피하는 것이 좋다)
　　※ '瓜田不納履, 李下不整冠(과전불납리, 이하부정관)'의 준말.

 用例

▶ 우리가 남에게 오해를 받지 않고 살기 위해서는, **瓜田李下**(과전이하)를 피하는 것도 중요하지만, 그보다 더 중요한 것은 내가 관련되어 함께 살아가는 주위 사람들에게 평상시에 양보하고 베푸는 德行(덕행)을 꾸준히 함으로써, 주위 사람들로부터 신망과 신뢰를 공유하는 삶을 사는 것이 최선이 아닐까 한다.

▶ '다른 사람에게 오해를 받지 말라.'는 말의 '**瓜田李下**(과전이하)'라는 한자성어가 있습니다. 모든 가수의 노래에 대한 저작권이 있습니다. 가수의 노래 중에 저작권이 없는 노래는 없습니다. 여러분들은 어떻게 생각하십니까? 그냥 보고 가지 마시고 한 마디 남겨 주세요.

 ① **文選**(문선) - 樂府篇(악부편)

중국 唐(당) 원화년(806 ~ 820)경에 진사를 지낸 사람으로, 柳公權(유공권, 778 ~ 865)은 字(자)가 聖賢(성현)이고, 중국에서 가장 뛰어난 書藝家(서예가) 중의 한 사람이다. 한번은 唐(당) 제14대 文宗(문종) 李昻(이앙, 809 ~ 840)이 유공권에게 물었다.

"요사이 巷間(항간)에서 조정의 정책시행 조치에 대해 무슨 비평이나 불만을 갖는 점이 있습니까?"
"있습니다. 폐하!"

유공권은 기탄없이 솔직 담백하게 대답했다.

"그래요?"

문종은 의아스러운 듯이 미소를 지으면서,

"흠! 그게 어떤 점이요? 말해 보시오."

"폐하께서 郭旼(곽민)을 빈령 지방에 州官(주관)으로 임명해 보낸 뒤부터, 물론 찬성하는 사람도 있지만 반대 의사를 지닌 사람도 있습니다."

"그건 어째서인가?"

문종은 반갑지 않은 표정을 지으면서 이어 물었다.

"곽민은 상부의 조카며, 태왕 태후의 季父(계부 : 작은아버지)로서 언제나 청렴결백하고 과실이 없어, 이번에 그를 빈령 지방에 파견하여 작은 벼슬을 시켰는데, 그것이 어찌 타당치 못한 처사라고 하는 것이오?"

유공권이 대답하였다.

"곽민이 그 동안 나라에 세운 공적과 끼친 공헌으로 보아, 빈령 지방의 주관 벼슬을 주어 보낸 일은 본래 합당한 처사로서 왈가왈부할 것이 못됩니다. 그러나 거론하는 사람들의 말을 들으면, 곽민이 두 딸을 천거하여 입궁시켰기 때문에 그 벼슬을 얻었을 것이라고들 말합니다."

당 문종은 이 말을 듣고, 곽민의 두 딸을 입궁시킨 것은 다만 태후를 뵈려던 것이었지, 첩으로 삼으려고 들여보내진 것이 아니었다고 설명하였다.

그러자 유공권이 정중히 말했다.

"瓜田李下(과전이하)의 혐의를 어떻게 집집마다 알릴 수 있겠습니까?"

柳公權(유공권)이 인용해 쓴 이후로 '瓜田李下(과전이하)'가 고사성어로 굳어졌는데, 원래는 樂府古題要解 君子行[1](악부고제요해 군자행) 속의 두 詩句(시구)로서, 원문은 '瓜田不納履 李下不整冠(과전불납리 이하부정관)' 〈오이 밭을 걸을 때는 신을 고쳐 신지 않고, 오얏나무 아래를 지날 때는 갓을 고쳐 쓰지 않는다.〉라고 하여, '남에게 의심을 살 만한 일은 아예 하지 말라.'는 뜻이다.

② 烈女傳(열녀전)

중국 전국시대인 周(주)나라 烈王(열왕) 6년(B.C.370), 齊(제)나라 제14대 威王(위왕) 때의 일이다. 위왕이 즉위한 지 9년이나 되었지만, 간신 周破湖(주파호)가 국정을 제멋대로 휘둘러 왔던 탓에 나라 꼴이 말할 수 없을 정도로 어지러웠다.

그래서 이를 보다 못한 후궁 虞姬(우희)가 위왕에게 아뢰었다.

"전하, 주파호는 속이 검은 사람이오니 그를 내치시고, 北郭(북곽) 선생과 같은 어진 선비를 등용하시옵소서."

이 사실을 알게 된 주파호는 우희와 북곽 선생은 전부터 서로 좋아하는 사이라고 우희를 모함하였다. 위왕은 마침내 우희를 옥에 가두고 관원에게 철저히 조사하라고 명했으나, 이미 주파호에게 매수된 관원은 억지로 죄를 꾸며내려고 했다. 그러나 위왕은 그 조사 방법이 아무래도 이해가 되지 않았다. 그래서 위왕이 우희를 불러 직접 묻자, 그녀는 이렇게 대답했다.

　"전하, 臣妾(신첩)은 이제까지 한마음으로 전하를 모신 지 10년이 되었사오나, 오늘날 불행히도 간신들의 모함에 빠졌나이다. 신첩의 결백은 靑天白日(청천백일)과 같사옵니다. 柳下惠(유하혜)라는 사람이 겨울밤에 추위에 얼어 붙은 여인을 자기 침상에 들여 몸을 녹여 주었다고 하지만, 그래도 남녀 사이를 의심하는 사람은 없었다고 합니다. 신첩에게 죄가 있다면, 그것은 '오이 밭에서 신을 고쳐 신지 말고[瓜田不躡履(과전불섭리)]', '오얏나무 정원에서 갓을 고쳐 쓰지 말라[李園不整冠(이원부정관)'고 했듯이 남에게 의심받을 일을 피하지 못했다는 점과, 신첩이 옥에 갇혀 있는데도 누구 하나 변명해 주는 사람이 없었다는 신첩의 부덕한 점이옵니다. 이제 신첩에게 죽음을 내리신다 해도 더 이상 변명치 않겠사오나, 주파호와 같은 간신만은 내쳐 주시옵소서."

　위왕은 우희의 충심어린 호소를 듣고, 이제까지의 악몽에서 깨어났다. 그리고 위왕은 당장 주파호 일당을 삶아 죽이고, 어지러운 나라를 바로잡았다.

 原文 柳下覆寒(유하복한) 女不爲亂(여불위란) 積之於素雅(적지어소아), 故不見疑也(고불견의야) 經瓜田不躡履(경과전불섭리) 過李園不正冠(과이원부정관) 妾不避(첩불피) 此罪一也(차죄일야) 旣陷難中(기함난중) 有司受賂聽(유사수뢰청) 用邪人(용사인) 卒見覆冒(졸현복모) 不能自明(불능자명) ……

---

1) 君子行(군자행) – 聶夷中(섭이중, 837 ~ ?, 당나라 시인) 지음

君子防未然(군자방미연)	군자는 미연에 방지하여,
不處嫌疑間(불처혐의간)	의심받는 상황에 처하지 않는다.
瓜田不納履(과전불납리)	**오이 밭에 발을 들여놓지 않고,**
李下不正冠(이하부정관)	**오얏나무 아래에서는 관을 바로잡지 아니하노라.**
嫂叔不親授(수숙불친수)	형수와 시동생 사이에는 직접 물건을 건네지 않고,
長幼不比肩(장유불비견)	어른과 아이 사이는 서로 어깨를 나란히 하지 않는다네.
勞謙得其柄(노겸득기병)	겸손하기에 애쓰면 권력을 잡게 될 것이나,
和光甚獨難(화광심독난)	자신을 나타내지 않기란 유독 어려워라.
周公下白屋(주공하백옥)	옛날 주공은 초가집에서 살았고,
吐哺不及餐(토포불급찬)	손님맞이로 먹던 밥도 뱉어내며 식사도 제대로 하지 못했네.
一沐三握髮(일목삼악발)	손님맞이로 한 번 목욕하면서 세 번이나 머리를 움켜쥐고 나왔으니,
後世稱聖賢(후세칭성현)	후세 사람들이 성인이라 일컬었다네.

106 管鮑之交 관포지교

字解　管 : 대롱 관 [管樂器(관악기) : 입으로 불어서 대롱 안의 공기를 진동시켜 소리를 내는 악기]

　　　　맡을 관, 관리할 관 [管理(관리) : 일을 맡아 처리함]

　　　鮑 : 절인어물 포 [鮑尺(포척) : 깊은 물속에 들어가서 전복을 따는 것을 업으로 하는 사람]

　　　　※ 여기에서 '管鮑(관포)'는 사람 이름. '管中(관중)'과 '鮑叔牙(포숙아)'의 줄임말.

　　　之 : 의 지 [李廣之略(이광지략) : 이광의 전략]

　　　交 : 사귈 교 [交友(교우) : 친구를 사귐]

　　　　오고갈 교 [交通(교통) : 사람이나 교통수단이 일정한 길을 오고가는 일]

　　　　바꿀 교 [交換(교환) : 서로 바꿈]

　　　　흘레할 교 [交尾(교미) : (생식을 위하여) 동물의 암수가 교접하는 일]

語義　관중과 포숙아의 사귐, 우정.

　　　(아주 친한 친구의 사귐)

 用例

▶ **管鮑之交**(관포지교)라고 널리 알려졌던, 두 친구의 관계가 여자 문제로 하루아침에 멀어졌다.

▶ M&A 시장은 잘못하면 경영권을 방어하려다 오히려 기업이 초토화되는 국면을 가져오게도 하고, 전방·후방 관련 납품기업으로부터 불시의 공격을 받기도 해 어려움에 처하는 장면을 종종 본다. 이럴 때 자기의 우군이 되는 백기사의 기업을 **管鮑之交**(관포지교)로 맺어놓으면, 크게 도움을 받을 수 있는 법이다.

【類義語】 刎頸之交(문경지교) : 목을 베어도 변하지 않는 사귐.

　　　　金蘭之交(금란지교) : 쇠처럼 굳고, 난초처럼 향기로운 사귐.

　　　　芝蘭之交(지란지교) : 지초와 난초처럼 벗에게 향기를 주는 고상한 사귐.

　　　　水魚之交(수어지교) : 아주 친밀하여 떨어져 살 수 없는 사귐.

　　　　莫逆之友(막역지우) : 마음이 맞아 서로 거스르는 일이 없는 벗.

　　　　竹馬故友(죽마고우) : 어릴 때부터 대나무 말을 타고 놀던 옛날의 벗.

　　　　知己之友(지기지우) : 자기의 속마음을 알아주는 벗.

【相對語】 市道之交(시도지교) : 시장과 길거리에서 이루어지는 사귐, 단지 이익만을 위한 사귐.

出典 史記(사기) - 列傳(열전)

중국 春秋(춘추)시대 초엽, 齊¹⁾(제)나라에 管仲(관중, ? ~ B.C.645)과 鮑叔牙(포숙아, ? ~ ?)라는 두 관리가 있었다. 이들은 竹馬故友(죽마고우)로 둘도 없는 친구 사이였다. 어려서부터 포숙아는 관중의 범상치 않은 재능을 간파하고 있었으며, 관중은 포숙아를 이해하고 불평 한마디 없이 사이좋게 지내고 있었다.

그러나 관중이 제나라 公子(공자) 糾(규)의 側近(측근 : 보좌관)으로, 포숙아는 규의 이복동생인 小白(소백)의 측근으로 있을 때, 공자의 아버지 襄公²⁾(양공)이 사촌 동생 公孫無知(공손무지)에게 弑害(시해)되자, 관중과 포숙아는 각각 모시던 공자와 함께 이웃 魯(노)나라와 莒(거)나라로 망명했다.

그러나 이듬해 공손무지가 살해되자, 두 공자는 君位(군위 : 임금의 지위)를 다투어 귀국을 서둘렀고, 관중과 포숙아는 본의 아니게 政敵(정적)이 되었다. 관중은 한때 소백을 암살하려 했으나, 그가 먼저 귀국해 桓公³⁾(환공, B.C.685 ~ B.C.643)이라 일컫고, 노나라에 망명한 공자 규의 처형과 아울러 관중의 押送(압송)을 요구했다. 환공이 압송된 관중을 죽이려 하자, 환공의 보좌관인 포숙아는 이렇게 進言(진언)했다.

"전하, 제나라 한 나라만 다스리는 것으로 만족하신다면, 臣(신) 포숙아로도 충분할 것이옵니다. 하오나 천하의 覇者(패자)가 되시려면, 관중을 기용하시옵소서."

도량이 넓고 식견이 높은 환공은 신뢰하는 포숙아의 진언을 받아들여, 관중을 大夫(대부)로 重用(중용)하고 정사를 맡겼다. 이윽고 재상이 된 관중은 과연 대정치가다운 수완을 유감없이 발휘했다.

'창고가 가득 차야 예절을 안다[倉廩實則 知禮節(창름실즉 지예절)]', '의식이 풍족해야 영욕을 안다[衣食足則 知榮辱(의식족즉 지영욕)]'고 한 관중의 유명한 정치 철학이 말해 주듯, 그는 국민 경제의 안정에 입각한 德本主義(덕본주의)의 선정을 베풀어, 마침내 환공으로 하여금 春秋(춘추)의 첫 패자로 군림하게 하였다.

이 같은 정치적인 성공은 환공의 관용과 관중의 재능이 한데 어우러진 결과지만, 그 출발점은 역시 관중에 대한 포숙아의 변함없는 우정에 있었다. 그래서 관중은 훗날 포숙아에 대한 감사한 마음을 이렇게 술회하고 있다.

"나는 젊어서 포숙아와 장사를 할 때, 늘 이익금을 내가 더 많이 차지했었으나, 그는 나를 욕심쟁이라고 말하지 않았다. 내가 가난하다는 걸 알고 있었기 때문이다. 또 그를 위해 한 사업이 실패하여 그를 궁지에 빠뜨린 일이 있었지만, 나를 용렬하다고 여기지 않았다. 일에는 成敗(성패)가 있다는 걸 알고 있었기 때문이다. 나는 또 벼슬길에 나갔다가는 물러나곤 했었지만, 나를 무능하다고 말하지 않았다. 내게 운이 따르고 있지 않다는 걸 알고 있었기 때문이다. 어디 그뿐인가. 나는 싸움터에서도 도망친 적이 한두 번이 아니었지만, 나를 겁쟁이라고 말하지 않았다. 내게 老母(노모)가 계시다는 걸 알고 있었기 때문이다. 아무튼 '나를 낳아 준 분은 부모이지만, 나를 알아준 사람은 포숙아이다[生我者父母

(생아자부모) 知我者鮑淑牙(지아자포숙아)].'"

관중이 臨終(임종)하기 전, 환공이 포숙아가 그를 대신해 재상이 될 수 있는가를 묻자, 관중은 안 된다고 말하였다. 포숙아는 선악이 분명하여 악한 일을 포용하지 않을 것이기 때문에, 만약 정권을 주면 나라를 망치게 된다는 것이다. 포숙아는 이 이야기를 전해들은 후, 원망하기는커녕 나를 가장 잘 이해하는 이가 관중이라며 기뻐하였다고 한다.

위의 故事(고사)에서 살펴본 것처럼 관중과 포숙아가 賤(천)했을 때부터 富貴(부귀)하게 된 뒤까지 우정이 두터웠다는 옛일에서 그들의 이름을 따서 '管鮑之交(관포지교)'라는 成語(성어)가 생겼다. '형편이나 이해 관계에 상관없이 친구를 위하는 두터운 우정', '서로 신뢰하고 변치 않는 우정'이란 뜻으로, 우정을 나타내는 많은 성어 중에서도 가장 많이 쓰이고 있다.

---

1) 齊(제, B.C.1046 ~ B.C.221) : 춘추시대의 춘추오패이자, 전국시대의 전국 칠웅 중 하나로, 근거지는 현재의 산둥[山東(산동)]지방이다. 周(주)의 文王(문왕)이 나라를 건국할 때 재상 姜太公(강태공)에게 봉토로 내린 땅이다. 이후 齊 桓公(제 환공) 시대에 管仲(관중)을 등용하여 覇者(패자)의 자리에 오르게 된다[春秋五覇(춘추오패)]. 齊 景公(제 경공) 때는 晏嬰(안영 : 안자)을 등용하였다.
　기원전 386년 田和(전화)가 제 강공을 폐하면서, 제후의 성씨가 姜(강)씨에서 田(전)씨로 바뀌게 된다. 후에 威王(위왕)이 행정 개혁을 행하여 국력을 증대하고, 기원전 4세기에는 秦(진)과 중국을 양분하는 세력을 이루었다. 그러나 결국 기원전 221년, 秦始皇(진시황)의 침공으로 廢王(폐왕) 田建(전건, B.C.265 ~ B.C.221. 전씨 왕조 제8대)이 스스로 항복하면서 멸망하였다.

2) 齊 襄公(제 양공, ? ~ B.C.686. 재위 B.C.698 ~ B.C.686) : 춘추시대 齊(제) 제14대 임금으로, 성은 姜(강), 이름은 諸兒(제아)이며, 제 희공의 아들이고, 제 환공 공자 규의 형이다. 주 장왕 원년(B.C.698년)에 즉위하였다. 재위 기간에 국력이 점차 강대해져, 위나라·노나라·정나라를 공벌했고, 8대 전의 원수국 기나라를 멸망시켰다. 하지만 양공은 황음무도하여, 무고한 자를 죽이고, 아우 노 환공 부인과 통간하였으며, 환공을 모살하였으므로 인심을 크게 잃었다.
　기원전 686년, 양공은 교외에서 수렵을 하다가 멧돼지 한 마리가 나타나 화살 세 발을 연이어 쏘았으나 맞지 않았는데 멧돼지는 크게 성내었고, 양공은 놀란 중에 신발 한 짝을 잃었다. 그 사이 대장 연칭과 관지보가 병란을 일으켰고, 이 신발 한 짝을 보고 양공을 사로잡아 살해한 뒤, 양공의 종제 公孫無知(공손무지, 제15대. 재위 B.C.686 ~ B.C.685)를 즉위시켰다.

3) 齊 桓公(제 환공, ? ~ B.C.643. 재위 B.C.685 ~ B.C.643) : 춘추시대의 제나라의 제16대 군주다. 성은 姜(강), 휘는 小白(소백), 시호는 桓公(환공). 춘추시대의 패자이다. 포숙아의 활약에 의해 공자 규와의 공위계승 분쟁에

서 승리해 제나라의 군주가 되었다. 관중을 재상으로 삼고 제나라를 강대한 나라로 만들었으며, 실권을 잃어버린 중국 동주 왕실을 대신해 회맹을 거행했다.

※ 그 후 管仲(관중)과 鮑叔牙(포숙아)의 구체적 이야기

• 관중은 자기를 알아준 포숙아를 재상 자리에 오르지 못하게 했다?

『韓非子(한비자)』에서는 다소 충격적인 글을 보게 된다. 桓公(환공)이 관중에게 '다음 재상으로 포숙아가 어떤가?' 하고 물었다. 그런데 그러한 환공의 질문에, 관중의 대답은 너무나도 뜻밖이었다.

"아니 되옵니다. 그는 강직하고 괴팍하고 사나운 사람입니다. 강직하면 백성을 난폭하게 다스리고, 괴팍하면 인심을 잃게 되며, 사나우면 백성들이 일할 용기를 잃게 됩니다. 두려운 것을 모르는 그는 패자의 보좌역으로 마땅치 않습니다."

이 기록대로라면 관중은 포숙아를 背反(배반)한 것이라 하겠다. 관포지교의 그 유명한 고사와는 달리, 관중은 포숙아를 재상 자리에 앉지 못하게 하였고, 실제로 포숙아는 재상의 위치에 오르지 못하게 되었다. 그럼 이를 어떻게 생각해야 할까?

관중이 과연 인물은 인물이었다. 아무리 자기에게 평생의 친구라고 해도, 그것도 자신의 목숨을 살려준 생명의 은인이라 해도, 그는 냉정하게 판단하였던 것이다. 그는 객관적으로 포숙을 판단하여, 재상으로 삼지 못하게 하였다. 그리고 그 이유를 들어 성격의 문제를 짚었다. 강직하고 괴팍하고 사납다. 즉 너무나도 올곧은 성격에 두려움이 없다는 이유 때문에 포숙아를 재상 자리에 못 오르게 한 것이다.

• 혹시 관중과 포숙아 사이에 무슨 일이 있었던 게 아닐까?

이렇게 관중이 환공에게 간언을 드린 것은 환공 41년이며, 그 전인 환공 30년에는 관중과 포숙아가 함께 초나라 정벌을 갔다고 한다. 이후 관중과 포숙아가 서로 어떠하였는지에 대한 기록은 없다.

하지만 그렇게 서로 反目(반목)하였다고 보기엔 힘들다. 어찌 보면 관중은 이미 환공의 마지막을 예언하고 있었을지도 모른다. 환공은 관중이 죽은 후, 관중이 중용하지 말라고 하였던 3명의 인물, 즉 豎貂[수초, 豎刀(수도)·豎기(수조)라고도 함]·開方(개방)·易牙(역아)를 중용하였다. 이 세 명의 신하는 일찍이 환공에게 아부를 하며 권력을 잡았던 최측근으로서, 이들은 결국 권력 다툼에 빠져 제나라를 어지럽히게 되었다. 강성한 국력을 자랑하며 패자의 자리에 섰던 제나라는 이렇게 어이없게도 세 명의 간신에 의하여 疲弊(피폐)해지게 되었다. 그리고 초대 패자로서 그 이름을 떨쳤던 환공은 자신의 최측근이었던 간신들에 의하여 비참한 말로를 보게 된다. 〈내시관 수초와 역아의 변란에 의하여 밀폐된 공간에서 죽음을 맞이함.〉

그럼 포숙아는 이러한 환란 속에서 어떻게 되었을까? 구체적으로 포숙아가 어찌 되었다는 기록은 없다. 관중은 이러한 미래를 미리 보고 있었던 게 아닐까? 그렇기 때문에 자신의 사후 직선적인 성격의 포숙아가 재상의 자리에 오르면, 뻔히 수초·개방·역아라는 간신들과 극도로 대립하게 되고, 이는 포숙아의 명을 재촉하며 滅門之禍(멸문지화)를 앞당길 것이라 예측한 게 아닌가 싶다. 이것이 맞는다면, 결국 관중이 포숙아를 재상 자리에 薦擧(천거)하지 않은 것도 포숙아의 미래를 생각한 친구로서의 정 때문이 아닐까 하고 생각할 수도 있겠다.

107 刮目相對 괄목상대

字解 刮 : 비빌 괄 [刮目(괄목) : 눈을 비비고 자세히 봄]
　　　　　　깎을 괄, 갈 괄 [刮摩(괄마) : 그릇을 닦아서 윤을 냄]

　　　　目 : 눈 목 [目擊(목격) : 눈으로 직접 봄]
　　　　　　눈여겨볼 목 [注目(주목) : 특별한 관심을 가지고 눈여겨봄]
　　　　　　요점 목 [要目(요목) : 중요한 항목이나 요점]
　　　　　　우두머리 목 [頭目(두목) : 우두머리]

　　　　相 : 서로 상 [相議(상의) : 서로 의논함]
　　　　　　볼 상 [觀相(관상) : 사람의 얼굴을 보고, 성질이나 운명 따위를 판단함]
　　　　　　모양 상 [眞相(진상) : 참 모습. 있는 대로 사실의 모습]
　　　　　　정승 상 [宰相(재상) : 임금을 보필하며, 모든 관원을 지휘·감독하는 자리에 있는 이품 이상의 벼슬]

　　　　對 : 대답할 대 [對答(대답) : 묻는 말에 자기의 뜻을 나타냄]
　　　　　　대할 대, 마주볼 대 [對面(대면) : 얼굴을 마주보고 대함]

語義 눈을 비비고 상대편을 대한다.
　　　　(남의 학식이나 재주가 몰라보게 크게 진보함)

用例

▶사람들이 모두 이 정신을 가지고 이 방향으로 힘을 쓸진대, 삼십 년이 못 되어 우리 민족은 **刮目相對**(괄목상대)하게 될 것을 나는 확언하는 바이다.

▶지난 9일 대단원의 막을 내린 프로배구가 역대 최다 관중을 불러 모은 것으로 알려졌다. 한국배구연맹에 따르면, 2010년 12월 4일부터 2011년 4월 9일까지 진행된 V-리그 188경기에는 총 34만 5,549명의 관중이 운집했다. 지난 시즌 216경기의 31만 7,945명보다 약 9% 더 많은 관중을 끌어 모았다. **刮目相對**(괄목상대)가 아닐 수 없다. 프로 원년인 2005~2006시즌 총 관중 수는 15만 9,716명. 5년 만에 그 수는 약 116% 증가했다.

【類義語】 日進月步(일진월보) : 나날이 다달이 진보하고 발전함.
　　　　　　日就月將(일취월장) : 나날이 다달이 나아가고 향상됨.
【相對語】 吳下阿夢(오하아몽) : 세월이 지나도 학문의 진보가 없이 그냥 그대로 있는 사람을 이름.

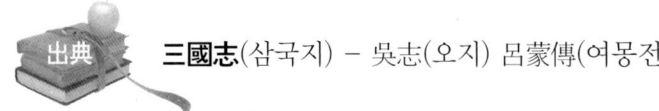
出典 三國志(삼국지) - 吳志(오지) 呂蒙傳(여몽전)

중국 三國時代(삼국시대) 때, 吳(오, 229 ~ 280. 4대 52년에 걸친 왕조)나라에 유명한 將帥(장수)가 있었는데 이름이 呂夢[1](여몽)이었다. 그는 어려서 매우 가난하여 제대로 먹고 입지를 못했고, 형제가 없어 무척 외롭게 자라났다. 그러나 그는 비록 글 읽을 형편이 못 되어서 무식했지만, 가슴에 큰 뜻을 지녀 武功(무공)을 쌓아, 훗날 훌륭한 업적을 남겼다.

어느 날, 孫權(손권, 182 ~ 252. 오나라 개국의 시조)이 여몽과 蔣欽(장흠, 168 ~ 219. 오나라 장수)을 불러놓고,

"자네 두 사람은 이 나라의 大官(대관)들이 아니오? 그러니 앞으로는 글을 많이 읽어 학문을 익히는 것이 좋겠소."

하고 권했다.

"제가 지금 軍(군)에서 매일 눈코 뜰 새 없이 바빠서, 글 읽을 겨를이 없습니다."

라고 여몽이 대답했다. 손권이 여몽의 말을 들은 후, 고개를 저으면서 웃음을 지었다.

"자네가 내 뜻을 오해했나 보군. 내가 그대더러 經學博士(경학박사)가 되라는 것이 아니고, 그저 옛날 사람들이 남긴 기록, 예컨대 經史(경사 : 경서와 사기) 같은 책을 많이 읽어두라는 말일세. 그대가 軍務(군무)에 바쁘다곤 하지만, 어디 나만큼이야 바쁘겠소? 공자도 '밤낮 식음을 폐하면 유익됨이 없으되, 가장 유익한 것은 독서이니라.'라고 했고, 漢(한) 光武帝(광무제)도 '當年(당년)에 싸울 때 매일 중요 기물을 처리하느라 바쁨에 쫓길 때도 책이 손을 떠나랴?' 하고 열심히 글을 읽었소. 그리고 曹操(조조)도 스스로 책 읽기를 즐긴다고 자처했는데, 그대들은 어이 스스로 힘쓰지 않겠단 말이오?"

이 말을 듣고 여몽은 느낀 바가 있어, 그날부터 마음과 힘을 돋우어 글을 읽어, 책 속에서 많은 지식을 얻었고 많은 사물의 이치를 깨달았다. 그리하여 그 당시의 한 노학자와 전문가들로부터 여몽의 학식에 못 미침을 자탄할 정도였다.

그 뒤 魯肅[2](노숙, 172 ~ 217. 손권의 참모. 여몽을 후임으로 선정하고 병으로 사망함)이 주유의 직위를 이어받았다. 하루는 노숙이 여몽을 찾아가 국정을 논의하는 자리에서, 여몽의 이론이 고매하고 식견이 밝음을 발견하고 무한히 놀랐다. 노숙은 여몽의 어깨를 어루만지며,

"나는 노형이 전에 공부를 못하고 오직 武藝(무예)만이 능한 줄 알았는데, 오늘 만나 보니 노형의 학식이 이다지도 넓고 깊으니, 이제는 당년의 吳下阿蒙[3](오하아몽)이 아니구려!"

하고 찬사를 보내자, 여몽이 미소를 지으면서 대답했다.

"선비는 헤어져 삼일이 되면, 마땅히 다시 **눈을 비비고 상대편을 대하는 법입니다**[士別三日(사별삼일) 卽更**刮目相對**(즉갱괄목상대)]."

刮目相對(괄목상대)는 '눈을 비비고 서로 대한다.'는 뜻으로, '남의 학식이나 재주가 급성장한 것을 보고 그에 대한 인식을 새롭게 함'을 비유한다. 학문이나 재주 또는 사업에 보잘것없던 사람이 훌륭하게 되었을 때, '그 사람 이젠 옛날 그 사람이 아니야.'라고 찬사를 보낼 때, '非復吳下阿蒙(비복오하아몽 : 오나라에 있을 때의 여몽이 아니다. 노숙의 말)'이란 말을 쓴다. 그리고 바로 '刮目相對(괄목상대)'를 쓰며, 같은 말로 '刮目相看(괄목상간)'도 있다. 음은 같으나 한자가 다른 '刮目相待(괄목상대)'란 말도 쓰인다.

1) **呂蒙**(여몽, 178 ~ 219) : 오나라 장군. 자는 子明(자명). 재상 노숙이 病死(병사)하자, 여몽은 그 뒤를 이어 오왕 손권을 보필, 國勢(국세)를 신장하는 데 힘썼다. 여몽은 蜀(촉) 땅을 차지하면, 荊州[형주 : 湖南省(호남성)]를 오나라에 돌려주겠다던 약속을 이행하지 않는 劉備(유비)의 蜀軍(촉군)을 치기 위해, 손권에게 은밀히 魏(위)나라의 曹操(조조)와 화해·제휴할 것을 진언하여 성사시키고 기회를 노렸다.

그러던 중 형주를 관장하고 있던 촉나라의 명장 關羽(관우)가 中原(중원)으로 출병하자, 여몽은 이때를 놓치지 않고 출격하여, 관우의 여러 성을 하나하나 공략한 끝에 마침내 관우와 그 아들 관평까지 사로잡고, 형주를 되찾는 큰 공을 세움으로써, 오나라의 백성들로부터 명장으로 추앙을 받았다. 그러나 병으로 인하여 불과 42세에 사망했다.

2) **魯肅**(노숙, 172 ~ 217) : 중국 후한 말기의 세력가인 孫權(손권)의 참모이다. 집안이 부유하며, 사람들에게 베푸는 것을 좋아했고, 돈을 풀어 가난한 자를 救恤(구휼)하고, 인재들과 교제를 쌓아 고을의 환심을 샀다. 周瑜(주유, 175 ~ 210. 후한 말기의 무장, 손권의 제독)가 거소장(거소현의 현장)일 때, 軍資金(군자금)를 노숙에게 요청하였고, 노숙은 각각 3천 곡의 곡식이 있는 창고 둘 중 하나를 주유에게 아주 내어주어, 이로써 주유와 친교를 쌓았다. 주유가 노숙을 손권에게 추천했다.

208년 曹操(조조)가 하북에 袁紹(원소)와의 관도대전에서 승리하고, 하북을 평정하여 劉琮(유종 : 후한 말기 군웅 유표의 차남)에게서 형주마저 점령하니, 조조는 강동을 노리기 시작했다. 이에 손권의 신하들은 모두 조조에게 항복하여 오나라의 평화를 지키자고 주장하였으나, 노숙은 홀로 劉備(유비)와 결탁하여 형주를 점령, 조조와 항전하자고 주장하였다. 노숙은 당양으로 가서 유비와 동맹을 맺고, 주유의 활약으로 조조는 적벽대전에서 대패한다. 210년 주유를 이어 강동에 군권을 거느리게 되었다. 217년 呂蒙(여몽)을 후임으로 선정하고 병사하였다. 노숙은 손권에게 천하삼분지계를 건의하였으며, 사람됨이 온화하였다.

3) **吳下阿蒙**(오하아몽) : '오나라 아래에 의지하고 있는 여몽'이란 뜻이다. 학문의 소양이 없는 보잘것없는 인물. 아몽은 여몽을 말한다[아몽은 여몽의 兒名(아명)이다]. 노숙이 여몽에게 '刮目相對(괄목상대)'라며 칭찬하기 전의 무지했던 여몽을 말한다. 全文(전문)은 '非復吳下阿蒙(비복오하아몽)'으로, '吳(오)에 있을 때의 蒙(몽)이 아니다.'라는 뜻으로 '한참 만나보지 못한 사이에 놀랄 만큼 발전을 보인 사람'을 말하나, '吳下阿蒙(오하아몽)'은 반대로 '옛 그대로 있어 조금도 진보되지 않은 자나 학문이 보잘것없는 인물'을 가리킨다.

108 敎外別傳 교외별전

字解
敎 : **가르칠 교** [敎師(교사) : 학술이나 기예를 가르치는 사람]
　　종교 교 [國敎(국교) : 국가가 지정하여 국민이 믿도록 하는 종교]
外 : **바깥 외** [外界(외계) : 지구 밖의 세계]
　　외국 외 [外貨(외화) : 외국의 돈]
　　멀리할 외 [外面(외면) : 대면하기를 꺼려 멀리함]
　　외가 외 [外孫(외손) : 딸이 낳은 자식]
別 : **다를 별** [別味(별미) : 별다른 맛 또는 그러한 음식]
　　헤어질 별 [離別(이별) : 서로 헤어짐]
　　나눌 별, 분별할 별 [區別(구별) : 종류에 따라 나누어 놓음]
傳 : **전할 전** [傳達(전달) : 전하여 이르게 함]
　　옮길 전 [傳染(전염) : 옮아 물듦]
　　전기 전 [傳記(전기) : 개인의 생애를 서술한 기록]

語義 (경전의) 가르침 없이 별도로 전해지다.
(불교의 선종에서 부처의 진리를 말이나 글에 의하지 않고, 바로 마음에서 마음으로 전하여 깨닫게 함)
(마음에서 마음으로 전함)

 用例

▶**敎外別傳**(교외별전)은 '直指人心(직지인심), 見性成佛(견성성불)'과 함께 佛家(불가)에서 쓰는 4구로 이루어진 말이다. 禪(선)은 부처님께서 깨달은 진수로서 '경전이나 문자 밖에 별도로 전해준 진리'라는 뜻으로 禪(선)의 특징을 잘 나타내고 있는 말이다. 그러나 이 말은 경전이나 교학보다는 선이 더 '眞髓(진수)'라는 점을 강조하기 위한 것으로 선불교의 창안이다.

▶석가모니가 팔십 생을 마치고 사라쌍수 아래서 열반에 들었는데, 가섭이 늦게 도착하여 열반하시는 모습을 보지 못함을 안타까워하며 흐느껴 울자, 관 밖으로 두 발을 내밀어 보였다는 고사가 있다. 이를 일컬어 불교에서는 傳心(전심)이라 하는데, 두 사람 간의 佛法(불법) 전수는 말로 하지 못하는 것을 전하는 **敎外別傳**(교외별전)의 증거가 되었고, 동양 사상에 절대적 영향을 미친 禪宗(선종)을 열게 했다.

【類義語】 以心傳心(이심전심) : 마음에서 마음으로 전함.

> 不立文字(불입문자) : 문자 없이 전해짐.
> 拈華微笑(염화미소) : '拈華示衆(염화시중)의 微笑(미소)'의 준말로, 꽃을 집어 들자 짓는 미소. 마음에서 마음으로 통함.
> 心心相印(심심상인) : 마음과 마음이 서로 찍힘.

 **傳心法要**(전심법요, 당나라 승려 황벽선사의 어록)

'敎外別傳(교외별전)'은 문자 그대로 '敎(교 : 가르침) 밖에 별도로 전하는 것'이다. 불교의 진수는 어떠한 가르침 속에서도 전하여 가질 수 없고, 경전의 문구에 의존하지 않고, 마음에서 마음으로 직접 체험에 의해서만 전해질 수 있다는 뜻이다. 達磨大師(달마대사 : 남인도 향지국왕의 셋째 아들)에 의해 중국에 파견된 祖師禪(조사선)은 말이나 문자에 의한 敎說(교설) 이외에 별도로 마음에서 마음으로 전해지는 것이 있다고 하였다. 곧 문자나 언어에 의한 가르침을 통하지 않고, 깨달음의 玄妙(현묘 : 깊고 기묘함)한 경계를 곧바로 전하는 것이다. 선종의 기본적인 주제 중의 하나이다.

교외별전은 문자에 의존하지 않고 진리를 전하는 방식이므로, 마음에서 마음으로 전하는 以心傳心(이심전심)과 긴밀히 연결되어 있다. 經論(경론 : 경전의 논리)의 교설에서 벗어나지 않는 교내의 법이 부처님이 말씀한 언어에 의지하는 것을 중심으로 삼는다면, 敎(교) 밖의 法(법)은 불조의 깨달음을 다른 사람의 마음에 직접 전하여 증명 인가함을 말한다.

교외별전은 禪宗[1](선종)을 敎宗[2](교종)과 구별하는 대표적인 용어이다. 원래 經(경)과 禪(선)은 서로 상위되지 않지만, 교종에서 경론의 문자에 탐닉하여 그것이 가리키는 자기 본래의 심성을 망각하는 까닭에, 교외별전으로 직접 근원을 가리키게 된 것이다. 곧 교외별전은 경론의 교에 담긴 근본적 취지를 벗어나 전혀 다른 가르침을 주는 것이 아니라, 그것을 보다 효과적으로 실현하기 위하여 문자에 대한 집착을 없애고, 교의 근원인 마음으로 직접 전하는 것이다.

---

1) **禪宗**(선종) : 내적 관찰과 자기 성찰에 의해 자기 심성의 본원을 參究(참구)할 것을 주창한 불교 종파. 인도 승려 菩提達磨(보리달마 : 달마대사)에 의해 중국에 전해졌다. 敎宗(교종)에 대립한 명칭이며 선불교라고도 한다. '不立文字(불립문자)', '敎外別傳(교외별전)'을 내세우며, '直指人心(직지인심)', '見性成佛(견성성불)'을 주장한다. 선종에서는 인간의 마음을 참구하여 본래 지니고 있는 성품이 부처의 성품임을 깨달을 때 부처가 된다는 것이다. 언어나 문자를 거치지 않고 곧바로 부처의 마음을 중생의 마음에 전하므로 '佛心宗(불심종)'이라고도 하며, 수행법으로 주로 坐禪(좌선)을 택한다. 그런데 선종은 좌선을 중시하나 그것만을 수단으로 삼지 않는 깨달음의 종교로서, 일상의 모든 동작에서도 선을 실천할 수 있다고 보기 때문에, 집단 노동을 중시하고 속어를 구사하는 일상의 문답으로 그 종지를 선양했다.

2) **敎宗**(교종) : 조선시대의 불교 종파. 교종이란 불타의 교설 및 그것을 문자로 나타낸 경전을 바탕으로 하는 宗旨(종지)를 뜻하며, '佛語宗(불어종)'이라고도 한다. 부처의 一心(일심)을 전하는 佛心宗(불심종)으로서의 禪宗(선종)과 구별하여 각 종파를 敎禪兩宗(교선양종)으로 통합하여 나눈 데서 비롯된다.

109 口尚乳臭 구상유취

字解 口 : 입 **구** [口腔(구강) : 입 안]
　　　　　말할 구 [口頭契約(구두계약) : 말로 맺은 계약]
　　　　　인구 구 [人口(인구) : 일정한 지역 안에 사는 사람의 수]
　　　尚 : 아직 **상**, 오히려 상 [尚今(상금) : 이제까지. 아직]
　　　　　숭상할 상 [尚武(상무) : 武(무)를 숭상함]
　　　乳 : 젖 **유** [乳房(유방) : 포유동물에서 젖이 나오는 신체 조직]
　　　臭 : 냄새 **취** [惡臭(악취) : 나쁜 냄새]

語義 입에서 아직 젖내가 난다.
　　　　(말이나 행동이 유치함)

 用例

▶우리나라는 경제·교육·문화 등에 비해, 아직 치졸하고 **口尚乳臭**(구상유취)한 정치가 가장 큰 문제점이 아닐 수 없다.

▶형님, **口尚乳臭**(구상유취)한 사람들 덕에 밤잠 못 이루고 계시군요. 잘해 보자고 빨간 사과 내밀었더니, 독사과라 우기며 팽하는 격이더군요. 힘내세요. 목쉰 염소에겐 여물 줄 가치조차 없는 거니까요.

[類義語] 齒髮不長(치발부장) : 배냇니를 다 갈지 못하고, 머리는 다박머리라는 뜻으로, 아직 나이
　　　　　　　　　　　　　　　　가 어림.
　　　　　齒髮不及(치발불급) : 배냇니를 다 갈지 못하고, 머리는 다박머리라는 뜻으로, 아직 미치
　　　　　　　　　　　　　　　　지 못함. 아직 나이가 어림.

 **史記**(사기) – 高祖記(고조기), **十八史略**(십팔사략)

중국 漢(한)나라의 劉邦(유방)이 楚(초)의 項羽(항우)와 천하를 걸고 싸우던 때의 일이다. 한때 한나라에 복종했던 魏(위)나라 왕, 王豹(왕표)가 부모의 병간호를 핑계로 平陽(평양 : 산시성)으로 돌아가 버렸다. 이보다 앞서 왕표는 유방을 따라 항우의 군사를 彭城(팽성 : 장쑤성)에서 공격했는데, 유방의 군사가 패배하여 滎陽(형양 : 허난성)까지 후퇴했었다. 이에 왕표는 한나라의 패색이 짙다고 보고, 일신의 안전을 위해 항우 편에 붙으려고 생각했다. 귀국한 왕표는 과연 河津(하진 : 산시성)을 차단하고

항우 편에 붙었다.

유방은 신하인 酈食其(역이기 : 유방의 책사)를 시켜 만류했으나, 왕표는 유방에게 욕을 퍼부을 뿐, 뜻을 바꿀 기색은 없었다. 그래서 역이기는 보람 없이 그냥 돌아오고 말았다.

한왕 유방은 위나라 왕표를 치기 위해 韓信(한신)을 보냈다. 떠날 때 한신이 역이기에게 물었다.
"위나라 왕표 군사의 대장은 대체 누구요?"
대답하여 가로되,
"柏直(백직)이라는 자입니다."
"뭐 백직이라고?"
한왕 유방이 가로되,
"입에서 아직 젖내가 나는구나. 어찌 우리 한신을 당해낼 수 있겠는가?"

 原文 漢王以韓信擊魏王豹(한왕이한신격위왕표) 問酈食其(문역이기) 魏大將誰(위대장수) 對曰(대왈) 柏直(백직) 漢王曰(한왕왈) 是口尚乳臭(시구상유취) 安能當吾韓信(안능당오한신)

유방이 큰소리쳤듯이 왕표는 도저히 한신의 적수가 못 되었다. 한신은 순식간에 위나라 군사를 무찌르고, 왕표를 사로잡아 유방에게 압송했다.
"한때의 실수였습니다. 앞으로는 결코 배반하지 않겠습니다."
끌려온 왕표가 머리 조아려 이렇게 간청하자, 유방은 노여움을 거두고 왕표에게 형양의 수비를 맡겼다. 그런데 뒤에 초나라 군사가 진격해 와서 형양이 포위되었을 때, 왕표를 감시하고자 그곳에 있던 한나라의 신하 周苛(주가)는 왕표가 또 항우 편에 붙을 것을 염려하여, 그를 그만 죽여 버렸다.

위의 故事(고사)에서 '口尚乳臭(구상유취)'가 유래하였으며, '말이나 행동 또는 생각이 유치함', 또는 '성숙하지 못한 미숙한 상태'라는 뜻으로 널리 쓰이는, 상대를 얕보아 하는 말이다.

※ 한신과 백직의 전투와 '聲東擊西(성동격서)'

漢(한)나라 유방이 楚(초)나라 항우와 천하를 두고 서로 다투던 때, 魏王(위왕) 豹(표)가 항우 편에 투항하여 유방은 항우와 표에게 협공을 당하는 위험한 상황에 놓였다. 유방은 이 곤경을 벗어나기 위해 韓信(한신)을 보내어 징벌에 나섰다. 그러자 위왕 표는 柏直(백직)을 대장으로 삼아, 황야의 동쪽 蒲坂(포판)에 진을 치고, 한나라 군대의 渡河(도하)를 막도록 하였다.

한신은 난공불락인 포판성의 공격이 용이하지 않으리라 판단하고, 다른 계책을 꾸몄다. 사병들에게 낮에는 함성을 지르며 훈련하게 하고, 밤에는 불을 환하게 밝혀 强攻(강공)을 펼칠 의사를 분명히 하도록 하였다. 한나라 군대의 동태를 살펴본 백직은 어리석은 작전을 비웃었다. 그러면서 한신은 비밀리에 군대를 인솔하여 악양에 도착한 뒤, 강을 건널 뗏목을 준비하였다. 뗏목으로 황하를 건넌 한나라 군사들은 신속하게 진군하였고, 허를 찔린 위왕 표의 후방 본거지인 安邑(안읍)은 순식간에 점령당했다.

위왕 표는 한신에게 사로잡히는 몸이 되었다. 이처럼 한쪽을 공격할 것처럼 허세를 떨면서, 정작 방비가 허술한 지역을 공격하여 적을 일거에 섬멸하는 작전에서 '聲東擊西(성동격서 : 동쪽을 칠 듯이 말하고, 실제로는 서쪽을 친다는 용병술)'라는 고사성어가 나오게 되었다.

※ **聲東擊西**(성동격서) : 『孫子兵法(손자병법)』 三十六計(삼십육계) 중 여섯 번째 계책. 내 의도를 함부로 보이지 말라는 전략으로, 다음과 같은 4가지 원칙을 제시한다.

"첫째, 能而示之不能(능이시지불능), 능력이 있어도 없는 것처럼 보여라.

둘째, 用而示之不用(용이시지불용), 군대를 사용하여 전쟁할 의도가 있어도 없는 것처럼 보여라.

셋째, 近而示之遠(근이시지원), 목표가 가까운 곳에 있으면 멀리 있는 것처럼 보여라.

넷째, 遠而示之近(원이시지근), 반대로 목표가 먼 곳에 있으면 가까운 데 있는 것처럼 하라."

※ **'口尙乳臭(구상유취)'와 관련된 김삿갓의 일화**

어느 더운 여름철 한 곳을 지나노라니, 젊은 선비들이 개를 잡아 놓고 술을 주거니 받거니 하며, 詩(시)를 짓는다고 마구 떠들어대고 있었다. 술을 좋아하는 김삿갓이 마음이 동하지 않을 수 없었다. 末席(말석)에 앉아 한 잔 돌아오기를 기다리고 있는데, 行色(행색)이 초라해서인지 본 체도 않고 있었다. 김삿갓은 약간 아니꼬운 생각이 들어,

"'구상유취'로군!"

하고 일어나 가버렸다.

"저 사람이 지금 뭐라고 했지?"

"口尙乳臭(구상유취)라고 하는 것 같더군."

이리하여 김삿갓은 뒤쫓아 온 하인들에게 끌려, 다시 선비들 앞으로 갔다.

"방금 뭐라고 그랬지? 兩班(양반)이 글을 읊고 있는데, '**口尙乳臭**(구상유취)'라니?"

그러면서 옆에 놓고 매를 칠 기세를 보였다. 김삿갓은 태연히,

"내가 뭘 잘못 말했습니까?"

하고 反問(반문)했다.

"뭐라구, 무얼 잘못 말했느냐구? 어른들을 보고 '口尙乳臭(구상유취)'라, 그것은 '입에 젖내가 난다.'는 뜻이리니, 그런 不敬(불경)한 말이 어디 또 있단 말이냐?"

"그건 큰 오해이십니다. 내가 말한 '구상유취'는 '입에 젖내가 난다.'는 '口尙乳臭(구상유취)'가 아니라, '狗喪(구상 : 개 초상)'에 '儒聚(유취 : 선비가 모였다)'라는 '**拘喪儒聚**(구상유취)'였습니다."

漢文(한문)의 妙味(묘미)라고나 할까, 선비들은 무릎을 치고 크게 웃으면서,

"우리가 선비를 몰라보았소. 자아, 이리로 와서 같이 술이나 들며, 詩(시)라도 한 수 나눕시다."

하고, 오히려 김삿갓에게 사과를 한 후에, 술을 권했다는 이야기가 전해 내려오고 있다.

110 九牛一毛 구우일모

字解
- 九 : 아홉 구, 아홉 번 구 [九年之水(구년지수) : 9년 동안의 홍수]
  많을 구 [九重宮闕(구중궁궐) : 많은 문이 겹겹이 달린 깊은 대궐]
- 牛 : 소 우 [牛痘(우두) : (천연두를 예방하기 위하여) 소에서 뽑은 면역 물질]
- 一 : 한 일, 하나 일 [統一(통일) : 두 개 이상을 몰아서 하나로 만듦]
  첫째 일 [一等(일등) : 첫째 등급. 으뜸가는 등급]
  오로지 일 [一心(일심) : 오로지 한결같은 마음]
  같을 일 [同一(동일) : 다른 데가 없이 똑같음]
- 毛 : 털 모 [毛皮(모피) : 털이 붙은 짐승의 가죽]
  가늘 모, 작을 모 [毛細血管(모세혈관) : 가는 혈관]
  풀 모 [不毛地(불모지) : 풀이 자라지 않는 거칠고 메마른 땅]

語義 아홉 마리의 소 가운데서 뽑은 한 개의 털.
(매우 많은 것 가운데 극히 적은 수)

用例

▶사람의 죽음 가운데는 **九牛一毛**(구우일모), 즉 아홉 마리 소에서 털 하나를 뽑는 가벼운 죽음이 있는가 하면, 태산보다 훨씬 무거운 죽음도 있다네.

▶파리는 장난을 치기 위해, 잠을 자고 있는 소에게 다가갔어요. 그리고 털 하나를 뽑았어요. 파리는 속으로 너무 기뻤어요. 하지만 소에게는 아주 많은 털 중에 하나, 즉 **九牛一毛**(구우일모)였기 때문에 파리가 털을 뽑았는지 알지 못했어요.

[類義語] 滄海一粟(창해일속) : 넓고 큰 바닷속의 좁쌀 한 알.
大海一滴(대해일적) : 큰 바다의 물방울 하나.

漢書(한서) - 報任安書(보임안서), 文選(문선)

중국 漢(한)나라 제7대 황제인 武帝(무제, B.C.156 ~ B.C.87. 재위 B.C.141 ~ B.C.87) 때, 5천 명의 보병을 이끌고 흉노를 정벌하러 나갔던 李陵(이릉, ? ~ B.C.72) 장군은 열 배가 넘는 적의 기병을 맞아 초전 10여 일간은 잘 싸웠으나, 결국 衆寡不敵(중과부적)으로 패하고 말았다. 그런데 이듬해 놀라운 사실이 밝혀졌다. 전투 중에 전사한 줄 알았던 이릉이 흉노에게 투항하여, 후한 대접을 받고 있다는 것이었다. 이를 안 한무제는 크게 노하여 이릉의 一族(일족)을 참형에 처하라는 엄명을 내렸다.

조정의 많은 중신들 중 이들을 변호하는 사람은 하나도 없었다. 그러자 司馬遷[1](사마천)이 그를 변호하고 나섰다. 사마천은 지난날 흉노에게 敬畏(경외)의 대상이었던 李廣(이광) 장군의 손자인 이릉을 평소부터 '목숨을 내던져서라도 國難(국난)에 임할 용장'이라고 굳게 믿어 왔기 때문이다. 그는 史家(사가 : 역사를 전문으로 연구하는 사람)로서의 냉철한 눈으로 사태의 진상을 통찰하고 대담하게 한무제에게 아뢰었다.

"황송하오나 이릉은 소수의 보병으로 오랑캐의 수만 기병과 싸워 그 괴수를 驚愕(경악)케 하였으나, 원군은 오지 않고 아군 속에 배반자까지 나오는 바람에 어쩔 수 없이 패전한 것으로 생각되옵니다. 하오나 끝까지 병졸들과 辛苦(신고)를 같이한 이릉은 인간으로서 극한의 역량을 발휘한 명장이라 해도 과언이 아닐 것이옵니다. 그가 흉노에게 투항한 것도 필시 훗날 皇恩(황은)에 보답할 기회를 얻기 위한 苦肉策(고육책)으로 사료되오니, 차제에 폐하께서 이릉의 武功(무공)을 천하에 공표하시옵소서"

漢武帝(한무제)는 진노하여 사마천을 投獄(투옥)한 후 宮刑[2](궁형)에 처했다. 세상 사람들은 이 일을 가리켜 '李陵之禍(이릉지화 : 이릉의 화)'라 일컫고 있다. '궁형'이란 '남성의 생식기를 잘라 없애는 것'으로 가장 수치스러운 형벌이었다. 사마천은 이를 친구인 '임안에게 알리는 글[報任安書(보임안서)]'에서 '최하급의 치욕'이라고 적고, 이어 착잡한 심정을 이렇게 쓰고 있다.

"내가 법에 따라 사형을 받는다고 해도, 그것은 세상에서 한낱 '**九牛一毛**(구우일모 : **아홉 마리의 소 중에서 터럭 하나**)'가 없어지는 것과 같을 뿐이니, 나와 같은 존재는 땅강아지나 개미 같은 미물과 무엇이 다르겠는가? 그리고 세상 사람들 또한 내가 죽는다 해도 옳은 말 하다가 죽는다고 생각하기는커녕, 말을 함부로 하다가 큰 죄를 지어서 어리석게 죽었다고 여길 것이네."

司馬遷(사마천)이 이렇게 수모를 당하면서까지 살아가는 데는 그만한 이유가 있었다. 당시 사마천은 太史令[3](태사령)으로 봉직했던 아버지 司馬談(사마담)이 임종 시(B.C.122)에, '通事[4](통사)를 기록하라.'고 한 유언에 따라, 『史記[5](사기)』를 집필 중에 있었기 때문이다. 그래서 그는 『사기』를 완성하기 전에는 죽을래야 죽을 수도 없는 몸이었다. 그로부터 2년 후에, 중국 최초의 史書(사서)로서 불후의 명저로 꼽히는 『史記(사기)』 130권이 완성되어, 오늘에 전해지고 있다.

---

1) **司馬遷**(사마천, B.C.153 ~ B.C.93) : 전한의 역사가. 자는 子長(자장). 경칭은 太史公(태사공). 젊었을 때, 전국 각처를 주유하며 전국시대 제후의 기록을 수집 정리했다. 기원전 104년 公孫卿(공손경)과 함께 太初曆(태초력)을 제정하여, 후세 역법의 기틀을 마련하였다. 아버지 사마담의 뒤를 이어 태사령이 되었다. 흉노 토벌 중에 포로가 되어 투항한 이릉 장군을 변호하다가, 무제의 노여움을 사 궁형을 받았다. 기원전 97년 불후의 명저인 『史

記(사기)』를 편찬하였다.

2) **宮刑**(궁형) : 중국에서 행하던 五刑(오형)의 하나. 오형은 死刑(사형 : 생명을 끊는 형벌), 宮刑(궁형 : 남성의 생식기를 잘라 없애는 형벌), 刖刑(월형 : 발꿈치를 자르는 형벌), 劓刑(의형 : 코를 베어내는 형벌), 黥刑(경형 : 얼굴, 팔뚝 등의 살에 먹실로 죄명을 적어 넣는 형벌)이다. 궁형은 사형에 버금가는 최고의 형벌이었다. 남자는 거세하고, 여자는 질을 폐쇄시켜 자손의 생산을 불가능하게 하는 형벌이다.

3) **太史令**(태사령) : 朝廷(조정)의 기록, 천문, 제사 등을 맡아보던 관청의 관리. 천문을 살피고 역서를 만들어 연말에 바치는 일을 맡았다. 줄여서 太史(태사)라고도 한다. 즉 史官(사관)에 해당된다.

4) **通史**(통사) : 歷史(역사) 기술법의 한 양식. 시대를 한정하지 아니하고 전 시대와 전 지역에 걸쳐 역사적 줄거리를 서술하는 역사 기술의 양식, 또는 그렇게 쓴 역사를 가리킨다.

5) **史記**(사기) : 중국 한나라 사마천이 上古(상고)의 황제로부터 전한 무제까지의 역대 왕조의 사적을 엮은 역사책이다. 중국 이십오사의 하나로, 중국 正史(정사)와 假傳體(가전체 : 역사 서술 형식의 하나, 역사적 인물의 개인 전기를 이어감으로써 한 시대의 역사를 구성하는 기술 방법)의 嚆矢(효시)이며, 史書(사서)로서 높이 평가될 뿐만 아니라 문학적인 가치도 매우 높다.

※ '**九牛一毛**(구우일모)'의 재구성

　　前漢(전한) 武帝(무제) 때, 흉노 토벌에 나섰던 장군 李陵(이릉)이 흉노에 투항했다는 소식을 들은 무제는 震怒(진노)하여, 이릉 일족을 죽이고자 했다. 이때 司馬遷(사마천)이,

　　"5천의 군사로 8만의 흉노의 기병을 당한다는 것은 누가 보아도 무리입니다. 그가 항복한 것은 불가피한 상황이었을 것입니다."

　　라며, 이릉의 무고함을 直言(직언)하였다.

　　그러나 무제는 사마천의 직언에 격노하여, 그에게 去勢(거세 : 불알이나 난소를 들어내어 생식을 못하게 하는 일)의 형벌을 내렸다. 사마천은 극도의 치욕을 느낀 나머지 자살을 생각했다. 그러나 그때 아버지 사마담의 遺言(유언)이 귓전을 맴돌았다. 역대로 史官(사관)을 맡았던 가문의 전통을 이어, 중국 최초로 과거 왕조의 역사를 담은 通事(통사)를 남기라는 말이었다. 또 이렇게 죽는다면 개죽음일 따름이다. 이에 사마천은,

　　"지금 만약 자살로 끝맺는다면, 마치 '**九牛一毛**(구우일모 : 아홉 마리의 소 중에 하나의 털)'가 없어지는 것과 같다. 어리석은 일일 뿐이다."

　　라는 말을 남기고, 역사 서술에 전념했다. 불후의 명작인 『史記(사기)』는 이렇게 탄생한 것이다. 사마천이 스스로 표현한 대로 자칫하면 **九牛一毛**(구우일모)에 불과한 하찮은 것에 그칠 수 있었던 그의 이름은, 스스로 마음 자세를 고침에 따라 중국 歷史(역사)에 길이 남을 이름으로 바뀐 것이다.

111 群鷄一鶴 군계일학

字解
群 : 무리 군 [群衆(군중) : 무리지어 모여 있는 많은 사람]
鷄 : 닭 계 [鷄冠(계관) : 닭의 볏]
一 : 한 일, 하나 일 [統一(통일) : 두 개 이상을 몰아서 하나로 만듦]
　　첫째 일 [一等(일등) : 첫째 등급. 으뜸가는 등급]
　　오로지 일 [一心(일심) : 오로지 한결같은 마음]
　　같을 일 [同一(동일) : 다른 데가 없이 똑같음]
鶴 : 학 학, 두루미 학 [鶴首(학수) : 학처럼 목을 길게 늘여 기다림]

語義 닭의 무리 중 한 마리 학.
(평범한 사람들 가운데 뛰어난 한 사람)

 用例

▶얼마 전 남편이 회갑을 맞았다. 남편의 고집으로 집에서 조촐하게 형제들만 모여 저녁 식사를 하게 됐다. 우리 집은 구 남매 중 장남이라서 대소사 일로 식구들이 모일 때면 적게 모여야 삼십여 명이다. 식사 도중 큰시누이의 남편이 느닷없이 큰소리로,
　"야, 너 왼손잡이구나."
　하신다. 모두들 식사를 멈추고 중학생이긴 하지만, 어엿한 처녀티가 배인 질녀를 신기한 듯 바라본다. 얼굴이 빨개진 질녀가 어쩔 줄 몰라 하자, 별일 아닌 것에 큰소릴 낸 것이 무안하고 당황했던지 고숙이 얼른 다시 한다는 말이,
　"하하하하 群鷄一鶴(군계일학)이구나, 군계일학이야."
　하시며 웃음으로 얼버무리셨다.

▶박지성 없는 한국 축구, 절망 속에서 희망을 보았다. 우즈베크와 3, 4위전에서 우즈베크 진영을 단기필마로 돌파, 무인지경을 달리는 그 모습은 단연 群鷄一鶴(군계일학)이었다. 13세기 유라시아를 제패한 징기스칸의 환생이다. 영웅 탄생이다.

【類義語】 鷄群孤鶴(계군고학) : 닭의 무리 가운데 한 마리 학.
　　　　　鶴立鷄群(학립계군) : 닭이 많은 곳에 학이 서 있음.
　　　　　出衆(출중) : 뭇 사람 속에서 뛰어남.
　　　　　拔群(발군) : 여럿 가운데에서 특별히 뛰어남.
　　　　　白眉(백미) : 여러 사람 중에서 가장 뛰어난 사람.

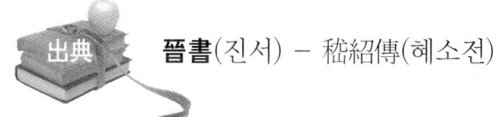
出典   晉書(진서) – 嵇紹傳(혜소전)

중국 魏晉(위진)시대, 阮籍(완적)·阮咸(완함)·嵇康(혜강)·山濤(산도)·王戎(왕융)·劉伶(유령)·尙秀(상수), 곧 竹林七賢(죽림칠현)으로 불리는 일곱 명의 선비가 있었다. 이들은 종종 지금의 하남성 북동부에 있는 竹林(죽림)에 모여, 老壯(노장)의 허무 사상을 바탕으로 한 淸談(청담)을 즐겨 나누었다.

그런데 죽림칠현 중 위나라 때 中散大夫(중산대부)로 있던 嵇康(혜강)이 억울한 죄를 뒤집어쓰고 처형당했다. 그때 혜강에게는 나이 열 살밖에 안 되는 아들 嵇紹(혜소)가 있었다. 혜소가 성장하자, 죽림칠현의 한 사람인 重臣(중신) 山濤(산도)가 그를 武帝[1](무제 : 위나라를 멸하고 진나라를 세운 사마염[2])에게 천거했다.

"폐하, 『書經(서경)』의 「康誥篇(강고편)」에는 부자간의 죄는 서로 連坐(연좌 : 남의 범죄에 휘말려서 처벌을 받음)하지 않는다고 적혀 있나이다. 혜소가 비록 혜강의 자식이긴 하오나, 총명함이 춘추시대 晉(진)나라의 대부 郤缺(극결)에게 결코 뒤지지 않사오니, 그를 秘書郞(비서랑)으로 기용하시옵소서."

"卿(경)이 천거하는 사람이라면, 政丞(정승) 벼슬도 능히 감당할 것이오."

이리하여 혜소는 비서랑보다 한 계급 위인 비서승에 임명되었다. 혜소가 입궐하던 그 이튿날, 어떤 사람이 자못 감격하여 王戎(왕융)에게 말했다.

"어제 구름처럼 많이 모인 사람들 틈에 끼어서 입궐하는 혜소를 보았습니다만, 그 늠름한 모습은 마치 '닭의 무리 속에 우뚝 선 한 마리의 학[群鷄一鶴(군계일학)]' 같았습니다."

그러자 왕융은 미소를 띠고 이렇게 말했다.

"그대는 혜소의 아버지를 본 적이 없어 모르겠지만, 그는 혜소보다 훨씬 더 늠름했다네."

---

1) 중국 역사에 등장한 武帝(무제)

① 漢 武帝(한 무제) : 前漢(전한)의 제7대 황제 劉徹(유철)

② 魏 武帝(위 무제) : 魏(위)나라의 기반을 닦은 曹操(조조)

③ 晉 武帝(진 무제) : 晉(진)나라를 세운 제1대 황제 司馬炎(사마염)

④ 梁 武帝(양 무제) : 남조 梁(양)나라의 제1대 황제 蕭衍(소연)

⑤ 齊 武帝(제 무제) : 남조 齊(제)나라의 제2대 황제

2) 司馬炎(사마염, 236 ~ 290. 재위 265 ~ 290) : 자는 安世(안세). 晉(진)의 초대 황제. 그의 조부는 魏(위) 왕조의 대신으로 제갈량과 결전을 벌이고, 노년에는 정권을 잡은 司馬懿(사마의, 179 ~ 251. 위나라의 명장, 정치가)이며, 아버지는 司馬昭(사마소, 211 ~ 285. 사마의의 둘째 아들)이다. 위나라의 제5대 황제 曹奐(조환)을 폐하고, 晉(진)을 세워 황제에 올랐다. 280년에 吳(오)나라를 쳐서 중국을 통일하였다. 삼국을 통일한 뒤, 그는 聖君(성군) 노릇을 하며 검소한 생활을 입으로 말하였지만, 끝내 말년엔 부패하여 타락하였다.

112 君子三樂 군자삼락

字解 君 : 임금 군 [君主(군주) : 임금]
  남편 군 [郎君(낭군) : 남편을 정답게 일컫는 말]
  군자 군 [君子(군자) : 학식과 덕행이 높은 사람]

  子 ; 아들 자 [子孫(자손) : 아들과 손자. 후손]
  첫째지지 자 [子時(자시) : 십이시의 첫째 시. 하오 11시부터 상오 1시까지의 시간]
  새끼 자 [魚子(어자) : 물고기 새끼]
  임 자, 사람 자 [孔子(공자) : 공씨 성을 가진 사람]

  三 ; **석 삼** [三權(삼권) : 국가 통치의 세 가지 권력. 곧 입법권·사법권·행정권]

  樂 ; 음악 악, 풍류 악 [樂曲(악곡) : 음악의 곡조]
  즐거울 락 [享樂(향락) : 즐거움을 누림]
  좋아할 요 [樂山樂水(요산요수) : 산을 좋아하고 물을 좋아함]

語義 군자의 세 가지 즐거움.
 (군자가 누리는 세 가지 즐거움)

 用例

▶ 맹자는 「盡心篇(진심편)」에서 '**君子三樂(군자삼락)**'이 있다고 했다. '양친이 다 살아 계시고 형제가 무고한 것이 첫째 즐거움이고, 행하는 것이 공명정대하고 우러러 하늘에 한 점 부끄러움이 없어 굽어보아도 사람들에게 창피하지 않는 것이 둘째 즐거움이며, 천하의 영재들을 만나 교육하는 것이 셋째 즐거움'이라고 했다.

 바람에 흩날리는 홀씨는 미미하지만 그것이 땅 위에 자리잡고 뿌리를 내리게 되면 아름드리 거목으로 성장해 많은 사람들에게 그늘을 제공하는 훌륭한 나무로 자라듯, 학생들의 잠재 능력을 최대한 발휘하도록 하여 훌륭한 인재로 키우는 일은 동서고금을 막론하고 가장 큰 즐거움이 아니겠는가.

▶ 도잠의 雜詩(잡시) 중에 '盛年不重來(성년부중래) / 一日難再晨(일일난재신) / 及時當勉勵(급시당면려) / 歲月不待人(세월부대인)'이 떠오릅니다. 즉, '왕성한 젊음은 시절을 거듭하지 않으며, 하루에 새벽을 다시 오기 어렵고, 제때에 미쳐서 마땅히 힘쓸진저, 세월은 사람을 기다리지 않는다.'고 읊은 시가 있습니다.

 그렇습니다. 세상일들 하도 많지만 늦었다고, 불가능하다고 깨달았을 때가 가장 빠른 때입니다. 누구나 비슷한 처지에 학업에 임하고 있는 것만큼 靑出於藍(청출어람)하듯 서로가 서로에게 따뜻한 힘이 되어야겠습니다. 敎學相長(교학상장 : 가르치고 배우면서 함께 성장한다. 『예기』)하며, 管鮑之交(관포지교)로서 거듭나야겠습니다. **君子三樂(군자삼락)**의 의미를 다시금 되새겨봄 직하지 않습니까?

 出典   **孟子**(맹자) – 盡心篇(진심편)

君子有三樂 而王天下不與存焉(군자유삼락 이왕천하불여존언)
父母俱存 兄弟無故 一樂也(부모구존 형제무고 일락야)
仰不愧於天 俯不怍於人 二樂也(앙불괴어천 부불작어인 이락야)
得天下英才 而敎育之 三樂也(득천하영재 이교육지 삼락야)
君子有三樂 而王天下不與存焉(군자유삼락 이왕천하불여존언)

군자에게는 세 가지 즐거움이 있으니, 천하의 왕이 되는 것은 더불어 존재하지 않는다(여기에 해당하지 않는다).
부모가 모두 갖추어 살아 계시고, 형제가 아무런 탈이 없는 것이 첫 번째 즐거움이요.
우러러 하늘에 부끄럽지 않고, 굽어보아도 사람에게 부끄럽지 않는 것이 두 번째 즐거움이요.
천하의 영재를 얻어서, 그를 교육하는 것이 세 번째 즐거움이다.
군자에게는 세 가지 즐거움이 있으니, 천하의 왕이 되는 것은 더불어 존재하지 않는다(여기에 해당하지 않는다).

孟子(맹자)는 이처럼 「진심편」에서 '세 가지 즐거움[三樂(삼락)]'을 제시하면서 '王天下不與存焉(왕천하불여존언)', 곧 '천하에 왕이 되는 것은 여기에 해당되지 않는다.'는 말을 처음과 말미에 두 차례나 언급하여 강조하였다. 천하에 왕이 되는 것[王天下(왕천하)]을 맹자는 군자의 세 가지 즐거움[君子三樂(군자삼락)]에 넣지 않았다.

위에서 살펴본 것처럼 '君子三樂(군자삼락)'은 孟子(맹자)가 한 말로서 孔子(공자)가 한 말이 아니다. 흔히 잘못 혼동하는 경우가 있으나, 공자는 『論語(논어)』의 맨 첫부분에서 '人生三樂(인생삼락)'을 說破(설파 : 사물의 내용을 뚜렷이 밝혀 말함)하였다.

※ **孔子**(공자)**의 人生三樂**(인생삼락) – 『論語(논어)』「學而篇(학이편)」
   學而時習之 不亦說乎(학이시습지 불역열호)
   有朋自遠方來 不亦樂乎(유붕자원방래 불역락호)

人不知而不慍 不亦君子乎(인부지이불온 불역군자호)
배우고 그리고 때때로 익히면, 또한 기쁘지 아니한가?
벗이 있어 먼 곳으로부터 찾아오니, 또한 즐겁지 아니한가?
남이 나를 알아주지 않더라도 성내지 않으면, 또한 군자라 할 수 있지 아니한가?

※ 益者三樂(익자삼요) - 『論語(논어)』「季氏篇(계씨편)」
　- **유익한 세 가지 즐거움**
　• 樂節禮樂(요절예악)　　예악으로 절제하기를 좋아하고,
　• 樂道人之善(요도인지선)　남의 착한 점을 말하기를 좋아하고,
　• 樂多賢友(요다현우)　　어진 벗 많이 갖기를 좋아한다.

※ 損者三樂(손자삼요) - 『論語(논어)』「季氏篇(계씨편)」
　- **손해되는 세 가지 즐거움**
　• 樂驕樂(요교락)　교만의 즐거움을 좋아하고,
　• 樂逸樂(요일락)　놀기의 즐거움을 좋아하고,
　• 樂宴樂(요연락)　잔치의 즐거움을 좋아한다.

※ 申欽(신흠)의 人間三樂(인간삼락) - 『象村集(상촌집)』
　閉門閱會心書(폐문열회심서)　문 닫으면 마음에 드는 책을 읽고,
　開門迎會心客(개문영회심객)　문 열면 마음에 맞는 손을 맞이하며,
　出門尋會心境(출문심회심경)　문을 나서면 마음에 드는 경치를 찾아가니,
　此乃**人間三樂**(차내인간삼락)　이것이 곧 **사람의 세 가지 즐거움**이라네.

※ 申欽(신흠, 1566 ~ 1628) : 조선 仁祖(인조, 제16대 왕. 재위 1623 ~ 1649) 때의 문신, 학자이며, 호는 象村(상촌)이다. 李廷龜(이정구), 張維(장유), 李植(이식)과 함께 조선 漢文四大家(한문사대가)의 한 사람. 1623년 인조반정과 함께 대제학·우의정에 중용되었다. 1627년 정묘호란이 일어나자 좌의정으로 세자를 수행하고 전주로 피난했으며, 같은 해 9월 영의정에 올랐다가 죽었다. 그의 時調(시조) 한 수를 소개한다.

• **山村(산촌)에 눈이 오니**
산촌에 눈이 오니 돌길이 묻혔구나.
柴扉(시비 : 사립문)를 여지 마라. 날 찾을 이 뉘 있으랴.
밤중만 一片明月(일편명월)이 긔 벗인가 하노라.

※ 佛敎(불교) 三樂(삼락)
君子(군자)의 三樂(삼락)처럼 佛敎(불교)에도 三樂(삼락)이 있는데, 이는 다음과 같다.
　• 天樂(천락)　　10가지 善業(선업)으로 천상에 태어나서 누리는 즐거움.
　• 禪樂(선락)　　수행자가 禪定(선정)에 들어 누리는 즐거움.
　• 涅槃樂(열반락)　生滅苦樂(생멸고락)이 모두 없어져서 누리는 즐거움.

※ 君子(군자)와 관련된 말들

- 君子(군자)에게는 三戒(삼계)가 있다. 젊을 때는 아직 혈기가 정해지지 못했으므로 경계할 일은 '女色(여색)'이다. 장년 때는 혈기가 강해지므로 경계할 일은 '鬪爭(투쟁)'이다. 노년기에 들어서면 벌써 혈기가 쇠퇴하므로 경계할 일은 '財物(재물)'이다.
- 군자는 물건을 사용하고, 소인은 물건에 의해 사용된다. 〈荀子(순자)〉
- 군자는 이로움이 온다고 해서 기뻐하지도 않고, 해로움이 온다고 해서 굳이 꺼리지도 않으며, 공허한 자세로 물건을 대하기 때문에 물건이 그를 해칠 수 없다. 〈이규보〉
- 군자는 덕을 생각하고 소인은 땅을 생각하며, 군자는 형벌을 생각하고 소인은 은혜만 생각한다.
- 군자는 義理(의리)에 밝고, 소인은 利害(이해)에 밝다.
- 군자는 어느 경우나 태연자약한데, 소인은 언제나 근심 걱정으로 지낸다.
- 군자는 태연하고 교만하지 않으며, 소인은 교만하고 태연하지 못하다.
- 군자는 利益(이익)을 자기에게서 구하고, 소인은 남에게서 구한다.
- 군자는 작은 일은 알지 못해도 큰 것을 맡을 수 있고, 소인은 큰 것은 맡을 수 없어도 작은 일은 알 수 있다.
- 군자는 쉬운 것에 처하면서 命(명)을 기다리고, 소인은 위험한 일을 행하며 僥倖(요행)을 바란다.
- 군자를 섬기기는 쉬워도 기쁘게 하기는 어렵고, 소인은 섬기기는 어렵고 기쁘게 하기는 쉽다.
- 군자의 덕은 바람이요, 소인의 덕은 풀이다. 풀 위에 바람이 불면, 풀은 반드시 눕기 마련이다.
- 군자는 남의 아름다움을 이루고 남의 악함을 이루지 않으나, 소인은 이와 반대다.
- 군자는 자신의 無能(무능)을 괴롭게 여기고, 남이 자신을 알아주지 않는 것을 괴롭게 여기지 않는다.
- 군자는 義(의)로 바탕을 삼고 禮(예)로 행동하며, 謙遜(겸손)함으로 나오고 믿음[信(신)]으로 이룬다.
- 군자의 사귐은 담담함이 물과 같고, 소인의 사귐은 달콤함이 감주와 같다. 군자는 담담함으로써 친숙해지고, 소인은 달콤한 것으로써 그친다.
- 군자는 세상을 꾸밈없이 살 뿐, 능란하게 사는 것은 아니다. 〈채근담〉
- 군자는 잘못을 고침에 있어, 표범의 털이 빨리 선명하고 아름답게 변하는 것처럼 善(선)으로 옮긴다. 〈改過遷善(개과천선)〉
- 군자의 재능은 주옥이 바위 속에 박히고, 바다 깊이 잠긴 듯하게 하여, 남이 쉽게 알지 못하도록 하여야 한다. 〈채근담〉
- 군자란 자신에게는 엄격한 철학자요, 세상을 다스림에 있어서는 냉철한 경제학자이다. 〈군주론〉
- 군자는 첫째 不知不慍(부지불온 : 알아주지 않아도 성내지 않음), 둘째 周而不比(주이불비 : 두루 함께 하고 치우치지 않음), 셋째 訥言敏行(눌언민행 : 말은 더듬거리나 행동은 빠름), 넷째 和而不同(화이부동 : 함께 하되 똑같아지지는 않음)이다. 〈논어〉

113 捲土重來 권토중래

字解 捲 ; 걷을 **권**, 말 권 [捲簾(권렴) : 발을 말아서 걷어 올림]
土 ; 흙 **토**, 땅 토 [土砂(토사) : 흙과 모래]
重 ; 무거울 중 [重量(중량) : 무거움의 양. 무게]
거듭할 중, **다시 중** [重複(중복) : 겹친 위에 또 겹침. 다시 겹침]
來 ; 올 **래(내)** [來往(내왕) : 오고 가고 함]

語義 흙먼지 일으키며 다시 돌아온다.
(한 번 전쟁에 패했어도 세력을 회복해서 다시 쳐들어옴)
(일이 한 번 실패해도 다시 가다듬고 성공에 이름)

 用例

▶케르손에 유배된 유스티니아누스 2세(비잔티움 황제. 재위 685 ~ 695, 705 ~ 711)는 그곳에서 **捲土重來**(권토중래)하며 조금씩 세력을 키웠다. 698년 레온티우스가 퇴위되고, 티베리우스 3세가 황제가 되었다. 유스티니아누스는 그가 자신을 죽이려는 것을 알고, 몰래 케르손을 빠져나와 하자르족의 칸[汗(한. 몽고, 터키 종족의 원수)]에게로 도망쳤다. 그는 불가르족과 연합하여 군대를 끌고 콘스탄티노폴리스로 진격하여 점령하고, 다시 황제의 자리에 올랐다.

▶項羽(항우)는 치욕을 참고 잠시 몸을 피했어야 했다. 흙먼지 일으키며 다시 돌아오겠다는 **捲土重來**(권토중래)의 각오로, 자신을 믿고 목숨을 건 병사들과 자신에게 인생을 건 고향의 원로들에게 승리로 보답했어야 옳았다. 절망을 용기 있게 끊어버리는 순간, 눈앞에는 새로운 희망이 보인다는 것을 항우는 깨닫지 못했던 것이다.

 **出典** 杜牧[1](두목)의 시 – '**題烏江亭**(제오강정 : 오강 정자에서 짓다)'

중국 秦(진)나라 말기, 楚(초)의 項羽(항우)와 漢(한)의 劉邦(유방)은 당초 鴻溝(홍구)를 경계로 천하를 나누기로 했으나, 유방은 항우를 살려두면 후환이 되니 그를 습격해서 죽여야 한다는 張良(장량)과 陳平(진평)의 진언에 따라, 和議(화의 : 화해하는 의논)를 깨고 垓下(해하) 전투에서 항우를 추격해 포위했다.

그날 밤, 항우는 오추마에 올라 병력 8백을 데리고 한나라 군영으로 돌진했다. 그리고 필사적으로 포위망을 뚫으며 앞으로 나아갔다. 날이 밝은 후에야 항우가 도망쳤음을 안 한나라 軍(군)은 기병 6천을 보내어 추격했다. 항우가 회하에 이르렀을 때, 수하에 남은 장병은 겨우 1백여 명밖에 되지 않았다.

추격해 온 유방의 군대가 또다시 포위해 오자, 항우는 수하 장병들에게 말했다.

"내가 군사를 일으킨 지 8년이다. 큰 싸움을 70여 차례 치렀으나, 한 번도 패한 적이 없었다. 그래서 천하의 패왕이 되었는데, 오늘 이렇게 漢軍(한군)에게 포위당하다니, 이건 하늘이 나를 망하게 하는 것이지 내가 그들한테 진 것이 아니다."

말을 마친 항우는 겹겹의 포위를 뚫고 나가 烏江(오강 : 안휘성 화현 동북쪽)에 이르렀다. 항우의 곁에는 이십여 명만이 남아 있었다. 마침 이때 오강의 亭長(정장)이 배를 몰고 왔다. 배를 기슭에 댄 정장은 속히 배에 오르라고 항우를 재촉했다.

"강동은 비록 작지만 1천여 리가 넘는 땅이 있고, 수십만이 되는 인구가 있습니다. 강을 건너 강동에 이르면, 왕위에 오르실 수 있습니다."

그러자 항우는 슬픈 미소를 띠며 말했다.

"애당초 내가 군사를 일으켰을 때, 8천 강동 병력을 거느리고 장강을 넘었소. 그런데 그들은 한 사람도 고향으로 돌아갈 수 없게 되었소. 그러니 비록 강동의 고향 사람들이 나를 동정해 왕으로 세운다고 하더라도, 나는 그들을 볼 면목이 없소."

항우는 말에서 뛰어내리더니 오추마를 정장에게 넘겨주었다. 수하 장병들도 모두 말에서 내렸다. 손에 단도를 틀어쥔 그들은 추격해 온 한나라 병사들과 육박전을 벌였다. 몇 백이 넘는 한나라 군사가 쓰러지는 와중에, 항우의 군사들도 하나둘씩 쓰러졌다. 가혹한 싸움에서 열 군데가 넘는 상처를 입은 항우는 오강 기슭에서 목을 베어 자살했다.

그로부터 천여 년이 지나, 唐(당)나라 후기의 시인 杜牧(두목)이 烏江(오강)의 객사에 머무르다가, 항우와 오강 정장의 이야기를 떠올리고 지은 시가 바로 '題烏江亭(제오강정)'으로, 내용은 다음과 같다.

勝敗兵家事不期(승패병가사불기)	이기고 지는 것은 병가지상사라 예측하기 어렵나니,
包羞忍恥是男兒(포수인치시남아)	수치를 참고 견디는 것이 진정한 사내대장부라.
江東子弟多才俊(강동자제다재준)	강동의 자제들 중에는 뛰어난 인물들이 많으니,
<u>捲土重來未可知</u>(권토중래미가지)	**흙먼지를 일으키며 다시 왔다면** 결과는 알 수 없었으리.

---

1) **杜牧**(두목, 803 ~ 852) : 중국 晚唐(만당)의 시인이다. 26세 때 진사에 급제하여, 宏文館校書郞(굉문관교서랑)이 되고, 黃州(황주)·池州(지주)·睦州(목주) 등의 刺史(자사)를 역임한 후, 벼슬이 中書舍人(중서사인)까지 올랐다. 강직한 성품의 소유자로, 당나라의 쇠운을 만회하려고 무한히 노력하였다.

산문에도 뛰어났지만 시에 더 뛰어났으며, 七言絶句(칠언절구)를 잘했다. 만당시대의 시인에 어울리게 말의 수식에 능했으나, 내용을 보다 중시하였다. 역사에서 소재를 빌어 세속을 풍자한 영사적(詠史的) 작품과 함축성이 풍부한 서정시를 썼다.

114 錦上添花 금상첨화

字解 錦 : 비단 **금** [錦繡(금수) : 비단과 수. 아름다운 것의 비유.
　　　　　　　　　　　錦繡江山(금수강산)]

　　　 上 : 위 **상** [上下(상하) : 위와 아래]

　　　　　 높을 상 [上客(상객) : 지위가 높은 손님]

　　　　　 오를 상 [上京(상경) : 서울로 올라감]

　　　 添 : 더할 **첨**, 덧붙일 첨 [添附(첨부) : 첨가하여 붙임]

　　　 花 : 꽃 **화** [花卉(화훼) : 꽃이 피는 풀. 화초]

　　　　　 아름다울 화 [花燭(화촉) : 아름다운 밀초. 혼인을 이르는 말. 華燭(화촉)]

語義 비단 위에 꽃을 더한다.
　　　　(좋은 일 위에 또 좋은 일이 더하여짐)

 用例

▶살결이 고우면 그것으로 미인의 자격이 충분했다. 거기에 맑고 정답고 고운 음성은 **錦上添花**(금상첨화)라 할 수 있겠다.

▶발목을 드러내는 롤업 팬츠에서 가장 중요한 것은 바로 약간 여유 있는 통의 팬츠를 선택하는 것이다. 특히 코튼으로 구성된 아이템을 선택하면 **錦上添花**(금상첨화)다.

▶왕비병이 심각한 엄마가 음식을 해놓고, 아들과 함께 식탁에 앉았다. 엄마 왈,

"아들아, 엄마는 얼굴도 예쁜데, 요리도 잘해. 그치? 이걸 사자성어로 하면 뭐지?"

엄마가 기대한 대답은 '**錦上添花**(금상첨화)', 그러나 아들의 답은 '自畵自讚(자화자찬)'이었다.

엄마 왈,

"아니 그거 말고 다른 거."

아들의 다른 답,

"誇大妄想(과대망상)요?"

엄마는 거의 화가 날 지경이다.

"아니 '금'자로 시작하는 건데……."

　아들의 답,

"今始初聞(금시초문)?"

【相對語】雪上加霜(설상가상) : '눈 위의 서리'라는 뜻으로, 불행이 거듭 생겨남을 표현한 것.

　　　　　病上添病(병상첨병) : '앓는 중에 또 다른 병이 겹쳐 생긴다.'는 뜻으로, 불행이 거듭됨.

 **王安石**[1](왕안석) – 卽事(즉사) 〈七言律詩(칠언율시)〉

河流南苑岸西斜(하류남원안서사)	강은 남원을 흘러, 언덕 서쪽으로 기우는데,
風有晶光露有華(풍유정광노유화)	바람엔 수정 빛이 있고, 이슬에는 꽃이 있다.
門柳故人陶令宅(문유고인도령택)	문 앞의 버들은 옛사람 도령(도연명)의 집이요,
井桐前日總持家(정동전일총지가)	우물가 오동은 전날 총지의 집이다.
嘉招欲覆盃中淥(가초욕복배중록)	좋은 모임에서 잔 속의 술을 비우려 하는데,
麗唱仍添錦上花(여창잉첨금상화)	고운 노래는 **비단 위에 꽃을 더한다.**
便作武陵樽俎客(변작무릉준조객)	문득 무릉의 술과 안주를 즐기는 손이 되어,
川源應未少紅霞(천원응미소홍하)	내의 근원엔 응당 붉은 노을이 적지 않으리라.

위의 시는 七言律詩(칠언율시)로 왕안석이 만년에 정계를 떠나 난징[南京(남경)]의 한적한 곳에 은거해 살 때에 지은 것으로, '卽事(즉사)'는 '보고 느낀 대로 卽席(즉석)에서 읊은 시, 곧 즉흥시'를 말하며, 위의 시 구절 '添錦上花(첨금상화)'에서 '錦上添花(금상첨화)'가 유래하였다. 좋은 일이 겹칠 때 쓰는 말이다.

---

1) 王安石(왕안석, 1021 ~ 1086) : 중국 宋(송)나라의 개혁 정치가이다. 중국 장시성[江西省(강서성)] 출신이며, 북송 시기에의 시인·문필가로 활약하였다. 자는 介甫(개보), 호는 半山(반산)이다. 新法(신법)이라는 개혁책을 통해 均輸法(균수법)·靑苗法(청묘법)·市易法(시역법)·募役法(모역법)·保甲法(보갑법)·保馬法(보마법) 등을 실시하였다.

하지만 이러한 개혁의 노력에도 불구하고 당쟁이 격화되고 정치가 혼란에 빠지면서 큰 성과를 거두지는 못하였다. 그의 개혁 정치는 보수파에 매도되었지만, 문장력은 동료뿐 아니라 정적 모두에게 인정을 받았을 만큼 뛰어났으며, 唐宋八大家(당송팔대가) 중의 한 사람이다.

※ 王安石(왕안석)의 '初夏卽事(초하즉사)' 〈七言絕句(칠언절구)〉

石梁茅屋有彎碕(석량모옥유만기)	둥그런 기슭에 돌다리 초가집 있고,
流水濺濺度兩陂(유수천천도양피)	흐르는 물은 졸졸 양 언덕을 지나간다.
晴日暖風生麥氣(청일난풍생맥기)	갠 날 따뜻한 바람에 보리 기운 나고,
綠陰幽草勝花時(녹음유초승화시)	숲 그늘 그윽한 풀이 꽃 필 때보다 좋아라.

※ 王安石(왕안석)의 '鐘山卽事(종산즉사)' 〈七言絕句(칠언절구)〉

澗水無聲繞竹流(간수무성요죽류)	골짜기 물은 소리 없이 대숲을 둘러 흐르고,
竹西花草弄春柔(죽서화초롱춘유)	대숲 서편 화초들은 부드러운 봄을 즐긴다.
茅簷相對坐終日(모첨상대좌종일)	초가지붕 마주보며 종일토록 앉았노라니,
一鳥不啼山更幽(일조부제산갱유)	새 한 마리 울지 않고 산은 더욱 그윽하다.

115 騎虎之勢 기호지세

字解
騎 : 말탈 기 [騎馬(기마) : 말을 탐]
虎 : 범(호랑이) 호 [猛虎(맹호) : 사나운 호랑이]
之 : 갈 지 [之東之西(지동지서) : 동으로 갔다 서로 갔다 함. '어떤 일에 주견 없이 갈팡질팡함'을 이르는 말]
　의 지 [詠雪之才(영설지재) : 눈을 읊는 재주. 글재주가 있는 여자]
勢 : 기세 세, 권세 세 [勢道(세도) : 정치의 권세]
　형세 세 [時勢(시세) : ① 시국의 형편. ② 거래할 때의 가격]
　불알 세 [去勢(거세) : 수컷의 불알이나 암컷의 난소를 들어내어, 생식을 못하게 하는 일]

語義 호랑이를 타고 달리는 형세.
(이미 시작한 일을 중도에서 그만둘 수 없는 형세)

用例

▶庚寅年(경인년) 새봄에는, **騎虎之勢**(기호지세)로 줄기차게 전진합시다.
▶○○○ 자유선진당 총재는 경인년 휘호를 **騎虎之勢**(기호지세)로 표현했다. 참으로 그분의 처지를 잘 표현했다고 볼 수 있다.

【原語】 騎獸之勢(기수지세) : 짐승을 타고 달리는 형세.
【類義語】騎虎難下(기호난하) : 호랑이를 타고 달리는 형세로, 내리기는 어려움.

出典 隋書(수서) - 獨孤皇后傳(독고황후전)

중국 南北朝(남북조)시대 말엽인 581년, 북조 최후의 왕조인 北周(북주)의 宣帝[1](선제)가 죽자, 당시 재상이었던 楊堅(양견)은 즉시 입궐하여 국사를 총괄했다. 外戚(외척 : 양견의 큰 딸이 선제의 황후)이지만, 漢族(한족)이었던 그는 일찍이 오랑캐인 鮮卑族[2](선비족)에게 빼앗긴 이 땅에 한족의 천하를 회복하겠다는 큰 뜻을 품고, 때가 오기만을 기다리고 있던 차에 선제가 죽은 것이다.

양견이 궁중에서 모반을 꾀하고 있을 때, 이미 남편의 뜻을 알고 있었던 아내 獨孤夫人(독고부인)으로부터 傳簡(전간 : 사람을 시켜 전한 편지)이 왔다.

"큰 일은 이미 그러한 것입니다. **호랑이를 타고 달리는 기세이므로 도중에서 내릴 수는 없으니**, 그 일에 힘쓰십시오."

 原文 大事已然(대사이연) 騎虎之勢(기호지세) 不得不勉之(부득불면지)

이에 용기를 얻은 양견은 선제의 뒤를 이어 즉위한 어린 靜帝(정제, 573 ~ 581. 제5대 황제. 재위 579 ~ 581)를 폐하고, 스스로 帝位(제위)에 올라 文帝[3](문제)라 일컫고, 국호를 隋(수)라고 했다. 그로부터 8년 후인 589년, 문제는 南朝(남조) 최후의 왕조인 陳(진) 나라마저 멸하고, 마침내 천하를 통일하였고 隋(수, 581 ~ 619)를 세웠다.

황후 獨孤氏(독고씨)는 北周(북주)의 대사마 何內公(하내공) 信(신)의 일곱째 딸로, 그녀의 맏언니는 북주 明帝(명제)의 황후였다. 아버지 신이 양견을 크게 될 사람으로 보고 사위를 삼았을 때, 그녀의 나이 겨우 열네 살이었다. 그녀는 굉장히 영리한 여자로서, 남편이 수나라 황제가 된 뒤에도 내시를 통해서 남편의 정치에 일일이 간섭을 했기 때문에, 당시 사람들은 조정에 두 성인이 있다고 했다 한다. 두 성인은 두 천자 곧 문제와 독고 황후를 뜻한다.

한편 그녀는 결혼 당초 남편에게 첩의 자식을 낳지 않겠다는 맹세를 받았다고 하는데, 어찌나 질투가 심한지 언제나 後宮(후궁)에 대한 감시의 눈을 늦추지 않았고, 그녀가 쉰 살로 죽을 때까지 후궁의 자식이라곤 한 명도 태어나지 못했다고 한다. 단 한 번, 문제가 미모의 후궁을 건드렸는데, 이를 안 그녀는 후궁을 잡아다가 죽여 버렸다. 화가 난 문제는 혼자 말을 타고 궁중을 뛰쳐나갔다. 뒤쫓아 온 신하를 보고,

"나는 명색이 天子(천자)로서 내가 하고 싶은 일도 할 수 없단 말인가?"

하고 한탄했다고 한다.

위의 故事(고사)에서 '騎虎之勢(기호지세)'라는 成語(성어)가 유래했으며, '호랑이를 타고 달리는 멈출 수 없는 형세'라는 뜻으로 널리 쓰이는 말이 되었다.

---

1) 宣帝(선제, 559 ~ 580. 재위 578 ~ 579) : 중국 남북조시대 북주의 제4대 황제. 본명은 宇文贇(우문윤). 무제의 장남이자, 靜帝(정제)의 아버지이다. 황태자였지만, 주위로부터 그 자질이 의문시되었고, 부친으로부터 엄격한 교육을 받아 성장했다. 지팡이로 격렬하게 구타당하는 등 어려움을 겪어, 부친이 요절했을 때에 지팡이의 자국을 어루만지면서 그 죽음이 너무 늦음을 한탄했다고 사서에 남아 있다.

즉위 후 우선 착수한 것이, 황실과 군부의 중진으로 북제 공략의 공적자인 齊王(제왕) 憲(헌)의 誅殺(주살)이다. 무제시대의 옛 신하를 숙청하고, 대규모 궁전을 축조하는 등 사치를 다해 무제가 염려한 대로 어리석은 군주로서의 실정이 개시된다.

579년, 7세의 아들 우문연에게 양위하였다. 스스로는 천원황제로 자칭해, 天元皇后(천원황후), 天皇后(천황

후), 天右皇后(천우황후), 天左皇后(천좌황후), 天中大皇后(천중대황후)의 5명을 맞아들이고, 주색에 매달렸다. 그 다음 해에 사망했다. 정치를 황후의 부친인 양견에게 위임해, 양견의 전제를 불렀던 것이 북주 멸망의 요인이 된다.

2) **鮮卑族**(선비족) : 선비족의 선조는 殷代(은대) 東胡族(동호족)의 한 갈래로, 흉노족이 서쪽으로 옮겨간 후, 그 지역을 차지했고, 고비사막 북쪽[외몽골 지역]을 지배하면서 세력이 점점 강성해졌다. 선비족은 유목을 생업으로 삼았으며, 말타기와 활쏘기를 잘했다. 5호16국시대[5세기]에 北魏(북위) 왕조를 세워 중국 북부를 140여 년 동안이나 통치했고, 또한 선비족의 漢族化(한족화)를 열심히 추진했다. 중국 내륙으로 옮겨온 선비족은 점차 농업을 생업으로 삼고 한족과 융합되었다.

3) **隋 文帝**(수 문제, 541 ~ 604. 재위 581 ~ 604) : 隋(수)나라의 초대 황제로 성명은 楊堅(양견)이며, 묘호는 高祖(고조)이다. 西魏(서위)의 장군 楊忠(양충)의 아들이다. 서위를 이은 北周(북주)에서 아버지의 공으로 높은 지위에 올랐는데, 그의 딸이 북주 宣帝(선제)의 妃(비)가 되자, 외척으로서 정치적 실권을 장악하였다. 581년 帝位(제위)에 올랐으며, 598년 南朝(남조) 陳(진)마저 물리치고 천하를 통일하였다. 大運河(대운하)를 건설하고 국토를 확장하였으며, 國富(국부)를 이룩했으나, 아들 煬帝[4)](양제)에게 독살당했다.

4) **隋 煬帝**(수 양제, 569 ~ 618. 재위 604 ~ 618) : 隋(수)나라의 제2대 황제로, 성명은 楊廣(양광)이며, 문제의 둘째 아들이다. 어렸을 때에는 어질고 효자라고 알려졌으나, 600년 兄(형)인 楊勇(양용)을 대신하여 태자가 된 후, 604년 정변을 일으켜 아버지와 형을 살해하고 황제로 등극하였다.

전후 3회에 걸친 고구려 침략에서 번번이 敗北(패배)하였다. 특히 612년 제1차 고구려 침략 때는 113만 대군을 끌고 침략했다가, 乙支文德[5)](을지문덕)에게 살수[지금의 청천강]에서 대패하였다. 30만 5천 명의 수나라 별동대가 살수를 건너 도망간 자가 2,700명에 불과했다. 613년 2차, 614년 3차 침략에서도 패배하였으며, 결국 민심의 離反(이반)으로 반란이 일어나 살해당하였다.

5) **乙支文德**(을지문덕, 6세기 중반 ~ 7세기 초반) : 고구려 嬰陽王(영양왕, ? ~ 618. 제26대 왕. 재위 590 ~ 618) 때의 장군. 612년 隋(수)나라 煬帝(양제)가 대규모 군대를 이끌고 고구려에 쳐들어와, 고구려와의 국경 지대 부근에 있는 요동성을 위협하는 한편, 별동대 30만 5천 명을 뽑아 고구려의 수도인 평양성으로 진격해 오자, 을지문덕은 치밀한 작전으로 수나라 군대를 薩水(살수) 너머 평양성 근처까지 유인하였다.

극도의 피곤과 군량 부족으로 隋軍(수군)이 후퇴하자, 을지문덕이 지휘하는 고구려군은 이를 놓치지 않고 살수에서 隋軍(수군)을 궤멸시켰다. 전쟁 중 수나라 장수 于仲文(우중문)에게 준 '與隋將于仲文詩[6)](여수장우중문시)'가 유명하다.

6) **與隋將于仲文詩**(여수장우중문시) 〈五言古詩(오언고시)〉

神策究天文(신책구천문)　　귀신 같은 책략은 하늘의 글월을 통했으며,
妙算窮地理(묘산궁지리)　　기묘한 계산은 땅의 이치를 다하였다.
戰勝功旣高(전승공기고)　　전쟁에 승리하여 공로가 이미 높으니,
知足願云止(지족원운지)　　만족함을 알고 원컨대 그만두기를 바라노라.

116 難兄難弟 난형난제

字解
難 : 어려울 난 [難關(난관) : 일을 하여 나가면서 부딪치는 어려운 고비]
兄 : 형 형, 맏 형 [兄弟(형제) : 형과 아우]
弟 : 아우 제 [弟嫂(제수) : 아우의 아내]

語義 형이라고 하기도 어렵고, 동생이라고 하기도 어렵다.
(사람이나 사물의 우열을 가리기 어렵다)

 **用例**

▶ 잉글랜드 프리미어리그에서 활약 중인 두 명의 한국 선수들이 앞서거니 뒤서거니 '**難兄難弟**(난형난제)'의 신나는 공격 포인트 경쟁을 펼치고 있다. '동생' 이청용(볼턴)이 9일(한국 시간) 웨스트햄과 프리미어리그 홈경기에서 시즌 4호 골을 터뜨린 데 이어, 4일 만에 이번에는 '형' 박지성이 첼시를 상대로 시즌 7호 골을 넣었다. 이청용은 시즌 4골 7도움, 박지성은 거꾸로 7골 4도움을 각각 마크하면서 나란히 11개의 공격 포인트를 기록했다.

▶ 결승전에서 만난 두 선수는 **難兄難弟**(난형난제)라 결과를 점치기가 어렵다.

[類義語] 伯仲之勢(백중지세) : 서로 어금버금하여 우열을 가리기 어려운 형세.
莫上莫下(막상막하) : 낫고 못하고를 가리기 어려울 만큼 차이가 없음.
龍虎相搏(용호상박) : 용과 호랑이가 서로 싸우다.

 **世說新語**(세설신어) - 德行(덕행)편

중국 後漢(후한) 시기, 穎川(영천)의 許(허) 지방에 陳寔[1](진식)이라는 유명한 선비가 있었다. 그는 가난한 집안 출신이었지만, 어려서부터 배우기를 좋아하고 매사에 공정하였다. 그는 생활이 검소하고 성품이 高邁(고매)하여, 집안에 하인을 두지 않았다.

그에게는 두 아들이 있었다. 큰아들의 이름은 紀(기)이고 字(자)는 元方(원방)이었으며, 작은아들은 이름이 湛(담)이고 字(자)는 季方(계방)이었다. 이들 또한 모두 명망이 드높은 인물들이었다. 원방에게는 群(군)이라는 아들이 있었고, 계방에게는 忠(충)이라는 아들이 있었다.

어느 날, 군과 충은 자기의 아버지의 공적을 다투었는데, 끝내 해결할 수가 없어서, 할아버지인 陳寔

(진식)에게 묻기로 하였다. 진식은,

"원방을 형이라고 하기도 어렵고, 계방을 아우라고 하기도 어렵다."

 原文 各論其父功德(각론기부공덕) 爭之不能決(쟁지불능결) 咨于太丘(자우태구) 太丘曰(태구왈) 元方難爲兄(원방난위형) 季方難爲弟(계방난위제)

두 손자는 이 말을 듣고, 모두 만족하여 물러났다.

진식의 말 '難爲兄(난위형) 難爲弟(난위제)'에서 '難兄難弟(난형난제)'란 성어가 이루어졌다.

---

1) 陳寔(진식, 104 ~ 184) : 후한 때의 정치가, 명사. 太丘縣(태구현)의 縣令(현령)으로 있을 때의 '梁上君子²⁾(양상군자)' 일화로 유명하다. 당시 宦官(환관)이 정치를 독점하고 이것을 규탄하는 자는 모두 투옥되었다. '黨錮之禍(당고지화)'이다. 그의 친구도 차례로 잡혀갔다. 당시 남의 죄에 말려들어 투옥되는 사람이 많았다. 진식은 투옥되는 것을 겁내지 않고,

"내가 옥에 들어가지 않으면, 옥중의 친구들은 믿을 사람이 없다."

큰소리치며, 옥에 들어갈 것을 자원하였다. 그의 사람됨을 알 수 있는 일면이다.

2) 梁上君子(양상군자) : 들보 위의 군자. '들보 위에 숨어 있는 도둑'을 비꼬아 한 말.

※ **李山海**(이산해)**의 詩**(시) – '栗(율 : 밤)'〈五言絶句(오언절구)〉/ 난형난제의 용례
   一腹生三子(일복생삼자)   한 배에 자식 셋이 생겼는데,
   中者兩面平(중자양면평)   가운데 것은 양면이 평평하구나.
   秋來先後落(추래선후락)   가을이 와 앞서거니 뒤서거니 떨어지니,
   難弟又難兄(난제우난형)   아우라 하기도 어렵고 또한 형이라 하기도 어렵구나.

- 李山海(이산해) : 조선 중기의 정치가, 문인. 좌의정, 영의정 등의 관직을 두루 지냄. 호는 鵝溪(아계). 李穡(이색)의 7대손이며, 아버지는 李之蕃(이지번)으로 사신으로 명나라에 들어가다가, 山海關(산해관)에서 그의 잉태를 꿈꾸었기 때문에 山海(산해)라고 이름을 지었다 한다. 어려서부터 작은아버지인 토정 李之菡(이지함)에게 학문을 배웠다. 한음 李德馨(이덕형)의 장인이다.
다음은 그가 5세 때 지은, '食事(식사)'라는 제목의 시이다.

  食遲猶悶況學遲(식지유민황학지)
    밥 먹기가 늦은 것보다는 오히려 배움이 늦어지는 것이 더 민망하고,
  腹飢猶悶況心飢(복기유민황심기)
    배를 주리는 것보다는 오히려 마음을 주리는 것이 더 민망하다.

- 山海關(산해관) : 중국 하북성 북동쪽 끝 요동만에 접한 도시. 만리장성 동쪽 끝의 天下第一關(천하제일관)에 해당하는 예로부터 要地(요지)였다.

117 南柯一夢 남가일몽

字解 南 : 남녘 **남** [越南(월남) : 남쪽으로 넘어감]

柯 : 가지 **가** [柯葉(가엽) : 가지와 잎]

※ 여기에서 '南柯(남가)'는 고을 이름.

一 : **한 일**, 하나 일 [統一(통일) : 두 개 이상을 몰아서 하나로 만듦]

첫째 일 [一等(일등) : 첫째 등급. 으뜸가는 등급]

오로지 일 [一心(일심) : 오로지 한결같은 마음]

같을 일 [同一(동일) : 다른 데가 없이 똑같음]

夢 : **꿈 몽**, 꿈꿀 몽 [夢想(몽상) : 꿈같은 헛된 생각]

語義 南柯(남가) 고을에서 꾼 꿈.

(인간의 부귀영화는 한바탕 덧없는 꿈)

用例

▶하얀 설국 속에 **南柯一夢**(남가일몽)일망정 내가 왕이었다. 老姑山(노고산) 천하에 唯我獨尊(유아독존)하였느니라.

▶인생을 비유하여 '**南柯一夢**(남가일몽)'이라고 한다. 한때의 헛된 꿈이거늘, 아귀다툼하며 사는 게 인간이다. 그러한 면이 俗人(속인)들의 삶의 재미인지는 모르지만, 헛된 꿈에 사는 것보다는 참 삶의 길을 찾아가는 것이 옳지 않을까?

【類義語】邯鄲之夢[1](한단지몽) : 한단 땅에서 꾼 꿈. 인생과 영화의 덧없음. 黃粱之夢(황량지몽).

一場春夢(일장춘몽) : 한바탕의 봄꿈. 헛된 영화나 덧없는 일.

 **李公佐**(이공좌) – 南柯太守傳(남가태수전)

중국 唐(당)나라 德宗[2](덕종) 때, 강남 양주 땅에 淳于棼(순우분)이라는 사람이 있었다. 그는 술을 좋아하여 평소 친구들과 술 마시길 좋아했다.

어느 날 그는 밖에서 크게 술이 취하였는데, 친구들이 그를 집으로 데려왔다. 그는 난간 밑에서 곯아 떨어졌는데, 갑자기 정신을 차리고 보니 마당에 두 사람의 관리가 부복하고 있었다.

"槐安國王(괴안국왕)이 보내서 마중 나왔습니다."

순우분이 그들이 보낸 마차를 타자, 마차는 느티나무 뿌리에 있는 굴속으로 달려갔다. 수십 리를 달려 번화한 도시에 도착하니, '大槐安國(대괴안국)'이라 씌어진 푯말이 있었다. 그는 그 나라에서 국왕의 사위가 되었고, 南柯郡(남가군)의 태수로 임명되었다.

그 뒤 20년 동안, 그는 두 보좌관의 도움으로 고을을 평화롭게 다스렸다. 아내와는 5남 2녀를 두었는데, 아들도 높은 벼슬을 하고 딸들도 왕족에게 출가하여, 그 나라에서 제일가는 집안이 되었다.

그러나 이웃 나라가 쳐들어와, 전쟁에 패하면서부터 상황은 변하기 시작했다. 두 보좌관이 죽고, 아내 역시 급병으로 죽고 말았다. 순우분은 관직을 사퇴하고 수도로 돌아왔다. 그러나 그의 세력에 불안을 느낀 국왕은, 그에게 칩거 생활을 명한 뒤 이렇게 충고했다.

"자넨 고향을 떠난 지 오래니까, 한번 돌아가 보게. 손자들은 내가 키울 테니 3년 뒤에 오게나."

"내 집은 이곳입니다. 내겐 돌아갈 곳이 없습니다."

"자넨 원래 속세의 사람이네. 이곳은 자네 집이 아닐세."

그러자 순우분은 깜짝 놀라면서 예전의 일을 기억했다. 그리하여 순우분은 처음 안내해 주었던 관리를 따라 집으로 돌아갔다. 집으로 돌아가자, 추녀 끝에서 자고 있는 자신의 모습이 보였다. 깜짝 놀라 그 자리에 서 있는데, 관리들이 그의 이름을 큰 소리로 불렀다. 눈을 떠 보니 자기가 친구들과 들어왔을 때와 전혀 변함이 없었다. 여전히 하인은 청소하고 있었고, 그의 친구들은 발을 씻고 있었다. 그는 집 안에 있는 느티나무로 가서 뿌리를 파 보았다.

성 모양을 한 개미집이 있었는데, 붉은 머리를 한 큰 개미 둘레를 수십 마리의 개미가 지키고 있었다. 이것이 大槐安國(대괴안국)이었다. 다시 **남쪽으로 뻗은 가지**〈**南柯**(남가)〉를 따라가 보니, 네모난 빈 동굴이 있고, 그 속에 개미 성이 있었다. 이것이 南柯郡(남가군)이었다.

순우분은 '**南柯一夢**(남가일몽)'을 꾼 이후로, 세상이 덧없고 허망한 것임을 깨달았다. 당장 술을 끊고 道(도)를 닦는 데만 전념했다. 그리고 3년이 지나서 그는 죽었는데, 바로 괴안국왕이 말했던 3년인 것이다.

위의 故事(고사)에서 '南柯一夢(남가일몽)'이라는 成語(성어)가 생겼으며, '인간의 삶과 부귀영화는 꿈과 같다.'는 뜻으로 『侯鯖錄(후청록)』에서 유래한 '一場春夢(일장춘몽)', 『枕中記(침중기)』의 '邯鄲之夢(한단지몽)' 등과 함께 일상생활에서 많이 쓰이는 말이다.

---

1) **邯鄲之夢**(한단지몽) : 중국 唐(당)나라 玄宗(현종) 때의 일이다. 도사 呂翁(여옹)은 邯鄲(한단 : 하북성 남부에 있는 현 이름, 조나라의 도읍지)으로 가는 도중, 주막에서 쉬다가 盧生(노생)이라는 젊은이를 만났다. 그는 山東(산동)에 사는데, 아무리 애를 써 봐도 가난을 면치 못하고 산다며, 신세 한탄을 하고는 졸기 시작했다. 여옹이

보따리 속에서 양쪽으로 구멍이 뚫린 도자기 베개를 꺼내 주자, 노생은 그것을 베고 잠이 들었다.

노생이 꿈속에서 점점 커지는 베개 구멍 속으로 들어가 보니, 고래등 같은 집이 있었다. 노생은 최씨 명문가인 그 집 딸과 결혼하고 과거에 급제한 뒤, 벼슬길에 나아가 순조롭게 승진하여 마침내 재상이 되었다. 그 후 10년간 명재상으로 이름이 높았으나, 어느 날 갑자기 역적으로 몰려 잡혀가게 되었다. 노생은 포박당하며,

"내 고향 산동에서 농사나 지으며 살았다면, 이런 억울한 누명은 쓰지 않았을 텐데, 무엇 때문에 벼슬길에 나갔던가. 그 옛날 누더기를 걸치고 한단의 거리를 거닐던 때가 그립구나."

라고 말하며 자결하려 했으나, 아내와 아들의 만류로 이루지 못했다. 다행히 사형은 면하고 변방으로 유배되었다가, 수년 후 모함이었음이 밝혀져 다시 재상의 자리에 오르게 되었다. 그 후 노생은 모두 고관이 된 아들 다섯과 열 명의 손자를 거느리고 행복하게 살다가 80의 나이로 생을 마쳤다.

그런데 노생이 기지개를 켜며 깨어 보니 꿈이었다. 옆에는 여옹이 앉아 있었고, 주막집 노인이 메조밥을 짓고 있었는데, 아직 뜸이 들지 않았을 정도의 짧은 동안의 꿈이었다. 노생을 바라보고 있던 여옹은,

"人生(인생)은 다 그런 것이라네."

라고 웃으며 말했다. 노생은 한바탕 꿈으로 온갖 영욕과 부귀와 죽음까지도 다 겪게 해서, 부질없는 욕망을 막아 준 여옹의 가르침에 감사하고, 한단을 떠났다.

2) **唐 德宗 李适**(당 덕종 이괄, 742 ~ 805) : 중국 唐(당)나라의 제9대 황제이며, 당 代宗(대종) 이예의 장남이다. 758년에 아버지 李豫[3](이예)가 황태자에 책봉되자, 이괄은 황태손에 책봉되었고, 이어 764년에는 황태자에 책봉되었다. 779년에 父皇(부황) 이예가 崩御(붕어)하자, 바로 즉위하였다. 이듬해인 780년에 재정을 개선시켰고, 재상 楊炎(양염, 727 ~ 761)의 건의에 따라 租庸調(조용조) 제도에서 양세법으로 바꾸었다. 그때에도 반란은 잦았으며, 장군인 주비가 황제를 僭稱(참칭 : 스스로 황제라고 일컬음)하자, 이괄은 군사를 보내어 한중에서 반란군을 격파하였다.

중앙 집권을 강화하려 힘썼고, 수도 長安(장안)의 상업을 더욱 늘려, 사람들은 이때를 '중흥의 치'라 부르기도 했다. 하지만, 집권력을 강화하는 과정에서 환관들을 많이 등용하는 폐단이 발생하였고, 이는 훗날 당나라 멸망의 한 원인이 되었다.

3) **唐 代宗 李豫**(당 대종 이예, 726 ~ 779) : 중국 당나라의 제8대 황제이다. 唐肅宗 李亨(당숙종 이형, 711 ~ 762, 제7대 황제)의 장남이며, 어머니는 추존된 장경황후 오씨이다. 초명은 俶(숙)이다. 756년, 당시 황태손이던 때에 祖父(조부)인 玄宗(현종) 이융기가 安祿山(안녹산)의 반란을 피하고 서쪽으로 도망가자, 아버지인 황태자 이형과 동행하였다. 조부 현종이 이형에게 제위를 물려주자, 이예는 황태자에 책봉되었다. 얼마 안 있어 수도 長安(장안)과 副首道(부수도) 洛陽(낙양)을 되찾았다. 762년, 환관 이보국이 황후 장씨를 시해하고, 얼마 안 있어 부친 이형이 사망하였다.

곧바로 이예는 황제에 올랐고, 그 이듬해에 7년 동안 당나라를 어지럽힌 '안사의 난'은 결국 진압되었다. 하지만 반란은 곳곳에서 끊이지 않았다. 또한 그는 티베트 고원의 吐番(토번) 왕조에게 비단을 공납하던 것을 중지해, 당시 토번의 왕이던 치쏭데찬[赤松德贊(적송덕찬)]이 분노하여, 763년 토번의 장수 다짜뤼공[達扎樂宮(달찰낙궁)]이 20만 군대를 이끌고 공격해, 장안이 11일간 점령당하기도 하는 엄청난 수모를 당하기도 하였다. 더군다나 대종은 불교에 심취하여, 불교 사찰에 많은 토지와 면세 혜택을 주기도 했다. 이 때문에 당나라의 재정이 한층 더 악화되었다.

118 囊中之錐 낭중지추

字解
- 囊 : 주머니 낭 [行囊(행낭) : 무엇을 넣어 가지고 다니는 주머니]
- 中 : 가운데 중 [中央(중앙) : 사방의 한가운데]
  - 맞을 중 [的中(적중) : 목표에 어김없이 들어맞음]
- 之 : 의 지 [孝子之心(효자지심) : 효자의 마음]
- 錐 : 송곳 추 [毛錐(모추) : 짐승의 털로 만든 붓. 모필]

語義 주머니 속의 송곳.
(재능이 뛰어난 사람은 숨어 있어도 남의 눈에 드러남)

 用例

▶囊中之針(낭중지침)은 '**囊中之錐(낭중지추)**'로 주로 쓰인다. 낭중지추란 주머니 속에 든 송곳은 그 끝이 뾰족해 주머니를 뚫고 나오는 것과 같이, 포부와 역량이 있는 사람은 많은 사람 중에 섞여 있을지라도 눈에 드러난다는 말이라고 한다.

▶세상이 나를 알아주지 않는다고 고민하지 마라! 남이 알아줄 만한 사람이 되기를 구하라! 내 재능과 능력이 있는데 그것을 아무도 알아주지 않는다고 불평하는 사람만큼 어리석은 사람은 없습니다. 능력이 있으면 반드시 그 능력이 눈에 띌 수밖에 없는 법, 마치 주머니 속의 송곳은 아무리 감추려 해도 그 끝이 밖으로 드러날 수밖에 없다는 것입니다. 바로 '**囊中之錐(낭중지추)**'입니다.

 **出典** 史記(사기) - 平原君列傳(평원군열전)

중국 전국시대 말엽, 秦(진)나라의 공격을 받은 趙(조)나라 惠文王(혜문왕)은 동생이자 재상인 平原君(평원군) 趙勝[1](조승)을 楚(초)나라에 보내어 구원군을 청하기로 했다. 20명의 수행원이 필요한 평원군은 그의 3,000여 食客(식객) 중에서 19명은 쉽게 뽑았으나, 나머지 한 사람을 뽑지 못해 고심하고 있었다. 이때 毛遂(모수)라는 식객이 自薦(자천)하고 나섰다[毛遂自薦[2](모수자천)].

"나리, 저를 데려가 주십시오."

평원군은 어이없다는 얼굴로 이렇게 물었다.

"그대는 내 집에 온 지 얼마나 되었소?"

"이제 3년이 됩니다."

"재능이 뛰어난 사람은 숨어 있어도 마치 '**주머니 속의 송곳[囊中之錐(낭중지추)]**'의 끝이 밖으로 나오듯이, 남의 눈에 드러나는 법이오. 그런데 내 집에 온 지 3년이나 되었다는 그대는, 이제까지 단 한

번도 드러난 적이 없지 않소?"

"그건 나리께서 이제까지 저를 단 한 번도 주머니 속에 넣어 주시지 않았기 때문이죠. 하지만 이번에 주머니 속에 넣어 주시기만 한다면, 끝뿐 아니라 자루[柄(병) : 손잡이 병]까지 드러내 보이겠습니다."

 原文 平原君曰(평원군왈) 夫賢士之處世也(부현사지처세야) 譬若錐之處囊中(비약추지처낭중) 其末立見(기말입견) 今先生(금선생) 處勝之門下(처승지문하) 三年於此矣(삼년어차의) 勝未有所聞(승미유소문) 是先生無所有也(시선생무소유야) 毛遂曰(모수왈) 臣乃今日請處囊中耳(신내금일청처낭중이) 使遂蚤得處囊中(사수조득처낭중) 乃穎脫而出(내영탈이출) 非特其末見而耳(비특기말견이이)

이 재치 있는 답변에 만족한 평원군은 모수를 수행원으로 뽑았다. 그러나 19명의 식객은 이 뻔뻔스러운 모수를 깔보았으나, 가는 도중에 그의 얘기를 듣고 의논하는 동안에 존경의 마음을 갖게 되었다.

일행은 楚(초)나라에 도착했다. 초왕은 평원군 한 사람만을 단상에 올리고, 수행원은 밑에 세워놓았다. 평원군은 동맹 체결의 이로움을 입이 닳도록 역설했으나, 초왕은 優柔不斷(우유부단)하여 체결에 나서지 않았다. 이것을 본 모수는 칼 손잡이를 쥐고 계단을 뛰어올라가 소리를 질렀다.

"동맹의 이익은 분명한 것인데, 아직도 결정을 보지 않은 것은 무슨 일입니까? 초왕이시여, 빨리 결단을 내리십시오."

놀란 초왕은 평원군에게 물었다.

"저 사람은 누구입니까?"

"나의 수행원입니다."

"나는 너의 주인과 얘기하고 있는 것이다. 무례한 놈아, 내려가 있어!"

모수는 굽히지 않고 칼을 잡은 채로 앞으로 나가 목청을 높여서 말했다.

"지금 대왕의 목숨은 나의 수중에 있고, 구원병이 올 시간은 없습니다. 그래도 버티면서 나를 욕할 것입니까?"

초왕은 그 기세에 눌려 말을 못하였다. 여기서 모수는 차근차근 동맹이 초나라에도 유리하다는 설명을 하였다. 듣고 있던 초왕은,

"사실 선생의 말이 옳다."

모수가 활약한 덕분에 구원군도 얻을 수 있었고, 國賓(국빈)으로 환대도 받았다.

---

1) **趙勝**(조승) : 조나라 혜문왕의 동생으로, 재상을 세 번이나 지냈다. 전국시대 四公子(사공자)의 한 사람이며, 秦(진)의 공격을 받았을 때, 3년간 저항하면서 魏(위), 楚(초)의 도움을 받아 격퇴시켰다. 사공자의 나머지 세 사람은 齊(제)의 孟嘗君(맹상군), 魏(위)의 信陵君(신능군), 楚(초)의 春申君(춘신군)이다.

2) **毛遂自薦**(모수자천) : 위의 故事(고사)에서 나온 말이다. 毛遂(모수)가 스스로를 천거하다. 즉 '부끄러움 없이 자기를 내세우는 사람'을 가리킬 때 쓰인다.

119 內憂外患 내우외환

字解 內 : 안 **내**, 속 내 [內容(내용) : 안에 들어 있는 사항]
　　　 憂 : 근심 **우** [杞憂(기우) : 쓸데없는 근심]
　　　 外 : 바깥 **외** [外界(외계) : 지구 밖의 세계]
　　　 患 : 근심 **환** [後患(후환) : 어떤 일로 인해 후에 오는 근심이나 걱정]

語義 안의 근심과 밖의 근심.
（국내의 걱정스러운 사태와 외국과의 사이에 일어난 어려운 사태）

用例

▶ 일본이 역사 교과서 왜곡으로 촉발된 반일 감정으로 **內憂外患**(내우외환)에 시달리는 가운데, 미국과 UN이 개입에 나서는 등 반일 감정 문제가 세계적 이슈로 부상했다. 아시아 지역에서 반일 감정은 당초 일본 시네마 현의 독도 영유권 주장으로 한국에서 시작된 뒤, 역사 교과서 왜곡 문제로 중국 등으로 빠르게 확산돼 왔다.

▶ 태국과 캄보디아 간의 국경 교전은 태국에 걱정거리 하나를 더하고 있다. 태국은 고물가에다 총선과 군부 쿠데타 설 등 정치혼란에다 국경분쟁이라는 **內憂外患**(내우외환)을 동시에 풀어야 하는 어려운 처지에 빠졌다.

 **十八史略**(십팔사략, 원나라 증선지가 지은 중국 고대 역사서)

중국 春秋時代(춘추시대) 중엽에, 세력이 강대한 楚(초)나라와 晉(진)나라가 대립한 시대가 있었다. 진나라의 厲公(여공)이 기원전 579년에 宋(송)나라와 동맹을 맺음으로써 일단 평화가 유지되게 되었지만 오래 지속되지 못하고, 기원전 576년에 초나라 共王(공왕)이 鄭(정)나라와 衛(위)나라를 침략함으로써 평화는 깨어지고, 다음 해에 진나와 초나라의 군대는 鄢陵(언릉)에서 맞서게 되었다.

당시에 晉(진)나라의 내부에서는 극씨(郤氏)와 낙씨(欒氏)와 범씨(范氏) 등의 大夫(대부)들이 정치를 좌우할 만큼 큰 세력을 가지고 있었다. 이보다 앞서, 진나라 樂書(낙서)는 진나라에 항거한 鄭(정)나라를 치기 위하여 동원령을 내리고 스스로 中軍(중군)의 장군이 되고, 范文子[1](범문자)는 그 부장군이 되었다. 그러나 진나라와 정나라와 동맹을 맺고 있던 초나라의 두 군대가 충돌하게 되었을 때, 樂書(낙서)는 초나라와 싸울 것을 주장했으나, 범문자는 이에 반대하여 제후로 있는 사람이 반란하면 이것을 토벌하고, 공격을 당하면 이를 구원하여, 나라는 이로써 혼란해진다고 반대하였다. 제후는 어려움의 근본이라고 지적하여 말했다.

"오직 성인이라야 능히 **안으로부터의 근심**도 **밖으로부터의 재난**도 없게 되지만[唯聖人耳(유성인이) 能無**外患**(능무외환) 又無**內憂**(우무내우)], 우리들에게는 밖으로부터의 근심이 없으면, 반드시 안으로부터 일어나는 근심이 있다. 초나라와 정나라는 잠시 놓아두고서, 밖으로부터의 근심을 내버려 두지 않겠는가?"

즉, 어떻게 대처하든 근심과 재난은 계속될 것이므로, 정나라나 초나라와 싸우는 것을 그만둘 것을 권유한 것이다.

춘추시대에는 이전의 봉건적인 정치 체제가 무너지고, 각 지방의 유력한 인사들이 일정한 세력을 확보하고, 자신들의 이권을 위해 끊임없이 각축전을 벌이던 시대였다. 따라서 국가 내부에서도 세력 다툼이 심했고, 밖으로는 다른 나라들과 세력 다툼을 해야 했으므로, 항상 안팎의 근심이 끊이지 않았던 시대였다.

위의 글에서 범문자가 한 말은 어차피 안팎의 근심과 재난이 있을 수밖에 없다면, 초나라나 정나라가 야기시킨 밖으로부터의 근심을 꼭 해결하려고 하지 말고, 그대로 내버려 두어서 전쟁을 피하자고 한 것이다.

위의 고사에서 유래한 '內憂外患(내우외환)'은 '안팎의 근심과 걱정'을 뜻하는 말이 되었다.

---

1) '范文子(범문자)'에 대한 이야기 하나 – 「外儲說左下(외저설좌하)」

범문자는 直言(직언)하기를 좋아했다. 그래서 范武子(범무자 : 범문자의 아버지)는 몽둥이로 그를 때리면서 이리 타일렀다.

"대저, 직언이란 남이 받아들이지 않는 법이다. 소용이 없으니 오히려 몸이 위태로워질 뿐이다. 단지 네 몸이 위태로워지는 데 그치는 것이 아니라, 또한 장차 네 아비인 나도 위태로워진다."

〈原文〉 范文子喜直言(범문자희직언) 武子擊之以杖(무자격지이장) "夫直議者不爲人所容(부직의자불위인소용) 無所容則危身(무소용즉위신) 非徒危身(비도위신) 又將危父(우장위부)."

※ '內外(내외)'가 들어가는 四字成語(사자성어)

- 內柔外剛(내유외강) : 안으로는 부드럽고 순하게 보이나, 겉은 굳고 강함.
- 外柔內剛(외유내강) : 겉으로는 부드럽고 순하게 보이나, 안은 굳고 강함.
- 內聖外王(내성외왕) : 안으로 성인의 덕, 밖으로는 왕의 품위를 겸비한 자.
- 內疏外親(내소외친) : 속으로는 소홀히 하고, 겉으로는 친한 체함.
- 內淸外濁(내청외탁) : '속은 맑으나, 겉은 흐리다.'는 뜻으로 군자가 난세를 당하여 明哲保身(명철보신)하는 처세술.
- 內虛外飾(내허외식) : 속은 비고, 겉치레만 번지르르함.
- 外貧內富(외빈내부) : 겉으로 보기에는 가난한 듯하나, 실상은 부자임.
- 外諂內疏(외첨내소) : 겉은 아첨하지만, 속으로는 멀리함. 外親內疏(외친내소).
- 外虛內實(외허내실) : 겉보기로는 보잘것없으나, 속으로는 충실함.

120 弄璋之慶 농장지경 / 弄瓦之慶 농와지경

字解
- 弄 : 희롱할 **롱(농)** [弄談(농담) : 희롱하는 말. 우스갯소리]
- 璋 : 구슬 **장** [弄璋(농장) : 구슬을 가지고 놀음]
- 之 : 의 **지**(소유격) [忌兄之心(기형지심) : 형을 꺼려하는 마음]
- 慶 : 경사 **경** [慶事(경사) : 경사스러운 기쁜 일]
- 瓦 : 기와 **와** [瓦當文(와당문) : 기와의 마구리에 새겨진 무늬]
   실패 **와** [弄瓦(농와) : 실패를 가지고 놀음]

語義 구슬을 가지고 노는 경사. / 실패를 가지고 노는 경사.
   (아들을 낳은 기쁨)   (딸을 낳은 기쁨)

 用例

▶ **弄璋之慶(농장지경)**! 새로운 민주 시민이 탄생하였습니다. 대구, 경북방의 노랑개비님이 두 번째 아들을 얻었답니다. 사람 사는 세상에 합류한 것을 환영합니다.

▶ 경인년 섣달 열이틀 아침. 오! 너를 만난 소식은 가문의 **弄瓦之慶(농와지경)**이라. 건강하고 반듯하게 자라서, 以顯父母(이현부모)하고, 사회에 棟梁(동량)이 되어라.

【類義語】 弄璋之喜(농장지희) : 아들을 낳은 기쁨. / 弄瓦之喜(농와지희) : 딸을 낳은 기쁨.

 **出典** 詩經[1](시경) - 小雅(소아) 斯干篇(사간편) *斯干(사간) : 집을 신축하여 즐거워 읊은 노래

下莞上簟(하완상점)	아래는 왕골 위는 삿자리 겹쳐 깔고
乃安斯寢(내안사침)	곧 편안히 잠자고
乃寢乃興(내침내흥)	자고 일어나
乃占我夢(내점아몽)	곧 나의 꿈 점쳤네.
吉夢維何(길몽유하)	길몽은 무엇인가?
維熊維羆(유웅유비)	무섭고도 큰 곰 보았고
維虺維蛇(유훼유사)	살모사와 뱀을 보았네.
大人占之(대인점지)	日官(일관)이 점을 쳐 괘를 풀었네.
維熊維羆(유웅유비)	무섭고도 큰 곰은
男子之祥(남자지상)	아들 낳을 상서로운 조짐.

維虺維蛇(유훼유사)	살모사와 뱀을 본 것은	
女子之祥(여자지상)	딸을 낳을 상서로운 조짐이라.	
乃生男子(내생남자)	이리하여 사내아이 낳기만 하면	
載寢之床(재침지상)	침상에 누이고	
載衣之裳(재의지상)	고까옷 입혀	
載弄之璋(재롱지장)	**손에는 구슬을 쥐어 주겠네.**	
其泣喤喤(기읍황황)	음도 우렁차고, 이제 크면은	
朱芾斯皇(주필사황)	입신양명 붉은 슬갑 휘황 찬란히	
室家君王(실가군왕)	집안을 일으키어 군왕도 되리.	
乃生女子(내생여자)	이리하여 계집아이가 태어나면	
載寢之地(재침지지)	맨바닥에 재우고	
載衣之裼(재의지석)	포대기 둘러	
載弄之瓦(재롱지와)	**손에 실패나 쥐어 주리.**	
無非無儀(무비무의)	좋지도 나쁘지도 아니하여서	
唯酒食是議(유주식시의)	술 데우고 밥 짓기나 익히게 하리.	
無父母詒罹(무부모이리)	부모 걱정되지나 않게 하려네.	

『시경』 「소아」의 '斯干(사간)'이라는 시는 새집을 지어 화목하게 살아가는 한 대가족의 이야기를 그리고 있다. 여기에 보면 태몽부터 시작하여, '아들을 낳으면 침상에 누이고, 고까옷을 입혀 손에는 구슬을 쥐어 준다.'는 이야기가 나온다. 물론 立身揚名(입신양명)하기를 바라는 마음에서, 그만큼 아들을 낳으면 온 집안이 떠들썩하게 잔치를 벌였던 것이다.

반면 '딸을 낳으면 맨바닥에 재우고, 포대기를 두른 다음 손에 실패 장난감을 쥐어 준다.'고 하여, 좋을 것도 나쁠 것도 없으며, 평상시와 다름없이 보낸다. 그저 술이나 데우고 밥 짓기나 배우게 하여, 부모 걱정이나 덜기를 바랐던 것이다.

---

1) **詩經**(시경) : 중국 최초의 시가 총집. 공자(B.C.551 ~ B.C.479)가 편집했다고 하는데, 그는 이를 문학적 표현의 정형이라고 일컬었다. 많은 주제를 포괄하고 있음에도 그 제재가 줄곧 "즐겁되 음탕하지 않고, 슬프되 상심하지 않음[樂而不淫(낙이불음) 哀而不傷(애이불상)]" 때문이다. 周(주)나라 초기(B.C 11세기)부터 춘추시대 중기(B.C. 6세기)까지의 시가 305편을 모았다. 크게 「風(풍)」・「雅(아)」・「頌(송)」으로 분류되며, 모두 노래로 부를 수 있다. 「風(풍)」은 민간에서 채집한 노래로 모두 160편이다. 여러 나라의 노래가 수집되어 있어서 國風(국풍)이라고도 하는데, 周南(주남)・召南(소남)・邶(패)・鄘(용)・衛(위)・王(왕)・鄭(정)・齊(제)・魏(위)・唐(당)・秦(진)・陳(진)・檜(회)・曹(조)・豳(빈)의 15개국 노래로 분류된다. 대부분이 서정시로서 남녀간의 사랑이 내용의 주류이다. 「雅(아)」는 小雅(소아) 74편과 大雅(대아) 31편으로 구성되며, 궁중에서 쓰이던 작품이 대부분이다. 형식적・교훈적으로 서사적인 작품들도 있다. 「頌(송)」은 周頌(주송) 31편, 魯頌(노송) 4편, 商頌(상송) 5편으로 구성되는데, 신과 조상에게 제사 지내는 악곡을 모은 것이다.

121 累卵之危 누란지위

字解 累 : 여러 루(누) [累次(누차) : 여러 번, 여러 차례에 걸쳐]
　　　　포갤 **루(누)**, 거듭할 루(누) [累積(누적) : 포개어 쌓음]
　　　卵 : 알 **란(난)** [鷄卵(계란) : 닭의 알]
　　　之 : 의 **지**(소유격) [他山之石(타산지석) : 다른 산에서 나는 돌]
　　　危 : 위태할 **위** [危險(위험) : 위태롭고 험함]

語義 알을 포개어 놓은 것 같은 위태로움.
　　　　(국가나 회사 등이 위기에 처한 상황)
　　　　(매우 위태로운 형세)

 用例

▶ 국가의 운명이 풍전등화에 처하거나 회사가 도산의 위기에 처했을 때, **累卵之危**(누란지위)라는 말을 쓴다.

▶ 대한건설협회는 정부가 발표한 '건설경기 연착륙 및 주택공급 활성화 방안'에 대해, "업계에 다소 도움이 될 것으로 기대되나, **累卵之危**(누란지위)에 있는 건설 산업을 근본적으로 회생시키는 데는 역부족"이라고 평가했다.

【類義語】 百尺竿頭(백척간두) : 백 자나 되는 장대의 끝처럼 몹시 높은 곳.
　　　　　　風前燈火(풍전등화) : 바람 앞에 등불.
　　　　　　焦眉之急(초미지급) : 눈썹이 타들어가는 매우 다급한 지경.
　　　　　　如履薄氷(여리박빙) : 얇은 얼음을 밟는 것처럼 아슬아슬하고 위험함.

 **出典** **史記**(사기) - 范雎列傳(범저열전)

중국 전국시대, 세 치의 혀[舌(설)] 하나로 제후를 찾아 유세하는 說客(세객 : 능란한 말솜씨로 각지를 유세하고 다니는 사람)들은 거의 모두 책사(策士)·모사(謀士)였는데, 그중에서도 여러 나라를 縱橫(종횡 : 가로세로, 즉 자유자재)으로 합쳐서 경륜하려던 책사·모사를 縱橫家(종횡가)라고 일컬었다.

魏(위)나라의 한 가난한 집 아들로 태어난 范雎[1](범저)도 종횡가를 지향하는 사람이었으나, 이름도 연줄도 없는 그에게 그런 기회가 쉽사리 잡힐 리 없었다. 그래서 우선 齊(제)나라에 사신으로 가는 中大夫(중대부) 須賈(수가)의 從者(종자)가 되어 그를 수행했다. 그런데 제나라에서 수가보다 범저의 인기가 더 좋았다. 그래서 기분이 몹시 상한 수가는 귀국 즉시 재상에게 '범저는 제나라와 내통하고 있다.'고 讒言(참언)했다.

범저는 모진 고문을 당한 끝에 거적에 말려 감옥의 변소에 버려졌다. 그러나 그는 모사답게 옥졸을 설득, 탈옥한 뒤, 후원자인 鄭安平(정안평)의 집에 은거하며 이름을 張祿(장록)이라 바꾸었다. 그리고 망명할 기회만 노리고 있던 중 때마침 秦(진)나라에서 사신이 왔다. 정안평은 숙소로 은밀히 사신 王稽(왕계)를 찾아가 장록을 추천했다. 어렵사리 장록을 진나라에 데려온 왕계는 秦(진)나라 昭襄王[2](소양왕)에게 이렇게 소개했다.

"전하, 위나라의 장록 선생은 천하의 외교가이옵니다. 선생은 진나라의 정치를 평하여 '**알을 쌓아 놓은 것처럼 위태롭다**[累卵之危(누란지위)].'며 선생을 기용하면 國泰民安(국태민안)할 것이라고 하였사옵니다[得臣則安(득신즉안)]."

소양왕은 이 불손한 손님을 당장 내치고 싶었지만, 인재가 아쉬운 전국시대이므로, 일단 그를 말석에 앉혔다. 그 후 범저[장록]는 '遠交近攻策(원교근공책 : 먼 나라와 친선을 맺고, 가까운 나라부터 공략하는 술책)'으로 그의 진가를 발휘했으며, 재상이 되어 중국 통일의 바탕을 이루었다.

---

1) 范雎(범저. ? ~ B.C.255) : 魏(위)나라 출신으로, 秦(진)나라의 정치가. 소양왕을 도와 36년간이나 끌어온 외척 정치를 청산하게 만드는 계책을 세우고, 다시 촉과 한중을 연결하는 棧道(잔도 : 험한 벼랑 같은 곳에 낸 길)를 1,000리나 개척해, 천하 사람들이 진나라를 두려워하게 만들었다. 또 조나라 군대 40만 명을 일거에 무찔러, 다른 6국이 합종을 거론할 생각도 못하게 만든 후 재상에 오른다. 客卿(객경 : 다른 나라에서 와서 공경의 높은 지위에 있는 사람)인 그가 진나라 토착 세력들의 끊임없는 견제 속에서도 소양왕의 그림자가 된 것이다. 그런데 그에게 뜻밖의 인물이 찾아온다. 과거 자신을 魏帝(위제)에게 고자질해 죽음의 문턱까지 가게 만든 須賈(수가)였다. 수가가,

"머리카락을 모두 뽑아 속죄해도 오히려 부족하다."

라고 말하며 자신의 죄를 빌자, 범저는 과거의 치욕을 되새기면서 말한다.

"네 죄목은 세 가지다. 너는 예전에 내가 제나라와 내통한다고 여겨 나를 위제에게 모함했으니, 이것이 너의 첫 번째 죄요. 위제가 나를 욕보이기 위해 변소에 두었을 때 너는 그것을 말리지 않았으니, 이것이 두 번째 죄다. 위제의 빈객들이 취해 번갈아 가며 나에게 소변을 보았으나 너는 모르는 척했으니, 이것이 세 번째 죄다. 그러나 나는 너를 용서하겠다."

이후 범저는 친구 채택이 찾아와 '멈춤의 지혜'를 터득하라고 조언하자, 재상 자리에서 내려와 은둔 생활로 자연을 벗하며 그의 마지막 생을 보냈다.

2) 昭襄王(소양왕. ? ~ B.C.251. 재위 B.C.306 ~ B.C.251) : 중국 전국시대 秦(진)의 제28대 군주이자 제3대의 왕이며, 惠文王(혜문왕 : 제26대 군주)의 서자이다. 휘는 嬴稷(영직)이다. B.C.306년 무왕이 죽자, 영직은 진나라의 왕이 되려고 하였고, 조나라의 지원으로 영직은 결국 왕좌를 차지하였다. 和氏璧(화씨벽)을 탐냈던 왕으로, 후임 제29대는 그의 아들 孝文王(효문왕. 재위 B.C.251 ~ B.C.250)이다.

122 多多益善 다다익선

字解 多 : 많을 <u>다</u> [多福(다복) : 복이 많음]
  益 : 더할 <u>익</u> [益甚(익심) : 갈수록 더욱 심함]
    이익 익, 이로울 익 [收益(수익) : 수익을 거둠]
  善 : 좋을 <u>선</u>, 훌륭할 선 [善策(선책) : 좋은 대책이나 계책]
    착할 선 [善良(선량) : 착하고 어짊]
    친할 선, 사이좋을 선 [親善(친선) : 친하고 사이가 좋음]
    옳게 여길 선 [獨善(독선) : 자기 혼자만이 옳다고 여기는 것]

語義 많으면 많을수록 좋다.
  (많을수록 더욱 좋다)

 用例

▶ 최근에 나오는 PC는 대부분 6GB 이상의 하드디스크를 갖추고 있다. 그러나 컴퓨터 그래픽을 다루는 디자이너나 컴퓨터 전문가들에게는 10GB도 부족할 정도다. "작은 것이 아름답다."라는 말과 달리, 하드디스크는 **多多益善**(다다익선)의 미덕이 아직도 유효한 셈이다.

▶ 로스쿨, 국민들이 법률서비스를 값싸고 쉽게 받으려면, 변호사는 많으면 많을수록 좋다. **多多益善**(다다익선)이다. 매년 2,000명씩 배출해도 무방하다. 의대를 나와 의사시험에 합격하면 의사가 되듯이, 로스쿨을 나와 시험에 합격하여 변호사가 되겠다는데, 무슨 말이 그리 많은가? 시험에 합격한 사람에게 모두 자격증을 주면 되는 것이다.

【類義語】 **多多益辦**(다다익판) : 많으면 많을수록 더 잘 처리함.
【相對語】 **過猶不及**(과유불급) : 지나친 것은 모자람만 못함.

 **出典** **史記**(사기) - 淮陰侯列傳(회음후열전)

중국 漢(한)나라 高祖(고조) 劉邦(유방)은 명장으로서 천하 통일의 일등 공신인 楚王(초왕) <u>韓信</u>[1](한신)을 위험한 존재로 여겼다. 그래서 계략을 써 그를 포박한 후, 淮陰侯(회음후)로 좌천시키고 도읍 長安(장안)을 벗어나지 못하게 했다.

어느 날, 고조는 한신과 여러 장군들의 능력에 대해서 이야기를 나누던 끝에 이렇게 물었다.

"寡人(과인 : 임금이 자신을 낮추어 부르는 말)은 몇 만의 군사를 통솔할 수 있는 장수감이라고 생각하오?"

한신이 답하였다.

"아뢰옵기 황공하오나, 폐하께서는 한 10만쯤 거느릴 수 있으실 것으로 생각하나이다."

한고조 유방이 다시 물었다.

"그렇다면 그대는?"

"예, 臣(신)은 <u>많으면 많을수록 좋습니다.</u>"

"많으면 많을수록 좋다? 하하핫……."

고조는 한바탕 웃고 나서 물었다.

"많으면 많을수록 좋다는 자네가 어찌하여 10만의 장수감에 불과한 과인의 포로가 되었는고?"

한신은 이렇게 대답했다.

"하오나 폐하, 그것은 별개의 문제이옵니다. 폐하께서는 군사를 거느리는 데에는 능하지 못하지만, 장군을 지휘하는 능력은 능숙하십니다. 이것이 바로 신이 폐하의 포로가 된 이유의 전부이옵니다. 더욱이 폐하의 능력은 소위 하늘이 주신 능력이지 인간의 능력이 아니옵니다."

 原文 上問曰(상문왈) 如我能將幾何(여아능장기하) 信曰(신왈) 陛下不過能將十萬(폐하불과능장십만) 上曰(상왈) 於君何如(어군하여) 曰(왈) 臣<u>多多益善</u>耳(신다다익선이) 上笑曰(상소왈) 多多益善(다다익선) 何爲爲我禽(하위위아금) 信曰(신왈) 陛下不能將兵(폐하불능장병) 而善將將(이선장장) 此乃信之所以爲陛下禽也(차내신지소이위폐하금야) 且陛下所謂天授(차폐하소위천수) 非人力也(비인력야)

'多多益善(다다익선)'은 한신이 한고조 유방에게 한 말이다. 풍요를 선망하는 현대사회에서 많이 인용하여 쓰는 고사성어가 되었지만, 모든 면에서 '많은 것'만이 꼭 최선이 아님을 아는 지혜도 있어야 한다.

---

1) **韓信**(한신, B.C.240 ~ B.C.197) : 漢(한)나라 장수. 張良(장량, ? ~ B.C.189), 蕭何(소하, ? ~ B.C.193)와 함께 유방 부하의 삼걸 중의 한 명이기도 하며, 세계 군사 사상의 名將(명장)으로도 알려진다. 한신은 어렸을 때, 보잘 것없는 외모 때문에 불량배의 가랑이 밑을 기어가는 치욕을 당하고, 빨래터 노파의 밥을 빌어먹기도 했다.

초패왕 항우는 한신을 십년간 말단 벼슬에 머물게 했으나, 한나라 유방(한고조) 밑으로 들어가 전쟁에서 연전연승하며, 훌륭한 지략으로 蜀(촉)의 사마흔과 동예를 항복시키고, 옹왕 장한을 자살하게 한 뒤, 서위왕 위표, 하남왕 신양, 은왕 사마앙을 항복시킨다. 또한 마지막까지 垓下(해하) 전투에서 초왕 項羽(항우)를 제압하는 데 크나큰 공적을 세우며, 그 공적을 인정받아 齊王(제왕)에 이어 楚王(초왕)이 되었다. 중국 역사상 최고의 명장이 되었다.

그러나 한나라의 권력이 확립되자, 劉(유)씨 외의 다른 제왕과 함께 차차 밀려나, 기원전 201년 한신은 공신 서열 21번째에 불과한 회음후로 격하되고, 유방이 자리를 비운 사이, 유방의 왕후 呂太后(여태후)의 농간에 의해 '진희의 난'에 通謀(통모)하였다 하여, 누명을 쓰고 腰斬刑(요참형 : 허리를 자르는 잔인한 형벌)에 처해졌다. 여기서 유명한 고사성어인 '兎死狗烹(토사구팽)'이라는 말도 만들어지게 되었다.

123 斷機之戒 단기지계

字解
- 斷 : 끊을 **단** [斷交(단교) : 교제를 끊음]
  결단할 단 [斷定(단정) : 결단하여 결정함]
- 機 : 베틀 **기**, 틀 기 [機業(기업) : 틀을 사용하여 천을 짜는 사업]
- 之 : 의 **지** [犬兎之爭(견토지쟁) : 개와 토끼의 다툼. 제삼자의 이득]
- 戒 : 계율 **계**, 경계할 계 [破戒(파계) : 계율을 깨뜨림]

語義 베틀의 베를 끊는 훈계.
(학업을 중단해서는 안 된다는 훈계)

用例

▶마음속에 '斷機之戒(단기지계)'라는 고사성어가 떠올랐습니다. 배움을 중단해서는 안 된다는 것을 행동으로 보여준 맹자 어머니의 이야기입니다. 맹자 어머니가 돌아온 아들 앞에서 짜고 있던 베의 날을 끊었다는 가르침에서 온 말입니다.

▶가슴에 새기고 마음을 단련할 고사성어로 **斷機之戒**(단기지계)를 여러분에게 권합니다.

【類義語】 孟母斷機(맹모단기) : '맹자의 어머니가 베를 끊었다.'는 뜻으로, 학업을 중도에서 그만둠을 훈계하는 말.

斷機之敎(단기지교) : '짜던 배를 끊어 버리는 교육'이라는 뜻으로, 학업을 중단해서는 안 된다는 가르침.

【關聯語】 孟母三遷之敎(맹모삼천지교) : '맹자의 어머니가 맹자의 교육을 위해 세 번이나 이사를 한 가르침'이라는 뜻으로, 교육에는 주위 환경이 중요하다는 가르침.

出典 **烈女傳**(열녀전, 한나라 유향이 지은 여성 전기집·교육서) - *母儀*(모의)

孟子[1](맹자)가 유명한 학자가 되기까지는 어머니의 정성과 노력이 대단하였다. 맹자가 자라서 遊學(유학 : 고향을 떠나 객지에서 공부함)을 갔다가, 학업을 중단하고 집으로 돌아오니, 어머니가

"네 학문은 어느 정도 나아졌느냐?"

하니,

"전보다 별 진전이 없습니다."

라고 대답하자, 어머니가 짜고 있던 **베를 다 끊어 버렸다**. 맹자가 놀라서,

"그 베는 왜 끊어 버리십니까?"

하니, 어머니가

"네가 학문을 중단하는 것은, 내가 이 **베를 끊어 버리는 것**과 같은 것이다."

라고 하였다. 맹자는 어머니의 깊은 뜻을 알아차리고, 그 길로 집을 떠나 子思²⁾(자사)를 스승으로 섬기며, 아침부터 밤늦게까지 열심히 학문에 힘써 마침내 천하의 이름난 聖人(성인)이 될 수 있었다. 군자가 이르기를,

"맹자의 어머니는 사람의 어머니로서의 도리를 알았다."

라고 하였다.

 原文 孟子之少也(맹자지소야) 旣學而歸(기학이귀) 孟母(맹모) 方績(방적) 問曰(문왈) 學何所至與(학하소지여) 孟子曰(맹자왈) 自若(자약) 孟母(맹모) 以刀**斷其織**(이도단기직) 孟子(맹자) 懼而問其故(구이문기고) 孟母曰(맹모왈) 子之廢學(자지폐학) 若吾**斷斯織**也(약오단사직야) 孟子懼(맹자구) 旦夕勤學不息(단석근학불식) 師事子思(사사자사) 遂成天下之名儒(수성천하지명유) 君子謂(군자위) 孟母知人母之道矣(맹모지인모지도의)

위의 斷其織(단기직) 또는 斷斯織(단사직)에서 '斷機之戒(단기지계)'라는 成語(성어)가 이루어졌으며, 오늘날 학문의 정진을 이야기할 때 맹자의 일화와 함께 많이 쓰인다.

---

1) **孟子**(맹자, 인명, B.C.372 ~ B.C.289) : 중국 전국시대의 사상가. 鄒(추)나라 출생. 공자가 죽은 지 100년쯤 뒤에 태어났다. 본명은 軻(가). 자는 子輿(자여). 공자의 仁(인) 사상을 발전시켜 性善說(성선설)을 주장하였으며, 仁義(인의)의 정치를 권하였다. 유학의 정통으로 숭앙되며, 亞聖(아성)이라 불린다.

  춘추시대 노환공의 후예였지만, 추나라로 이주한 맹자의 가문은 이미 몰락한 시기였다. 어머니 仉(장)씨는 '孟母三遷之敎(맹모삼천지교)'로 유명한 현모로서, 맹자는 어머니에게도 큰 감화를 받으며 학교의 수업을 마친 뒤, 공자의 고향인 노나라로 가서, 공자의 손자인 子思(자사)의 문인에게서 공자가 편찬한 육경을 배웠다. 자사의 계통은 공자의 경우에는 별로 드러나지 않았던 '天(천)'의 신앙을 발전시키고 있었다. 제자백가 시대에 돌입한 당대에 墨翟(묵적 : 송나라 철학자. 묵자)과 楊朱(양주 : 위나라 사상가)의 사상과 경쟁하며 유가사상을 확립했다. 40세 이후에 仁政(인정)과 왕도정치를 주창하며 천하를 遊歷(유력 : 여러 고장을 두루 돌아다님)했다. 법가나 종횡가가 득세하는 세상과 타협하지 않았으며 은퇴했다. 60세 이후의 삶은 알려진 바가 없다.

2) **子思**(자사, B.C.483 ~ B.C.402) : 공자의 손자이자, 孔鯉(공리 : 공자의 아들)의 외아들이다. 본명은 孔伋(공급), 『中庸(중용)』을 편찬한 사상가. 학자 曾子(증자)의 문하에서 학문을 배워 유학의 전통 학맥을 이었으며, 賢人(현인)이라고 일컬어지며 존경받았다.

  3세에 아버지를 잃고 할아버지 손에 양육되었으나, 할아버지 공자 역시 기원전 479년에 사망하였다. 공리에게는 두 부인이 있었고, 출처한 전처 외에 후처에게서 자사를 보았으나, 성명은 전하지 않는다. 다만 『예기』의 「단궁편」에 庶氏(서씨)의 어머니라고 언급되어, 서씨 집안으로 재혼하고 아버지가 다른 동생이 있었던 것 정도만이 확인된다. 장성한 뒤에는 공자의 애제자 중 생존자였던 曾子(증자)의 제자가 되어, 수학하고 학맥을 계승하였다. 이로부터 孔子(공자) – 曾子(증자) – 子思(자사) – 孟子(맹자)로 이어지는 유교의 정통 학파가 구성되었다.

124 簞食瓢飮 단사표음

字解
簞 ; 밥그릇 **단**, 대광주리 단 [簞瓢(단표) : 도시락밥과 표주박 물]
食 ; 먹을 식 [食福(식복) : 먹을 복]
    밥 **사** [簞食(단사) : 도시락밥]
    사람 이름 이 [審食其(심이기) : 중국 진나라 말엽 사람]
瓢 ; 바가지 **표** [瓢簞(표단) : 바가지와 밥그릇]
飮 ; 마실 **음** [飮酒(음주) : 술을 마심]

語義 도시락밥과 표주박의 물.
(구차하고 보잘것없는 음식. 청빈하고 소박한 생활)
※ '一簞食一瓢飮(일단사일표음)'의 준말.

 用例

▶ 사람이 모름지기 평상시에 마음을 잘 지키고, 의리가 항상 내 속에서 밝아야지만, 비록 **簞食瓢飮**(단사표음)으로 삭막한 고을에 있더라도, 천지를 메우고도 남을 浩然之氣(호연지기)가 그대로 있는 것이다.

▶ 우리 땅은 65%가 산이라지만, 사람들은 90%가 도시에 산다. 산수간 **簞食瓢飮**(단사표음)은 옛말이고, 지하철과 빌딩숲 사이에서 패스트푸드를 먹는다. 수묵산수화의 전통은 공예화하고, 유화는 자연·인물·정물로 박제된 가운데, 정작 현대인의 터전인 도시는 그림으로 초대받지 못하고 있다.

【類義語】
簞瓢陋巷(단표누항) : 좁고 지저분한 거리에서 먹는, 한 그릇의 밥과 한 바가지의 물.
簞食豆羹(단사두갱) : 대그릇에 담긴 밥과 작은 나무그릇에 담긴 국.
簞食壺漿(단사호장) : 도시락밥과 단지의 물.
一汁一菜(일즙일채) : 국 한 그릇과 나물 한 접시.

 **出典** 論語(논어) - 雍也(옹야)편

孔子(공자)는 일생 동안 무려 3천 명의 제자를 두었다고 한다. 그 가운데는 子貢[1](자공)처럼 理財(이재)에 밝은 사람이 있었는가 하면, 子路[2](자로)처럼 벼슬길에 나아가 성공한 사람도 있고, 顔回[3](안회)처럼 가난하지만 학문을 좋아하는 사람도 있었다. 그러나 그 가운데에서도 공자가 가장 사랑하고 아끼

던 제자는 안회였다. 공자는 제자들을 그 역량에 따라 평하고 그에 맞는 충고를 하곤 했지만, 안회에게만은 늘 칭찬을 잊지 않았다.

공자의 기대에 맞추어, 안회도 워낙 학문을 좋아한 나머지 나이 29세에 벌써 백발이 되었다 한다. 자공이 '하나를 들으면 열을 안다[聞一知十(문일지십)]'며, 자신과는 비교할 수 없다고 말한 사람도 바로 안회이다. 그러나 안회는 매우 가난하여 끼니 거르기를 밥 먹듯 했으며, 평생 지게미조차 배불리 먹어 본 적이 없을 정도였다. 그러나 가난은 그의 수행과 학문 연구에 아무런 영향도 줄 수 없었다. 이런 안회를 보고 공자가 칭찬하였다.

"어질도다! 안회여. **한 소쿠리의 밥과 한 표주박의 물**로 누추한 곳에 거처하며 산다면, 다른 사람은 그 근심을 견디어 내지 못하거늘, 안회는 즐거움을 잃지 않는구나. 어질도다! 안회여."

 原文 賢哉回也(현재회야) 一簞食一瓢飮在陋巷(일단사일표음재누항) 人不堪其憂(인불감기우) 回也不改其樂(회야불개기락) 賢哉回也(현재회야)

한 소쿠리의 밥과 한 표주박의 물로 사는 가난한 생활 속에서도 즐거움을 잃지 않으므로, 공자는 두 번이나 '어질도다! 안회여.'라고 찬미한 것이다.

「雍也篇(옹야편)」에는 이것 말고도 안회를 칭찬하는 내용이 많다.

가령, 공자가 말씀하시기를,

"말을 하면 게으르지 않는 자는 안회일 따름이다."

라고 하셨다[子曰(자왈) 語之而不惰者(어지이불타자) 其回也與(기회야여)].

"안회는 그 마음이 석 달이 지나도 어진 것을 어기지 않는다. 그러나 나머지 제자들은 겨우 하루나 한 달 동안 어진 것에 이를 뿐이다."

라든가, 哀公(애공)이 학문을 좋아하는 제자에 대해 묻자,

"안회가 있어 학문을 좋아하고 노여움을 오래 지니지 아니하며, 허물되는 일을 두 번 하지 않았으나, 불행하게도 명이 짧아 일찍 죽은지라, 그가 떠나간 지금에 와서는 학문을 좋아하는 사람에 대해 듣지 못하였다."

고 대답하는 예 등이다. 요절한 안회에 대한 공자의 그리움이 절절하다.

공자의 말씀 이후 단사표음은 초야에 묻혀 사는 은사들의 생활의 표상이 되었다. 「옹야편」의 표현 그대로, '一簞食一瓢飮(일단사일표음)'이라고도 한다.

---

1) **子貢**(자공, B.C.520년경 ~ B.C.456년경) : 孔門十哲(공문십철)의 한 사람. 중국 춘추시대 위나라의 유학자이다. 본명은 端木賜(단목사)이다. 공자가 아끼는 제자로서 언어에 뛰어났다. 정치적 수완이 뛰어나, 노나라 · 위나라의 재상을 지냈다. 공자를 경제적으로 많이 도와주었다.

2) **子路**(자로, B.C.542 ~ B.C.480) : 孔門十哲(공문십철)의 한 사람. 중국 춘추시대 노나라의 정치가이자 무인이다. 季路(계로)라고도 부른다. 자로는 孔子(공자)의 핵심 제자 중의 한 사람으로 공자의 천하유세 동안 고난을 끝까지 함께 하였다. 자로는 공자가 살아 있을 때, 冉求(염구 : 공자의 제자)와 함께 노나라의 유력한 정치가였다. 공자와 14년의 천하주유, 망명 생활을 함께 했으며 공자가 노나라로 돌아갈 때 위나라에 남아서 공씨의 가신이 되었으나, 왕실 계승 분쟁에 휘말려 '괴외의 난' 때 전사하였다.

그의 유해는 발효되어 젓으로 담가지는 수모를 당했다. 이 소식을 들은 공자는 크게 슬퍼하여 집안에 있는 젓갈을 모두 내다 버렸으며, 이후에도 젓갈과 같은 종류의 음식만 보면, "젓으로 담가지다니!" 하며 탄식했다고 한다.

자로는 공자의 제자 중 최고 연장자였으며, 어떤 면에서는 제자라기보다 가장 친한 친구요, 가장 엄격한 비판자였다는 견해도 있다. 그는 공자가 문란한 陳后(진후) 南子(남자)와 회견하였을 때 분개하였으며, 공자가 두 번이나 읍을 거점으로 반란을 일으킨 자들을 섬기려고 생각하였을 때도 항의하였다.

자로는 자기 자신에 대해서도 엄격한 사람이었다고 평가되며, 『논어』의 「안연편」에는 그는 약속을 다음날까지 미루는 일이 없었다고 한다. 맹자에 의하면 자로는 다른 사람이 자기의 결점을 지적하면 기뻐하였다고 한다. 그는 용맹스러웠고 직선적이고 성급한 성격 때문에, 예의바르고 학자적인 취향을 가진 제자들과는 이질적인 존재였다. 그의 성격은 거칠었으나, 꾸밈없고 소박한 인품으로 부모에게 효도하여 공자의 사랑을 받았다.

3) **顔回**(안회, B.C.514 ~ B.C.483?) : 자는 子淵(자연). 顔淵(안연)이라고도 한다. 공자의 제자 가운데는 학자, 정치가, 웅변가로서 뛰어난 사람이 많았으나, 안회는 덕의 실천에서 가장 뛰어났다. 그는 가난하고 불우한 생활에도 불구하고 오로지 연구와 修德(수덕)에만 전념하여, 공자가 가장 사랑하는 제자가 되었으며, 공자의 제자 가운데 겸허한 求道者(구도자)의 상징이 되었다. 32세(?)에 요절하자, 공자가

"하늘이 나를 버리시는도다."

라고 탄식했다 한다.

저술이나 업적을 남기지는 못했으나, 그의 자손은 공자 · 맹자의 자손과 함께 취푸[曲阜(곡부)]에 모여 살면서 명 · 청대에 安氏學(안씨학)을 세워 나라의 특별한 보호를 받았다.

※ '簞食瓢飮(단사표음)'이 우리 문학에 사용된 예시

보잘것없는 이 몸이 무슨 소원이 있으리마는, 두세 이랑 되는 밭과 논을 다 묵혀 던져두고, 있으면 죽이요 없으면 굶을망정, 남의 집 남의 것은 전혀 부러워하지 않겠노라. 나의 빈천함을 싫게 여겨 손을 헤친다고(내젓는다고) 물러가며, 남의 부귀를 부럽게 여겨 손을 친다고(손짓을 한다고) 나아오랴? 인간 세상의 어느 일이 운명 밖에 생겼겠느냐? 가난하여도 원망하지 않음을 어렵다고 하건마는, 내 생활이 이러하되 서러운 뜻은 전혀 없다.

'한 도시락의 밥을 먹고, 한 표주박의 물을 마시는[簞食瓢飮(단사표음)]' 어려운 생활도 만족하게 여긴다. 평생의 한 뜻이, 따뜻이 입고 배불리 먹는 데에는 없다. 태평스런 세상에 충성과 효도를 일로 삼아, 형제간에 화목하고 벗끼리 신의 있게 사귀는 일을 그르다고 할 사람이 누가 있겠느냐? 그 밖에 나머지 일이야 태어난 대로 살아가겠노라.

〈朴仁老(박인로, 1561 ~ 1642. 조선 중기의 문인)의 '陋巷詞(누항사)'에서〉

125 螳螂拒轍 당랑거철

字解 螳 : 사마귀 당 [螳螂(당랑) : 사마귀. 버마재비]
　　　　螂(蜋) : 사마귀 랑 [螳螂(당랑) : 사마귀. 버마재비]
　　　　拒 : 막을 거, 맞설 거 [拒逆(거역) : 윗사람의 명령에 맞서서 거스름]
　　　　　　물리칠 거 [拒絕(거절) : 응낙하지 않고 물리쳐 끊어버림]
　　　　轍 : 수레바퀴(자국) 철 [前轍(전철) : 앞에 가는 수레바퀴 자국, 즉 이전 사람의 그릇된 일이나 행동의 자취]

語義 사마귀(버마재비)가 수레바퀴에 항거함.
　　　　(제 분수를 모르고, 강적에게 대항하거나 덤벼드는 무모한 행동)

用例

▶ 螳螂拒轍(당랑거철)도 유분수지, 그런 일에 덤벼들다니.
▶ 친구들이 만류하고 스스로 조차도 螳螂拒轍(당랑거철)이라 판단했음에도 뛰어야만 했다.

【類義語】 螳螂之斧(당랑지부) : 사마귀의 도끼, 강적 앞에 분수없이 날뜀.
　　　　　螳臂當車(당비당거) : 사마귀의 팔뚝으로 수레를 대함.
　　　　　螳螂之力(당랑지력) : 사마귀의 힘.
　　　　　螳螂窺蟬(당랑규선) : 참새가 자기를 노리고 있는 것도 모르고, 사마귀가 매미를 잡아먹으려고 엿봄.

【俗談】 새앙쥐가 고양이에게 덤비는 격.
　　　　계란으로 바위치기[以卵擊石(이란격석)].
　　　　하룻강아지 범 무서운 줄 모른다[一日之狗 不知畏虎(일일지구 부지외호)].

出典 ① 漢詩外傳[1](한시외전, 전한 때 한영의 시경 해설서), 後漢書(후한서)

중국 春秋(춘추)시대, 齊(제)나라 莊公[2](장공) 때의 일이다. 장공은 항상 부국강병으로 천하의 패권을 차지하고 싶은 욕망을 꿈꾸던 임금이었다. 어느 날, 장공이 수레를 타고 사냥터로 가던 도중, 웬 **벌레 한 마리가 앞발을 도끼처럼 휘두르며**[螳螂之斧(당랑지부)], 수레바퀴를 칠 듯이 덤벼드는 것을 보았다.

"허, 맹랑한 놈이군. 저건 무슨 벌레인고?"

장공이 묻자, 수레를 호송하던 신하가 대답했다.

"**사마귀**라는 벌레이옵니다. 앞으로 나아갈 줄만 알지 물러설 줄은 모르는 놈이온데, 제 힘도 생각지 않고 강적에게 마구 덤벼드는 버릇이 있사옵니다."

장공은 고개를 끄덕이고 이렇게 말했다.

"저 벌레가 인간이라면 틀림없이 천하무적의 용사가 되었을 것이다. 비록 미물이지만 용기가 가상하니, 수레를 돌려 피해 가도록 하라."

 原文 齊莊公出獵(제장공출렵) 有一蟲擧足將搏其輪(유일충거족장단기륜) 問其御曰(문기어왈) 此何蟲也(차하충야) 對曰(대왈) 此所謂螳螂者也(차소위당랑자야) 其爲蟲也(기위충야) 知進而不知却(지진이부지각) 不量力而輕敵(불량력이경적) 莊公曰(장공왈) 此爲人而必天下勇武矣(차위인이필천하용무의) 廻車而避之(회차이피지)

장공은 사마귀의 행동이 경솔한 것임을 알면서도, 다른 한편으로는 용기 있는 행동으로 보고 수레를 피해 갔던 것이다.

'螳螂拒轍(당랑거철)'은 '사마귀가 앞발을 들고 수레바퀴를 가로막는다.'는 뜻으로, 흔히 '자신의 힘만 믿고 허세를 부리는 모습으로 허장성세가 심한 사람'들을 빗대어 말할 때에 많이 쓰인다.

 ② 文選(문선)

중국 三國時代(삼국시대)로 접어들기 직전, 陳琳[3](진림)이란 사람이 劉備(유비) 등 群雄(군웅)에게 띄운 檄文(격문)에도 나온다.

"曹操(조조)는 이미 덕을 잃은 만큼 의지할 인물이 못된다. 그러니 모두 袁紹(원소)와 더불어 천하의 대의를 도모함이 마땅할 것이다. 지금 열악한 조조의 군사는 마치 '**사마귀가 제 분수도 모르고 앞발을 휘두르며, 거대한 수레바퀴를 막으려 하는 것**[螳螂拒轍(당랑거철)]'과 조금도 다를 바 없다……."

 原文 於是璪師震(어시조사진) 晨夜浦遁(신야포둔) 屯遽敖倉(둔거오창) 阻河爲固(조하위고) 欲以之斧(욕이지부) 禦隆車之隧(어융거지수)

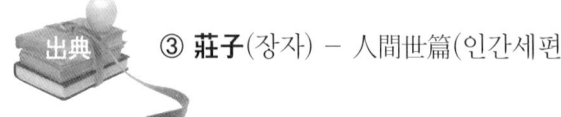 ③ 莊子(장자) - 人間世篇(인간세편)

『莊子(장자)』에 보면 다음과 같은 이야기가 있다. 張閭勉(장여면)이 季徹(계철)을 만나 말했다.

"'노나라 왕이 내게 가르침을 받고 싶다고 하여, 몇 번 사양하다가 반드시 공손히 행동하고 공정하며 곧은 사람을 발탁하여 사심이 없게 하면, 백성은 자연히 유순해질 것입니다.'라고 말씀드렸는데, 이 말이 과연 맞는 말인지 모르겠습니다."

계철은 껄껄 웃으며 이렇게 대답하였다.

"당신이 한 말은 제왕의 덕과 비교하면, 마치 **사마귀가 팔뚝을 휘둘러 수레에 맞서는 것 같아서[螳螂拒轍**(당랑거철)] 도저히 감당해 내지 못할 것입니다. 또 그런 짓을 하다가는 스스로를 위험에 빠뜨리게 되고, 집안에 번거로운 일이 많아지며, 장차 모여드는 자가 많아질 것입니다."

이와 같은 세속적인 충고는 제왕의 도를 오히려 그르칠 수 있다는 말이다.

---

1) 韓詩外傳(한시외전) : 『한시외전』은 前漢(전한)시대 때 經學子(경학자) 韓嬰(한영)이 지은 『詩經(시경)』의 解說書(해설서)로, 한영은 「內傳(내전)」 4권, 「外傳(외전)」 6권을 저술하였으나, 南宋(남송) 이후 겨우 「外傳(외전)」만 전하여 왔다. 한영은 文帝(문제) 때 博士(박사)가 되었고, 景帝(경제) 때는 常山王劉舜太傅(상산왕유순태부)가 되었다.

우리에게 익숙한 많은 고사와 성어들이 풍부하게 담겨 있다. '韓詩(한시)'는 저자 한영의 姓氏(성씨)를 딴 것이며, '外傳(외전)'은 '內傳(내전)'에 상대되는 말로, 쉽게 풀이한 해설서라는 뜻이다. 재미있고 유익한 고사는 물론 널리 알려진 역사적 사건, 혹은 쉽게 이해할 수 있는 논제를 앞에 제시하고, 뒤에 '詩(시)' 한두 구절을 그 근거로 제시하였다. 『한시외전』에 전하는 내용 두 가지를 소개한다.

① **닭의 다섯 가지 덕목** – 魯(노)나라의 신하 田饒(전요)는 군주 哀公(애공)으로부터 인정받지 못하자, 떠나기로 마음을 먹는다. 애공이 연유를 묻자, 여러 좋은 덕목을 지니고 있으면서도 결국 요리감이 되고 마는 닭의 처지에 빗대 자신의 거취를 설명한다. 그는 결국 燕(연)나라로 건너가 재상에까지 오른다.

그가 말한 닭의 五德[오덕 : 文(문), 武(무), 勇(용), 仁(인), 信(신)]은 다음과 같다. 닭의 벼슬은 관을 쓴 것으로 文(문)이요, 발톱의 갈퀴는 武(무)이고, 적에 맞서서 감투하는 것은 勇(용)이요, 먹을 것을 보고 서로 부르는 것은 仁(인)이요, 밤을 지켜 때를 잃지 않고 새벽을 알림은 信(신)이다.

〈原文〉首戴冠者 文也(수재관자 문야) 足搏距者 武也(족박거자 무야) 敵在前敢鬪者 勇也(적재전감투자 용야) 得食相告 仁也(득식상고 인야) 守夜不失時 信也(수야불실시 신야)

② **노자 스승의 가르침** – 옛날 중국의 노자(老子)의 스승은 常摐(상창)이란 사람이었다. 스승이 늙고 병들어 곧 숨을 거두려고 하였기에 노자는 마지막으로 가르침을 청하였다. 스승이 입을 크게 벌렸다.

"내 입 속을 보거라. 내 혀가 있느냐?"

"네. 있습니다."

"그러면 내 이가 있느냐?"

상창은 나이가 너무 많았기 때문에 이빨이 다 빠지고 없었다.

"하나도 없습니다. 선생님!"

"알겠느냐?"

노자는 바로 이렇게 대답했다.

"이빨처럼 딱딱하고 강한 것은 먼저 없어지고, 혀처럼 약하고 부드러운 것은 오래 남는다는 말씀이시군요."

그러자 스승은 돌아누웠다.

"천하의 일을 다 말하였다. 더 이상 할 말이 없구나."

2) **齊 莊公**(제 장공, ? ~ B.C.548) : 춘추시대 제나라의 國君(국군). 이름은 光(광)이고, 靈公(영공)의 아들이다. 영공이 먼저 광으로 태자를 세웠다가 나중에 폐하고, 仲姬(중희)의 아들 牙(아)를 태자로 삼았다. 그러나 영공이 병으로 죽기 직전 大夫(대부) 崔杼(최저)가 광을 맞이하여 그를 즉위시키니 바로 莊公(장공)이다. 장공 3년 晉大夫(진대부) 欒盈(난영)이 楚(초)나라에서 달아나 제나라로 왔는데, 그를 후대하려고 했다. 晏嬰(안영)이 막으려고 했지만 듣지 않고, 반대로 난영을 시켜 내응하여 진나라를 습격하도록 했지만 실패했다. 장공 6년 최저의 아내와 私通(사통)하다 그에게 살해당했다. 6년 동안 재위했고, 시호는 莊(장)이다.

3) **陳琳**(진림, ? ~ 217) : 중국 후한 말의 정치가. 建安七子(건안칠자) 중 한 사람이다. 처음에는 대장군 何進(하진) 밑에서 注簿(주부)를 지냈다. 하진이 宦官(환관)들을 주살할 목적으로 제후들을 수도로 오게 하자, 이를 극구 반대하였다. 하진이 암살당하자 冀州(기주)로 몸을 피하였고, 袁紹(원소)의 막료가 되었다. 원소의 명령으로 曹操(조조)를 비난하는 격문을 썼다. 조조와의 싸움에서 패한 원소가 병사하였으며, 원소의 장남 袁譚(원담)과 삼남 袁尙(원상)은 후계 자리를 놓고 다투었고, 진림은 원상을 지지하였다. 建安(건안) 9년(204년) 8월, 鄴(업)이 조조에게 함락되었다. 조조는 일전의 격문을 진림의 앞에서 읽고는 말하였다.

"어째서 나의 아버지와 할아버지까지 욕되게 한 것이냐?"

진림이 답하였다.

"시위를 당긴 화살은 쏘지 않을 수가 없소."

이에 조조는 진림을 용서하였다. 그 후 조조를 섬겼으며, 건안 22년(217년)에 병사하였다. 曹丕(조비)는 진림을 '문장은 탁월하나, 조금 번잡하다.'라고 평하였다.

※ **사마귀**[Mantodea, 螳螂(당랑)]

'버마재비', '오줌싸개'라고도 한다. 버마재비는 '범아재비'가 어원이다. '사마귀가 범(호랑이)과 아재비(아저씨의 낮은말)처럼 무섭게 생겼다'고 해서 생긴 말이다. 호랑이 친척 아저씨 같다는 재미난 말이다.

'오줌싸개'는 손등에 오줌을 싸면, 몸에 사마귀(바이러스성 피부질환)가 낫는다고 해서 붙은 말이다. 사마귀를 사마귀에게 물리면, 낫는다는 속설도 전해 온다.

암컷은 교미 중에 수컷을 먹어 버리는 습성이 있다. 나무의 가지나 풀줄기에 卵鞘(난초 : 칼집 모양의 알집)를 만들면서 속에 알을 낳는다. 알은 난초 속에서 알 상태로 월동한다. 불완전변태로 5월경에 부화하며, 어미를 닮은 유충이 나오는데, 유충은 작은 곤충을 잡아먹으며 9월경에 성숙한다. 晝行性(주행성)이다. 식물의 줄기나 풀줄기 사이에 정지해 있다가, 곤충의 접근을 기다려 앞다리로 날쌔게 잡아서 먹는다. 여러 가지 해충을 잡아먹으므로, 營農上(영농상) 益蟲(익충)에 속한다.

126 大器晚成 대기만성

字解　大 : <u>큰</u> **대** [大會(대회) : 큰 모임]
　　　　　　대강 대 [大概(대개) : 대강. 대체로. 대부분]
　　　　器 : <u>그릇</u> **기** [陶器(도기) : 오지그릇. 도자기]
　　　　晚 : <u>늦을</u> **만** [晚年(만년) : (사람의 일생에서) 나이 많은 노인의 시절]
　　　　成 : <u>이룰</u> **성** [成功(성공) : 공로, 뜻, 목적 등을 이룸]

語義　큰 그릇은 늦게 이루어진다.
　　　　(큰 인물은 많은 노력 후에 뒤늦게 이루어진다)

 用例

▶ 그는 긴 무명 시절을 보내고, 유명 배우가 된 **大器晚成**(대기만성)형이다.
▶ "**대기만성**이란 말 한마디가 얼마나 많은 못난 선비들을 함정에 빠뜨려 죽였던고[**大器晚成一語**(대기만성일어) 陷殺多少庸儒(함살다소용유)]." 이 말에 무릎을 치다 말고 씁쓸히 웃었다.

 ① **韓非子**(한비자, 한비자가 법가 이론을 저술한 책)

옛날 중국 楚(초)나라의 莊王¹⁾(장왕)은 즉위한 지 삼 년이 지났는데도 별로 법령을 내리지 않았다. 右司馬(우사마 : 관직 이름)로 있는 한 사람이 하루는 장왕에게 이런 말을 했다.
"새 한 마리가 남쪽 언덕에 살고 있습니다. 그런데 삼 년이 되어도 날지 않고 또 울지도 않습니다. 이런 새를 무어라 불렀으면 좋겠습니까?"
장왕이 대답했다.
"그 새가 삼 년을 안 날고 있는 것은 날개에 힘을 붙이기 위해 그러는 것이고, 울지 않는 것은 주의를 살피느라 그러는 것이오. 그러나 한 번 날기 시작하면 하늘 높이 솟아오를 것이며, 한 번 울면 세상 사람들을 놀라게 할 것이오. 조금만 더 두고 보시오. 그리고 난 그대가 지금 무슨 말을 하고 있는 것인지 잘 알고 있소."

그 반 년 뒤, 스스로 정무를 맡아 처리하는데 엄정하고 예리했다. 쓸모없는 법령 열 가지를 폐지했고, 대신 아홉 가지 법령을 새로 지었다. 또 무능한 중신 여섯 명을 파면시키고, 현명한 사람 여섯 명을 草野(초야)에서 새로 등용해 썼다. 그런 다음 장왕은 齊(제)나라와 싸워 크게 이겼고, 晉(진)나라를 河雍(하옹 : 중국의 지명)에서 敗退(패퇴)시켰으며, 그 여세를 몰아 뭇 제후들을 송나라에 모이게 해, 그

猛主(맹주)가 되어 天下(천하)의 覇權(패권)을 쥐었다.

　　장왕의 이런 큰 成功(성공)은 그가 目前(목전)의 작은 공을 생각 않고, 큰 공을 세울 수 있는 힘을 축적한 데 있다. 그래서 老子(노자)는 다음과 같이 말했다.

　"큰 그릇은 쉬 만들어지지 않으며, 큰 소리는 자주 나지 않는 법이다[**大器晚成** 大音稀聲(대기만성 대음희성)]."

 ② **老子**²⁾(노자, 책명)

『老子(노자)』 41장에 나오는 말이다. 老子³⁾(노자, 인명)는 이 장에서 옛글을 인용하여 道(도)를 설명하였는데,

　"매우 밝은 道(도)는 어둡게 보이고, 앞으로 빠르게 나아가는 道(도)는 뒤로 물러나는 것 같다. 가장 평탄한 道(도)는 굽은 것 같고, 가장 높은 德(덕)은 낮은 것 같다. 몹시 흰 빛은 검은 것 같고, 매우 넓은 德(덕)은 한쪽이 이지러진 것 같다. 아주 건실한 道(도)는 빈약한 것 같고, 매우 질박한 道(도)는 어리석은 것 같다."

라고 말하였다. 또,

　"그러므로 아주 큰 사각형은 귀가 없고[大方無隅(대방무우)], **큰 그릇은 늦게 이루어진다**[**大器晚成**(대기만성)]. 아주 큰 소리는 들을 수 없고[大音稀聲(대음희성)], 아주 큰 형상은 모양이 없다[大象無形(대상무형)]. 왜냐하면 道(도)는 항상 사물의 배후에 숨어 있는 것이므로 무엇이라고 긍정할 수도, 또 부정할 수도 없기 때문이다."

라고 설명하였다. 여기에서 보듯 '晩成(만성)'이란 본래 '아직 이루어지지 않았다.'는 말로, '거의 이루어질 수 없다.'는 뜻이 강하다. 그런데 후일 이 말이 '늦게 이룬다.'는 뜻으로 쓰이게 된 것은, 다음과 같은 일화에서 비롯된 듯하다.

　중국 삼국시대 魏(위)나라에 崔琰(최염)이라는 이름난 장군이 있었다. 그에게는 崔林(최림)이라는 사촌동생이 있었는데, 외모도 빈약하고 출세가 늦어 친척들로부터 멸시를 당하였다. 하지만 최염만은 그의 재능을 꿰뚫어 보고 이렇게 말하였다.

　"큰 종이나 큰 솥은 그렇게 쉽사리 만들어지는 것이 아니다. 그와 마찬가지로 큰 인물도 성공하기까지는 오랜 시간이 걸리는 법이다. 내가 보기에 너도 그처럼 **大器晚成**形(대기만성형)이다. 좌절하지 말고 열심히 노력해라. 그러면 틀림없이 네가 큰 인물이 될 것이다."

　과연 그의 말대로 최림은 후일 天子(천자)를 보좌하는 三公(삼공)에 이르게 되었다. 오늘날에는 나이 들어 성공한 사람을 가리키는 말로 흔히 사용되고 있다.

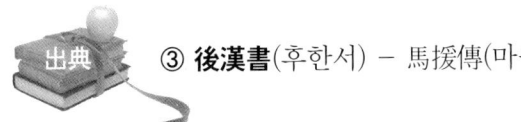

③ 後漢書(후한서) - 馬援傳(마원전)

중국 西漢(서한 : 전한, 수도는 장안) 말기의 馬援(마원)은 어려서부터 야심이 많았지만, 좀처럼 등용되지 못한 채 어렵게 지내고 있었다. 그러던 차에 논밭이나 관리하는 말단 관직을 받아, 부임 인사차 형인 馬況(마황)에게 들렀다.

형이 말했다.

"너는 <u>大器晩成</u>(대기만성)형의 인물이다. 기술이 뛰어난 목수는 산에서 갓 베어낸 나무를 절대로 남에게 보이지 않는다. 먼저 잘 다듬은 다음에 선을 뵈지. 열심히 노력해라."

과연 그는 형의 말대로 열심히 노력했다. 후에 東漢(동한 : 후한, 수도는 낙양)이 서자, <u>光武帝</u>[4](광무제)를 도와 혁혁한 공을 세워 관직이 伏波將軍(복파장군)까지 올랐다. 복파장군은 서한 漢武帝(한무제) 때부터 있었던 관직으로, 장군 중에서도 戰功(전공)이 뛰어난 사람에게만 수여되었던 관직이다.

후에 洞庭湖(동정호) 일대에서 반란이 일어났다. 조정에서 진압군을 파견했지만, 怪疾(괴질)이 돌아 潰滅(궤멸)되고 말았다. 광무제가 난처해하자, 그는 출병을 자청하였다. 그의 나이 예순이 넘어서였다. 그는 마침내 반군을 진압하고, 성공적으로 개선했다. '老益壯(노익장)'의 고사다. 비록 대기만성의 인물이었지만, 노익장까지 과시했던 셈이다.

---

1) **楚 莊王**(초 장왕, ? ~ B.C.591. 재위 B.C.615 ~ B.C.591) : 楚(초, B.C.1042 ~ B.C.223)나라의 제23대 왕으로, 역대 군주 중에서도 최고의 명군으로 여겨져, 春秋五覇(춘추오패)의 한 명으로 꼽힌다. 成王(성왕 : 제21대) 員(원)의 손자로, 폭군이었던 穆王(목왕 : 제22대) 商臣(상신)의 적자. 共王(공왕 : 제24대) 審(심)의 아버지이다.

2) **老子**(노자, 책명) : 道敎(도교)가 성립된 이후 經典視(경전시) 되면서, 『道德經(도덕경)』으로 불리기도 했다. 참고로 『도덕경』이란 이름은 上篇(상편) '道可道非常道(도가도비상도)'의 '道(도)'와 下篇(하편) '上德不德(상덕부덕)'의 '德(덕)'을 합해 부른 이름으로, 따지고 보면 그렇게 심오한 의미가 있는 명칭은 아니다.

전래되어 오는 주요 판본으로 현전하는 『노자』에는 3개의 주요 판본이 있다. 하나는 한대에 성립된 『河上公本(하상공본)』, 또 하나는 삼국시대의 왕필이 주석한 『王弼本(왕필본)』, 그리고 당대의 학자 부혁이 전한 『傅奕本(부혁본)』이 그것이다. 이 중 『왕필본』의 권위가 가장 인정되어 후대에 나온 대부분의 『노자』들은 대부분 『왕필본』에 의거하고 있다. 『노자』에 나오는 <u>인간관계 5계명</u>을 소개하면 다음과 같다.

• **노자의 인간관계 5계명**

노자(老子)는 周(주)나라의 궁정도서실의 기록계장(도서 관리인)이었다가, 후에 궁중생활이 싫어 유랑의 길을 떠났다. 노자의 행적에 대해선 잘 알려져 있지 않지만, 노자에 나타난 사상에서 인간관계론을 정리하면 다음과 같다.

첫째, 진실함이 없는 아름다운 말을 늘어놓지 말라.

남의 비위를 맞추거나, 사람을 치켜세우거나, 머지않아 밝혀질 사실을 甘言利說(감언이설)로 회유하면서, 재주로 인생을 살아가려는 사람이 너무나 많다. 그러나 언젠가는 신뢰받지 못하여 사람 위에 설 수 없게 된다.

둘째, 말 많음을 삼가라.

말이 없는 편이 좋다. 말없이 성의를 보이는 것이 오히려 신뢰를 갖게 한다. 말보다 태도로서 나타내 보여야 한다.

셋째, 아는 체하지 말라.

아무리 많이 알고 있더라도, 너무 아는 체하기보다는 잠자코 있는 편이 낫다. 지혜 있는 자는 지식이 있더라도, 이를 남에게 나타내려 하지 않는 법이다.

넷째, 돈에 너무 집착하지 말라.

돈은 인생의 윤활유로서는 필요한 것임에 틀림이 없다. 그러나 돈에 집착한 채, 돈의 노예가 되는 것은 안타까운 노릇이다.

다섯째, 다투지 말라.

남과 다투면 손해다. 어떠한 일에나 유연하게 대처해야 한다. 자기의 주장을 밀고 나가려는 사람은 이익보다 손해를 많이 본다. 다투어서 적을 만들기 때문이다. 아무리 머리가 좋고 재능이 있어도, 인간관계가 좋지 않아서 실패한 사람도 많다.

3) **老子**(노자, 인명, ? ~ ?) : 기원전 6세기경에 활동한 중국 제자백가 가운데 하나인 道家(도가)의 창시자. 성은 李(이), 이름도 耳(이). 도교 경전인 『道德經(도덕경)』의 저자로 알려져 있다. 노자는 유가에서는 철학자로, 일부 평민들 사이에서는 聖人(성인) 또는 神(신)으로, 당나라(618 ~ 907)에서는 황실의 조상으로 숭배되었다.

도교의 모든 이론은 노자에 의해 마련되었다. 『도덕경』을 통해 볼 때, 노장사상의 핵심은 '無爲自然(무위자연)'에 있으며, 그것이 道(도)라는 개념으로 집약된다. 여기서 '無爲(무위)'는 우주론적 정향을 지향하는 것, 즉 '부자연스런 행위를 조금도 하지 않는 것'을 의미한다.

4) **光武帝**(광무제, B.C.4 ~ A.D.57) : 新(신, 9 ~ 25)나라를 세운 전한의 재상 王莽(왕망)에게 찬탈당한 韓(한)나라를 재건한 황제. 이름은 劉秀(유수). 그가 재건한 왕조를 後漢(후한) 또는 東漢(동한)이라고 한다.

광무제는 황실 유씨 가문의 일원으로, 한조의 창시자인 고조 유방의 후예로 추정된다. 22년 왕망의 급진적인 개혁 조치로 新(신)나라에 대한 평판이 나빠지게 되자, 그는 곧 군대를 일으켰고, 강력한 유씨 문중과 다른 부유한 호족 가문들의 지원을 받아, 23년에 왕망을 격파했다. 2년 뒤에 수도를 중국 동부에 있는 자신의 고향 뤄양[洛陽(낙양)]으로 옮기고 스스로 황제임을 선포했다. 東漢(동한)이라는 이름은 이같이 수도를 동쪽으로 천도한 데서 연유한 것이다.

127 大同小異 대동소이

字解
- 大 : 큰 대 [大會(대회) : 많은 사람이 모이는 큰 모임]
  대강 대 [大槪(대개) : 대강의 사연, 대략]
- 同 : 한가지 동, 같을 동 [同感(동감) : 같은 생각이나 느낌]
- 小 : 작을 소 [縮小(축소) : 규모를 줄여 작게 함]
- 異 : 다를 이 [異見(이견) : 남과 다른 의견]
  괴이할 이 [奇異(기이) : 기괴하고 이상함]

語義 크게는 같고, 작게는 다르다.
(사소한 부분에서 차이가 있을 뿐, 전체적으로 별 차이가 없음)

 用例

▶ 수산시장을 지나, 닭전 골목을 구경한다. 한 집이 방송을 타고 뜨면서, 3년 새 10여 집이 생겼다고 한다. 맛은 **大同小異**(대동소이)하다. 1마리 분 2만 원. 순대 골목 보고, 의류·화장품·휴대폰 매장으로 이어지는 번화가로 나선다.

▶ 한편 파격적인 혜택을 내세운 르노삼성, GM대우, 쌍용차에 비해, 기아자동차의 12월 판매 조건은 전달에 비해 **大同小異**(대동소이)한 혜택으로 판매한다.

【類義語】五十步百步(오십보백보) : 약간의 차이는 있으나 본질적으로 같음.
　　　　　五十笑百(오십소백) : 오십 보 도망간 자가 백 보 도망간 자를 비웃음.
　　　　　毫釐之差(호리지차) : 아주 근소한 차이.
【相對語】天壤之差(천양지차) : 하늘과 땅 사이와 같이 엄청난 차이.
　　　　　雲泥之差(운니지차) : 구름과 진흙의 차이라는 뜻으로, 서로 간의 차이가 매우 심함.

 **莊子**[1](장자) - 天下篇(천하편)

『莊子(장자, 책명)』는 「天下篇(천하편)」에서, 墨家[2](묵가)와 法家[3](법가) 등이 주장하는 논점을 밝혀 비판하고 道家(도가)의 철학을 선양한 다음, 뒷부분에 그의 친구인 惠施[4](혜시)의 논리학을 소개하고 이에 자기 의견을 덧붙였다. 大同小異(대동소이)라는 말은 혜시의 말 가운데 나오는 것이다. 장자가 한 말은 다음과 같다.

"혜시의 저술은 다방면에 걸쳐 있고, 그의 저서는 다섯 수레나 된다. 그의 道(도)는 뒤범벅이 되어 고르지 못하고, 그가 말하는 바는 이치에 꼭 들어맞지 않는다. 그는 만물에 대한 생각을 나열하여 다음과 같이 말하였다.

지극히 커서 한계가 없는 것을 大一(대일)이라 하고, 지극히 작아서 부피가 없는 것을 小一(소일)이라 한다. 두께가 없는 것은 쌓아올릴 수가 없지만, 그 크기는 천 리나 된다. 하늘은 땅과 더불어 낮고, 산은 못과 같이 평평하다. 해는 장차 중천에 뜨지만 장차 기울고, 만물은 장차 태어나지만 또한 장차 죽는다.

크게 보면 같다가도 작게 보면 다르니[大同而與小同異(대동이여소동이)] 〈여기에서 **大同小異**(대동소이)가 나왔음〉 이것을 小同異(소동이)라 하고, 만물은 모두 같기도 하고 다르기도 하니[萬物畢同畢異(만물필동필이)] 이것을 大同異(대동이)라 한다. 남쪽은 끝이 없음과 동시에 끝이 있고, 오늘 남쪽의 越(월)나라로 간 것은 어제 월나라에서 온 것이다. 이어져 있는 고리도 풀 수가 있다. 나는 천하의 중심을 알고 있다. 燕(연)나라의 북쪽이며 월나라의 남쪽이 그곳이다. 만물을 넓게 차별 없이 사랑하면, 天地(천지)도 하나가 된다."

혜시는 이것을 위대한 것이라 생각하고, 자기가 천하를 달관한 자라고 자부하여, 변사들을 가르쳤다. 천하의 변사들은 그래서 서로 즐거워하였다.

 原文 惠施多方(혜시다방) 其書五車(기서오거) 其道舛駁(기도천박) 其言也不中(기언야부중) 歷物之意(역물지의) 曰(왈) 至大无外(지대무외) 謂之大一(위지대일) 至小无內(지소무내) 謂之小一(위지소일) 无厚不可積也(무후불가적야) 其大千里(기대천리) 天與地卑(천여지비) 山與澤平(산여택평) 日方中方睨(일방중방예) 物方生方死(물방생방사) 大同而與小同異(대동이여소동이) 此之謂小同異(차지위소동이) 萬物畢同畢異(만물필동필이) 此之謂大同異(차지위대동이) 南方无窮而有窮(남방무궁이유궁) 今日適越而昔來(금일적월이석래) 連環可解也(연환가해야) 我知天下之中央(아지천하지중앙) 燕之北(연지북) 越之南是也(월지남시야) 氾愛萬物(범애만물) 天地一體也(천지일체야) 惠施以此爲大(혜시이차위대) 觀於天下而曉辯者(관어천하이효변자) 天下之辯者(천하지변자) 相與樂之(상여락지)

혜시는 시간과 공간의 무한성, 만물이 필연적으로 가지고 있는 상대성을 논한 것이다. 따라서 여기에서의 大同小異(대동소이)란 상대적 관점에서 보이는 차이는 차이가 아니라는 말이다. 오늘날에는 '거의 비슷하다'라든지, '그게 그것'이라는 의미로 쓰이고 있다.

---

1) 莊子(장자, B.C.369 ~ B.C.286) : 본명은 周(주). 중국 춘추전국시대 宋(송)나라 蒙(몽) 출신. 저명한 중국 철학자로 제자백가 중 道家(도가)의 대표적인 인물이며, 노자 사상을 계승, 발전시켰다. 장자의 철학은 중국 불교, 특

히 禪宗(선종)에 많은 영향을 주었다.

2) **墨家**(묵가) : 기원전 5세기에 墨子(묵자, B.C.470? ~ B.C.391?)가 창시한 중국의 철학 유파. 이 철학은 기원전 3세기경까지 당시 지배적이던 유교 이념에 도전했다. 묵자는 兼愛(겸애 : 박애주의)를 주장했고, 하늘 또는 上帝(상제 : 하느님)의 뜻에 순종해야 한다고 가르쳤다.

또 유교가 형식적인 의식이나 예식을 중시하는 것은 국고를 낭비하는 짓이라고 개탄했다. 유교의 도덕관념인 仁(인)은 부모나 가족에 대한 특별한 사랑과 인간에 대한 일반적인 사랑을 구별한 반면, 묵가는 '보편적인 사랑', 즉 '차별 없는 사랑'을 실천해야 한다고 주장했다.

3) **法家**(법가) : 중국 철학의 한 학파. 전국시대에 韓非子(한비자, ? ~ B.C.233)의 영향을 받아, 중국 최초의 통일 제국인 秦(진)의 이념적 토대를 이루었다. 법가는 특정한 행동에 대해 엄격하게 상벌을 내리는 법률 체계를 내세워 정부를 옹호했다. 또한 인간의 모든 활동은 통치자와 국가 권력을 강화하는 방향으로 나가야 한다고 강조했다. 그러나 권위주의적인 진나라는 이 정책을 가혹하게 실행했기 때문에 결국 15년 만에 무너졌고, 법가 철학도 중국에서 영원히 불신받게 되었다.

4) **惠施**(혜시, B.C.380 ~ B.C.310) : 중국 전국시대 宋(송)나라의 철학자. 惠子(혜자)라고도 한다. 중국 고대 철학의 한 유파인 名家(명가)의 대표자. 명가는 순수 논리에 열중했기 때문에, 名(명)과 實(실)의 관계에 주로 관심을 가졌던 중국 철학의 주류에서 항상 떨어져 있었다.

따라서 한때 '그 분량이 다섯 수레나 된다.'고 할 만큼 많았다는 혜시의 저술은 오늘날 모두 사라지고, 도교의 명저 『莊子(장자)』에 인용된 '10개의 逆說(역설)'만이 알려져 있다. 이 역설은 당시의 서양 철학, 특히 그리스의 엘리아 학파에 속하는 궤변철학자 제논(Zenon, 수학자·철학자. B.C.495경 ~ B.C.430경)의 유명한 역설과 비슷하여, 근대에 많은 관심을 끌었다.

※ **寓話**(우화) **'물고기의 즐거움**[魚之樂(어지락)]**'** – 「외편 추수편」

莊子(장자)와 惠子(혜자)가 강둑에서 산책하고 있었을 때, 장자가 말했다.

"피라미가 밖으로 나와 즐겁게 헤엄치니, 저것이 물고기의 진정한 즐거움이겠지."

혜자가 말했다.

"자네는 물고기가 아닌데, 어떻게 물고기의 즐거움을 아는가?"

장자가 말했다.

자네는 내가 아닌데, 어떻게 내가 물고기의 즐거움을 모른다는 것을 아는가?"

혜자가 말했다.

"나는 자네가 아니기 때문에 자네가 무얼 아는지 몰라. 마찬가지로, 자네도 물고기가 아니니, 자네는 물고기의 즐거움을 모르네."

장자가 말했다.

"처음으로 돌아가 다시 생각해 보세. 자네는 물고기의 즐거움을 내가 어떻게 아느냐고 물었지. 이 질문을 했을 때, 자네는 이미 내가 물고기의 즐거움을 안다는 것을 전제하고 있었어. 나는 이 강가에 서서 물고기의 즐거움을 알게 되었지.

128 桃園結義 도원결의

字解
- 桃 : 복숭아 도 [桃李(도리) : 복숭아와 오얏(자두)]
- 園 : 동산 원 [樂園(낙원) : 안락하게 살 수 있는 즐거운 동산]
  - 뜰 원 [公園(공원) : 공중을 위한 큰 뜰이나 정원]
- 結 : 맺을 결 [結果(결과) : 열매를 맺음. 결말의 상태]
  - 끝맺을 결 [結論(결론) : 끝맺는 말이나 글]
- 義 : 의리 의, 옳을 의 [信義(신의) : 믿음과 의리]
  - 뜻 의 [廣義(광의) : 넓은 뜻]

語義 복숭아 동산에서 의를 맺음.
(의형제를 맺음)
(뜻이 맞는 사람끼리 한 목적을 위해 행동을 같이할 것을 약속함)

用例

▶ 우리는 桃園結義(도원결의)하고 난 뒤에, 지금까지 친형제처럼 지내고 있다.
▶ 桃園結義(도원결의)하던 그날의 굳은 맹세를 잊지 않고, 끝까지 함께할 것을 약속합니다.

【類義語】 結義兄弟(결의형제) : 남남끼리 의리로 형제 관계를 맺음. 또는 그런 형제.

出典 漢書(한서), 三國志演義(삼국지연의, 나관중[1] 지음)

중국 後漢(후한) 제12대 황제인 靈帝[2](영제)가 다스리던 때로, 張讓(장양)과 趙忠(조충) 등의 十常侍(십상시 : 정권을 잡아 조정을 농락한 10명의 환관)들이 영제를 등에 업고 권력을 휘둘렀다. 그들은 大將軍(대장군) 竇武(두무)와 太傅(태부)인 陳蕃(진번)을 죽이고, 그 세력을 더욱 막강하게 했으며, 그들이 부리는 횡포는 날이 갈수록 더해졌다.

나라가 이 꼴이니 가만히 있을 백성이 뉘 있으랴? 먹고 살기 힘든 백성들은 저마다 무기를 손에 쥐고 도적이 되었는데, 그중 黃巾賊(황건적)의 세력이 가장 막강했다. 황건적의 두목은 長角(장각)으로, 한 신선의 밑에서 태평요술이라는 책을 익히어, 바람을 부르고 비를 내리게 하는 도술을 부리니, 스스로 太平道人(태평도인)이라 하며 태평도를 만들어 교주가 되었다. 십상시가 권력을 잡고 횡포를 부리자, 그는 세상에 퍼진 자신의 제자들에게 노래를 부르게 했다.

푸른 하늘은 이미 죽었으니,

이제 누런 하늘이 일어서리라.

甲子年(갑자년)이 이르면,

천하가 크게 길하리라.

이 노래는 순식간에 백성들에게 퍼져, 백성들은 한시라도 빨리 갑자년이 오기를 바라는 터였다. 황건적의 세력이 일반 백성들에게까지 미치자, 영제는 대장군 何進(하진)으로 하여금 황건적을 토벌하게 하니, 하진은 中郎將(중랑장)인 노식·황보숭·주전 등에게 군사를 맡기어, 각각 세 방향으로 나아가 장각을 토벌케 하였다. 그 소식을 들은 장각은 재빨리 군사를 일으켜, 자신을 천공장군, 둘째 장량을 지공장군, 셋째 장보를 인공장군으로 칭한 뒤, 50만에 달하는 군사를 36방과 다시 대·중·소방으로 나누니, 기가 죽은 관군들은 맞서 싸우기는커녕 도망치기 바빴다.

장각의 군대가 幽州(유주) 땅까지 범해 들어오자, 유주 太守(태수) 劉焉(유언)은 校尉(교위) 雛靖(추정)의 말을 들어, 의병을 모집하는 榜文(방문)을 내걸었다. 이 방문이 涿縣(탁현)으로 들어가 마침내 그 고을의 한 영웅을 끌어내게 되었다.

漢(한) 景帝(경제)의 후손인 劉備(유비)는 어려서 부친을 여의고 모친을 지성으로 섬겼는데, 집이 가난해서 미투리를 삼고 자리를 치는 것으로 생계를 삼았다. 태수 유언이 榜(방)을 내어 군사를 모집할 때, 유비의 나이는 이미 스물여덟이었다.

이날 유비가 榜文(방문)을 보고 탄식을 하고 있는데, 張飛(장비)가 나타나 대장부가 나라를 위해서 힘을 내려고 하지 않고, 어째서 한숨만 쉬고 있느냐고 꾸짖었다. 유비가 도적을 무찔러 백성을 편안히 할 생각은 간절하나, 힘이 없어서 장탄식을 한다고 하자, 장비는 자신의 재산을 팔아 고을 안의 용사들을 모아 함께 큰일을 하자고 했다. 유비가 크게 기뻐하며, 장비와 함께 마을 주막에 가서 술을 마시고 있는데, 關羽(관우)가 주막으로 들어와 군사 모집에 응해 성으로 들어가는 길이라며 술을 독촉했다. 유비가 자리로 불러 마음에 있는 바를 이야기했더니, 관우도 크게 기뻐했고, 세 사람은 함께 장비의 집으로 갔다.

큰일을 의논하는 자리에서, 장비가 집 뒤의 복숭아 동산에 꽃이 한창이니 내일 이 동산에서 天地(천지)에 祭(제)를 지내고, 셋이 의형제를 맺어 한마음으로 협력하기로 한 뒤에 일을 도모하자고 하였다. 유비와 관우가 동의하여, 다음날 **桃園**(도원)에 검은 소[黑牛(흑우)]와 흰 말[白馬(백마)]과 종이 돈[紙錢(지전)] 등 제물을 차려 놓고, 제를 지내며 **結義**(결의)했다.

세 사람이 향을 피우고 두 번 절하며 맹세하여 가로되, "원하옵건데 유비·관우·장비가 비록 성은 다르오나, 이미 의를 맺어 형제가 되었으니, 곧 마음을 하나로 하고 힘을 합해 곤란한 사람들을 돕고 위험을 잡아매어, 위로는 나라에 보답하고, 아래로는 백성을 편안케 하려 한다. 한해 한달 한날에 태어나지 못했어도 한해 한달 한날에 죽기를 원하니, 하늘과 땅의 신령께서는 굽어 살펴, 의리를 저버리고 은혜를 잊는 자가 있다면, 하늘과 사람이 함께 죽이소서."

原文 三人(삼인) 焚香再拜而誓曰(분향재배이서왈) 念劉備關羽張飛(염유비관우장비) 雖異姓(수이성) 旣結爲兄弟(기결위형제) 則同心協力(즉동심협력) 救困扶危(구곤부위) 上報國家(상보국가) 下安黎庶(하안려서) 不求同年同月同日生(불구동년동월동일생), 但求同年同月同日死(단구동년동월동일사) 皇天后土(황천후토) 實鑑此心(실감차심) 背義忘恩(배의망은) 天人共戮(천인공륙)

맹세를 마치고, 유비가 형이 되고, 관우가 둘째, 장비가 셋째가 되었다. 祭(제)를 마치고, 소를 잡고 술을 내어 고을 안의 용사들을 불러 모으니, 300명이었다. 이날 桃園(도원)에서 다들 취하도록 술을 마시며 함께 즐겼다. 유비·관우·장비가 桃園(도원)에서 結義(결의)를 한 이 이야기에서, '桃園結義(도원결의)'는 '義兄弟(의형제)를 맺거나, 뜻이 맞는 사람들이 사욕을 버리고 목적을 이루기 위해 합심할 것을 결의하는 일'을 나타내는 말로 널리 쓰이게 되었다.

---

1) **羅貫中**(나관중, 1330 ~ 1400경) : 元(원)나라 말기, 明(명)나라 초기의 소설가. 본명은 本(본). 貫中(관중)은 字(자)이다. 호는 湖海散人(호해산인).

재능이 비상하여 당시의 경향에 따라 역사를 소설 형식으로 표현하는 演義(연의)를 많이 지었다. 특히, 그의 최고 걸작인 『三國志演義(삼국지연의)』는 오랜 세월을 두고 세계 각국에서 널리 읽혀지고 있다. 이전까지 민간의 구전으로 전하던 삼국시대의 이야기를 『삼국지통속연의』란 책으로 정리했다고 한다. 또한 『水滸傳(수호전)』의 편저에도 관여했다고도 말하여진다. 나관중 개인의 삶에 대해서는 별로 알려진 바가 없으나, 원나라 말기의 혼란기의 반란군 지도자 張士誠(장사성, 1321 ~ 1368) 아래에 있었던 것으로 전해지며, 『삼국지연의』의 「적벽대전」의 묘사는 朱元璋(주원장, 1328 ~ 13987. 명나라 초대 황제)과 陳友諒(진우량, 1316 ~ 1363. 원나라 말기 군웅)과의 전투를 바탕으로 했다고 한다.

2) **靈帝 劉宏**(영제 유굉, 156 ~ 189. 재위 168 ~ 189) : 중국 후한의 제12대 황제. 章帝(장제 : 제3대 황제)의 고손자. 할아버지는 解瀆亭侯(해독정후) 劉淑(유숙), 아버지는 解瀆亭侯(해독정후) 劉萇(유장)이며, 어머니는 東太后(동태후)이다. 桓帝(환제 : 제11대 황제)의 5촌 조카가 된다. 영제의 재위 기간의 잇따른 재해와 소규모 반란, 그리고 '황건적의 난' 등으로 영제의 재위 기간이 끝남과 동시에, 군웅할거 시대가 열리게 되고, 삼국시대로 이어진다.

슬하에 자식이 없던 당숙 환제에게 후계자로 지목되어, 13세의 나이로 제위에 올랐다. 영제가 즉위했을 때, 구렁이가 궁전 안에 나타나고 암탉이 수탉이 되는 등 흉흉한 일이 계속 발생하자, 의랑 蔡邕(채옹) 등이 이 일에 나라를 망치는 十常侍(십상시) 때문이라고 상소를 올렸다. 그 당시 궁궐 안의 권력을 쥐고 있던, 환관 십상시들은 그들을 파직시켰다.

설상가상으로 십상시들이 영제의 귀와 눈을 막고 국정을 임의로 처리하여, 곳곳에서 반란의 조짐이 보였고, 결국 184년에 '황건적의 난'이 발발하여, 점점 쇠퇴해 가던 후한에 결정타를 날렸다. 얼마 안 가 이 반란은 진정되었으나, 곧 영제는 중병에 걸렸다. 워낙 주색에 빠져 몸도 허약하기도 했다. 후계자 문제, 그리고 어머니 東太后(동태후)와 부인 何皇后(하황후), 그리고 그 오빠 대장군 何進(하진) 간의 암투에 휘말리기도 했다. 189년에 34세의 젊은 나이로 사망하였다.

129 塗炭之苦 도탄지고

字解 塗 : 바를 도, 칠할 도 [塗料(도료) : 물건의 겉에 칠하여 썩지 않게 하거나 아름답게 하는 재료. 니스, 페인트 따위]
　　　　진흙 도 [塗炭(도탄) : 진흙에 뒹굴고 불에 타는 고통. 모진 고통]
　　　炭 ; 숯 탄, 숯불 탄 [木炭(목탄) : 숯]
　　　　석탄 탄 [炭鑛(탄광) : 석탄을 캐는 광산]
　　　之 : 의 지 [池魚之殃(지어지앙) : 연못 속 물고기의 재앙]
　　　苦 : 괴로울 고 [苦難(고난) : 괴로움과 어려움]

語義 진흙이나 숯불에 떨어진 것과 같은 고통.
　　　　(가혹한 정치로 말미암아 백성들이 심한 고통을 겪는 것)

用例

▶ 지금 우리의 처지는 북한 정권의 도발적 공격에 맞서 싸우면서도, 동족인 북한 주민의 **塗炭之苦**(도탄지고)를 간과할 수 없는 이중적 위치에 있다.

▶ 저를 사랑해 주시고 지원해 주신 많은 분들께 큰 빚을 지고 **塗炭之苦**(도탄지고)에 빠졌지만, 언제나 이 숱한 시련들을 극복하고 다시 한 번 봉사할 때를 기다리며 최선을 다해 살아가겠습니다.

【類義語】苛斂誅求(가렴주구) : 세금 등을 가혹하게 거둬들여 무리하게 백성들의 재물을 빼앗아 못살게 구는 정치적 상황.
　　　　酒池肉林(주지육림) : 술이 못을 이루고 고기가 수풀을 이룬다는 뜻으로, 매우 호화스럽고 방탕한 생활.
【相對語】堯舜時代(요순시대) : 요·순 임금이 덕으로 천하를 다스리던 태평한 시대.
　　　　太平聖代(태평성대) : 어진 임금이 잘 다스리어 태평한 세상이나 시대.
　　　　鼓腹擊壤(고복격양) : 배를 두드리고 흙덩이를 친다는 뜻으로, 즉 매우 살기 좋은 시절.

出典

書經(서경) - 仲虺之誥篇(중훼지고편) *虺 : 살무사 훼

惡政(악정)으로 이름 높던 夏(하)의 桀王(걸왕)에 이어, 새 왕조를 연 사람은 殷(은)의 湯王(탕왕)이다. 탕왕은 酒池肉林(주지육림)에 빠져 정사를 돌보지 않고 포악무도한 걸왕을 치기 위해 擧兵(거병)할 때, 군중 앞에서 출진의 서약을 했다.

"내가 감히 군사를 일으키는 것이 아니다. 하나라 걸왕의 죄가 워낙 많으므로, 하늘이 이를 치게 하신 것이다."

걸왕과 싸워 크게 이겨 고향으로 개선했을 때, 탕왕은 다시 제후들을 모아놓고 걸왕을 聲討(성토)했다.

"걸왕은 덕을 멸하고 暴威(폭위)를 떨쳐 백성에게 虐政(학정)을 가했다. 天道(천도)는 언제나 선한 쪽에 복을 주고, 淫亂(음란)에 화를 준다. 하늘은 걸왕에게 재앙을 내리고, 이로써 그 죄를 밝혔다."

탕왕은 혁명에 성공했다. 그러나 일찍이 堯(요)임금이 舜(순)임금에게, 舜(순)임금이 禹(우)임금에게 평화적으로 제왕의 자리를 양보한 데 반해, 자기는 무력으로 왕위를 빼앗아 부끄럽게 생각했다.

"나는 후세 사람들이 내가 한 행동으로써 구실 삼을 것이 두렵도다."

이 말을 들은 重臣(중신) 仲虺(중훼)는 탕왕에게 고하는 글을 지어 위로했다.

"하늘이 백성을 내셨습니다. 그러나 그들의 욕망을 다스리는 임금이 없으면 곧 어지러워집니다. 그 때문에 하늘은 총명한 임금을 내시어, 이를 다스리게 한 것입니다. 하나라의 걸왕은 덕에 어두워, **백성이 도탄에 빠졌습니다**. 하늘이 곧 탕왕에게 용기와 지혜를 주시고, 만방에 바름을 드러내시어, 우왕의 옛 나라를 계승토록 하시니, 이제 그 가르침을 따라 천명을 좇으실 것입니다."

 原文 有夏昏德(유하혼덕) 民墜塗炭(민추도탄) 天乃湯王勇智(천내탕왕용지) 表正萬邦(표정만방) 纘禹舊服(찬우구복) 率厥典(솔궐전) 奉若天命(봉약천명)

여기서 '塗炭(도탄)'이란 말이 탄생하게 되었다. 이른바 天命思想[1](천명사상)으로, 백성들을 괴로움에서 구하기 위해 무력을 사용한 것은 정당하며, 모름지기 임금은 하늘을 대신하여 백성을 사랑해야 한다는 것이다.

다음과 같은 逸話(일화)가 있다. 남북조시대 前秦(전진)은 後燕(후연)과 後秦(후진)의 공격을 받아 수도 장안을 점령당하고, 국왕 符堅(부견)은 五將山(오장산)으로 퇴각하였다가, 후진의 군사에게 사로잡혀 죽었다. 鄴(업)에 가 있던 부견의 아들 符丕(부비)는 유주자사 王永(왕영) 등의 도움으로 晉陽(진양)에서 즉위하고, 격문을 돌려 후진, 후연을 응징할 군사를 불러 모았다. 그 격문에 다음과 같은 말이 있다. "先皇(선황)은 적에게 사로잡혀 죽고, 都城(도성)은 곤궁하여 도적의 소굴이 되었으며, 國家(국가)도 황폐하여 백성은 塗炭(도탄)에 빠지고 있다."

이와 같이 '塗炭之苦(도탄지고)'는 天命思想(천명사상)을 내세워 정권을 무너뜨리려 할 때마다 자주 쓰이던 말이다. '백성들의 생활이 어렵다.'는 의미로, '도탄에 빠지다.'는 형태로 많이 쓴다.

---

[1] **天命思想**(천명사상) : 하늘은 항상 有德者(유덕자)에게 명령하여 천자로 삼아 만민을 다스리게 한다는 사상. 중국의 유교적인 정치사상의 하나로, 천자가 德(덕)을 잃으면 다른 유덕자에게 내려 새로운 왕조가 시작된다는 믿음이 있어 중국 특유의 聖王(성왕)의 관념을 낳았으며, 革命(혁명)을 합리화하는 사고가 생겨났다.

130 同病相憐 동병상련

字解
- 同 : <u>같을 **동**</u>, 한가지 동 [同感(동감) : 같은 생각이나 느낌]
- 病 : <u>병 **병**</u>, 앓을 병 [病苦(병고) : 병으로 인한 고통]
- 相 : <u>서로 **상**</u> [相議(상의) : 서로 의논함]
  - 볼 상 [觀相(관상) : 사람의 얼굴을 보고, 성질이나 운명 따위를 판단함]
  - 모양 상 [眞相(진상) : 참 모습. 있는 대로 사실의 모습]
  - 정승 상 [宰相(재상) : 임금을 보필하며, 모든 관원을 지휘·감독하는 자리에 있는 이품 이상의 벼슬]
- 憐 : <u>불쌍히 여길 **련**(연)</u> [憐憫(연민) : 불쌍하게 여기고 가엾게 생각함]

語義 같은 병의 환자끼리 서로 가엾게 여김.
(같은 입장에 놓인 사람끼리 동정하고 도움)

 用例

▶사랑은 **同病相憐**(동병상련)에서 시작해 **同病嫌惡**(동병혐오)로 끝난다. 상대를 좋아했던 이유가 그와 헤어지는 이유가 되기도 한다. 낯선 만남이 지긋지긋한 일상으로 돌변할 때, 슬며시 사랑은 변질하고 행복은 증발한다.

▶나도 일찍 부모님을 여의고 그 슬픔을 알기에, 고아인 그녀에게 **同病相憐**(동병상련)을 느꼈다.

【類義語】 同憂相救(동우상구) : 같은 걱정을 가진 사람끼리 서로 돕는다.
同聲相應(동성상응) : 같은 소리끼리는 서로 응하여 울린다.
同貧相救(동빈상구) : 같은 근심은 서로 구원한다.

 **出典** 吳越春秋(오월춘추, 오·월의 흥망을 적은 책. 동한의 조엽 저서)

기원전 512년, 중국 吳(오)나라 公子(공자) 光(광)은 자객 專諸(전저)를 보내어, 從弟(종제 : 작은아버지의 아들)인 僚(요)왕을 죽이고 자신이 왕에 올랐는데, 이가 闔閭[1](합려)왕이다. 자객 전저를 합려에게 천거한 것은 楚(초)나라에서 망명해 온 <u>伍子胥</u>[2](오자서)로, 그는 그 공로에 의하여 大夫(대부) 벼슬을 임명받았다.

오자서는 楚(초)나라 平(평)왕의 太子(태자) 建(건)의 太傅(태부)인 伍奢(오사)의 아들이었는데, 태자의 小傅(소부)인 費無忌(비무기)의 참언으로 아버지인 오사와 형인 伍尙(오상)이 죽임을 당하자, 복수를 하기 위해 오나라로 망명해 왔다. 그가 오왕 합려(공자 광)에게 전저를 천거한 것도, 공자 광을 유능한 인물로 보고, 그의 힘을 빌려 초나라에 복수하려는 데 있었다.

그런데 그해 또 초나라에서 비무기의 모함으로 아버지 伯州犁(백주리)를 잃은 伯嚭(백비)가 오나라로 피신해 오자, 오자서는 그를 오왕 합려에게 천거하여 大夫(대부) 벼슬에 오르게 했다. 이 사실이 알려지자, 오자서는 대부 被離(피리)에게 힐난을 받았다.

"백비의 눈길은 매와 같고, 걸음걸이는 호랑이와 같으니[鷹視虎步(응시호보)], 이는 필시 사람 죽이기를 보통으로 아는 잔인한 惡相(악상)이오. 그런데 귀공은 무슨 까닭으로 그런 인물을 薦擧(천거)하였소?"

피리의 말이 끝나자, 오자서는 이렇게 대답했다.

"뭐 별다른 까닭은 없소이다. 河上歌(하상가 : 강 위에서 부르는 노래)에도 '**同病相憐**(동병상련), 同憂相救(동우상구)'란 말이 있습니다. 胡馬(호마)는 북쪽 바람을 향해 서고, 월나라 제비는 햇빛을 찾아 노는 법이오. 육친을 사랑하고 슬퍼하지 않는 사람이 어디에 있겠소. 나와 같은 처지에 있는 백비를 돕는 것은 人之常情(인지상정)이지요."

오자서는 피리의 충고를 받아들이지 않고, 백비를 끝까지 밀어 太宰(태재)라는 벼슬에까지 오르게 했다. 그리고 그로부터 9년 후, 합려가 초나라를 공략하여 대승함으로써 오자서와 백비는 마침내 부형의 원수를 갚을 수 있었다. 그러나 그 후 오자서는 불행히도 피리의 예언대로, 越(월)나라에 매수된 백비의 모함에 빠져 憤死(분사)하고 말았다.

---

1) **闔閭**(합려, ? ~ B.C.496. 재위 B.C.544 ~ B.C.496) : 중국 춘추전국시대 吳(오)나라의 제24대 임금이며, 휘는 光(광)이다. 춘추오패의 한 사람으로 꼽기도 한다. 신하인 伍子胥(오자서), 孫武(손무 : 『손자병법』을 지음) 등의 도움을 받아 오나라를 강국으로 성장시키고 패자를 꿈꾸었다.

기원전 496년, 10년 전의 원한을 풀기 위해 越(월)나라로 쳐들어간다. 그러나 월나라의 장군 范蠡(범려 : 월나라의 정치가, 군사가)의 책략에 막혀 패배하고, 다리에 활까지 맞아 상처가 덧나 죽게 된다. 아들 夫差(부차 : 오나라 제25대 임금)에게 越(월)나라 句踐(구천 : 춘추오패의 한 사람)이 부친을 죽였던 것을 잊지 말라고 유언하고, 복수를 맹세하게 했다.

2) **伍子胥**(오자서, ? ~ B.C.484) : 이름은 員(원), 子胥(자서)는 그의 자이다. 楚(초)나라의 대부를 지낸 吳奢(오사)의 둘째 아들이다. 기원전 522년(초평왕 7년)에 아버지 오사가 살해되자, 그는 宋(송)나라와 鄭(정)나라를 거쳐 吳(오)나라로 들어갔다.

나중에 吳(오) 闔閭(합려)를 도와, 오왕 僚(요)를 죽이고 왕위를 탈취했다. 그 뒤 군대를 정비하여 국세가 날로 번성해 갔다. 얼마 후 초를 함락시킨 공으로 申(신) 땅에 봉해져 申胥(신서)로 불렸다. 합려가 죽은 뒤, 그 뒤를 이어 왕이 된 夫差(부차)에게 越(월)의 화친 요구를 거절하고, 齊(제)에 대한 공격을 중지하라고 進言(진언)했다가 왕의 분노를 샀으며, 나중에 자결하라는 왕명을 받고 죽었다.

131 杜門不出 두문불출

字解
杜 : 막을 **두** [杜絕(두절) : 교통, 통신 등이 막히고 끊어짐]
성 두 [杜撰(두찬) : 두목이 지은 글]
門 : **문 문** [門牌(문패) : 문에 다는 패]
집 문, 집안 문 [名門(명문) : 문벌이 좋은 집안]
※ 杜門(두문) - 여기서는 地名(지명)으로 고유명사.
不 : 아니 **불**(부) [不朽(불후) : 썩어서 없어지지 아니함]
出 : 날 출, 나갈 **출** [外出(외출) : 밖으로 나감]

語義 문을 닫고 나가지 않는다.
(집에만 틀어박혀 사회의 일이나 관직에 나아가지 않음)

 用例

▶ 리비아 트리폴리의 한 시민은, "카다피가 당연히 와야 할 아들의 장례식에도 나타나지 않았다. **杜門不出**(두문불출)하는 그의 모습이 기이할 정도다."라고 말했다.

▶ 중동호흡기증후군(메르스)에 대한 공포감이 커지면서 특히 메르스 취약층으로 꼽히는 60대 이상 노인들이 **杜門不出**(두문불출)하고 있다.

 **麗朝忠烈錄**(여조충렬록, 고려말 개경 두문동 현자들의 사적을 모은 책)

고려시대에 왕을 섬기거나 벼슬을 했던 신하와 왕족들은 李成桂(이성계)가 조선을 개국함에 따라, 松嶽(송악 : 지금의 개성) 동남쪽 고개 지금의 不朝峴(부조현)에 올라가 朝服(조복)을 벗어 나뭇가지에 걸어 놓고 헌 갓으로 바꾸어 쓰고, 光德山(광덕산 : 경기도 개풍군 광덕면 소재) 서쪽 기슭에 있는 杜門洞(두문동)으로 들어갔다.

소나무를 매어서 울을 만들고 흙을 쌓아서 문을 봉하고, 會盟臺(회맹대)에 모여서 不事二君(불사이군 : 두 임금을 섬기지 아니함)의 충절을 맹세하였다. 조선을 세운 태조 이성계는 이들을 포섭하기 위하여 갖가지 회유책을 썼지만 그 충절이 변하지 않자, 이들을 추방시키기 위하여 이곳 두문동에다 불을 질러, 그중 몇 사람은 끝내 抗節(항절)하다가 스스로 焚死(분사)하였다.

이로 말미암아 마을 이름을 杜門洞(두문동 : 문을 막은 동네)이라 칭하게 되었고, 두문동은 충절의 상징이 되었던 것이다. 따라서 '**杜門不出**(두문불출)'이라는 말은 '**두문동에 들어간 사람들이 일절 밖으**

<u>로 나오지 않았다.</u>'는 데서 유래된 말이다.

그래서, 당시 모두 72명이나 되는 고려의 신하들과 왕족들이 불에 타 죽었다고 전해진다. 조선 태조 이성계가 온갖 회유와 협박을 가하며 조정에 나올 것을 청하였는데, 이에 꿈쩍하지 않자 단 하루의 말미를 주면서 나오지 않으면 모두 불태우겠다고 말했다. 이에 그곳에 있던 사람들이,

"후세에 우리의 상황을 전할 수 있는 한 사람은 남겨두어야 하는 것 아닌가?"

하여서 많은 사람의 천거를 받은 黃喜[1](황희) 한 사람만 내보내고, 나머지 모든 사람은 불에 타 죽었다. 아마도 이 당시에도 황희의 인품을 많은 사람이 믿고 따랐던 것 같다. 그러나 황희는 후에 세종 시절에는 정승의 벼슬을 지냈다.

---

1) 黃喜(황희, 1363 ~ 1452) 고려 말 ~ 조선 초기의 文臣(문신). 호는 尨村(방촌). 1392년 고려가 망하자, 70여 명의 유신들과 함께 두문동에 은거했다. 그러나 태조의 요청과 백성만이라도 구제해야 한다는 두문동 동료들의 薦擧(천거)로 벼슬길에 나갔다. 1449년 관직을 물러날 때까지 대사헌·병조·예조·이조 등의 판서와 관찰사·좌의정을 역임했다. 특히 세종 때에는 18년 동안 영의정으로 국정을 이끌었다.

성품이 강직·청렴했으며, 사리에 밝고 政事(정사)에 능해 역대 왕들의 신임을 받았지만, 때로는 소신을 굽히지 않아 왕과 대신들의 미움을 사서 左遷(좌천)과 罷職(파직 : 관직에서 물러나게 함)을 당하기도 했다.

• 黃喜(황희) 정승과 관련된 逸話(일화) 두 편 – 『芝峯類說(지봉유설)』

① 황희 정승이 어느 날, 글공부를 게을리하고, 술에 취해 들어오는 아들에게,

"그대가 만약 내 아들 같으면 아비의 말을 따르는 게 당연한데, 아비의 말을 따르지 않는 것으로 보아, 댁은 나의 아들이 아니라 손님이라 여겨지오니 큰절을 올립니다. 절 받으십시오."

하면서 실제로 아들에게 큰절을 했답니다. 이에 그 아들은 크게 반성하고 이후로는 아버지의 뜻을 잘 따랐다고 합니다.

② 황희 정승이 미천하던 시절에 여행을 하던 중 길가에서 쉬다가, 농부가 두 마리 소에 멍에를 씌우고 밭갈이하는 것을 보고 묻기를,

"두 소 중에서 어느 것이 낫습니까?"

하니, 농부가 대답은 하지 않고, 밭갈이를 멈추고 황희에게 와서, 귀에 대고 나직한 어조로 말하기를,

"이쪽 소가 낫습니다."

황희가 그것을 이상히 여겨 말하기를,

"무엇 때문에 귀에 대고 말씀하십니까?"

라고 하니, 농부가 말하기를,

"비록 기르는 짐승이지만, 그 마음은 사람과 같습니다. 이쪽이 낫다면 저쪽이 못한 것이니, 만일 소가 이 말을 듣게 되면, 어찌 불평하는 마음이 없겠습니까?"

공이 크게 깨달아, 마침내 남의 장단점을 다시는 말하지 않았다고 합니다.

132 磨斧作針 마부작침

字解
磨 : 갈 **마** [練磨(연마) : 심신이나 지식, 기능 따위를 갈고 닦음]
斧 : 도끼 **부** [斧柯(부가) : 도끼 자루. 정치를 하는 권력]
作 : 지을 **작**, 만들 **작** [作詩(작시) : 시를 지음]
針 : 바늘 **침**, 바느질할 침 [針線(침선) : 바늘과 실. 바느질]

語義 도끼를 갈아서 바늘을 만든다.
(아무리 어려운 일이라도 참고 계속하면, 언젠가는 반드시 이루어진다)

 **用例**

▶ 전 그날 이후 **磨斧作針**(마부작침)을 잊은 적이 없습니다. 물론 제가 그만큼 노력은 못했지만, 그 단어만큼은 기억한다는 뜻이지요. 일상의 나태함 속에서 허우적거릴 때면 우리 다같이 **磨斧作針**(마부작침)을 기억하고, 오늘도 부지런히 도끼를 갈아 보는 심정으로 글을 써 보도록 합시다.

▶ 어머니가 텔레비전에서 **磨斧作針**(마부작침)이라는 사자성어를 듣고서, 나에게 전화를 하셨다. 어떤 분야건 아무리 힘들어도 도끼를 갈아 바늘을 만든다는 생각으로 꾸준히 끈질기게 하면 성공한다는 얘기다. 그렇다. 나에겐 딱 맞는 성어다. 새해에는 **磨斧作針**(마부작침)의 마음으로 서두르지 않고 묵묵히 내 일을 하련다.

【類義語】 **十伐之木**(십벌지목) : 열 번 찍어 베는 나무. 열 번 찍어 안 넘어가는 나무가 없음.
愚公移山(우공이산) : 우공이 산을 옮긴다. 남이 보기엔 어리석은 일처럼 보이지만 한 가지 일을 끝까지 밀고 나가면 언젠가는 목적을 달성할 수 있음.
水滴穿石(수적천석) : 물방울이 바위를 뚫는다. 작은 노력이라도 끈기 있게 계속하면 큰 일을 이룰 수 있음.
土積成山(토적성산) : 흙이 쌓여 산을 이룬다는 뜻. 작은 것이 쌓여 큰 것이 됨.

 **唐書**(당서) – **文藝傳**(문예전), **方輿勝覽**(방여승람, 남송 때 축목이 지음)

詩仙(시선)이라 불렸던 중국 唐(당)나라의 시인 李白[1](이백)의 이야기이다.
이백은 어렸을 때, 아버지 李客(이객)의 임지인 蜀(촉) 땅의 成都(성도)에서 자랐다. 그때 훌륭한 스승을 찾아 象宜山(상의산)에 들어가 修學(수학)했는데, 어느 날 공부에 싫증이 나자 그는 스승에게 말도 없이 산을 내려오고 말았다.

집을 향해 걷고 있던 이백이 계곡을 흐르는 냇가에 이르자, 한 노파가 바위에 열심히 도끼[일설에는 쇠공이]를 갈고 있었다.

"할머니, 지금 뭘 하고 계세요?"

"바늘을 만들려고 도끼를 갈고 있다[磨斧作針(마부작침)]."

"그렇게 큰 도끼가 간다고 바늘이 될까요?"

"그럼, 되고말고. 중도에 그만두지만 않는다면……."

이백은 '중도에 그만두지만 않는다면'이란 말에 큰 충격을 받았다. 여기서 생각을 바꾼 그는 노파에게 공손히 인사하고, 다시 산으로 올라갔다.

그 후 이백은 마음이 해이해지면, 바늘을 만들려고 열심히 도끼를 갈고 있던 그 노파의 모습을 떠올리고는 분발했다고 한다. 결국 그는 모든 사람이 우러러보는, 當代(당대) 최고의 시인이 되었다.

마부작침과 같은 의미의 말이 여러 개 있다. '磨鐵杵(마철저, *杵 : 절구공이 저)', '磨杵作針(마저작침)', '鐵杵成針(철저성침)', '磨斧爲針(마부위침)' 등이다.

---

1) **李白**(이백, 701 ~ 762) : 唐(당)나라 시인. 자는 太白(태백). 杜甫[2](두보)와 함께 중국 최고의 고전시인으로 꼽힌다. 그의 시는 抒情性(서정성)이 뛰어나 논리성, 체계성보다는 감각, 직관에서 독보적이다. 술, 달을 소재로 시를 많이 썼으며, 낭만적이고 귀족적인 詩風(시풍)을 지녔다.

이백의 현존하는 1,000여 수의 작품은 제재나 시의 형태로 보아 중국 고전시의 모든 분야에 걸쳐 있다. 그의 시의 내용을 제재에 따라 자리매김할 경우 가장 대표적인 위치를 차지하는 것은 여행·이별·음주·달빛·遊仙(유선) 등 소위 그의 세계관에서 유출되는 일련의 제재이다. 그것들은 소재로서 사용되는 경우, 주제로서 사용되는 경우, 혹은 어느 쪽이라고 확정하기 어려운 경우 등 다양하면서도 공통된 감각과 발상으로 그의 시의 특색을 더욱 증폭시켜 주었다. 이 때문에 이백의 작품에는 각 제재의 기본적인 성격이 집약적·전형적으로 나타나 있는 것이 많다.

2) **杜甫**(두보, 712 ~ 770) : 唐(당)나라 시인. 호는 少陵(소릉), 工部(공부), 老杜(노두). 자는 子美(자미). 만년에 工部員外郞(공부원외랑)의 관직을 지냈으므로, 杜工部(두공부)라고 불리기도 한다. 율시에 뛰어났으며, 긴밀하고 엄격한 구성, 사실적 묘사 수법으로 인간의 슬픔을 노래하였다.

두보는 '안사의 난' 이후 현실주의적 시풍을 전개하였다. 나아가 그의 시는 다음 세대인 北宋(북송)의 王安石(왕안석)·蘇軾(소식)·黃庭堅(황정견) 등에 의해 높이 평가되어, 오늘날까지 여전히 민중을 위한 시인으로 널리 존중되고 있다. 보통 이백을 詩仙(시선), 두보를 詩聖(시성)이라고 하며, 흔히 이 두 사람을 李杜(이두)라고 부르고 있으나, 후세 한시 문학에 끼친 영향은 두보가 훨씬 더 크다고 할 수 있다.

그는 백성들의 고난, 사회의 부조리, 충군, 애국과 당시의 현실을 그대로 시로 읊어, 후세 사람들이 그의 시를 '시로 쓴 역사', 곧 '詩史(시사)'라고도 부른다. 작품에 '北征(북정)', '兵車行(병거행)' 등 총 1,470여 수의 시를 남겼다. 저서에 『杜工部集(두공부집)』이 있다.

133 馬耳東風 마이동풍

字解
- 馬 ; 말 **마** [駿馬(준마) : 잘 달리는 좋은 말]
- 耳 ; 귀 **이** [耳目(이목) : 귀와 눈. 주의나 관심]
- 東 ; 동녘 **동** [東天(동천) : 동쪽의 하늘. 밝을 녘의 하늘]
- 風 ; 바람 **풍** [風霜(풍상) : 바람과 서리. 세월. 세상에서 겪는 고난]
  경치 풍 [風景(풍경) : 경치]

語義 말의 귀에 부는(스치는) 동풍.
(남의 말을 귀담아듣지 않고, 흘리어 버림)

 用例

▶ 大企業(대기업)은 반성하라. 이 나라의 경제 발전을 위해 모든 고통을 감내한 중소기업과 근로자를 배려해야 한다. 그렇다고 국민연금을 이용하여 대기업을 길들이겠다며, 화만 내는 政府(정부)도 반성하라. 그동안 많은 전문가들이 금융 감독 권력의 독점적 집중의 폐해를 여러 번 지적했음에도 **馬耳東風**(마이동풍)이지 않았는가? 전관예우라는 부패한 관행 때문에 얼마나 많은 사람이 억울해 했는가를 상상해 보았는가? 法曹界(법조계)도 반성하라.

▶ 여러 신하는 걱정이 태산 같았습니다. "큰일이오. **馬耳東風**(마이동풍)이라더니, 폐하께서 우리의 忠言(충언)을 들으려 하지 않으십니다."

【類義語】 牛耳讀經(우이독경) : 쇠귀에 경 읽기.
對牛彈琴(대우탄금) : 소를 마주하고 거문고를 뜬다.

【俗 談】 쇠귀에 경 읽기.
담벼락하고 말하는 셈이다.

 **出典** 李白(이백)의 시 - '答王十二寒夜獨酌有懷(답왕십이한야독작유회)'

중국 唐(당)나라 대시인 李白(이백)이 벗 王十二(왕십이)로부터 '寒夜獨酌有懷(한야독작유회 : 추운 밤 홀로 술잔을 기울이며 느낀 바 있어서)'란 시 한 수를 받자, 이에 답하여 '答王十二寒夜獨酌有懷(답왕십이한야독작유회 : 왕십이의 한야독작유회에 답하여)'라는 和答詩(화답시)를 써서 보냈는데, 馬耳東風(마이동풍)이란 말은 이 시의 마지막 부분에 나온다. 이 시는 길고 짧은 구절이 서로 섞여 있는 長詩(장시)로 구성되어 있다.

이 시에서 이백은 '우리네 시인들이 아무리 좋은 시를 짓더라도 이 세상 속물들은 그것을 알아주지 않는다.'라며, 울분을 터뜨리고 다음과 같이 맺고 있다.

世人聞此皆掉頭(세인문차개도두)　세상 사람들은 이를 듣고 모두 머리를 흔드는데,
有如東風射馬耳(유여동풍사마이)　마치 동풍이 말의 귀를 쏘는(스치는) 것 같구나.

※ 原文(원문) 더 보기

人生飄忽百年內(인생표홀백년내)　인생은 백년 내에 바람처럼 홀연히 사라지니,
且須酣暢萬古情(차수감창만고정)　모름지기 만고의 정을 즐기며 떨쳐 버리게.
君不能狸膏金距學鬪鷄(군불능매고금거학투계)　그대는 너구리 기름 바르고 쇠발톱 끼워 닭싸움을 배우지 못하면서,
坐令鼻息吹虹霓(좌령비식취홍예)　앉아 콧김을 내뿜으며 무지개를 가르려 하는가.
君不能學哥舒橫行青海夜帶刀(군불능학가서횡행청해야대도)　그대는 가서한처럼 청해를 주름잡으며 밤에 칼을 잡고 다니면서 배울 수도 없네.
西屠石堡取紫袍(서도석보취자포)　서로 석보성 공격하여 보랏빛 솜옷을 얻을 일을.
吟詩作賦北窓里(음시작부북창리)　지금 북창에 앉아 시 읊고 노래 짓는다지만,
萬言不直一杯水(만언부직일배수)　수많은 말은 한 잔 술보다 못한 법일세.
世人聞此皆掉頭(세인문차개도두)　세상 사람들은 이를 듣고 모두 머리를 흔드는데,
有如東風射馬耳(유여동풍사마이)　마치 동풍이 말의 귀를 쏘는(스치는) 것 같구나.
魚目亦笑我(어목역소아)　물고기 눈이 또한 우리를 비웃으며,
請與明月同(청여명월동)　밝은 달과 같기를 바라는구나.

그 당시 당나라는 鬪鷄(투계)를 잘하는 자가 천자의 총애를 받아 거리를 씩씩하게 활보하고, 오랑캐의 침입을 막아 약간의 공을 세운 자가 큰소리를 치며 다녔다. 이처럼 시대 상황이 武人(무인)만을 숭상하다 보니, 王十二(왕십이 : 본명은 왕거일)나 李白(이백)처럼 재능 있는 문인은 북쪽으로 난 창 아래에서 시를 읊거나 賦(부)를 지으며, 세월을 흘려보낼 뿐이었다. 이들의 작품이 제아무리 천하의 걸작이라고 하여도 세상에서는 그 누구 하나 알아주지 않았다.

李白(이백)은 세상 사람들이 시인들의 훌륭한 작품을 제대로 평가하지 않는 안타까움을 '동풍이 말의 귀를 스치는 것 같구나.'라고 말하고 있다. 동풍은 봄바람으로, 봄바람은 부드러워 말의 귀를 스쳐가도 말은 모른다. 흔히 '말의 의미를 제대로 알아듣지 못하는 어리석은 사람'에게 이 말을 즐겨 쓴다.

※ 李白(이백)의 詩(시) 한 수 – '山中問答(산중문답)'

問余何意棲碧山(문여하의서벽산)　어찌하여 푸른 산에 사느냐 묻길래,
笑而不答心自閑(소이부답심자한)　웃으며 대답하지 않아도 마음 절로 한가롭네.
桃花流水杳然去(도화유수묘연거)　물 따라 복사꽃잎 아득히 흘러가는데,
別有天地非人間(별유천지비인간)　이곳이야말로 딴 세상이지 속세가 아니로다.

134 望洋之歎[嘆] 망양지탄

字解 望 : 바랄 망 [希望(희망) : 이루어지거나 얻고자 기대하고 바람]
　　　　　바라볼 망 [望鄕(망향) : 고향을 바라봄]
　　　　　보름 망 [朔望(삭망) : 초하루와 보름]
　　　洋 : 큰 바다 양 [遠洋(원양) : 육지에서 멀리 떨어진 바다]
　　　　　서양 양 [洋食(양식) : 서양 요리]
　　　之 : 의 지 [匹夫之勇(필부지용) : 함부로 부리는 소인의 용기]
　　　歎(嘆) : 탄식할 탄 [恨歎(한탄) : 한이 있어 탄식함]

語義 큰 바다를 바라보며 하는 탄식.
　　　　(남의 원대함에 감탄하고, 나의 미흡함을 부끄러워함)
　　　　(어떤 일에 자신의 힘이 미치지 못할 때 하는 탄식)

 用例

▶구직자들은 올해 구직생활을 정리하는 사자성어로 '다른 사람의 위대함을 보고 자신의 미흡함을 부끄러워한다.'라는 뜻의 **'望洋之歎(망양지탄)'**을 가장 많이(20.5%) 선택했다. 다음으로는 '근심으로 잠을 이루지 못한다.'는 '輾轉反側(전전반측)'이 2위(15.9%), '매우 힘들고 괴로움'을 나타내는 '艱難辛苦(간난신고)'가 3위(10.3%)를 차지해, 구직생활의 어려움을 나타내는 사자성어들이 상위를 차지했다.

▶偏見(편견)을 버리는 것은 새로운 시대를 살아가는 지혜로운 삶의 방식입니다. 자신만이 옳다고 생각하다가 그동안 자신이 보지 못한 더 넓은 세계를 보고, 지나간 자신의 편협한 모습을 한탄하며 반성한다는 의미로 자주 사용하는 것이 **'望洋之嘆(망양지탄)'**입니다.

 **出典** 莊子(장자) - 秋水篇(추수편)

옛날 중국의 黃河(황하)에 河伯(하백)이라는 神(신)이 살고 있었는데, 늘 자기가 사는 강을 보면서 그 넓고 풍부함에 감탄을 하고 있었다. 어느 가을 홍수로 인해 모든 개울물이 황하로 흘러들자, 강의 넓이는 하백으로도 믿기지 않을 정도가 되었다. 흐름이 너무나 커서, 양쪽 기슭이나 언덕의 소와 말을 분간할 수 없을 정도였다. 하백은 천하의 아름다움이 모두 자기에게 있다며 가슴이 벅차하였다. 그리고는 강의 끝을 보려고 동쪽으로 따라 내려갔다.

한참을 흘러 내려간 후 마침내 北海(북해)에 이르자, 그곳의 神(신)인 若(약)이 반가이 맞아 주었다.

하백이 약의 안내로 주위를 돌아보니, 천하가 모두 물로 그 끝이 보이지 않았다. 하백은 그 **넓은 바다를 보고 감탄하며[望洋之歎(망양지탄)]** 이렇게 말하였다.

"속담에 이르기를 백 가지 道(도)를 듣고서는 자기만 한 자가 없는 줄 안다고 했는데, 이는 나를 두고 하는 말이었습니다. 아, 만일 내가 이곳을 보지 못하였다면 위태로울 뻔했습니다. 오래도록 내가 도를 아는 척 행세하여, 웃음거리가 되었을 테니까 말입니다."

북해의 神(신)인 若(약)은 웃으며 다음과 같이 말하였다.

"우물 안 개구리에게 바다에 대해 말해도 소용없음은 그가 사는 곳에 얽매여 있기 때문이고, 여름벌레에게 얼음에 대해 말해도 소용없음은 그가 시절에 묶여 있기 때문이오. 지금 그대는 벼랑 가에서 나와 큰 바다를 보고, 비로소 그대의 어리석음을 깨달았으니, 이제야말로 큰 이치를 말할 수 있게 된 것이 아니겠소?"

여기서 '望洋之嘆(망양지탄)'은 '가없는 진리의 길을 보고 스스로 자기가 이루었다고 생각했던 것을 부끄럽게 여긴다.'는 의미로 사용되었다. 오늘날에는 뜻을 넓게 해석하여 '자기의 힘이 미치지 못함을 탄식한다.'는 의미로도 쓰인다.

※ 亡羊之歎(망양지탄)

'여러 갈래로 갈린 길에서 양을 잃는다.'는 말로, '학문의 길이 여러 갈래라 진리를 찾기가 어렵다.'는 뜻을 담고 있다. '多岐亡羊(다기망양 : 달아난 양을 찾으려 할 때, 갈림길이 많아 끝내는 양을 잃는다)'과 같이 方針(방침)이 많으면, 도리어 갈 바를 모른다. 『列子(열자)』「說符篇(설부편)」에 楊子(양자, B.C.440 ~ B.C.360. 본명은 양주. 중국 전국시대 초기의 도가 철학자)의 이웃집에서 양 한 마리가 도망을 갔다. 양의 주인은 동네 사람들과 양을 찾으러 간다고 소란을 떤다. 양자는,

"단 한 마리의 양을 잃었는데, 어찌 저렇게 많은 사람들이 뒤쫓아가는가?"

하고 물으니, 양이 도망간 쪽에는 갈림길이 많기 때문이라고 한다. 하지만 얼마 후, 그들이 피곤한 몸으로 돌아와서 양을 찾지 못했다고 한다. 양자가 양을 잃은 까닭을 묻자, '多岐亡羊(다기망양)'이라, 갈림길을 가면 또 갈림길이 있어서 양이 어디로 갔는지 모른다고 했다. 양자는 그 말을 듣고는 묵묵히 앉아 아무 말도 하지 않았다. 제자들은 기껏해야 양 한 마리를 잃은 것뿐인데, 저렇게 침울해 있는 것이 이상하다 생각하여, 까닭을 물어도 대답이 없었다. 훗날 한 제자가 그 일에 대해서 묻자, 양자는,

"단 한 마리의 양이라 할지라도, 갈림길에 또 갈림길이 있으니 결국 양을 잃어버린 것이다. 하물며 학문의 길은 어떻겠느냐? 목표를 잃고 무수한 학설들에 빠져 헤맨다면, 아무리 노력한들 그 또한 무의미한 것 아니겠느냐?"

라고 답변했다.

이 고사도 '진리는 있지만, 그 진리를 깨우치기란 어렵다.'는 말이다. 『莊子(장자)』「駢拇篇(병무편)」에도 '亡羊之歎(망양지탄)'의 구절이 나오는데, '주위의 사물이나 현상에 휩쓸리면, 자기의 본분을 잊게 된다.'라는 뜻으로 쓰였음을 알 수 있다.

135 望雲之情 망운지정

字解
- 望 : 바랄 망 [希望(희망) : 이루어지거나 얻고자 기대하고 바람]
  - 바라볼 망 [望鄕(망향) : 고향을 바라봄]
  - 보름 망 [朔望(삭망) : 초하루와 보름]
- 雲 : 구름 운 [雲集(운집) : 구름같이 많이 모임]
- 之 : 의 지 [邯鄲之步(한단지보) : 한단 지방의 걸음걸이]
- 情 : 정 정, 뜻 정 [感情(감정) : 느끼어 일어나는 심정. 대상이나 상태에 따라 일어나는 마음의 상태]
  - 사정 정 [情勢(정세) : 사정과 형세]

語義 구름을 바라보는 정.
(타향에서 고향의 부모를 그리워하는 정)
(멀리 떠나온 자식이 어버이를 사모하여 그리는 정)

用例

▶ 부모님의 은혜를 두고 어찌 날을 가리겠습니까만, 가정의 달 5월이면 유독 望雲之情(망운지정)이 깊어지는 것은 이 날 좋은 계절에 곁에서 부모님을 모시지 못함이 죄스러워서이겠지요.

▶ 그는 이어 한 가지 소망을 털어놨다. "어머님이 텔레비전과 라디오를 통해 내 이름과 노래가 소개되는 기쁨을 누리게 해드리고 싶다."면서, "어서 장가도 가서 손자 손녀를 안겨 드렸으면 좋겠다."고 쑥스럽게 웃었다. 그의 말에 '望雲之情(망운지정)'이란 고사성어가 떠올랐다.

【類義語】 白雲高飛(백운고비) : '흰 구름이 외로이 난다.'라는 뜻으로, 멀리 떠나온 자식이 어버이를 사모함.
望雲之懷(망운지회) : '구름을 바라보며 그리워한다.'라는 뜻으로, 타향에서 고향에 계신 부모를 생각함.

出典 唐書(당서) - 狄仁傑傳(적인걸전)

중국 唐(당)나라 때의 이야기다. 狄仁傑[1](적인걸)이 并州法曹參軍(병주법조참군)에 있을 때, 그 어버이는 河陽(하양) 땅 別業(별업)에 계신데, 적인걸이 太行山(태행산)에 올라 반복하여 돌아보면서, <u>흰 구름이 외롭게 나는</u> 먼 곳을 좌우 사람에게 일러 말하되,

"내 어버이가 저 구름이 나는 아래에 계신데, 멀리 바라만 보고 가서 뵙지 못하여 슬퍼함이 오래되었다."

하고, 구름이 옮겨 간 뒤에 산에서 내려왔다.

 原文 狄仁傑(적인걸) 授幷州法曹參軍(수병주법조참군) 其親在河陽別業(기친재하양별업) 仁傑登太行山(인걸등태행산) 反顧見白雲高飛(반고견백운고비) 謂左右曰(위좌우왈) 吾親舍其下(오친사기하) 瞻悵久之(첨창구지) 雲移乃得去(운이내득거)

적인걸이 간신의 모함으로 감옥에 갇히었다가 풀려나 지방으로 左遷(좌천)되었다. 그가 병주의 법조참군으로 임명되어 부임하였을 때의 일이다. 그때 그의 부모는 하향의 별장에 머물고 있었다.

'望雲之情(망운지정)'이란 이렇게 타향에서 자신도 辛苦(신고)를 겪지만, 부모가 있는 곳을 바라보았다는 고사에서 나온 말이다. '고향의 부모를 그리는 자식의 정을 가리키는 것'이다. 여기에서 같은 의미로 '白雲高飛(백운고비)'라는 고사성어도 생겼다.

---

1) **狄仁傑**(적인걸, 630 ~ 700) : 唐(당)나라 初葉(초엽)의 명신. 高宗(고종) 때 大理丞(대리승)이 되어, 1년 동안 1만 7,000명을 올바르게 재판하였다. 그 뒤 江南巡撫使(강남순무사)가 되어서는 음란하거나 민심을 미혹하는 祠堂(사당) 1,700개소를 없애고, 豫州刺使(예주자사)로 있을 때에는 무고한 죄로 사형을 선고받은 사람 2,000명을 구제해, 사람들로부터 칭송을 들었다.

그러나 후일 來俊臣(내준신)의 모함으로, 則天武后(측천무후)에 의해 투옥되었다가 지방으로 좌천되었다. 후일 그의 평판이 높다는 말을 들은 측천무후는 다시 그를 재상으로 등용하였고, 재상이 된 후 그는 張柬之(장간지), 姚乘(요승) 등을 추천하여, 부패한 정치를 바로잡아 측천무후의 신임을 얻었다.

※ **人倫**(인륜)·**道義**(도의)를 주제로 한 **漢詩**(한시) 소개

天地人三材 君師父一體(천지인삼재 군사부일체)
　하늘과 땅과 사람은 삼 재목이고, 임금과 스승과 아버지는 한 몸이로다.

父母如天地 兄弟似日月(부모여천지 형제사일월)
　부모는 하늘과 땅과 같고, 형제는 해와 달과 같도다.

夫婦二姓合 兄弟一體分(부부이성합 형제일체분)
　부부는 두 성이 합하였고, 형제는 한 몸이 나뉘었도다.

父慈子孝可 兄友弟恭宜(부자자효가 형우제공의)
　부는 사랑하고 자는 효도함이 옳고, 형은 우애하고 아우는 공손함이 마땅하도다.

父母千年壽 子孫萬世榮(부모천년수 자손만세영)
　부모는 천년의 목숨이고, 자손은 만세의 영화로다.

一勤無難事 百忍有太和(일근무난사 백인유태화)
　한 번 부지런함에 어려운 일이 없고, 백 번 참음에 큰 평화가 있도다.

136 麥秀之嘆 맥수지탄

字解
- 麥 : **보리 맥** [麥酒(맥주) : 보리로 만든 술]
- 秀 : **빼어날 수** [優秀(우수) : 여럿 가운데 뛰어나고 빼어남]
- 之 : **의 지** [人之常情(인지상정) : 사람의 보편적 마음]
- 嘆 : **탄식할 탄** [恨歎(한탄) : 뉘우쳐지거나 원통하여 탄식함]

語義 보리 이삭이 무성함에 대한 탄식.
(고국이 멸망한 탄식)

用例

▶ 우리네 통치자는 민심과 멀어질수록 불안한 마음에 자기 사람만을 고집한다. 그러다 보니 모두가 눈치 보기에 급급해, '아니오'라고 諫言(간언)하는 자들이 없다. **麥秀之嘆**(맥수지탄)의 역사를 되풀이하지 않으려면, 어떤 방법이 상책일까? 그것은 아주 간단하다. 정책의 기조를 국민들이 원하는 쪽으로 바꾸면 된다.

▶ 水仁線(수인선)의 두 번째 정거장 오목동역은 근동의 하천들이 오목하다고 해서 '오목내'로 불렀던 동네에 들어선 임시 정거장이었다. **麥秀之嘆**(맥수지탄)이라더니 지형과 건물들은 그대로인데, 이 근동 부대에서 복무하던 시절 동기들과 가끔씩 쉬어가던 다방들은 이미 다 사라지고, 수인선도 겨우 과거의 흔적만 남아 있을 뿐이다.

【類義語】 麥秀黍油(맥수서유) : '보리의 이삭과 기장의 윤기'라는 뜻으로, 고국의 멸망을 탄식함.

 **出典** **史記**(사기) – 宋微子世家(송미자세가), **詩經**(시경) – 王風篇(왕풍편)

중국 古代(고대) 3왕조의 하나인 殷(은)나라 紂(주)왕이 淫樂(음락)에 빠져 폭정을 일삼자, 이를 지성으로 간한 신하 중 三仁(삼인)으로 불리던 세 왕족이 있었다. 微子(미자), 箕子[1](기자), 比干(비간)이 그들이다. 미자는 주왕의 형으로서 누차 간했으나 듣지 않자, 국외로 망명했다. 주왕의 아들인 기자도 망명했다. 그는 신분을 감추기 위해 거짓으로 미치광이가 되고, 또 노예로까지 전락하기도 했다. 그러나 왕자 비간은 끝까지 간하다가 결국 가슴을 찢기는 극형을 당하고 말았다.

이윽고 주왕은 三公(삼공 : 왕을 보좌하던 세 제후)의 한 사람이었던 西伯[서백 : 훗날의 周文王(주문왕)]의 아들 發(발)에게 誅殺(주살)당하고, 천하는 周王朝(주왕조)로 바뀌었다. 주나라의 시조가 된 武王(무왕) 발은 은왕조의 奉祭祀(봉제사)를 위해 미자를 宋王(송왕)으로 봉했다. 그리고 기자도 무왕을 보좌하다가, 朝鮮王(조선왕)으로 책봉되었다(?). 이에 앞서 기자가 망명지에서 무왕의 부름을 받고 주나라의 도읍으로 가던 도중, 은나라의 옛 도읍지를 지나게 되었다. 번화하던 옛 모습은 간데없고, 궁궐터에는 보리와 기장만이 무성했다. 今昔之感(금석지감)을 금치 못한 기자는 시 한 수를 읊었다.

麥秀漸漸兮(맥수점점혜)	보리 이삭은 무럭무럭 자라나고,
禾黍油油兮(화서유유혜)	벼와 기장도 윤기가 흐르는구나.
彼狡童兮(피교동혜)	저 교활한 아이(주왕)가,
不與我好兮(불여아호혜)	내 말을 듣지 않았음이 슬프구나.

여기에서 '亡國之歎(망국지탄)'을 '麥秀之嘆(맥수지탄)'이라 말하게 되었고, 고국의 멸망을 탄식한 노래를 '麥秀歌(맥수가)'니, '麥秀(맥수)의 詩(시)'니, 하고 말하게 되었다. 『詩經(시경)』에도 유사한 시가 나온다. 王風(왕풍)의 '黍離(서리)의 詩(시)[2]'는 周(주) '幽王(유왕)의 亂(난)' 후의 고도의 황폐를 탄식하며 같은 취지를 노래하고 있다. 여기에서 '黍離之嘆(서리지탄 : 나라가 멸망하여 궁궐터에 기장만이 자라 황폐해진 것을 보고 하는 탄식)'이라는 고사성어가 나왔는데, 모두 세상의 榮枯盛衰(영고성쇠)가 무상한 것에 대해서 탄식함을 뜻한다.

---

1) 箕子東來說(기자동래설) : 箕子(기자)는 주왕의 횡포를 피하여, 혹은 주나라 무왕이 조선왕으로 책봉함에 따라, 조선에 들어와 밭갈이 · 누에치기 · 베짜기와 사회 敎化(교화)를 위한 八條之敎(팔조지교)를 가르쳤다고 하나, 이는 후세 사람들에 의한 조작이라는 설이 지배적이다. 왜냐하면 중국 문헌 『春秋釋例(춘추석례)』에 '기자의 무덤이 梁(양)나라의 夢縣(몽현)에 있다.'로 되어 있기 때문이다.

2) 黍離(서리)**의 詩**(시)

彼黍離離 (피서리리)	저 기장 이삭이 고개 숙이고,
彼稷之苗 (피직지묘)	저 피도 자라 이제는 밭이로구나.
行邁靡靡 (행매미미)	길 가기가 더디고 더디나니,
中心搖搖 (중심요요)	슬픔은 물결처럼 출렁이도다.
知我者 (지아자)	나를 아는 사람은
謂我心憂 (위아심우)	마음속에 근심 있다 말하지만,
不知我者 (부지아자)	내 속 깊이 지닌 뜻 모르신다면,
謂我何求 (위아하구)	무엇으로 이러느냐 의아하시리.
悠悠蒼天 (유유창천)	아득한 저 푸른 하늘이여,
此何人哉 (차하인재)	이는 어느 누구의 탓이리오.

※ **'麥秀之嘆**(맥수지탄)**'을 노래한 吉再**(길재 : 고려 문신)**의 時調**(시조)
 오백 년 都邑地(도읍지)를 匹馬(필마)로 돌아드니,
 山川(산천)은 依舊(의구)하되 人傑(인걸)은 간 데 없다.
 어즈버, 太平烟月(태평연월)이 꿈이런가 하노라.

137 孟母三遷 맹모삼천

字解
孟 : 맏 맹 [孟仲季(맹중계) : 맏이와 둘째, 셋째의 형제자매 차례]
　　성 맹 [孔孟(공맹) : 공씨와 맹씨. 공자와 맹자]

母 : 어머니 모 [母系(모계) : 어머니 쪽의 계통]
　　근본 모 [母國(모국) : 근본이 되는 나라. 조국]

三 : 석 삼, 세 번 삼 [三寒四溫(삼한사온) : 사흘은 춥고 나흘 동안은 따뜻한, 우리나라나 만주 등의 겨울 기후의 현상]

遷 : 옮길 천 [遷都(천도) : 도읍을 옮김]

語義 맹자의 어머니가 세 번 이사함.
(자녀의 교육을 위하여 최선을 다함)
(교육에는 주위 환경이 중요함)

 用例

▶ **孟母三遷**(맹모삼천)이라는 말은 자녀 교육에서 주변 환경이 얼마나 중요한지를 상징적으로 알려주는 말이다. 그러나 맹자의 어머니는 이사를 다닌 것 외에도 분명히 다양한 노력을 기울였을 것이다.

▶ 대부분의 국민들은 양심을 지키고 정직하게 살아오고 있다. 그런데 정부 고위직 후보자들은 법을 어기고 위장전입을 했다. **孟母三遷**(맹모삼천)이라는 말로 부모의 마음을 이해해 달라 이렇게 말하는데, 이것은 자기 합리화를 위한 변명이라고 생각할 수밖에 없다.

[類義語] 孟母三遷之敎(맹모삼천지교) : 맹자의 어머니가 세 번 이사한 교훈.
　　　　　三遷之敎(삼천지교) : '맹모삼천지교'의 줄임말.

 **烈女傳**(열녀전, 한나라 유향이 지은 여성 전기집·교육서)

중국의 위대한 철학자 孟子(맹자)는 어려서 일찍 부친을 여의고 홀어머니 밑에서 자랐다. 맹자는 처음에 공동묘지 근처의 작은 마을에서 살았다. 서너 살 먹은 맹자는 아침만 먹으면 밖으로 나가, 아이들과 어울려 놀았다. 그런데 우습게도 어린이들이 상여 메고, 葬事(장사 : 예를 갖추어 시신을 묻거나 화장하는 일) 지내는 흉내를 내며 노는 것이었다. 어느 날 맹자 어머니는 아이들이 '아이고 아이고' 하며, 哭(곡)하는 것을 보았다. 깜짝 놀라 달려가 보니, 喪制(상제 : 상중에 있는 사람) 흉내를 내며 놀고 있

故事成語 四音節 **393**

는 게 아닌가!

'안 되겠다. 이곳에 있어야 장사 지내고, 상제들이 슬피 우는 모습밖에 더 보겠는가!'

이렇게 생각한 맹자 어머니는 곧 집을 팔아, 다른 곳으로 이사를 갔다. 그곳은 시장 근처였다. 그러자 이번에는 이웃 아이들과 장사(물건을 사고파는 일)하는 흉내를 내며 노는 것이었다. 이에 맹자 어머니는,

'여기도 아이를 바르게 기를 데가 못되는구나.'

라고 생각하고, 다시 이사 가기로 마음먹었다.

맹자의 어머니는 그 뒤 여러 곳을 찾아 돌아다녔다. 그리고는 마침내 이사를 하였는데, 이번에는 서당이 있는 마을이었다. 그랬더니 맹자는 과연 다른 아이들과 어울려 서당놀이를 하는 것이었다. 한 아이가 제법 점잔을 빼며 訓長(훈장 : 글방의 스승) 흉내를 내는 게 아닌가! 맹자 어머니는 그 모습을 보고 흐뭇하게 생각하며 미소를 지었다.

'이제야 이사를 바로 왔구나. 선생님 앞에서 공손히 예를 갖추고, 글공부하는 놀이를 하니 겨우 마음이 놓이는군!'

맹자는 그곳에서 오래 살았다고 한다.

 原文 孟軻之母(맹가지모) 其舍近墓(기사근묘) 孟子之少也(맹자지소야) 嬉戲爲墓間之事(희희위묘간지사) 踊躍築埋(용약축매) 孟母曰(맹모왈) 此非所以居子也(차비소이거자야) 乃居舍市(내거사시) 其嬉戲爲賈衒(기희희위가현) 孟母曰(맹모왈) 此非所以居子也(차비소이거자야) 乃徙舍學宮之傍(내사사학궁지방) 其嬉戲乃設俎豆(기희희내설조두) 揖讓進退(읍양진퇴) 孟母曰(맹모왈) 此眞可以居子矣(차진가이거자의) 遂居之(수거지)

이 이야기는 '자식의 교육을 위해서는 환경이 좋은 곳에 가서 살아야 한다.'는 교훈을 주고 있으며, 오늘날 교육을 생각하는 많은 부모들에게 널리 膾炙(회자 : 사람의 입에 자주 오르내림)되고 있다. 여하튼 '三遷之敎(삼천지교)'는 여러 가지 異論(이론)과 논란에도 불구하고, 아동의 교육에는 환경의 영향이 심대하며, 교육은 환경의 지배를 받는다는 것을 示唆(시사)하고 있다.

※ **孟母**(맹모)와 관련된 또 다른 **故事成語**(고사성어)

- **斷機之戒**(단기지계) : 맹자의 어머니가 공부하다 중도에 내려온 아들을 보고, 베틀의 베를 끊은 일(학업을 중단해서는 안 된다는 훈계).

※ **新造語**(신조어)

"孟母江南之敎(맹모강남지교)", "孟母南遷之敎(맹모남천지교)"
  - 오늘날 한국의 어머니들이 자식 교육을 위해서 강남으로 이주하는 현상을 비유한 말.

138 明鏡止水 명경지수

字解
- 明 : 밝을 명 [明月(명월) : 밝은 달]
  똑똑할 명 [聰明(총명) : 귀가 밝고 똑똑함]
- 鏡 : 거울 경 [破鏡(파경) : 깨어진 거울. 이혼하는 일]
- 止 : 그칠 지, 멈출 지 [止血(지혈) : 출혈을 멈춤 또는 멈추게 함]
  머무를 지 [止水(지수) : 흐르지 않고 괴어 있는 물]
- 水 : 물 수 [水沒(수몰) : 물속에 잠김]

語義 맑은 거울과 고요한 물.
(가식과 욕심이 없는 맑고 깨끗한 마음)

 用例

▶ 『장자』의 내용은 영어 번역을 거쳐 다시 한국어로 표기되면서, 원래 의미와는 다른 의미를 전달한다. 예를 들어 '노 스마트, 노 화이팅(No smart, No fighting)'은 『장자』「덕충부편」에서 유래한 고사성어 '**明鏡止水**(명경지수)' 이야기에서 힌트를 얻은 것이지만, 작가는 이를 '무식하면 싸울 일이 없다.'라는 의미로 바꿔 버리는 식이다.

▶ 지위가 높은 것이 자랑스런 사회 꼬옥 만들어 주소서! / 묵묵히 일하는 사람도 대접받는 사회 꼬옥 만들어 주소서! / 싱가포르보다 더 깨끗한 공직사회 꼬옥 만들어 주소서! / 판검사와 경찰, 그리고 교육자가 **明鏡止水**(명경지수)와 같이 깨끗한 사회 꼬옥 만들어 주소서!

【類義語】 雲心月性(운심월성) : 구름 같은 마음과 달 같은 성품. 욕심이 없는 마음.
平易淡白(평이담백) : 깨끗하며 욕심이 없는 마음.

 **出典** 莊子[1](장자) - 德充符篇(덕충부편)

중국 春秋(춘추)시대 魯(노, B.C.1046~B.C.256)나라에는 '王駘(왕태)'라는 兀者(올자 : 형벌로 발목이 잘린 불구자)가 있었는데, 그의 주위에 많은 제자들이 모여들었다. 이것을 눈여겨본 孔子(공자)의 제자 相季(상계)가 특출한 면도 없는 왕태에게 사람이 많이 모여드는 이유를 스승에게 물었다. 이에 孔子(공자)는 말했다.

"다른 것을 기준으로 보면 간과 쓸개도 그 차이가 초나라와 월나라처럼 멀고, 같은 것을 기준으로 보면 만물이 모두 하나이다. 이 같은 사람은 또한 이목 등의 감각기관이 마땅하다고 여기는 것을 초월하여, 마음을 덕의 융화 속에서 노닐게 한다. 만물을 동일한 견지에서 바라보며, 발 하나 잃어버린 것에 얽매이지 않아서, 자기 발 잃어버리는 것을 마치 흙덩어리 하나 내다 버리는 것과 같이 여긴다."

상계가 말했다.

"그렇다면 그는 자기를 위해 공부를 한 것입니다. 자기의 지혜를 가지고 자기의 마음을 터득하고, 자기의 마음을 가지고 변하지 않는 마음[常心(상심)]을 터득한 것인데, 다른 사람들이 무엇 때문에 그에게 몰려듭니까?"

공자가 말했다.

"사람은 흐르는 물로 거울을 삼지 아니하고, **그쳐 있는 물로 거울을 삼는다.** [人莫鑑於流水(인막감어유수) **而鑑於止水**(이감어지수)] 왕태의 마음은 그쳐 있는 물처럼 고요하기 때문에, 사람들은 그를 거울 삼아 모여들고 있는 것이다."

또 같은 「德充符篇(덕충부편)」에는 이런 글도 실려 있다.

"이런 말을 들었는가? '**거울이 밝으면** 티끌과 먼지가 앉지 않으며[**鑑明**則塵垢不止(감명즉진구부지)], 티끌과 먼지가 앉으면 거울이 밝지 못하다. 오래도록 賢者(현자)와 함께 있으면, 마음이 맑아져 허물이 없어진다.' 이제 자네가 큰 것을 취하는 것은 선생님이다. 그런데도 오히려 말함이 이와 같으니, 허물이 아니겠는가?"

여기의 '밝은 거울[**鑑明**(감명), **鏡明**(경명)]'은 '어진 사람의 때 묻지 않은 마음'을 비유하고 있다. 상계는 스승 공자의 말을 조용히 경청하고 난 뒤,

'아! 나는 아직 생선의 썩은 눈동자에 불과하다. 그러한 내가 명월과 주옥 같은 왕태를 몰라보고 시샘을 하였단 말이냐?'

하며, 심히 부끄러움을 느끼고 더욱더 군자의 길을 향하여 정진하였다고 한다.

여기에서 장자는 궁극적인 개인 완성이 그대로 사회 완성이 된다는 것을 말하려고 한 것이다. 자기를 사랑하는 것이 곧 남을 사랑하는 것이 된다는 말이다. 장자의 절대자는 사물을 초월한 사람이다. 다른 사람을 문제시하지 않고, 순수하게 자기의 절대성을 살아가는 사람이다. 장자의 절대자는 한마디로 자기완성이요, 자유인이요, 해탈자이다. 그런데 세상에 자유를 그리워하는 사람은 왕태만이 아니다. 누구나 자유를 사랑하고 해탈을 원한다. 그런 사람에게 있어서 왕태는 하나의 모범이요, 선망의 대상이라고 볼 수 있을 것이다. 여하튼 장자의 이 두 가지 이야기에서 '明鏡止水(명경지수)'라는 말이 나온 것인데, 宋(송)나라 때 선비들이 禪家(선가)의 영향을 받아 즐겨 이 말을 써왔기 때문에, 뒤에는 이 말이 가진 虛(허)와 無(무)의 본뜻은 없어지고, 다만 고요하고 담담한 심정을 비유해서 쓰이게 되었다.

---

1) **莊子**(장자. 책명) : 4세기경에 쓰여진 道家(도가) 사상가 莊子(장자)의 이름을 딴 중국 고전 철학서이다. 『南華眞經(남화진경)』이라고도 한다.

'인간은 만물유전의 법칙에 거스를 수 없다는 것을 알았을 때 비로소 깨달음을 얻을 수 있으며, 그 결과 스스로를 속박하는 개인의 목표나 전통 및 주위환경 등으로부터 해방되어 거리낌 없이 살게 된다.'라는 것이 주요 내용이다. 『장자』 33편 중, 「내편」 7편이 장자의 저술이며, 「外編(외편)」·「雜編(잡편)」은 그의 제자와 같은 계열의 철학자들이 썼다고 본다. 「내편」의 「逍遙游(소요유)」·「齊物論(제물론)」·「大宗師(대종사)」편이 장자 자신의 사상을 보여 주는 것으로 분석된다.

莊子(장자)에 따르면, 우리의 삶은 유한하나 인식할 수 있는 것은 무한하며, 유한으로 무한을 추구하는 것은 어리석다. 우리의 언어·인식 등은 자신의 관점에 치우쳐 있기 때문에, 우리가 내린 결론이 모든 것에 대해 동등하게 옳다고 단정할 수는 없다. 장자의 사상은 다문화주의 및 가치 체계에 대한 상대주의의 선구로 볼 수 있다. 그의 다원주의는, 삶이 좋고 죽음이 나쁘다는 전제처럼 (인간 생활 영위의 기반이 되는) 실용적 명제에 대한 의심으로까지 나아간다.

「외편 至樂(지락)편」의 한 우화에서 장자는 노상에서 죽은 해골을 보고 슬퍼하지만, 정작 해골은 "죽음이 나쁘다는 것을 어찌 알 수 있는가?"라고 반박한다. 「齊物論(제물론)편」의 다른 글에서 화자는 미의 절대적 기준은 없다고 지적한다. 장자의 철학은 중국 불교, 특히 선종에 많은 영향을 주었다.

莊子(장자) 속의 이야기는 대개 寓言(우언)의 형태를 띠고 있어, 해석의 여지를 남겨 두고 있다. 이야기들은 대개 역사적인 사실과는 거리가 멀며, 읽을 때마다 다른 느낌을 받게 한다. 뛰어난 우언으로 莊周胡蝶(장주호접 : 장자가 꿈에 나비가 된 이야기. 호접지몽), 混沌開竅(혼돈개규 : 혼돈 속에 구멍이 열림), 庖丁解牛(포정해우 : 백정인 포정이 소를 잡음) 등이 있다. 장자의 작품은 先秦(선진)시대의 대표적 작품으로 인정받고 있다.

※ 莊子(장자)의 명언 모음

- 부모를 공경하는 효행은 쉬우나, 부모를 사랑하는 효행은 어렵다.
- 천하가 하나의 새장이라고 생각한다면 참새들은 도망갈 곳이 없다. 즉 마음을 넓게 가지면 세상의 모든 것이 자기의 품 안에 있는 것이다.
- 먹는 나이는 거절할 수 없고, 흐르는 시간은 멈추게 할 수 없다. 生長(생장)과 消滅(소멸), 盛(성)하고 衰(쇠)함이 끝나면 다시 시작되어 끝이 없다.
- 탐욕스러운 자는 재산이 쌓이지 않으면 근심하며, 교만한 사람은 권세가 늘어나지 않으면 슬퍼한다.
- 見利而忘其眞(견리이망기진) - 눈앞의 이익에 사로잡히게 되면, 자기의 참된 처지를 모르게 된다.
- 개가 짖는다고 해서 용하다고 볼 수 없고, 사람이 떠든다고 해서 영리하다고 볼 수 없다.
- 나에게 좋게 대하는 자에게 나 또한 착하게 대하고, 나에게 악하게 대하는 자에게도 나 또한 착하게 대할 것이다. 내가 이미 악하게 대함이 없으면, 남도 나에게 악함이 없다.
- 군자의 사귐은 담담함이 물과 같고, 소인의 사귐은 달콤함이 단술과 같다. 군자는 담담함으로써 친숙해지고, 소인은 달콤함으로써 단절된다.
- 성인의 道(도)에 통달한 자는 곤궁하면 그 곤궁을 즐기고, 처지가 뜻대로 되면 그것 또한 즐긴다.
- 마음이 크면 만사가 다 통하고, 마음이 작으며 만사가 다 병이 된다.
- 마음보다 더 잔인한 무기는 없다.
- 표범은 그 아름다운 털가죽으로 인해 재앙을 당하게 된다.

139 無間地獄 무간지옥

字解
無 : 없을 **무** [無顔(무안) : 볼 낯이 없음. 면목이 없음]
間 : 사이 **간** [間隔(간격) : 물건과 물건과의 떨어진 사이나 간격]
　　염탐꾼 간 [間諜(간첩) : 염탐꾼. 스파이. 적국에 들어가 적의 기밀을 탐지하는 사람]
地 : 땅 **지** [地質(지질) : 땅의 성질]
獄 : 옥 **옥**, 감옥 옥 [獄苦(옥고) : 옥살이하는 고생]

語義 사이가 없는 지옥, 즉 휴식이 없는 지옥.
(계속 끝없이 벌을 받는 지옥. 불교에서 말하는 팔열지옥의 하나)

用例

▶너 이놈 나이 팔십이 되도록 염불 한마디 안했으니, 널 **無間地獄**(무간지옥)에 보낼 테다. 이 말에 정신이 펄쩍 나서, 염라대왕도 역시 인간의 한 분이라 간절히 빌면 용서해 줄 것이라 생각하고 죽자사자 빌었다.

▶만약 어떤 중생이 부처님 몸에 피를 내고, 삼보를 훼방하고, 경전을 존중치 않으면, 역시 마땅히 **無間地獄**(무간지옥)에 떨어져 천만 억겁이 지나도 벗어날 기약이 없을 것입니다.

【類義語】 阿鼻地獄(아비지옥) : 불교에서 말하는 8대 지옥 중의 여덟째로, 고통이 가장 심하다는 지옥.
　　　　 無救地獄(무구지옥) : 구제할 수 없는 지옥.

出典 地藏菩薩本願經(지장보살본원경, 지장신앙의 기본경전. 지장경)

고대 인도의 摩耶夫人[1](마야부인)이 地藏菩薩[2](지장보살)에게 無間地獄(무간지옥)이 무엇이냐고 거듭하여 묻자, 지장보살이 대답한다.

"聖母(성모 : 마야부인)여, 모든 지옥이 대철위산 속에 있는데, 그중에 큰 지옥은 열여덟 곳이나 됩니다. 그 다음 것이 오백인데 이름이 각각 다르고, 또 그 다음 것이 천백이나 되는데 역시 이름이 각각 다릅니다.

'無間地獄(무간지옥)'이라는 데는 그 옥성 둘레가 팔만여 리가 되며, 그 성은 순전히 쇠로 되었고, 높이는 만 리인데, 성 위에는 불더미가 조금도 빈틈없이 이글거리며, 그 성 중에는 또 여러 지옥이 서로 이어졌는데, 그 이름도 각기 다릅니다.

여기에 유독 한 지옥이 있어서 이름을 '無間(무간)'이라고 하는데, 이 지옥의 둘레는 만 팔천 리요, 담장 높이는 천 리이며, 아래불은 위로 치솟고, 뱀과 개가 불을 토하면서 담장 위를 동서로 마구 달립니다. 옥중에는 넓이가 만 리에 가득한 평상이 있는데, 한 사람이 죄를 받아도 그 몸이 평상 위에 가득 차게 누워 있는 것을 스스로 보게 되고, 천만 사람이 죄를 받아도 역시 각자의 몸이 평상 위에 가득 참을 보게 되는데, 뭇 죄업으로써 이 같은 業報(업보)를 받게 되는 겁니다.

또, 모든 죄인이 온갖 고초를 골고루 다 받는데, 천백 夜叉(야차 : 인도의 귀신)와 악귀들이 어금니는 칼날 같고, 눈은 번개 빛 같으며, 손은 또 구리쇠 손톱으로 되어, 죄인의 창자를 끄집어내어서 토막토막 자릅니다.

또 어떤 야차는 큰 쇠창을 가지고 죄인의 몸을 찌르는데, 혹은 입과 코를 찌르며, 혹은 배나 등을 찔러 공중으로 던졌다가 도로 받아서 평상 위에 놓기도 합니다.

또 쇠로 된 뱀이 있어서 죄인의 목을 감아 조이고, 또 온몸 마디마디에 긴 못을 내려 박기도 하며, 또 혀를 빼어 보습으로 갈 때, 죄인이 끌게 하고 구리 쇳물을 입에 붓기도 하고, 뜨거운 철사로 몸을 감아서 만 번 죽였다 만 번 살렸다 하나니, 업으로 받는 것이 이와 같아서 억겁을 지내도 벗어날 기약이 없습니다.

그러다가 이 세계가 무너질 때는 딴 세계로 옮겨 가서 나고, 그 세계가 또 무너지면 다른 세계로 옮겨 가고, 또 옮겨 가고 하다가, 이 세계가 또 이루어지면 다시 돌아옵니다. 무간지옥의 罪報(죄보)가 이러하옵니다."

곧 '無間地獄(무간지옥)'이란 끝임없이 가혹한 벌을 받는 감옥을 가리키는 말로, 불교에서 지칭하는 감옥의 하나이다.

---

1) 摩耶夫人(마야부인, ? ~ ?) : 고타마 싯다르타[석가모니 · 부처 · 세존]의 어머니. 정반왕의 왕비. 그녀에 대해서는 신화적으로만 묘사되어 있다. 이에 의하면 마야부인은 어금니를 6개 가진 하얀 코끼리가 오른쪽 옆구리로 들어오는 꿈을 꾸었다고 한다. 이 꿈은 왕비가 세계를 다스리는 왕 또는 부처가 될 아이를 갖게 되었다는 뜻으로 해몽되었다.

10개월 뒤, 출산이 멀지 않았음을 느낀 마야부인은 친정으로 가던 도중, 카필라바스투[迦毗羅城(가비라성)] 외곽에 있는 룸비니 동산에서 출산하게 된다. 흔히 모든 부처의 어머니들이 그렇듯이 沙羅樹(사라수) 아래에서 나뭇가지를 의지하고 서 있는 동안 오른쪽 허리에서 아이가 태어났다. 7일이 지난 뒤 모든 부처의 어머니의 운명과 마찬가지로 그녀는 숨을 거두었으며, 신들의 세계에 다시 태어나게 되었다. 고타마 싯다르타를 임신하고 낳는 모습은 예술 작품에서 아름답게 묘사되고 있다.

2) 地藏菩薩(지장보살) : 지옥에서 고통받는 중생들을 구원하는 보살이다. 석가의 위촉을 받아, 그가 죽은 뒤 미래

불인 彌勒佛(미륵불)이 출현하기까지 일체의 중생을 구제하도록 의뢰받은 보살이다. 관세음보살과 함께 가장 많이 믿는 보살이다.

　　지장보살은 지옥에서 고통받는 중생들을 구원하기 위하여 지옥에 몸소 들어가 죄지은 중생들을 교화, 구제하는 지옥세계의 부처님으로 신앙된다. 그는 부처가 없는 시대, 즉 석가모니불은 이미 입멸하고 미래불인 미륵불은 아직 출현하지 않은 시대에 천상 · 인간 · 아수라(인간과 신의 중간적 존재) · 아귀 · 축생 · 지옥의 중생들을 교화하는 보살이다. 지장보살은 석가모니불에게,

　　"지옥이 텅 비지 않으면 成佛(성불)을 서두르지 않겠나이다. 그리하여 일체의 중생이 모두 濟道(제도)되면 깨달음을 이루리라."

라고 다짐했다고 한다. 지장보살을 본존으로 모신 전각을 地藏殿(지장전) · 冥府殿(명부전) 혹은 十王殿(시왕전)이라 한다.

　　지장보살의 형상은 본래는 보살형으로 보관과 영락으로 장엄한 모습이었지만, 지장십륜경의 기록에 의해 차츰 삭발을 한 沙門(사문 : 출가하여 불도 수행에 힘쓰는 사람)의 모습으로 모셔지게 되었다. 사문형의 지장보살은 천의 대신 가사를 입고 있으며, 지옥문을 깨뜨린다는 석장인 육환장과 어둠을 밝히는 보석구슬인 장상명주를 들고 있다. 육환장의 6고리는 육바라밀을 상징하며, 윗부분에는 화불을 모시기도 한다.

※ 八熱地獄(팔열지옥)

① 等活地獄(등활지옥) : 살생의 죄를 지은 자가 가게 된다는 지옥으로, 獄卒(옥졸)에게 칼 따위로 몸을 찢기며 쇠몽둥이로 맞는 형벌을 받다가, 다시 깨어나 그러한 고통을 거듭 받게 된다고 함.

② 黑繩地獄(흑승지옥) : 살생이나 절도의 죄를 지은 자가 가게 된다는 지옥으로, 온몸을 벌겋게 달군 쇠사슬로 묶어 놓고 톱이나 도끼 따위로 베거나 자르는 고통을 받는다고 함.

③ 衆合地獄(중합지옥) : 殺生(살생) · 偸盜(투도) · 邪淫(사음)의 죄를 범한 자가 가게 된다는 지옥으로, 쇠로 만든 큰 수유 속에서 눌려 짜는 고통을 당한다고 함.

④ 叫喚地獄(규환지옥) : 살생 · 절도 · 음행 · 음주의 죄를 지은 자가 가게 된다는 지옥으로, 펄펄 끓는 가마솥에 들어가거나 시뻘건 불에 던저져 고통을 받는다고 함.

⑤ 大叫喚地獄(대규환지옥) : 오계를 깨뜨린 자가 가게 된다는 지옥으로, 등활 · 흑승 · 중합 · 규환 등의 지옥의 10배에 해당하는 고통을 받는다고 함.

⑥ 焦熱地獄(초열지옥) : 살생 · 투도 · 淫行(음행) · 飮酒(음주) · 妄語(망어)의 죄를 지은 자가 가게 된다는 지옥으로, 불에 달군 철판 위에 눕혀 놓고 벌겋게 단 쇠몽둥이와 쇠꼬챙이로 치거나 지지는 고통을 받는다고 함.

⑦ 大焦熱地獄(대초열지옥) : 살생 · 투도 · 음행 · 음주 · 망어의 죄를 지은 자가 가게 된다는 지옥으로, 시뻘겋게 달군 쇠집이나 쇠다락[鐵樓(철루)] 속에 들어가 살이 타는 고통을 받는다고 함.

⑧ 無間地獄(무간지옥) : 五逆罪(오역죄)를 짓거나, 절이나 탑을 헐거나, 施主(시주)한 재물을 축내거나 한 자가 가게 된다는 지옥으로, 살가죽을 벗겨 불 속에 집어넣거나 쇠매[鐵鷹(철응 : 쇠로 만들어진 매)]가 눈을 파먹는 등의 고통을 끊임없이 받는다고 함.

※ 八寒地獄(팔한지옥)

① 알부타지옥　　② 니랄부타지옥　　③ 알찰타지옥　　④ 확확파지옥
⑤ 호호파지옥　　⑥ 올발라지옥　　　⑦ 발특마지옥　　⑧ 마하발특마지옥

140 無稽之言 무계지언

字解
- 無 : 없을 **무** [無窮(무궁) : 시간이나 공간의 한이 없음. 끝이 없음]
- 稽 : 생각할 **계**, 상고할 계 [稽古(계고) : 지나간 일을 생각함]
- 之 : 의 **지** [絕纓之會(절영지회) : 갓의 끈을 끊고 노는 잔치]
- 言 : 말씀 **언** [言及(언급) : 어떤 문제에 대하여 말함]

語義 생각하지 않고 함부로 하는 말. 믿을 수 없는 말. 근거가 없는 말.
(터무니가 없는 황당한 이야기)

 **用例**

▶ 그들은 '근거 없이 함부로 말한 **無稽之言**(무계지언)에 대하여 책임을 지라.'고 강하게 요구했다.
▶ **無稽之言**(무계지언)이라면 듣지 말라. 귀가 얇은 사람은 뜬소문에 놀아나기 쉽다. '변덕스럽다고 흉잡히는 사람치고 귀가 두꺼울 리 없다.'라는 말이 있다. 남의 말만 듣고 이랬다저랬다 갈피를 잡지 못하는 사람은 남의 말을 믿지 못한다.

 **出典** **書經**[1](서경) - 大禹謨(대우모) 五篇(5편)

舜[2](순)임금이 禹[3](우)임금에게 道(도)를 전하는 내용이다.

帝曰(제왈)	임금님[舜(순)]께서 말씀하시기를,
來禹(내우)	"오라 우여,
洚水儆予(홍수경여)	장마물이 나를 위협하였으되,
成允成功(성윤성공)	믿음을 이루고 공을 이루었으니,
惟汝賢(유여현)	오직 그대가 어진 때문이오.
克勤于邦(극근우방)	나라에는 부지런하고,
克儉于家(극검우가)	집안에서는 검약하며,
不自滿假(부자만가)	스스로 만족하거나 뽐내지 않았으니,
惟汝賢(유여현)	오직 그대가 어진 때문이오.
汝惟不矜(여유부긍)	그대는 교만하지 않으나,
天下莫與汝爭能(천하막여여쟁능)	천하에 그대와 재능을 다툴 자가 없으며,
汝惟不伐(여유부벌)	그대는 자랑하지 않으나,
天下莫與汝爭功(천하막여여쟁공)	천하에는 그대와 공을 겨룰 자가 없소.
予懋乃德(여무내덕)	나는 그대의 덕이 큼을 알며,

嘉乃丕績(가내비적)	그대의 큰 공을 기리고 있소.
天之曆數在汝躬(천지력수재여궁)	하늘의 돌아가는 운수가 그대 몸에 있으니,
汝終陟元后(여종척원후)	그대는 마침내 임금이 될 것이오.
人心惟危(인심유위)	사람의 마음은 위태롭기만 하고,
道心惟微(도심유미)	도를 지키려는 마음은 극히 희미한 것이니,
惟精惟一(유정유일)	정신 차리고 오직 하나로 모아,
允執厥中(윤집궐중)	그 중정을 진실로 잡아야 하오.
<u>無稽之言</u>勿聽(무계지언물청)	**근거 없는 말**은 듣지 말 것이며,
弗詢之謀勿庸(불순지모물용)	상의하지 않은 계책은 쓰지 말아야 하오.
可愛非君(가애비군)	사랑할 만한 것이 임금이 아니겠소?
可畏非民(가외비민)	두려워할 만한 것은 백성이 아니겠소?
衆非元后(중비원후)	백성은 임금이 아니면,
何戴(하대)	누구를 떠받들겠소?
后非衆(후비중)	임금은 백성이 아니면,
罔與守邦(망여수방)	나라를 지켜줄 사람이 없을 것이오.
欽哉(흠재)	공경하오,
愼乃有位(신내유위)	그대의 자리를 삼가서,
敬脩其可願(경수기가원)	그들이 바랄 만한 일을 삼가 닦으시오.
四海困窮(사해곤궁)	온 세상이 곤궁해지면,
天祿永終(천록영종)	하늘이 내린 벼슬도 영영 끝장이 난 것이오.
惟口出好興戎(유구출호흥융)	입에서는 좋은 말도 나오지만, 전쟁도 일으키니,
朕言不再(짐언부재)	나는 더 말을 하지 않겠소."

---

1) 書經(서경) : 三經(3경) 가운데 하나. 『尙書(상서)』라고도 한다. 중국에서 가장 오래된 역사서이다. 『서경』은 모두 58편으로 이루어져 있는데, 그중 33편을 「今文尙書(금문상서)」라 부르고, 나머지 25편을 「古文尙書(고문상서)」라 한다. 처음의 5편은 중국의 전설적인 태평시대에 나라를 다스렸다는 유명한 堯(요), 舜(순)의 말씀과 업적을 기록한 것이다. 6 ~ 9편은 夏(하, B.C.2205경 ~ B.C.1766경)나라에 대한 기록이지만, 역사적으로는 아직 명확히 밝혀지지 않고 있다. 그 다음 17편은 殷(은)나라의 건국과 몰락(B.C.1122)에 대한 기록인데, 은나라의 멸망을 마지막 왕인 紂王(주왕)이 타락한 탓으로 돌리고 있다. 마지막 32편은 기원전 771년까지 중국을 다스렸던 西周(서주)에 대해 기록하고 있다.

2) 舜(순) : 고대 중국의 전설적인 제왕으로 五帝(5제)의 한 사람이다. 성은 虞(우), 이름은 重華(중화)이다. 효행이 뛰어나 堯(요)임금으로부터 천하를 물려받았다. 舜(순)은 재위 22년 만에 禹(우)를 하늘에 천거하여 후계자로 삼았다.

3) 禹(우) : 중국 夏(하)나라 시조이다. 治水(치수)에 성공하여 그 공적으로 인해, 舜(순)임금으로부터 천하를 물려받아 夏(하)나라를 세웠다고 전해지고 있다.

141 武陵桃源 무릉도원

字解 武 : 호반 **무**, 서반 무 [武藝(무예) : 무술에 관한 재주]
굳셀 무 [武勇(무용) : 굳세고 용맹스러움]

陵 : 언덕 **릉(능)** [丘陵(구릉) : 언덕 또는 나직한 산]
능 릉(능) [陵寢(능침) : 왕과 왕비의 무덤]

※ 武陵(무릉) – 여기서는 地名(지명)이다.

桃 : 복숭아 **도** [桃花(도화) : 복숭아꽃]

源 : 근원 **원** [語源(어원) : 말이 생겨난 근원]

語義 武陵(무릉)이라는 복숭아꽃이 핀 수원지.
(신선이 살았다는 전설적인 중국의 명승지)
(세상과 따로 떨어진 별천지)

用例

▶ 여기가 바로 **武陵桃源**(무릉도원)이구나! 명경지수가 감돌며 흐르는 곳, 영덕 침수정 사람들은 대체로 '영덕' 하면 대게를 먼저 떠올리고 바다에 있는 고장이라고 생각하게 된다. 그러나 내륙 쪽으로 조금만 가면 청송, 영양, 포항 끝자락의…….

▶ 주말 오후, 담양에 있는 숲속의 **武陵桃源**(무릉도원)으로 떠나 봅니다. 입구에서 반겨 주는 폭포(인공폭포라 좀 아쉽긴 하지만), 그래도 보는 사람의 마음을 시원하게 해주니 그게 어딥니까?

【類義語】 桃源境(도원경) : 도원처럼 속세를 떠난 아름답고 평화로운 곳.
桃花境(도화경) : 복숭아꽃이 핀 아름다운 경치.
別天地(별천지) : 속된 세상과는 아주 다른 세상. 딴 세상. 별세계.
理想鄕(이상향) : 사람이 상상해 낸 이상적이며 완전한 곳.
유토피아(Utopia) : 공상으로 그린 이상 사회. 이상향.

 **陶淵明**[1](도연명) – '**桃花源記**[2](도화원기)'

중국 東晉(동진) 太元(태원 : 효무제의 연호) 연간에, **武陵**[무릉 : 호남성 상덕, 동정호 서쪽 沅水(원수)가 있는 곳] 지방에 사는 한 어부가 있었다. 하루는 시내를 따라서 가다가 길을 잃었는데, 시냇물에 복숭아 꽃잎이 떨어져 흘러오는 것을 보고, 그 근원을 따라가니 홀연히 복숭아 숲이 있었다. 시내 가

장자리 기슭의 수백 보의 넓이에 모두 복숭아나무뿐이고, 잡목은 하나도 없었으며, 향기로운 풀들만이 곱고 아름다웠으며, 떨어진 꽃잎들이 어지러이 흩날리고 있었다.

　어부가 이상하게 여겨 다시 앞으로 나가면서, 복숭아나무 숲이 끝나는 데까지 가보려고 했다. 그러자, 숲이 끝나고 水源池(수원지)가 있는 곳에서 자그마한 산도 보였다. 산에는 조그마한 굴이 있는데, 밝은 빛이 새어 나오고 있는 듯하였다.
　곧 배에서 내려 동굴 안쪽으로 들어갔다. 처음에는 굴 입구가 매우 좁아 사람이 간신히 지나갈 수 있었는데, 다시 수십 보 들어가니 넓고 확 트이고 밝아 보였다. 땅은 넓고 평평했으며, 집들도 잘 정돈되어 있었다. 기름진 땅과 아름다운 연못이 있고, 뽕나무와 대나무 등이 있었다. 밭 사이 길은 사방으로 통하고, 닭이 울고 개가 짖는 소리가 도처에서 들렸다. 이곳에서 오가며 농사짓는 것과 남녀가 옷을 입은 것이 모두 바깥세상과 같았다.

　노인과 어린아이가 모두 어부를 보더니 기뻐하고 즐거워했다. 그들이 어부를 보고 몹시 이상하게 생각하며, 어부에게 어디서 왔는가 물었다. 어부가 이곳을 찾아온 경로를 자세히 대답하자, 각자 집으로 초청해 술상을 차리고 닭을 잡아 대접했다. 마을에 이런 사람이 와 있다는 소문을 듣고, 마을 사람들이 모두 찾아와서 자세히 물었다. 그들 스스로,
　"선조들이 秦(진, B.C.222 ~ B.C.206)나라 때, 난을 피해 처자와 동향 사람을 거느리고 세상과 단절된 이곳으로 왔다가, 다시 나가지 않았소. 그래서 바깥세상 사람과 왕래가 끊겼소."
　라고 하면서 물었다.
　"지금이 어느 시대입니까?"
　그들은 漢(한, B.C.206 ~ A.D.220)나라가 있었다는 사실조차 몰랐고, 魏(위, 220 ~ 265)나라와 晉(진, 265 ~ 420)나라는 말할 것도 없었다. 다른 사람들도 그를 초청하여 술과 음식을 대접했다. 어부는 며칠 동안 묵은 후, 작별 인사를 했다. 마을 사람들이 그에게 부탁했다.
　"바깥사람들에게 이야기하지 말아 달라."

　어부가 그곳에서 나와, 배를 타고 전에 왔던 길을 따라 돌아오면서 곳곳에 표시를 해놓았다. 마을에 돌아와 태수를 뵙고 이러한 사정을 이야기했다. 이에 태수가 곧 사람을 보내, 그가 온 곳을 따라 표시한 곳을 찾았으나, 끝내 길을 잃고 찾지 못했다. 남양 지방에 劉子驥(유자기)라는 인품이 높은 선비가 있었다. 이 이야기를 듣고 기꺼이 그곳을 가보고자 했으나, 끝내 찾지 못하고 얼마 후 병들어 죽고 말았다.
　그 뒤로는 이 장소를 찾거나 묻는 이가 없었다. 그 후로도 많은 사람들이 복숭아꽃이 필 때를 기다려 무릉도원을 찾아가 보았으나, 무릉도원의 사람들은 속세의 사람들이 찾아오는 것을 막기 위해 다른 골짜기까지 많은 복숭아나무를 심어 두었기 때문에 끝내 찾을 수가 없었다고 한다. '武陵桃源(무릉도원)'은 조정의 간섭은 물론, 세금도 부역도 없는 別天地(별천지)였다.

1) **陶淵明**(도연명, 365 ~ 427) : 본명은 陶潛(도잠), 자는 淵明(연명)이다. 일설에는 이름이 연명이고 자가 元亮(원량)이라고도 한다. 梧柳(오류)선생이라고 자칭하였으며, 그의 사후에 그의 벗들이 그에게 靖節(정절)이라는 시호를 붙여주어, 정절선생이라고도 불린다.

　　東晉(동진)의 심양 시상(지금의 강서성 구강현) 사람이다. 그는 중국 문학사에서 가장 위대한 시인 중 한 사람이며, 산문과 시부 또한 매우 뛰어나서 중국 문학에 광범위한 영향을 주었다. 청년 시절에는 유교 교육을 받아 治國濟民(치국제민)의 포부를 가졌으나, 후에 당시의 암울한 현실과 계급의 모순 등에 싫증을 느끼고 노장사상에 傾倒(경도 : 어떤 인물이나 사상에 마음을 기울여 열중함)되었다. 彭澤(팽택) 현령을 마지막으로 관직 생활을 청산하고, 만년에는 전원생활로 일관하였다.

　　널리 알려진 著書(저서)로는 『桃花源記(도화원기)』, 『歸去來辭³⁾(귀거래사)』, 『梧柳先生傳(오류선생전)』 등이 있고, 또 文集(문집)으로는 『陶淵明集(도연명집)』이 있다.

2) **桃花源記**(도화원기) : 東晉(동진)의 太元年間(태원년간, 376 ~ 396)에, 武陵(무릉)에 사는 한 어부가 배를 타고 가다가 桃花林(도화림) 속에서 길을 잃었다. 어부는 배에서 내려 산속의 동굴을 따라 나아갔는데, 마침내 어떤 平和境(평화경)에 이르렀다. 그곳에서는 논밭과 연못이 모두 아름답고, 닭 우는 소리와 개 짖는 소리가 한가로우며, 남녀가 모두 外界人(외계인)과 같은 옷을 입고 즐겁게 살고 있었다. 그들은 秦(진)나라의 전란을 피하여 그곳까지 온 사람들이었는데, 수백 년 동안 바깥세상과의 접촉을 끊고 산다고 하였다. 그는 융숭한 대접을 받고 돌아오게 되었는데, 그곳의 이야기는 입 밖에 내지 말라는 당부를 받았다. 그러나 이 당부를 어기고 돌아오는 도중에 표를 해 두었으나, 다시는 찾을 수가 없었다.

　　이 글의 배경에는 秦人洞(진인동)을 비롯한 실향민 부락의 전설이 담겨 있으며, 도연명이 老子(노자)의 小國寡民(소국과민 : 작은 나라 적은 백성이라는 뜻으로, 노자가 추구한 이상 국가) 사상을 流麗(유려)하고, 격조 높은 문장으로 그린 것이다. 이 글은 仙境(선경)의 傳承(전승)에 중대한 역할을 하였으며, 그 유토피아 사상은 후세의 문학·예술에 큰 영향을 주었다.

3) **歸去來辭**(귀거래사) : 陶淵明(도연명)이 41세 때 지은 辭賦[사부 : 서정적 시인 '辭(사)'와 서사적 시인 '賦(부)'를 아울러 이르는 말. 곧 산문에 가까운 운문]이다. 13년간에 걸친 관리 생활에 종지부를 찍고, 드디어 향리로 돌아가서 이제부터 隱者(은자)로서의 생활로 들어간다는 선언의 의미를 가진 그의 대표작이다. 다음과 같은 逸話(일화)가 있다.

　　도연명이 彭澤(팽택 : 심양 부근)의 현령이 되었을 때, 軍(군)의 장관이 순찰하며 의관을 갖추어 拜謁(배알 : 지체 높은 분을 만나 뵘)하라고 하자,
　　"五斗米(오두미 : 월급) 때문에 허리를 굽혀, 鄕里(향리)의 소인을 섬기는 일을 할 수 있을쏜가?"
　　라고 말한 뒤, 그날로 辭職(사직)하고 집으로 돌아갔다.

　　歸去來兮(귀거래혜)　　　　　　돌아가야지.
　　田園將蕪胡不歸(전원장무호불귀)　논밭이 묵는데 어찌 아니 돌아가리.
　　旣自以心爲形役(기자이심위형역)　스스로 마음이 몸의 부림 받았거니,
　　奚惆悵而獨悲(해추창이독비)　　어찌 홀로 근심에 슬퍼하고 있으리.
　　悟已往之不諫(오이왕지불간)　　지난날은 돌릴 수 없음을 알았으니,

知來者之可追(지래자지가추)	이에 앞으로는 그르치는 일 없으리.
實迷途其未遠(실미도기미원)	길이 어긋났으나 멀어진 건 아니니,
覺今是而昨非(각금시이작비)	지난날은 글렀고 이제부터 바르리.
舟遙遙以輕颺(주요요이경양)	고운 물결 흔들흔들 배를 가볍게 띄우고,
風飄飄而吹衣(풍표표이취의)	바람 가벼이 불어 옷자락을 날리네.
問征夫以前路(문정부이전로)	지나는 이에게 앞길 물어 가야 하니,
恨晨光之熹微(한신광지희미)	희미한 새벽빛에 절로 한숨이 나네.
乃瞻衡宇(내첨형우)	어느덧 이르러 집이 바라다 보이니,
載欣載奔(재흔재분)	기쁜 마음에 달리듯이 집으로 가네.
僮僕歡迎(동복환영)	사내아이 종 나와 반가이 맞이하고,
稚子候門(치자후문)	어린 아들 문 앞에 기다려 서 있네.
三徑就荒(삼경취황)	세 갈래 오솔길에 잡초 우거졌어도,
松菊猶存(송국유존)	소나무와 국화는 그대로 남아 있네.
携幼入室(휴유입실)	어린 아들 손잡고 방으로 들어서니,
有酒盈樽(유주영준)	술항아리 가득히 술이 나를 반기네.
引壺觴以自酌(인호상이자작)	술병과 술잔 끌어당겨 혼자 마시며,
眄庭柯以怡顏(면정가이이안)	뜰의 나무를 지그시 보며 미소 짓네.
倚南窓以寄傲(의남창이기오)	남쪽 창에 기대어 멋대로 있노라니,
審容膝之易安(심용슬지이안)	작디작은 방이지만 편하기 더 없네.
園日涉以成趣(원일섭이성취)	정원은 매일 거닐어도 풍치가 있고,
門雖設而常關(문수설이상관)	문은 나 있으나 늘 닫아 두고 있네.
策扶老以流憩(책부노이류게)	지팡이 짚고 가다가는 쉬기도 하고,
時矯首而遐觀(시교수이하관)	때로는 머리 들어서 멀리 바라보네.
雲無心以出岫(운무심이출수)	구름은 무심히 골짝을 돌아 나오고,
鳥倦飛而知還(조권비이지환)	날다 지친 저 새 돌아올 줄을 아네.
景翳翳以將入(경예예이장입)	저 해도 어스름에 넘어가려 하는데,
撫孤松而盤桓(무고송이반환)	서성이며 홀로 선 소나무 쓰다듬네.
歸去來兮(귀거래혜)	돌아왔네.
請息交以絕遊(청식교이절유)	사귐도 어울려 놀음도 이젠 그치리.
世與我而相違(세여아이상위)	세상과 나는 서로 어긋나기만 하니,
復駕言兮焉求(복가언혜언구)	다시 수레에 올라서 무엇을 구하리.
悅親戚之情話(열친척지정화)	친한 이웃과 기쁘게 이야기 나누고,
樂琴書以消憂(낙금서이소우)	음악과 글을 즐기며 시름을 삭이리.
農人告余以春及(농인고여이춘급)	농부가 나에게 봄이 왔음을 알리니,
將有事於西疇(장유사어서주)	서쪽 밭에 나가서 일을 하여야겠네.

或命巾車(혹명건차)	때로는 천막을 두른 수레를 몰아서,
或棹孤舟(혹도고주)	때로는 외로운 배의 삿대를 저어서,
旣窈窕以尋壑(기요조이심학)	깊고 굽이져 있는 골짝을 찾아가고,
亦崎嶇而經丘(역기구이경구)	험한 산길 가파른 언덕길을 지나네.
木欣欣以向榮(목흔흔이향영)	물오른 나무들은 꽃을 피우려 하고,
泉涓涓而始流(천연연이시류)	샘물은 퐁퐁 솟아 졸졸 흘러내리네.
善萬物之得時(선만물지득시)	모두가 철을 만나 신명이 났건마는,
感吾生之行休(감오생지행휴)	나의 삶 점점 더 저물어 감 느끼네.
已矣乎(이의호)	다 끝났네.
寓形宇內復幾時(우형우내복기시)	세상에 몸이 다시 얼마나 머무르리.
曷不委心任去留(갈불위심임거류)	가고 머뭄을 자연에 맡기지 않고서,
胡爲乎遑遑欲何之(호위호황황욕하지)	어디로 그리 서둘러 가려 하는가.
富貴非吾願(부귀비오원)	부귀는 내가 바라던 바도 아니었고,
帝鄕不可期(제향불가기)	신선 사는 땅은 기약할 수 없는 일.
懷良辰以孤往(회양진이고왕)	날씨 좋기 바라며 홀로 나아가서는,
或植杖而耘耔(혹식장이운자)	지팡이 세워 두고 김매고 북돋우네.
登東皐以舒嘯(등동고이서소)	언덕에 올라가서 길게 휘파람 불고,
臨淸流而賦詩(임청류이부시)	맑은 시냇가에 앉아 시도 지어보네.
聊乘化以歸盡(요승화이귀진)	자연을 따르다 죽으면 그만인 것을,
樂夫天命復奚疑(낙부천명복해의)	천명을 누렸거늘 더 무엇 의심하리.

〈내용 요약〉

제1장은 관리생활을 그만두고 田園(전원)으로 돌아가는 심경을 정신 해방으로 간주하여 읊었고,
제2장은 그리운 고향집에 도착하여 자녀들의 迎接(영접)을 받는 기쁨을 그렸으며,
제3장은 세속과의 絶緣(절연)을 포함하여 전원생활의 즐거움의 담았고,
제4장은 전원 속에서 자연의 攝理(섭리)에 따라 목숨이 다할 때까지 살아가겠다는 뜻을 담고 있다.

142 刎頸之交 문경지교

字解
- 刎 : 목자를 문 [刎頸(문경) : 목을 자름]
- 頸 : 목 경 [頸骨(경골) : 목 뼈]
- 之 : 의 지 [漁父之利(어부지리) : 어부의 이익. 제삼자의 이익]
- 交 : 사귈 교 [交友(교우) : 친구를 사귐]
  - 섞일 교, 오고갈 교 [交通(교통) : 사람이나 차 등이 일정한 길을 오고가는 일]
  - 바꿀 교, 바뀔 교 [交換(교환) : 서로 바꿈. 서로 주고받음]
  - 흘레할 교 [交尾(교미) : 동물의 암수가 교접하는 일]

語義 목을 베어 줄 수 있는 사귐.
(서로 죽음을 대신할 수 있을 만큼 막역한 사이)
(생사를 같이할 수 있는 진정한 친구)

用例

▶ 꼭 管鮑之交(관포지교)나 **刎頸之交**(문경지교)만큼은 안 되더라도, 그는 나에게 있어서 마음을 비춰 볼 수 있는 거의 유일한 친구이다.

▶ 호남의병 전적지를 순례하면서 의병장들의 후손이 남다른 유대 관계를 유지하고 있음을 느낄 수 있었다. 그들의 선조들은 피로써 맺어진 혈맹의 전우들이 아닌가. 서로가 상대를 위해 목숨을 아끼지 않았던 **刎頸之交**(문경지교)였으리라.

出典 **史記**(사기) - 廉頗藺相如傳(염파인상여전)

藺相如(인상여)는 중국 전국시대 趙(조)나라 惠文王(혜문왕, 제7대. 재위 B.C.298 ~ B.C.266)의 寵臣(총신)인 繆賢(무현)의 식객에 지나지 않았으나, '和氏(화씨)의 璧(벽)'이라는 玉(옥)을 잘 보존하고 귀국한 공으로 上大夫(상대부)가 됐다. 다시 3년 뒤 秦王(진왕)과 趙王(조왕)이 면지에서 회합했을 때, 조왕[惠文王(혜문왕)]이 수치를 당하는 것을 구해 준 功(공)에 의해 종일품 자리인 上卿(상경)에 임명되었다.

인상여의 지위는 당시 趙(조)의 명장인 廉頗[1](염파) 장군보다도 위가 되었다. 그러자 염파는 분개하며 말했다.

"나는 攻城野戰(공성야전)에서 큰 공을 세웠는데, 인상여는 말 한마디로 나보다 위가 되었다. 그 녀석은 원래 신분이 천한 놈이다. 그런 놈 밑에 있다는 것은 수치스럽기 짝이 없다. 이번에 인상여를 만나게 되면 반드시 辱(욕)을 보여 주겠다."

이 말을 들은 上卿(상경) 인상여는 염파 장군과 만나는 것을 피했다. 朝廷(조정)에서는 싸움을 피하기 위해 병을 핑계 삼기도 하고, 밖에서는 염파를 보면 수레를 샛길로 돌려 피하기도 했다. 그래서 인상여의 부하 중에는 비위가 거슬려 이렇게 말하는 자도 있었다.

"내가 당신을 모시고 있는 것은 당신의 높은 뜻을 사모했기 때문입니다. 그런데 지금 당신은 염장군을 누구보다도 무서워하고 있습니다. 凡夫(범부)라도 부끄러움을 아는데, 더구나 당신은 上卿(상경)의 신분이 아닙니까. 이 이상 참을 수가 없으니 나는 떠나겠습니다."

상여는 그 부하를 꽉 붙잡고 말했다.

"염장군과 秦王(진왕) 중 어느 쪽이 더 무서운가?"

"물론 진왕입니다."

"나는 그런 진왕의 威力(위력)에도 두려워하지 않고, 오히려 조정에서 진왕을 叱責(질책)했을 뿐 아니라 늘어서 있는 군신들도 욕보였었다. 내가 아무리 바보라도 염장군을 두려워하겠는가. 그러나 생각해 보면, 강국인 秦(진)나라가 우리 趙(조)나라를 공격해 오지 않는 것은 염장군과 내가 있기 때문일 것이다. 兩虎(양호 : 두 호랑이)가 서로 싸운다면, 그 어느 한쪽은 쓰러지는 법이다. 내가 염장군을 피하는 것은 국가의 위급을 먼저 생각하고, 개인의 원한을 뒤로 하기 때문이다."

이 말을 들은 그의 부하는 무릎을 꿇었고, 이 이야기를 전해 들은 염파 또한 인상여의 넓은 마음을 헤아리지 못하고 그를 질투한 자신이 크게 부끄러웠다. 참지 못한 염파는 곧 웃통을 벗은 다음 笞刑(태형)에 쓰이는 荊杖(형장)을 짊어지고, 인상여를 찾아가 섬돌 아래 무릎을 꿇으며,

"내가 迷惑(미혹)해서 대감의 높은 뜻을 미처 헤아리지 못했소이다. 어서 나에게 벌하시오."

하고 진심으로 사죄했다. 인상여는 염파를 일으켜 세우고, 그날부터 두 사람은 다시 친한 사이가 되어, **죽음을 함께 해도 마음이 변하지 않는 그런 사이**가 되었다[卒相與驩(졸상여환) 爲**刎頸之交**(위문경지교)].

여기에서 '刎頸之交(문경지교)'라는 말이 나왔다. 그리고 이 이야기는 '將相和(장상화 : 재상과 명장의 화해)'라고도 부르며, 이후 중국 전통 연극인 京劇(경극 : 북경에서 발전하였다 하여 경극이라 함)으로도 만들어졌다.

---

1) 廉頗(염파, 생몰년 미상) : 춘추전국시대 趙(조)나라의 명장이다. 노년의 나이에도 불구하고 젊은 장군에 못지않은 腕力(완력)을 보여, 前漢(전한)의 馬援(마원, B.C.14 ~ A.D.49) 그리고 삼국시대 蜀(촉)의 黃忠(황충, 145 ~ 220)과 함께 중국의 대표적인 老益壯(노익장)의 상징으로 여겨진다.

염파는 '한 끼에 밥 한 말, 고기 열 근을 먹었으며, 갑옷을 입고 말에 올라 아직도 쓸모 있음을 보였다[一飯斗米肉十斤(일반두미육십근) 被甲上馬(피갑상마) 以示常可用(이시상가용)].'라고 한다. 나이 80이 넘어서도 그의 용맹이 두려워 다른 나라 諸侯(제후)들이 감히 조나라를 넘보지 못했다고 전해진다.

143 聞一知十 문일지십

字解
- 聞 : 들을 문 [見聞(견문) : 보고 들음]
- 一 : 한 일, 하나 일 [一家(일가) : 한 집. 한 집안. 한 학파]
- 知 : 알 지 [知覺(지각) : 알아서 깨달음]
- 十 : 열 십 [十中八九(십중팔구) : 열이면 여덟이나 아홉이 그러함]

語義 한 가지를 들으면 열 가지를 안다.
(일부분을 듣고 모두를 이해한다)
(매우 총명함)

用例

▶ 두뇌가 명석하고 재능이 뛰어나 장래가 매우 밝습니다. 운명 역시 '名振四海(명진사해 : 이름을 온 세상에 떨침)' 격이므로 이름을 떨치고 인기가 집중되며, '聞一知十(문일지십)'의 성분이니 하나를 보면 열 가지를 깨닫는 특유의 재능도 있습니다.

▶ 聞一知十(문일지십), 하나를 들으면 열을 안다. 참 좋은 말이지요? 하지만, 저는 최근에 그것보다 더 좋은 말이 생각났습니다. "하나를 들으면, 열 모르는 것을 깨닫는다." 바로 이 말입니다.

【相對語】得一忘十(득일망십) : 하나를 얻으면, 열을 잊어버린다.

 **出典** 論語(논어) - 公冶長篇(공야장편)

孔子(공자)는 子貢[1](자공)에게 顔回[2](안회)에 대해 물었다.
"자네와 안회는 누가 더 나은가?"
자공이 대답하여 가로되,
"小生(소생)이 어찌 감히 안회와 비교할 수 있겠습니까? 안회는 **하나를 듣고서도 열을 알지만**, 소생은 하나를 듣고서 겨우 둘을 알 정도입니다."
공자가 가로되,
"확실히 자네는 안회를 따를 수 없네. 따를 수 없는 것은 자네만이 아니라, 나도 회를 따르지 못하는 점이 있다네."

 原文 子謂子貢曰(자위자공왈) 女與回也孰愈(여여회야숙유) 對曰(대왈) 賜也何敢望回(사야하감망회) 回也聞一知十(회야문일지십) 賜也聞一而知二(사야문일이지이) 子曰(자왈) 弗如也(불여야) 吾與女弗如也(오여여불여야)

자공과 안회는 나이가 엇비슷했으며, 둘 다 孔門十哲(공문십철 : 공자의 문하생 중 10명의 뛰어난 제자) 속에 들어 있었다. 자공은 言語(언어)에 있어서, 안회는 德行(덕행)에 있어서 공자의 문하를 대표하고 있었다. 이러한 두 사람은 경제적으로도 대조적이었다. 안회는 가난하여 끼니를 잇기조차 어려웠고, 자공은 장사 솜씨가 능란하여 많은 재산을 가지고 있었다. 사실 안회는 가난으로 인한 영양 부족으로 20대에 벌써 머리가 하얗게 세었다. 그리하여 불우한 가운데 일찍 죽고 말았다. 공자는 안회를 後繼者(후계자)로 기대하고 있었는데 그 죽음을 듣고,

"하늘은 나를 버리셨구나!"

하고 탄식했다고 한다.

　위의 故事(고사)에서 '聞一知十(문일지십)'이란 成語(성어)가 되었으며, '매우 총명하다'는 뜻으로 우리가 흔히 속담으로 알고 있는 '하나를 들으면 열을 안다.'가 바로 여기에서 나온 말이다. 유사한 말에 '見一知十(견일지십 : 하나를 보면 열을 안다)'도 있다.

---

1) 子貢(자공, B.C.520경 ~ B.C.456경) : 衛(위)나라 출신으로 공자의 제자 중 한 사람. 성은 端木(단목), 이름은 賜(사), 자공은 그의 字(자). 정치에 뛰어나 후에 노나라, 위나라의 재상이 되었다. 자공은 공자보다 31세나 어렸다. 말재주가 뛰어났으나, 그 점을 못마땅하게 여긴 공자에게 수시로 핀잔을 들어야 했다. 그러나 머리 회전이 빠르고 심리술에 밝은 그가 스승 공자에게 한술 더 떠 자신이 어떤 사람이냐고 되물어, '너는 瑚璉(호련)이다.'란 대답을 듣기도 했다. '호련'은 종묘제사 때 기장을 담던 화려한 그릇이니, 자공의 능력을 말솜씨 이외엔 별 쓸모가 없다고 본 것일까. 아니면 자공이 명분만을 앞세우는 듯한 君子像(군자상)보다는, 현실을 냉철하게 보고 가감 없이 판단해서 응용하는 탁월한 지혜와 통찰력의 소유자임을 어느 정도 인정했기 때문일까.

　공자가 제후국을 방문할 때, 예우를 받았던 것은 외교가이자 巨富(거부)였던 자공이 수행한 덕분이다. 제후왕들은 정국의 흐름을 훤히 꿰고 있는 자공에게 오히려 많은 것을 기대하고 있었던 것이다. 공자가 말하는 이상주의 정치보다는 자공의 현실 감각이 와 닿았을 것이다. 魯(노)나라는 서쪽의 晉(진)나라, 동쪽의 강국 齊(제)나라, 남쪽의 吳(오)나라·越(월)나라 등에 둘러싸인 최약소국이었으니, 언제든 열강의 주도권 싸움에 휘말릴 수 있었다. 그런 상황에서 그가 터득한 것은 생존의 기술이었다.

2) 顔回(안회, B.C.514 ~ B.C.483) : 공자의 제자 가운데 德(덕)의 실천에서 가장 뛰어났다. 자는 子淵(자연), 顔淵(안연). 겸허한 구도자의 상징이 되었으며, 31세에 요절하였다. 그때 공자는,

"하늘이 나를 버렸구나[天亡我(천망아)]!"

라고 통곡하며, 제자의 이른 죽음을 애달파했다. 이런 생각은 사마천에게도 그대로 다가왔다. 그는 『사기』 「백이열전」에서 이렇게 말한다.

"하늘의 이치는 사사로움이 없어 언제나 착한 사람과 함께 한다. 〈중략〉 공자는 제자 일흔 명 중 안연이 학문을 좋아한다고 칭찬했다. 그러나 안연은 늘 가난해서 술지게미와 쌀겨 같은 거친 음식조차 제대로 못 먹고, 끝내 젊은 나이에 죽고 말았다. 하늘이 착한 사람에게 복을 내려 준다면, 어찌 이런 일이 있을 수 있는가."

　사마천의 푸념처럼 세상에서 因果應報(인과응보)니 勸善懲惡(권선징악)이니 하는 말들이 꼭 들어맞지 않는 경우도 많다. 淸貧(청빈)의 자세로 자신을 추스르면서 살다 夭折(요절)한 顔回(안회)는 우리에게 示唆(시사)하는 바가 많다.

144 門前成市 문전성시

字解 門 : 문 **문** [門牌(문패) : 문에 주소, 성명 등을 적어 다는 패]
　　　 前 : 앞 **전** [前後(전후) : 앞과 뒤. 먼저와 나중. 경 또는 쯤]
　　　 成 : 이룰 **성** [成就(성취) : 목적한 바를 이룸]
　　　 市 : 저자 **시**, 시장 **시** [市長(시장) : 여러 가지 상품을 팔고 사는 장소]
　　　　　 시가 시, 도시 시 [市街(시가) : 도시의 큰 길거리]

語義　문 앞이 시장을 이룬다.
　　　 (권세가나 부잣집 문 앞이 방문객으로 시장과 같이 붐빈다)

 用例

▶특히 해당 사진은 최근 촬영 도중 차량이 반파되는 사고를 당한 후, 복귀한 배우 이○○의 모습을 담고 있어, 현재 홈페이지는 그를 걱정했던 팬들의 방문으로 **門前成市**(문전성시)를 이루고 있다.

▶11월 수능을 앞두고 지난 2일 시행된 6월 모의평가 결과, 정부가 공언한 대로 '쉬운 수능'의 방침이 확인되면서, 論述(논술) 학원들이 때 이른 **門前成市**(문전성시)를 이루고 있다. 쉬운 수능으로 상위권 수험생들 사이의 변별력이 약해지면, 결국 논술이 당락을 결정하게 될 것이라는 전망 때문이다.

[類義語] 門前如市(문전여시) : 문 앞이 시장과 같음.
　　　　　 門庭如市(문정여시) : 집 안의 뜰이 시장과 같음.
　　　　　 門前若市(문전약시) : 문 앞이 시장과 같음.
[相對語] 門前雀羅(문전작라) : 문 앞에 새 그물을 설치함. 매우 한적함.
　　　　　 門外可設雀羅(문외가설작라) : 문밖에 새 그물을 쳐놓을 만큼 손님들의 발길이 끊어짐. 권세가 없어지면 발길도 끊김.

 ① 漢書(한서) – 鄭崇傳(정숭전), 孫寶傳(손보전)

중국 前漢(전한, B.C.206 ~ A.D.6) 말, 제12대 황제인 哀帝[1](애제, B.C.26 ~ B.C.1, 재위 B.C.7 ~ B.C.1) 때의 일이다. 애제가 즉위하자, 조정의 실권은 大司馬(대사마) 국방장관 王莽(왕망 : 훗날 전한을 멸하고, 신나라를 세움)을 포함한 王氏(왕씨) 일족으로 또한 외척인 傅氏(부씨 : 애제의 할머니),

丁氏(정씨 : 애제의 어머니) 두 가문으로 넘어갔다.

그리고 당시 20세인 애제는 **董賢(동현)이라는 美童(미동)과 동성연애**[1]에 빠져 국정을 돌보지 않았다. 그래서 충신들은 諫(간)했으나, 馬耳東風(마이동풍)이었다. 그중 尙書僕射(상서복사 : 장관) 鄭崇(정숭)은 거듭 諫(간)하다가, 애제에게 미움만 사고 말았다.

그 무렵 趙昌(조창)이라는 尙書令(상서령)이 있었는데, 그는 전형적인 아첨배로 왕실과 인척간인 정숭을 시기하여, 모함할 기회만 노리고 있었다. 그는 어느 날 애제에게 이렇게 고했다.

"폐하, 아뢰옵기 황공하오나, 정숭의 '**집문 앞이 저자를 이루고 있사온데[門前成市(문전성시)]**' 이는 심상치 않은 일이오니, 엄중히 문초하시옵소서."

애제는 정숭을 불러 책망하여 가로되,

"들자니, 그대의 **문전은 저자[市(시 : 시장)]와 같다**고 하던데, 그게 사실이오?"

정숭 가로되,

"예, 폐하, 臣(신)의 문전은 저자와 같사오나, 신의 마음은 물같이 깨끗하옵니다. 원하옵건대 한 번 더 조사해 주시옵소서."

 原文 上責崇曰(상책숭왈) 君門如成市(군문여성시) 何以欲功主上(하이욕공주상) 崇曰(숭왈) 臣門如市(신문여시) 臣心如水(신심여수) 願得考覆(원득고복)

그러나 애제는 정숭의 소청을 묵살한 채 옥에 가뒀다. 그러자 司隸(사례 : 도둑 체포 등의 치안과 순찰을 담당하는 관서의 벼슬)인 孫寶(손보)가 상소하여, 조창의 讒言(참언)을 공박하고 정숭을 변호했으나, 애제는 손보를 削奪官職[2](삭탈관직)하고, 庶人(서인)으로 내쳤다. 그리고 정숭도 그 후 옥에서 죽고 말았다.

 ② **戰國齊策**(전국제책) - 上篇(상편)

중국 춘추전국시대, 齊(제, B.C.1046 ~ B.C.221)나라에 鄒忌(추기)라는 호남자가 있었다. 어느 날, 추기는 거울을 보고 생각했다. '나는, 미남자로 유명한 徐公(서공)에는 미치지 못한다.'

그래서, 아내에게 물었다.

"나와 서공과 어느 쪽이 미남자인가?"

아내는 단호하게 대답했다.

"틀림없이 당신 쪽이 더 잘생겼습니다."

아내의 말은 신용할 수 없다고 생각한 추기는 첩에게도 똑같이 물었다. 첩은,

"물론 당신이 더 잘생겼습니다."

라고 대답했다.

다음날, 친구가 찾아왔기에 추기는 친구에게도 똑같은 질문을 했다. 추기에게 부탁할 일이 있어서 온 그 친구가 대답했다.

"서공 따위는 자네에게 미치지 못하네. 정말이네!"

친구의 칭찬의 말에도 추기는 납득할 수 없었다. 그 다음날, 서공이 추기의 집을 방문했다. 추기는 서공을 이리저리 자세히 살펴보고, 또 뚫어지도록 서공을 보며 생각했다. '역시 내 쪽이 떨어진다.' 서공이 돌아간 후에, 추기는 자신과 서공과를 객관적으로 비교해 보려고 거울을 들여다보았다. 보면 볼수록 자신이 서공보다 못생겼다고 생각되었다.

그날 밤, 그는 생각했다. '왜 모두 내가 더 잘생겼다고 말하는 걸까?' 곰곰이 생각한 끝에 추기는 깨달았다. '아내는 나를 사랑하기 때문이고, 첩은 나를 두려워하기 때문이고, 친구는 나에게 부탁할 것이 있어서였다.'라고. 내가 이렇다면, 왕은 더 많은 아부의 소리에 둘러싸여 있을 것이다. 추기는 威王(위왕, 제나라 제30대 왕. 재위 B.C.378 ~ B.C.343)을 謁見(알현)하여, 자신의 체험을 이야기했다. 칭찬하는 말보다, 비판하고 충고하는 말이야말로 들을 가치가 있다고 進言(진언)했다. 위왕은 그 말을 옳게 여기어 즉시 공포했다.

"관리와 백성을 막론하고, 나에게 直諫(직간)하는 자에게는 上等(상등)의, 上書(상서)하여 간하는 자에게는 中等(중등)의, 마을에서 비판하는 자에게는 下等(하등)의 상을 준다."

예상대로, 왕에게 간언하려고 온 자가 줄을 이었기 때문에, 왕궁의 **뜰은 저자처럼 사람으로 가득 차게 되었다**[群臣進諫(군신진간) 門庭若市(문정약시)]. 물론, 상서도 쇄도하였고, 마을에서도 왕을 비판하는 소리로 떠들썩하게 되었다. 왕은 그들의 비판을 받아들여서 정치를 개혁해 갔다. 수개월이 지났다. 비판자는 두드러지게 줄어들었고, 1년 후에는 비판하는 자가 없게 되었다. 비판의 씨앗이 없어져 버린 것이다. 위왕은 이런 노력으로 제나라의 힘을 강하게 하였다. 주위의 여러 나라들이 모두 제나라를 존경하여 사자를 파견했다. 역사가는 이것을 논평하여 말했다.

"威王(위왕)은 군사를 사용하지 않고 승리를 얻었다."

1) 哀帝(애제)와 董賢(동현)의 동성연애

전통시대 중국에서 皇帝(황제)는 단순히 한 나라의 왕을 의미하지 않는다. 황제는 하늘의 명을 받아 천하를 통치하며, 우주 만물의 질서를 관장하는 절대적이고 唯一無二(유일무이)한 통치자였다. 그러나 음과 양의 조화를 생각해야 할, 절대자 황제 가운데에서도 남자를 사랑했던 경우가 있었다.

그가 바로 전한의 제12대 황제인 哀帝(애제)이다. 애제는 아버지인 成帝(성제, B.C.51 ~ 7. 재위 B.C.33 ~ B.C.7)가 죽은 뒤에 황위를 계승하였는데, 성제가 방탕한 생활로 국고를 탕진하여 백성을 도탄에 빠뜨렸던 것을 지켜보며 자란 애제는 즉위 후, 조정을 장악하고 있던 외척 세력과 호족 세력을 척결하고자 하였다. 이를 위해 외척과 호족들이 점하고 있는 토지와 노비의 수를 제한하는 조서를 반포하는 등, 정치 개혁을 위한 일련의 노력을 하였다. 그러나 애제의 시도는 당시 집권하고 있던 조모 傅太后(부태후)를 비롯한 외척 세력에 의해 좌절되고, 애제도 즉위 6년 만에 병으로 죽고 만다.

애제의 짧은 재위 기간 동안, 애제가 정말로 총애하던 남자가 하나 있었다. 그 대상은 바로 董賢(동현)이라고 하는 자다. 동현은 애제 시기, 궁궐 아래에서 몇 시인지 알리는 일을 담당하던 '太子舍人(태자사인)'이었다. 애제는 동현의 용모를 바라보는 것을 즐겼고, 동현이 누구인지 알면서도 "태자사인 동현이지?"라 물으며 관심을 표하였다. 이후 애제는 동현을 곁에 두고 총애하기 시작하였다. 동현의 아버지도 벼슬을 하고 있음을 안 애제는 아버지를 승진시켜 주고, 동현은 자신의 수레에 함께 태우고 다녔다.

동현에 대한 애제의 사랑에 비례하여 동현에게 주어지는 벼슬과 선물도 점점 늘어만 갔다. 벼슬의 경우 작위가 점점 높아져 나중에는 재상 자리에 해당하는 大司馬(대사마)의 작위를 수여하게 되었다. 동현이 단지 외모가 아름답다는 이유만으로 재상의 자리에 오르게 된 것이다.

이 상황이 한나라 조정과 백성들에게만 이상하게 여겨졌던 것은 아니다. 당시 한과 경쟁하고 있던 가장 강대한 세력은 흉노였는데, 흉노의 지도자인 선우가 애제에게 인사를 하러 왔는데 대사마의 자리에 앉아 있는 동현이 너무 어려 이를 괴이하게 여기며 물었다. 그러자 애제는,

"대사마의 나이가 어려도 뛰어나기 때문에 임명한 것이오."

라 대답하였고, 여기에 선우가 일어나,

"현명한 신하를 얻었음을 축하드립니다."

라고 하였다. 제위 말기 부태후가 죽은 뒤에는, 부태후의 유언이라고 거짓으로 꾸며 땅 2,000경을 하사하기도 하였다. 개혁의 실패로 백성들의 고난은 여전하였지만, 애제의 동현에 대한 애정은 실로 대단하였다. 오죽하면 후궁의 비와 빈들도 마다하고 동현과만 함께 있을 정도였다.

그 애정의 깊이를 보여주는 유명한 逸話(일화)가 있다. 어느 날 애제가 잠이 들어 있었는데, 동현이 들어와서는 황제의 소매를 베고 그대로 옆에 누워 잠이 들어버렸다. 애제는 잠에서 깨어나서 동현이 옆에서 잠들어 있음을 발견하지만, 동현은 잠에 깊이 빠져 꿈쩍도 하지 않았다. 그래서 동현의 잠을 깨울까 봐 걱정한 애제는 자신의 소매를 자른 뒤에 자신만 몸을 살며시 일으켰다. 이것이 중국에서 많이 쓰이는 '斷袖(단수 : 옷소매를 자름)'라는 말로, 지금도 동성애를 지칭할 때에 사용되는 말이다. 항상 애제가 동현을 곁에 두려고 하여, 동현이 아내가 있는 집에 돌아갈 시간이 없다고 난색을 표하자, 동현의 아내까지 궁 안에서 살도록 하는 특혜를 베풀었다.

이처럼 애제의 동현에 대한 사랑은 무한하였으나, 결국 그 사랑도 병약했던 애제가 사망하면서 끝이 나고 말았다. 애제가 죽어 후원이 사라지자, 동현은 더 이상 의미 없는 존재가 되었다. 능력도 없고, 공로도 없는 자가 과분한 자리에 앉아 있었던 데다, 애제의 판단을 흐리게 하여 분에 넘치는 벼슬과 재산으로 호사를 누리면서 자신의 친족까지 배부르게 했던 자이니, 다른 사람들에게도 곱지 못한 자였다. 이미 대세가 기울었음을 짐작한 동현은 자신의 처와 함께 자살하면서 그 생을 마감하고 말았다.

2) **削奪官職**(삭탈관직) : 죄 지은 벼슬아치의 벼슬과 品階(품계)를 빼앗고, 仕版(사판 : 벼슬아치의 명부)에서 그 이름을 지우는 일. '削奪官爵(삭탈관작)'이라고도 하였다. 임진왜란 때 李舜臣(이순신, 1545 ~ 1598) 장군의 白衣從軍(백의종군)이 삭탈관직의 가장 대표적인 예이다.

145 拔本塞源 발본색원

字解
拔 : <u>뺄 발</u>, <u>뽑아낼 발</u> [選拔(선발) : 여럿 중에서 가려 뽑음]
本 : <u>근본 본</u> [本質(본질) : 근본적인 생각]
塞 : <u>막을 색</u> [塞源(색원) : 근원을 막음]
　　변방 새 [塞翁之馬(새옹지마) : 변방에 사는 늙은이의 말.
　　　　　　인생의 길흉화복은 예측하기 어려움]
源 : <u>근원 원</u> [語源(어원) : 말이 생겨난 근원]

語義 근본을 뽑고, 원천을 막음.
(좋지 않은 일의 근본 원인이 되는 요소를 완전히 없애 버려서, 다시는 그러한 일이 생길 수 없도록 함)

 用例

▶ 戰時(전시)에 적을 찬양한 무리는 **拔本塞源**(발본색원)하여 엄벌에 처하라. 우리 영토가 불바다가 되고, 우리 아들들이 죽고 상하고, 민간인까지 북괴의 포격에 희생되는 상황에, 아무리 표현의 자유가 있다고 하나 할 말과 하지 말아야 할 말이 있는 것이다.

▶ 축구협회 관계자는 "승부 조작과 조금이라도 연관이 있다면, 가만히 있지 않겠다."며, "**拔本塞源**(발본색원)해서 중징계를 할 것이다."라고 강한 의지를 표명했다. 이어 "임의탈퇴 등과 같은 중징계로 다시는 선수 생활을 하지 못하게 할 것."이라며, 구체적인 방안까지 설명했다.

【類義語】 削株掘根(삭주굴근) : 줄기를 깎고 뿌리를 파낸다는 뜻으로, 화근을 없앰.
　　　　　剪草除根(전초제근) : 풀을 베고 뿌리를 깨냄. 미리 폐단의 근본을 없앰.

 **春秋左氏傳**(춘추좌씨전)

중국의 天子(천자)와 諸侯(제후)는 엄격한 主從(주종) 관계였다. 그래서 천자로부터 땅을 하사받은 제후는 自國(자국)을 다스리면서 천자를 받들고 보호해야 하는 의무를 지니고 있었다. 그런데 春秋戰國(춘추전국)시대에 접어들어, 천자의 권위가 땅에 떨어지고 제후국이 강성해지면서, 천자를 업신여기는가 하면 천자의 지위를 넘보는 현상까지 나타나게 되었다.

그 일면을 보여주는 예로, 기원전 533년 晉(진)나라는 周[1](주)나라 왕의 伯父(백부)가 제후로 봉해진 나라였는데, 戎族[2](융족)과 힘을 합쳐 주나라에 쳐들어갔다. 이에 천자인 周(주)의 景王(경왕, 주나라 제24대 왕이자, 동주의 제3대 왕. 재위 B.C.544 ~ B.C.520)이 신하 詹桓伯(첨단백)을 보내 꾸짖었다.
"선대왕이신 文王(문왕 : 무왕의 아버지), 武王(무왕 : 제1대 왕), 成王(성왕 : 제2대 왕), 康王(강왕 : 제3대 왕)께서 동생들을 여러 나라에 제후로 봉하셔서 주나라의 울타리로 삼으신 것은, 주나라가 약해지는 것을 막기 위함이었는데, 어찌 선대왕의 뜻을 저버린단 말이오? 나에게 큰아버지가 계심은 마치 의복에다 갓이나 면류관을 갖춘 것과 같고, 나무의 뿌리와 물의 수원이 있는 것과 같고, 백성들에게 지혜로운 임금이 계신 것과 같다.

큰아버지께서 만약 갓을 찢고 면류관을 부수고, **근본을 뽑고 원천을 막으며** 오로지 지혜로운 임금을 버리신다면, 비록 오랑캐일지라도 그 어찌 나 한 사람만을 업신여기겠소?"

 原文 伯父(백부) 若裂冠毁冕(약렬관훼면) 拔本塞源(발본색원) 專棄謀主(전기모주) 雖戎狄(수융적) 其何有余一人(기하유여일인)

위의 故事(고사)에서 '拔本塞源(발본색원)'이란 成語(성어)가 이루어졌으며, '근본을 뽑고 원천을 막아 다시는 재발하지 않도록 함'이란 뜻으로 오늘날 널리 쓰이는 말이 되었다.

---

1) 周(주, B.C.1046 ~ B.C.256) : 商(상)나라를 이어 중국에 존재했던 나라이다. 중국 역사에서 가장 오래 유지된 나라로, 이 시기에 철기의 사용이 시작되었다. 주나라는 기원전 11세기 중엽에 서쪽의 웨이허강[衛河江(위하강) : 중국 동부를 흐르는 강] 분지에서 세력을 확대하여, 殷(은)나라를 멸망시키고 中原(중원)을 지배했다.
　犬戎(견융)이 침략하여 기원전 771년 幽王(유왕)이 살해되고, 제후에 의해 옹립된 平王(평왕 : 주나라의 제13대 왕이자 동주의 초대 왕)이 鎬京(호경 : 현재의 시안시 부근)에서 副都(부도) 洛邑(낙읍 : 현재의 뤄양시)으로 수도를 옮기게 되는데, 이를 기준으로 이전을 西周(서주, B.C.1046 ~ B.C.771), 이후를 東周(동주, B.C.770 ~ B.C.256)라고 구분한다.

2) 戎族(융족) : 중국의 서북 지역에 거주하던 고대의 각 소수민족에 대한 통칭으로 西戎(서융)이라고도 한다. 서융은 민족이 매우 복잡하고 다양하여 사적에 따라 가리키는 것도 차이가 있다. 殷代(은대) 때에는 귀융·여무융 등이 있었고, 周代(주대) 때에는 직피·곤륜·석피·거수 등이라 지칭했으며, 漢代(한대) 『史記(사기)』에서는 다시 면저·곤융·적환·의거·대여·오씨·구연 등이라 지칭했는데, 주로 황하 상류 및 지금의 감숙성 서북부 지역에 분포하였다가, 후에 다시 점점 동쪽으로 이주하였다. 이러한 여러 융족 중에서 緄戎(곤융 : 대융)이 가장 강성하게 발전하였다.
　주나라 幽王(유왕) 11년(B.C.771년)에 견융은 신후의 군대와 함께 제휴하여 주나라를 공격, 유왕을 죽이고 주왕조의 도읍을 동쪽 낙양으로 옮기게 하였다. 춘추 말기에 이르러 융족은 주로 기씨의 융·북융·윤성의 융·이락의 융·견융·여융·융만 등 7종이 있었다.
　전국시기에 전란을 피하여 중원으로 이주한 여러 융족들은 이미 중화민족에 융화되었다. 의거·대여 등과 진나라에 인접한 여러 융족들은 진나라에 의해 멸망되었고, 누번 등의 융족들은 조나라에 합병되었으며, 산융 등의 융족들은 이때부터 이미 역사의 기록에서 사라졌다.

146 傍若無人 방약무인

字解 傍 : 곁 **방** [傍觀(방관) : 옆에서 봄]
　　　若 : 같을 **약** [若此(약차) : 이와 같음. 如此(여차)]
　　　無 : 없을 **무** [無顔(무안) : 볼 낯이 없음. 면목이 없음]
　　　人 : 사람 **인** [爲人(위인) : 사람의 됨됨이]

語義 곁에 사람이 없는 것 같음.
(곁에 사람이 없는 것처럼, 아무 거리낌 없이 함부로 말하고 행동함)

 用例

▶ 고객에 대해 **傍若無人**(방약무인)하다면, 그의 기업은 생존의 근거를 무시하고 있는 것이다. 어떤 회사가 고객의 이익과 회사의 이익의 충돌 시에, 회사의 이익을 우선하고 있다면, 그 회사는 밑동부터 사라지고 있는 것이다.

▶ 본시부터 신경질적인 그의 성격은 차츰 잔인하게 변하였으며, 결국 **傍若無人**(방약무인)의 젊은 이로 성장했다.

【類義語】 眼下無人(안하무인) : 눈 아래에 보이는 사람이 없다는 뜻으로, 방자하고 교만하여 다른 사람을 업신여김.

　　　　　眼中無人(안중무인) : 눈에 보이는 사람이 없다는 뜻으로, 방자하고 교만하여 다른 사람을 업신여김.

 **出典** 史記(사기) - 刺客列篇(자객열편)

　중국 秦(진)나라 始皇帝(시황제)가 중국을 막 통일할 무렵, 衛[1](위)나라에는 荊軻[2](형가)라는 사람이 있었다. 성격이 침착하고 생각이 깊으며, 문학과 무예에 능하였고, 愛酒家(애주가)였다. 그는 정치에 관심이 많아 靑雲(청운)의 뜻을 품고, 위나라의 元君(원군)에게 국정에 대한 자신의 포부와 건의를 피력하였지만 받아들여지지 않자, 燕[3](연)나라 및 다른 여러 나라를 떠돌아다니며 현인, 호걸과 사귀기를 즐겼다.

　그 가운데 연나라에서 사귄 사람은, 개백정과 筑(축)의 명수인 高漸離(고점리)인데, 이들은 호흡이 잘 맞아 금방 친한 사이가 되었다. 호주가인 형가는 날마다 개백정과 고점리 들과 어울려 연나라 장바닥에 나가 술을 마시고 놀았다. 그래서 술자리가 무르익으면, 고점리는 축을 치고, 형가는 이에 맞추어 노래를 부르며 서로 즐기다가도 와락 울음을 터뜨리며, **마치 곁에 아무도 없는 것처럼** 행동하였다.

 原文 荊軻旣至燕(형가기지연) 愛燕之狗屠及善擊筑者高漸離(애연지구도급선격축자고점리) 荊軻嗜酒(형가기주) 日與狗屠及高漸離飮於燕市(일여구도급고점리음어연시) 酒酣以往(주감이왕) 高漸離擊筑(고점리격축) 荊軻和而歌於市中(형가화이가어시중) 相樂也(상락야) 已而相泣(이이상읍) 旁若無人者(방약무인자)

원래 '傍若無人(방약무인)'은 '주변을 의식하지 않고 자기 감정에 빠지는 것'을 뜻하였는데, 변해서 '천방지축으로 날뛰고, 무례하거나 교만한 태도' 또는 '거리낌 없이 함부로 말하고 행동함'을 표현할 때 사용된다.

이후 秦(진)나라의 政(정 : 훗날 시황제)에게 원한을 품고 있던, 燕(연)나라의 태자 丹(단)이 형가의 재주를 높이 평가하여 그에게 진시황제 암살을 부탁하였다. 형가는 단의 부탁으로 진시황제 암살을 기도하였지만, 진시황제의 관복만 뚫었을 뿐 암살은 실패로 돌아갔다. 결국 그는 진시황제에게 죽임을 당하였다. 고점리도 나중에 진시황의 초대로 축을 연주하는 자리에서 친구 형가의 원수를 갚으려 암살을 꾀했지만, 실패하여 죽고 만다.

암살하기 위해 진나라로 떠나기 전 고점리는 다음과 같은 노래를 불렀다.

"바람은 쓸쓸하고 역수는 찬데, 장사는 한 번 가면 다시 돌아오지 않노라. 호랑이 굴을 찾음이여, 이 무기 궁으로 들어가네. 하늘을 우러러 외침이여, 흰 무지개를 이루는도다[風蕭蕭兮易水寒(풍소소혜역수한) 壯士一去不復還(장사일거불부환) 探虎穴兮入蛟宮(탐호혈혜입교궁) 仰天噓氣成白虹(앙천허기성백홍)]."

이 구절은 널리 알려졌으며 매우 유명하다.

---

1) 衛(위, B.C.1040 ~ B.C.222) : 중국 周(주)나라의 제후국이자, 춘추전국시대의 주요 국가 중의 하나이다. 위나라는 商(상)이 주에 의해 멸망한 직후, 주 무왕의 친동생인 康叔(강숙)이 상의 수도 朝歌(조가)와 그 주위의 땅에 봉해짐으로써 세워졌다. 처음의 봉호는 위가 아니었으나, 점차 그 영토가 성장함으로써 국호를 衛(위)로 바꿨다. 기원전 771년 견융에 의해 西周(서주)의 수도 호경이 함락되었을 때, 周(주) 平王(평왕 : 동주의 제1대 왕)의 요청으로 위 武公(무공, 제11대 임금. 재위 B.C.812 ~ B.C.758)이 晉(진), 秦(진)과 함께 견융을 몰아낸 공으로, 이때 위 무공이 주 왕실의 사도가 됨으로써 위나라는 전성기를 맞았다. 하지만 훗날 위 惠公(혜공), 懿公(의공)의 학정으로 계속적으로 국력을 약화시켰고, 기원전 660년에 결국 北狄(북적)의 침공으로 수도 조가가 함락되고 의공은 살해되었다.

곧 위 戴公(대공 : 제19대)을 거쳐 위 文公(문공 : 제20대)이 즉위하여, 제 환공의 도움을 받아 수도를 楚丘(초구)로 옮겨 나라를 수습하였으나, 이후 北狄(북적)의 계속된 침입 등으로 국력이 계속해서 약화되었다. 전국시대 초기에는 趙(조)와 齊(제), 楚(초), 魏(위)의 압박을 받았고, 기원전 343년에는 魏(위)나라가 침공하여 衛(위) 성후를 폐위시키고, 방계인 子南勁(자남경)을 위 평후로 삼음으로써 희성의 계보가 끊어졌다. 기원전 241년에는 秦(진)이 魏(위)를 침공하면서 위나라의 영토인 濟丘(제구) 주변에 東郡(동군)을 설치하고, 野王縣(야왕현)에 衛君(위군) 角(각 : 제44대 임금이자 마지막 임금)을 봉함으로써 위는 사실상 멸망하였다. 衛君(위군) 角(각, ? ~ ?, 재위 B.C.229 ~ B.C.209)은 기원전 209년 秦(진) 2세 황제 胡亥(호해)에 의해 폐위되었다.

2) 荊軻(형가, ? ~ B.C.227) : 중국 전국시대의 자객. 조상이 齊(제)나라 사람이었는데, 衛(위)에 오자 위나라 사람들은 그를 慶卿(경경)으로 불렀고, 燕(연)나라로 오자 그를 荊卿(형경)으로 불렀다. 형가는 무술과 검술을 좋아했고 책읽기를 게을리하지 않아 현인 호걸들과 어울렸다. 燕(연)에서 筑(축 : 거문고의 일종)을 잘 타는 高漸離(고점리)와 친하게 지냈다. 또한 연나라에 숨어 사는 선비 田光(전광)선생도 그를 잘 대접하였다. 전광은 형가가 보통 사람이 아님을 알아차렸다.

그 무렵 秦(진)나라에 인질로 잡혀갔다가, 연나라 태자 丹(단)이 도망쳐 돌아왔다. 태자 단은 일찍이 조나라에 볼모로 갔는데, 진나라 왕 政(정)이 조나라에서 태어났다는 이유로 두 사람은 친하게 지냈다. 그런데 단이 진에 볼모로 와서는 진왕 政(정)이 단을 예우하지 않자, 단은 이를 원망하고 도망쳐 돌아온 것이다. 태자 단은 진왕에게 원수를 갚아줄 사람을 찾았으나, 연나라가 소국이라 힘이 미치지 못하다며 태부 鞠武(국무)가 이를 말렸다.

그 후 진나라 장수 樊於期(번어기)가 죄를 짓고 연나라로 망명했는데, 국무는 진나라가 두려워 받아주지 말 것을 간하였으나, 태자가,

"번어기 장군이 천하에 몸 둘 곳이 없어 나에게 몸을 의탁한 것인데, 설령 진나라의 협박을 받을지언정 가엾게 된 저 친구를 보낼 수 없다."

라 말하며 받아들였다. 연나라의 위기를 피할 방법을 찾던 중, 국무는 태자에게 전광선생을 소개하였다. 태자는 전광을 만나 도움을 청하였다. 전광은,

"駿馬(준마)는 기운이 왕성할 때는 천 리를 달리지만, 노쇠해지면 노둔한 말이 앞지른다고 합니다."

라 하며 자신을 대신하여 형가를 추천했다. 태자 단은 전광에게 형가를 소개해 달라고 부탁하면서 전광에게,

"나라의 큰일이므로 선생께서 새어나가지 않게 해 주십시오."

형가는 전광의 부탁으로 태자 단을 도와주기로 결정했다. 전광은 자기 역할을 다 한 후, 형가에게,

"태자께서는 '이 일이 나라의 큰일이니 새어나가지 않게 해주십시오.'라고 하였습니다. 이는 태자가 저를 의심한 것입니다. 대체로 일을 도모할 때, 남의 의심을 사는 것은 절개 있고 의협심 있는 사람의 행동이 아닙니다."

라 말하고, 전광은 스스로 목을 찔러 죽었다.

형가는 태자를 찾아갔다. 태자는 형가에게 진왕을 암살할 것을 부탁하고, 지위를 높여 상경으로 삼았다. 진나라가 인접 국가들을 침공하기 시작하자, 태자 단은 초조해졌다. 오랜 시간이 지나도, 형가는 진나라로 떠나려 하지 않았다. 태자가 재촉하자 형가는 진왕에게 신뢰를 얻기 위해서는, 번어기 장군의 머리와 연나라 땅 독항의 지도가 필요하다고 말한다. 태자는 지도야 줄 수 있지만, 번어기 장군의 머리는 줄 수 없다고 한다. 형가는 번어기 장수를 만나 전후 사정을 말하자, 번어기는,

"이것이야말로 내가 밤낮으로 이를 갈고 가슴을 치며 고대했던 것입니다. 이제 당신의 가르침을 받게 되었습니다."

라 말하고 스스로 목을 쳐 자결했다. 태자는 이 소식을 듣고 시체에 엎드려 통곡하며 슬퍼했다. 태자는 형가가 떠나기에 앞서, 연나라의 용사 秦舞陽(진무양)을 형가의 조수로 삼게 했다.

　형가가 떠나는 날, 태자와 이 일을 알고 있는 빈객들은 형가가 살아 돌아오지 못한다는 것을 알고, 흰 옷과 모자를 쓰고 형가를 배웅하였다. 고점리가 축을 타고 형가가 여기에 맞춰 노래를 불렀다. 이별의 슬픈 노래였다. '바람은 소슬하고, 역수는 차갑구나. 장사 한 번 떠나면, 다시는 돌아오지 못하리'.
　형가는 수레를 타고 끝까지 뒤를 돌아보지 않았다. 진에 도착하여 형가가 번어기의 머리를 내놓아 진왕을 믿게 하고, 지도를 헌상하러 진왕을 알현했다. 진왕은,
　"지도를 펼쳐 보이시오."
　라고 말하자, 형가는 지도를 들고 진왕 앞으로 다가섰다. 지도가 다 펼쳐지자, 독이 묻은 비수가 드러났다. 형가는 왼손으로 진왕의 소매를 붙잡고, 오른손으로 비수를 쥐고 진왕을 찌르려 하였다. 비수가 닿기 전에 진왕은 놀라 뒤로 물러섰다. 신하들도 놀랐으나 어찌할 수가 없었다. 왕은 검을 등에 지고, 칼을 뽑아 형가를 향해 내리쳤다. 형가는 부상을 입고 기둥에 기대어 웃으며 이렇게 꾸짖었다.
　"내가 일을 이루지 못한 까닭은 왕을 사로잡아 위협하여 약속을 반드시 받아내어 태자에게 보답하려 했기 때문이다."
　형가는 결국 연나라에 돌아오지 못했다.

　初唐四傑[초당사걸 : 王勃(왕발)·楊炯(양형)·盧照隣(노조린)·駱賓王(낙빈왕)] 중 협객의 기질이 있었던 낙빈왕은 형가에 관한 시 한 수를 남겨 형가의 비장한 감정을 노래했다.
　此地別燕丹(차지별연단)　　이곳은 荊軻(형가)를 송별하던 곳
　壯士髮衝冠(장사발충관)　　장사의 머리털이 관을 찔렀지
　昔時人已沒(석시인이몰)　　그때 그 사람은 이제 죽어 없지만
　今日水猶寒(금일수유한)　　오늘도 강물만은 여전히 차갑도다.

3) 燕(연, ? ~ B.C.222) : 중국 춘추시대의 제후국이자, 전국시대의 전국 칠웅 중 가운데 하나이다. 주 무왕 姬發(희발)이 은나라를 멸망시키고, 그의 동생 召公(소공) 奭(석)을 燕(연)의 제후에 봉했다. 강역은 동쪽으로 조선에 이르고, 남쪽으로 易水(역수)까지 영토가 이천여 리에 달했다. 기원전 3세기경, 연나라 장수 秦開(진개)가 고조선에 침략하여, 랴오닝성 만번한까지 영토를 확장하였다.
　기원전 222년, 燕(연) 王喜(왕희)의 아들 丹(단)은 위나라 장수 荊軻(형가)와 秦開(진개)의 손자 秦舞陽(진무양)을 秦(진)에 보내어 진시황제 암살을 시도하였으나 실패하였다. 王喜(왕희)는 요서·요동으로 도망쳤으나, 秦(진)의 군대에 포위되었다. 연나라 왕희는 아들 丹(단)을 죽이고 그 목을 秦(진) 시황제 앞에 바치면서 선처를 구하지만, 진시황제는 연나라 왕희와 잔존 세력을 공격하여 연나라를 멸망시켰다.

147 百年河淸 백년하청

字解
百 ; 일백 **백** [百穀(백곡) : 백 가지 곡식. 여러 가지 곡식]
年 ; 해 **년** [年例(연례) : 해마다 내려오는 전례]
　　나이 년 [年輩(연배) : 나이. 연령]
河 ; 물 **하**, 강 **하** [河川(하천) : 강과 내]
淸 ; 맑을 **청** [淸凉(청량) : 맑고 시원함]
　　끝맺을 청 [淸算(청산) : 지금까지의 관계에 결말을 지음]

語義 백 년을 기다려도 黃河(황하)의 물은 맑아지지 않는다.
(아무리 기다려도 바라는 것이 이루어질 수 없음)
(아무리 세월이 가도 일이 해결될 희망이 없음)
(아무리 기다려도 가망이 없어 사태가 바로잡히기 어려움)
※ '百年俟河淸(백년사하청)'의 준말. *俟 ; 기다릴 사

 用例

▶여야 지도부가 이 문제에 있어 입장이 첨예하게 맞서 있어, 획기적 결단과 타협이 없으면 국회폭력방지법의 입법화는 **百年河淸**(백년하청)이 될 전망이다.
▶부자와 가난한 자, 빈부 양극화도 갈수록 심화되고 있습니다. 대기업과 중소기업 간 양극화도 마찬가지입니다. '**百年河淸**(백년하청)'이 아니라, '**年年歲歲 河漸淸**(연년세세 하점청)'이라고 하는 게 맞겠네요.

【類義語】 不知何歲月(부지하세월) : 언제 이루어질지 그 기한을 알 수 없음.
　　　　　千年一淸(천년일청) : 천 년에 한번 맑아진다는 황하의 물이 맑아지기를 바람.
　　　　　河淸難俟(하청난사) : 황하가 맑아지기를 기다리기 어려움.

 **春秋左氏傳**(춘추좌씨전)

중국 춘추시대(B.C.770 ~ B.C.403), 힘이 몹시 약한 鄭¹⁾(정)나라가 있었다. 북으로는 晉(진), 남으로는 楚(초)나라로부터 수시로 공격을 당했다. 그런데 초나라의 속국 격인 蔡(채)나라를 공격한 것이 화근이 되어, 초나라의 보복 공격을 받게 되었다. 이에 정나라에서는 대책을 숙의하는 회의를 열었다. 회의는 강대국인 진나라에 구원병을 청하자는 측과 초나라와 講和(강화)를 해야 한다는 주장이 팽팽하

게 대립하였다. 이때 신하 子駟(자사)가 말하기를,

"周(주)나라의 詩(시)에 이런 말이 있습니다. '**황하의 물이 맑기를 기다리는데, 사람 수명은 얼마이던가**. 점을 쳐서 꾀하는 사람들이 많으면, 오직 서로 다투어 그물에 얽힌 듯 갈피를 못 잡는다[周詩有之日(주시유지왈) **俟河之淸**(사하지청) **人壽幾何**(인수기하) 兆云詢多(조운순다) 職競作羅(직경작라)].' 그러니 우선 초나라와 강화를 해서 백성들을 위험에서 구하고, 그 다음에 진나라를 따르는 것이 좋을 것입니다."

라고 했다. 이 말은 진나라의 구원병을 기다리는 것은, 황하의 맑기를 기다리는 것과 같다는 의미로 사용한 것이다. 즉, '황하물이 맑아지기를 기다린다.'는 것은 晉(진)나라의 구원병이 올 것을 기다린다는 비유로 쓴 말로, '가망이 없다'는 뜻이다.

작은 나라가 큰 나라에 대처하는 괴로운 마음이 잘 나타나 있는 이야기라 하겠다. 그 후 정나라는 子駟(자사)의 말대로 초나라와 和親(화친)해서 위기를 면했다.

---

1) 鄭(정, B.C.806 ~ B.C.375) : 西周(서주) 왕조와 춘추시대에 걸친 주나라의 제후국 중 하나이다. 기원전 806년, 주 厲王(여왕, 서주 제10대 왕. 재위 B.C.878 ~ B.C.841)의 아들이자 주 선왕의 동생인, 정 환공 友(우)가 서주의 기내에 있는 鄭(정 : 현재의 섬서성 화현 서북쪽) 땅에 봉해짐으로써 세워졌다. 주 유왕의 정사가 어지러워지자, 화를 피해 동쪽으로 옮겨 東虢(동괵)과 檜(회), 鄶(회)나라에서 열 읍을 받아 새로 나라를 세웠다. 환공은 서주 시대의 마지막 왕인 주 유왕의 숙부이자 주 평왕의 종조부였으므로, 서주 말기와 춘추시대 초기에 정나라와 주 왕실은 매우 긴밀한 관계를 유지하였다. 정 환공은 주 유왕의 사도로 봉직했으며, 그 후임인 정 무공과 정 장공도 주 평왕과 주 환왕의 卿士(경사)로서 봉직했다.

그러나 주 평왕 4년에, 정 무공이 같은 동성 제후국인 동괵을 멸망시키고 이름을 신정(지금의 허난성)으로 바꾸어 수도로 삼고, 주 평왕의 뒤를 이어 주 환왕이 즉위함으로써, 주 왕실과 정나라의 관계는 틀어졌다. 주 환왕은 오랫동안 왕실에 봉사하면서 동주 왕실의 핵심 세력이 된 정나라 공실을 탐탁지 않게 여겼고, 그 반대급부로 다른 동성 제후인 괵나라를 중용했다.

이러한 왕실의 세력 변화로 인해 주 왕실에서 정나라의 세력이 약화되자, 정 장공은 주 왕실의 권위를 무시하고, 노나라와 상대방의 봉토 안에 있는 각자의 제사용 봉토를 교환했다. 이에 분노한 주 환왕은 정나라의 영토 일부를 몰수하고, 주변 제후국인 陣(진)·蔡(채)·衛(위)의 군사를 소집해 鄭(정)을 공격했다. 그러나 정 장공의 반격으로 주 왕실과 그 연합군은 패배했으며, 주 환왕이 팔에 화살을 맞아 부상당하였다. 이 사건으로 인해 동주 왕실의 힘은 결정적으로 약화되었으며, 주 환왕이 정 장공에게 패배한 시기 근처가 바로 춘추시대가 시작하는 때이다.

정 장공이 죽은 후 정 소공·정 여공 및 다른 공자들의 공위 다툼으로 인해 국력이 급속히 약화되었으며, 주변 강국인 晉(진)·楚(초)·齊(제)의 사이에 끼어 제대로 된 힘을 발휘하지 못했다. 그러나 기원전 607년, 晉(진)·陳(진)·衛(위)·宋(송)의 연합군을 격파하고, 정 간공 시기에 子産(자산, ? ~ B.C.554. 정나라 재상)을 등용하여 법체계를 정비하는 등 일정 이상의 국력을 유지했다. 전국시대 초기부터 한나라와 지속적으로 전쟁을 벌였고, 내란이 일어난 틈을 탄 한나라의 공격을 받아 기원전 375년에 멸망했다.

148 白面書生 백면서생

字解 白 : 흰 백 [白髮(백발) : 흰 머리]
　　　　面 : 낯 면, 얼굴 면 [顔面(안면) : 얼굴]
　　　　書 : 글 서, 책 서 [良書(양서) : 내용이 좋은 책]
　　　　生 : 날 생 [生日(생일) : 태어난 날]
　　　　　　사람 생, 백성 생 [蒼生(창생) : 세상의 모든 백성]

語義 흰 얼굴에 글만 읽는 사람.
　　　　(젊고 경험이 부족한 사람)
　　　　(한갓 글만 읽고, 세상일에는 전혀 경험이 없는 사람)

 用例

▶ 나 스스로 '白面書生(백면서생)'이라고 칭한 것은, 말로는 '노동자'라느니, '노동운동'이니, '노동자의 정치세력화'니 하는 단어를 떠들어 대면서, 정작 나 자신은 한 번도 '노동'을 할 생각을 하지 않았으니 하는 말이다.

▶ 대기업과 중소기업이 同伴成長(동반성장)을 한다면서, 白面書生(백면서생)이나 다름없는 대학 교수를 동반성장위원장에 앉혀 놓은 것도, 정작 중소기업에게는 별로 도움이 되지 않는다.

【類義語】 白面書郞(백면서랑) : 희고 고운 얼굴에 글만 읽는 사람.

 　　宋書(송서, 남조의 송나라 역사서. 양나라 심약 편찬) – 沈慶之傳(심경지전)

중국 南北朝時代[1](남북조시대), 남조인 宋[2](송)나라 제3대 황제인 文帝(문제. 재위 424 ~ 453) 때, 吳(오 : 지금의 절강성) 땅에 沈慶之(심경지)라는 사람이 있었다. 그는 어릴 때부터 힘써 武藝(무예)를 닦아 그 기량이 뛰어났다. 前王朝(전왕조)인 東晉(동진, 317 ~ 420)의 遺臣(유신) 孫恩(손은) 장군이 반란을 일으켰을 때, 그는 불과 10세의 어린 나이로, 一團(일단)의 私兵(사병)을 이끌고 반란군과 싸워, 번번이 승리하여 武名(무명)을 떨쳤다.

　그의 나이 40세 때, 異民族(이민족)의 반란을 진압한 공로로 장군에 임명되었다. 문제에 이어 즉위한 제4대 孝武帝(효무제. 재위 453 ~ 464) 때는 도읍인 建康(건강 : 지금의 남경)을 지키는 방위 책임자로 승진했다. 그 후 또 많은 공을 세워 建武將軍(건무장군)에 임명되어, 변경 수비군의 總帥(총수)로 부임했다.

어느 날 효무제는 심경지가 배석한 자리에 문신들을 불러 놓고, 숙적인 北魏(북위, 386 ~ 534)를 치기 위한 출병을 논의했다. 먼저 심경지는 北伐(북벌) 실패의 전례를 들어, 출병을 반대하고 이렇게 말했다.

"밭갈이는 당연히 농부에게 묻고, 바느질은 아낙에게 물어야 합니다. 하온데 폐하께서는 어찌 북벌 출병을 '흰 얼굴에 글만 읽는 사람'과 논의하려 하시나이까?"

 原文 耕當問奴(경당문노) 織當問婢(직당문비) 今陛下(금폐하) 欲伐國(욕벌국) 而與白面書生謀之(이여백면서생모지) 事何由濟(사하유제)

그러나 효무제는 심경지의 말은 안 듣고, 문신들의 의견을 받아들여 출병했다가, 크게 패하고 말았다. 심경지의 말에서 유래한 '白面書生(백면서생)'이란, '얼굴이 검은 무관과 대비하여 집 안에서 책만 읽어 창백한 얼굴의 문신들'을 가리키며, '말로만 떠들고 전혀 경험이 없는 사람', '바깥 출입을 거의 하지 않고 집 안에서 글만 읽고 세상 일에 경험이 없는 사람' 또는 '초년생'을 비꼬아서 하는 말이다. '白面郎(백면랑)'이라고도 한다.

---

1) **南北朝時代**(남북조시대) : 중국에서 江南(강남)의 南朝(남조)와 華北(화북)의 北朝(북조)가 대치하던 5세기 초부터 6세기 말까지의 시기. 漢(한)나라가 멸망(220)하고 삼국시대(220 ~ 280)와 晉(진, 265 ~ 420)이 들어서면서부터 중국은 분열기로 접어드는데, 보통은 삼국시대와 남북조시대를 병칭하여 魏晉(위진)남북조시대라고 부른다. 이 시기 동안 南朝(남조)에 6왕조[吳(오) · 東晉(동진) · 宋(송) · 齊(제) · 梁(양) · 陳(진)]가 있었다고 해서 六朝時代(6조시대)라고도 한다. 강남에서 동진을 이어 宋(송)이 건국되고(419), 화북에서 北魏(북위)가 호족들의 여러 국가를 통일하면서(439), 남 · 북조의 대치 시대로 들어간다.

남조에서는 漢族(한족)의 단명한 왕조가 宋(송, 419 ~ 479) 이래로 齊(제, 479 ~ 502) · 梁(양, 502 ~ 557) · 陳(진, 557 ~ 589)으로 이어졌다. 北朝(북조)에서는 北魏(북위)가 東魏(동위, 534 ~ 550)와 西魏(서위, 535 ~ 557)로 분열되었다가, 동위는 北齊(북제, 550 ~ 577)로, 서위는 北周(북주, 557 ~ 581)로 이어져 역시 단명한 왕조들이 계속되었다. 북주가 북제를 멸망시켜 북조를 통일했는데, 북주를 찬탈한 隋(수, 581 ~ 618)나라가 남조의 陳(진)을 멸망시킴으로써 남북조시대는 끝이 났다.

2) **宋**(송, 420 ~ 479) : 남북조시대 강남에서 건국된 남조 첫 번째 왕조이다. 趙匡胤(조광윤)이 세운 통일 황조 송나라와 구별하기 위해, 창시자의 성씨를 따라 劉宋(유송)이라 부르기도 한다. 동진 말기 강남에서 孫恩(손은)이 난을 일으키자, 형주의 유력자 桓玄(환현)이 반란의 진정을 핑계로 건강에 들어가 제위를 빼앗자, 彭城(팽성)의 하급 군인이었던 劉裕(유유, 363 ~ 422. 남조 송의 창건자. 재위 420 ~ 422)는 병사를 일으켜 손은과 환현을 무찌르고, 동진의 황제 安帝(안제)를 복위시켰다.

유유는 후연의 침공을 격퇴하고, 반란군의 잔당을 소탕한 뒤, 북벌을 감행해 후진의 姚泓(요홍)을 멸망시켜, 그 명성과 北府軍(북부군)의 병권을 배경으로 恭帝(공제)로부터 선양을 받아 즉위했다. 건국 후, 귀족의 기득권을 보장해 주면서 정권을 안정화시켰다. 이때부터 하급 군인 출신 황제의 무력과 귀족의 정치력이 결합되어, 南朝(남조)의 독특한 사회체제가 시작되었다.

149 伯牙絶絃 백아절현

字解 伯 ; 맏 **백**, 첫 백 [伯仲(백중) : 맏형과 둘째 형. 우열을 가리기 힘듦]

우두머리 백 [畵伯(화백) : 화가의 우두머리. 화가를 높이어 일컫는 말]

백작 백 [伯爵(백작) : 오등작의 셋째 작위)]

牙 ; 어금니 **아** [象牙(상아) : 코끼리의 어금니]

대장기 아 [牙城(아성) : 주장이 있는 내성. 본거]

※ **伯牙**(백아) - 여기서는 **사람 이름**. 俞伯牙(유백아).

絶 ; <u>끊을 **절**</u> [斷絶(단절) : 관계나 교류를 끊음]

으뜸 절, 뛰어날 절 [絶世(절세) : 세상에 다시없을 만큼 뛰어남]

絃 ; <u>줄 **현**</u> [續絃(속현) : 줄을 이음. 아내를 여읜 뒤 새 아내를 맞음]

語義 伯牙(백아)가 거문고 줄을 끊어 버림.
(자기를 알아주는 참다운 벗의 죽음을 슬퍼함)

 用例

▶이 나라의 내로라하는 잘난 이들 중에 **伯牙絶絃**(백아절현) 할 만한 이가 얼마나 있을까? 아마 모르긴 해도 한 사람도 없을지 모른다.

▶소가 사람보다 더 좋다던 할아버지의 **伯牙絶絃**(백아절현)은 워낙 소리가 되어 鳴響(명향 : 소리가 울려 퍼짐)한다. 죽은 소의 워낭을 듣고 있는 할아버지의 모습. 그 모습이야말로 이 영화가 뭇 사람들의 심금을 울렸다는 이야기를 이해할 수 있게 해준다.

▶내게도 **伯牙絶絃**(백아절현)의 종자기에 버금갈 만한 知己知音(지기지음)이 있고, 누군가에게 보여 주고 적절한 평을 듣기 위해서 쓰는 글이 있어 참으로 행복하다. 백아의 실력에는 어림없지만, 나의 지기지음은 종자기의 역할에 충분한 데 대한 만족감이다. 70이 넘은 나이에도 단풍잎을 말려서 주변 사람들에게 돌리는 분께 거듭해서 고마운 말씀을 전한다.

【類義語】 伯牙破琴(백아파금) : 백아가 거문고를 부수다. 즉 절친한 친구의 죽음을 슬퍼함.

絶絃(절현) : '백아절현'의 줄임말.

 **出典** **列子**(열자) - 湯門篇(탕문편)

중국 전국시대 때, 楚(초)나라 태생인 俞伯牙(유백아)는 成連子(성연자)로부터 음악을 배웠다. 스승

성연자는 제자인 백아에게 수년 동안 음악 기초를 배우게 했다. 그런 다음 태산으로 그를 데리고 올라가서는 해와 달이 뜨고 지는 우주의 장관을 보여 주었다. 뿐만 아니라, 봉래의 해안으로 데리고 가서는 거센 비바람과 휘몰아치는 도도한 파도를 보여 주면서 바다와 비바람 소리도 들려주었다. 백아는 스승의 이러한 지도로써 비로소 대자연이 어울려 화합하는 음성과, 신비하고 무궁한 조화된 자연의 음악을 터득하게 되었다. 이러한 수련의 과정을 거친 다음에 백아는 저 위대한 琴曲(금곡 : 거문고의 곡조)인 天風操(천풍조), 水仙操(수선조)를 완성할 수 있게 되었다.

또한, 백아에게는 입신출세의 길이 열려, 晉(진)나라에 가서 대부의 封爵(봉작)을 받게 되었다. 그러나 그의 琴藝(금예 : 거문고의 예술)가 도달한 참된 경지를 알아주는 사람은 아무도 없었다. 그것은 음악가로서의 불행이었으며, 견디기 힘든 고독이 아닐 수 없었다.

백아는 晉(진)나라에서 20여 星霜(성상 : 일 년 동안의 세월)을 보낸 다음, 고국에 돌아와 자기에게 음악의 진경을 터득케 해준 스승 成連子(성연자)를 찾아갔다. 그러나 오직 자신의 음악이 통할 수 있었던 유일한 스승은 돌아가시고, 古琴一張(고금일장 : 오래된 거문고 하나)만 유언으로 남아 백아를 맞이해 주었다.

백아는 몹시 상심하여 강을 따라 배를 저어갔다. 때마침 언덕에는 가랑잎이 지고, 강을 따라 갈대밭에는 갈대꽃이 만발하여 고독한 나그네를 더욱 수심에 젖게 하였다. 백아는 기슭에 배를 대고 뱃전에 걸터앉아, 탄식어린 거문고[1] 한 곡을 彈奏(탄주)하였다. 그런데 참으로 이상스럽게도 어디선가 바람결에, 유백아가 뜯는 거문고의 탄식에 맞추어 어떤 사람의 탄식 소리가 들려오지 않는가. 이 깊은 가을 저녁, 넓고 적막한 강기슭에서 누가 나의 탄식 깊은 거문고를 들어주었단 말인가?

그때 백아 앞에 나타난 사람은, 땔 나무를 해 팔면서 사는 가난한 나무꾼이었다. 그는 땔나무를 하기 위해 산천을 다니며 평생을 살아 자연의 소리와 交感(교감)하고 음악의 참된 경지를 아는 鍾子期(종자기)라는 사람이었다. 백아가 거문고를 뜯어 높은 산들의 모습을 나타내려고 하면, 옆에서 그걸 듣던 종자기가,

"아, 훌륭한 음악이여, 높이 솟는 느낌이라 마치 태산을 보는 것 같군!"

하고 칭찬해 주고, 흘러가는 물의 기분을 내려고 하면,

"멋지구나! 양양한 물이 흐르는 것 같아 마치 장강이나 황하 같군!"

하고 좋아해 준다. 이런 식으로 백아가 마음속에 생각한 것을 거문고에 실어보려고 할 때는, 종자기가 틀림없이 알아주어서 틀리는 일이 없었다.

 原文 伯牙善鼓琴(백아선고금) 鍾子期善聽(종자기선청) 伯牙鼓琴(백아고금) 志在高山(지재고산) 子期曰(자기왈) 善哉(선재) 峨峨乎若泰山(아아호약태산) 志在流水(지재유수) 子期曰(자기왈) 善哉(선재) 洋洋兮若江河(양양혜약강하) 伯牙所念(백아소념) 子期必得之(자기필득지)

어느 날 이 두 사람이 태산 골짜기 깊이 들어간 일이 있었다. 그때 갑자기 소나기를 만나 두 사람은 어떤 바위 아래서 비를 피했는데, 좀체 비는 멎지 않고 개울물에 흙과 모래가 쏟아져 흐르는 소리가 무섭게 들려왔다. 불안한 마음에 떨면서도 과연 거문고의 명인이라, 백아는 늘 가지고 다니던 거문고를 뜯기 시작했다. 처음 곡은 '장마비의 곡[霖雨之曲(임우지곡)]', 다음에는 '산사태의 곡[崩山之曲(붕산지곡)]'이었다. 한 곡조가 끝날 때마다, 종자기는 틀림없이 그 곡의 주제를 정확하게 말하며 칭찬을 아끼지 않았다. 언제나 그러했건만, 이때는 때와 장소가 달랐던 탓인지 백아는 울고 싶도록 감격하여, 거문고를 내려놓고 감탄하며 말했다.

"아! 훌륭하도다. 자네의 듣는 귀와 마음은 나와 조금도 다를 바 없군. 자네 앞에서는 나도 거문고를 섣불리 뜯을 수가 없네."

두 사람은 그만큼 마음이 맞는 연주자요 또 감상자였다.

종자기는 병을 얻어 먼저 죽었다. 그러자 그렇게까지 거문고에 정신을 쏟고 일세의 명인으로 찬양받았건만, **백아는** 거문고를 부수고 <u>줄을 끊어 버렸다</u>. 죽을 때까지 다시는 거문고를 뜯지 않을 결심이었던 것이다. 거문고를 켠다 하여도 알아줄 이가 없기 때문이다.

 原文 鍾子期死(종자기사) 伯牙破琴絶絃(백아파금절현) 終身不復鼓琴(종신불부고금) 以爲無足爲鼓者(이위무족위고자)

그것은 종자기라는 다시 만날 수 없는 훌륭한 듣는 사람을 잃은 이상, 이미 자기가 누구 앞에서 거문고를 뜯을 것인가? 들을 줄 아는 사람이 없는 바엔 차라리 뜯지 않겠다는 생각에서였다. 이 이야기는 진실한 예술 정신을 시사해 주기도 한다. 위의 고사에서 '伯牙絶絃(백아절현)', 또는 줄여서 '絶絃(절현)'이라는 성어가 만들어지게 되었다. 또 '자기를 잘 알아주는 사람', 즉 '知己(지기)'를 '知音(지음)'이라고 하는 것도 이 고사에서 나왔다.

---

1) 거문고[琴(금)] : 6줄로 된 우리나라의 대표적 현악기. 玄琴(현금)이라고도 한다. 『삼국사기』에 '거문고는 중국 晋(진)나라의 七絃琴(칠현금)을 고구려의 王山岳(왕산악)이 개조하여 만든 악기인데, 이를 연주하자 검은 학이 날아와 춤을 주었다. 그래서 이름을 玄鶴琴(현학금)이라 하였다.'는 기록이 전한다. 그러나 이는 설화적 기원에 불과하다. 가야국의 현악기란 뜻의 '가야고'와 마찬가지로 거문고는 고구려의 옛 이름인 검과 고의 합성어로, 고구려의 현악기를 뜻한다고 보는 것이 바람직하다. 거문고는 6현, 가야금은 12현이다.

고구려에서 발생한 거문고는 통일신라에 전해져 神器(신기)로 보전되다가, 민간에 널리 퍼졌다고 한다. 거문고는 신라의 三絃三竹(삼현삼죽)의 하나로 鄕樂(향악) 발전에 크게 공헌했다.

조선시대 거문고는 궁중에서보다 민간에서 더욱 발전되었다. 조선 후기에 이르면, 거문고는 일부 양반들과 중인계층에 수용되어 선비들의 필수품의 하나로 여겨졌다. 이들은 거문고를 연주함으로써, 정신을 수양하고 다스리고자 했다. 이는 공자의 禮樂觀(예악관)의 영향으로 생각된다.

150 百戰百勝 백전백승

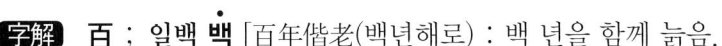

字解 百 ; 일백 **백** [百年偕老(백년해로) : 백 년을 함께 늙음. 의좋은 부부가 한평생 함께 지냄]

戰 ; 싸울 **전** [戰傷(전상) : 싸움에서 상처를 입음]

勝 ; 이길 **승** [勝敗(승패) : 이김과 짐]
　　　　나을 승, 경치 좋을 승 [絕勝(절승) : 빼어나게 아름다운 경치]

語義 백 번 싸워 백 번 이기다.
　　　(싸울 때마다 다 이김. 최상의 승리)

 用例

▶ 이번 답사는 충무공이 임진왜란이라는 국가적 위기 속에서, 어떻게 전쟁을 준비해 **百戰百勝**(백전백승)의 위업을 이뤄냈는지 현장에서 살펴보는 한편, 한산도대첩 등 주요 海戰(해전) 사례를 통해 인간 이순신의 자기극복 리더십도 배울 수 있도록 했다.

▶ 적립식펀드는 정말 요동치는 시장에서 '**百戰百勝**(백전백승)' 하는 싸움의 기술일까. 知彼知己(지피지기)면 **百戰百勝**(백전백승)이라고 했다. 적립식펀드가 무엇으로부터 차별화되는지 운용업계 전문가들을 통해 지금부터 알아보자.

【類義語】 白戰不殆(백전불태) : 백 번 싸워도 위태롭지 않음.
　　　　 連戰連勝(연전연승) : 싸울 때마다 계속하여 이김.

 **出典** 孫子兵法(손자병법) - 謀攻篇(모공편)

중국 춘추시대 孫子[1](손자) 가로되, 무릇 兵士(병사)를 쓰는(전쟁하는) 방법은,

敵國(적국)을 온전한 채로 두고 굴복시키는 것이 최상의 방법이고, 적국을 깨트려 굴복시키는 방법은 차선의 방법이다.

敵(적)의 軍[2](군)을 온전한 채로 두고 굴복시키는 것이 최상의 방법이고, 적군을 깨트려서 굴복시키는 것은 차선의 방법이다.

敵(적)의 旅[2](려)를 온전한 채로 두고 굴복시키는 것이 최상의 방법이고, 적의 여를 깨트려서 굴복시키는 것은 차선의 방법이다.

敵(적)의 卒[2](졸)을 온전한 채로 두고 굴복시키는 것이 최상의 방법이고, 적의 졸을 깨트려서 굴복시

키는 것은 차선의 방법이다.

敵(적)의 伍[2](오)를 온전한 채로 두고 굴복시키는 것이 최상의 방법이고, 적의 오를 깨트려 굴복시키는 것은 차선의 방법이다.

이런 까닭이 <u>백 번 싸워 백 번 이기는 것</u>이 최상의 것은 아니다. 전투하지 아니하고 굴복시키는 것이 최선일 것이다.

 原文 孫子曰(손자왈) 凡用兵之法(범용병지법) 全國爲上破國次之(전국위상파국차지) 全軍爲上破軍次之(전군위상파군차지) 全旅爲上破旅次之(전려위상파려차지) 全卒爲上破卒次之(전졸위상파졸차지) 全伍爲上破伍次之(전오위상파오차지) 是故(시고) <u>百戰百勝非善之善者也</u>(백전백승비선지선자야) 不戰而屈人之兵善之善者也(부전이굴인지병선지선자야)

---

1) **孫子**(손자) : 보통 孫武(손무) 또는 손무의 후예 孫臏(손빈)에 대한 경칭이다.

　孫武(손무)는 춘추시대 齊(제)나라 사람으로, 자는 長卿(장경)이다. 일찍 『병법』 13편을 吳王(오왕) 闔閭(합려)에게 보이고 그의 장군이 되었으며, 대군을 이끌고 楚(초)나라를 무찔렀다. 군대를 중시했으며, '적과 나를 알면, <u>백 번 싸워도 위태롭지 않다[知彼知己**百戰不殆**[3](지피지기백전불태)]</u>.'라고 주장했다. 즉, 적과 나의 상황을 파악하고 군사의 多寡(다과) · 强弱(강약) · 虛實(허실) · 攻守(공수) · 進退(진퇴) 등의 형세를 잘 분석하여 적을 제압하면 승리를 얻는다는 것이다. 또한 전략 · 전술을 활발하게 운용할 것을 주장했다. 그의 저서 『손자병법』은 중국 최초의 兵書(병서)이다. 1972년 산동성[山東省(산동성)] 린이현[臨沂縣(임기현)] 인췌산[銀雀山(은작산)]에 있던 漢墓(한묘)에서 竹簡(죽간 : 대나무를 엮은 뒤, 그 위에 글씨를 쓰는 기록 수단) 『孫子兵法(손자병법)』 13편이 출토되었다.

　'孫臏(손빈)'은 전국시대의 兵家(병가)이며, 일찍이 龐涓(방연)과 병법을 공부했다. 방연은 魏(위)나라 惠王(혜왕)의 장군이 되었는데, 손빈의 재주를 시기해서 위나라로 그를 불러들여 臏刑(빈형 : 슬개골, 곧 무릎관절의 뼈를 자르는 형벌)에 처했다. 이로 인해 孫臏(손빈)이라는 이름을 얻었다.

　손빈은 후에 齊(제)나라 威王(위왕)의 軍師(군사 : 참모)가 되었는데, 위왕은 桂陵(계릉)과 馬陵(마릉)에서 魏軍(위군)을 차례로 무너뜨릴 계획을 세우고 있었다. 손빈은 전쟁을 수단으로 삼아 중국을 통일할 것을 주장했고, 전쟁 중에 특히 사람의 주관적인 능동 작용을 중시하여, '천지간에 사람보다 귀한 것은 없다[天地之間莫貴於人(천지지간막귀어인)].'고 했다. 단지 좋은 무기에만 의지하는 것으로 강대하다고 할 수는 없으므로, '갑옷의 견고함이 병사를 이롭게 하나, 강하게 할 수 있는 것은 아니다[甲堅利兵不得以爲强(갑견리병부득이위강)].'라고도 했다. 저서 『孫臏兵法(손빈병법)』은 당나라 이후에 유실되었는데, 1972년 인췌산 한묘에서 그 竹簡(죽간)이 발굴되었다.

2) **軍**(군) · **旅**(려) · **卒**(졸) · **伍**(오) : 고대 군대 편제의 단위. 12,500명을 軍(군)이라 하고, 500명을 旅(려)라 하고, 100명을 卒(졸)이라 하고, 5명을 伍(오)라고 하였다.

3) **白戰不殆**(백전불태) - 『孫子兵法(손자병법)』 「謀攻篇(모공편)」

　무릇 장수는 국가를 補佐(보좌)한다. 보좌가 완전하면 국가가 강대해질 것이고, 보좌가 불완전하면 국가가 약화된다. 그러므로 통치자가 군을 위기에 빠지게 하는 경우가 세 가지 있다.

　군대가 진격해서는 안 되는데, 알지도 못하고 진격하라고 명령하며,

　군대가 후퇴해서는 안 되는데, 알지도 못하면서 후퇴하라고 명령하는 것. 이것을 코 꿰인 군대라고 한다.

　그리고 전군의 내부 사정을 알지도 못하면서, 군정에 간섭하여 군 내부에 혼란을 일으키고, 또한 지휘 계통을 알지 못하고, 군령에 간섭하여 내부에 불신감을 조성하는 일이다.

〈原文〉 夫將者(부장자) 國之輔也(국지보야) 輔周則國必强(보주즉국필강) 輔隙則國必弱(보극즉국필약) 故君之所以患於軍者三(고군지소이환어군자삼) 不知軍之不可以進而謂之進(부지군지불가이진이위지진) 不知軍之不可以退而謂之退(부지군지불가이퇴이위지퇴) 是爲縻軍(시위미군) 不知三軍之事(부지삼군지사) 而同三軍之政者(이동삼군지정자) 則軍士惑矣(즉군사혹의) 不知三軍之權(부지삼군지권) 而同三軍之任(이동삼군지임) 則軍士疑矣(즉군사의의)

　통치자가 내부 혼란이나 불신감을 초래하게 되면, 다른 제후국의 침략을 받게 될 것이다. 이것을 '군을 혼란하게 하여 적의 승리를 끌어 들이는 것'이라고 한다. 승리를 판단할 수 있는 요소로는 다음 다섯 가지가 있다.

　싸울 수 있는 경우와 싸워서는 안 되는 경우를 아는 자는 승리한다.

　많은 병력과 적은 병력의 사용법을 아는 자는 승리한다.

　상하의 욕망이 같으면 승리한다.

　준비를 갖추어진 상태에서 태만히 하고 있는 적을 기다리면 이긴다.

　장수가 유능하고 통치자가 간섭하지 않으면 승리한다.

〈原文〉 三軍旣惑且疑(삼군기혹차의) 則諸侯之難至矣(즉제후지난지의) 是謂亂軍引勝(시위난군인승) 故知勝有五(고지승유오) 知可以戰與不可以戰者勝(지가이전여불가이전자승) 識衆寡之用者勝(식중과지용자승) 上下同欲者勝(상하동욕자승) 以虞待不虞者勝(이우대불우자승) 將能而君不御者勝(장능이군불어자승)

　이 다섯 가지가 승리를 예측할 수 있는 방법이다. 그러므로 말한다. 저편의 사정을 알고 이편의 사정을 알고 있으면, **백 번 싸워도 위태롭지 않다**. 저편의 사정을 알지 못하고, 이편의 사정만을 알고 있으면 한 번은 승리하고 한 번은 패배한다. 저편의 사정과 이편의 사정을 함께 알지 못하고 있으면, 전쟁을 할 때마다 반드시 위태롭게 된다.

〈原文〉 此五者(차오자) 知勝之道也(지승지도야) 故曰(고왈) 知彼知己(지피지기) **百戰百殆**(백전불태) 不知彼而知己(부지피이지기) 一勝一負(일승일부) 不知彼不知己(부지피부지기) 每戰必殆(매전필태)

151 浮生若夢 부생약몽

字解 浮 ; 뜰 부 [浮力(부력) : 물체를 뜨게 하는 힘]
　　　　生 ; 날 생 [生日(생일) : 태어난 날]
　　　　　　사람 생, 백성 생 [蒼生(창생) : 세상의 모든 백성]
　　　　若 ; 같을 약 [若此(약차) : 이와 같음. 如此(여차)]
　　　　夢 ; 꿈 몽, 꿈꿀 몽 [夢想(몽상) : 꿈같은 헛된 생각]

語義 뜬 인생이 꿈과 같다.
　　　　(덧없는 인생이란 허무한 꿈에 지나지 않음)

 用例

▶ 근대적 이성의 야망은 한바탕 휩쓸고 지나간 꿈처럼 아련하고 허망하다. **浮生若夢**(부생약몽)! 이제 현대 철학은 하나의 물줄기를 이루어 흐르는 커다란 강줄기라기보다는 작은 시내에 불과하다.
▶ 인생은 **浮生若夢**(부생약몽)임을 새삼 깨닫는다. 병과 이별을 어떻게 사귈까? 황혼이 가까워지면 여러 가지 일이 일어난다.

【類義語】 浮生如夢(부생여몽) : 뜬 인생이 꿈과 같음.
　　　　　一場春夢(일장춘몽) : 한바탕의 봄꿈. 헛된 영화나 덧없는 일.
　　　　　邯鄲之夢(한단지몽) : 한단 땅에서 꾼 꿈. 인생과 영화의 덧없음.
　　　　　南柯之夢(남가지몽) : 남쪽 가지 밑에서 꾼 한 꿈이라는 뜻으로, 일생과 부귀와 영화가 한낱 꿈에 지나지 않음.
　　　　　老生之夢(노생지몽) : 노생의 꿈. 인생의 영고성쇠가 꿈처럼 덧없음.

 **李白**(이백) - 春夜宴桃李園序(춘야연도리원서)

'春夜宴桃李園序(춘야연도리원서)'는 이백이 어느 봄밤에 형제, 친척들과 함께 桃李(도리)가 핀 동산에서 잔치를 베풀 때 지은 것이다. 그들은 그 잔치에서 시를 지었는데, 이 글은 그 시편의 앞에, 그때의 감상과 함께 경위를 서술한 것이다.

무릇 天地(천지)란 萬物(만물)의 逆旅(역려)요, 光陰(광음)이란 것은 百代(백대)의 過客(과객)이라! **뜬구름 같은 인생은 꿈만 같으니**, 즐거움이 그 얼마나 되겠는가?

옛사람들 등불을 들고 밤늦도록 놀았다 하니, 진실로 이유 있도다!
하물며 지금 화창한 봄날이 아지랑이 일렁이는 경치로 나를 부르고,
大自然(대자연)이 나에게 아름다운 文章(문장)을 빌려주지 않았는가?

 原文 夫天地者萬物之逆旅(부천지자만물지역려) / 光陰者百代之過客(광음자백대지과객) / 浮生若夢爲歡幾何(부생약몽위환기하) / 古人秉燭夜遊良有以也(고인병촉야유양유이야) / 況陽春召我而煙景(황양춘소아이연경) / 大塊假我以文章(대괴가아이문장)

복사꽃 오얏꽃 만발한 花園(화원)에 모여, 天倫(천륜)의 즐거운 일을 펴니,
여러 아우님들은 준수하여, 모두들 惠蓮(혜련)이와 같은데,
나는 읊조리고 노래함에, 홀로 康樂(강락)에 부끄럽구나!

 原文 會桃李之芳園(회도리지방원) / 序天倫之樂事(서천륜지락사) / 群季俊秀(군계준수) 皆爲惠連(계위혜련) / 吾人詠歌(오인영가) 獨慙康樂(독참강락)

그윽한 감상이 그치지 않고, 고상한 담론이 더욱 맑아지네.
아름다운 자리를 펴서 꽃 앞에 앉고, 羽觴(우상)을 날려 달 아래 취하니
아름다운 글이 없다면, 어떻게 고상한 회포를 펴겠는가?
만일 시를 짓지 못한다면, 罰酒(벌주)는 金谷(금곡)의 술잔 수를 따르리라!

 原文 幽賞未已(유상미이) 高談轉淸(고담전청) / 開瓊筵而坐花(개경연이좌화) 飛羽觴而醉月(비우상이취월) / 不有佳作(불유가작) 何伸雅懷(하신아회) / 如詩不成(여시불성) 罰依金谷酒數(벌의금곡주수)

※ **語彙**(어휘) **풀이**

- 春夜宴桃李園序(춘야연도리원서) : 봄날 밤 복사꽃과 오얏꽃이 피어 있는 동산에서 (여러 형제들과) 宴會(연회)를 베풀며 느끼는 懷抱(회포)를 서술함.
- 逆旅(역려) : 나그네를 맞는 곳, 旅館(여관), 逆(역)은 맞이하다[迎(영)].
- 光陰(광음) : 햇빛과 그늘, 즉 시간을 말함, 歲月(세월).
- 百代(백대) : 한 世代(세대)는 30년, 百代(백대)는 영원함을 말함.
- 浮生(부생) : 정처 없이 떠다니는 인생, 덧없는 인생.
- 秉燭(병촉) : 등불을 잡다. 등불을 밝혀 놓고 밤늦도록 노닒.
- 良有以也(양유이야) : 良(양)은 진실로, 참으로. 以(이)는 까닭의 뜻. 진실로 까닭이 있음이라.
- 召(소) : 부르다. 여기서는 '招待(초대)하다'의 뜻과 통함.
- 煙景(연경) : 煙霞(연하 : 안개와 노을. 고요한 산수의 경치를 비유적으로 이르는 말)의 경치, 봄날의 아름다운 경치.
- 大塊(대괴) : 天地(천지), 大地(대지), 조물주. 塊(괴)는 흙덩이.

- 假(가) : 빌려주다, 여기서는 賦與(부여)해 주다. 즉, 조물주는 나에게 글을 쓸 수 있는 재주를 빌려주어, 형제간의 즐거운 이날 밤의 풍경을 쓴다는 이야기.
- 天倫(천륜) : 하늘이 맺어준 윤리, 질서, 즉 형제.
- 群季(군계) : 여러 아우. ※ 季(계) : 아우.
- 惠連(혜련) : 謝惠連(사혜련, 397 ~ 432). 六朝時代(육조시대) 宋(송)나라의 시인. 그의 族兄(족형)인 謝靈運(사령운)은 그를 사랑하여, 혜련과 함께 시를 지으면 언제나 좋은 싯구를 얻었다고 전해지고 있음.
- 吾人(오인) : 우리들. 나. 여기서는 李白(이백) 자신을 지칭.
- 康樂(강락) : 謝靈運(사령운, 385 ~ 433). 六朝時代(육조시대) 宋(송)나라의 시인. 康樂侯(강락후)에 봉해졌으므로 謝康樂(사강락)이라고도 함. 謝惠連(사혜련)의 族兄(족형).
- 未已(미이) : 아직 끝나지 않음. ※ 已(이) : 그치다.
- 高談(고담) : 고상한 이야기.
- 羽觴(우상) : 새의 깃털 형상으로 된 술잔.
- 佳作(가작) : 훌륭한 작품. 곧, 좋은 시를 말함.
- 如(여) : 만약 ~하면. ※ 가정 부사.
- 金谷酒數(금곡주수) : 벌주 석 잔. 晉(진)의 石崇(석숭, 249 ~ 300)은 시인으로 洛陽(낙양) 교외의 金谷園(금곡원)에 별장을 짓고 호화로운 주연을 베풀었는데, 그때 시를 짓지 못하는 사람에게는 罰酒(벌주) 석 잔을 주었다고 한 고사에서 유래.

〈意譯〉

　　천지라는 것은 만물이 쉬어가는 나그네 집이요, 세월이라는 것은 영원을 흘러가는 길손이다. 그 가운데 우리네 **덧없는 인생은 짧기가 꿈같아** 그 동안에 환락을 누린다 한들 겨우 얼마이겠는가! 옛 사람이 백 년도 못 사는 인생으로 천 년의 근심을 안고서, 낮은 짧고 밤은 길어 놀아 볼 겨를도 없음을 한탄하다가 밤에 촛불을 켜고 밤을 낮 삼아 놀았다고 하더니, 참말로 이제야 그 까닭이 있음을 알겠구나! 더구나 만물이 소생하는 화창한 봄날, 아지랑이 이내 어린 아름다운 봄 풍경이 활짝 웃으며 날 오라 불러대고, 여기에 하늘이 또 내게 시문을 짓는 재주까지 빌려주며 시 한 수 읊어 보라 하니, 아니 놀고 어찌 하리!

　　그래서 오늘 복숭아꽃, 오얏꽃 활짝 피어 향기 그윽한 여기 이 꽃동산에 주연을 베풀고, 우리 형제들 친족들 모두 모여 즐거운 일들을 펼치니, 젊은이들은 모두가 수재라. 명시를 잘 지어 내는 송나라 혜련이 되어 멋진 시들을 다듬어 내는구나. 그런데 나 이태백이 읊은 노래만이 평소에 흠모하던 시인 강락을 보기가 부끄러울 정도로구나!

　　고요히 봄 풍경을 미처 감상도 덜 했는데, 또다시 고상한 이야기들이 갈수록 맑게 들려오고. 주옥같은 이 자리, 아름다운 연석에 꽃을 보며 앉아서 새 깃털 모양의 술잔들을 마냥 날리며 이 밤을 달 앞에 취한다. 즐거운 밤놀이, 이렇게 좋은 봄밤에 시 한 수가 없을까 보냐! 썩 좋은 작품이 없고서야 내 이 풍아한 생각들을 무엇으로 풀어 보랴! 만일 좋은 시 한 수씩을 읊어내지 못한다면, 무엇으로 벌을 줄까? 그렇지! 진나라 석숭이 금곡의 별장 금곡원에 손님들을 초대하여 주연을 베풀고, 시를 짓지 못하는 사람에게 벌주로 술 석 잔을 마시게 했다던데. 우리도 금곡의 예를 따르리라!

152 焚書坑儒 분서갱유

字解 焚 : <u>불사를 분</u> [焚香(분향) : 향을 불에 태움]
　　　 書 : <u>책 서</u>, 글 서 [書齋(서재) : 책을 쌓아 두고 글을 읽고 쓰는 방]
　　　 坑 : <u>구덩이(에 묻을) 갱</u> [坑口(갱구) : 구덩이의 입구. 굴의 어귀]
　　　 儒 : <u>선비 유</u> [儒生(유생) : 유교를 닦는 선비]

語義 책을 불태우고, 유생을 구덩이에 묻음.
　　　 (진나라의 시황제가 학자들의 정치 비평을 금하기 위하여 경서를 태우고, 학자들을 구덩이에
　　　　생매장하여 베푼 가혹한 정치)
　　　 (언론이나 문화에 대한 탄압)

 用例

▶**焚書坑儒**(분서갱유)와 같은 가혹한 탄압으로 '天下(천하)'를 복속시킨 진시황은 사상 최대의 폭군으로 지탄받지만, 광대한 영토를 단일한 표준으로 묶어서 협력을 확대 강화하도록 함으로써, 이후 오늘날 거대 중국의 토대를 마련했다.

▶**焚書坑儒**(분서갱유)의 핵심은 사상의 자유를 억압하고 문화적 다양성을 말살하여, 문화를 정치의 도구화로 삼으려 한 것이다.

 **出典**　**史記**(사기) - <u>秦始皇</u>¹⁾記(진시황기),　**十八史略**(십팔사략) - 秦篇(진편)

기원전 221년, 齊(제, B.C.1046 ~ B.C.221)를 끝으로 6국을 평정하고, 전국시대를 마감한 秦(진, B.C.221 ~ B.C.206) 始皇帝(시황제) 때의 일이다. 시황제는 천하를 통일하자, 周(주)왕조 때의 봉건제도를 폐지하고, 역사상 처음으로 중앙집권의 郡縣(군현)제도를 채택했다. 군현제를 실시한 지 8년이 되는 어느 날, 시황제가 베푼 함양궁의 잔치에서 박사인 淳于越(순우월)이 '현행 군주제도 하에서는 황실의 무궁한 안녕을 기하기가 어렵다'며, 봉건제도로 改替(개체 : 새롭게 고쳐서 바꿈)할 것을 進言(진언 : 윗사람에게 의견을 말함)했다.

시황제가 신하들에게 순우월의 의견에 대해 가부를 묻자, 군현제의 입안자인 丞相(승상) <u>李斯</u>²⁾(이사)는 이렇게 말했다.

"봉건시대에는 제후들 간에 침략전이 끊이지 않아 천하가 어지러웠으나, 이제는 통일되어 안정을 찾았사오며, 법령도 모두 한곳에서 발령되고 있나이다. 하오나 옛 책을 배운 사람들은 그것만을 옳게 여겨, 새로운 법령이나 정책에 대해서는 비난하고 있사옵니다. 하오니 차제에 그런 선비들을 엄단하심과

아울러 백성들에게 꼭 필요한 醫藥(의약), 卜筮[복서 : 占法(점법)의 하나], 種樹(종수 : 식물을 심고 가꿈. 농업)에 관한 책과 진나라 역사서 외에는 모두 수거하여 불태워 없애 버리소서."

시황제가 이사의 진언을 받아들임으로써, 관청에 제출된 희귀한 책들이 속속 불태워졌는데, 이 일을 가리켜 '焚書(분서)'라고 한다. 당시는 종이가 발명되기 이전이므로, 책은 모두 글자를 적은 대나무 조각을 엮어서 만든 竹簡(죽간)이었다. 그래서 한번 잃으면, 복원할 수 없는 것이 많았다.

이듬해 아방궁이 완성되자, 시황제는 불로장수의 신선 술법을 닦는 方士(방사)들을 불러들여 후대했다. 그들 중 특히 노생과 후생을 신임했으나, 두 방사는 많은 재물을 사취한 뒤, 시황제의 부덕을 비난하며 종적을 감춰버렸다. 시황제는 진노했다. 그 진노가 채 가시기도 전에, 이번에는 시중의 염탐꾼을 감독하는 관리로부터 '폐하를 비방하는 선비들을 잡아 가뒀다.'는 보고가 들어왔다. 시황제의 노여움은 극에 달했다. 엄중히 심문한 결과 연루자는 460명이나 되었다. 시황제는 그들을 모두 산 채로 각각 구덩이에 파묻어 죽였는데, 이 일을 가리켜 '坑儒(갱유)'라고 한다.

위의 두 사건에서 '焚書坑儒(분서갱유)'라는 成語(성어)가 이루어졌으며, 秦始皇(진시황)이 행한 역사에서 보기 드문 폭정의 대명사가 되었다.

---

1) **秦始皇**(진시황, B.C.259 ~ B.C.210. 재위 B.C.246 ~ B.C.210) : 중국 통일 秦(진)나라의 초대 황제(진나라 제31대). 성은 嬴(영), 이름은 政(정). 중국을 최초로 통일했으나, 통일제국 秦(진)은 그가 죽은 지 4년 만에 멸망했다. 중국 북서부에 위치한, 전국시대 秦(진)나라의 군주인 莊襄王(장양왕)의 아들로 태어났다. 당시 장양왕은 趙(조)나라에 볼모로 붙들려 있었다. 그의 어머니는 부유한 상인 呂不韋(여불위)의 애첩이었다. 여불위는 경제적인 이익을 위해 원래 후계자로 지명되지 않았던 장양왕을 재위에 올려놓았다. 기원전 246년, 政(정)은 13세에 재위에 올랐다. 이때 진은 가장 강력한 나라였고, 중국의 나머지 나라를 지배 하에 두었다.

기원전 238년에 공식적으로 親政(친정)을 선언하기 전까지 사실상 여불위가 정권을 담당했다. 왕으로서 그가 취한 첫 번째 행동은 자기 어머니와 정을 통한 반대파의 신하를 살해하고 여불위를 제거한 것이었다. 뒤에 丞相(승상)이 된 李斯(이사)의 주장을 받아들여, 유능한 조언자들을 왕 주변에서 떼어낼 수도 있는 이방인 추방 법령을 폐지했다.

2) **李斯**(이사, B.C.280? ~ B.C.208) : 중국 전국시대의 정치가. 무자비하나 매우 효율적인 法家(법가) 사상을 이용하여 여러 나라를 합병하고, 통일제국 秦(진)을 건설하는 데 공헌했다. 기원전 247년 秦(진)나라로 가서, 거의 40년간 始皇帝(시황제)가 된 진왕 政(정)을 위해 일했다.

진의 승상으로서 기원전 221년 이후 시행된 거의 모든 정치·문화의 급진적 개혁을 주도했다. 이사는 전국을 36郡(군)으로 나누었으며, 모든 군은 조정에서 임명한 관리가 다스리도록 했다. 그의 제안에 따라 시황제는 화폐 단위와 度量衡(도량형)을 통일하고, 흉노의 침입을 막기 위해 만리장성을 쌓았다. 불온한 사상의 확산을 막기 위해, 기원전 213년 역사 교육을 금지하고 焚書(분서)를 명령했다. 이로 말미암아 그는 후대 모든 유학자들에게 증오의 대상이 되었다. 기원전 210년 시황제가 죽자, 황위 계승자를 바꾸려는 환관 趙高(조고)의 음모에 가담했다. 그러나 2년 후, 둘 사이에 암투가 생겼고, 조고는 그를 사형에 처했다.

153 髀肉之嘆 비육지탄

字解 髀 : 넓적다리 **비** [髀肉(비육) : 넓적다리 살]
  肉 : 살 **육**, 고기 육 [血肉(혈육) : 피와 살, 자기 소생의 자녀]
  之 : 의 **지** [叩盆之嘆(고분지탄) : 동이를 두드리는 탄식]
  嘆 : 탄식할 **탄** [痛嘆(통탄) : 몹시 탄식함]

語義 넓적다리만 살찜을 한탄함.
  (재능을 발휘할 때를 얻지 못하여, 헛되이 세월만 보내는 것을 한탄함)

 用例

▶ 고려・조선조를 거치면서 왕이 말 타고 전장을 누빌 일이 없어졌습니다. 그러니 기마민족의 유전자를 가진 후대의 호방한 영걸들이 **髀肉之嘆**(비육지탄)을 느꼈을 법도 하지만, 아무튼 옛적의 "나를 따르라."라고 호령하던 기상은 사라지고 말았습니다.

▶ 小人(소인)은 어리석고 다만 百里之才(백리지재 : 사방 백 리가 되는 땅을 다스리는 재주)하여, **髀肉之嘆**(비육지탄)한 나날을 보내고 있나이다. 목하 반성 중에 있으니, 소인이 그대에게 보내는 서신은 잠시 뒤로 미루도록 하겠사옵니다.

【類義語】 髀肉復生(비육부생) : '넓적다리에 다시 살이 오른다.'는 뜻으로, 허송세월하면서 아무런 성취도 없는 것.

 **出典** 三國志(삼국지) – 蜀志(촉지)

중국 後漢(후한) 말 劉備(유비)는 黃巾賊(황건적)의 亂(난)을 평정하고, 198년에는 曹操(조조)와 협력하여 呂布[1](여포)를 下邳(하비)에서 격파하였다. 그 후 漢(한)의 임시 수도 許昌(허창)으로 올라가 조조의 周旋(주선)으로 獻帝[2](헌제)를 拜謁(배알 : 지체 높은 분을 만나 뵘)하고 左將軍(좌장군)에 임명되었으나, 조조의 휘하에 있는 것이 싫어 固辭(고사)하였다. 허창을 탈출하여 汝南(여남) 등지로 전전한 끝에, 皇族(황족)의 일족인 荊州(형주)의 劉表[3](유표)에게 의지하여 조그만 고을을 다스리고 있었다.

유비가 유랑하고 있는 사이에, 조조는 원술・여포・원소를 격파하고 河北(하북)을 제압하고 있었다. 이에 대항하는 것은 孫堅[4](손견)의 뒤를 이은 吳(오)의 孫權(손권) 정도였고, 유비가 몸을 의탁하고 있는 유표는 領地(영지)를 지킬 뿐, 천하를 도모할 만한 그릇이 못 되었으므로, 유비는 그저 유표의 客將

(객장)으로서 新野(신야)라는 작은 성을 지키는 데 지나지 않았다. 나이는 이미 오십 줄에 들어서고 있었다. 관우·장비 같은 호걸은 있었으나, 아직 일정한 지반도 실력도 없었다. 언제나 말을 달리며 천하의 패권을 부르짖고, 漢室(한실)을 부흥시킬 수 있단 말인가? 유비는 자신이 한심스럽기 짝이 없었다.

어느 날 유표에게 초대받아 荊州城(형주성)에서 그와 함께 술을 마시고 있었는데, 유비는 변소에 갔다가 넓적다리에 살이 많이 붙은 것을 보고 스스로 놀랐다. 유비가 돌아오며 눈물을 흘리니, 유표가 이상히 여겨 그의 눈물을 보고 까닭을 물었다.

유비가 말하기를,
"항상 몸이 안장에서 떨어지지 않아 넓적다리에 살이 모두 없었는데 지금은 다시 말을 탈 수 없으니, **넓적다리 속으로 살이 생기고**, 세월은 흐르는 물과 같아서 늙음이 이르는데도 功業(공업 : 큰 공로가 있는 일)을 세우지 못하였으니, 이것이 슬플 뿐입니다."

 原文 備曰(유왈) 常時身不離鞍(상시신불리안) 髀肉皆消(비육개소) 今不復騎(금불부기) **髀裏肉生**(비리육생) 日月如流(일월여류) 老將至(노장지) 功業不建(공업불건) 是以悲耳(시이비이)

위의 '髀裏肉生(비리육생)의 歎息(탄식)'에서 '髀肉之嘆(비육지탄)'이란 말이 유래하게 되었다. 유비의 비육지탄은 그 후에도 수년 동안 계속되었으나, 헌제 13년 그는 적벽의 싸움에서 일약 용명을 날려 형주를 영유했으며, 이어 15년 양자강 중류의 요충인 강릉에 진출했을 때에는 魏(위)의 조조, 吳(오)의 손권과 어깨를 나란히 할 수 있는 蜀(촉)의 유비로서의 소지를 닦아 놓았다.

그가 강릉으로 진출했다는 소식을 듣고 조조는 아연 실색, 마침 글씨를 쓰고 있다가 자기도 모르게 들고 있던 붓을 떨어뜨렸다고 한다. 이어 촉으로 진출한 유비는 촉한제국을 세워 삼국의 하나로서 확고한 지휘를 확보했다. 형주에서 '髀肉之嘆(비육지탄)'을 말한 십수 년 후의 일이다. 실로 실력을 기르면서 고난에 찬 10년의 세월이었다.

---

1) **呂布**(여포) : 중국 後漢(후한) 말엽의 장수. 자는 奉先(봉선). 五原(오원)에 있는 九原[구원 : 지금의 네이멍구 자치구(內蒙古 自治區)] 사람이다. 활쏘기와 말타기에 뛰어나, 당시 사람들로부터 '飛將(비장)'으로 불렸다. 『三國志(삼국지)』나 『三國志演義(삼국지연의)』에서 후한 말기의 群雄(군웅) 가운데 武勇(무용)이 가장 뛰어난 인물로 묘사되어 있다. 그가 탔다고 전해지는 赤兎馬(적토마) 또한 名馬(명마)이어서 "사람 가운데는 여포, 말 가운데는 적토매[人中呂布(인중여포) 馬中赤兎(마중적토)]"라는 말이 전해졌다. 처음에는 并州刺史(병주자사) 丁原(정원)의 수하에 있다가, 나중에 그를 죽인 후 董卓(동탁)에게 귀순했으나, 다시 王允(왕윤)과 모의하여 동탁마저 죽였다. 그 뒤 奮威將軍(분위장군)의 지위에 오르고 溫侯(온후)로 봉해지는 한편, 徐州(서주)를 나누어 차지했다. 하지만 절개가 없고 물욕이 많아, 유혹에 쉽게 넘어가는 성격이었다. 198년(건안 3년)에 下邳(하비)에서 曹操(조조)에게 패하여 죽음을 당했다.

2) **漢 獻帝**(한 헌제) : 중국 後漢(후한)의 마지막 황제(재위 189 ~ 220). 이름은 劉協(유협). 9세의 나이로 즉위했을 당시, 후한은 이미 유명무실하게 되어 있었다. 黃巾賊(황건적)의 잔당이 난을 일으키자, 각 州(주)·郡(군)마다 병사들을 모아 스스로 지켰다. 이로 인해 群雄(군웅)이 각축하고 민생은 피폐해져 갔다. 즉위 다음 해 헌제는 董卓(동탁)의 주도 하에 수도를 長安(장안)으로 옮겼다.

그러나 동탁이 주살당한 후, 수도는 다시 뤄양[洛陽(낙양)]으로 옮겨졌고, 또 얼마 후 許(허 : 지금의 허난성 쉬창)로 옮겨져 조조의 꼭두각시가 되어 실권 없는 명목상의 황제가 되었다. 두 차례에 걸친 조조 암살 비밀 모의를 했으나, 뜻을 이루지 못했다. 조조가 죽은 후, 그의 아들 曹丕(조비)는 스스로 천자가 되어, 헌제를 폐하고 山陽公(산양공)에 봉했다. 食邑(식읍)이 1만 戶(호)였고, 山陽(산양)의 濁鹿城(탁록성)에 도읍을 정했다. 후에 病死(병사)했다.

3) **劉豹**(유표, 142 ~ 208) : 흉노족 선우 어부라의 아들이며, 前趙(전조)의 황제 劉淵(유연)의 아버지이다. 어부라가 196년에 사망하자, 어부라의 동생 호주천이 선우의 자리에 오르고, 유표는 좌현왕이 된다. 후에 조조에 의해서 5부로 나뉘어 흉노의 좌부를 통괄한다. 흉노 출신자가 한족화한 후에 유씨 성을 자칭하는 것은 유표로부터이지만, 이것은 전한시대부터 흉노와 한과의 사이에 인척 관계가 있는 것에 유래한다.

유표의 용모는 키가 8척에 달하고, 위엄이 있는 풍모였다고 한다. 유표는 정치를 잘해, 전란이 계속되어 토지에서 도망친 사람들이 안전한 형주에 모여들게 되어, 형주는 급속히 발전하게 되었다. 또 형주에 들어온 사람 중에는 명사들이 있어, 형주에는 우수한 인재들이 모여들게 되었다. 유표는 학문을 장려하였고, 宋忠(송충, ? ~ ?. 후한 말의 학자)이나 司馬徽(사마휘, 173 ~ 208. 후한 말의 은사. 유비에게 제갈량을 추천) 등의 학자도 육성하게 되었다. 유표 자신도 유학자로서 黨人(당인)이었던 王暢(왕창)을 師事(사사)하여, 젊을 적부터 유학자로서 알려져, '八交(팔교)', '八顧(팔고)' 및 '八友(팔우)' 중 한 명에 뽑히기도 하였다. 하지만 유표는 후계자 문제를 쉽게 결단 내리지 못하여, 훗날 그 사업이 그대로 조조에게 흡수되었다.

4) **孫堅**(손견, 156 ~ 192) : 중국 後漢(후한) 말기의 武將(무장). 字(자)는 文台(문태). 諡號(시호)는 武烈皇帝(무열황제). 저장성[浙江省(절강성)] 吳郡(오군) 富春(부춘) 출생이다. 지방의 豪族(호족) 출신으로, 孫策(손책, 175 ~ 200. 손견의 장남. 자객의 손에 일찍 죽음)과 孫權(손권, 181 ~ 251. 오나라 초대 황제. 재위 229 ~ 252)의 아버지이다.

17세 때 海賊(해적)을 퇴치하여 용명을 날렸고, 184년 '黃巾(황건)의 亂(난)'에 司空張溫(사공장온)의 부하로 토벌에 공을 세워, 烏程侯(오정후)로 봉해졌다. 이어서 董卓(동탁)을 토벌하는 군사를 일으키자, 袁術(원술)의 부하 장수로서 洛陽(낙양)으로 진격하여 동탁이 약탈한 後漢(후한) 皇帝(황제)의 諸陵(제릉)을 수복하고, 우물 속에서 傳國璽(전국새)를 얻었다. 192년 荊州牧(형주목) 劉表(유표)와 싸워 크게 이겼으나, 자기의 용맹을 믿고 單騎(단기)로 峴山(현산 : 호북성 양양현 남방)에 出陣(출진)하였다가 戰死(전사)하였다.

154 四面楚歌 사면초가

字解　四 : 넉 **사** [四骨(사골) : (소의) 네 다리뼈]
　　　　面 ; 낯 면, 얼굴 면 [面識(면식) : 얼굴을 서로 앎]
　　　　　　면 **면** [方面(방면) : 어떤 장소나 지역이 있는 방향]
　　　　楚 : 초나라 **초** [楚漢(초한) : 초나라와 한나라]
　　　　歌 ; 노래 **가** [歌舞(가무) : 노래와 춤]

語義　사면에서 들리는 초나라 노래.
　　　　(아무에게도 도움을 받지 못하는, 외롭고 곤란한 지경에 빠진 상태. 적에게 둘러싸인 상태)
　　　　(사면을 적에게 포위당하여 고립 상태에 빠짐)

用例

▶ 의약품 도매업계가 **四面楚歌**(사면초가)에 빠졌다. 정부의 리베이트 조사, 일반약의 의약외품 전환, 제약사들의 마진 인하 움직임 등이 동시다발적으로 진행되며 혼란스러워하고 있다.

▶ ○○기업은 각 사업 분야 1위 기업으로서, 국내 시장을 잠식하며 소비자의 이익보다는 항상 자신들의 이익만을 생각하는 기업문화를 변화시키지 못하고, 결국 스스로를 **四面楚歌**(사면초가)의 형국으로 만들어 가고 있습니다.

【類義語】 孤立無援(고립무원) : 고립되어 구원을 받을 데가 없음.
　　　　　楚歌(초가) : 아무에게도 도움을 받지 못하는, 외롭고 곤란한 지경에 빠진 형편.
　　　　　　　　　'사면초가'의 준말.

出典　**史記**(사기) - 項羽本記(항우본기)

　　楚(초)나라의 覇王(패왕) 項羽[1](항우)와 漢(한)나라의 劉邦[2](유방)이 천하를 다투던 때, 항우에게 마지막 운명의 날이 다가오고 있었다. 아끼던 슬기로운 책사 范增[3](범증)마저 떠나 버리고, 결국 유방에게 눌려 한나라와 강화하고 동쪽으로 돌아가던 도중, 垓下(해하)에서 한나라의 명장 韓信[4](한신)에게 포위당하고 말았다.

　　항우의 군대가 垓下(해하)에서 진을 쳤을 때, 병졸은 줄어들고 군량미도 얼마 남지 않았다. 漢(한)군과 諸侯(제후)의 군사에게 겹겹이 포위되고 말았다. 그러던 어느 날 밤, 한군의 **사면에서 초나라 노래**

가 들려왔다.

항우가 곧 크게 놀라 가로되,

"한나라가 이미 초나라를 빼앗았단 말인가? 어찌 초나라 사람이 저렇게 많은고?"

[심신이 지칠 대로 지친 초나라 군사들은 전의를 잃고, 그리운 고향의 노랫소리에 눈물을 흘리며 다투어 도망을 쳤다. 항복한 초나라 군사들로 하여금 초나라 노래를 부르게 한, 한나라 재상 張良[5](장량)의 작전이었다.]

항우는 곧 밤에 일어나, 진중에서 酒宴(주연)을 베풀었다. 항상 총애하여 데리고 다니는 虞(우)라는 이름의 미인과, 항상 타고 다니는 騅(추)라는 이름의 명마가 있었다. 이때에 항우는 곧 강개하여 슬픈 노래를 부르고, 스스로 시를 지었는데,

힘은 산을 뽑도다. 기운은 세상을 덮었네.
때가 불리하도다. 騅(추)마저 나가지 않는구나.
추가 나가지 않는구나. 어찌하랴, 어찌하랴.
虞(우)여, 虞(우)여. 그대를 어찌할 거나.

항우는 이 노래[垓下歌(해하가)]를 몇 번이고 불렀다. 우미인도 거기에 和答(화답)하니, 항우는 몇 줄기의 눈물을 흘리며 울었다. 좌우의 신하들도 모두 우느라, 능히 우러러보는 자가 없었다.

 原文 項王軍壁垓下(항왕군벽해하) 兵少食盡(병소식진) 漢軍及諸侯兵(한군급제후병) 圍之數重(위지수중) 夜聞漢軍四面皆楚歌(야문한군사면개초가) 項王乃大驚曰(항왕내대경왈) 漢皆已得楚乎(한개이득초호) 是何楚人之多也(시하초인지다야) 項王則夜起(항왕즉야기) 飮帳中(음장중) 有美人名虞(유미인명우) 常幸從(상행종) 駿馬名騅(준마명추) 常騎之(상기지) 於是項王乃悲歌忼慨(어시항왕내비가강개) 自爲詩曰(자위시왈)
「力拔山兮氣蓋世(역발산혜기개세) / 時不利兮騅不逝(시불리혜추불서) / 騅不逝兮可奈何(추불서혜가내하) / 虞兮虞兮奈若何(우혜우혜내약하)」 歌數闋(가수결) 美人和之(미인화지) 項王泣數行下(항왕읍수행하) 左右皆泣(좌우개읍) 莫能仰視(막능앙시)

그날 밤 虞(우)미인은 시에 화답한 후 자결하였고, 항우는 불과 800여 騎(기)를 이끌고 포위망을 탈출한 이튿날, 혼자 적진 속으로 뛰어들어 수백 명의 목을 베었다. 강만 건너면 처음 군사를 일으켰던 땅 江東(강동)으로 갈 수 있는 烏江(오강)까지 달려갔다. 그러나 항우는 군사를 다 잃고 돌아가는 것이 부끄러워, 스스로 목을 쳐 자결하고 말았다. 이때가 기원전 202년으로 그의 나이 31세였다. 그는 마지막 이런 말을 남겼다.

"과인은 거병한 후 지금까지 8년 동안 몸소 70여 회를 싸웠으나, 한 번도 진 적이 없어 마침내는 천하의 패권을 움켜쥐게 되었다. 그런데 이렇게 망한 것은 하늘이 나를 망하게 해서이지 내가 싸움을 못해서가 아니다[此天之亡我(차천지망아) 非戰之罪也(비전지죄야)]."

---

1) **項羽**(항우, B.C.232 ~ B.C.202) : 楚(초)나라의 왕으로, 霸王(패왕)이라고도 불린다. 본명은 籍(적)이며, 羽(우)는 그의 자이다. 초나라 명문의 후손이다. 초나라 명장 항연의 손자로 조부가 죽고 초나라가 멸망하자, 숙부 項梁(항량)과 함께 회계의 오중으로 숨어, 숙부 손에 자랐다. 陳勝(진승), 吳廣(오광)의 난이 일어나자, 숙부와 함께 봉기하여 회계 군수 은통을 참살한 뒤, 8천여 군사를 이끌고 차례로 주변 세력을 병합하였다. 얼마 후 숙부 항량이 죽자, 스스로 상장군이라 칭한 뒤, 도처에서 진나라 군을 무찌르고 드디어 함곡관을 넘어 關中(관중)으로 들어갔다.

이어 앞서 들어와 있던 劉邦(유방)과 홍문에서 만나 이를 복속시켰으며, 秦王(진왕) 子嬰(자영)을 죽이고 도성 함양을 불사른 뒤에, 팽성에 도읍하여 서초 패왕이라 칭하였다. 초나라 義帝(의제)를 받들었으나, 기원전 206년 의제를 죽이고 제위를 찬탈하였다. 이는 뒷날 金宗直(김종직)의 弔義帝文(조의제문)의 모델이 되었고, 한편 유방으로 하여금 찬탈자를 친다는 명목으로 거병하는 원인을 제공했다.

유방과 다툴 때, 초반에는 참모 范增(범증)의 조언으로 승승장구하였으나, 이를 간파한 한의 陳平(진평)이 항우와 범증을 갈라놓아 결국 범증을 잃고 말았다〈이를 중국 제2대 哀歎(애탄)이라 한다〉. 그 후 항우가 이끄는 초군은 유방이 이끄는 漢(한)군의 포위망에 갇히게 되었다. 항우는 마지막에 單騎(단기)로 적진에 뛰어들어, 모두 격파하여 포위망을 뚫었으나, 고향의 동료들을 생각하며 무상함을 느끼고, 끝내 자신이 꽂아놓은 창에 뛰어들어 자결을 하고 말았다. 항우는 진나라와의 거록전투, 유방과의 수수전투를 통해, 중국 역사상 최고의 무예와 통솔을 자랑하는 장수이다. 전문가들은 장수의 재능으로는 항우를 역사상 중국 최고라고 평가한다.

2) **劉邦**(유방, B.C.247 ~ B.C.195) : 漢(한)나라를 세운 첫 번째 황제. 자는 劉季(유계), 묘호는 高祖(고조). 농부의 아들(?)로 태어난 유방은 秦(진)의 하급관리인 쓰수이[泗水(사수)] 지방의 亭長(정장)으로 출발하여 경력을 쌓기 시작했다. 秦(진)의 始皇帝(시황제)가 죽은 다음 모반을 일으켰다. 반군은 명목상 項羽(항우)의 지휘 아래 있었다. 항우는 진의 군대를 쳐부수고 많은 옛 귀족들을 복권시켰으며, 자신의 장수들에게 토지를 나누어 주면서 진나라 이전의 봉건제도를 다시 시행했다.

그때 주요한 반군 지도자였던 유방은 지금의 쓰촨성[四川省(사천성)]과 산시성[山西城(산서성)] 남쪽, 즉 중국 서부 지역의 제후인 漢王(한왕)으로 봉해졌다. 그러나 이들은 곧 적대관계가 되었으며, 농민 출신의 경험과 영리함을 갖춘 유방은 군사적으로 뛰어났으며, 정치적인 면에서 고지식했던 항우를 패배시켰다.

유방은 학자들을 싫어하여 학자의 관에 오줌을 누어 혐오감을 표시하기도 했으나,

"馬上(마상)에서 천하를 얻을 수는 있어도, 마상에서 천하를 다스릴 수 없다."

고 하는 신하의 간언을 받아들여 유교의 예를 채택했다.

유방이 세운 한나라의 통치체제는 官制(관제)의 경우 진나라의 제도를 답습했으나, 지방 통치의 경우는 군현제와 봉건제를 병용한 郡國制(군국제)였다. 그는 한나라 건설에 공이 큰 부하 장수들과 친인척들을 諸侯王(제후왕)·列侯(열후)로 봉해 각지에 내보냈다. 그러나 후에 그는 항우를 물리치고 천하를 통일하는 데 가장 공이

컸던 韓信(한신)·彭越(팽월)·英布(영포) 등의 공신, 제후들을 모두 처형하고, '제후왕은 한나라의 일족에 한한다.'는 규정을 만들어 왕조의 기초를 굳건히 했다.

3) 范增(범증, B.C.277 ~ B.C.204) : 중국 楚(초)나라의 책사, 정치가. 項梁(항량, ? ~ B.C.208. 진 말기 반군 지도자로 항우의 숙부)의 요청으로 그를 섬겼으나, 그가 죽자 항우를 따랐고, 항우에게 亞父(아부 : 아버지 다음가는 사람. 임금이 공신을 존경하여 부르는 말)라는 존칭을 받는다. 항우와 초나라를 위해 劉邦(유방)을 죽이려 했지만 계속 실패하고, 유방의 모사 진평의 반간계에 빠진 항우에 의해 쫓겨나 떠돌다가, 악성 등창으로 客死(객사)했다. 범증 없이 전쟁에서 패배한 후 반간계에 빠졌던 사실을 알게 된 항우는 크게 후회한다.

4) 韓信(한신, ? ~ B.C.196) : 중국 한나라의 장수. 유방의 부하로 수많은 싸움에서 승리해, 유방의 패권을 결정지었다. 張良(장량), 蕭何(소하)와 함께 유방 부하의 삼걸 중의 한 명이기도 하며, 세계 군사 사상의 명장으로도 알려진다.

　평민 출신으로 젊은 시절, 건달들에게 얻어맞고는 건달들의 가랑이 사이를 기어 '사타구니 무사'라는 굴욕적인 별명을 얻기도 하였다. 항량의 휘하에 들어간 뒤, 항량이 죽고 항우의 밑에서 집극랑(경호원)을 하지만, 항우는 깡패의 가랑이를 기어간 소인이라고 생각하고 푸대접하였다. 결국, 한신은 자신의 능력에 대한 푸대접에 실망하여, 이를 빌미로 장량의 권유를 듣자 유방에게 임관을 청해, 그의 재능을 높이 산 유방과 당시 승상 소하의 신뢰를 얻고, 대원수(사령관)라는 직책도 내려 받는다.

　이에 훌륭한 지략으로 사마흔, 동예를 항복시키고, 옹왕 장한을 자살하게 한 뒤, 서위왕 위표, 하남왕 신양, 은왕 사마앙을 항복시킨다. 또한 마지막까지 해하 전투에서 항우를 제압하는 데 크나큰 공적을 세우며, 그 공적을 인정받아 齊王(제왕)에 이어 楚王(초왕)이 되었다.

　그러나 한나라의 권력이 확립되자, 유씨 외의 다른 제왕과 함께 차차 밀려나, 기원전 201년 공신서열 21번째에 불과한 회음후로 격하되고, 유방이 자리를 비운 사이, 유방의 정부인인 呂太后(여태후)의 농간에 의해 '진희의 난'에 通謀(통모)하였다 하여 누명을 쓰고 腰斬刑(요참형)에 처해졌다. 여기에서 유명한 고사성어인 '兎死狗烹(토사구팽)'이 만들어지게 되었다. 하지만 한신도 酈食其(역이기 : 유방의 참모)를 시기하여, 제나라 왕을 속여서 역이기를 죽이게 만들었으니, 자신의 죽음에 할 말은 없을 것이다.

5) 張良(장량, ? ~ B.C.189)은 중국 한나라의 정치가이자, 건국 공신이다. 자는 子房(자방). 시호는 文成(문성)이다. 蕭何(소하)·韓信(한신)과 함께 한나라 건국의 3걸로 불린다. 劉邦(유방)으로부터 '군막에서 계책을 세워, 천리 밖에서 벌어진 전쟁을 승리로 이끈 것이 張子房(장자방)이다.'라는 극찬을 받았다. 전국시대 한나라 재상 희평의 아들로, 한나라가 진나라에 멸망하자 복수를 하기 위해 진시황제를 博浪沙(박랑사)에서 죽이려 하였으나, 실패하고 下邳(하비)에서 숨어서 黃石公(황석공)으로부터 '太公兵法(태공병법)'을 배웠다.

　그 후 유방이 군사를 일으키자 1백여 명의 종을 데리고 따랐다가, 項梁(항량)에 의해 한성이 韓王(한왕)에 옹립되자 한나라 사도에 임명되었다. 이후 한성이 項羽(항우)에게 죽자, 다시 유방에게 귀순하고 이때부터 유방의 중요 참모가 되어 홍문연에서 유방을 구하고 한신을 천거하는 등, 그는 전략적인 지혜를 잘 써서 유방이 한나라를 세우고 천하를 통일할 수 있도록 도와주었다. 한나라 건국 후에는 정치에 일체 관여하지 않았으며, 단지 후계자 문제로 여태후에게 자문을 해주었다고 한다. 그 후에 留侯(유후)에 봉해졌다.

155 殺身成仁 살신성인

字解 殺 : 죽일 **살** [殺戮(살육) : 사람을 마구 죽임]
　　　　　 덜 쇄 [相殺(상쇄) : 양편의 셈을 서로 비김]
　　　　身 : 몸 **신** [身體(신체) : 사람의 몸]
　　　　成 : 이룰 **성** [成就(성취) : 목적한 바를 이룸]
　　　　仁 : 어질 **인** [仁慈(인자) : 마음이 어질고 자애로움]

語義 자신의 몸을 죽여, 인(仁)을 이룩함.
　　　　(자기의 몸을 희생하여 옳은 도리를 행함)

 用例

▶ 1965년 10월 4일, 강재구 중대는 월남 파병을 눈앞에 두고 훈련을 총결산하는 수류탄 투척 훈련을 실시하고 있었다. 이때 병사 한 명이 수류탄 투척을 위해 안전핀을 뽑고 손을 뒤로 젖힌 순간, 너무 긴장한 나머지 수류탄을 손에서 놓쳐버리는 사고가 발생했다. 당시 병사의 후방에서 훈련을 감독 중이던 강재구 대위는 순간 위기를 직감하고, 땅에 떨어진 수류탄 위로 몸을 덮쳐 수많은 부하의 생명을 구하고 산화했다. 고인의 **殺身成仁**(살신성인)으로 주위에 있던 5명만이 부상을 입었을 뿐 나머지 부하들은 모두 목숨을 구할 수 있었다.
▶ 지난 2001년 신오쿠보 지하철역에서 선로에 떨어진 일본인 취객을 구하고, 자신을 희생한 李秀賢(이수현. 26세. 고려대 4년 휴학 중) 씨를 기리기 위한 3주기 추모제였다. 당시 이수현 씨의 **殺身成仁**(살신성인)이 일본 사회에 미친 충격은 상당했다.

【類義語】捨生取義(사생취의) : 삶을 버리고 의를 취함.

 **出典** 論語(논어) - 衛靈公篇(위령공편)

儒家[1](유가)의 중심 사상이 仁(인)이며, 孔子(공자)가 가장 중시했던 德目(덕목) 또한 바로 그 인이었음은 누구나 안다. 하지만 인을 한 마디로 규정하기는 매우 어렵다. 공자는 忠(충 : 충성)과 恕(서 : 용서)라고 해석했다. 쉽게 말해 타인에 대한 慈悲(자비)나 人間愛(인간애), 同情心(동정심)이라고 해도 무방할 것이다. 그래서 인은 君子(군자)가 먼저 익혀야 할 德目(덕목)이기도 했다.
"군자가 인을 버리고 어찌 이름을 이룰 수 있으랴[君子去仁(군자거인) 惡乎成名(오호성명)]?"
곧 인은 몸소 행동으로 實踐(실천)해야 한다는 데에 의의가 있다. 공자의 가르침 자체가 實踐道德(실천도덕)이었다.

　물론 인이 최고의 덕목인 만큼 인 자체에는 大小(대소)의 구별이 있을 수 없으며, 그것을 행하는 데 있어 輕重(경중)과 貴賤(귀천)의 구별 또한 있을 수 없음은 자명하다. 심지어 여기에는 生死(생사)의 구별조차 무의미한 것이 된다. 물론 사람은 누구나 살기를 원하지 죽기를 원하지는 않는다. 그러나 道義心(도의심)이 강하고 의지가 깊은 사람[志士(지사)]이나, 仁德(인덕)을 갖춘 사람[仁人(인인)]이라면, 목숨과 인이 兩立(양립)할 수 없을 때, 생명을 아끼느라 인을 해치지 않는다. 그것보다는 오히려 一身(일신)을 희생[殺身(살신)]하면서까지, 仁(인)을 實踐(실천)하지 않을까[成仁(성인)]?
　그래서 공자는 다음과 같이 말했다.
　"志士(지사)와 仁人(인인)은 살기 위해 仁(인)을 해치는 일이 없고, 오히려 **몸을 죽여 인을 행할 뿐이다**[志士仁人(지사인인) 無求生以害仁(무구생이해인) 有殺身以成仁(유살신이성인)]."

　戰國策(전국책)에도 다음과 같은 말이 나온다.
　"군자는 **제 몸을 죽여서라도 仁(인)을 이룬다**. 義(의)가 있다면, 비록 몸은 죽는다 할지라도 후회는 없다[君子殺身以成仁(군자살신이성인) 義之所在(의지소재) 身雖死無憾悔(신수사무감회)]."

　孟子(맹자) 역시 비슷한 말을 했다.
　"생선도 원하는 것이고 곰 발바닥도 원하는 것이지만, 둘을 함께 추구할 수 없다면 생선보다는 곰 발바닥을 취할 것이다. 마찬가지로 生(생)도 원하는 것이고 義(의)도 원하는 것인데 둘 다 취할 수 없다면, **生(생)을 버리고 義(의)를 취해야 하지 않을까**."
　유명한 '捨生取義(사생취의)'다. 仁義(인의)가 같은 덕목일진대, 공자나 맹자는 仁義(인의)를 목숨보다도 더 중시했음을 알 수 있다. 곧 殺身成仁(살신성인)이라면 正義(정의)를 위해 자신의 목숨을 草芥(초개 : 풀과 티끌, 쓸모없고 하찮은 것)같이 버리는 것을 뜻한다. 자신이 가진 신념을 살리기 위해서는 하나밖에 없는 생명도 달게 버릴 수 있다는 것을 강조한 말이다.

　비늘만한 자비에도 인색한 게 요즘 세태다. 남을 위해 자신의 목숨을 버린다는 것이 얼마나 어려운가? '아침에 도를 들으면, 저녁에 죽어도 좋다[朝聞道, 夕死可矣(조문도, 석사가의)].'라고 달관을 한 사람이 아니면, 역시 殺身成仁(살신성인)은 어려운 일이다. 그러나 이 사회에는 그래도 그런 분들이 적지 않아, 어둠과 각박한 세상에 한 줄기 희망의 등불이 되고 있다.

---

1) 儒家(유가) : 孔子(공자)의 學說(학설) 또는 學風(학풍) 등을 信奉(신봉)하고 연구하는 學者(학자)나 學派(학파). 중국 춘추 말기에 일어나 2,000년 이상 동아시아 각국에 영향력을 가진 사상체계이다. 최고의 덕목은 仁(인)으로, 孝(효)·悌(제)와 같은 가족결합의 윤리를 중시하고, 이를 사회와 국가의 평화로 확대하여 실현하는 것을 목표로 한다.

156 三顧草廬 삼고초려

字解
- 三 : 석 **삼** [三權(삼권) : 국가 통치의 세 가지 권력. 즉, 입법권, 사법권, 행정권]
- 顧 : 돌아볼 **고** [回顧(회고) : 지나간 일을 돌아보아 생각함]
- 草 : 풀 **초** [伐草(벌초) : 무덤의 풀을 베어서 깨끗이 함]
- 廬 : 오두막집 **려** [草廬(초려) : 초가집. 자기 집의 낮춤말]

語義 유비가 은거하고 있던 제갈량의 초가집을 세 번이나 찾아감.
(인재를 등용하기 위하여 참을성 있게 노력함)
(임금의 두터운 사랑을 입음)
(윗사람으로부터 후하게 대접을 받음)

 用例

▶ 그 회사는 **三顧草廬**(삼고초려) 끝에 그를 신임 사장으로 모셔 왔다.
▶ 실제 청와대는 ○○○ 전 대법관의 국민권익위원장 지명을 위해 "**三顧草廬**(삼고초려)가 있었다." 고 한다. 청와대는 "국민이 겪는 어려움을 먼저 생각하고, 청렴하고 신뢰받는 공직사회의 구현을 통해 보다 성숙한 사회를 만들어 나가야 하는 중요한 시점에, 소수자 권익보호에 가치를 부여하고 판결을 통해 이를 실행해 왔던 ○○○ 내정자를, 국민권익위원장의 적임자로 판단했다."고 인선 배경을 설명했다.

【類義語】
君臣水魚(군신수어) : 주군과 신하는 마치 물과 물고기의 관계.
　　　　　　　　　　유비가 제갈량을 영입한 후 한 말.
三顧之禮(삼고지례) : 세 번 찾아가 사람을 진심으로 예를 갖추어 맞이함.
草廬三顧(초려삼고) : 인재를 맞아들이기 위해, 초가집을 세 번 찾아감.

 **出典** 三國志(삼국지) - 蜀志(촉지) 諸葛亮傳(제갈량전), **出師表**(출사표)

중국 後漢(후한) 말엽, 劉備[유비, 자는 玄德(현덕), 161 ~ 223]는 關羽[관우, 자는 雲長(운장), ? ~ 219], 張飛[장비, 자는 益德(익덕), 166? ~ 221]와 의형제를 맺고 漢室(한실) 부흥을 위해 군사를 일으켰다.

그러나 군기를 잡고 계책을 세워 전군을 통솔할 軍師(군사)가 없어, 늘 曹操軍(조조군)에게 고전을 면치 못했다. 어느 날 유비가 隱士(은사)인 司馬徽(사마휘)에게 군사를 천거해 달라고 청하자, 그는 이렇게 말했다.

"伏龍(복룡 : 제갈량)이나 鳳雛(봉추 : 방통) 중 한 사람만 얻으시오."
"대체 복룡은 누구고, 봉추는 누구입니까?"

그러나 사마휘는 말을 흐린 채 대답하지 않았다. 그 후 諸葛亮[제갈량, 자는 孔明(공명), 181 ~ 234]의 별명이 복룡이란 것을 안 유비는 즉시 수레에 예물을 싣고, 南陽(남양) 땅에 은거하고 있는 제갈량의 초가집을 찾아갔다. 그러나 제갈량은 집에 없었다. 며칠 후 또 찾아갔으나, 역시 출타하고 없었다.

"저번에 다시 오겠다고 했는데. 이거, 너무 무례하지 않습니까? 듣자니 나이도 젊다던데……."
"그까짓 제갈공명이 뭔데. 형님, 이젠 다시 찾아가지 마십시오."

마침내 동행했던 관우와 장비의 불평이 터지고 말았다.

"다음엔 너희들은 따라오지 말아라."

관우와 장비가 극구 만류하는데도, 유비는 단념하지 않고 세 번째 방문 길에 나섰다. 그 열의에 감동한 제갈량은 마침내 유비의 軍師(군사 : 사령관 밑에서 군기를 장악하고 군대를 운용하며 군사 작전을 짜던 사람)가 되어, 赤壁大戰(적벽대전)에서 조조의 100만 대군을 격파하는 등 많은 전공을 세웠다.

그리고 유비는 그 후, 제갈량의 獻策(헌책 : 일에 대한 방책을 드림)에 따라 魏(위)나라의 曹操(조조), 吳(오)나라의 孫權(손권)과 더불어 천하를 三分(삼분)하고, 漢室(한실)의 맥을 잇는 蜀漢(촉한)을 세워 황제[昭烈帝(소열제), 221~223]라 일컬어졌으며, 지략과 식견이 뛰어나고 충의심이 강한 제갈량은 재상이 되었다.

'三顧草廬(삼고초려)'란 말이 '삼국지 제갈량전'에는, 사마휘가 유비에게 말하기를,

"이 사람은 가서 볼 수는 있어도 억지로 이르게 할 수는 없습니다. 장군께서 마땅히 몸을 굽혀 수레로 찾아가야만 됩니다."

이 때문에 유비는 드디어 가서 제갈량을 방문했는데, 무릇 **세 번 가서 이에 보게 되었다.**

 原文 此人可就見(차인가취견) 不可屈致也(불가굴치야) 將軍宜枉駕顧地(장군의왕가고지) 由是先主遂詣亮(유시선주수지량) 凡三往乃見(범삼왕내견)

이처럼 '三往乃見(삼왕내견)'으로만 나와 있을 뿐이다.

실제 이 말이 나온 것은 제갈량의 유명한 「出師表(출사표)」에서다. 여기서 제갈량은 자기가 세상에 나오게 된 경위를 이렇게 말하고 있다.

"先帝(선제 : 유비)께선 신을 비천하다 여기지 않으시고 스스로 몸을 낮추시어, **세 번이나 초가집 안**

으로 신을 찾으시고, 당세의 일을 물으시니 이로 말미암아 신이 감격하여 마침내 선제를 위해 몸을 아끼지 않으리라 결심하고 응하였습니다.

 原文 先帝不以臣卑鄙(선제불이신비비) 猥自枉屈(외자왕굴) 三顧臣於草廬之中(삼고신어초려지중) 諮臣以當世之事(자신이당세지사)

'三國志演義(삼국지연의)'에는 제갈량이 유비 현덕의 두 번째까지의 방문 때는 고의로 만나주지 않았다가, 유비의 정성이 워낙 간곡했기 때문에 세 번째는 만나서 유비를 돕기로 확답을 했다고 되어 있다. 여하튼 이는 군주와 신하의 뛰어난 만남으로 역사에서는 이를 水魚之交(수어지교)라고 일컫고 있다.

1) 司馬徽(사마휘, ? ~ ?) : 중국 襄陽(양양 : 형주의 주도) 사람. 유비가 劉表(유표)에게 의지하여 新野(신야)에 있는 동안 만난 隱士(은사). 자는 德操(덕조), 흔히 '水鏡(수경)선생'이라 불렀다. 龐統(방통)·龐德公(방덕공)·徐庶(서서)·諸葛亮(제갈량) 등과 관계가 깊은 인물로 그들의 스승이었다고 전해진다. 이선과 윤묵은 형주 유학 시절에 사마휘, 宋忠(송충 : 유표 수하의 종사) 등에게서 수학하였다. 형주 자사 유표가 죽은 후, 조조가 형주를 점령했을 때 병으로 죽었다.

2) 鳳雛(봉추, 178 ~ 213) : 이름은 龐統(방통), 鳳雛(봉추 : 봉황의 새끼)는 그의 자이며, 중국 삼국시대 촉한의 謨臣(모신)이다. 그는 손권에게 잠시 의탁하였다가 유비에게 갔을 때, 추한 얼굴 때문에 업신여김을 받았으나, 장비와 제갈량의 천거로 軍師中郎將(군사중랑장)이 되었다. 후일 유비가 익주 땅을 얻는 데 일등공신의 역할을 하였으며, 낙성으로 진격하는 도중 伏兵(복병)의 화살을 맞고, 36세의 나이로 전사했다.

3) 諸葛亮(제갈량, 181 ~ 234) : 중국 삼국시대 蜀漢(촉한)의 정치가. 자는 孔明(공명) 또는 臥龍(와룡)·伏龍(복룡). 諡號(시호)는 忠武(충무)·武侯(무후). 뛰어난 전략가로, 원래 南陽(남양) 땅에 隱居(은거)하고 있었는데, 유비의 三顧草廬(삼고초려)의 禮(예)에 감격하여 세상에 나왔다. 그를 도와서 吳(오)나라와 연합하여 조조의 魏(위)나라를 대파하고, 巴蜀(파촉) 땅을 얻어 蜀漢(촉한)을 세웠다. 유비의 사후, 후임 劉禪(유선, 207 ~ 271. 촉한의 제2대이자 마지막 황제)를 받들면서 남방의 蠻族(만족)을 평정하였다. 魏(위)나라의 司馬懿⁴⁾(사마의)와 대전 중 病死(병사)하였다.

4) 司馬懿(사마의, 179 ~ 251) : 중국 삼국시대 魏(위)나라의 대신. 자는 仲達(중달). 어려서부터 영민하고, 유학에 조예가 깊었다. 조조에게 등용되어 太子中庶子(태자중서자)에 올랐으며, 여러 계책을 올려 많은 공을 세웠다. 蜀漢(촉한)의 제갈공명의 도전에 잘 대처하는 등 큰 공을 세워, 그의 손자 司馬炎(사마염, 236 ~ 290. 서진의 제1대 황제)이 魏(위)에 이어 晉(진)을 세우는 데에 기초를 세웠다.

※ 元祖(원조) 三顧草廬(삼고초려)
　殷(은)을 세운 탕왕이 伊尹(이윤 : 은나라 명신)을 세 번 찾아가 초대한 일이다.『鴻史(홍사)』·『史記(사기)』·

『書經(서경)』·『詩經(시경)』·『呂氏春秋(여씨춘추)』·『列子(열자)』·『韓非子(한비자)』·『論語(논어)』·『孟子(맹자)』등 여러 곳에 나온다.

이윤은 義(의)와 道(도)가 아니면 천하를 祿(녹)으로 준다 해도 돌아보지 않았고, 한 오라기 풀도 주고받지 않는 성품이었다. 정계를 은퇴하고 은둔 생활을 하였다. 湯王(탕왕)이 찾아가 出仕(출사 : 벼슬길에 나아감)를 요청하였다. 그러나 조용히 田園(전원)에서 지내고 싶다고 거절했다. 탕왕이 두 번째 방문했다. 생활을 바꾸고 요순을 본받으시면 잘할 수 있을 것이라고 말하고 거절했다. 세 번째 찾아가 원로가 안 도와주면 국정이 위태롭다고 간청했다. 敎舜(교순), 즉 탕을 순임금처럼 가르치자 마음먹고 出仕(출사 : 벼슬하여 관아에 나감)했다.

'내가 밭 갈며 堯舜(요순)의 道(도)를 즐기는 것이 어찌 요임금이나 순임금과 같이 만드는 것만 하겠는가? 하늘이 먼저 아는 자를 시켜서 뒤늦게 아는 자를 알게 하시고, 먼저 깨달은 자를 시켜서 뒤늦게 깨닫는 자를 일깨워 주셨다. 나는 하늘이 낸 백성 중 먼저 깨달은 자이다. 나는 도를 가지고 이 백성들을 일깨워 주겠다. 내가 아니면 누가 하겠는가?'

伊尹(이윤)은 이러한 사명감에서 탕왕의 부르심을 받았다. 당시 夏(하)의 桀(걸)왕이 포악무도하여 민심은 도탄에 빠지고 정국은 문란하자, 탕왕을 도와 대혁명을 성공하고 殷(은)을 격상시켰다.

※ 믿거나 말거나 '三顧草廬(삼고초려)'

촉한의 유비가 제갈량을 스카웃하기 위해 정보를 수집하던 중, 유비는 제갈량이 생선 요리를 엄청나게 좋아한다는 것을 알게 되었다. '됐다. 내가 최고의 생선 요리로 그의 마음을 사로잡고야 말겠다.' 유비는 곧 어전회의를 소집하였다. 그리고 신하들에게 물었다.

"최고의 생선 요리는 무엇인가?"

신하들은 모두가 한결같이 대답하였다.

"그거야 뭐니뭐니 해도 '膾(회)'가 최고입니다. 그렇고말고요."

궁중의 일급 요리사를 뽑아 최고급의 회를 만들어 제갈공명을 찾아갔다. 그러나 뚜껑을 열어 본 공명은 고개를 흔들었다. 퇴짜를 맞고 돌아온 유비, 이번에는 신하들과 함께 고금의 요리책을 모두 뒤져 보다가 무릎을 탁 쳤다.

"그렇다. 바로 이거다. '생선구이!' 얼마나 맛있게 보이는가?"

신하들도 모두 찬성하였다. 궁궐 수랏간에 어명을 내리고, 생선구이를 만들게 하여 제갈량을 다시 방문했다. 뚜껑을 열어 본 공명, 이번에도 고개를 저었다. 유비는 기운이 빠지고, 속이 부글부글 끓었다.

유비가 화를 내며 말했다.

"그럼 어쩌란 말이요? 회도 싫다, 구이도 싫다, 그러면 무엇을 원하시오?"

그래도 제갈량은 묵묵부답이었다. 고개를 떨구고 돌아가는 유비 일행을 향해 제갈량이 한마디 했다.

"삶고 쪼려."

그렇구나. 드디어 세 번째는 생선을 삶고 쪼려 가지고 가서, 공명 앞에 요리를 내놓았다. 드디어 제갈량은 생선을 맛있게 먹었고, 일은 成事(성사)되었다. 그래서 훗날 사람들은 유비가 제갈량을 세 번 찾아간 것을 '삶고쪼려'라 했고, 이 말은 '삼고쪼려'를 거쳐 오늘날에는 '삼고초려'라고 하게 되었다.

157 喪家之狗 상가지구

字解
- 喪 : 초상 **상** [喪家(상가) : 초상난 집. 죽은 사람이 있는 집]
- 家 : 집 **가** [農家(농가) : 농사를 짓는 사람의 집]
- 之 : 의 **지** [隔世之感(격세지감) : 다른 세상, 세대가 된 것 같은 느낌]
- 狗 : 개 **구** [走狗(주구) : 사냥 때 부리는 개. 남의 앞잡이]

語義 초상집의 개. 주인이 죽어 먹지를 못한 개.
  (별 대접을 받지 못하는 사람)
  (여위고 지칠 대로 지친 사람)
  (초라한 모습으로 이곳저곳 기웃거리며 얻어먹을 것을 찾는 사람)

 用例

▶ 줏대 없이 초상집 근처에서 어슬렁어슬렁 기웃거리며 **喪家之狗**(상가지구)가 되어, 행여 발라먹다 남은 뼈다귀라도 던져 줄까 눈만 껌벅거리며 애처롭게 기다리는 당신이 애처롭습니다.

▶ **喪家之狗**(상가지구), 더 이상 국민들을 초상집 강아지 신세가 되지 않게 정치 지도자들은 대오 각성하여, 離合集散(이합집산)의 테두리를 벗어나 국민들의 참다운 심부름꾼이 되어 줄 것을 간곡히 부탁한다.

【類義語】 烏面鵠形(오면곡형) : 까마귀 얼굴에 고니 같은 형상. 주려서 수척한 사람.
【相對語】 政丞之狗(정승지구) : 정승집의 개.

 **史記**(사기) - 孔子世家(공자세가)

춘추전국시대 孔子(공자)는 魯[1](노)나라에서 선정을 베풀었으나, 왕족인 三桓氏(삼환씨)와 의견이 맞지 않아 노나라를 떠났다. 그 후 10여 년간 衛(위)·曹(조)·宋(송)·鄭[2](정)·陳(진)·蔡(채) 등 여러 나라를 돌며 정치적 理想(이상)을 실현해 보려 했다. 공자가 鄭(정)나라에 갔을 때, 제자들과 길이 어긋나 혼자 城(성)의 동문에서 제자들을 기다리고 있었다. 이 모습을 본 정나라 사람이, 때마침 스승을 찾아 헤매던 제자들을 만나자, 제자인 子貢(자공)에게,

"동문에 웬 사람이 있는데 그 이마가 堯(요)임금을 닮았고, 목이 皐陶(고도) 같으며, 그 어깨는 子産(자산)을 닮아, 모든 것이 옛 성현으로 존경받던 사람들과 같았습니다. 그러나 허리 밑으로는 禹(우)임금에 미치지 못하기가 세 치요, 뜻을 이루지 못해 몹시 피곤해 보이고, 지친 모습은 마치 **초상집의 개**

[**喪家之狗**(상가지구)] 같았습니다."

하고 말했다.

이 말을 들은 제자들이 동문으로 급히 달려가 공자를 만났다. 자공이 정나라 사람이 한 말을 스승에게 전하자, 공자는 빙그레 웃으면서,

"모습에 대한 형용은 꼭 들어맞는다고 하기는 어려우나, **초상집 개**라는 말은 과연 맞는 말이다. 과연 그대로다[形狀未也(형상미야) 如**喪家之狗**(여상가지구) 然乎哉然乎哉(연호재연호재)]. 본디 초상난 집에서는 개를 돌볼 틈이 없거든. 굶주린 개의 꼴이 아마도 내 모습 같았던 모양이지."

하고 말했다. '초상집 개'란 여기서 유래하나, 공자는 그 편력하는 동안에 자기를 쓰려는 군주를 만나지 못해, 그 품고 있던 사상을 살리지 못하고 아픈 마음을 안고서, 마치 초상집 개 모양 심신이 지칠 대로 지쳐 노나라로 돌아갔다.

喪家之狗(상가지구)가 우리의 역사에서는 조선 말 고종의 아버지 홍선대원군의 별호였다. 아들이 왕위에 오르기 전, 세도정치의 틈바구니에서 큰 꿈을 안고 철저히 자신을 낮추고 세인들의 이목을 피하고자 했던 그의 처세술로 많이 회자되는 말이다.

---

1) 魯(노, B.C.1055 ~ B.C.249) : 춘추전국시대의 여러 戰國(전국)들 가운데 하나로, 작은 나라 축에 끼던 魯(노)나라는 孔子(공자)가 태어난 곳으로 유명하다. 유명한 역사서 『春秋(춘추)』는 기원전 722년에서 481년에 걸쳐 魯(노)나라 궁중에서 일어났던 주요 사건들을 편년체로 기록한 책이다. 공자가 이 책을 편집했다는 설 때문에, 거의 2,000여 년 동안 중국 최고의 고전 가운데 하나로 인정받아 왔다.

지금의 산둥성[山東省(산동성)] 남쪽에 있던 노나라의 군주들은 그들의 조상을 周(주, B.C.1111 ~ B.C.255)나라까지 올려 잡고 있다. 이로 볼 때, 노나라는 주의 봉토로 시작되었으리라고 추정된다. 따라서 노나라 통치자들은 주나라 초기의 전통과 관습을 공자시대(B.C.551 ~ B.C.479)까지 이어 내려갔다. 이런 배경 속에서 공자는 사람들이 지난날의 지혜로 되돌아감으로써, 현재의 문제들을 해결할 수 있다는 가르침을 폈다. 그러나 노나라 통치자들은 공자의 충고를 받아들이지 않았을 뿐만 아니라, 그를 중요한 관직에 앉히지도 않았다. 기원전 249년 34대 頃公(경공) 때에, 마침내 노나라는 전국들 가운데 강국이던 楚(초)에게 망하고 말았다.

2) 鄭(정, B.C.806 ~ B.C.375) : 西周(서주) 왕조와 춘추시대에 걸친 주나라의 제후국 중 하나이다. 정나라는 기원전 806년, 주 여왕의 아들이자 선왕의 동생인 정환공 友(우)가 서주의 기내에 있는 鄭(정 : 현재의 섬서성 화현 서북쪽) 땅에 봉해짐으로써 세워졌다. 주 유왕의 정사가 어지러워지자 화를 피해 동쪽으로 옮겨, 東虢(동괵)과 檜(회)나라에서 열 읍을 받아 새로 나라를 세웠다.

鄭武公(정무공)과 鄭莊公(정장공) 재위 시에는 중원 제후국의 주도권을 잡았다. 그러나 강대했던 정나라의 세력도 정장공이 죽자, 그 다섯 아들 사이에 벌어진 후계자 싸움으로 국력이 소모되어 중소제후국으로 전락한 이래, 그 지리적인 위치 때문에 항상 강대국들의 각축장이 되어 戰禍(전화)에 휩싸이게 되었다. 지금의 산서성에 자리잡은 북쪽의 唐晉(당진), 호북·호남성의 楚(초)나라, 산둥성[山東省(산동성)]의 齊(제)나라, 섬서성의 陝秦(섬진) 등의 네 강대국 사이에 끼어 그 침략에 시달리다가, 결국은 기원전 375년 韓(한)나라에 멸망했다.

158 塞翁之馬 새옹지마

字解
- 塞 : 변방 **새** [要塞(요새) : 중요한 변방. 국방상 중요한 군사 방어 시설]
  막을 색, 막힐 색 [拔本塞源(발본색원) : 근본을 뽑고, 근원을 막음]
- 翁 : 늙은이 **옹** [翁媼(옹온) : 늙은 남자와 늙은 여자. 할아비와 할미]
- 之 : 의 **지** [氷壺之心(빙호지심) : 항아리에 얼음 한 조각을 넣은 마음]
- 馬 : 말 **마** [騎馬(기마) : 말을 탐]

語義 변방에 사는 늙은이의 말.
(인생의 길흉화복은 변화가 많아서 예측하기가 어려움)

 用例

▶답답한 심정을 풀어보기 위하여 상담을 하게 되는데, 좋은 결과를 얻고 가면 좋지만, 그렇지 못할 때는 실망이 크다. 인생은 **塞翁之馬**(새옹지마)라 했고, 동전의 양면이라 했듯이, 모든 삶은 좋은 면과 나쁜 면이 공존하며 굴곡이 있기 마련이다.

▶지금 우리 사회의 모습은 몇 가지 단어로 요약할 수 있다. 침체와 위기, 그리고 실업이다. **塞翁之馬**(새옹지마)라는 말처럼 좋을 때가 있는가 하면 힘든 때가 오고, 또 힘들다고 느낄 때쯤이면 어느덧 또 좋은 일이 돌아와야 하는데, 요즘 뉴스를 보면 영 그럴 기미가 보이지 않는다.

【類義語】 轉禍爲福(전화위복) : 화가 바뀌어 오히려 복이 됨.
塞翁得失(새옹득실) : 한때의 이익이 도리어 해가 되기도 하고, 화가 도리어 복이 되기도 함.
塞翁爲福(새옹위복) : 복은 늘 바뀌어 변화가 많음을 이르는 말.

 **出典** 淮南子[1](회남자) - 人間訓(인간훈)

옛날 중국의 **변방 지방에 한 늙은이**[塞翁(새옹)]가 살고 있었으며, 그는 占術(점술)에 능하였다. 이 지방에는 말이 매우 필요한 가축이었다. 사람이 타고 移動(이동)도 하고, 물건도 실어 나르고, 농사도 짓고……. 이 새옹은 말을 잘 길렀으며, 아주 사랑하는 愛馬(애마)가 한 마리 있었다.

그런데 어느 날, 이 애마가 홀연히 국경을 넘어 胡地(호지 : 오랑캐 땅)로 도망가 버렸다. 이것을 알게 된 동네 사람들이 새옹이 크게 상심하리라고 생각하여, 애통한 마음으로 위문을 갔다.

"안되셨습니다. 얼마나 상심이 크시겠습니까? 어떻게 위로해 드려야 할지 모르겠습니다."

그러나 새옹은 조금도 슬픈 기색을 보이지 않았다. 그리고는 태연하게 다음과 같이 말하는 것이었다.
"지금의 화가 내일의 복이 될 수도 있는 것이오. 지금의 슬픔이 어찌 곧 기쁨이라 말할 수 있지 않으리오[此何遽乃不爲福乎(차하거내불위복호)]?"

수개월이 지났다. 새옹의 예언대로, 그 잃어버린 말이 북방 오랑캐 지역의 아주 훌륭한 駿馬(준마)를 한 마리 데리고 집으로 돌아온 것이다. 동네 사람들은 잔치 분위기였다. 모두 들뜬 가슴을 안고, 노인에게 축하를 하러 몰려갔다[其馬將胡駿馬而歸(기마장호준마이귀) 人皆賀之(인개하지)]. 그러나 그 노인은 조금도 기쁜 내색을 하지 않았다. 그리고는 또 차분히 다음과 같이 말하는 것이었다.
"오늘의 복이 내일의 화가 될 수도 있는 것이니, 지금의 기쁨이 어찌 곧 슬픔이라 말할 수 있지 않으리오[此何遽不能爲禍乎(차하거불능위화호)]?"

그 새옹의 집에는 외아들이 있었다. 아버지가 말을 잘 길렀기 때문에, 그는 말타기를 좋아했다. 새로 들어온 준마는 그에게는 너무도 싱싱한 매력이었다. 그 외아들은 어느 날 준마를 타고 달렸다. 그러다가 그만 불행히도 落馬(낙마)하고 말았다. 髀骨(비골 : 넓적다리뼈)이 크게 부러져, 영영 다리병신이 되었던 것이다. 온 동네가 상갓집 분위기가 되고 말았다. 그래서 모두 찾아와, 노인의 슬픔을 위로했다[其子好騎墮而折其髀(기자호기타이절기비) 人皆弔之(인개조지)].

"아드님이 다리를 다쳐 걱정이 많으시겠습니다. 어떻게 위로를 드려야 할지 모르겠습니다."
그러나 새옹은 조금도 슬픈 표정을 하지 않았다. 그리고는 또 다음과 같이 말하는 것이었다.
"지금의 화가 내일의 복이 될 수도 있는 것이니, 지금의 슬픔이 어찌 곧 기쁨이라 말할 수 있지 않으리오[此何遽不爲福乎(차하거불위복호)]?"

그리고 일 년이 지났다. 그런데 변경의 오랑캐가 대거 침입해 들어왔다. 큰 전쟁이 벌어졌고, 이 마을의 壯丁(장정)이란 장정은 모두 징발되어 전쟁터에 끌려 나갔다. 그리고 전쟁터에 나간 장정들 중 열에 아홉은 목숨을 잃었다[近塞之人死者十九(근새지인사자십구)]. 그러나 새옹의 외아들은 다리병신이었기 때문에 징발되지 않았고, 父子(부자), 즉 새옹과 아들은 다 제 명을 보전하고 오래오래 함께 살았다.

그래서 淮南子(회남자)는 말한다.
"그러므로 복이 화가 되고 또 화가 복이 되는 것은, 그 변화가 불측하여 그 끝을 알 수가 없고, 그 이치가 깊고 깊어 이루 다 헤아릴 수가 없다[故福之爲禍(고복지위화) 禍之爲福(화지위복) 化不可極(화불가극) 深不可測也(심불가측야)]."
여기에서 '예측할 수 없는 吉凶禍福(길흉화복)'을 비유해서, 또 '눈앞의 이해득실에 웃었다 울었다 할 필요가 없다.'는 뜻으로 '塞翁之馬(새옹지마)'란 말을 쓰게 되었다. 또 이런 경우를 가리켜 '人間萬事

塞翁之馬(인간만사 새옹지마)'라고 하는데, 이것은 元(원)나라의 승려 熙晦機(희회기)의 '寄徑山虛谷陵和尙(기경산허곡릉화상)'이라는 제목의 시에,

  人間萬事 塞翁馬(인간만사 새옹마) 인간의 모든 일은 새옹의 말과 같으니,
  推枕軒中 聽雨眠(퇴침헌중 청우면) 퇴침헌 가운데서 빗소리를 들으며 누워 잠이나 자런다.

라고 한 데서 나온 말이다.
중국의 화가 葉聖陶(섭성도 : 근현대 중국 서화가)의 篆書(전서) 五言聯(오언련)에는 이런 구절도 있다.

  得失塞翁馬(득실새옹마) 인간사 이해득실은 **새옹지마** 같은 것.
  襟懷孺子牛(금회유자우) 마음속 깊은 뜻은 유자우에 있다네.

- 襟懷(금회) : 마음속에 깊이 품고 있는 懷抱(회포).
- 孺子牛(유자우) : 어린아이를 등에 태우는 소. 싼 여물을 먹으면서도 큰일을 해내는 소 같은 인물. 국민을 위해 멸사봉공 헌신하는 황소 같은 인물.

---

1) **淮南子**(회남자, 책명) : 淮南王[2](회남왕)이 기원전 2세기에 그의 賓客(빈객)들과 편찬한 철학서. 원래는 「內篇(내편)」 21편과 「外篇(외편)」 33편이었으나, 현존본은 「내편」 21편만 전한다. 형이상학·우주론·국가 정치·행위 규범의 내용을 다루었다.

 대체로 초기 도가의 고전인 노자와 장자에서 다루어진 내용들이지만, 이 책의 우주생성론은 더욱 발전되어 있고 명확하다. 이 책의 우주생성론에서 道(도)는 太虛(태허 : 만물을 포함하고 있는 거대한 공간)에서 나오고, 태허는 宇宙(우주)를 낳으며, 이것은 다시 兩儀(양의 : 태극으로부터 생성하는 음양)를 낳는다고 했다. 天(천)과 地(지)의 양의가 결합하여 陽(양)과 陰(음)을 낳으며, 이 두 가지가 만물을 낳는다.

 이 우주론의 개략적인 내용은 도가에서만이 아니라, 후대의 유학자들도 정설로 채택했다. 영혼을 논한 곳에서는 지상에서의 불멸성과 이것을 성취하기 위한 호흡법과 같은 신체적 기술에 대해 언급하여, 후에 도가사상과 속화된 도교 신앙을 혼동하게 될 여지를 만들었다. 아울러 형이상학과 우주론에 본질적으로는 합리적 정신으로 접근함으로써 합리주의적인 新道家(신도가)의 출현을 예비했다.

2) **淮南王**(회남왕, B.C.179 ~ B.C.122) : 중국 前漢(전한)의 사상가·문학가. 한 고조의 손자이며, 아버지의 뒤를 이어 淮南王(회남왕)에 봉해졌다. 독서를 좋아하고 거문고를 즐겼으며, 문장에 뛰어나 武帝(무제)의 명을 받들어 「離騷傳(이소전)」을 지었다. 그는 儒家(유가)를 '속세의 학문'이라고 공격했다. 후에 모반을 꾀했다가 발각되어 자살했는데, 그 연루자가 수천 명에 달했다.

159 先聲後實 선성후실

字解
先 : 먼저 **선** [先見(선견) : 미리 앞을 내다봄]
聲 : 소리 **성** [歡聲(환성) : 기뻐 고함치는 소리]
後 : 뒤 **후** [後繼(후계) : 뒤를 이음]
實 : 열매 실 [實果(실과) : 과일. 과실]
　　실력 **실**, 찰 실 [充實(충실) : 잘 갖추어지고 알참]

語義　먼저 소리, 나중에 실력.
　　　　(처음에 헛소문을 퍼뜨리고 나중에 실력을 씀)

用例

▶ '**先聲後實**(선성후실)', 곧 '먼저 목소리를 높인 뒤 실력을 드러낸다.'는 병가의 한 대목을 연상케 한다. 그렇다. 행복이 형이상학적 차원에서 머무르면 허상에 그친다.

▶ 史馬昭(사마소)는 蜀(촉)을 멸망시킨 후, **先聲後實**(선성후실), 즉 '우선 기를 꺾은 후, 병력을 동원해야 한다.'는 鄧艾(등애)의 건의를 묵살하는 바람에 동오……

出典　**史記**(사기) - 淮陰侯篇(회음후편)

중국 漢(한)나라 장군 韓信(한신)의 '背水陣(배수진)'은 유명하다. 한신은 군사들에게 강을 등진 채, 진을 치고 싸우도록 했다. 적군이 싸우러 나온 사이에, 따로 매복시켜 놓았던 군사들이 적의 성을 점령했다. 사지에 몰린 漢(한)나라 3만의 군사가 趙(조, B.C.403 ~ B.C.228)나라의 20만 대군을 격파한 싸움이었다.

한신이 배수진으로 승리를 거둔 다음의 이야기이다. 한신은 부하들에게 잔치를 열어 주면서 지시했다.
"趙(조)나라 軍師(군사) 李左車(이좌거 : 진나라 말기에서 전한 초기의 무장으로 한신의 참모가 됨)가 어딘가 숨어 있을 것이다. 찾아서 정중하게 모셔 오너라."
한신에게 붙들려 온 이좌거는 완강했다.
"패배한 장수는 勇(용)을 말하지 않는다. 亡國(망국)의 大夫(대부)는 목숨을 부지하지 않는다."
며 빨리 목을 쳐달라고 했다. 그렇지만 한신은 오히려 도움을 요청했다.
"그대의 전략이 채택되었다면, 거꾸로 내가 잡혀 있을 것이다. 앞으로의 계략을 가르쳐 달라."
결국 이좌거는 입을 열었다.

故事成語 四音節　455

"아직 燕[1](연)나라와 齊[2](제)나라가 항복하지 않고 있다. 우선 연나라를 목표로 하는 것이 좋다. 하지만 지금 한나라 군사는 지친 상태다. 얼마 동안 쉬도록 하면서, 한나라의 강력함을 과시해라. 그러면 연나라는 겁을 먹고 항복할 것이다. 동쪽의 제나라도 아마 바람에 나부끼듯 복종할 것이다. 병사는 진실로 **먼저 선전하고, 후에 실력을 쓰는 것이다**[兵固有**先聲而後實**者(병고유선성이후실자)]. 이것이 **先聲後實**(선성후실) 계략이다."

"대단히 좋다."

한신이 말했다. 한신은 그의 계략을 받아들였다. 곧바로 연나라에 '경고장'을 보냈다. 그렇지 않아도 연나라는 한신의 군사가 강하다는 사실을 알고 있었다. 그런 상황에서 경고장까지 날아오자 항복하고 말았다.

'先聲後實(성선후실)'은 '먼저 말[聲(성 : 소리)]로 겁을 준 다음에, 실력행사[實(실 : 실력)]를 하는 계략'이다. 배수진을 쳐서 조나라를 격파했지만, 군사들은 지쳐 있었다. 계속해서 싸우는 것은 무리였다. 그래서 한신은 이좌거의 조언대로 실력행사를 피하고, 말로 위협했던 것이다.

---

1) 燕(연, B.C.1057? ~ B.C.222) : 중국 춘추시대의 제후국이자, 전국시대의 전국 칠웅 가운데 하나이다. 주 무왕 姬發(희발)이 은나라를 멸망시키고, 그의 동생 召公(소공) 奭(석)을 燕(연)의 제후에 봉했다. 기원전 222년, 燕(연) 王喜(왕희)의 아들 丹(단)은 위나라 장수 荊軻(형가)와 秦開(진개)의 손자 秦舞陽(진무양)을 秦(진)나라에 보내어 진시황제 암살을 시도하였으나 실패하였다. 왕희는 요서, 요동으로 도망쳤으나 秦(진)나라 군대에 포위되었다. 왕희는 아들 丹(단)을 죽이고 그 목을 진시황제 앞에 바치면서 선처를 구하지만, 진시황제는 왕희와 잔존세력을 공격하여 연나라를 완전히 멸망시킨다.

진나라가 중국을 통일했으나, 내분으로 멸망하고 漢(한)나라가 건국된다. 한나라도 주나라와 비슷한 방식으로 공신 혹은 황족들을 연나라의 제후로 삼아 성립하였다. 한고조 유방은 같은 마을에서 자란 鄕友(향우)였던 盧綰(노관)을 長安侯(장안후), 다시 燕王(연왕)에 봉했다. 노관은 한나라를 배반하고 東胡(동호)족에 투항하여, 동호의 盧王(노왕)으로 살다가 죽었다.

2) 齊(제, B.C.1046 ~ B.C.221) : 춘추시대의 춘추오패이자 전국시대의 전국 칠웅 중 하나로, 근거지는 현재의 산둥[山東(산동)] 지방이다. 周(주)의 文王(문왕)이 나라를 건국할 때, 재상 姜太公(강태공)에게 봉토로 내린 땅이다. 이후 齊 桓公(제 환공 : 제16대 임금) 시대에 管仲(관중)을 등용하여 覇者(패자)의 자리에 오르게 된다[春秋五覇(춘추오패)]. 齊 景公(제 경공 : 제26대 임금) 때는 晏嬰(안영)을 등용하였다.

기원전 386년, 田和(전화)가 齊 康公(제 강공 : 제32대 임금)을 폐하면서, 제후의 성씨가 姜(강)씨에서 田(전)씨로 바뀌게 된다. 후에 威王(위왕)이 행정 개혁을 행하여 국력을 증대하고, 기원전 4세기에는 秦(진)과 중국을 양분하는 세력을 이루었다. 그러나 결국 秦始皇(진시황)의 침공으로 齊 廢王(제 폐왕 : 제나라 마지막 임금) 田建(전건)이 스스로 항복하면서 멸망하였다.

160 先則制人 선즉제인

字解 先 : 먼저 선 [先見(선견) : 미리 앞을 내다보는 생각]
　　　　돌아가신 이 선 [先妣(선비) : 돌아가신 어머니]
　　　則 : 곧 즉 [然則(연즉) : 그리하여 곧]
　　　　법 칙, 법칙 칙 [原則(원칙) : 근본이 되는 법칙]
　　　制 : 제압할 제, 억제할 제 [抑制(억제) : 억눌러서 그치게 함]
　　　人 : 사람 인 [爲人(위인) : 사람의 됨됨이]

語義 먼저 하면 곧 남을 제압한다.
　　　　(아무도 하지 않은 일을 남보다 앞서 하면 유리함)

 用例

▶ ○○○ 은행장은 3일 신년사에서 "올해는 국내 은행권이 본격적 4강 체제로 재편됨에 따라, 우량 자산과 고객 확보를 위한 치열한 금융대전이 시작될 것."이라며, "확고한 리딩뱅크로 飛上(비상)하기 위해 **先卽制人**(선즉제인)의 자세로 임하자."고 밝혔다.

▶ 2010 광저우 아시안게임 축구 해설을 맡은 허정무 위원은 15일 대한민국 – 중국 간의 남자 축구 대표 경기 마무리 시점에서 오늘의 총평을 부탁하자, "간단히 **先則制人**(선즉제인)이라 표현할 수 있겠다."고 운을 뗐다.

【類義語】 先發制人(선발제인) : 먼저 시작하면 남을 제압한다.
　　　　　　先聲奪人(선성탈인) : 먼저 큰 소리를 쳐서 남의 기세를 꺾는다.
【相對語】 後則爲人所制(후즉위인소제) : 뒤쳐지면 남에게 제압당한다.
　　　　　　　　　　줄여서 '後則人制(후즉인제)'라고 한다.
　　　　　　後則制於人(후즉제어인) : 뒤쳐지면 남에게 제압당한다.

 **史記**(사기) – 項羽本紀(항우본기), **漢書**(한서) – 項籍專(항적전)

중국 秦(진)나라 2세 황제 胡亥(호해) 元年(원년 : B.C.209)의 일이다. <u>秦始皇</u>[1](진시황) 이래 계속되는 폭정에 항거하여, 大澤鄕(대택향 : 안휘성 기현)에서 900여 명의 농민군을 이끌고 궐기한 날품팔이 꾼 陳勝(진승)과 吳廣(오광)은 단숨에 기현을 석권하고, 秦(진 : 하남성 회양)에 입성했다. 이어 이곳에 張楚(장초)라는 나라를 세우고 왕위에 오른 진승은, 옛 6개국의 귀족들과 그 밖의 反秦(반진) 세력을

규합하여, 진나라의 도읍 咸陽(함양)을 향해 진격했다.

이에 자극을 받은 江東(강동)의 會稽君守(회계군수) 殷通(은통)은 郡都(군도) 吳中(오중 : 강소성 오현)의 유력자인 項梁(항량)을 불러 거병을 의논했다. 항량은 진나라 군사에게 敗死(패사)한 옛 楚(초)나라 명장이었던 項燕(항연)의 아들인데, 고향에서 살인을 하고 조카인 籍(적 : 항우의 이름)과 함께 오중으로 도망온 뒤, 타고난 통솔력을 십분 발휘하여, 곧 오중의 실력자가 된 젊은이다. 은통은 항량에게 이렇게 말했다.

"지금 江西(강서) 지방에서는 모두들 秦(진)나라에 반기를 들었는데, 이는 하늘이 진나라를 멸망코자 하는 時運(시운)이 되었기 때문이오. 내가 듣건대 '**먼저 손을 쓰면 남을 제압할 수 있고[先則制人**(선즉제인)**]**', '뒤지면 남에게 제압당한다[後則爲人所制(후즉위인소제)].'고 했소. 그래서 나는 그대와 환초를 장군으로 삼아 군사를 일으킬까 하오."

은통은 오중의 실력자일 뿐 아니라 병법에도 조예가 깊은 항량을 이용, 출세의 실마리를 잡아볼 속셈이었으나, 항량은 그보다 한 수 위였다.

"擧兵(거병)하려면 우선 환초부터 찾아야 하는데, 그의 행방을 알고 있는 자는 오직 제 조카인 籍(적)뿐입니다. 그러니 지금 밖에 와 있는 그에게 환초를 불러오라고 하명하시지요."

"그럽시다. 그럼, 그를 들라 하시오."

항량은 뜰아래에 대기하고 있는 항우에게 다가가 귀엣말로 이렇게 일렀다.

"내가 눈짓을 하거든, 지체 없이 은통의 목을 치도록 하라."

항우를 데리고 방에 들어온 항량은, 항우가 은통에게 인사를 마치고 자기를 쳐다보는 순간 눈짓을 했다. 항우는 칼을 빼자마자 비호같이 달려들어, 은통의 목을 쳤다. 항량과 항우가 은통에 앞서 '先卽制人(선즉제인)'을 몸소 실행한 것이다.

항량은 곧바로 관아를 점거한 뒤, 스스로 회계 군수가 되어 8,000여 군사를 이끌고 함양으로 진격하던 중, 전사하고 말았다. 뒤이어 회계군의 총수가 된 항우는 훗날 漢王朝(한왕조)를 이룩한 劉邦(유방)과 더불어 진나라를 멸망시켰다(B.C.206). 그러나 항우는 그 후 유방과 5년간에 걸쳐 천하의 패권을 다투다가 패하여 자결하고 말았다(B.C.202).

---

1) **秦始皇**(진시황, B.C.259 ~ B.C.210) : 중국 秦(진)나라의 황제이며, 성은 嬴(영), 이름은 政(정). 중국 북서부에 위치한, 전국시대 진나라의 군주인 莊襄王(장양왕)의 아들로 태어났으며, 13세(B.C.246)에 제위에 올랐다. 한·조·위·초·제나라를 차례로 멸하고, 그의 나이 39세인, 기원전 246년에 중국 최초로 통일 국가를 이룩하였다. 不老不死(불로불사)에 대한 열망이 컸으며, 대규모의 문화 탄압 사건인 焚書坑儒(분서갱유) 사건을 일으켜, 隋煬帝(수양제)와 더불어 중국 역사상 최대의 폭군이라는 비판을 받았다. 하지만 度量衡(도량형)을 통일하고, 전국시대 국가들의 장성을 이어 만리장성을 완성하였다. 분열된 중국을 통일하고 황제제도와 郡縣制(군현제)를 닦음으로써, 이후 2천 년 중국 왕조들의 기본 틀을 만들었다.

161 城下之盟 성하지맹

字解
- 城 : **성 성** [城郭(성곽) : 성의 둘레. 내성과 외성을 아울러 이르는 말]
- 下 : **아래 하** [下向(하향) : 아래쪽으로 향함]
  내릴 하 [下車(하차) : 차에서 내림]
- 之 : **의 지** [光州之名山(광주지명산) : 광주의 뛰어난 산]
- 盟 : **맹세 맹**, 맹세할 맹 [盟約(맹약) : 굳게 맹세하여 약속함, 또는 그 약속. 굳은 약속]

語義 성 아래에서의 盟約(맹약).
(성 밑까지 쳐들어온 적군과 맺은 맹약이라는 뜻으로, 항복한 나라가 적국과 맺은 협약)
(대단히 굴욕적인 강화나 항복)

用例

▶ 明(명)의 집권층은 동아시아 역사의 대변혁에 능동적으로 대처하지 못하여, 만주족 淸(청)의 침략에 속수무책으로 마침내 **城下之盟**(성하지맹)의 치욕을 당했다.
▶ 조선 仁祖(인조)임금은 한강 三田渡(삼전도)에서, 淸(청) 태종 앞에 무릎을 꿇고 술잔을 받들어 항복하는 이른바, **城下之盟**(성하지맹 : 전쟁에 진 나라가 적국과 맺는 굴욕적인 강화의 맹약)을 맺는 우리 역사상 가장 치욕스런 항복을 하였다.

 ① **春秋左氏傳**(춘추좌씨전) – 桓公(환공) 十二年(십이년)

중국 春秋(춘추)시대 楚¹⁾(초)나라 군대가 絞²⁾(교)나라를 침공하여, 교나라 도읍의 성 아래에 이르렀다. 교나라 군사들은 성문을 굳게 닫고 밖으로 나오지 않았다. 초나라 군대는 몇 차례 공격을 시도하였지만 모두 실패하자, 초나라의 莫敖(막오)라는 벼슬에 있는 屈瑕(굴하)가 무왕에게 한 가지 계책을 말했다.

"교나라 사람들은 도량이 좁고 경솔합니다. 사람이 경솔하면 또한 생각하고 염려하는 것이 부족합니다. 땔나무를 하는 인부들을 호위병을 딸리지 않은 채 내보내서, 이것을 미끼로 삼아 그들을 치는 것이 어떻겠습니까?"

그래서 굴하가 말한 꾀에 따라 나무하는 인부들을 호위병 없이 내보냈다. 교나라 사람들은 예상한 대로 북문을 열고 나와, 산속에 있는 초나라 인부 30명을 잡아갔다. 다음날은 더 많은 인부를 내보냈다. 교나라 군사들은 어제 있었던 일에 재미를 붙여 성문을 열고, 서로 다투어 산속의 인부를 쫓기에 바빴다.

故事成語 四音節 459

초나라 군사들은 이 틈에 북문을 점령하고, 산속에 숨어 있는 복병들이 성 밖에 나온 군사를 습격함으로써 크게 승리를 거두고, **성 아래에서 크게 유리한 조약**을 맺고 돌아왔다.

原文 楚伐絞(초벌교) 軍其南門(군기남문) 莫敖屈瑕曰(막오굴하왈) 絞小而輕(교소이경) 輕則寡謀(경즉과모) 請無扞采樵者以誘之(청무한채초자이유지) 從之(종지) 絞人獲三十人(교인획삼십인) 明日絞人爭出(명일교인쟁출) 驅楚役徒於山中(구초역도어산중) 楚人坐其北門而覆諸山下(초인좌기북문이복제산하) 大敗之(대패지) 爲城下之盟而還(위성하지맹이환)

〈直譯〉 楚(초)나라가 絞(교)나라로 쳐들어가 성의 남문에 진을 쳤을 때, 莫敖(막오)라는 벼슬의 屈瑕(굴하)가 말했다.

"교나라의 사람들은 경솔합니다. 경솔하면 도모함이 적은 법이니, 청컨대 땔나무를 취하는 인부를 호위 없이 내놓아, 이로써 유인하면 어떨까요?"

그 계교대로 따르자, 교나라 군사들은 인부 30명을 사로잡았다. 다음날 교나라의 군사들은 다투어 나가, 초나라 인부들을 쫓아 산속으로 달려갔다. 초군들이 북문을 지키고 산 아래에 매복하였으므로, 크게 패배시키고 **성 아래에서 맹약하고** 돌아왔다.

 ② **左傳**(좌전) - 宣公(선공) 十五年(십오년)

여름 5월에, 楚(초)나라 군대가 장차 宋(송)나라를 떠나려고 하였다. 그러자 申犀(신서)는 초나라 莊王[3](장왕)의 말 앞에 머리를 조아리고,

"저희 아버지 무외는 죽을 줄을 알면서도 감히 왕명을 어기지 못했습니다. 그런데 임금께서는 약속을 저버리시려고 하십니까?"

라고 하였으므로, 장왕은 대답할 수가 없었다. 이때 申叔時(신숙시)는 장왕에게 엎드려 가로되,

"송나라의 교외에 집을 짓고 그곳으로 되돌아가 밭을 갈면서 지구전을 꾀한다면, 송나라는 틀림없이 초나라의 멸망을 들을 것입니다."

라고 했기 때문에 그의 말을 따랐다.

송나라 사람들은 두려워하여, 華元(화원)에게 명하여 밤중에 몰래 초나라의 진중에 숨어들게 하였다. 화원은 초나라 장수인 司馬(사마) 子反(자반)에게 보냈다. 자반의 침상에 올라가서 그를 일으키고,

"저희 임금께서 저를 사자로 보내어 송나라의 괴로운 상태를 호소하게 하였습니다. '저희 나라는 (식량이 떨어져) 자식들을 서로 바꾸어서 먹고, (땔감도 없어서) 죽은 사람의 뼈를 쪼개서 불을 피웁니다. 비록 그렇지만 **성 아래서의 맹약**은 나라를 멸망시키는 일이 있더라도 따를 수가 없습니다. 30리만 물러나 주신다면, 오직 명령하시는 대로 듣겠습니다.'고 하셨습니다."

라고 하였기 때문에, 자반은 두려워하여 그와 맹약하고 장왕에게 보고하여 30리를 물러났다. 그리하여 송나라는 초나라와 화평하고, 화원은 초나라에 인질이 되었다. 그때의 맹약에 가로되,

"우리 초나라는 너희 송나라를 속이지 않을 것이니, 너희 송나라도 우리 초나라를 속이지 말라."

 原文 夏五月(하오월) 楚師將去宋(초사장거송) 申犀稽首於王之馬前曰(신서계수어왕지마전왈) 毋畏知死(무외지사) 而不敢廢王命(이불감폐왕명) 王棄言焉(왕기언언) 王不能答(왕불능답) 申叔時僕曰(신숙시복왈) 築室反耕者(축실반경자) 宋必聽命(송필청명) 從之(종지) 宋人懼(송인구) 使華元夜入楚師(사화원야입초사) 登子反之床(등자반지상) 寡君使元以病告曰(과군사원이병고왈) 敝邑易子而食(폐읍역자이식) 析骸以爨(석해이찬) 雖然(수연) 城下之盟(성하지맹) 有以國斃(유이국폐) 不能從也(불능종야) 去我三十里(거아삼십리) 唯命是聽(유명시청) 子反懼(자반구) 與之盟(여지맹) 而告王(이고왕) 退三十里(퇴삼십리) 宋及楚平(송급초평) 華元為質(화원위질) 盟曰(맹왈) 我無爾詐(아무이사) 爾無我虞(이무아우)

위의 故事(고사)에서 '城下之盟(성하지맹)'이라는 성어가 나왔으며, '항복한 나라가 맺는 굴욕적인 강화'의 뜻으로 역사에서 많이 쓰이는 말이 되었다. 인조 때 병자호란에서 패한 조선이 청나라와 맺은 조약이 바로 우리나라 역사에서 볼 수 있는 대표적인 성하지맹일 것이다.

---

1) 楚(초, ? ~ B.C.223) : 중국 춘추전국시대의 나라. 揚子江(양자강) 중류의 유역에 根據(근거)한 나라로, 春秋(춘추) 초엽에 武王(무왕)이 이웃 지역을 정복한 뒤부터 발전하여, 莊王(장왕) 때 齋(제)나라의 桓公(환공), 晉(진)나라의 文公(문공)에 이어 覇者(패자)가 되었다. 한때 吳(오)나라의 공격을 받아 쇠했으나, 다시 세력을 회복하여 戰國 七雄(전국 칠웅)의 하나가 되었다. 후에 秦(진)나라에 멸망당했다.

2) 絞(교, ? ~ ?) : 중국 춘추시대 강대한 楚(초)나라의 이웃인 호북성 운현 서북쪽에 위치했던 작은 나라이다. 교나라에 대한 자료가 거의 없으나, 기원전 701년 鄖(운)나라와 함께 초나라에 대항했다가, 다음해인 기원전 700년 초나라가 교나라를 토벌함에 따라 城下之盟(성하지맹)을 맺고 초나라와 화친했다는 기록이 있다. 나중에 楚(초)나라에 멸망당했다.

3) 楚 莊王(초 장왕, ? ~ B.C.591, 재위 B.C.614 ~ B.C.591) : 楚(초)나라의 제23대 왕이며, 春秋五覇(춘추오패)의 한 사람이다. 姓(성)은 羋(미). 氏(씨)는 熊(웅). 諱(휘)는 侶(려)이다. 초나라의 역대 군주 중에서도 최고의 명군으로 여겨져 춘추오패의 한 명으로 꼽힌다. 成王(성왕) 員(원)의 손자로, 폭군이었던 穆王(목왕) 商臣(상신)의 적자 共王(공왕) 審(심)의 아버지이다.

장왕은 陣(진)나라의 내란을 틈타 그 나라를 일시에 병합하고, 鄭(정)나라를 공격하여 진나라와 함께 속국으로 삼았다. 기원전 597년 정나라의 원군으로 온 晉(진)나라 군을 격파했다. 진나라를 패퇴시키고 패업을 이룬 장왕은, 그 다음에 진나라를 따르는 송나라를 표적으로 정했다. 장왕이 齊(제)나라에 보낸 사신이 宋(송)나라를 지나가다가 피살당하자, 전광석화같이 송나라에 쳐들어가 수도 商丘(상구)를 포위했다.

이전, 노나라도 초나라의 맹하에 들어가는 등, 착실하게 장왕의 패업은 완성에 가까워지고 있었다. 그러나, 華元(화원)을 비롯한 송나라군의 저항에 의해, 기원전 594년 5월이 되어도 상구를 공략하지 못하고 장왕은 결국 퇴각했다. 후에 宋(송)나라는 楚(초)나라에게 항복했다.

162 城狐社鼠 성호사서

字解
城 : 성 **성** [城郭(성곽) : 성의 둘레. 내성과 외성을 아울러 이르는 말]
狐 : 여우 **호** [狐假虎威(호가호위) : 여우가 호랑이의 위세를 빌림]
社 : 땅 귀신 **사** [社稷(사직) : 토지신과 곡신. 국가]
    단체 사 [社會(사회) : 공동생활을 하는 인간의 집단]
鼠 : 쥐 **서** [鼠輩(서배) : 쥐새끼같이 하찮은 무리]

語義 성 안에 사는 여우와 社稷(사직)에 사는 쥐.
(임금의 곁에 있는 간신들이나 관청의 세력에 기대어 사는 무리)
(몸을 안전한 곳에 기대어 나쁜 짓을 일삼는 무리)

 用例

▶ 大諫(대간)은 탄핵을 못하고 侍從(시종)도 감히 말을 못하여, 종말에는 **城狐社鼠**(성호사서)가 되어 제거하고 싶어도 되지를 않습니다.

▶ 권세자의 창고는 가득 차고 백성들은 가난한데, 상공업자는 공모하여 이득을 챙기고, **城狐社鼠**(성호사서)가 득세한다. 군주가 자신은 재능이 많다 여겨, 민심이 이반해도 무시하고 백성 비행은 범죄로 엄히 처벌하되, 공경대부 범죄에 관대하면 나라는 망한다. 〈한비자의 망국징조〉

[類義語] 稷狐社鼠(직호사서) : 곡물 사당의 여우와 토지 사당의 쥐.
至當大臣(지당대신) : 임금 편에 서서 '지당하옵니다.'만을 찾는 대신.

 晉書(진서) - 謝鯤傳(사곤전)

중국 春秋(춘추)시대 진(晉)의 元帝(원제) 司馬睿[1](사마예) 때, 王覽(왕람)의 손자 王導(왕도 : 동진의 개국공신)는 승상에 임명되고, 王敦(왕돈)은 鎭東大將軍(진동대장군)에 임명되었다. 두 사람은 각각 文(문)과 武(무)를 갖추어 조정을 좌지우지하였다. 뿐만 아니라, 왕돈의 아내는 司馬炎[2](사마염) 딸인 襄城(양성)공주였으므로, 당시 사람들은 왕씨와 사마씨가 천하를 차지하였다고들 말했다. 하지만 사마씨와 왕씨는 권력을 둘러싸고 첨예하게 대립하고 있었다.

처음, 진나라 원제 사마예가 建康(건강 : 지금의 남경)에서 즉위하였을 때에는, 서로 지지하며 도왔으므로, 권력을 둘러싼 대립은 없었다. 사마예는 왕도와 왕돈의 도움으로, 신속하게 정국을 안정시켰다. 이러한 과정에서, 왕돈은 적지 않은 공을 세우고 統帥(통수)에 임명되어, 江州(강주) 등 여섯 군의 군대를 지휘하게 되었으며, 아울러 강주자사를 겸임하여 長江(장강) 상류 지역을 장악하였다. 이렇다 보니, 장강 하류에 있던 수도 건강에서 보면 잠재적인 위협이 아닐 수 없었다.

진나라 원제는 이 위험한 형세를 계속 주시하면서, 劉隗(유외)와 戴淵(대연)을 각각 鎭北(진북) 장군에 임명하였다. 명목상으로는 북방 각국의 침입에 대비하는 것이었지만, 사실은 왕돈을 견제하기 위한 것이었다. 왕돈은 원제의 의도를 분명하게 알아차리고, 일을 일으킬 준비를 적극적으로 하였다. 그러나 군대를 동원하여 수도로 진격한다면, 이것은 분명 반역 행위가 되었으므로, 왕돈은 이러한 모험을 감행하는 대신 구실을 찾았다. 그는 長史官(장사관) 謝鯤(사곤)을 불러서 물었다.

"유외라는 자는 매우 간악하여 나라에 해를 끼치고 있소. 나는 이 자를 황제의 신변에서 제거하여, 나라에 보답하고 싶은데, 그대의 생각은 어떻소?"

사곤은 한참 생각하더니, 이렇게 권하였다.

"유외는 진실로 재화를 일으킬 자입니다만, **성벽의 여우나 토지 사당의 쥐새끼**와 같습니다[隗誠始禍(외성시화) 然**城狐社鼠**也(연성호사서야)]. 여우 굴을 뒤지려 하면서 성벽이 무너질까 두려워하고, 쥐새끼를 태워 죽이거나 물에 빠뜨려 죽이려 하면서 사당이 무너질까 두려워해야 합니다. 지금 유외는 황제 측근의 신하로서 그 세력이 상당히 강대하여, 황제께서는 그를 의지하고 있으므로, 그를 제거하는 것이 쉽지 않을 것 같습니다."

왕돈은 사곤의 말을 듣고 마음이 불쾌하였지만, 결국 군대를 동원하여 건강 근처까지 진격하였다. 진나라 원제는 몹시 두려워하며 왕돈에게 화해를 요청하였다. 왕돈은 자신에 맞섰던 대신들을 제거하고, 곧 湖北(호북)으로 돌아왔다.

---

1) **司馬睿**(사마예, 276년 ~ 322년. 재위 317년 ~ 322년) : 司馬懿[3](사마의)의 증손. 中國(중국) 東晉(동진)의 初代(초대) 黃帝(황제)로 元帝(원제)라고 일컬었다. 王導(왕도)의 힘을 빌려 지금의 난징[南京(남경)]을 근거로 하여, 揚子江(양자강) 하류 지역에 勢力(세력)을 확립하였다. 西晉(서진)의 黃帝(황제 : 서진의 제3대 회제)가 흉노에게 잡혀 죽자, 獨立(독립)하여 임금 자리에 앉았다.

2) **司馬炎**(사마염, ? ~ 290년. 재위 235년 ~ 289년) 司馬懿(사마의)의 손자. 司馬昭(사마소)의 아들. 魏(위)나라 元帝(원제)에게 강요하여 王位(왕위)를 물려받았다. 洛陽(낙양)에 都邑(도읍)하여, 나라 이름을 晉(진)이라 하고 武帝(무제)라 일컬었다. 280년 吳(오)나라를 멸망시키고, 天下(천하)를 統一(통일)했다. 군국제도를 채택하고, 占田法(점전법)을 시행하였다.

3) **司馬懿**(사마의 : 위나라 조조의 대신. 서진 건국의 기초를 다짐) ⇒ 司馬昭 (사마소 : 사마의의 둘째 아들. 위나라 대장군) ⇒ 司馬炎(사마염 : 사마소의 아들. 서진의 초대 황제) ⇒ 司馬睿(사마예 : 사마염의 아들. 동진의 초대 황제)

※**王導**(왕도)**의 명언** : '伯仁(백인)이 由我而死(유아이사)라.' 고등학교 교과서의 '弔針文(조침문 : 순조 때 유씨 부인 지음)'에 나오는 말로, '백인이 (내가 죽이지 않았지만), 나로 말미암아 죽었다.'라는 뜻이다.

163 宋襄之仁 송양지인

字解
- 宋 : 나라 송 [宋桓公(송환공) : 송나라 환공]
- 襄 : 오를 양, 이룰 양 [襄禮(양례) : 장사 지내는 예절]
- 之 : 의 지 [我國之極東(아국지극동) : 우리나라의 동쪽 끝]
- 仁 : 어질 인, 인자할 인 [仁義(인의) : 어진 것과 의로운 것]

語義 송나라 양공의 어짊.
(쓸데없는 인정이나 무익한 배려)
(너무 착하기만 하고 실속이 없음)

用例

▶ 북한과 중국의 국경을 허물어 수십만 북한 주민들을 탈출시키고, 북한 내부에 자유의 정보를 보낸다면 그들이 감히 우리를 협박할 수 있을까요? 그들의 행동에는 반드시 상응하는 대응을 해야 하는데, 우리는 '宋襄之仁(송양지인)'처럼 바보 같은 행동만 거듭하고 있습니다.

북한에는 그에 상응하는 처절한 응징이 있어야 같은 행동의 반복을 막을 수 있습니다. 북한의 도발 수단을 첨단무기로 막겠다는 발상보다, 더 강력한 자유의 수단을 제대로 쓰는 게 더 효과적일 것입니다.

▶ 우리의 핵무장이 옳은 일인지, 또 하고 싶다고 해도 핵 도미노를 우려하는 주변국들의 견제 등으로 그게 가능한 일인지 자신 있게 말할 처지가 못 된다. 다만 일본이 여러 제약에도 불구하고 자꾸 연기를 피우듯 우리도 이 문제를 진지하게 고민하고 중지를 모으기 위해 공론화할 필요는 있다는 생각이다.

또 우리의 핵무장 검토는 많은 사람이 우려하듯 도미노를 불러올 수도 있지만, 역으로 그 도미노에 대한 우려 때문에 핵 확산을 막을 수도 있을 것이다. 핵 확산 금지를 통한 세계 평화 유지와 같은 대의명분도 중요하다. 그러나 자칫 그 대의명분이 오히려 민족의 생존이라는 더 큰 대의명분을 죽이는 수가 있다. 宋襄之仁(송양지인)처럼.

出典 十八史略(십팔사략) - 卷一(권일)

중국 춘추시대 宋(송)의 襄公[1](양공)은 참으로 양보심이 많았던 제후였다. 周(주)나라 襄王(양왕) 2년(B.C.650), 아버지 桓公(환공)이 죽자, 庶兄(서형)인 目夷(목이)가 자신보다 현명하다는 이유로 王位(왕위)조차 양보했다.

목이 역시 양보심이 대단하여, 다음과 같이 말하면서 왕위를 사양하였다.

"자고로 나라를 양보할 줄 아는 사람이야말로 최대의 仁者(인자)인 것입니다."

양공은 그를 재상으로 삼아 송나라를 다스리게 되었다. 재위 7년째 되던 어느 날, 隕石(운석)이 5개나 떨어지자, 양공은 覇業(패업 : 제후의 가장 중요한 사업으로 천하를 다스리는 일)의 상징이라고 제멋대로 해석하고는, 이웃 나라들을 마구 치기 시작하였다. 목이의 반대에도 막무가내였다.

그의 행동을 가장 못마땅하게 여긴 것은 당시 최강국 楚(초)나라였다. 본때를 보여 주기 위해 벼르고 있다가, 양공을 사로잡은 다음 풀어 주었다.

그러자 목이가 말하였다.

"나라의 禍(화)는 이제부터다. 임금은 아직도 정신을 차리지 못하고 있다."

이듬해 봄, 鄭(정)나라가 楚(초)나라와 연합하자, 화가 치민 양공은 鄭(정)나라를 공격했던 것이다. 그러자 楚(초)나라가 정을 도우러 왔다. 초의 군대가 泓水(홍수)를 건널 때 목이가 간언하였다.

"敵(적)은 많고 우리는 적습니다. 지금이야말로 절호의 기회입니다. 빨리 치도록 합시다."

그러나 양공의 대답은 의외였다.

"군자는 상대방의 약점을 노리는 것이 아니오."

이윽고 초나라의 군사가 渡江(도강)을 완료하였다. 목이가 재차 재촉했지만, 양공은 이번에도 듣지 않았다.

"천만의 말씀, 적은 아직 충분한 준비를 갖추지 않았소. 군자가 어찌 상대방의 약점을 이용할 수 있단 말이오."

결국 양공은 일부러 지체한 이유라면서 상대방이 진용을 다 갖춘 다음에야 비로소 공격 명령을 내렸다. 물론 결과는 뻔했다. 宋(송)나라 軍(군)은 대패하였으며, 양공 자신도 다리에 상처를 입고 악화되는 바람에 결국 이듬해 죽고 말았다.

세상 사람들은 이를 두고 '**송나라 양공의 인**'이라며 비웃었다[世笑以爲宋襄之仁(세소이위송양지인)]. '송의 양공이 보였던 인자함'이라는 뜻으로 '쓸데없는 관용'을 뜻한다.

그러나 『史記(사기)』의 저자 太史公(태사공) 司馬遷(사마천 : 전한의 역사가)은 다르게 評(평)했다.

"襄公(양공)은 泓水(홍수) 싸움에서 패했으나, 그럼에도 불구하고 識者(식자)들 사이에서는 양공을 찬양하는 견해가 있다. 그 까닭은 예의가 무너져 가는 현상을 걱정하기 때문이다. 그런 견해로 보면 양공의 예의심은 찬양받을 가치가 있다."

사마천의 양공에 대한 평론은 의외로 높다.

---

1) **宋 襄公**(송 양공, ? ~ B.C.637. 재위 B.C.651 ~ B.C.637) : 중국 춘추시대 宋(송)나라의 공작. 성은 子(자), 휘는 茲父(자보), 시호는 襄公(양공). 宋(송) 桓公(환공)의 아들이다. 春秋(춘추)오패의 한 명으로 일컫기도 한다. 襄

公(양공)은 기원전 651년에 송나라 공의 자리에 오른다. 그에게는 目夷(목이)라고 하는 이복형이 있었다. 양공은 왕위를 목이에게 양보하려고 했지만, 목이가 거절하여 송나라 공이 된 뒤에, 목이를 재상에 임명하였다. 즉위 직후, 齊(제)나라의 桓公[2](환공)이 주최하는 會盟(회맹)에 참가하고, 그 후도 종종 회맹에 참가했다. 양공은 사사로운 일보다 禮(예)를 중시하는 이상주의자였다.

　기원전 643년에 제 환공이 사망하였다. 제나라 국내에서는 후계를 둘러싸고 내란 상태가 되었다. 이에 양공은 회맹을 열어 曹(조)나라·衛(위)나라·邾(주)나라 등 소국들을 거느려 일찍이 自國(자국)에 망명해 왔던 태자 昭(소)를 제나라로 보내고, 제나라의 내란을 진압하여 소를 제나라 임금이 되게 하였다. 이 사람이 孝公(효공 : 제나라 제18대 후작)이다. 또 회맹에 오지 않았던 滕(등)나라의 宣公(선공)을 잡고, 뒤이어 늦게 온 曾(증)나라 임금을 삶아 죽여 제물로 바쳤다.

　기원전 639년, 제나라, 초나라와 회맹하여, 맹주가 되는 것을 초나라에게 인정되었다. 이전에 목이는 송나라가 맹주가 되는 것은 해롭기 때문에 위험하다고 충고하고 있었지만 양공은 듣지 않았다. 더욱 양공은 초나라, 진나라, 채나라, 허나라, 조나라를 모아 회맹을 실시하지만, 이 자리에서 초나라에 의해 감금되어 맹주로서의 면목이 손상된다. 다음 해, 양공은 굴욕을 풀기 위해 위나라, 허나라, 등나라 등을 거느려 초나라의 맹하에 있던 鄭(정)나라를 공격한다. 이것에 즈음하여도 목이가 충고했지만 양공은 듣지 않았다. 楚(초) 成王(성왕)은 군을 일으켜 정나라를 구원하러 향했고, 양군은 송나라 내의 홍수(泓水)의 논두렁에서 싸우게 된다.

　楚軍(초군)은 宋軍(송군)에 비해 압도적 대군이었다. 송군이 渡河(도하)하고 있는 동안에 공격해야 한다고 말했지만, 양공은 이것을 허락하지 않았다. 초군은 도하를 다 했지만, 아직도 전투 대형이 갖추어지지 않았었다. 목이는 다시 여기서 공격해야 한다고 말했지만, 양공은 이것도 허락하지 않았다. 마침내 초군은 전투 대형을 정돈해 양군은 격돌했지만, 당연히 대군의 초나라의 압승으로 끝나고, 양공은 넓적다리에 상처를 입었다.
　돌아온 다음에 왜 그때에 공격하지 않았던 것이냐고 추궁받자 양공은,
　"군자는 사람이 곤궁하고 있을 때에는 공격하지 않는 것이다."
　라고 대답하였고, 목이는 이것을 듣고 기가 막혀 말했다.
　"전쟁 때는 보통 때와 당연히 다르다."
　라고 했다. 양공은 다음 해 홍수전투에서 입은 다리의 상처에 의해 사망하였다.

2) **齊 桓公**(제 환공, ? ~ B.C.643. 재위 B.C.685 ~ B.C.643) : 춘추시대의 제나라의 제15대 군주이다. 성은 姜(강), 휘는 小白(소백), 시호는 桓公(환공). 제 희공(재위 B.C.730 ~ B.C.698)의 서자이며, 제 양공(재위 B.C.697 ~ B.C.686)의 이복 동생이다. 춘추시대의 覇者(패자 : 제후들의 우두머리. 패왕)이다. 제 양공이 연칭과 관지부에 의해 시해된 후 포숙아의 활약에 의해 政敵(정적)인 공자 규와의 공위 계승 분쟁에서 승리해 제나라의 군주가 되었다. 管仲(관중)을 재상으로 삼고 43년 재위 기간 중에 제나라를 강대한 나라로 만들었으며, 실권을 잃어버린 중국 東周(동주) 왕실을 대신해 회맹을 거행했다.

164 首鼠兩端 수서양단

字解 首 : 머리 **수** [首丘初心(수구초심) : 고향 언덕 쪽으로 머리를
　　　　　　　　　　두는 마음. 고향을 그리워하는 마음]
　　　　자백할 수 [自首(자수) : 죄를 지은 사람이 자진해서 죄를 신고함]
　　鼠 : 쥐 **서** [鼠盜(서도) : 좀도둑]
　　兩 : 두 **량(양)**, 둘 **량(양)** [兩家(양가) : 양쪽의 집. 두 집]
　　端 : 바를 단 [端正(단정) : 흐트러진 데 없이 얌전하고 깔끔함]
　　　　끝 **단** [極端(극단) : 맨 끝. 극도에 달한 막다른 지경]

語義 구멍에서 머리를 내밀고 나갈까 말까 망설이는 쥐.
　　　(머뭇거리며 진퇴나 거취를 정하지 못하는 상태)
　　　(어느 쪽으로도 붙지 않고 양다리를 걸치는 것)

 用例

▶지나치게 약삭빠른 사람을 두고, '저 사람 쥐새끼같이 약은 사람이야.'라고 빗댄다. 쥐는 구멍에서 나올 때에 머리를 내밀고 요리조리 엿보면서 비로소 바깥으로 나온다. 그러나 자기를 해롭게 할 적이 있다든지 위험스런 상태라면, 다시 구멍으로 기어든다. 예나 지금이나 이러한 **首鼠兩端**(수서양단)의 처세로 拔群(발군)하는 자도 있으나, 이로 인하여 봉변을 당하는 사람도 있다.

▶사람들이 자신의 진퇴와 거취를 결정하지 못하고 망설이는 것을 **首鼠兩端**(수서양단)으로 비유하기도 한다. 일과 사람뿐만 아니라, 국가 간의 양다리 외교 관계를 설명할 때도 이 말로 비유한다.

【類義語】 左顧右眄(좌고우면) : 왼쪽을 둘러보고, 오른쪽을 짝눈으로 자세히 살핀다.
　　　　　左顧右視(좌고우시) : 왼쪽을 둘러보고, 오른쪽을 살핀다.
　　　　　左右顧眄(좌우고면) : 이쪽저쪽을 돌아본다는 뜻으로, 앞뒤를 재고 망설임을 이르는 말.

 **出典** **史記**(사기) - 魏其武安侯列傳(위기무안후열전)

중국 前漢(전한) 제6대 景帝[1](경제)부터 제7대 武帝(무제)에 걸쳐 魏其候(위기후) 竇嬰(두영)과 武安候(무안후) 田蚡(전분)은 세력 다툼을 계속하고 있었다. 위기후는 제3대 효문제 황후 두태후의 조카이고, 무안후는 경제의 황후 왕태후의 친동생이었다. 그런데 두영의 배경이던 두태후가 죽고 전분의 배경인 왕태후가 오르자, 위기후는 자연 몰락할 수밖에 없었다.

어느 날 무안후가 새장가를 가 축하연을 여는 자리에 위기후 측 사람들을 차별 대우하자, 위기후 두영의 친구인 灌夫(관부)가 술김에 행패를 부렸다. 무안후는 관부를 옥에 가두고 사형에 처하려 하자, 위기후는 관부를 두둔하고 무제에게 상소를 올려, 이 문제는 조신들의 공론에 붙이게 되었다.

이때 御史大夫(어사대부 : 감찰기관의 으뜸 벼슬) 韓安國(한안국)이 중립적인 태도를 취하였다.

"양쪽 말에 다 일리가 있어 판단하기 어렵습니다. 따라서 폐하의 裁斷(재단 : 옳고 그름을 가리어 결정함. 재결)을 바랄 뿐입니다."

汲黯(급암 : 무제 때의 간신)은 위기후가 옳다고 했으나, 內史(내사 : 도읍을 다스리는 벼슬) 鄭當時(정당시)는 처음에는 위기후를 옳다고 하다가, 형세가 불리해지자 나중에는 똑부러지게 대답하지 않았다. 그래서 황제는 내사 정당시에게 성을 내며 말했다.

"공은 평소에는 곧잘 위기후와 무안후의 장단점을 말하고 있었는데, 오늘 조정의 공론에서는 몸을 움츠리고 멍에에 매인 망아지처럼 굴겠다는 것인가? 나는 너희와 같은 무리들은 모조리 목을 베겠다."

무안후는 조정에서 물러나와 어사대부를 불러 야단을 쳤다.

"어찌하여 **구멍에서 머리만 내밀고 나갈까 말까 하며 망설이는 쥐처럼 주춤거리고** 있느냐?"

 原文 公平生數言魏其武安長短(공평생수언위기무안장단) 今日廷論(금일정론) 局趣效轅下駒(국취효원하구) 吾幷斬若屬矣(오병참약속의) 何爲首鼠兩端(하위수서양단)

어사대부 한안국은 잠시 생각하고 있다가 대답했다.

"名案(명안)이 있습니다. 우선 재상 자리에서 물러난 후, 이렇게 말씀하십시오. '위기후를 나쁘게 말하고 고집을 세워 폐하께 심려를 끼친 점 죄송하며, 위기후가 말한 점 모두 정당합니다.' 그러면 폐하께서는 승상의 겸양하는 태도를 가상히 여겨 해임하시는 일은 없을 것이며, 위기후는 마음속으로 부끄러워 문을 닫고 혀를 깨물고 자결할 것입니다."

이리하여 무안후는 황제의 신임을 얻고, 위기후와 관부는 일족까지 모조리 처형을 당하였다. 그러나 무안후도 병을 얻어 위기후와 관부에게 용서를 비는 헛소리를 하다 죽고 말았는데, 위기후와 관부의 원혼이 그를 괴롭혀 죽게 했다고 한다.

---

1) **漢 景帝**(한 경제, B.C.188 ~ 141. 재위 B.C.157 ~ 141) : 전한의 제6대 황제로서 이름은 劉啓(유계). 관대한 정치를 폈던 아버지 文帝[2](문제. 재위 B.C.180 ~ 157) 때에 봉토를 나누어 받았던 강대한 봉건 제후들의 세력을 축소시키려고 했다. 기원전 154년 이에 반발한 제후들이 七國(7국)의 난을 일으켰으나 평정되었다. 그 뒤로 제후들은 자신들의 봉국 내에서 대신들을 임명할 수 있는 권리를 박탈당했고, 영토는 그들의 자식들에게 분할되었다. 이러한 조치는 중앙 정부의 권력을 강화시켰고, 경제의 아들, 즉 유명한 武帝[3](무제)의 빛나는 통치로 이어

지는 길을 닦았다.

2) **漢 文帝**(한 문제, B.C.202 ~ B.C.157. 재위 B.C.180 ~ B.C.157) : 중국 前漢(전한)의 제5대 황제. 성은 劉(유). 이름은 恒(항). 묘호는 太宗(태종). 시호는 孝文皇帝(효문황제). 高祖(고조) 劉邦(유방)의 넷째 아들이다. 처음에 代王(대왕)에 책봉되어 中都(중도)에 도읍했다가, 조정을 專斷(전단)하던 呂氏(여씨)의 난이 평정된 뒤, 太尉(태위) 周勃(주발)과 丞相(승상) 陳平(진평) 등 중신의 옹립으로 제위에 올랐다. 황제의 자리에 오른 뒤 훗날 무제 때의 전성기를 구축하는 기반을 닦았다.

3) **漢 武帝**(한 무제, B.C.156 ~ B.C.70. 재위 B.C.141 ~ B.C.87) : 前漢(전한)의 제7대 황제로서 이름은 劉徹(유철). 諸侯王(제후왕)에 대한 통제를 강화하여 중앙집권 체제를 완성하였고, 적극적인 대외 정책으로 영토를 크게 확장하여 한나라의 전성기를 이루었다. 張騫(장건)을 서역으로 파견하여 실크로드를 개척하였으며, 偉靑(위청)과 霍去病(곽거병) 등으로 하여금 흉노를 소탕케 하였고, 또한 古朝鮮(고조선, B.C.2333? ~ B.C.108. 한국의 역사상 최초의 고대 국가. 단군조선)을 멸망시키고 漢四郡(한사군, B.C.108 ~ 314. 고조선의 옛 땅에 세운 낙랑군·진번군·임둔군·현도군)을 설치하였다.

※ **다른 왕조의 文帝**(문제)

• **魏**(위)**나라 文帝**(문제, 187 ~ 226. 재위 220 ~ 226) : 삼국시대 魏(위)나라의 초대 황제인 曹丕(조비)를 일컫는다. 위 세조 조비는 曹操(조조)의 셋째 아들이며, 자는 子桓(자환)이다. 그는 줄곧 조조의 첫째 아들로 불리는데, 원래는 셋째 아들이다. 조조의 첫째 아들은 曹昴(조앙)이며, 둘째 아들은 조앙의 동복 아우인 曹鑠(조삭)인데, 모두 일찍 죽어서 셋째 아들인 그가 첫째 아들로서 행세했기 때문이다.

　226년(황초 7년), 평소 주색에 빠져 있던 것이 원인이 되어 병을 얻은 조비는 병세가 위독해지자, 아들 曹叡(조예, 205 ~ 239. 위나라 제2대 황제. 재위 226 ~ 239)를 황태자로 책봉한 후 曹眞(조진)과 曹休(조휴), 司馬懿(사마의), 陳羣(진군)에게 후사를 부탁하고 사망하였다. 그가 제위에 오른 지 7년, 나이 40살 때의 일이었다. 조예는 父王(부왕) 조비가 사사로운 이유로 피해를 준 모든 사람들을 찾아내어 사면, 복권했다.

• **隋**(수)**나라 文帝**(문제, 541 ~ 604. 재위 581 ~ 604) : 중국 隋(수)나라를 세운 초대 황제이다. 이름은 楊堅(양견), 시호는 高祖(고조). 후한의 학자 楊震(양진)의 자손으로, 隋國公(수국공) 楊忠(양충)의 아들이다. 弘農(홍농) 華陰(화음) 사람이라 하는데, 漢人(한인)은 아니고 선비족이거나 선비족과의 혼혈 집안 출신으로 보인다. 北周(북주) 때 아버지의 수국공 작위를 이었다. 중국 남부에서 군웅할거하던 여러 왕조를 정복하고, 300여 년에 걸친 혼란시대에 종지부를 찍고 중국 대륙을 재통일했으며, 북방의 몽골족과 투르크족(돌궐)의 세력을 약화시켰다.

• **明**(명)**나라 文帝**(문제, 1360 ~ 1424. 재위 1402 ~ 1424) : 明(명)나라의 제3대 황제. 이름은 朱棣(주체). 연호는 영락. 묘호는 太宗[태종 : 후에 成祖(성조)]. 시호는 文帝(문제). 그의 재위 기간에 明(명)은 가장 강성했다. 난징[南京(남경)]에서 베이징[北京(북경)]으로 천도하고, 內城(내성)인 쯔진청[紫禁城(자금성)]을 세우는 등 수도를 재건했다.

165 水魚之交 수어지교

字解　水 : 물 수 [治水(치수) : 물을 다스림.
　　　　　　　　　　수리시설로 물의 피해를 막는 일]

　　　　魚 : 고기 어 [魚網(어망) : 물고기를 잡는 그물]

　　　　之 : 의 지 [書無言之師(서무언지사) : 책은 말 없는 스승]

　　　　交 : 사귈 교 [國交(국교) : 나라의 사귐. 국제간의 교제]

語義　물과 물고기의 관계.

　　　　(아주 친밀하여 떨어질 수 없는 사이)

　　　　(임금과 신하 또는 부부의 친밀함)

　　　　(변치 않는 깊은 우정)

 用例

▶ 물과 물고기 같이 떨어질 수 없는 사이, 즉 **水魚之交**(수어지교)처럼 업체 유착 비리, 금품 수수는 물론 무슨 연찬회를 빙자한 룸싸롱에서의 접대, 취득한 정보로 시세 차익 거두기 등 열거할 수 없을 정도로 악취가 진동하는 형국이다.

▶ 한국 대사는 이날 중국 우한대학교에서 열린 '한중 관계의 미래와 화중지역'이라는 강연을 통해, 중국의 급속한 경제 성장은 중국인들의 노력과 함께 한국을 비롯한 외부와의 적극적인 교류를 통해 가능했던 것이라며, 양국간 교류가 지속적으로 강화 발전되는 것이 양국에 서로 도움이 된다고 강조했다. 그는 한국과 중국의 관계는 **水魚之交**(수어지교)라고 할 수 있다며, 한국이 우한에 총영사관을 개설한 것은 한국이 중국의 화중 및 중부 지역과의 관계 발전에 관심을 갖고 있다는 것을 반영하는 것이라고 말했다.

[類義語]　水魚之親(수어지친) : 물과 물고기의 사귐.

　　　　　　管鮑之交(관포지교) : 관중과 포숙아의 사귐. 아주 친한 친구의 사귐.

　三國志(삼국지) – 蜀志(촉지) 諸葛亮傳(제갈량전)

　중국 後漢(후한) 말에 魏(위)나라의 曹操(조조)는 강북을 평정하고, 吳(오)나라의 孫權(손권)은 강동에서 세력을 얻어 점점 근거지를 굳히고 있었지만, 劉備(유비)에게는 아직도 근거를 둘 만한 땅이 없었다. 또 유비에게는 關羽(관우)와 張飛(장비) 같은 용장은 있었지만, 천하의 계교를 세울 만한 지략이 뛰

어난 선비는 없었다.

이러한 때에 諸葛孔明(제갈공명)과 같은 인물을 三顧草廬(삼고초려) 후 얻게 되자, 유비의 기쁨은 몹시 컸다. 유비는 제갈공명에게 절대적인 신뢰를 두고, 두 사람의 교분은 날이 갈수록 친밀해졌다. 그러자 관우와 장비는 새로 참여한 젊은 사람(당시 28세, 유비보다 30년 아래)인 제갈공명만이 중하게 여겨지고, 자신들은 가볍게 취급되는 줄로 생각했기 때문에 불만을 품게 되었다.

그래서 유비는 관우와 장비를 위로하면서, 다음과 같이 말하였다.

"외로운 내게 공명이 있는 것은, 마치 **물고기가 물에 있는 것과 같다**〈즉, 나와 제갈공명은 물고기와 물과 같은 사이이다〉. 원컨대 다시는 말하지 않기를 바란다[孤之有孔明(고지유공명) 猶魚之有水(유어지유수) 願勿復言(원물부언)]."

이렇게 말하자, 관우와 장비는 불만을 표시하지 않게 되었다고 한다.

'水魚之交(수어지교)'라는 말은 바로 '魚之有水(어지유수)'에서 나온 것으로, '물고기가 물과 떨어질 수 없는 것'은, '군신의 친밀한 관계를 비유로 표현한 말'이지만, 지금은 '일반적인 친교를 비유하는 말'로 주로 사용되고 있다.

※ 諸葛孔明(제갈공명)과 관련된 일화

- 키는 8척에 풍모가 빼어났다고 한다. 그러나 친형인 제갈근은 말처럼 머리가 길고 못생겼다고 묘사되어 있으므로, 이 사실은 신빙성에 대한 의심의 여지가 있다.
- 제갈공명의 용모에 대해 백옥 같은 피부에 흰 鶴氅衣(학창의)와 白羽扇(백우선)을 가진 모습이 신선과 같다는 기록이 있는가 하면, 또한 깡마른 체구에 피부는 말라비틀어진 나무껍질 같았으나, 눈빛에 힘이 있으며 기품이 있었다는 기록도 있다.
- 제갈공명의 아내인 황씨는 '黃頭黑色(황두흑색 : 노란 머리, 검은 피부)'에 키가 8척이나 되어, 여자로서의 매력이 부족하였다고 전해진다.
- 「出師表(출사표)」에서 제갈공명이 직접 언급한 뽕나무와 척박한 토지는 제갈량이 청빈했음을 알려주는 일화라기보다는, '그 정도의 땅이 있으니, 자손들이 먹고 살기에는 충분했다.'라고 이해할 수도 있다.
- 익주에 있을 때 제방을 쌓았는데 '諸葛堤(제갈제)'라는 이름이 붙여졌으며, 火井(화정)을 순시하자 그 후 불길이 더 거세졌다는 일화도 있다.
- 饅頭(만두) : 제갈공명이 운남 지역을 정벌하고 오는 길에 노수에서 심한 풍랑을 만난다. 孟獲(맹획 : 남만족의 지도자)이 풍습에 따라 마흔 아홉의 사람 머리로 제사를 지내야 풍랑이 멎는다고 하자, 제갈공명이 사람 머리 모양의 밀가루로 제사를 지낸 것이 유래라고 한다.
- '諸葛弩(제갈노)'는 열 개의 화살을 연속해서 발사할 수 있는 연발식 連弩(연노)이다. 제갈량이 발명했다고 알려져 있지만, 출처는 『三國志演義(삼국지연의)』뿐으로 신빙성이 떨어진다. 제갈노는 명나라 때 개량된 것으로 알려져 있으며, 제갈공명에 대한 중국인의 애정 표시로 볼 수 있다.
- 軍律(군율)에 있어서는 굉장히 냉혹했다. 자신이 그렇게 아끼던 인재이자 자신의 친구인 馬良(마량)의 동생 馬謖(마속)조차도, 街亭(가정) 전투 패배의 책임을 물어 斬首(참수)시켰을 정도였다. 때문에 아무리 아끼는 인재라도 원칙에 어긋나면 처벌한다는 의미로서 '泣斬馬謖(읍참마속)'이라는 고사가 생겨났다.

166 水滴石穿 수적석천

字解 水 : 물 수 [水泡(수포) : 물거품.
　　　　　　　　또는 '헛된 수고, 덧없는 인생'의 비유]
　　　滴 : 물방울 적 [硯滴(연적) : 벼룻물 담는 그릇]
　　　石 : 돌 석 [採石(채석) : 돌산이나 바위에서 석재를 떠냄]
　　　　　섬 석 [萬石(만석) : 벼 일만 섬. 썩 많은 곡식]
　　　穿 : 뚫을 천 [穿孔(천공) : 구멍을 뚫음]

語義 물방울이 돌을 뚫는다.
　　　(작은 힘이라도 꾸준히 노력하면 큰일을 이룰 수 있다)

 用例

▶작은 물방울이 끊임없이 떨어지면 바윗돌도 뚫는다. **水滴石穿**(수적석천)이라 한다. 난 요즘 "근본을 벗어나지 않는다."에 꽂혀 있다. 수적석천도 물이 가지고 있는 근본이다. "낙숫물이 떨어져 댓돌 뚫는다."와 같은 뜻이다.

▶태안에 모인 자원봉사자들의 **水滴石穿**(수적석천) 정신은 머지않아 바다를 깨끗하게 할 것이다.

[類義語] 繩鋸木斷(승거목단) : 먹줄로 톱질을 하여 나무를 자른다.
　　　　　磨斧作針(마부작침) : 도끼를 갈아 바늘을 만든다.
　　　　　愚公移山(우공이산) : 우공이라는 노인이 산을 옮긴다.
　　　　　積土成山(적토성산) : 흙을 쌓아 산을 만든다.
　　　　　塵積爲山(진적위산) : 티끌이 쌓이어 산을 이룬다.

 ① **鶴林玉露**[1](학림옥로, 남송 때 나대경이 지은 수필집)

　중국 北宋(북송) 때, 崇陽(숭양) 縣令(현령)에 張乖崖(장괴애)라는 사람이 있었다. 어느 날 그는 관아를 돌아보다가, 창고에서 황급히 뛰어나오는 한 구실아치(관아에서 일을 보는 아전)를 발견했다. 당장 잡아서 조사해 보니, 상투 속에서 한 푼짜리 엽전 한 닢이 나왔다. 엄히 추궁하자 창고에서 훔친 것이라고 하였다. 즉시 형리에게 명하여 곤장을 치라고 했다. 그러자 구실아치는 장괴애를 바라보면서 이렇게 말했다.

　"이건 너무하지 않습니까? 엽전 한 닢이 뭐 그리 큰 죄가 된다고……."

이 말을 듣자, 장괴애는 더욱 怒(노)하여,

"네 이놈! 티끌 모아 태산이라는 말도 못 들었느냐? 하루에 일 전이면, 곧 천 일엔 천 전이다. 먹줄로 톱질하여 나무를 자르고, **물방울도 끊임없이 떨어지면 돌에 구멍을 뚫는다**[一日一錢(일일일전) 則千日千錢(즉천일천전) 繩鋸木斷(승거목단) **水滴石穿**也(수적석천야)]."

장괴애는 말을 마치자마자, 층계 아래 있는 죄인 곁으로 다가가 칼을 빼어 목을 치고 말았다.

 ② **菜根譚**[2](채근담, 명나라 말기 <u>홍자성</u>[3]이 지은 어록집)

먹줄로 톱질해도 나무가 잘라지고, **물방울이 떨어져 돌을 뚫는다**.
도를 배우는 사람은, 모름지기 힘써 찾아라.
물이 모이면 도랑을 이루고, 참외는 익으면 꼭지가 떨어진다.
도를 얻으려는 사람은, 모든 것을 자연에 맡겨라.

 原文 繩鋸木斷(승거목단) 水滴石穿(수적석천) / 學道者(학도자) 須加力索(수가역색) / 水到渠成(수도거성) 瓜熟體落(과숙체락) / 得道者(득도자) 一任天機(일임천기)

---

1) **鶴林玉露**(학림옥로) : 중국 南宋(남송) 때의 羅大徑(나대경)이, 찾아오는 손님들과 주고받은 淸談(청담)을 侍童(시동)에게 기록하게 한 것으로, '天(천)·地(지)·人(인)'의 세 부분, 18권으로 구성된 책이다. 詩話(시화)·語錄(어록)·小說(소설)의 文體(문체)로 文人(문인)·道學者(도학자)·山人(산인)의 말을 싣고, 朱熹(주희)·張載(장재) 등의 말을 인용하고, 歐陽修(구양수)·蘇東坡(소동파)의 글을 찬양하는 내용으로 되어 있다. 1251년 완성하였다.

2) **菜根譚**(채근담) : 중국 明代(명대) 洪應明(홍응명)이 지은, 三敎一致(삼교일치)의 통속적인 처세 철학서. 작자 홍응명의 자는 自誠(자성), 호는 還初道人(환초도인)이다. 이 책은 警句(경구) 풍의 단문 350여 조로 이루어져 있다. 중국에서는 그다지 알려지지 않았으나, 한국과 일본에서는 널리 읽혔다. 尊經閣文庫(존경각문고)에 명대 간본이 있다. 작자에 관해서는 자세하게 알려져 있지 않으나, 쓰촨성[四川省(사천성)] 사람으로 추정된다.

그의 저서로『仙佛奇蹤(선불기종)』8권이 있는데,『채근담』과 함께『喜咏軒叢書(희영헌총서, 1926년)』에 들어가 있다. 菜根(채근)은 '나물 뿌리'라는 말로 '맛이 쓴 음식'을 의미하며, 송나라의 학자 왕혁이 '사람이 항상 채근을 씹을 수 있다면, 온갖 세상일을 해낼 수 있을 것이다[人常咬得菜根 則百事可做(인상교득채근 즉백사가주)].'라고 했던 말에 그 어원을 두고 있다.

3) **洪自誠**(홍자성, 1573 ~ 1619) : 중국 明(명)나라 신종 때인 萬曆(만력) 시기의 선비이다. 본명은 應明(응명)이고, 字(자)는 自誠(자성)이며 호는 還初(환초)이다. 평생 불우한 선비였으나,『채근담』한 권으로 필명이 오늘에까지 이르렀다. 저자는 이 책에서 자신의 사상 근저를 유교에 두고 있으나, 노장의 도교와 불교 사상까지도 폭넓게 흡수, 중용에 의한 悟道(오도 : 진리를 깨달음)의 묘리를 설파했다.

167 守株待兎 수주대토

字解
- 守 ; 지킬 수 [守護(수호) : 지키어 보호함]
- 株 ; 그루 주 [守株(수주) : 그루터기를 지킴]
- 待 ; 기다릴 대 [待令(대령) : 명령을 기다림]
- 兎 ; 토끼 토 [兎脣(토순) : 토끼의 입술. 언청이]

語義 나무 그루터기만 지키고 토끼를 기다림.
(한 가지 일에만 얽매여 발전을 모르는 어리석음)
(고지식하고 융통성이 없어 구습과 전례만 고집함)
(아무 노력 없이 우연의 행운으로 성공하려는 것)

 用例

▶ 守株待兎(수주대토)라는 표현으로, 현 금융시장의 상황과 내년을 전망했다.
▶ 낡은 관습을 지키며 새로운 시대에 순응할 줄 모르는 사람에게, 이 守株待兎(수주대토)의 비유를 적용한 것이다.

【類義語】 刻舟求劍(각주구검) : 융통성 없이 현실에 안 맞는 낡은 생각을 고집함.
膠柱鼓瑟(교주고슬) : 현악기의 줄을 괴는 기러기발을 아교풀로 붙이고 거문고를 탄다는 뜻으로, 고지식하여 조금도 융통성이 없음을 이르는 말.

 韓非子[1](한비자) - 五蠹篇(오두편) *蠹 : 좀 두

중국의 韓非子(한비자)는 堯舜(요순)시대를 理想(이상)으로 하는 王道政治(왕도정치)를 시대에 뒤떨어지는 생각이라고 주장한다. 그는 시대의 변천은 돌고 도는 것이 아니라 진화하는 것이라 보고, 復古主義(복고주의)를 진화에 역행하는 어리석은 착각이라고 주장한다. 그는 이러한 주장 끝에, 그의 주장에 반대하는 사람들을 다음과 같은 이야기로 비유를 들었다.

宋(송)나라 사람 중에 밭을 가는 사람이 있었다. 밭 가운데 나무 그루터기가 있었는데, 풀숲에서 갑자기 한 마리의 토끼가 뛰어나오다가 그루터기에 부딪쳐 목이 부러져 죽었다. 농부가 이것을 보고 그 후부터 쟁기를 풀어놓고 **그루터기를 지키며, 토끼를 다시 얻기를 기다렸다**. 그러나 토끼를 다시 얻을 수가 없었으며, (그 사이에 밭은 황폐해져 쑥대밭이 되고 말았다) 그리하여 농부는 송나라의 웃음거리가 되었다. 오늘날 先王(선왕)이 당시의 백성을 다스린 것은 이 송나라 사람이 나무 그루터기를 지켰던 것과 같다.

 原文 宋人有耕田者(송인유경전자) 田中有株(전중유주) 兎走觸株(토주촉주) 折頸而死(절경이사) 因釋其耒而守株(인석기뢰이수주) 冀復得兎(기부득토) 兎不可復得(토불가부득) 而身爲宋國笑(이신위송국소) 今欲以先王之政(금욕이선왕지정) 治當世之民(치당세지민) 皆守株之類也(개수주지류야)

韓非子(한비자)는 이 이야기로 언제까지나 낡은 습관에 묶여 세상의 변화에 대응하지 못하는 사람들을 비꼬고 있다. 한비자가 살았던 시기는 전국시대 말인데, 이때는 전 시대에 비해 기술도 진보하고 생산도 높아졌으며, 사회의 성격도 변해 있었다.

그런데도 정치가 중에는 옛날의 정치가 이상적이라 하여, 낡은 제도로 돌아갈 것만을 주장하는 사람이 많았다. 옛날에 훌륭한 것이었다고 해서 그것을 오늘날에 적응시키려는 것은 '그루터기 옆에서 토끼를 기다리고 있는 것'이나 다를 것이 없다고 한비자는 주장한 것이다.

---

1) **韓非子**(한비자, ? ~ B.C.233) : 중국의 法家²⁾(법가) 철학자. 秦王(진왕) 政(정 : 후의 시황제)은 그의 전제정부에 관한 이론에 깊은 감명을 받아, 기원전 221년 중국을 통일한 후, 이를 통일국가의 정치 원리로 삼았다. 그의 이름을 따라 『韓非子(한비자)』로 명명된 그의 저서는 당시 법가 이론의 총괄이다. 그는 전국시대(B.C.475 ~ B.C.221)의 약소국이었던 韓(한)나라의 귀족 출신이었다. 한비자는 유가인 筍子(순자)의 문하에서 공부했으나, 나중에 순자를 저버리고 그 당시 봉건체계가 붕괴되는 상황과 보다 밀접한 이론을 가진 다른 학파를 따랐다. 자신의 충고가 한나라 왕에게 무시당하자, 한비자는 자신의 생각을 글로 쓰기 시작했다.

기원전 221년 통일 후, 시황제가 된 당시의 진왕 정은 한비자의 글을 읽고 이를 높이 평가했다. 기원전 234년 秦(진)은 韓(한)을 공격했고, 韓王(한왕)은 한비자를 진에 협상자로서 파견했다. 秦王(진왕)은 한비자를 보고 매우 기뻐하며, 그에게 높은 직위를 주려고 했다. 진의 승상이자 이전에 한비자와 같은 스승 밑에서 공부한 李斯(이사)는 한비자가 자신보다 더 뛰어났기 때문에 왕의 총애를 잃을까 두려워, 한비자가 二心(이심)을 가졌다고 모함하여 그를 투옥시켰다. 이사는 한비자를 속여 그가 스스로 독약을 마시고 자살하게 했다.

2) **法家**(법가) : 고대 중국 철학의 한 학파. 전국시대에 한비자의 영향을 받아 중국 최초의 통일제국인 秦(진, B.C.221 ~ B.C.206)의 이념적 토대를 이루었다. 그러므로 백성이 통치자의 美德(미덕)을 인정한다고 해서 사회적 화합이 보장되지는 않으며, 오직 국가의 강력한 統制(통제)와 權威(권위)에 대한 절대 복종을 통해서만 사회적 화합을 이룰 수 있다고 생각했다.

법가는 특정한 행동에 대해 엄격하게 상벌을 내리는 법률 체계를 내세워 정부를 옹호했다. 또한 인간의 모든 활동은 통치자와 국가 권력을 강화하는 방향으로 나가야 한다고 강조했다. 그러나 권위주의적인 진나라는 이 정책을 가혹하게 실행했기 때문에, 결국 15년 만에 무너졌고 법가철학도 중국에서 영원히 불신받게 되었다.

168 壽則多辱 수즉다욕

字解
壽 : 목숨 수 [壽命(수명) : 타고난 목숨.
　　　　　　물품이 그 사용에 견디는 시간]
　　오래 살 수 [長壽(장수) : 목숨이 길어 오래 삶]
則 : 곧 즉 [然則(연즉) : 그러한즉]
　　법 칙 [原則(원칙) : 근본이 되는 법칙]
多 : 많을 다 [多産(다산) : 많이 낳음]
辱 : 욕보일 욕 [侮辱(모욕) : 깔보고 욕보임]

語義 오래 살면 욕됨이 많다. 〈3음절 72. 壽辱多(수욕다)' 참조〉
(오래 살수록 망신스러운 일을 많이 겪게 된다)

 用例

▶장수한다는 것은 한편으로 욕된 일도 많이 겪을 수 있다는 뜻의 '**壽則多辱**(수즉다욕)'이라는 말이 있습니다. 가끔 나이 많으신 분들이 내가 너무 오래 살아서 못 볼 것을 본다고 이야기하시는 것을 보면, 장수한다는 것이 그리 행복한 일만은 아닌 것 같습니다.

▶**壽則多辱**(수즉다욕)이라고 하지만, 오래 살고 싶은 것은 인간의 기본 욕망이며 너무나도 당연한 바람입니다.

【類義語】 多男多懼(다남다구) : 아들을 많이 두면, 여러 가지로 두려움과 근심, 걱정이 많음.

 莊子(장자) - 天地篇(천지편)

중국의 먼 옛날 聖天子(성천자 : 덕망이 높은 천자)로 이름 높은 堯[1](요)임금이 巡幸(순행) 중 華(화)라는 변경에 이르자, 그곳의 封人(봉인 : 경계지기. 국경을 수비하는 관리)이 공손히 맞으며 이렇게 말했다.

"장수하시옵소서."

그러자 요임금은 미소를 지으며 대답했다.

"나는 장수하기를 원치 않네."

"그러시면 부자가 되시옵소서."

"부자가 되고 싶은 생각도 없네."

"그러시면 多男(다남)하시옵소서."

"그것도 나는 원치 않네. 다남하면 못난 아들도 있어 걱정의 씨앗이 되고[多男則多懼(다남즉다구)], 부자가 되면 쓸데없는 일이 많아져 번거롭고[富則多事(부즉다사)], **오래 살면 욕된 일이 많은 법이네 [壽則多辱(수즉다욕)]**."

이 말을 들은 封人(봉인)은 실망한 얼굴로 허공을 바라보며 중얼대듯 말했다.

"堯(요)임금은 聖人(성인)이라고 들어 왔는데, 이제 보니 君子(군자)에 불과하군. 아들이 많으면 각기 분수에 맞는 일을 맡기면 걱정할 필요 없고, 재물이 늘면 느는 만큼 남에게 나누어 주면 될 텐데. 진정한 성인이란 메추라기처럼 거처를 가리지 않으며, 병아리처럼 아무 생각 없이 잘 먹고, 새가 날아간 흔적 없는 자리처럼 自由自在(자유자재)이어야 하는 법. 그리고 세상이 정상이면 세상 사람들과 더불어 그 번영을 누리고, 정상이 아니면 스스로 덕을 닦고 은둔하면 되지 않는가. 그렇게 한 100년쯤 장수하다가 세상이 싫어지면, 그때 신선이 되어 흰 구름을 타고 玉皇上帝(옥황상제)가 계시는 곳에서 놀면 나쁠 것도 없지……."

봉인은 말을 마치자마자 그 자리를 떠났다. 허를 찔린 요임금은 좀 더 이야기를 들어보려고 뒤쫓아 가면서 말했다.

"가르침을 바랍니다."

봉인은,

"물러가시오."

하고 대답할 뿐이었다.

---

1) **堯**(요, ? ~ ?) : 중국 신화의 황제. 기원전 24세기경에 활동한 중국 신화에 나오는 전설적인 제왕. 정식 이름은 唐帝堯(당제요). 고대 황금기를 다스렸으며, 공자에 의해 德(덕)·正義(정의) 및 이타적인 犧牲(희생)의 영원한 본보기로 찬양되었다. 그와 떼어놓을 수 없는 사람으로 舜(순)이 있는데, 그는 요의 후계자로서 요의 두 딸과 결혼했다.

堯(요)가 70년간 세상을 다스린 후에, 해와 달은 보석처럼 찬란했고, 5개의 별들은 줄에 꿰인 진주처럼 영롱했으며, 봉황이 궁전의 앞마당에 둥지를 틀었다. 수정이 언덕으로부터 샘솟듯이 흘러내렸으며, 진주가 온 들판을 풀처럼 덮었다. 쌀은 풍작을 이루었으며, 2마리의 一角獸(일각수 : 뿔이 하나밖에 없는 인도의 전설상의 동물. 번영의 징조)가 수도인 平陽(평양)에 나타났다. 달력의 의미를 지닌 불가사의한 콩나무가 나타나, 15일 동안 매일 하루에 하나씩 콩 꼬투리를 낳고, 나머지 15일 동안 15개의 꼬투리가 하루에 하나씩 시들어갔다고 한다. 그가 제위에 있을 때, 2가지 커다란 사건이 있었다. 하나는 대홍수가 일어났을 때, 大禹(대우)가 이 홍수를 다스린 것이고, 다른 하나는 대가뭄이 일어났을 때, 后羿(후예)가 땅을 불태우는 10개의 태양 가운데 9개를 쏘아 떨어뜨림으로써 세상을 구한 사건이다.

堯(요) 이전의 제왕이었던 伏羲(복희)·神農(신농)·黃帝(황제)의 경우와 마찬가지로, 요임금 때에도 특별한 사원이 세워졌다. 이 사원에서 그는 제물을 바치고 제사를 지냈던 것으로 전해진다. 후계자를 선정하는 데 있어서 그는 자신의 열등한 아들 대신에 舜(순)을 선택했으며, 새 황제를 위한 조언자로 봉사했다고 한다.

169 脣亡齒寒 순망치한

字解
脣 : 입술 **순** [脣齒(순치) : 입술과 이. 서로 이해관계가 밀접한 것]
亡 : 망할 **망** [亡國(망국) : 망한 나라. 나라를 망침]
　　죽을 망 [亡者(망자) : 죽은 사람]
　　없을 무 [亡慮(무려) : 아무 염려할 것이 없음]
齒 : 이 **치** [齒科(치과) : 이를 전문으로 치료하는 의원]
寒 : 찰 **한** [寒氣(한기) : 차가운 기운. 추운 기운]

語義 입술이 없으면 이가 시리다.
(서로 이해관계가 밀접한 사이에 어느 한쪽이 망하면, 다른 한쪽도 그 영향을 받아 온전하기 어려움)

用例

▶성공한 CEO들에게 오늘의 성공이 있기까지 가장 힘이 되어 준 습관은 무엇인가를 물었을 때, 답변한 CEO의 19.7%가 '**脣亡齒寒**(순망치한)'이라는 사자성어를 뽑았다고 합니다. 너무나 잘 아는 사자성어로 '입술과 이의 관계처럼, 이가 아무리 중요한 역할을 한다고 해도 입술이 없으면 이가 시려서 그 기능을 상실할 수밖에 없다는 뜻'입니다. 그래서 세상은 나 혼자만이 살 수 있는 것이 아니라, 내 주변에게 늘 감사하며 살아야 한다는 교훈을 얻습니다.

▶**脣亡齒寒**(순망치한)이라 해서 낙농업이 무너지면, 양돈업도 무사하지 못할 것입니다. 이 불안감이 같이 오니, 저도 낙농업계에 있는 문제가 해결되었으면 하는 바람이 매우 큽니다.

【類義語】車之兩輪(거지양륜) : 수레는 양쪽 바퀴가 있어야 함.
　　　　　脣齒之國(순치지국) : 이해관계가 밀접하여 입술과 이와의 관계 같은 나라.
　　　　　鳥之兩翼(조지양익) : 새의 양 날개라는 뜻으로, 꼭 필요한 관계.

出典 **春秋左氏傳**(춘추좌씨전) – 僖公 五年條(희공 5년조)

중국 春秋(춘추)시대 말엽, 즉 周(주) 惠王(혜왕) 32년(B.C.655), 五覇(오패)의 한 사람인 晉(진)나라 文公[1](문공)의 아버지 獻公[2](헌공)이 虢(괵)·虞(우)·杜(두) 나라들을 공략할 때의 일이다.

虢(괵)나라를 치기로 결심한 헌공은 신하 荀息(순식)을 보내 통과국인 虞(우)나라의 虞公(우공)에게 길을 빌려주면, 유명한 玉(옥)과 名馬(명마) 등 많은 財寶(재보 : 재화와 보물)를 주겠다고 제의했다. 우공은 재물이 탐이 나는 데다 제의 또한 솔깃해서 순순히 청을 받아들이려 했다. 그러나 진나라의 속셈을 빤히 들여다보고 있는 중신인 대부 宮之奇(궁지기)가 극구 諫(간)했다.

"전하! 괵나라와 우나라는 한몸이나 다름없는 사이오라, 괵나라가 망하게 되면 우나라도 망할 것이옵니다. 옛 속담에도 덧방나무와 수레는 서로 의지하고[輔車相依(보거상의)], '**입술이 없어지면 이가 시리다**[**脣亡齒寒**(순망치한)]'란 말이 있사온데, 이는 곧 괵나라와 우나라를 두고 한 말이라고 생각되옵니다. 그런 가까운 사이인 괵나라를 치려는 진나라에 길을 빌려준다는 것은 言語道斷(언어도단)이옵니다."

"경은 진나라를 오해하고 있는 것 같소. 진나라와 우리 우나라는 모두 주 황실에서 갈라져 나온 同宗(동종)의 나라가 아니오? 그러니 해를 줄 리가 있겠소?"

"괵나라 역시 동종이옵니다. 하오나 진나라는 동종의 情理(정리)를 잃은 지 오래이옵니다. 예컨대 지난 날 진나라는 종친인 齊(제)나라 환공과 楚(초)나라 장공의 겨레붙이까지 죽인 일도 있지 않사옵니까? 전하께서 그런 무도한 진나라를 믿어선 아니 되옵니다."

그러나 財寶(재보)에 눈이 먼 우공은 결국 진나라에 길을 내주고 말았다. 그러자 궁지기는 화가 미칠 것을 두려워하여, 一家眷屬(일가권속)을 이끌고 우나라를 떠났다. 그 해 12월, 虢(괵)나라를 멸하고 돌아가던 진나라 군사는 궁지기의 예언대로 단숨에 虞(우)나라를 공략하여 멸망시키고 우공을 포로로 잡아갔다.

---

1) **晉 文公**(진 문공, B.C.697 ~ B.C.628. 재위 B.C.636 ~ B.C.628) : 晉(진)나라의 제24대 군주이다. 성은 姬(희), 휘는 重耳(중이), 시호는 文公(문공). 진 헌공의 아들이다. 헌공의 뒤를 잇지 못한 채, 진나라를 떠나 19년간 전국을 流浪(유랑)하였다. 유랑하는 동안 그의 인덕과 능력이 눈에 띄어 많은 명성을 얻었으며, 결국 타국의 도움을 받아 진나라에 돌아와 왕위에 올랐다.

기원전 636년 자리에 올라 죽을 때까지 집권하였으며, 각종 개혁 정책과 군사 활동으로 인해 春秋五覇(춘추오패)의 한 사람으로 꼽힌다. 춘추오패의 나머지는 제 환공 · 초 장왕 · 오 합려 · 월 구천이다.

2) **晉 獻公**(진 헌공, ? ~ B.C.651. 재위 B.C.676 ~ B.C.651) : 晉(진)나라의 제21대 군주이다. 이름은 詭諸(궤저). 호색하여 부친 무공의 첩 齊姜(제강)과 정을 통해 아들 申生(신생)을 낳았고, 狄(적)의 추장 호씨의 두 딸을 아내로 맞아들여 각각 重耳(중이), 夷吾(이오)를 낳았다. 또한 여융족 추장의 두 딸을 얻어 여기서도 각각 아들을 낳아 奚齊(해제), 悼子(탁자)라 이름 붙였다.

헌공은 驪姬(여희)를 사랑하여 태자 신생을 폐하고, 여희의 아들인 해제를 태자로 책봉하는 등 失策(실책)을 하여, 결국 신생이 자살하고 중이와 이오는 타국으로 망명하는 등 공실의 내분으로 진나라는 혼란에 빠지게 된다. 그러나 아들 중이가 후에 文公(문공)이 되어 중원의 패자가 되는 위업을 이룩한다.

170 食前方丈 식전방장

字解 食 : 먹을 **식** [食用(식용) : 먹을 것으로 씀]
  먹이 식 [糧食(양식) : 살아가는 데 필요한 먹거리]
  밥 사 [簞食(단사) : 도시락에 담은 밥]
  사람 이름 이 [審食其(심이기) : 중국 漢(한)나라 때 신하. '식'이 아닌 '이'로 발음함]

前 : 앞 **전** [前後(전후) : 앞과 뒤]

方 : 모 **방**, 네모 **방** [方形(방형) : 네모반듯한 모양]
  방법 방 [方案(방안) : 일을 처리할 방법이나 계획]

丈 : 어른 장 [丈人(장인) : 아내의 아버지]
  길이의 단위 장 [一丈(일장) : 열 자의 길이. 10척]

語義 식사를 할 자리 앞에 사방 열 자의 상에 음식을 가득 벌여놓는다.
(호화롭게 많이 차린 음식)

 **用例**

▶내 집 동산에 몇 이랑 공지가 있어 / 해마다 넉넉히 채소를 심네. / 배추랑 무랑 상추랑 미나리랑 토란이랑 자소랑 / 생강·마늘·파·여뀌·오미 양념을 갖추어 / 데쳐선 끓이고 담가선 김치 만드네. / 내 식성이 본디 채식을 즐겨 / 꿀처럼 사탕처럼 달게 먹으니 / 필경 내나 하중이나 다 같이 배부른데 / **食前方丈**(식전방장) 고량진미를 벌일 필요가 없네. 〈서거정 – '巡菜圃有作(순채포유작)' 중에서〉

▶음식 값도 상당히 저렴한 편이었는데, 찬의 맛과 곤드레밥의 맛은 단연 으뜸이었다. 서울에서는 상상도 할 수 없는 **食前方丈**(식전방장)이 눈앞에 펼쳐졌다. 강원도의 정기를 받고 자란 산나물과 각종 찬들이 파전, 된장찌개, 감자떡을 애워싸고 있었다.

【類義語】 珍羞盛饌(진수성찬) : 맛이 좋은 음식으로 많이 잘 차린 것을 뜻하여, 성대하게 차린 진귀한 음식.
  山海珍味(산해진미) : 산과 바다에서 나는 온갖 진귀한 물건으로 차린 맛이 좋은 음식.
  膏粱珍味(고량진미) : 기름진 고기와 좋은 곡식으로 만든 맛있는 음식.
  龍味鳳湯(용미봉탕) : 용 고기로 맛을 낸 요리와 봉새로 끓인 탕이라는 뜻으로, 맛이 매우 좋은 음식.

【相對語】 數米而炊(수미이취) : 쌀알을 세어서 밥을 지음. 몹시 곤궁함.

> 簞食瓢飮(단사표음) : 도시락의 밥과 표주박의 물. 소박한 음식.
> 素餐(소찬) : 고기붙이나 생선이 섞이지 아니한 반찬.

 **出典** **孟子**(맹자) – 盡心章句下(진심장구하)

중국의 聖人(성인) 孟子(맹자)가 '스스로 떳떳한데 무엇 때문에 제후들이나 높은 사람들에게 위축될 것인가'에 대해 말하는 대목이다.

孟子(맹자)가 말하였다.

"大人(대인)을 설득시킬 때는 그를 멀리 다루고, 그의 威勢(위세) 좋은 것을 보지 말아야 한다.

집의 높이가 여러 길이 되고, 서까래가 여러 尺(척)이나 되는 집은 내가 뜻을 이루어도 짓지 않을 것이다.

<u>음식을 사방 10자 되는 상에 차려놓고</u>, 수백 명의 시녀와 첩을 두는 일은, 내가 뜻을 이루어도 하지 않을 것이다[<u>食前方丈(식전방장)</u> 侍妾數百人(시첩수백인) 我得志弗爲也(아득지불위야)].

나는 뜻을 얻어 출세하더라도, 크게 즐기며 술 마시고 말을 달리며 사냥하는 것은 하지 않을 것이다. 천승의 수레를 뒤따르게 하는 것은 내가 뜻을 이루어도 하지 않을 것이다.

그에게 있는 것은 내가 하지 않는 것들이고, 나에게 있는 것은 다 옛 성현의 법도인데, 내가 무엇 때문에 그를 두려워하겠는가?"

孟子(맹자)는 사치와 낭비를 아주 싫어하여, 사치스러운 짓은 뜻을 이룬 후에도 결코 해서는 안 된다고 한 것이다. 자신의 도덕적 우월성을 가지고 당당한 자세로 말하고 있다.

여기에서 '食前方丈(식전방장)'은 '식사를 할 자리 앞에 一丈(일장 : 사방 10자. 3.58m) 넓이에 여러 가지 음식을 가득 벌여놓는다.'는 말로, '극히 호사스럽게 많이 차린 음식'을 뜻하게 되었다. '잘 차린 음식'을 말할 때에는 일반적으로 '珍羞盛饌(진수성찬)'이나 '山海珍味(산해진미)', '膏粱珍味(고량진미)'라는 成語(성어)를 많이 사용한다.

※ **孟子**(맹자)**의 名言**(명언) **모음**

- 길은 가까이 있다. 그러나 사람들은 헛되이 먼 곳을 찾고 있다. 일은 해보면 쉬운 것이다. 시작하지 않고 미리 어렵게만 생각하고 있기 때문에, 할 수 있는 일들을 놓쳐 버리는 것이다.

- 가는 자는 쫓지 않는다. 오는 자는 거부하지 않는다. 나에게서 떠나는 자는 떠나는 대로 두고, 가르침을 받고자 오는 자는 그 사람의 과거에는 구애됨이 없이 맞이한다.

- 가르치는 데에도 역시 여러 가지 방법이 많다. 내가 탐탁하게 여기지 않아서 가르쳐 주지 않는다면, 그것 역시 하나의 교육 방법일 따름이다. 그렇게 거절함으로써 당자를 격하게 하여 반성하게 하고, 또는 분발하도록 하는 것 역시 가르쳐 주는 방법의 하나가 될 것이다.

- 개나 고양이에게 먹을 것을 주는 것처럼 꾸짖으면서 준다면, 길가는 사람이라도 받기를 꺼릴 것이다. 발로 차는 것처럼 준다면, 거지일지라도 좋아하지 않을 것이다. 진심으로 베푸는 것이 아니라면, 아무 은혜라 할 수 없는 것이다. 居處(거처)는 마음을 변화시키고, 修養(수양)은 몸을 변화시킨다.

- 故國(고국), 즉 유서 있는 오래된 나라라는 것은 연륜이 거듭된 큰 나무가 우거져 있기 때문에 그렇게 부르는 것이 아니다. 고국이라는 것은 世臣(세신), 즉 대대로 이어져 오는 훌륭한 家臣(가신)이 갖추어져 모여 있는 나라를 말하는 것이다.

- 고기도 맛이 있는 것이고, 곰의 발바닥도 맛이 있는 것이다. 고기도 먹고 싶고, 곰의 발바닥도 먹고 싶다. 그러나 이 두 개를 얻지 못할 경우에는 고기보다는 더 맛이 있는 곰의 발바닥을 취하겠다. 즉 삶도, 義(의)도 내가 원하는 것이다. 그것이 두 개를 겸할 수 없는 경우에는, 나는 삶을 버리고 그보다 더 중요한 義(의)를 지키겠다.

- 고립된 臣下(신하)나 첩에서 난 庶子(서자)는 혜택받지 못한 까닭에, 항상 전전긍긍하고 조심해서 어떤 우환이 닥칠까 깊이 걱정하고 있다. 그래서 항상 言行(언행)을 조심하기 때문에 오히려 덕과 지혜를 갖추게 된다.

- 孔子(공자)가 벼슬을 살았을 때 세 가지 유형이 있었다. 즉 正道(정도)를 행할 만하다고 보고 벼슬을 산 견행가의 사관, 대우가 예로서 하기 때문에 벼슬을 산 際可(제가)의 사관, 군주가 현량한 인재를 길러 주어서 벼슬을 산 公養(공양)의 사관이다. 공자는 魯(노)나라 季桓子(계환자)에게서는 정도를 행할 만하다고 보고 벼슬을 살고, 衛(위)나라 靈公(영공)에게서는 禮(예)로 받아들여져서 벼슬을 살고, 秦(진)나라 孝公(효공)에게서는 현량한 인재를 길러 주어서 벼슬을 살았다.

- 과분한 명성이나 평판이 자기의 실력이나 실정보다 그 이상 되는 것을 군자는 오히려 부끄러워해야 한다. 실력이 없으면서 虛名(허명)을 얻는 것은 삼가야 한다.

- 관리로서 지켜야 할 職分(직분)에 있는 자가 그 직무를 행할 수 없는 경우에는 그 직을 떠나는 것이 당연하다. 군자가 취해야 하는 교육 방법에 다섯 가지가 있다.
  첫째, 때맞은 비가 많이 化生(화생)시키는 것처럼 자연히 薰化(훈화)시킨다.
  둘째, 덕성에 응해 大成(대성)시킨다.
  셋째, 才能(재능)에 응해 달성시킨다.
  넷째, 질문에 응해 그 疑心(의심)을 풀어준다.
  다섯째, 간접적으로 善人(선인)의 善(선)을 들려주어서, 그것을 배울 마음을 일으키게 한다.

- 좋은 사람을 보면 그를 본보기로 삼아 모방하려 노력하고, 나쁜 사람을 보면 내게도 그런 흠이 있나 찾아보라.

- 내가 하고자 하지 않는 바를 남에게 베풀지 말라[己所不欲(기소불욕) 勿施於人(물시어인)].

171 眼中之人 안중지인

字解
- 眼 : 눈 **안** [眼下無人(안하무인) : '눈 아래 보이는 사람이 없다.'는 뜻으로, 교만하여 남을 업신여김]
- 中 : 가운데 **중** [中央(중앙) : 사방의 한가운데]
  맞을 중 [的中(적중) : 목표에 어김없이 들어맞음]
- 之 : 의 **지** [脣齒之國(순치지국) : 이해관계가 밀접한 입술과 이의 관계]
- 人 : 사람 **인** [證人(증인) : 어떤 사실을 증명하는 사람]
  인품 인, 인격 인 [爲人(위인) : 사람의 됨됨이]

語義 눈 속의 사람.
(정든 사람이나 늘 생각하며 만나 보기를 원하는 사람)

 用例

▶ 미련만 남기고 놓아주지 않는다. / 잊으라 하면서 돌아보는 그 사람.
엉클어 놓고는 오도 가도 못한다. / 다독여 주면서 등 돌리는 그 사람.
서글픈 이 내 맘 어쩌라고 가는가. / 미련한 이 내 몸 **眼中之人**(안중지인)인 것을.

▶ 오늘따라 눈 속에 그리운 사람, 늘 생각나는 사람, 만나고 싶은 사람, 그런 **眼中之人**(안중지인)이 그립다. 찾아가 빙긋이 웃고 싶다.

[類義語] 意中之人(의중지인) : 마음속에 생각하고 있는 친애하는 사람.

 **出典** 杜甫[1](두보) − 短歌行贈王郎司直[2](단가행증왕랑사직)

중국 唐(당)나라 때, 杜甫(두보)의 후배 중에 王郎(왕랑)이라는 사람이 있었는데, 그는 먼 곳으로 떠나게 되자, 감정이 복받쳐서 두보의 손을 꼭 잡고 이별을 아쉬워했다.

이때 두보는,

"나는 지금 그대에게 지극한 호의를 가지고 있으나, 보다시피 이렇게 늙어서 아무것도 해 줄 수 없는 신세이다."

라는 내용의 시를 읊었다. 이 시가 바로 '短歌行贈王郎司直(단가행증왕랑사직)'이며, 다음과 같다.

왕랑이 술 취하면 칼 뽑아 땅 치며 노래함이 더없이 슬퍼라,

故事成語 四音節 483

내가 능히 그대 억눌려 있는 뛰어난 재주를 빼어 주리라.
[王郞酒酣拔劍斫地歌莫哀(왕랑주감발검작지가막애)
我能拔爾抑塞磊落之奇才(아능발이억색뢰락지기재)].

豫章[3](예장)이 바람에 펄럭이면 한낮 해가 움직이고,
고래가 물결을 치면 큰 바다가 갈라진다.
우선 너의 찬칼을 내리고 부디 주저하지 말아라.
너는 錦水(금수)를 배로 건너 서쪽의 제후를 만났거니,
또 누구 찾으러 그 발길 내딛는가.

仲宣(중선)의 다락 위에는 봄이 이미 깊었거니,
靑眼[4](청안)의 높은 노래로 나는 그대 바라건만,
그대 눈에 드는 사람, 나는 이미 늙었노라.
[仲宣樓頭春已深(중선누두춘이심)
靑眼高歌望吾子(청안고가망오자)
眼中之人吾老矣(안중지인오로의)].

바로 이 두보의 시에서 '眼中之人(안중지인)'이란 말이 나왔다. '短歌行贈王郞司直(단가행증왕랑사직)'이라는 시는 선배가 앞길이 창창한 젊은 후배에게 나는 이미 늙어서 아무것도 해 줄 수 없다는 것을 한탄할 경우에 읊은 시이다.

---

1) 杜甫(두보, 712～770) : 중국 唐(당)나라 시인. 자는 子美(자미). 호는 少陵(소릉), 老杜(노두)이다. 詩聖(시성)으로 불리며, 李白(이백, 701～762)과 더불어 중국의 최고 시인으로 일컬어진다. 만년에 工部員外郞(공부원외랑)의 관직을 지냈으므로, 杜工部(두공부)라고 불리기도 한다.

오늘날 전해지는 두보의 시는 대략 1,470여 수이다. 그 시를 보면 고난으로 가득 찼던 유랑의 시기에 따라 각각 시풍의 변화를 보이고 있는데, 이는 다른 시인에게서는 그 예를 찾아보기 드문 일이다. 두보 시는 그의 엄격한 정신을 표현한 격조 높은 것으로 철저하게 사실을 묘사하는 수법과 엄격한 聲律(성률)에 의해 세상일이나 사람의 감정을 미세하게 그려내고 있다. 두보는 '안사의 난' 이후 현실주의적 시풍을 전개하였다. 나아가 그의 시는 다음 세대인 北宋(북송)의 王安石(왕안석)·蘇軾(소식)·黃庭堅(황정견) 등에 의해 높이 평가되어, 오늘날까지 여전히 민중을 위한 시인으로 널리 존중되고 있다.

보통 이백을 詩仙(시선), 두보를 詩聖(시성)이라 하며, 흔히 이 두 사람을 '李杜(이두)'라고 부르고 있으나, 후세 한시문학에 끼친 영향은 두보가 훨씬 더 크다고 할 수 있다. 그는 백성의 고난, 사회의 부조리, 忠君愛國(충군애국)과 당시의 현실을 그대로 시로 읊어, 후세 사람들이 그의 시를 시로 쓴 역사, 곧 '詩史(시사)'라고도 부른

다. 律詩(율시)와 樂府(악부)시에 뛰어났다. 그의 시는 雄渾(웅혼)·沈痛(침통)하여 忠厚(충후)의 정이 가득했다. 저서에 『杜工部集(두공부집)』이 있다.

2) **短歌行贈王郎司直**(단가행증왕랑사직) : 王郎(왕랑)이 杜甫(두보)를 등용하여 쓰려 할 때, 두보는 늙음을 핑계하여 그의 請(청)을 거절한 노래로, 두보의 歌行(가행)으로서 가장 짧고 표현은 굴절이 많은 작품이다.

3) **豫章**(예장) : 중국 장시성[江西省(강서성)]의 지명.

4) **靑眼**(청안) : 좋은 마음으로 남을 보는 눈. ↔ 白眼(백안).

　　白眼視(백안시)와 靑眼視(청안시) : 白眼(백안)이란 눈의 흰 부분을 말하며, '사람을 가볍게 여기거나 싫어하여 흘겨보는 것' 또는 '냉정한 눈으로 바라보는 것'을 白眼視[백안시 ↔ 靑眼視(청안시)]라고 말한다.

　　중국 魏晉時代(위진시대)에 있었던 이야기로, 老莊(노장)의 철학에 심취하여 대나무숲 속에 은거하던 竹林七賢(죽림칠현)의 한 사람인 阮籍(완적)이 있었다. 완적은 여러 가지 책들을 널리 읽고, 술을 좋아했고, 거문고를 교묘하게 탈 수 있었다. 또한 그는 禮儀凡節(예의범절)에 얽매인 지식인을 보면 속물이라 하여 '白眼視(백안시)' 했다고 한다. 여기에서 白眼(백안)이 나오고, 그 상대어가 靑眼(청안)이다.

※ 杜甫(두보)의 대표작 소개

① **春望**(춘망 : 봄의 소망)

國破山河在(국파산하재)	나라는 망했어도 산하는 남아,
城春草木深(성춘초목심)	봄 성엔 초목만 우거졌구나.
感時花濺淚(감시화천루)	시절을 슬퍼하니 꽃조차 눈물 흘리고,
恨別鳥驚心(한별조경심)	이별이 한스러워 나는 새마저 놀랜다.
烽火連三月(봉화연삼월)	봉화불은 석 달이나 계속 이어지고,
家書抵萬金(가사저만금)	집에서 온 편지 만금보다 소중하도다.
白頭搔更短(백두소경단)	흰 머리 긁을수록 더욱 짧아져,
渾欲不勝簪(혼욕불승잠)	이제는 아무리 애써도 비녀조차 꽂을 수 없구나!

② **登岳陽樓**(등악양루 : 악양루에 올라)

昔聞洞庭水(석문동정수)	오래전에 동정호에 대하여 들었건만,
今上岳陽樓(금상악양루)	이제야 악양루에 오르게 되었네.
吳楚東南坼(오초동남탁)	오와 초는 동쪽 남쪽 갈라서 있고,
乾坤日夜浮(건곤일야부)	하늘과 땅이 밤낮 물 위에 떠 있네.
親朋無一字(친붕무일자)	친한 친구에게조차 편지 한 장 없고,
老去有孤舟(노거유고주)	늙어가며 가진 것은 외로운 배 한 척.
戎馬關山北(융마관산북)	싸움터의 말이 아직 북쪽에 있어,
憑軒涕泗流(빙헌체사류)	난간에 기대어 눈물만 흘리네.

172 眼中之釘 안중지정

字解 眼 : 눈 안 [眼下無人(안하무인) : '눈 아래 보이는 사람이 없다.'는 뜻으로, 교만하여 남을 업신여김]
中 : 가운데 중 [中央(중앙) : 사방의 한가운데]
　　맞을 중 [的中(적중) : 목표에 어김없이 들어맞음]
之 : 의 지 [車之兩輪(거지양륜) : 수레의 양쪽 바퀴]
釘 : 못 정 [釘頭(정두) : 못대가리]

語義 눈 속의 못.
(나에게 방해가 되거나 해를 끼치는 사물 또는 사람)
(몹시 싫거나 미워서 항상 거슬리는 사람)

 用例

▶괴롭히던 팀장이 휴가를 가자, 부하 직원들은 모두 **眼中之釘**(안중지정)이 빠져나갔다며 기뻐하였다.
▶'**眼中之釘**(안중지정)'은 '눈에 박힌 못'이라는 뜻이니, 이는 곧 '나에게 해를 끼치는 사람'을 비유하는 것이다. 또는 '몹시 싫거나 미워서 항상 눈에 거슬리는 사람(눈엣가시)'을 가리키기도 한다.
▶"그 놈이 떠나가게 되었다니 이젠 살았다. 마치 '눈에 박힌 못', 곧 '**眼中之釘**(안중지정)'이 빠진 것 같군."

[類義語] 眼中釘(안중정) : '眼中之釘(안중지정)'의 줄임말.
　　　　　眼中丁(안중정) : '眼中之丁(안중지정)'의 줄임말.
　　　　　眼中之丁(안중지정) : 나에게 해를 끼치는 사람이나 몹시 싫거나 미워서 항상 눈에 거슬리는 사람.

 **出典** **新五代史**[1](신오대사) – 趙在禮傳(조재례전)

중국 唐(당)나라 말, 혼란기에 趙在禮(조재례)라는 악명 높은 탐관오리가 있었다. 그는 하북 지방에서 용맹을 날린 河北節度使(하북절도사) 劉仁恭(유인공)의 수하 무장이었으나, 討索(토색 : 돈이나 물건 따위를 억지로 달라고 함)질한 재물을 고관대작에게 상납하여 출세길에 오른 뒤, 後梁(후량), 後唐(후당), 後晉(후진)의 세 왕조에 걸쳐 절도사를 역임한 간악하고 약삭빠른 사람이었다.

宋州(송주 : 하남성 내)에서도 백성들로부터 한껏 착취한 조재례가 永興(영흥) 절도사로 영전하여 전임하게 되자, 송주의 백성들은 춤을 추며 기뻐했다.

"그 놈이 떠나가게 되었다니 이젠 살았다. 마치 '**눈에 박힌 못[眼中之釘(안중지정)]**'이 빠진 것 같군."

그러나 화는 입으로부터 나온다고[口是禍之門²⁾(구시화지문)], 송주 백성들은 미리 좋아한 이 한 마디 때문에 큰 患難(환난)을 치러야만 했다. 왜냐하면 백성들의 말이 전해지자, 화가 난 조재례는 백성들에게 보복을 하기 위해, 1년만 더 유임시켜 줄 것을 조정에 請願(청원)했기 때문이다. 조정은 중신들의 독무대였고, 중신들은 조재례의 뇌물에 놀아나고 있었기 때문에 이를 승낙했다.

청원이 수용되자, 그는 즉시 '못 빼기 돈[拔釘錢(발정전)]'이라 일컫고, 사람마다 1,000푼씩 납부하라는 엄명을 내렸다. '눈에 박힌 못을 빼려거든 1천 전을 내라. 그러면 내가 깨끗이 떠나 주마.'라는 노골적인 행동이었다. 미납자는 가차 없이 투옥하거나 태형에 처했다. 이처럼 악랄한 수법으로 착취한 돈이 1년간에 자그마치 100만 貫(관 : 1관은 1,000전)이 넘었다고 한다.

같은 뜻으로 釘(정) 대신 丁(정)을 넣어 '眼中之丁(안중지정)'이란 말을 쓰기도 한다. 이때의 丁(정)은 丁謂(정위)라는 사람을 가리킨다. 北宋(북송) 眞宗(진종, 제3대 황제. 재위 997 ~ 1022) 때의 정위라는 대신은 자신을 추천해 준 寇公[구공, 961 ~ 1023. 송 태종 때의 재상 寇準(구준)을 말함]을 참소하여 지방 관리로 좌천시키고, 자신이 재상이 되었다. 그 후 어린 仁宗(인종, 제4대 황제. 재위 1022 ~ 1063. 13세에 왕위에 오름)이 즉위하자, 태후와 짜고 惡政(악정)을 거듭했으며, 그의 횡포는 극에 달했다. 그러자 천하 사람들이 이렇게 노래를 지어 불렀다.

"천하의 안녕을 이루고 싶다면, 반드시 **눈 속의 정위[眼中丁(안중정)]**을 뽑아 버려야 한다. 천하의 태평 시절을 이루고 싶다면, 寇公(구공)을 불러들이는 것보다 더 좋은 것은 없다."

이 故事(고사)에서 '眼中之釘(안중지정)'과 같은 말로 '眼中之丁(안중지정)'도 쓰이게 되었다. 그리고 그 준말들은 각각 '眼中釘(안중정)'과 '眼中丁(안중정)'이 되었다.

---

1) **新五代史**(신오대사) : 중국 宋(송)나라 때에, 歐陽脩(구양수) 등이 지은 역사책이다. 중국 二十五史³⁾(이십오사)의 하나로, 後梁(후량)의 太宗(태종) 때부터 後周(후주)의 恭帝(공제)에 이르기까지 五代(오대)의 역사를 『春秋(춘추)』의 필법으로 기록하였다. 총 75권으로 되어 있다.

2) **口是禍止門**(구시화지문) : 馮道(풍도, 822 ~ 954)의 舌詩(설시)로 全唐詩(전당시)에 수록되어 있다.
　　口是禍止門(구시화지문)　입은 화의 문이요,
　　舌是斬身刀(설시참신도)　혀는 몸을 베는 칼이다.
　　閉口深藏舌(폐구심장설)　입을 닫고 혀를 깊이 간직하면,
　　安身處處牢(안신처처뢰)　몸은 편안하고 가는 곳마다 튼튼하다.

3) 二十五史(이십오사)

: 원래는 二十四史(이십사사 : 24개의 중국 역사서)를 일컬었는데, 이는 중국에서 正史(정사)로 인정받는 역사서 24종의 통칭이다. 다음 왕조에서 정사로 인정받은 것만을 모은 것으로, 동아시아 역사 연구에 중요한 사료로 널리 활용되고 있다. 이십사사는 청나라의 건륭제에 의해 결정되었다. 중화민국에 이르러 원래 역사를 수정한 『新元史(신원사)』가 편찬되고, 정부에 의해 정사에 추가되어 二十五史(이십오사)가 되었다. 그러나 『신원사』와 이 시기에 편찬된 『淸史稿(청사고)』를 추가하여, 二十六史(이십육사)라고 하는 경우도 있어 그 호칭이 일정하지 않다. 이십사사 가운데 『史記(사기)』・『漢書(한서)』・『後漢書(후한서)』・『三國志(삼국지)』를 통틀어 '前四史(전사사)'로 부른다. 다음에 이십오사의 책명, 저술 시대, 저자를 소개한다.

	책명	저술 시대	저자
1	史記(사기)	前漢(전한)	司馬遷(사마천)
2	漢書(한서)	後漢(후한)	潘固(반고)
3	後漢書(후한서)	宋(송)	范燁(범엽)
4	三國志(삼국지)	晉(진)	陳修(진수)
5	晉書(진서)	唐(당)	房玄齡(방현령) 등
6	宋書(송서)	梁(양)	沈約(심약)
7	南濟書(남제서)	梁(양)	蕭子顯(소자현)
8	梁書(양서)	唐(당)	姚思廉(요사렴)
9	陳書(진서)	唐(당)	姚思廉(요사렴)
10	魏書(위서)	北齊(북제)	魏收(위수)
11	北濟書(북제서)	唐(당)	李百藥(이백약)
12	周書(주서)	唐(당)	令狐德棻(영호덕분) 등
13	南史(남사)	唐(당)	李延壽(이연수)
14	北史(북사)	唐(당)	李延壽(이연수)
15	隋書(수서)	唐(당)	魏徵(위징)
16	舊唐書(구당서)	後晉(후진)	劉煦(유후) 등
17	新唐書(신당서)	宋(송)	歐陽修(구양수)
18	舊五代史(구오대사)	宋(송)	薛居正(설거정) 등
19	新五代史(신오대사)	宋(송)	歐陽修(구양수)
20	宋史(송사)	元(원)	托克托(탁극탁) 등
21	遼史(요사)	元(원)	托克托(탁극탁) 등
22	金史(금사)	元(원)	托克托(탁극탁)
23	元史(원사)	明(명)	宋濂(송렴) 등
24	明史(명사)	淸(청)	張廷玉(장정옥) 등
25	新元史(신원사)	中華民國(중화민국)	柯劭忞(가소민)
	淸史稿(청사고)	中華民國(중화민국)	趙爾巽(조이손) 등

173 暗中摸索 암중모색

字解 暗 : 어두울 **암** [暗黑(암흑) : 어둡고 캄캄함]
　　　　　　몰래 암 [暗殺(암살) : 사람을 몰래 죽임]
　　　　　　욀 암 [暗記(암기) : 마음속에 기억하여 잊지 않고 욈]
　　　　中 : 가운데 **중** [中立(중립) : 가운데에 섬. 한쪽에 치우치지 아니함]
　　　　　　맞을 중 [的中(적중) : 목표에 어김없이 들어맞음]
　　　　摸 : 더듬어 찾을 **모** [摸索(모색) : 더듬어 찾음]
　　　　索 : 찾을 **색** [探索(탐색) : 이리저리 더듬어 찾음]
　　　　　　노 삭, 새끼 삭 [索道(삭도) : 삼 따위로 세 가닥을 지어 굵게 꼰 줄. '밧줄'로 순화. 공중
　　　　　　　　에 매달린 밧줄에 운반기를 설치하여 여객 또는 화물을 운송하는 교통수단]

語義 어둠 속에서 더듬어 찾음.
　　　　(어림으로 무엇을 알아내거나 찾아내려 함)
　　　　(은밀한 가운데 일의 실마리나 해결책을 찾아내려 함)

 用例

▶헤지펀드 진출을 노리는 중소형 운용사들은 "내년까진 **暗中摸索**(암중모색)하며 시장 추이를 지켜보겠다."는 입장을 내놓고 있다. 대부분 운용 요건을 맞출 수 없기 때문이기도 하지만, 시장 초기 대형 운용사들이 施行錯誤(시행착오)를 겪고 난 다음, 시장에 뛰어들어도 늦지 않다는 계산 때문이다.

▶이번엔 통신비의 인하폭을 놓고 정부는 '**暗中摸索**(암중모색)' 중이다. 공정위는 통신비 인하를 위해 통신사를 전방위로 압박하고 있다. 투자 활력을 잃지 않는 선에서, '리터당 100원 인하' 결론을 내온 '기름값'에 이어, '통신요금'이 어느 정도 인하될지 관심이 집중되고 있다.

【類義語】 暗中摸捉(암중모착) : 어둠 속에서 손으로 더듬어 찾는다.

 **隋唐佳話**(수당가화, 당나라 유속의 소설)

중국 역사상 유일한 女帝(여제)였던, 唐(당)나라 제3대 高宗(고종, 628 ~ 683. 재위 649 ~ 683)의 妃(비) 則天武后(측천무후, 625 ~ 705. 재위 690 ~ 705) 때, 許敬宗[1](허경종)이란 학자가 있었다. 그는 황후 王(왕)씨를 폐하고 武氏(무씨 : 측천무후)를 황후로 맞이할 때, 무씨를 옹립한 사람이었다. 그

는 文章(문장)의 大家(대가)였으나, 경망한 데다가 방금 만났던 사람조차 기억하지 못할 적도로 健忘症(건망증)이 심했다. 어느 날, 친구가 허경종의 건망증을 비웃자, 그는 이렇게 대꾸했다.

"자네 같은 이름 없는 사람의 얼굴이야 기억할 수 없지만, 何遜(하손)이나, 劉孝綽(유효작), 沈約(심약), 謝朓(사조) 같은 문장의 대가라면, **어둠 속에서 더듬어 찾아서라도** 알 수 있다네[暗中摸索著亦可識(암중모색저역가식)]."

하손이나 유효작·심약·사조 등은 모두 중국 남조시대 양나라, 제나라의 뛰어난 문장가로서 유명한 사람들이다. 곧 허종경은 알아줄 만한 사람은 알아본다는 대꾸를 함으로써, 자기를 험담한 자들을 도리어 비웃어 준 것이다.

---

1) **許敬宗**(허경종) : 중국 唐(당)나라 太宗(태종)의 十八學士[2](십팔학사)의 한 사람으로 유명한 문장가이다. 학식이 뛰어나고 머리가 비상하여 宰相(재상)에까지 올랐지만, 건망증이 유독 심했다고 한다.

- **許敬宗**(허경종)의 **詩**(시) 한 수
  '江令於長安歸揚州九日賦(강령어장안귀양주구일부)' – 강령이 장안에서 양주로 돌아가는 9일에
  心逐南雲逝(심축남운서) 마음은 남쪽 구름 가는 것을 쫓고.
  身隨北雁來(신수북안래) 몸은 북쪽 기러기 오는 것을 따른다.
  故鄕籬下菊(고향리하국) 고향 울밑의 국화꽃들,
  今日幾花開(금일기화개) 오늘은 몇 송이나 피었을까!

- **許敬宗**(허경종)의 **名言**(명언) 소개 – 『明心寶鑑(명심보감)』「省心篇下(성심편하)」
  春雨如膏 行人惡其泥濘(춘우여고 행인오기니녕)
   봄비는 기름과 같아 농작물에는 단비이나, 길 가는 사람들은 그 진창길을 싫어한다.
  秋月揚輝 盜者憎其照鑑(추월양휘 도자증기조감)
   가을 달은 밝게 비치나, 도둑은 그 밝게 비추는 것을 싫어한다.

2) **十八學士**(십팔학사) : 唐(당)나라 太宗(태종, 598 ~ 649. 제2대 황제. 재위 626 ~ 649) 때, 문학관 學士(학사)로서, 閻立本(염입본)에게 像(상)을 그리게 하고, 褚亮(저양)에게 찬을 짓게 하여, 府(부)에 所藏(소장)하게 한 열여덟 사람을 일컫는 말이다.
  곧 杜如晦(두여회)·房玄齡(방현령)·于志寧(우지녕)·蘇世長(소세장)·薛收(설수)·褚亮(저양)·姚思廉(요사렴)·陸德明(육덕명)·孔穎達(공영달)·李玄道(이현도)·李守素(이수소)·虞世南(우세남)·蔡允恭(채윤공)·顔相時(안상시)·許敬宗(허경종)·蓋文達(개문달)·薛元敬(설원경)·蘇勗(소욱)을 가리킨다. 薛收(설수)가 죽은 후는 劉孝孫(유효손)으로 채웠다.

174 良禽擇木 양금택목

字解
- 良 : 좋을 량(양) [改良(개량) : 고쳐 좋게 함]
  어질 량 [良心(양심) : 사람으로서 가져야 할 바르고 어진 마음]
- 禽 : 새 금, 날짐승 금 [禽獸(금수) : 날짐승과 길짐승. 곧 모든 짐승]
- 擇 : 가릴 택, 뽑을 택 [擇日(택일) : 좋은 날을 가림 또는 뽑음]
- 木 : 나무 목 [木造(목조) : 나무로 지음]

語義 좋은 새는 나무를 가려서 둥지를 튼다.
(어진 사람은 훌륭한 임금을 가려 섬긴다)

 用例

▶ 良禽擇木(양금택목)이라고 했다. 어진 새는 나무를 가려서 둥지를 튼다는 말이다. ○○○씨는 이제 공직에 대한 미련을 버리고 돌아서야 할 때임을 다시 충고한다.

▶ 공자의『춘추좌씨전』에 '良禽擇木(양금택목)'이란 말이 나온다. '좋은 새는 좋은 나무를 가려서 둥지를 튼다.'라는 말로 '좋은 군주에겐 현명한 선비들이 알아서 모여, 그 군주를 잘 섬기게 돼 있다.'는 뜻을 담고 있다.

【類義語】良禽相木棲(양금상목서) : 현명한 새는 좋은 나무를 가려서 둥지를 친다.

 **出典** 春秋左氏傳(춘추좌씨전), 三國志(삼국지) - 蜀志(촉지)

중국 春秋(춘추)시대, 儒家(유가)의 鼻祖(비조 : 어떤 일을 가장 먼저 시작한 사람. 원조)인 孔子(공자)가 治國(치국)의 도를 遊說(유세)하기 위해, 衛[1](위)나라에 가서 孔文子[2](공문자 : 위나라의 대부)에게 의탁하고 있을 때의 일이다.

당시에 晉(진)나라 悼公(도공, 28대 군주. 재위 B.C.573 ~ B.C.558)의 아들 慭(은)이 그의 딸과 함께 衛(위)나라에 망명하고 있을 때였다. 위나라의 大叔懿子(대숙의자)는 도공의 딸과 혼인하여 아들 疾(질)을 낳았는데, 疾(질)은 후에 家門(가문)의 후계자가 되었으며, 慭(은)의 아들이자 疾(질)의 外叔(외숙)인 夏茂(하무)는 위나라의 대부가 되었다. 그런데 어느 날 疾(질)이 다른 나라로 망명하자, 위나라 사람들은 엉뚱하게도 하무의 封邑(봉읍)을 깎아버렸다. 이 일로 인하여 공문자(孔文子)가 대숙의자의 아들 疾(질)을 공격하려 하였다. 마침 孔子(공자)는 위나라에 와서 遊說(유세) 중이었다.

어느 날, 공문자가 大叔疾(대숙질 : 대숙의자의 아들로 공문자의 사위)을 공격하기 위해 공자에게 상의하자, 공자는 이렇게 대답했다.

"제사 지내는 일에 대해선 배운 일이 있습니다만, 전쟁에 대해선 전혀 아는 것이 없습니다."

그 자리를 물러 나온 공자는 제자에게 서둘러 수레에 말을 매라고 일렀다. 제자가 까닭을 묻자, 공자는 '한시라도 빨리 위나라를 떠나야겠다.'며, 이렇게 대답했다.

"좋은 새는 나무를 가려서 둥지를 튼다[良禽擇木(양금택목)]**고 했다. 마찬가지로 어진 신하가 되려면, 마땅히 훌륭한 군주를 가려서 섬겨야 하느니라."

이 말을 전해 들은 공문자는 황급히 객사로 달려와, 공자의 귀국을 만류했다.

"나는 결코 딴 뜻이 있어서 물었던 것이 아니오. 다만 위나라의 大事(대사)에 대해 물어보고 싶었을 뿐이니, 언짢게 생각 말고 좀더 머물도록 하시오."

공자는 기분이 풀리어 위나라에 머물려고 했으나, 때마침 魯(노)나라에서 사람이 찾아와 귀국을 간청했다. 그래서 고국을 떠난 지 오래인 공자는 老軀(노구 : 늙은 몸)에 스미는 고향 생각에 사로잡혀, 서둘러 노나라로 돌아갔다.

---

1) **衛**(위. ? ~ B.C.209) : 周(주)나라의 제후국이자 춘추전국시대의 주요 국가 중 하나. 그 작위는 후작으로, 유력한 동성제후국 중의 하나였다. 위나라는 商(상)이 周(주)에 의해 멸망한 직후, 주 문왕의 일곱째 아들이며 무왕의 친동생인 康叔(강숙)이 상의 수도 朝歌(조가)와 그 주위의 땅에 봉해짐으로써 세워졌다.

기원전 241년에는 秦(진)이 위를 침공하면서 위나라의 영토인 濮丘(제구) 주변에 東郡(동군)을 설치하고, 野王縣(야왕현)에 衛君(위군) 角(각)을 봉함으로써 위는 사실상 멸망하였다. 위군 각은 기원전 209년 秦(진) 2세 황제 胡亥(호해)에 의해 폐위되었다.

2) **孔文子**(공문자. ? ~ B.C.480) : 중국 춘추시대 때, 衛(위)나라의 正卿(정경)이며, 이름은 圉(어)다. 『論語(논어)』에는 仲叔圉(중숙어)라고 되어 있다. 노애공 원년(B.C.494년)에 군사를 이끌고 나가 齊(제)와 魯(노) 연합군을 도와, 唐晉(당진)을 공격하여 당진의 范氏(범씨)와 中行氏(중행씨)를 구했다.

衛靈公(위영공. 위나라 제28대 임금. 재위 B.C.543 ~ B.C.493)이 죽자, 그는 영공의 손자이며 蒯聵(괴외)의 아들인 輒(첩)을 군주로 세우고, 노나라의 정경이 되어 政事(정사)를 주관했다. 위나라의 현인이라는 명성이 있었다. 공자가 그에 대해 다음과 같이 평하며 칭송했다.

"학문을 즐겨하고 이해가 빨랐다. 아랫사람에게 묻는 것을 부끄러워하지 않았다.[子貢問曰孔文子何以謂之文也(자공문왈공문자하이위지문야) 子曰(자왈) 敏而好學不恥下問(민이호학불치하문) 是以謂之文也(시이위지문야)]."『論語(논어)』「公冶長(공야장)」

※ **관련 語句**(어구)

새가 나무를 가려서 택하는 것이지, 어찌 나무가 새를 선택하리오[鳥則擇木(조즉택목) 木豈能擇鳥(목기능택조)].『左傳(좌전)』「哀公十一年(애공십일년)」

175 梁上君子 양상군자

字解
梁 : 들보 량(양) [棟梁(동량) : 마룻대와 들보. 기둥이 될 만한 인물]

上 : 위 상 [上下(상하) : 위와 아래]
　　높을 상 [上客(상객) : 지위가 높은 손님]
　　오를 상 [上京(상경) : 서울로 올라감]

君 : 임금 군 [君主(군주) : 임금]
　　군자 군 [君子(군자) : 학식과 덕행이 높은 사람]

子 : 아들 자 [子孫(자손) : 아들과 손자. 후손]
　　임 자 [孔子(공자) : 유교의 시조이며, 정치가·사상가인 孔丘(공구)를 존중하여 일컫는 이름]

語義 대들보 위의 군자.
('도둑'을 미화하여 점잖게 부르는 말)
(천장의 쥐)

用例

▶태풍이 불고, 손님이 없기에 일찍 문을 닫고서 파도치는 것도 구경할 겸해서 바닷가로 나갔다. 불어오는 바람과 비 속에 바위에 부딪쳐서 포말을 일으키는 파도를 보며, 자연의 경이로움을 느꼈다. 아주 잘 지어놓은 횟집에 들어가 소주 한잔을 하고서 새벽에 가게를 나와 보니, **梁上君子**(양상군자)께서 차분하게도 물건을 아주 좋은 놈만 고르고 어제 치우지 못한 현금과 함께 가져가 버렸다.

▶서울 마포경찰서가 관내에서 '활동' 중인 2명의 '**梁上君子**(양상군자)' 때문에 골머리를 앓고 있다. 막다른 골목에 위치한 집만을 노려 터는 털이범과 오토바이를 이용해 '번개'처럼 움직이는 날치기범이 좀처럼 검거되지 않아 애태우는 상태다.

[類義語] 綠林豪傑(녹림호걸) : 푸른 숲 속에 사는 호걸, 불한당이나 화적.
　　　　　無本大商(무본대상) : 자본 없이 하는 큰 장수. 도둑.

 **出典** 後漢書(후한서) - 陣寔傳(진식전)

중국 後漢(후한) 말엽, 陳寔[1](진식)이란 사람이 太丘縣(태구현 : 하남성 소재) 縣令(현령)으로 있을

때였다. 그는 학문을 좋아하였으며, 늘 겸손한 자세로 縣民(현민)의 고충을 헤아리고 매사를 公正(공정)하게 처리함으로써, 현민으로부터 존경을 한 몸에 받았다.

그런데 어느 해 흉년이 들어 현민들의 생계가 몹시 어려웠다. 그러던 어느 날 밤, 진식이 대청에서 책을 읽고 있는데, 웬 사내가 몰래 들어와 대들보 위에 숨었다. 도둑이 분명했다. 진식은 모르는 척하고 독서를 계속하다가, 아들과 손자들을 대청으로 불러 모았다. 그리고 이렇게 말했다.

"사람은 스스로 노력하지 않으면 안 된다. 惡人(악인)이라 해도 모두 본성이 악해서 그런 것은 아니다. 습관이 어느덧 성품이 되어, 악행도 하게 되느니라. 이를테면 지금 '<u>대들보 위에 있는 군자</u>'도 그렇다."

 原文 夫人不可不自勉(부인불가부자면) 不善之人未必本惡(불선지인미필본악) 習以性成(습이성성) 遂至於此<u>梁上君子</u>者是矣(수지어차양상군자자시의)

그러자 '쿵' 하는 소리가 났다. 진식의 말에 감동한 도둑이 대들보에서 뛰어내린 것이다. 그는 마루 바닥에 머리를 조아리고 사죄했다. 진식이 그를 한참 바라보다가 입을 열었다.
"네 얼굴을 보아하니, 惡人(악인)은 아닌 것 같다. 오죽이나 어려웠으면 이런 짓을 했겠느냐. 가난 때문에 그랬겠지."
진식은 그에게 비단 두 필을 주어 보냈다.
이로부터 이 고을에는 다시는 도둑질하는 자가 없었다[自是縣無復盜竊(자시현무부도절)].

그 후로 어느 짓궂은 사람이 대들보 위를 기어다니는 '쥐'를 가리켜서, '梁上君子(양상군자)'라 하게 되었다. 그리고 君子(군자)라는 표현도 다소 풍자적이어서 오히려 그것이 마음에 들었는지 후세에 곧잘 쓰이게 되었다.

---

1) 陳寔(진식) : 중국 後漢(후한) 말 지방 관료. 그는 남의 사정을 잘 이해해 주는 사람이었다. 젊어서부터 縣(현)의 관리가 되어 잡역을 하면서도 언제나 책을 손에서 놓지 않았다. 그것을 인정받아 太學(태학 : 국립 교육기관)에서의 修學(수학)을 허락받았다. 한때는 살인 혐의를 받아 拘禁(구금)당한 적도 있다. 물론 죄가 없어 석방은 되었으나, 그가 나중에 순찰관이 되었을 때 자기를 체포했던 자를 찾아 오히려 그를 채용했다고 한다.
   그 무렵은 궁중의 환관이 전횡하여, 유교를 신봉하는 관료와 심하게 다투어, 이것을 탄압한 소위 '黨錮(당고)의 禁(금)'이 있었던 때였다. 진식도 그 탄압으로 체포되었다. 소식을 듣고 다른 사람들은 다 도망쳤으나, 그는 '나까지 도망치면 백성들은 누구를 믿고 살겠는가.' 하며 기꺼이 포박되었다고 한다. 후에 黨錮(당고)가 풀렸을 때, 大司馬(대사마) 何進(하진) 등이 중앙에 나와 벼슬하기를 권했으나, 끝까지 거절했다. 84세로 그가 죽었을 때, 온 나라 안에서 그를 제사 지내는 자가 3만이 넘었다고 한다.

176 兩虎相鬪 양호상투

字解
兩 ; 두 **량(양)** [兩家(양가) : 양쪽의 집]
虎 ; 범 **호** [虎口(호구) : 범의 입. 매우 위험한 지경이나 경우]
相 ; 서로 **상** [相互(상호) : 서로. 피차간]
鬪 ; 싸울 **투** [鬪志(투지) : 싸우려고 하는 의지]

語義 두 마리의 호랑이가 서로 싸움.
(힘이 센 두 나라 또는 영웅이 서로 싸움)

 **用例**

▶ 훈구와 사림이 **兩虎相鬪**(양호상투)하듯 사사건건 부딪치던 때였다. 무오사화로 金宗直(김종직 : 사림파의 사부. 「조의제문」 지음)이 부관참시의 형벌을 당하게 되자, 朴權(박권)은 "대역무도가 아니다."라고 항변하다, 함경도 길성에 유배를 당하고 말았다.

▶ 횡령에 대한 사전 인지 여부를 놓고, 검찰과 권력자는 밤새 치열한 **兩虎相鬪**(양호상투)의 형국을 이어갔다.

【類義語】 兩虎共鬪(양호공투) : 두 마리 범이 맞붙어 서로 싸움.
　　　　　　 兩雄相爭(양웅상쟁) : 두 영웅이 서로 다툼.
　　　　　　 龍虎相搏(용호상박) : 용과 범이 서로 싸움. 강자끼리 서로 싸움.

 **史記**(사기) - 廉頗藺相如列傳(염파인상여열전)

중국 전국시대 趙(조)나라 惠文王(혜문왕) 때의 일이다. 廉頗[1](염파) 장군은 藺相如[2](인상여)가 갑자기 上卿(상경 : 재상에 해당)에 오른 것에 반발하여, 인상여를 만나면 가만두지 않겠다고 공언을 하였다.

이때부터 인상여는 염파 장군을 멀리서 보면 피해 다녔다. 이를 본 아랫사람들이 직책도 낮은 염파 장군이 뭐가 무서워서 피해 다니느냐고 하자, 인상여가 말했다.

"그대들은 廉頗(염파) 장군과 秦(진)나라 왕을 비교해서 어느 쪽이 더 두렵다고 생각하나?"
"그야 秦王(진왕)에게는 당할 수가 없습니다."
인상여가 다시 말했다.

"진왕의 위력 앞에서도, 이 인상여는 꿈쩍 않고 궁정 안에서 그들을 꾸짖고, 그 君臣(군신)들에게 수모를 주었었다. 인상여가 아무리 老鈍(노둔 : 늙어서 둔하고 어리석음)하다고 해도 고작 염장군쯤을 겁내겠는가? 나는 다만 저 강대국 秦(진)나라가 우리 趙(조)나라에 쳐들어오지 않는 것은, 지금 염장군과 내가 있기 때문이라고 생각한다. **두 마리 호랑이가 서로 싸운다면[兩虎相鬪(양호상투)]**, 두 쪽이 다 쓰러지게 마련이다. 내가 피하는 이유는 국가의 위급을 먼저 생각하고, 사사로운 원한 같은 것은 뒤로 돌리기 때문이다."

인상여가 한 말을 전해 들은 염파는 웃옷을 벗고, 가시나무 회초리를 등에 지고, 인상여의 빈객을 중간에 넣어 인상여를 찾아가 죄를 빌면서 말했다.

"미련한 이 사람은 장군의 생각이 그렇게 넓으신 줄은 차마 몰랐습니다."

드디어 두 사람은 우정을 되찾고, 목을 쳐도 후회하지 않을 정도로 생사를 같이하는 우정을 맺게 되었다. 이 둘의 우정을 후세 사람들은 '刎頸之交(문경지교 : 목을 벨 수 있는 벗이라는 뜻으로, 생사를 같이할 수 있는 매우 소중한 벗)'라고 불렀다.

---

1) **廉頗**(염파) : 중국 춘추전국시대 趙(조)나라의 명장이다. 노년의 나이에도 불구하고 젊은 장군에 못지않은 완력을 보여, 삼국지의 黃忠(황충, ? ~ 220. 촉한의 장수로서 백발의 노장으로 유명)과 함께 중국의 대표적인 노익장의 상징으로 여겨진다. '염파는 한 끼에 밥 한 말, 고기 열 근을 먹었으며, 갑옷을 입고 말에 올라 아직도 쓸모 있음을 보였다[一飯斗米肉十斤(일반두미육십근) 被甲上馬(피갑상마) 以示常可用(이시상가용)].'라는 표현이 있다. 나이 팔십이 넘어서도 그의 용맹이 두려워, 제후들이 조나라를 넘보지 못했다고 전해진다.

2) **藺相如**(인상여)**와 和氏璧**(화씨벽) : 인상여는 중국 전국시대 趙(조)나라의 上客(상객)으로 있던 인물이다. 조의 혜문왕은 당대 최대의 보물이라고 일컬어지는 화씨벽을 가지고 있었다. 화씨벽의 가치를 전해들은 秦(진)나라 昭王(소왕)은 15개의 城(성)과 화씨벽을 교환할 것을 조나라에 청한다. 조나라보다 강성했던 진나라가 교환을 핑계로 화씨벽을 빼앗을 속셈이었던 것이다. 조왕이 이를 어떻게 처리할지 고심하던 중, 인상여가 자신이 이를 해결하겠다고 나서 화씨벽을 들고 진나라에 들어간다.

진왕은 화씨벽을 받았으나, 15개의 성을 줄 기미가 전혀 보이지 않자, 인상여가 "그 화씨벽에는 조그만 티가 있습니다. 제가 대왕께 그것을 보여드리겠습니다."

라며 기지를 발휘해 화씨벽을 돌려받는다. 인상여는 진왕에게,

"우리가 화씨벽을 들고 진나라에 온 것은 우리 조상께서 至誠(지성)을 다해 대왕의 뜻을 받든 것입니다. 그러나 대왕께서는 15개의 성을 주시겠다는 생각을 하고 있지 않다는 것을 알게 되어, 제가 다시 이 화씨벽을 돌려받게 된 것입니다. 대왕께서 강제로 이것을 빼앗으려 하신다면, 신의 머리와 이 화씨벽은 이 기둥에 받쳐 모두 부서져 가루가 되고 말 것입니다."

라고 말해 진왕의 사죄를 받아낸다. 인상여는 진왕에게 5일간 성대하게 의식을 치룬 후, 위엄을 갖추면 다시 화씨벽을 바치겠다고 말한다. 그러나 진왕이 15개의 성을 줄 마음이 없다는 것을 안 인상여는 자신의 수행원을 통해 화씨벽을 조나라로 빼돌린다. 5일 후 진왕이 이 사실을 알고 인상여를 죽이려 했으나 화씨벽을 못 얻어 實益(실익)은 없고, 어진 신하를 죽여 주위 나라들로부터 진나라가 어질지 못하다는 허물만을 뒤집어쓰게 될 것이란 생각에, 인상여를 풀어주게 된다.

177 餘桃之罪 여도지죄

字解
- 餘 : 남을 여 [餘暇(여가) : 남은 시간]
- 桃 : 복숭아 도 [桃園結義(도원결의) : 복숭아 동산에서 형제의 의를 맺음]
- 之 : 의 지 [鳥之兩翼(조지양익) : 새의 양 날개. 꼭 필요한 관계]
- 罪 : 죄 죄, 허물 죄 [犯罪(범죄) : 죄를 범함]

語義 먹다 남은 복숭아를 준 죄.
(총애를 받을 때는 용서되던 일이 사랑이 식고 나면 죄가 되는 경우)
(애정과 증오의 변화가 심함)

用例

▶ 윗사람의 신뢰를 얻기는 어렵다. 그 이유는 바로 윗사람의 마음이 늘 변화무쌍하다는 데 있다. 물론 그 상대가 마음을 쉽게 읽기 어려운 절대 군주일 경우에는 더더욱 어려운 법이고, 때로는 목숨을 내놓아야 할 수도 있다는 것이다. 인간의 감정이란 늘 自己矛盾(자기모순)의 함정에 빠질 수 있기에 법과 원칙을 따라야만, 그런 치명적 오류에서 벗어날 수 있다는 말이다. 餘桃之罪(여도지죄)라는 말을 명심해야 한다.

▶ "실수는 충분히 용서가 되지만, '죄송합니다.'라는 장난 같은 사과가 실망스럽다."거나, "실수보다 실망스런 사과 방식이 아쉽다."는 지청구가 가물에 콩 나듯 섞여 있지만, "그래도 다음번엔 주의해 주세요."라는 식의 다독임으로 예쁘게 마무리되어 있다. 지적조차도 꾸지람이 아닌 격려 수준인 것이다. 餘桃之罪(여도지죄)라는 말이 생각난다. '먹다 남은 복숭아를 먹인 죄'란 뜻으로, 좋았을 땐 상을 내렸던 행동이 애정이 식은 후엔 모두 죄로 바뀐다는 것을 알아야 한다.

【類義語】 餘桃啗君(여도담군) : 먹다 남은 복숭아를 임금에게 먹이다.

 **出典** 韓非子(한비자) - 說難篇(세난편)

중국 춘추시대 衛(위, ? ~ B.C.209)나라 때 彌子瑕(미자하)라는 美少年(미소년)이 있었다. 위나라 임금 靈公(영공, 제29대. 재위 B.C534 ~ B.C.493)은 미자하를 궁궐에 두고 특히 귀여워했다. 어느 날 미자하에게 어머니가 위독하다는 전갈이 왔다. 이것저것 따질 겨를이 없던 미자하는 임금의 명이라 속이고, 왕의 마차를 타고 어머니에게 달려갔다.

위나라 법에는 왕의 마차를 몰래 탄 사람은 발목을 자르는 형벌에 처하도록 돼 있었다. 하지만 임금은 미자하의 효심을 기특하게 여겼다.

"子瑕(자하)는 진정한 孝子(효자)로다. 어머니를 위해 발목을 잘리는 형벌까지 달게 감수했구나."

또 어느 날 미자하는 임금과 함께 과수원을 산책하다가, 복숭아를 하나 따서 맛을 보았는데 너무 달았다. 그래서 그는 한 입 베어 문 복숭아를 왕에게 건넸다. 왕은 이에 탄복하며 말했다.

"참으로 갸륵한지고. 맛이 좋은 것을 저 혼자만 먹으려 하지 않고 다른 사람에게 나눠주다니. 어리지만 참으로 고운 마음씨를 가졌다."

그렇게 몇 해가 지나자 귀엽던 미자하의 얼굴빛도 시들어갔고, 임금의 총애도 따라서 시들해져 갔다. 어느 날 미자하는 사소한 실수를 저질렀다. 임금은 크게 화를 내면서 미자하를 꾸짖었다.

"너는 본래 그런 놈이다. 일찍이 내 명령이라 속이고 내 마차를 탄 적이 있는가 하면, <u>먹다 남은 복숭아</u>를 감히 내게 내민 적도 있었다."

임금은 미자하에게 엄한 벌을 내렸다. 미자하의 행동은 처음과 달라진 것 없었으나, 과거에 어질게 보이던 것이 후에 죄가 되는 것은 愛憎(애증)의 변화 때문이다.

 原文 昔者彌子瑕有寵於衛君(석자미자하유총어위군) 衛國之法(위국지법) 竊駕君車者 罪刖(절가군차자죄월) 彌子瑕母病(미자하모병) 人聞有夜告彌子(인문유야고미자) 彌子 矯駕君車以出(미자교가군차이출) 君聞而賢之(군문이현지) 曰(왈) 孝哉(효재) 爲母之故 (위모지고) 忘其犯刖罪(망기범월죄) 異日(이일) 與君遊於果園(여군유어과원) 食桃而甘 (식도이감) 不盡(부진) 以其半啗君(이기반함군) 君曰(군왈) 愛我哉(애아재) 忘其口味(망기구미) 以啗寡人(이담과인) 及彌子色衰愛弛(급미자색쇠애이) 得罪於君(득죄어군) 君曰 (군왈) 是固嘗矯駕吾車(시고상교가오차) 又嘗啗我以餘桃(우상함아이여도) 故彌子之行 未變於初也(고미자지행미변어초야) 而以前之所以見賢而後獲罪者(이이전지소이견현이후획죄자) 愛憎之變也(애증지변야)

위의 내용은 '餘桃之罪(여도지죄)'라는 성어의 유래가 된 고사다. 한비자는 「세난편」에서 이를 군신관계에 비추어, 신하가 임금에게 간언을 할 때 임금이 자신을 사랑하느냐 혹은 미워하느냐를 파악한 후, 遊說(유세)를 해야 한다고 보았다. 위의 고사를 조금 다르게 해석하면, 분개하는 자가 그 원인을 받아들이는 데 있어 일관성을 결여하고 행동할 때, 세상의 비난거리가 될 것이라는 뜻도 된다. 일반적인 인간 대 인간의 관계에서도 逆鱗(역린)을 건드리는 예는 많이 있다. 특히 감정적인 변화 요인이 이성적으로 이해될 수만은 없는 애정관계에서 그러한 행위가 야기하는 결과는 더욱 변화무쌍하다.

過去(과거)에는 나의 마차를 타도 의로운 행위로 보이고, 먹다 남은 복숭아를 주어도 나눔의 정으로 통하였다 할지라도, 現在(현재)에는 이전의 모든 것들이 다 무례하게 보일 수도 있다. 날씨보다도 더 급격하게 변하는 인간의 감정은 항상 일관적이지 않기 때문이다. 아마도 그 원인은 얼굴빛이 시들어서일 수도 있겠고, 線(선)을 넘은 행동을 일삼아서일 수도 있겠다.

178 緣木求魚 연목구어

字解 緣 ; <u>인연</u> **연**. 연분 연 [血緣(혈연) : 같은 핏줄로 연결된 인연]
　　　　木 ; <u>나무</u> **목** [木造(목조) : 나무로 지음]
　　　　求 ; <u>구할</u> **구** [求職(구직) : 직업을 구함]
　　　　魚 ; <u>고기</u> **어** [稚魚(치어) : 새끼 물고기. 어린 물고기]

語義 나무에 인연하여(올라가서) 물고기를 구한다.
　　　　(도저히 불가능한 일을 굳이 하려 함)

 用例

▶ 안정적인 포트폴리오(portfolio : 분산투자)로 자산을 운용하는 건전한 투자 기법을 배운다는 것은 **緣木求魚**(연목구어)나 마찬가지다.

▶ 재벌 총수를 상대로 한 소송의 수임은 로펌(lawfirm : 법무법인)으로서는 엄청난 수익을 올리는 것을 의미한다. 이런 현실에서 로펌 소속 사외이사가 대기업 이사회에서 재벌 총수의 비리나 전횡을 감시하고 제동을 걸기를 기대하는 것은 **緣木求魚**(연목구어)인 셈이다.

【類義語】 射魚指天(사어지천) : 물고기를 쏘려는데 하늘에 겨눔.
　　　　 上山求魚(상산구어) : 산에 올라 물고기를 구함.
　　　　 乾木水生(건목수생) : 마른 나무에서 물을 짜냄.

 **出典** 孟子(맹자) – 梁惠王章句 上篇(양혜왕장구 상편)

중국 전국시대인 周(주)나라 愼靚王(신정왕, 제36대. 재위 B.C.321 ~ B.C.315) 3년(B.C.318)에, 梁(양)나라 惠王(혜왕)과 작별한 孟子(맹자)는 齊(제)나라로 갔다. 당시 나이 50이 넘은 맹자는 제후들을 찾아다니며, 仁義(인의)를 治世(치세)의 근본으로 삼는 '王道政治論(왕도정치론)'을 遊說(유세)하는 중이었다. 당시 동방의 齊(제)는 서방의 秦(진), 남방의 楚(초)와 더불어 전국 제후 중에서도 대국이었다. 齊(제)의 <u>宣王</u>[1](선왕. 재위 B.C.319 ~ B.C.301)도 도량이 넓은 보통 이상의 인물이었다. 맹자는 그 점에 매력을 느끼고 있었다. 그러나 시대의 요구는 맹자가 말하는 왕도정치가 아니고 富國强兵(부국강병)이었으며, 외교상의 책모도 遠交近攻策(원교근공책)이나 합종책 또는 연횡책 등이었다.

선왕은 맹자에게 춘추시대의 패자였던 제의 환공, 진의 문공의 패업을 듣고 싶다고 했다. 선왕은 중국의 통일이 관심사였다. 맹자가 선왕에게 물었다.

"도대체 왜 왕께서는 전쟁을 일으켜 신하의 생명을 위태롭게 하고, 이웃나라와 원수를 맺는 것을 좋아하십니까?"

"아니오, 좋아하지 않소. 그것을 하는 것은 내게 大望(대망)이 있어서지요."

"殿下(전하)의 大望(대망)이란 무엇입니까?"

齊(제)나라 宣王(선왕)은 웃기만 할 뿐 입을 열려고 하지 않았다. 仁義(인의)에 바탕을 둔 왕도정치를 말하는 맹자 앞에서 覇道(패도 : 무력으로 나라를 다스리는 일)를 論(논)하기가 쑥스러웠기 때문이었다. 그래서 맹자는 짐짓 이런 질문을 던져 선왕의 대답을 유도하였다.

"殿下(전하), 맛있는 음식, 따뜻한 옷, 아니면 아름다운 色(색)이 부족하시기 때문입니까?"

"寡人(과인)에겐 그런 사소한 욕망은 없소."

선왕이 맹자의 교묘한 화술에 끌려들자, 맹자는 다그치듯 말했다.

"그러시다면 전하의 대망은 천하통일을 하시고, 사방의 오랑캐들까지 복종케 하시려는 것이 아닙니까? 하오나 종래의 방법[武力(무력)]으로 그것[天下統一(천하통일)]을 이루려 하시는 것은, 마치 **'나무에 올라가 물고기를 잡으려는 것[緣木求魚(연목구어)]'과 같습니다."**

'잘못된 방법[武力(무력)]으론 목적[天下統一(천하통일)]을 이룰 수 없다.'는 말을 듣자, 선왕은 깜짝 놀라서 물었다.

"아니, 그토록 무리한 일이오?"

"오히려 그보다 더 심합니다. 나무에 올라 물고기를 구하는 일은 물고기만 구하지 못할 뿐 後難(후난)은 없습니다. 하오나 覇道(패도)를 좇다가 실패하는 날에는, 나라가 멸망하는 재난을 면치 못합니다. 즉, 왕과 같은 方法(방법 : 무력 사용)으로 大望(대망 : 영토 확장)을 달성하려고 하시면, 心身(심신)을 다하되 결국은 백성을 잃고 나라를 망하게 하는 대재난이 닥칠 뿐, 좋은 결과는 오지 않습니다."

"뒤에 災難(재난)이 있게 되는 까닭을 가르쳐 주지 않겠소?"

하고 선왕은 무릎을 내밀며 바짝 다가앉았다.

이렇게 해서 맹자는 교묘하게 대화의 주도권을 쥐고, 仁義(인의)를 바탕으로 하는 王道政治論(왕도정치론)을 제의 선왕에게 당당히 說破(설파)했다.

---

1) 宣王(선왕) 때의 일화 – '두 아들과 어머니'

중국 齊(제)나라 宣王(선왕) 시절, 사소한 일로 다투다가 사람을 죽게 한 형과 아우를 관리가 현장에서 체포했다. 그런데 형과 아우는 서로 자기 잘못이라고 우겼다. 이 소식을 전해 들은 왕은 그 형제의 어머니를 불렀다.

"어미는 자식들을 잘 알지 않는가? 둘 중 누구를 죽이고, 누구를 살릴 것인가?"

그러자 어머니는 흐느껴 울면서, "작은놈을 죽이십시오." 하고 말했다. 왕이 의아해 물었다.

"대개 어머니들은 막냇자식을 더 사랑하기 마련인데, 너는 어찌 주저 없이 작은아들을 죽이라 하느냐?"

"실은 작은놈은 제 자식이고, 큰놈은 전처의 자식입니다. 남편이 일찍 숨을 거둘 때, 큰놈을 잘 보살펴 달라고 부탁하여 제가 약속하였는데, 이제 와서 제 아이놈만을 살리려 한다면 사람의 도리가 아닙니다. 작은놈 역시 제가 사람을 죽였다 하니 제 자식놈의 말을 믿어야지요." 〈후략〉

179 拈華示衆 염화시중

字解 拈 : 집을 **념(염)** [拈華(염화) : 꽃을 집음]
　　　　　집을 점 [拈香(점향) : 향을 집어 피움. 분향]
　　　華 : 빛날 화 [華麗(화려) : 빛나고 고움]
　　　　　꽃 화 [華實(화실) : 꽃과 열매]
　　　示 : 보일 시 [示威(시위) : 위력이나 기세를 드러내어 보임]
　　　衆 : 대중 중, 무리 중 [聽衆(청중) : 강연·설교 등을 듣는 대중]

語義 꽃을 집어 대중에게 보임.
　　　　(말이나 글에 의하지 않고 뜻을 전하는 일)

 用例

▶마하가섭 존자도 **拈華示衆**(염화시중)의 미소를 짓기까지 수없는 고행의 수도를 했습니다. 스스로의 힘으로 성취해 낼 수 있는 노력의 대가가 이심전심으로 다가올 때 우리는 염화시중의 미소라고 합니다. 여러분이 힘든 중간고사를 마치고 나서 엷게나마 염화시중의 미소를 지을 수 있기를 바랍니다.

▶부처님의 깊은 뜻을 알아차린 가섭의 웃음을 '**拈華示衆**(염화시중)의 미소'라고 한다. 제대로 사랑받지 못하였어도, 깊은 뜻을 헤아리고 있는 수련들의 모습에서 가섭을 떠올리게 한다. 마음과 마음이 일치를 이루었으면 되는 것이지, 더 무엇을 바란단 말인가. 관심과 정성이 필요하다고 말한다 하여 달라질 것은 없지 않은가?

【類義語】 以心傳心(이심전심) : 마음에서 마음으로 전함.
　　　　 敎外別傳(교외별전) : 가르침을 말이나 글에 의하지 않고 전함.
　　　　 不立文字(불립문자) : 글에 의하지 않고 마음으로 전함.
　　　　 心心相印(심심상인) : 말없이 마음과 마음으로 뜻을 전함.
　　　　 拈華微笑(염화미소) : 연꽃을 들어보이자 미소를 지음.

 **大梵天王問佛決疑經**(대범천왕문불결의경, 불교의 경전 중 하나)

아주 오래전 어느 날, 釋迦牟尼[1](석가모니)께서는 靈山會上(영산회상 : 영취산에서 석가모니가 법화경을 설법하신 법회 자리)에서 가난한 구두장이 수다스가 받친 연꽃을 손에 들고 계셨다. 그때는 석가

모니께서 아침 설법을 막 시작할 무렵이었다.

　모든 제자들은 부처님께서 說法(설법)을 시작하시기를 기다리고 있었다. 그러나 부처님께서는 아침 설법을 시작하시는 대신에 그 연꽃만 쳐다보고 계셨다. 시간은 흘러서 한 시간이나 지났다. 제자들은 동요하기 시작했다.

　그들은 생각했다.
　'무슨 일일까? 저 연꽃은 신통력이 있는 꽃인가 보다. 부처님께서 연꽃만 보시고 계시지 않는가?'
　그 순간 많은 제자들 중에서 迦葉²⁾尊者(가섭존자) 한 사람만이 문득 미소를 지었다[拈華示衆(염화시중)의 微笑(미소)]. 가섭존자는 그 순간 결코 말을 한 적이 없었다. 가섭존자가 미소를 짓자, 석가모니께서는 그에게 연꽃을 건네주었다.

　위의 고사는 禪(선)의 창시자인 석가모니의 제자 가섭존자에 대한 것이다. 마음과 생각을 초월하여 깨달음을 얻은 가섭존자를 인정하였고, 석가모니는 연꽃과 함께 모든 깨달음[眞理(진리)]을 전한다는 뜻이다. 이것이 선의 시작이고, 가섭이 선의 창시자가 된 이유이다.

---

1) **釋迦牟尼**(석가모니) : 인도에서 활동한 불교의 창시자. 세계 4대 성인의 한 사람이다. 기원전 623년에 지금의 네팔 지방 카필라바스투 성에서 슈도다나와 마야 부인의 아들로 태어났으며, 29세에 출가하여 35세에 득도하였다. 그 후 녹야원에서 다섯 수행자를 교화하는 것을 시작으로 교단을 설립하였다. 45년 동안 인도 각지를 다니며 포교하다가, 80세에 入寂(입적 : 불교에서 죽음을 이르는 말)하였다.

　석가모니라 칭할 때, 釋迦(석가)는 북인도에 살고 있던 샤키아(Śākya)라 불리는 한 부족의 총칭이며, 牟尼(모니)는 聖子(성자)를 의미하는 무니(muni)의 음사이다. 따라서 석가모니는 '석가족 출신의 성자'라는 의미이다. 이런 이름으로 불리게 된 것은 그가 세상의 진리를 깨달아 성자로 취급되었기 때문이며, 같은 취지에서 世尊(세존)으로도 불리는 등 많은 호칭이 있다. 그중에서도 가장 일반적인 것이 '붓다'인데, 중국에서는 이를 음사하여 '佛陀(불타)'라 하고, 더 약칭하여 '佛(불)'이라고도 부른다. 불교 특유의 용어로서 '붓다'는 '깨달은 자'를 뜻한다.

2) **迦葉**(가섭 : Kāśyapa) : 석가모니의 십대 제자 중 한 사람이다. 인도의 왕사성 마하바드라의 거부였던 브라만 니그루다칼파의 아들로서 태어났다. 비팔라 나무 밑에서 탄생하였으므로, '비팔라야나'라고 부르기도 하였다. 집착에 사로잡히지 않는 청결한 인물로서, 석가모니의 신임을 받아 제자들 중에서 상위를 차지하였다. 석가모니가 槃涅槃(반열반 : 죽음)에 든 후, 비탄에 빠지거나 동요하는 제자들을 통솔하여 교단의 분열을 막았으며, 제 1회 불전 결집을 지휘하였다.

　靈鷲山(영취산)에서 석가모니가 꽃을 꺾어 보였을 때, 오직 마하가섭만이 그 뜻을 以心傳心(이심전심)으로 이해하고 미소지었다는 '拈華示衆(염화시중)' 또는 '拈華微笑(염화미소)'의 故事(고사)가 전해진다. 禪宗(선종)에서는 가섭을 석가모니의 禪法(선법)을 받아 이어준 제1조로 높이 받들고 있다.

180 五里霧中 오리무중

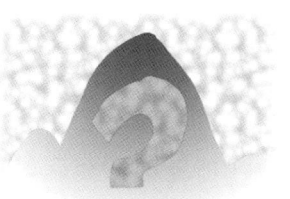

字解 五 : 다섯 오 [五十步百步(오십보백보) : 오십 걸음이나 백 걸음. 조금의 차이는 있으나, 크게 차이가 없음]

里 : 이 리(이), 거리 리(이) [里數(이수) : 거리를 이(里)의 단위로 센 수. 거리의 단위. 1리는 약 0.393km]

霧 : 안개 무 [雲霧(운무) : 구름과 안개]

中 : 가운데 중 [中央(중앙) : 사방의 한가운데]
맞을 중 [的中(적중) : 목표에 어김없이 들어맞음]

語義 5리나 되는 짙은 안개 속에 있다.
(무슨 일에 대하여 방향이나 상황을 알 길이 없음)
(일의 갈피를 잡기 어려움)
(사람의 행적을 전혀 알 수가 없는 상태)

 用例

▶ 지난 달 말, 포항시 남구 해도동의 개인기업 사장 집에서 발생한, 현금 4억 원 도난 사건이 **五里霧中**(오리무중)이다. 이 사건을 수사 중인 포항 남부경찰서는 8일 피해자 P씨의 단독주택 현관문 등이 부서진 점으로 미뤄 외부 침입에 의한 절도로 보고 있으나, 집안 사정을 잘 아는 피해자 주변 인물의 소행일 가능성도 배제하지 않고 全方位(전방위 : 제한이 없는 모든 방향) 수사를 벌이고 있다고 밝혔다.

▶ '여전히 **五里霧中**(오리무중)', 올 시즌 MVP 누가 차지할까? 시즌 순위는 어느 정도 확정됐지만, MVP의 향방은 여전히 알 수 없다. 2011 ○○카드 프로야구 MVP 경쟁이 그 어느 때보다 치열하다.

▶ '방향을 상실한 삶'에 대해, 한 修行(수행) 단체의 간부는 '**五里霧中**(오리무중)과 같은 인생'이라고 표현했다.

 **出典** 後漢書(후한서) - 張楷傳(장해전)

중국 後漢(후한)의 順帝(순제, 115 ~ 144. 재위 126 ~ 144. 후한의 제8대 황제) 때, 학문이 뛰어난 張楷(장해)라는 선비가 있었다. 벼슬살이를 권하자 그는 벼슬을 피하느라 산중에 은거해 버렸다. 장해의 아버지인 張覇(장패)도 지조와 절개가 굳어서 어떤 권세와도 야합하려 하지 않은 뼈대 있는 학자였다. 장해는 이런 아버지의 성품을 그대로 이어받고 있었다. 장해가 산중에 은거한 뒤에 새로 즉위한 순

제는 이렇게 칭찬한 적이 있다.

"장해의 행실은 原憲(원헌 : 공자의 제자)을 따르고, 그 지조는 伯夷(백이)와 叔齊(숙제)에 못지않다."

이렇게 장해의 인품과 학문을 높이 평가한 순제가 벼슬을 권했으나, 그는 병을 핑계 대고 나오지 않았다. 순제가 여러 번 登用(등용)하려 했지만, 끝내 出仕(출사 : 벼슬하여 관아에 나감)하지 않았다.

張楷(장해)는 『春秋(춘추)』, 『古文尙書[1](고문상서)』에 통달한 학자로서, 평소 거느리고 있는 문하생만 해도 100명을 웃돌았다. 게다가 전국 각처의 宿儒(숙유 : 학식과 명망이 높은 선비)들을 비롯하여 귀족, 고관대작, 宦官(환관)들까지 다투어 그의 문을 두드렸으나, 그는 이를 싫어하여 華陰山(화음산) 기슭에 자리한 고향으로 낙향하고 말았다. 그러자 장해를 좇아온 문하생과 학자들로 인해 그의 집은 저자를 이루다시피 붐볐다. 나중에는 화음산 남쪽 기슭에 장해의 字(자)를 딴 公超(공초)라는 저잣거리까지 생겼다고 한다.

그런데 張楷(장해)는 학문뿐만 아니라 道術(도술)에도 매우 능하여, 쉽사리 '오리의 안개'를 만들었다고 한다. 즉 方術(방술 : 신선의 도술을 닦는 방사의 술법)로써 사방 5리에 안개를 일으켰다는 것이다. 그때에 關西(관서) 사람인 裴優(배우)가 또한 능히 3리에 안개를 일으킬 수가 있어 자만하고 있었는데, 장해에겐 당할 수 없다며 제자로 들어가겠다고 청했다. 그러나 장해는 (오리무를 만들어) 몸을 피하고 만나려 하지 않았다.

 原文 張楷字公超(장해자공초) 性好道術(성호도술) 能作五里霧(능작오리무) 時關西人裴優(시간서인배우) 亦能爲三里霧(역능위삼리무) 自以不如楷從學之(자이불여해종학지) 楷避不肯見(해피불긍견)

그 후 배우는 안개를 일으켜, 사람들을 헷갈리게 하고 도둑질을 하다가 체포되었다. 취조받을 때, 안개를 일으키는 기술을 장해에게서 배웠다고 말해, 장해도 2년간 감옥에 들어가 있었다. 그러나 장해는 옥중에서도 고전을 읽고, 상고의 기록집인 『尙書(상서)』의 주석을 달았다. 이윽고 배우와 아무런 관계가 없다는 사실이 밝혀져, 집으로 돌아갔다. 만년에 桓帝(환제, 후한 제11대 황제. 재위 146 ~ 167)로부터 초빙받았으나 역시 병을 핑계로 거절하고, 70세의 나이로 세상을 떠났다고 한다.

이렇듯 중국 후한 때, 張楷(장해)가 '五里霧(오리무)'를 만들어 숨었다는 고사에서 '五里霧中(오리무중)'이 나왔는데, '中(중)' 자는 처음부터 붙어 있던 것이 아니고 후에 添加(첨가)되었다.

---

[1] 古文尙書(고문상서) : 중국 노나라 恭王(공왕)이 宮(궁)을 넓히려고 孔子(공자)가 살던 옛집을 허물었을 때, 벽 속에서 나온 『尙書(상서, 공자가 요순 때부터 주나라 때까지의 정사에 관한 문서를 모아 지은 책)』. 모두 蝌蚪文字(과두문자 : 새의 발자국에서 암시를 얻어 만든 중국의 옛 글자의 하나)로 쓰여 있으며, 46권이다.

181 烏飛梨落 오비이락

字解
- 烏 : 까마귀 오 [烏鵲(오작) : 까마귀와 까치]
- 飛 : 날 비 [飛行(비행) : 공중으로 날아다님]
- 梨 : 배나무 리(이) [梨花(이화) : 배꽃]
- 落 : 떨어질 락 [落榜(낙방) : 시험에 떨어짐]

語義 까마귀 날자, 배 떨어진다.
(아무 관계도 없이 한 일이 공교롭게도 때가 같아, 억울하게 의심을 받거나 난처한 위치에 서게 됨)

 用例

▶ 대검찰청 중수부 폐지 논의는 어제 오늘의 일이 아니라서 언젠가는 폐지될 것이라 짐작은 하고 있었으나, 그 공표 시기가 너무 어색하여 烏飛梨落(오비이락)이라는 고사가 떠올랐다.

▶ 의료산업 민영화가 새로운 성장 동력의 밑거름이라며, '복지'와 '의료'의 근간을 흔들며 돈 되는 영리병원 추진에 목소리를 높인 경제부처 관료들의 후광이 떠오르지 않을 것인가. 부디 보건의료계와 시민사회가 가진 의혹이 '烏飛梨落(오비이락)'이길 바라마지 않는다.

 **出典** **解寃釋結**(해원석결) **因果經**(인과경) – 天台智者大師[1](천태지자대사)의 법문

중국 南朝(남조) 梁武帝(양무제, 464 ~ 549) 때, 善知識(선지식 : 지혜와 덕망이 있고 사람들을 교화할 만한 능력이 있는 스님)으로 이름을 날리고 法力(법력 : 도통한 스님이 가진 신비한 힘)이 높았던 천태지자대사가, 어느 날 止觀三昧[2](지관삼매)에 들어 계셨다.

이때 산돼지 한 마리가 몸에 화살이 꽂힌 채 피를 흘리며 지나간 후, 곧이어 사냥꾼이 뒤를 쫓아와,
"산돼지 한 마리가 이곳으로 지나가는 것을 보지 못했습니까?"
하고 묻는 것이었다. 지자대사가 그를 보고,
"사냥꾼이여! 그 활을 던져 버리시오."
하며, 다음과 같이 法文(법문)을 하셨다.

烏飛梨落破蛇頭(오비이락파사두)　　까마귀 날자 배 떨어지고 뱀의 머리를 부수었다.
蛇變猪爲石轉雉(사변저위석전치)　　뱀은 죽어 돼지가 되고 돌이 까치에게 구른다.

雉作獵人欲射猪(치작엽인욕사저)　까치가 사냥꾼으로 태어나 돼지를 쏘려고 한다.
導順爲說解怨結(도순위설해원결)　순서대로 설명하고 원한을 끝맺도록 했다.

법문의 배경은 이러하다. 어느 날 지자대사가 지관삼매 선정에 들어 있었는데, 피를 흘리는 돼지와 사냥꾼을 보는 순간, 그들의 三生事(삼생사)가 훤히 내다보였다.

삼생 전에 까마귀가 배나무에서 배를 쪼아 먹고 무심코 날아가자, 나무가 흔들리는 바람에 배가 떨어져, 그 아래서 빛을 쬐이고 있던 뱀의 머리를 때려서 죽이고 말았다. 이렇게 죽게 된 뱀은 돼지 몸으로 다시 태어나게 되었고, 뱀을 죽게 한 까마귀는 생을 마치고 꿩으로 태어나게 되었는데, 숲 속에서 알을 품고 있었다.

이때 돼지가 칡뿌리를 캐먹다가 돌이 굴러 내려서, 새끼를 품고 있던 꿩이 치어서 죽고 말았다. 이렇게 죽음을 당한 꿩이 다시 사람으로 태어나 사냥꾼이 되어, 그 돼지를 활로 쏘아서 죽이려는 순간 지자대사가 이들의 지난 三生事(삼생사)를 내다보시고, 더 큰 원결과 악연으로 번져 가지 못하도록 사냥꾼에게 이 같은 解怨(해원)의 法文(법문)을 說法(설법)해 주게 된 것이었다.

지자대사로부터 삼생사에 얽힌 이러한 법문을 듣게 된 사냥꾼은 크게 뉘우치며, 그 자리에서 활을 꺾어 던져 버리면서,

"다시는 살생을 하지 않겠습니다."

라며 다짐을 했다고 한다.

우리는 이 지자대사의 '烏飛梨落(오비이락)'의 법문을 들으면, 고의가 아닌 무심한 실수에서 비롯된 일들이 점차 악연으로 번져 끝까지 따라다니면서, 서로 죽고 또 죽임을 거듭하는 무서운 악연과 원한 관계로 이어짐을 볼 수 있다.

三世因果經(삼세인과경 : 전생, 현생, 내생의 인과에 대한 부처님 설법)에,

"중생들이 어리석음으로 인해 악업을 짓고 한량없는 과보를 받으니, 그 고통을 어찌 다 감내하며 누구를 원망하겠는가? 전생에 지은 복은 금생에 받고, 금생에 지은 복은 후손이 받고 내가 받는다."

고 하였다.

미래와 내생이 죽어서만 있는 것은 아니다. 우리의 자손이 나의 미래요, 앞으로 내가 살아갈 날들이 곧 내생이 될 수도 있는 것이다. 그러므로 우리는 작은 생명일지라도 사랑하고, 좋은 인연을 지으면서 선업을 닦아야 한다는 것이, 오비이락의 교훈이다. 우리는 작은 생명일지라도 함부로 경시하지 말고 정성을 다해 사랑해야 한다.

그리고 이미 지은 惡緣(악연)은 善緣(선연)으로 돌이키며, 부지런히 좋은 인연을 지으면서 선업을 닦아야 한다. 찰나 生(생)과 찰나 死(사) 가운데서 앞생각[前念(전념) : 生(생)]과 뒷생각[後念(후념) : 死(사)]이 空(공)한 도리를 깨달아 解冤相生(해원상생 : 원한을 풀어 서로 삶을 도움)하라는 것이다.

1) 天台智者大師(천태지자대사, 538 ~ 597) : 중국 隋(수, 581 ~ 618)나라 시대의 승려, 천태종의 開祖(개조)이다. 본명은 智顗(지의)이며, 존칭으로 天台大師(천태대사)·智者大師(지자대사)로 불린다. 문하에는 章安(장안)·智越(지월) 등의 뛰어난 인재가 나왔다. 저작도 많으며, 주요 저서인 『法華玄義(법화현의)』·『법화문구(法華文句)』·『摩訶止觀(마하지관)』의 天台三大部(천태3대부)를 비롯하여 34부가 현존한다.

그의 생애를 살펴보면, 荊州(형주)의 華容(화용 : 후난성 화룽현) 사람으로, 한때 관직에 오르기도 하였으나, 전란으로 인하여 양친과 친족을 잃었다. 18세에 출가하여 律藏(율장)과 毘曇(비담)·成實(성실)·禪法(선법) 등을 배워 익혔다. 그 후 南岳大師(남악대사) 慧思(혜사)의 문중에 들어가 止觀法門(지관법문), 三論界(삼론계)의 교리와 禪觀(선관), 達磨禪(달마선) 등 소위 북방계의 교리를 이어받고, 法華三昧(법화삼매)에 의하여 大悟(대오)하였다. 30세에 金陵(금릉)으로 가서 8년간 법화경 등의 강론에 힘썼다. 576년 名利(명리)를 떠나 천태산에 들어가 약 10년간 수도 생활을 하였다. 천태 교리의 大綱(대강)은 이 시기에 형성된 것이다.

그 후 금릉에서 다시 『大智度論(대지도론)』·『仁王般若經(인왕반야경)』·『法華經(법화경)』 등을 강론하였다. 수양제의 청에 의하여 그에게 菩薩戒(보살계)를 수여하고 智者大師(지자대사)의 호를 받게 되었다.

고향 형주에 돌아가 玉泉寺(옥천사)를 세우고 天台三大部(천태3대부)인 『法華玄義(법화현의)』·『法華文句(법화문구)』·『摩訶止觀(마하지관)』을 강설하였다.

2) 止觀三昧(지관삼매) : '止(지)'는 '마음이 寂靜(적정 : 고요하고 조용함)하여 온갖 번뇌를 그침'을 말한다. 수행을 하면서 마음이 여러 가지로 흔들려 정신의 집중이 이루어지지 않으면, 지혜의 세계로 들어가지 못한다. 따라서 마음이 왔다 갔다 하는 망상의 흔들림을 보고, 이들이 모두 찰나에 변화하는 무상한 것임을 알고 멈추게 하는 작업이 止(지)라고 한다.

'觀(관)'은 산스크리트어 '비파사나(Vipassana)'의 意譯(의역)으로, '마음이 止(지)의 상태에 이르면, 자신의 마음속에 왔다 갔다 하는 마음의 움직임을 스스로 볼 수 있게 됨'을 말한다. 그렇게 자신의 마음을 보게 되면, 현상의 세계에서 쉽게 끌려가던 마음 씀씀이를 보게 된다. 그리하여 자신이 그동안 무엇에 마음이 흔들리고 욕심을 부리고 조급해 있는지를 알게 된다. 이러한 앎은 자신을 지혜의 세계로 이끌고 간다.

'三昧(삼매)'는 止觀(지관)의 상태에서 자신의 마음을 보는 지혜가 깊어져서, '외부의 어떠한 소리나 변화에도 흔들리지 않고 집중하고자 마음이 몰입한 상태'를 말한다. 그래서 참선하는 사람은 參禪三昧(참선삼매), 염불하는 사람은 念佛三昧(염불삼매)에 들었다고 말하고 또는 무아지경에 빠졌다고 한다. 흔히 독서에 몰입한 사람을 보고 讀書三昧(독서삼매)에 빠졌다고 말하는 예가 여기에 해당된다. 이러한 경지에서만이 최상의 지혜인 無分別智(무분별지)를 얻게 되는 것이다.

182 吳越同舟 오월동주

字解
- 吳 : 나라 이름 **오** [東吳(동오) : 동쪽의 오나라. 중국 삼국시대의 한 나라]
- 越 : 넘을 월 [越冬(월동) : 겨울을 넘김. 겨울을 남]
  - 월나라 **월** [吳越(오월) : 오나라와 월나라]
- 同 : 같을 **동**, 한가지 동 [同感(동감) : 같은 생각이나 느낌]
- 舟 : 배 **주** [船主(선주) : 배 주인]

語義 오나라 사람과 월나라 사람이 한 배에 타고 있다.
(어려운 상황에서는 원수라도 서로 협력해야 한다)
(서로 적의를 품은 사람이 한자리에 있게 된 경우)

 用例

▶춘추전국시대 吳(오)나라와 越(월)나라가 치열하게 겨뤘지만, 결국 남부 지역을 아우른 주역은 초나라다. 도시바와 히타치, 소니의 **吳越同舟**(오월동주)가 성공할지는 미지수지만, 한국 LCD 업계가 아직 초나라라고 자신하기는 이르다. 더욱 기술을 다듬고, 정확한 안목과 신속한 투자라는 3박자를 갖추는 세계 최고의 한국 디스플레이 업계를 기대한다.

▶롯데닷컴, G마켓, 옥션 등 인터넷 쇼핑몰 업체들이 손을 잡았다. 경쟁사이면서도 한 배를 타는 이른바 '**吳越同舟**(오월동주)'를 선택했다. 롯데백화점의 온라인 쇼핑몰인 롯데닷컴은 오픈마켓 1, 2위 사이트인 G마켓·옥션과 제휴했다. 이를 통해 500여 개 브랜드 10만 개에 이르는 롯데닷컴의 상품을 G마켓과 옥션의 '롯데백화점 전용관'에서 판매하게 된다.

【類義語】 同舟相救(동주상구) : 같은 배를 탄 사람끼리 서로 돕는다. 같은 운명이나 처지에 놓이면 아는 사람이나 모르는 사람이나 서로 돕게 됨.
同舟濟江(동주제강) : 같은 배를 타고 강을 건너간다. 원수끼리도 공동의 목적을 위해서는 같은 배를 타고 서로 협조하게 됨.

 **出典** 孫子[1](손자, 책명) - 九地篇(구지편)

중국 春秋(춘추)시대 齊(제)나라의 유명한 책략가인 孫子[2](손자 : 손무의 경칭)의 兵法(병법) 「九地篇(구지편)」에 다음과 같은 내용이 나온다.

"兵士(병사)를 쓰는 九地(구지 : 아홉 개의 땅) 중, 마지막이 死地(사지)로 나가 싸우면 살 길이 있고, 그렇지 않고 겁이나 먹고 웅크리고 있으면 반드시 멸망하고 마는 그런 땅이다. 사지는 적과 싸워 이기지 못하는 한 후퇴도 방어도 불가능한 막다른 골목을 말한다. 韓信(한신) 장군의 背水陣(배수진)도 바로 이 사지의 원리를 이용한 것이다. 그런 곳에서는 '必死則生(필사즉생)'의 각오가 필요하다. 이럴 때 중요한 것은 병사들의 일치된 戰意(전의)다. 합심하여 난국을 돌파하면, 活路(활로)는 뚫리게 되어 있다. 여기서 등장하는 것이 長蛇陣³⁾(장사진)이다.

'率然(솔연)'이라는 뱀은 會稽(회계)의 常山(상산)에 산다. 거대한 뱀인데 이놈은 머리를 치면 꼬리로, 꼬리를 치면 머리로 공격해 온다. 또 허리를 치면 이번에는 머리와 꼬리가 함께 달려든다. 이처럼 兵卒(병졸 : 군인)도 솔연의 머리와 꼬리처럼 합심하여 싸우면 못 당할 적이 없다."
　하지만 그것이 가능할까? 많은 사람들이 의심을 품자 그가 말하기를,

"대저 **오나라 사람과 월나라 사람**은 서로 미워한다. 그러나 그들이 **같은 배를 타고** 가다가 바람을 만나게 되면, 서로 돕기를 좌우의 손이 함께 협력하듯이 한다."

　原文　夫吳人與越人相惡也(부오인여월인상오야) 當其同舟而濟遇風(당기동주이제우풍) 其相救也如左右手(기상구야가좌우수)

사실 吳(오)나라와 越(월)나라는 臥薪嘗膽(와신상담)의 이야기에 나와 있듯이 원수지간이었고, 사이가 극히 좋지 못했다. 吳(오)의 闔閭(합려)와 越(월)의 允常(윤상)이 서로 원한이 있었고, 윤상이 죽자 그의 아들 句踐(구천)이 오나라를 침략하여 합려를 죽이고, 나중에는 합려의 아들 夫差(부차)에게 구천이 會稽山(회계산 : '회계지치'가 여기에서 나옴)에서 항복당하여, 서로 물리고 무는 관계로 오나라와 월나라는 犬猿之間(견원지간)이 되었다.
　하지만 배를 타고 바다를 건너는데, 갑자기 태풍이 휘몰아칠 때에도 평상시의 앙심만 새기고 싸우기만 한다면 배는 뒤집어지고 말 것이며, 그렇게 되면 둘 다 물에 빠져죽고 만다. 결국 살기 위해서는 어쩔 수 없이 합심 단결하여 태풍과 맞서야만 할 것이다. 여기에서 비롯된 말이 '吳越同舟(오월동주)'이다.

　그런데 勇氣(용기) 있는 사람과 怯(겁)이 많은 사람, 그 밖의 가지각색의 兵士(병사)들을 일치 협력해서 싸우게 하는 것은 그때그때의 상황에 의한다. '원수도 한 배에 타고 역경에 처하면 서로 돕는다.' 대개 이런 내용인데, 여기에 단순히 '사이가 좋지 못한 사람들이 한자리에서 만남', 즉 '원수가 서로 만남'이라는 뜻으로 쓰이기도 한다.

---

1) 孫子(손자, 책명) : 중국 고대 군사학의 名著(명저)이며, 현존하는 중국 最古(최고)의 兵書(병서)이다. 『孫子兵法(손자병법)』・『吳孫子兵法(오손자병법)』・『孫武兵法(손무병법)』 등으로도 불린다. 춘추시대 말 孫武(손무)가 지

었다.

『漢書(한서)』「예문지(藝文志)」에는 82편, 도록 9권이라고 기록되어 있으나, 지금 남아 있는 『宋本(송본)』에는 「計(계)」·「作戰(작전)」·「謨攻(모공)」·「形(형)」·「勢(세)」·「虛實(허실)」·「軍爭(군쟁)」·「九變(구변)」·「行軍(행군)」·「地形(지형)」·「九地(구지)」·「火攻(화공)」·「用間(용간)」 등의 13편만이 전해진다. 책의 처음에는 전쟁의 승패를 판단할 수 있는 조건이 나온다. 道天地將法(도천지장법)으로 道(도)는 명분, 天(천)은 적절한 시간, 地(지)는 주변 환경, 將(장)은 전쟁에 나서는 장수의 역량, 法(법)은 상벌체계를 의미한다. 기본적인 것이지만 전쟁에서 무시해서는 안 되는 중요한 내용이다.

1972년 산둥성[山東省(산동성)] 린이현[臨沂縣(임기현)] 인췌산[銀雀山(은작산)]에 있는 전한시대 묘에서 죽간(竹簡)으로 된 『손자병법』 13편이 출토되었는데, 기본적으로 당시 동행되던 『宋本(송본)』과 같다. 그 밖에 「吳問(오문)」·「黃帝伐赤帝(황제벌적제)」 등의 중요한 유실문이 있다. 이 책은 춘추 말기의 군사학설 및 전쟁 경험을 모두 묶은 책이다. 그 가운데 우세한 병력의 집중, 민첩한 기동 작전 등의 수많은 기본원칙은 세계 각국 군사가들의 높은 평판을 얻었다.

병법서로 중국에는 武經七書(무경칠서 : 중국 병법의 대표적 고전으로 여겨지는 일곱 가지 병법서), 즉 『손자병법』·『오자병법』·『사마병법』·『울요자』·『이위공문대』·『육도』·『삼략』이 있고, 우리나라에도 『무오병법』·『김해병서』·『오위진법』·『동국병감』 등이 있다.

2) 孫子(손자, 인명) : 중국 고대의 兵法家(병법가). 孫武(손무) 또는 그의 후예 孫臏(손빈)에 대한 경칭이다.

손무는 춘추시대 齊(제)나라 사람으로, 자는 長卿(장경)이다. 병법 13편을 吳王(오왕) 闔閭(합려)에게 보이고 그의 장군이 되었으며, 병사를 이끌고 楚(초)나라를 무찔렀다. 군대를 중시했으며, "적과 나를 알면 백 번 싸워도 위태롭지 않다[知彼知己 百戰不殆(지피지기 백전불태)]."고 주장했다. 또한 전략·전술을 활발하게 운용할 것을 주장했다. 그의 저서 『손자병법』은 중국 최초의 兵書(병서)이다.

손빈은 전국시대의 兵家(병가)이며 일찍이 龐涓(방연)과 병법을 공부했다. 방연은 魏(위)나라 惠王(혜왕)의 장군이 되었는데, 손빈의 재주를 시기해서 위나라로 그를 불러들여 臏刑(빈형 : 슬개골을 자르는 형벌)에 처했다. 이로 인해 손빈이라는 이름을 얻었다. 손빈은 후에 제나라 威王(위왕)의 軍師(군사 : 참모)가 되었다.

손빈은 전쟁을 수단으로 삼아 중국을 통일할 것을 주장했고, 전쟁 중에 특히 사람의 주관적인 능동 작용을 중시하여,

"천지간에 사람보다 귀한 것은 없다[天地之間莫貴於人(천지지간막귀어인)]."

고 했다. 단지 좋은 무기에만 의지하는 것으로 강대하다고 할 수는 없으므로,

"갑옷의 견고함이 병사를 이롭게 하나, 강하게 할 수 있는 것은 아니다[甲堅利兵 不得以爲强(갑견이병 부득이위강)]."

라고 했다.

3) 長蛇陣(장사진) : 옛날 전쟁에서 軍士(군사)를 어떻게 배치하느냐는 전쟁에 큰 영향을 끼쳤다. 장사진은 이러한 전술 가운데 하나였다. '뱀[蛇(사)]처럼 길게[長(장)] 늘어선 진영[陣(진)]'이란 뜻으로 군사들을 한 줄로 길게 벌인 형태다. 길게 늘어선다는 것에서 비롯돼 '사람들이 줄을 지어 길게 늘어서 있는 모양'을 뜻하는 말로 오늘날에는 주로 쓰인다.

183 溫故知新 온고지신

字解 溫 : 따뜻할 온 [三寒四溫(삼한사온) : 3일은 추운 날이 연속되고, 4일은 따뜻한 날이 계속된다는 기온 변화]

　　　　익힐 온 [溫故(온고) : 옛것을 익힘]

　　　故 : 연고 고 [故事(고사) : 옛날부터 전해 내려오는 유래 있는 일]

　　　　옛 고 [今故(금고) : 지금과 옛날]

　　　知 : 알 지 [知覺(지각) : 알아서 깨달음]

　　　新 : 새 신, 새로울 신 [新刊(신간) : 새로 간행함 또는 그 책]

語義 옛것을 익히고, 그것을 미루어서 새것을 앎.
(옛 학문을 연구하고 현실에 대처할 수 있는 새로운 학문을 이해하여야, 비로소 남의 스승이 될 수 있는 자격이 있다)

 用例

▶ '溫故知新(온고지신)'이라는 말처럼 옛것을 익혀 새것을 알아가야 하는데, 스마트폰과 함께 급격히 소셜네트워크(Social Network)로 진화해 가는 디지털 세대에 모든 최신 정보를 찾아가는 분위기에서 옛것에 취하는 것은 쉬운 일이 아닌 듯하다.

▶ 충북 단양군에서 **溫故知新**(온고지신)을 실천하는 사람이 있어 화제가 되고 있다. 화제의 주인공은 단양 향토문화연구회 발기 회원으로 지금까지 25년 넘게 발품을 아끼지 않고 있는 김○○씨. 그는 현재 단양 문화예술회관 관리가 본업이지만, 단양 향토문화연구회 부회장직을 수행하고 있고, 개인적 관심사로 '丹山烏玉(단산오옥)'에 푹 빠져 지내고 있기도 하다.

[類義語] 博古知今(박고지금) : 널리 옛 일을 알면, 오늘날의 일도 알게 됨.

　　　　學于古訓(학우고훈) : 옛 사람의 가르침을 배움.

 ① **論語**(논어) - 爲政篇(위정편) 十一(십일)

孔子(공자)가 「爲政篇(위정편)」에서 이렇게 말했다.

"옛것을 익히어 새것을 알면, 이로써 남의 스승이 될 수 있느니라[**溫故而知新**(온고이지신) 可以爲師矣(가이위사의)]."

남의 스승이 된 사람은 古典(고전)에 대한 博識(박식)만으로는 안 된다. 즉, 고전을 연구하여 거기서 현대나 미래에 적용될 수 있는 새로운 도리를 깨닫는 것이 아니면 안 된다는 것을 말하고 있다.

이 말은 『中庸(중용)』에도 나오는데, 鄭玄[1](정현 : 중국 후한의 경전 연구 학자)은 다음과 같이 주석을 달았다.

"'溫(온)'은 '옛것을 익힌다.'는 뜻이다. '처음 배운 것을 익힌 뒤에 거듭 반복해서 익히는 것'이 '溫故(온고)'라고 한다."

또한 周子(주자)의 해석은 다음과 같다.
"**배움에 있어 예전에 들은 것을 기회 있을 때마다 익히고, 언제나 새로 터득함이 있으면 배움에 대한 응용이 끝이 없게 된다**[溫故知新(온고지신)]. 따라서 다른 사람의 스승이 될 수도 있는 것이다. 단지 입으로만 알고 묻는 학문이라면, 마음에 터득함이 없으므로 아는 데 한계가 있게 마련이다."

또 『禮記(예기)』의 「學記(학기)편」에는 이런 글이 실려 있다.
"記問之學(기문지학 : 피상적인 학문)은 이로써 남의 스승이 되기에는 부족하다[記問之學(기문지학) 不足以爲師矣(부족이위사의)]."
지식을 암기해서 질문에 대답하는 것만으로는 남의 스승이 될 자격이 없다는 뜻인데, 이 말은 실로 '溫故知新(온고지신)'과 表裏(표리)를 이루는 것이다. 우리가 오늘날 고전을 연구함에 있어서도, 고전의 현대적 의의를 탐구하는 것이 중요하며, 여기에 고전 학습의 意義(의의)가 있는 것이다.

옛것과 새것 사이에는 아주 밀접한 관련이 있다. 옛것에 대한 올바른 지식이 없으면, 오늘의 새로운 사태를 정확히 파악할 수 없다. 새로운 사태를 정확하게 인식하지 못한다면, 결국 장차 닥쳐올 사태에 올바른 판단을 세워 대처할 수 없는 것이다. 古典(고전)의 근본정신을 잘 알아서, 새 지식을 바르게 인식하면 스승이 될 수 있다. 곧 과거와 현재 그리고 미래에 대한 관련성을 올바로 깨닫지 못하고는, 남을 가르칠 자격이 없다는 말이 된다.

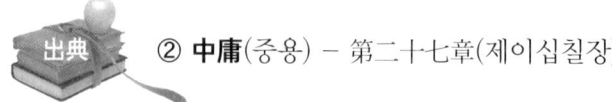
② **中庸**(중용) - 第二十七章(제이십칠장)

크도다, 성인의 도여. 아래 글 두 구절을 포괄해서 말하였다. 넘실넘실 만물을 발육하여, 높기는 하늘을 다하였다. 峻(준)은 높고 큼이다. 이것은 말하건대, 도가 지극히 큼을 다하여 밖이 없다는 것이다. 넉넉하고 넉넉해서 크도다. 禮儀(예의)는 삼백 편이요, 威儀(위의)는 삼천 편이로다. 優優(우우)는 충족하여 남음이 있는 뜻이다. 예의는 經禮(경례 : 관혼상제의 예)이고, 위의는 曲禮(곡례 : 예의 세칙)이다.

이것은 도가 지극히 적은 부분까지 스며들어 빈틈이 없음을 말하였다. 그 사람을 기다린 뒤에 행하여진다. 위의 두 절을 총결하였다. 그러므로 말하자면 '진실로 지극한 덕을 지닌 사람이 아니라면, 지극한 도는 이에 모여 이루어질 수 없다.'고 하였다.

至德(지덕)은 그 사람을 이르며, 至道(지도)는 위 양절을 가리켜 말하였다. 凝(응)은 모이는 것이며 이루는 것이다. 그러므로 군자는 덕성을 높이 받들고 문학으로 말미암으니, 광대함에 이르고 정미함을 다하며, 고명함을 다하고 중도에 말미암고, **옛것을 익히며 새것을 알며**, 두터움을 돈독히 하여 예를 높이는 것이다. 이런 까닭으로 윗자리에 있어도 교만하지 않으며, 아랫사람이 되어서도 어긋남이 없는 터라, 나라에 도가 있으면 그 말이 족히 흥기될 것이요, 나라에 도가 없으면 그 침묵이 족히 용납할 것이니, 『시경』에 가로되 '이미 밝고 또 밝아서 그 몸을 보존한다.'고 하니 그것이 이를 이른 것이리라.

原文 大哉(대재) 聖人之道(성인지도) 包下文兩節而言(포하문양절이언) 洋洋乎發育萬物(양양호발육만물) 峻極于天(준극우천) 峻(준) 高大也(고대야) 此(차) 言道之極於至大而無外也(언도지극어지대이무외야) 優優大哉(우우대재) 禮儀三百(예의삼백) 威儀三千(위의삼천) 優優(우우) 充足有餘之意(충족유여지의) 禮儀(예의) 經禮也(경례야) 威儀(위의) 曲禮也(곡례야) 此(차) 言道之入於至小而無間也(언도지입어지소이무간야) 待其人而後(대기인이후) 行(행) 總結上兩節(총결상양절) 故曰(고왈) 苟不至德(구부지덕) 至道不凝焉(지도불응언)

至德(지덕) 謂其人(위기인) 至道(지도) 指上兩節而言(지상양절이언) 凝(응) 聚也(취야) 成也(성야) 故(고) 君子(군자) 尊德性而道問學(존덕성이도문학) 致廣大而盡精微(치광대이진정미) 極高明而道中庸(극고명이도중용) 溫故而知新(온고이지신) 敦厚以崇禮(돈후이숭례) 是故(시고) 居上不驕(거상불교) 爲下不倍(위하불배) 國有道(국유도) 其言(기언) 足以興(족이흥) 國無道(국무도) 其黙(기묵) 足以容(족이용) 詩曰(시왈) 旣明且哲(기명차철) 以保其身(이보기신) 其此之謂與(기차지위여)

---

1) 鄭玄(정현, 127 ~ 200) : 중국 後漢(후한)의 經學者(경학자). 字(자)는 康成(강성). 北海(북해) 高密(고밀 : 지금의 산둥성에 속함) 사람이다. 세칭 '後鄭(후정)'이라고 하여, 鄭興(정흥)·鄭衆(정중) 부자와 구별했다. 일찍이 太學(태학)에 들어가 今文(금문 : 한대에 보통으로 쓰이던 문자) 易(역)과 公羊學(공양학)을 공부했으며, 張恭祖(장공조)로부터 『古文尙書(고문상서)』·『周禮(주례)』·『左傳(좌전)』 등을 배웠다. 마지막으로 馬融(마융)에게서 『古文經(고문경)』을 배웠다.

정현은 유학을 마치고 고향으로 돌아온 뒤 연구와 교육에 진력했는데, 제자가 수천 명에 이르렀다. 그는 44세 때 '黨錮(당고)의 禍(화)'로 인해 禁錮(금고) 14년에 처해지자 저술에 전념했다. 古文經說(고문경설)을 위주로 삼고 今文經說(금문경설)도 받아들여 여러 경서에 주석을 달아 漢代(한대) 경학을 집대성했으며, 鄭學(정학)으로 불렸다. 고대의 역사 문헌을 정리하는 데 크게 공헌했다.

그러나 『周官[주관 : 고대의 예법에 관한 3권의 책 가운데 하나. 周禮(주례)라고도 한다]』을 진짜 周(주)의 제도라고 여기고, 여기에 부합되지 않는 것은 모두 殷(은)의 제도로 置簿(치부 : 그렇다고 여김)했다. 禮(예)로써 詩(시)에 주석을 달아 牽强附會(견강부회)한 곳이 많다.

184 蝸角之爭 와각지쟁

字解
蝸 ; 달팽이 **와** [蝸牛(와우) : 달팽이]
角 ; 뿔 **각** [角弓(각궁) : 쇠뿔이나 양뿔 같은 것으로 꾸민 활]
　　　다툴 각 [角逐(각축) : 서로 다투며 쫓아다님. 서로 이기려고 다툼]
　　　모 각 [角度(각도) : 각의 크기]
之 ; 의 **지** [箕山之節(기산지절) : 기산의 절개. 굳은 절개와 신념]
爭 ; 다툴 **쟁** [爭取(쟁취) : 다투어 빼앗아 가짐]

語義 달팽이 뿔에서 다툰다.
(작은 나라끼리 싸움)
(달팽이 뿔 위에서 싸우는 것과 같이, 사소한 일로 벌이는 싸움)

 用例

▶ 그때 ○○스님의 설법이 문득 마음을 편하게 해주었다. "헛헛헛헛……. 우주의 차원에서 인간만사를 내려다보시오. 蝸角之爭(와각지쟁)이지요. 떨쳐버리고 돌아가시지요. 唯心所作(유심소작) 명심하시고요." 내 답답한 얘기를 다 듣고 난 다음의 스님 말씀이었다.
▶ 가족 여행 도중, 여행비 문제로 약간 퉁명스럽게 대화하고 있는데, 뒷자리에 앉아 있던 울 둘째 아이 보소. 이 녀석이 글씨 갑자기 뜬구름 같은 소릴 하는겨. "엄마, 아빠! '蝸角之爭(와각지쟁)' 하지 마!" 머시라고라? 와각이 지쟁이라고라. 많이 듣긴 했는데……. 와각지쟁(?) 이놈 봐라. 그게 뭔 소리냐고 물었더니, 걸짝이여! 울 딸내미 와각지쟁이 '사소한 일에 다투는 거'라는겨. 원 세상에, 7살 유치원 다니는 울 딸이 '와각지쟁'이란 사자성어를 적재적소에 갖다 붙이다니…….

【原語】 蝸牛角上之爭(와우각상지쟁) : 달팽이 뿔 위에서의 다툼.
【類義語】 蝸角相爭(와각상쟁) : 달팽이 뿔에서 서로 다툼.
　　　　 蝸牛之爭(와우지쟁) : 달팽이의 다툼.
　　　　 蠻觸之爭(만촉지쟁) : 만씨와 촉씨의 다툼이란 뜻으로, 시시한 일로 다툼.

 **出典** 莊子(장자) - 則陽篇(칙양편)

　기원전 4세기경 중국 전국시대, 梁[양 : 후에 魏(위)]나라의 惠王(혜왕)과 齊(제)나라의 威王(위왕)은 서로 침략하지 않기로 굳게 盟約(맹약)한 사이였다. 하지만 제후국 간의 맹약이 깨진 예는 수없이 많

다. 먼저 맹약을 깬 이는 제 위왕이었다. 그러자 화가 난 양 혜왕은 刺客(자객)을 보내어 그를 죽이려고 했다. 그는 먼저 여러 대신들과 함께 이 문제를 의논하게 되었다. 격론과 함께 찬반양론이 분분했다.

장군 公孫衍(공손연)은 군사를 일으켜서 쳐야 한다고 주장했다. 그러나 현신 季子(계자)는 백성을 수고롭게 하는 전쟁 자체를 반대했다. 또 다른 현신 華子(화자)도 이 문제를 논한다는 것 자체가 민심을 혼란에 빠뜨리는 짓이라며 반대했다.

혜왕이 말했다.
"그러면 어떻게 하면 좋은가?"
이에 華子(화자)가,
"임금께서는 그저 道(도)를 구할 뿐입니다."
혜왕은 宰相(재상)인 惠子(혜자)에게 의견을 물었고, 혜자가 이 말을 듣고 賢人(현인)인 戴晉人(대진인)을 천거하여 임금님을 뵙게 했다.
대진인은 임금에게 말했다.
"이른바 달팽이라는 것이 있는데, 임금님은 아십니까?"
"알지."

"그 달팽이의 왼쪽 뿔에 나라를 세운 이가 있는데 觸氏(촉씨)라 하고, 그 달팽이의 오른쪽에 나라를 세운 이가 있는데 蠻氏(만씨)라고 합니다. 그들은 가끔 땅을 다투어 싸움을 일으켜서 시체가 수만이 되고, 패배하여 달아나는 적을 쫓아갔다가 보름이나 되어야 돌아온다고 합니다."

 原文 有國於蝸之左角者(유국어와지좌각자) 曰觸氏(왈촉씨) 有國於蝸之右角者(유국어와지우각자) 曰蠻氏(왈만씨) 時相與爭地而戰(시상여쟁지이전) 伏尸數萬(복시수만) 逐北旬有五日而後反(축배순유오일이후반)

"허허, 그것은 거짓말이지!"
"臣(신)은 임금님을 위하여 그 사실을 이야기하겠습니다. 임금께서는 저 사방과 상하의 이 우주가 다함이 있다고 생각하십니까?"
"다함이 없지!"
"그 마음을 이 다함이 없는 우주에 놀릴 줄 알고서 돌아와, 이 사람이 살고 있는 중국을 보게 되면, 그것은 극히 작아서 있는 것 같기도 하고 없는 것 같기도 하지 않습니까?"
"그렇지."
"이 사람이 살고 있는 중국 가운데에 위나라가 있고, 위나라 가운데 양이라는 도읍이 있고, 그 양 가운데에 임금이 있다고 합시다. 그러면 저 달팽이 뿔 위의 觸(촉)씨나 蠻(만)씨와 다를 것이 있겠습니까?"
"다를 것이 없지."

대진인이 물러나고 임금은 혼자 정신없이 앉아 있었다. 대진인의 말에, 혜왕은 제나라와 싸울 마음이 없어져 버렸다. 혜자는 들어가 임금을 뵈었다. 임금이 말했다.

"그 손님은 큰 인물이오. 저 堯舜(요순) 같은 성인도 그를 당하지 못할 것이다."

혜자가 말했다.

"대나무의 대통을 불면 뚜- 하고 큰소리가 나지만, 칼머리 고리의 구멍을 불면 쐬- 하는 작은 소리뿐입니다. 저 요순은 사람들이 칭찬하는 바이지만, 대진인 앞에서 요순을 떠드는 것은 마치 칼머리 고리의 구멍을 부는 소리와 같을 뿐입니다."

나라를 다스림에 있어 개인감정에 의하여 일을 처리해서는 안 됨은 물론, 어떤 좋은 일이라도 인위적인 의식으로 행하는 일은 결국 올바른 정치가 되지 못한다. 크고 텅빈 마음으로 나라를 초월하여 정치를 하여야 함을 역설한 부분이다.

莊子(장자)의 상상을 초월한 비유로 보잘것없는 우리 인간들의 욕심을 무참하게 비판하는 寓話(우화)이다. 곧 대자연의 질서에 순응하면서 참된 자유의 진리를 깨달아야 한다는 장자의 논리에 감탄하지 않을 수 없는 이야기인데, 아등바등 살아가는 우리들의 일상에서 가끔은 멀리 떨어져 현실 밖에서 자신을 돌아보는 여유가 필요하지만, 현실은 그렇지 못한 것이 일반적이다.

※ **白樂天**(백낙천)**의 對酒**(대주 : 술잔을 마주하고)

당나라 시인 백낙천(772 ~ 846)이 장안에서 형부시랑 벼슬할 때 지은, '對酒(대주)' 총 다섯 수 중 두 수이다. 장자에 나오는 달팽이 우화와 盜拓(도척)과 공자의 일화를 빌려 지었다. 마음 맞는 친구와 술잔을 마주할 때, 권주가로 읊조리기에 어울리는 시이지만, 그 속에 담긴 뜻은 심오하다.

• **對酒五首**(대주오수) [一]

巧拙愚賢相是非(교졸우현상시비) 솜씨 있고 없고 잘나고 못나고 서로 따지는데,
如何一醉盡忘機(여하일취진망기) 술 한번 취해서 몽땅 잊음이 어떨런지?
君知天地中寬窄(군지천지중관착) 하늘과 땅 사이 넓고 좁음을 그대는 아시는가,
鵰鶚鸞凰各自飛(조악난황각자비) 독수리 물수리 난새 봉황새 제멋대로 나는 세상

• **對酒五首**(대주오수) [二]

蝸牛角上爭何事(와우각상쟁하사) 달팽이 뿔같이 연약한 이 세상에서 무슨 일로 다투고 있는가,
石火光中寄此身(석화광중기차신) 부싯돌 불빛 같은 찰나의 순간에 잠시 이 몸을 기탁한 것인데.
隨富隨貧且歡樂(수부수빈차환락) 부유한 대로 가난한 대로 기쁘고 즐겁게 살면 될 것을.
不開口笑是癡人(불개구소시치인) 입을 크게 벌려 웃지 않는다면 그 또한 어리석은 사람일세.

185 臥薪嘗膽 와신상담

字解 臥 : 누울 **와** [臥龍(와룡) : 누워 있는 용.
　　　　　　　　　　　세상에 알려지지 않은 큰 인물]
　　　　薪 : 땔나무 **신** [薪水(신수) : 땔나무와 물. 나무를 하고 물을 길음]
　　　　嘗 : 맛볼 **상** [嘗膽(상담) : 쓸개를 맛본다는 뜻으로, 고생을 참고 견딤]
　　　　膽 : 쓸개 **담** [膽汁(담즙) : 쓸개즙. 쓸개액]

語義 땔나무 가지에 누워 자고, 쓸개를 맛본다.
　　　　(원수를 갚거나 마음먹은 일을 이루기 위해, 온갖 어려움을 참고 견딤)

 用例

▶ 臥薪嘗膽(와신상담)의 마음으로, 실력과 실무를 키워, 역사의 주인공이 되었을 때, 모든 과거의 역사를 해결하고, 후세에 밝은 미래를 남겨 줄 수 있을 것입니다.

▶ 이분 역시 30여 년 전에 도일하여 10년간이나 **臥薪嘗膽**(와신상담)하다가, 지금부터 20여 년 전에 ○○고무공업을 창설하여 오늘에 이르렀다고 한다.

【類義語】切齒扼腕(절치액완) : 이를 갈고 팔을 걷어붙이며 몹시 분해함.
　　　　　會稽之恥(회계지치) : 회계산의 수치, 즉 전쟁에 패한 치욕.
　　　　　切齒腐心(절치부심) : 몹시 분하여 이를 갈며 속을 썩임.

 **出典** 史記(사기) - 越世家(월세가), **十八史略**(십팔사략)

중국 춘추시대 기원전 496년, 취리(절강성 가흥)에서, 越(월)왕 勾踐[1](구천)과 싸워 크게 패한 吳(오)왕 闔閭(합려)는, 적의 화살에 부상한 손가락의 상처가 악화되는 바람에 목숨을 잃었다. 임종 때 합려는 태자인 夫差[2](부차)에게 반드시 구천을 쳐서 원수를 갚으라고 遺命(유명 : 임금이나 부모가 죽을 때에 남긴 명령)했다.

오왕이 된 부차는 부왕의 유명을 잊지 않으려고 '섶(땔나무의 통칭) 위에서 잠을 자고[臥薪(와신)]', 자기 방을 드나드는 신하들에게 방문 앞에서 부왕의 유명을 외치게 했다.

"부차야, 월왕 구천이 너의 아버지를 죽였다는 것을 잊어서는 안 된다!"

이처럼 밤낮 없이 복수를 맹세한 부차는 은밀히 군사를 훈련하면서 때가 오기만을 기다렸다.

그로부터 2년 뒤, 이 사실을 안 월왕 구천은 참모인 范蠡(범려)가 諫(간)했으나, 듣지 않고 선제공격을 감행했다. 그러나 월나라 군사는 복수심에 불타는 오나라 군사에 대패하여, 會稽山(회계산)으로 도망갔다. 오나라 군사가 포위하자, 진퇴양난에 빠진 구천은 범려의 獻策(헌책 : 일에 대한 방책을 드림)에 따라, 우선 오나라의 재상 伯嚭(백비)에게는 많은 뇌물을, 부차 왕에게는 전설적인 미인 西施(서시)를 바치고, 부차의 신하가 되겠다며 항복을 청원했다. 이것을 '會稽之恥(회계지치)'라고 한다. 오나라의 중신 伍子胥[3](오자서)는 '후환을 남기지 않으려면, 지금 구천을 쳐 없애야 한다.'고 간했으나, 부차는 백비의 진언에 따라 구천의 청원을 받아들이고 귀국까지 허락했다.

한편 오자서는 화친 요구를 거절하고 공격을 進言(진언 : 윗사람에게 자신의 의견을 말함)하지만, 왕의 분노와 백비의 반역을 꾀한다는 모함으로 결국 자결하라는 왕명과 함께 칼을 건네받는다. 오자서는 자신의 묘 옆에 오동나무를 심고, 그 나무가 재목이 될 만큼 자라면, 묘를 파고 눈알을 꺼내서 월나라 방향의 성문에 걸어달라고 유언한다. 그리고 월나라가 오나라를 없애는 것을 똑똑히 보겠다고 저주하며 自決(자결)한다. 그 말을 전해 들은 왕은 오자서의 시체를 가죽 자루에 넣어 강물에 버리게 하였다.

구천은 오나라의 속령이 된 고국으로 돌아오자, 항상 곁에다 '쓸개를 놓아 두고 그 쓴맛을 맛보며[嘗膽(상담)],' 회계의 치욕을 상기했다. 그리고 부부가 함께 밭 갈고 길쌈하는 농군이 되어, 은밀히 군사를 훈련하며 복수의 기회를 노렸다.

이로부터 오동나무가 재목이 될 만큼 자란 뒷날, 월나라 왕 구천이 오나라를 쳐 이겨 오왕 부차를 굴복시키고, 마침내 회계의 굴욕을 씻었다. 부차는 용동에서 여생을 보내라는 구천의 호의를 사양하고 보자기로 눈을 가리며, '내가 죽어서 오자서를 볼 면목이 없구나.' 하고, 오자서의 진언을 듣지 않은 것을 후회하며 자결했다. 그 후 구천은 부차를 대신하여 천하의 覇者(패자 : 무력이나 권력으로 천하를 다스리는 사람)가 되었으며, 이 고사를 통하여 '臥薪嘗膽(와신상담)'이란 고사성어가 생겼다.

---

1) 越王 勾踐(월왕 구천, ? ~ B.C.465. 재위 B.C.496 ~ B.C.465) : 춘추시대 최후의 패자. 오왕 부차에게 패하였으나 名臣(명신) 범려의 계책과 嘗膽(상담)하는 각오로 임하여, 부차를 姑蘇(고소)에서 포위하여 자살하게 하였다.

2) 吳王 夫差(오왕 부차, ? ~ B.C.473. 재위 495 ~ B.C.473) : 아버지 합려 왕의 유언에 따라 오자서를 重用(중용)하여 월나라를 격파하였으며, 북상하여 晉(진)을 맹주로 하는 중원 여러 나라를 누르고 패자가 되었다. 그러나 월왕 구천에게 대패하여 결국 자결했으며, 오나라는 월나라에 合倂(합병)되었다.

3) 伍子胥(오자서, ? ~ B.C.485) : 춘추전국시대 楚(초)나라 사람으로, 정치가이자 장군. 자서는 字(자), 이름은 員(원). 초나라에서 아버지와 형이 살해되자, 오나라로 망명했다. 합려를 왕위에 오르게 하고, 초나라를 멸망시켜 아버지와 형의 원수도 갚는다. 오나라에 큰 공헌을 했지만, 謀陷(모함)으로 인하여 결국은 夫差(부차)의 명을 받고 自決(자결)하였다.

186 樂此不疲 요차불피

字解
- 樂 : 음악 악 [樂官(악관) : 조정에서 음악을 연주하는 관리]
  - 즐거울 락 [享樂(향락) : 즐거움을 누림]
  - **좋아할 요** [樂山樂水(요산요수) : 산을 좋아하고, 물을 좋아함. 자연을 즐기고 좋아함]
- 此 : **이 차** [此後(차후) : 이 다음. 이 뒤]
- 不 : **아니 불**(부) [不眠不休(불면불휴) : 자지도 않고 쉬지도 않음. 조금도 쉬지 않고 힘써 일함]
- 疲 : 지칠 피, **피로할 피** [疲困(피곤) : 몸이 지쳐 고달픔]

語義 이 일이 좋아 피곤하지 않다.
(좋아서 하는 일은 아무리 해도 피곤하지 않음)

 用例

▶ 연말이라 모임이 많고, 원하지 않는 술잔도 많이 받게 된다. 그러나 마음을 **樂此不疲**(요차불피)로 설정하여 즐겁게 어울리면, 모든 상황이 즐겁고 행복하여 피곤함이 없이 주위를 리드할 수 있어 좋다. 즐거운 모임을 가꾸며, 피곤보다는 삶의 활력으로 받아들이자.

▶ 교육자로서 품격과 자질을 높이기 위하여, 한자 교육 강의에 등록했다. 강의실엔 뜨거운 열기가 가득했다. 각 분야에서 실력자로 활약하시는 원로 선생님들께서 학문에 대한 타는 목마름을 만끽할 수 있도록, 해갈해 주시는 모습들이 연일 이어졌다. **樂此不疲**(요차불피)라, 내가 좋아서 하는 일은 아무리 하여도 지치지 않고 피곤하지도 않다고 했던가? 과연 그러했다.

 **出典** **後漢書**[1](후한서, 후한시대 역사서. 송나라 범엽 편찬)

중국 前漢(전한, B.C.202 ~ A.D.8. 도읍은 장안) 말엽, 외척 출신 王莽(왕망, B.C.45 ~ A.D.25)이 帝位(제위)를 篡奪(찬탈)하였다. 그리고 新(신, 9 ~ 25)나라를 세웠다. 그러나 그는 도리에 어긋나는 일을 계속하며, 백성들의 생활을 조금도 생각하지 않았다. 이에 불만을 품은 백성들이 다투어 일어났다.

서기 22년, 前漢(전한)의 황족 劉秀(유수, B.C.4 ~ A.D.57. 재위 25 ~ 57)는 남양에서 군사를 일으켰는데, 그의 힘이 점차 강성해지더니, 마침내 25년 천하를 평정하였다. 유수는 後漢(후한, 25 ~ 220. 도읍은 낙양)을 다시 세우고 황제에 올랐으니, 바로 한나라 光武帝(광무제)였다.

즉위 후, 광무제는 백성들의 생활에 관심을 가지고, 惡政(악정)을 개혁하고, 가혹한 稅金(세금)을 폐지하며, 사회 질서를 회복시켰다. 광무제는 백성들과 나라를 위하여 매우 부지런하게 일을 하였는데, 나이 60이 넘어서도 여전히 새벽에 일어나서 오후 늦게 궁으로 돌아갔다. 皇太子(황태자. 제2대 황제 명제. 재위 57 ~ 75)는 나이 드신 아버지의 건강을 염려하여 이렇게 권하였다.

"부황께서는 夏(하)나라 禹(우)임금이나 商(상)나라 湯(탕)왕의 영명함을 지니고 있으시지만, 黃帝[2](황제)나 老子(노자)의 養生(양생 : 병에 걸리지 않고 건강하게 오래 살도록 몸 관리를 잘함)의 道(도)는 가지고 계시지 않습니다. 원컨대, 건강을 생각하시어 한가롭게 시간을 보내시고, 다시는 새벽부터 일하시다가 한밤중에 주무시는 일이 없도록 해주십시오."

광무제는 이 말을 듣고 고개를 저으며 이렇게 말했다.

"나는 **이 일이 좋아**, 조금도 **피로하지 않단다**[我自樂此(아자요차) 不爲疲也(불위피야)]."

황태자는 더 이상 간하지 못하고 물러나왔다.

바로 황태자의 걱정에 대해 광무제가 대답한 말 '我自樂此(아자요차) 不爲疲也(불위피야)'에서 '樂此不疲(요차불피)'가 나왔다.

---

1) 後漢書(후한서) : 중국의 紀傳體(기전체) 역사서 二十四史(24사) 가운데 하나. 劉秀(유수)가 스스로 황제에 오른 25년부터, 魏(위)의 曹丕(조비)가 칭제하여 후한이 망한 220년까지의 후한시대의 역사를 기록했다. 현재 전하는 것은 120편 130권이다. 후한시대 역사 연구에서 빠질 수 없는 귀중한 문헌자료이다. 南朝(남조)의 송나라 范曄(범엽, 398 ~ 446)이 지었다. 이 책 이전에 이미 후한의 역사를 기술한 20여 종의 다양한 사서들이 세상에 나와 있었다. 범엽은 이 책들에서 번잡함을 줄이고 모자란 것은 보충했고, 정확한 기록을 광범위하게 수집하여 만들었다.

2) 黃帝(황제, ? ~ ?) : 고대 중국의 전설상의 제왕. 이름은 軒轅(헌원). 文明(문명)을 발전시켰으며, 道敎(도교)의 시조로 추앙받고 있다. 기원전 2704년경에 태어나 기원전 2697년 제왕이 되었다고 전해진다. 통치기간 중 목조 건물·수레·배·활·화살·문자를 만들어 냈고, 자신이 직접 지금의 산시[山西(산서)] 지방에 있는 어떤 곳에서 야만족을 물리친 것으로 전해진다. 이 승리로 황허[黃河(황하)] 평원 전역에 걸쳐 그의 지도력을 확립할 수 있었다. 또한 몇몇 전설들에 의하면, 그는 통치기구와 동전의 사용법을 도입했다고 전해진다.

그의 아내[西陵氏(서릉씨), 양잠과 방직을 전함]는 비단을 발명해서, 여인들에게 누에를 치고 비단실을 뽑는 방법을 가르쳐 준 것으로 유명하다. 몇몇 고대 사료에 의하면, 황제는 그의 통치 기간이 황금시대로 불릴 정도로 지혜의 化身(화신)으로 알려져 있다. 그는 꿈에서 백성들이 자연의 법칙에 따라 조화롭고 미덕을 갖춘 생활을 하는 이상적인 왕국을 보았는데, 이것은 도교의 믿음과 일치하는 것이었다. 잠에서 깨어난 황제는 백성들 사이에 질서와 번영을 유지하기 위해, 자신의 왕국에 이러한 德(덕)을 심으려고 했다. 그는 죽어서 神(신)이 되었다고 믿겨졌다.

187 欲速不達 욕속부달

字解
- 欲 : 하고자 할 욕 [欲求(욕구) : 무슨 일을 하고자 바라고 원함]
- 速 : 빠를 속 [速斷(속단) : 빨리 결단을 내림]
- 不 : 아니 부 [不當(부당) : 정당하지 아니함, 이치에 맞지 않음]
  아니 불 [不朽(불후) : 썩어서 없어지지 아니함]
- 達 : 통할 달 [通達(통달) : 통하여 훤히 앎]
  도달할 달, 이를 달 [達成(달성) : 목적한 바를 이룸]

語義 빨리 하려고 하면, 도달하지 못함.
(일을 빨리 하려고 하면, 도리어 이루지 못한다. 조급한 심리를 경계한 말)
(욕심이 앞서서 일을 빨리 이루려고 하면, 반드시 실패한다)

用例

▶ 2011년 세계육상선수권대회 남자 100m 결승이 열리는 대구 스타디움에 세계인의 이목이 집중되었다. 지구상에서 가장 빠른 사나이 우사인 볼트가 세계신기록에 도전하는 자리였기 때문이다. 그러나 믿을 수 없는 광경이 벌어지고 말았다. 그만 출발신호가 울리기도 전에 뛰쳐나가고 만 것이다. 그는 뛰어보지도 못하고 부정출발로 실격하고 말았다. 세계신기록에 대한 지나친 집착이 재앙을 초래한 것이었다. '欲速不達(욕속부달)'의 결과가 어떠한지를 생생하게 보여 주는 순간이었다.

▶ 10키로 구간을 52분에 뛰었다. 좀 급했다. 적어도 이 정도 시간은 내 평소 기량이 아니다. 빠르고자 하면 도달하지 못한다고 했다. 결국 중도에서 포기하고 말았다. 이를 **欲速不達**(욕속부달)이라 하는데, 마라톤과 딱 맞는 격언이 아닐지 싶다.

[類義語] 欲巧反拙(욕교반졸) : 기교를 부리려다 도리어 졸작을 만든다.

出典 論語(논어) - 子路篇(자로편)

孔子(공자)의 제자로 子夏(자하)가 있다. 그는 본명이 卜商(복상)이며, 자하는 字(자)이다. 공자의 門下(문하) 十哲(십철)[1]의 한 사람이다. 자하가 魯(노)나라의 작은 고을 莒父(거부)의 장관이 된 적이 있다. 그는 어떻게 이 고을을 다스릴까 궁리하다가 스승인 공자에게 정책을 물으니, 다음과 같이 일러주었다.

"정치를 할 때 공적을 올리려고, 고을 일을 너무 급히 서둘러서 하면 안 된다. 또한 조그만 이득을 탐내지 말아야 한다. **일을 급히 서둘러 공적을 올리려고 하다가는 도리어 목적을 이루지 못하고**, 조그만 이득을 탐내다가는 온 세상에 도움이 될 큰일을 이루지 못하는 법이다."

 原文 子夏爲父宰(자하위부재) 問政(문정) 子曰(자왈) 無欲速(무욕속) 無見小利(무견소리) **欲速則不達**(욕속즉부달) 見小利則大事不成(견소리즉대사불성)

큰일을 하는 사람은 눈앞에 보이는 작은 이익에 눈을 돌리면 큰일을 할 수 없게 된다. 특히 政治(정치)하는 사람은 원대한 포부를 가지고 장기적인 투자를 하지 않는 한 좋은 꽃과 열매를 얻지 못한다. 공자는, 자하가 눈앞에 보이는 빠른 효과와 작은 이익에 집착하는 성격을 가지고 있기 때문에 이같이 말하게 된 것인데, 사람은 대부분 이 같은 결점을 지니고 있다.

중국 淸(청)나라 때, 馬時芳(마시방)이 쓴 『朴麗子(박려자)』라는 책에는 '欲速不達(욕속부달)'과 관련된 재미난 이야기가 소개되어 있다.

어느 날 해질 무렵, 귤 장수 한 사람이 귤을 한 짐 지고 성안으로 바쁜 걸음을 하고 있었다. 귤 장수는 성문이 닫히기 전에 성에 도착할 수 없을까 봐 몹시 서둘렀다. 그는 너무나 마음이 급해서 지나가던 행인에 물었다.

"여보시오, 성문이 닫히기 전에 내가 성안에 들어갈 수 있겠소?"

행인이 대답했다.

"좀 천천히 걸으면 성안에 들어갈 수 있지요."

그러나 그는 행인이 자신을 조롱하는 줄 알고, 화가 나서 더욱 빨리 걸었다. 그러다 그만 발을 잘못 디뎌서 넘어지고 말았다. 그 바람에 귤이 땅바닥에 쏟아져 귤은 여기저기 굴러가 버렸다. 그래서 그는 땅거미가 지는 한길에서 귤을 하나하나 줍느라, 결국은 성문이 닫히기 전에 성에 도착하지 못했다.

---

1) 孔門十哲(공문십철) : 孔子(공자)의 제자는 3천 명이 넘었다고 하는데, 그중 六藝(육예 : 군자가 닦아야 할 여섯 가지 기예. 즉, 예법·음악·활쏘기·말 다루기·글씨·산술)에 통달한 제자는, 왕숙이 지은 『孔子家語(공자가어)』에는 72명, 사마천이 지은 『사기』 중 「仲尼弟子列傳(중니제자열전)」에는 77명으로 나온다. 이 중 뛰어난 제자 열 명을 '十哲(십철)'이라 하며, 德行(덕행)으로 뛰어난 제자는 안회·민자건·염백우·중궁이고, 言辯(언변)이 뛰어난 제자는 재여·자공이고, 政治(정치)에 뛰어난 제자는 염구·자로이며, 文學(문학)에 뛰어난 제자는 자유·자하이다.

※ **拔苗助長**(발묘조장 : 싹을 뽑아 성장을 도와준다)**의 고사**

『孟子(맹자)』「公孫丑(공손추)」에 나오는 말이다. 중국 宋(송)나라의 한 농부가 남의 집 벼 이삭은 쑥쑥 자라는데, 자기네 벼 이삭은 자라지 않는 것 같아 이삭을 모두 뽑아 올리고는, 자기 집에 돌아와서 무슨 큰일이라도 한 것처럼 뽐내었다. 이상하게 생각한 아들이 논에 달려가 본즉, 벼 이삭은 모두 시들어 말라가고 있었다. '欲速不達(욕속부달)'의 대표적 故事(고사)이다.

188 龍頭蛇尾 용두사미

字解
龍: 용 **룡(용)** [臥龍(와룡) : 누워 있는 용. 초야에 묻혀 있는 큰 인물]
頭: 머리 **두** [頭腦(두뇌) : 머릿골. 슬기나 지혜]
　　우두머리 두 [頭目(두목) : 우두머리]
蛇: 뱀 **사** [蛇足(사족) : 뱀의 발. 쓸데없는 군더더기를 덧붙임]
尾: 꼬리 **미** [尾骨(미골) : 척추의 맨 아랫부분에 있는 뼈]

語義 용의 머리와 뱀의 꼬리.
(처음은 왕성하나 끝이 부진한 현상)
(시작은 좋았다가 갈수록 나빠짐)

用例

▶업계에 따르면, 최근 ○○카드 고객 정보 80만 건 유출 사태에 대한 수사가 **龍頭蛇尾**(용두사미)로 흐르고 있다. 이는 기존 외부로부터 해킹으로 인한 정보 유출과 성격이 다르고, 내부 직원에 의한 내부 통제시스템에 문제가 있었다는 것이다.
▶수백억 원을 쏟아부은 브랜드 콜택시 사업은 세금만 날린 전시 행정의 대표적 사례로 꼽히면서, 당초 목표인 택시 산업 활성화와 시민 편의는 **龍頭蛇尾**(용두사미)로 전락할 위기에 놓였다.

[類義語] 有頭無尾(유두무미) : 머리는 있으나, 꼬리는 없음.
　　　　　虎頭蛇尾(호두사미) : 호랑이 머리와 뱀의 꼬리.
[相對語] 始終一貫(시종일관) : 처음부터 끝까지 한결같이 해나감.
　　　　　始終如一(시종여일) : 처음과 끝이 하나와 같음.

出典 **傳燈錄**[1](전등록, 송나라 고승 도언이 쓴 불서)

중국 宋(송)나라 시대에 睦州(목주) 사람으로 陳尊者(진존자)라 불리는 스님이 있었다. 龍興寺(용흥사)라는 절에 살고 있었는데, 그 후 훌쩍 여행을 떠나 각지에서 나그네들을 위해, 짚신을 삼아서 길에 버려두었다고 한다.

이 진존자가 나이가 많았을 때의 일이다. 禪問答[2](선문답)이라는 말이 있듯이, 禪宗(선종)의 스님은 곧잘 찾아간 상대방 스님을 상대로 종교상의 깨달음에 대해 의론을 한다. 진존자도 여행지에서 흔히 이 선문답을 했다. 어느 날 언제나처럼 앞에 앉은 스님에게 문답을 시작했더니, 갑자기 상대방이 큰소리를 치고 나왔다.

"거, 참! 一喝(일갈)을 당했는걸."

진존자가 투덜댔더니, 또 큰소리를 치고 나왔다. 꽤 호흡이 근사한 걸 보니 상당한 수양을 쌓은 스님인 듯싶었다. 그러나 자세히 살피니 어쩐지 수상쩍었다.

'거 참, 이 중은 자신을 용과 같은 기품으로 보이려고 하지만, 아무래도 진짜는 아닌 것 같았다. 가히 **용의 머리를 뱀의 꼬리**로 바꾸는 것이 애석하다[可惜龍頭翻成蛇尾(가석용두번성사미)].'

이렇게 간파한 진존자가 상대에게 말했다.

"이봐요, 큰소리 쳐대고 위세는 있지만, 정작 문답을 어떻게 마무리할 셈이요?"

상대 스님은 입을 다물어 버려, 결국 뱀 꼬리를 내미는 격이었다.

---

1) **傳燈錄**(전등록) : 중국 송나라 진종 景德(경덕) 원년(1004)에, 고승 道彦(도언)이 쓴 불서. 석가모니 이래의 역대의 法脈(법맥)과 그 法語(법어)를 수록한 것으로, 조선시대 僧科(승과) 과목에도 들어 있었다. 총 30권. 『경덕전등록』이라고도 한다.

2) **禪問答**(선문답)**의 예화**

"스님도 진리를 체득하려고 수행을 하십니까?"

"암, 하지."

"어떤 수행을 하십니까?"

"배고프면 밥을 먹고 졸리면 잠을 자지[饑來喫飯 困來卽眠(기래끽반 곤래즉면)]."

위 내용은 源(원)율사가 묻고, 대주혜해 선사(? ~ 842)가 답한 유명한 선문답으로, 평상심(one's everyday mind)을 설파한 선문답이다. 대주의 선문답은 그의 은사인 마조대사가 상당법어를 통해, '평소의 마음이 바로 도이니라[平常心是道(평상심시도)].'고 설파한 것을 부연 설명한 것이다. 대주의 사형이며 마조의 3대 제자 중 한 사람인 남전보원 화상도 평상심을 거듭 강조해, '평상심시도'라는 화두가 남전과 조주의 선문답에서 비롯된 것으로 선어록들은 기록하고 있다.

어느 날 조주스님이 남전화상에게 물었다.

"어떤 것이 道(도)입니까?"

"平常心(평상심)이 바로 道(도)이니라."

남전화상은 간결, 명료하게 답했다.

그러나 조주는 평상심의 뜻을 알 수 없었다. 그래서 다시 물었다.

"그러면 그 道(도)란 향하는 바가 있습니까? 없습니까?"

"道(도)란 그대로 道(도)다. 향할 바가 있어서 생각을 낸다면, 곧 그르치느니라."

조주는 그래도 도저히 이해가 되지 않았다.

"생각을 내지 않으면 어떻게 道(도)를 압니까?"

"道(도)란 知(지)에 속하지 않고 또한 不知(부지)에도 속하지 않나니, 知(지)란 것은 망각이요, 不知(부지)는 無記(무기)이다. 만일 의심이 없는 道(도)에 참으로 達(달)할 것 같으면, 허공과 같이 활달하여 넓고 넓어서 어찌 옳다 그르다 是非(시비)하겠는가?"

189 愚公移山 우공이산

字解 愚 : 어리석을 우 [愚昧(우매) : 어리석고 사리에 어두움]
　　　 公 : 공변될 공 [公正(공정) : 공평하고 올바름]
　　　　　 상대를 높이는 말 공 [貴公(귀공) : 동년배나 아랫사람을 점잖게 부르는 호칭]
　　　　　 관청 공, 벼슬 공 [公職(공직) : 관청이나 공공 단체의 직무]
　　　 移 : 옮길 이 [移動(이동) : 옮겨 움직임. 자리를 변동함]
　　　 山 : 산 산, 뫼 산 [山河(산하) : 산과 강. 자연]

語義 어리석은 영감이 산을 옮겨 놓는다.
　　　 (남이 보기엔 어리석은 일처럼 보이지만, 한 가지 일을 끝까지 밀고 나가면 언젠가는 목적을 달성할 수 있다)

 用例

▶ '愚公移山(우공이산)'은 우공, 즉 '어리석은 사람이 산을 옮긴다'는 뜻입니다. 무슨 일이든지 우직하게 꾸준히 끝까지 노력하면, 어떤 어렵고 큰일이라도 결국에는 이루어진다는 것을 비유하는 데 쓰는 말입니다.

▶ 남아공 월드컵을 준비하는 동안, 허정무 감독은 '사자성어'를 자주 사용했다. 그래서 만난 김에 물었다. 진정한 시험대에 오른 올 시즌을 한 마디로 정의해 달라고. 주저 없이 나온 대답은 '**愚公移山**(우공이산)'이었다. '어리석은 사람이 산을 옮긴다'는 뜻으로, 꾸준히 한 가지 일에 전념하면 언젠가는 목적을 이룰 수 있다는 의미다.

【類義語】 磨斧作針(마부작침) : 도끼를 갈아 바늘을 만든다.
　　　　　 水滴穿石(수적천석) : 물방울이 돌을 뚫는다.
　　　　　 十伐之木(십벌지목) : 열 번 찍어 안 넘어가는 나무가 없다.
　　　　　 積土成山(적토성산) : 흙이 쌓여 산이 된다.

 **出典** 列子(열자) – 湯問篇(탕문편)

중국 춘추시대 사상가인 列子(열자, 인명)의 사상을 기술한 『列子(열자, 책명)』에는 재미있는 寓話(우화)가 많이 등장하는데, 이 '愚公移山(우공이산)'의 우화도 그중의 하나이다.

옛날, 중국의 北山(북산)에 愚公(우공)이라는 90세 된 노인이 있었는데, 太行山(태행산)과 王屋山(왕

故事成語 四音節 525

옥산) 사이에 살고 있었다. 이 산은 사방이 700리, 높이가 만 길이나 되는 큰 산으로, 북쪽이 가로막혀 돌아다녀야 하므로 교통이 매우 불편하였다.

우공이 어느 날 가족을 모아 놓고 말하였다.

"저 험한 산을 평평하게 하여, 豫州(예주)까지 곧장 길을 내는 동시에 漢水(한수)의 남쪽까지 갈 수 있도록 하겠다. 너희들 생각은 어떠하냐?"

모두 찬성하였으나, 그의 아내만이 반대하며 말하였다.

"당신 힘으로는 조그만 언덕 하나 파헤치기도 어려운데, 어찌 이 큰 산을 깎아 내려는 겁니까? 또, 파낸 흙은 어찌하시렵니까?"

우공은 말했다.

"흙은 渤海(발해) 구석이나 隱土(은토) 북쪽에라도 버리면 되겠지."

세 아들은 물론 손자들까지 데리고 돌을 깨고 흙을 파서 삼태기와 광주리 등으로 나르기 시작하였다. 우공의 이웃에 사는 京城氏(경성씨) 집 과부에게 이제 겨우 7, 8세밖에 안된 아들이 하나 있었는데, 이 아이가 또 열심히 우공의 山(산) 파는 일을 도왔다. 그러나 1년에 두 차례 겨우 흙과 돌을 버리고 돌아오는 정도였다.

그러자 황해 근처의 河曲(하곡)에 사는 智叟(지수)라는 영감이 그를 비웃으며 이렇게 말렸다.

"이 사람아, 어쩌면 그렇게도 어리석은가. 다 죽어가는 자네 힘으로는 풀 한 포기도 제대로 뜯지 못할 터인데, 그 흙과 돌을 어떻게 할 작정인가?"

우공은 한숨을 내쉬며 이렇게 말했다.

"자네의 그 좁은 소견에는 정말 놀라지 않을 수 없네. 자넨 저 과부의 어린아이 지혜만도 못하지 않은가. 내가 죽더라도 자식이 있지 않은가 내 비록 앞날이 얼마 남지 않았으나, 내가 죽으면 아들이 남을 테고, 아들은 손자를 낳고……. 이렇게 자자손손 이어가면, 언젠가는 반드시 저 산이 평평해질 날이 오겠지."

하고 태연히 말하였다. 지수는 말문이 막혀 잠자코 있었다.

한편 두 산을 지키는 蛇神(사신 : 두 손에 뱀을 들고 있다는 산신령)이 자신들의 거처가 없어질 형편이라 天帝(천제)에게 호소하였다. 천제는 우공의 우직함과 정성에 감동하여, 力神(역신) 夸娥(과아)의 두 아들에게 명하여, 두 산을 하나는 朔東(삭동 : 삭주 동쪽)에, 또 하나는 雍南(옹남 : 옹주 남쪽)에 옮겨 놓게 하였다고 한다. 이리하여 기주 남쪽에서 한수 남쪽에 이르기까지는 산이 없게 되었다.

여기에서 비롯하여, '**불가능하게 보일지라도 쉬지 않고 꾸준히 노력하여 성공에 이르게 된 경우**'를 '**愚公移山(우공이산)**'이라는 말로 쓰게 되었다. 우리 사회에 만연된 병폐 가운데, 일확천금을 노리면서 이기주의에 빠진 현대인들의 병리 현상은 사회적 문제까지 야기하고 있다. 이 愚公移山(우공이산)이라는 고사는 오늘날 현대인들이 마음속에 새겨야 할 이야기가 아닌가 한다. 무슨 일이든지 어렵다고 포기하지 말고, 한 걸음 한 걸음 착실하게 하라는 교훈을 얻을 수 있는 말이다.

190 愚者一得 우자일득

字解
愚 : 어리석을 **우** [愚昧(우매) : 어리석고 사리에 어두움]
者 : 놈 **자**, 사람 자 [筆者(필자) : 글이나 글씨를 쓴 사람]
　　어조사 자 [近者(근자) : 근래. 요즘]
一 : 한 **일**, 하나 일 [一片丹心(일편단심) : 한 조각의 붉은 마음. 충성심]
得 : 얻을 **득** [得失(득실) : 얻음과 잃음, 이익과 손해]

語義 어리석은 자도 한 가지 득은 있다.
(어리석은 자라도 수많은 생각을 하다 보면, 하나쯤 쓸모 있는 생각도 하게 된다)
※ '愚者千慮必有一得(우자천려필유일득)'의 준말.

 **用例**

▶著者(저자)는 '대부분의 사람은 행복해지려고 결심한 만큼 행복해진다.'는 링컨의 말처럼, 우리는 행복해지려고 결심하고 노력한 만큼 행복해질 수 있다고 이야기한다. 心機一轉(심기일전), **愚者一得**(우자일득), 首尾一貫(수미일관) 등의 주제를 통해 지금보다 조금 더 행복해질 수 있는 길을 제시한다.

▶100개의 문제를 풀다 보면, 아무리 총명하고 지혜로운 자라도 한 문제 정도는 틀릴 수 있고, 아무리 어리석은 자라도 하나의 문제는 맞출 수가 있습니다. **愚者一得**(우자일득)입니다. 하나를 틀린 사람은 욕심이 지나쳐 얼굴을 찌푸리지만, 하나를 맞춘 사람은 너무나 신기해서 또 하나를 맞추려고 노력합니다. 많은 것을 쉽게 얻으려 하기보다는, 조금 얻더라도 서둘러 가지 마십시오.

【類義語】 千慮一得(천려일득) : 천 번을 생각하여 하나를 얻음.
　　　　　多言或中(다언혹중) : 말을 많이 하면, 그 가운데 혹 맞는 말이 있음.
【相對語】 千慮一失(천려일실) : 지혜로운 사람이라도 여러 가지 생각 가운데 한 가지쯤은 잘못된 것이 있을 수 있음.
　　　　　智者一失(지자일실) : 천 번의 생각에 한 번의 실수.

 **出典** **史記**(사기) - 淮陰侯列傳(회음후열전)

중국 秦(진)나라 말기, 淮陰侯(회음후) 韓信(한신)이 趙(조)나라와 싸울 때, 그 유명한 背水陣(배수진)의 전법으로 승리하였다. 한나라 군사들은 成安君(성안군) 陳餘(진여)를 죽이고, 조나라 왕을 사로

잡았다. 또한 조나라의 뛰어난 군사 전략가인 廣武軍(광무군) 李左車(이좌거)를 생포하게 하였다. 그런 다음 손수 그를 풀어주어 상좌에 앉히고, 스승으로 받들었다. 이좌거의 역량을 아는 한신은 그에게 북쪽 燕(연)나라와 동쪽 齊(제)나라를 이길 수 있는 방법에 관해 의견을 구한다. 다음의 말은 굳이 사양하는 것도 불구하고, 한신이 광무군 이좌거에게 자문을 구했을 때, 이좌거가 답하는 부분이다.

한신은 고개를 돌려 광무군에게 물었다.

"북쪽 연나라를 정벌하려는데 어떻게 해야겠습니까?"

광무군은 대답을 삼가며 이렇게 말했다.

"제가 들은 바로는 '전투에서 패한 장수는 용맹에 대해서 말하지 않고, 망한 나라의 대부는 나라의 존립에 대하여 말하지 않는다.'라고 하였습니다. 패망한 나라의 포로인 제가 어찌 감히 大事(대사)를 말하겠습니까?"

한신은 다시 간청하였다.

"저는 정성을 다하여 그대의 계책에 따를 것이니, 말씀하십시오."

그러자 광무군은 말을 시작하였다.

廣武君(광무군) 가로되,

"臣(신)이 듣자하니, '지혜로운 사람이 천 번 생각하여도 반드시 한 번은 잃는 것이 있고, **어리석은 사람이 천 번 생각을 하면 반드시 한 번은 얻는 것이 있다**.'고 했습니다. 그러므로 말하기를 '미친 사람의 말도 聖人(성인)은 택한다.'고 했습니다. 생각하건대 신의 꾀가 반드시 쓸 수 있는 것은 못 되겠지만, 다만 어리석은 충성을 다할 뿐입니다."

 原文 廣武君曰(광무군왈) 臣聞(신문) 智者千慮必有一失(지자천려필유일실) **愚者千慮必有一得**(우자천려필유일득) 故曰(고왈) 狂夫之言(광부지언) 聖人擇焉(성인택언) 顧恐臣計未必足用(고공신계미필족용) 願效愚(원효우)

李左車(이좌거)의 말은 겸허한 듯하면서도 스스로에 대한 대단한 자부심이 깔려 있다. 왜 이좌거가 마음의 문을 열었을까? 바로 한신의 이 말 때문이었다.

"내가 들은 바로는, 현인 百里奚(백리해)가 虞(우)나라에 살 때는 우나라가 망하였으나, 秦(진)나라에 있자 진나라가 제후들의 우두머리가 되었다고 합니다. 백리해가 우나라에 있을 때는 어리석은 사람이다가, 진나라에 가니까 지혜로운 사람이 된 것이 아닙니다. 군주가 그를 登用(등용)했는지 등용하지 않았는지, 또 그의 말을 받아들였는지 받아들이지 않았는지에 달렸을 뿐입니다. 만약 趙(조)의 성안군이 당신의 計策(계책)을 들었더라면, 나 같은 사람은 이미 포로가 되었을 것입니다. 성안군이 당신을 쓰지 않았기 때문에, 내가 당신을 모실 수 있게 되었을 뿐입니다. 마음을 다하여 당신의 계책을 따르겠으니, 부디 사양하지 마십시오."

191 月下氷人 월하빙인

字解 月 : 달 **월** [滿月(만월) : 가득 찬 달. 보름달]
　　　　세월 월 [歲月(세월) : 지나가는 시간]
　　　下 : 아래 **하** [下落(하락) : 아래로 떨어짐]
　　　　내릴 하 [下車(하차) : 차에서 내림]
　　　氷 : 얼음 **빙**, 얼 빙 [薄氷(박빙) : 엷은 얼음. 살얼음]
　　　人 : 사람 **인** [人乃天(인내천) : 사람은 곧 하늘이다. 천도교의 교의]

語義 '달빛 아래 노인'과 '얼음 위의 사람'.
　　　(남녀의 인연을 맺어 주는 사람. 중매쟁이)
　　　※ '月下老(월하노)'와 '氷上人(빙상인)'의 합성어이며 약어.

 用例

▶지난해 3월, 누구도 선뜻 나서지 않던 전경련 회장직을 맡아 이제 임기까지 2개월여를 남긴 그의 금년 한해는 '輾轉反側(전전반측)의 **月下氷人**(월하빙인)'과 같다. 자고 나면 터지는 경제 이슈와 위기에 뒤척이면서도 정부와 재계, 대기업과 중소기업, 취업자와 기업 간 인연의 끈이 떨어질까 노심초사했다.

▶남녀가 만나 夫婦(부부)의 인연을 맺는 데는 여러 경로가 있지만, 전통적 방법은 仲媒(중매)가 대세였다. 하지만 중매의 어려움은 생각보다 크다. 일회용이 아닌 평생 伴侶者(반려자)를 소개하는 일이니 그럴 수밖에 없다. '중매를 잘하면 술이 석 잔이고, 잘못하면 뺨이 석 대다.'라는 속담은 빈말이 아니다. 한자문화권에선 중매쟁이를 '**月下氷人**(월하빙인)'이라고 한다.

【類義語】 媒妁人(매작인) : 결혼을 중매하는 사람.
　　　　仲媒人(중매인) : 중간에서 소개하는 사람.
　　　　月下老人(월하노인) : 부부의 인연을 맺어 준다는 전설상의 노인.
　　　　赤繩(적승) : 부부의 인연을 맺어주는 끈.

◎ **月下老**(월하노)

 **出典** **續幽怪錄**(속유괴록, 당나라 때의 기이한 소설)

중국 唐(당)나라 제2대 황제인 太宗(태종) 때의 일이다. 韋固(위고)라는 젊은이가 宋城(송성 : 하남성 소재)을 여행 중, 하루는 새벽에 龍興寺(용흥사)에 갔다. 그는 여기서 어떤 사람과 결혼 문제를 상의하기로 약속했던 것이다.

그러나 약속한 사람은 오지 않고, '달빛 아래 한 노인[月下老(월하노)]'이 돌계단에 앉아, 손에 '빨간 끈[赤繩(적승)]'을 든 채 조용히 책장을 넘기고 있었다. 위고가 '무슨 책을 읽고 있느냐?'라고 묻자, 그 노인은 이렇게 대답했다.

"속세의 책이 아니네."

"그럼 어디 책인가요?"

"冥界(명계 : 저승)의 책이지."

"명계의 책이 어떻게 여기 있습니까? 당신은 명계 사람인가요?"

"우리 명계 사람들은 세상 사람들을 관리하느라 세상에 나와 있지."

"그럼 당신이 하는 일은 뭐죠?"

"난 사람들을 장가보내고 시집보내는 일을 하지."

"마침 잘됐네요. 난 여기서 혼담을 상의하려고 하는데 잘될까요?"

"아니네, 쉽게 되기가 어려워. 자네 아내는 지금 세 살이야. 열일곱이 되어야 자네에게 시집을 오지."

"그 주머니에는 무엇이 들어 있나요?"

"빨간 끈이 들어 있지. 부부의 인연을 맺어 주는 끈이라네. 한번 이 끈으로 맺어지면, 아무리 멀리 떨어져 있더라도, 또 아무리 원수지간이라도 반드시 맺어진다네."

"그럼, 지금 제 아내감은 어디에 있습니까?"

"음, 이 宋城(송성)에 있구먼, 성 북쪽에서 채소를 팔고 있는 陳(진)이란 여인네의 어린아이야."

"만나볼 수 있을까요?"

"노파는 언제나 딸을 안고 시장에 나와 있지. 자, 따라 오라구."

노인은 북쪽 마을로 가서, 가난한 노파의 품에 안겨 있는 딸아이를 가리켰다.

"저 애가 자네 아내가 될 걸세."

위고는 실망했으며, 그 실망은 증오로 변했다. 자기 자신이 창피해진 것이다.

"저 아이를 죽여 버리고 싶군요."

"죽이지 못할걸. 저 아이는 복이 있어서, 아들 덕분에 領地(영지 : 제후로 봉할 때 내리는 땅)까지 받을 걸세."

노인은 이렇게 말한 뒤 홀연히 사라졌다.

위고는 하인에게 비수를 건네주면서, 노파의 딸을 죽이라고 명령했다. 하인은 혼잡한 틈을 타서 그 아이를 찔렀지만, 빗나가서 미간을 찌르고 말았다. 위고는 약간 기분이 언짢긴 했지만, 대수롭지 않게 생각하고 그 자리를 떠났다.

그로부터 14년이 지난 뒤 尙州(상주 : 하남성)에서 벼슬길에 나아간 위고는 그곳 太守(태수)의 딸과 결혼했다. 아내는 17세로 미인이었으나, 웬일인지 늘 꽃 모양의 종이 한 장을 眉間(미간)에 붙이고 다녔다. 위고는 옛날 일이 생각나서, 어느 날 밤 아내에게 身上(신상)을 묻자, 그녀는 울면서 이렇게 대답했다.

"저는 실은 태수의 양녀입니다. 친아버지는 송성에서 縣知事(현지사)라는 벼슬을 하시다가 돌아가셨지요. 그때 저는 젖먹이였는데, 마음씨 착한 유모가 성 북쪽 거리에서 채소장사를 하면서 저를 길러 주었답니다. 하지만 세 살 때 폭도의 습격을 받아, 이마에 상처가 났습니다. 그래서 이렇게 종이를 붙이고 다니는 것입니다."

위고는 자신이 한 짓을 고백하고 용서를 빌었다. 그 뒤로 두 부부는 한결 정답게 살게 되었다. 둘 사이에 태어난 아들은 후에 재상이 되었으며, 어머니는 조정에서 태원군 태부인이란 작호를 받고, 영지까지 수여받았다. 그리고 이 이야기를 들은 송성의 현지사는 그 마을을 '定婚店(정혼점 : 혼례를 맺는 마을)'이라고 불렀다.

◎ 氷上人(빙상인)

晉書(진서) - 索眈篇(색탐편)

중국 晉(진)나라에 索眈(색탐)이라는 점쟁이가 있었다. 어느 날 令孤策(영고책)이라는 사람이 夢占(몽점 : 꿈에 대한 해몽)을 치러 와서 말했다.

"꿈속에서 나는 얼음 위에 서서, 얼음 밑에 있는 사람과 이야기를 했습니다."

그러자 索眈(색탐)은 이렇게 解夢(해몽)했다.

"얼음 위는 곧 陽(양)이요 얼음 밑은 陰(음)인데, 양과 음이 이야기했다는 것은 '**얼음 위에 선 사람[氷上人(빙상인)]**'인 그대가 결혼 중매를 서게 될 조짐이오. 成事(성사) 시기는 얼음이 녹는 봄철이고……."

그 후 얼마 안 되어 과연 영고책은 태수의 부탁을 받고, 태수의 아들과 張(장)씨의 딸을 중매 서게 되었다. 결혼식은 얼음이 녹고 시냇물이 흐르기 시작하는 봄에 이루어졌다. 여기에서 '氷上人(빙상인)'이 '중매하는 사람'이라는 뜻으로 쓰였다.

지금까지 살펴 본 '月下老(월하노)'와 '氷上人(빙상인)'의 합성어(합성어)가 바로 '月下氷人(월하빙인)'이다. 같은 뜻으로 '月下老人(월하노인)'이라는 말도 많이 쓰인다.

※ 媒婆(매파)의 由來(유래)와 中媒(중매)의 뜻

중국 『周禮(주례)』 속에 媒氏(매씨)라는 관직이 있다. '매씨'란 '남녀의 결혼을 주관하는 관직'이었다. 주나라 시대에는 아이가 태어나 3개월이 지나면, 그 아이의 이름과 생년월일을 써서 매씨에게 제출하게 되어 있고, 매씨는 그 명부에 기초해 남자는 삼십이면 장가를 보내고, 여자는 이십이면 시집을 보내게 했다.

우리나라의 경우 중매는 대개 老婆(노파)가 하였으므로, 매씨와 노파가 합쳐져 '媒婆(매파)'라는 말이 생기게 되었다. '仲媒(중매)'란 '중간에서 혼인이 이루어지도록 하는 일'을 말한다.

192 流連荒亡 유련황망

字解
- 流 : 흐를 류(유) [流動(유동) : 흘러 움직임]
  - 내릴 류(유) [放流(방류) : 가두었던 물을 터서 흘려 내려보냄]
- 連 : 이을 련(연) [連結(연결) : 서로 이어서 맺음]
- 荒 : 거칠 황 [荒廢(황폐) : 거칠고 못쓰게 되어 버림]
- 亡 : 망할 망, 멸할 망 [亡國(망국) : 망한 나라. 나라를 망침]
  - 죽을 망 [亡靈(망령) : 죽은 사람의 넋]
  - 없을 무 [亡慮(무려) : 걱정이 없음]

語義 '流連(유련)'은 '노는 재미에 빠져서 집에 돌아가지 않는 것'이고, '荒亡(황망)'은 '사냥이나 술을 마시는 데 빠진다.'는 뜻이다.
(놀러 다니기를 즐기고, 주색에 빠진다)
(방탕한 놀음에 빠져 본분을 잃어버린다)

 用例

▶ 결국 流連荒亡(유련황망)의 가장 근본적인 문제는 술과 사냥과 뱃놀이를 하는 것이 문제가 아니라, 그것에 빠져서 원래 모습으로 돌아오지 못한다는 것입니다. 한 해를 보내면서 좋은 사람 만나 술 한잔으로 기쁨을 나누는 것이 무엇이 문제이겠습니까? 다만 문제가 있다면, 한 달 내내 술과 놀이와 음식에 빠져 헤어나지 못하는 중독에 있겠지요.

▶ "庚申(경신)날 밤에 宗親(종친)들을 접견하는 것은 오늘날만의 일이 아니다. 너희들이 이것을 流連荒亡(유련황망)하다고 여기는가?"
"臣(신) 등의 말은 전하께서 流連荒亡(유련황망)하시다는 것이 아닙니다."

【類義語】流連荒樂(유련황락) : 이곳저곳을 놀러 다니며 주색에 빠짐.

 **出典** 孟子(맹자) - 梁惠王下篇(양혜왕하편)

중국 춘추전국시대 齊(제)나라 宣王(선왕, B.C.342 ~ B.C.324)이 雪宮(설궁 : 제나라의 도읍에 있었던 별궁)에서 孟子(맹자)를 접견하는 자리의 대화이다.

宣王(선왕)은 孟子(맹자)에게 '현명한 사람의 즐거움'에 대하여 물었다. 이에 맹자는 齊(제)나라 景公(경공, 춘추시대 제나라의 유능한 군주. 재위 B.C.547 ~ B.C.490)과 晏子(안자 : 춘추시대 제나라의 유능한 대부, 안영)의 대화를 인용하여 다음과 같이 대답하였다.

"옛날에 齊(제) 景公(경공)께서 晏子(안자)에게 물으셨습니다.

'나는 轉附山(전부산)과 朝儛山(조무산)을 구경하고, 바다를 따라서 남쪽으로 琅邪邑(낭야읍)에까지 가고 싶은데, 무슨 일을 하여야 先王(선왕 : 선대의 임금)들이 구경한 것과 비길 수 있게 될까요?'

晏子(안자)는 이렇게 대답하였습니다.

'夏(하)나라 때의 속담에 이런 말이 있습니다. 우리 임금님께서 놀지 않으시면, 우리가 어떻게 쉬어? 우리 임금님께서 한가하시지 않으시면, 우리가 어떻게 도움을 받아?'

그리고 이어서,

'한 번 놀고 한 번 쉬는 것이 諸侯(제후)의 法度(법도)가 되었던 것입니다. 지금은 그렇지 않아서, 군대가 움직이면 양식을 나르고, 굶주린 사람은 먹지 못하고, 일하는 사람은 쉬지 못하는데, 흘겨보면서 서로들 헐뜯어대어, 백성들은 그렇듯 나쁜 짓을 저지릅니다. (그리고 임금은) 先王(선왕)의 교훈은 버리고, 백성들을 학대하며, 음식을 물같이 낭비합니다.

流連荒亡(유련황망)이 諸侯(제후)의 걱정거리로 되었습니다. 흐름에 따라 배 타고 내려가며 돌아가기를 잊는 것을 '流(유)'라고 합니다[從流下而忘反謂之流(종류하이망반위지류)]. 흐름에 따라 배 타고 올라가면서 돌아가기를 잊는 것을 '連(련)'이라고 합니다[從流上而忘反謂之連(종류상이망반위지련)]. 짐승을 따라다니며 싫증나는 줄을 모르는 것을 '荒(황)'이라고 합니다[從獸無厭謂之荒(종수무염위지황)]. 술을 즐기며 싫증나는 줄을 모르는 것을 '亡(망)'이라고 합니다[樂酒無厭謂之亡(낙주무염위지망)]. 선왕들은 流連(유련)하는 樂(낙)과 荒亡(황망)한 行動(행동)은 없었습니다. 오직 임금님께서만 하시는 일들입니다.'"

 原文 昔者齊景公問於晏子曰(석자제경공문어안자왈) 吾欲觀於轉附朝儛(오욕관어전부조무) 遵海而南(준해이남) 放於琅邪(방어낭야) 吾何脩而可以比於先王觀也(오하수이가이비어선왕관야) 晏子對曰(안자대왈) 夏諺曰(하언왈) 吾王不遊(오왕불유) 吾何以休(오하이휴) 吾王不豫(오왕불예) 吾何以助(오하이조)

一遊一豫爲諸侯度(일유일예위제후도) 今也不然師行而糧食(금야불연사행이양식) 飢者弗食(기자불식) 勞者弗息(노자불식) 睊睊胥讒(견견서참) 民乃作慝(민내작특) 方命虐民(방명학민) 飮食若流(음식약류) 流連荒亡(유련황망) 爲諸侯憂(위제후우) 從流下而忘反謂之流 (종류하이망반위지류) 從流上而忘反謂之連(종류상이망반위지련) 從獸無厭謂之荒(종수무염위지황) 樂酒無厭謂之亡(낙주무염위지망) 先王無流連之樂(선왕무류연지락) 荒亡之行(황망지행) 惟君所行也(유군소행야)

景公(경공)은 (안자의 이 말에) 기뻐하여서, 대대적으로 全國(전국)에 布告(포고)하고 나서, 대궐에서 나와 몸소 들 밖 민가에 머무르면서 민생을 살피었다. 이리하여 좋은 정치를 시작하고, 糧穀(양곡)을 풀어서 부족한 것을 補給(보급)해 주었다. 나라의 창고를 열어 백성들의 곤궁을 덜어 준 것이다.

193 有備無患 유비무환

字解 有 : 있을 **유** [有給(유급) : 급료가 있음]
　　　　　　가질 유 [所有(소유) : 가지고 있음]
　　　　備 : 준비할 **비**, 갖출 비 [完備(완비) : 완벽하게 준비함]
　　　　無 : 없을 **무** [無顔(무안) : 볼 낯이 없음. 면목이 없음]
　　　　患 : 걱정 **환**, 근심 환 [後患(후환) : (어떤 일로 인해) 후에 오는 근심이나 걱정]
　　　　　　병 환 [患者(환자) : 병을 앓는 사람. 병자]

語義 준비가 있으면, 걱정이 없다.
　　　　(미리 준비되어 있으면, 어떤 어려움도 당해 낼 수 있음)

 用例

▶ '개미와 베짱이'의 이야기에서도, 개미는 '有備無患(유비무환)'의 정신을 가지고 있었습니다. 세상에서 성공한 대부분의 사람들도 역시 그런 정신을 가지고 산 사람들이었습니다.

▶ 이번 여름은 유난히도 비가 많이 내렸다. 전국적인 수해가 모든 국민을 허탈하게 만들었다. 이에 우리 모두 특히 지방자치단체와 정부는 '有備無患(유비무환)의 교훈'을 거울삼아 무슨 일이든지 대비해야 한다. 천재지변에 대한 有備無患(유비무환)은 백번을 강조해도 부족하며, 상상을 초월하는 자연의 힘을 엄숙히 받아들여 자연에 거역하지 않고, 더불어 살아가는 지혜와 슬기가 필요하다고 여겨진다.

[類義語] 綢繆牖戶(주무유호) : 창과 문을 얽어매고 보완함.
　　　　居安思危(거안사위) : 편안하게 살 때에 항상 위험함을 생각함.
　　　　曲突徙薪(곡돌사신) : 굴뚝을 꼬불꼬불하게 만들고, 아궁이 근처의 나무를 옮김.
[相對語] 亡羊補牢(망양보뢰) : 양을 잃고, 우리를 고침.
　　　　死後藥方文(사후약방문) : 죽은 뒤에 약 처방전.

 ① **書經**(서경) - 說明篇[1](열명편)

이 '有備無患(유비무환)'이란 말은, 중국 殷(은, B.C.1600 ~ B.C.1046)나라 재상 傅說(부열)이 高宗(고종 : 제23대 왕)에게 한 말 가운데 들어 있다. 그 첫 부분을 소개하면 다음과 같다.

"생각이 옳으면 이를 행동으로 옮기되, 그 옮기는 것을 시기에 맞게 하십시오. 그 能(능)한 것을 자랑하게 되면, 그 功(공)을 잃게 됩니다. 오직 모든 일은 다 그 **갖춘 것이 있는 법이니, 갖춘 것이 있어야만 근심이 없게 될 것입니다.**

 原文 處善以動(처선이동) 動有厥時(동유궐시) 矜其能(긍기능) 喪厥功(상궐공) 惟事事(유사사) 及其有備(급기유비) 有備無患(유비무환)

 ② **春秋左氏傳**(춘추좌씨전)

중국 춘추시대, 鄭(정)나라가 宋(송)나라를 침략하자, 송나라는 위급함을 晉(진)나라에 알리고 도움을 청했다. 晉(진)의 국왕인 悼公(도공)은 즉각 魯(노)·齊(제)·曹(조) 등 10여 개국에 이 사실을 통고하고 연합군을 편성했다. 진의 中軍司馬(중군사마) 魏絳[2](위강)이 통솔한 연합군은 정나라의 도성을 에워싸고, 송에서 철수하라고 으름장을 놓았다. 형세가 불리하다고 판단한 정나라는 재빨리 송·진·제 등 열두 나라와 불가침조약을 맺었다.

북쪽 나라들의 이런 결속에 위협을 느낀 남쪽의 楚(초)나라가 정나라를 침공했다. 열세를 깨달은 정나라는 초나라와도 盟約(맹약)을 체결할 수밖에 없었다. 그러자 이번에는 연합국측이 불만을 품고 정나라를 쳤다. 또다시 정나라가 화친을 요구하자, 진나라는 마지못해 이에 응함으로써 싸움은 끝났다. 도공은 감사의 표시로 정나라에서 보내온 보물과 미녀들을 위강에게 보냈다. 싸움에 지쳐 있을 그를 달래주려고 마음을 썼던 것이다. 하지만 대쪽 같은 위강이 그런 선물을 받을 턱이 없었다. 선물을 되돌려 보내면서 이렇게 말했다.

"평안히 지낼 때에 위태로운 때를 생각해야 하고, 위태로운 때를 생각한다면 언제나 준비가 있어야 하며, **충분한 준비가 되어 있으면 근심할 일이 없을 것입니다.**"

 原文 居安思危(거안사위) 思危則有備(사위즉유비) 有備則無患(유비즉무환)

이 말을 전해 들은 悼公(도공)은 새삼 魏絳(위강)의 남다른 식견에 머리를 끄덕이며, 미녀들을 모두 鄭(정)나라로 돌려보냈다고 한다.

---

1) **說命篇**(열명편) : 중국 殷(은)나라 高宗(고종)이 傅說(부열 : 중국 역사상 최초의 성인)이란 어진 재상을 얻게 되는 경위와, 부열의 어진 政事(정사)에 대한 의견과 그 의견을 실천하게 하는 내용을 기록한 글이다.

2) **魏絳**(위강) : 춘추시대 때 晉(진)나라 사람. 시호는 魏莊子(위장자). 그의 조부 魏畢萬(위필만)은 晉(진) 獻公(헌공)의 重臣(중신)이었다. 진 헌공이 멸한 魏(위)의 땅에 畢萬(필만)을 봉했다. 그 아버지 魏犨(위주)는 또한 晉(진) 文公(문공) 때의 중신으로 苦城(고성)이 식읍이었다. 고성은 지금의 運城市(운성시)다. 위강은 安邑(안읍)을 식읍으로 받았는데, 그가 즐긴 풍요로움은 管仲(관중)이 누린 것과 같았다고 한다.

194 唯我獨尊 유아독존

字解
- 唯 : 오직 유 [唯一(유일) : 오직 하나]
- 我 : 나 아 [我田引水(아전인수) : 내 논에 물 대기. 자기에게 이로울 대로만 함]
- 獨 : 홀로 독 [獨占(독점) : 혼자 차지함]
  - 외로울 독 [孤獨(고독) : 쓸쓸하고 외로움]
- 尊 : 높을 존 [尊卑(존비) : (지위나 신분의) 높음과 낮음]
  - 술그릇 준 [尊酒(준주) : 통술. 통에다 넣어 빚은 술. 한 통 되는 술]

語義 오직 내가 홀로 존귀하다.
(세상에서 자기 혼자만이 잘났다고 뽐내는 태도)
(생사간에 독립하는 '인생의 존귀함'을 설파한 석가의 말)
※ '天上天下唯我獨尊(천상천하유아독존)'의 준말.

 用例

▶ 부처님은 평화의 삶을 살기 위해 어떻게 하라고 했는가. 이에 대해 스님은 "팔만대장경과 부처님의 모든 말씀을 축약하면, '唯我獨尊(유아독존)'이다. 나는 누구인가. 唯我獨尊(유아독존), 즉 내가 세상 그 무엇보다도 존귀한 존재."라는 것이다. 덧붙여 "나만 유아독존이 아니라, 내가 만나는 사람은 다 유아독존이다. 상대방을 가장 귀하고 거룩하며 고마운 존재로 인정해 주는 것이 평화의 씨앗을 심는 것."이라며, "이것이 진정한 기도·염불·참선"이라고 설명했다.

▶ 솔직해 본다면 자신을 들여다보기가 겁나는 거지. 양심의 소리에 귀 기울이고 싶지 않은 거지. 자신을 기만하고 있는 사람들끼리 모여, 자신의 주장만 옳다고 해대니, 대립과 갈등만 남을 수밖에. 이 병폐와 난제를 치유하고 풀 수 있는 실마리는 어디서 찾아야 하는 걸까? ○○ 스님은 진정 찾으셨는가? 스님은 부처님 선언을 들었다. 天上天下(천상천하) 唯我獨尊(유아독존)!

 **出典** 傳燈錄(전등록), 大莊嚴經(대장엄경) – 轉法輪品(전법윤품)

부처님의 誕生(탄생) 說話(설화)[1]에는,
"석가모니 부처는 처음 태어나자마자, 사방으로 일곱 걸음씩을 걸은 다음, 한 손은 하늘을 가리키고, 한 손은 땅을 가리키며, 눈으로 사방을 둘러본 다음, '하늘 위와 하늘 아래, <u>오직 내가 홀로 존귀하다.</u>'라고 외쳤다."
고 되어 있다.

原文 釋迦牟尼佛(석가모니불) 初生時於十方(초생시어십방) 各行七步(각행칠보) 一手指天(일수지천) 一手指地(일수지지) 目顧四方曰(목고사방왈) 天上天下(천상천하) 唯我獨尊(유아독존)

그러면 '하늘 위와 하늘 아래에 오직 나 홀로 존귀하다.'라는 이 이야기는 도대체 어떤 의미가 담겨 있을까? 부처님의 전기를 전하는 경전 가운데는 위의 구절 다음에, '三界皆苦吾當安之(삼계개고오당안지)'라는 구절이 이어지고 있다. 즉, '온 세상이 모두 괴로움에 잠겨 있으니, 내 마땅히 이를 편안하게 하리라.'라는 뜻이다.

그러므로 이 구절들에 담겨 있는 의미를 말 그대로 풀이해 보면, 부처님과 비견할 수 있을 만큼 위대한 분은 어디에도 없으며, 부처님이 이 세상에 오신 것은 오직 세상 사람들을 온갖 괴로움으로부터 건지기 위해서라는 것을 알 수 있다. 다시 말해 부처님의 傳記(전기)를 지은 작가들은 부처님의 위대성과 더불어 부처님은 이 세상을 고통에서 구제하려고 오신 분임을 강조하기 위하여, 탄생 설화에 이와 같은 구절을 揷入(삽입)했던 것이다.

그런데 이 이야기는 해석하기에 따라 약간 다른 의미로도 받아들여질 수 있다. 즉, 불교의 가르침에 의하면 우리 모두는 스스로의 노력 여하에 따라, 최고의 진리를 깨닫고 석가모니 부처님과 똑같은 부처님이 될 수 있는 존재라는 것이다. 따라서 '하늘 위와 하늘 아래에 오직 나 홀로 존귀하다.'는 비단 석가모니 부처님만이 아니라, 우리 자신일 수도 있다. 그러므로 이렇게 본다면 석가모니 부처님의 탄생 선언은, 이 세상 모든 존재 가운데 가장 고귀한 것은 오직 자기 자신뿐이라는, 그야말로 인간의 존엄성에 관한 일대 宣言(선언)이었다고 할 수 있겠다. 결론적으로 유아독존이란, 이 세상에서 가장 존귀한 것이 곧 뭇 생명이란 뜻이다.

---

1) **釋迦牟尼**(석가모니) **誕生**(탄생) **說話**(설화) : 석가모니는 어머니의 오른쪽 갈비뼈에서 태어났는데, 아명은 悉達多(실달다)요, 아버지는 淨飯王(정반왕), 어머니는 麻耶婦人(마야부인)이다. 정반왕이 阿私陀(아사타) 仙人(선인)을 불러 太子(태자)의 관상을 보게 하니, 선인이 한 번 보고 슬피 울며 그치지 않자, 왕이 묻기를,

"자네는 어찌 告(고)하지 않고 울기만 하는고?"

하니, 대답하여 말하기를,

"太子(태자)는 三十二相(삼십이상)을 모두 갖추어, 在世(재세)에 즉위 轉輪聖王(전륜성왕)이십니다. 나는 올해로 백이십 세입니다. 오래지 않아 죽으면, 대법 설함을 듣지 못하겠기에 스스로 슬퍼할 따름입니다."

하였다. 태자가 점차 자라매, 父王(부왕)이 御駕(어가)를 타고 태자를 안고서 大自在天墓(대자재천묘)에 배알하자, 여러 神像(신상)이 모두 일어나 禮(예)를 표하니 부왕이 경탄하여 말하기를,

"我子(아자 : 나의 자식)는 天神(천신) 중에 最尊(최존), 最勝(최승) 하니 의당 天中天(천중천)이로다."

하였다.

195 流言蜚語 유언비어

字解
流 : 흐를 류(유) [流水(유수) : 흐르는 물]
　　　펼 류 [流布(유포) : 널리 퍼트림]
言 : 말 언, 말씀 언 [言及(언급) : 말의 미침. 어떤 문제에 대하여 말함]
蜚 : 바퀴 비 [蜚蠊(비렴) : 바퀴. 곤충의 한 가지]
　　　날 비 [蜚騰(비등) : 날아오름]
語 : 말 어, 말할 어 [語感(어감) : 말소리 또는 말투의 차이에 따라 말이 주는 느낌]

語義 흐르는 말과 날아다니는 말.
(아무 근거 없이 널리 퍼진 소문)
(근거가 부족한 상태로 소문에 의하여, 비교적 광범위한 사람들 사이에 연쇄 반응적으로 퍼지는 말)

 用例

▶ 경찰이 폭우괴담 등 **流言蜚語**(유언비어) 유포에 대해 엄정 수사할 방침이다. 서울경찰청은 이번 집중호우 사태와 관련해 악의적으로 허위 사실을 유포하는 행위자에 대해 엄정하게 수사할 계획이라고 밝혔다.
▶ 金融學(금융학)에서는 기본 전제 중 하나가 투자가들은 이성적이라는 것입니다. **流言蜚語**(유언비어)에 흔들리는 사람들이 아니라는 것이 아예 전제되어 있지요. 주식은 유언비어가 아니라, 그냥 새로운 정보의 도착에 따라 가격이 변동되게 됩니다.

【類義語】街談巷說(가담항설) : 거리나 항간에 떠도는 소문. 뜬소문.
　　　　　浮言浪說(부언낭설) : 아무 근거 없이 널리 퍼진 소문.
　　　　　浮言流說(부언유설) : 터무니없이 떠도는 말.

 **史記**(사기) - 魏其武安侯列傳(위기무안후열전)

중국 漢(한)나라에 때, 竇太后(두태후, ? ~ B.C.135. 전한 문제의 황후이며, 경제의 어머니)의 친족인 魏其侯(위기후) 竇嬰(두영)이라는 뛰어난 장수가 있었다. 두영은 이웃 나라의 침략을 물리치는 등 나라에 많은 공을 세웠다. 그래서 황제인 景帝(경제, 한나라 제5대 황제. 재위 B.C.157 ~ B.C.141)는 그를 몹시 아끼고 사랑했다. 당연히 두영은 벼슬도 높고, 권세도 강했다.

그러나 경제의 뒤를 이어 武帝(무제, 한나라 제6대 황제로 경제의 아들. 재위 B.C.141 ~ B.C.87)가 황제의 자리에 오르자, 사정이 달라졌다. 王太后(왕태후 : 무제의 어머니)의 이복동생인 武安侯(무안후) 田粉(전분)이라는 왕족이 세력을 키워 두영과 힘겨루기에 나선 것이다. 두영의 세력이 차츰 기울기 시작했다.

"이제 두영은 끈 떨어진 두레박 신세야. 그처럼 신임하던 경제가 없으니 말야. 이젠 전분이란 사람이 실세로 등장했다며?"

"응, 나도 그 소문 들었어. 앞으론 그분한테 잘 보여야 해. 그래야 출세에 지장이 없을 거야."

모두들 이렇게 수군대며, 전분의 환심을 사려고 애를 썼다. 하지만 灌夫(관부)라는 장군만은 두영과의 의리를 지켰다.

'달면 삼키고 쓰면 뱉는다더니……. 세상 人心(인심)이 참으로 고약하군. 난 두영 장군과의 의리를 절대 배반하지 않을 거야.'

어느 날, 관부 장군이 연나라 공주와 결혼을 올릴 때, 공교롭게도 전분과 두영이 함께 자리를 하게 되었다. 술이 얼큰해진 전분이 거만하게 말했다.

"요즘 어떤 사람을 일컬어 '끈 떨어진 두레박'이요, '이빨 빠진 호랑이'라고 놀려 대는데, 누굴 두고 하는 말인지 아시오?"

갑자기 분위기가 험악해지자, 사람들은 모두들 숨을 죽였습니다. 이때 다시 전분이 교만하게 웃으며 말을 계속했다.

"그게 누군고 하니……. 바로 저기 앉은 두영이라는 늙은이를 두고 하는 말이오. 껄껄껄."

두영은 속에서 불덩이가 치밀었지만 꾹 참았다. 그러나 옆에서 이를 지켜본 관부 장군이 전분을 꾸짖었다.

"아니, 그 무슨 무례한 말이오? 옛말에 아무리 권세가 높아도 십 년을 가지 못한다고 했소. 그렇게 자기의 권세만 믿고 오만을 부리다가, 언젠가 큰 화를 당할 것이오."

결국 이 일이 빌미가 되어, 관부와 두영 두 장군은 옥에 갇히고 말았다. 다만 두영 장군은 지난날 반란군을 평정한 공적을 이유로, 무제가 곧 석방해 주었다. 이 소식을 들은 전분은 다시 무서운 음모를 꾸몄다.

'음……. 이번 기회에 두영을 아예 없애 버려야지.'

다음 날 온 마을에는 두영이 옥중에서 무제를 욕하고 비난했다는 流言蜚語(유언비어)가 쫙 퍼졌다. 이는 전분이 두영을 모함하기 위해 퍼뜨린 거짓 소문이었다. 그 거짓 소문은 무제의 귀에도 들어가, 결국 두영은 처형당하고 말았다.

이 일을 기록한 중국의 역사책인 『史記(사기)』에는, 이 같은 '流言蜚語(유언비어)'에 眩惑(현혹)되어 漢(한) 武帝(무제)는 나라에 많은 공을 세운 훌륭한 장군들을 죽였다고 기록되어 있다.

196 泣斬馬謖 읍참마속

字解
- 泣 : 울 읍 [泣訴(읍소) : 울면서 간절히 하소연함]
- 斬 : 벨 참 [斬首(참수) : 목을 벰. 斷頭(단두)]
- 馬 : 말 마 [馬脚(마각) : 말의 다리. 숨긴 본성이나 진상]
- 謖 : 일어날 속 [馬謖(마속) : 사람 이름]

語義 울면서 馬謖(마속 : 촉나라 장수)의 목을 베다.
(사랑하는 신하를 법대로 처단하여 질서를 바로잡음)
(큰 목적을 위하여 자기가 아끼는 사람을 버림)

 用例

▶ 우리에게는 주어진 시간이 많지 않다. 냉철하되 현명한 선택을 해야 한다. 巨視的(거시적)인 안목을 갖고, 제갈량의 마음으로 가장 아끼고 사랑하는 것을 때로는 버려야 한다. 우리 인생에서 泣斬馬謖(읍참마속)을 할 수 있는 기회는 바로 지금이다. 크게 포기하면 크게 얻는다!

▶ 하지만, 여기서 과연 이분들이 근거로 내세우는 泣斬馬謖(읍참마속)이 과연 죄의 경중이나 사정 여하에 관계없이 엄정한 처벌을 의미하는 것인지에 대해 우선 문제 제기를 하면서 제 의견을 제시합니다. '정확한 처벌기준의 정립'과 '기준에 근거한 공평한 처리'에 중점을 두어야 한다는 것입니다.

【類義語】 一罰百戒(일벌백계) : 한 사람을 벌주어, 백 사람을 경계함.
　　　　　 大義滅親(대의멸친) : 대의를 위해서는 친족도 죽임.

 **出典** 三國志(삼국지) - 諸葛亮傳(제갈량전), 十八史略(십팔사략)

중국 삼국시대 초엽인 蜀(촉)나라 建興(건흥) 5년(227년) 3월, 諸葛亮(제갈량)은 대군을 이끌고 成都(성도 : 촉나라 유비의 황성이며, 제갈량의 유허지. 사천성의 도읍지)를 출발했다. 곧 漢中(한중 : 섬서성 내)을 석권하고 祁山(기산 : 감숙성 내)으로 진출하여, 魏(위)나라 군사를 크게 무찔렀다.

그러자 曹操(조조)가 급파한 위나라의 명장 司馬懿(사마의, 179~251. 자는 중달, 위나라 명장이며, 정치가. 그의 손자 사마염이 위나라에 이어 진나라를 세우는 데에 기초를 세움)는 20만 대군으로 기산의 산야에 부채꼴[扇形(선형)]의 陣(진)을 치고, 제갈량의 침공군과 대치했다. 이 진을 깰 제갈량의 계책은 이미 서 있었다. 그러나 상대가 지략이 뛰어난 사마의인 만큼 군량 수송로의 街亭(가정 : 한중

동쪽)을 수비하는 것이 문제였다. 만약 가정을 잃으면, 中原(중원) 진출의 웅대한 계획은 물거품이 되고 만다. 그런데 그 중책을 맡길 만한 장수가 없어 제갈량은 고민했다.

그때 馬謖[1](마속)이 그 중책을 자원하고 나섰다. 그는 제갈량과 刎頸之交(문경지교)를 맺은 명참모이며, '白眉(백미)'의 故事(고사)로도 유명한 馬良(마량)의 5형제 중 막내 동생으로, 평소 제갈량이 아끼는 재기 발랄한 장수였다. 그러나 老獪(노회 : 어떤 일에 경험이 많아 능란함)한 사마의와 대결하기에는 아직 어리다. 제갈량이 주저하자, 마속은 거듭 간청했다.

"다년간 兵略(병략)을 익혔는데, 어찌 가정 하나 지켜내지 못하겠습니까? 만약 패하면, 저는 물론 一家眷屬(일가권속)까지 斬刑(참형)을 당해도 결코 원망하지 않겠습니다."

"좋다. 그러나 軍律(군율)에는 두 말이 없다는 것을 명심하라."

제갈량은 다짐을 단단히 받고, 마속을 출전시켰다.

서둘러 가정에 도착한 마속은 지형부터 살펴보았다. 삼면이 절벽을 이룬 산이 있었다. 제갈량의 명령은 그 산기슭의 도로를 사수하라는 것이었으나, 마속은 적을 유인해서 역공할 생각으로 산 위에 진을 쳤다. 그런데 위나라 군사는 산기슭을 포위한 채 위로 올라오지 않았다. 식수가 끊겼다. 마속은 전 병력으로 포위망을 돌파하려 했으나, 용장인 張郃(장합, 167～231. 위나라 명장)에게 참패하고 말았다. 전군을 한중으로 후퇴시킨 제갈량은 마속에게 중책을 맡겼던 것을 크게 후회했다. 군율을 어긴 그를 참형에 처하지 않을 수 없었기 때문이다.

이듬해(228년) 5월, 마속이 처형되는 날이 왔다. 때마침 성도에서 연락관으로 와 있던 蔣琬(장완 : 제갈량의 막부 관료, 제갈량의 사후에 촉나라 재상이 됨)은 '마속 같은 유능한 장수를 잃는 것은 나라의 손실'이라고 설득했으나, 제갈량은 듣지 않았다.

"마속은 정말 아까운 장수요. 하지만 사사로운 정에 끌리어 軍律(군율)을 저버리는 것은 마속이 지은 죄보다 더 큰 죄가 되오. 아끼는 사람일수록 가차 없이 처단하여 大義(대의)를 바로잡지 않으면, 나라의 紀綱(기강)은 무너지는 법이오. 손무가 싸워 항상 이길 수 있었던 것은 군율을 분명히 했기 때문이오. 우리가 이처럼 어지러운 때에 군율을 무시하면 어떻게 적을 이길 수 있겠소?"

라고 반문했다. 드디어 마속이 刑場(형장)으로 끌려가자, 제갈량은 소맷자락으로 얼굴을 가리고 마룻바닥에 엎드려 울었다고 한다.

---

[1] 馬謖(마속, 190～228) : 자는 幼常(유상). 촉나라 장수로 재기와 병략이 뛰어났다. 襄陽(양양) 의성 출신으로, 馬良(마량)의 막내 동생이다. 관직은 參軍(참군)이었으며, 漢(한)의 司馬懿(사마의)를 거짓 소문으로 물러나게 한 적도 있어, 諸葛亮(제갈량)의 총애를 받았다. 228년, 街亭(가정)의 큰 싸움에서 군량의 중요한 보급로인 산을 맡아 보는 중책을 짊어지게 되는데, 마속은 제갈량의 명령을 어겨 산을 빼앗기고, 촉군은 후퇴할 수밖에 없게 된다.

197 意氣揚揚 의기양양

字解 意 : 뜻 의 [意思(의사) : 뜻과 생각]

氣 : 기운 기 [氣力(기력) : 일을 감당할 수 있는 정신과 육체의 힘]

기후 기 [氣象(기상) : 대기 속에서 일어나는 현상]

揚 : 드날릴 양 [揚名(양명) : 이름을 드날림]

칭찬할 양 [讚揚(찬양) : 훌륭함을 드러내어 칭찬함]

語義 뜻있는 기운이 드날리다.

(자랑스러워 뽐내는 모양)

(뜻한 바를 이루어 만족한 마음이 얼굴에 나타난 모양)

 用例

▶ 에릭은 이날 출연한 6명의 슈퍼주니어 중 무려 멤버 3명에게 선택을 받았다. 에릭은 자신에게 내쳐진 은혁과 성민을 보며, "쟤네 내가 다 버린 애들이다."고 말하며, **意氣揚揚**(의기양양)하는 모습을 보여 웃음을 선사했다.

▶ 최근 한 온라인 커뮤니티 게시판에는 '너무 뿌듯한 꼴찌'라는 제목의 사진이 한 장 게재됐다. 해당 사진에는 "내가 반에서 거의 꼴찌에서 왔다갔다 하거든, 근데 오늘 누가 내 책 훔쳐갔다."는 너무 뿌듯한 꼴찌의 속내가 담겨 있었다. 그는 이어 "드디어 나를 라이벌로 생각하는 놈이 생겼다."며 **意氣揚揚**(의기양양)하였다.

【類義語】 得意揚揚(득의양양) : 뜻한 바를 이루어, 우쭐거리며 뽐냄.

得意滿面(득의만면) : 뜻한 바를 이루어서, 기쁜 표정이 얼굴에 가득 참.

意氣衝天(의기충천) : 의기가 하늘을 찌름.

 **史記**(사기) - 管晏列傳(관안열전)

중국 춘추전국시대 晏子[1](안자 : 정치가. 공자의 제자로 안영을 높여 부르는 말)가 齊(제)나라의 재상으로 있을 때의 일이다. 그는 五尺(오척 : 약 150미터) 정도의 작은 체구인데, 그의 마부는 六尺(육척 : 약 180미터)이 넘는 巨軀(거구)였다. 하루는 안자가 마차를 타고 어느 마을 앞을 지나는데, 모든 백성이 안자를 보기 위해 연도에 구름처럼 모였다.

이때 안자의 마차를 모는 마부의 아내도 안자를 보기 위해 나왔다가, 자기 남편의 모습을 보게 되었다. 마부가 퇴근을 하여 집에 돌아오니, 아내가 짐을 챙기고 離婚(이혼)하기를 청해 왔다. 마부가 그 이유를 물으니,

"이렇게 못난 당신과는 살 수 없습니다."

"아니. 갑자기 왜 그러오?"

"당신 오늘 晏子(안자)님을 모시고, 이 앞을 지나갔지요?"

"그래!"

"그때, 당신 기분이 어땠소?"

"그야 沿道(연도 : 도로의 연변)의 수많은 사람들이 엎드려 있는 가운데를 지나가니, 기분이 좋았지……."

"바로 그겁니다. 안자님은 그 작은 키에도 혹시나 남에게 크게 보일까 봐 잔뜩 움츠려 있는데, 당신을 일개 마부이면서 그 큰 키가 작게 보일까 봐 더욱 어깨와 허리를 펴고 **뜻있는 기운을 드날리며** 채찍을 휘두르고 있더군요. 마치 당신이 재상이 된 듯 기고만장했소. 그러니 이렇게 못난 당신과는 더 이상 살 수 없소."

이에 마부는 크게 깨닫고 아내에게,

"내가 잘못했으니, 내일 당장 고치리다. 그러니 친정으로 가지 마시오."

하면서 아내를 만류했다.

그 뒤 안자가 마부를 유심히 살펴보니 전과는 태도가 영 달라졌는지라, 괴이히 여겨 그 까닭을 물으니

"제가 아내에게 여차여차한 충고를 받고 고치게 되었습니다."

하고 사실대로 이야기했다. 안자는 그의 말을 듣고,

"그래, 사람이 잘못을 하기는 쉬워도, 그것을 고치기는 어려우니라. 그리고 남의 충고를 순순히 받아들일 줄 아는 너는 이런 마부나 할 것이 아니라, 남의 윗자리에 앉을 자격이 충분하도다."

안자는 마부를 천거하여, 大夫(대부 : 높은 지위의 벼슬 이름)로 올려 주었다.

 原文 晏子爲齊相出(안자위제상출) 其御之妻從門間而闚其夫(기어지처종문간이규기부) 其夫爲相御(기부위상어) 擁大蓋策駟馬(옹대개책사마) **意氣揚揚**(의기양양) 心自得也(심자득야) 旣而歸(기이귀) 其妻請去(기처청거) 夫問其故(부문기고) 妻曰(처왈) 晏子長不滿六尺(안자장불만육척) 身相齊國(신상제국) 名顯諸侯(명현제후) 今子妾觀其出(금자첩관기출) 志念深矣(지념심의) 常有以自下者(상유이자하자) 今子長八尺(금자장팔척) 乃爲人僕御(내위인복어) 然子之意自以爲足(연자지의자이위족) 妾是以求去也(첩시이구거야) 基後夫子抑損(기후부자억손) 晏子怪而問之(안자괴이문지) 御以實對(어이실대) 晏子薦以爲大夫(안자천이위대부)

사람들은 남에게 충고를 받으면, 자신의 잘못은 且置(차치)하고 기분부터 상한다. 그리고 그것을 고치기는커녕, 자기 합리화를 하거나 상대방을 비난한다. 남의 윗자리에 오르려 하면, 아랫사람의 충고

도 겸허히 받아줄 수 있는 아량이 있어야겠다.

---

1) 晏子(안자, ? ~ B.C.500) : 중국 춘추시대 齊(제)나라의 명재상이다. 본명은 安嬰(안영), 자는 仲(중), 시호는 平(평). 晏弱(안약) 晏桓子(안환자)의 아들로, 제나라 萊(래)의 夷維(이유) 사람이다. 齊(제)나라 靈公(영공), 莊公(장공), 景公(경공) 3대를 섬긴 재상으로서, 절약 검소하고 군주에게 기탄없이 간언한 것으로 유명하였다. 晏平仲(안평중) 혹은 晏子(안자)는 존칭이다.

※ 晏子(안자)에 대한 逸話(일화)

중국 고대 齊(제)나라에 晏嬰(안영)이라는 명재상이 있었는데, 지혜가 뛰어나 사마천도 그를 존경했다고 한다. 그런데 楚(초)나라 임금은 안영의 지혜와 기상을 꺾어 보려고, 신하들과 모의를 마친 뒤에 그를 초대했다. 안영이 초나라에 당도하니, 城門(성문)은 잠겨 있고 그 옆에 조그마한 구멍이 있는데 성 문지기가,

"저 구멍으로 들어가시지요."

라고 했다. 이에,

"사람이 사는 나라에 왔으면 사람이 다니는 길로 들어가야 하지만, 개들이 사는 곳이라면 개구멍으로 들어갈 수밖에 없겠구려……."

이 말을 들은 성 문지기는 머슥해하면서 황급히 성문을 열어주었다고 한다.

楚(초)나라 왕이 齊(제)나라 使臣(사신)인 안영을 위해 山海珍味(산해진미)로 주안상을 차려놓고 연회를 베풀었다. 그때 한 신하가 포박을 지어 사람을 끌고 그곳을 지나자, 왕이 불러 세워 연유를 물었다. 신하는,

"이 자는 제나라 사람인데, 우리 초나라에 와서 도적질을 한 罪人(죄인)입니다."

이 말을 듣고 왕은 안영을 보고,

"제나라 사람은 자고로 도적질을 잘합니까?"

라고 물었다. 안영은,

"귤을 북쪽에 심으면 탱자가 되고 남쪽에 심으면 귤이 열리는데[橘化爲枳(귤화위지)], 이는 풍토에 문제가 있습니다. 저 도둑은 제나라에 있을 때는 양민이었는데, 초나라에 와서 도둑이 되었으니 초나라의 풍토에 문제가 있다고 생각합니다."

여기서 초나라 임금은 두 손을 들고 감탄했다고 한다.

※ 晏子春秋(안자춘추)

중국 춘추시대 齊(제)나라 晏嬰(안영)의 言行(언행)을 기록한 책이다. 안영의 自撰(자찬 : 스스로 책을 편찬함)이라 전하나, 후세 사람의 편찬으로 보이며, 儒家(유가)와 墨家(묵가)의 사상을 절충하여 節儉主義(절검주의)를 설명하였다. 『안자춘추』에는 그의 智慧(지혜)가 뛰어나 후대에 많은 사람들이 즐겨 읽었다고 한다.

제갈공명이 극찬한 춘추시대 명재상 안자의 行實(행실)과 處世(처세), 智略(지략)과 德望(덕망)이 담긴 짧은 일화를 모은 고전서이다. 당대 공자가 가르치면서 지칠 줄 모르던 성인이었다면, 몸소 실천해 교화한 현자였던 안자가 청렴결백하게 자신을 낮추고 백성을 돌보았던 일화 215편을 수록하고 있다.

198 衣繡夜行 의수야행

字解 衣 : 옷 의 [衣類(의류) : 몸에 입는 옷의 총칭]
　　　　　　입을 의 [衣食(의식) : 입는 일과 먹는 일. 의복과 음식]
　　　　繡 : 수 수, 수놓을 수 [繡衣(수의) : 수를 놓은 옷]
　　　　夜 : 밤 야 [夜學(야학) : 밤에 공부함 또는 밤에 공부하는 학교]
　　　　行 : 다닐 행, 걸을 행 [行路(행로) : 다니는 길. 세상을 살아 나가는 길]

語義 '수놓은 옷(비단옷)'을 입고, 밤길을 다닌다.
　　　　(자랑삼아 하지 않으면 생색이 나지 않음)
　　　　(자기가 아무리 잘하여도 남이 알아주지 않음)

 用例

▶ '衣繡夜行(의수야행)'은 '비단옷을 입고 밤길을 가다.'라는 뜻으로 공연히 쓸데없는 짓을 한다는 말이다. 衣繡(의수)는 비단옷 가운데서도 수를 놓아 더욱 고급인 것을 가리킨다. 衣繡夜行(의수야행)은 본디 繡衣夜行(수의야행)이나 衣錦夜行(의금야행)이라고 한다. 그러나 여기서 '衣(의)' 자는 '입다'라는 뜻이므로, 衣繡(의수)나 衣錦(의금)이 맞지, 繡衣(수의)는 이상한 말이다.

▶ 오늘날은 자기 PR시대야. 나의 출세를 고향에 알리지 않는 것은 저 초나라 항우가 말한 **衣繡夜行**(의수야행)이 아니고 무엇이겠나? 나는 바로 고향의 친척들, 그리고 문중에 알리겠네.

【類義語】 衣錦夜行(의금야행) : 비단옷을 입고 밤에 돌아다님.
　　　　　　衣行被繡(의행피수) : 수놓은 옷을 입고 밤에 돌아다님.
【相對語】 錦衣晝行(금의주행) : 비단옷을 입고 낮에 돌아다님.
　　　　　　錦衣還鄕(금의환향) : 비단옷을 입고 고향에 돌아옴.

 **出典** **史記**(사기) – 項羽本紀(항우본기)

　중국 秦(진)나라 말엽은 곳곳에서 반란이 일어나는 혼돈의 시대였다. 沛公(패공) 劉邦(유방, B.C.256 ~ B.C.195. 한나라를 세운 황제)은 패상의 군영에 도착하자마자, 曹無傷(조무상, ? ~ B.C.207. 진나라 말기의 장군으로서 유방에게 속한 무장. 유방을 모략하여 궁지에 몰아넣음)을 잡아 誅殺(주살)하였다.
　그로부터 며칠 후, 진나라 도읍이었던 咸陽(함양 : 산시성에 있는 도시)에 군사를 이끌고 입성한 項

羽(항우)는 屠戮(도륙)을 내는 대학살을 감행하였다. 나이 어린 秦(진)의 3세이자 마지막 황제 子嬰(자영. 재위 B.C.207 ~ B.C.206)을 죽이고, 阿房宮(아방궁)에 불을 지르고, 始皇帝(시황제)의 무덤까지 파헤치는 등 잔인한 행동을 서슴치 않았다. 창고에 쌓아둔 보물들을 모두 차지해 버리고, 미녀들을 옆에 낀 채 흥청망청 시간을 보냈다. 이렇게 타락해 가는 항우의 모습을 옆에서 지켜보던 謀臣(모신 : 일을 꾸미는 데에 뛰어난 신하) 范增[1](범증)은 올바른 제왕의 모습을 찾을 것을 간곡히 간했으나, 항우는 도무지 들으려 하지 않을 뿐더러, 오히려 재물과 미녀들을 손에 넣고, 고향으로 돌아가려고 하였다.

그러자 韓生(한생)이 이렇게 말하였다.
"함양은 사방이 산과 강으로 둘러싸여 있고 땅도 비옥합니다. 이곳을 도읍으로 정하시어, 천하에 세력을 떨치소서."
그러나 항우는 한시라도 빨리 고향으로 돌아가 立身出世(입신출세)한 자신을 자랑하고 싶은 마음뿐이었다. 그가 혼잣말처럼 이렇게 중얼거렸다.
"부귀해졌는데도 고향에 돌아가지 않는 것은, **비단옷을 입고 밤에 길을 가는 것**과 같다. 누가 이것을 알아주겠는가?"

 原文 韓生說羽曰(한생세우왈) 關中阻山帶河(관중조산대하) 四塞之地(사색지지) 肥饒可都以伯(비요가도이백) 羽見秦宮室皆已燒殘(우견진궁실개이소잔) 又懷思東歸曰(우회사동귀왈) 富貴不歸故鄕(부귀불귀고향) 如衣錦夜行(여의금야행) 誰知之者(수지지자)

그러자 한생이 비웃으며 말했다.
"세상 사람들이 말하기를, 초나라 사람들은 원숭이에게 옷을 입히고 갓을 씌웠을 뿐이라고 하더니 [沐猴而冠耳(목후이관이)], 그 말이 정말이구나."
이에 크게 진노한 항우는 한생을 가마솥에 넣고 삶아 죽여 버렸다. 그리고 항우는 고향으로 돌아갔고, 훗날 유방이 함양에 들어와 천하를 손에 넣었다.

---

1) **范增**(범증, B.C.277 ~ B.C.204) : 중국 楚(초)나라의 책사·정치가. 陳勝(진승, ? ~ B.C.208)과 吳廣(오광, ? ~ B.C.208)의 난 때, 나이 70세에 項梁(항량 : 중국 진나라 말기의 반란군 지도자로 항우의 삼촌)을 섬겼다. 楚(초) 懷王(회왕, 제37대 임금. 재위 B.C.328 ~ B.C.299)의 자손을 왕으로 옹립해 신망을 받을 것을 진언하였다. 항우에게 亞父(아부 : 아버지 다음가는 사람. 임금이 공신을 존경하여 부르던 말)라는 존칭을 받았다.

유방이 항우와 초나라를 위험하게 할 것을 예상하며, '鴻門之會(홍문지회 : 항우와 유방이 함양 쟁탈을 둘러싸고 홍문에서 회동한 일)'에서 유방을 죽이려고 했지만, 項伯(항백 : 정치가이자, 무장. 명장 항연의 아들. 항량과 형제. 항우의 숙부)의 배반으로 실패하였다. 초한 전쟁이 격렬해지자, 유방의 모사 陳平(진평)의 反間計(반간계)에 빠진 항우에 의해 쫓겨난다. 항우에게 퇴출당하고 천하를 떠돌다가 악성 등창이 생겨 실의 속에 죽었다. 범증 없이 뒤늦게 전쟁에서 패배한 후, 반간계에 빠졌던 사실을 알게 된 항우는 크게 후회하였다.

199 以夷制夷 이이제이

字解 以 : **써 이** [以心傳心(이심전심) : 마음으로써(에서) 마음으로 전함]
　　　　　까닭 이 [所以(소이) : 어떤 행위를 하게 된 까닭]
　　　夷 : **오랑캐 이** [東夷(동이) : 동쪽 오랑캐. 옛날 중국이 우리나라를 가리킨 말]
　　　制 : **억제할 제** [抑制(억제) : 억눌러서 그치게 함]
　　　　　법도 제 [制度(제도) : 정해진 법규. 국가, 사회 구조의 체제]

語義 오랑캐로써 다른 오랑캐를 제어함.
　　　　(오랑캐끼리 서로 다투게 하여 오랑캐를 다스림)
　　　　(적을 이용하여 다른 적을 제어함)

 **用例**

▶ 7월 14일은 삼성전자서비스 노동조합이 설립된 지 만 1년이 되는 날이다. 지난 12일에는 삼성에버랜드 노조가 설립 3주년을 맞았다. 삼성 계열사 30개 중 9개 사업장에 있는 노조들은 복수노조가 금지됐던 시대에 만들어졌다.

그리고 지난해 삼성코닝 정밀소재에 노동조합이 설립됐다. 1962년 삼성생명 노조가 만들어진 이후 2011년 7월 복수노조가 허용될 때까지 삼성의 무노조 경영은 노조 설립을 막는 데 그치지 않았다. 오히려 노조를 만들어 노조를 막는 도구로 사용했다. 손자병법의 '**以夷制夷**(이이제이)' 전략이다. 〈데일리 중앙〉

▶ 국정원 권모 과장은 지난 21일 한 언론사 기자와 만나 "검찰이 무리한 수사를 하고 있다."고 억울함을 토로했습니다. 세 번째 검찰 조사를 받은 직후였습니다. 권 과장은 당시 상당히 격앙된 상태에서 이번 사건을 '북한과 중국의 **以夷制夷**(이이제이)'라고 주장했습니다. 국정원의 정보 수집을 눈엣가시처럼 생각하던 북한과 중국이 결국 검찰을 이용해 국정원을 쳐내고 있다는 뜻입니다. 〈TV 조선〉

【類義語】 以夷伐夷(이이벌이) : 오랑캐로 오랑캐를 침.
　　　　 以毒制毒(이독제독) : 독으로써 독을 다스림.
　　　　 以夷攻夷(이이공이) : 오랑캐로 오랑캐를 친다는 뜻으로, 어떤 적을 이용하여 다른 적을 제어함.
【相對語】 華以制華(화이제화) : 중국인들끼리 서로를 견제하게 하는 방책.

 **出典** 後漢書(후한서) - 鄧訓傳(등훈전) 卷十六(권 16)

 以夷制夷(이이제이)의 유래는 南朝(남조) 宋(송)나라의 範曄(범화)가 편찬한 『後漢書(후한서)』「鄧訓傳(등훈전)」에서 '論議(논의)하는 자들이 모두 羌族[1](강족)과 胡族(호족)이 서로 공격하게 하는 것이 자신들에게 이익이 된다고 생각하고, 적극적으로 **오랑캐를 이용하여 다른 오랑캐를 제어하자[以夷制夷(이이제이)]**고 주장했다.'는 데서 유래되었다.

 後漢(후한) 元和(원화) 3년(86년)에 盧水胡(노수호 : 노수에 있던 오랑캐)가 반란을 일으켜, 章帝(장제 : 제3대 황제)는 鄧訓[2](등훈)을 張掖(장액 : 지금의 간쑤성에 위치하는 지급시)의 太守(태수)로 임명하였다.

 章和(장화) 2년(88년)에 護羌校尉(호강교위) 張紆(장우)가 북쪽 오랑캐 燒當種(소당종)·羌迷吾(강미오) 등을 살해하여 羌族(강족) 여러 부락의 노여움을 사게 되었는데, 그들은 함께 복수할 것을 꾀하여 조정이 걱정하였다. 승상 공경은 등훈을 천거하여 장우와 바꾸게 하였다. 이에 강족들은 4만여 명을 모집하여, 얼음이 얼면 황하를 건너 등훈을 칠 준비를 하였다.

 그 지역에는 또 小月氏胡(소월씨호)라고 하는 소수민족이 있었는데, 매우 용맹한 기병 2,3천 기가 있어 매번 강족과의 싸움에서 적은 수로 많은 수를 이겼다. 그들은 漢(한)나라와 별다른 원한이 없었고, 한나라도 그들을 때때로 이용하곤 했다.

 그때 강미오의 아들 迷唐(미당)은 강족과 함께 1만여 명을 모아 산에서 내려왔지만, 감히 등훈을 치지는 못하고 먼저 소월씨호를 쳤다. 등훈은 군대를 파견하여 소월씨호를 보호하여 주었기 때문에 미당은 뜻을 이룰 수 없게 되었다.

 논의하는 자들이 모두,

 "그들이 서로 싸우면 우리가 강족을 정벌하는 데 유리하므로, 소월씨호를 보호하지 말아야 합니다."

 즉, **오랑캐로 오랑캐를 치자**는 것이었다.(당시 한족 통치자들은 소수민족을 모두 오랑캐로 보았다) 그러자 등훈이 조용히 말했다.

 "아니 될 말이네. 그렇지만 소월씨호가 절멸되면, 오히려 강족의 힘이 강대해지지 않겠는가. 그래서 균형을 잡아 주어 서로 싸우게 만드는 것일세."

 原文 元和三年(원화삼년) 盧水胡反畔(노수호반반) 以訓爲謁者(이훈위갈자) 乘傳到武威(승전도무위) 拜張掖太守(배장액태수) 章和二年(장화이년) 護羌校尉張紆(호강교위장우) 繡誅燒當種羌迷吾(수주소당종강미오) 由是諸羌大怒(유시제강대노) 謀欲報怨(모욕보원) 朝廷憂之(조정우지) 公卿擧訓代紆爲校尉(공경거훈대우위교위) 諸羌激忿(제강격분) 遂相與解仇結婚(수상여해구결혼) 交質盟詛(교질맹저) 衆四萬餘人(중사만여인) 期冰合渡河攻訓(기빙합도하공훈) 先是(선시) 小月氏胡分居塞内(소월씨호분거새내) 勝兵

者二三千騎(승병자이삼천기) 緣勇健富强(연용건부강) 每與羌戰(매여강전) 常以少制多(상이소제다) 雖首施兩端(수수시양단) 漢亦時收其用(한역시수기용)

時迷吾子迷唐(시미오자미당) 別與武威種羌合兵萬騎(별여무위종강합병만기) 來至塞下(내지새하) 未敢攻訓(미감공훈) 先欲脅月氏胡(선욕협월씨호) 訓擁衛稽故(훈옹위계고) 令不得戰(영부득전) 議者(의자) 鹹以羌胡相攻(함이강호상공) 縣官之利(현관지리) 以夷伐夷(이이벌이) 不宜禁護(불의금획) 訓曰(훈왈) 不然(불연) 今張紆失信(금장우실신) 眾羌大動(중강대동) 經常屯兵(경상둔병) 不下二萬(불하이만) 轉運之費(전운지비) 空竭府帑(공갈부노) 涼州吏人(양주사인) 命縣絲發(명현사발)

위의 '以夷伐夷(이이벌이)'에서 '以夷制夷(이이제이)'가 나왔다. 「南匈奴(남흉노) 列傳(열전)」에도, "**오랑캐로 오랑캐를 치는 것**이 국가의 이익이다[**以夷伐夷**(이이벌이) 國家之利(국가지리)]."라고, 보다 노골적으로 기록되어 있다.

以夷制夷(이이제이)는 중국의 전통적인 외교술책의 하나라고 할 수 있다. 과거 우리나라 삼국의 경우를 살펴보더라도 중국의 이이제이 술책으로 무너지고 말았다. 즉, 중국은 신라와 백제의 싸움을 부추기고, 백제가 멸망하자 다시 신라와 고구려를 이간질하여 서로 싸우게 만들었다. 고구려를 멸망시키고 또 신라까지 병합하려고 시도했는데, 이것이 바로 이이제이의 대표적인 예라고 할 수 있다.

또 중국의 淸(청)나라나 조선조 말의 외교 정책도 이이제이라고 할 수 있는데, 모두 외세를 잘못 끌어들여 실패하고 말았다. 일본이나 서구에서는 중국의 이이제이에 맞서 '華以制華(화이제화)' 정책을 쓰고 있다. 화이제화 정책이란 중국인들끼리 서로를 견제하는 방책으로, 지금 중국과 대만이 분열되어 통일하지 못하고 지속적으로 대립하고 있는 국면이 그 예라고 할 수 있다.

우리나라가 남북한으로 분열된 것도 우리 스스로의 책임도 있지만, 바로 주변국들이 펼친 이이제이와 화이제화의 정책과 무관하지 않다고 볼 수 있을 것이다.

以夷制夷(이이제이)란 한 나라를 이용해 다른 나라를 제압한다는 의미로, 옛날 중국 본토 국가들이 주변 국가들을 다스릴 때 사용하던 전략이다. 중국 입장에서는 사방의 여느 민족들이 다 오랑캐였기 때문에, 각각의 오랑캐를 자신들의 힘으로 제압하기란 결코 쉽지 않았다. 그래서 탄생한 전략이 바로 이이제이다. 오랑캐를 이용해 오랑캐를 제압한다는 것 말이다.

中原(중원) 북쪽에 자리잡고 있는 이민족 세력은 엄청난 파괴력을 갖추고 있고, 단발적인 약탈은 존재해도 제대로 된 중원 침공이 이루어지지 않은 것은 이민족들이 하나로 결집되지 못했기 때문이다. 이 점을 이용해서 중원의 제국들은 이민족들의 분열을 고착시켜 그들을 제어하려 했다. 그 결과 이민족들은 북방에서 자기들끼리 치고받는 과정에 온 힘을 쏟아 부으며, 중원을 위협하는 세력이 되지 못했다. 칭기즈 칸(징기스칸, 1162 ~ 1227. 원 이름은 태무진. 몽골 제국의 제1대 왕) 등장 이전의 몽골이 그러하였고, 누르하치(1559 ~ 1926. 건주여진의 추장. 후금 곧 청 태조) 이전의 만주가 그러하였다.

물론 이이제이의 사례는 중국에만 한정되지는 않는다. 고대 로마의 경우에도 북방의 게르만족을 대할 때, 이이제이 방식을 도입하기도 했다. 그 외에도 각지에서 사례가 많다.

---

1) **羌族**(강족) : 중국의 소수민족으로 현대에는 사천성 아바티베트족창족 자치구 또는 간쯔티베트족 자치주 등지에 분산되어 분포하고 있다. 섬서 서부와 감숙의 동남부 일대에 생활했고, 殷(은)나라 때 은나라의 세력이 강성해 은나라에게 조공을 했으며, 갑골문에 따르면 이때 羌方(강방)이라 불렀고 두 개의 큰 부락이 있어 北羌(북강), 馬羌(마강)이라 불렀다.

은나라 말에 周(주)나라가 은나라를 공격할 때 주나라의 세력에 가담해 이를 도왔다. 춘추시대 때 秦(진)나라가 발전하면서 서쪽으로 이동했으며, 越雟羌(월준강)·廣漢羌(광한강)·武都羌(무도강) 등으로 발전했다.

강족은 秦(진) 효공 때 진나라에게 굴복했고, 진시황이 중국을 통일하면서 蒙恬(몽염 : 진나라 장군)을 통해 흉노와 함께 압박을 받았으며, 漢(한)나라 초에 묵돌이 서역을 압박하고 세력이 매우 강성하자, 흉노에 歸附(귀부 : 스스로 와서 복종함)해 한나라의 서쪽 지역을 자주 침범했다. 漢(한)나라 때에 이르러 중국을 자주 공격해 농서까지 진출했지만, 한무제 때 중국에서 하서의 네 개 군을 개척해 강족과 흉노가 왕래하는 길을 끊어 황중 지역에서 쫓겨났다. 宣帝(선제 : 전한 제10대 황제) 때 이르러 흉노와 연합해 장액·주천 등 하서 지역을 공략했지만 의거안국·조충국 등의 공격을 받아 패했다. 전한 말기에는 중국이 혼란하자 금성·농서 지역으로 몰려들었고, 후한 초기에 내흡·마원 등의 공격을 받아 한나라에게 귀부와 저항을 반복하면서 한양·안정·농서로 옮겨 살았다.

이때부터 강족은 거주 지역에 따라 서강과 동강으로 나누어지게 되었으며, 강족은 한나라의 통치로부터 박해를 받아 후한 말에도 자주 반란을 일으켰다. 삼국시대와 서진시대에도 중국을 공격해 관중 지역에 거주했으며, 오호십육국시대에 이르러서는 강족이 세운 국가인 후진이 나타나면서 점차 한족에게 동화되었다.

2) **鄧訓**(등훈, ? ~ ?) : 등훈은 東漢(동한)의 개국공신 鄧禹(등우)의 여섯째 아들로, 어릴 때부터 큰 포부를 지녔고 나라를 다스리는 일들을 깊이 연구했으나, 文學(문학)에는 별로 관심이 없어 아버지 등우로부터 늘 꾸중을 듣곤 했다.

後漢(후한) 제2대 明帝(명제) 때 등훈은 郎中(낭중)이라는 관직을 지냈다. 영평년간(58년)에 조정은 운하를 파서 순타하, 백구하 등 강물을 하북에서부터 양장창(산서성 분양)까지 이어놓는 공사를 시작했다. 이 공사를 하려면 물길이 4백여 곳에 달하는 물목을 지나야 했는데, 태원의 관원들과 백성들은 물길을 뚫기 위해 많은 사람들이 목숨을 잃었고, 수십 년이 지났지만 공사를 마무리하지 못했다.

그러다가 등훈은 제3대 章帝(장제) 건초 3년(78년)에 이 공사의 총관리로 임명받았다. 그가 현지를 돌아보니, 이는 전혀 완성할 수 없는 공사라 황제에게 그 상황을 소상히 보고했다. 이에 황제는 공사를 중단하게 하여, 그 결과 조정은 해마다 지출을 크게 줄일 수 있게 되었고, 수천 명의 백성들이 목숨을 건질 수 있었다.

그 뒤 장화 2년(88년) 여러 대신의 추천으로 장우를 대신해 호강호위로 부임했다.

200 泥田鬪狗 이전투구

字解 泥 : 진흙 니(이) [泥土(니토) : 진흙]
　　　田 : 밭 전 [田園(전원) : 밭과 동산. 시골]
　　　鬪 : 싸울 투, 싸움 투 [死鬪(사투) : 죽을 힘을 다하여 싸움]
　　　狗 : 개 구 [走狗(주구) : 사냥 때 부리는 개. 남의 앞잡이]

語義 진흙탕에서 싸우는 개.
　　　(강인한 성격의 함경도 사람)
　　　(자기의 이익을 위하여 볼썽사납게 싸우는 것)

 用例

▶현대그룹 측과 현대건설 인수자금 조달 관련 거래를 했던, IB(투자은행)들은 모두 예선전 출전 기회조차 얻지 못한 셈이다. 현대차와 현대그룹은 현대건설을 두고 막판까지 **泥田鬪狗**(이전투구)를 방불케 하는 설전과 법적 공방을 벌였다. 결국 극한의 대립과 반목으로 인해 쌓인 앙금이 이번 현대로템 주관사 선정 과정에도 영향을 끼쳤다는 분석이 설득력을 얻고 있다.

▶사방을 둘러보면 과연 역사가 후퇴하는 것이 아니고 전진하는 것인가라는 의문을 갖지 않을 수 없다. 이미 대선이 100일 앞으로 다가왔건만 정책 논쟁은 사라지고, 정치권에서 진행되고 있는 것은 **泥田鬪狗**(이전투구)뿐이라 한숨밖에 나오지 않는다. 대통령직선제가 다시 도입된 1987년 이후 치러진 역대 대통령선거 중 이 같은 선거는 없을 것 같다.

【類義語】 窩裏鬪(와리투) : 가축이나 짐승이 자기 우리 속에서 서로 싸움.
　　　　　　内訌(내홍) : 같은 집단 소속 구성원끼리 서로 헐뜯고 싸움.

 **鄭道傳**(정도전) – 語錄(어록)

　泥田鬪狗(이전투구)라는 말은 太祖[1](태조) 李成桂(이성계)와 조선 건국 공신인 鄭道傳[2](정도전) 사이에 있었던 일에서 생겨났다. 조선 태조는 즉위 초에 정도전에게 명하여, 八道(팔도) 사람을 評(평)하라고 한 일이 있다. 이에 정도전은,

　"경기도는 鏡中美人(경중미인), 충청도는 淸風明月(청풍명월), 전라도는 風前細柳(풍전세류), 경상도는 松竹大節(송죽대절), 강원도는 巖下老佛(암하노불), 황해도는 春波投石(춘파투석), 평안도는 山林猛虎(산림맹호)입니다."

라고 평하였다. 이 말을 풀자면, 경기도는 거울에 비친 미인과 같고, 충청도는 맑은 바람 속의 밝은 달과 같으며, 전라도는 바람 앞의 가는 버들과 같으며, 경상도는 소나무나 대나무와 같은 큰 절개를 가졌고, 강원도는 바위 아래의 늙은 부처님과 같고, 황해도는 봄 물결에 돌을 던지는 듯하고, 평안도는 숲 속의 사나운 호랑이와 같다는 것이다.

그런데 이상하게도 정도전은 태조의 출신지인 함경도에 대해서는 아무런 말을 하지 않았다. 그래서 태조는 함경도에 대해서도 아무 말도 좋으니 어서 말하라고 재촉하였다. 이에 정도전은,

"함경도는 **泥田鬪狗**(이전투구)입니다."

라고 말했다. 태조는 이 말로 얼굴이 벌개졌는데, 눈치 빠른 정도전이 이어 말하길,

"그러하오나 함경도는 또한 石田耕牛(석전경우)올시다."

라 하였다. 함경도 사람은 '**진흙밭에 싸우는 개**'와 같은 면도 있지만, 또한 '돌밭을 가는 소'처럼 강인한 면도 있다는 것이다. 이성계는 설명을 마저 듣자, 얼굴에 희색이 만연해지면서 후한 상을 내렸다고 한다.

오늘날 주변을 돌아보면, 泥田鬪狗(이전투구)의 현상을 많이 보게 되며, 또한 이 말도 자주 사용하는 것을 보게 된다. 그런데 泥田鬪狗(이전투구)라는 말은 고사성어 사전을 아무리 뒤져 봐야 나오지 않는다. 고사성어 사전은 대개 중국 고사를 풀이한 것이고, 泥田鬪狗(이전투구)는 우리나라의 고사성어이기 때문이다. 우리 역사에서 나온 고사성어도 있나 하고 생각하는 사람도 있겠지만, '視金如石(시금여석)', '杜門不出(두문불출)', '咸興差使(함흥차사)', '鷄卵有骨(계란유골)', '興淸亡淸(흥청망청)' 등 많은 우리나라 고사성어가 있다.

---

1) 太祖(태조, 1335 ~ 1408. 재위 1392 ~1398) : 고려 말의 무신이자 조선의 초대왕. 함경도 영흥 출신이며, 성은 李(이), 본관은 全州(전주), 휘는 旦(단), 초명은 成桂(성계), 호는 松軒(송헌)·松軒居士(송헌거사)이다.

고려에서 관직은 守門下侍中(수문하시중)에 이르렀고, 右軍都統使(우군도통사)로서 요동 정벌을 위해 북진하다가 위화도에서 회군하여, 1392년 7월 고려 공양왕으로부터 양위의 형식으로 조선을 개국했다. 막강한 권력으로 전제 개혁을 단행하였고, 신진 세력의 경제적 토대를 구축했으며, 도읍을 한양으로 옮겨 조선의 기틀을 다졌다. 재위 기간은 6년 2개월이며, 上王位(상왕위)에는 약 10년 동안 있었다. 享年(향년)은 74세이고, 陵(능)은 경기도 구리시 동구릉에 있는 健元陵(건원릉)이다.

2) 鄭道傳(정도전, 1342 ~ 1398) : 고려 말 조선 초의 정치가·학자. 본관은 奉化(봉화). 자는 宗之(종지), 호는 三峰(삼봉). 조선 개국의 핵심 주역으로서, 고려 말기의 사회 모순을 해결하고 이를 실천하기 위하여 새로운 왕조를 개창했다. 각종 제도의 개혁과 정비를 통해 조선왕조 500년의 기틀을 다지는 등 군사·외교·행정·역사·성리학 등 여러 방면에서 뛰어났다. 斥佛崇儒(척불숭유)를 國是(국시 : 국정의 근본 방침)로 삼게 하여 유학의 발전에 공헌했다. 글씨에도 뛰어났으며, 저서에 『三峰集(삼봉집)』, 『經濟六典(경제육전)』 등이 있다. 이방원에게 살해되었다.

201 理判事判 이판사판

字解
理 : 다스릴 리(이) [理事(이사) : 법인의 사무를 처리하며, 이를 대표하여 법률 행위를 행하는 사람]
　　도리 리(이) [倫理(윤리) : 사람으로서 행하거나 지켜야 할 도리]
　　깨달을 리(이) [理解(이해) : 사리를 깨달아 앎]
判 : 판단할 판 [判決(판결) : (시비나 선악을) 판단하여 결정함]
事 : 일 사 [家事(가사) : 집안 일]
　　섬길 사 [事大(사대) : 큰 것을 섬김]

語義 理判僧(이판승)과 事判僧(사판승).
(자포자기하는 마음으로 결정을 내림)
(막다른 궁지 또는 끝장을 뜻하는 말로 뾰족한 묘안이 없음)

 **用例**

▶ 북한 대남 테러 전력의 주요 임무는 남한의 국가 지휘체계를 마비시켜, 적화 무력 통일 국면을 조성하는 것이라고 했다. 또 정찰총국과 보위부 등에 해킹과 암살, 심리전을 담당하는 비공개 전력 3만 명이 있는 것으로 추산된다고 했다. 이들이 무서운 건 **理判事判**(이판사판)으로 나올 가능성이 있기 때문이다

▶ ○○○ 前(전) 군수가 대법원에서 공직선거법 위반으로 군수직을 상실하자, 지역 정치권을 바라보는 유권자들은 **理判事判**(이판사판)의 막가는 정치판쯤으로 여긴다.

【類義語】死生決斷(사생결단) : 죽고 사는 것을 가리지 않고 끝장을 내려고 덤벼듦.

 **出典** 　**佛敎**(불교) **用語**(용어)

한자어 **理判僧**(이판승)과 **事判僧**(사판승)이 붙어서 된 말이다. 그리고 이 '理判(이판)'과 '事判(사판)'은 불교 용어로서, 불교 교단을 크게 양분하여 붙여졌으며, 조선시대에 생성되었다.

　조선은 건국이념으로 抑佛崇儒(억불숭유 : 불교를 억제하고 유교를 숭상함)를 표방하였다. 이것은 고려 말에 불교의 폐해가 극에 달했기 때문이며, 한편으로는 조선의 건국에 신흥 유학자 사대부 세력이 대거 참여했기 때문이기도 하다. 어쨌든 불교는 정권의 교체와 함께 하루아침에 탄압의 대상이 되었다. 그리고 천민 계급으로 전락한 승려들 또한 활로를 모색해야 할 시점이 되었는데, 그 하나는 寺刹

(사찰)을 존속시키는 것이었으며, 다른 하나는 佛法(불법)의 脈(맥)을 잇는 것이었다.

그래서 일부는 廢寺(폐사)를 막기 위해 기름이나 종이, 신발을 만드는 제반 雜役(잡역)에 종사하면서 사원을 유지하였다. 한편으로 이와는 달리 隱遁(은둔)하여 참선 등을 통한 수행으로 불법을 잇는 승려들이 있었다. 이를 두고 앞의 것을 '사판승', 뒤의 것을 '이판승'이라 하였다. 그리고 줄여서 사판, 이판이라 하였다. 즉 사판은 修行(수행)에도 힘쓰지만, 아울러 사찰의 행정업무나 살림살이 일체를 돌보던 승려를 일컫는 말이다. 또한 이판은 주로 教理(교리)를 연구하고 수행에 주력하면서 得道(득도)의 길을 걸었던 學僧(학승)을 말했다.

결국 조선시대를 거쳐 지금의 현대 불교가 융성한 것도, 이 두 부류의 승려들이 자신들의 소임을 다했기 때문에 가능하였다. 그런데 이 이판사판의 뜻이 轉移(전이)되어 부정적 의미로 쓰이게 된 데에는 시대적 상황이 크게 작용한 것으로 보인다. 조선의 억불정책은 불교에 있어서는 최악의 상태였다. 승려는 최하 계층의 신분이었으며, 도성의 출입 자체가 금지되어 있었다. 자연히 당시에 승려가 된다는 것은 인생의 막다른 마지막 선택이었다. 그래서 이판이나 사판은 그 자체로 '끝장'을 의미하는 말이 된 것으로 보인다.

조선시대뿐만 아니라 일제시대와 8·15 광복 후의 건국 초기에도 불교를 정치적으로 이용하면서 더욱 부정적 이미지로 몰아갔다. 이 두 부류를 정치적으로 이용, 서로 분열 반목케 하여 이판사판의 면목을 그대로 大衆(대중)에게 심어 주었다. 그래서 지금도 아무것도 모르는 대중은 '뾰족한 대안이 없을 때'를 무의식적으로 '이판사판'이라는 말을 쓴다. 오늘날에는 한 단계 더 발전하여 '이판사판 공사판'이라는 속된 말도 생겨나서 '어려운 상황'을 표현하였다.

※ 理判事判(이판사판)에 대한 다른 逸話(일화)

조선시대에는 유교를 국가의 이념으로 내세우는 바람에 불교가 핍박을 받았다. 자연히 양반 집에서는 불교를 멀리하게 되었고, 자녀가 스님이 된다는 것은 생각도 못했다. 어느 고을에 조상 대대로 높은 벼슬을 지낸 이름난 양반이 살았다. 그런데 이 양반에게 남모르는 고민이 생겼다. 바로 두 아들 때문이다.

어느 날, 두 아들이 아버지에게 찾아와 머리를 조아리고 말했다.

"아버님, 누구도 저희 결심을 꺾을 수 없습니다. 부디 허락해 주십시오."

양반은 너무나 어처구니가 없어 입이 떨어지지 않았다. 그러자 이번엔 작은아들이 말했다.

"오늘 당장 절로 들어가겠습니다. 형님은 도를 닦고 불교의 경전을 공부하는 理判(이판)이 될 것이고, 저는 절의 살림을 꾸리는 事判(사판)이 될 것입니다. 아버님, 부디 건강하십시오."

양반은 웬 날벼락인가 싶었다. 스님이 아주 천한 취급을 받는다는 것을 누구보다 잘 알고 있었기 때문이다. 두 아들이 이판이건 사판이건 스님이 되면, 집안은 그야말로 끝장이었다. 양반은 자신과 집안을 막다른 궁지에 몰리게 한 두 아들이 너무나 원망스러웠다. 이리하여 '理判事判(이판사판)'은 '궁지에 몰려 어떻게 해볼 도리가 없는 상황'을 뜻하는 말이 되었다고 한다.

202 仁者無敵 인자무적

字解
- 仁 ; 어질 **인** [仁慈(인자) : 어질고 자애로움]
- 者 ; 놈 자, 사람 **자** [賢者(현자) : 현명한 사람]
- 無 ; 없을 **무** [無顔(무안) : 볼 낯이 없음. 면목이 없음]
- 敵 ; 적 **적**, 원수 적 [敵軍(적군) : 적국의 군대]

語義 어진 사람은 적이 없다.
(어진 사람은 모든 사람이 사랑하므로, 세상에 적이 없음)

 用例

▶ 그런데 하늘 天(천)의 단계에서는 아예 싸우지도 않고 적을 친구로 만듭니다. 그냥 너나없이 서로 융화돼 하나가 되는 겁니다. **仁者無敵**(인자무적), 싸울 상대를 내 편으로 만드니 가장 강할 수밖에요.

▶ '君子有不戰(군자유불전) 戰必勝矣(전필승의)'는 '군자는 싸우지 않으면 그만이거니와, 싸우게 되면 반드시 승리한다.'는 뜻으로 대개 풀이한다. 혹자는 '仁者無敵(인자무적)'이란 관념을 여기에 적용시켜, '군자는 상대방이 信服(신복)하므로 애당초 싸움이란 없지만, 혹시라도 싸우게 된다면 人和(인화)를 바탕으로 반드시 승리하게 된다.'는 뜻으로 풀이한다.

 **出典** 孟子(맹자) - 梁惠王章句上(양혜왕장구상) 四(사) ~ 五(오)

중국 춘추전국시대, 孟子(맹자, B.C.372 ~ B.C.289)가 魏[위, 나중에 梁(양)으로 개칭]나라 제3대 梁 惠王(양 혜왕. 재위 B.C.370 ~ B.C.319)을 만났을 때의 이야기이다.

양 혜왕이 말하였다.
"寡人(과인)은 차분히 가르침을 받들고자 합니다."
맹자께서 물으셨다.
"사람을 죽이는 데 몽둥이를 사용하는 것과 칼을 사용하는 것이 차이가 있습니까?"
왕이 말하였다.
"차이가 없습니다."
"사람을 죽이는 데 칼을 써서 하거나, 虐政(학정)으로 하는 것이 차이가 있습니까?"
왕이 대답하였다.

"차이가 없습니다."

맹자께서 말씀하셨다.

"왕의 주방에 살진 고기가 있고, 마구간에는 살진 말이 있는데, 백성들에게는 굶주리는 기색이 있고 들에 굶어 죽은 시체가 나뒹굴고 있다면, 이것은 짐승을 몰아다가 사람을 잡아먹게 한 것입니다. 짐승끼리 서로 잡아먹는 것도 사람들이 싫어하는데, 백성의 부모가 되어 政事(정사)를 행하면서 짐승을 몰아다가 사람을 잡아먹게 한다면, 백성의 부모가 될 자격이 어디에 있습니까? 仲尼(중니 : 공자의 자)께서는 '처음으로 木偶(목우 : 장례용 인형)를 만든 자는 아마 후손이 끊겼을 것이다.' 하셨는데, 이는 사람을 본떠서 만들어 그걸 장례에 사용하였기 때문입니다. 그런데 어떻게 백성들을 굶주려 죽게 한단 말입니까?"

또 양 혜왕이 맹자에게 말하기를,

"우리나라가 천하에서 가장 강했던 것은 선생께서도 다 아시는 일입니다. 그런데 내 代(대)에 이르러 동쪽으로는 齊(제)나라에 패하여, 長子(장자)인 太子(태자)까지 죽었습니다. 서쪽으로는 秦(진)나라에 칠백 리의 영토를 잃었으며, 남쪽으로는 楚(초)나라에 욕됨을 받게 되었습니다. 과인은 이를 수치스럽게 생각하고 죽은 사람의 영혼을 위로하기 위해서라도, 한번 雪辱(설욕 : 상대를 이김으로써 지난번 패배의 부끄러움을 씻고 명예를 되찾음)을 하고 싶습니다. 어떻게 하면 가능하겠습니까?"

맹자가 대답하기를,

"사방 백 리의 영토로써도 왕이 될 수 있습니다. 왕께서는 백성들에게 어진 정치를 베풀어 형벌을 되도록 줄이고, 세금을 가볍게 하여 백성들이 열심히 밭을 갈고 쉽게 김매도록 하여야 합니다. 장정들에게는 일 없는 여가에 孝悌忠信(효제충신 : 어버이에 대한 효도, 형제끼리의 우애, 임금에 대한 충성과 벗 사이의 믿음)을 배우게 하여, 집안에서는 父兄(부형)을 잘 섬기고 바깥에서는 어른들을 공경하도록 지도한다면, 백성들은 몽둥이를 들고서도 저 진나라, 초나라의 견고한 갑옷과 예리한 무기를 두들겨 쫓게 할 수 있습니다. 저들 敵國(적국)에서는 백성들의 시간을 빼앗아 밭 갈고 김을 매어, 부모를 봉양할 수 없게 부리고 있습니다. 부모들은 굶주림과 추위에 시달리고, 형제와 처자식들은 사방으로 흩어져 가고 있습니다.

그네들이 자기 나라 백성들을 구렁에 빠뜨려 허우적거리게 하는데, 왕께서 가셔서 정벌을 한다면, 누가 왕에게 대적하겠습니까? 그러므로 이르기를, '**어진 사람에겐 적이 없다**.'고 했습니다. 왕께서는 조금도 내 말을 의심하지 마십시오."

 原文 彼陷溺其民(피함익기민) 王往而征之(왕왕이정지) 夫誰與王敵(부수여왕적) 故曰(고왈) <u>仁者無敵</u>(인자무적) 王請勿疑(왕청물의)

이 '仁者無敵(인자무적)'이라는 故事成語(고사성어)는 孟子(맹자)가 처음 쓴 말은 아니고, 그 이전부터 전해져 오던 것을 引用(인용)하여 쓴 것인데, 이 일 이후로부터 더욱 널리 쓰이게 되었다.

203 仁者樂山 인자요산

字解 仁 : **어질 인**, 인자할 인 [仁義(인의) : 어진 것과 의로운 것]
者 : 놈 자, **사람 자** [賢者(현자) : 현명한 사람]
것 자 [小者(소자) : 작은 것]
樂 : 풍류 악 [音樂(음악) : 인간의 사상과 감정을 주로 음으로 나타내는 소리 예술]
즐거울 락(낙) [樂園(낙원) : 살기 좋은 즐거운 장소. 천국]
좋아할 요 [樂山樂水(요산요수) : 산을 좋아하고 물을 좋아함]
山 : **산 산**, 뫼 산 [山寺(산사) : 산속에 있는 절]

語義 어진 사람은 산을 좋아한다.
(어진 사람은 의리에 만족하여 몸가짐이 무겁고 덕이 두터워, 그 마음이 산과 비슷하므로 자연히 산을 좋아함)

 用例

▶산 위에서는 오르고 내리며 만나는 분들과 인사를 주고받으며 지나는데, 언제 어디서나 처음 보는 분들이라도 다 고맙고 정겨운 우리나라 사람들입니다. 등산을 좋아하시는 분들은 마음도 너그럽고 다들 고마운 분들이죠. 예로부터 "仁者樂山(인자요산) 智者樂水(지자요수)"라 했다는데, 그 말이 맞아요.
▶가을 산을 찾는 등반객들의 발길이 도내 주요 등산로에 몰리면서 산악 사고가 끊이지 않는 가운데, 긴급 상황에 대비해 마련된 등산로 구급함이 일부 비양심적인 등산객들의 훼손과 도난으로 제 역할을 못하고 있다. 仁者樂山(인자요산)이 옛말이 되어 버린 오늘날의 현실이 안타깝다.

[類義語] 知(智)者樂水(지자요수) : 지혜로운 사람은 물을 좋아한다.

 **出典** 論語(논어) - 翁也篇(옹야편) 二十一(이십일)

중국 춘추시대 제자 樊遲[1](번지)가 知(지)를 물으니, 孔子(공자) 가라사대,
"백성의 의로움에 힘쓰고, 귀신을 공경하되 멀리하면, 가히 知(지)라 이를 만하니라."
(번지가) 仁(인)을 물으니, (공자) 가라사대,
"仁(인)이라는 것은 어려움을 먼저 하고 얻음을 뒤에 하면, 가히 仁(인)이라 이를 만하니라.

原文 樊遲問知(번지문지) 子曰(자왈) 務民之義(무민지의) 敬鬼神而遠之(경귀신이원지) 可謂知矣(가위지의) 問仁(문인) 曰(왈) 仁者(인자) 先難而後獲(선난이후획) 可謂仁矣(가위인의)

孔子(공자)가 말씀하시기를,

"지혜로운 자는 물을 좋아하고, **어진 자는 산을 좋아한다**. 지혜로운 자는 움직이고, 어진 자는 고요하다. 지혜로운 자는 즐기고, 어진 자는 오래 산다.

 原文 子曰(자왈) 智者樂水(지자요수) 仁者樂山(인자요산) 智者動(지자동) 仁者靜(인자정) 智者樂(지자요) 仁者壽(인자수)

공자의 이 말씀은 지혜로운 사람의 부류에 속하는 이들과, 어진 부류에 속하는 이들의 성격과 행동을 설명하고 있다.

지혜로운 사람[智者(지자)]은 분별력이 높다. 자신과 맺어지는 인간관계에 항상 겸손한 자세를 가지려고 노력한다. 두루 흘러 맺힘이 없는 것이 물과 같기 때문에 물을 좋아하고, 知的(지적) 호기심을 충족시키기 위해, 항상 호수 같은 물을 찾고 관찰하고 즐긴다.

어진 사람[仁者(인자)]은 의리를 편안히 하고 重厚(중후 : 몸가짐이 정중하고 견실함)하여, 옮기지 않는 것이 산과 같다 하여 산을 좋아한다. 늘 자신과 하늘의 관계에만 관심을 두기 때문에 모두 가치를 위에다 두고 있다. 그리고 호기심이 적어 한곳에 가만히 있기를 좋아하여, 고요한 성격이 많다. 또한 마음을 가다듬고, 物質的(물질적) 욕구에 집착하지 않으니 오래 산다.

즉, 지혜로운 자의 마음은 밝고 깨끗하여 이해심이 깊고 넓다. 그래서 흐르는 물처럼 시대의 환경에 따라 항상 새롭게 산다. 반면 어진 사람이 산을 좋아하는 것은 그것이 움직이지 않고 변하지 않으며 고요하기 때문이다.

---

1) 樊遲(번지) : 공자의 제자로 성은 樊(번)이고, 이름은 須(수)이다. 자가 子遲(자지)인 탓에 번지로 불린다. 노(또는 제)나라 출신으로, 공자보다 36세 아래다.

※ **孔子**(공자)**와 樊遲**(번지)**와의 다른 대화 한 편**

공자의 제자 樊遲(번지)가 공자와 함께 야외를 산책하게 되었다. 그 기회를 이용하여 번지는 질문하였다.

"덕을 높이는 방법[崇德(숭덕)]과 간악함을 다스리는 방법[修慝(수특)]과 미혹됨을 분별하는 방법[辨惑(변혹)]은 무엇입니까?"

이에 대하여 덕을 높이는 방법에 대해 말씀하셨다.

"할 일을 다른 사람보다 먼저 실행하고, 이득은 다른 사람의 뒤에 한다. 이것이 덕을 높이는 것이 아니겠는가[先事後得(선사후득) 非崇德與(비숭덕여)]?"

204 一擧兩得 일거양득

【字解】
- 一 : <u>한</u> 일, 하나 일 [一家(일가) : 한 집. 한 집안]
- 擧 : <u>들</u> 거 [擧手(거수) : 손을 듦]
- 兩 : <u>두</u> 량(양) [兩家(양가) : 두 집안. 양쪽의 집]
- 得 : <u>얻을</u> 득 [得點(득점) : 점수를 얻음]

【語義】 하나를 들어(하여, 일으켜) 둘을 얻다.
(한 가지 일을 하여 두 가지 이익을 얻음)

用例

▶ 깔끔한 포장에 안내문과 사은품이 같이 왔습니다. 사은품 중 수국차가 기억이 납니다. 신기하게도 약간 달콤한 맛이 났습니다. 커피믹스에 비해 맛이 강한 편입니다. 정신 차리고 싶을 때 마시면 좋습니다. 가격도 저렴하고 칼로리도 낮아 **一擧兩得**(일거양득)입니다.

▶ 한편 시 관계자는 "박람회 종료까지 열흘 정도가 더 남아 있어, 올해 최종 판매 실적은 7억 원, 상담 실적은 500억 원에 달할 것으로 기대된다."며, "박람회를 통해 기업들의 판로 개척은 물론, 지역경제 활성화까지 **一擧兩得**(일거양득)의 효과를 내고 있다."고 말했다.

【類義語】 一石二鳥(일석이조) : 하나의 돌로 두 마리 새를 잡음.
　　　　　一箭雙鳥(일전쌍조) : 하나의 화살로 두 마리 새를 잡음.
【俗 談】 도랑 치고 가재 잡기. / 마당 쓸고 돈 줍고. / 꿩 먹고 알 먹고.

 ① **史記**(사기) - 張儀列傳(장의열전)

중국 戰國(전국)시대, 秦(진)나라의 惠文王(혜문왕, ? ~ B.C.311. 진나라의 제26대 군주)은 楚(초)나라의 사신인 陳軫(진진 : 원래 진나라 사람이었으나 초나라로 망명)에게 韓(한)나라와 魏(위)나라를 공격하는 문제에 대해 물었다. 진진은 다음과 같은 고사로 대답을 대신하였다. 다음 대화의 '一擧雙虎(일거쌍호)'에서 '一擧兩得(일거양득)'이 유래하였다.

莊子(장자)가 호랑이를 찔러 죽이고자 하였는데, 官(관 : 관리의 집)을 지키는 심부름꾼이 그것을 그치게 하여 말하되,

"두 호랑이가 방금 막 소를 잡아먹으려 하는데, 서로 더 먹으려고 마음이 서로 경쟁하게 됩니다. 다

투면 곧 반드시 싸우리니, 싸우면 곧 큰 것은 다치고 작은 것은 죽습니다. 다친 것을 좇아서 이를 찔러 죽이면, **한 번 들어서 반드시 두 호랑이를 잡은** 名聲(명성)이 있습니다."

莊子(장자)가 그러하겠다고 여기고 서서 이를 기다리니, 조금 있으매 두 호랑이가 과연 싸워서 큰 놈은 다치고 작은 놈은 죽으니, 장자가 다친 놈을 좇아서 이를 찔러 죽여, **한 번에 과연 두 마리 호랑이를 잡는** 功勞(공로)가 있게 되었다.

 原文 莊子欲刺虎(장자욕자호) 揷子止之曰(삽자지지왈) 兩虎(양호) 方且食牛(방차식우) 食甘心爭(식감심쟁) 爭則必鬪(쟁즉필투) 鬪則大者傷(투즉대자상) 小者死(소자사) 從傷而刺之(종상이자지) 一擧(일거) 必有雙虎之名(필유쌍호지명) 莊子以爲然(장자이위연) 立須之(입수지) 有頃兩虎果鬪(유경양호과투) 大者傷小者死(대자상소자사) 莊子從傷者而刺之(장자종상자이자지) 一擧果有雙虎之功(일거과유쌍호지공)

 ② **戰國策**(전국책) – 秦策(진책)

중국 秦(진)나라 惠文王(혜문왕) 때의 일이다. 중신 史馬錯(사마조)는 어전에서 '중원으로의 진출이야말로 朝名市利(조명시리 : 명성은 조정에서 다투고 이익은 시장에서 다툰다)에 부합하는 覇業(패업)'이라며, 중원으로의 출병을 주장하는 재상 張儀(장의)와는 달리 혜문왕에게 이렇게 진언했다.

"신이 듣기로는 富國(부국)을 원하는 군주는 먼저 국토를 넓히는 데 힘써야 하고, 强兵(강병)을 원하는 군주는 먼저 백성의 富(부)에 힘써야 하며, 覇者(패자 : 싸움이나 경기에서 이긴 사람)가 되기를 원하는 군주는 먼저 덕을 쌓는 데 힘써야 한다고 합니다. 이 세 가지 요건이 갖춰지면 패업은 자연히 이루어지는 법입니다. 하오나, 지금 진나라는 국토도 협소하고 백성들은 빈곤합니다. 그래서 이 두 가지 문제를 한꺼번에 해결하려면 먼저 막강한 진나라의 군사로 蜀(촉) 땅의 오랑캐를 정벌하는 길밖에 달리 좋은 방법이 없는 줄로 압니다. 그러면 국토는 넓어지고 백성들의 재물은 쌓일 것입니다. 이야말로 '一擧兩得(일거양득)'이 아니고 무엇이겠습니까?

그러나 지금 천하를 호령하기 위해 천하의 宗室(종실)인 周(주)나라와 동맹을 맺고 있는 韓(한)나라를 침범하면, 한나라는 齊(제)나라에 구원을 청할 게 분명하며, 더욱이 주나라의 九鼎[구정 : 중국 夏(하)나라의 禹王(우왕) 때 전국 아홉 주(州)에서 바친 금으로 만든 솥. 그 후 대대로 천자에게 전한 보물이 되었으며, 통상으로 '천하를 다스리는 천자의 권한'을 상징함]은 초나라로 옮겨질 것입니다. 그땐 진나라가 공연히 천자를 위협한다는 惡名(악명)만 얻을 뿐입니다."

혜문왕은 사마조의 진언에 따라, 촉 땅의 오랑캐를 정벌하고 먼저 국토를 넓혔다.

※ '一擧兩得(일거양득)'이 나타나는 다른 문헌

• 『齊書(제서)』「束晳傳(속석전)」: 一擧兩得(일거양득) 外實內寬(외실내관)
• 『類書纂要(유서찬요)』: 爲學看文字(위학간문자) 虛心靜看(허심정간) 卽涵養究索之功(즉함양구색지공) 一擧兩得(일거양득)

205 日暮途遠 일모도원

字解
- 日 : 날 일 [日暮(일모) : 날이 저물다. 해가 질 무렵]
- 暮 : 저물 모 [暮景(모경) : 해질녘의 경치]
- 途 : 길 도 [前途(전도) : 앞으로 나아갈 길. 장래]
- 遠 : 멀 원 [遠親不如近隣(원친불여근린) : 멀리 있는 친척이 가까운 이웃만 못하다]

語義 날은 저물고 갈 길은 멀다.
(할 일이 많은데 시간이 없음)
(늙고 쇠약한데 앞으로 해야 할 일이 많음)

 用例

▶ 요즘 중국의 지식인들 사이에 나도는 '중국은 대학생처럼 덩치만 큰 어린아이'라는 말은 정곡을 찌른 것이 아닌가 싶다. 중국 지도부가 '허셰[和諧(화해) : 조화 내지 상생]' 사회의 건설을 위해 매진하는 와중에도, '날은 저물려 하고 길은 멀다.'라는 의미의 **日暮途遠**(일모도원)을 명심하지 않으면, 중국은 영원히 G2 내지는 G1이 되기는 요원할 수밖에 없다.

▶ 오늘 하루도 가야 할 길은 까마득히 멀기만 하고, 하루는 짧기만 하다. 세월도 아끼고, 젊음도 아끼고, 순간도 아껴 가면서 부지런히 살기를 재촉해야 하는 아침나절, 바로 **日暮途遠**(일모도원)이로다.

【類義語】日暮途窮(일모도궁) : 날은 저물고 갈 길은 막혀 있음.

 ① **史記**(사기) - 伍子胥列傳(오자서열전)

중국 춘추전국시대 楚¹⁾(초)나라의 平王(평왕 : 제28대 왕) 때, 伍奢(오사 : 오자서의 아버지)는 太子(태자) 建(건)의 太傅(태부 : 왕자의 양육관)였고, 費無忌(비무기, ? ~ B.C.515. 이름은 무극)는 少傅(소부 : 태부 다음 벼슬)로 있었다. 그런데 비무기는 성품이 간교한 간신이었다. 한번은 태자 건을 위하여, 秦(진)나라에서 데려온 공주의 미모가 뛰어나자, 아버지 평왕에게 권하고 아첨하여 왕의 신임을 얻었다. 이 사실을 안 태자의 보복이 두려워, 비무기는 태자를 讒訴(참소 : 남을 헐뜯어서 죄가 있는 것처럼 꾸며 윗사람에게 고하여 바침)하였다. 여자에 빠져 버린 평왕은 비무기의 말만 곧이듣고, 태자를 변방으로 추방하여 국경의 수비를 맡겼다.

또 평왕은 태자가 反旗(반기 : 반대의 뜻을 나타내는 행동)를 든다는 비무기의 거짓말을 믿고, 이번에는 태자의 스승인 태부 오사를 꾸짖자, 오사는 도리어 왕의 그릇됨을 諫(간)하였다. 이 때문에 오사는 幽閉(유폐)되고, 태자는 宋(송)으로 도망갔다. 오사에게는 두 아들이 있었는데, 이들의 보복이 두려워진 비무기는 태자의 음모는 그 두 아들의 조정이라고 참언하였다. 그래서 아버지 伍奢(오사)와 맏아들 伍尙(오상)은 잡혀 죽고, 둘째 아들 伍子胥(오자서)는 吳(오)나라로 망명했다.

그로부터 오자서(? ~ B.C.484)는 복수의 날을 기다렸다. 吳王(오왕)과 公子(공자) 光(광)을 뵙고 난 오자서는, 오왕의 조카인 공자가 왕위를 넘겨다보고 자객을 구함을 알고, 專諸(전제)라는 자객을 소개하였다. 한편 초나라에서는 평왕이 죽고, 비무기가 평왕에 천거한 여자의 소생 軫(진)이 昭王(소왕)이 되었다. 그 후 內分(내분)으로 비무기는 피살되고, 그 내분을 틈타 초나라를 치던 오왕은 자객 전제의 칼에 맞아 죽고, 공자 광이 왕위에 오르니, 바로 이 사람이 吳王(오왕) 闔閭(합려, 제24대 임금. 재위 B.C.544 ~ B.C.496)이다.

그 후 오자서는 합려왕의 신임을 얻어 높은 벼슬에 올랐으며, 오나라 군대를 이끌고 쳐들어가 초나라를 멸망시켰다. 그리고는 평왕의 묘를 찾아 파헤치고, 시체에 3백 번의 매질을 가함[掘墓鞭屍(굴묘편시)]으로써 아버지와 형의 원한을 풀었다. 그러나 후계자인 소왕은 鄖(운)으로 도망쳐 끝내 찾아내지 못했다. 산중으로 피한 옛날 초나라의 친구였던 申包胥(신포서 : 소왕 때의 대부. 진나라 애공에게 구원병을 얻어 초나라를 안정시킴)가 이 사건에 대해 人便(인편)으로 말을 전해 왔다.
"너의 복수는 너무 잔인하구나. 나는 '사람이란 운이 강할 때에는 天理(천리)를 이길 수 있으나, 천리가 안정되면 반드시 사람을 파멸시킬 수 있다.'고 들었다. 이전에 너는 평왕의 신하로서 평왕을 군주로 받들어 섬겼다. 그런데 지금 죽은 사람에게까지 수모를 주는 이런 짓은 天罰(천벌)을 받지 않고서는 벗어나지 못할 것이다."
오자서는 이 말을 전하는 사람에게 이렇게 전하게 했다.
"나 대신 신포서에게 전해 주시오. '나는 **날은 저물고 갈 길은 멀다**는 심정이다. 나는 그런 까닭으로 도리에 어긋난 일을 거꾸로 할 수밖에 없었다.[吾**日暮途遠**(오일모도원) 吾故倒行而逆施之(오고도행이역시지)]'라고."

그 후 申包胥(신포서)는 秦(진)나라의 도움을 받아 초나라를 부흥시켰고, 伍子胥(오자서)는 도리어 오왕 夫差(부차, 합려의 아들. 재위 B.C.496 ~ B.C.473)의 미움을 사 自決(자결)의 命(명)을 받고 죽는다.

 ② **史記**(사기) - 平津侯主父列傳(평진후주보열전)

중국 齊(제)나라 臨淄(임치) 사람으로 전한의 정치가인 主父偃(주보언, ? ~ B.C.127)은 남의 사생활

을 들추어내는 데 공을 세워 높은 벼슬에 올랐다. 뇌물을 받은 것이 수천 금에 달하여 주위에서 횡포가 너무 심하다고 책망하자, 그는 이렇게 말했다.

"나는 젊어서부터 40년이 넘게 떠돌며 배웠으나 아무도 알아주는 이가 없었고, 부모 형제들도 다 나를 버렸다. 나는 오랫동안 고생하며 지내왔다. 또 남자가 세상에 태어나 五鼎食(오정식 : 고대 제후들이 연회 때 다섯 가지 솥에 소·돼지·사슴·닭·생선을 놓고 먹던 식사)을 먹을 수 없다면, 五鼎(오정)에 삶겨 죽을 따름이다. 나는 **해는 저물고 갈 길이 멀기** 때문에, 도리를 벗어나 일을 함부로 하는 것이다."

 原文 臣結髮游學四十餘年(신결발유학사십여년) 身不得遂(신부득수) 親不以爲子(친불이위자) 昆弟不收(곤제불수) 賓客棄我(빈객기아) 我阨日久矣(아액일구의) 且丈夫生不五鼎食(차장부생불오정식) 死卽五鼎烹耳(사즉오정팽이) 吾日暮途遠(오일모도원) 吾故倒行暴施之(오고도행폭시지)

主父偃(주보언)은 곤란에 처하면 남의 약점을 이용하여 保身(보신 : 몸을 안전하게 지킴)했으나, 결국 그로 인하여 武帝(무제)에 의해 滅族(멸족)을 당했다.

---

1) **楚**(초, B.C.771 ~ B.C.221) : 중국 춘추전국시대의 강성했던 列國(열국) 가운데 하나. 기원전 8세기 초 역사에 등장한 초는 그 당시 中原(중원)에서 멀리 떨어져 있어 南蠻(남만)이라 불리던, 지금의 후베이성[湖北省(호북성)] 부근 남중국 양쯔강[揚子江(양자강)] 계곡의 토지가 비옥한 지역에 자리했다. 초는 그 지배 계급 중 일부가 중원에서 옮겨왔을 가능성도 있지만, 원래 蠻族(만족)이 세운 나라로 보인다. 중원으로 빠르게 세력을 확대하기 시작하여 지금의 후난성[湖南省(호남성)] 지역 대부분을 점령했고, 일반 백성들도 중국의 말과 관습을 익히기 시작했다. 그 당시 중국은 나라 전체가 수많은 작은 제후국들로 분할되어 있었고, 周(주)나라의 天子(천자)는 작은 직할영지를 제외하고는 제후국에 대한 모든 지배권을 이미 오래전부터 상실한 상태였지만, 제후들은 아직도 형식적으로는 천자를 받들고 있었다. 초는 이 같은 관례에서 벗어나 왕호를 사용함으로써, 명목으로나마 존재하던 주나라의 종주권을 완전히 제거해 버린 최초의 국가였다.

楚(초)는 급속히 중원 진출을 시도했지만, 기원전 7세기에 열국들이 초에 흡수당하지 않기 위해 연합하여 대항함으로써 그것은 일시 중단되었다. 그럼에도 불구하고 초는 그 후 400여 년 동안 패권을 다투는 강국의 위치를 계속 유지했다. 기원전 3세기에 초는 동부의 齊(제)와 서부의 秦(진)과 함께 마침내 다른 작은 나라들을 모두 병합하고 패권을 쟁취하기 위한 마지막 투쟁을 필사적으로 벌이기 시작했다. 그러나 그 결과 초는 기원전 223년 멸망했고, 2년 후 秦(진)이 중국을 통일했다.

천하통일 후 불과 15년 만에 진이 붕괴하자, 초의 귀족 출신인 項羽(항우)가 이끄는 반란군은 옛 초나라의 왕족을 중국의 새로운 황제로 옹립했다. 그러나 이 새로운 초나라는 항우가 휘하의 장군이었던 劉邦(유방)에게 패할 때까지 겨우 몇 개월간 존속했을 뿐이다. 그 후 유방은 漢(한, B.C.206 ~ A.D.220)나라를 세웠다.

206 一葉知秋 일엽지추

字解 一 ; 한 일, 하나 일 [一瞥(일별) : 한번 흘끗 봄]
　　　葉 ; 잎 엽 [枝葉(지엽) : 가지와 잎. 중요하지 않은 부분]
　　　知 ; 알 지 [知覺(지각) : 알아서 깨달음, 또는 그 능력]
　　　秋 ; 가을 추 [秋收(추수) : 가을에 익은 곡식을 거둬들이는 일]

語義 하나의 나뭇잎을 보고 가을이 옴을 안다.
　　　(조그마한 일을 가지고 장차 올 일을 미리 짐작함)

 用例

▶기획재정부는 "하나의 낙엽을 보고 가을이 왔음을 안다는 **一葉知秋**(일엽지추)라는 옛말이 있는데, 지금의 물가 상황을 함축적으로 나타내 준다고 생각한다."면서도, "그러나 최근 물가측면의 대차대조표를 보면 개선될 것이라는 징후들이 일부에서 나타나고 있다."고 덧붙였다.

▶**一葉知秋**(일엽지추)라, 나뭇잎 하나가 변하는 것만으로 가을이 다가옴을 알 수 있다. 한여름 짙은 녹음을 내뿜던 나무는 찬바람을 맞으며 빨간빛·노란빛으로 물든다. 매혹적이지만 그 시간은 짧다. 앞으로 한 달도 되지 않아 세상과 작별하고 땅으로 되돌아가야 할 운명이니까.

【類義語】 聞一知十(문일지십) : 하나를 들으면 열을 앎.
　　　　 以偏槪全(이편개전) : 반쪽으로써 전체를 짐작함.
　　　　 一以貫之(일이관지) : 하나의 이치로써 모든 것을 관철함.

 **出典** ① 淮南子[1](회남자) - 說山訓篇(설산훈편)

냄비 안의 고기를 모두 먹어보지 않고, 한 점의 고기만 맛보아도 전체의 맛을 알 수 있다. 또 습기를 빨아들이지 않는 새 날개와 습기를 잘 받아들이는 숯을 달아 두면, 공기가 건조한지 습한지를 알 수 있다. 바로 작은 것으로써 큰 것을 밝혀낸다는 말이다.

하나의 나뭇잎이 떨어지는 것을 보고서 해가 장차 저무는 것을 알 수 있으며, 병 속의 물이 언 것을 보고 세상이 추워진 것을 알게 된다. 이것은 바로 가까운 것에서 먼 것을 미루어 짐작할 수 있다는 것이다.

 原文 見一葉落(견일엽낙) 而知歲之將暮(이지세지장모) 覩甁中之冰(도병중지빙) 而知天下之寒(이지천하지한) 以近論遠(이근론원)

여기에서 나온 '一葉知秋(일엽지추)'는 나뭇잎 하나가 떨어지자, 천하의 사람들이 가을이 온 것을 안다는 뜻이다. 그러므로 '하나의 작은 機微(기미)만 보고도 전반적인 변화가 어떻게 이루어질 것인가를 예측할 수 있다.' 또는 '작은 일을 가지고 대세를 알 수 있다.'는 말이다. 그러나 이것은 긍정적으로 주로 쓰이지만, '사소한 증거를 가지고 과대평가 한다.' 또는 '흥왕하고 있는 가운데 쇠망의 조짐이 보인다.'는 식으로 부정적으로 쓰일 때도 있다.

 ② **文錄**(문록, 송나라 **당경**이 펴냄)에 실린 당나라 시인의 시

당나라 사람이 시를 지어 가로되,
산에 사는 스님이 갑자 세는 것은 모르지만(달과 날이 가는 것은 모르지만),
나뭇잎 하나 떨어지니 천하의 가을을 아노라.

 原文 載唐人詩曰(재당인시왈) 山僧不解數甲子(산승불해수갑자) 一葉落知天下秋(일엽낙지천하추)

 ③ **李子卿**(이자경, 당나라 시인) − 聽秋蟲賦(청추충부)

시대가 함께 하지 않음이여, 세월은 기다려 주지 않는구나.
잎이 하나 떨어짐이여, 천지는 가을이다.

 原文 時不與兮歲不留(시불여혜세불유) 一葉落兮天地秋(일엽낙혜천지추)

---

1) 淮南子(회남자, 책명) : 중국의 고전으로 철학서. 기원전 2세기에 淮南王(회남왕) 劉安(유안)이 그의 賓客(빈객)들과 함께 지었다. 원래는 「內篇(내편)」 21편과 「外篇(외편)」 33편이었으나, 現存本(현존본)은 「내편」 21편만이 전한다. 형이상학·우주론·국가정치·행위규범에 대한 내용을 다루었다.

※ **唐庚**(당경, 1071 ~ 1121)**의 시 '春日郊外**(춘일교외)**'**

城中未省有春光(성중미성유춘광)	성 안에선 아직까지 봄이 온 줄 몰랐더니,
城外榆槐已半黃(성외유괴이반황)	성 밖에는 노르스름 느릅나무 홰나무 물오른다.
山好更宜餘積雪(산호갱의여적설)	높은 산은 눈이 남아 한결 더 아름답고,
水生看欲倒垂楊(수생간욕도수양)	맑은 강은 물이 불어 수양버들 잠겼네.
鶯邊日暖如人語(앵변일난여인어)	꾀꼬리는 햇볕 받으며 사람처럼 재잘대고,
草際風來作藥香(초제풍래작약향)	풀잎은 바람 맞아 한약 향기를 풍겨댄다.
疑此江頭有佳句(의차강두유가구)	이 강가에 아무래도 멋진 시가 있는 것 같아,
爲君尋取却茫茫(위군심취각망망)	그대 위해 찾아보건만 보일 듯 안 보인다.

207 日就月將 일취월장

字解
日 ; 날 일 [日課(일과) : 날마다 일정하게 하는 일. 또는 그 과정]
就 ; 나아갈 취 [就任(취임) : 맡은 자리에 처음으로 일하러 나아감]
　　이룰 취 [成就(성취) : 목적한 바를 이룸]
月 ; 달 월 [月刊(월간) : 달마다 한 번 간행함]
將 ; 장군 장 [勇將(용장) : 용감한 장수]
　　나아갈 장 [日就月將(일취월장) : 날로 달로 자라거나 발전해 나감]

語義 날로 이루고 달로 나아간다.
(나날이 다달이 성장하고 발전함)
(학업이 날이 가고 달이 갈수록 진보함)

用例

▶海建協(해건협) 관계자는 "1980년대 고유가로 우리 업체들이 사우디 주택, 토목 사업에 많이 진출했는데, 2000년대 중반 이후 다시 고유가에 힘입어 발주량이 늘어났다."고 설명했다. 특히 국내 건설업체들의 기술력이 **日就月將**(일취월장)하면서 과거 유럽과 일본, 미국 건설사들이 독식하다시피 했던 플랜트 분야로도 영역을 넓혀, '제2의 중동 붐'을 맞고 있다는 분석이다.
▶그는 재주가 특출해, 학교에 들어가기 전부터 학문을 부친에게 배워 대강 습득하더니, 학교에 입학한 후에는 **日就月將**(일취월장)하여, 시험마다 우등을 도맡아 했다.

【類義語】 日進月步(일진월보) : 날로 나아가고 달로 나아감.
　　　　 刮目相對(괄목상대) : 다른 사람의 학식이나 재주가 크게 진보함.
　　　　 日新又日新(일신우일신) : 날로 새롭고 또 날로 새로워짐.

出典 詩經[1](시경) – 周頌(주송) 閔予小子之什(민여소자지십) 敬之(경지)

敬之敬之(경지경지)	모든 일 삼가고 삼가시리니
天維顯思(천유현사)	하늘은 진실로 밝으오시고
命不易哉(명불이재)	그 命(명)은 지녀 가기 어려우이다.
無曰高高在上(무왈고고재상)	높고 높은 위에 있다고 말하지 마소서.
陟降厥士(척강궐사)	일마다 때마다 내려오시어

日監在玆(일감재자)	나날이 살펴보고 계시나이다.
維予小子(유여소자)	나이와 덕이 아울러 모자라는 나
不聰敬止(불총경지)	그 어찌 마음 깊이 아니 삼가리.
日就月將(일취월장)	**나날이 이루고 다달이 나아가**
學有緝熙于光明(학유집희우광명)	덕의 그 빛 세상에 차게 하리라.
佛時仔肩(불시자견)	卿(경)들은 충성으로 나를 도와서
示我顯德行(시아현덕행)	밝은 덕 어진 행실 보이어 달라.

周(주)나라 제2대 成王(성왕)이 신하들에게 이른 이 말에서 '日就月將(일취월장)'이 유래하였다고 한다. '날로 달로 나아간다.'는 것은 인간의 삶에서 가장 가치 있는 과정일 것이다.

---

1) **詩經**(시경) : 중국 최초의 詩歌(시가) 총집. 고대 聖人(성인) 孔子(공자, B.C.551 ~ B.C.479)가 편집했다고 하는데, 그는 이를 문학적 표현의 정형이라고 일컬었다. 많은 주제를 포괄하고 있음에도 불구하고 그 제재가 줄곧 '즐겁되 음탕하지 않고, 슬프되 상심하지 않기[樂而不淫 哀而不傷(낙이불음 애이불상)]' 때문이다.

周(주)나라 초기(B.C.11세기)부터 춘추시대 중기(B.C.6세기)까지의 시가 305편을 모았다. 크게 「風(풍)」·「雅(아)」·「頌(송)」으로 분류되며, 모두 노래로 부를 수 있다. 「風(풍)」은 민간에서 채집한 노래로 모두 160편이다. 여러 나라의 노래가 수집되어 있다고 하여 國風(국풍)이라고도 하는데, 周南(주남)·召南(소남)·邶(패)·鄘(용)·衛(위)·王(왕)·鄭(정)·齊(제)·魏(위)·唐(당)·秦(진)·陳(진)·檜(회)·曹(조)·豳(빈)의 15개국 노래로 분류된다. 대부분이 서정시로서 남녀간의 사랑이 내용의 주류를 이룬다.

「雅(아)」는 「小雅(소아)」 74편과 「大雅(대아)」 31편으로 구성되며, 궁중에서 쓰이던 작품이 대부분이다. 형식적·교훈적으로 서사적인 작품들도 있다.

「頌(송)」은 周頌(주송) 31편, 魯頌(노송) 4편, 商頌(상송) 5편으로 구성되는데, 신과 조상에게 제사 지내는 악곡을 모은 것이다. '주송'은 대체로 주나라 초기, 즉 武王(무왕)·成王(성왕)·康王(강왕)·昭王(소왕) 때의 작품으로 보인다. '노송'은 노나라 僖公(희공) 때의 시이다. '상송'은『시경』중에서 가장 오래된 시로 여겨져 왔으나, 청대 魏源(위원)이 후대의 작품이라는 증거를 제시했다.

『詩經(시경)』의 내용은 매우 광범위하여 통치자의 전쟁·사냥, 귀족계층의 부패상, 백성들의 애정·일상생활 등의 다양한 모습을 담고 있다. 형식상으로는 四言(4언)을 위주로 하며 賦(부)·比(비)·興(흥)의 표현 방법을 채용하고 있다. '부'는 자세한 묘사, '비'는 비유, '흥'은 사물을 빌려 전체 시를 이끌어 내는 방법을 말한다. 이러한 수법은 후대 시인들이 계승하여, 몇 천 년 동안 전통적인 예술적 기교로 자리 잡았다.

대대로『시경』에 대한 연구는 활발했으며, 漢代(한대)에 유가 경전에 편입되었다. 판본으로는『魯詩(노시)』·『齊詩(제시)』·『韓詩(한시)』·『毛詩(모시)』가『시경』해석과 연구의 주류를 이루었다. 그중 현존하는 판본은 毛萇(모장)의『모시』인데, 鄭玄(정현, 127 ~ 200)의 箋(전)과 孔穎達(공영달, 574 ~ 648)의 疏(소)가 포함되어 있다. 남송 때 朱熹(주희)가 쓴『詩集傳(시집전)』은 영향력이 큰 주석본이다. 淸代(청대)의『시경』에 대한 연구는 후대 학자들에게 좋은 자료가 되고 있다.

208 一敗塗地 일패도지

字解
- 一 : 한 **일**, 하나 일 [一目瞭然(일목요연) : 한눈에 알아볼 수 있게 분명함]
- 敗 : 패할 **패** [敗亡(패망) : 패하여 망함]
  썩을 패 [腐敗(부패) : 썩어서 못 쓰게 됨]
- 塗 : 바를 도 [塗料(도료) : 물건 겉에 발라 썩지 않게 하거나 아름답게 하는 재료]
  진흙 **도** [塗炭(도탄) : 진흙에 뒹굴고, 불에 타는 고통]
- 地 : 땅 **지** [地質(지질) : 땅의 성질]

語義 싸움에 한 번 패하여 진흙땅에 빠지다.
(여지없이 패하여 다시 일어설 수 없게 된 지경)

 用例

▶ 인류의 역사는 전쟁의 역사다. 전쟁의 승패에 따라, 숱한 영웅들이 뜨고 지고 明滅(명멸)했다. 싸우는 두 세력의 힘이 엇비슷해 일진일퇴하는 정도의 전투라면 이기고 지는 것이 되풀이될 때, 싸움에서의 승패는 兵家之常事(병가지상사)라 가볍게 말할 수 있을 것이다. 하지만 죽거나 살거나, 흥하거나 망하거나 양단간에 결판내는 **一敗塗地**(일패도지)의 결정적인 싸움이라면, 그 같은 말은 가치가 없는 말이다.

▶ 나라의 일을 하는 사람들을 우리는 정치인·공무원·관료·공직자 이렇게 부릅니다. 나라의 일을 하면서 국민의 정서를 읽지 못한다면, 그 집단은 **一敗塗地**(일패도지)하게 될 겁니다. 민초들의 살림을 책임져야 하는 것이 집권 세력의 해야 할 일입니다. 민심의 동향을 제대로 알아야 하는 이유가 여기에 있습니다.

【類義語】肝腦塗地(간뇌도지) : 적군의 발에 짓밟힌 간장과 머릿골이 땅바닥에 질퍽하다.

 **出典** **史記**(사기) - 高祖本紀(고조본기)

중국 漢(한)나라 高祖(고조), 즉 劉邦[1](유방)은 젊었을 때에, 태어난 고장인 沛縣(패현)에서 말단 관원으로 있었다. 그는 말단 관원 시절부터 여러 가지로 큰 인물이 될 징조가 보였다. 당시는 秦(진)의 천하였다. 秦始皇帝(진시황제)는 항시 동남쪽에 또 다른 天子(천자)의 기운이 서려 있다며 불안해하고 있었다. 시황제가 그 천자의 기운을 제거하러 온다는 소문을 들은 유방은 자기를 두고 하는 말인지도 모

른다며, 산속으로 도망쳐 들어갔다. 그런데 아내 呂氏(여씨)는 그 비밀 장소를 아주 쉽게 찾아냈다. 유방이 그 이유를 물으니, 유방이 있는 곳에는 항시 구름기가 감돌고 있다는 것이었다. 이 얘기가 퍼져 패현에서는, 그의 부하가 되고 싶어하는 자가 부쩍 늘어났다.

이즈음에 陳勝(진승, ? ~ B.C.209. 진나라 말기 반란군 지도자)이 기현에서 봉기를 하고 진현에 이르러, 왕위에 올라 국호를 '張楚(장초)'라 하였다. 여러 군현에서도 모두 진승을 호응하였다. 沛縣(패현)의 지사도 백성을 이끌고 진승에 호응할 생각으로 蕭何(소하, ? ~ B.C.193. 패현의 하급 관리, 전한 건국의 일등공신)와 曹參(조참, ? ~ B.C.190. 패현 출신으로 진나라 옥리였으나, 후에 전한의 명장이 됨)을 불러 상의하였다. 그러나 소하와 조참은 지사가 반란에 가세한다면 자칫 백성들이 믿지 않을 수 있다면서, 진나라의 가혹한 정치와 부역을 피해 유방을 따라 도망간 백성들을 불러들여, 그들의 힘을 합치면 모두 복종할 것이라고 간하였다.

그리하여 지사는 樊噲(번쾌, ? ~ B.C.189. 중국의 전한 초기의 무장. 유방과 같은 패현 사람)에게 유방을 불러오게 하였다. 그런데 유방이 100명 정도의 무리를 거느리고 오자, 현령은 그들이 모반할지도 모른다는 생각으로 성문을 걸어 잠그고 소하와 조참을 죽이려 했다. 그러나 이들은 이미 성벽을 넘어 유방에게 투항한 뒤였다. 유방은 비단 조각에 천하의 정세에 대해 자세하게 기록한 다음, 화살에 매달아 성안으로 쏘아 보냈다. 이에 성안의 父老(부노)들은 백성들과 함께 지사를 죽이고, 유방을 맞아들여 패현의 지사가 되어 줄 것을 부탁하였다.

그때 劉邦(유방)이 이렇게 말했다.
"천하가 사방으로 어지러워서, 각지의 제후들이 일어나고 있다. 지금 그럴 만한 인물을 장수로 삼지 않는다면, **한 번 패하여 진흙땅에 묻힐 것이다**. 나는 나의 안전을 위해 이런 말을 하는 것이 아니다. 나의 능력이 부족하여 그대들의 부형이나 자제들의 생명을 온전하게 할 수 없음을 두려워하는 것이다. 이는 중대한 일이니, 원컨대 다시 사람을 추천하여 고르는 것이 옳은 것이다."

 原文 劉季曰(유계왈) 天下方擾(천하방요) 諸侯竝起(제후병기) 今置將不善(금치장불선) 一敗塗地(일패도지) 吾非敢自愛(오비감자애) 恐能薄(공능박) 不能完父兄子弟(불능완부형자제) 此大事(차대사) 願更相推擇可者(원갱상추택가자)

하고 사양하였다. 그러나 장로들은 재차 극구 추대하였다.
"평소부터 당신에게는 불가사의한 일만 일어나고 있소. 貴人(귀인)이 될 운명인 것이오. 점을 쳐 보아도 당신이 제일 적당하다고 나와 있소."
이리하여 결국 유방은 沛縣(패현)의 지사가 되었다. 그를 두고 沛公(패공)이라 함은 여기서 유래하며, 이것으로 그는 漢(한)나라 건국의 기초를 닦았다.

'一敗塗地(일패도지)'라는 말은 보통 전쟁에서 쓰던 성어로, '장수를 잘못 써 패해, 전사자의 으깨진 간과 뇌가 흙과 범벅이 되어 땅을 도배하다'로 해석된다. 원래는 '장차 그런 일이 일어나서는 안 된다'라는 의미로 사용되었다. 나중에는 '여지없이 패하다. 철저히 패하여 돌이킬 수 없다.' 더 나아가 '사람을 한 번 잘못 쓰면 일이 잘못되어 수습할 수 없는 지경에 이르다.'는 의미를 가지게 되었다.

후세 사람들은 '앞으로 그런 인물이 나와서는 안 되며, 사람을 쓸 때 적재적소에 배치해야 한다.'는 뜻으로 새겨듣고 있다. 유방은 조심성이 많은 인물이었던 것으로도 유명하다.

---

1) 漢太祖 劉邦(한태조 유방, B.C.247 ~ B.C.195. 재위 B.C.206 ~ B.C.195) : 秦(진)나라의 장수이며, 기원전 206년에 漢(한)나라를 건국하였다. 기원전 202년 項羽(항우)를 격파하고 중국을 통일하였다. 묘호는 太祖(태조), 시호는 高皇帝(고황제)이다. 일반적으로 高祖(고조)라고 부르고 있다. 원래 유방은 高帝(고제)라고 부르는 것이 올바르지만, 司馬遷(사마천, B.C.145? ~ B.C.86년?. 중국 전한의 역사가)이 사기에서 高祖(고조)라고 칭한 이래 고조라는 호칭이 널리 알려졌다.

봉건제와 군현제를 조화시킨 군국제를 실시하였다. 역사학자들은 항우의 무자비한 모습이 백성들의 지지를 끝내 상실함으로써, 출신 성분이 비천하나 인재를 중요시한 유방이 항우를 이긴 원인이라고 분석한다. 하지만 정작 권력을 갖게 되자, 반란 가능성을 의식하여 자신을 도와주었던 英布[2](영포), 彭越[3](팽월), 韓信(한신) 등을 숙청했다. 영포, 팽월 등이 숙청되자, 공포감을 느낀 한신은 스스로 어리석음을 자처하며 물러나지만, 결국 처형당한다.

2) 英布(영포, ? ~ B.C.195) : 漢(한)나라 초기의 개국공신으로, 흔히 黥布(경포)라고도 한다. 어린 시절에 "형벌을 받을 운명이나, 후에 왕이 된다."는 예언을 들었다. 그 뒤에 법을 어겨 문신이 새겨지는 형을 받아, 黥布(경포)라는 별명이 붙여졌다. 陳勝(진승)과 吳廣(오광)의 난이 일어나자, 동료들을 모아 項梁軍(항량군)에 합세하여 용맹을 떨쳤다. 項羽(항우)의 명을 받아 楚(초) 義帝(의제)를 살해하였다. 초한 전쟁 때 항우를 도와 九江王(구강왕)에 봉해졌으나, 유방의 반간계에 넘어가 한나라에 투항하고, 淮南王(회남왕)에 봉해졌다. 유방이 개국공신인 한신과 팽월을 죽이는 것을 보고, 한나라에 반기를 들었으나, 싸움에 져 죽임을 당했다.

3) 彭越(팽월, ? ~ B.C.196) : 中國(중국) 秦(진) 말기부터 楚漢戰爭期(초한전쟁기)의 무장. 字(자)는 仲(중). 진 말기의 전란 중 大盜賊(대도적)으로서 활약해, 劉邦(유방) 高祖(고조)의 막하에 들어가고 나서는 후방 교란 등에 전공을 세웠다. 垓下(해하)에서 한신과 함께 項羽(항우)군을 무찔렀다. 유방이 梁王(양왕)으로 봉했으며, 前漢(전한) 왕조의 중신으로 영화를 누렸다.

그러나 고조 즉위 후, 가신들에 대한 의심이 깊어 가고, 부하의 중상모략, 그리고 여태후의 '팽월과 같은 위험한 인물을 살려 두는 것은 큰 화근'이라는 주장에 의해, 결국 유방은 그를 처형시켰다. 팽월의 시체는 여태후에 의해서 防腐(방부 : 썩지 못하게 막음)를 위해 醢(해 : 소금에 절인 고기)가 되고, 제후들에게 보내졌다. 이 일은 제후 중에서도 굴지의 실력자인 淮南王(회남왕) 英布(영포)의 반란을 부추긴 한 요인이 되었다.

209 自家撞着 자가당착

字解 自 : 스스로 자 [自治(자치) : 저절로 다스려짐. 일을 스스로 다스림]
　　　　몸 자, 자기 자 [自我(자아) : 자기 자신에 대한 의식이나 관념]
　　　家 : 집 가 [農家(농가) : 농사를 짓는 사람의 집]
　　　撞 : 칠 당, 부딪칠 당 [撞球(당구) : 상아나 플라스틱으로 만든 몇 개의 공을 긴 막대기 끝으로 쳐서 승부를 가리는 놀이]
　　　着 : 붙일 착, 붙을 착 [附着(부착) : 떨어지지 아니하게 붙음. 또는 그렇게 붙이거나 닮]
　　　　입을 착 [着服(착복) : 옷을 입음]
　　　　다다를 착 [到着(도착) : 목적한 곳에 다다름]

語義 자기 집을 치고 붙이다. 자기 자신과 부딪치다.
(언행의 앞뒤가 맞지 않음)
(같은 사람의 말이나 행동이 앞뒤가 서로 맞지 아니하고 어긋남)

 用例

▶무상 급식은 반대하면서, 무상 보육을 시행하겠다는 건 **自家撞着**(자가당착)이다. 결국, 남이 하면 불륜이고 내가 하면 로맨스란 말인데, 복지에 대한 철학의 부재와 총선을 의식한 진짜 포퓰리즘이 낳은 웃지 못할 코미디일 뿐이다.
▶대부분의 사람들은 이분법적인 사고가 쉽사리 **自家撞着**(자가당착)에 빠지게 된다는 사실을 분명하게 인식하고 있는 것 같지는 않다. 대표적으로 가장 쉽게 **自家撞着**(자가당착)에 빠질 수밖에 없는 숙명을 가진 사람들은 정치인들인 것 같다. 일반인들에 비해 비교적 극명하게 입장이 바뀌게 되므로, 평소의 이분법적인 언행으로 인하여 언젠가 **自家撞着**(자가당착)에 빠질 수 있다.

【類義語】矛盾(모순) : 어떤 사실의 앞뒤, 또는 두 사실이 이치상 어긋나서 서로 맞지 않음.
　　　　葛藤[1](갈등) : 견해·주장·이해 등이 뒤엉킨 복잡한 상태.
　　　　　　　　　　정신 내부에서 일어나는, 서로 다른 두 가지 욕구가 충돌하는 상태.
　　　　矛盾撞着(모순당착) : 같은 사람의 문장이나 언행이 앞뒤가 서로 어그러져서 모순됨.
　　　　二律背反(이율배반) : 서로 모순되어 양립할 수 없는 두 개의 명제.
　　　　自己矛盾(자기모순) : 스스로의 생각이나 주장이 앞뒤가 맞지 아니함.
【俗 談】제 눈 제가 찌른다.
　　　　꼬부랑자지 제 발등에 오줌 눈다.

出典 禪林類聚(선림유취) - 看經門[2](간경문)

◎ 南堂靜(남당정)의 詩(시)

須彌山高不見嶺(수미산고불견령) 수미산은 높디높아 봉우리도 보이지 않고,
大海水深不見底(대해수심불견저) 큰 바다의 물은 깊어 바닥을 보지 못하네.
簸土揚塵無處尋(파토양진무처심) 흙을 뒤집고 먼지를 털어도 찾을 수 없으니,
回頭撞着自家底(회두당착자가저) 머리 돌려 **부딪치니 바로 자신**이로구나.

看經門(간경문)이란 제목의 남당정 스님이 지은 칠언절구이다. 진리를 찾지만 찾을 수 없고, 결국 이리저리 자신과 부딪친다는 내용이다. '自家(자가)'는 '自己(자기)·自身(자신)'이란 뜻이니, 自家運轉(자가운전)·自家用(자가용) 등이 그 용례이다. '撞着(당착)'은 '둘 이상의 것들이 서로 부딪친다'는 뜻이니, '自家撞着(자가당착)'이라고 하면 스스로 한 말이나 행동이 합당하여 이치에 맞는 것이 아니라, '서로 간에 어긋나 이치에 맞지 않고 모순되는 경우'를 일컫는다. 그래서 흔히 '자가당착에 빠지다.'라고 표현한다.

그럴듯한 이름을 세워 진리를 찾는다고 하지만, 결국 얻은 것은 아무것도 없다는 말이다. 아니 오히려 얻은 것이 없을 뿐만 아니라, 자신에게 해를 끼치는 피해만 자초한다. 지식의 유희에 빠져 함부로 사실을 합리화하는 어리석은 실수에 대한 警句(경구)라고 할 수 있다.

본래 佛家(불가)에서 자기 자신 속에 있는 佛性(불성)을 깨닫지 못하고 외부에 허황된 목표를 만들어 헤매는 것을 경계하는 데 쓰인 말이었으나, 후에 뜻이 확대되어 '자기가 한 말이 앞뒤가 맞지 않는 것'을 비유하는 데 쓰이게 되었다.

---

1) 葛藤(갈등)의 뜻과 由來(유래)

葛藤(갈등)은 '칡과 등나무'라는 뜻으로, '칡덩굴과 등나무덩굴이 서로 얽히는 것과 같이, 뒤엉킨 복잡한 관계'를 가리키는 말이다.

그 유래를 살펴보면, 옛날 어떤 사람이 뜰 안에다 칡[葛(갈)]과 등나무[藤(등)]를 나란히 심고서, 장차 그 그늘을 즐기려고 하였다. 그리고,

"등나무덩굴의 공간을 칡덩굴이 메우게 되면, 서로 보완하여 큰 그늘을 만들게 되어서 참 좋겠구나."

라고 생각하고 되뇌였다. 그런데 그의 기대와 달리, 두 식물이 한데 어울려 서로 감아대느라, 그늘은커녕 서로가 서로를 조여 죽어가고 있었다. 칡과 등나무는 덩굴식물이다. 덩굴식물은 저마다 감는 방향이 다른 성질이 있다. 위에서 보았을 때, 인동·박주가리·등나무 같이 시계 방향으로 감는 것을 '오른쪽감기'라고 한다. 그리고 칡·나팔꽃·메꽃처럼 시계 반대 방향으로 감는 것을 '왼쪽감기'라고 한다. 더덕·환삼덩굴처럼 일정한

방향 없이 감는 것도 있다. 칡과 등나무는 감는 점에서는 둘의 성질이 너무 흡사해서 오히려 서로를 해치고, 방향에서는 서로 달라 서로를 조인 것이다.

'감는 것에는 곧은 것이 어울리고, 감아도 같은 방향이 좋고, 굵은 것에는 가는 것이 조화롭겠구나!'

그는 낫을 들고 와, 아깝지만 그중 한 그루의 밑동을 베어야만 했다. 하나라도 살리자는 뜻이었다.

- **姑婦**(고부) 간의 **葛藤**(갈등)에서 유래했다는 꽃 – '며느리밑씻개'

며느리밑씻개는 여뀌과에 속한, 7 ~ 9월에 꽃피며, 들이나 물가에 흔하게 자라는 한해살이풀로서, 가시모밀·가시덩굴여뀌·사광이아재비 등의 이름도 있다. 가지 끝에 수수알 만한 크기의 꽃이 둥글게 모여 달리고, 연한 홍색을 띠고 있다. 줄기는 덩굴지어 다른 물체에 기어오르며, 가지가 많이 갈라지고 밑을 향한 거친 가시가 많은데, 이 꽃에는 다음과 같은 유래가 있다.

깊은 산촌 마을에, 하루는 시어머니가 밭을 매다가 갑자기 뒤가 마려워 밭두렁 근처에 주저앉아 일을 보았다. 일을 마치고 뒷마무리를 하려고 옆에 뻗어 나 있는 애호박 잎을 덥석 잡아 뜯었는데, '아얏!' 하고 따가워서 손을 펴 보니, 바로 이 풀이 호박잎과 함께 잡힌 것이다. 뒤처리를 다 끝낸 시어머니가 속으로 끙얼거리며 하는 말이,

"저놈의 풀, 꼴도 보기 싫은 며느리년 똥 눌 때에나 걸려들지, 하필이면 나한테 걸려들 게 뭐람."

하고 소리쳤다.

그 뒤로 이 풀은 '며느리밑씻개'라는 이름이 붙여졌다고 전해 내려온다.

2) **看經門**(간경문) : 他力(타력)으로 열반에 드는 문의 하나로 북대문에 해당된다. 부처가 되는 마음을 깨달아 가는 길이 무수히 많지만, 크게 자신 외에 외부의 힘을 빌려서 택하여 들어가는 길을 '他力門(타력문)'이라고 하고, 외부의 힘을 빌리지 않고 자신의 마음을 스스로 들여다보고 마음을 닦고 수행하여 스스로 깨달아 가는 길을 '自力門(자력문)'이라고 한다.

마음을 깨우쳐 들어가려는 해탈 열반의 경지를 둥그런 성으로 '涅槃宮(열반궁)'이라고 비유하여 볼 때, 열반궁으로 마음 깨우쳐 들어가는 문이란 팔만 사천 가지로 무수히 많지만, 이 문을 크게 넷으로 나누어 볼 수가 있다.

他力門(타력문)에 해당되는 서대문인 念佛門(염불문), 동대문에 해당되는 呪力門(주력문), 북대문에 해당되는 看經門(간경문)이 있고, 自力門(자력문)에 해당되는 남대문인 參禪門(참선문)이 있다. 看經門(간경문)의 '看經(간경)'은 '조용히 앉아서 부처님이 설하여 놓으신 경전을 보는 것'을 말한다.

이렇게 自力(자력)의 힘으로 깨달음을 향하는 것이 직행길이며, 빠른 자력의 參禪門(참선문)과 조금 속도는 느린 완행이지만 他力(타력)의 힘을 빌려서 들어가는 念佛門(염불문)·呪力門(주력문)·看經門(간경문)은 마음을 깨우쳐 가는 방법이 조금씩 다를 뿐, 마음을 깨쳐 성불하는 점에서 窮極(궁극)의 목표는 같다.

210 自暴自棄 자포자기

字解
自 : 스스로 자 [自治(자치) : 스스로 다스림. 자주적으로 처리함]
　　자기 자, 몸 자 [自我(자아) : 자기 자신. 자신 자신에 대한 의식이나 관념]
　　부터 자 [自初至終(자초지종) : 처음부터 끝까지]

暴 : 사나울 포(폭) [暴惡(포악) : 사납고 악함]
　　지나칠 포(폭) [暴利(폭리) : 지나친 이익]
　　나타낼 폭 [暴露(폭로) : (부정, 음모, 비밀 따위가) 나타나 드러남, 또는 들추어냄]
　　쬘 폭 [暴暑(폭서) : (햇볕이 매우 심하게) 쬐는 더위. 폭염]

棄 : 버릴 기 [棄權(기권) : 권리를 버림]

語義 자신을 스스로 해치고 버린다.
(몸가짐이나 행동을 되는 대로 취함)
(마음에 불만이 있어 자기 자신을 스스로 버리고 돌보지 않음)

用例

▶ 게으름과 무기력, 의욕상실, **自暴自棄**(자포자기)하는 마음을 없애지 못하면, 시험 합격도 인생의 성공과 행복도 불가능합니다.
▶ 한때 곤궁해도 **自暴自棄**(자포자기)하지 마라. 가난한 집도 깨끗이 청소하고, 가난한 집 여자라도 단정하게 빗질하면, 그 모습이 비록 화려하고 아름답지는 못하여도 그 기품은 저절로 풍겨난다. 사람이 한때 곤궁하고 零落(영락)하였다 하여, 어찌 스스로를 버리고 게을리하랴?

出典 孟子(맹자) – 離婁上篇(이루상편)

중국 戰國時代(전국시대)를 살다간, 亞聖(아성) 孟子(맹자, 본명은 가. 추나라 사람. B.C.372 ~ B.C.289)가 다음과 같이 말했다.

自暴者 不可與有言也(자포자 불가여유언야)
　<u>스스로를 해치는 자</u>와는 더불어 말을 할 수 없다.
自棄者 不可與有爲也(자기자 불가여유위야)
　<u>스스로를 버리는 자</u>와는 더불어 일을 할 수 없다.
言非禮義 謂之**自暴**也(언비예의 위지자포야)

예의가 아닌 일을 말하는 것을 일러 **스스로를 해치는 것**이라 하고,

吾身不能居仁由義 謂之自棄也(오신불능거인유의 위지자기야)

　내 몸이 인에 살고 의를 좇지 않는 것을 일러 **스스로를 버리는 것**이라 한다.

仁人之安宅也(인인지안택야)

　어짊[仁(인)]은 사람이 거할 편안한 집이요,

義人之安路也(의인지안로야)

　옳음[義(의)]은 사람이 밟아야 할 바른 길이다.

曠安宅而弗居(광안택이불거)

　편안한 집을 비워두고 살지 않으며,

舍正路而不由(사정로이불유) 哀哉(애재)!

　바른 길을 버려두고 걷지 않는다. 슬픈 일이로고!

　인간으로서의 神聖(신성)함을 믿지 않고 **버리는 것**을 맹자는 **自暴**(자포)라고 했다. 이는 자기 자신의 존재 의미를 포기하는 일이다. '스스로를 해친다.'는 뜻이다. 또 그러한 인간으로서의 존귀함을 보존하고 발전시켜 나가야 하는 것에 **소극적으로 임하는 것**을 **自棄**(자기)라고 했다. '스스로를 내버린다.'는 뜻이다.

　좀 더 풀이하여 '예의가 아닌 일을 말하고, 인의를 실천하지 않는 것'이라고 하였다. 그러나 오늘날 현대에서는 '스스로 자기 자신을 학대하고, 돌보지 않는다.'는 뜻으로 쓰인다.

※ **菜根譚**(채근담, 명나라 홍자성 지음)**에서 自暴自棄**(자포자기)**가 쓰인 예**

　비록 곤궁에 빠졌다 하더라도 自暴自棄(자포자기)하지 말라.
　가난한 집도 깨끗하게 청소하고 가난한 여자도 머리를 정갈하게 빗으면,
　그 모습이 비록 화려하지 않을망정 기품은 절로 풍아하다.
　선비가 한때 곤궁하여 근심에 싸이고 실의에 빠졌다 할지라도,
　어찌 곧바로 自暴自棄(자포자기)할 수 있겠는가.
　세상을 살아가자면 궁지에 놓일 때도 있고, 실의와 좌절에 빠질 때도 있다.
　이는 누구나 겪는 인생의 험로라고 해도 과언이 아니다.
　중요한 점은 바로 그런 어려움에 처했을 때의 자세이다.
　이런 때 '精神一到(정신일도) 何事不成(하사불성)'을 가슴에 안고 살아야 한다.
　자기 자신을 소홀이 다루고 스스로 체념한다면, 열릴 운도 막히고 마는 법이다.

211 輾轉反側 전전반측

字解 輾 : 돌 전, 구를 전 [輾轉(전전) : 누워서 이리저리 뒤척임]
　　　　轉 : 구를 전 [自轉(자전) : 저절로 돎. 스스로 돎]
　　　　　　옮길 전 [轉嫁(전가) : 자기의 허물을 남에게 옮김]
　　　　反 : 돌이킬 반 [反擊(반격) : 쳐들어오는 적을 되받아 공격함]
　　　　側 : 곁 측 [側近(측근) : 곁의 가까운 곳. 곁에서 가까이 지내는 사람]
　　　　　　기울일 측 [反側(반측) : 누운 자리에서 몸을 뒤척임]

※ '輾(전)'은 '90°쯤 돌아 몸을 모로 세우는 것'이고, '轉(전)'은 '뒹굴다'라는 뜻이다. '反(반)'은 '뒤집는 것'이고, '側(측)'은 '옆으로 세운다'는 뜻이다. 즉, 위를 바라보고 반듯이 누웠다가 차례대로 90°씩 몸을 굴리면, 몸은 다시 원래 상태로 돌아온다. '근심과 걱정으로 이리저리 뒤척이며 잠을 이루지 못함'을 비유한다.

語義 돌아눕고 구르고 반대로 옆으로 눕다.
(걱정거리로 마음이 괴로워 잠을 이루지 못함)
(원래는 미인을 사모하여 잠을 이루지 못함)

 **用例**

▶추석 연휴 기간 부산 시민 경계령이 내렸다. 고향 경남을 찾는 부산 시민들을 당연히 반겨야겠지만, 이를 **輾轉反側**(전전반측)하며 걱정해야 할 경남도민들이 있다. 바로 진주·사천·남해·산청 등에서 활동하는 남강댐 대책위원회 사람들이다. 최근 남강댐 부산물 공급 정책을 확정지으려는 부산시의 움직임이 총공세 형태를 띠고 있다는 판단 때문이다.
▶고민으로 인하여 잠을 이루지 못하는 일, 혹은 잠자지 못하고 뒤척임을 되풀이하는 것을 형용하여 '**輾轉反側**(전전반측)'이라고 하거니와, 이 말은 본래는 아름다운 여인을 그리워하여 잠을 이루지 못하는 것을 형용해서 하는 말이다. **輾轉反側**(전전반측)은 누워서 수레바퀴가 한없이 돌듯이 옆으로 뒤척인다는 뜻이다.

【類義語】輾轉不寐(전전불매) : 몸을 이리저리 뒤척이며 잠을 이루지 못함.
　　　　 寤寐不忘(오매불망) : 자나 깨나 잊지 못함.

 **詩經**(시경) – 周南篇(주남편) 關雎章(관저장)

關關雎鳩 在河之州(관관저구 재하지주)
　　구룩구룩 雎鳩(저구 : 물새, 물수리)는 강가 섬에 있도다.
窈窕淑女 君子好逑(요조숙녀 군자호구)
　　아리따운 아가씨는 군자의 좋은 짝이로다.
參差荇菜 左右流之(참치행채 좌우유지)
　　들쭉날쭉한 마름풀을 좌우로 헤치며 따는도다.
窈窕淑女 寤寐求之(요조숙녀 오매구지)
　　아리따운 아가씨를 자나 깨나 구하는도다.
求之不得 寤寐思服(구지부득 오매사복)
　　구하여도 얻지 못하니 자나 깨나 생각하는도다.
悠哉悠哉 輾轉反側(유재유재 전전반측)
　　생각하고 또 생각하는지라 **돌아눕고 구르며 잠을 이루지 못하도다.**
參差荇菜 左右采之(참치행채 좌우채지)
　　올망졸망 조아기풀 이리저리 캐고 있네.
窈窕淑女 琴瑟友之(요조숙녀 금슬우지)
　　곱고 고운 아가씨들 거문고로 사귀노라.
參差荇菜 左右芼之(참치행채 좌우모지)
　　올망졸망 조아기풀 이리저리 삶고 있네.
窈窕淑女 鐘鼓樂之(요조숙녀 종고락지)
　　곱고 고운 아가씨들 북 치면서 즐기노라.

이 시는 5연으로 된 四言古詩(4언고시)로, 서정적이며 소박하고 진솔한 군자와 요조숙녀간의 至純(지순)한 사랑을 그렸다. 성인으로 이름 높은 周文王(주문왕)과 그의 아내 太姒(태사)를 높이 칭송한 것이다. 내용은 강기슭에서 울고 있는 雎鳩(저구)라는 물새를 아름다운 숙녀에 비유하여 노래한 것이다.
　제 1연에서는 애정의 아름다움을 나타냈으며, 제 2연에서는 요조숙녀에 대한 연정을 그렸고, 제 3연에서는 애정에 따른 끝없는 번민을 표현했으며, 제 4연에서는 애정의 성취를, 제 5연에서는 성취된 사랑을 통한 즐거운 삶을 그린 시이다. 제 3절의 결구가 '輾轉反側(전전반측)'이다.
　즉, 이 노래는 물쑥을 따면서 부르는 戀歌(연가)이다. 즉, 勞動歌(노동가)임과 동시에 어여쁜 처녀를 짝사랑하는 戀愛歌(연애가)이기도 하다. '輾轉反側(전전반측)'은 이처럼 처음에는 요조숙녀, 즉 아름다운 여인을 그리워하여 잠을 이루지 못하는 것을 비유했다. 하지만 지금은 그 뜻이 퇴색되어, '걱정거리로 마음이 괴로워 잠을 이루지 못함'을 주로 이르는 말이 되었다.

212 轉禍爲福 전화위복

字解 轉 : 구를 전 [自轉(자전) : 저절로 돎. 스스로 돎]
옮길 전 [轉嫁(전가) : 자기의 허물을 남에게 옮김]

禍 : 재앙 화, 재화 화 [禍根(화근) : 재앙의 근원]

爲 : 할 위 [爲政者(위정자) : 정치를 하는 사람]
될 위 [爲人(위인) : 사람됨]
하여금 위 [爲我心惻(위아심측) : 나로 하여금 마음을 측은하게 하다]

福 : 복 복, 행복 복 [福祉(복지) : 행복과 이익. 만족할 만한 생활환경]

語義 화가 굴러 복이 된다.
(어떤 불행도 꾸준한 노력과 강인한 의지로 힘쓰면, 행복으로 바꿀 수 있음)

 用例

▶ 월드컵 최종 예선을 앞두고 있음을 감안할 때, 오늘 패배는 **轉禍爲福**(전화위복)의 계기가 될 수도 있다. 축구에서는 어떤 결과도 나올 수 있다. 어이없는 패배도 짜릿한 승리도 맛볼 수 있는 그 야말로 둥근 공의 게임이다. 오늘의 결과에 일희일비하기보다는 미래를 보고 준비해야 할 시기이다. 오늘의 일보 후퇴가 내일의 이보 전진을 가져오는, 쓰지만 몸에 좋은 약이 되었으면 한다.

▶ 지난 화요일 캐나다 TV를 잠시 보는데, 웬 한국 사람들과 한국말들이 계속 나오기에 자세히 살펴보았더니, 한 15분가량 한국 특집을 내보내는 것이었다. 그 내용은 한국이 지난번 IMF 위기를 잘 극복하고, 오늘날 **轉禍爲福**(전화위복)을 이루었다는 칭찬과 존경의 내용이었다. 나는 그 TV를 보면서 한국인으로서 새삼 긍지를 느끼게 되었다.

【類義語】 反禍爲福(반화위복) : 화를 돌이켜 복을 만듦.
塞翁之馬(새옹지마) : 인생의 길흉화복은 예측하기 어려움.
轉敗爲功(전패위공) : 실패한 것을 거울삼아 성공을 이룸.

 **出典** **史記**(사기) – 管晏列篇(관안열편)

중국의 管仲(관중 : 중국 춘추시대 정치가)이 齊(제)나라 재상이 되어 국정을 담당하게 되자, 변변치 못한 제나라였지만 바다를 낀 이로움을 이용하여, 물자를 유통시키고 財貨(재화)를 축적하여, 나라를 富(부)하게 하고 병력을 강화시켜서, 백성들이 苦樂(고락)을 같이하는 공평함이 있게 했다.

그러므로 그는 자신의 저서인 『管子¹⁾(관자)』「牧民編(목민편)」에서 말하되,

"백성이란 창고에 양식이 차 있어야만 예절을 알 수 있고, 衣食(의식)이 충분하여야 榮辱(영욕)을 알 수 있는 것이다. 위에 있는 자가 절도를 지키면 一家(일가)는 화목하고, 정치에 支柱(지주)가 확고하게 서 있지 않으면 나라는 망하고 마는 것이다. 아래로는 政令(정령)이란 흐르는 물의 원류처럼 민심을 따라야 한다."

고 했다. 관중은 정령의 내용을 알기 쉽게 하여 실행하기 쉽게 만들었다. 일반 백성들이 싫어하는 것은 없애 주었다. 그가 하는 정치는 **화를 복으로 만들고**, 실패를 성공으로 만들고, 지나치거나 부족함이 없도록 세심한 배려를 했다.

 原文 管仲旣任政相齊(관중기임정상제) 以區區之齊在海濱(이구구지제재해빈) 通貨積財(통화적재) 富國强兵(부국강병) 與俗同好惡(여속동호오) 故其稱曰(고기칭왈) 倉廩實而知禮節(창름실이지예절) 衣食足而知榮辱(의식족이지영욕) 上服度則六親固(상복도즉육친고) 四維不張(사유부장) 國乃滅亡(국내멸망) 下令如流水之原(하령여류수지원) 令順民心(영순민심) 故論卑而易行(고논비이이행) 俗之所欲(속지소욕) 因而予之(인이여지) 俗之所否(속지소부) 因而去之(인이거지) 其爲政也(기위정야) 善因禍而爲福(선인화이위복) 轉敗而爲功(전패이위공) 貴輕重(귀경중) 愼權衡(신권형)

※**原文**(원문) **語彙**(어휘) 풀이
- 廩(름) : 곳집.
- 服(복) : 정치를 하는 방법.
- 六親(육친) : 부모, 형제, 처자 즉, 가족.
- 四維(사유) : 네 개의 큰 기둥. 국가 질서를 이루는 네 개의 정신적인 支柱(지주).
  관자에 의하면 禮(예)·義(의)·廉(염)·恥(치)의 네 가지.

위의 禍而爲福(화이위복)에서 '화가 복이 된다.', '화를 극복하여 복으로 만든다.'는 뜻의 '轉禍爲福(전화위복)'이라는 성어가 생겼다.

---

1) 管子(관자, 책명) : 중국 전국시대 후기의 諸家百家(제가백가) 논문집. 齊(제)나라 管仲(관중)의 이름을 따서 지은 것이다. 원본은 86편이나 현재 76편만이 전한다. 제나라의 法家(법가)를 위주로 하여, 기타 여러 학파의 학술사상 논문을 모아 만든 것이다. 내용이 잡다하여 법가·道家(도가)·名家(명가)의 사상과 天文(천문)·曆數(역수)·地理(지리)·經濟(경제)·農業(농업) 등의 과학 지식을 포함한다. 그중 心術(심술)·白心(백심)·內業(내업) 등은 氣(기)와 관련이 있는 도가 학설을 싣고 있으며,「水地(수지)편」에서는 물이 만물의 근원이라는 이론을 제시하고 있다. 牧民(목민)·權修(권수)·刑勢(형세)·七法(칠법) 등은 관중이 남긴 말이나 사상을 기록한 것이다.

※ 轉禍爲福(전화위복)에 관한 예화 모음

- **부시 대통령과 브로콜리** : 조지 W. 부시 미국 대통령이 어느 날 식당에서 음식을 주문하면서, 자기 음식에는 브로콜리를 넣지 말라고 부탁했다. 이 일은 곧 입소문을 통해 퍼졌다. '부시는 브로콜리를 싫어한다.'는 소문으로 애꿎은 피해를 본 브로콜리 재배 농장주들은 함께 모여 대책을 논의했다. 그들은 거친 항의 대신에 한 통의 편지와 대형 화물차에 가득 실은 브로콜리를 대통령에게 선사하기로 했다.

  "대통령님, 이것은 당신을 대통령으로 뽑아준 미국 사람들이 즐겨 먹는 채소입니다. 단백질이 많고 철분이 다량 함유돼 있으며, 몸에 상당히 이롭습니다. 지금까지의 생각을 바꾸셔서 이것을 즐겨 드시면 감사하겠습니다."

  편지의 내용과 선물 사건은 언론에 보도되고 엄청난 홍보 효과를 거두어, 전보다 훨씬 많은 브로콜리를 팔 수 있게 되었다. 그들은 화를 복으로 바꾼 것이다.

- **'코끼리 들어온 식당'의 대박** : 지난 2005년 4월 20일. 어린이대공원에서 탈출한 코끼리 6마리 중 3마리가, 서울 광진구 모진동에 있는 한 식당에 난입해 소동을 벌였다. 당시 코끼리들은 음식점 안에 있던 당근 등을 마구 집어먹고 탁자, 오토바이, 유리창 등을 부수는 등 큰 피해를 입혔다.

  이 식당은 이로 인해 코끼리 공연사로부터 받은 피해 보상금에 돈을 더 보태 리모델링 작업을 하고, '코끼리 들어온 집'이라고 상호를 바꾸었는데, 이 음식점이 코끼리 덕에 유명해져 손님들이 줄을 잇고 있다고 한다. 그래서 이 식당 주인은 '轉禍爲福(전화위복)을 가져다 준 코끼리들의 사진을 식당 벽에 걸어 놓고 기념할 생각'이라고 말했다.

- **실수가 만든 발명** : 알렉산더 플레밍이 페니실린을 발명할 때 일이다. 그는 당시 어린아이들에게 유행하던 부스럼을 연구하다가, 그만 실수로 세균을 배양하는 접시 뚜껑을 닫지 않고 퇴근했다. 그 다음날 출근해 보니, 뚜껑이 열린 접시에 푸른색 곰팡이가 생겼는데, 접시 안에 잔뜩 배양돼 있던 세균이 다 죽어버린 것이었다. 그는 곧 푸른곰팡이 연구를 하여 페니실린을 발명하였고, 그 공로로 노벨상을 받았다. 실험실 접시의 뚜껑을 덮지 않은 결정적인 실수가 곧 성공으로 가는 길이었던 것이다. 轉禍爲福(전화위복)의 대표적인 사례이다.

- **정리해고가 준 선물** : 미국의 '홀리데이 인 호텔'을 건축한 사람의 이름은 윌리스 존슨이다. 그는 원래 조그마한 제재소에서 일하던 목공이었다. 그는 마흔 살 때, 직장에서 정리해고를 당했다.

  "존슨, 이제 회사에 나오지 않아도 된다. 이 일은 네게 적합하지 않아."

  존슨은 하늘이 무너지는 듯한 충격을 받았다. 그때는 최악의 불황기라 취직이 쉽지 않았다. 사람들은 잔뜩 움츠린 채 廢蟄(폐칩 : 외출하지 않고 집안에만 들어박혀 있음)의 삶을 살고 있었다. 존슨은 절망적인 상황에서 용기를 냈다.

  '이제부터 새로운 인생을 열자. 취직은 안 되니, 내가 스스로 할 수 있는 일을 하자. 집을 담보로 대출을 받아 건축 사업을 시작하자.'

  정리해고를 당한 존슨은 용기 있게 건축 사업을 시작해, 그의 재능은 활짝 꽃을 피웠다. 5년 후에는 수백만 달러를 저축했다. 그는 건축회사를 건립해 홀리데이 인 호텔을 건축했다. 존슨은 回顧(회고)했다.

  "나를 정리해고한 사람에게 감사한다. 그날의 고통이 축복의 관문이었다."

  그는 禍(화)를 福(복)으로 바꾼 것이다.

213 切磋琢磨 절차탁마

字解
- 切 : 자를 **절**, 끊을 절 [切斷(절단) : 잘라 냄. 끊어 냄]
  모두 체 [一切(일체) : 모든 것. 온갖 사물]
- 磋 : 갈 **차** [切磋(절차) : 자르고 갈음]
- 琢 : 쫄 **탁** [彫琢(조탁) : 보석 따위를 새기고 쫌]
- 磨 : 갈 **마** [磨擦(마찰) : 두 물건이 서로 닿아서 갈리거나 비벼짐]

語義 톱으로 자르고, 줄로 갈고, 끌로 쪼며, 숫돌에 간다.
(옥이나 돌 따위를 갈고 닦아서 빛을 낸다)
(학문이나 인격을 갈고 닦음)
(기술을 익히고 사업을 이룩함)

※ 古代(고대) 중국의 玉(옥)을 가공하는 기술

　　玉(옥)의 原石(원석)을 구해서 원하는 모양으로 옥을 만드는 과정은 모두 4가지가 있다. 첫 단계는 옥을 원석에서 분리하기 위하여 옥의 모양대로 자르는 것이다. 이 공정을 '자른다'는 뜻의 '切(절)'이라고 한다. 두 번째 공정은 '썬다'는 뜻의 '磋(차)'로, 내가 원하는 모양으로 옥을 썰어 내는 과정이다. 세 번째 공정은 '쫀다'는 뜻의 '琢(탁)'으로, 도구로 옥을 모양대로 쪼는 과정이고, 네 번째 공정은 '간다'는 뜻의 '磨(마)'로, 완성된 옥을 갈고 닦는 과정이다. 즉 **切磋琢磨**(절차탁마)'는 자르고, 썰고, 쪼고, 갈아서 옥을 만드는 가공 공정을 말한다.

 用例

▶ "지금까지 50만이 넘는 관객을 동원했다. '**切磋琢磨**(절차탁마)'해서 100만이 넘는 팬들을 만날 수 있도록 최선을 다하겠다!" '월드스타'로 발돋움하고 있는 ○○○가 공연으로 전 세계에서 100만 관객을 동원하겠다는 야심찬 계획을 밝혔다.

▶ 영웅을 만나기 위해선, 시간과 정성을 다 바치고 당신의 자존심까지 버리고 배움 앞에 인내할 수 있는 **切磋琢磨**(절차탁마)의 자세가 필요하다. 병아리는 달걀에서 나온다. 하지만 단순히 달걀이 깨진다고 병아리가 나오는 것은 아니다.

 ① **詩經**(시경) - 衛風(위풍) 淇澳篇(기오편)

언변과 재기가 뛰어난 子貢(자공)이 스승인 孔子(공자)에게 이렇게 물었다.
"선생님, 가난하더라도 남에게 아첨하지 않으며[貧而無諂(빈이무첨)], 부자가 되더라도 교만하지 않

는 사람이 있다면[富而無驕(부이무교)], 어떤 사람일까요?"

"좋긴 하지만, 가난하면서도 도를 즐기고[貧而樂道(빈이낙도)], 부자가 되더라도 예를 좋아하는 사람만은 못하느니라[富而好禮(부이호례)]."

공자의 대답에 이어, 자공은 또 이렇게 물었다.

"『詩經(시경)』에 '선명하고 아름다운 군자는, 뼈나 象牙(상아)를 **잘라서 줄로 간 것**[切磋(절차)]처럼 또한 옥이나 돌을 **쪼아서 모래로 갈은 것**[琢磨(탁마)]처럼, 밝게 빛나는 것 같다'고 나와 있는데, 이는 선생님이 말씀하신 '수양에 수양을 쌓아야 한다.'는 것을 말한 것일까요?"

공자는 이렇게 대답했다.

"賜(사 : 자공의 이름)야, 이제 너와 함께 『詩經(시경)』을 말할 수 있게 되었구나. 과거의 것을 알려주면 미래의 것을 안다고 했듯이, 너야말로 하나를 들고 둘을 알 수 있는 인물이로다."

곧 '切磋琢磨(절차탁마)'는 '뼈나 상아를 자르고 깎고, 옥이나 돌을 쪼아서 갈고 닦아 빛나게 하듯, 수양에 수양을 쌓아야 한다.'는 말로, '學文(학문)이나 技藝(기예)를 힘써 갈고 닦음'을 비유한 말이다.

玉(옥)도 하루아침에 만들어지는 것이 아니다. 옥의 원석을 갈고 다듬는 과정에서 진정 최고의 옥을 만들어 낼 수 있듯, 성공한 사람들은 목표를 세우고 그 목표를 달성하기 위해 무수한 노력을 해온 결과 성공을 이룬 것이다. 좋은 옥이란 하루아침에 만들어질 수가 없듯이, 모든 일에는 절차가 있고 과정이 있는 법이다. 이 절차를 무시하면 좋은 결과를 기대할 수가 없다.

세상의 모든 존재는 本末(본말)이 있고, 세상의 모든 일은 始終(시종)이 있다. 그 先後(선후)를 제대로 안다면 쉽게 목표를 달성할 수가 있을 것이다.

 ② 大學(대학)

"자르는 듯하고 쓸 듯함은 학문을 말하는 것이요, **쪼는 듯하고 갈 듯함**은 스스로 닦는 일이다[**如切如磋**者(여절여차자) 道學也(도학야) **如琢如磨**者(여탁여마자) 自修也(자수야)]."라고 하여, 切磋(절차)는 학문을 뜻하고, 琢磨(탁마)는 수양을 뜻하는 것으로 되어 있다. 이 '如切如磋(여절여차) 如琢如磨(여탁여마)'에서 如(여)자를 뺀 것이 '切磋琢磨(절차탁마)'이다.

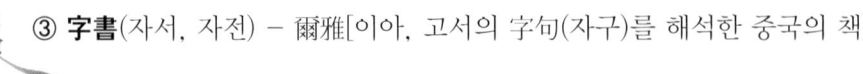 ③ 字書(자서, 자전) - 爾雅[이아, 고서의 字句(자구)를 해석한 중국의 책]

"뼈는 그것을 **자른다**고 이르고, 상아는 그것을 **간다**고 이르고, 옥은 그것을 **쫀다**고 이르고, 돌은 그것을 **간다**고 이른다[骨謂之切(골위지절) 象謂之磋(상위지차) 玉謂之琢(옥위지탁) 石謂之磨(석위지마)]."

이와 같이 '切磋琢磨(절차탁마)'는 공예품을 만들어 낼 때의 정성과 노력과 인내심을 가지고 학문과 덕성을 함양하여, 길이 백성들에게 잊혀지지 않는 훌륭한 君子(군자)가 되라는 것을 이르는 것이다.

214 井底之蛙 정저지와

字解   井 : 우물 정 [井中觀天(정중관천) : 우물 속에서 하늘을 봄]
　　　　　저자 정 [市井(시정) : 인가가 모인 곳.
　　　　　　　　　　　중국 上代(상대)에 우물이 있는 곳에 사람이 모여 살았다는 데서
　　　　　　　　　　　유래]

　　　　底 : 밑 저 [海底(해저) : 바다의 밑바닥]
　　　　　속 저 [底意(저의) : 속에 품고 있는 뜻]

　　　　之 : 갈 지 [之東之西(지동지서) : 동으로 갔다 서로 갔다 함.
　　　　　　　　　　　어떤 일에 주견이 없이 갈팡질팡함을 이르는 말]
　　　　　의 지 [會稽之恥(회계지치) : 회계산의 수치, 즉 전쟁에 패한 치욕]

　　　　蛙 : 개구리 와 [蛙聲(와성) : 개구리 우는 소리]

語義   우물 밑(안)의 개구리.
　　　　(소견이나 견문이 몹시 좁은 것)

 **用例**

▶아무리 천재적인 지혜와 역량을 가진 사람이라 할지라도, 널리 남의 의견을 들어서 衆智(중지)를 모아 놓지 아니하면, 자기 깜냥의 **井底之蛙**(정저지와)의 偏見(편견)으로 獨善(독선)과 獨斷(독단)에 빠져서, 大事(대사)를 그르치는 일은 옛날부터 非一非再(비일비재)한 것이다.

▶**井底之蛙**(정저지와), 곧 너는 우물 안 개구리라 오직 하나만 알고 둘은 모르는도다. 오자서의 兼人之勇(겸인지용)도 검광에 죽어 있고, 초패왕의 氣蓋世(기개세)도 해하성에 패하였으니, 우직한 네 용맹이 내 지혜를 당할소냐. 〈별주부전〉

【類義語】 坐井觀天(좌정관천) : 우물 속에 앉아서 하늘 보기.
　　　　　以管窺天(이관규천) : 대롱으로 하늘 보기.
　　　　　通管窺天(통관규천) : 대롱을 통하여 하늘 보기.
　　　　　管中窺豹(관중규표) : 대롱으로 표범을 엿봄.
　　　　　蜀犬吠日(촉견폐일) : 촉나라의 개가 해를 보고 짖기.
　　　　　越犬吠雪(월견폐설) : 월나라의 개가 눈을 보고 짖기.
　　　　　尺澤之鯢(척택지예) : 작은 못 속의 암고래.

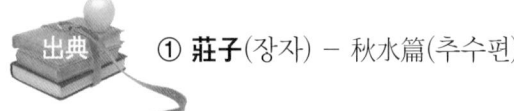 ① 莊子(장자) - 秋水篇(추수편)

중국 黃河(황하)의 神(신)인 河伯(하백)이 강물을 따라가다가, 처음으로 北海(북해)에 가서 동해를 바라보았다. 황하가 큰 줄만 알았는데, 동해를 보니 너무 크고 넓음에 놀라서, 북해의 神(신)인 若(약)에게 말했다.

"나는 지금까지 이 세상에서 황하가 가장 넓은 줄로 알고 있었는데, 지금 이 바다를 보고서야 넓은 것 위에 보다 넓은 것이 있다는 것을 깨달았소. 내가 여기에 와 보지 않았던들 영영 識者(식자)들의 웃음거리가 될 뻔했소."

그러자 북해의 신인 약이 말했다.

"<u>우물의 개구리</u>에게 바다를 이야기할 수 없는 것은 사는 곳에 구속된 까닭이며, 여름 벌레가 얼음을 말할 수 없는 것은 한 계절에 고정되어 산 까닭이며, 정직하지 못한 선비는 도에 대해서 말할 수 없는 것은 세속적인 가르침에 구속되어 있기 때문이다.

그러나 이제 당신은 좁은 개울에서 나와, 큰 바다를 바라보고 나서, 자기가 보잘것없는 존재임을 알았기 때문에, 이젠 당신과 함께 천하의 진리를 말할 수 있을 것이다."

 原文 井蛙(정와) 不加以語於海者(불가이어어해자) 拘於虛也(구어허야) 夏蟲(하충) 不可以語於氷者(불가이어어빙자) 篤於時也(독어시야) 曲士(곡사) 不可以語於道者(불가이어어도자) 束於敎也(속어교야) 今爾出於崖涘(금이출어애사) 觀於大海(관어대해) 乃知爾醜(내지이추) 爾將可與語大理矣(이장가여어대리의)

이 문답을 통하여 莊子(장자)는 道(도)의 높고 큼과 大小貴賤(대소귀천)은 정하여진 것이 아니니, 대소귀천의 구별을 잊고서 道(도)에 따라야 한다고 주장하고 있다.

 ② 後漢書(후한서)

중국의 <u>王莽</u>¹⁾(왕망)이 前漢(전한)을 멸하고 세운 <u>新</u>²⁾(신)나라 말경, <u>馬援</u>³⁾(마원)이란 인재가 있었다. 그는 관리가 된 세 형과는 달리 고향에서 조상의 묘를 지키다가, 隴西[농서 : 甘肅省(감숙성)]에 웅거하는 隗囂(외효)의 부하가 되었다.

그 무렵, <u>公孫述</u>⁴⁾(공손술)은 蜀(촉) 땅에 成(성)나라를 세우고, 황제를 僭稱(참칭 : 분수에 넘치게 스스로를 임금이라 이름)하며 세력을 키우고 있었다. 외효는 그가 어떤 인물인지 알아보기 위해 마원을 보냈다. 마원은 고향 친구인 공손술이 반가이 맞아 주리라 믿고 즐거운 마음으로 찾아갔다. 그러나 공손술은 계단 아래 무장한 군사들을 도열시켜 놓고, 위압적인 자세로 마원을 맞았다. 그리고 거드름을 피우며 말했다.

"옛 우정을 생각해서 자네를 장군에 임명할까 하는데, 어떤가?"

마원은 잠시 생각해 보았다. '천하의 雌雄(자웅)은 아직 결정되지 않았는데, 공손술은 예를 다하여 천하의 인재를 맞으려 하지 않고 허세만 부리고 있구나. 이런 자가 어찌 천하를 도모할 수 있겠는가……' 마원은 서둘러 돌아와서 외효에게 고했다.

"공손술은 좁은 촉 땅에서 으스대는 재주밖에 없는 '**우물 안 개구리[井中之蛙**(정저지와)]'였습니다."

그래서 외효는 공손술과 손잡을 생각을 버리고, 훗날 後漢(후한)의 시조가 된 光武帝(광무제. 재위 25 ~ 57)와 修好(수호)하게 되었다.

---

1) **王莽**(왕망, B.C.45 ~ A.D.23. 재위 A.D.8 ~ 23) : 중국 전한의 정치가. 자는 巨君(거군). 자신이 옹립한 漢(한)의 平帝(평제, ? ~ ?. 중국 전한의 제14대 마지막 황제)를 독살하고 제위를 빼앗아, 나라를 세워 국호를 新(신)으로 명명하였다. 後漢(후한) 광무제 劉秀(유수)에게 피살되었다. 신나라는 15년 만에 멸망하였다.

2) **新**(신, 8 ~ 23) : 前漢(전한)의 외척 王莽(왕망)이 전한을 멸망시키고 세운 나라. 왕망은 전한 황실의 외척 왕씨의 일족이었다. 전한 元帝(원제)의 황후인 王政君(왕정군), 또는 孝元皇后(효원황후)의 숙부인 왕망이 계속되는 어린 황제들의 즉위로 권력을 장악하였다. 기원전 8년 대사마가 되었고, 9세의 平帝(평제)를 옹립한 후 安漢公(안한공)이 되었다. 그러나 평제를 독살한 다음, 宣帝(선제, B.C.91 ~ B.C.49. 제10대 황제)의 현손인 2살짜리 劉嬰(유영)을 세워 황태자로 삼아 孺子(유자)라 칭하고, 스스로 섭정을 하며 假皇帝(가황제)를 자칭하였으며, 8년에는 전한을 무너뜨리고 新(신)나라를 세웠다. 그리고 황제에 즉위하였다.

왕망은 토지의 국유화, 노비 매매 금지 등의 정책을 폈으나, 이와 같은 개혁 정책은 실정에 맞지 않아 사회는 혼란에 빠졌다. 匈奴(흉노)를 비롯한 대외 정책도 실패했기 때문에 안팎으로 불안과 동요가 고조되었다.

잦은 災害(재해 : 재위 2, 5, 11년의 황하 범람)와 호족 세력이 반발하여 각지에서 봉기가 일어났고, 그 결과 赤眉(적미)·綠林(녹림) 등의 농민 반란이 각지에서 발생하였다. 또 지방의 여러 호족도 이에 호응하여 봉기하여, 왕조 개창 15년 만에 赤眉軍(적미군)의 침공으로 왕망은 죽임을 당하고 신왕조는 멸망하였다. 그리고 後漢(후한)의 光武帝(광무제, B.C.6 ~ A.D.57. 후한의 초대 황제. 재위 25 ~ 57)가 집권하였다.

3) **馬援**(마원, B.C.14 ~ A.D.49) : 중국 後漢(후한) 때의 武將(무장), 정치가. 자는 文淵(문연). 광무제 때 羌族(강족)을 평정하였으며, 交趾(교지)의 난을 진압하고 흉노족을 쳐서 공을 세웠다. 후에 남방의 武陵蠻(무릉만) 토벌 중 병사하였다.

4) **公孫述**(공손술, ? ~ A.D.36) : 중국 後漢(후한) 때의 武將(무장), 정치가. 자는 子陽(자양). 처음에는 신나라 왕망을 섬겼으나, 후에 成都(성도)에서 병사를 일으켜 파촉을 평정하고, A.D.25년에 天子(천자)라 칭하고, 국호를 成家(성가)라고 하였다. 뒤에 光武帝(광무제)에게 멸망하였다.

215 齊東野人 제동야인

字解
- 齊 : 제나라 **제** [齊人(제인) : 제나라 사람]
  가지런할 제 [整齊(정제) : 정돈되어 한결같이 가지런함]
- 東 : 동녘 **동** [東風(동풍) : 동쪽에서 불어오는 바람. 봄바람]
- 野 : 들 **야** [野人(야인) : 들에 사는 사람. 순박한 사람. 벼슬하지 않은 사람]
- 人 : 사람 **인** [人智(인지) : 사람의 지혜. 사람의 슬기나 지능]

語義 제나라 동쪽의 들에 사는 사람.
(사리에 밝지 못한 시골 사람)

用例

▶단군의 사실은 오래되고 자세하지 않아서 이치로 따지기 곤란하나, 신라 三姓(삼성 : 박·석·김)의 시조와 고구려의 高氏(고씨)의 시조와 수로·견훤에 이르러서는 모두 한나라와 당나라 때의 사람들이니, 중국의 경우는 뱀의 몸 伏羲氏(복희씨)·소의 머리 神農氏(신농씨) 등의 전설 이후에는 듣지 못하였는데, 유독 우리나라에만 이런 기괴한 일이 있다 하니, 어째서인가. 우리나라의 文獻(문헌)이 가장 늦게 나왔기 때문에 이치 밖의 말이 있지 않는 것이 없으니, 이는 이른바 **齊東野人**(제동야인)들의 말로써 취하여 기준으로 삼을 수가 없다.

▶친구들께서도 美辭麗句(미사여구), 一筆揮之(일필휘지) 댓글로 부추기지 마시게나. 菽麥(숙맥)不變(불변)이요, **齊東野人**(제동야인)이 되시지 않으려면 처신을 잘해야 될 줄 압니다.

 **孟子**(맹자) - 萬章章句上(만장장구상)

중국의 문헌 '舜(순)임금에 대한 오해들'이란 제목의 글에서, 순임금이 堯(요)임금과 아버지를 신하로 삼았다는 일에 대해, 孟子(맹자)에게 제자인 咸丘蒙(함구몽)이 묻고 이에 답하는 내용이다.

咸丘蒙(함구몽)이 물어 가로되,

"전해 오는 말에는 '德(덕)이 성대한 인물은 임금도 그를 신하로 할 수 없고, 아비도 그를 아들로 삼을 수 없다. 舜(순)임금이 남쪽을 향해 서자, 堯(요)임금은 제후들을 거느리고 북쪽을 향하여 그에게 신하로서 절[朝(조) : 알현]하였고, 瞽瞍(고수 : 눈먼 노인, 순임금 아버지의 별명) 역시 북쪽을 향하여 그에게 신하로서 절하였다. 그런데 순임금이 고수를 보자, 그 얼굴에 불안한 기색이 돌았었다'라고 했다. 공자께서도 '그 시대에 있어서는 온 천하가 위태로웠다. 위태위태하여 편안치 않았도다.'라고 말씀하셨다고 하옵는데, 모르긴 합니다만 이 말이 정말 그렇습니까?"

孟子(맹자)가 가로되,

"'그렇지 않다. 이것은 군자의 말이 아니고, 齊[1](제)나라 동쪽 야인의 말이다. 대저 요임금이 늙어서 순의 攝政(섭정)이 된 것이다. 堯典(요전 : 『서경』의 요임금 기록)에도 (순이 섭정한 지) 28년째에 放勳(방훈 : 요임금의 이름)이 세상을 떠나셨다. 백성들은 어미를 잃은 것같이 슬퍼하였으며, 3년 동안 온 천하 구석구석까지 八音(팔음 : 8가지 소재로 만든 악기의 음)의 악기 소리가 잠잠히 멎었다.'고 하였고, 孔子(공자)께서도 '하늘엔 두 해가 없고 백성에겐 두 임금이 없다.'고 말씀하셨다. 순임금이 이미 천자가 되었는데, 또 그가 천하의 제후들을 거느리고 요임금의 3년 상을 치른다면, 그것은 천자가 둘이 있는 것이다."

 原文 咸丘蒙問曰(함구몽문왈) 語云(어운) 盛德之士(성덕지사) 君不得而臣(군부득이신) 父不得而子(부부득이자) 舜南面而立(순남면이립) 堯帥諸侯(요솔제후) 北面而朝之(북면이조지) 瞽瞍亦北面而朝之(고수역북면이조지) 舜見瞽瞍(순견고수) 其容有蹙(기용유축) 孔子曰(공자왈) 於斯世也(어사세야) 天下殆哉岌岌乎(천하태재급급호) 不識(불식) 此語誠然乎哉(차어성연호재)

　　孟子曰(맹자왈) 否(부) 此非君子之言(차비군자지언) 齊東野人之語也(제동야인지어야) 堯老而舜攝也(요로이순섭야) 堯典曰(요전왈) 二十有八載(이십유팔재) 放勳乃徂落(방훈내조락) 百姓如喪考妣(백성여상고비) 三年四海(삼년사해) 退密八音(퇴밀팔음) 孔子曰(공자왈) 天無二日(천무이일) 民無二王(민무이왕) 舜旣爲天子矣(순기위천자의) 又帥天下諸侯(우솔천하제후) 以爲堯三年喪(이위요삼년상) 是二天子矣(시이천자의)

맹자의 말에서 '齊東野人(제동야인)'이 유래하였으며, 중국 제나라의 동쪽에 사는 야인들이 매우 어리석었다는 데서, 사리에 밝지 못한 시골 사람을 비유적으로 이르는 말이 되었다.

---

[1] 齊(제) : 중국 춘추전국시대(B.C.771경 ~ B.C.221)에 넓은 영토와 강대한 세력을 가졌던 나라. 기원전 7 ~ 6세기경에는 지금의 산둥성[山東省(산동성)]과 허베이성[河北省(하북성)]이 있는 화북평야에 있던 제나라는 많은 이민족 지역을 합병하여 영토를 적어도 6배 이상 넓히면서 세력을 확장하기 시작했다.

전설적 군주인 桓公(환공)과 유명한 신하 管仲(관중)이 다스리는 동안 균등한 조세제도를 시행하고 군대를 창설했으며, 소금과 철을 국가가 독점 생산하는 제도를 만들었다. 그와 동시에 세습에 의해서가 아니라, 능력을 바탕으로 한 중앙집권적 관료제도가 발전하기 시작했다. 이러한 변화가 齊(제)에서만 일어난 것은 아니었지만, 이 모든 제도를 완전히 확립한 것은 제가 처음이었으며, 기원전 651년 주변의 작은 나라들을 모아 동맹을 결성하여, 북쪽의 山戎(산융)을 몰아내고 남쪽 楚(초)의 확장을 저지했다.

그 결과 제는 중국의 패권을 장악했지만, 그 지배는 오래가지 못했다. 환공이 죽은 뒤 국내에서 혼란이 일어나 새로 결성한 동맹의 주도권을 잃어버렸으며, 그동안 다른 나라들도 세력을 키우기 시작했다. 그때부터 국세가 기울기 시작해, 기원전 221년 마침내 秦(진)이 齊(제)의 영토를 흡수하고 통일했다.

216 糟糠之妻 조강지처

字解
糟 : 지게미 **조**, 재강 조 [糟粕(조박) : 술을 걸러 내고 남은 찌끼. 재강]
糠 : 겨 **강** [糠粃(강비) : 겨와 쭉정이. 거친 식사]
之 : 의 **지** [塞翁之馬(새옹지마) : 인생의 길흉화복은 예측하기 어려움]
妻 : 아내 **처** [妻男(처남) : 아내의 남자 형제]

語義 술지게미와 쌀겨로 끼니를 이어가며 苦生(고생)을 같이해 온 아내.
(몹시 가난하고 천할 때에 고생을 함께 겪어 온 아내)

用例

▶ 自古(자고)로 **糟糠之妻**(조강지처) 내치고 잘된 집구석 하나도 없다는 건, 누구보다 자네가 더 잘 알거 아닌가. 〈박완서 - 미망〉

▶ 아들을 못 낳는다고 아내를 버린다는 것은, 더욱이 **糟糠之妻**(조강지처)를 버린다는 것은 사람이 아닙니다. 〈박종화 - 다정불심〉

▶ 나는 돈을 버는 족족 마나님께 바치는 전형적인 과거형 남편이죠. '**糟糠之妻**(조강지처)'인 마나님이 '곳간 열쇠'를 틀어쥐고 있습니다. 40대 들어서 시작한 사업이 안정이 되어서 국세청 기준으로 대한민국 소득 상위 0.1%를 달성하게 되면서, 마나님이 '**糟糠之妻**(조강지처)'의 자리를 굳건하게 지킨 것에 대한 보답을 확실하게 했습니다.

【類義語】糟糠之婦(조강지부) : 몹시 가난하고 천할 때 고생을 함께 겪어 온 아내.

 **出典** 後漢書(후한서) - 宋弘傳(송홍전)

宋弘(송홍)은 중국 後漢(후한)의 光武帝[1](광무제)를 섬겨, 建武[2](건무) 2년(A.D.26)에는 大司空(대사공)에 임명되었다. 그는 온후하고 강직한 사람이었으며, 또한 정직하기로 이름이 나 있었다.

광무제는 형제애가 돈독하였다. 그는 임금에 올랐지만, 그의 누나인 湖陽公主(호양공주)는 젊어서 과부가 되었다. 미망인이 된 누님 호양공주가 신하 중 누구를 마음에 두고 있는지 그 의중을 떠보았다. 그랬더니 호양공주는 송홍을 칭찬했다.

"宋公(송공)의 위엄 있는 姿態(자태)와 德行(덕행)과 才能(재능)을 따를 만한 신하는 없을 것입니다."
그러자 광무제는,

"알았습니다. 어떻게든 조처해 보겠습니다."

하고 약속했다. 그 후 광무제는 병풍 뒤에 호양공주를 앉혀 놓고, 송홍과 이런저런 이야기를 나누었다. 광무제가 송홍에게 물었다.

"俗談(속담)에 貴(귀)해지면 사귐을 바꾸고, 富者(부자)가 되면 아내를 바꾼다고 하는데, 그것이 人之常情(인지상정) 아니겠는가?"

그러자 송홍은 지체 없이 말했다.

"아닙니다. 臣(신)은 가난하고 비천한 때에 사귄 벗은 잊으면 안 되고, **술지게미와 쌀겨를 먹으며 고생한 아내**는 집에서 쫓아내면 안 된다고 들었습니다[貧賤之友(빈천지우) 不可忘(불가망) **糟糠之妻**(조강지처) 不下堂(불하당)]."

이 말을 들은 광무제와 호양공주는 크게 실망하였다. 송홍이 물러나간 뒤, 한 대 얻어맞은 격이 된 광무제는 누님 공주를 돌아보고 말했다.

"말하는 걸 보니 가망이 없겠습니다. 허허허!"

駙馬都尉(부마도위 : 왕의 사위)가 되면 공주가 정실부인으로 들어앉게 되므로, 원 부인은 물러나지 않으면 안 된다. 광무제는 자기 누님을 시집보내기 위해 송홍의 의사를 무시하고 그의 본부인을 내치게 할 수는 없었던 것이다. 남의 남편을 가로채고자 했던 공주도 송홍의 이렇게 확실한 태도를 보고는 단념할 수밖에 없었다.

'糟糠(조강)'이란 '지게미와 겨'를 가리키는 말로 몹시 '보잘것없는 식사'란 뜻으로, '糟糠之妻(조강지처)'는 '몹시 가난하고 천할 때에 고생을 함께 겪어 온 아내'를 가리키게 되었다. 결국 이 故事(고사)는 가난한 생활에 지게미와 겨를 먹으면서 고생을 함께해 온 아내는 훗날 비록 富貴榮華(부귀영화)를 누리게 되었다 하더라도, 버리거나 괄시해서는 절대로 안 된다는 뜻이다.

---

1) **光武帝**(광무제, B.C.4 ~ A.D.57, 재위 25 ~ 57) : 新(신, 9 ~ 25)나라를 세운 前漢(전한)의 재상 王莽(왕망)에게 찬탈당한 漢(한)나라를 재건한 황제. 이름은 劉秀(유수), 묘호는 世祖(세조). 그가 재건한 왕조를 後漢(후한, 25 ~ 220) 또는 東漢(동한)이라고 한다. 광무제는 황실 유(劉)씨 가문의 일원으로, 漢朝(한조)의 창시자인 高祖(고조) 유방의 후예로 추정된다.

22년 왕망의 급진적인 개혁 조치로 신나라에 대한 평판이 나빠지게 되자 그는 곧 군대를 일으켰고, 강력한 劉(유)씨 문중과 다른 부유한 호족 가문들의 지원을 받아 23년에 왕망을 격파했다. 2년 뒤에 수도를 중국 동부에 있는 자신의 고향 뤄양[洛陽(낙양)]으로 옮기고 스스로 황제임을 선포했다. 東漢(동한)이라는 이름은 이같이 수도를 동쪽으로 천도한 데서 연유한 것이다. 그 뒤 10년간 통치권을 강화하고 '赤眉(적미)의 亂(난)'을 비롯한 많은 국내 반란을 진압했다. 또한 중국 북쪽 국경지대에 있는 유목 민족을 진압했고, 중국 남부 변방지역에 대한 제국의 통치권을 되찾았다.

2) **建武**(건무) : 중국 後漢(후한) 光武帝(광무제)의 첫 번째 年號(연호)이며, 후한 최초의 연호이다. 25년에서 56년까지 32년 동안 사용하였다.

217 朝令暮改 조령모개

字解 朝 : 아침 조 [朝夕(조석) : 아침과 저녁]
　　　　　조정 조 [朝野(조야) : 조정과 재야. 정부와 민간]

　　　令 : 영 령, 법 령 [命令(명령) : 윗사람이 아랫사람에게 시킴. 또는 그 말]

　　　暮 : 저물 모, 저녁 모 [暮色(모색) : 저물어가는 풍경. 해질 무렵의 경치]
　　　　　늦을 모 [歲暮(세모) : 한 해의 마지막 때. 세밑]

　　　改 : 고칠 개 [改善(개선) : 잘못된 점을 고치어 잘되게 함]

語義 아침에 명령을 내렸다가 저녁에 다시 고친다.
　　　　(법령을 자꾸 고쳐서 갈피를 잡기 어려움)
　　　　(법령의 개정이 너무 빈번하여 믿을 수가 없음)

用例

▶ 교통 정책을 이와 같이 **朝令暮改**(조령모개)해서는 운전자들에게 큰 혼란을 가져다 줄 것이다.

▶ 개혁정치는 **朝令暮改**(조령모개)할지라도 창의적이어야 한다. 명분은 있으되 관습과 체면에는 자유롭고, 오는 손님에겐 한옥의 대문처럼 밖에서 밀어 열 수 있게 하고, 끓어넘치는 복은 방문처럼 안에서 밀어 열 수 있게 하여, 운의 흐름이 막히지 않도록 변화를 주도하는 혁신 그룹으로 자리매김되어야겠다.

▶ 고교 교육을 정상화시키고 학생과 학부모의 부담을 덜어 주겠다는 입시제도 변경 조치에, 당사자들은 떨떠름한 반응을 보이고 있다. '**朝令暮改**(조령모개)'로 불릴 만큼 너무 자주 바뀌고 있다는 불만이 적지 않다. 수능 실시 횟수만 해도 그렇다. 처음(1994학년도)에는 연 2회 치렀다가, 난이도 조절 실패로 1회로 줄었다. 지난해 슬그머니 2회 방안이 다시 제기됐다가, 반대 목소리에 밀려 원상 복귀됐다.

【類義語】 朝變夕改(조변석개) : 아침에 변하고 저녁에 고침. 아침저녁으로 뜯어 고침.
　　　　　朝改暮變(조개모변) : 아침에 고친 것을 저녁에 또 고침.
　　　　　朝令夕改(조령석개) : 아침에 명령을 내렸다가 저녁에 다시 고침.

出典 史記(사기) - 平準書(평준서)

중국의 역대 王朝(왕조)들은 수시로 邊境(변경)을 침략해 오는 匈奴(흉노)라는 북방 민족 때문에 여간 골치를 썩인 것이 아니었다. 바람처럼 쳐들어와 노략질을 하고는, 번개처럼 사라지는 것이 그들의 長技(장기)였다. 흉노는 周(주)나라 이래, 약 2천 년 동안 중국을 괴롭혔다.

前漢(전한) 文帝[1](문제) 때의 일로, 다음과 같은 기록이 있다.

匈奴(흉노)가 자주 변방을 침략하여 약탈을 자행하니, 경작하면서 수비하는 일을 하는 사람이 많아졌다. 자연히 변방에서 수확하는 곡식만으로 충당하기에 식량이 부족하였다. 그래서 백성들에게 곡식을 헌납받는 사람들과, 그 곡식을 변방까지 수송할 사람들을 모집하여 벼슬을 주기로 하였다. 그 벼슬의 지위는 大庶長(대서장)까지 이르렀다.

이 조치는, 문제와 景帝[2](경제) 때의 御史大夫(어사대부)였던 晁錯[3](조착)의 獻策(헌책 : 일에 대한 방책을 드림)을 취한 것이었음을, 『漢書(한서)』「食貨志(식화지)」에서 밝히고 있다. 조착이 상소한 이 헌책은 후세에 「論貴粟疏(논귀속소)」라 불리게 되는데, 여기에 '**朝令暮改(조령모개)**'라는 말이 있다.

晁錯(조착)은 다음과 같이 상소하였다.

"지금 다섯 가족의 농가에서는 부역이 과중하여, 勞役(노역)에 복종하는 사람이 두 사람을 내려가지 않는다. 그들이 경작하여 수확하는 것은 백 畝(묘 : 이랑)가 고작인데, 이 백 묘는 많아야 백 석에 지나지 않는다. 봄에 경작하고 여름철에 풀 뽑고, 가을에 수확하여 겨울에 저장하는 외에, 관청을 수리하고 부역에 불려나가는 등 春夏秋冬(춘하추동) 쉴 날이 없다.

또 개인적으로는 사람들을 보내고 맞이하며, 죽은 자를 조문하고, 고아들을 받고, 어린이를 길러야 한다. 또한 홍수와 한발의 재해를 당하는 위에 갑자기 세금이나 부역을 당한다. '정치는 날로 포악해져[急政暴虐(급정포학)], 조세와 부역은 시기도 없이 거두고[賦斂不時(부렴불시)], **아침에 영을 내리고, 그리고 저녁에 고친다[朝令而暮改(조령이모개)]**.' 전답이 있는 사람은 반값으로 팔고, 없는 사람은 빚을 내어 10할의 이자를 낸다. 이리하여 농지나 집을 放買(방매)하고, 아들과 손자를 팔아 부채를 갚는 자가 나오게 된다."

조착은 이 상소문에서 '나라의 朝令暮改式(조령모개식) 시책 때문에 변방의 바쁜 백성들이 많은 피해를 당하고 있다.'고 지적하고 있다. 즉, 나라에서 아침에 명령을 내렸다가, 저녁에 뒤바꾸는 바람에 할 일이 많은 백성들로는 그것을 지키기 힘들다는 것이다.

여기서 '朝令暮改(조령모개)'는 '법령에 일관성이 없어서는 안 된다.'는 뜻으로 사용되었다. 그러나 淸(청)나라 때의 학자 王念孫(왕염손)은 後漢(후한) 때의 荀悅(순열)이 『漢紀(한기)』에 기록한 대로, '朝令而暮得(조령이모득)'으로 고쳐 써야 한다고 하였다. 그러나 '朝令暮得(조령모득)'은 '아침에 법령을 내리고 저녁에 거둔다.'는 뜻으로, 결국은 같은 의미이다.

1) **漢 文帝**(한 문제, B.C.202 ~ B.C.157. 재위 B.C.180 ~ B.C.157) : 前漢(전한)의 제5대 황제. 이름은 恒(항). 高祖(고조) 유방의 둘째 아들. 고조의 郡國制(군국제 : 봉건제와 군현제를 병용한 지방제도)를 계승하고, 田租(전조 : 밭의 세금), 人頭稅[4](인두세)를 감면하였다. 가혹한 형벌을 폐지하였으며, 흉노에 대한 화친 정책 등으로 민생 안정과 국력 배양에 힘을 기울였다. 재위 23년간이며 46세의 나이로 죽고, 뒤이어 景帝(경제)가 보위에 올랐다. 문제와 경제는 '백성에게 휴식을 제공한다.'는 정책을 40년 가까이 실시하였기 때문에 사회 안정을 꾀하였다. 이 두 시대를 역사에서는 '文景之治(문경지치 : 문제와 경제의 정치. B.C.180 ~ B.C.141)'라 부른다.

2) **漢 景帝**(한 경제, B.C.188 ~ B.C.141. 재위 B.C.156 ~ B.C.141) : 前漢(전한)의 제6대 황제. 본명은 劉啓(유계). 문제의 장남. 아버지 문제에 이어 선정을 펼치고 세금을 줄여, 名君(명군)이라는 칭송을 들었다. 관대한 정치를 폈던 아버지 文帝(문제) 때에 봉토를 나누어 받았던, 강대한 봉건 제후들의 세력을 축소시키려고 했다. 기원전 154년 이에 반발한 제후들이 '七國(7국)의 亂(난)'을 일으켰으나 평정되었다.

그 뒤로 제후들은 자신들의 봉국 내에서 대신들을 임명할 수 있는 권리를 박탈당했고, 영토는 그들의 자식들에게 분할되었다. 이러한 조치는 중앙정부의 권력을 강화시켰고, 경제의 아들 즉 유명한 武帝(무제, 제7대 황제. B.C.156 ~ B.C.87. 재위 B.C.141 ~ B.C.87)의 빛나는 통치로 이어지는 길을 닦았다.

3) **晁錯**(조착, B.C.200 ~ B.C.154) : 중국 전한시대의 大臣(대신). 『史記(사기)』, 『漢書(한서)』에는 '鼂錯(조착)'으로 표기되어 있으며, 晁錯(조착)은 간략한 표기다. 예주 영천군 사람이다. 文帝(문제) 때 太常掌故(태상장고)로 임명되었고, 후에 太子家令(태자가령)이 되었으며, 당시 태자(후에 경제가 됨)의 신임을 받았다. 그가 즉위한 뒤로는 御史大夫(어사대부)로 임명되어 농업을 중시하고 상업을 억누르는 重農抑商策(중농억상책)을 견지하였으며, 흉노에 적극적으로 대항하였다. 그리고 백성들을 변방으로 이주시키고, 제후의 봉지를 점차적으로 빼앗아 강력한 중앙집권 제도를 구축할 것을 제한하는 상소를 올려 받아들여졌다.

이것이 시행된 지 얼마 지나지 않아서, 오나라·초나라 등 일곱 나라가 군주의 측근을 맑게 한다는 명분 아래 무장 반란을 일으켰고[吳楚七國(오초칠국)의 亂(난)], 이에 황제는 조착과 평소의 원수지간이었던 袁盎(원앙, B.C.200? ~ B.C.150?. 벼슬은 태상)의 참언을 듣고, 그를 장안 저잣거리에서 斬首(참수)하였다.

4) **人頭稅**(인두세) : 성인이 된 모든 사람에게 똑같이 매기는 세금. 納稅者(납세자)의 給付(급부) 능력을 무시한 원시적 조세 형태로 지금은 거의 시행되지 않는다. 그러나 현재 생활필수품에 대한 소비세 따위의 간접세는 인두세와 같은 방식이다. 역사적으로 영국에서 1380년에 부과된 人頭稅(인두세)가 가장 유명한데, 이는 1381년 와트 타일러가 이끈 농민 반란의 주된 원인으로 작용했다.

중세 후반 이후에는 국왕이나 연방국가의 군사비 조달 등의 목적으로 징수되다가 18 ~ 19세기에는 대부분 폐지되었다. 인두세를 수정한 것으로 신분이나 직업에 따라 계급을 설정하여 세금을 징수하는 계급세가 있었고, 수요가 고정적인 일용필수품에 대한 소비세도 인두세와 비슷한 것이다.

218 朝三暮四 조삼모사

字解 朝 : <u>아침 조</u> [朝令暮改(조령모개) : 아침에 영을 내렸다가 저녁에 고침]

조정 조 [朝野(조야) : 조정과 재야. 정부와 민간]

三 : <u>석 삼</u>, 세 번 삼 [三權(삼권) : 국가 통치의 세 가지 권력. 입법권, 사법권, 행정권]

暮 : <u>저물 모</u> [暮景(모경) : 저녁때의 경치]

四 : <u>넉 사</u> [四分五裂(사분오열) : 넷으로 나뉘지고 다섯으로 찢어짐. 여러 갈래로 나눠지고 찢어짐]

語義 아침에는 세 개, 저녁에는 네 개.

(간사한 꾀로 남을 속여 희롱함)

(당장 눈앞에 나타나는 차별만 알고, 그 결과가 같음을 모름)

 用例

▶보험사들이 해약환급금을 확대키로 한 것은 **朝三暮四**(조삼모사) 설정과 같다는 평가가 나왔다. 한 보험연구원은 16일 "지난 2003년 4월과 2005년 4월 해약환급금 증액 조치는 보험사 경영에 상당한 부담이었으나, 이번 제도 변경은 보험사 입장에서 부담될 것은 없다."고 말했다. 해약환급금이 늘어나는 대신 설계사에게 지급하는 비용을 늦게 지급하는 방식으로 바뀐 것이기 때문에, 보험사 입장에선 손해가 없다는 것이다.

▶○○음료가 사이다를 포함해 20개 품목을 인상해 논란이 일자, 재차 5개 품목만 인하하는 '**朝三暮四**(조삼모사)'식 행태로 여론의 뭇매를 맞고 있다. ○○음료는 지난달 15일 각 지역부문장에게 보내는 통신문을 통해 "앞으로 사이다, 콜라 등 탄산음료와 주스, 커피, 스포츠 음료 등 30종의 출고가를 같은 달 18일부터 인상한다."고 밝혔다. 이에 논란이 일자, 회사는 "인상했던 사이다와 콜라, 게토레이, 레쓰비, 칸타타의 가격을 28일부터 다시 원래대로 내린다."고 보도 자료를 뿌렸다.

 ① **列子**(열자) – 黃帝篇(황제편)

중국 宋(송)나라 때 狙公(저공)이라는 者(자)가 살았는데, 원숭이를 매우 좋아하여 그것들을 길러 여러 마리가 되었다. 저공은 원숭이의 마음을 잘 알고, 원숭이들도 저공의 마음을 잘 알게 되었다.

(원숭이가 늘어나니) 식량을 제한하게 되었는데, 원숭이들의 기분이 상할까 봐 먼저 물어 가로되, "너희들에게 도토리를 주되, **아침에 세 개 저녁에는 네 개씩 주면** 만족하겠느냐[與若茅(여약모) **朝三**

而暮四足乎(조삼이모사족호)]?"

그러자 원숭이들이 모두 일어나 화를 냈다. 저공은 내심으로 잘되었다고 생각하며 다시 가로되,

"아침에 네 개, 저녁에 세 개를 주면 만족하겠느냐[與若茅(여약모) 朝四而暮三足乎(조사이모삼족호)]?"

그제서야 원숭이들은 엎드려서 좋아하였다.

② 莊子(장자) - 齊物論篇(제물론편)

사물은 본디 하나인데, 인간은 그것을 알지 못하고 사물을 좋고 나쁜 것으로 구분하려고 자신의 마음을 들볶는데, 이것을 朝三(조삼 : 원숭이의 지혜)이라 한다. 조삼이라는 말은 다음과 같은 이야기에서 나온 말이다. 우두머리 원숭이가 도토리를 원숭이들에게 나누어 주려고 이렇게 말했다.

"아침에는 세 개, 저녁에는 네 개 주기로 하겠다[朝三暮四(조삼모사)]."

그러자 원숭이들은 모두 화를 냈다. 그래서 우두머리 원숭이는,

"그러면 아침에 네 개씩, 저녁에 세 개씩 주겠다[朝四暮三(조사모삼)]."

하고 말했다. 그랬더니, 원숭이들이 모두 기뻐하더라는 이야기이다. 아침과 저녁의 약간의 차이는 있어도, 모두 일곱 개라는 것도, 하루에 그것을 받을 수 있다는 실질도 변함이 없는데, 화를 내고 기뻐하는 대응을 나타낸 것은 역시, 아침이라는 눈앞의 이익 때문이다.

인간도 원숭이를 비웃을 수는 없다. 그러므로 성인은 사물의 시비를 하나로 하여, 그것을 절대의 道(도)의 운행에 맡긴다. 이것이 兩行(양행 : 밖의 만물과 자기의 양쪽이 모두 아무런 압력이나 충돌 없이 원만하게 어울리어 존재해 감)으로, 是(시)도 非(비)도, 어떠한 구애됨이 없이 자연스럽게 행해지는 것이다. 만물은 본질적으로 모두 같다. 사람은 外物(외물)에 구애됨이 없이 자연과의 조화 속에서 잘 어울려 살아야 함을 강조한 내용이다.

莊子(장자)의 경우는 농락당하는 자들의 입장에서, '공을 들여 같은 하나를 이루고도, 그것이 같다는 것을 모르는 것을 朝三(조삼)이라고 한다.'라고 말하고, 그 뒤에 이 '朝三暮四(조삼모사)'의 고사를 들어 是非善惡(시비선악)에 집착하는 자가, 達觀(달관 : 사소한 사물이나 일에 얽매이지 않고 세속을 벗어난 활달한 식견이나 인생관)을 하면 하나라는 것을 모르고, 쓸데없는 偏見(편견)을 갖게 된다는 비유로 삼고 있다.

그러나 현재 쓰이고 있는 '朝三暮四(조삼모사)'는 저공이 원숭이를 농락했다는 데서부터 '사람을 농락하여 그 수작 속에 빠뜨리는 것'이라든가, '詐術(사술 : 못된 꾀)로써 사람을 속이는 것'이라든가 하는 의미로 쓰이고 있다.

219 走馬看山 주마간산

字解
- 走 : 달릴 주, 달아날 주 [疾走(질주) : 빠르게 달림]
- 馬 : 말 마 [駿馬(준마) : 잘 달리는 좋은 말]
- 看 : 볼 간 [看過(간과) : 대충 보아 넘어감]
- 山 : 산 산, 뫼 산 [山河襟帶(산하금대) : 산과 강이 둘러싼 자연의 요충지]

語義 말을 타고 달리면서 산을 본다.
(사물을 자세히 살피지 아니하고 대충 훑어봄)

 用例

▶ 4박 5일의 짧은 여행 중, 走馬看山(주마간산) 격으로 살펴본 라트비아(Latvia)의 수도 리가(Riga)는 기술 문명이 지배하는 오늘의 세계에서 특별하게 좋은 자연 환경, 지리적 환경을 가진 곳이었다.

▶ 힘차게 달리는 말 위에서는 사물을 아무리 잘 살펴보려고 해도, 말이 뛰는 속도가 빨라 순간순간 스치는 모습만 겨우 볼 수 있을 뿐이다. 이는 아마도 과거에 말보다 빠른 것이 없어서 나왔던 표현이었던 같다. 지금은 자동차, 비행기 등 말과는 그 속도를 비교도 할 수 없는 교통수단이 등장했기 때문에 走馬看山(주마간산)이라는 표현은 오히려 어울리지 않는다. 그나마 말을 타고 달리면서 산천을 보는 것은 어떻게 보면 현대에서는 산천을 자세히 구경하는 축에 속할지도 모르겠다. 그래서 요새는 走車看山(주차간산)이라는 말이 더 어울린다.

【類義語】 走馬看花(주마간화) : 달리는 말에서 꽃을 봄.
西瓜皮舐(서과피지) : 수박 겉핥기. *西瓜(서과) : 수박, 舐(지) ; 핥을 지

 **出典** 孟郊[1](맹교) - 登科後詩(등과후시)

走馬看山(주마간산)은 '말을 타고 달리면서 산을 바라본다.'는 뜻으로, '일이 몹시 바빠서 이것저것 자세히 살펴볼 틈도 없이 대강대강 훑어보고 지나침'을 비유한 말이다. 힘차게 달리는 말 위에서는 사물을 아무리 잘 살펴보려고 해도 말이 뛰는 속도가 빨라, 순간순간 스치는 모습만 겨우 볼 수 있을 뿐이다. 말에서 내려서 천천히 보면 될 텐데, 일이 몹시 바빠 그럴 수도 없으니, 달리는 말 위에서나마 대강대강이라도 볼 수밖에 없다.

그러나 走馬看山(주마간산)의 본래 뜻은 이와 조금 다르다. 주마간산은 원래 중국 中唐期(중당기)의 시인 孟郊(맹교)가 지은 '登科後(등과후)'에서 유래하였다. 맹교는 관직에 나아가지 않고 시를 지으면서 청렴하게 살던 중, 어머니의 뜻에 못 이겨 41살의 늦은 나이에 과거에 응시하였다. 하지만 자신의 뜻과 달리 낙방하고 수모와 냉대만 받다가, 5년 뒤 46살에야 겨우 급제하였다. '登科後(등과후)'는 맹교가 급제하고 난 뒤에, 한 술좌석에서 읊은 七言絶句(7언절구)이다.

昔日齷齪不足誇(석일악착부족과)	지난 날 궁색할 때는 자랑할 것 없더니,
今朝放蕩思無涯(금조방탕사무애)	오늘 아침엔 우쭐하여 생각에 거칠 것이 없어라.
春風得意馬蹄疾(춘풍득의마제질)	봄바람에 뜻을 얻어 세차게 **말을 모니**,
一日看盡長安花(일일간진장안화)	하루 만에 장안의 **꽃을 다 보았네.**

이 시는 보잘것없을 때와 登科(등과)하고 났을 때의 세상 인심이 다름을 풍자한 시이다. '走馬看山(주마간산)'은 이 시의 '달리는 말 위에서 꽃을 본다.'는 **走馬看花**(주마간화)에서 유래한 말이다. 여기서 주마간화는 대충 본다는 뜻이 아니라, 하루 만에 장안의 좋은 것을 모두 맛보았다는 비유적 표현이다. 세상 인심의 각박함을 비웃는 시인의 호탕함이 잘 나타나 있는 표현이다.

따라서 여기서는 '일이 바빠 사물을 대충 보고 지나친다.'는 뜻은 보이지 않는다. 나중에 慣用語(관용어)로 쓰이면서 뜻이 덧붙거나 변한 것으로 보인다. 주마간산의 '山(산)' 역시 대강대강 둘러보다는 뜻으로 의미가 바뀌는 과정에서 꽃이 산으로 대체된 것에 지나지 않는다.

---

1) 孟郊(맹교, 751 ~ 814) : 중국 唐代(당대) 중기의 시인. 자는 東野(동야). 796년 46세에 進士(진사) 시험에 급제해 溧陽(율양)의 尉(위)가 되었으나 사직했다. 韓愈(한유)와 교분을 맺어, 20세 정도 연장자이면서도 오히려 한유의 가르침을 받았으며, 賈島(가도)와 함께 그 일파에 속한다.

　五言古詩(오언고시)에 뛰어나고 기발한 着想(착상)이 특징이며, 처량한 시풍 때문에 '島寒郊瘦(도한교수 : 가도는 차고 맹교는 여윔)'라고도 평해진다. 시문집으로 『孟東野集(맹동야집)』 10권이 있다.

- 孟郊(맹교)의 다른 시 한 수

　　－ 遊子吟(유자음 : 여행 중에 있는 자식의 노래) －

慈母手中線(자모수중선)	인자하신 어머니 손 안의 실이
遊子身上衣(유자신상의)	길 떠나는 아들의 포근한 옷이 되네.
臨行密密縫(임행밀밀봉)	떠나기 전에 촘촘하게 깁고 또 깁는 뜻은
意恐遲遲歸(의공지지귀)	돌아올 날 늦어질까 걱정하는 것이라네.
誰言寸草心(수언촌초심)	그 누가 말했던가, 한 치짜리 짧은 풀이
報得三春暉(보득삼춘휘)	석 달 간의 봄빛을 보답할 수 있겠느냐고.

220 酒池肉林 주지육림

字解
- 酒 : 술 **주** [酒量(주량) : 술을 마시는 분량]
- 池 : 못 **지** [池塘(지당) : 넓고 깊게 팬 땅에 물이 고여 있는 곳. 연못]
- 肉 : **고기 육** [肉味(육미) : 고기의 맛. 짐승의 고기로 만든 음식]
  - 혈연 육 [肉親(육친) : 혈족의 관계가 있는 사람]
- 林 : **수풀 림(임)** [林野(임야) : 수풀이 있는 들]

語義 술이 연못을 이루고, 고기가 숲을 이룬다.
(매우 호화스럽고 방탕한 생활)

用例

▶여성 편력으로 악명 높은 도미니크 스트로스 칸(DSK) 전 국제통화기금(IMF) 총재가 프랑스 의원 시절, 파리의 한 공원 숲에서 DSK가 매춘부들과 **酒池肉林**(주지육림)의 파티를 벌이다 적발된 적이 있으며, 당시 니콜라 사르코지 전 대통령이 이 사실을 보고 받은 뒤 요절복통했다는 주장이 제기됐다.

▶달기 약수로 만든 맛집에서 백숙을 먹으며, 엉뚱하게 **酒池肉林**(주지육림) 고사의 경국지색 요부 妲己(달기)를 떠올리는 등 사색 속으로 유람하다가, 청송 소헌공원의 讚慶樓(찬경루)에서 賢妃巖(현비암)을 마주했다.

【類義語】 肉山酒池(육산주지) : 고기가 산을 이루고, 술이 연못을 이룸.
　　　　　肉山脯林(육산포림) : 고기가 산을 이루고 포가 숲을 이룸.

① **韓詩外傳**(한시외전, 전한 때 한영의 시경 해설서)

중국 夏(하)나라의 桀王(걸왕)은 妹喜[1](말희)에게 마음을 뺏겨, 그녀를 위해 온갖 보배와 상아로 장식된 궁전을 지었다. 그리고 안에다 별실을 마련해 밤마다 말희와 쾌락을 즐겼으며, 또 그녀의 소원대로 3천 명의 미녀를 뽑아 화려한 옷을 입힌 뒤에 춤과 노래를 즐겼다.

桀王(걸왕)은 **술로 연못을 만들어** 배를 띄워 놓았는데, 고기의 숲과 언덕이 십 리나 되고 함께 술을 나누고 놀던 미소녀들이 삼천이나 되었다.

 原文 桀爲酒池(걸위주지) 可以運舟(가이운주) 糟邱足以望十里(조구족이망십리) 而牛飮者三千人(이우음자삼천인)

 ② **史記**(사기) - 殷本記(은본기)

중국 殷(은)나라 紂王(주왕)도 술과 여자를 좋아하여 사치와 향락을 일삼았다. 애첩 妲己[2](달기)에 빠져, 그녀가 원하는 것은 모두 들어주었다. 달기의 욕망을 만족시키기 위해, 진기한 보배를 거둬들이고 온갖 동물들을 궁전에서 길렀다. 또 악사에게 명하여 음탕한 곡조가 담긴 '북리의 춤'과 '미미의 음악'을 만들게 한 뒤, 총애하는 신하나 미녀들을 불러 모아 놓고, 실오라기 하나 없이 발가벗겨 쫓고 쫓기는 경주를 했다.

연못에는 술이 가득 부어지고, 숲에는 고기들이 매달려 있었다[以酒爲池(이주위지) 縣肉爲林(현육위림)]. 그들은 연못에서 술을 퍼마시고, 숲을 이룬 고기를 뜯어 먹었다. 이 같은 향연은 120일간 계속된 적도 있어 '長夜之飮(장야지음)'이란 말까지 생겼다. 백성의 원망과 제후의 반란이 잇따르자, 그는 형벌을 더욱 무겁게 하여 '炮烙(포락)의 형벌'을 실시했다. 이것은 기름 바른 구리 기둥을 벌겋게 달구어 사람을 건너게 한 뒤, 필경에는 불 속에 떨어져 죽게 하는 형벌이었다. 불에 타 죽는 희생자의 모습은 달기의 淫慾(음욕)을 유발했다고 한다. 주왕 역시 周(주)나라 文王(문왕)의 혁명으로 최후를 맞이하면서, 殷王朝(은왕조)는 종말을 고했다.

 ③ **韓非子**(한비자) - 喻老篇(유노편)

紂王(주왕)은 **고기를 늘어놓아 肉圃**(육포 : 고기 밭)**를 만들고**, 단근질 형벌을 만들었다. 술지게미 언덕에 올라, **술 연못**에 임하였고, (사치와 낭비를 일삼다가) 결국 망하고 말았다.

 原文 紂爲肉圃(주위육포) 設炮烙(설포락) 登糟邱(등조구) 臨酒池(임주지) 紂遂以亡(주수이망)

 ④ **封神演義**[3](봉신연의, 중국 명나라 때의 장편소설. 봉신방. 봉신전)

술지게미를 쌓아 언덕을 만들고 **술이 흘러 못을 이루도록 하였으며, 고기를 매달아 숲이 되게 하였다**. 벌거벗은 남녀들에게 연못을 둘러싸게 하여 서로 쫓고 쫓기는 놀이를 하게 하며 그것을 보고 즐겼다.

 原文 積糟爲邱(적조위구) 流酒爲池(유주위지) 縣肉爲林(현육위림) 使人裸形相逐其閒(사인나형상축기한)

지금까지 살펴본 것처럼, 원래 **酒池肉林**(주지육림)의 유래는 殷(은)나라 전 왕조인 夏(하)나라에서 유래되었다. 하나라 마지막 왕인 桀王(걸왕)은 有施氏國(유시씨국)을 치고 妹喜(말희)라는 미녀를 진상받게 된다. 말희의 요색에 빠진 걸왕은 백성들에게 과한 세금을 거둬 주지육림을 만들었고, 주색을 탐닉하는 일에 빠져 백성들을 힘들게 했다. 보다 못한 신하들은 하나라 개국 신하의 후손인 탕과 연합하여 걸왕을 치고 은나라를 세우게 된다.

아이러니하게도 殷(은)나라는 夏(하) 桀王(걸왕)의 잔혹하고 부패한 정치를 척결하고 湯王(탕왕)이 세운 왕조인데, 은의 마지막 왕 紂王(주왕)이 湯王(탕왕 : 은나라를 창건한 왕)의 정신은 잊어버리고, 걸왕의 前例(전례)를 답습하다 周(주)의 武王(무왕)에게 멸망당하고 말았다.

---

1) **妹喜**(말희 : 매희) : 夏(하)나라의 마지막 桀王(걸왕)의 왕비 중 한 명이다. 말희는 산동 有施氏(유시씨)의 딸이었는데, 걸왕이 오랑캐 有施氏國(유시씨국)을 토벌할 때 항복을 받고 헌상되었다. 일설로는 당초부터 걸왕은 말희를 요구하였다고 전해진다. 절세미녀라는 말희를 걸왕이 비로 삼아 사랑하였다. 말희가 원하는 대로 걸왕은 傾宮(경궁)이라는 거대한 궁전을 세우고 연회를 개최하였다.

축연에는 연못에 술을 채우고 나무에는 고기를 매달아 주지육림이 행하여졌다고 한다. 또 말희가 비단이 찢어지는 소리를 즐겨 나라의 고가의 비단을 모았다. 이런 난행은 결국 걸왕이 현명한 신하 關龍逢⁴⁾(관용봉)을 살해하게 만들었다. 은나라의 湯王(탕왕)은 군대를 일으켜 하나라를 격파하니 夏(하)나라는 멸망하였다. 걸왕과 말희는 생포되어 南巢(남소)의 산으로 추방되었고 그곳에서 굶어 죽었다.

2) **妲己**(달기) : 殷(은)나라 紂王(주왕)의 애첩이다. 주왕은 달기를 총애하여 달기가 하자는 대로 따랐다고 하는데, 주왕은 포악하고 음탕하여 酒池肉林(주지육림)에서 달기와 함께 노닐며 쾌락에 젖어 살았고, 諫言(간언)하는 신하들을 잔인한 형벌로 다스렸다고 전한다. 『십팔사략』이나 『봉신연의』 등의 작품에서는 뛰어난 미색의 소유자로 묘사되며, 주왕이 달기의 환심을 사려고 쾌락에 빠져 國事(국사)를 그르치는 것으로 그려진다. 달기의 최후에 관해서는 여러 가지 설이 있는데, 周(주)나라 무왕이 은나라를 멸할 때 잡혀 처형되었다고도 하며, 周公(주공) 旦(단)이 달기를 취하여 그의 시녀가 되었다고도 전한다.

3) **封神演義**(봉신연의) : 封神(봉신)은 '흙으로 단을 쌓고 신을 모심'이라는 뜻의 명사이다. 演義(연의)는 '역사적 사실을 부연하여 재미있게 재구성해서 쉬운 글로 쓴 중국의 통속 소설.' 한마디로 흙으로 단을 쌓고 신을 모신다는 중국 소설이다.

4) **關龍逢**(관용봉) : 夏(하)나라 걸왕 때 대신으로, 걸왕에게 충간하다 죽임을 당하였다. 한시외전에 따르면, 걸왕은 술 연못을 사방 십 리 넘게 만들고 그 안에 배를 띄워 삼천 명이 들어갈 정도였다고 한다. 이에 관용봉이 걸왕에게 간언하기를,

"자고로 옛날의 군주들은 仁義(인의)를 구하고, 백성을 사랑하며, 재물을 절약하여, 나라의 안녕과 치세를 도모했다고 합니다. 지금 대왕께서는 국고를 축내고, 살인을 자행하니, 이를 계속할 경우 하늘의 재앙을 받아 어떤 일이 일어날지 예측할 수 없나이다. 통촉하시옵소서."

걸왕은 大怒(대로)하여 명을 내려 옥에 가두고 죽여 버렸다. 충신 관용봉이 죽자, 조정 안팎으로 많은 불만이 터져 나왔으나, 두려워 감히 더 이상 걸왕에게 간언하지 못하고 하나라를 떠나기를 바랄 뿐이었다.

221 竹馬故友 죽마고우

字解
- 竹 : 대 죽 [松竹(송죽) : 소나무와 대나무]
- 馬 : 말 마 [馬脚(마각) : 말의 다리. 숨긴 본성이나 진상]
- 故 : 예 고, 옛 고 [故事(고사) : 옛날부터 전해 내려오는 유래 있는 일]
  - 사고 고, 연고 고 [無故(무고) : 아무 사고 없이 편안함]
  - 죽을 고 [故人(고인) : 죽은 사람]
- 友 : 벗 우 [友愛(우애) : 벗 사이의 정. 동기간의 사랑]

語義 대나무 말을 타고 놀던 옛 벗.
(어릴 때부터 같이 놀며 자란 벗)

用例

▶ 그들은 한잔 술을 사이에 두고, 마치 **竹馬故友**(죽마고우)처럼 흉금을 터놓고 이야기하거나 자기 생애를 송두리째 고백하고 있는 것이다. 〈흙 속에 저 바람 속에 - 이어령〉

▶ 가장 오래된 친구로서 6.25전쟁이라는 혼란기에, 초등학교를 입학하면서 세상을 함께 공부하기 시작했던 그들을 지칭하는 표현이 마땅하게 떠오르지 않았다. 끌탕을 치다가 결국은 식상할 정도로 흔한 '**竹馬故友**(죽마고우)'로 畵龍點睛(화룡점정)했다. 그리 정리하더라도 큰 무리가 따르지 않는 것은 다섯 명의 친구 중에 셋은 한동네, 둘은 이웃 동네에서 태어나 한결같이 동행하면서 군 입대까지 변함없이 우의를 나누고 있기 때문이다.

【類義語】
- 竹馬舊友(죽마구우) : 말을 타고 놀던 벗.
- 竹馬之好(죽마지호) : 어릴 때 죽마를 타고 노는 것을 좋아함.
- 騎竹之交(기죽지교) : 죽마를 타고 달리고 놀며 사귄 친구.

① 晉書(진서) - 殷浩傳(은호전), **世說新語**(세설신어) - 品藻篇(품조편)

중국 晉(진)나라 12대 황제인 簡文帝[1](간문제 : 동진 제8대) 때의 일이다. 蜀(촉) 땅을 평정하고 돌아온 桓溫[2](환온)의 세력이 날로 커지자, 간문제는 환온을 견제하기 위해 殷浩(은호)라는 은사를 建武將軍(건무장군) 揚州刺史(양주자사)에 임명했다. 그는 환온의 어릴 때 친구로서 학식과 재능이 뛰어난 인재였다. 은호가 벼슬길에 나아가는 그날부터, 두 사람은 政敵(정적)이 되어 反目(반목)했다. 王羲之(왕희지)가 和解(화해)시키려고 했으나, 은호가 듣지 않았다.

그 무렵, 오호십육국 중 하나인 後趙(후조)의 왕 石季龍(석계룡)이 죽고 호족 사이에 내분이 일어나자, 진나라에서는 이 기회에 중원 땅을 회복하기 위해 은호를 중원장군에 임명했다. 은호는 군사를 이끌고 출병했으나, 도중에 말에서 떨어지는 바람에 제대로 싸우지도 못하고 결국 대패하고 돌아왔다.

환온은 기다렸다는 듯이 은호를 규탄하는 상소를 올려, 그를 변방으로 귀양 보내고 말았다. 그리고 환온은 사람들에게 이렇게 말했다.

"은호는 나와 '**어릴 때 같이 죽마를 타고 놀던 친구**[竹馬故友(죽마고우)]'였지만, 내가 죽마를 버리면 은호가 늘 가져가곤 했지. 그러니 그가 내 밑에서 머리를 숙여야 하는 것은 당연한 일이 아닌가."

환온이 끝까지 용서해 주지 않음으로 해서, 은호는 결국 邊方(변방)의 귀양지에서 생애를 마쳤다고 한다.

② **後漢書**(후한서) – 郭伋傳(곽급전)

晉(진)을 세운 武帝[3](무제)가 그의 친구 諸葛靚[4](제갈정)과 만났을 때, **竹馬之好**(죽마지호)라는 말을 썼다. 제갈정의 아버지는 반기를 들어 처형되고, 제갈정은 吳(오)나라에 인질로 갔다가 대사마가 되었고, 이후 오나라가 망하고 진으로 다시 들어왔을 때, 무제는 그를 晉(진)의 시중에 임명했으나, 진나라를 아버지의 원수라 여겨 받들지 않았고, 무제 사마염을 만나 주지도 않았다.

武帝(무제) 사마염이 그의 숙모이자 제갈정의 누이인 諸葛妃(제갈비)에게 그를 만나도록 주선하게 하고 그 자리에 불쑥 들어와 제갈정에게 말했다.

"卿(경)도 예전에 **죽마를 타고 놀던 옛 정**을 잊지는 않고 있을 걸세."

제갈정이 말하기를,

"신은 숯을 삼키고 몸에 옻칠할 수 없어[춘추시대 지백의 신하 예양이 원수를 갚고자 숯을 삼켜 성대를 태우고, 몸에 옻칠하여 문둥병자로 꾸민 일화], 이렇게 폐하를 뵙게 되었습니다."

하고는 이어서 백 줄기의 눈물을 흘렸다. 황제 사마염은 제갈정의 심정을 이해하고 뉘우치며 돌아갔다.

 原文 帝曰(제왈) 卿故腹憶竹馬之好不(경고복억죽마지호불) 靚曰(정왈) 臣不能吞炭漆身(신불능탄탄칠신) 今日復靚聖顔(금일부정성안) 因涕泗百行(인제사백행) 帝於是慙悔而出(제어시참회이출)

---

1) 簡文帝(간문제, 320 ~ 372. 동진 제8대 황제. 재위 371 ~ 372) : 본명은 司馬昱(사마욱). 자는 道萬(도만)이고, 元帝(원제, 사마예. 제1대. 재위 317 ~ 323)의 小子(소자)다. 永昌(영창) 원년[322년], 琅邪王(낭야왕)에 봉해졌

다. 成帝(성제. 사마연. 제3대. 재위 325 ~ 342)가 즉위하자 會稽王(회계왕)으로 옮겼고, 散騎常侍(산기상시)에 임명되었다. 穆帝(목제, 사마담. 제5대. 344 ~ 361)가 즉위하여 褚太后(저태후)가 섭정하자, 그는 정무를 총괄했다.

哀帝(애제, 사마비. 제6대. 재위 361 ~ 365)와 廢帝(폐제, 사마혁. 제7대. 재위 365 ~ 371)를 섬겼다. 폐제 太和(태화) 원년[366년], 丞相(승상)의 자리에 올랐지만, 권한은 별로 없었고 대권은 桓溫(환온)에게 넘어갔다. 나중에 환온이 폐제를 폐위하고, 그를 맞아 황위에 올렸다. 재위 기간 중에 濟世(제세)의 행위는 없이 典籍(전적 : 서적. 서책)에 몰두했고, 淸談(청담)을 즐겨 나누었다. 겨우 2년 동안 재위했고, 묘호는 太宗(태종)이다.

2) 桓溫(환온, 312 ~ 373) : 東晉(동진) 譙國(초국) 龍亢(용항) 사람. 자는 元子(원자)고, 桓彝(환이)의 아들이자 明帝(명제, 사마소. 제2대. 재위 323 ~ 325)의 사위다. 駙馬都尉(부마도위)와 琅邪太守(낭야태수)를 지냈다. 穆帝(목제) 永和(영화) 초에 荊州刺史(형주자사)에 올랐다. 형주와 司州(사주) 등 고을의 軍事(군사)를 총괄했다. 명제 2년(346년) 군대를 이끌고 蜀(촉)나라를 정벌하고, 다음 해 成漢(성한)을 멸망시켰다. 殷浩(은호)를 물리치고 정권을 장악했으며, 前秦(전진)을 공격하고 姚襄(요양)을 치는 등 위세를 떨쳤다.

명제 10년(354년) 북쪽으로 關中(관중)을 공격했지만, 군량이 부족해 후퇴했다. 명제 12년(356년) 洛陽(낙양)을 수복했다. 여러 차례 환도할 것을 건의했지만, 조정이 듣지 않았다. 廢帝(폐제) 海西公(해서공) 太和(태화) 4년(369년), 보병 5만 명을 이끌고 북쪽으로 燕(연)을 공격해 처음에는 연승했지만, 보급로가 끊기자 대패했다. 2년 뒤(371년) 폐제 司馬奕(사마혁)을 폐위시키고, 簡文帝(간문제)를 세운 다음 大司馬(대사마)로 姑孰(고숙)에 주군하면서 정권을 장악했다. 皇位(황위)를 찬탈하려다가 뜻을 이루지 못하고 의문의 죽음을 당했다.

3) 晉 武帝(진 무제, 236 ~ 290. 재위 265 ~ 290) : 본명은 司馬炎(사마염). 西晉(서진)의 초대 황제로 字(자)는 安世(안세). 그의 조부는 魏(위) 왕조의 대신으로 제갈량과 결전을 벌이고, 노년에 정권을 잡은 司馬懿(사마의)이며, 백부는 司馬師(사마사), 아버지는 司馬昭(사마소)이다. 265년, 사마소가 죽고 진의 왕직을 승계한 사마염은 元帝(원제) 조환을 협박하여 그를 陳留王(진류왕)으로 봉하고, 낙양에서 국호를 晉(진)으로 바꾸어 제위에 오른다.

훗날 司馬睿(사마예 : 동진의 초대 황제, 사마의의 증손자)가 건업에 세운 東晉(동진)과 구별하기 위하여, 역사에서는 사마염의 晉(진)을 西晉(서진)이라 부른다. 280년, 吳(오)나라를 멸망시킴으로써 60년간 삼국시대의 막을 내리게 하고 통일시켰으나, 말년에는 부패하고 타락하였다.

4) 諸葛靚(제갈정. ? ~ ?) : 중국 삼국시대의 武將(무장)이며, 자는 仲思(중사). 魏(위)의 司馬昭(사마소)에 대항하여 궐기한 諸葛誕(제갈탄)의 아들로, 어렸을 때 司馬懿(사마의)와 친구 사이였다.

222 衆寡不敵 중과부적

字解
衆 ; 무리 중 [聽衆(청중) : 강연, 설교 등을 듣는 군중]
　　많을 중 [衆口難防(중구난방) : 많은 사람의 말을 막기가 어려움]
寡 ; 적을 과 [多寡(다과) : 수효의 많음과 적음]
　　홀어미 과 [寡婦(과부) : 남편이 죽어 혼자 사는 여자. 홀어미]
不 ; 아니 부(불) [不當(부당) : 정당하지 아니함. 이치에 맞지 않음]
敵 ; 원수 적, 적 적 [敵對(적대) : 적으로 대함. 또는 적과 같이 대함]

語義 무리가 적으면 대적할 수 없다.
(적은 수효로 많은 수효를 이기지 못함)

 用例

▶軍民(군민)이 힘을 합해 도처에서 항거해 나섰으나, 결국 **衆寡不敵**(중과부적)으로 적에게 쫓기고 말았다.
▶워낙 **衆寡不敵**(중과부적)이라, 물밀듯이 몰려오고 있는 적들을 그들 두 사람의 火力(화력)으로는 당해낼 수가 없었다.
▶鳴梁(명량) 바다에서 왜적을 무찌를 때, 충무공이 거느린 戰船(전선)은 불과 12척이었고, 이에 비해 倭船(왜선)은 350여 척이나 되었다고 한다. **衆寡不敵**(중과부적)으로 왜적과 맞서기 어렵게 되자, 충무공은 아낙네들을 모아 군복을 입히고 수십 명씩 무리를 지어 산봉우리를 돌게 하여, 멀리 떨어져 있는 왜적에게 마치 수만의 대군이 산봉우리를 내려오는 것처럼 보이게 하였다. 이와 같은 擬兵術(의병술)을 이용하여 왜적을 물리쳤다고 한다. 이때 아낙네들이 산봉우리를 돌면서 서로 손을 맞잡고 노래 부르며 춤을 추었던 것이 바로 '강강술래'의 근원이라는 설이 있다.

【類義語】寡不適中(과부적중) : 적은 사람으로는 많은 사람을 대적하지 못함.

 **出典** 孟子(맹자) - 梁惠王章句(양혜왕장구) 上七(상칠)

중국 전국시대, 여러 나라를 순방하며, 王道論(왕도론 : 선한 본성에서 우러나오는 덕치)을 역설하던 孟子(맹자)가 齊(제)나라 제5대 宣王(선왕, B.C.455 ~ B.C.405. 전국 칠웅에 속하는 제나라를 부흥시킨 왕)에게 말했다.

"殿下(전하)! 스스로는 放逸(방일 : 제멋대로 거리낌 없이 방탕하게 놂)한 생활을 하시면서, 나라를 강하게 만들고 천하의 覇權(패권)을 잡으려 드시는 것은 그야말로 '나무에 올라 물고기를 구하는 것[緣木求魚(연목구어)]'과 같사옵니다."

"아니, 과인의 행동이 그토록 나쁘단 말이오?"

"가령, 지금 소국인 鄒[1](추)나라와 대국인 楚(초)나라가 싸운다면, 어느 쪽이 이기겠나이까?"

"그야, 물론 楚(초)나라가 이길 것이오."

"그렇다면 소국은 진실로 대국을 대적할 수 없으며, '소수는 진실로 다수를 대적할 수 없으며', 약자는 진실로 강자를 대적할 수 없습니다. 지금 천하에는 1,000리 사방의 나라가 아홉 개 있사온데, 제나라도 그중 하나이옵니다. 한 나라가 여덟 나라를 굴복시키려 하는 것은, 결국 소국인 추나라가 대국인 초나라를 이기려 하는 것과 같지 않사옵니까?"

 原文 然則小固不可以敵大(연즉소고불가이적대) 寡固不可以敵衆(과고불가이적중) 弱固不可以敵強(약고불가이적강) 海內之地方千里者九(해내지지방천리자구) 齊集有其一(제집유기일) 以一服八(이일복팔) 何以異於鄒敵楚哉(하이이어추적초재) 蓋亦反其本矣(개역반기본의)

이렇게 몰아세운 다음, 맹자는 王道論(왕도론)을 說破(설파)했다.

"왕도로서 백성을 悅服(열복 : 기쁜 마음으로 복종함)시킨다면, 그들은 모두 전하의 덕에 기꺼이 굴복할 것입니다. 또한 천하는 전하의 뜻에 따라 움직이게 될 것이옵니다. 이제 왕께서 王道政治(왕도정치)를 펴시고 仁政(인정)을 베풀어, 천하의 선비로 하여금 모두 다 왕께서 조정에 벼슬하고자 하게 하며, 천하의 농민들이 모두 다 왕의 들에서 밭을 갈고자 하며, 온 천하의 장사치들이 모두 다 왕의 시장에서 장사하고자 하며, 여행하는 자들이 모두 다 왕의 길에 나아가고자 하게 하시면, 천하에 자기 왕을 미워하는 자가 모두 다 왕에게 따라와서 호소하려 할 것이니, 이와 같으면 누가 능히 막겠습니까?"

여기서 맹자가 말한 '적은 수는 진정 많은 수를 대적할 수 없다.' 즉 '寡固不可以敵衆(과고불가이적중)'에서 '寡不適衆(과부적중)'이란 성어가 나왔고, 우리나라에서 다시 '衆寡不敵(중과부적)'이란 성어로 통용되게 되었다.

---

1) 鄒(추) : 중국 춘추시대 제후국. 국성은 曹(조). 주나라 무왕 때 조협(曹挾)이 현재 산동성[山東省(산동성)] 鄒城市(추성시) 지역에 봉분되면서 시작된 제후국이다. 전설에 따르면 曹挾(조협)의 선조는 顓頊[2](전욱)의 다섯 번째 아들 曹安(조안)이라고 한다. 鄒(추)나라는 孟子(맹자)가 태어난 곳이다. 원래 나라 이름이 '邾(주)'이었으나, 전국시대에 이르러 '鄒(추)'로 변경되었다.

2) **顓頊**(전욱) : 고대 중국의 신화상의 제왕. 이름은 高陽(고양)이었고, 高陽氏(고양씨)로도 부른다. 五帝(오제)의 한 명으로 소호의 뒤를 이어 제위에 올랐다. 재위는 78년이었다고 전해진다. 아버지는 昌意(창의), 어머니는 蜀山氏(촉산씨)의 딸인 昌僕(창박)이다. 창의는 황제의 아들이고, 전욱은 황제의 손자가 된다. 전욱은 다른 전설상의 천자처럼 고결한 인간으로 묘사되고 있다. 『史記(사기)』에는 제사를 잘 거행한 군주로서 묘사되고 있다. 『사기』의 「오제본기」에 의하면 '인품은 고요하고 그윽하며 항상 深謀(심모)를 갖추고 있다.'고 전한다. 전욱은 민간의 사람들이 신과 관련되는 것을 싫어해 증손인 重(중), 黎(려)에 명해 하늘로 통하는 길을 닫아서 신과 사람이 구별을 두도록 했다고 한다. 이것은 한정된 계급만이 제사권을 장악했음을 의미하며, 따라서 전욱은 신권정치의 선구자라고도 할 수 있다.

※ 믿거나 말거나 '중과부적(스님과 부적)'의 유래

옛날에 30대 초반의 어느 분이 테니스에 입문을 하였습니다. 그 사람은 이 세상에서 제일 재미있는 운동이 테니스임을 알게 되었고, 늦게 알게 된 것을 아쉬워했지만, '이제부터라도……' 하며 정말 열심히 테니스를 배웠습니다. 운동 신경이 어느 정도 작용하였는지는 모르겠으나, 그의 기량은 노력한 만큼 일취월장하여 단기간 내에 중급 이상의 실력을 갖추게 되었고, 작은 동네 시합에서 B조 우승에 이어 A조 상위 입상까지 거머쥔 시간이 그리 오래되지 않았습니다.

그러나 테니스란 운동, 이것이 그렇게 만만한 게 하나 없고, 슬럼프에다 뭐에다 갈수록 태산, 할수록 어려운 거 아닙니까? 이것이 느는 것은 표도 안 나고, 또 어디에서 나타났는지 세상엔 가는 곳마다 기죽이는 고수들 천지라, 그는 본인의 실력이 우물 안의 개구리임을 깨닫고 실력 향상을 위해 더욱 정진, 각고의 노력을 했지만 실력은 제자리에서 맴도는 한계를 느끼자, 마침내 한 단계 더 높은 기량을 쌓기 위해 첩첩산중 속의 '太高寺(태고사 : 테니스 고수가 되는 절)'를 찾게 됩니다.

그곳의 주지스님인 태철 스님께 무릎을 꿇고서 각오를 보인 끝에 어렵사리 수련의 승낙을 받기에 이르자, 그는 스님께 소원을 이루게 해달라고 청을 합니다. 스님은 실눈을 뜨고 아래를 쳐다보며 말씀하시길,

"흐음, 소원을 이루려면 부적이 필요하다. 그 부적을 소지하고 다니면, 천하 어느 대회에 나가서 백전백승의 실력을 갖추게 되느니라! 단, 네가 그 부적을 받기 위해서는 수행을 해야 할 여러 단계가 있느니……."

하면서 꿇어앉은 그의 무릎 앞에 가죽 끈으로 묶인 네 권의 秘書(비서)를 툭 던졌습니다.

"할 수 있겠느냐?"

"…………."

비법이 담긴 책 이름은 '切磋琢磨(절차탁마)', '臥薪嘗膽(와신상담)', '切齒腐心(절치부심)', '螢雪之功(형설지공)'이었다. 그 후 그는 부적을 받기 위해 비법이 적힌 책의 내용대로 춘하추동 각고의 노력을 하였으며, 마침내 노스님은 그 실력을 인정하여 부적을 써주게 됩니다.

이러한 옛이야기에서 '중과부적'이란 말이 유래되었으며, 그 의미는 '뭐든 벅차다고, 택도 없다고, 미리 단정 짓지 말고 하는 데까지 해봐야 된다.'는 뜻을 담고 있답니다.

223 櫛風沐雨 즐풍목우

字解 櫛 : 빗 **즐**, 빗질할 **즐** [櫛比(즐비) : 빗살 모양으로 촘촘하게 늘어섬]
　　　風 : 바람 **풍** [風雨(풍우) : 바람과 비]
　　　　　 습속 풍 [風俗(풍속) : 예로부터 지켜 내려오는 생활에 관한 사회적 습관. 풍기]
　　　　　 경치 풍 [風景(풍경) : 경치]
　　　　　 모습 풍 [風采(풍채) : 사람의 드러나 보이는 의젓한 겉모습]
　　　沐 : 머리 감을 **목** [沐浴(목욕) : 머리를 감고 몸을 씻음]
　　　雨 : 비 **우** [雨後竹筍(우후죽순) : 비 온 뒤 죽순이 여기저기 돋아난다.
　　　　　　　　　　　　　　　　　　어떤 일이 한때 많이 일어남의 비유]

語義 바람으로 빗질하고, 빗물로 머리를 감는다.
　　　　(오랜 세월 동안 비바람을 무릅쓰고 외지에서 고생함)

用例

▶ 지난 1년 ○○시 중구는 민선 5기 '꿈과 희망이 있는 미래도시 중구'의 초석을 다지기 위해, 구청장을 비롯한 전 직원이 櫛風沐雨(즐풍목우)의 발로 뛰는 행정을 실천하고, 상하급 직원 간 상호존중의 문화를 정착시켜, 조직 역량을 집중할 수 있는 기틀을 마련한 한 해였다.

▶ 허실을 가릴 수 있는 수완 등속에 대해 어섯눈을 뜨게 된다. 그리고 상대를 따라 櫛風沐雨(즐풍목우)의 적공을 쌓은 뒤에야 비로소 옹근 상인으로 성장한다. 그러나 도제 생활이란 그 廛(전 : 가게)에서 ……. 〈한국 알부자들의 7가지 습관 – 김송본〉

▶ 심판 어이 멀다 할 것이냐. 막대로 하늘 가리켜 부르짖는 예언자. 동풍 비에 머리 푸는 櫛風沐雨(즐풍목우) 저 사내야. 세상이 너 모른다 슬피 한숨짓는 거냐. 온 세상 다 모른대도 눈물질 ……. 〈수평선 너머 – 함석헌〉

【類義語】 沐雨櫛風(목우즐풍) : 비로 머리를 감고 바람으로 머리를 빗음.
　　　　　　風餐露宿(풍찬노숙) : 바람을 먹고 이슬에 잠잔다. 객지에서 겪는 많은 고생을 이르는 말.

① 莊子(장자) – 天下篇(천하편)

중국의 사상가 墨子[1](묵자)는 자신의 道(도)에 대하여 다음과 같이 말하고 있다.
"먼 옛날 禹(우)임금이 홍수를 막고 양자강과 황하의 흐름을 터서, 사방의 오랑캐들의 땅과 온 나라에 흐르게 하여, 큰 강 3백 개와 작은 강 3천 개를 만들었으며, 작은 물줄기는 셀 수 없었다. 우임금은 몸소 삼태기와 보습(삽 모양의 쇳조각)을 들고, 천하의 작은 강들을 모아 큰 강으로 흘러들게 하였다.

장딴지에는 살이 없었고, 정강이에는 털이 없었다. **쏟아지는 비로 머리를 감고 거센 바람으로 머리를 빗으면서**, 모든 나라의 자리를 정하였다. 우임금은 위대한 聖人(성인)으로서 천하를 위하여 몸을 힘들게 한 것이 이러하였다."

 原文 腓無胈(비무질) 脛無毛(경무모) 沐甚雨櫛疾風(목심우즐질풍) 置萬國(치만국) 禹大成也(우대성야) 而形勞天下也如此(이형노천하야여차)

그리고는 후세의 묵가들에게 털가죽 옷과 칡베 옷을 입고, 나막신이나 짚신을 신고서, 밤낮으로 쉬지 않고 자신을 고생시키는 것을 法道(법도)로 삼게 했던 것이다. 그리고는 그렇게 하지 못한다면, 우임금의 도가 아니니 묵가가 되기에 부족하다고 주장하였다.

이렇게 '櫛風沐雨(즐풍목우)'는 원래는 '沐甚雨櫛疾風(목심우즐질풍)'이었으며, 墨子(묵자)가 墨家(묵가)의 근검사상을 비평하고, 禹(우)임금의 성인다움을 설명하는 부분에서 유래한다.

묵자는 사치와 낭비를 줄이고, 규범으로 문제를 바로잡아야 한다고 했다. 서로 나누며 싸우지 말 것을 주장했다. 그는 겉치레에 흐른 禮樂(예악 : 예법과 음악)도 불필요하다고 보았다. 儉素(검소)와 節用(절용 : 절약해서 씀)을 강조하고 또 강조했다. 이런 묵자의 가르침은 사치가 만연한 그 시대에 약이 되는 처방이었다. 하지만 그의 말을 따르려면 사람들은 기뻐도 노래를 부르지 못하고, 슬퍼도 울 수가 없었다. 즐거워도 즐거운 내색을 하지 못했다. 사람이 죽으면 의식 없이 그냥 매장해 버려야 했다. 처음 시작은 사람을 위한 것이었는데, 그것이 오히려 사람을 근심스럽게 하고, 슬프게 만들었다.
莊子(장자)는 이야말로 성인의 도에서 멀어진 것이라고 비판했다. 처음 순수했던 뜻이 맹목적 추종과 敎條的(교조적 : 역사적 환경이나 구체적 현실과 관계없이 어떠한 상황에서도 절대로 변하지 않는 진리인 듯 믿고 따르는, 또는 그런 것) 해석을 거쳐 왜곡되고 극단화된다. 지금 세상에도 이런 일은 얼마나 많은가?

 ② 三國志(삼국지)

중국 삼국시대 魏(위)나라 曹操(조조)의 위세가 한창 성할 때, 董昭[2](동소, 156 ~ 236. 조조의 모사)가 건의하기를,
"조조는 **바람으로 머리를 빗고 비로 머리를 감으며**[櫛風沐雨(즐풍목우)], 30여 년간 즉, 오랜 기간 야전 생활을 하면서, 흉악한 무리들을 소탕하고 백성들에게 해악을 끼치는 자들을 제거하여, 한 왕실

을 안정케 하였다. 魏公(위공)에 봉하고 九錫[3](구석)을 하사하여, 그 공덕을 표창해야 한다."
라고 했다.

　조조에게 구석을 내려야 한다는 건의에 대하여 조조의 문신 참모인 荀彧(순욱, 163 ~ 212. 조조 때 정치가이자 군사)이 반대하였다. 이에 조조는 순욱에게 화를 냈고, 뒷날 아무것도 담기지 않은 그릇을 순욱에게 보낸다. 순욱은 조조의 뜻을 看破(간파)하고, 약을 마시고 自決(자결)했다.

---

1) 墨子(묵자, B.C.480 ~ B.C.390) : 중국 춘추전국시대의 철학자, 사상가. 본명은 墨翟(묵적). 보편적 사랑, 즉 兼愛(겸애)를 기본 이념으로 삼는 그의 철학은 수백 년 동안 유학과 맞섰고, 墨家(묵가)라고 부르는 종교 운동의 토대가 되었다.

　孔子(공자)가 죽은 지 몇 년 뒤에 태어난 묵자는 周(주, B.C.1111경 ~ B.C. 256/255) 초기에 제정된 봉건적 계급제도가 급속히 무너지고, 중국이 작은 봉건국가들로 나뉘어 패권을 다투던 시기에 성장했다. 따라서 그는 기원전 5세기의 중국 사상가들이 당면한 문제, 즉 어떻게 하면 혼란 속에서 정치·사회의 질서를 바로잡을 수 있는가 하는 문제에 부딪혔다.

　전해 오는 말에 따르면, 墨子(묵자)는 원래 공자의 가르침을 따르던 유학자였다고 한다. 그러다가 유교는 부담스러운 의례를 지나치게 강조하고, 종교적 가르침을 너무 소홀히 한다고 확신하게 되어 독자적인 길을 가기로 결심했다. 공자는 모든 점에서 볼 때 귀족적인 기질과 경향을 갖고 있었으며, 화려하고 웅장한 주나라 초기의 조용하고 평화로웠던 시절로 돌아가기를 꿈꾸었다. 반면에 묵자는 평범한 사람들에게 이끌렸고, 주나라보다 훨씬 오래된 원시시대의 단순하고 소박한 생활과 솔직한 인간관계를 꿈꾸었다.

2) 董昭(동소)**의 逸話**(일화)
　동소는 위나라 濟陽(제양) 定陶(정도) 사람으로 자는 公仁(공인)이다. 曹操(조조)가 득세한 뒤 長史(장사) 벼슬에 올랐으며, 侍中(시중)이 되었다. 明帝(명제) 때 長樂侯(장락후)에 오르고, 司徒(사도)까지 올랐다.
　曹操(조조)가 낙양에서 獻帝(헌제 : 후한의 마지막 황제)를 모시던 인사들과 인사를 나누게 되었는데, 모두 얼굴들이 거무튀튀하고 피골이 상접한 모습이었다고 한다. 이때 유독 동소만이 얼굴에 기름이 반질반질거리고 혈색이 화사하자, 조조는 이에 희한해서 어찌해 안색이 좋은지 묻자, 동소는 다음과 같이 말하였다고 한다.
　"30년간 菜食(채식)만 하다 보니 腸(장)과 皮膚(피부)가 좋아졌고, 굶어도 배가 고프지 않습니다."

3) 九錫(구석) : 조정에서 국가에 아주 큰 공적을 쌓은 元老大臣(원로대신)의 공덕을 표창하기 위해 내리는 9가지 물건인데, 車馬(거마 : 말 여덟 필이 끄는 큰 수레 2종류), 衣服(의복 : 왕의 예복에 준하는 옷과 신발), 樂縣(악현 : 왕의 행사에 준하는 음곡이나 가무를 감상하는 것을 허용함), 朱戶(주호 : 붉은 칠을 한 집), 納陛(납승 : 거처에 계단 설치를 허용함), 虎賁(호분 : 호위 군사 300명을 배치함), 弓矢(궁시 : 붉은색과 검은색의 활과 화살), 秬鬯圭瓚(거창규찬 : 각종 제기) 등을 말한다. 九錫(구석)을 받았다면 신하로서는 최고의 영광이며, 이보다 더 나은 대우가 없었다.

224 知己之友 지기지우

字解
- 知 : 알 **지** [知覺(지각) : 알아서 깨달음, 또는 그 능력]
- 己 : 자기 **기** [克己(극기) : 자기의 감정이나 욕심을 의지로 눌러 이김]
- 之 : 의 **지** [騎竹之交(기죽지교) : 죽마를 타고 달리고 놀며 사귄 친구]
- 友 : 벗 **우** [友愛(우애) : 벗 사이의 정. 동기간의 사랑]

語義 자기를 알아주는 친구.
(자기의 속마음을 참되게 알아주는 친구)

用例

▶ 역시 자네가 **知己之友**(지기지우)일세. 우몽 자네를 보니, 뭇 근심이 봄눈 녹듯 사그라지네. 〈불의 제전 – 김원일〉

▶ 동갑내기 60년 **知己之友**(지기지우)인 이들은 이곳 소백산 자락에 있는 산골 출판사에서 「시조춘추」를 발간하면서, 시조의 화려한 부흥을 꿈꾸고 있다.

▶ 내 사랑하는 **知己之友**(지기지우)여! / 우리는 언제나 그대로였어. / 네가 꺼지지 않는 등불이 되어 내 곁에 머물듯 / 오늘은 파아란 하늘빛이 곱고 쪽빛 바다빛도 참 곱구나. / 개나리, 진달래 뭇서리에 견디어 방울방울 터트리며 / 장관을 연출할 때 우리는 삶의 종착역을 향하는 / 숲길 골짜기를 걸어 벌써 여기까지 왔었구나. / 장하다 **知己之友**(지기지우)여!

【類義語】 管鮑之交(관포지교) : 아주 친한 친구 사이의 사귐. 관중과 포숙아의 사귐.
　　　　　　莫逆之友(막역지우) : 거스름이 없는 벗. 허물이 없이 매우 가까운 친구.
　　　　　　刎頸之交(문경지교) : 서로 죽음을 대신할 수 있을 만큼 막역한 사이.
　　　　　　竹馬故友(죽마고우) : 죽마를 타고 놀던 옛 친구로 어릴 때부터의 친구.

 **出典** 史記(사기) – 刺客列傳(자객열전)

중국 춘추시대 晉(진)나라의 실력자인 大夫(대부) 智伯(지백)의 家臣(가신) 중에 豫讓[1](예양)이라는 사람이 있었다. 지백은 이름도 없는 그를 극진하게 대접하였으며, 사람됨을 높이 평가하여 매우 아껴 주었다. 예양이 지백의 후대를 받으며 보람 있는 삶을 살아가던 중, 주인인 지백이 평소 경쟁자인 趙(조)나라의 제후 趙襄子(조양자)를 치려다가 패하여 죽음을 당한다. 이때 산중으로 도피해 있던 豫讓(예양)은 혼자 다짐했다.

"사나이는 **자기를 알아주는 자**를 위해 목숨을 바치는 것이고[士爲知己者死(사위지기자사)], 계집은 자기를 기쁘게 하는 자를 위하여 예쁘게 꾸미는 것이다[女爲說己者容(여위열기자용)]. 지백님은 나를 알아준 분이시다. 나는 반드시 이 원수를 갚고 죽을 것이다. 이것을 지백님께 보고한다면, 나의 魂魄(혼백)은 부끄럽게 九泉(구천)을 떠돌지 않아도 될 것이다."

그는 이름을 바꾸고, 죄인들의 무리 속에 끼어 궁궐로 들어가 뒷간에 벽을 바르는 미장이 노릇을 하면서, 조양자를 찔러 죽일 기회를 노리고 있었다. 조양자가 뒷간에 갔으나, 예감이 좋지 않아서 벽을 바르고 있는 미장이를 잡아서 심문해 본즉 역시 예양이었다. 匕首(비수)를 품고 있어 추궁한 결과,

"지백님의 원수를 갚으려고 한다."

라고 말했다. 좌우 측근들이 그를 처형하고자 했으나, 조양자는 그들을 말렸다.

"그는 의로운 사람이다. 지백은 이미 죽고 그의 자손도 없다. 그런데 그의 옛날 신하가 보답받을 것도 없는 원수를 갚으려고 한다. 그야말로 천하에 의로운 사람이다. 나만 조심해서 피해 있으면 되는 것이다."

결국 그를 釋放(석방)하고, 멀리 가게 했다.

위의 '知己(지기)'에서 '知己之友(지기지우)'라는 고사성어가 생기게 되었다.

1) 그 뒤의 豫讓(예양)의 行蹟(행적)

일단 살아나온 예양은 이번엔 아무도 알아볼 수 없게 옻으로 온 몸을 퉁퉁 붓게 한 후, 박박 긁어서 얼굴을 바꾼다. 그런 후, 일부러 자기 집에 가서 아내가 알아보는지를 확인한다. 얼굴은 몰라보는데 목소리가 비슷하다고 하자, 이번에는 숯을 벌겋게 달궈서 목구멍에 넣는다. 그러니 목소리만 변한 것이 아니라, 아예 말도 못하게 되어 버렸다. 이제는 됐다 싶어, 趙襄子(조양자)를 암살하기 위해서 간다. 그런데 한 사람이 와서 예양을 잡아간다. 그 사람은 예양의 옛 친구여서 할 수 없이 실토를 한다. 말을 못 하니 필담으로 주고받는데, 얼굴이 바뀌고 목소리가 변해도 걸음걸이로 알았다고 한다. 그리고는 다음과 같이 권한다.

"나는 지금 조양자의 호위무사로 있으니 포기하고 가게. 차라리 자네의 재주로 조양자의 신하가 되어 섬기면 총애를 받을 것이니, 그때 자네가 하고자 하는 원수 갚는 일이 도리어 쉽지 않겠는가? 무엇 때문에 이처럼 스스로 고생을 하는가?"

그러나 예양은 변절할 수 없다고 거절한다. 그렇다고 포기할 예양이 아니었다.

하루는 교량 공사가 완성이 되어, 조양자가 참석한다는 이야기를 듣는다. 이미 거지로 변장한 예양이 다리 밑에 숨었다가 튀어나오니, 말이 놀라서 앞굽을 드는 사이에 몰래 파고든다. 조양자는 수레 안으로 피신하여 거동 수상자를 잡으니 예양이었지만, 이번에는 조양자가 알아보지를 못한다. 예양은 자신을 밝히고 나를 죽여라 하니, 조양자는 네 스스로 죽으라 한다. 예양은 마지막으로 사정을 한다.

"내게 마지막으로 당신의 號衣(호의 : 전복의 일종)를 주시오. 나는 이미 당신을 암살하려는 것을 실패를 했소. 그러니 당신의 옷을 내게 한 번 벗어 주시오."

주위 사람들이 반대를 하지만, 조양자는 옷을 벗어서 예양에게 준다. 그러자 예양은 조양자의 옷을 공중으로 던진 후, 칼로 베는데 목 부분과 몸통 팔 부분으로 잘려 떨어졌다. 이를 본 후, 예양은 칼을 세우고 가슴을 찔러서 스스로 자결한다.

225 指鹿爲馬 지록위마

字解
- 指 : 손가락 지 [指紋(지문) : 손가락 끝마디 안쪽에 있는 피부의 무늬]
- 가리킬 지 [指呼之間(지호지간) : 가리켜 부를 만한 가까운 거리]
- 鹿 : 사슴 록(녹) [鹿茸(녹용) : 사슴의 뿔]
- 爲 : 할 위 [爲政(위정) : 정치를 함]
- 馬 : 말 마 [騎馬(기마) : 말을 탐]

語義 사슴을 가리켜 말이라고 한다.
(윗사람을 농락하여 권세를 마음대로 함)
(모순된 것을 끝까지 우겨서 남을 속이려는 짓)
(일부러 일을 조작해 사람을 궁지로 몰거나 죽음에 이르게 함)

 用例

▶ **指鹿爲馬**(지록위마), 권력이 비정상적으로 비대해지고 그 권력을 유지하기 위해선 사슴이 말로 변하기도 합니다. 하지만 불이익을 감수하면서도 진실을 외치시는 분들이 있는 한 이 사회는 아직 희망이 있는 거랍니다.

▶ 최근 국회의원의 秘書(비서)와 輔佐官(보좌관)들이 신문 앞머리를 裝飾(장식)하고 있다. 지난 10·26 재보선 때 선관위의 홈페이지를 디도스 공격한 사건에 대한 경찰의 수사 결과, 모 의원의 비서가 저지른 단독 범행이라고 결론을 내렸다.

또 모 의원의 보좌관은 8억에 가까운 뇌물을 받아 체포됐다. 윗선은 없었는지, 몸통 근처에는 가지 못한 채 꼬리만 자르려는 건 아닌지, 많은 국민들이 의구심을 품고 있다. 이런 사건들을 접할 때마다 수천 년 전 진나라 때, 조고에게 順應(순응)하여 **指鹿爲馬**(지록위마), 즉 사슴을 말이라고 대답한 신하들이 생각난다.

 **出典** **史記**(사기) - 秦始皇紀(진시황기)

중국 秦¹⁾(진)나라 始皇帝(시황제)가 죽자, 측근 환관인 趙高²⁾(조고, ? ~ B.C.208)는 거짓 詔書(조서)를 꾸며 태자 扶蘇(부소 : 진시황제의 장남)를 죽이고, 어린 胡亥(호해 : 진시황제의 26번째이자 막내아들)를 세워 2세 황제로 삼았다. 현명한 부소보다 용렬한 호해가 다루기 쉬웠기 때문이다. 호해는 '천하의 모든 쾌락을 마음껏 즐기며 살겠다.'라고 말했을 정도로 어리석었다고 한다.

趙高(조고)가 모반을 일으키려 하였다. 그러나 여러 신하들이 따라주지 않을 것이 두려웠다. 이에 먼저 이들을 시험하기 위해, 사슴 한 마리를 2세 황제 호해에게 바치면서 말하였다.

"이것은 말[馬(마)]입니다. 받으시옵소서."

2세 황제가 웃으며 말하기를,

"승상이 잘못 본 것이오. **사슴을 일러 말이라 하시오?**"

 原文 趙高欲爲亂(조고욕위난) 恐群臣不聽(공군신불청) 乃先設驗(내선설험) 持鹿獻於二世曰馬也(지록헌어이세왈마야) 二世笑曰(이세소왈) 丞相誤邪(승상오사) 謂鹿爲馬(위록위마)

趙高(조고)는 이 호해를 이용하여 경쟁 관계에 있던 승상 李斯[3](이사)를 비롯한 많은 신하들을 죽이고, 승상의 자리에 올라 조정의 실권을 장악하였다. 그러자 逆心(역심)이 생긴 조고가 자기를 반대하는 중신들을 가려내기 위해 이와 같은 행동을 하였던 것이다. 호해가 말을 마치고 좌우의 신하들을 둘러보자, 잠자코 있는 사람보다,

"그렇습니다."

하고 긍정하는 사람들이 많았으나,

"아닙니다."

하고 부정하는 사람들도 있었다. 조고는 부정하는 사람들을 기억해 두었다가, 나중에 죄를 씌워 죽였다. 그 후 궁중에는 조고의 말에 반대하는 사람이 없었다고 한다.

그러나 천하는 오히려 혼란에 빠졌다. 각처에서 진나라 타도의 반란이 일어났기 때문이다. 그중 항우와 유방의 군사가 도읍 咸陽(함양)을 향해 진격해 오자, 조고는 호해를 죽이고 부소(진시황제의 장남)의 아들 子嬰(자영)을 세워 3세 황제로 삼았다(B.C.207). 그러나 이번에는 조고 자신이 자영에게 誅殺(주살)당한다. 이리하여 중국을 통일한 始皇帝(시황제)의 秦(진)나라는 불과 16년 만에 망하고 말았다.

---

1) 秦(진, B.C.221 ~ B.C.206) : 중국 최초의 대제국. 차이나(China)라는 영문 이름이 바로 秦(진)에서 유래했다. 진은 중국의 대체적인 국경선을 확정짓고, 그 후 2,000년간 이어진 기본적인 행정 체계를 확립했다.

통일제국 秦(진)은 중국에 분립한 여러 소제후국들 중 하나인 秦(진, B.C.771 ~ B.C.221)에서 발전한 나라였다. 진은 이 소제후국들 가운데 비교적 漢化(한화)되지 않은 나라였으며 매우 호전적이었다. 진은 전략적 요지인 웨이수이[渭水(위수)]강 유역을 점령했다. 기원전 3세기 중반에서 2세기 말 사이에, 秦(진) 國公(국공)은 전국 어디서나 똑같이 적용되는 엄격한 법률체계를 만들고, 전국에 중앙에서 파견된 관리가 다스리는 군·현을 설치하는 등 권력을 집중화시키기 시작했다. 이러한 개혁을 바탕으로 서서히 주변 국가들을 정복하고 강국으로 부상하기 시작했다.

기원전 247년 13세의 嬴政(영정)이 왕위에 올랐다. 그는 재상인 李斯(이사)와 함께 정복사업을 완성하고, 기원전 221년 진 제국을 세웠다. 또한 스스로를 始皇帝(시황제)라고 칭하고, 거대한 영토를 다스리기 위해 엄격하고 권위주의적인 정치를 폈다. 서체와 도량형을 통일하고 도로를 정비했다. 또한 봉건적인 모든 특권을 철폐하고 만리장성을 쌓았다. 기원전 213년 국가에 대한 비판적인 사상들을 없애기 위해, 醫書(의서)와 같은 실용적인 서적들을 제외한 모든 서적을 불사르게 했다[焚書坑儒(분서갱유)]. 이러한 가혹한 조치에다 전쟁과 건설에 드는 비용을 조달하기 위한 과중한 세금 때문에 백성들은 疲弊(피폐)해졌다. 결국 시황제가 죽은 후 반란이 일어났다. 기원전 206년 진은 멸망하고, 漢(한, B.C.206 ~ A.D.220)이 섰다.

  秦代(진대)에는 2개의 대규모 토목사업이 있었다. 하나는 만리장성으로 기존의 여러 짧은 성들을 연결시켜 만든 것이었고, 또 하나는 거대한 궁전인 阿房宮(아방궁)으로 그 안에 면적 450㎡의 강당이 있었다고 한다. 무엇보다 중요한 예술적 기여는 당시 형성되기 시작한 한자의 서체를 단순화하고 통일시킨 것이다. 진은 존속 기간이 짧아 중국의 문학과 학문을 완전히 절멸시키지는 못했으며, 殷(은)나라의 풍부한 문화유산은 한으로 이어져 중국 문화가 크게 번창하게 되었다.

2) **趙高**(조고, ? ~ B.C.208) : 중국 진나라 때 宦官(환관 : 내시). 통일제국 秦(진)의 제1대 황제인 始皇帝(시황제)가 죽고 난 후, 정권을 장악하려는 음모를 꾸몄다. 시황제를 모시는 환관 책임자였던 그는 황제와 외부 세계 사이의 모든 연락을 맡고 있었으므로, 기원전 209년 여행 도중에 일어난 시황제의 죽음을 별 어려움 없이 감출 수 있었다. 시황제의 큰아들 扶蘇(부소)는 이단적인 사상이 씌워 있다는 이유로 서적들을 모두 불태우게 한, 승상 李斯(이사)의 조처에 반대한 까닭에 북쪽 변방인 上谷郡(상곡군)에 유배되어 있었다. 시황제는 부소에게 보내는 遺詔(유조)를 남겼는데, 이 조서에서 그가 부소를 후계자로 지명하였다.

  이사와 조고는 만약 부소가 帝位(제위)를 잇는다면, 자신들의 관직을 박탈함은 물론 죽음을 당할 것이라고 생각하여, 부소와 그의 친구이자 상곡군의 장군인 蒙恬(몽염)에게 가짜 조서를 보내 자살할 것을 명령했다. 이사와 조고는 죽은 시황제의 시체에서 냄새가 심하게 나자, 포어(鮑魚 : 소금에 절인 냄새가 심한 생선) 한 가마를 수레에 같이 실어 시체의 냄새를 숨겨 수도로 돌아왔다. 그리고 나서 시황제의 막내아들 胡亥(호해)로 제위를 잇게 한다는 억지 조서를 꾸몄다. 얼마 후 이사와 조고는 서로 사이가 나빠졌고, 조고가 이사를 처형했다.

3) **李斯**(이사, B.C.280 ~ B.C.208) : 중국 전국시대의 정치가. 무자비하나 효율적인 法家(법가) 사상을 이용하여 여러 나라를 합병하고, 통일제국 秦(진)을 건설하는 데 공헌했다. 기원전 247년 진나라로 가서 거의 40년간 始皇帝(시황제)가 된 진왕 嬴政(영정)을 위해 일했다. 진의 승상으로서 기원전 221년 이후, 시행된 거의 모든 정치·문화의 급진적 개혁을 주도했다. 이사는 전국을 36郡(군)으로 나누었으며, 모든 군은 조정에서 임명한 관리가 다스리도록 했다. 그의 제안에 따라 시황제는 화폐단위와 도량형을 통일하고, 흉노의 침입을 막기 위해 만리장성을 쌓았다.

  또한 그는 천하의 모든 문자를 篆書體(전서체)로 통일시키도록 했는데, 漢字(한자)는 그 후 큰 변화 없이 지금까지 존속되어 왔다. 마지막으로 불온한 사상의 확산을 막기 위해 기원전 213년 역사 교육을 금지하고 焚書(분서)를 명령했다. 이로 말미암아 그는 후대 모든 유학자들의 증오의 대상이 되었다. 기원전 209년 시황제가 죽자, 황위 계승자를 바꾸려는 환관 趙高(조고)의 음모에 가담했다. 그러나 2년 후 둘 사이에 암투가 생겼고, 조고는 그를 死刑(사형)에 처했다.

226 採薪之憂 채신지우

字解 採 : 캘 채 [採鑛(채광) : 광산에서 광석을 캐냄]
　　　　　가릴 채, 가려낼 채 [採擇(채택) : 가려서 취함]
　　　薪 : 땔나무 신 [薪炭(신탄) : 땔나무와 숯. 일반적인 연료의 총칭]
　　　之 : 갈 지 [之東之西(지동지서) : 동쪽으로 갔다가 서쪽으로 갔다 함]
　　　　　의 지 [莫逆之友(막역지우) : 거스름이 없는 벗]
　　　憂 : 근심 우 [憂慮(우려) : 근심과 염려]

語義 나무꾼의 憂患(우환). 땔나무를 할 수 없는 우환.
(신하가 임금에게 자신의 병을 겸손하게 이르는 말)

用例

▶ 백약이 무효였다. 늙든지 병들든지 하여, 땔나무조차 하지 못하게 된 걱정을 '採薪之憂(채신지우)'라 하지만, 늙고 병들어 원고지를 메우지 못해 밥걱정을 하는 경우는 뭐라 하는지?

▶ 제가 지난 주말 갑자기 몸이 아파서, 병원에 다녀오고 집에서 조금 쉬었답니다. 쉬는 김에 푹 쉬려고 제 일은 동료에게 부탁했구요. 採薪之憂(채신지우)였을 뿐인데 걱정해 주신 모든 분께 죄송스럽습니다. 감사드립니다.

[類義語] 負薪之憂(부신지우) : 땔나무를 질 수 없는 우환.
　　　　　微恙(미양) : 대수롭지 않은 병. 자신의 병을 낮추어 이르는 말.

出典 孟子[1](맹자) - 公孫丑章句下(공손축장구하) 二(이)

孟子(맹자)가 장차 齊(제)나라 왕에게 문안드리러 가려고 하였을 때, 왕이 사람을 시켜서 말을 전해 왔다.

"寡人(과인)이 가서 만나볼 것이나, 감기가 들어서 바람을 쐴 수 없다. 선생이 나와 주시면 만나볼까 한다. 혹시 과인이 만나볼 수 있게 해 주실는지?"

맹자도 또한 대답하여 가로되,

"불행히도 병이 있어, 문안드리러 나갈 수가 없습니다."

그 이튿날 맹자가 東郭氏(동곽씨) 댁에 弔問(조문 : 남의 죽음에 대하여 슬퍼하는 뜻을 드러내어 상

주를 위로함)하러 나가려고 하였다. 公孫丑(공손축 : 공자의 제자)이 말하기를,

"어제는 병이 났다 하여 나가는 것을 謝絶(사절 : 요구나 제의를 받아들이지 않고 물리침)하고, 오늘은 조문하러 나가시니 혹시 잘못된 것이 아닙니까?"

맹자 가로되,

"어제 앓다가 오늘 나았는데, 왜 조문하러 가지 못하겠는가?"

왕이 사람을 시켜서 문병을 하고 의원을 보내왔다. 孟仲子(맹중자 : 공자의 아우)가 그 문병 온 사람에게 말했다.

"어제는 오라는 왕명이 있었으나, **땔나무를 할 수 없는 우환**이 생겨서, 조정에 나가지 못하셨습니다. 오늘은 병이 좀 나아서 서둘러서 조정으로 가셨습니다. 그런데 잘 가셨는지 모르겠습니다."

(이렇게 둘러대고는) 여러 사람을 시켜 길에서 맹자를 찾아 집에 돌아오지 말고, 꼭 왕을 뵈러 가시도록 이르게 하였다.

 原文 王使人問疾醫來(왕사인문질의래) 孟仲子對曰(맹중자대왈) 昔者有王命(석자유왕명) 有采薪之憂(유채신지우) 不能造朝(불능조조) 今病小愈(금병소유) 趨造於朝(추조어조) 我不識能至否乎(아불식능지부호) 使數人(사수인) 要於路曰(요어로왈) 請必無歸而造於朝(청필무귀이조어조)

여기서 '采(채)'는 '採(채 : 캐다. 가리다)'와 같은 뜻으로 쓰였다. 맹중자는 형인 맹자가 왕을 뵙지 못한 것을 '나무를 할 수 없는 우환', 즉 '나무꾼이 병이 들어 나무를 할 수 없게 되었다.'는 말로 대신한 것인데, 당시에는 신하가 자신의 병을 낮춰 이를 때 이 말을 사용하였다고 한다. 후대에 의미의 범위가 넓어져 '남에게 자신의 병을 겸손하게 이르는 말'로 일반화되었다.

---

1) **孟子**(맹자, B.C.372? ~ B.C.289?) : 孔子(공자)의 사상을 이어 발전시킨 유학자. 전국시대 鄒(추)나라 사람으로 이름은 軻(가)이고, 자는 子輿(자여) 또는 子車(자거)이다. 어릴 때부터 공자를 숭배하고, 공자의 사상을 발전시켜 유교를 후세에 전하는 데 큰 영향을 끼쳤다. 공자가 죽은 지 100년쯤 뒤에, 산동시 성추현에서 태어났다. 그가 활약한 시기는 대체로 기원전 4세기 전반기이다.

家系(가계)가 확실하지는 않지만, 춘추시대 노 환공의 후예가 나뉜 3대족(맹손씨, 숙손씨, 계손씨) 가운데 맹손씨의 후대인데, 당시 노나라에서는 맹손씨가 집권층이었지만, 추나라로 이주한 맹자의 가문은 이미 몰락한 뒤였다. 어머니 仉(장)씨는 맹자를 훌륭하게 키우기 위해 세 번 이사를 했다는 '孟母三遷之敎(맹모삼천지교)'로 유명한 현모로서, 어머니에게 큰 감화를 받으며 학교의 수업을 마친 뒤, 공자의 고향인 노나라로 가서 공자의 손자인 子思(자사)의 문인에게서 공자가 편찬한 육경을 배웠다.

제자백가 시대에 돌입한 당대에 묵적과 楊朱(양주)의 사상과 경쟁하며 유가 사상을 확립했다. 40세 이후에 仁政(인정)과 왕도정치를 주창하며, 천하를 遊歷(유력)했다. 법가나 종횡가가 득세하는 세상과 타협하지 않았으며 은퇴했다.

227 泉石膏肓 천석고황

字解
- 泉 : 샘 천 [溫泉(온천) : 더운물이 솟아 나오는 샘]
- 石 : 돌 석 [採石(채석) : 돌산이나 바위에서 석재를 떠냄]
  - 섬 석 [萬石(만석) : 만 섬]
- 膏 : 기름 고 [膏血(고혈) : 사람의 기름과 피. 피땀을 흘려 얻은 이익이나 재산]
  - 염통 밑 고 [膏肓(고황) : 심장과 횡격막 사이. 고치기 어려운 병]
- 肓 : 명치 황 [膏肓(고황) : 심장과 횡격막 사이. 고질병]

語義 샘과 돌이 고황(고질병)에 들었다.
(고질병이 되다시피 자연 풍경을 좋아함)
(고질병 같이 굳어진 자연을 사랑하는 마음)

 用例

▶樂山樂水(요산요수)도 **泉石膏肓**(천석고황)이다. 歸巢本能(귀소본능)인지는 모른다. 어차피 흙으로 돌아갈 운명이어서인지는 몰라도 나이가 들수록 산을 찾게 된다. 자연을 사랑하는 마음이야 각자의 인생관이나 생각에 따라 정도의 차이가 있겠지마는, 그래도 보편적으로는 나이를 먹을수록 자연에 귀의하려는 성향이 있다.

▶**泉石膏肓**(천석고황)이란 동양의 전유물만이 아니다. 드물긴 하지만 소로(Thoreau. 미국의 수필가, 시인)나 시튼(Seton. 미국의 작가, 야생화가) 등 자연 예찬의 전통은 서양에서도 발견된다. 저자와 그의 아버지는 그 맥을 잇는 주인공이다. 섬세하고도 정확한 관찰, 허튼 상상을 뛰어넘는 실험, 그 모두를 아우르는 통찰, 무엇보다 철저한 현장주의 등은 그가 인문학적 자연 관찰의 적통임을 증명한다.

【類義語】 煙霞痼疾(연하고질) : 안개와 놀을 사랑함이 고질병이 되어 버림.
煙霞之癖(연하지벽) : 안개와 놀을 사랑하는 것이 마치 고치지 못할 병이 든 것과 같음.
泉石膏肓(천석고맹) : 산수를 사랑하는 것이 정도에 지나쳐 마치 불치의 병과 같음.

 **出典** 唐書(당서) - 隱逸傳(은일전) 田遊巖傳(전유암전)

'泉石(천석)'은 '샘과 돌', 즉 '자연의 경치'를 뜻하고, '膏肓(고황)'이란 원래 '신체에서 심장과 횡격막 사이의 부분'으로, 예부터 약효가 여기까지 도달하지 못하는 부위라고 생각했으므로, '고황'이라고 하

면 '이미 병이 깊이 도져서 고칠 수 없는 상태에 이르렀거나 불치병'을 뜻하는 말이다. 그래서 '泉石膏肓(천석고황)'은, '山水(산수) 곧 자연을 병처럼 몹시 사랑함'을 뜻한다.

田遊巖(전유암)은 唐(당)나라 高宗[1](고종) 때 은사(隱士)로 명망이 높았다. 그는 箕山(기산 : 중국 하남성에 있는 산)에 은거하여, 요임금 때의 은사인 巢父(소부)와 許由(허유)가 기거하던 곳 근처에 살면서, 스스로 由東隣(유동린)이라고 불렀다. 조정에서 여러 번 登用(등용)하려고 불렀으나, 그는 나아가지 않았다.

나중에 고종이 嵩山(숭산)에 행차하였다가, 친히 그가 사는 곳의 문에 이르니, 전유암은 야인 복장으로 나와 절하였다. 고종 황제가 가로되,

"선생께서는 편안하신가요?"

"아닙니다."

전유암은 대답하였다.

"臣(신)은 이른바 **샘과 돌이 고황에 걸린 것처럼**, 자연을 즐기는 것이 고질병처럼 되었습니다."

 原文 遊巖隱箕山(유암은기산) 高宗行嵩山(고종행숭산) 親至其門(친지기문) 遊巖野服出拜(유암야복출배) 帝曰(제왈) 先生比佳乎(선생비가호) 否(부) 答曰(답왈) 臣所謂泉石膏肓(신소위천석고황) 煙霞痼疾者(연하고질자)

---

1) **唐 高宗**(당 고종, 628 ~ 683. 재위 649 ~ 683) : 중국 당나라의 제3대 황제. 당 태종 이세민의 9남이다. 본명은 李治(이치), 자는 爲善(위선)이다. 4세에 진왕에 봉해졌다. 이후 큰형 이승건, 넷째 형 이태가 황태자에 올랐으나 폐위되어, 적자 중 막내인 이치가 황태자에 올랐다. 649년 부왕 이세민이 죽자, 22세의 나이에 황제에 오르게 되었다. 처음에는 아버지의 '貞觀(정관)의 治(치)'를 이끌었던 유능한 가신들을 옆에 두고 대외적으로도 강경한 입장을 취했다. 그리하여 660년에 백제, 668년에 고구려 등 여러 나라를 멸망시켜, 당의 영토는 최대에 이르렀다.

아버지의 才人(재인)이었던 武氏(무씨)를 총애하여, 자신의 昭儀(소의 : 왕의 후궁에게 내리던 정이품의 품계) 나아가 皇后(황후)로까지 봉했다. 무씨는 황후가 되자, 폐황후 왕씨를 지지했던 장손씨 등 개국공신집단[關隴集團(관롱집단)]을 가차 없이 처형했으며, 이후로도 자신에게 반대하는 신하들은 모두 죽였다. 이를 계기로 이 시기 관료집단의 구성이 개국공신에서 과거 북제 영역이던 산동 출신의 새로운 관료로 변화되었다. 그 후 고종이 병이 나자, 측천황후(무씨)가 정치를 대행하였다. 674년에는 황제의 칭호를 고쳐 天皇(천황)으로, 황후를 天后(천후)로 칭하였다. 재위 34년째인 683년, 고종은 56세의 나이로 붕어하여 乾陵(건릉)에 묻혔다.

※ '陶山十二曲(도산십이곡 : 퇴계 이황 선생이 지은 12수의 연시조)' 중 첫 수

이런들 엇더하며 져런들 엇더하료

草野愚生(초야우생)이 이러타 엇더하료

하믈며 泉石膏肓(천석고황)을 곳쳐 무슴하리.

228 天衣無縫 천의무봉

字解
- 天 : 하늘 천 [天壤之差(천양지차) : 하늘과 땅의 차이. 매우 큰 차이]
- 衣 : 옷 의 [衣食住(의식주) : 옷, 음식, 집. 인간 생활의 세 가지 요소]
- 無 : 없을 무 [無窮(무궁) : 시간이나 공간의 한이 없음]
- 縫 : 꿰맬 봉 [裁縫(재봉) : 옷감 따위를 재단하여 꿰맴]

語義 하늘의 옷에는 바느질한 자리가 없다.
(일부러 꾸민 데 없이 아름답고 완전무결하여 흠잡을 데가 없음)
(시나 문장이 기교를 부린 흔적이 없이 극히 자연스러움)
(성격이나 언동 등이 자연스러워 조금도 꾸민 데가 없음)

 用例

▶ '天衣無縫(천의무봉)'은 '천사의 옷은 꿰맨 흔적이 없다.'는 뜻으로, '일부러 꾸민 데 없이 자연스럽고 아름다우면서 완전함.'을 이르는 말이다. 天衣無縫(천의무봉)이라는 말로 작품을 평가받을 수 있다는 것처럼 작가로서 영광스러운 일도 없을 듯하다. 훗날 우리들의 인생 수레에는 무슨 물건들이 남아 있게 될까요?

▶ 박태환 선수가 지난주 중국 상하이에서 벌어진 세계수영선수권대회 자유형 400m에서 금메달을 목에 걸었다. 그의 금메달은 2년 전 로마세계선수권대회에서 예선 탈락한 아픔을 딛고 획득한 것이어서 아주 의미가 컸다. 이번 대회 그의 수영 실력은 그야말로 '天衣無縫(천의무봉)' 그 자체였다. 기술적, 내용적으로 아무런 무리가 없었으며, 기대됐던 자연스럽고 고귀한 우승이었던 것이다. 조금도 흠잡을 데 없는 금메달이었다.

【類義語】 文不加點(문불가점) : 글에 점 하나 더할 것이 없다는 뜻으로, 글이 아주 잘되어서 흠잡을 곳이 없음. 『장자』「잡편」

 **太平廣記**(태평광기, 송나라 이방 등이 엮은 소설집)

중국 唐(당)나라 則天武后(측천무후, 624? ~ 705) 시대의 이야기이다.
太原(태원) 지방의 郭翰(곽한)이란 사람이 더위를 피해 뜰에 있는 대나무 臥床(와상)에 앉아 있었는데, 어디선가 淸風(청풍)이 한줄기 불어왔다. 바람 속에 꽃향기까지 실려와 곽한은 몽롱해졌다. 꽃향기가 더욱 짙어졌다. 문득 곽한은 정신을 차리고 하늘을 바라보았다. 한 여자가 천상에서 사뿐히 내려오

는 것 아닌가. 곁에는 두 시녀가 따라왔는데, 한결같이 미색이 뛰어났다. 한 번도 본 적이 없는 미인들이 다가오자, 곽한은 정신이 아득해졌다. 그는 크게 놀라 황급히 옷깃을 바로 하고, 자리에 무릎을 꿇고 미인을 맞았다. 미인이 웃으면서 말했다.

"나는 天上(천상)의 織女[1](직녀)입니다. 天帝(천제)의 허락을 얻어 인간 세상에 놀러 왔습니다."

천상의 직녀가 인간계의 청년 郭翰(곽한)을 사랑한 나머지, 천제의 허락을 얻어 밤이면 밤마다 지상으로 내려온 것이다. 그런데 七夕[2](칠석)이 되자, 직녀는 오지 않았다. 그러고는 4, 5일이 지나서야 찾아왔다.

"어땠습니까? 牽牛(견우)님과의 상봉은 즐거우셨나요?"

곽한의 말에, 직녀가 웃으면서 대답했다.

"천상은 여기와는 다릅니다. 천상에서는 마음과 마음이 서로 통하는 것이 情交(정교)이며, 이 세상의 정교와는 다른 겁니다. 질투는 그만두십시오."

"그렇지만 오랫동안 발길을 끊었지 않습니까?"

"천상의 하룻밤은 이 세상의 5일에 해당되는 겁니다."

그녀는 그날 밤, 그를 위해 천상의 요리를 가져왔는데, 모두 이 세상에는 없는 것뿐이었다. 또 그녀의 옷을 보니, 어디에도 **꿰맨 바느질 자국이라곤 눈에 띄지 않았다**[無縫(무봉)]. 이상히 여겨 물어보니, 그녀가 말했다.

"천상의 옷은 원래 바늘이나 실로 바느질하는 것이 아닙니다[天衣本非針線爲也(천의본비침선위야)]."

그 후 천제가 정한 기간이 되자, 직녀는 하늘로 올라가 다시는 오지 않았다. 위의 대화에서 '천의무봉'이란 말이 생겼다. 작품이 기교 없이 훌륭하게 만들어졌을 때, 또 아름답고 깨끗하게 행동하는 사람을 '天衣無縫(천의무봉)'이라고 한다.

---

[1] 織女(직녀) : 중국 신화에 나오는 天上(천상)의 베 짜는 처녀. 구름을 이용하여 아버지 玉帝(옥제)의 솔기 없는 비단 예복을 짜던 직녀는 아버지의 허락을 받고 지상으로 내려갔는데, 소를 치는 사람인 牛郞(우랑)을 만나 사랑에 빠져 결혼하게 되었다. 오랫동안 천상의 일을 잊고 지내던 직녀는 결국 우랑과 만난 곳에서 천상의 집으로 되돌아가게 되었다. 옥제는 딸이 오랫동안 베 짜는 일을 게을리한 데 화가 나서, 두 연인이 만나지 못하도록 은하수 양 끝에 있게 했다. 그들은 매년 단 한 번 음력 7월 7일 저녁에만 만나도록 허락받았다. 그날 까치와 까마귀가 은하수로 날아와 다리를 놓으면, 그리워하던 연인은 서로 만나 사랑을 새롭게 확인한다. 그들이 행복해하며 흘리는 눈물은 비가 되어 지상에 뿌려진다. 중국의 일부 지방에서는 매년 축제를 열어 연인들이 이들 별신의 은총 속에서 만날 수 있도록 허락한다. 직녀는 거문고자리에 속하고, 우랑은 독수리자리에 속한다.

[2] 七夕(칠석 : 음력 칠월 초이렛날) : 이날은 견우와 직녀가 까마귀와 까치들이 놓은 오작교에서 1년에 한 번씩 만났다는 전설에서 비롯되었다. 이 같은 전설은 중국 周(주)나라에서 발생하여 漢代(한대)를 거쳐 우리나라까지 구비전승되었다.

229 千載一遇 천재일우

字解 千 : 일천 **천** [千慮一失(천려일실) : (슬기로운 사람도) 천 번 생각 중에 한 번의 실수는 있다. ↔ 천려일득]

載 : 실을 재 [滿載(만재) : 가득 실음]
해 **재** [千載(천재) : 천 년. 천 세. 오랜 세월]
一 : 한 **일**. 하나 일 [一片丹心(일편단심) : 한 조각의 붉은 마음. 충성심]
遇 : 만날 **우** [遇害(우해) : 해로움을 만남. 살해를 당함]
대접할 우 [禮遇(예우) : 예의를 다하여 대접함]

語義 천 년에 한 번 만난다.
(천 년에 한 번 있을까 말까 한 기회)
(좀처럼 만나기 어려운 좋은 기회)

 用例

▶ 지금 우리나라가 그동안 쌓아왔던 부동산 버블을 붕괴시킬 수 있는 **千載一遇**(천재일우)의 기회를 만났다고 생각합니다. 우리나라가 지난 40년간 쌓아올린 부동산 버블, 이 버블은 한국 경제가 지닌 모든 강점을 날려 버릴 수 있는 한국경제 최악의 아킬레스건입니다. 이것을 해소하지 못한 상태로는 그동안의 모든 성과가 바벨탑처럼 한순간에 무너질 가능성이 있으므로, 어떤 성과를 말하는 것 자체가 어리석은 일에 불과합니다.

▶ 힛친스 주일 영국 대사는 아베 총리의 지난해 말 야스쿠니 신사 참배에 대해서는 "신중한 자세로 임해 주기 바란다."며 비판적인 견해를 나타냈습니다. 또 "영국은 동북아 지역 불안정을 조장하는 행동을 우려하고 있다."고 밝힌 뒤, "양국 간 갈등이 있을 때는 각자 주장을 반복하지 말고, 미래를 위한 '**千載一遇**(천재일우)'의 기회를 준비하지 않으면 안 된다."며, 한국·중국과의 정상회담과 물밑접촉 등을 서두를 것을 제언했습니다. 〈YTN〉

 **文選**(문선) - 三國名臣序贊(삼국명신서찬)

중국 東晉(동진)의 학자로서 東陽(동양) 太守(태수)를 역임한 袁宏(원굉)은 여러 문집에 詩文(시문) 300여 편을 남겼는데, 특히 유명한 것은 『文選(문선)』에 수록된 「三國名臣序贊(삼국명신서찬)」이다. 이것은 『三國志(삼국지)』에 실려 있는 건국 名臣(명신) 20명에 대한 行狀記(행장기 : 일생의 행적을 적은 글)인데, 그중 魏(위)나라의 荀文若[1](순문약)을 찬양한 글에서 원굉은 다음과 같이 쓰고 있다.

"名馬(명마)를 가릴 줄 아는 伯樂[2](백락 : 춘추시대 진나라 사람으로 상마경을 저술한 유명한 말 감정가)을 만나지 못하면, 천 년이 지나도 천리마[驥(기)] 한 필을 찾아내지 못한다[夫未遇伯樂則(부미우백락즉) 千載無一驥(천재무일기)]."

그리고 어진 임금과 뛰어난 신하의 만남이 결코 쉽지 않음을 비유적으로 이렇게 덧붙이고 있다.

무릇 만 년에 한 번 기회가 온다는 것은 사람이 살고 있는 이 세상의 공통된 원칙이며, **천 년에 한 번 만남이 있게 된다는 것**은 어진 사람과 지혜로운 사람의 아름다운 만남이다. 기회를 만나면 기뻐하지 않고는 못 견디니, 만남을 잃으면 어찌 능히 개탄이 없으리요.

 原文 夫萬歲一期(부만세일기) 有生之通途(유생지통도) 千載一遇(천재일우) 賢智之嘉會(현지지가회) 遇之不能無欣(우지불능무흔) 喪之何能無慨(상지하능무개)

千載(천재)는 千年(천년)과 같은 말이다. 천 년 만에 한 번 만나게 되는 것이 千載一遇(천재일우)이다. '사람이 한평생을 살면서 한 번 만날까 말까 한 좋은 기회'라는 말이다. 원래는 '賢君(현군 : 현명한 임금)과 名臣(명신 : 뛰어난 신하)의 만남이 어렵다'는 말이었지만, 지금은 '좀처럼 만나기 어려운 좋은 기회'라는 뜻으로 주로 쓰인다.

---

1) 荀文若(순문약, 163 ~ 212) : 중국 後漢(후한) 말의 정치가로 字(자)는 文若(문약)이고, 본명은 荀彧(순욱)이다. 豫州(예주) 穎川郡(영천군) 穎陰縣(영음현) 사람이다. 그는 조조에게 벼슬하면서 많은 공을 세워 萬歲亭侯(만세정후)에 봉해지고, 벼슬이 侍中(시중)에 이르렀다. 조조에게 역심이 있음을 알고 반대하다가 배척당한 강직한 인물이다.

'적벽가'에는 다음과 같은 구절이 있다. '北魏謀士(북위모사) 程昱(정욱), 荀攸(순유), 荀文若(순문약)이며, 東吳謀士(동오모사) 魯肅(노숙), 張紹(장소), 諸葛瑾(제갈근)과 經天緯地(경천위지) 無窮造化(무궁조화) 아니리.' 북위의 뛰어난 신하 중 한 사람으로 순문약을 소개하고 있는 대목이다.

2) **伯樂**(백락)**과 관련된 詩句**(시구) – 당나라 시인 한유의 '雜說(잡설)'

世有伯樂(세유백락)	세상에 백락이 있어야,
然後有千里馬(연후유천리마)	그러한 뒤에야 천리마가 있다.
千里馬常有(천리마상유)	천리마는 항상 있다.
而伯樂不常有(이백락불상유)	그러나 백락 같은 사람은 늘 있는 것은 아니다.
故雖有名馬(고수유명마)	그러므로 비록 명마가 있어도,
祗辱於奴隷人之手(지욕어노예인지수)	다만 노예의 손에서 욕이나 당하며,
駢死於槽櫪之閒(병사어조력지한)	마구간에서 평범한 말들과 같이 죽어간다.
不以千里稱也(불이천리칭야)	그래서 천리마라 불리어지지 못한다. 〈後略(후략)〉

230 轍鮒之急 철부지급

字解 轍 ; 바퀴 자국 철 [前轍(전철) : 앞에 가는 수레바퀴 자국]
　　　 鮒 ; 붕어 부 [鮒鯉(부리) : 붕어와 잉어]
　　　 之 ; 의 지 [伯仲之勢(백중지세) : 백중의 세력. 낫고 못함이 없음]
　　　 急 ; 급할 급 [急騰(급등) : 급하게 오름. 갑자기 오름]

語義 수레바퀴 자국 속에 있는 붕어의 위급.
　　　 (수레바퀴 자국을 채울 만큼의 물만 있어도 살 수 있는 처지)
　　　 (다급한 위기)

 用例

▶ 국가적으로 우리 한국이 **轍鮒之急**(철부지급)이었던 때가 있었다. 일제의 收奪(수탈)로부터 벗어난 1945년 해방 후부터, 1950년 한국 전쟁의 참화와 그것의 여파가 이어진 지난 50년대 말까지 그러했다. 학교에서 구호물자로 들어온 분유와 옥수수 가루를 배급받아 본 사람들에게는 그때의 참담했던 생활상을 더는 설명할 필요가 없을 것이다.

▶ 겨울이 다가오고 날씨가 매우 싸늘해졌습니다. 우리에게 도움을 요청하는 소리가 곳곳에서 들립니다. 삶의 질은 과거와 비교할 수 없을 정도로 좋아졌지만, 영혼의 공허함으로 신음하는 사람들이 우리의 도움을 요청하고 있습니다. 이런 요청 앞에 많은 종교인들이,
"나중에 하지요. 좀 더 제 형편이 나아지면 하지요."
라고 말합니다. 지금 당장 우리의 도움이 필요한 사람들이 주변에 보임에도 불구하고 외면합니다. 주님이 가신 길을 따르는 사람들은 죽어가는 영혼을 보며, '내일'이라는 말을 하지 않습니다. **轍鮒之急**(철부지급)을 생각해 보아야 할 때입니다.

【類義語】 涸轍鮒魚(학철부어) : 물 마른 수레바퀴 속의 붕어.
　　　　　 風前燈火(풍전등화) : 바람 앞의 등불. 매우 위급한 지경.
　　　　　 百尺竿頭(백척간두) : 백 척이나 되는 장대의 끝에 올라가 있는 상황.
　　　　　 如履薄氷(여리박빙) : 살얼음판을 걷는 것과 같은 상황.
　　　　　 危機一髮(위기일발) : 눈앞에 닥친 아주 위급한 순간.
　　　　　 累卵之勢(누란지세) : 계란을 쌓아놓은 것과 같은 위험한 상태.
　　　　　 焦眉之急(초미지급) : 눈썹에 불이 붙은 것 같이 위급한 상태.

出典   莊子[1](장자) - 外物篇(외물편)

莊周(장주 : 장자의 이름)는 집이 가난해서 監河候(감하후)라는 사람에게 곡식을 빌리러 갔다. 감하후가 말했다.

"좋소. 그런데 앞으로 내가 領地(영지)의 地稅(지세)를 거둬들인 다음, 그때 가서 당신에게 三百金(삼백금)을 꾸어주겠습니다. 괜찮겠소?"

장자는 성이 나, 얼굴빛이 변하면서 말하였다.

"어제 내가 이리로 오는데, 도중에 나를 부르는 소리가 있었습니다. 뒤를 돌아보았더니, **수레바퀴 자국 속에 붕어 한 마리가 있었소이다**[車轍中有鮒魚焉(차철중유부어언)]. 그래서 제가 붕어에게 물었습니다."

"붕어로구먼. 도대체 어찌 된 일인가?"

그러자 붕어가 대답했습니다.

"나는 동해의 물결을 타는 신하입니다. 당신께서 한 되나 한 말의 물이 있거든 제게 부어 살려주시지 않겠습니까?"

그래서 나는 다시 이렇게 대답했습니다.

"좋다. 내가 지금 남쪽으로 가서 오나라 월나라 임금을 설복시켜, 그곳 西江(서강)의 물을 끌어다가 자네를 살리도록 하겠다. 그래도 괜찮은가?"

붕어는 성이 나서 얼굴빛이 변하며 말했습니다.

"난 지금 꼭 필요한 물을 잃어버려, 몸 둘 곳이 없습니다. 단지 한 되나 한 말 되는 물만 있으면 살 수 있습니다. 그런데도 당신은 그 따위로 말하는군요. 차라리 시장 건어물 전에 가서 나를 찾는 편이 나을 것입니다."

위의 예화에서 '轍鮒之急(철부지급)'이라는 고사성어가 생겼다. 모든 일은 그 때와 경우에 알맞아야 한다. '작은 일에는 작게, 급한 일에는 급하게 處身(처신)해야 한다.'는 것을 비유한 寓話(우화)이다.

---

[1] 莊子(장자, 인명) : 기원전 4세기에 활동한 중국 道家(도가) 초기의 가장 중요한 사상가. 본명은 莊周(장주). 그가 쓴 『莊子(장자, 책명)』는 도가의 시조인 노자가 쓴 것으로 알려진 『道德經(도덕경)』보다 더 분명하며 이해하기 쉽다. 장자의 사상은 중국 불교의 발전에도 영향을 주었으며, 중국의 산수화와 詩歌(시가)에도 많은 영향을 미쳤다.

후대의 학자들이 가장 뛰어난 장자 연구가로 평가한 西晉(서진)의 郭象(곽상)은 장자의 저작에 처음으로 주석을 달았고, 장자의 위치를 도가사상의 원류로 끌어올렸다. 불교, 특히 禪(선) 불교의 학자들도 장자의 책을 많이 인용했다. 이러한 장자의 중요성에도 불구하고 그의 생애에 대해서는 거의 알려진 것이 없다.

漢代(한대)의 위대한 역사가 司馬遷(사마천)은 그의 『史記列傳(사기열전)』에서 장자의 생애에 대해 아주 간략하게 언급하고 있다. '장자는 전국시대 宋(송)나라의 蒙(몽)에서 태어났고, 고향에서 漆園(칠원)의 하급 관리를 지냈다. 그는 楚(초)나라 威王(위왕, ? ~ B.C.327) 시대에 활동했으므로, 공자에 버금가는 성인으로 존경받는 유교 사상가인 孟子(맹자)와 같은 시대 사람이다.'

231 鐵中錚錚 철중쟁쟁

字解 鐵 ; 쇠 철 [鐵甲(철갑) : 쇠로 만든 갑옷]
　　　　中 ; 가운데 중 [中央(중앙) : 사방의 한가운데]
　　　　　　맞을 중 [的中(적중) : 목표에 어김없이 들어맞음]
　　　　錚 ; 쇳소리 쟁 [錚錚(쟁쟁) : 쇠가 울리는 소리. 인물이 뛰어남]

語義 여러 쇠붙이 가운데 유난히 맑게 쟁그랑거리는 소리가 난다.
　　　　(같은 무리 가운데서도 가장 뛰어난 사람이나 물건)

 用例

▶ O 대표는 축사에서 "김 의원은 OOO 대통령의 후보 시절 참신한 정책을 내놓아 부러울 정도로 칭찬을 많이 받았다."며, "초선 중 선두주자인 김 의원은 여러 쇠 중에서 가장 소리가 잘 난다는 뜻인 **鐵中錚錚**(철중쟁쟁)"이라고 말했다.
▶ 이미 겁 없이 자란 선수들인 손흥민과 지동원 그리고 윤빛가람을 보면, 戰慄(전율)을 일으킬 정도로 축구를 잘한다. 이들은 박지성과 이청용과는 또 다른 20살 전후의 세대들이다. 이들을 일컬어 **鐵中錚錚**(철중쟁쟁)한 인재들이라 칭하고 싶다. 손흥민과 달리 지동원, 윤빛가람은 국내에서 뛰지만, 2018년 월드컵은 이들의 발에 달려 있기 때문이다.

【類義語】傭中佼佼(용중교교) : 똑같은 물건 가운데 가장 나은 것.
　　　　滑稽之雄(골계지웅) : 천하에 제일가는 슬기로운 사람.
　　　　群鷄一鶴(군계일학) : 여러 평범한 사람들 가운데 뛰어난 사람.

 **出典** 後漢書(후한서) - 劉盆子傳(유분자전)

　중국 後漢(후한) 때 光武帝[1](광무제)의 이야기이다. 광무제는 후한의 초대 황제로 이름은 劉秀(유수)이며, 前漢(전한) 高祖(고조) 劉邦(유방)의 9세손이다. 그는 황제위에 올랐으나, 나라 안에는 도적들이 날뛰고 군웅이 割據(할거 : 땅을 나누어 차지하고 세력을 형성함)하고 있어서 옥좌에 편히 앉아 있을 틈이 없었다.

　長安(장안)에 赤眉(적미), 隴西(농서)에 隗囂(외효), 河西(하서)에 公孫述(공손술), 雎陽(수양)에 劉永(유영), 盧江(노강)에 李憲(이헌), 臨淄(임치)에는 張步(장보) 등이 막강한 영향력을 행사하고 있었다.

赤眉(적미)는 전한 景帝(경제, B.C.188 ~ B.C.141. 전한의 제6대 황제, 본명은 유계)의 자손에 해당하는 황족 劉盆子(유분자)를 황제로 추대하고 있어서, 광무제는 鄧禹(등우)와 馮異(풍이)를 보냈으나 전세가 불리하자, 그가 몸소 출진하여 겨우 항복을 받아낼 수 있었다. 그들은 대장 樊崇(번숭)이 유분자를 데리고, 웃통을 벗어 스스로를 벌하는 모습을 하고 항복해 온 것이다. 그래서 유분자에게 물어보았다.

"그대는 자기의 죄가 만 번 죽어 마땅하다고 생각하고 있지 않는가?"
유분자가 대답하여 가로되,
"잘 알고 있습니다. 다만 폐하께서 불쌍히 여기시어 용서해 주시기를 바랄 뿐입니다."
광무제가 웃으면서 말하기를,
"간사한 놈이로군, 宗室(종실 : 왕의 부계에 따른 친족)에 저렇게 추한 놈은 없었다."
또 번숭 등에게 청하여 가로되,
"항복한 것에 대하여 후회는 없는가? 다시 한 번 그대들에게 대결할 기회를 주겠노라. 항복을 강요하지는 않겠노라."
함께 항복한 徐宣(서선) 등이 머리를 조아리고 말하기를,
"저희들은 長安(장안) 東都門(동도문)을 나올 때 토의하여, 폐하께 귀순하여 백성들과 즐겁게 살기로 하였습니다. 지금 항복하고 나니 호랑이 입에서 벗어나 자애로운 어머니 품에 돌아온 것 같아 참으로 기쁘고, 조금도 여한이 없습니다."

이 말을 들은 광무제는 서선을 향해 만족스럽게 말했다.
"卿(경)들은 말하자면 **같은 무리 중 가장 뛰어난 자들이며**, 같은 물건 중 가장 나은 것이니라[卿所謂 **鐵中錚錚**(경소위철중쟁쟁) 傭中佼佼者也(용중교교자야)]."
광무제는 그들에게 낙양에 살 곳을 마련하고 전답을 하사했다.

'鐵中錚錚(철중쟁쟁)'은 '무리 가운데 뛰어난 사람'이란 뜻이고, '傭中佼佼(용중교교)'도 '凡人(범인) 중에서 좀 나은 자'라는 뜻이다. 여기서는 한마디로 '그만그만한 자 중에서 좀 나은 자'를 말한다. 철은 아무리 소리가 맑아도 금이나 은 같은 귀금속은 아니다. 그저 철일 뿐이다. 평범한 금속이라는 한계는 그대로다. 사람으로 치면 고만고만한 무리 가운데 그나마 뛰어난 사람으로 한정된다. 그러나 오늘날에는 '무리 가운데 가장 뛰어난 사람'이란 뜻으로 변했다.

광무제의 생각으로는 '정말 유능한 인간이라면 시세의 추이를 통찰해 벌써 귀순했을 것이고, 천하의 대세를 분별 못하는 어리석은 사람이라면 아직도 항복을 받아들이지 않고 버티고 있는 것이다. 항복한 시기는 결코 이르다고 할 수는 없지만, 아직도 고집을 부리고 있는 어리석은 자에 비하면 그래도 낫다.'고 여긴 것이다.

1) 光武帝(광무제, B.C.4 ~ A.D.57) : 新(신, 9 ~ 25)나라를 세운 前漢(전한)의 재상 王莽(왕망)에게 찬탈당한 漢(한)나라를 재건한 황제(재위 25 ~ 57). 이름은 劉秀(유수), 묘호는 世祖(세조). 그가 재건한 왕조를 後漢(후한) 또는 東漢(동한, 25 ~ 220)이라고 한다.

광무제는 황실 劉(유)씨 가문의 일원으로, 漢朝(한조)의 창시자인 高祖(고조) 유방의 후예로 추정된다. 22년 왕망의 급진적인 개혁 조치로 신나라에 대한 평판이 나빠지게 되자, 그는 곧 군대를 일으켰고 강력한 劉(유)씨 문중과 다른 부유한 호족 가문들의 지원을 받아 23년에 왕망을 격파했다. 2년 뒤에 수도를 중국 동부에 있는 자신의 고향 뤄양[2][洛陽(낙양)]으로 옮기고 스스로 황제임을 선포했다. 東漢(동한)이라는 이름은 이같이 수도를 동쪽으로 천도한 데서 연유한 것이다.

그 뒤 10년간 통치권을 강화하고, '적미(赤眉)의 亂(난)[3]'을 비롯한 많은 국내 반란을 진압했다. 또한 중국 북쪽 국경지대에 있는 유목민족을 진압했고, 중국 남부 변방지역에 대한 제국의 통치권을 되찾았다. 후한이 전한만큼 강력해진 적은 없지만, 후한이 성립되는 과정에서 전쟁으로 인해 방대한 면적의 면세 토지가 대부분 파괴되었다. 그러나 그는 몇몇 호족 가문의 지원을 받아 세력을 일으켰고, 계속해서 그들의 군사적인 지원에 의존했다. 그 결과 이 가문들은 중앙정부의 재정을 축내면서 자신들의 소유지를 점차로 늘려 갔고, 제국은 호족연합체처럼 되어 갔다.

2) 뤄양[洛陽(낙양)] : 중국 허난성[河南省(하남성)] 북서부에 있는 도시로 東市(동시)와 西市(서시)로 나뉘어 있다. 9개 나라의 수도이자 불교 중심지로, 중국 역사에서 매우 중요한 위치를 차지한다. 주나라 초기(B.C.12세기 말)에 洛邑(낙읍 : 뤄양의 옛 이름)은 오늘날의 서시 근처에 왕들의 주거지로 건설되었다. 이 도시는 기원전 771년에 주나라의 수도가 되었고, 그 후 오늘날 동시의 북동쪽으로 이전했다.

漢代(한대, B.C.206 ~ A.D.220)의 시가지는 대체로 옛 낙읍의 자리에 있었지만 뤄양이라고 불렸으며, 이 이름은 근대까지 허난부라는 이름과 함께 쓰였다. 뤄양은 後漢(후한) 초기인 1세기에 이르러서야 國都(국도)가 되었지만, 이 도시의 경제적 중요성은 그 전부터 인정받고 있었다. 4세기에 뤄양은 東晉(동진)·後趙(후조)·燕(연)의 통치자들이 번갈아 차지했고, 494년에 北魏(북위, 386 ~ 534)의 孝 文帝(효 문제)가 뤄양을 재건할 때까지는 번영을 누리지 못했다.

3) 赤眉(적미)**의 亂**(난) : 중국 王莽(왕망)이 세운 新(신)나라 말기에 일어난 대규모 농민 반란. 왕망의 정책이 내정이나 대외 정책에 있어서 모두 실패한 데다 대기근이 겹치자, 劉秀(유수 : 광무제) 등 호족들의 반란을 비롯해 전국 각지에서 반란이 일어났다. 산둥성[山東省(산동성)] 동부와 장쑤성[江蘇省(강소성)] 일대에 큰 기근이 닥치자, 산둥성 낭야[琅邪(랑사)] 사람인 樊崇(번숭)이 무리를 모아 난을 일으켰다. 무리의 수는 몇 만 명에 이르렀고, 그들은 新(신)나라 군대를 크게 무찔렀다.

반란군은 눈썹을 붉게 물들여 그들의 표식으로 삼아 '赤眉(적미)'라고 불렸으며, 무리가 30만 명으로 늘어났다. 그들은 漢(한) 황실의 일족이라 칭하는 劉盆子(유분자)를 황제로 추대하고, 연호를 建世(건세)라고 했다. 얼마 후 長安(장안)을 공격하여 更始帝(경시제) 劉玄(유현)을 항복시켰으나, 후한을 세운 劉秀(유수)의 부대에게 저지당했고, 다음 해 번숭 등 일당이 모두 사로잡힌다.

232 靑出於藍 청출어람

字解 靑 : 푸를 **청** [靑瓷(청자) : 고려 때 만든 푸른 빛깔의 자기]

　　　 出 : 날 **출**, 낳을 출 [出生(출생) : 태아가 모체에서 태어남. 탄생]

　　　　　나갈 출 [外出(외출) : 볼일을 보러 밖으로 나감. 출타]

　　　　　뛰어날 출 [出衆(출중) : 뭇사람 속에서 뛰어남]

　　　 於 : 어조사 **어**(~에서) [必作於易(필작어이) : 반드시 쉬운 데에서 만들어진다]

　　　　　(~보다) [靑於藍(청어람) : 쪽풀보다 푸르다]

　　　 藍 : 쪽풀 **람(남)** [藍實(남실) : 쪽풀의 씨]

　　　　　남빛 람(남) [藍色(남색) : 쪽빛. 남빛. 파랑과 보라의 중간색]

語義 푸른색이 쪽풀에서 나왔으나 (쪽풀보다 더 푸르다).

　　　 (제자나 후배가 스승이나 선배보다 더 훌륭하다)

　　　 ※ '靑出於藍而靑於藍(청출어람이청어람)'의 준말.

 **用例**

▶ 한국미술은 중국미술의 많은 영향을 받았음에도 중국미술보다 더 뛰어나 '**靑出於藍**(청출어람)'의 경지에 올라 있다. 이를 통해서 우리는 중국미술 작품보다 더 높은 경지에 오른 한국미술 작품 중 가장 대표적인 작품을 한눈에 살펴보며, 한국미술만의 참된 매력과 가치가 무엇인지 알아보자.

▶ 그렇다. 스승을 능가하는 弟子(제자)가 드물지 않다. 우리가 아는 偉人(위인)들은 모두 **靑出於藍**(청출어람)의 예에 속한다고 할 수 있다. 우리는 바둑에서도 그런 예를 본다. 이창호 9단은 조훈현 9단의 제자이지만 스승을 이기곤 한다. 스포츠에서도 그런 예가 많다. 올림픽 금메달리스트의 코치가 모두 금메달을 땄던 것은 아니지 않은가. 비록 師弟(사제) 간의 구분이 엄했던 옛날에도 제자가 스승을 능가하는 것은 스승에게 커다란 영광이었다.

【類義語】 出藍之譽(출람지예) : 제자가 스승보다 낫다는 평판이나 명성.

　　　　 後生角高(후생각고) : 뒤에 난 뿔이 우뚝하다는 뜻으로, 제자나 후배가 스승이나 선배보다 뛰어남.

　　　　 後生可畏(후생가외) : 젊은 후학들을 두려워할 만하다는 뜻으로, 후진들이 선배들보다 젊고 기력이 좋음.

　　　　 氷寒於水(빙한어수) : 물이 얼음이 되었지만, 본래의 물보다 더 차가움.

 ① **荀子**¹⁾(순자) – 勸學篇(권학편)

군자가 말하기를, 배움이란 잠시도 그쳐서는 아니 된다. **푸른색은 쪽풀에서 나왔지만, 쪽풀보다 더 푸르고**, 얼음은 물이 그것을 이루지만, 물보다 더 차다.

 原文 君子曰(군자왈) 學不可以已(학불가이이) 靑出於藍²⁾而靑於藍(청출어람이청어람) 氷水爲之而寒於水(빙수위지이한어수)

먹줄을 받아 곧은 나무도 그것을 구부려서 둥근 바퀴로 만들면, 컴퍼스(compass : 원을 그리는 도구)로 그린 듯 둥글다. 비록 땡볕에 말리더라도 다시 펴지지 않는 까닭은 단단히 구부려 놓았기 때문이다. 그러므로 나무는 먹줄을 받으면 곧게 되고, 쇠는 숫돌에 갈면 날카로워지는 것이다.

君子(군자)는 널리 배우고 날마다 거듭 스스로를 반성하면, 슬기는 밝아지고 허물이 없어지는 것이다. 그러므로 높은 산에 올라가지 않으면 하늘이 높은 줄을 알지 못하고, 깊은 골짜기에 가 보지 않으면 땅이 두꺼운 줄을 알지 못하는 법이다. 마찬가지로 선비는 先王(선왕)의 가르침을 공부하지 않으면, 학문의 위대함을 알 수 없는 것이다.

學文(학문)에 뜻을 둔 사람은 끊임없이 노력해야 하고, 中途(중도)에서 그만두어서도 안 된다. 그렇게 함으로써 학문은 더욱 깊어지고 완성에 가까워질 수 있는 것이다. 이것을 『荀子(순자)』의 「勸學篇(권학편)」에서는 푸름과 얼음을 비유로 말하고 있다.

푸름은 쪽이라고 불리는 1년 초의 잎에서 취하는 색깔이지만, 그 색깔은 원료인 쪽풀보다도 더욱 푸르다. 얼음도 물을 얼림으로써 만들어지거니와, 그 얼음은 물보다도 더욱 차갑다. 두 가지 모두 사람에게 있어서는 학문과 마찬가지로, 그 과정을 거듭 쌓음으로써 그 성질이 더욱 깊어지고 순화되어 가는 것이다.

 ② **北史**(북사, 당 이연수가 지은 정사인 이십오사의 하나) – 李謐傳(이밀전)

중국 北朝(북조)시대 後魏(후위, 386 ~ 543. 삼국시대 조조의 위나라와 구별하기 위하여 후위 또는 북위라 부름) 때 李謐³⁾(이밀)이라는 사람이 있었다. 어렸을 때부터 공부를 열심히 한 그는 孔璠(공번)을 스승으로 삼아 학업에 매진했다. 발전 속도가 매우 빨라 몇 년 뒤에는 스승의 학문을 넘어설 정도가 되어 버렸다. 공번은 이제 그에게 더 이상 가르칠 것이 없다고 생각하고, 도리어 그를 스승으로 삼기를 청했다. 그래서 공번의 동기생들은 그의 용기를 높이 사고 또 훌륭한 제자를 두었다는 뜻에서, 그를 두고 이렇게 말했다.

"푸른색은 쪽에서 이루어졌지만(나왔지만), 쪽이 덜 푸르니, 스승이 어찌 항상 스승이겠는가?"

 原文 靑成藍 藍謝靑 師何常 (청성람 남사청 사하상)

제자가 열심히 공부하여 스승보다 뛰어났을 때, 스승이 자기의 제자에게 스승이 되어달라고 청했다 하니, 그 스승의 겸손과 용기가 대단해 보인다. 여하튼 제자가 스승보다 나아져야 그 사회는 발전이 있을 것이다.

---

1) 荀子(순자, B.C.315 ~ B.C.230년경) : 본명은 荀況(순황). 자는 荀卿(순경). 중국 고대 3대 유학자 가운데 한 사람. 예의로써 사람의 성질을 교정할 것을 주장하고, 孟子(맹자)의 性善說(성선설)에 대하여 性惡說(성악설)을 주장하였다. 孔孟思想(공맹사상)을 가다듬고 체계화했으며, 사상적인 엄격성을 통해 이해하기 쉽고 응집력 있는 儒學思想(유학사상)의 방향을 제시했다. 유학사상이 2,000년 이상 전통으로 남아 있을 수 있었던 것은, 많은 부분에 있어서 유교철학을 위해 공헌한 순자 때문이라고 해도 과언이 아니다.

　그러나 후대의 유학자들이 인간의 본성을 근본적으로 惡(악)하다고 보는 그의 염세주의적 관점만을 부각시킴으로써, 그가 이룩한 많은 지적인 업적이 흐려졌다. 12세기 초 성리학의 출현과 함께 그의 사상은 냉대를 받기 시작했는데, 최근에 다시 주목받게 되었다. 그의 생애와 활동에 대해서는 정확히 알려져 있지 않다. 趙(조)나라 출생이라는 것, 몇 년 동안 동쪽에 있는 齊(제)나라의 稷下(직하)학파에 있었다는 것, 그 후 中傷謀略(중상모략)을 받아 남쪽의 周(주)나라로 옮겼고, 기원전 255년 그 나라의 지방 수령을 지내다가 관직에서 물러난 후, 곧 죽었다는 것 등이 알려진 사실의 전부이다.

2) 藍(남) : 마디풀과에 딸린 한해살이풀 이름으로, 잎은 쪽빛 색소인 인디고(indigo)가 들어 있어 염료로 쓴다. 이것을 짓이겨 물에 담가두면, 푸른빛의 물감이 된다. 쪽풀은 본디 초록빛이지만, 물감으로 변하는 과정에서 검푸른 청색이 되어, 본래의 색보다 훨씬 아름다운 청색으로 변한다.

3) 李謐(이밀) : 중국 위진남북조시대에 화북에 건국되어 남북조시대까지 이어진 後魏(후위) 때 학자. 이밀은 스승 孔璠(공번)을 모시고 열심히 공부했는데, 몇 년이 지나서 학문이 스승을 넘어섰다. 공번도 제자를 자랑스럽게 여겼다. 공번은 北朝(북조)의 저명한 학자로, 학식과 인덕이 높았으며, 敎學(교학)에도 매우 열심이었다. 그의 문하생 이밀은 총명하고 학문에 열심히 매진하는 인물이었다. 그는 스승의 가르침을 잘 이해하였고 자신의 사상으로 定立(정립)하기에 이르렀으며, 이후 여러 방면에서 스승 공번을 능가하게 되었다. 제자가 스승보다 훌륭하게 될 수 있는 까닭은 무수한 施行錯誤(시행착오)를 거친 끝에 얻어진 스승의 精髓(정수)를 제자는 한 번에 배우기 때문이다.

　어느 날 공번은 이밀에게 가르침을 청했다. 이밀은 스승의 행동에 당황하자, 공번은 그에게,

　"聖人(성인)에게는 정해진 스승이 없으며, 자네와 나는 하나라도 뛰어난 점이 있다면 나이에 관계없이 스승이 될 수 있으니, 格式(격식)을 차리지 않아도 된다."

　고 말했다. 이 사실이 세상에 알려진 후, 사람들은 매우 감동하여 이밀과 공번에 관한 노래를 만들었다.

　이밀과 같이 제자가 스승보다 뛰어날 때, '靑出於藍(청출어람)', '氷寒於水(빙한어수)라고 한다.' 靑出於藍(청출어람)'은 '푸른색은 쪽에서 취했지만 쪽보다 푸르다.'는 의미이고, '氷寒於水(빙한어수)'는 '얼음은 본래 물이었으나 물보다 차다.'라는 의미이다.

233 寸鐵殺人 촌철살인

字解
- 寸 ; **치 촌**, 마디 촌 [寸陰(촌음) : 매우 짧은 시간. 촌각]
- 鐵 ; **쇠 철** [製鐵(제철) : 철광석을 녹여 쇠를 뽑음]
- 殺 ; **죽일 살** [殺人(살인) : 사람을 죽임]
- 人 ; **사람 인** [人智(인지) : 사람의 지혜나 지능]

語義 한 치의 쇠붙이로도 사람을 죽일 수 있다.
(간단한 말로도 남을 감동시키거나 남의 약점을 찌를 수 있음)
(사물의 급소를 찌름)

用例

▶ 해학과 유머 속에는 **寸鐵殺人**(촌철살인)의 匕首(비수)가 숨어 있다.

▶ 상식 없는 세상에 맞서 싸우며, 권력을 가진 집단을 상대로 소신 있는 발언과 행동을 서슴지 않는 '꼴통' 교수의 모습에, 관객들은 전폭적인 지지를 보낸다. 일반적으로 무겁고 어두운 분위기로 인식되는 법정 영화의 선입견을 깨트리며, 20~30대 젊은 영화팬들의 호응을 얻어내고 있다. 특히 "이게 재판입니까?, 개판이지?", "증인이 부러진 화살을 발견 못했다면, 그게 어디로 갔죠?", "대한민국에 전문가가 어디 있어요? 사기꾼 빼고." 등 **寸鐵殺人**(촌철살인) 대사는 이 영화의 백미이다.

【類義語】 頂門一鍼(정문일침) : 정수리에 침을 놓음. 따끔한 충고.
頂上一鍼(정상일침) : 상대방의 급소를 찌르는 따끔한 충고나 교훈.

 **鶴林玉露**[1] (학림옥로, 남송 때 나대경이 지은 수필집)

중국 北宋(북송) 때 臨濟宗[2] (임제종)의 禪僧(선승) 大慧宗杲禪師(대혜종고선사)가 다음과 같이 禪(선)을 논하여 말했다.

"비유하면, 한 수레의 兵器(병기)를 수레에 싣고 와서 이것저것 마구 써 보는 것은 올바른 殺人(살인) 수단이 되지 못한다. 나는 곧 단지 **한 치의 쇠붙이**가 있을 뿐이지만, 당장 **사람을 죽일 수 있다.**"

朱文公(주 문공, 1130 ~ 1200. 남송의 유학자 유희)이 그 말을 듣고 이르기를,

"曾子(증자)가 약속을 지켜 **촌철살인**한 자라고 하더라."

原文 譬如人載一車兵器(비여인재일거병기) 弄了一件(농료일건) 又取出一件來弄(우취출일건래롱) 便不是殺人手段(변불시살인수단) 我則只有寸鐵(아즉지유촌철) 便可殺人(변가살인) 朱文公亦喜其說(주문공역희기설) 云云(운운) 曾子之守約寸鐵殺人者也(증자지수약촌철살인자야)

이것은 그가 禪(선)의 要諦(요체 : 중요한 점)를 갈파한 말이므로, '殺人(살인)'이라고 하지만 물론 칼날로 상처를 입히는 것을 뜻한 것이 아니라, '자기 마음속의 속된 생각을 없애는 것'을 뜻한다. 아직 크게 깨달음에 이르지 못한 사람은 그 속된 생각을 끊어 버리기 위하여 성급하게 이것저것 대답을 해 오겠지만, 정신의 집중이 부족하기 때문에 모두 날것들뿐이다. 그와 같은 칼로는 몇 천 몇 만 개나 되는 깨달음의 경지에 이르지 못한다. 모든 일에 온 몸과 온 정성을 다 기울일 때, 충격적으로 번득이는 것, 이것이야말로 큰 깨달음인 것이다.

곧 번뇌를 없애고 정신을 집중하여 수양한 결과 나오는 아주 작은 것 하나가 사람을 감동시키고 사물을 변화시킬 수가 있는 것이다. '단 한 마디의 말로 사람을 죽음에서 건지기도 하고 죽게도 만드는 것'이 '寸鐵殺人(촌철살인)'이다.

---

1) **鶴林玉露**(학림옥로) : 南宋(남송) 때의 羅大徑(나대경, 1088 ~ 1163)이 朱熹(주희) · 歐陽修(구양수) · 蘇軾(소식) 등의 어록과 시화 · 평론을 모으고, 찾아오는 손님들과 주고받은 淸談(청담)을 侍童(시동)에게 기록하게 한 것으로, '天(천) · 地(지) · 人(인)'의 세 부분 18권으로 구성된 책이다.

2) **臨濟宗**(임제종) : 중국 불교의 禪宗(선종)에서 당나라 때 선사 臨濟義玄(임제의현, ? ~ 866/867)을 개조로 하는 일파로서 五家七宗3)(오가칠종) 중의 하나. 임제는 馬祖道一(마조도일, 707 ~ 786)이 대성한 남종선의 전통을 더욱 철저히 하여, '無位(무위)의 眞人(진인)'이라는 절대 주체를 세우는 道(도)를 확립했다. 즉 '無爲(무위)의 眞人(진인)'이라는 이상적 상태야말로 禪(선)의 경지라고 하여, 간명하고도 직각적으로 분별하는 말로써 그것을 설했다.

아울러 스승인 黃檗希運(황벽희운, ? ~ 850)의 선풍을 받아들여 독자적인 禪(선) 사상과 준엄한 선풍을 확립함으로써 임제종을 형성했다. 이후 송나라(960 ~ 1279) 때는 두 파로 갈리면서 크게 번영하여, 중국 불교의 주류를 이루게 된다. 즉, 石霜楚圓(석상초원, 987 ~ 1040)의 제자로 黃龍慧南(황룡혜남, 1002 ~ 1069)과 楊岐方會(양기방회, 992 ~ 1049)가 배출되어, 이들로부터 각각 황룡파와 양기파가 성립했다.

임제종의 사상적 특질은 온갖 속박을 벗어난 자유로운 '無爲(무위)의 眞人(진인)' 또는 '無依(무의)의 道人(도인)'을 추구하는 인간관에 있다. 눈앞의 구체적인 현실에서 살고 있는 인간을 문제 삼아 인간의 진정한 자유란 무엇인가를 추구했다. 이리하여 馬祖道一(마조도일)로부터 비롯되는 洪州宗(홍주종)은 임제에 이르러 생기가 넘치며 활동하는 禪(선), 즉 大機大用(대기대용)의 禪(선)으로 총괄되어 임제종의 전통을 형성한다.

3) **五家七宗**(오가칠종) : 중국의 선종에서 임제·조동·위앙·운문·법안의 五家(5가)와 임제종으로부터 분파된 황룡·양기의 2파를 통틀어 일컫는 말로, 남종선 유파의 총칭이다. 禪(선)은 불교 발생지인 인도에서보다 중국에서 더 크게 발전하였다. 현재 우리나라에 전해져 오는 선은 중국의 臨濟宗(임제종)의 법을 이어받아 내려오고 있다. 중국에 선불교가 전해진 것은 남인도국 향지국왕의 셋째 아들로서, 인도 제27대 조사인 般若多羅(반야다라)의 법을 이은 인도 제28대 조사인 菩提達磨大師(보리달마대사)에 의해서다.

달마대사는 스승으로부터 부처님의 心法(심법)을 중국에 전하라는 가르침을 받고, 527년경에 바다를 건너 중국 남부의 廣州(광주)에 도착하였다. 달마대사는 오랫동안 불교에 많은 후원을 하여 왔던 佛心天子(불심천자)인 梁武帝(양무제)의 초청을 받고 담론하였으나 契合(계합 : 서로 꼭 들어맞음)하지 못하여, 양나라를 떠나 양자강을 건너 위나라로 가 嵩山(숭산)의 少林窟(소림굴)에서 微動(미동)도 없이 面壁(면벽)했다고 한다. 그래서 달마대사를 壁觀婆羅門(벽관바라문)이라고 부르기도 했다.

보리달마로부터 출발한 선종은 제5조 弘忍(홍인, 601 ~ 674)에 이르러 북종과 남종으로 갈린다. 북종에서는 분파가 없었으나, 홍인 문하의 제6조 慧能(혜능, 638 ~ 713)으로부터 출발하는 남종에서는 靑原行思(청원행사, ? ~ 740)와 南嶽懷讓(남악회양, 677 ~ 744)이 등장하여 쌍벽을 이루었다.

※ **寸鐵殺人**(촌철살인)**의 스님 대화** – '스님과 여인'

두 스님이 절로 돌아가는 길에 어떤 시내를 건너게 되었는데, 시냇가에 한 아리따운 여인이 있었다. 그 여인도 역시 시내를 건널 참이었으나, 주저하고 있던 중이었다. 그 시내는 깊고 물살이 센 데다, 징검다리조차 없었던 것이다. 한 스님이 여인을 못 본 체하고, 혼자서 물을 건너기 시작했다. 그러나 다른 스님은 여인에게 등을 들이대며 말했다.

"업히시지요. 건네 드리겠습니다."

이렇게 하여 그 스님은 여인을 시내 저쪽에 내려놓았다. 두 스님은 다시 길을 재촉했다. 그런데 조금 전에 여인을 업지 않았던 스님이 화난 목소리로 말했다.

"여보게, 수도승으로 여인의 몸에 손을 대다니, 자네는 부끄럽지도 않은가?"

여인을 업었던 스님은 아무 대답도 하지 않았다. 그러자 그 스님은 더욱 화가 나서 여인을 업은 동료 스님을 나무랐다.

"자네는 단순히 그 여인이 시내를 건널 수 있게 도왔을 뿐이라고 말하고 싶겠지. 하지만 여인을 가까이 해서는 안 되는 것이 우리의 신성한 계율이라는 것을 잊었단 말인가?"

그 스님은 계속해서 동료 스님을 질책했다. 여인을 업었던 스님은 한두어 시간쯤 질책을 듣고 나서, 더 이상 참을 수 없다는 듯이 껄껄 웃으며 말했다.

"이 사람아, 나는 벌써 두어 시간 전에 그 여인을 냇가에 내려놓고 왔는데, 자네는 아직도 여인을 업고 있군 그래."

두 스님은 더 이상 말이 없이 그렇게 목적지를 향해서 갔다.

234 惻隱之心 측은지심

字解
- 惻 : 가엾게 여길 측 [惻隱(측은) : 가엾고 불쌍하게 여김]
- 隱 : 숨을 은 [隱士(은사) : 세상을 피하여 조용히 살고 있는 선비. 은자]
  - 불쌍히 여길 은 : [惻隱(측은) : 가엾고 불쌍하게 여김]
- 之 : 의 지 [累卵之勢(누란지세) : 계란을 쌓아놓은 것 같은 형세]
- 心 : 마음 심 [心亂(심란) : 마음이 산란함]
  - 가운데 심 [中心(중심) : 한가운데. 한복판]

語義 가엾고 불쌍하게 여기는 마음. 〈2음절 28. 四端(사단)' 참조〉
[四端[1](사단)의 하나로, 불쌍히 여겨 언짢아하는(가엾게 여기는) 마음]

用例

▶ 예수는 **惻隱之心**(측은지심)으로 나병 환자를 깨끗이 고쳐 준다. **惻隱之心**(측은지심)은 사랑[仁(인)]에서 나오는 마음이다. 고통과 슬픔을 함께 나누고 동참하겠다는 마음이 **惻隱之心**(측은지심)이다. 너의 고통을 나의 고통으로, 너의 슬픔을 나의 슬픔으로, 같이 나누어 가지겠다는 마음이다

▶ 사랑이 무르익음에는 질투, 욕심, 애절함 등의 마음뿐 아니라, '**惻隱之心**(측은지심)'이 필요하다. 그것을 잘 가르쳐 주는 드라마가 있다. 바로 KBS TV 월화드라마 '동안미녀'다. 동안미녀 여주인공 이소영은 다른 사람에게 이리저리 치이고 당하기만 한다. 이런 모습에 남자 주인공 최진욱의 안타까움은 더해 간다.

① 孟子(맹자) – 公孫丑章句上(공손축장구상) 六(육)

孟子(맹자) 가로되,

"사람은 누구나 다 남에게 不忍人之心(불인인지심 : 남에게 잔인하게 하지 못하는 마음)이 있는 것이다. 옛날 선왕은 불인인지심이 있어서 곧 남에게 잔인하게 하지 못하는 정치를 하게 되었다. 정치인이 불인인지심을 가지고 남에게 잔인하게 하지 못하는 정치를 하면, 세상을 다스리는 일은 이것이 손바닥 위에서 움직이는 것처럼 쉬울 것이다. 그런데 사람이 누구나 다 남에게 불인인지심이 있다고 하는 것을 어떻게 알 수 있는가 하면 그 이유는 이러하다.

지금 어린아이가 우물에 빠지려고 하는 것을 별안간 보았을 때, 대개 사람들은 두려워하고 **측은한**

마음이 생겨 가서 붙들게 된다. 이것은 어린아이의 부모와 交際(교제)를 맺기 위한 것이 아니요, 동네 사람들과 벗들에게 稱讚(칭찬)을 받기 위한 것도 아니요, 그냥 내버려 두었다고 怨聲(원성)을 듣기 싫어서 그렇게 한 것도 아니다.

 原文 今人乍見孺子將入於井(금인사견유자장입어정) 皆有怵惕惻隱之心(개유출척측은지심) 非所以內交於孺子之父母也(비소이내교어유자지부모야) 非所以要譽於鄉黨朋友也(비소이요예어향당붕우야) 非惡其聲而然也(비오기성이연야)

이것으로 말미암아 살펴보면, 사람치고 惻隱之心(측은지심)이 없으면 사람이 아니요, 羞惡之心(수오지심)이 없으면 사람이 아니요, 辭讓之心(사양지심)이 없으면 사람이 아니요, 是非之心(시비지심)이 없으면 사람이 아니다. 측은지심은 仁(인)의 端緒(단서 : 일의 실마리)요, 수오지심은 義(의)의 단서요, 사양지심은 禮(예)의 단서요, 시비지심은 智(지)의 단서다.

사람들이 이 四端(사단)을 지니고 있는 것은 마치 몸에 四肢(사지)가 있는 것과 같은 것인데, 이 사단을 지니고 있으면서 내 스스로가 善(선)한 일을 잘할 수 없다고 말하는 이는 자기 자신을 해치는 사람이요, 자기 임금더러 선한 일을 할 능력이 없다고 하는 이는 그 임금을 해치는 사람이다. 대개 사람이 자기에게 있는 사단을 확충시킬 줄 알면 이것은 마치 불이 타서 번져 나가고, 샘물이 솟아서 흘러가는 것과 같은데, 정말 이것을 잘 擴充(확충)만 시킨다면 四海(사해 : 온 세상)를 보존할 수 있을 것이요, 만약에 이것을 확충시키지 못한다면 부모도 제대로 못 섬길 것이다."

 ② **孟子**(맹자) - 告子章句上(고자장구상) 六(육)

중국 전국시대 公都子(공도자 : 맹자의 제자)가 스승 孟子(맹자)에게 이르기를,

"告子(고자 : 중국 전국시대의 사상가, 본명은 불해)는 '性(성)이 善(선)한 것도 없고 선하지 않은 것도 없으며, 어떤 사람은 성이 선하게 될 수도 있고 선하지 않게 될 수도 있다. 그렇기 때문에 文王(문왕 : 주나라의 창건자인 무왕의 아버지. 성군으로 칭송받음)과 武王(무왕 : 주나라의 초대 왕. 현군으로 평가받음)이 일어났을 때는 백성이 선을 좋아하였고, 幽王(유왕 : 주나라 제12대 왕으로 부도덕하여 살해됨)과 厲王(여왕 : 주나라 제10대 왕으로 포악하고 교만하여 폭동으로 쫓겨남)이 일어났을 때는 백성이 포악한 것을 좋아하였으며, 어떤 사람은 성이 선한 이도 있고 선하지 않은 이도 있다.

그러므로 어진 堯(요 : 고대 중국의 성군)를 임금으로 하였으나 나쁜 象(상)이 있었고, 나쁜 瞽瞍(고수 : 소경)를 아비로 하였으나 어진 舜(순 : 고대 중국의 성군)이 있었고, 紂(주)를 형의 아들로 하고 또 임금으로 하였으나 微子啓(미자계 : 은나라 주왕의 서형으로 상나라 왕)와 왕자 比干[2](비간 : 주왕에게 간언하다 처형됨)이 있었다.'고 말합니다. 그런데 선생님은 이제 性(성)은 善(선)하다고 말씀하시니, 그렇다면 그 사람이 한 말은 다 그르다는 것입니까?"

孟子(맹자) 가로되,

"不善(불선)하다고 생각될 것 같지만, 그러나 性情(성정)은 곧 善(선)이라 할 수 있는 것이다. 대개 불선을 하는 것은 才性(재성)의 죄가 아니다. 惻隱之心(측은지심)은 사람이면 다 가지고 있으며, 羞惡之心(수오지심)도 사람이면 다 가지고 있으며, 恭敬之心(공경지심)도 사람이면 다 가지고 있으며, 是非之心(시비지심)도 사람이면 다 가지고 있다.

 原文 孟子曰(맹자왈) 乃若其情則可以爲善矣(내약기정즉가이위선의) 乃所謂善也(내소위선야) 若夫爲不善(약부위불선) 非才之罪也(비재지죄야) 惻隱之心(측은지심) 人皆有之(인개유지) 羞惡之心(수오지심) 人皆有之(인개유지) 恭敬之心(공경지심) 人皆有之(인개유지) 是非之心(시비지심) 人皆有之(인개유지)

측은지심은 仁(인)이요, 수오지심은 義(의)요, 공경지심은 禮(예)요, 시비지심은 智(지)인데, 仁義禮智(인의예지)는 밖으로부터 나에게 들어온 것이 아니라, 내가 본래부터 지니고 있는 것이다. 다만 생각하지 아니하였을 뿐이다. 그러므로 구하면 얻고, 놓으면 잃어버린다는 말이 있으니, 혹 惡(악)을 행하여 善(선)과 차이가 심한 사람은 그 才性(재성)을 다하지 못했기 때문이다.

詩(시)에도 '하늘이 온 백성을 낳았으니, 物(물)이 있으면 법칙이 있느니라. 백성들이 본래의 마음을 가져, 이 아름다운 덕을 좋아하네.'라고 하였고, 공자께서도, '이 시를 지은이는 道(도)를 아는 사람이로구나! 진실로 物(물)이 있으면 반드시 법칙이 있는 것이니, 백성들은 본래의 마음을 가진 고로 이 아름다운 德(덕)을 좋아한다.'고 하였다.

---

1) **四端**(사단) : 儒學(유학)에서 인간의 본성을 가리키는 말이다. '端(단)'은 '실마리'란 뜻으로, 사람의 본성에서 우러나는 네 가지 마음씨, 곧 惻隱之心(측은지심 : 어려움에 처한 사람을 애처롭게 여기는 마음), 羞惡之心(수오지심 : 나쁜 것을 멀리하려는 마음), 辭讓之心(사양지심 : 남을 배려하여 양보하는 마음), 是非之心(시비지심 : 옳고 그름을 판단할 줄 아는 마음)이다. 四端(사단)은 각각 仁(인)·義(의)·禮(예)·智(지)의 四德(사덕)으로 발전한다.

2) **比干**(비간) : 殷(은)나라 후기의 賢人(현인)이다. 비간은 商(상)나라의 제28대 太丁帝(태정제) 文丁(문정)의 아들로 紂王(주왕)의 叔父(숙부)이다. 이름은 比(비)이고, 干(간)이라는 나라에 封(봉)해져 比干(비간)이라고 불린다.
　商(상)의 마지막 군주 주왕은 총명하고 용맹하였으나, 妲己(달기)의 주색에 깊이 빠져, 충신을 몰아내고 악정을 베풀었다. 비간은 주왕에게 정치를 바로잡을 것을 주장하다가 죽었다. 민간 설화에는 주왕은 화를 내며, "聖人(성인)의 심장에는 구멍이 일곱 개나 있다고 들었다."라고 하며, 진짜 그런지 확인하겠다고 하여 비간을 죽여서 그의 심장을 꺼내도록 하였다고 전한다.

235 置錐之地 치추지지

字解
置 : 둘 치, 놓을 치 [放置(방치) : 그대로 놓아 둠]
錐 : 송곳 추 [試錐(시추) : 탐사, 지질 조사 등을 위해 땅에 깊숙이 구멍을 뚫음]
之 : 의 지 [出藍之譽(출람지예) : 제자가 스승보다 낫다는 평판. 명성]
地 : 땅 지 [地質(지질) : 땅의 성질. 지각을 구성하는 암석 지층의 성질]

語義 송곳을 놓을 땅.
(송곳을 세울 만한 좁은 땅)

用例

▶ 나는 이제 **置錐之地**(치추지지)도 없는 처량한 신세가 되고 말았습니다.
▶ 마침내 어머니는 조제프와 나폴레옹이 거주하고 있는 읍까지 도망쳐 갔습니다. 다행이 一牛鳴地(일우명지 : 소의 울음소리가 들릴 정도의 거리)에 그들이 머무르고 있었나 봅니다. 도착하자마자, 보나파르트 가족은 코르시카를 떠나기 위하여 조그만 배에 올랐습니다. 코르시카를 위하여 싸워 온 보나파르트 집안의 사람들은, 같은 코르시카 사람들에 의하여 섬을 쫓겨나게 되었습니다. 이제는 몸을 쉴 **置錐之地**(치추지지)도 없는 신세가 되었습니다.

【類義語】 立錐之地(입추지지) : 송곳을 세울 만한 좁은 땅.

出典 莊子(장자) - 盜跖篇(도척편)

중국 춘추시대 盜跖[1](도척)이라는 사람이 크게 노하여 孔子(공자)에게 말하였다.
"孔丘(공구 : 공자의 본명)야, 앞으로 다가서라. 모든 이익으로써 권할 수 있고, 말로써 간구할 수 있는 것은 모두가 어리석은 보통 백성들에게나 해당될 일이다. 지금 키가 크고 늠름하며 사람들이 보면 좋아진다는 것은 우리 부모님께서 끼쳐 주신 德(덕)이다. 네가 비록 나를 칭찬해 주지 않는다 해도, 나라고 스스로 알지 못하고 있었겠느냐? 또한 내가 듣건대, 남의 면전에서 칭찬을 잘하는 자는 또한 등 뒤에서는 그를 욕하기도 잘한다 하였다. 지금 네가 큰 城(성)과 많은 백성들로써 얘기를 하였는데 이것은 利益(이익)으로 나를 권하는 것이니, 보통 백성들과 같이 알고 나를 대접하는 것이다. 그들이 어찌 오래갈 수가 있겠느냐?

城(성)이야 제아무리 크다 하더라도 천하보다 더 클 수는 없다. '堯(요)임금과 舜(순)임금은 천하를 다스렸으나, 그의 자손들은 **송곳을 꽂을 땅**조차도 없었다. 湯王(탕왕)과 武王(무왕)은 스스로 천자가 되었으나, 천하 후손은 결국 끊어지고 말았던 것이다. 그것은 그 이익이 너무나 컸기 때문이 아니겠느냐?

 原文 城之大者(성지대자) 莫大乎天下矣(막대호천하의) 堯舜有天下(요순유천하) 子孫無置錐之地(자손무치추지지) 湯武立爲天子(탕무입위천자) 而後世絶滅(이후세절멸) 非以其利大故邪(비이기이대고야)

내가 듣건대, 옛날에는 새와 짐승의 수효는 많고 백성의 인구는 적었으므로, 백성은 나무 위에 집을 만들고 삶으로써 이들의 해를 피했다고 한다. 낮이면 도토리와 밤을 줍고, 저녁이면 나무 위에서 잤으므로, 그때의 백성들을 두고 '有巢氏(유소씨)의 백성'이라 불렀다 한다. 또한 옛 백성들이 옷을 입을 줄 모르고, 여름이면 장작을 쌓아 놓았다가 겨울이면 그것을 태워 불을 쬐었다. 그래서 그들을 '知主(지주)의 백성'이라 불렀다 한다. 神農(신농)의 시대에는 안락하게 누워 자고 일어나서는 유유자적하였다. 백성들은 그의 어머니는 알았지만 그의 아버지는 알지 못하였다. 고라니 사슴과 한데 어울려 살았다. 농사를 지어 먹었으며, 길쌈하여 입고, 남을 해치려는 마음이란 없었다. 이것은 지극한 德(덕)이 융성했던 시대였다.

그러나 黃帝(황제)는 덕을 이루지 못하여, 蚩尤(치우 : 중국에 전하는 전설상의 인물)와 涿鹿(탁록)의 들판에서 싸워 사람들의 피가 百里(백리)나 흘렀다. 堯舜(요순)이 일어나서는 여러 신하들을 세웠다. 湯(탕)임금은 그의 임금을 내쳤다. 武王(무왕)은 紂王(주왕)을 죽였다. 이 뒤로부터 강한 자는 약한 자를 짓밟고, 많은 사람들이 적은 사람들에게 포악한 짓을 하게 되었다.

탕임금과 무왕 이후로는 모두가 혼란을 일삼는 무리들인 것이다. 지금 너는 文王(문왕)과 武王(무왕)의 道(도)를 닦고서 天下(천하)의 이론을 장악함으로써, 후세 사람들을 가르치겠다고 나섰다. 넓은 옷에 가는 띠를 두르고 헛된 말과 거짓된 행동으로, 천하의 임금들을 迷惑(미혹)시켜 부귀를 추구하려 하고 있다. 도적치고 당신보다 더 큰 도적은 없다. 천하 사람들은 어찌하여 당신은 '盜丘(도구)'라 부르지 아니하고, 반대로 나를 '盜跖(도척)'이라 부르는가?"

〈도척이 자기보다 공자가 세상에 더 큰 害毒(해독)을 끼치고 있음을 論證(논증)하고 있는 대목이다. 공자의 친구 중에 柳下惠[2](유하혜)라는 사람이 있었는데, 그의 동생이 盜跖(도척)이라는 유명한 도적이었다. 도척은 성격이 포악하고 변설을 잘하는 사람이어서, 웬만한 사람은 말로 그를 이길 수 없을 정도로 달변이었다. 공자가 이 도척을 만나 소위 사람을 만들겠다고 찾아가려 하자, 형인 유하계가 적극 말리며, 형인 나도 그를 설득시킬 수 없는데 오히려 생명만 위험하다고 말한다. 그래도 도척을 찾아간 공자는 망신만 당하고, 생명의 위협까지 느끼고 돌아오게 된다.〉

1) **盜跖**(도척) : 중국 春秋(춘추)시대의 큰 도둑. 공자와 같은 시대의 魯(노)나라 사람. 賢人(현인) 유하혜의 아우로, 그의 도당 9천 명과 떼 지어 항상 全國(전국)을 휩쓸었다고 한다. '몹시 악한 사람'을 비유하는 말로 많이 쓰인다.

2) **柳下惠**(유하혜, B.C.720 ~ B.C.621)**에 대한 逸話**(일화)

　　魯(노)나라에 한 남자가 홀로 살고 있었다. 이웃에 과부가 있었는데, 간밤에 비가 내려 집이 무너졌다. 부인이 보살펴 줄 것을 청했다. 남자는 문을 닫아걸고 받아 주질 않았다. 그러자 과부가 이리 말했다.
　　"당신은 柳下惠(유하혜)를 어찌 배우지 못했소?"
　　홀아비가 이리 답한다.
　　"유하혜는 가하나, 나는 그렇지 못하오. 나의 불가함으로써 유하혜의 가함을 배운다오."〈유하혜는 그리 할 수는 있으나, 나는 모자라 감히 그리 할 수가 없다는 말이다.〉
　　공자가 이를 듣고는 찬탄하며 이리 말했다.
　　"유하혜를 배운 자로서 이 자를 따를 자가 없고뇨."
　　九方皐(구방고)는 말을 잘 보는 자인데, 거죽 피부라든가, 암수 따위에 연연하지 않았다. 중국의 선철들은 고인을 모범으로 삼았다. 이는 겉을 버리고 정신을 취함이라[遺貌取神(유모취신 : 모양은 남기고 정신을 취함)], 이는 중국 학술의 큰 특징이다. 화가나 작가나 이와 같지 않은 사람은 하나도 없다. 우리는 이와 같은 정신을 본으로 하여, 서양문화를 취사선택할 수 있다. 그러면 이익이 됨만 있을 뿐, 해가 될 바 없다.

　　〈原文〉魯國有個男子獨處(노국유개남자독처), 鄰家有一寡婦獨處(인가유일과부독처), 夜雨室壞(야우실괴), 婦人來求託庇(부인래구탁비), 男子閉戶不納(남자폐호불납). 人說(인설) :「你何不學柳下惠呢(니하불학류하혜니)?」男子說(남자설)「柳下惠則可(유하혜즉가), 我則不可(아즉불가), 我將以我之不可(아장이아지불가), 學柳下惠之可(학유하혜지가).」這事被孔子聽見了(저사피공자청견료), 就贊嘆道(취찬탄도) :「喜學柳下惠者(희학유하혜자), 莫如魯男子(막여노남자)!」還有九方皐相馬(환유구방고상마), 並不取其皮相(병불취기피상), 是在牝牡驪黃之外(시재빈모려황지외). 吾國先哲(오국선철), 師法古人(사법고인), 也是遺貌取神(야시유모취신), 爲我學術界最大特色(위아학술계최대특색). 畫家書家(화가서가), 無不如此(무불여차), 我們本此精神(아문본차정신), 去取用西洋文化(거취용서양문화), 就有利無害了(취유리무해료).
　　〈이해를 돕기 위해 원문에 문장부호를 넣음〉

　　柳下惠(유하혜)는 그럼 어떠한 사람인가?
　　"유하혜가 원행을 떠났다가 야밤에 돌아올 때다. 성문 밖에 머무르게 되었다. 이때 날씨는 춥고 땅은 얼어붙어 있었다. 갈 곳 없는 약한 여인네가 홀몸을 의탁하더라. 유하혜는 그 여인네가 얼어 죽을까봐, 자기 품에 앉혀서는 자기 겉옷으로 싸안았다. 그 이튿날이 되어도 예를 벗어나지 않았다."
　　이 이야기를 두고, 사람들은 '坐懷不亂(좌회불란 : 품에 안고서도 난잡하지 않음)'이라고 이른다.
　　유하혜는 중국 춘추전국시대의 대표적인 성인군자다. 그는 노나라의 대부로 있다가, 이후 은둔 생활을 했으며, 덕행이 있고 예의를 중시한 군자였다. 강씨에게 장가를 들었는데, 29세에 長男(장남)을 얻고, 37세에 次子(차자)를 낳았다.
　　孔子(공자)는 유하혜가 도덕이 고상하고 예절을 잘 지킨 군자라고 인정하고, 그에 대한 칭찬을 아끼지 않았다. 孟子(맹자)도 유하혜를 두고 和聖(화성 : 조화로운 성인)이라 불렀다. 그리고 道(도)가 바르고, 사람을 잘 섬기는 사람이라 평하였다.

236 七縱七擒 칠종칠금

字解 七 : 일곱 **칠** [七難八苦(칠난팔고) : 일곱 가지 어려움과 여덟 가지 고통]
縱 ; 세로 **종** [縱橫(종횡) : 가로와 세로]
　　놓을 **종** [縱囚(종수) : 감옥에 갇혀 있는 죄인을 용서하여 석방함]
擒 : 사로잡을 **금** [生擒(생금) : 산 채로 잡음]

語義 일곱 번 놓아주었다가 일곱 번 사로잡다.
(마음대로 잡았다 놓아주었다 함)
(인내를 가지고 상대가 마음으로 항복하기를 기다림)

 用例

▶ 은지는 **七縱七擒**(칠종칠금)을 하면서 사람의 마음을 휘어잡는다.
▶ 수도 없는 전장에 군사를 잃지 않고, 도리어 군사가 되고자 하는 자만 늘어나는구나. '**七縱七擒**(칠종칠금)' 하여 민심 또한 나에게 이를지니, 이제 제후들과 다시금 후일을 나누어 보건대, 결코 한 하늘 아래 같이할 수 없는 자들이 있으니 배신을 밥 먹듯 하는 무리이다.

 三國志(삼국지)

중국의 삼국시대 蜀漢(촉한)의 제1대 황제인 劉備(유비, 161 ~ 223. 재위 221 ~ 223)는 諸葛亮(제갈량, 자는 공명, 181 ~ 234)에게 나랏일을 맡기고 세상을 떠났다. 제갈량은 後主(후주)인 劉禪(유선, 207 ~ 271. 재위 223 ~ 263. 제2대이자 마지막 황제)을 보필하게 되었는데, 그때 각지에서 반란이 일어났다.

魏(위)나라를 공략하여 생전의 유비의 뜻을 받들어야 했던 제갈량은 먼저 내란부터 수습해야 했다. 유선이 아직 어리고 철이 없어, 군대를 동원하는 것이 무리라고 생각한 제갈량은 적진에 流言蜚語(유언비어)를 퍼뜨려 이간책을 썼다. 과연 반란군은 自中之亂(자중지란)을 일으켜 서로 殺戮(살육)을 일삼았다.

그 결과 마지막으로 등장한 반란군이 바로 孟獲[1](맹획 : 남만의 지도자)이라는 장수였다. 맹획이 반기를 들자, 제갈량은 노강 깊숙이 들어가 그를 생포했다. 제갈량의 계략에 걸려들어 생포된 맹획은 분함을 이기지 못했다. 맹획을 생포한 제갈량은 오랑캐로부터 절대적 신임을 받고 있는 그를 죽이는 것만이 능사는 아니라고 판단하였다. 이에 대해 촉한의 무장인 馬謖(마속 : 촉한의 장수)도 '용병의 도리는 최상이 민심을 공략하는 것으로, 군사전은 하책일 뿐 심리전을 펴, 적의 마음을 정복하자.'고 했다. 제갈량은 오랑캐의 마음을 사로잡고 나면, 그들의 인적, 물적 자원을 바탕으로 北伐(북벌)도 한결 용이할 것이라 생각하여, 맹획을 풀어 주었다. 고향에 돌아온 맹획은 전열을 재정비하여 또다시 반란을 일으켰다. 제갈량은 자신의 지략을 이용하여 맹획을 다시 사로잡았지만 또 풀어 주었다.

풀어 주니 다시 싸웠다. **일곱 번 놓아주고 일곱 번 붙잡았으나**, 제갈량은 오히려 맹획을 놓아주었다. 맹획이 멈추고 돌아가지 않으면서 말하기를,

"공께서는 하늘의 위세입니다. 남만인들이 다시는 반란하지 않겠습니다."

 原文 亮笑縱使更戰(량소종사갱전) 七縱七擒(칠종칠금) 而亮猶遣獲(이량유견획) 獲止不去(획지불거) 獲曰(획왈) 公天威也(공천위야) 南人不復反矣(남인불부반의)

마침내는 마음으로 영원히 복종하겠다는 맹획의 말에서 '七縱七擒(칠종칠금)'이란 고사성어가 생겼으며, 오늘날 이 말은 '상대편을 마음대로 요리한다.'는 뜻으로 비유되어 주로 사용된다.

---

1) 孟獲(맹획, ? ~ ?) : 중국 삼국시대 남만족의 지도자이다. 史料(사료 : 역사의 자료)에 따르면 그 실존 여부가 확실하지 않다. 225년 제갈량이 남만을 정벌할 때, 맹획은 촉한에 굴복한다.『漢晉春秋(한진춘추)』의 기록을 보면, 제갈량이 南中(남중)에 도착했을 때, 한족과 이민족이 맹획에게 복종한다는 말을 듣고 맹획을 생포하라고 명령을 내렸다. 맹획이 생포되자, 제갈량은 맹획에게 물었다. "우리 군이 어떠하오?" 말하자, 맹획은 "이전에는 허실을 몰라서 패했소. 지금 허락받고 營陳(영진)을 살펴보니, 다만 이 정도라면 쉽게 이기겠소."라고 말하였다. 제갈량은 웃으면서 그를 풀어 주면서 싸웠다.

7번을 풀어주고 7번을 사로잡았는데, 제갈량은 맹획을 다시 풀어주려고 했다. 맹획은 떠나지 않으며 말하였다. "公(공)은 天威(천위 : 하늘의 위엄)를 지닌 분이니, 우리 南蠻人(남만인 : 남쪽 오랑캐)들은 다시는 배반하지 않겠습니다."라고 하며 귀순을 하였다고 되어 있다.

그리고『華陽國志(화양국지)』의 기록에 따르면, 맹획은 익주 건녕 사람으로 관직을 받아 어사중승까지 승진했다고 한다. 그리고 가설에는 맹획이 미얀마 북부, 후베이성에 속하는 민족인 '佤族(와족 : WAZU)'이라는 설도 있다. 와족은 20세기까지 인간 사냥의 습성을 가지고 있던 포악한 민족이었다.

『三國志演義(삼국지연의)』에서 보면, 맹획은 魏(위)나라 조비의 권유에 응하여 蜀漢(촉한)을 침공하는데, 제갈량의 계략으로 魏延(위연)의 미끼에 걸려 패배하여 남만으로 퇴각한다. 그 후, 건녕태수 옹개와 모의하여 반란을 일으키지만, 제갈량에 의해 平定(평정)된다. 그 뒤부터 제갈량의 南蠻(남만) 정벌이 시작된다. 그리고 제갈량의 칠종칠금, 만두 이야기, 등갑군 등은 물론, 그의 아내 축융, 아우 맹우, 처남 대래동주, 남만 수령 금환삼결, 동도나, 아회남, 수하 장수 망아장, 동맹군 타사대왕, 목록대왕 등 남만 정벌에 등장하는 인물 역시 허구이다. 하지만 兀突骨(올돌골)은 페르시아 계열의 실존 인물로, 페르시아식 이름 '아케메네스 다리우스 우르투루크' 중에 '우르투루크'를 한자로 옮긴 것이라 한다.

237 快刀亂麻 쾌도난마

字解
- 快 : <u>쾌할 쾌</u>, 상쾌할 쾌 [快刀(쾌도) : 잘 드는 칼]
- 刀 : <u>칼 도</u> [果刀(과도) : 과일 깎는 칼]
- 亂 : <u>어지러울 란(난)</u> [亂立(난립) : 어지럽게 들어섬]
- 麻 : <u>삼 마</u> [麻衣(마의) : 삼베옷]

語義 잘 드는 칼로 헝클어진 삼 가닥을 한 방에 자른다.
(어지럽게 뒤섞인 일을 명쾌하게 처리함)
(어떠한 일을 막힘없이 연속으로 순탄하게 처리하는 것. 또는 그러한 행동에 능숙한 존재)

 用例

▶ 6·29 선언은 6월 항쟁의 결과 시민들의 직선제 요구를 수용한 것이다. ○○○은 '노태우 대표위원에 의한 민주화 선언은 무정부 상태로까지 치달을 뻔한 우리나라를 **快刀亂麻**(쾌도난마)의 솜씨로 온 국민에게 안도의 숨을 몰아쉬게 만들었다고 긍정적으로 평가하면서, 노태우의 6.29 선언을 두고 국민에 대한 항복 선언이니, 어쩔 수 없는 궁여지책이니 하고 입방아를 찧는 일은 너무나도 정치적 선동에 치우친 감이 없지 않다.'는 의견을 나타냈다.

▶ 국어사전에 따르면, **快刀亂麻**(쾌도난마)란 '잘 드는 칼로 마구 헝클어진 삼 가닥(난마)을 자른다.'는 뜻으로, 어지럽게 뒤얽힌 사물을 강력한 힘으로 명쾌하게 처리함을 이르는 말이다. 서양에도 이와 비슷한 표현이 있는데, 알렉산더 대왕이 누구도 풀지 못했던 '고르디아스의 매듭'을 대담하고 지혜롭게 단칼에 자른 일로 영어로는 'cut the Gordian knot'라고 한다. 한편 借刀殺人(차도살인)은 '남의 칼을 빌려 사람을 죽인다.'는 뜻으로, '음험한 수단'을 씀을 이르는 말이다.

【類義語】 斬釘截鐵(참정절철) : '못을 부러뜨리고 쇠를 자른다'는 뜻으로, 어떤 일을 할 때 과감하게 처리함.
一刀兩斷(일도양단) : 한 칼에 둘로 벰. 명쾌하게 처리함.

 **出典** 北齊書[1](북제서, 위진남북조시대 북제의 역사를 다룬 정사)

중국 南北朝(남북조)시대, <u>北齊</u>[2](북제)의 창시자 高歡(고환, 496 ~ 547. 동위의 승상)은 鮮卑族化(선비족화)한 漢族(한족)으로, 그의 부하도 대부분 북방 변경지대의 <u>鮮卑族</u>[3](선비족)이었다. 선비족의 군사는 난폭했지만 전투에는 용감했기 때문에, 고환은 이러한 선비족 군사의 힘을 배경으로 정권을 유

지하고 있었다.

고환은 아들을 여럿 두고 있었는데, 하루는 이 아들들의 재주를 시험해 보고 싶어 한자리에 불러들였다. 그는 아들들에게 뒤얽힌 삼실 한 뭉치씩을 나눠주고 추려내 보도록 했다. 다른 아이들은 모두 한 올 한 올 뽑느라 진땀을 흘리고 있었는데, 高洋(고양, 526 ~ 559. 북제의 초대 황제. 문선제)이라는 아들은 달랐다. 그는 잘 드는 칼 한 자루를 들고 와서는, 헝클어진 삼실을 싹둑 잘라 버리고는 得意(득의)에 찬 표정을 짓는 것이었다. 눈을 휘둥그렇게 뜨고 있는 아버지 앞에 나아간 고양은,

"어지러운 것은 베어 버려야 합니다[亂者須斬(난자수참)]."

라고 말했다.

이런 연유로 해서 **快刀亂麻**(쾌도난마)란 성어가 생겨났는데, '**잘 드는 칼로 어지럽게 헝클어진 삼을 베어 버린다.**'는 뜻으로, '어지러운 일을 시원스럽게 처리한다.'는 말이다. 그러나 오늘날의 쓰임새와는 달리 당초에는 '통치자가 백성들을 참혹하게 다스리는 것'을 가리키는 말이었다.

큰일을 해낼 인물이 될 것이라는 아버지의 기대와는 달리, 뒷날 文宣帝(문선제)가 된 고양은 백성들을 못살게 군 暴君(폭군)이 되었다. 게다가 술김에 재미로 사람을 죽이곤 했기 때문에 보통 일이 아니었다. 重臣(중신)들도 어떻게 할 수 없어 머리를 짜낸 것이 사형수를 '술 취한 고양[문선제]' 옆에 두는 것이었다.

---

1) **北齊書**(북제서) : 唐(당)나라 李百藥(이백약)이 편찬한 북제의 역사서. 총 50권이나 원본은 많이 소실되고, 현재는 몇 권만 남았으며 나머지는 후에 보완되었다.

  • 李百藥(이백약, 564 ~ 647) : 중국 수나라 때부터 당나라 때에 걸쳐 활약했던 관료이자 역사가로, 그의 뛰어난 문학적 재능으로 많은 사람들에게서 존경받았으며, 아버지 李德林(이덕림)이 편찬을 시작했던 남북조시대 북제의 공식 역사서 중의 하나인 『北齊書(북제서)』를 완성한 것으로 유명하다.

2) **北齊**(북제, 550 ~ 577) : 옛 중국 남북조시대 北朝(북조)의 왕조다. 北魏(북위, 386 ~ 534)가 東魏(동위, 534 ~ 550)와 西魏(서위, 535 ~ 556)로 갈라졌을 때, 동위의 孝靜帝(효정제) 元善見(원선견, 재위 534 ~ 550)이 북제의 文宣帝(문선제) 高洋(고양, 북제의 초대 황제. 재위 550 ~ 559)에게 禪位(선위 : 다음 임금에게 왕위를 물려줌)하면서 시작되었다. 서위의 후신인 北周(북주)에게 멸망했다.

  스스로는 齊(제)라고 칭했지만, 蕭道成(소도성)이 세운 남조(육조시대)의 齊(제)가 같은 이름이었기에 北齊(북제)라고 한다. 그래서 육조의 제를 南齊(남제, 479 ~ 502), 또는 蕭齊(소제)라고 부르기도 한다.

3) **鮮卑族**(선비족) : 중국의 고대 민족. 선비족의 선조는 殷代(은대) 東胡族(동호족)의 한 갈래였다. 진·한 시대에 남쪽의 시라무룬[西剌木倫(서자목륜)] 강 유역으로 옮겨왔다. 일찍이 後漢(후한, 25 ~ 220) 때 중국에 服屬(복속)되었다.

238 他山之石 타산지석

字解
- 他 : 다를 **타**, 남 타 [他意(타의) : 다른 생각이나 마음]
- 山 : 산 **산**, 뫼 산 [山勢(산세) : 산의 기복, 굴절 등의 형세]
- 之 : 의 **지** [立錐之地(입추지지) : 송곳을 세울 만한 좁은 땅]
- 石 : 돌 **석** [壽石(수석) : 관상용의 자연적인 돌]
  섬 석 [萬石(만석) : 만 섬]

語義 다른 산에서 나는 돌(이라도 나의 옥돌을 가는 데에 소용이 된다).
(거친 남의 언행도 자신의 지식과 인격을 수양하는 데에 도움이 될 수 있음)

 用例

▶ 이번 사건을 계기로 국내 유제품 업체도 다시금 **他山之石**(타산지석)으로 삼아야 할 것이다. 특히 HACCP과 같은 식품안전 관리시스템의 도입은 필수적이며, 품질 관리 활동을 병행해 철저한 사후 관리가 필요하다. 엔파밀 논란과 관련, 유사 생물학적 사고 시 관련 기관에서도 정보 공개에 앞서 충분히 과학적으로 검증했는지, 통계적 유의성을 갖추었는지, 세심한 확인이 필요하다. 박테리아 검출 과정은 확률적인 오류나 오판의 가능성을 배제하기 어렵기 때문이다.

▶ 전하, 옛날 桀紂(걸주 : 하나라의 마지막 임금인 걸과 은나라의 마지막 임금인 주)의 폭정으로 백성들이 湯武(탕무 : 은나라 탕왕과 주나라 무왕)에게 귀순한 사실을 항상 **他山之石**(타산지석)으로 삼으십시오.

[類義語] 切磋琢磨(절차탁마) : 학문이나 인격을 갈고 닦음.
　　　　　攻玉而石(공옥이석) : 옥을 가는 데 돌로 함.
　　　　　反面敎師(반면교사) : 본이 되지 않는 남의 말이나 행동이 도리어 자신의 인격을 수양하는 데 도움을 줌.

 **詩經**[1](시경) – 小雅(소아) 鴻雁之什(홍안지십) 鶴鳴篇(학명편)

鶴鳴于九皐(학명우구고)	저기 먼 못가에 두루미 우니,
聲聞于野(성문우야)	그 소리 들판 가득히 울려 퍼지고,
魚潛在淵(어잠재연)	연못 깊이 숨어서 사는 물고기,
或在于渚(혹재우저)	때로는 물가에 나와 노니네.

樂彼之園(낙피지원)	즐거울사 저기 저 동산 속에는,
爰有樹檀(원유수단)	한 그루 박달나무 솟아 있어도,
其下維蘀(기하유탁)	그 아래 낙엽만 수북이 쌓여.
他山之石(타산지석)	**남의 산 돌멩이라도,**
可以爲錯(가이위착)	구슬 가는 숫돌은 됨직한 것을.
鶴鳴于九皐(학명우구고)	저기 먼 못가에 두루미 우니,
聲聞于天(성문우천)	그 소리 하늘 높이 울려 퍼지고,
魚在于渚(어재우저)	물가에 나와서 노니는 고기,
或潛在淵(혹잠재연)	때로는 연못 깊이 숨기도 하네.
樂彼之園(낙피지원)	즐거울사 저기 저 동산 속에는,
爰有樹檀(원유수단)	한 그루 박달나무 솟아 있어도,
其下維穀(기하유곡)	닥나무만 그 밑에 자라난다고.
他山之石(타산지석)	**남의 산 돌멩이라도,**
可以攻玉(가이공옥)	숫돌삼아 구슬을 갊음직함을.

'他山之石(타산지석)'은 '他山之石(타산지석) 可以爲錯(가이위착)', '他山之石(타산지석) 可以攻玉(가이공옥)'의 준말로, 돌을 小人(소인)에 비유하고 玉(옥)을 君子(군자)에 비유하여, 군자도 소인에 의해 수양과 학덕을 쌓아 나갈 수 있음을 나타낸 말이다. 또한 궁극적으로 초야의 賢人(현인)을 구할 것을 가르친 교훈적인 詩(시)이다.

---

1) 詩經(시경) : 중국 춘추시대의 민요를 중심으로 엮은 중국 최초의 시집이다. 黃河(황하) 중류 中原(중원) 지방의 시로서, 周(주)나라 초기부터 春秋(춘추)시대 초기까지의 305편을 수록하고 있다. 원래 3,000여 편이었던 것을 聖人(성인) 孔子(공자. B.C.551 ~ B.C.479)가 311편으로 간추려 편집했다고 하는데, 오늘날 전하는 것은 305편에 불과하다.

당시에 시경을 문학적 표현의 정형이라고 일컬었다. 많은 주제를 포괄하고 있음에도 불구하고 그 제재가 줄곧 '즐겁되 음탕하지 않고, 슬프되 상심하지 않기[樂而不淫 哀而不傷(낙이불음 애이불상)]' 때문이다.

『詩經(시경)』은 크게 「風(풍)」・「雅(아)」・「頌(송)」으로 분류되며, 모두 노래로 부를 수 있다. 그리고 다시 「雅(아)」는 「大雅(대아)」・「小雅(소아)」로 나누어진다. 「風(풍)」은 여러 나라의 민요이며, 남녀 간의 정과 이별을 다룬 내용이 많다. 「雅(아)」는 공식 연회에서 쓰는 의식가가 대부분이다. 「頌(송)」은 신이 조상에게 제사 지내는 악곡을 모은 것으로, 종묘의 제사에서 쓰는 樂詩(악시)이다.

239 兎死狗烹 토사구팽

字解
- 兎 : <u>토끼</u> **토** [龜兎之說(귀토지설) : 토끼와 거북이 설화]
- 死 : <u>죽을</u> **사** [死文(사문) : 조문만 있을 뿐 실제로 효력이 없는 법령이나 규칙]
- 狗 : <u>개</u> **구** [狗尾續貂(구미속초) : '담비의 꼬리가 모자라서 개꼬리로 잇는다.'는 뜻으로, 벼슬을 함부로 줌을 비유적으로 이르는 말. 훌륭한 것 뒤에 보잘것없는 것이 뒤따름을 비유적으로 이르는 말]
- 烹 : <u>삶을</u> **팽** [烹茶(팽다) : 차를 달임]

語義 토끼가 죽으면, 개를 삶는다.
(토끼가 죽으면 사냥개가 필요 없어, 주인에게 삶아 먹힌다)
(필요한 때는 쓰고, 필요 없을 때는 야박하게 버린다)
※ '狡兎死走狗烹(교토사주구팽)', '狡兎死良狗烹(교토사양구팽)'의 준말.

用例

▶ 생각으로 마음을 병들게 하지 말아야지 하면서도, **兎死狗烹**(토사구팽)을 떠올리며 마음껏 껴안을 수 없었던 시간들이 더 외롭게 느껴진다. 사람은 누구나 조금씩은 자신도 모르는 사이에 **兎死狗烹**(토사구팽)을 하며 살아가고 있으며, 나 역시 마찬가지인 걸 누구를 탓하랴?

▶ **兎死狗烹**(토사구팽)이라는 말 아시죠? 목적 달성을 다하고 나면, 오히려 이용당하고 버려지는 건 아닌지? 그리고 그들은 원래 돈과 이익을 쫓아 들어온 사람들인데, 돈은 줄 수 없는 ○○주의자들이 과연 눈에 차기나 할까요?

【類義語】 甘呑苦吐(감탄고토) : 달면 삼키고 쓰면 뱉음. 필요할 때만 취함.
渡水棄杖(도수기장) : 물을 건너니 지팡이를 버림.

出典 ① 史記(사기) - 越王句踐世家(월왕구천세가)

范蠡[1](범려)는 중국 춘추시대 越(월)나라 왕 句踐(구천)이 吳(오)나라를 멸하고, 春秋五霸(춘추오패)의 한 사람이 될 수 있도록 보좌한 名臣(명신)이다. 월나라가 패권을 차지한 뒤, 구천은 가장 큰 공을 세운 范蠡(범려)와 文種(문종)을 각각 상장군과 승상으로 임명하였다. 그러나 범려는 왕 구천에 대하여 고난을 함께할 수는 있지만, 영화를 함께 누릴 수는 없는 인물이라 판단하여 월나라를 탈출하였다.

齊(제)나라에 은거한 범려는 대부 文種(문종)을 염려하여, "새 사냥이 끝나면 좋은 활도 감추어지고,

교활한 토끼를 다 잡고 나면 사냥개를 삶아 먹는다[蜚鳥盡良弓藏(비조진양궁장) **狡兎死走狗烹**(교토사주구팽)].”라는 내용의 편지를 보내 피신하도록 충고하였으나, 문종은 월나라를 떠나기를 주저하다가 구천에게 반역의 의심을 받은 끝에 자결하고 말았다. '兎死狗烹(토사구팽)'이라는 故事(고사)는 이로부터 유래되었다. 뒷날 한신이 유방에게 죽음을 당하기 전에 범려의 이 말을 인용하였다.

 ② **史記**(사기) - 淮陰侯列傳(회음후열전)

韓信(한신)은 漢(한)의 劉邦(유방)과 楚(초)의 項羽(항우)와의 싸움에서 유방이 승리하는 데 큰 공을 세운 사람이다. 천하를 통일한 유방은 한신을 楚王(초왕)으로 봉했으나, 언젠가는 자신에게 도전할 것을 염려하였는데, 마침 항우의 장수였던 鐘離眛[2](종리매)가 옛 친구인 한신에게 몸을 의탁하고 있었다. 일찍이 초와의 전투에서 종리매에게 괴로움을 당했던 유방은 종리매를 미워하고 있었다. 그가 楚(초)에 있다는 것을 알자, 유방은 종리매를 체포하라고 명령을 내렸지만, 한신은 차마 옛 친구를 배반할 수 없어 그 명령을 따르지 않고 도리어 그를 감싸고 있었다.

이 사실을 상소한 자가 있어 유방은 陳平(진평)에게 상의했다. 진평의 책략에 따라 유방은 雲夢(운몽)에 행차하고, 제후들을 초 서쪽 경계인 陳(진)에 모이게 했다. 사태가 이렇게 되자 한신은 자신에게 아무런 잘못이 없다고 생각하여 자진해서 배알하려고 했다. 그러자 평소에 술수가 남다른 가신이 한신에게 속삭였다.

"종리매의 목을 가지고 배알하시면, 천자도 기뻐하시리다."

옳다고 생각한 한신은 그 말을 종리매에게 했다. 그러자 종리매는,

"유방이 楚(초)를 침범하지 못하는 것은 자네 밑에 내가 있기 때문이네. 그런데 자네가 나를 죽여 유방에게 바친다면, 자네도 얼마 안 가서 당할 것일세. 자네의 생각이 그 정도라니 내가 정말 잘못 보았네. 자네는 남의 長(장)이 될 그릇은 아니군. 좋아, 내가 죽어 주지."

하고는 스스로 목을 쳐 죽었다. 한신은 자결한 종리매의 목을 유방에게 바치지만, 유방은 한신을 포박하게 했다. 그래서 화가 난 한신은 이렇게 말했다.

"과연 사람들의 말과 같도다. **교활한 토끼가 죽고 나면 사냥개도 잡혀 삶아지며**, 높이 나는 새도 다 잡히고 나면 좋은 활도 광에 들어가며, 적국이 타파되면 모신도 망한다. 천하가 평정되었으니 나도 마땅히 팽당함이로다."

 原文 果若人言(과약인언) **狡兎死良狗烹**(교토사양구팽) 高飛鳥盡良弓藏(고비조진양궁장) 敵國破謀臣亡(적국파모신망) 天下已定(천하이정) 我固當烹(아고당팽)

『史記(사기)』의 '狡兎死走狗烹(교토사주구팽)'과 '狡兎死良狗烹(교토사양구팽)'에서 쉽게 줄여 '兎死狗

烹(토사구팽)'이라는 고사성어가 생기게 되었다.

---

1) **范蠡**(범려, ? ~ ?) : 중국 춘추전국시대 楚(초)나라 완지[지금의 허난 南阳(남양)] 사람으로 越(월)나라의 정치가, 군인. 자는 少伯(소백)이다. 吳(오)나라가 군대를 일으켜, 越(월)나라를 침범해 왔지만, 월나라는 기발한 계책으로 오나라 군대를 급습하여, 吳王(오왕) 闔閭(합려)에게 상처를 입히고 오나라 군대를 초토화시킨다. 이 상처로 합려는 결국 죽고 만다. 합려의 사후, 뒤를 잇게 된 오왕 夫差(부차)는 伍子胥(오자서)의 도움을 받아 복수의 칼날을 간다.

　오나라의 복수를 두려워한 句踐(구천)은 미리 오나라를 침략하려 한다. 범려의 만류에도 월왕 구천은 出兵(출병)하여 대패하고 만다. 월왕 구천은 부차에게 머리를 조아림으로써 신하를 자처하고, 문종은 부차의 측근인 재상 伯嚭(백비)에게 많은 뇌물을 주고 구천을 살리도록 설득했다. 이때 오자서는 구천을 죽일 것을 적극 간하지만, 西施(서시)와 같은 빼어난 미인까지 받친 월나라를 속국으로 삼는 선에서 끝내고 만다.

　거짓된 충성심을 보여 주고, 월나라로 돌아온 구천은 범려와 문종의 보좌를 받아, 복수할 저력을 키우면서 밖으로는 부차에 순종적인 모습만 보여 줘 방심을 유도한다. 더욱이 범려는 뇌물을 계속 보낸 백비에게는 부차와 오자서 사이를 離間(이간)하도록 유도한다. 결국 부차는 오자서를 죽이게 되고, 월나라 군대는 부차가 출병한 틈을 타 오나라를 급습하여 皇子(황자 : 황제의 아들)를 죽이고, 또 4년 후 전쟁을 일으켜 부차를 궁지에 몰아넣고 자살하게 한다.

2) **鍾離昧**(종리매, ? ~ B.C.201) : 중국 秦(진) 말에서 前漢(전한) 초의 무장으로, 伊盧(이로) 사람이다. 楚(초)의 項梁(항량)·項羽(항우)의 거병에 참여하여, 진 멸망 후 초한전쟁에서 항우의 부장으로 활약하였다. 그러나 劉邦(유방) 휘하의 陳平(진평)의 계략으로 항우와 멀어졌다. 항우가 죽은 후, 종리매는 옛 친구인 韓信(한신)에게 몸을 의탁하였다. 帝位(제위)에 오른 유방은 한신을 楚王(초왕)에 봉하였으나, 종리매가 楚(초)에 있다는 사실을 알고는 그를 붙잡을 것을 명하였다.

　또한, 어떤 자가 유방에게 한신이 반역을 일으킬 것이라고 讒言(참언)하였다. 유방은 진평의 계략을 받아들여 남쪽에서 사냥한다고 하고 제후들을 불러 모은 후, 한신을 습격하려고 하였다. 한신은 유방을 뵈어 자신이 다른 마음을 품지 않았음을 설명하려 하였으나, 체포를 두려워하여 실행에 옮기지는 않았다.

　그때 어떤 사람이 한신에게 종리매를 죽이면 용서받을 것이라고 설득하였고, 한신은 이 말을 옳게 여겼다. 이 사실을 안 종리매는,

　"漢(한)이 楚(초)를 공격하지 않는 것은, 내가 貴公(귀공)에게 몸을 맡기고 있기 때문이오. 혹시 귀공이 나를 잡아 漢(한)에 아양을 떨고자 한다면, 나는 오늘 당장에라도 죽을 수 있소만, 귀공도 언젠가는 망할 것이오."

　라고 말하며,

　"貴公(귀공)은 덕이 없는 사람이오!"

　라고 한신을 모독하고는 자결하였다. 한신은 종리매의 首級(수급)을 들고 유방을 만났으나, 체포된 후 淮陰侯(회음후)로 격하되었다. 종리매에게는 장남 鍾離發(종리발)과 차남 鍾離接(종리접)이 있었다. 종리발은 九江(구강)에서 가문을 이었고, 종리접은 潁川郡(영천군) 長社縣(장사현)에 살면서 성씨를 鍾(종)으로 고쳤다.

240 破竹之勢 파죽지세

字解
- 破 : 깨뜨릴 파 [破壞(파괴) : 때려 부수거나 헐어 버림]
  다할 파 [走破(주파) : 예정된 거리를 쉬지 않고 끝까지 달림]
  가를 파, 갈라질 파 [破竹(파죽) : 대나무를 쪼갬]
- 竹 : 대 죽 [烏竹(오죽) : 자흑색의 대나무]
- 之 : 의 지 [市道之交(시도지교) : 시장과 길거리에서 이루어지는 교제]
- 勢 : 기세 세 [勢力(세력) : 남을 복종시키는 기세와 힘]

語義 대나무를 쪼개는 기세.
(적을 거침없이 물리치고 쳐들어가는 기세)

用例

▶ 破竹之勢(파죽지세)로 진격한 東學(동학) 農民軍(농민군)은 거의 무혈입성하다시피 전주성을 함락하였다.

▶ 그래, "중국에서 값싼 농산물이 破竹之勢(파죽지세)로 몰려 들어와서 우리나라의 식탁을 위협한다는구나." 나는 대충 무슨 말인지 알아 고개를 끄덕였다.

▶ 코스닥 지수가 破竹之勢(파죽지세)다. 코스피 지수가 등락을 반복하는 것과 달리, 꾸준히 상승하고 있다. 22일 코스닥 지수는 전일 대비 1.14포인트(0.21%) 오른 544.20에 장을 마감했다. 지난 17일 하루 만에 반등하며 540선을 넘어선 이후, 4일 연속 상승세를 이어가고 있다.

【類義語】 勢如破竹(세여파죽) : 대나무를 깨뜨리는 것과 같은 기세.
燎原之火(요원지화) : 무서운 형세로 타 나가는 벌판의 불.
迎刀而解, 迎刃而解(영도이해, 영인이해) : 칼날을 맞이하여 풀린다.

出典 晉書(진서) - 杜預傳(두예전)

중국 魏(위, 220 ~ 265, 조조가 기반을 닦고 조비가 세운 나라)나라 權臣(권신) 司馬炎[1](사마염)은 原帝(원제, 246 ~ 303, 제5대 황제)를 폐한 뒤, 스스로 제위에 올라 武帝(무제)라 하고, 국호를 晉(진)이라고 했다. 이 무렵 삼국 중 蜀(촉)은 이미 망하고, 천하는 3국 중 유일하게 남아 있는 남방의 吳(오)나라와, 魏(위)의 뒤를 이은 무제의 진나라로 나뉘어 대립하게 되었다.

이윽고 무제는 鎭南大將軍(진남대장군) 杜預[2](두예)에게 출병을 명했다. 이듬해 2월, 武昌(무창)을 점령한 두예는 휘하 장수들과 오나라를 일격에 공략할 마지막 작전 회의를 열었다. 이때 한 장수가 이렇게 건의했다.

"지금 당장 오나라의 도읍을 치기는 어렵습니다. 이제 곧 잦은 봄비로 강물은 범람할 것이고, 또 언제 전염병이 발생할지 모르기 때문입니다. 그러니 일단 철군했다가, 겨울에 다시 공격하는 것이 어떻겠습니까?"

찬성하는 장수들도 많았으나, 두예는 단호히 말했다.

"지금 우리 군사의 위엄은 이미 떨쳐 일어나고 있다. **비유하면 마치 대나무를 쪼개는 것과 같아**, 몇 개의 마디만 쪼갠 후엔 칼날이 닿기만 해도 저절로 벌어지므로, 다시 손댈 곳이 없다. 어찌 이런 절호의 기회를 버린단 말이오."

 原文 今兵威已振(금병위이진) 譬如破竹(비여파죽) 數節之後(수절지후) 迎刃而解(영인이해) 無復着手處也(무부착수처야)

杜預(두예)는 곧바로 휘하의 전군을 휘몰아, 오나라의 도읍 建業(건업 : 지금의 남경)으로 진격했다. 이에 吳王(오왕) 孫晧(손호, 242 ~ 284, 오나라 제4대 황제)가 항복함에 따라, 마침내 晉(진)나라는 삼국시대의 종지부를 찍고 천하를 통일했다. 두예의 '譬如破竹(비여파죽)'이라는 말에서 '破竹之勢(파죽지세)'가 유래하였다.

---

1) **司馬炎**(사마염, 236 ~ 290) : 西晉(서진)의 초대 황제로, 字(자)는 安世(안세). 그의 조부는 曹操(조조)의 魏(위) 왕조 대신으로 諸葛亮(제갈량)과 결전을 벌이고 노년에는 정권을 잡은 司馬懿(사마의)이며, 백부는 司馬師(사마사), 아버지는 司馬昭(사마소)이다. 사마염의 조부인 사마의가 政敵(정적)인 曹爽(조상, ? ~ 249, 조위의 대신)을 물리침으로써 정권을 획득한 司馬(사마) 일족은, 曹魏(조위)의 제3대 황제 曹芳(조방)과 제4대 황제 曹髦(조모)를 폐립했다. 조위의 마지막 황제인 元帝(원제) 曹奐(조환)의 대에 이르러서는 사마씨의 수장인 사마소가 丞相(승상)에서 晉公(진공)을 거쳐, 晉王(진왕)으로 進封(진봉)되었다. 사마소에게 황위에 오를 기회는 많이 주어졌으나, 그는 周文王(주문왕)과 조조의 선례를 따르고자 皇座(황좌)에 오르지 않았다. 265년, 사마소가 죽고 晉(진) 왕직을 승계한 사마염은 魏主(위주) 조환을 겁박하여 禪位(선위)를 요구했다. 선위를 받은 이후에 조환을 陳留王(진류왕)으로 봉하며, 낙양에서 국호를 晉(진)으로 바꾸고 皇座(황좌)에 올랐다.

2) **杜預**(두예, 222 ~ 284) : 삼국시대 위나라 御史中丞(어사중승)을 지냈던 杜恕(두서)의 아들이며, 자는 元凱(원개)이다. 사마의의 딸이자, 사마소의 여동생인 高陸公主(고륙공주)와 결혼하였다. 두예의 아버지 두서는 사마의와 정치적으로 대립 관계에 있었기 때문에 左遷(좌천)되어 章武郡(장무군)에 있다가 세상을 떠났다.

위나라는 사마씨 일가에게 장악되어 있었기 때문에 두예는 관직을 얻지 못하다가, 사마소의 여동생과 결혼한 뒤에야 비로소 벼슬을 얻을 수 있었다. 진나라의 장군이 되어 오나라를 정벌하고, 중국 재통일에 기여했다. 『春秋(춘추)』의 문장을 『左傳(좌전)』과 묶고 주석을 달아, 오늘날의 『春秋左氏傳(춘추좌씨전)』의 형태를 만들었다.

241 平地風波 평지풍파

字解 平 : 평평할 평 [平面(평면) : 평평한 표면]
　　　　평온할 평, 화평할 평 [平和(평화) : 평온하고 화목함]
　　　　쉬울 평 [平易(평이) : 쉬움]
　　　地 : **땅 지** [地質(지질) : 땅의 성질]
　　　　지위 지, 처지 지 [地位(지위) : 처지, 신분]
　　　風 : **바람 풍** [風霜(풍상) : 바람과 서리. 세상에서 겪은 고난]
　　　　경치 풍 [風景(풍경) : 경치]
　　　波 : **물결 파** [波動(파동) : 물결의 움직임]

語義 평온한 땅에 바람과 물결을 일으킨다.
　　　　(뜻밖의 분쟁을 일으켜 일을 난처하게 만듦)
　　　　(평온한 자리에서 생각하지 못한 다툼이 일어남)
　　　※ 원말은 '平地起波瀾(평지기파란)'이다.

用例

▶중국 최고인민법원은 부부 공동재산에 대한 법률적 해석이 명시된 혼인법 적용에 관한 해석을 발표하였다. 이 해석이 정식 발효되면서 부동산 등기소에는 기존 부부 일방의 명의로 등록된 부동산을 공동 명의로 전환하려는 사람들이 줄을 잇고 있다. 최고인민법원이 '부부가 결혼 전에 매입한 부동산은 명의자 개인 재산으로 인정한다.'고 규정했기 때문이다. 최고인민법원의 해석이 일으킨 **平地風波**(평지풍파)는 개인의 보험 재산에까지 파급되고 있다.

▶파도가 집을 덮치는 꿈은, 집안에 **平地風波**(평지풍파)가 일고 운세가 역전되어 고난이 있고, 도움을 주던 사람들이 뿔뿔이 흩어질 내용입니다. 사업을 하고 있다면 접거나 축소해야 되며, 금전적으로도 좋지 않으며, 우환이 따르는 불길한 꿈입니다. 향후 각별한 주의가 요망됩니다.

出典 **劉禹錫**[1](유우석) – 竹枝詞(죽지사)

劉禹錫(유우석)은 중국 中唐(중당)의 대표적 詩人(시인)이다. 그가 지방관으로 있으면서, 농민의 생활 감정을 노래한 '竹枝詞(죽지사)' 九首(9수) 중 첫 首(수)에서 이렇게 읊고 있다.

瞿塘嘈嘈十二灘(구당조조십이탄)　구당은 시끄러이 열두 여울인데

人言道路古來難(인언도로고래난)　사람들은 말한다, 길이 예부터 어렵다고
長恨人心不如水(장한인심불여수)　길게 한하는 사람들의 마음은 물과 같지 않아서
等閒平地起波瀾(등한평지기파란)　예사로이 **평지에 파란을 일으킨다**.

　위의 '竹枝詞(죽지사)'는 劉禹錫(유우석)이 夔州刺史(기주자사)에 부임해 갔을 때, 그곳 民歌(민가)를 듣고 그 곡에 맞추어 지은 것이라고 한다. 어려운 뱃길을 오르내리던 뱃사람들 사이에서 불려지던 비속한 가사의 뱃노래를 점잖은 가사로 바꾼 것이다.
　본문의 '瞿塘(구당)'은 양쯔강[揚子江(양자강)] 三峽(삼협)의 험한 여울로 배가 다니기 힘든 곳을 말하며, '嘈嘈(조조)'는 시끄럽게 흐르는 물소리를 표현한 것이다. '죽지사'는 물은 열두 여울에서 시끄러운 소리를 내지만, 恨(한)이 많은 사람들은 평지에서도 풍파를 일으켜 인생길을 어렵게 만드는, 세상 사람들의 모자람을 노래한 것이다. 그대로 두면 아무렇지도 않을 것을 일부러 일을 꾸며 더욱 소란을 피운다는 의미이다.

　'平地風波(평지풍파)'의 원말은 위 '죽지사'의 '平地起波瀾(평지기파란)'으로 '평온한 자리에서 일어나는 풍파'라는 뜻이지만, 오늘날은 '공연한 일을 만들어서 뜻밖의 분쟁을 일으킨다.'는 뜻으로, 아무렇지 않은 것을 공연히 시끄럽게 만드는 경우를 가리키는 말이다.

---

1) 劉禹錫(유우석, 772 ~ 842) : 중국 唐代(당대)의 문학자·철학자. 자는 夢得(몽득). 뤄양[洛陽(낙양) : 지금의 허난성(河南省) 뤄양시] 사람이다. 일찍이 王叔文(왕숙문) 개혁 단체에 참가하여, 宦官(환관)·藩鎭(번진 : 중국 당나라 때, 변방에 설치하여 군대를 거느리고 그 지방을 다스리던 관아. 또는 그 으뜸 벼슬) 세력에 반대했다. 그러나 이에 실패한 후, 郎州司馬(낭주사마)로 좌천되었다가, 후에 連州刺史(연주자사)가 되었다.
　이후 裵度(배도, 765 ~ 839, 당나라 4대 왕조에 걸친 재상)의 적극적인 추천으로 太子賓客(태자빈객) 겸 檢校禮部尙書(검교예부상서)가 되어, 세간에서는 '劉賓客(유빈객)'으로 불렸다. 柳宗元(유종원)과 교분이 매우 두터워서 '劉柳(유유)'라고 병칭되기도 했으며, 항상 白居易(백거이)와 詩文(시문)을 주고받는 등 사이가 좋았기 때문에 '劉白(유백)'이라고도 병칭되었다.
　그의 시는 통속적이면서도 청신하며, '竹枝詞(죽지사)'가 유명하다. 철학 저작인 「天論(천론)」에서는 天(천)·人(인)의 구별에 대해 논증했다. 즉 天人感應(천인감응)의 陰德說(음덕설)을 반박하고, '하늘과 인간은 相勝(상승)한다.'는 설과 '相用(상용)된다.'는 설을 주장하여, 하늘이 인간 세상의 吉凶禍福(길흉화복)을 더 이상 주재할 수 없다고 했다.
　또 有神論(유신론)에 대한 근원적이면서도 깊이 있는 분석을 내놓았다. 즉 법제가 잘 행해져서 상벌이 분명하다면 사람들은 天命(천명)에 바라는 것이 없겠지만, 만일 법제가 흐트러져 있어서 상벌이 분명하지 않다면 사람들은 오로지 천명에 기도할 수밖에 없다는 것이다. 그는 말년에 불교에 대해서도 타협적인 자세를 보였다. 저서로는 『劉賓客集(유빈객집)』[『劉夢得集(유몽득집)』이라고도 함]이 있다.

- **劉禹錫**(유우석)**의 逸話**(일화) : 그가 조정에서 쫓겨나 朗州司馬(낭주사마)로 좌천되었다가, 10년 만에 長安(장안)에 돌아와 玄都觀(현도관)에 활짝 핀 복사꽃을 보고는 감개무량하여 시를 지었다는 고사가 있다. 유우석이 重九節(중구절)에 시를 지으면서 '떡 餻(고)' 자를 쓰고 싶었으나, 六經(육경) 속에 그 글자가 없다는 것을 생각하고 그만두었다 한다.

  千載劉郞人笑拙(천재유랑인소졸)   저 옛날 유랑이여 옹졸함이 우습구나.
  何須餻字不宜詩(하수고자불의시)   시라고 떡 '고' 자를 못 쓴다는 법이 있나.

  '餻(고)'는 '떡'이란 뜻인데, 唐(당)나라 시인 劉禹錫(유우석)이 일찍이 重陽詩(중양시)를 지으면서 이 '餻(고)' 자를 쓰려고 했다가, 五經(오경) 속에 없는 글자라 하여 끝내 쓰지 않았으므로, 宋(송)나라 때 宋祁(송기)가 '九日食餻(구일식고)'라는 시를 지으면서 "유랑은 감히 '餻(고)' 자를 쓰지 못하였으니, 한 시대 시중 호걸 칭호를 헛되이 저버렸네[劉郞不敢題餻字(유랑불감제고자) 虛負詩中一世豪(허부시중일세호)]."라고 했던 데서 온 말이다.

  『舊唐書(구당서)』「劉禹錫傳(유우석전)」에 의하면, 劉禹錫(유우석)이 主客郞(주객랑)이 되어 玄都觀(현도관)에 노닐었는데, 당시에는 현도관에 복사꽃이 없었다. 돌아간 뒤에 어느 道士(도사)가 복숭아나무를 심어 桃花(도화)가 만발하였다는 말을 듣고, 桃花賦(도화부)를 지었다고 한다.

- **劉禹錫**(유우석)**의 다른 시 한편** – '秋風引(추풍인 : 가을바람의 노래)'
  何處秋風至(하처추풍지)   어느 곳에서 가을바람이 불어오는가?
  蕭蕭送雁群(소소송안군)   쓸쓸한 바람소리 속에 기러기 떼 보낸다.
  朝來入庭樹(조래입정수)   아침 무렵 뜰에 있는 나무에 불어오니,
  孤客最先聞(고객최선문)   외로운 길손이 그 소리를 가장 먼저 듣누나.

※ **鄭燮**(정섭 : 중국 청의 문인화가)**의 '竹枝詞**(죽지사)'
  溢江江口是奴家(분강강구시노가)   분강 들머리에 소녀의 집 있사오니,
  郞若閑時來吃茶(낭약한시내흘다)   낭께서 한가할 때 오시어 차 한 잔 하시지요.
  黃土築牆茅盖屋(황토축장모개옥)   진흙으로 담쌓고 띠로 이은 집이지만,
  門前一樹紫荊花(문전일수자형화)   문 앞에 한 그루 박태기나무 꽃이 피어 있지요.

242 炮烙之刑 포락지형

字解
炮 ; <u>통째로 구울 포</u> [炮煮(포자) : 굽는 것과 삶는 것]
烙 ; <u>지질 락(낙)</u> [烙印(낙인) : 불에 달구어 찍는 쇠도장]
之 ; <u>의 지</u> [先見之明(선견지명) : 닥쳐올 일을 미리 아는 슬기로움]
刑 ; <u>형벌 형</u> [死刑(사형) : 범죄인의 생명을 끊는 형벌]

語義 통째로 굽거나 불로 지지는 형벌.
(기름칠한 구리 기둥을 숯불 위에 걸쳐 놓고, 죄인을 지나가게 하는 방법으로, 중국 은나라 주왕이 쓴 형벌)
(달군 쇠로 지지는 극형을 통속적으로 이르는 말)

 用例

▶周(주) 幽王(유왕)은 褒姒(포사 : 유왕의 애첩)가 웃는 모습을 보기 위해 온 나라의 비단을 거두어 찢었다. 미끄러운 외나무다리 아래 끓는 기름 가마솥을 설치해 놓고, 죄수들이 다리를 건너지 못하면 기름 끓는 가마솥에 빠져 죽는 **炮烙之刑**(포락지형)을 보여 주기도 했다. 그러던 어느 날 거짓으로 유왕의 위급을 알리는 봉화를 올렸는데, 그 봉화를 본 변방의 제후들이 왕궁으로 집결하는 것을 보고 포사가 마침내 웃었다.

▶'**炮烙之刑**(포락지형)'을 떠올리는 저자의 발길은 하남성 안양의 은허박물관을 거닌다. 박물관 뜰에 유리관으로 만들어진 해골 무덤을 보며, '둥근 청동 기둥에 기름을 발라 불구덩이 위에 걸쳐 놓고, 아래에서 불 때 기둥을 시뻘겋게 달군 후 죄인에게 맨발로 그 위를 건너도록 한 형벌'과 수많은 무고한 죄인들의 비명을 듣는다.

 **史記**(사기) – 殷本紀(은본기)

고대 중국에 夏(하) · 殷(은) · 周(주) 3왕조가 있었는데, 은나라의 마지막 임금 紂(주)는 포악한 임금의 대명사였다. 紂王[1](주왕)은 有蘇氏(유소씨)의 나라를 정벌하여 속국으로 만든 뒤, 유소씨의 딸인 '妲己[2](달기)'라는 미녀를 공물로 받았다.

달기의 빼어난 미모에 사로잡힌 주왕은 백성을 돌보지 않고, 오직 달기를 기쁘게 하는 일에만 골몰하였다. 주왕은 달기와의 淫樂(음락)을 위해 새로운 세법을 계속 제정하여 세금을 부과하였다. 그 결과 鹿臺(녹대), 鋸橋(거교)의 창고에는 백성들에게서 거두어들인 錢帛(전백 : 금전과 베)과 米粟(미속 : 쌀과 벼)이 산같이 쌓이고, 온 나라의 珍獸奇物(진수기물)은 속속 궁중으로 들어왔다. 특히 녹대라는 금고는 넓이가 1里(리)나 되었고, 높이가 1천 尺(척)에 이르렀다고 한다.

또 막대한 물자와 인력을 소모하여, 호화스런 宮殿園池(궁전원지)를 만들었다. 연못에는 술이 가득 부어지고, 술 재강을 언덕 삼고 고기를 매달아 숲을 만들었다. 음란한 음악에 맞추어 실오라기 하나 걸치지 않은 천여 명의 남녀들이 쫓고 쫓기며 엉기는 사이에, 이를 구경하는 사람들은 황홀경에 젖어 연못의 술을 마시고, 숲의 고기를 마구 뜯어 먹었다. 여기에서 '酒池肉林(주지육림)'이라는 고사성어가 나오게 되었다. 이러한 환락의 날은 끊임없이 계속되어 밤낮으로 120일이나 이어졌고, 이를 '長夜(장야)의 飮(음)'이라 불렀다.

한편 別宮(별궁)을 확장하여 온갖 동물들을 모아 길렀다. 일이 이 지경에 이르게 되자, 紂(주)왕의 통치에 반발하고 나서는 사람이 속출하게 되었다. 그러나 주왕은 뜻있는 사람들의 諫言(간언)을 듣지 않고, 도리어 제왕의 행동을 비방한다는 죄를 씌워 잔혹한 형벌을 주었다. 그 형벌이 '**炮烙之刑**(포락지형)'이다. 포락지형은 '**마당에 커다란 구리 기둥을 가로로 걸쳐 놓고, 기둥에 기름을 바른 다음 죄수를 걷게 하는 형벌**'이었다.

기둥 밑에는 구덩이를 파고 이글이글 타오르는 숯불을 넣었다. 형벌을 받는 사람이 기름 기둥을 건너다가 미끄러져 떨어지면, 불 속에서 산 채로 타 죽어갈 수밖에 없었다. 이를 보며 주왕과 달기는 拍掌大笑(박장대소)하며 즐거워했다고 한다. 이렇게 잔인한 형벌이 계속되자, 은 왕조의 충신들이 죽음을 무릅쓰고 호소하였으나, 주왕은 그들을 모조리 죽여 젓을 담그고 포를 떴으며, 심장을 갈기갈기 찢었다.

그 후 西伯(서백 : 훗날 주의 문왕)이 하찮은 일로 주왕의 노여움을 사서 羑里(유리)의 옥에 감금당한 적이 있었다. 그러나 서백의 신하인 閎天(굉요)와 散宜生(산의생)들이 美女(미녀)·奇物(기물)·善馬(선마) 등을 푸짐하게 헌납하여, 주왕의 노여움을 풀게 하고 겨우 형벌을 면할 수가 있었다. 다시 햇볕을 보게 된 서백은 그가 소유한 洛西(낙서)의 땅을 獻上(헌상 : 바쳐 올림)하고, 하다못해 '炮烙之刑(포락지형)'만이라도 폐지할 것을 奏上(주상 : 임금에게 아뢰는 일)했다. 낙서 땅의 매력으로 주왕은 그것을 허락하여, 이 잔혹한 형벌은 중지되었다.

마침내 周(주)의 武王(무왕)이 군사를 일으켜 殷(은)나라를 멸망시키니, 폭군 주왕은 창고인 녹대에 들어가 스스로 불을 지르고 죽었다. 달기도 사로잡혀 오랏줄에 묶인 채 울음을 터트리며 형장으로 끌려갔는데, 그 모습이 마치 배꽃이 봄비를 흠뻑 맞은 것과 같았다고 한다.

그리고 처형할 때, 망나니들도 달기의 미색에 홀려 혼이 달아나고 팔이 마비되어, 칼을 들어 올리지 못했다. 이렇게 하여 달기를 처형시키지 못하고 있는데, 형장의 대장이 달려왔다. 그 대장은 자그마치 90대의 늙은이였다. 그런데 이미 청춘이 몇 번이나 거듭 가 버린 그 대장도, 달기를 보자 현기증이 일어나고 눈이 부셔 목표물을 겨냥할 수 없었다. 이윽고 그녀의 얼굴을 보자기로 가린 후에야, 비로소 그녀의 목을 벨 수 있었다고 한다.

---

1) 紂王(주왕) : 受(수)라고도 하며 帝辛(제신)이라고도 한다. 생몰 연대는 미상이며, 帝乙(제을)의 아들이다. 제을이 죽은 후 왕위를 계승하여, 중국 역사상 유명한 폭군으로 기록되었다. 33년간 재위하였으며, 葬地(장지)는 알려져 있지 않다.

주왕은 신체가 장대하고 외모가 준수하며, 맨손으로 맹수를 사로잡을 수 있을 정도로 힘이 장사였다. 또 총명하고 재치가 있으며 문학적 재능도 뛰어났다. 그는 여러 차례 東夷(동이)를 공격하여 많은 노예들을 포로로 잡아왔다. 그는 또 동남쪽에도 주의를 기울여 중원 문화를 淮河(회하) · 長江(장강) 유역으로 전파함으로써 통일 중국의 면모를 갖추는 데도 어느 정도 기여하였다.

주왕은 荒淫無道(황음무도 : 음탕한 짓을 함부로 하고, 도리에 벗어남)하고 포악하였으며, 妲己(달기)를 총애하여 하루 종일 달기와 함께 궁중에서 술을 마시며 유희를 즐겼다. 여기에 소요되는 막대한 비용을 지불하기 위해서 그는 백성들을 혹독하게 착취하였다. 그리고 달기의 환심을 사기 위해서 길가는 사람의 목을 베거나 다리를 자르고, 심지어는 배를 갈라 태아를 꺼내는 등 그 잔인함이 극에 달했다.

주왕의 이복 형 微子啓(미자계)가 여러 차례 그에게 충고를 하였지만, 그는 고집을 꺾지 않고 자신의 잘못을 인정하지 않았다. 미자계는 하는 수 없이 도성을 떠나 숨고 말았다. 주왕의 삼촌 比干(비간)이 그에게 충고를 하자, 그는 태연하게,

"성인의 심장은 구멍이 일곱 개라던데, 당신의 심장은 구멍이 몇 개인지 내가 한번 봐야겠소!"

라고 하면서 부하에게 명하여 비간을 죽이고, 그의 심장을 꺼내 보았다.

주왕의 학정에 시달린 신하와 백성들은 원망이 극에 달하여, 마침내 배반의 무리가 늘어나고 측신들도 한 사람씩 그의 곁을 떠났다. 후에 周(주) 武王(무왕)은 주왕의 주력군이 동남에 있을 때를 노려 대군을 거느리고 그를 토벌하였다. 이때 주왕은 달기와 鹿台(녹대)에서 한창 술을 마시고 있다가, 그 소식을 접하고 황급히 병사 70만을 편성하여 전선으로 달려가서 무왕의 군대를 맞이하였다. 무왕의 군대가 용감하게 돌격하자, 紂王(주왕)의 군대는 무기를 버리고 뿔뿔이 흩어졌다. 주왕은 급히 朝歌城(조가성)으로 도망갔으나, 命(명)이 다한 것을 알고 자살을 결심하였다. 그는 또 죽은 후에 백성들이 자기의 시체를 꺼내 분풀이할 것을 두려워하여, 궁중의 모든 패옥을 가지고 20미터 높이의 녹대로 올라가서 온몸에 패옥을 걸치고, 녹대 아래에 마른풀을 쌓아 불을 지르게 하였다. 잠시 후 불길이 하늘로 치솟자 주왕은 불에 타 죽었다.

周(주) 무왕은 백성들의 열렬한 환영을 받으면서 조가성으로 들어간 후, 폐허가 된 녹대로 달려가서 검게 탄 주왕의 시체를 찾아냈다. 그리고 그에게 화살을 세 대 쏘고 다시 칼로 몇 번이나 찌른 다음, 마지막에 도끼로 주왕의 머리를 베고 장대에 매달아 백성들의 원한을 풀어 주었다. 이에 이르러 은나라는 멸망을 고하게 되었다.

2) 妲己(달기, ? ~ ?) : 중국 은나라 마지막 왕인 紂王(주왕)의 妃(비). 별칭은 자달, 姓(성)은 己(기)이다. 주왕은 虐政(학정)을 諫(간)하는 賢臣(현신)의 말은 듣지 않고, 달기의 말만 잘 들었다. 충신 比干(비간)이 죽음을 당한 일도 달기의 敎唆(교사 : 남을 꾀거나 부추겨서 나쁜 짓을 하게 함) 때문이라고 한다. 周(주) 武王(무왕)이 주왕을

토벌하였을 때, 달기도 같이 살해되었다. 달기가 실재 인물인지 아닌지는 확실하지 않으나, 주나라 幽王(유왕)의 愛妃(애비)인 褒姒(포사)와 함께 중국 역사상 음란하고 잔인한 대표적인 毒婦(독부)로 되어 있다. 중국 역사상 3대 惡女(악녀) 중 하나이다.

※ 中國(중국)의 3대 惡女(악녀)

殷(은)나라 妲己(달기), 漢(한)나라 呂太后(여태후), 唐(당)나라 則天武后(측천무후)를 꼽는데, 청나라 역사학자들이 은나라를 역사로 인정하지 않았기 때문에 달기 대신 西太后(서태후)가 추가되기도 한다. 또는 妹喜(말희 : 하 걸왕의 비), 褒姒(포사 : 서주 유왕의 총희) 등을 꼽기도 한다.

1. 妲己(달기) : 중국 殷(은) 왕조 말기(기원전 11세기경) 마지막 왕인 紂(주)왕의 愛妾(애첩)으로 포사·서시·왕소군과 함께 고대 중국의 전설적인 美女(미녀)이다. 하지만 중국 역사에 나오는 여성 중에 가장 악독하고 잔인하였다. 『史記(사기)』에 紂(주)왕은 원래 賢君(현군)이었지만, 그녀를 맞이한 후에 惡(악)해졌다고 기록되어 있다. 그녀의 악행을 보다 못한 忠臣(충신) 九侯(구후)는 자신의 아름다운 딸을 바쳤는데, 달기는 그녀를 모함해서 죽이고 그녀의 아버지 구후마저 죽게 만들었다.

그녀는 왕에게 '炮烙之刑(포락지형)'을 건의했는데, 구리 기둥에 기름을 발라 숯불 위에 걸쳐 놓고 죄인이 그 위를 맨발로 걸어가다 미끄러지면, 달기는 죄인이 불에 타 죽는 모습을 보고 즐거워했다고 한다. 충신 比干(비간 : 은나라 현인. 주왕의 숙부)이 주왕에게 충언하자, 주왕은 그를 달기가 말하는 대로 잔인하게 죽였다. '聖人(성인)의 심장에는 구멍이 일곱 개나 있다고 들었는데 사실인지 확인하겠다.'며, 비간의 심장을 꺼내도록 하였다고 전한다.

주왕은 달기의 말이라면 무엇이든 들었는데, 연못을 술로 채우고 근처의 나무에 고기를 달아 놓은 후에 남녀가 알몸으로 뛰어놀게 한 '酒池肉林(주지육림)'을 만든 것도 달기의 생각인 것으로 알려져 있다.

달기를 처형할 때에 망나니들이 그녀의 아름다운 모습에 팔이 마비되어, 그녀의 목을 치지 못해 그녀의 얼굴을 가리고 처형했다는 이야기가 있다.

2. 呂太后(여태후, B.C.241 ~ B.C.180) : 前漢(전한) 高祖(고조) 劉邦(유방)의 皇后(황후)이며, 惠帝(혜제. 유방의 차남이자 적장자. 전한의 제2대 황제. 재위 B.C.195 ~ B.C.188)의 어머니이다. 명은 雉(치). 자는 娥姁(아후). 시호는 高皇后(고황후)였지만, 나중에 光武帝(광무제 : 후한의 초대 황제)가 박탈하였다. 남편인 고조 사후, 황태후·태황태후가 되어, 여후·여태후 등으로 불린다. 중국사상 최초 정식 황후이며, 중국 최초 황태후이자 태황태후이다.

여태후는 漢(한)나라의 초대 황제 고조 유방이 죽자, 그가 사랑했던 후궁들을 잔혹하게 고문하거나 죽였다. 황제의 여자들을 이토록 혹독하게 대한 것은 역사상 전례가 없던 일이었다. 여태후는 戚夫人(척부인, 유방의 후궁. ? ~ B.C.194)을 몹시 미워하여 죽이려 하였는데, 이는 척부인이 고조의 사랑을 독차지했을 뿐 아니라, 자신의 아들 劉如意(유여의 : 고조의 서자)를 황제로 옹립하려고 했었기 때문이었다.

하지만 張良(장량, ? ~ B.C.189. 개국공신)을 비롯한 신하들의 반대로 실패한 후에, 고조는 여태후가 척부인과 그녀의 아들 여의를 해칠 수 없도록 믿을 수 있는 신하에게 그를 부탁했지만, 여태후는 척부인을 감금한 후에 마침내 유여의를 독살한다. 이후에 척부인의 혀와 사지를 절단한 후에 측간에 두어, 그녀에게 '인간돼지'라는 뜻의 이름을 지어 주었다. 자신의 아들인 혜제에게 척부인을 보여 주자, 혜제는 충격을 받은 나머지 술과 여자에 빠져서 살다가 죽었다고 한다.

혜제가 술에 빠져 지내자, 여태후는 자신의 반대 세력을 쫓아내거나 죽인 후에, 자신의 지지 세력과 친척들을 대거 기용해서 권력을 장악하기 시작한다. 친척인 번쾌 장군 등을 중용하는 반면에, 자신의 뜻에 반대하는 신하들은 쫓아내었다.

혜제가 죽자 이후 여러 황제를 옹립했는데, 이런 일화가 있다. 여태후는 황제를 자기 마음대로 하기 위해서 황제의 어머니를 죽였는데, 이 사실을 황제가 알자 그 황제마저 죽였다고 한다. 이처럼 여러 황제를 마음대로 내세웠던 여태후는 자신의 친척들을 왕으로 옹립했고, 이에 고조를 섬겼던 옛 신하들은 여씨 세력을 숙청할 계획을 세우기 시작했다.

마침내 여태후가 죽자 고조의 옛 신하들은 여씨들에게 선전포고 했고, 여씨들은 권력을 포기하겠다고 했지만, 고조의 신하들은 이들을 끝내 숙청해서 여태후의 친척들은 대다수가 숙청되었다.

3. 則天武后(측천무후, 625 ~ 705) : 중국 역사상 유일한 女帝(여제). 본명은 武曌(무조). 무후, 무측천이라고도 한다. 당나라 高宗(고종. 재위 649 ~ 683. 제3대 황제. 당 태종 이세민의 9남)의 皇后(황후)로 40년 이상 중국을 실제적으로 통치했다.

무측천은 궁녀로 입궁하여, 637년 太宗(태종, 재위 626~649)의 후궁이 되었으며, 649년에 태종이 죽자 황실의 관습에 따라 感業寺(감업사)로 出家(출가 : 세속의 집을 떠나 승려가 됨)하였다. 651년 고종의 후궁으로 다시 입궁하였고, 이듬해에 2품 昭儀(소의)가 되었다. 무후는 고종과의 사이에서 4남 2녀를 낳았으며, 655년 왕황후와 蕭淑妃(소숙비) 등을 잔인하게 내쫓고 황후가 되었다.

황후가 된 후, 무측천은 고종의 외숙부이며 승상인 長孫无忌(장손무기)를 자살하게 하고, 황태자였던 李忠(이충 : 고종의 장남. 궁인 유씨의 아들)에게 죄를 뒤집어씌워 폐위시키고, 자신의 장남 李弘(이홍)을 앉혔다. 이홍이 총명하고 겸손하며 신료들 사이에 신임이 두텁자, 위기감을 느끼고 675년 독약을 내려 죽였다. 다음 아들인 李賢(이현)이 황태자에 책봉되었으나, 이현이 총명하자 여색을 밝힌다고 모함을 하여 680년에 폐출시키고, 684년에 巴州(파주)에 자객을 보내 살해하였다.

이어 유약하고 순종형인 자신의 셋째 아들 李顯(이현)을 황태자로 삼고, 683년 고종이 죽자 이현을 옹립하여 中宗(중종, 제4대 황제. 재위 683 ~ 684)이 되었다. 그러나 중종의 처인 韋后(위후)와 그 부친 韋玄貞(위현정)이 정사를 농단한다고 하여, 중종을 폐위시켜 廬陵王(여릉왕)으로 강등시키고, 막내아들인 李旦(이단)을 睿宗(예종, 제5대 황제 재위 684 ~ 690)으로 즉위시켰다. 690년 무측천은 예종을 폐위하고, 스스로 聖神皇帝(성신황제)로 칭하며 뤄양[洛陽(낙양)]을 神都(신도), 국호를 周(주)로 개명하고 연호를 天授(천수)라고 하였는데, 역사에서는 이를 武周(무주)라고 칭한다. 측천무후는 705년까지 무주의 황제로서 나라를 통치했다.

243 豹死留皮 표사유피

字解
豹 : 표범 **표** [豹皮(표피) : 표범의 털가죽]
死 : 죽을 **사** [死語(사어) : 현대에 사용되지 않는 말. 죽은 말]
留 : 머무를 **류(유)**, 남길 **류(유)** [留宿(유숙) : 머물러 묵음]
皮 : 가죽 **피** [皮骨相接(피골상접) : 가죽과 뼈가 서로 붙음]

語義 표범은 죽어서 가죽을 남긴다.
('사람은 죽어서 이름을 남겨야 함'의 비유)

 用例

▶ 허물을 고쳐 말과 행동이 전과 뚜렷하게 달라지면 豹變(표변)이라고 표현한다. 사람은 죽어 이름을 남기고 표범은 죽어 가죽을 남긴다는 말이 **豹死留皮**(표사유피)다. 독서를 잘하지 않으면 半豹(반표)라고 한다. 독자들은 표변해야지, 반표라는 소리만은 듣는 일이 없기 바란다.

▶ 五代史(오대사)에는 **豹死留皮**(표사유피) 人死留名(인사유명), 즉 '호랑이는 죽어서 가죽을 남기고 사람은 죽어서 이름을 남긴다.'고 했다. 香氣(향기) 있는 이름을 남기지는 못할망정, 저주받는 삶이 되어서는 안 된다. 마지막 떠난 자리가 아름답게 보이도록 노력하는 삶이 되기를 바란다.

【類義語】 虎死留皮(호사유피) : 호랑이는 죽어서 가죽을 남김.
人死留名(인사유명) : 사람은 죽어서 이름을 남김.

 **出典** **新五代史**[1](신오대사) − 死節傳(사절전)

중국의 歐陽修(구양수, 1007 ~ 1073. 송나라의 정치가, 문인. 당송팔대가 중 한 사람)는 그가 쓴 『新五代史(신오대사)』「死節傳(사절전)」에서 세 사람의 충절을 기록하고 있는데, 이중에서 특히 王彦章[2](왕언장, 862 ~ 923. 후량의 대표적 무장)을 높이 평가하고 있다.

唐(당)나라 哀帝(애제, 892 ~ 908. 제20대 황제) 4년(907년), 宣武軍(선무군) 절도사 朱全忠(주전충, 852 ~ 912. 당을 무너뜨리고 후량을 창건한 장군)은 황제를 협박하여 제위를 양도받고, 스스로 황제가 되어 국호를 梁[양 : 보통 後梁[3](후량)이라고 함]이라 칭했다. 그 후 약 반세기는 그야말로 '紛紛(분분)한 五代亂離(오대난리)의 세상'이었다. 군웅은 각지에 웅거하며 서로 싸웠고, 왕조는 눈이 어지럽게 일어났다가는 또 망하고 하였으며, 骨肉相殘(골육상잔 : 가까운 혈족끼리 서로 해치고 죽임)이 계속되었다. 그 五代(오대)시대에서 살아남은 사람의 이야기다.

後梁(후량)의 勇將(용장)으로 王彦章(왕언장)이라는 사람이 있었다. 젊어서부터 주전충의 부하가 되어 주전충이 가는 곳마다 언제나 그 곁에 있었다. 전장에는 한 쌍의 鐵槍(철창: 쇠로 만든 창)을 가지고 다닌다. 무게는 각각 백 근. 그 하나는 안장에다 걸고 나머지 하나를 휘두르며 적진에 뛰어들면, 그 앞을 막을 자가 없었다. 사람들은 그를 왕철창이라 불렀다. 후량이 멸망했을 때, 그는 겨우 오백의 기병을 거느리고 수도를 지키며 싸우다가, 무거운 상처를 입고 적의 포로가 되었다.

後唐[4](후당)의 莊宗(장종) 李存勖(이존욱, 885 ~ 926. 독안룡 이극용의 아들로 후당의 초대 황제)은 왕언장의 武勇(무용)을 가상히 여겨, 자기 부하로 삼으려 했다. 그러나 그는,

"臣(신)은 폐하와 더불어 피나는 싸움을 10여 년이나 계속한 나머지, 이제 힘이 다해 패하고 말았습니다. 또 신은 양나라의 은혜를 입은 몸으로, 죽음이 아니면 무엇으로 그 은혜를 갚겠습니까? 또 아침에 양나라를 섬기던 몸이 저녁에 후당을 섬길 수 있겠습니까? 이제 살아서 무슨 면목으로 세상 사람들을 대하겠습니까?"

하고 죽음의 길을 택했다.

그는 글을 배우지 못해 책을 읽지 못했다. 글을 아는 사람이 책에 있는 문자를 쓰는 것을, 그는 민간에 전해 오는 속담으로 대신 바꿔 쓰곤 했다. 그런데 그가 입버릇처럼 잘 쓰는 말은,

"**표범이 죽으면 가죽을 남기고**, 사람이 죽으면 이름을 남긴다[**豹死留皮**(표사유피) 人死留名(인사유명)]."

라는 속담이었다.

'豹死留皮(표사유피)'란 말은 '人死留名(인사유명)'이란 말을 하기 위한 전제다. 그래서 보통 '표사유피'란 말 하나로 '인사유명'이란 뜻까지 겸하게 된다. 누구나 한번 죽는 몸이니 구차하게 살다가 추한 이름을 남기기보다는, 깨끗하게 죽어 좋은 이름을 남기라는 뜻이다. 특히 표범의 가죽을 든 것은 표범의 가죽이 가장 귀중하게 여겨진 때문이다. 그런데 우리나라에서는 일반적으로 '豹死留皮(표사유피)'라는 말보다는 '虎死留皮(호사유피)'라는 말을 많이 쓴다.

---

1) **新五代史**(신오대사) : 중국 後梁(후량)·後唐(후당)·後晉(후진)·後漢(후한)·後周(후주)의 五代(오대, 907 ~ 960) 역사를 기록한 正史(정사). 『신오대사』는 74권으로 宋(송)나라 歐陽修(구양수)가 기전체로 서술하였다. 처음에는 개인의 저술로서 『五代史記(오대사기)』라고 하였으나, 저자가 죽은 뒤 正史(정사)로 받아들여졌다.

「본기」 12권, 「열전」 45권, 志(지)에 해당하는 「考(고)」 3권, 「世家(세가)」 10권, 「年譜(연보)」 1권, 「부록」 3권으로 구성되어 있는데, 그중 「세가」와 「연보」는 남쪽 지역의 十國(10국)에 관한 것이다. 君臣道德(군신도덕)과 중화

사상에 기초하여 서술되었으며, 간결한 문장으로 原史料(원사료)를 고쳐 썼기 때문에 사료적 가치는 『舊五代史(구오대사, 중국 송나라 때, 974년에 설거정 등이 완성함)』에 뒤지나, 서술의 일관성과 편집에서 독창성이 있다.

2) **王彦章**(왕언장, 863 ~ 923) : 생전에 글을 전혀 배우지 못해 일자무식이었지만, 병졸에서 시작해 後梁(후량)의 太祖(태조)인 朱全忠(주전충)의 용장이 되었다. 그는 하나의 무게가 백 근이나 되는 한 쌍의 철창을 들고 늘 주전충의 곁을 따라다녔다. 전투가 벌어지면 언제나 그 철창을 옆에 끼고 적진을 누비며 놀라운 전공을 세웠다. 그런 그의 용맹을 기려 사람들은 그를 王鐵槍(왕철창)이라는 별명으로 불렀다. 왕언장은 비록 무장이었고 무지한 사람이었지만, 충성심과 명예심은 대단한 인물이었다. 하지만 당의 昭宗(소종)을 살해하고 哀帝(애제)를 세우고 결국은 당을 멸망시킨 주전충은 즉위 6년 만에 아들 朱友珪(주우규)에게 피살됐다. 탐욕과 살인은 끊이지 않았다. 주우규는 동생에게 피살되는 등 권력 다툼이 이어졌다.

　晉王(진왕) 李存勖(이존욱)은 황제가 되어, 국호를 後唐(후당)이라 칭하고 양나라와 대치하게 됐다. 왕언장은 招討使(초토사)로 출전해 싸우다가 패해 파면됐다. 그러나 곧 후당의 황제가 대군을 이끌고 공격해 오자 다시 등용됐다. 그는 용맹스럽게 나아가 싸웠다. 하지만 기우는 나라의 운명을 그 혼자 힘으로 버틸 수는 없었다. 그는 끝까지 싸우며 수도를 지키다가 상처를 입었고, 결국 포로가 되었다.

　포로로 잡힌 왕언장의 용맹을 아낀 唐制(당제) 이존욱은 그를 친히 불러 후하게 대접하고, 자신의 휘하에 들어올 것을 권했지만 왕언장은 일언지하에 거절했다.

　"아침에는 양나라를 섬기다가 저녁에 당나라를 섬긴다면, 무슨 면목으로 세상을 대하겠소. 기꺼이 죽음을 택하겠으니 허락해 주시오."

　왕언장은 스스로 죽음을 택했다. 그의 죽음과 함께 後梁(후량)의 운명도 끝났다.

3) **後梁**(후량, 907년 ~ 923년) : 오대십국시대 五代(오대)의 첫 번째 왕조이다. 唐(당)나라 말기 혼란한 정세 속에 당나라 조정을 장악한 군벌 주전충이 907년 당나라 哀帝(애제, 892 ~908. 재위 904 ~ 907. 제20대이며 마지막 황제. 소선제)로부터 禪讓(선양 : 임금의 자리를 넘겨줌)받아 건국하였다. 수도는 카이펑[開封(개봉)]이다. 남북조시대 후량이나 남조 양나라와 구별하기 위해 朱梁(주량)이라 부르기도 했다.

4) **後唐**(후당, 923 ~ 936) : 中國(중국) 後(후) 五代(오대) 때의 한 나라. 突厥(돌궐) 沙陀部(사타부) 出身(출신)인 李克用(이극용)의 아들 李存勖(이존욱)이 後梁(후량)을 멸망시키고, 낙양에 도읍하여 세운 나라. 4대 14년 만에 後晋(후진)의 高祖(고조)인 石敬塘[5](석경당)에게 망하였다.

5) **石敬塘**(석경당, 892 ~ 942. 재위 936 ~ 942) : 中國(중국) 五代(오대)의 後晋(후진)의 高祖(고조). 李克用(이극용 : 후당의 태조)의 부장 얼렬관의 아들인데, 성을 石(석)씨로 고쳤다. 後唐(후당)의 明宗(명종)을 섬겼으나, 그가 죽은 후, 거란의 힘을 빌려 後唐(후당)을 멸하고 수도를 汴梁(변량)으로 정하여 後晋(후진)을 세웠다. 그가 죽은 뒤 제2대인 出帝(출제 : 형의 아들 석중귀)가 강경파의 주장대로 거란과 전쟁을 일으켰으나, 946년에 멸망하였다.

244 飽食暖衣 포식난의

字解
飽 : 배부를 **포** [飽食(포식) : 배불리 먹음]
食 : 먹을 **식** [食福(식복) : 먹는 복]
　　밥 **사** [簞食(단사) : 도시락에 담은 밥]
　　사람 이름 **이** [審食其(심이기) : 진나라 말엽 沛(패)의 사람으로, 여태후의 총애를 받음]
暖 : 따뜻할 **난** [暖房(난방) : 방을 따뜻하게 함. 실내의 온도를 높여 따뜻하게 하는 일]
衣 : 옷 **의** [衣類(의류) : (몸에 입는) 옷의 총칭]

語義 배부르게 먹고, 따뜻하게 옷을 입는다.
(의식이 넉넉하여 불편함이 없이 편하게 지냄)

 用例

▶새해 소망 또는 결심의 사자성어는 '萬事亨通(만사형통)'이 25.3%로 가장 많았다. '心身健康(심신건강)'은 18.1%, '日就月將(일취월장)' 12.2%, '手不釋卷(수불석권)' 10.0%, '家和萬事成(가화만사성)'은 9.6%이었다. 이어 '自手成家(자수성가)' 9.0%, '立身揚名(입신양명)' 7.4%, '金石之交(금석지교)' 3.5%, '一攫千金(일확천금)' 2.9%, **'飽食暖衣(포식난의)'** 2.0% 순이었다.
▶예상과는 달리, 그곳에 사는 마을 사람들 모두가 **飽食暖衣**(포식난의)하는 삶을 누리고 있었다.

【類義語】 錦衣玉食(금의옥식) : 비단옷과 흰 쌀밥. 호화스럽고 사치스러운 생활.
　　　　 好衣好食(호의호식) : 좋은 옷 입고, 좋은 음식을 먹음.
【相對語】 惡衣惡食(악의악식) : 좋지 못한 옷과 맛없는 음식.
　　　　 粗衣粗食(조의조식) : 거친 옷과 거친 밥.

 **出典** 孟子(맹자) – 滕文公章句上(등문공장구상) 四(사)

중국의 성인 孟子(맹자)가 60세가 지나, 滕(등, ? ~ ?, 중국 춘추시대의 제후국)나라의 文公(문공 : 맹자의 사상을 실천한 왕)에게 초대되어 갔을 때, 周(주)나라처럼 井田法[1](정전법)을 실시하여 등나라를 이상적인 사회로 만들도록 문공을 설득하였다. 이때 墨子(묵자)의 영향을 받은 重農主義者(중농주의자)인 許行(허행)이 宋(송)나라로부터 등나라에 와서, 문공으로부터 살 집과 田土(전토)를 받았다. 그는 자기가 짠 거친 옷을 입고, 자기가 경작하여 지은 양식을 먹고 사는 主義(주의)를 실천하고 있었다.

유교의 생활 방식을 버리고, 허행과 같은 생활을 시작한 陳相(진상)이라는 사람이 맹자에게,

"등나라 임금도 백성들과 마찬가지로 손수 농사를 지어서 먹어야 하지 않느냐?"

고 하였다. 맹자는 허행이 사용하는 농기구와 질그릇이 자기가 지은 농산물과 물물 교환한 것이라는 사실을 확인한 다음, '인간의 생활이란 分業(분업)을 하는 것이지, 원시적 자급자족이란 불가능하다.'는 것을 말하고, '허행도 농기구나 그릇 등을 물물교환하여 쓰고 있지 않느냐?'고 깨우쳐 주면서, 禹(우)임금 같은 분은 8년 동안 아홉 개의 큰 강을 막아 다스리느라고, 세 차례나 자기의 집 문 앞을 지나면서도 못 들어갔다.'는 것을 예로 들었다.

그리하여 后稷(후직 : 순임금 때 농사일을 관장하던 관직)을 시켜 백성들에게 농사짓는 일을 가르치게 하였다. 이리하여 오곡이 익어 백성들이 잘살게 되었다. 맹자는 分業論(분업론)을 내세워 농사짓는 사람과 다스리는 사람은 엄연히 구분되어야 함을 밝힌 것이다.

"사람에게 道(도)가 있으니, **배불리 먹고 따뜻하게 입고** 편안하게 살지라도, 가르침이 없으면 금수에 가까워지게 된다. 성인이 이것을 근심하여, 契(설)로 하여금 司徒(사도)로 삼아, 인륜으로써 가르치게 하니, 부자 사이에는 친함이 있고, 군신 사이에는 의가 있고, 부부 사이에는 구별이 있고, 연장자와 연소자 사이에는 차례가 있고, 벗 사이에는 믿음이 있다."

 原文 人之有道也(인지유도야) 飽食煖衣逸居(포식난의일거) 而無敎(이무교) 則近於禽獸(즉근어금수) 聖人有憂之(성인유우지) 使契爲司徒(사설위사도) 敎以人倫(교이인륜) 父子有親(부자유친) 君臣有義(군신유의) 夫婦有別(부부유별) 長幼有序(장유유서) 朋友有信(붕우유신)

放勳(방훈) 堯(요)임금이 命(명)했다.

"백성들을 위로하고 격려하라. 바로잡아 주고 곧게 해 주라. 그들을 도와주고 부축해서 제 스스로 人倫(인륜)을 이해하도록 시켜라. 그리고 그들을 형편에 따라서 구호해 주고 은혜를 베풀어 주라."

이처럼 맹자가 '飽食暖衣(포식난의)'라는 말을 쓴 의도는 그런 생활 자체를 긍정한 것이라기보다는, 육체적인 안일과 편안함만으로는 사람다운 사람이 될 수 없다는 점을 지적하기 위해서 인용한 것이다. 여기서 '飽食暖衣(포식난의)'가 유래되었으며, '暖衣飽食(난의포식)'이라고도 한다.

---

1) 井田法(정전법) : 고대 중국의 夏(하)·殷(은)·周(주)나라에서 실시한 토지 제도. 주나라에서는 사방 一里(일리)의 농지를 '井(정)' 자 모양으로 100畝(무 : 전답의 면적 단위. 6척 사방을 '보'라 하고, 100보를 '무'라 함)씩 9등분한 다음, 그 중앙의 한 구역을 公田(공전)이라고 하고, 둘레의 여덟 구역을 私田(사전)이라고 하여 여덟 농가에게 맡기고, 여덟 집에서 공동으로 公田(공전)을 부치어 그 수확을 나라에 바치게 하였다.

245 風樹之嘆(歎) 풍수지탄

字解
風 : 바람 풍 [風霜(풍상) : 바람과 서리. 세상에서 겪은 고난]
경치 풍 [風景(풍경) : 경치]
모습 풍 [風彩(풍채) : 드러나 보이는 의젓한 겉모양]
樹 : 나무 수 [樹木(수목) : 살아 있는 나무]
之 : 갈 지 [之東之西(지동지서) : 동쪽으로 갔다가 서쪽으로 갔다 함. 주견이 없이 이리저리 갈팡질팡함]
의 지 [不忍之心(불인지심) : 어떤 일을 차마 하지 못하는 마음]
嘆(歎) : 탄식할 탄 [嘆聲(탄성) : 탄식하는 소리]

語義 바람과 나무의 탄식.
(효도를 다하지 못한 채, 어버이를 여읜 자식의 탄식)
(효도를 하려고 하나, 부모가 돌아가시어 할 수 없는 슬픔)
※ '樹欲靜而風不止(수욕정이풍부지) 子欲養而親不待(자욕양이친부대)'의 준말.

 用例

▶ 대학을 졸업하고는 한 번도 찾아뵙지 못하고, 수십 년이 지나 돌아가신 뒤에 가서 焚香(분향)만 하고 온 것이 못내 아쉽습니다. 치매로 몇 년 고생하시면서도 제 이름은 항상 기억하셨다는 얘기를 들으니까 더더욱 죄송했습니다. 살아 계실 때에 찾아뵙지 못하고 돌아가신 뒤에 후회하는 것이 바로 **風樹之嘆**(풍수지탄)인데, 제 어머니와 다름없는 친구의 어머니께 불효한 것이 너무 아쉽습니다.

▶ 공자는 말하기를 "부모가 살아 계시거든 멀리 떨어져 놀지 말 것이며, 놀 때에는 반드시 그 가는 곳을 알아야 한다."고 했다. 나중에 珍羞盛饌(진수성찬) 차려 드릴 생각하지 말고 하찮은 나물이라도 진작 어버이 밥상에 올려놓아 드렸으면 좋았을 것을, 세월을 놓치고 **風樹之嘆**(풍수지탄)하고 말았으니 내 어찌 어리석은 사람이 아니겠는가?

【類義語】 風木之悲(풍목지비) : 효도를 다하지 못한 채, 어버이를 여읜 자식의 탄식.
風樹之感(풍수지감) : 효도를 다하지 못한 채, 어버이를 여읜 자식의 탄식.
風樹之悲(풍수지비) : 효도를 다하지 못한 채, 어버이를 여읜 자식의 탄식.
北山之感(북산지감) : '북산에서 느끼는 감회'라는 뜻으로, 나라 일에 힘 쓰느라 부모 봉양을 제대로 못한 것을 슬퍼하는 마음.

 **出典** **韓詩外傳**[한시외전, 詩經(시경)의 해설서], **孔子家語**(공자가어) - 致思篇(치사편)

孔子(공자)가 제자들을 거느리고, 자신의 뜻을 펼치기 위해 여러 나라를 떠돌고 있었다. 齊(제)나라의 臨淄(임치 : 제나라 수도, 태산 동쪽에 위치)로 가는 도중, 濟水(제수 : 옛날 중국 4대 강의 하나)라는 강가에서 누군가가 哭(곡)하는 소리를 들었는데 매우 슬펐다. 공자가 생각하기를 곡소리가 슬프기는 하지만, 喪(상)을 당한 슬픔은 아닌 것 같다며 곡소리를 찾아가 보니, 어떤 사람이 낫과 새끼줄을 들고 있었다.

이에 공자가 상을 당한 것도 아닌데 슬프게 곡을 하는 연유를 묻자, 곡을 하던 丘吾子(구오자)라는 사람이 다음과 같은 말을 하였다.

"저는 살면서 세 가지 잘못을 저질렀습니다. 이를 오늘에야 뒤늦게 깨달았지만, 이미 때가 늦어서 아무리 뉘우치고 후회한들 무슨 소용이 있겠습니까? 그래서 너무 슬픕니다."

이에 공자가 세 가지 잘못이 무엇이냐고 묻자, 구오자가 다시 아래와 같이 말한다.

"첫째는, 젊어서 학문을 좋아하여 온 천하를 두루 돌아다니다가 뒤에 집에 돌아와 보니, 부모님께서 이미 돌아가셨으니 부모에게 孝道(효도)하지 못한 것입니다.

둘째는, 나이가 들어서는 제나라의 임금을 섬겼는데, 임금이 교만하고 사치하면서 충언을 듣지 않아서 도망쳐 왔는데, 신하로서 忠節(충절)을 지키지 못한 것입니다.

셋째는, 평생 친구들과 가깝게 사귀었으나, 지금은 모두 교제가 끊겼으니 친구와 사귐에 敦厚(돈후 : 인정이 두터움)하지 못한 것입니다."

그리고는 다음과 같은 말을 더 남기고, 구오자는 강물 속으로 몸을 던져(또는 마른 나무에 기대어) 죽었다.

樹欲靜而風不止(수욕정이풍부지)
　나무는 조용히 있고 싶어하지만, 바람이 그치지 않고,
子欲養而親不待(자욕양이친부대)
　자식은 부모를 봉양하고자 하나, 부모님은 기다려 주시지 않네.
往而不可追者年也(왕이불가추자년야)
　한 번 흘러가면, 다시는 쫓을 수 없는 것은 세월이요,
去而不見者親也(거이불견자친야)
　한 번 가시면, 다시 볼 수 없는 것은 부모님이시네.

이를 본 공자는 제자들에게 이 敎訓(교훈)을 잘 기억하라고 이른다. 기록에 의하면, 이 일이 있은 후

에 공자는 13명의 제자에게, 고향으로 돌아가서 부모를 奉養(봉양)하도록 허락하였다고 한다.

'風樹之嘆(풍수지탄)'은 '風木之悲(풍목지비)', '風樹之感(풍수지감)', '風樹之悲(풍수지비)' 등과 함께 같은 뜻으로 쓰이기도 하는데, '<u>樹欲靜而風不止</u>(수욕정이풍부지) <u>子欲養而親不待</u>(자욕양이친부대)'에서 나온 말이다. 효도를 다하지 못하고 부모를 잃은 자식의 슬픔을 가리키는 말로서, '부모가 살아 계실 때 효도를 다하라.'는 뜻으로 쓰인다.

유사한 형식의 사자성어로 風樹之嘆(풍수지탄)과 대비되어 자주 사용하는 『史記(사기)』에 나오는 '麥秀之嘆(맥수지탄)'이란 말이 있는데, 이는 '보리 이삭이 무성함에 대한 탄식' 곧 '고국이 멸망한 탄식'을 가리키는 말이다.

※ **중국 고대의 二十四孝(24효)** – 元(원), 郭守正(곽수정) 편찬
  ① **孝感動天**(효감동천) – 계모에 대한 효도로 하늘을 감동시킨, 上古(상고)시대 舜(순)임금
  ② **親嘗湯藥**(친상탕약) – 어머니 병환에 몸소 탕약을 맛보고 올려 드린, 西漢(서한)의 임금 文帝(문제)
  ③ **嚙指痛心**(교지통심) – 어머니가 손가락을 깨물자, 하던 나뭇짐을 지고 달려온, 周(주)나라 曾參(증삼)
  ④ **蘆衣順母**(노의순모) – 갈대 솜의 옷을 입고도 계모의 뜻에 순종한, 周(주)나라 閔子騫(민자건)
  ⑤ **百里負米**(백리부미) – 백 리 먼 길에도 어버이를 위해 쌀을 짊어지고 온, 魯(노)나라 子路(자로)
  ⑥ **賣身葬父**(매신장부) – 자신의 몸을 고용살이로 팔아 아버지 장례를 치른, 韓(한)나라 董永(동영)
  ⑦ **鹿乳奉親**(녹유봉친) – 사슴으로 변장하여 얻은 사슴 젖으로 어버이를 봉양한, 周(주)나라 郯子(담자)
  ⑧ **行傭供母**(행용공모) – 전쟁으로 인한 피난 중에도 떠돌이 고용살이로 어머니를 봉양한, 後漢(후한)의 江革(강혁)
  ⑨ **懷橘遺親**(회귤유친) – 어머니께 드리려고 친구가 대접한 귤을 숨겨 소매에 품은, 後漢(후한)의 陸績(육적)
  ⑩ **乳姑不怠**(유고불태) – 시어머니에게 자신의 젖을 먹여 봉양한, 唐(당)나라 唐夫人(당부인)
  ⑪ **恣蚊飽血**(자문포혈) – 어버이를 위해 모기가 자신의 몸만 물도록 참아낸, 西晉(서진)의 吳猛(오맹)
  ⑫ **臥冰求鯉**(와빙구리) – 옷을 벗고 발가벗은 상태로 얼음에 누워 잉어를 구한, 東晉(동진)의 王祥(왕상)
  ⑬ **爲母埋兒**(위모매아) – 어머니 밥을 축내는 아들을 묻으러 간, 漢(한)나라 郭巨(곽거)
  ⑭ **扼虎救父**(액호구부) – 아버지를 물은 호랑이 목을 졸라서 아버지를 구해낸, 晉(진)나라 효녀 楊香(양향)
  ⑮ **棄官尋母**(기관심모) – 벼슬자리도 버리고 어머니를 찾아 나선, 宋(송)나라 朱壽昌(주수창)
  ⑯ **嘗糞憂心**(상분우심) – 아버지 변을 맛보고 아버지의 병환을 걱정한, 南齊(남제)의 庾黔婁(유검루)
  ⑰ **戲綵娛親**(희채오친) – 일흔 나이에 색동옷 입고 춤을 추며 어버이를 즐겁게 해드린, 周(주)나라 老萊子(노래자)
  ⑱ **拾椹供親**(습심공친) – 오디를 주워 두 그릇에 나누어 담아 부모를 공양한, 漢(한)나라 蔡順(채순)
  ⑲ **扇枕溫衾**(선침온금) – 여름에는 부채질로, 겨울에는 자신의 체온으로 아버지를 모신, 後漢(후한)의 黃香(황향)
  ⑳ **湧泉躍鯉**(용천약리) – 샘물이 솟아나고 잉어가 뛰어올라 어머니를 공양한, 漢(한)나라 姜詩(강시) 부부
  ㉑ **聞雷泣墓**(문뢰읍묘) – 비바람이 몰아치거나 우레 소리를 들을 때마다 어머니 무덤에 달려가 운, 魏(괴)나라

　　　　王裒(왕부)
㉒ 刻木事親(각목사친) – 어버이 형상을 나무로 조각하여 마치 살아 계시는 듯 모신, 漢(한)나라 丁蘭(정란)
㉓ 哭竹生筍(곡죽생순) – 대나무를 붙잡고 울자 겨울에 죽순이 솟아나서 어머니에게 죽순탕을 봉양한, 三國(삼국)시대 孟宗(맹종)
㉔ 滌親溺器(척친익기) – 어머니의 요강을 직접 세척한, 태사 宋(송)나라 黃庭堅(황정견)

※ **孝道(효도)를 주제로 한 시조 3편**

① 訓民歌(훈민가) – 조선 선조 때 정철 지음
　어버이 살아신 제 섬길 일란 다하여라.
　지나간 후면 애달프다 어찌하리.
　평생에 고쳐 못할 일이 이뿐인가 하노라.

② 早紅枾歌(조홍시가) – 조선 광해군 때 박인로 지음
　盤中(반중) 早紅(조홍)감이 고와도 보이나다.
　柚子(유자)가 아니라도 품음 즉도 하다마는,
　품어가 반길 이 없을 새 글로 설워 하나이다.

③ 風木之悲(풍목지비) – 竹溪九曲(죽계구곡), 園丁(원정) 지음
　風木悲(풍목비) 옛말들이 모자 사이뿐 아닐세.
　마음을 가다듬고 고요하려 애를 써도,
　바람은 덧없이 불어 마음만을 상케 하고.

　親不待(친부대) 옛말들도 부자 관계뿐 아닐세.
　언젠가 알리라고 숨죽여서 애써 봐도,
　기다려 가늠을 않고 회자하여 아프게 해.

※風木悲(풍목비)는 風木之悲(풍목지비 : 어버이를 여읜 자식의 탄식)의 준말이고, 親不待(친부대)는 子欲養而親不待(자욕양이친부대 : 자식이 봉양하려 하나 부모가 기다려 주지 않음)의 준말이다.

246 風雲之會 풍운지회

字解
風 : 바람 풍 [風雨(풍우) : 바람과 비]
雲 : 구름 운 [雲集(운집) : 구름같이 많이 모임]
之 : 의 지 [風樹之悲(풍수지비) : 효도를 다하지 못한 자식의 탄식]
會 : 모일 회, 만날 회 [會談(회담) : 한곳에 모여서 이야기함. 또는 그 일]

語義 바람과 구름의 만남.
(용이 바람과 구름을 만나서 기운을 얻는 것처럼, 총명한 임금과 어진 신하가 서로 만나는 일)
(영웅호걸이 때를 만나 뜻을 이룰 수 있는 좋은 기회)

 用例

▶수원 시장은 "역사는 사람이 만들어 간다. 사람과 사람이 만나서 역사를 만들어 간다."며, "**風雲之會**(풍운지회)하는 멋진 한 해를 만들자."고 밝혔다. 이어 "정조대왕과 번암 채제공, 그리고 다산 정약용과의 '**風雲之會**(풍운지회)'의 만남이 있었기에, 조선 후기 실학 발전과 문예 부흥기를 이루어 냈고, 그들의 만남이 성곽 건축의 백미인 '수원 화성'을 축성한 것"이라며, "우리 모두 손을 마주 잡고, 수원의 경제 발전과 제2의 문예부흥기라는 역사를 이끌어 내자."고 강조했다.
▶동양에서는 용의 출현을 태평성대나 성인의 출현에 때맞춘 상서로운 前兆(전조)로 여겼다. 중국 최고의 시인 '두보'의 시에는 '**風雲之會**(풍운지회)'라는 사자성어가 나온다. 용이 바람과 구름을 만나 기운을 얻는 것처럼, 어지러운 때는 영웅호걸이 뜻을 이룰 수 있는 좋은 기회라는 말이다. 용의 해를 맞아, 용이 가지고 있는 변화와 창조성을 우리 기업들이 본받았으면 좋겠다.

 **出典** 易經(역경) – 文言傳(문언전)

五陽(오양)의 爻辭(효사 : 주역에서 괘를 구성하는 각 '효'를 풀이한 말)에 '나는 용이 하늘에 있으니, 大人(대인)을 보기에 이롭다[飛龍在天 利見大人(비룡재천 이견대인)].'고 하였다. 여기에 대하여 孔子(공자)는 다음과 같이 설명하였다.

"무릇 同類(동류)는 동류끼리 서로 모이는 것이니, 같은 소리는 서로 協和(협화)하고 같은 기운은 서로 호응한다. 물은 젖은 땅에 흐르고, 불은 건조한 곳에 붙는다. '**바람이 범을 따르고 구름은 용을 따르듯**, 성인이 나타나면 만물이 그 덕을 보게 된다[風從虎(풍종호) 雲從龍(운종용) 聖人作而萬物覩(성인작이만물도)].' 하늘에 근본을 둔 자는 위를 친애하고, 땅에 근본을 둔 자는 아래를 친애한다. 그리하여 각각 그와 같은 類(유)를 좇는 것이다."

바로 '風從虎(풍종호) 雲從龍(운종용)'에서 '風雲之會(풍운지회)'가 나왔으며, 일반적으로 '용이 바람과 구름을 만나 하늘로 비상하는 것처럼, 영웅이 시기를 만나 큰 공을 세움'이란 뜻으로 주로 쓰인다. 또는 두보가 쓴 '寄李白[1](기이백)'이란 시의 '筆落驚風雨(필락경풍우)'에서 유래했다고도 하나, 조금 거리가 있다.

또한 여기에서 '風雲龍虎(풍운용호)'라는 성어도 나왔는데, 임금과 신하 사이를 말하는 것으로 바람은 호랑이, 구름은 용에 해당하고 용은 임금, 호랑이는 신하를 상징한다.

---

1) **寄李白**(기이백 : 이백에게) – 杜甫(두보) 지음
   昔年有狂客(석년유광객)   전에 하지장이라는 미친놈이
   號爾謫仙人(호이적선인)   당신을 보고 하늘에서 쫓겨 온 신선이라 하더이다.
   筆落驚風雨(필락경풍우)   붓을 대면 비바람이 놀라고
   詩成泣鬼神(시성읍귀신)   시가 완성되면 귀신도 울겠습니다.

※ **風雲之會**(풍운지회)**의 例示**(예시) **하나**

조선 正祖(정조) 시대에 樊巖(번암) 蔡濟恭(채제공)이라는 정승이 발탁되어, '風雲之會(풍운지회)'라는 만남이 충족되기도 했다. 그리고 다산 정약용은 22세에 진사과에 합격하여, 사은의 자리에서 최초로 정조와의 대면이 이루어지는데, 「茶山年譜(다산연보)」에는 바로 그 만남을 聖君(성군)과 賢臣(현신)의 만남이라는 '風雲之會(풍운지회)'가 이루어졌노라고 기록하고 있다.

그로부터 18년간, 정조가 49세로 세상을 떠나고 다산은 39세인 그때까지, 성인 임금과 어진 신하는 조선왕조 후기 문예부흥기라는 높은 수준의 治世(치세)를 이룩해 냈다. 정조는 다산을 抄啓文臣(초계문신 : 조선 정조 이후 규장각에 소속되어 재교육 과정을 밟던 나이가 젊은 문신)으로 발탁하여, 배다리[船橋(선교)]를 놓고, 水原(수원)의 華城(화성)을 쌓고, 암행어사로 民政(민정)을 살피는 일을 맡겼다. 대단한 임금과 신하의 만남이었다.

- **蔡濟恭**(채제공, 1720 ~ 1799) : 朝鮮(조선) 영·정조 때의 문신. 자는 伯規(백규). 호는 樊巖(번암), 시호는 文肅(문숙)이다. 지중추부사 채응일의 아들로 吳光運(오광운)과 姜樸(강박)의 문하생이다. 1771년 호조판서로 동지사가 되어 청나라에 다녀왔고, 그 후 평안도 관찰사·예조판서를 지냈다. 1758년 도승지로, 사도세자를 미워한 영조가 세자를 폐위하는 명령을 내리자, 죽음을 무릅쓰고 건의하여 철회시켰다. 1780년(정조 4년) 洪國榮(홍국영)이 실각할 때, 그와 친하고 사도세자의 伸寃(신원 : 억울하게 뒤집어쓴 죄를 풀음)을 주장하여 선왕의 정책을 부정했다는 등의 공격을 받아, 이후 서울 근교 명덕산에서 8년간 은거생활을 하였다.

1788년 정조의 특명에 의해 우의정이 되었으며, 2년 후 좌의정으로 승진하면서 영의정, 우의정 없이 3년간 혼자 정승을 맡아 국정을 운영하였다. 1793년에 한때 영의정에 임명되었으나, 그 후로는 주로 수원성 축성을 담당하였다. 정조의 특명으로 畵員(화원 : 조선시대, 그림 그리는 일을 맡아보던 도화서 관원) 李命基(이명기)가 그린 그의 초상화에는, 왼쪽 눈동자가 바깥으로 쏠리는 斜視(사시)에 얼굴이 얽은 모습이다.

247 匹夫之勇 필부지용

字解
- 匹 : 짝 **필** [配匹(배필) : 부부의 짝. 配偶(배우)]
  천한 사람 필 [匹夫(필부) : 천한 남자]
- 夫 : 사내 **부** [凡夫(범부) : 평범한 사내]
- 之 : 의 **지** [風雲之會(풍운지회) : 바람과 구름(임금과 신하)의 만남]
- 勇 : 용기 **용**, 용감할 **용** [勇氣(용기) : 용감한 기력]

語義 하찮은 남자의 용기.
(소인의 혈기에서 나오는 경솔한 용기)
(깊은 생각 없이 혈기만 믿고 함부로 부리는 소인의 용기)

 用例

▶ 우리 옛말에 '匹夫之勇(필부지용)'이란 말이 있습니다. '힘으로만 일을 처리하려는 천박한 용기', '사리 분별없이 혈기만 믿고 함부로 날뛰는 용기'를 말합니다. 작은 일 하나에도 심사숙고하여 후회하는 일이 없으셨으면 합니다.

▶ 人事(인사)가 萬事(만사)라지만, 잘못한 인사는 '萬死(만사)'다. 항우와 유방이 천하를 두고 겨룰 때다. 처음엔 초나라 항우에게 승산이 있었다. 힘은 산을 뽑고, 기개는 세상을 덮는 '力拔山氣蓋世(역발산기개세)'가 아닌가. 그런데 약점이 있었다. 자신만 믿고 남 주기 아까워해 인재를 제대로 못 쓰는 거다. 이를 한나라 韓信(한신)은 '匹夫之勇(필부지용)'이라 했다.

【類義語】 小人之勇(소인지용) : 혈기에서 나오는 소인의 용기.

 ① **孟子**(맹자) - 梁惠王章句(양혜왕장구) 下(하)

孟子(맹자)는 王道政治[1](왕도정치)의 실현을 위해, 여러 나라를 돌며 遊說(유세)를 했는데, 먼저 梁(양)나라로 갔다. 양나라 제3대 惠王(혜왕. 재위 B.C.369 ~ B.C.319)은 맹자를 정중히 맞이하고서, 이웃 나라와는 어떻게 국교를 맺는 것이 좋겠는가를 물었다. 이에 맹자가,

"大國(대국)은 小國(소국)에게 받드는 마음으로, 겸허한 태도로 사귀지 않으면 아니 되옵니다. 이는 仁者(인자)라야 할 수 있는 어려운 일이지만, 은나라의 蕩王(탕왕)이나 주나라의 문왕(文王)은 이미 이것을 행하였습니다.

또한, 小(소)가 大(대)를 받드는 것도 하늘의 도리이오나, 실천하기가 어렵습니다. 그러나 武王(무

왕)의 할아버지 대왕이 그것을 행하였기 때문에 주나라는 뒤에 대국을 이루게 되었고, 越(월)나라 왕 勾踐(구천)은 숙적 吳(오)나라를 이길 수 있었습니다. 하늘을 즐기는 자는 천하를 보존할 수 있고, 하늘을 두려워하는 자는 나라를 보존할 수 있습니다."

라고 말하자, 혜왕은 매우 훌륭한 도리라고 탄복하였다. 그러나 곰곰 생각해 보니, 양나라는 어느 나라에 대하여나 받들기만 해야 할 형편이 아닌가? 그래서 혜왕은 맹자에게,

"내게는 해가 된다고 하겠지만, 勇(용)을 즐기는 성품이 있으니 어찌해야 하오?"

라고 물었다. 이 말을 듣고 맹자는 다음과 같이 정중히 대답하였다고 한다.

"왕께서는 小勇(소용)을 좋아하시는 일이 없으시기를 바랍니다. 칼을 매만지고 눈을 부라리며, '너 같은 자가 어찌 나를 당할 것이냐.'라고 하는 것, 이런 따위는 **필부의 용기**로, 겨우 한 사람이나 상대할 따름이옵니다. 그러하오니 왕께서는 더 큰 용기를 지니시기를 바랍니다."

 原文 王請無好小勇(왕청무호소용) 夫撫劍疾視曰(부무검질시왈) 彼惡敢當我哉(피악감당아재) 此**匹夫之勇**(차필부지용) 敵一人者也(적일인자야) 王請大之(왕청대지)

 ② **史記**(사기) – 淮陰侯列傳(회음후열전)

秦(진)이 망하고 項羽(항우)와 劉邦(유방)이 천하를 다툰 결과, 유방이 이겨 漢(한)나라를 세운다. 항우의 패인은 用兵術(용병술)에 있었다. 너무 자신의 힘을 過信(과신)한 나머지, 남의 의견에 귀를 기울이지 않았기 때문이다. 天子(천자)가 된 유방은 洛陽(낙양)의 宮(궁)에서 대신들을 모아 놓고 다음과 같이 말했다.

"내가 천하를 차지할 수 있었던 까닭은 知人(지인)과 用人(용인)에 뛰어났기 때문이다. 작전에는 張良(장량), 보급에는 蕭何(소하), 전투에는 韓信(한신)이라는 걸출한 인물이 셋이나 있다. 나는 그들을 모두 쓸 수 있었지만, 항우는 단 하나의 걸출한 范增(범증)조차 쓰지 못했다."

그러자 한신이 유방에게 항우의 爲人(위인)에 대해 말했다.

"그[항우]는 노기를 띠고 호령을 하면 천 명이나 기절할 정도지만, 用人(용인)에는 서툴러 어진 장군에게 믿고 말하지를 못합니다. 이것은 '**匹夫之勇**(필부지용)'에 지나지 않습니다. 또 인정이 있어 병사가 병에 걸리면 흐느껴 울거나 자기가 먹을 음식까지도 나눠 주지만, 막상 공을 세운 부하에게 벼슬을 내릴 때면 그것이 아까워 職印(직인)이 다 닳아 없어질 때까지 매만지는 사람입니다. 이것은 '婦人之仁(부인지인 : 여자가 지니는 소견이 좁은 인정, 하찮은 인정)'에 불과합니다."

---

1) **王道政治**(왕도정치) : 仁德(인덕)을 근본으로 천하를 다스리는 도리로써, 儒學(유학)에서 이상으로 하는 정치사상. 힘에 의해 정치의 목적을 달성하는 覇道政治(패도정치)의 상대어이다. 공자의 德治(덕치)사상에서 왕도가 제시되었으며, 그 후 왕도사상은 孟子(맹자)에 의해 완성되었으며, 漢代(한대) 이후 유교가 국교로 확립되면서 儒敎政治(유교정치) 이념의 기본 내용으로 정립되었다.

248 匹夫匹婦 필부필부

字解 匹 : 짝 필 [配匹(배필) : 부부의 짝. 配偶(배우)]
　　　　천한 사람 필 [匹夫(필부) : 한 사람의 남자. 천한 남자]
　　　　동물 세는 단위 필 [馬五匹(마오필) : 말 다섯 마리]

　　　夫 : 사내 부 [丈夫(장부) : 건장한 남자. 대장부]
　　　　남편 부 [夫婦(부부) : 남편과 아내]
　　　　발어사 부 [夫天地者萬物之逆旅(부천지자만물지역려) : 무릇 하늘과 땅은 만물이 머무르는 곳이다]

　　　婦 : 여자 부 [婦道(부도) : 여자가 마땅히 지켜야 할 도리]
　　　　아내 부 [婦人(부인) : 결혼한 여자]
　　　　며느리 부 [姑婦(고부) : 시어머니와 며느리]

語義 평범한 남자와 평범한 여자. 평범한 지아비와 평범한 지어미.
(평범한 남녀. 평범한 사람)

 **用例**

▶匹夫匹婦(필부필부)들도 언행일치로 약속을 지키고, 이웃의 신뢰를 받아야 情(정)도 나누면서 행복하게 살 수 있다는 것을 아는데, 일부 聖職者(성직자)들이 강도 높은 사회적 비판을 면치 못하는 것은 바로 배움과 가르침과 실천이 일치하지 않아, 추종자들의 믿음을 굳히지 못한 탓이니 비난받아 마땅할 것이다.

▶과학자는 객관적인 자료를 모아 판단하는 일에 익숙하다. 편견이나 선입견은 과학적 결론을 얻는 데 장애가 된다. 하지만 과학자도 사람을 판단하는 기준만큼은 匹夫匹婦(필부필부)와 다를 바 없는 것 같다. 과학자가 같은 업적과 기술을 지닌 대학생을 판단할 때, 남성보다 여성을 덜 유능하다고 여기는 것으로 나타났다.

▶생활인으로서의 나에게는 匹夫匹婦(필부필부)의 생활 체험에서 우러난 소박하고 진실한 眼識(안식)이, 고명한 철학의 난해한 글보다는 훨씬 맛이 있다는 것을 고백하지 않을 수 없다. 〈생활인의 철학 – 김진섭〉

▶천하의 백성을 생각함에 匹夫匹婦(필부필부) 중 堯舜(요순)의 은택을 입지 못한 자가 있으면, 마치 자기가 그들을 도랑에 밀어 넣은 것 같이 여겼으니, 그가 천하를 스스로 떠맡음이 이와 같았다[思天下之民(사천하지민) 匹夫匹婦有(필부필부유) 不與被堯舜之澤者(불여피요순지택자) 若己推而內之溝中(약기추이내지구중) 其自任以天下之重也(기자임이천하지중야)].

【類義語】 甲男乙女(갑남을녀) : 갑이라는 남자와 을이라는 여자. 평범한 보통 사람.
善男善女(선남선녀) : 착하고 어진 남녀. 평범한 보통 사람.
凡夫凡婦(범부범부) : 평범한 남자와 여자. 평범한 보통 사람.
愚夫愚婦(우부우부) : 어리석은 남자와 여자. 평범한 보통 사람.
張三李四(장삼이사) : 장씨의 셋째 아들과 이씨의 넷째 아들. 평범한 보통 사람.
樵童汲婦(초동급부) : 나무하는 아이와 물 긷는 아낙네. 평범한 보통 사람.

 **春秋左氏傳**[1](춘추좌씨전) - 昭公(소공) 七年(7년)

중국 춘추시대 정치가인 子産[2](자산)이 대답하여 가로되,

"그렇습니다. 사람이 태어날 때 먼저 이루어진 것이 '魄(백)'이고, 그 魄(백)이 생겨난 뒤 양기가 그 몸에 붙는 것을 '魂(혼)'이라고 합니다. 그리하여 물질을 취하여 몸뚱이를 길러 정력이 왕성해지면 혼과 넋도 강해집니다. 그러므로 그 정신이 맑아져 神命(신명 : 하늘과 땅의 신령)에 이릅니다.

따라서 '**평범한 사람**이라도 횡사하면, 그 혼과 넋이 남의 몸에 붙어 寃鬼(원귀)가 됩니다.

 原文 子産曰(자산왈) 能(능) 人生始化曰魄(인생시화왈백) 旣生魄陽曰魂(기생백양왈혼) 用物精多(용물정다) 則魂魄强(즉혼백강) 是以有精爽至於神命(시이유정상지어신명) **匹夫匹婦强死**(필부필부강사) 其魂魄猶能憑依於人(기혼백유능빙의어인) 以爲淫厲(이위음려).

그런데 하물며 良霄[양소 : 伯有(백유). 포악하고 방탕함]는 우리 善君(선군) 穆公[3](목공)의 후손이고, 子良[자량 : 去疾(거질)]의 손자이며, 子耳[자이 : 工孫輒(공손첩)]의 아들이고, 우리 鄭[4](정)나라의 卿(경)으로서 정치에 관여한 것이 3대 동안입니다. 정나라가 비록 풍족하지는 못하지만, 속담에 '작은 나라도 나라다.'라고 했습니다. 그러니 그는 3대 동안 정권을 잡고 있으면서, 몸을 위하여 사용한 물건도 많고 정력을 기르기도 많이 했습니다. 그리고 그의 가족 또한 크게 의지할 데가 있는데 횡사했으니, 귀신이 됨은 또한 마땅하지 않습니까?"

하였다.

 原文 況良霄(황양소) 我先君穆公之胄(아선군목공지주) 子良之孫(자량지손) 子耳之子(자이지자) 敝邑之卿(폐읍지경) 從政三世矣(종정삼세의) 鄭雖無腆(정수무전) 仰諺曰(앙언왈) 蕞爾國(최이국) 而三世執其政柄(이삼세집기정병) 其用物也弘矣(기용물야홍의) 其取精也多矣(기취정야다의) 其族又大所憑厚矣(기족우대소빙후의) 而强死(이강사) 能爲鬼不亦宜乎(능위귀불역의호)

1) **春秋左氏傳**(춘추좌씨전) : 공자의 『春秋(춘추)』를 노나라 左丘明(좌구명)이 해설한 주석서로, 『左氏傳(좌씨전)』이라 하며, 『左氏春秋(좌씨춘추)』·『左傳(좌전)』이라고도 한다. 『春秋穀梁傳(춘추곡량전)』·『春秋公羊傳(춘추공양전)』과 더불어 春秋三傳(춘추삼전)이라고 한다. 중국 최초의 編年體(편년체 : 연대 순서에 따라 기록) 역사서인 『춘추』에는 중국 역사 중 춘추시대(B.C. 770 ~ B.C.476)에 일어난 사건들이 기록되어 있다.

『춘추좌씨전』은 『춘추』의 상세한 주해서로서, 『춘추』에 기록된 사건들에 대해 상세한 산문체 설명과 풍부한 배경 자료를 제공하고 있다. 비록 단편적이기는 하지만, 당시 철학 유파들에 관한 믿을 만한 역사적 자료들과 증거들도 담겨 있다.

또한 춘추시대 전 시기에 일어난 주요 정치적·사회적·군사적 사건들을 포괄적으로 설명하고 있다. 또한 중국 최초의 談話體(담화체) 서술 방식으로 후세에 큰 영향을 끼쳐, 중국 문학사상 독보적인 지위를 차지하고 있다. 역사적인 사건과 인물들은 당사자들의 행동과 대화를 통해 직접적으로 드러나 있으며, 이 책의 3인칭 화술은 정연한 구조를 갖추고, 명료하고 간결한 표현을 사용한 것으로 정평이 나 있다.

2) **子産**(자산) : 중국 춘추시대의 鄭(정)나라 정치가. 성은 公孫(공손), 이름은 僑(교). 鄭(정)나라 穆公(목공)의 손자이며 子國(자국)의 아들이다. 기원전 554년 正卿(정경) 子孔(자공)이 내란으로 죽은 뒤 卿(경)이 되었다. 기원전 543년 伯有(백유)의 내란 이후 정경의 위치에서 난을 수습한 뒤, 죽을 때까지 정나라의 정치를 지배했다. 당시 정나라는 북방의 패자인 晉(진)나라와 남방의 패자인 楚(초)나라 사이에 끼여 고초를 겪었으나, 자산은 그의 박식과 웅변으로써 두 나라의 세력 균형을 이용하여 일시적인 평화를 누렸다.

3) **鄭 穆公**(정 목공, B.C.649 ~ B.C.606. 재위 B.C.627 ~ B.C.606) : 춘추시대 鄭(정)나라 제9대 임금으로 이름은 蘭(난)이다. 鄭 文公(정 문공. 재위 B.C.672 ~ B.C.628) 24년(B.C.649), 賤妾(천첩) 연길의 소생으로 태어났다. 정 문공이 아들들을 죽이고 내쫓을 때, 진나라로 달아났다. 정 문공 43년(B.C.630), 정 문공이 예전에 晉 文公(진 문공)을 무례히 대했고 또 성복 전투에서는 진 문공의 적 楚(초)나라 편을 든 까닭에 晉(진)과 陳(진)의 연합 공격을 받았다. 진 문공은 공자 蘭(난)으로 태자를 삼을 것을 정나라에 요구했고, 정 문공도 이를 받아들이니 공자 난은 귀국했다.

아버지 정 문공이 죽자, 그 뒤를 이어 임금이 되었다. 정 목공 원년(B.C.627), 초나라 영윤 자상이 초나라로 망명한 형제인 공자 하를 정나라 임금으로 세우려고 쳐들어왔는데, 공자 하가 사로잡혀 죽임을 당했다. 이로써 정 목공의 君位(군위)가 튼튼해졌다. 그의 뒤를 아들 夷(이)가 이으니, 곧 제10대 鄭 靈公(정 영공. 재위 B.C.605 1년)이다.

4) **鄭**(정, B.C.806 ~ B.C.375) : 周(주) 왕조와 춘추시대에 걸친 주나라의 제후국 중 하나이다. 주 宣王(선왕)이 동생 桓公(환공) 友(우)를 지금의 섬서성 華縣(화현)에 봉지를 내려 생겨난 중원의 小國(소국)이다. 주 유왕의 정사가 어지러워지자 화를 피해 동쪽으로 옮겨 東虢(동곽)과 檜(회)나라에서 열 읍을 받아 새로 나라를 세웠다. 작위는 伯爵(백작)이었으며, 공실의 성씨는 姬(희)로 동성 제후국에 속했다. 韓(한)에 의해 기원전 375년에 멸망했다.

249 邯鄲之夢 한단지몽

字解
- 邯 : 조나라 서울 **한** [邯鄲(한단) : 중국 허베이성 남서부에 있는 도시]
- 鄲 : 조나라 서울 **단** [邯鄲(한단) : 중국 허베이성 남서부에 있는 도시]
- 之 : 의 **지** [小人之勇(소인지용) : 혈기에서 나오는 소인의 용기]
- 夢 : 꿈 **몽**, 꿈꿀 **몽** [夢想(몽상) : 꿈같은 헛된 생각]

語義 '邯鄲(한단 : 지명)'에서 꾼 꿈.
(인생의 부귀와 영화는 덧없음)
(한바탕 헛된 꿈)

 用例

▶ 계획과 발표는 그럴 듯했다. 2015년까지 자전거 세계 3대 강국 진입, 자전거도로 네트워크 구축에 1조 2,400억 투입, 국내 자전거 생산기반 회복, 이를 위한 대덕특구 자전거 클러스터 조성 등 '두 바퀴 혁명'이 시작됐으며, 그 견인차는 당연히 대덕특구가 될 것처럼 보였다. 하지만 '邯鄲之夢(한단지몽)'이었다. '대덕특구발 두 바퀴 혁명'은 한 바퀴도 제대로 끼지 못한 채 사업 자체가 사라졌다.

▶ 패션·섬유업계의 장밋빛 전망은 '邯鄲之夢(한단지몽)'에 그칠 가능성이 높아졌다. 한미 FTA 발효로 그동안 높은 관세가 매겨졌던 섬유 산업에 큰 혜택이 주어질 것으로 기대되지만, 원산지 규정 때문에 그 실질적인 효과는 미진할 전망이다. 현재 섬유 분야는 대미 교역물품 중 고관세 적용, 즉 평균 13.1%에서 최대 32%의 관세를 지불하고 있는 상황이다.

【類義語】
- 老生之夢(노생지몽) : 노생의 꿈. 인생은 한바탕의 꿈과 같이 허무함.
- 一場春夢(일장춘몽) : 한바탕 꿈을 꿀 때처럼 흔적도 없는 봄밤의 꿈. 인간 세상의 덧없음.
- 南柯一夢(남가일몽) : 덧없는 꿈. 덧없는 부귀영화.
- 黃粱之夢(황량지몽) : 노생이 잠들기 전에 짓던 기장밥이 꿈에서 깨어 보니, 아직 익지 않은 짧은 시간이었음. '黃粱一炊之夢(황량일취지몽)'의 준말.

 **出典** 沈中紀[1] (침중기, 당나라 심기제[2]가 쓴 전기소설) *沈 : 가라앉을 침, 성 심

唐(당)나라 玄宗(현종, 제6대 황제. 재위 712 ~ 756) 開元(개원) 연간에 있었던 일이다. 呂翁(여옹)이라는 도사가 하루는 邯鄲(한단 : 하북성에 있는 전국시대 조나라의 서울)이라는 곳에 있는 한 주막에서 쉬고 있었다. 그때 허름한 차림의 盧生(노생)이라는 젊은이도 남루한 차림으로 검은 망아지를 타고 들어와 쉬게 되었다. 한참 신세타령을 하더니, 노생이 문득 생각난 듯이,

"사나이가 세상에 태어나 부귀를 못 누리고, 이런 시골구석에 처박혀 있다니……."

하고 한숨을 지었다.

"보아하니, 나이도 젊고 얼굴도 잘생긴 데다가 매우 패기가 있어 보이는데, 왜 그런 실망에 찬 소리를 하는 거지?"

하고 여옹이 묻자, 노생은 이렇게 대답했다.

"마지못해 살고 있을 뿐, 즐거움이란 것이 전연 없습니다."

"어떻게 살면 즐겁게 사는 건가?"

하고 묻자, 노생은 出將入相(출장입상 : 문무를 다 갖추어 장군과 재상의 벼슬을 모두 지냄)에 부귀영화를 누리는 것이 가장 소원이라고 대답했다.

그때 노생은 갑자기 졸음이 왔다. 마침 주막집 주인은 메조[黃粱(황량) : 노란 빛깔의 기장]를 씻어 솥에다 밥을 짓고 있었다. 여옹이 행랑에서 베개를 꺼내 노생에게 주며 말했다.

"이걸 베고 눕지. 모든 것이 소원대로 이루어질 테니까."

노생은 여옹이 준 베개를 베고 잠이 들었다. 그 베개는 도자기로 된 베개로 양쪽에 구멍이 있었는데, 그 구멍이 차차 커지는 것이 아닌가! 노생이 이상히 여겨 그 속으로 들어가 보니, 훌륭한 집이 있었다.

노생은 거기서 당대 제일가는 부잣집인 최씨의 딸을 아내로 맞이하고, 진사 시험에도 급제까지 하게 된다. 고을의 원이 되어 크게 업적을 올린 끝에, 3년 후에는 京兆尹(경조윤 : 수도의 시장)으로 승진되어 장안으로 부임해 오게 된다. 다시 그는 오랑캐를 무찌르기 위해 節度使(절도사 : 군대를 거느리고 그 지방을 다스리던 관아. 또는 그 으뜸 벼슬)로 부임하여 큰 공을 세우고, 약간의 파란이 있기는 했으나 꾸준히 승진을 거듭하여 마침내 재상에까지 오르게 된다.

한때 간신의 모함을 받아, 포리들이 집을 둘러싸고 그를 역모 혐의로 잡아가려 했다. 그는 아내를 보고,

"내가 고향에서 농사나 짓고 있었으면, 배고픔과 추위를 겪지 않고 편안히 살 수 있었을 것을, 무엇이 부족해서 애써 벼슬을 하려 했단 말인가……."

하며, 칼을 뽑아들고 자살하려 했다. 그러나 아내가 말리는 바람에 미수에 그쳤는데, 다행히 사형은 면하고 멀리 남방으로 좌천이 되었다. 그러나 몇 년 후 모함을 받은 사실이 밝혀져, 다시 中書令(중서령)이 되고 재상이 되었으며, 燕國公(연국공)에 봉해져 천자의 두터운 신임을 받았다. 그 후 다섯 아들과 십여 명의 손자를 두고, 행복한 나날을 보내다가 老患(노환)으로 죽고 말았다.

노생이 언뜻 깨어 보니, 모든 것이 꿈이었다. 주모가 끓이던 메조가 아직 익지도 않은 짧은 시간이었다. 노생이 이상히 여겨,

"아니 꿈이었단 말인가?"

하자, 옆에 있던 여옹은 웃으며,

"人生之事(인생지사) 또한 이와 같은 것이라네."

하고 말했다고 한다.

노생은 과연 그 여옹의 말이 옳다 싶었다. 노생은 잠시 후,

"寵辱(총욕 : 총애와 모욕)과 得失(득실)과 生死(생사)가 어떤 것인지를 다 알게 되었습니다. 선생님의 가르치심은 절대로 잊지 않겠습니다."

하고 두 번 절한 다음 떠나갔다는 것이다.

이상이 '沈中紀(침중기)'의 줄거리다. 비슷한 설화인데 간단한 것으로는, 이미 六朝時代(육조시대 : 중국 3국시대 오·동진 및 남조의 송·제·양·진을 합한 시대) 干寶(간보)의 '搜神記(수신기)'에도 보인다. 침중기보다 나중의 것으로는 당나라 李公佐(이공좌)의 傳奇(전기)소설 '南柯太守傳(남가태수전)', 명나라 湯顯祖(탕현조)의 희곡 '南柯記(남가기)'가 있는데, 같은 구상의 것이다. 위의 고사에서 '**邯鄲之夢**(한단지몽)'이라는 성어가 유래하였다.

---

1) **沈中紀**(침중기) : 唐代(당대) 沈旣濟(심기제)가 지었다. 『太平廣記(태평광기)』 권82에는 呂翁(여옹)이라는 제목으로 실려 있고, 말미에 『異聞集(이문집)』이라고 그 출전을 밝혀 놓았다. 『이문집』은 唐代(당대) 陳翰(진한)이 편찬한 傳奇集(전기집)이다.

또한 『文苑英華(문원영화)』 권833에는 '침중기'라는 제목으로 실려 있는데, 『태평광기』의 문장과 많이 다르다. 한편 『搜神記(수신기)』의 佚文(일문)에 들어 있는 楊林(양림) 고사는 그 기본 줄거리가 『침중기』와 흡사하여, 『침중기』의 창작에 직접적인 영향을 미친 것으로 보인다.

『침중기』는 『南柯太守傳(남가태수전)』과 함께 夢幻類(몽환류) 傳奇小說(전기소설)의 대표작으로서, 속세에서 부귀영화를 추구하는 사람들을 우회적으로 비판하고 있으며, '인생은 한낱 꿈에 불과하다.'는 주제는 佛道思想(불도사상)의 영향을 받았음을 잘 보여 준다. 이 작품은 '邯鄲之夢(한단지몽)', '黃粱一夢(황량일몽)'이라는 고사성어의 출전이 되었다. 후대 戲曲(희곡) 작품 가운데 元代(원대) 馬致遠(마치원)의 『邯鄲道省悟黃粱夢(한단도성오황량몽)』, 明代(명대) 蘇漢英(소한영)의 『呂眞人黃粱夢境記(여진인황량몽경기)』, 湯顯祖(탕현조)의 『邯鄲記(한단기)』 등이 모두 그 영향을 받았다.

2) **沈旣濟**(심기제, 약 750 ~ 800) : 중국 蘇州(소주) 사람으로 唐代(당대)의 문학가, 역사가이다. 經學(경학)과 史學(사학)에 정통했으며, 德宗(덕종, 당나라 제9대 황제. 재위 780 ~ 805) 때, 楊炎(양염)의 추천으로 左拾遺(좌습유)와 史館修撰(사관수찬)에 임명되어 『建中實錄(건중실록)』 10권을 편찬했는데, 훌륭하다는 평을 받았다. 貞元年間(정원연간, 785 ~ 804)에 楊炎(양염)이 죄를 짓자, 그 사건에 연루되어 處州(처주) 司戶參軍(사호참군)으로 좌천되었다가, 나중에 다시 入朝(입조)하여 禮部員外郎(예부원외랑)을 역임했다.

250 邯鄲之步 한단지보

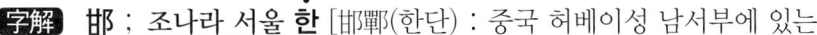

字解
邯 ; 조나라 서울 **한** [邯鄲(한단) : 중국 허베이성 남서부에 있는 도시]

鄲 ; 조나라 서울 **단** [邯鄲(한단) : 중국 허베이성 남서부에 있는 도시]

之 ; 의 **지** [老生之夢(노생지몽) : 노생의 꿈. 인생은 꿈과 같이 허무함]

步 ; 걸음 **보** [步道(보도) : 사람이 걸어다니는 길]

語義 邯鄲(한단) 지방의 걸음걸이.
(자기의 본분을 잊고 함부로 남의 행위를 따라 하면, 두 가지 모두 잃음)

 用例

▶어릴 적에 고사성어를 만화로 쉽게 설명해 주는 책이 있었다. 아직도 기억에 남는 것은 '邯鄲之步(한단지보)'. 시골에 사는 한 사내아이가, 서울에서 온 사람의 멋진 걸음걸이를 보고 배우고자 밤낮 없이 연습을 한다. '아, 저 아이는 열심히 하니까 이루고자 하는 것을 이루겠구나.'라고 생각했는데, 결국 자신의 본 걸음걸이까지 잃어버려 기어 다니는 것으로 이야기가 끝난다.

▶'벗어 놓은 신발을 바르게 해놓는 것도 덕을 쌓는 것'이라고 하시던 스님은 어느 결에 앞서 가시며 곳곳마다 들려주신다. 중간에 있던 작은 탑도 지나고 절하며 돌아오니, "새 것을 알기 위해 옛 것을 잃어버리는 邯鄲之步(한단지보)를 범해서는 아니 됩니다."라는 말씀을 끝으로 강조하시며, 짬도 없이 진행하던 약속된 시간은 이렇게 매듭이 되었다.

【類義語】 邯鄲學步(한단학보) : 한단에서 걸음걸이를 배운다.

 莊子(장자) - 秋水篇(추수편)

公孫龍[1](공손룡)은 중국 전국시대 趙(조)나라의 思想家(사상가)로, 자신의 학문과 변론이 당대 최고라고 여기고 있었다. 그러던 차에 莊子(장자)에 관한 이야기를 듣게 되었다. 그는 자신의 변론과 지혜를 장자와 견주어 보려고, 魏(위)나라의 公子(공자) 魏牟(위모)에게 장자의 道(도)를 알고 싶다고 말했다. 장자의 선배인 위모는 공손룡의 의중을 알고는 案席(안석 : 벽에 세워 놓고 앉을 때 몸을 기대는 방석)에 기댄 채 한숨을 쉬고, 하늘을 우러러 웃으면서 말했다.

"당신의 지혜란 옳고 그름의 한계조차도 알지 못할 정도인데도 장자의 말을 이해하려 하고 있으니, 그것은 마치 모기에게 산을 짊어지게 하고, 노래기로 하여금 荒河(황하)를 건너게 하는 것과 같아서,

반드시 감당해 내지 못할 것이오. 그리고 지혜는 극히 오묘한 말을 논할 만큼 되지 못하면서도, 스스로 일시적인 詭辯(궤변)에 의한 이익이나 추수하는 것은 무너진 우물 안의 개구리와 같지 않은가?

당신은 그런데도 멍청히 관찰로 이해하고, 변론으로 추구하려 하고 있소. 이것이야말로 가는 관으로 하늘을 내다보고, 송곳으로 땅을 가리키며 하늘과 땅의 넓이를 살피려는 것과 같소. 얼마나 작은 소견이오. 당신은 돌아가시오."

그리고는 이어서 다음의 이야기를 들려주었다.

"자네만 홀로 壽陵(수릉)의 젊은이가 **한단에 가서, 걸음걸이를 배웠다**는 이야기를 듣지 못했는가[子獨不聞(자독불문) 夫壽陵餘子之**學行于邯鄲**與(부수릉여자지학행우한단여)]? 그는 한단의 걸음걸이를 제대로 배우기도 전에 본래의 걸음걸이마저 잊어버려, 엎드려 기어서 돌아갈 수밖에 없었다는 걸세. 지금 자네도 장자에 이끌려 여기를 떠나지 않고 있다가는 그것을 배우지도 못한 채, 자네 본래의 지혜를 잊어버리고 자네의 본분마저 잃게 될 걸세."

이 말을 듣고 공손룡은 입을 다물지 못하고 도망쳤다고 한다.

위의 고사 '學行于邯鄲(학행우한단)'에서 '邯鄲之步(한단지보)'라는 말이 비롯되었다. 이는 자기 본분을 잊고 함부로 남의 흉내를 내는 지각없는 사람들을 신랄하게 비웃은 이야기이다. 사람은 자기 분수에 따라 살아야만 한다. 자기 분수를 모르고 남의 흉내나 낸다면, 이것이 바로 '邯鄲之步(한단지보)'가 되는 것이다.

---

1) 公孫龍(공손룡, B.C.320 ~ B.C.250) : 기원전 4 ~ 3세기, 중국 趙(조)나라에 있었던 철학파인 名家[2](명가)의 대표적인 인물. 명가의 신봉자들은 말의 진정한 의미를 분석하는 데 관심을 기울였다. 그러나 명가는 이 시기 이후로는 별 영향력을 갖지 못했다.

공손룡은 '하얀 말은 말이 아니다[白馬非馬(백마비마)].'라는 논제로 유명하다. 그의 설명에 따르면, 하얀 말은 하얗기 때문에 '形象(형상)'이 하얀 특수한 종류의 말이며, 이것은 보편적 개념의 말이 아니기 때문에 하얀 말은 말이 아니라는 것이다. 그가 쓴 「公孫龍子(공손룡자)」는 일부나마 보존되어 있는, 고대 중국의 유일한 論理學(논리학) 서적이다. 원래는 14개 장으로 이루어졌지만, 지금은 6개 장만이 남아 있다.

2) 名家(명가) : 중국 전국시대의 철학유파. 辯證論理(변증논리)를 연구하는 철학 사조를 대표한다. 주요 인물로는 惠施(혜시)·公孫龍(공손룡) 등이 있다. 『漢書(한서)』 「藝文志(예문지)」에서는 당시의 대표적인 9개 유파 가운데 하나로 소개하고 있다. 명가는 '刑名家(형명가)'라고 불리기도 하는데, 고대의 刑(형)자는 形(형)자와 서로 통하는 글자로 刑名(형명)은 곧 形名(형명)과 같다. '形(형)'이란 '사물의 형체를 가리키는 말'이요, '명(名)'이란 '명칭·개념'을 가리킨다. 명가는 개념·판단·추론 등의 논리 문제를 탐구하게 되었다. 이와 같은 명가의 변론사상은 고대 논리학 발전에 큰 도움을 주었다.

251 寒往暑來 한왕서래

字解
- 寒 : 찰 한 [三寒四溫(삼한사온) : 주기적으로 3일 가량 추운 날씨가 계속되다가, 다음 4일 가량은 따뜻한 날씨가 이어지는 기후 현상]
- 往 : 갈 왕 [往復(왕복) : 갔다가 돌아옴]
  - 옛 왕 [往年(왕년) : 지나간 해. 옛날]
- 暑 : 더울 서, 더위 서 [避暑(피서) : 선선한 곳으로 옮겨 더위를 피함]
- 來 : 올 래(내) [來往(내왕) : 오고가고 함]

語義 추위가 물러나고 더위가 온다.
(세월이 흘러감)
(사물은 순서대로 진행되기 마련임)

用例

▶ 세상 영욕 다 버리고 靑羅烟月(청라연월) 대사립에 백운심처 찾아가니, 적적시문 개 짖는데 요요운학 그 뉘 알리. 인간 공명 모르거든 세상 시비 어이 알리. 황금보다 교불심하니 어느 벗이 날 찾으리. 광음을 헤아리니 春林(춘임)에 聞杜鵑(문두견)이 어제러니, 어느 사이에 秋雁(추안)이 又傳聲(우전성)이라. **寒往暑來**(한왕서래)하니 사시를 짐작하고, 의약복서 알겠으니 그 무엇이 부족하랴. 〈江村別曲(강촌별곡)〉

▶ '嚴冬雪寒(엄동설한)'으로 쓴 四字成語行詩(사자성어행시)
  嚴妻侍下(엄처시하)를 핑계 삼아 술자리도 피하더니,
  冬扇夏爐(동선하로) 철모르고 대해서는 안 될 거요!
  雪中松柏(설중송백) 굳은 절개 춘향이는 지조 지켜,
  寒往暑來(한왕서래)한다는 것 일편단심 믿들레요!

【類義語】寒來暑往(한래서왕) : 추위가 오고 더위가 감.

出典 周易[1](주역) – 繫辭(계사) 下(하)

『周易(주역)』 咸卦[2](함괘)의 爻辭[3](효사)에서,
"벗을 그리워하는 마음으로 오며가며 생각하니, 벗이 그대의 생각을 좇는다."
고 하였다. 이에 공자가 말하기를,

"천하에 무엇을 생각하고 무엇을 염려한단 말인가? 천하의 수많은 일들이 길은 다르지만, 마침내는 한곳으로 歸一(귀일)하는 것이다. 하나로 일관하면, 백 가지의 생각도 마침내는 一致(일치)하는 것이다. 무엇을 생각하고 무엇을 염려한단 말인가? 오직 一貫(일관)의 道(도)를 깨닫는다면, 생각하지 않아도 저절로 얻을 수 있는 것이다.

해가 가면 달이 오고, 달이 가면 해가 오니, 해와 달이 서로 밀어 밝음이 생긴다. **추위가 가면 곧 더위가 오고**, 더위가 가면 추위가 오니, 춥고 더운 것이 서로 밀어 한 해[歲(세)]를 이룬다. 가는 것은 굽힘이오, 오는 것은 펴지는 것이다. 이렇게 굽힘과 펴짐이 서로 느껴서 이로움이 생기는 것이다."

 原文 日往則月來(일왕즉월래) 月往則日來(월왕즉일래) 日月相推(일월상추) 而明生焉(이명생언) <u>寒往則署來</u>(한왕즉서래) 署往則寒來(서왕즉한래) 寒暑相推而歲成焉(한서상추이세성언) 往者屈也(왕자굴야) 來者信也(내자신야) 屈信相感(굴신상감) 而利生焉(이리생언)

위의 '寒往則署來(한왕즉서래)'에서 '寒往署來(한왕서래)'가 유래하였다.

---

1) **周易**(주역) : 중국 유교 경전 중의 하나. 『易經(역경)』이라고도 한다. 「經(경)」・「傳(전)」의 두 부분을 포함하며, 대략 24,000자이다. 周(주)의 문왕이 지었다고 전해진다. 卦(괘)・爻(효)의 2가지 부호를 중첩하여 이루어진 64괘・384효, 卦辭(괘사), 爻辭(효사)로 구성되어 있는데, 卦象(괘상)에 따라 吉凶禍福(길흉화복)을 점쳤다. 주나라 사람이 간단하게 8괘로 점을 치는 책이었으므로 『주역』이라고 했다.

程頤(정이, 1033 ~ 1107, 중국 북송 중기의 유학자)의 주석서 『易傳(역전)』은 경전의 해석을 통해 철학적인 관점을 나타내고 있을 뿐만 아니라, 세계관・윤리학설 및 풍부하고 소박한 변증법을 담고 있어, 중국 철학사상 중요한 위치를 차지하고 있다. 『역전』의 「繫辭篇(계사편)」 등에서는 陰(음)・陽(양) 세력의 교감 작용을 철학 범주로 격상시켜, 세계 萬事萬物(만사만물)을 통일된 체계로 조성했다. 이로써 秦代(진대)・漢代(한대) 이후의 사상계에 많은 영향을 끼쳤으며, 서양 학자들의 관심을 끌었다. 주석본은 매우 많으나, 일반적으로 알려진 것은 『周易正義(주역정의)』・『周易集解(주역집해)』・『周易古經今注(주역고경금주)』・『周易大傳今注(주역대전금주)』 등이 있다.

2) **咸卦**(함괘) : 六十四卦(육십사괘)의 서른한 번째 卦(괘). 연못을 나타내는 兌卦(태괘)와 산을 나타내는 艮卦(간괘)가 위아래로 이어진 것으로, 澤山咸卦(택산함괘)라고도 한다. 산 위에 연못이 있음을 상징한다. '咸(함)'이라는 글자의 의미로는 情感(정감)을 말한다고 하는 '다함', '두루 미치다', '널리 미치다', '같게 하다' 등이 있다.

3) **爻辭**(효사) : '爻(효)로 이루어진 卦(괘) 전체를 풀이한 것'을 '卦辭(괘사)'라 하며, '효의 뜻을 풀이한 것'을 '爻辭(효사)'라고 한다. 하나의 괘에는 6개의 효사가 있고, 『주역』 전체에는 384개의 효사가 있다. 각 효마다 그 효의 음・양의 성질과 순서를 뜻하는 두 글자로 된 爻題(효제)가 있고, 吉凶禍福(길흉화복)을 나타내는 爻辭(효사)가 있다.

252 汗牛充棟 한우충동

字解
汗 : 땀 **한** [汗蒸(한증) : 건강을 위해 몸을 덥게 하여 땀을 냄]
牛 : 소 **우** [牛毛麟角(우모인각) : 공부하는 사람은 쇠털같이 많은데, 성공하는 사람은 기린 암놈 뿔같이 아주 귀하고 드물다]
充 : 가득할 **충**, 찰 **충** [充滿(충만) : 가득 참]
棟 : 마룻대 **동**, 용마루 **동** [棟樑(동량) : 마룻대와 들보, 뛰어난 인물]

語義 수레에 실으면 소가 땀을 흘리고, 쌓으면 마룻대까지 찬다.
(가지고 있는 책이 매우 많음)

 **用例**

▶ 하루에 한 편씩 하면, 4년간 1,400여 편을 작성할 수 있다. 그렇게 한 사람과 안 한 사람의 차이는 天壤之差(천양지차)일 것이다. 옛날 사람들도 책 읽기를 소중히 여겼다. 男兒須讀五車書(남아수독오거서), **汗牛充棟**(한우충동), 讀書百遍義自見(독서백편의자현) 같은 말이 전해지고 있지 않은가?

▶ 책은 교양과 지식의 저장매체다. 아무리 많은 서점과 도서관이 있어도, 저장과 전시에만 머물고 사람의 손에서 멀어진다면 무용지물일 수밖에 없다. **汗牛充棟**(한우충동)은 아니더라도 우리의 눈과 손에서 책이 멀어질 때, 우리의 지식 기반과 경쟁력도 따라서 떨어진다.

【類義語】 五車之書(오거지서) : 다섯 수레에 가득 실을 만큼 많은 책.

 **柳宗元**[1](유종원) – 陸文通先生(육문통선생) 墓表(묘표)

중국 唐(당)나라의 명문가로 알려진 柳宗元(유종원)이 같은 시대의 역사학자 陸文通[2](육문통)을 위해 쓴 墓表(묘표)에 있는 말이다. '묘표'란 '죽은 사람의 사적과 덕행을 기리는 문장'으로 돌에 새겨 무덤 앞에 세우는 것이다.

"공자가 『春秋(춘추)』를 지은 지 천오백 년이 된다. 그런데 그 『춘추』의 해석을 둘러싸고 천 명의 학자가 온갖 주석을 하고 있지만, 비뚤어진 해석이나 다른 학파에 대한 비난과 공격만이 눈에 띈다. 더욱이 그런 패거리들의 저작만이 세상에 횡행한다. '그 著書(저서)나 藏書(장서)의 엄청남이란, 집에 두면 곧 **들보에까지 꽉 차고**, 꺼내어 운반하게 되면 곧 **수레를 끄는 마소도 그 땀을 흘릴 정도다**[其爲書(기위서) 處則**充棟**宇(처즉충동우) 出則**汗牛**馬(출즉한우마)].'라는 상태다.

한편 공자의 본뜻에 합치(합치)한 학설은 세상에 묻힌 채로 있다. 孔子(공자)의 뜻에 맞는 책이 숨겨지고, 혹은 어긋나는 책이 세상에 드러나기도 하였으니, 후세의 학자들은 늙어 죽도록 아무리 공부하여도 그 참뜻을 얻지 못하게 되었다. 자신이 배운 것만을 옳다고 고집하여, 서로 다른 바를 비방하고, 마른 대나무의 무리가 되며, 썩은 뼈를 지키어, 父子(부자)가 서로 상대를 상처내고, 임금과 신하가 배반하기에 이르는 자가 이전 세상에는 많이 있었다. 심하도다. 聖人(성인 : 공자)의 뜻을 알기가 어렵게 되었도다."

柳宗元(유종원)은 학문계의 당시 상황을 이렇게 말하고 한탄했다.

지금은 이 말이 좋은 뜻으로 쓰이고 있는데, 원래 이 말을 썼을 때는 좋지 못한 무익한 책이 너무 많다는 것을 지적한 말이었다. 육문통 선생은 보통 학자가 아니고, 공자가 지은『춘추』의 근본 뜻을 알고 있는 훌륭한 춘추학자라는 것을 강조하기 위해, 그 밖의 많은 학자들의 무익한『춘추』에 관한 해설서들이 너무 많다는 것을 과장하여, '**充棟宇**(충동우) **汗牛馬**(한우마)'라고 쓴 것이 순서가 바뀌고 말이 약해져서, '**汗牛充棟**(한우충동)'으로 굳어지게 된 것이다.

---

1) **柳宗元**(유종원, 773 ~ 819) : 중국 唐(당)나라의 문학자, 철학자. 異名(이명)은 柳河東(유하동), 자는 子厚(자후). 일찍이 劉禹錫(유우석) 등과 함께 王叔文(왕숙문)의 혁신단체에 참가했으나, 실패하여 永州司馬(영주사마)로 좌천되었다. 후에 柳州刺史(유주자사)를 지내 柳柳州(유유주)라고도 한다. 韓愈(한유)와 함께 古文(고문) 운동을 제창하여, 거의 1,000년 동안 귀족 출신의 문인들에게 애용된 駢儷文(변려문)에서 작가들을 해방시키려고 했다. 한유와 함께 당송팔대가에 속하여 '韓柳(한유)'라고 병칭된다. 그러나 철학적으로는 한유와 큰 견해 차이를 보여, 天(천)의 意志有無(의지유무)에 관해 논쟁을 벌였다. 유종원은 천지가 생기기 전에는 오직 元氣(원기)만이 존재했으며, 천지가 나누어진 뒤에도 원기는 천지 중에 있다고 생각했다. 원기 위에 천이라는 최상위 개념이 있는 것을 부정하여 천이 상과 벌을 내린다는 천명론에 반대했다.

雜文(잡문)에서 전형적인 사물을 예로 들어 심오한 哲理(철리)를 제시했다. 그의「山水遊記(산수유기)」는 널리 알려져 있는데, 특히 景物(경물)의 특징을 묘사하는 데 뛰어났다. 유명한『永州八記(영주팔기)』가운데「鈷鉧潭西小丘記(고무담서소구기)」는 돌을,「小石潭記(소석담기)」는 담수어를,「袁家渴記(원가갈기)」는 초목을 묘사했는데, 서로 다른 각각의 사물을 생생하게 그리고 있다. 또한 세상에 대한 울분을 자연풍경에 이입하고, 속세와 떨어져 있는 기이한 산수에 마음의 울분을 기탁하여 작품에 반영했다. 그밖에『柳河東集(유하동집)』이 있다.

2) **陸文通**(육문통) : 당나라의 역사학자인 陸質(육질)을 말한다. 그는 처음 이름이 淳(순)이었는데, 뒤에 당 憲宗(헌종)의 이름과 같다고 하여 質(질)이라고 고쳤다. 유종원이 그의 학자적 공적을 숭앙하여, 文通先生(문통선생)이라 私諡(사시 : 일가친척이나 고향 사람이 지어 준 시호)하였으므로 보통 陸文通(육문통)이라 칭한다.

253 含哺鼓腹 함포고복

字解
含 : 머금을 **함** [含蓄(함축) : 속에 지니어 드러나지 아니함]
哺 : 먹일 **포** [哺乳(포유) : 젖을 먹여 새끼를 기름]
鼓 : 북 고 [鼓角(고각) : 북과 나팔]
　　두드릴 **고** [鼓手(고수) : (북을) 두드리는 사람]
腹 : 배 **복** [腹筋(복근) : 배의 근육]

語義 잔뜩 먹고 배를 두드린다.
(먹을 것이 풍족하여 즐겁게 지냄)
(천하가 태평하여 살기 좋음)

 用例

▶ 연년이 풍년드니 해마다 보리 베어 / 마당에 두드려서 방아에 쓸어내어 / 일분은 밥쌀 하고 일분은 술쌀 하여 / 밥 먹어 배부르고 술 먹어 취한 후에 **含哺鼓腹**(함포고복)하여 격앙가를 부르나니 / 농부의 저런 흥미 이런 줄 알았으면 / 공명을 탐치 말고 농사를 힘쓸 것을 / 백운이 즐기는 줄 청운이 알았으면 / 탐화봉접이 그물에 걸렸으랴 〈萬言詞(만언사 : 조선 정조 때, 안조환이 지은 유배 가사) 중에서〉

▶ 철학자 칸트는 "농부는 수확의 기대 없이 씨를 뿌리지 않는다." 하였습니다. 굳이 이상정치의 대명사로 비견되는 사자성어 **含哺鼓腹**(함포고복)까지 거론하지 않더라도, 부가가치 창출을 통한 주민소득 증대와 누구나 찾아와 살고 싶어 하는, 행복도시 건설은 지역민의 한결같은 소망이며 시대적 과제입니다. 그러나 현재 군행정은 주민들의 기대치에 부응하는 행정이 아니라, 주민들이 오히려 행정을 걱정해야 하는 딱한 처지에 놓이고 말았습니다.

【類義語】 鼓腹擊壤(고복격양) : 배를 두드리고 땅을 치며, 태평한 세월을 즐김.

 ① 莊子(장자) - 馬蹄篇(마제편)

무릇 말[馬(마)]이 뛰어다니며 살아갈 때엔 풀을 먹고 물을 마시며, 기쁘면 목을 서로 맞대고 비벼대고, 성이 나면 등을 돌려 서로 걷어찬다. 말의 지혜란 이것뿐이다. 그런데 말에게 멍에를 올려놓고 굴레로써 제약을 가하게 되자, 말은 끌채(수레의 양쪽에 대는 긴 채)를 피하고, 멍에를 떨쳐 버리고, 수레 포장을 물어 찢고, 재갈을 뱉어 내고, 고삐를 물어뜯을 줄 알게 되었다. 그러므로 말의 지혜를 도적처

럼 교활하게 만든 것은 伯樂(백락 : 전국시대 사람으로 뛰어난 말 감정가이며 조련사)의 죄인 것이다.

赫胥氏(혁서씨 : 고대 중국 복희씨의 9대 후손)의 시대에는 백성들은 살면서도 무엇을 해야 할지 몰랐고, 걸어 다니면서도 갈 곳을 몰랐다. '**잔뜩 먹고** 즐거워하였고, **배를 두드리며** 놀았다[含哺(함포이희) 鼓腹而遊(고복이유)].' 백성들의 능력은 이런 정도에 그쳤었다. 聖人(성인)이 禮儀(예의)와 音樂(음악)을 번거로이 하여 천하의 모양을 뜯어고쳤다. 仁義(인의)를 내걸어 천하 사람들의 마음을 위로하였다. 그러자 백성들은 비로소 일에 힘쓰면서 智慧(지혜)를 좋아하였으나, 또한 다투어 利益(이익)을 추구하게 되었으니, 이를 금할 수가 없게 되었다. 이것도 역시 성인의 잘못인 것이다.

말을 잘 다루는 사람에 의하여 말이 교활해졌듯이, 성인이 仁義(인의)로 사람의 本性(본성)을 잃게 함으로써 사람들은 어지러워졌다는 것이니, 이는 바로 莊子(장자)에서 '無爲而化(무위이화 : 애써 하지 않아도 잘됨)'를 강조한 대목이다.

② 十八史略[1](십팔사략)

중국 신화에 나오는 堯(요)임금이 자신이 천하를 통치한 지 50년이 지난 후, 민심을 살피다가 듣게 되었다는 '擊壤歌[2](격양가)'에 나오는 말로, 당시의 한 백발노인이 거리에서 불렀다고 전해지고 있다.

日出而作 日入而息(일출이작 일입이식)	해가 뜨면 농사짓고, 해가 지면 쉬며,
耕田而食 鑿井而飮(경전이식 착정이음)	밭 갈아 먹고, 우물 파 물 마시노라.
含哺鼓腹 鼓腹擊壤(함포고복 고복격양)	**잔뜩 먹고 배 두드리고**, 배 두드리며 격양가를 부르니,
帝力何有 于我哉(제력하유 우아재)	임금님의 힘이 내게 무슨 소용 있겠는가.

즉, 사는 것이 풍요롭고 즐거워서, 임금님 이름까지 잊고 배불리 먹고 노래를 부른다는 뜻으로, 중국 堯舜時代(요순시대)의 太平聖代(태평성대)를 표현한 노래이다.

---

1) **十八史略**(십팔사략) : 중국 元(원)나라 曾先之(증선지)가 '十八史(십팔사)'를 요약하여 初學子用(초학자용)으로 편찬한 책. 중국 太古(태고)에서 宋末(송말)까지의 역사적인 사실을 기록하였다. 原書(원서)는 2권이었으나, 明(명)나라 초기에 陳殷(진은)이 음과 해석을 달아 7권으로 하고, 劉炎(유염)이 補注(보주)를 가하여 간행한 것이 현행본이다. 사실의 취사선택이 부정확하였기 때문에, 중국에서는 평판이 좋지 않았고, 사료적 가치가 없는 통속본이지만, 중국왕조의 흥망을 알 수 있고, 많은 인물의 略傳(약전)·故事(고사)·金言(금언) 등이 포함되어 있다.

2) **擊壤歌**(격양가) : 옛날 中國(중국) 堯(요)임금 때, 늙은 農夫(농부)가 땅을 치면서 천하가 太平(태평)한 것을 노래한 데서 온 말로. 태평한 세월을 즐기는 노래.

254 咸興差使 함흥차사

字解
- 咸 : 다 **함** [咸集(함집) : 모두 모임]
- 興 : 일어날 **흥** [興亡(흥망) : 일어남과 망함]
- 差 : 틀릴 차, **차이날 차** [差等(차등) : 차이나는 등급]
- 使 : **사신 사** [特使(특사) : 특별한 임무를 띠고 파견되는 사신]

※ '咸興(함흥)'은 지명, '差使(차사)'는 사신의 한 종류.

語義 조선 태종 이방원이 아버지인 태조 이성계의 還宮(환궁)을 권유하려고 함흥에 보낸 사신. (심부름을 간 사람이 도무지 소식이 없음)

用例

▶김 팀장은 팀원들에게 신규 기획을 지시하지만, 팀원들은 항상 **咸興差使**(함흥차사)다. 팀원들은 참신한 신규 기획을 하기엔 당장의 일이 많다며, 기존 기획안을 재활용하기 일쑤다. 이러한 팀원들을 어떻게 설득해야 할까?

▶한 온라인 커뮤니티 게시판에 '여자친구를 사자성어로 하면 뭔가요?'라는 질문이 올라오자, 기다렸다는 듯 네티즌들의 재치 있는 답변이 쏟아졌다. 답안 가운데 단연 壓卷(압권)인 것은 '**咸興差使**(함흥차사)'. '기다려도 임은 오지 않고 감감 무소식'이라는 뜻으로, 짝을 찾는 외로운 청춘들의 폭발적인 공감을 얻은 것으로 보인다.

【類義語】終無消息(종무소식) : 끝내 아무 소식이 없음.

出典 **逐睡篇**(축수편, 일화집), **老峰集諡狀**(노봉집시장, 야담 수필집)

朝鮮(조선) 太祖(태조) 李成桂(이성계. 재위 1392 ~ 1398)는 슬하에 아들을 여덟이나 두었다. 방우·방과·방의·방간·방원·방연이 전처 神懿王后(신의왕후) 韓氏(한씨) 소생이고, 계비 神德王后(신덕왕후) 姜氏(강씨)와의 사이에 방번과 방석이 있었다. 태조는 막내아들 芳碩(방석)을 후계자로 정했는데, 이것이 事端(사단 : 사건의 단서)이었다. 조선 開國(개국)에 공이 가장 컸던 다섯째 아들 芳遠(방원)이 승복하지 않았고, 조정의 중신들도 대개 방원이 뒤를 이어야 한다는 것이 중론이었다.

맏아들 芳雨(방우)가 아버지의 易姓革命(역성혁명 : 왕조가 바뀌는 일)을 부끄럽게 여기고, 해주에 은거하며 폭음을 일삼다가 죽었으므로, 어차피 嫡子(적자 : 정실의 몸에서 태어난 아들) 승계의 원칙이 무너진 마당이었다.

　방원은 태조가 병들어 누운 틈을 이용해 이복동생 방번과 방석을 제거하고, 태조의 심복으로서 방석을 추대했던 정도전까지 없애 버렸다. 이것이 '1차 왕자의 난(1398년)'이다. 방원은 굳이 마다하는 둘째 형 芳果(방과)를 용상에 앉히니, 곧 조선 제2대 왕 定宗(정종. 재위 1398 ~ 1400)이었다. 정종은 꼭두각시였고 실권은 방원에게 있었는데, 그 꼴을 못 보겠노라며 넷째 형 芳幹(방간)이 대권을 탐하여, 朴苞(박포)와 함께 사병을 동원하여 난을 일으켰다. 형제간에 개경 시내에서 死生決斷(사생결단)을 내는 싸움을 벌여 방원이 승리하니, '2차 왕자의 난'이었다.

　정종이 억지 禪位(선위 : 왕이 살아 있으면서, 다른 사람에게 왕위를 물려주는 일)하여 방원이 太宗(태종. 재위 1400 ~ 1418)으로 등극하자, 이성계는 太上王[1](태상왕)이 되었다. 그러나 이성계는 대궐이 싫었다. 왕비 강씨도 죽고 없었고, 무엇보다도 사랑하는 막내아들 방석을 죽인 방원이 싫었다. 결국 허망한 마음과 사무치는 원한을 다스리지 못하고, 玉璽(옥새)를 가지고 고향인 함흥으로 가서 머물며 오랫동안 돌아오지 않았다.

　태종은 몸이 달았다. 태상왕인 아버지에게 인정받지 못하는 임금으로서 백성들의 눈총도 눈총이려니와, 옥새가 없으니 당장 임금 노릇을 할 수가 없었다. 이에 태종은 아홉 차례나 사람을 보내 문안을 여쭙고 還宮(환궁)할 것을 탄원했지만, 이성계는 差使(차사 : 중요한 임무를 위하여 왕명으로 파견한 임시 관직)가 오는 대로 활로 쏘아 죽여 버렸으니, '**한번 가면 깜깜 무소식**'이라는 뜻으로, '**咸興差使(함흥차사)**'란 말이 생겨났다. 『野史(야사)』

　가면 곧 죽음의 길이니 더 이상 함흥차사가 되기를 원하는 신하가 없던 차에, 判承樞府事(판승추부사) 朴淳[2](박순)이 태종 앞에 나아가 차사 되기를 자청하였다. 박순은 이성계와 어렸을 적 친구였고, 젊어서는 함께 전쟁터를 누비던 전우였으며, 개국에 이르러서는 충성스런 동지이자 신하였다. 한탄과 비애, 원망과 낙심에 사로잡혀 있던 태종은 이번만은 성공하기를 빌며 승낙은 하였으나, 늙은 신하를 죽음의 길로 보내며, 한편으로는 고맙고 한편으로는 미안하고 측은하기 짝이 없었다. 武將(무장)으로서 항상 청렴하여 빈한한 생활을 하는 박순의 가족들에게 집 한 채를 하사하고, 살림살이를 돌보도록 특별이 배려하는 것으로 민망함을 대신할 뿐이었다.

---

1) 太上王(태상왕) : 현 임금에게 왕위를 물려준 상왕의 그 전왕을 일컫는다. 즉, 이미 두 대[二代(이대)] 전에 자리를 물려준 前王(전왕)이다.

　현왕이 차기 승계자에게 왕위를 물려주면, 상왕은 태상왕으로 지위가 올라간다. 궁궐의 최고 어른으로 존중의 대상이었고, 왕이나 상왕과 같이 같은 단에 동석할 수 있었다. 태상왕의 칭호를 받은 임금은 조선의 초대 왕인 태조 李成桂(이성계)와 제2대 왕인 정종 李芳果(이방과)와, 원래 上王(상왕)이었으나 개국의 공이 인정되어 태상왕이 된 제3대 왕인 태종 李芳遠(이방원)이 있다.

2) **朴淳**(박순, ? ~ 1402) : 고려 말 조선 초의 武將(무장)으로, 본관은 陰城(음성), 시호는 忠愍(충민)이다. 공의 諱(휘)는 淳(순)이고 성은 朴(박)씨이다. 1388년(우왕 14년) 요동 정벌 때 이성계 휘하에서 從軍(종군), 위화도 회군에 앞서 이성계의 명으로 회군의 승인을 얻기 위하여 禑王(우왕, 고려 제32대 왕, 재위 1374 ~ 1388)에게 갔으며, 1392년 조선이 개국되자, 上將軍(상장군 : 정삼품, 각 군영의 으뜸 벼슬)이 되었다.

전설이 아닌 正史(정사)에서는 "趙思義(조사의, ? ~ 1402. 태조의 계비 신덕왕후 강씨의 친척으로 태종 2년 안변부사로 있을 때 신덕왕후와 방석의 원수를 갚는다는 명분으로 난을 일으켰다가 패하여 주살됨)의 난이 일어나자, 박순은 조정의 명을 받고 반란군이 봉기한 지역에 가서 '조사의를 따르지 말라.'고 설득하다가 반란군에게 잡혀 죽었다."라고 되어 있다.

• **함흥차사 朴淳**(박순) 일화

박순은 요동정벌 때[1388년], 이성계의 휘하에서 종군하는 등 이성계와는 전쟁터에서 죽음을 초월한 전우이자 친구였다. 그리하여 1402년(태종 2년) 박순은 태조를 모셔 오기 위해 함흥으로 떠났는데, 보통 사신의 행차 때 타고 가는 가마도 타지 않고 하인도 없이, 오직 새끼가 달린 어미 말 한 필만을 타고 갔다. 이윽고 태조가 머물고 있는 함흥의 행재소(별궁) 앞까지 온 박순은, 강가에 망아지를 매어 놓고는 어미 말을 끌고 행재소 안으로 들어갔다.

박순이 사신으로 오자, 태조는 오랜 벗을 대하듯 즐거워하며 박순을 맞이하였다. 그리하여 즐겁고 기쁜 마음으로 이야기를 나누고 있는데, 밖에서 새끼 말이 어미를 찾느라 시끄럽게 울부짖자 태조가,

"허, 아까부터 말 울음소리가 요란하니 괴이하구나. 여봐라! 밖이 왜 이리 소란한지 가서 알아오너라."

하고 말하였다. 박순은 기다렸다는 듯,

"전하! 주의를 시끄럽게 해드려 황송합니다. 저 말은 신이 데리고 온 것인데, 아직 새끼인지라 방해가 될까 염려하여 행재소 밖에 묶어 놨더니, 어미를 찾느라 저리도 울부짖는 모양입니다."

하고 대답하였다. 그러면서,

"하찮은 축생이라도 至親(지친 : 어버이)의 정은 떼지 못하는가 보옵니다."

하고 말하니 태조의 낯빛이 조금 변하는 듯싶었다. 이때다 싶어서 박순은,

"전하, 저같이 말 못하는 하찮은 짐승도 어미와 새끼가 서로 그리운 정을 참지 못하는데, 한양의 전하께서 어찌 상왕을 대하고 싶은 어의가 간절하지 않겠습니까?"

하고 눈물을 흘리며 간곡히 말하였다. 태조는 박순의 말에 감동이 되었는지, 잠시 아무 말도 하지 않다가 며칠 놀다 가라며 붙잡았다.

그 후 며칠 뒤였다. 박순과 태조가 장기를 두고 있는데, 갑자기 처마 끝에서 새끼 쥐와 어미 쥐가 '툭!' 하고 바닥으로 떨어졌다. 어미 쥐는 바닥으로 떨어질 때 몹시 다친 듯 움직임이 시원찮았으나, 혹시나 새끼가 잘못되지는 않을까 염려하여 새끼를 놓지 않았다. 이것을 본 박순은, 태조를 모시는 무사들이 쥐를 죽이려고 달려들자 죽이지 못하도록 말리면서 태조 앞에 엎드렸다.

"웬일인고?"

하고 태조가 의아해서 묻자 박순은,

"황공하옵니다. 전하! 맞아죽을 줄 알면서도 새끼를 두고 도망가지 못하는 어미 쥐의 정경이 몹시 가련하

고 갸륵해서이옵니다. 더욱이 어전 앞인지라 하찮은 미물일망정 살생은 금해야겠기에…….”

하면서 눈물을 흘리며 부자의 정을 탄원하고 한양으로 환궁하기를 빌었다. 일이 이렇게 되자 태조도 크게 감동하여,

"내 수일 안에 한양으로 갈 터이니, 걱정 말고 가서 내 뜻을 전하여라. 아직 감정이 격한 몇몇 신하들을 달래어 내 뒤를 따르게 하마."

하고 은밀히 환궁의 뜻을 말하였다. 박순은 태조의 낯빛을 보고 안심한 뒤, 하직 인사를 올리고 기쁜 마음으로 한양길을 재촉하였다. 홀가분한 마음으로 산천의 아름다움을 감상하며 걸으니 하루 지나 이틀이 되었는데 백 리도 걷지 못하였다.[다른 설화에는 도중에 급병으로 지체하였다고 되어 있다.]

한편 행재소에서는, 태조가 한양에서 오는 사신은 무조건 죽여서 돌려보내지 못하도록 내린 엄명을 거두고, 박순을 살려 보내자 신하들이 크게 반발하였다. 태조가 한양으로 돌아가면 태종이 자신들을 가만두지 않을 것이라고 판단한 신하들은 지금이라도 박순을 죽여서 한양으로 돌아가지 못하게 해야 한다고 태조를 공박하였다. 태조는 할 수 없이 하루 이틀 시일을 늦추면서 박순을 살릴 궁리를 하였다. 그리하여 사흘째 되는 날, '아무리 못 갔어도 이백 리 길은 갔겠지.' 하고는 신하들에게,

"너희들이 뜻이 정 그렇다면 할 수 없구나. 만약 용흥강을 건넜으면 놓아주고 못 건넜거든 베어라."

하고 말했다. 신하들은 날랜 군사들을 보내 박순의 뒤를 쫓았다. 함흥에서 영흥(용흥강)까지는 백 리도 채 못 되는 거리였으나, 박순은 태조의 예상과는 달리 안도감에 천천히 걷느라 그때까지 용흥강을 건너지 못한 상태였다. 그리하여 이제 막 나룻배에 올라서 배가 움직이려고 할 즈음, 먼발치에서 한 떼의 군사들이 말을 달려오며,

"멈추시오! 어명이니 멈추시오!"

하고 소리를 질렀다. 박순은 어명이라는 소리에 배를 띄우지 않고 기다렸다. 그러자 군사들이 서둘러 다가와, '어명이오!' 하고는 칼로 박순의 허리를 베니, 시체의 반은 나룻배 안에, 나머지 반은 강물에 떨어졌다.

박순의 죽음은 함흥의 행재소뿐 아니라, 한양의 조정에서도 큰 충격을 불러일으켰다. 넉넉히 살아서 돌아갈 것이라고 믿었던 태조는 대경실색하여 신하들에게,

"그래, 죽음에 임하여 무슨 말이 없더냐?"

하고 물었다. 그러자 신하 중 한 명이,

"행재소가 있는 곳을 향하여 흐느껴 울면서 말하기를, '나 하나 죽는 것은 조금도 아깝지 않으나, 원하옵건데 이미 약속하신 회필(환궁)의 뜻은 추호도 고치지 마시옵소서.' 하고 말했나이다."

하였다. 태조는 뜨거운 눈물을 흘리며,

"박공은 짐의 좋은 친구이다. 아, 오늘 그가 죽다니! 내가 마침내 전일에 그가 한 말을 저버리지 않으리라."

하였다. 그리고 박순의 시체를 잘 수습하여 장례를 치르도록 하고는 한양으로 환궁하였다. 한편 태종도 이 소식을 전해 듣고, 살신성인의 충정에 감동하여 공신으로 봉하고 벼슬을 높여 주었다. 또한 박순의 소식을 듣고 자결한 부인 장흥 임씨에게도 뇨시를 하사하고 징경부인으로 추증하였다. 〈향토문화전자대전〉

255 合縱連衡(橫) 합종연횡

字解
- 合 : <u>합할</u> **합** [合同(합동) : 여럿이 모여 하나가 되어 함께함]
- 縱 : <u>세로</u> **종** [縱橫(종횡) : 세로와 가로. 자유자재로 거침이 없음]
- 連 : <u>이을</u> **련(연)** [連結(연결) : 서로 이어서 맺음]
- 衡 : 저울 형 [度量衡(도량형) : 길이·무게·부피 따위를 재는 단위계나 자나 저울 등의 측정 기구]

  <u>가로</u> **횡** [連衡(연횡) : 가로로 이어짐]
- 橫 : <u>가로</u> **횡** [橫斷(횡단) : 가로로 끊음. 가로로 지나감]

語義 세로로 합하고, 가로로 잇는다.

(소진의 합종책과 장의의 연횡책, 곧 일종의 공수동맹)

(중국 전국시대 진나라와 그 밖의 6국 사이에서 전개된 외교 전술)

(약자끼리 세로로 연합하여 강자에게 대항하거나, 약자들이 가로로 나란히 서서 강자와 화해함)

用例

▶ 금융권에 새 판이 짜이고 있다. 은행을 중심으로 **合縱連衡**(합종연횡)이 본격화하고 있다. 하나금융이 지난 2월 말 외환은행을 자회사로 편입한 것이 대표적인 사례이다. 단숨에 1, 2위를 내다보는 3위 그룹이 되었다. 농협은 3월 2일 금융지주회사 체제로 전환했다. 하지만 아직 끝나지 않았다는 것이 금융권의 공통된 얘기이다. 우리금융·산은금융의 민영화 이슈가 남아 있기 때문이다. 영업 경쟁만으로 승부를 낼 수 없다는 의미이다.

▶ 독일 업체를 제외한 유럽 기업들의 적자 행진은 올해도 불가피할 전망이다. 이 때문에 유럽 기업들은 대안 시장으로 북미와 아시아 시장에 대한 공략을 강화하고 있다. 동시에 비용 절감을 위해, 브랜드 간 **合縱連衡**(합종연횡)을 적극 모색하고 있다. 특히 경쟁 우위인 독일에는 밀리고, 한국 등 아시아로부터 시장을 잠식당하고 있는 非(비) 독일 대중차 브랜드들은 합종연횡에 매우 적극적이다.

出典 **史記**(사기) – 蘇秦張儀傳(소진장의전)

중국 전국시대 중반(B.C.300년대 경), 商鞅[1](상앙)의 개혁으로 秦(진)나라가 초강대국으로 군림하고, 소위 전국 칠웅이라는 진을 제외한 魏(위)·韓(한)·楚(초)·薺(제)·趙(조)·燕(연)나라 등 6국이 비슷비슷한 국력으로 새로운 힘의 균형을 유지하고 있던 정세에서, 국제 전략의 일환으로 생겨난 것이

合縱(합종)과 連衡(연횡)이다. 孫臏(손빈 : 제나라 장군)과 龐涓(방연 : 위나라 장군)의 스승이었던 鬼谷(귀곡)선생 문하에, 주나라 낙양 출신 蘇秦[2](소진)과 張儀[3](장의)라는 뛰어난 제자가 출사하여, 서로 대치되는 전략인 합종책과 연횡책으로 대결하게 되는데, 손빈과 방연이 그랬던 것처럼 동문수학한 절친한 동료가 목숨을 걸고 맞대결하는 것이 어쩌면 역설적이기도 하다.

먼저 下山(하산)한 소진은 여러 나라를 찾아다니다가, 동방의 燕(연, B.C.1046 ~ B.C.222)나라 文公(문공, ? ~ B.C.333. 제37대 군주)에게 合縱策(합종책)을 설파하여, 인정을 받고 어렵사리 벼슬길에 오른다. 합종책이란 '초강대국인 진나라를 제외한 6국이 연합, 제휴해야만 진나라로부터 억압을 받지 않고 살아남을 수 있다는 정책'이다.

연 문공은 우선 소진을 사신으로 6국을 순회시켜 각국의 반응을 보기로 하였는데, 소진의 해박한 지식과 유세술로 설파하는 이 이론은 여러 왕들을 설득하기에 충분하였다. 드디어 기원전 333년, 6국의 임금들이 渭水(위수) 땅에 모여, 歃血同盟(삽혈동맹 : 굳은 약속의 표시로 개나 돼지, 말 따위의 피를 서로 나누어 마시거나 입에 발라 하는 동맹)으로 합종 맹서를 이룩하고, 소진은 일약 6국의 재상 신분으로 이 합종 맹약을 주관하는 장이 된다.

이 소식을 들은 秦(진)나라 惠文王(혜문왕, ? ~ B.C.311. 제26대 군주)은 대단히 놀라 그 대책에 골몰하였다. 아무리 진나라가 초강대국이라 하나, 동맹한 6국을 상대하기란 불가능할 뿐 아니라, 자칫 잘못하면 나라의 안위마저 보장할 수 없는 위기 상황에 놓일 수 있기 때문이었다. 진왕은 소진보다 우수하다는 장의를 천거받아, 높이 등용하고 대책을 숙의하여 구상해 낸 전략이 連衡策(연횡책)이다. 연횡책이란 '초강대국 진나라가 각각의 나라와 개별 동맹을 맺어, 합종 동맹을 무력화하는 횡적 개념의 정책'이다. 장의는 이 정책을 추진하기 위하여 최강국인 진을 배척하면 살아남을 수 없다는 당근과 채찍을 동시에 제시하고, 親秦(친진) 정책만이 평화와 생존을 위한 유일한 대안이라는 것을 각국에 강조하였다.

이후 6년 동안 소진과 장의는 각국을 상대로 유창한 자신의 정책을 정당화하려는 치열한 정책 대결을 벌이게 되는데, 상대방을 모함하는 것은 물론이고, 온갖 비열한 방법을 다 동원하기도 하였다. 진나라를 믿을 수 없다는 의견과 역시 진나라와 대적해서는 안 된다는 의견이 대립하여, 이 또한 두 정책의 대결을 더욱 혼란스럽게 하기도 하였다. 그러다가 蘇秦(소진)이 秦(진)의 일개 侍衛(시위 : 임금을 호위하는 사람)에게 허망하게 피살당하고, 진 혜문왕도 사망하면서 합종과 연횡책도 소강상태에 들어갔다.

그 뒤 齊(제)나라 왕이 楚(초)나라 왕에게 연합하여 秦(진)을 치자고 제안하였으나, 한번 진에게 대패한 초왕은 구차한 이유를 들어 거절하는 사건이 있었고, 모처럼 6국이 연합하여 진을 치기로 하였다가, 진이 먼저 각개 격파하여 6국의 自中之亂(자중지란)을 일으키게 함으로써, 전쟁은 유야무야되고 각자 회군해 버리고 말았다. 이러한 사건들로 인해서 소진의 합종은 여지없이 깨져 버렸지만, 합종이 없는 장의의 연횡도 무의미해져 점차 소멸되고 만다.

　귀곡선생의 수제자들이 세상에 나와 손빈과 방연처럼 군사전략으로 대결하고, 소진과 장의 같이 외교 전략으로 한 시대를 風靡(풍미)하였던 것도 그 시대의 특징이면 특징이라고 할 수 있을 것이다. 장의와 소진이 죽은 후에도, 이 전략은 전국시대 생존 전략으로 널리 활용되었는데, 이 두 전략을 일컬어 **縱衡[橫]**策(종횡책)이라고 하며, 諸子百家(제자백가) 중 외교 무대에서 세 치의 혀로 활약하는 사람들을 가리켜 **縱衡[橫]**家(종횡가)라고도 한다.

---

1) **商鞅**(상앙, B.C.395? ~ B.C.338) 중국 전국시대의 정치가, 사상가. 본명은 公孫鞅(공손앙). 衛(위)나라 공족 출신이라 위앙이라고도 불린다. 후에 商(상)이란 땅을 봉지로 받았으므로 상앙 또는 商君(상군)이라 부르게 되었다. 그는 어려서부터 정치행정학인 形名學(형명학)을 평생의 동지인 시교라는 사람에게서 배웠다. 魏(위)나라에 와서는 법가 정치개혁가인 이회와 오기의 영향을 깊게 받았다. 여기서는 공족을 관장하는 中庶子(중서자) 벼슬을 하다 20대 중반 秦(진)나라로 망명하였다. 진나라를 재조직하고 法制(법제)·田制(전제)·稅制(세제) 따위를 크게 개혁하여, 강대국으로 만드는 데 공헌하였다. 국가는 오직 권력으로만 유지될 수 있고, 그 권력은 대규모 군대와 충분한 식량에서 나온다고 주장하였다.

2) **蘇秦**(소진, ? ~ ?) : 중국 전국시대의 策士(책사)로 縱橫家(종횡가)의 한 사람. 자는 季子(계자). 東周(동주)의 뤄양[洛陽(낙양)]에서 태어나 張儀(장의)와 함께 齊(제)의 鬼谷子(귀곡자)에게 웅변술을 배웠다. 처음에는 秦(진)의 惠文王(혜문왕)에게 유세했으나 기용되지 않았다. 후에 燕(연)의 文候(문후)에게 기용되어 동방 6국을 설득하고, 合從同盟(합종동맹)을 체결해 진에 대항했다. 공을 인정받아 趙(조)의 우안[武安(무안)]에 봉토를 받았으나, 곧 참소를 받아 망명했다. 齊(제)에서 암살당했다고 한다. 『史記(사기)』에 실려 있는 그의 행적에 대해서는 종래부터 신빙성에 문제가 있었는데, 최근 마왕두이[馬王堆(마왕퇴)] 漢墓(한묘)에서 출토된 帛書(백서)에 소진에 관한 자료가 발견되어 사기의 착오가 분명하게 밝혀졌다.

3) **張儀**(장의, ? ~ B.C.309) : 魏(위)나라 출신으로, 連衡策(연횡책)의 대가이다. 그는 진나라에 등용되기 전까지 갖은 수모를 겪다가, 마침내 혜문왕을 만나 정치 고문이 되었다. 얼마 지나지 않아 그는 재상으로 승진되었는데, 촉나라를 평정하고 위나라의 일부를 차지하는 공을 세웠다. 6년 뒤에 진나라와 짜고 위나라의 재상이 되었는데, 위나라로 하여 진을 섬기게 하려 했으나 말을 듣지 아니하자, 진에게 몰래 연락해 위나라가 크게 패하도록 만들었다.

　이듬해 제나라가 위나라를 공격하고 마침내 진나라가 위를 공격할 목적으로 먼저 한나라를 쳐, 8만 명을 몰살시켰다. 이에 장의는 위나라 왕을 설득하여 소진이 이룩해 낸 合縱策(합종책)의 약속을 깨고 진나라와 화친했으며, 장의는 다시 진으로 돌아가 재상이 되었다. 3년 뒤 위는 진을 배반하고 합종에 재가담했으나, 진이 공격하자 다시 화친했다.

　장의는 강대국 초나라로 달려가 초를 망국의 위기에 몰아넣고, 다시 한나라로 가 그 왕을 협박, 한 역시 진을 섬기도록 했다. 진나라로 돌아간 그는 혜문왕으로부터 武信君(무신군)이라는 칭호를 받고 다시 제나라로 갔다. 제나라 왕 또한 장의의 설득을 듣고 진을 섬기게 되었으며, 조나라로 간 장의는 또한 왕을 설득하는 데 성공했다. 뿐만 아니라 그는 연나라까지 설득하여, 진나라와의 연횡책을 완성시켰다.

256 螢雪之功 형설지공

字解
- 螢 : 반디 **형**, 개똥벌레 형 [螢光(형광) : 반딧불]
- 雪 : 눈 **설** [瑞雪(서설) : 상서로운 눈]
  씻을 설 [雪辱(설욕) : 부끄러움을 씻음]
- 之 : 의 **지** [邯鄲之步(한단지보) : 邯鄲(한단) 지방의 걸음걸이]
- 功 : 공 공, 공로 **공** [功過(공과) : 공로와 과오]

語義 반딧불과 눈빛의 공로.
(가난을 이겨 내며 반딧불과 눈빛으로 글을 읽어가며, 고생 속에서 공부하여 이룬 공)

用例

▶과거 서울대학교에 입학하는 학생들은 각고의 노력을 한 노력파들이거나, 선천적으로 타고난 천재들이었다. 집안의 형편과는 관계없이 자신의 피나는 노력으로 최고의 대학에 들어갈 수 있었다는 말이다. 그러나 요즘은 그게 힘들어졌다. 부모의 능력과 학력이 비례한다는 말이 나온 지가 얼마 되지 않아, 서울대학교에 입학하는 학생들의 대부분이 부유한 집안에서 온갖 혜택을 다 누리고 자란 학생들이라는 것이다. 반딧불과 눈빛으로 책을 읽어 성공했다는 '**螢雪之功**(형설지공)'이라는 고사성어는 이제 死語(사어)가 돼야 할 판이다.

▶돌이켜 보면 **螢雪之功**(형설지공)이라는 옛말도 있는데, 어린 생각으로 더 환한 데서 공부하면 잘할 수 있겠다는 마음에, 전기를 놓아 달라고 떼를 썼던 기억이 새롭다. 까마득한 옛날 얘기지만 부모님께 죄송한 마음이다. 아마 우리 마을에 전기 혜택을 보게 된 것은 내가 고등학교를 진학하고서도 두어 해 지난 뒤가 아니었을까 싶다.

【類義語】 孫康映雪(손강영설) : 손강이 책을 눈에 비추어 봄.
車胤盛螢(차윤성형) : 차윤이 반딧불을 채움.
車螢孫雪(차형손설) : 차윤의 반딧불과 손강의 눈빛.
螢窓雪案(형창설안) : 반딧불이 비치는 창과 눈에 비치는 책상.
晝耕夜讀(주경야독) : 낮에는 밭 갈고, 밤에는 책을 읽음.
　　　　　　　즉, 어려운 여건 속에서도 꿋꿋이 공부함.

出典 晉書(진서) - 車胤傳(차윤전), 孫康傳(손강전)

중국 東晉[1](동진)의 孝武帝(효무제, 제8대 황제. 재위 372 ~ 396) 때, 車胤(차윤, 330 ~ 400)은 본시 誠實(성실)하고 생각이 깊으며, 학문에 뜻을 두고 있던 아이였다. 그러나 집안이 매우 가난하여 그의 學問的(학문적) 野望(야망)을 뒷받침해 줄 만한 형편이 되지 못했다. 차윤은 어릴 때부터 집안에 조금이나마 보탬이 되기 위해, 낮에는 밖에 나가 일을 해야 했다. 밤이 되어 하고 싶은 공부를 하려고 했지만, 등불을 밝힐 기름이 없어 그것도 여의치 못했다.

그는 무슨 수가 없을까 고민하다가, 엷은 明紬(명주) 주머니를 만들어 반딧불을 잡아 그 속에 넣어 가지고 그 빛으로 책을 읽었다. 차윤은 이렇게 하여, 尙書郎(상서랑)의 벼슬까지 올라 중앙 관서의 고급 관리가 되었다. 書窓(서창 : 서재의 창)을 '螢窓(형창)'이라 함은 여기에서 비롯된 것이다. 그는 상관인 尙書令(상서령) 司馬元顯(사마원현)의 전횡을 막기 위하여 왕족인 원현의 아버지 會稽王(회계왕) 道子(도자)에게 부탁하였으나, 오히려 부자 사이를 이간질한다는 책망을 듣고 자살하였다.

또 같은 시대에 孫康(손강)이라는 소년은 어릴 때부터 성격이 淸介(청개 : 청렴하고 고결함)하여 악한 무리들과 사귀지 않고 열심히 공부했으나, 역시 집안이 가난해 등불을 켤 기름을 살 수가 없었다. 소년은 궁리 끝에, 겨울날 추위를 견디며 창으로 몸을 내밀고 쌓인 눈에 반사되는 달빛을 의지해서 책을 읽었다. 그 결과 御史大夫(어사대부)라고 하는, 관원을 단속하는 관청의 장관이 되었다. 書案(서안 : 책을 보거나 글씨를 쓰는 데 필요한 책상)을 '雪案(설안)'이라 함은 여기에서 비롯된 것이다.

이처럼 반딧불과 눈에 반사된 빛을 이용해 책을 읽은 두 사람의 고사에서 유래해, '어려운 역경을 극복하고 열심히 공부하여 세운 공로'를 가리켜 '螢雪之功(형설지공)'이라고 하였다.

※ **螢雪之功**(형설지공)의 原文(원문)과 直譯(직역)

 原文 晉車胤字武子(진차윤자무자) 南平人(남평인) 幼恭勤不卷博覽多通(유공근불권박람다통) 家貧不常得油(가빈불상득유) 夏月則練囊盛數十螢火(하월즉련낭성수십형화) 以照書(이조서) 以夜繼日焉(이야계일언) 後官至(후관지) 尙書郎(상서랑) 今人以書窓(금인이서창) 爲螢窓由此也(위형창유차야)

　　晉孫康(진손강) 少淸介(소청개) 文遊不雜(문유불잡) 家貧無油(가빈무유) 賞映雪讀書(상영설독서) 後官至御史大夫(후관지어사대부) 今人(금인) 以書案爲雪案(이서안위설안) 由此也(유차야)

〈直譯〉 晉(진)나라 사람 車胤(차윤)의 字(자)는 武子(무자)로, 남평 사람이다. 어려서부터 공손하고 부지런하며 책을 많이 읽어 두루 모두 통했다. 집이 가난하여 항상 기름이 있는 것이 아니었다. 여름이면 명주 주머니를 만들어 **반딧불[螢**(형)**]**이 수십 마리를 넣어, 그 불빛에 비추면서 책을 읽어 밤에도 낮처럼 공부했다. 후에 벼슬이 상서랑에 이르렀는데, 지금 사람들이 書窓(서창)을 螢窓(형창)이라고 하는 것은 이로 말미암은 것이다.

晉(진)나라 孫康(손강)은 어려서부터 맑고 깨끗하여, 동무를 삼는 것도 난잡하지 않았다. 집이 가난하여 기름이 없어서 일찍이 눈[雪(설)]에 비춰서 책을 읽었는데, 후에 어사대부에 올랐다. 지금 사람들이 書案(서안)을 雪案(설안)이라고 하는 것은 이것에서 말미암은 것이다.

---

1) 東晉(동진, 317 ~ 420) : 중국의 서진 왕조가 劉淵(유연)의 前趙(전조)에게 멸망한 후, 司馬睿(사마예 : 동진의 초대 황제)에 의해 江南(강남)에 세워진 晉(진)의 망명 왕조이다. 서진과 구별하여 동진이라고 부른다.

306년 西晉(서진) 말기에, '永嘉(영가)의 亂(난)'에 의해 낙양이 함락되었고, 懷帝(회제 : 서진의 제3대 황제)가 포로가 되어 사실상 서진은 멸망하였다. 진의 琅邪王(낭야왕)인 사마예는 建業(건업)으로 피하여 낭야의 호족 왕도의 힘을 빌려 이 땅에 동진을 건국했다. 약 100년간 11대에 걸쳐 지속되었고, 화북으로부터 피해 온 북쪽 세력과 강남 토착의 호족 세력과 협력으로 운영되었다. 당시의 화남 지역은 중국 대륙 안에서는 인구가 희박하고 낙후된 지역이었으나, 화북지방으로부터 온 피난민은 초기에 세금을 감면하는 등 세제상 혜택을 주어 적극적으로 유랑민을 받아들이고 미개지 개간을 장려하였다. 그 결과로, 원래 습기가 많아 수자원이 풍부한 지역이기도 하여, 경제적으로 당시의 화북 지방과 겨룰 정도로 번영하였다.

제9대 孝武帝(효무제) 때, 서진의 남하정복 전투에 의해 위기를 맞게 되었다. 383년 비수대전에서 승리하여 위기를 넘기지만, 이때부터 농민 반란이 잦아지자, 무장 桓玄(환현)이 반란을 탄압한다는 명분하에 거병하여 집권하게 되었다. 劉裕(유유 : 송의 창건자)가 이를 진압하고 이에 대한 명분과 북벌 성공으로 새로이 집권에 성공한 뒤, 아예 새로운 왕조를 세워 왕위에 오르면서 동진은 멸망하게 되었다. 유유가 새로 세운 나라의 이름은 宋(송, 420 ~ 479)이며, 이는 남북조시대에 강남에 세워진 남조의 첫 王朝(왕조)이다.

※ **중국의 역사 ① [秦(진)나라 이전]**

三皇五帝(삼황오제, 신화시대. 마지막 두 임금 요순시대) ⇒ 堯舜時代(요순시대, ? ~ B.C.2070?) ⇒ 夏(하, B.C.2000? ~ B.C.1600?) ⇒ 商, 殷(상 또는 은, B.C.1600? ~ B.C.1066) ⇒ 西周(서주, B.C.1066 ~ B.C.771) ⇒ 東周(동주, B.C.770 ~ B.C.256) ⇒ 春秋時代(춘추시대, B.C.770 ~ B.C.476) ⇒ 戰國時代(전국시대, B.C.475 ~ B.C.221) ⇒ 秦(진, B.C.221 ~ B.C.206)

※ **중국의 역사 ② [秦(진)나라 이후]**

秦(진, B.C.221 ~ B.C.206) ⇒ 漢(한, B.C.206 ~ A.D.220) ⇒ 三國時代(삼국시대, 220 ~ 280) ⇒ 西晉(서진, 265 ~ 316) ⇒ 東晉(동진, 317 ~ 420) ⇒ 南北朝時代(남북조시대, 420 ~ 581) ⇒ 隋(수, 581 ~ 618) ⇒ 唐(당, 618 ~ 907) ⇒ 五代十國(오대십국, 907 ~ 960) ⇒ 宋(송, 960 ~ 1279) ⇒ 元(원, 1271 ~ 1368) ⇒ 明(명, 1368 ~ 1644) ⇒ 淸(청, 1636 ~ 1912) ⇒ 中華民國(중화민국, 1912 ~ 현재)

257 狐假虎威 호가호위

字解 狐 : <u>여우</u> 호 [九尾狐(구미호) : 꼬리가 아홉이나 된다는 천년 묵은 여우]

　　　假 : 거짓 가 [假飾(가식) : 거짓으로 꾸밈]
　　　　　빌릴 가 [假借(가차) : 임시로 빌리거나 꿈]
　　　虎 : <u>호랑이</u> 호, 범 호 [猛虎(맹호) : 사나운 호랑이]
　　　威 : <u>위엄</u> 위 [威信(위신) : 위엄과 신의]

語義 여우가 호랑이의 위세를 빌린다.
　　　　(남의 권세를 빌려 위세를 부림)

 用例

▶동서고금을 통해 절대 권력의 주변에는 權臣(권신 : 권력을 잡거나 힘이 있는 신하)이 跋扈(발호)하게 마련이다. 淸(청)의 6대 황제인 건륭제의 총애를 받아, 32세에 호부상서가 되어 국고를 책임지는 자리에 오른 和珅[1](화신)은 뇌물을 받고 죄를 사면해 주는 방법으로 막대한 부를 쌓았다. 또 자신의 아들을 건륭제의 막내딸과 결혼시켜, 무소불위의 권력을 휘둘렀다. 하지만, **狐假虎威**(호가호위)라, 호랑이 뒤에 숨어 거짓 권세를 부리는 여우에게는 결국 한계가 있는 법. 호랑이인 건륭제가 죽자, 뒤를 이은 가경제는 '부정부패' 등의 죄목을 들어 화신에게 자결을 명령했다.

▶러시아와 중국 정상들은 각각 이명박 대통령과 가진 양자 정상회담에서 북한이 미사일 발사를 중단하는 것은 물론, 굶어 죽는 북한 주민들을 먹여 살리는 데 주력해야 한다고 노골적으로 비판했다. 물론 이런 입장은 사사건건 찾아와서 구걸하여 원조를 하면, 자국 발전을 위해서 쓰기는커녕 김정은을 비롯한 지도부만 **狐假虎威**(호가호위)하며, 북한 주민들은 지속적으로 국경을 넘어 와 중국에서는 골머리를 앓고 있기 때문이다.

【類義語】 假虎威狐(가호위호) : 여우가 호랑이의 위엄을 빌린다는 뜻으로, 신하가 임금의 권세를 빌려 다른 신하를 괴롭힘.

　　　　　借虎威狐(차호위호) : 호랑이의 위세를 빌려 허세 부리는 여우라는 뜻으로, 윗사람의 권위를 빌려 공갈함.

 **戰國策**(전국책) − 楚策(초책) 宣王篇(선왕편)

중국의 전국시대, 남쪽 楚(초, B.C.1042 ~ B.C.223)나라에 昭奚恤(소해휼)이라는 재상이 있었다. 북방의 나라들은 이 소해휼을 몹시 두려워하고 있었다. 초나라의 實權(실권)을 그가 장악하고 있었기 때문이다. 그런데 초나라 宣王(선왕, 제36대 왕. 재위 B.C. 369 ~ B.C.340)은 북방의 나라들이 왜 소해휼을 두려워하는지 이상하게 여겼다. 江乙(강을)이라는 魏(위)나라의 선비가 초나라의 선왕에게 등용되었다.

그러나 三閭(삼려)로 불리는 昭(소)·景(경)·屈(굴)의 세 씨족이 초나라를 장악하고 있어서, 이들을 뒤흔들어 놓기 전에는 새로운 理想(이상)을 실현할 방법이 없었다. 이 중에 昭氏(소씨)의 頭領(두령)인 소해휼이 초나라의 군사와 정치를 장악하고 있었기 때문에 강을의 등용은 그를 견제하기 위한 것이었다.

어느 날 선왕은 강을에게 북방의 나라들이 소해휼을 두려워하는 이유를 물어보자, 강을이 대답하여 가로되, 전하, 이런 얘기가 있습니다.

"호랑이가 온갖 짐승들을 잡아서 먹었는데, 한번은 여우 한 마리를 잡았습니다. 그러자 잡아먹히게 된 여우가 말했습니다.

잠깐 기다리게나. 그대는 감히 나를 잡아먹을 수가 없네. 이번에 나는 天帝(천제)로부터 百獸(백수: 모든 짐승)의 왕에 임명되었다네. 만일 네가 나를 잡아먹으면, 천제의 명령을 어긴 것이 되어 천벌을 받을 것이야. 내 말을 믿지 못한다면, 내가 그대보다 앞에 가리니 내 뒤를 따라오며 살펴보게. 나를 보면 어떤 놈이라도 두려워서 달아날 테니."

여우의 말을 듣고, 호랑이는 그렇겠다고 여겨 그 뒤를 따라갔습니다. 과연 만나는 짐승마다 모두 달아나는 것이었습니다. 호랑이는 짐승들이 자기를 보고 무서워 달아나는 것인 줄 모르고, 여우를 두려워하여 달아나는 줄로만 알았던 것입니다.

지금 북방의 모든 나라들이 소해휼을 두려워하는 것은 이와 같습니다. 임금님의 땅은 사방이 5천 리이고, 군대가 백만이나 됩니다. 그런데 이것을 오로지 소해휼 한 사람에게만 맡기고 계십니다. 지금 북방의 모든 나라들은 소해휼을 두려워하는 것이 아닙니다. 사실은 전하의 强兵(강병)을 두려워하고 있는 것입니다. 그것은 마치 짐승들이 호랑이가 두려워 도망가는 것과 같습니다."

 原文 虎求百獸而食之(호구백수이식지) 得狐狐曰(득호호왈) 子無敢食我也(자무감식아야) 天帝使我長百獸(천제사아장백수) 今子食我(금자식아) 是逆天帝命也(시역천제명야) 子以我爲不信(자이아위불신) 吾爲子先行(오위자선행) 子隨我後(자수아후) 觀百獸之見我而敢不走乎(관백수지견아이감부주호) 虎以爲然(호이위연) 故遂與之行(고수여지행) 獸見之皆走(수견지개주) 虎不知獸畏己而走也(호부지수외기이주야) 以爲畏狐也(이위외호야) 今王之地方五千里帶甲百萬(금왕지지방오천리대갑백만) 而專屬之昭奚恤(이전속지소해휼) 故北方之畏奚恤也(고북방지외해휼야) 其實畏王之甲兵也(기실외왕지갑병야) 猶百獸之畏虎也(유백수지외호야)

이처럼 강을이 소해휼을 貶(폄 : 남을 깎아내리고 헐뜯어 말함)하는 이유는, 阿附(아부)로써 侫臣(영신 : 간사하고 아첨하는 신하)이 된 강을에게 있어 왕족이자 명재상인 소해휼은 눈엣가시였기 때문이었다. 여하튼 강을이 초 선왕에게 들려준 여우의 우화에서 '狐假狐威(호가호위)'라는 고사성어가 유래하였다.

---

1) **和珅**(화신, 1750 ~ 1799) : 중국의 官吏(관리). 淸(청)나라 때 乾隆帝(건륭제, 1711 ~ 1799. 제6대 황제. 재위 1735 ~ 1796)의 총애를 받아, 주요 관직을 독점하고 백성들을 억압한 것으로 악명이 높았다. 25세에 侍衛(시위)가 되어 준수한 용모와 상냥한 태도, 재치 있는 유머로 황제의 관심을 끌었다. 1년 내에 최고의 지위인 軍機大臣(군기대신)이 되었고, 戶部尙書(호부상서)와 議政大臣(의정대신)을 겸했다. 그의 아들은 황제가 총애하는 막내딸인 和孝公主(화효공주)와 결혼했다.

1796년 화중과 화남 지방에서 '白蓮敎徒(백련교도)의 亂(난)'이 일어났을 때, 반란 진압의 책임을 맡았다. 그는 그의 일당들과 함께 군대의 파견을 지연시키면서 막대한 군비를 착복했다. 그 때문에 부대는 백성들을 약탈했고, 朝廷(조정)의 권위가 크게 실추되었다. 1799년 건륭제의 죽음과 함께 그는 권좌에서 밀려나고 유능한 인물들이 등용되었으며, 5년이 지난 1804년에 가서 반란은 평정되었다.

건륭제를 계승한 嘉慶帝(가경제, 건륭제의 다섯째 아들로 제7대 황제. 1760 ~ 1820. 재위 1796 ~ 1820)는 화신을 투옥하고 자살하게 했다. 화신이 목을 매 자살한 뒤, 몰수된 재산은 당시 국가 총예산의 무려 12배였다고 한다. 기록에 의하면, 그에게서 몰수된 재산이 은 5,000만 냥에 75개의 전당포, 7만 개의 모피 등을 포함해 10억 냥이 넘었다고 하는데, 이것은 화신의 政敵(정적)들이 과장한 면도 없지 않다.

※ **이문열 편 三國誌(삼국지)에서의 狐假虎威(호가호위)**

皇甫嵩(황보숭, ? ~ 195. 후한 말의 무장)이 曹操(조조)를 선봉으로 張梁(장량, ? ~ 184. 후한 말 황건적의 수령 장각과 장보의 동생)의 목을 베고, 남은 황건적의 항복을 받았다. 매번 싸울 때마다 이기니, 조정에서는 매번 패전하는 董卓軍(동탁군)까지 황보숭에게 위임시키고 황보숭을 車騎將軍(거기장군) 기주목으로, 조조는 제남의 상으로 임명하였다는 소식을 들은 朱儁(주준, ? ~ 195. 후한 말의 무장)은 조바심이 일었다. 함께 황제의 명을 받아 나란히 싸움터로 나왔건만, 황보숭이 이미 적의 본거지를 평정한 그 마당에도, 자신은 양성에 틀어박힌 張寶軍(장보군)을 깨뜨리질 못하고 시일만 끌고 있었기 때문이었다.

이에 주준이 선봉 손견이 없어 깨뜨릴 수 없다는 소리를 듣고, 이때까지 주준을 도와주고 있던 劉備(유비)는 호승심이 일어 양성에 틀어박혀 있는 장보를 물리칠 계략이 있다고 주준에게 말한 뒤, 글 잘하는 이에게 張角(장각), 장량이 죽고 나머지 황건적은 모두 항복했다는 것을 알리고, 장보의 목을 가져오는 자는 상을 크게 주리라는 글을 적게 하여 성안으로 화살을 쏘게 했다. 이에 장보를 도와주던 嚴政(엄정 : 황건적 두목 장각의 동생 장보의 부장)이란 자가 그 편지를 보고, 그날 밤 자정 장보의 목을 베고 관군에 투항하였다. 이에 주준은 화살 한 개 쏘지 않고 적의 거성을 뺏고 적장까지 죽인 유비를 칭찬하자, 유비는,

"모두가 장군의 복덕이올시다. 이 備(비)는 잠시 호랑이의 위세를 빌려 으스대는 여우[狐假虎威(호가호위)]를 본떴을 뿐입니다."

라고 하였다.

258 狐死首丘 호사수구

字解
狐 : 여우 호 [狐狸(호리) : 여우와 살쾡이. 몰래 숨어서 나쁜 짓을 하는 사람]
死 : 죽을 사 [決死(결사) : 죽음을 각오함]
首 : 머리 수 [首尾(수미) : 머리와 꼬리. 처음과 끝]
　　자백할 수 [自首(자수) : 죄를 지은 사람이 자진해서 그 죄를 신고함]
丘 : 언덕 구 [砂丘(사구) : 모래 언덕]

語義 여우가 죽을 때, 자기가 살던 丘陵(구릉 : 언덕) 쪽에 머리를 두는 것.
(근본을 잊지 않는 마음)
(고향을 그리워함)

 用例

▶고향을 지키고 가꾸어 가는 여러분들에게 항상 감사를 드린다. 고사성어에 '狐死首丘(호사수구)'라는 구절이 있다. 여우가 죽을 때는 자기가 살던 언덕 쪽으로 머리를 향한다는 말로서, 근본을 잊지 않음과 고향을 그리는 마음을 뜻한다고 생각된다. 고향이 나에게 무엇을 해주기를 바라기에 앞서, 내가 고향을 위하여 무엇을 할까를 먼저 생각하고 싶다. 너무 큰 것을 생각하기보다는, 자기의 여러 가지 능력에 맞는 계획을 세워 보는 것이 바람직하다고 본다.

▶'狐死首丘(호사수구)'라는 말이 있다. 여우는 죽을 때가 되면 제가 살던 굴이 있는 언덕으로 머리를 돌린다는 뜻으로, 『禮記(예기)』에서는 그 취지를 仁(인)으로 설명하였다. 羊(양)도 무릎을 꿇어 授乳(수유)하므로, 공손한 동물로 비유했다. 그래서 고귀한 사람들은 무수한 짐승 중에서 여우와 양의 털로 지은 옷을 입는다고 했다. 팔자에 寅未(인미 : 호랑이와 양)가 있는 사람들은 예법에 따라 치르는 의식 행위에 정성을 다한다.

【類義語】 首丘初心(수구초심) : 여우가 죽을 때, 구릉을 향해 머리를 두고 초심으로 돌아감.
思鄕之心(사향지심) : 고향을 그리워하는 마음.
看雲步月(간운보월) : 낮에는 구름을 바라보고 밤에는 달빛 아래 거닌다는 뜻으로, 객지에서 가족이나 집 생각을 함.
胡馬望北(호마망북) : 호나라의 말은 자기가 온 북쪽을 바라본다는 뜻으로, 고향을 몹시 그리워함.
越鳥巢南枝(월조소남지) : 남쪽의 월나라에서 온 새는 나무의 남쪽 가지에 집을 짓는다는 뜻으로, 고향을 그리워함.

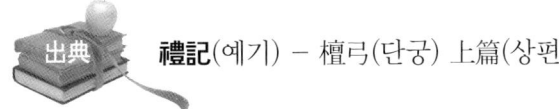
出典 禮記(예기) – 檀弓(단궁) 上篇(상편)

중국에서 유교의 經典(경전)으로 중요한 것이 다섯이 있다. 즉 『周易(주역)』 또는 『易經(역경)』·『書經(서경)』·『詩經(시경)』·『春秋(춘추)』·『禮記(예기)』의 五經(오경)이다. 그중에서 『禮記(예기)』는 秦(진)나라 이전부터 漢(한)나라 초기까지 儒者(유자)들의 의견이나 사실을 논하여 진술한 것을 기록한 것인데, 여기에서 소위 '禮(예)'란 외면적 규율의 총칭으로서, 크게는 제도·법률에서 작게는 의식·범절에 이르기까지의 일체를 망라한 것이다. 그리고 거기에는 喪禮(상례 : 상중에 행하는 모든 예절)에 관해서 많이 언급되어 있는 檀弓(단궁)이란 篇(편)이 있다. 「檀弓篇(단궁편)」은 공자의 제자들이 지은 것이라고 알려져 있는데, 여기에 다음과 같은 이야기가 있다.

文王(문왕)과 武王(무왕)을 도와서 殷(은)나라를 멸망시키고, 周(주)나라를 일으켰던 太公[1](태공 : 여상 또는 태공망)이란 사람이 있었다. 그는 죽어서 타향인 營丘(영구)란 곳에 묻혔다. 그러나 5대 후손이 그가 살던 곳인 周(주)의 수도 鎬京(호경 : 서안 부근)에 移葬(이장)을 하였다.

太公(태공)이 齊(제)나라 營丘(영구 : 제나라의 지명)에 封(봉)해져, 계속해서 五代(오대)에 이르기까지 살았으나, 도리어 周(주)나라에 와서 葬禮(장례)를 치렀다.
君子(군자)가 말하기를,
"音樂(음악)은 그 자연적으로 발생하는 바를 즐기고, 禮(예)는 그 根本(근본)을 잊지 않아야 한다."
옛사람의 말에 이르기를,
"여우가 죽을 때, 언덕을 향해 머리를 바르게 하는 것은 仁(인 : 차마 잊지 못하는 마음)이다."
라고 하였다.

原文 太公封於營丘(태공봉어영구) 此及五世(차급오세) 皆反葬於周(개반장어주) 君子曰(군자왈) 樂樂其所自生(악락기소자생) 禮不忘其本(예불망기본) 古人之有言曰(고인지유언왈) **狐死正丘首**(호사정구수) 仁也(인야)

여기에서 '狐死首丘(호사수구)'라는 말이 나왔으며, 일반적으로 더 많이 쓰이는 유사어로는 '首丘初心(수구초심)', '首丘之情(수구지정)'이 있다.

---

1) **太公**(태공. ? ~ ?) : 중국 周(주)나라 초기의 정치가. 본명은 呂尙(여상). 姜太公(강태공)이라고도 한다. 文王(문왕)과 武王(무왕)을 도와 殷(은)나라를 격파하여, 齊(제)나라의 諸侯(제후)로 봉해졌다. 太公望(태공망)이라는 명칭은 주나라 문왕이 渭水(위수)에서 낚시질을 하고 있던 여상을 만나, 태공이 오랫동안 '바라던[望(망)]' 어진 인물이라고 여긴 데서 유래했다고 한다. 낚시꾼을 강태공이라고 부르는 것도 바로 태공망에서 유래한다. 중국에서는 兵法(병법)을 세운 시조로 여겨져, 『太公六韜(태공육도)』 등의 병법 관계 서적이 그의 이름으로 나와 있다.

259 浩然之氣 호연지기

字解
- 浩 : 넓을 호 [浩然(호연) : 물이 그침 없이 흐르는 모양. 넓고 큼]
- 然 : 그럴 연 [泰然(태연) : 어떠한 일에도 영향을 받지 않고 편안하여 평소와 다름없고 예사로움]
- 之 : 의 지 [思鄕之心(사향지심) : 고향을 그리워하는 마음]
- 氣 : 기운 기 [氣力(기력) : 정신과 육체의 힘]
  기후 기 [氣象(기상) : 대기 속에서 일어나고 있는 현상]

語義 하늘과 땅 사이에 가득 찬 넓고 큰 원기.
(거침없이 넓고 큰 기개)
(자유롭고 유쾌한 마음)
(어떤 일에도 구애받지 않는 떳떳한 기운이나 도덕적 용기)

用例

▶올해 처음 실시될 승마 무료 교육의 교육비는 마사회가 전액 지원한다. 총 10회기의 교육을 받을 계획이며, 주요 내용은 안전교육, 승하마법, 승마교육, 말과의 교감(먹이주기 등)으로 이루어지는 기초 훈련이다. 이를 통해 자세교정, 정서순화, **浩然之氣**(호연지기)를 함양하는 등 승마의 다양한 효과를 몸소 체험할 수 있는 색다른 경험의 기회를 얻게 된다.

▶신앙을 통해 삶의 지평이 확장되고 삶을 바라보는 눈[世界觀(세계관)]의 변화가 일어나게 되면, 자연스레 세상의 무엇에도 매이지 않는 자유 – 사물에서 해방된 자유로운 마음, 즉 삶의 **浩然之氣**(호연지기)에 이르게 되어 있다. 세상의 분주함, 소유와 성취를 향한 경쟁의 틈바구니로부터 한 걸음 물러나게 되어 있다.

【類義語】 正大之氣(정대지기) : 바르고 큰 기운.

孟子(맹자) – 公孫丑章句(공손추장구) 上(상)

孟子(맹자)가 齊(제)나라에서 제자 公孫丑(공손추)와 나눈 대화이다. 공손추가 不動心(부동심)에 대한 이야기 끝에,

"선생님이 제나라의 대신이 되어서 道(도)를 행하신다면, 제나라를 틀림없이 천하의 覇者(패자 : 제후의 우두머리)로 만드실 것입니다. 그러면 선생님도 아마 動心(동심 : 책임을 느껴 마음을 움직임)하

실 것입니다."

"나는 40이 넘어서부터는 마음이 움직이는 일이 없네."

"마음을 움직이지 않게 하는 방법은 무엇입니까?"

맹자는 그것을 勇(용)이라 말하였다. 심중에 부끄러움이 없으면, 어떠한 것이나 두려워하지 않는다. 이것이 大勇(대용)이라 하였다.

"선생님의 不動心(부동심)과 告子(고자 : 맹자와 논쟁의 적수로, 맹자의 성선설을 부정함)의 부동심과의 차이점은 무엇입니까?"

"고자는 납득이 가지 않는 말은 억지로 이해하려고 하지 말라고 하였는데, 이는 소극적이다. 知言(지언 : 나는 알고 있다)과 거기에다 浩然之氣(호연지기)를 기르고 있다. '지언'이란 誠辭(피사 : 편협한 말), 淫辭(음사 : 음탕한 말), 邪辭(사사 : 간사한 말), 遁辭(둔사 : 피하는 말)를 가려낼 수 있는 明(명)을 갖는 것이다. 또 '浩然之氣(호연지기)'는 평온하고 너그러운 和氣(화기)를 말하며, 氣(기)는 매우 광대하고 강건하며 올바르고 솔직한 것으로서 이것을 해치지 않도록 기르면, 천지간에 넘치는 우주 자연과 합일하는 경지다. 기는 義(의)와 道(도)를 따라 길러지며, 이것을 잃으면 시들고 만다. 이것은 자신 속에 올바른 것을 쌓아 올림으로써 생겨나는 것이다."

"선생님은 어떤 점에 특히 뛰어나십니까?"

하고 묻자 맹자는,

"나는 浩然之氣(호연지기)를 잘 기르고 있다[善養吾浩然之氣(선양오호연지기)]."

고 대답했다. 그러자 공손추는 다시,

"감히 여쭈어 보겠습니다마는, 무엇을 浩然之氣(호연지기)라고 하는 것입니까?"

가로되,

"말로 설명하기가 어렵네. 그 기운은 지극히 크고 굳센 것이니, 곧은 것을 가지고 길러서 해치지 않으면, 곧 천지 사이에 가득 차게 된다. 그 기운이 됨은 정의와 道(도)에 맞는 것으로 이 기운이 없으면 굶주리게 된다. 이 기운은 안에 있는 옳음이 모여서 생겨나는 것으로, 밖에서 옳음이 들어와 취해지는 것이 아니다. 행동하여 마음에 만족스럽지 못한 것이 있으면, 곧 굶주리게 되는 것이다."

 原文 敢問何謂浩然之氣(감문하위호연지기) 曰(왈) 難言也(난언야) 其爲氣也(기위기야) 至大至剛(지대지강) 以直養而無害(이직양이무해) 則塞于天地之間(즉색우천지지간) 其爲氣也(기위기야) 配義與道(배의여도) 無是餒也(무시뇌야)

이 대목에 대한 朱子(주자)의 해설은 다음과 같다.

"浩然(호연)이란 성대하게 유행하는 모양이다. 氣(기)란 바로 이른바 '몸에 충만되어 있다.'는 것으로서, 본래는 스스로 호연하되, 수양을 하지 못했기 때문에 부족하게 되는 것이다. 오직 맹자는 그것을 잘 길러 그 본래의 상태를 회복하신 것이다. 知言(지언)을 하면 道義(도의)에 밝아서 천하의 일에 의심스러운 바가 없고, 기를 기르면 도의에 배합되어서 천하의 일에 두려운 바가 없으니, 이 때문에 큰 책

일을 담당하여도 부동심하게 되는 것이다."

孟子(맹자)도 호연지기를 한마디로 설명하는 것이 어렵다고 했으니, 오늘날의 우리도 이해하기 어려운 일이다. 다만 호연지기란 의와 도가 쌓여서 생겨나는 것으로서 大丈夫(대장부)의 기상으로 실현된다고 이해하면 될 것이다.

오늘날에는 '자신의 공명정대한 인격에서 우러나오는 호방한 마음이나 기운', 또는 '도의에 뿌리를 박고 공명정대하여, 무엇에도 구애됨이 없는 도덕적 용기'를 가리키는 말로 쓰이고 있다.

※ 茶山(다산) 丁若鏞(정약용, 1762 ~ 1836)의 '浩然之氣(호연지기)'

士大夫心事(사대부심사) 當與光風霽月(당여광풍제월) 無纖毫菑翳(무섬호치예) / 凡愧天怍人之事(범괴천작인지사) 截然不犯(절연불범) / 自然心廣體胖(자연심광체반) 有浩然之氣(유호연지기) / 若於尺布銖貨(약어척포수화) 瞥有負心之事(별유부심지사) 卽是氣餒敗(즉시기뇌패) / 此人鬼關頭(차인귀관두) 汝等切戒之(여등절계지)

사대부의 마음 씀은 마땅히 광풍제월과 같아 털끝만큼의 가려짐도 없어야 한다. / 무릇 하늘에 부끄럽고 사람에 떳떳치 못한 일은 단호히 끊어, 범하는 일이 없도록 해라. / 절로 마음이 드넓어지고 몸이 편안해져서 浩然之氣(호연지기)가 생겨날 것이야. / 만약 한 자의 베나 몇 푼 재물에 팔려 문득 마음을 저버리는 일이 있게 된다면, 그 즉시 이 기운은 위축되어 무너지고 만다. / 이것은 사람과 귀신이 갈리는 관건의 시작이니, 너희들은 깊이 경계하도록 해라. 〈又示二子家誡(우시이자가계)〉

※ 栗谷(율곡) 李珥(이이, 1536 ~ 1584)의 '浩然之氣(호연지기)'

하루 종일 꼿꼿이 책상 앞에 앉아 책장을 넘기던 한 유생이 방 밖으로 나왔을 때는 이미 칠흑 같은 밤이었다. 다만 손에 닿을 듯한 별무리들이 하늘의 존재를 알려줄 뿐, 눈에 들어오는 것이라곤 온통 검은색뿐이었다.

'내가 있다는 것은 분명 느껴지지만, 사물과 사물 사이의 경계는 사라지고 세상은 커다란 어둠 속에 덮여 있구나. 하지만 모든 사물이 없어진 것은 아닐 터. 다만 눈에 보이지 않을 뿐. 허어, 글로만 理氣(이기)를 논하여 氣(기)가 생기기 전에 理(이)가 있다고 하는 것은 마치 어둠으로 사물의 있음을 보지 못한 것과 같구나.' 儒生(유생)은 방안으로 들어가 몇 자 적더니 깊은 사색에 빠졌다.

水遂方圓器(수수방원기) 물은 그릇의 모양에 따라 모나기도 하고 둥글기도 하며,
空隨小大瓶(공수소대병) 허공은 병의 크기에 따라 대소가 나뉘누나.

理(이)를 물과 허공에, 氣(기)를 그릇과 병에 비유하여 이기의 관계를 명쾌하게 꿰뚫은 이 유생은 누구인가. '理通氣局(이통기국)'과 '氣發理乘(기발이승)'을 주장하여 조선 유학사에 커다란 족적을 남긴 栗谷(율곡) 李珥(이이)였다. 시는 親友(친우)인 成渾(성혼, 1535 ~ 1598)에게 보내려고 지은 것이다.

260 昏定晨省 혼정신성

字解
- 昏 : 저물 **혼** [黃昏(황혼) : 해가 지고 어둑어둑해질 무렵]
- 定 : 정할 **정** [定員(정원) : 일정한 규칙으로 정한 인원]
- 晨 : 새벽 **신** [晨昏(신혼) : 새벽과 저녁. 아침저녁. 밤낮]
- 省 : 살필 **성** [省墓(성묘) : 조상의 산소를 찾아가서 살피어 돌봄]
  - 관청 성 [門下省(문하성) : 왕명의 출납과 중요한 관직에 있는 관원의 죄를 탄핵하여 임금에게 아뢰는 일을 맡아 본 관청]
  - 생략할 생 [省略(생략) : 간단하게 줄이거나 뺌]

語義 어두워지면 정해 드리고, 새벽에는 살핀다.
(날이 저물면 부모의 잠자리를 보아 드리고, 이른 아침에는 자리를 살피고 문안드린다)
(부모를 잘 섬기고 효성을 다함)

 用例

▶사람의 사친지도 백행 중에 으뜸이라 / 효자의 애일지심 백년이 순식이니 / 순식간 사친사를 일시인들 잊을소냐 / 지성으로 봉양하되 **昏定晨省**(혼정신성) 잘하여라. / 자주자주 나아가서 기운을 살핀 후에 / 안색을 화케 하며 소구를 낮추어서 / 문안을 드린 후에 / 음식을 기다려서 잠죽히 묻자오며 / 묻는 말씀 대답하고 음식을 공궤하되 / 구미를 맞추와서 찾기를 기대 말고 / 때맞추어 드리오며 효성이 지극하면 / 얼음 속에 잉어 나고 설중에도 죽순이라. 〈민요 孝貞歌(효정가)〉

▶무릇 사람의 자식 된 자의 禮(예)는 겨울에는 추위에 떨시지 않게 따뜻하게 해드리고, 여름에는 더위를 타시지 않게 시원하게 해드리며, 날이 어두워지면 잠자리를 깔아 드리고, 새벽이 되면 편히 주무셨나를 살피는 것이다. 즉 **昏定晨省**(혼정신성)과 冬溫夏淸(동온하정)은 자식이라면 누구나 당연히 해야 할 일이었다. 만약 부모님 살아 계실 때 자식의 도리를 다 하지 못하면 두고두고 후회하게 될 것이다.

[類義語]
- 冬溫夏淸(동온하청) : 겨울에는 따뜻하게, 여름에는 서늘하게 함.
- 朝夕定省(조석정성) : 아침저녁으로 잠자리를 정하고 살핌.
- 溫淸定省(온청정성) : 겨울에는 따뜻하게 여름에는 서늘하게 해드리고, 밤에는 이부자리를 펴고 새벽에는 살핌.
- 暮須後寢(모수후침) : 저물면 모름지기 나중에 잠자리에 들음.

 禮記(예기) - 曲禮(곡례) 上(상)

父母(부모)에 대한 공경을 바탕으로 한 행위가 곧 孝(효), 또는 孝行(효행)이다. 이 孝(효) 思想(사상)은 동서고금을 막론하고 人倫(인륜)의 가장 으뜸가는 덕목으로 중시되었다. 즉 '孝(효)는 百行之本(백행지본)'이라 하여 부모를 봉양하고, 공경하며, 복종하고, 조상에게 奉祭祀(봉제사 : 조상의 제사를 받듦)하는 일이 의무화되면서 효사상이 사회규범으로 굳어졌다.

孔子(공자)는 이러한 효에 대해 그 구체적인 실천 방법을 제시하여 확고히 정착시켰다. 이 유교적인 효사상은 맹자에 와서는 자식의 부모에 대한 의무가 더욱 강조되었고, 漢代(한대)에 이르러 『孝經(효경)』에서 도덕의 근원, 우주의 원리로서 명문화되기에 이르렀다. 이처럼 효사상이 가장 중요한 도덕규범으로 정착되자, 자연히 효에 대한 행동상의 규범도 많아지게 되었다.

일종의 구체적인 실천 방법으로, 먼저 부모를 대하는 '얼굴가짐'을 중시했다. 늘 부드러운 얼굴빛으로 부모를 섬겨 편안하게 해드려야 한다는 것으로, 그것이 쉽지 않은 일이라 하여 '色難(색난)'이라 하였다. 또 부모의 잘못을 보면 諫言(간언 : 웃어른이나 임금에게 옳지 못하거나 잘못된 일을 고치도록 하는 말)은 하되, 뜻은 거역하지 않았다. 살아 계실 때에는 정성으로 모시고, 돌아가시면 3년간 부모의 평소 생활 습관을 바꾸지 않고 지켜야 했다. 그러나 무엇보다도 평소 일상생활 중에서 부모를 잘 모시는 것이 가장 중요한 것으로 여겨졌다.

무릇 사람의 자식이 되어 부모를 섬기는 禮(예)로는, 겨울에는 따뜻하게 해드리고, 여름에는 서늘하게 해드린다. **날이 저물면 부모의 잠자리를 보아 드리고, 이른 아침에는 자리를 살피고 문안드린다.**

 原文 凡爲人子之禮(범위인자지예) 冬溫而夏淸(동온이하청) **昏定而晨省(혼정이신성)**

그리고 벗 사이에서는 언제나 親睦(친목)을 도모해서 다투지 않는다. 무릇 남의 아들 된 자는 임금의 세 번 명령을 받고도 車馬(차마 : 차량과 말)는 받지 않는다. 차마를 받아 가지게 되면 존귀한 사람으로서의 체모를 갖추게 되나, 감히 어버이 앞에 스스로 존귀함을 자처하여 내세울 수 없기 때문이다. 그렇게 함으로써 州閭鄕黨[1](주려향당)이 그의 효행을 칭찬하고, 형제와 친척이 그의 慈愛(자애)함을 칭찬하며, 동료인 벗은 그의 恭敬(공경)함을 칭찬하고, 뜻이 같은 벗은 그의 어짊[仁(인)]을 칭찬하고, 널리 交遊(교유 : 서로 사귀어 놀거나 왕래함)하는 사람들은 그의 믿음성을 칭찬하게 된다.

또한 아버지의 친구를 뵈었을 때는 나오라고 이르지 않으면 감히 나오지 못하고, 물러가라고 이르지 않으면 감히 물러가지 못하며, 묻지 않으면 대답하지 못한다. 이것이 孝子(효자)의 行實(행실)이다.

1) **州閭鄕黨**(주려항당) : 25家(가)를 閭(려)라 하고, 4閭(려)를 族(족)이라 한다. 500집을 黨(당)이라 하고, 2,500가를 州(주)라고 하며, 12,500가를 鄕(향)이라고 한다. 본문에서는 '마을의 모든 사람들'이란 뜻으로 쓰였다.

    원래 '州閭(주려)'라는 말은 '고을과 마을을 아울러 이르는 말'이며, '鄕黨(향당)'은 '자기가 태어났거나 사는 시골 마을, 또는 그 마을 사람들'을 가리키는 말이다.

※ 孝道(효도)와 관련된 四字成語(사자성어)

- **敬老孝親**(경로효친) : 노인을 공경하고 부모에게 효도함.
- **望雲之情**(망운지정) : 흘러가는 구름을 바라보며 어버이를 생각한다는 뜻으로, 자식이 객지에서 고향의 어버이를 생각하는 마음.
- **盲子孝道**(맹자효도) : 눈먼 자식이 효도함.
- **班衣之戲**(반의지희) : 늙은 부모를 위로하려고, 색동저고리를 입고 기어감. 효심이 지극한 중국 주나라 때 노래자라는 사람의 이야기에서 유래.
- **反哺之孝**(반포지효) : 어미에게 되먹이는 까마귀의 효심을 뜻하는 말로, 자식이 커서 부모를 봉양함. 反哺報恩(반포보은)이라고도 함.
- **白雲孤飛**(백운고비) : 멀리 떠나는 자식이 어버이를 그리워함.
- **伯俞泣杖**(백유읍장) : 백유(중국 한나라 때의 효자)가 매를 맞으며 운다는 뜻으로, 쇠약해진 어머니의 모습을 슬퍼함.
- **不忠不孝**(불충불효) : 나라에 충성되지 못하고, 부모에게 효도하지 못함.
- **事親以孝**(사친이효) : 어버이를 섬기되 효로써 함.
- **以孝傷孝**(이효상효) : 효자가 돌아가신 부모를 너무 슬피 사모하여 병이 남.
- **子路負米**(자로부미) : 공자의 제자인 자로가 가난하여, 쌀을 등짐으로 백 리 밖까지 운반하여 그 운임으로 양친을 봉양함. 지극한 효성.
- **慈烏反哺**(자오반포) : 자애로운 까마귀의 돌이켜 먹임이라는 뜻으로, 자식이 부모의 은혜를 갚음.
- **定省溫淸**(정성온정) : 아침 저녁으로 부모의 이부자리를 보살펴 안부를 묻고, 따뜻하고 서늘하게 함.
- **忠孝雙全**(충효쌍전) : 충성과 효도를 다 겸함.
- **風樹之嘆**(풍수지탄) : 효도를 하려고 하나, 부모가 돌아가시어 효도를 다하지 못하는 슬픔.
- **昊天罔極**(호천망극) : 끝없는 하늘과 같이 부모의 은혜가 큼.
- **孝子愛日**(효자애일) : 될 수 있는 한 오래 동안 부모께 효성을 다하여 섬기고자 하는 마음.

※ 太祖實錄(태조실록, 1398년 간행) 14권의 '昏定晨省(혼정신성)'

    조선 태조 때, 濟州判官(제주판관) 金科(김과)라는 사람은 늙으신 어머니 봉양을 위해 자신의 판관 자리를 취소해 달라고 임금께 上疏(상소)를 올린다. 상소의 내용 중 일부를 소개하면 다음과 같다.

    "任所(임소 : 임무가 부여된 장소)로 가고자 하였으나, 臣(신)이 염려되는 것은 신의 어머니가 지금 이미 75세이온데, 늙고 쇠약하여 病席(병석)에 누워 조석으로 생명을 보전하기가 어려워졌습니다. 신이 이미 3년 동안이나 墳墓(분묘)를 지키고 있어 오랫동안 봉양을 못하였사온데, 지금 또 어머니를 떠나서 멀리 떨어져 있는 곳으로 가게 된다면, '**昏定晨省**(혼정신성)'이 사이가 뜨고 音問(음문 : 먼 곳에서 편지로 안부를 물음)이 드물어질 것이니, 어찌 다만 신이 어머니를 사모하는 것뿐이겠습니까? 또한 어머니도 신을 생각하여 더욱 병이 심할까 염려되오니, 이렇게 되면 신의 마음이 어찌 맡은 職責(직책)에 편안할 수가 있겠습니까?"

261 弘益人間 홍익인간

字解
- 弘 : 넓을 홍 [弘報(홍보) : 널리 알림, 또는 그 보도나 소식]
  - 클 홍 [弘謀(홍모) : 큰 꾀나 모략]
- 益 : 더할 익 [益甚(익심) : 갈수록 더욱 심함]
  - 이로울 익, 이익 익 [收益(수익) : 수익을 거둠]
- 人 : 사람 인 [人類(인류) : 사람을 다른 동물과 구별하여 이르는 말]
  - 남 인, 딴사람 인 [與人相約(여인상약) : 남과 서로 약속함]
- 間 : 사이 간 [間隔(간격) : 물건과 물건과의 떨어진 사이]

語義 널리 인간 세계를 이롭게 한다.
(단군의 건국이념으로서 우리나라 정치, 교육, 문화의 최고 이념)

 用例

▶후보자들이 내놓은 공약들이야 수백 수천 가지에 이르겠지만, 결국은 자신이 '弘益人間(홍익인간)' 정신으로 '國利民福(국리민복)'을 실현할 적임자라는 말이다. 국리민복이 현실의 정치라면 弘益人間(홍익인간)은 그 이념이다. 국리민복은 각종 민생과 복지 정책을 통한 국가적 발전으로 통할 것이고, 弘益人間(홍익인간)은 그러한 정치 활동의 풋대가 되는 우리 민족의 통치이념이다.

▶우리는 고조선의 건국이념 정신이 "弘益人間(홍익인간), 濟世理化(제세이화)"라고 배웠고, 특히 弘益人間(홍익인간) 개념은 현재 한국의 교육·정치·문화의 최고 이념으로 자리잡고 있습니다. 그럼 그렇게 좋다는, 또 우리가 교육을 통해 꼭 이룩해야 할 나라라고 배우는 弘益人間(홍익인간) 정신이 실천되는 좋은 나라, 사회를 만들려면 弘益人間(홍익인간)이 구체적으로 무엇을 말하는 것인지 알아야겠지요?

 三國遺事(삼국유사, 승려 일연 지음. 국보 제306호〈권3~5〉)

우리가 여러 분야에서 많이 접하게 되는 '弘益人間(홍익인간)'은 '널리 인간 세계를 이롭게 한다.'라는 말이다. 여기에서 '人間(인간)'은 '사람'이 아니라, '인간 세계'를 뜻한다. 國祖(국조) 檀君[1](단군)의 건국 이념으로, 고조선의 개국 이래 우리나라 정치·교육의 기본 정신이 되어 왔다. 이 말은 『三國遺事(삼국유사)』 紀異第一(기이제일) 고조선 건국 전설에 나오는 말이다.

魏書(위서)에 말하기를,

"지금으로부터 2천 년 전에, 檀君王儉(단군왕검)이라는 사람이 있어서 도읍을 아사달에 세우고, 나라를 만들어 이름을 朝鮮(조선)이라 불렀다[乃往二千載(내왕이천재) 有檀君王儉(유단군왕검) 立都阿斯達(입도아사달) 開國號朝鮮(개국호조선)]."

고 했다.

또한 『古記(고기, 옛 문헌의 기록. 현재 전해지지 않는 한국의 고대 역사서)』에는 말하기를,

"옛날 桓因[2](환인)의 庶子(서자) 桓雄[3](환웅)이 천하에 뜻을 두고 자주 인간 세상을 탐내어 찾았다. 아버지가 아들의 뜻을 알고 아래로 三危太伯[4](삼위태백)을 굽어보니, **인간을 널리 유익하게 할 수 있었다**. 그리하여 天符印[5](천부인) 3개를 주어 인간 세계로 보내 다스리게 했다. 태백산 정상에 내려가 그곳을 신시라 이르니, 그가 곧 환웅천왕이다."

原文 昔有桓因庶子桓雄(석유환인서자환웅) 數意天下(삭의천하) 貪求人世(탐구인세) 父知子意(부지자의) 下視三危太伯(하시삼위태백) 可以弘益人間(가이홍익인간) 乃授天符三印箇(내수천부삼인개) 遣往理之(견왕이지) 降於太伯山頂(강어태백산정) 謂之神市(위지신시) 是謂桓雄天王也(시위환웅천왕야)

弘益人間(홍익인간)은 바로 여기에서 비롯된 것이다. 단군신화에 따르면, 天神(천신) 환웅이 이 땅에 내려와서, 우리의 시조 단군을 낳고 나라를 열게 된 이념이 홍익인간이었다. 홍익인간이 우리나라 교육 이념으로 채택된 것은 광복 이후이다.

1949년 12월 31일, 법률 제 86호로 제정·공포된 교육법 제1조에,

"교육은 弘益人間(홍익인간)의 이념 아래 모든 국민으로 하여금 인격을 완성하고, 자주적 생활 능력과 공민으로서의 자질을 具有(구유)하게 하여, 민주국가 발전에 봉사하며, 인류 공영의 이상 실현에 기여하게 함을 목적으로 한다."

고 闡明(천명 : 분명하게 드러내어 나타냄)하고 있다.

당시 문교부는 弘益人間(홍익인간)이 '고루한 민족주의 이념의 표현이 아니라, 인류 공영이라는 뜻으로 민주주의 기본정신과 완전히 부합되는 이념이며, 민족정신의 정수인 일면 그리스도교의 博愛精神(박애정신), 유교의 仁(인), 불교의 慈悲心(자비심)과도 상통하는 전 인류의 이상'으로 보아, 교육 이념으로 삼았다.

---

1) **檀君**(단군) : 桓雄(환웅)이 태백산 꼭대기에 있는 신단수 아래에 내려와 신시를 열었을 때, 곰 한 마리와 호랑이 한 마리가 있어 같은 골속에 살면서, 항상 환웅에게 사람이 되게 해달라고 빌었다. 한번은 환웅이 이들에게 신령스러운 쑥 1자루와 마늘 20쪽을 주면서, 이것을 먹고 100일 동안 햇빛을 보지 않으면 사람이 된다고 했다. 곰

은 이것을 받아서 먹고 근신하여 3·7일(21일) 만에 여자의 몸이 되고, 호랑이는 이것을 참지 못하여 사람이 되지 못했다. 웅녀는 그와 혼인해 주는 이가 없으므로 신단수 아래에서 아이를 가지게 해달라고 기원했다. 이에 환웅이 잠시 변하여 결혼해서 아들을 낳으니, 그가 곧 檀君王儉(단군왕검)이다. 왕검이 즉위 50년 뒤인 庚寅年(경인년)에, 평양성에 도읍을 정하고 비로소 朝鮮(조선)이라 일컬었다. 이어서 도읍을 白岳山(백악산)의 阿斯達(아사달)로 옮겼는데, 그곳을 弓忽山[궁홀산 : 弓(궁)자 대신 方(방)자를 쓰기도 함] 또는 今彌達(금미달)이라고도 했다. 단군은 1,500년 동안 나라를 다스리고 周(주)의 虎王(호왕)이 즉위한 기묘년에 기자를 조선왕에 봉하고, 자신은 藏唐京(장당경)으로 옮겼다가, 뒤에 아사달에 돌아와 숨어서 산신이 되니, 나이가 1,908세였다.

2) 桓因(환인) : 단군신화에 나오는 하늘의 神(신). 桓雄(환웅)의 아버지이며, 檀君(단군)의 할아버지이다. 『三國遺事(삼국유사)』에 인용된 『古記(고기)』에 의하면, 아들 환웅이 늘 인간 세상에 뜻을 두고 있음을 알아차리고, 三危太伯(삼위태백)을 내려다보니 과연 인간을 널리 이롭게 할 만하므로, 天符印(천부인) 3개를 주며 가서 다스리게 했다고 한다.

환인이라는 명칭은 원래 산스크리트 '提桓因陀羅(제환인타라 : 하늘의 임금, 천제)'에서 차용한 말이다. 따라서 『삼국유사』를 편찬한 一然(일연)도 환인은 帝釋(제석 : 수미산의 꼭대기 도리천의 임금)을 말하는 것이라고 주를 달았다. 이처럼 환인이라는 명칭은 불교가 전래한 뒤에 수식된 것이나, 원래의 신화에 전혀 없던 것이 가공으로 만들어진 것이라고 보기는 어려우며, 하늘[天(천)] 또는 태양을 숭배하던 사상에서 출발하여 시간이 지나면서 불교적인 표현으로 정착한 것으로 보인다.

3) 桓雄(환웅) : 하늘의 神(신)인 桓因(환인)의 아들로, 무리 3,000명을 이끌고 太伯山(태백산) 神檀樹(신단수) 밑에 내려온 환웅은 그곳을 神市(신시)라 이르고, 風伯(풍백 : 바람의 신)·雨師(우사 : 비의 신)·雲師(운사 : 구름의 신)를 거느리고 곡식·생명·질병·형벌·선악 등 인간 세상의 360여 가지 일을 주관하며 교화했다. 그때 곰과 호랑이가 나타나 사람이 되기를 원해, 100일 동안 쑥과 마늘만 먹으면서 햇빛을 보지 말라고 했는데, 이를 잘 참아 낸 곰만 女人(여인 : 웅녀)으로 변할 수 있었다. 환웅이 신단수 아래서 늘 아이를 갖기를 비는 熊女(웅녀)와 혼인하여, 아들을 낳으니 檀君王儉(단군왕검)이었다.

4) 三危太伯(삼위태백) : 三危山(삼위산)과 太伯山(태백산)을 아울러 이르는 말. 삼위산은 중국 간쑤성[甘肅城(감숙성)] 둔황현[敦煌縣(돈황현)] 남쪽에 있으며, 태백산은 白頭山(백두산)의 옛 명칭으로 長白山(장백산)이라고도 한다. 백두산의 높이가 2,750m로 북한 양강도 삼지연군과 중국 지린성[吉林省(길림성)]의 경계에 있다. 정상에 백색의 浮石(부석)이 얹혀 있으므로, 마치 흰 머리와 같다 하여 백두산이라 부르게 되었다.

5) 天符印(천부인) : 古朝鮮(고조선)의 건국 신화에서 桓雄(환웅)이 桓因(환인)으로부터 받았다고 하는 3개의 信表(신표). 단군신화에 의하면, 환인은 아들 환웅이 항상 하늘 아래에 뜻을 두고 있어, 천부인 3개를 주어 내려가서 다스리라고 했다. 천부인이 무엇을 뜻하는지는 분명히 알 수 없지만, 고조선 국가의 성립이 청동기의 사용과 함께 이루어진 것으로 보아, 고대사회 초기에 주술의 도구이자 권위의 상징이기도 했던, 靑銅短劍(청동단검)·靑銅鏡(청동경 : 청동거울)·玉(옥)과 같은 상징물이라고 짐작된다.

262 畵龍點睛 화룡점정

字解
- 畵 : 그림 화, 그릴 화 [油畵(유화) : 기름에 갠 물감으로 그린 그림]
- 龍 : 용 룡(용) [臥龍(와룡) : 누워 있는 용. 초야에 묻혀 있는 큰 인물]
- 點 : 점 점, 찍을 점 [點綴(점철) : 점을 찍은 듯 여기저기 이어져 있음]
- 睛 : 눈동자 정 [眼睛(안정) : 눈동자]

語義 용을 그리고 눈동자를 찍다.
(가장 요긴한 부분을 마치어 완성하다)

用例

▶ 안양 KGC인삼공사가 리빌딩 완료 첫해 챔피언 결정전에서 우승으로 화려하게 **畵龍點睛**(화룡점정)했다. 이상범 감독이 이끄는 인삼공사는 지난 6일 원주 치악체육관에서 열린 '2011-2012 KB국민카드 프로농구' 챔피언 결정전 6차전 원주동부와 원정 경기서 66-64로 극적인 역전승을 거두었다. 시리즈 전적 4승 2패를 기록한 인삼공사는 전신인 SBS와 KT&G를 포함해, 창단 후 첫 챔피언 결정전에서 우승의 영예를 안았다.

▶ 이것이 나무인가? 아니면 똬리를 틀고 있는 뱀의 무리인가? 뱀이라면 이렇게 큰 뱀을 본 적이 없으니, 필시 옛사람들이 이야기하는 그 신성한 용이 아닐까? 승천을 준비하는 용, 잔뜩 서기를 머금고 때를 기다리는 용이 그곳에 있었다. 결코 용은 멀리에 있지 않다. 등잔 밑이 어두울 뿐, 용은 바로 지척에서 승천할 때를 묵묵히 기다리며 구름을 뚫고 비상할 힘을 잔뜩 머금고 있다. '**畵龍點睛**(화룡점정)'이란 고사가 생각나는 나무가 바로 경기도 이천에 있는 蟠龍松(반룡송)이다.

出典 水衡記(수형기, 중국 고사집)

중국 南北朝(남북조)시대, 남조인 梁[1](양)나라에 張僧繇[2](장승요)라는 사람이 있었다. 右軍將軍(우군장군)과 吳興太守(오흥태수)를 지냈다고 하니 벼슬길에서도 立身(입신)한 편이지만, 그는 붓 하나로 산수화와 불화는 물론이고, 모든 사물을 實物(실물)과 똑같이 그리는 화가로 유명했다.

어느 날, 장승요는 金陵(금릉 : 지금의 남경)에 있는 安樂寺(안락사)의 住持(주지)로부터 龍(용)을 그려 달라는 부탁을 받았다. 그는 절의 벽에다 검은 구름을 헤치고, 금방이라도 곧 하늘로 날아오를 듯한 두 마리의 용을 그렸다. 물결처럼 꿈틀대는 몸통, 갑옷의 비늘처럼 단단해 보이는 비늘, 날카롭게 뻗은 발톱에도 생동감이 넘치는 용을 보고 찬탄하지 않는 사람이 없었다. 그런데 한 가지 이상한 것은 용의 눈에 눈동자가 그려져 있지 않는 점이다. 사람들이 그 이유를 묻자, 장승요는 이렇게 대답했다.

"눈동자를 그려 넣으면, 용은 벽을 박차고 하늘로 날아가 버릴 것이오."

그러나 사람들은 그의 말을 믿으려 하지 않았다. 당장 눈동자를 그려 넣으라는 성화독촉(星火督促 : 몹시 급하고 심하게 재촉함)에 견디다 못한 장승요는 한 마리의 용에 눈동자를 그려 넣기로 했다. 그는 붓을 들어 용의 눈에 '획' 하고 점을 찍었다. 그러자 돌연 벽 속에서 번개가 번쩍이고 천둥소리가 요란하게 울려 퍼지더니, 한 마리의 용이 튀어나와 비늘을 번뜩이며 하늘로 날아가 버렸다. 그리고 눈동자를 그려 넣지 않은 용은 벽에 그대로 남아 있었다.

 原文 張僧繇(장승요) 於金陵安樂寺(어금릉안락사) 畵兩龍(화양용) 不點睛每云(부점정매운) 點之卽飛去(점지즉비거) 人以爲妄(인이위망) 因點其一(인점기일) 須臾雷電破壁(수유뇌전파벽) 一龍上天(일용상천) 一龍不點眼者見在(일용부점안자견재)

이 고사에서 '畵龍點睛(화룡점정)'이란 성어가 생기게 되었다.

---

1) **梁**(양, 502 ~ 557) : 중국 南北朝(남북조)시대 강남에 건국된 남조의 3번째 왕조이다. 齊(제)나라 말기 황제 東昏侯(동혼후, 483 ~ 501)는 폭거를 저질러 많은 대신들을 살해하고, 宗族(종족)인 蕭懿(소의)를 살해했다. 옹주자사로서 양양에 주둔하고 있던 동생 蕭衍(소연)이 폭군을 처단한다는 명분으로 군사를 일으켜, 동혼후를 죽이고 和帝(화제)를 옹립한 뒤, 502년 화제로부터 선양을 받아 건국하였다. 그가 바로 남조 최고의 명군으로 칭송받은 武帝(무제, 464 ~ 549. 재위 502 ~ 549)였다.

무제의 치세는 48년이란 긴 세월이었고, 그동안 내정을 정비하여 구품관인법을 개선하고, 불교를 장려하여 국내를 다스리고 문화를 번영시켰다. 대외 관계도 비교적 평온하여 약 50년간 태평성대를 유지하여, 남조 최고의 전성기를 보냈다. 또한 31살의 젊은 나이에 죽은 무제의 장남 황태자 蕭統(소통) 昭明太子(소명태자)가 편찬한 『文選(문선)』은 후세에까지 전해지는 훌륭한 문헌이었다.

그러나 무제의 50년에 걸친 치세 후반에는, 불교에 너무 심취하여 스스로 同太寺(동태사)에 여러 번 투신하였다. 그럴 때마다 신하들은 막대한 돈을 들여 무제를 되찾아 왔기에 국고가 크게 궁핍해졌다. 退位(퇴위) 후 법황의 신분이라면 모를까, 재임 중에 황제를 잃어버리는 일은 없었기 때문에 이런 일이 벌어진 것이었다.

2) **張僧繇**(장승요) : 중국 南朝(남조) 梁(양)나라의 화가. 吳縣(오현 : 지금의 강소성 소주시) 사람이다. 顧愷之(고개지)·陸探微(육탐미) 이후, 吳道玄(오도현) 이전의 2,300년 동안 가장 명성이 높았다. 양무제 때 예술 활동에 종사했다. 右軍將軍(우군장군)·吳興太守(오흥태수)를 역임했으며, 인물고사화·종교화·초상화·풍속화를 잘 그렸다. 양무제는 불교를 숭상하여 불교 사원을 크게 건축할 때마다, 늘 그에게 壁畵(벽화)를 그리도록 했다.

263 畵蛇添足 화사첨족

字解 畵 : 그림 화, 그릴 화 [畵家(화가) : 그림을 그리는 일을 전문으로 하는 사람]

蛇 : 뱀 사 [毒蛇(독사) : 독이 있는 뱀]

添 : 더할 첨, 덧붙일 첨 [別添(별첨) : 따로 덧붙임]

足 : 발 족 [手足(수족) : 손발. 손발처럼 마음대로 부리는 사람]

　　만족할 족 [滿足(만족) : 마음에 부족함이 없이 흐뭇함]

語義 뱀을 그리고 발을 더 그려 넣는다.

(하지 않아도 될 일을 하거나, 필요 이상으로 쓸데없는 일을 하여 도리어 실패함)

 用例

▶ 사슴의 뿔, 뱀의 몸, 잉어의 비늘, 호랑이의 발, 매의 발톱을 형상화하여 고대로부터 龍(용)을 신성시한 것도 낮은 단계의 융·복합 활동이었으며, 중국 戰國時代(전국시대) 楚(초)나라 懷王(회왕) 때 어느 하인이 술내기에서 뱀에 다리를 그려 넣었다는 **畵蛇添足**(화사첨족)은 실패한 융·복합의 대표적인 예로 들 수 있다.

▶ 문장을 간결하고 정확하게 만드는 교열 작업은 이를 뛰어넘은 10진법 인간의 일이다. '대통령 차남 ○○씨'를 '대통령 처남 ○○씨'라고 잘못 썼더라도, 차남과 처남 모두 맞춤법에 맞는 단어이므로 컴퓨터는 잘못을 절대로 알아채지 못한다. 연속 사건이 벌어졌을 때, 왜 '또'라는 단어가 들어가야 하는지, 같은 한자를 두고 사람에 따라 '열' 또는 '렬'로 달리 표기해 달라는 것, 문장의 속뜻에 걸맞은 적확한 단어를 썼는지 여부, **畵蛇添足**(화사첨족)과 重言復言(중언부언), 논리가 실종된 비문 등 컴퓨터가 모르는 것은 오만 가지다.

[類義語] 蛇足(사족) : '화사첨족'의 준말로 뱀의 발을 그림.

　　　　描蛇添足(묘사첨족) : 뱀을 그리고 발을 그려 놓음.

　　　　牀上安牀(상상안상) : 마루 위에 마루를 놓음.

 **出典** **史記**(사기) - 楚世家(초세가) 戰國齊策(전국제책)

중국 전국시대 楚[1](초)나라 懷王[2](회왕) 6년의 일이다. 초나라는 재상인 昭陽(소양)에게 군대를 주어 魏(위)나라를 치게 했다. 소양은 위를 격파하고, 다시 군사를 이동시켜 齊(제)나라를 치려고 했다. 齊

(제)의 湣王(민왕, B.C.300 ~ B.C.284)은 이를 두려워하여, 마침 진나라의 사자로 와 있던 陳軫(진진)에게,

"어찌하면 좋겠는가?"

하고 의논을 했다.

"걱정할 것 없습니다. 제가 가서 楚(초)에게 싸움을 그만두도록 하겠습니다."

그리고 진진은 곧 초군을 찾아가, 陣中(진중)에서 소양과 회견을 했다.

"초나라 국법에 대해서 물어보겠소. 적군을 쳐부수고 적장을 죽인 자에게는 어떤 상을 주게 되어 있소?"

"그런 사람에게는 上柱國(상주국 : 벼슬 이름)의 벼슬을 주고, 높은 작위의 구슬[玉(옥)]을 받게 되어 있소."

"상주국보다 높은 高官(고관)도 있소?"

"그건 令尹(영윤)이오."

"지금 그대는 이미 영윤이오. 즉, 초나라 최고의 관직에 있소. 그런 당신이 제나라를 친다 해도 별 득이 없지 않소?"

라며 한 가지 이야기를 들려 드리겠다고 하면서, 다음과 같이 말했다.

초나라에 어떤 인색한 사람이 제사를 지낸 뒤, 하인들 앞에 술 한 잔을 내놓으면서 나누어 마시라고 했다. 그러자 한 하인이 이런 제안을 했다. 여러 사람이 나누어 마시면 간에 기별도 안 갈 테니, 땅바닥에 뱀을 제일 먼저 그리는 사람이 혼자 다 마시는 걸로 하면 어떻겠냐고 했더니, 모두들 그렇게 하자고 했다. 하인들은 모두 찬성하고 제각기 땅바닥에 뱀을 그리기 시작했다. 한 사람이 뱀 그리기를 완성하고, 술잔을 들고 마시려고 하였다. 곧 왼손에 술잔을 들고, 오른손으로 뱀을 그리며 말했다.

"나는 능히 뱀의 다리까지 그려 넣을 수가 있네."

그러나 미처 다리를 다 그리지 못했을 때, 한 사람이 뱀을 다 그리고, 그 술잔을 빼앗으며 말하기를,

"뱀은 진실로 다리가 없다. 그대는 어찌하여 뱀의 다리를 그리려 하는가?"

그리고는 그 술을 마셔 버렸다. 뱀의 발을 그린 사람은 결국 그 술을 마시지 못하고 말았다.

 原文 楚有祠者賜其舍人卮酒(초유사자사기사인치주) 舍人相謂曰(사인상위왈) 數人飮之不足(수인음지부족) 一人飮之有餘(일인음지유여) 請畵地爲蛇(청화지위사) 先成者飮酒(선성자음주) 一人蛇先成(일인사선성) 引酒且飮之(인주차음지) 乃左手持卮(내좌수지치) 右手畵蛇曰(우수화사왈) 吾能爲之足(오능위지족) 未成一人蛇成(미성일인사성) 奪其卮曰(탈기치왈) 蛇固無足(사고무족) 子安能爲之足(자안능위지족) 遂飮其酒(수음기주) 爲蛇足者終亡其酒(위사족자종망기주)

이어서 陳軫(진진)이 말하길,

"이미 그대는 楚(초)의 대신이오. 그리고 魏(위)를 쳐서 그 장준을 죽였소. 이 이상 공적은 없는 것이

오. 최고의 벼슬 위에는 더 높은 벼슬이 없는데도 지금 군사를 움직여 제나라를 치려고 하시면, 더 높은 벼슬을 할 길이 없을 뿐 아니라, 만약 패하는 날에는 그대의 몸은 죽음에 이르고 관직은 떨어져 나라 안에서도 비난의 소리를 들을 뿐이니, 그렇게 되면 **뱀을 그리고 발을 더 그려 넣는 것**이 될 것이오. 곧 싸움을 그만두고, 제나라에 은혜를 베푸는 것이 좋지 않겠는지요? 그러는 것이 얻을 수 있는 것을 충분히 얻고, 잃는 것이 없는 길이라 생각하오."

소양은 과연 그 말이 옳다 생각하고, 군사를 거두어 돌아갔다.

 原文 公以是爲名亦足矣(공이시위명역족의) 官之上非可重也(관지상비가중야) 戰無不勝而不知止者(전무불승이부지지자) 身且死爵且後歸(신차사작차후귀) 猶爲畵蛇添足也(유위화사첨족야) 昭陽以爲然(소양이위연) 解軍而去(해군이거)

위와 같이 楚(초)나라의 소양은 魏(위)나라를 쳐부수고, 8개 성을 빼앗고 連戰連勝(연전연승)하면서 이윽고 제나라까지 쳐들어오게 된다. 이에 제나라의 진진이 사신이 되어 초나라의 소양을 만난 뒤, 畵蛇添足(화사첨족)의 비유를 들어 적장을 회유시켜 결국은 세치의 혀로써 전쟁을 사전에 막았다는 이야기이다.

---

1) 楚(초, B.C.771 ~ B.C.221) : 중국 춘추전국시대의 강성했던 列國(열국) 가운데 하나. 춘추전국시대 말부터 20세기 초까지 중국을 유지시킨 국가 체제의 원형을 만든 나라의 하나였다. 기원전 8세기 초, 역사에 등장한 초는 中原(중원)에서 멀리 떨어져 있어 南蠻(남만)이라 불리던, 지금의 후베이성[湖北省(호북성)] 부근 남중국 양쯔강[揚子江(양자강)] 계곡의 토지가 비옥한 지역에 자리했다.

그 당시 중국은 나라 전체가 수많은 작은 제후국들로 분할되어 있었고, 周(주)나라의 天子(천자)는 작은 직할 영지를 제외하고는 제후국에 대한 모든 지배권을 이미 오래전부터 상실한 상태였지만, 제후들은 아직도 형식적으로는 천자를 받들고 있었다. 초는 이 같은 관례에서 벗어나 왕호를 사용함으로써, 명목으로나마 존재하던 주나라의 종주권을 완전히 제거해 버린 최초의 국가였다.

초는 급속히 중원 진출을 시도했지만, 기원전 7세기에 열국들이 초에 흡수당하지 않기 위해 연합하여 대항함으로써 그것은 일시 중단되었다. 그럼에도 불구하고 초는 그 후 400여 년 동안 패권을 다투는 강국의 위치를 계속 유지했다. 기원전 3세기에 초는 동부의 齊(제)와 서부의 秦(진)과 함께 마침내 다른 작은 나라들을 모두 병합하고 패권을 쟁취하기 위한 마지막 투쟁을 필사적으로 벌이기 시작했다. 그러나 그 결과 초는 기원전 223년 멸망했고, 2년 후 秦(진)이 중국을 통일했다.

2) 懷王(회왕, ? ~ B.C.296, 제37대 왕. 재위 B.C.329 ~ B.C.299) : 성은 芈(미), 씨는 熊(웅), 휘는 槐(괴)이다. 전국시대 楚(초)나라의 왕으로 謀士(모사)인 張儀(장의)의 辯說(변설 : 말을 잘하는 재주)에 넘어가 국력을 소진하였고, 충신 屈原(굴원) 등의 諫言(간언 : 잘못을 고치도록 하는 말)을 배척하는 어리석음을 보였다. 결국은 秦(진)에 사로잡혀 幽閉(유폐)되었다가 쓸쓸히 죽었다.

264 華胥之夢 화서지몽

字解 華 : 빛날 **화**, 빛 화 [華麗(화려) : 빛나고 고움]
　　　　　꽃 화 [華實(화실) : 꽃과 열매. 형식과 실질]
　　　胥 : 서로 **서** [胥匡(서광) : 서로 잘못된 일을 바로잡음]
　　　　　아전 서 [胥吏(서리) : 아전. 얕은 벼슬아치]
　　　　　※ 華胥(화서) – 여기서는 고유명사로 나라 이름.
　　　之 : 의 **지** [正大之氣(정대지기) : 바르고 큰 기운]
　　　夢 : 꿈 **몽**, 꿈꿀 몽 [吉夢(길몽) : 좋은 일이 생길 징조가 되는 꿈]

語義 華胥(화서 : 화서국이라는 나라 이름)에서 꾼 꿈.
　　　　(좋은 꿈 또는 낮잠)

 用例

▶ 漢(한)나라 왕 哀帝(애제)는 아끼는 신하 董賢(동현)과 점심식사를 한 다음 함께 낮잠에 빠졌다. 잠결에 동현이 애제의 옷자락을 깔고 자게 됐다. 먼저 잠이 깬 애제는 일어나야겠는데, 동현에게 옷자락이 깔려 있어 얼른 일어나지 못하고 결국 자기 옷을 칼로 자른 다음 일어났다. 사랑하는 신하의 달콤한 낮잠을 깨우지 않기 위해서였다. 잠은 밤에 자는 것이다. 그러므로 낮잠은 '변칙의 잠'이다. 낮잠의 쾌락은 그 때문에 생겨나는 것인지도 모른다. 그래서 낮잠을 '좋은 꿈' 즉 '**華胥之夢**(화서지몽)'이라고도 했다.

▶ 전설 속에 나오는 중국 임금 黃帝(황제)는 천하가 뜻대로 다스려지지 않음을 걱정하다가, 어느 날 낮잠을 자게 된다. 낮잠 속에서 그는 더없이 아름답고 태평한 나라 '華胥(화서)'로 가서 노니는 꿈을 꾼다. 전설이 아닌 현실 속 인간이라고 **華胥之夢**(화서지몽) 한 번 못 꿀소냐. 혹시 아는가. 낮잠, 그 짧은 찰나, 만사가 자연무위로 다스려지는 화서의 이상향이 눈앞에 펼쳐질런지.

【類義語】 華胥之國(화서지국) : '화서의 나라'란 뜻으로, 좋은 꿈이나 낮잠을 이름.
　　　　　遊華胥之國(유화서지국) : '화서의 나라에서 노닌다.'란 뜻으로, 좋은 꿈이나 낮잠을 이르는 말.

 **出典** **列子**[1](열자) – 黃帝篇(황제편)

중국 태고의 聖帝(성제)로 알려진 黃帝[2](황제)는 나라가 잘 다스려지지 않는 것을 걱정하여, 聰明(총

명)과 智力(지력)을 다해 노력하더니 심신이 더욱 쇠약해졌다. 그래서 무엇인가 잘못을 깨달은 황제는 정치를 떠나, 3개월 동안 오로지 심신 수양에만 힘썼다.

그러던 어느 날, 黃帝(황제)는 **낮잠을 자다가 꿈속에서 華胥**(화서 : 복희씨가 태어났다는, 안락과 평화가 넘치는 전설적인 나라)**라는 나라에서 노닐었다**[晝寢而夢(주침이몽) 遊於華胥之國(유어화서지국)]. 그 나라에는 군주가 없으나 절로 잘되었고, 백성들도 욕심이 없으니 절로 잘되었다. 사람들은 삶을 즐기는 것도 죽음을 두려워하는 것도 모르기 때문에, 일찍 죽는 일도 없었다. 자기를 사랑하고 남을 미워할 줄도 모르므로, 愛憎(애증)이라는 것이 없었다.

허공을 걸어도 지상을 걷는 것 같고, 허공에서 잠을 자도 숲에서 자는 것 같았다. 구름이나 안개가 시야를 가리지도 아니하며, 뇌성벽력도 청각을 어지럽히지 않았다. 구체적인 형체를 초월한 정신의 自由自在(자유자재)함으로 꽉 차 있는 곳이었다. 꿈에서 깨어난 황제는 문득 깨달은 바가 있어,

"꿈을 꾸고 나서야, 지극한 道(도)는 우리 마음으로 얻기가 어려움을 알았다. 도라는 것이 무엇인가를 이제야 깨달았다."

하고 말했다. 그리고는, 28년간 나라를 잘 다스린 끝에, 華胥(화서)의 나라와 같이 되었다고 한다.

위의 '晝寢而夢(주침이몽) 遊於華胥之國(유어화서지국)'에서 '華胥之夢(화서지몽)'이 유래하였다.

---

1) **列子**(열자, 책명) : 人物(인물) 열자는 중국 전국시대의 道家(도가) 사상가로, 이름은 禦寇(어구)이다. 鄭(정)나라의 隱者(은자)로서 기원전 4세기경의 사람으로 생각된다. 오늘날『列子(열자)』8편이 남아 있으나, 그것은 후세의 僞作(위작)이라고 생각되고 있다. 하지만 이 책에는 열자의 사상도 분명히 일부나마 남겨져 있다.

老子(노자)는 현상의 본원을 道(도)라고 불렀으나, 열자는 道(도)를 太易(태역)이라고 바꾸어 불러 천지만물을 생성시키는 과정을 설명하고 있다. 열자는 도가적 우주론을 노자 이상으로 깊게 구축하였다. 그리하여 '우주를 통해 흐르고 있는 우주적인 법칙을 좇아 사는 것'이 인간의 진실한 삶의 방법이라고 했다.

유명한 '愚公移山(우공이산)'과 '杞憂(기우)'의 고사는『列子(열자)』에 실려 있는 寓話(우화)로서,『列子(열자)』는『莊子(장자, 책명)』와 함께 道家的(도가적) 寓話(우화)가 풍부한 서적으로도 알려져 있다.

2) **黃帝**(황제, B.C.2704 ~ B.C.2697) : 고대 중국 전설상의 제왕. 이름은 軒轅(헌원). 文明(문명)을 발전시켰으며, 道敎(도교)의 시조로 추앙받고 있다. 통치 기간 중 목조건물·수레·배·활·화살·문자를 만들어 냈고, 자신이 직접 지금의 산시[山西(산서)] 지방에 있는 어떤 곳에서 야만족을 물리친 것으로 전해진다. 이 승리로 황허[黃河(황하)]강 평원 전역에 걸쳐 그의 지도력을 확립할 수 있었다.

또한 몇몇 전설들에 의하면, 그는 통치기구와 동전의 사용법을 도입했다고 전해진다. 그의 아내 서릉은 비단을 발명해서, 여인들에게 누에를 치고 비단실을 뽑는 방법을 가르쳐 준 것으로 유명하다. 몇몇 고대 史料(사료)에 의하면, 황제는 그의 통치 기간이 황금시대로 불릴 정도로 智慧(지혜)의 化神(화신)으로 알려져 있다.

265 換骨奪胎 환골탈태

字解
- 換 : 바꿀 환 [換言(환언) : 바꾸어 말함]
- 骨 : 뼈 골 [遺骨(유골) : 죽은 사람의 뼈]
- 奪 : 빼앗을 탈 [奪取(탈취) : 빼앗아 가짐]
  잃을 탈 [奪氣(탈기) : 놀라거나 겁에 질려 기운을 잃음]
- 胎 : 아이 밸 태 [胎夢(태몽) : 아이 밸 징조의 꿈]
  태 태 [胎兒(태아) : 모태의 태 안에서 자라고 있는 아이]

語義 뼈대를 바꾸어 끼고, 태를 바꾸어 쓴다.
(용모가 환하고 아름다워 딴사람처럼 됨)
(고인이나 타인의 시문의 형식을 바꾸어서, 그 짜임새와 수법이 먼저 것보다 잘되게 함)

 用例

▶ 요즘 문피아(웹소설 사이트)에서 무협이나 판타지 쪽을 읽는 중인데, 너무나 많은 분들이 '**換骨奪胎**(환골탈태)'를 '환골탈퇴'로 쓰시더군요. '환골탈태'입니다. 한번 쓰고 말거면 '탈퇴'든 '탈태'든 그냥 눈살 한번 찌푸리고 넘어가겠지만, 틀린 단어가 계속 나오니까 글 자체의 완성도가 보이지 않네요. 헷갈리는 맞춤법도 아닌 기본적인 단어가 틀린다는 것은 좀 문제가 있겠지요? 지금까지 쓰신 분들이나 쓰실 분들도 참고하시길 바랍니다.

▶ 인천시가 경인전철 백운역 주변 지역(십정동 172-10번지 일원. 3만 5252.5㎡)을 도시개발 사업으로 **換骨奪胎**(환골탈태)시킬 계획이다. 水仁線(수인선) 연수·승기역 일대도 함께 도시개발 사업으로 지정할 계획이다. 백운 역세권 도시개발 사업은 역사 주변의 국·공유지를 활용해 역사와 연계한 시민 문화시설 등을 확보, 낙후한 이 지역의 재개발 정비 사업을 견인하기 위한 목적으로 추진된다.

 釋惠洪(석혜홍) - 冷齋夜話(냉재야화, 시론집) 卷九(권9)

중국 唐宋八大家[1](당송팔대가)의 한 사람인 蘇軾(소식, 1037 ~ 1101)과 함께, 北宋(북송)을 대표하는 시인 黃庭堅[2](황정견)이 이렇게 말한 적이 있다.

"詩(시)의 뜻이 끝이 없지만, 사람의 재주는 한계가 있다. 한계가 있는 재주로 무궁한 뜻을 추구하려 한다면, 陶淵明(도연명, 동진 시인, 365 ~ 427)이나 杜甫(두보, 당 시인, 712 ~ 762)라 해도 그 교묘함에 잘 이르지 못할 것이다. '뜻을 바꾸지 않고, 자기 말로 바꾸는 것'을 換骨(환골)이라 하고, '그 뜻을 가지고 형용하는 것'을 奪胎(탈태)'라고 한다."

 原文 詩意無窮而人之才有限(시의무궁이인지재유한) 以有限之才(이유한지재) 追無窮之意(추무궁지의) 雖淵明少陵不得工也(수연명소릉부득공야) 然不得其意而造其語(연부득기의이조기어) 謂之換骨法(위지환골법) 規模其意形容之(규모기의형용지) 謂之奪胎法(위지탈태법)

'換骨(환골)'이란 원래는 '道家(도가)에서 靈丹(영단 : 신령스러운 효험이 있는 영약)을 먹어 보통 사람들의 뼈를 선골로 만드는 것'을 말하며, '奪胎(탈태)'는 '시인의 詩想(시상)이 마치 어머니의 태내에 아기가 있는 것처럼, 그 태를 자기 것으로 하여, 시적 경지로 승화시키는 것'을 말한다.

따라서 '換骨奪胎(환골탈태)'란 '선배 시인들이 지은 시구를 자기의 시에 끌어다가 쓰는 방법'을 의미한다. 이는 시를 짓는 한 기법이다. 환골탈태를 잘하려면, 선배의 시를 많이 읽고, 전해 내려오는 자료를 많이 수집하여 涉獵(섭렵)해야 하며, 항상 字句(자구)를 다듬는 일에 정진해야 한다. 이렇게 꾸준히 노력하지 않으면, 자칫 모방이나 剽竊(표절)에 그친다. 그래서 환골탈태의 문장법은 남이 애써 지은 글의 표절과는 다르며, 그것을 이용하여 보다 뜻이 살고, 절실한 표현을 얻게 되는 것이다. 오늘날에는 '새로운 모습으로 다시 태어남'의 뜻으로 주로 쓰인다.

---

1) **唐宋八大家**(당송팔대가) : 중국 唐(당)나라와 宋(송)나라를 걸쳐 가장 뛰어난 문인들 8명을 뽑은 것이다. 당의 韓愈(한유)·柳宗元(유종원), 송의 歐陽修(구양수)·蘇軾(소식)·蘇洵(소순)·蘇轍(소철)·曾鞏(증공)·王安石(왕안석), 이 사람들을 당송팔대가라고 부른다. 이 중에 소식·소순·소철은 三父子(삼부자)이다.
　당송팔대가라는 명칭은 처음 宋(송)나라의 眞西山(진서산)이 주창하였고, 뒤에 唐順之(당순지)가 당·송의 우수한 작가를 이 8명으로 묶어 산문선집『文編(문편)』에 수록하였으며, 다시 明(명)나라의 茅坤(모곤)이『唐宋八大家文鈔(당송팔대가문초)』를 편집하여 보급하였다.

2) **黃庭堅**(황정견, 1045 ~ 1105) : 중국 북송의 화가·서예가. 자는 魯直(노직), 호는 山谷道人(산곡도인)·涪翁(부옹)이다. 蘇東坡(소동파)의 문하에서 배웠고, 그의 문인화파에 속했다. 이 두 사람은 화풍이 비슷한 이유 외에도 정치적으로 불우했으므로 함께 거론되는 경우가 많았다.
　그는 蘇東坡(소동파)·米芾(미불)·蔡襄(채양)과 함께 '宋四大家(송사대가)'로 불린다. 황정견은 소동파보다 학구적이고 내향적인 사람이었고, 창작 기법면에서 더 신비적인 면을 보인다. 기이하고 파격적인 시를 써, 宋詩(송시)에 새로운 바람을 일으켰다. 唐(당)의 승려 懷素(회소)의 맥을 잇는 자유분방한 草書體(초서체)로도 유명하다.

- **黃庭堅**(황정견)**의 詩**(시) **한편** – 水仙花(수선화)

　　凌波仙子生塵襪(능파선자생진말)　　먼지를 일으키는 버선처럼 물결 위 걷는 신선
　　水上盈盈步微月(수상영영보미월)　　희미한 달빛 아래 물 위를 찰랑찰랑 걷는다.
　　是誰招此斷腸魂(시수초차단장혼)　　누가 이 애끊는 혼백을 불러
　　種作寒花寄愁絕(종작한화기수절)　　겨울 꽃 심어 꽃피워 애절한 슬픔 보이나.
　　含香體素欲傾城(함향체소욕경성)　　향기 머금은 몸의 깨끗함은 성안의 경국지색
　　山礬是弟梅是兄(산반시제매시형)　　산반꽃은 동생, 매화꽃은 형이라네.
　　坐待眞成被花惱(좌대진성피화뇌)　　앉아서 보노라니 꽃이 너무 좋아 미칠 지경
　　出門一笑大江橫(출문일소대강횡)　　문 나와 크게 웃으니, 큰 강물이 비껴 흐른다.

※ 癡人說夢(치인설몽) – 『冷齋夜話(냉재야화)』에 나오는 다른 고사성어

　　당나라 시대 西域(서역)의 고승인 僧伽(승가)가 양자강과 淮河(회하) 유역에 있는 지금의 安徽省(안휘성) 지방을 여기저기 돌아다니며 수행할 때의 일이다. 승가는 한 마을에 이르러 어떤 사람과 이런 문답을 했다.
　　"당신은 성이 무엇이오[汝何姓(여하성)]?"
　　"성은 하가요[姓何哥(성하가)]."
　　"어느 나라 사람이오[何國人(하국인)]?"
　　"하나라 사람이오[何國人(하국인)]."
　　승가가 죽은 뒤, 당나라의 書道家(서도가) 李邕(이옹, 678 ~ 747)에게 승가의 비문을 맡겼는데, 그는 '대사의 성은 何氏(하씨)이고 하나라 사람[何國人(하국인)]이다.'라고 썼다. 이옹은 승가가 농담으로 한 대답을 진실로 받아들이는 어리석음을 범했던 것이다. 석혜홍은 이옹의 이 어리석음에 대해 이렇게 쓰고 있다.
　　"이는 곧 이른바 **어리석은 사람에게 꿈을 이야기한 것**이다[此正所謂**對癡說夢**耳(차정소위대치설몽이)]. 이옹은 결국 꿈을 참인 줄 믿고 말았으니, 참으로 어리석은 사람이 아닐 수 없다."
　　'癡人說夢(치인설몽)'이란 말은 '바보에게 꿈 이야기를 해준다.'는 뜻이었으나, 요즈음에는 본뜻과는 다르게 바보[癡人(치인)]가 '종작없이 지껄인다', '어리석기 짝이 없다'는 뜻으로 쓰이고 있다.

※ 독수리의 換骨奪胎(환골탈태)

　　독수리는 가장 오래 사는 새로 70년까지 살 수 있다. 그러나 70년을 살기 위해서는 40살 정도 이르렀을 때, 신중하고도 어려운 결정을 해야만 한다. 40세 정도가 되면, 발톱이 안으로 굽어진 채로 굳어져서 먹이를 사냥하기가 매우 어려워진다. 길고 휘어진 부리는 독수리의 가슴 쪽으로 구부러진다. 날개는 약해지고 무거워지며 깃털들은 두꺼워진다. 날아다니는 것이 견디기 어려운 짐이 될 정도이다. 죽든지 아니면 고통스러운 혁신의 과정을 겪든지 하나를 해야 한다.
　　아주 긴 150일 동안, 換骨奪胎(환골탈태)를 하기 위해 산꼭대기에 올라가서, 절벽 끝에 둥지를 틀고, 전혀 날지 않고 둥지 안에 머물러 있어야만 한다. 독수리는 자신의 부리가 없어질 때까지 바위에 대고 친다. 새로운 부리가 날 때까지 오랜 시간을 기다린 후에, 새로 난 부리를 가지고 발톱을 하나하나 뽑아낸다. 새로운 발톱이 다 자라나면, 이제는 낡은 깃털을 뽑아낸다. 이렇게 5개월이 지나면 독수리의 새로운 비행이 시작되며, 生命(생명)을 30년 연장할 수 있게 된다.

266 鷸蚌之爭 휼방지쟁

字解
鷸 : 도요새 **휼** [鷸蚌(휼방) : 도요새와 조개]

蚌 : 조개 **방**, 방합 방 [蚌蛤(방합) : 연체동물 석패과에 속한 민물조개]

之 : 의 **지** [華胥之國(화서지국) : 화서의 나라. 좋은 꿈이나 낮잠]

爭 : 다툴 **쟁** [爭奪(쟁탈) : 서로 다투어 빼앗음]

語義 도요새(황새)와 조개의 싸움.
(제삼자만 이롭게 하는 싸움)
(두 사람이 이해를 따지며 서로 다투는 사이에, 엉뚱한 사람이 이익을 얻음)

 用例

▶ 시청률은 하락했지만 동시간대 시청률 1위는 거머쥐었다. MBC와 KBS가 파업 여파로 각각 '황금어장' 스페셜과 해외 다큐 '타이타닉 충돌에서 침몰까지'를 방송했기 때문이다. **鷸蚌之爭**(휼방지쟁)으로 1위인 셈이다. 동시간대 방송된 MBC '황금어장 스페셜'은 6.9%, KBS 2TV '추적60분'을 대체해 편성된 해외특집 다큐 '타이타닉 충돌에서 침몰까지'는 4.4%를 기록했다.

▶ 4. 11 총선이 며칠 앞으로 다가온 가운데, 여야 텃밭인 영호남 일부 지역의 표가 아군들끼리 분산되면서 불모지에서 선전하고 있는 상대당 후보들이 눈길을 끌고 있다. '**鷸蚌之爭**(휼방지쟁)'의 효과로 호남에서 새누리당 후보가, 영남에서 민주통합당 후보가 당선되는 이변이 연출될지 주목된다.

【類義語】 蚌鷸之爭(방휼지쟁) : 조개와 도요새의 싸움.

犬兎之爭(견토지쟁) : 개와 토끼의 다툼. 개가 토끼를 쫓아 산을 돌고 돌다가 둘 다 지쳐 죽었으므로, 농부가 주워 감.

漁父之利(어부지리) : 어부의 이익. 둘이 다투는 사이에 제삼자가 이익을 가로챔.

出典 **戰國策**(전국책, 전국시대의 역사를 전한 때에 유향이 편찬한 책) – 燕策(연책)

중국 전국시대 때, 合從說(합종설)을 주장하여 6개국의 재상을 지내던 蘇秦(소진)의 아우 蘇代(소대)도 형을 닮아서 말솜씨가 뛰어난 才士(재사)였다. 특히 燕[1](연)나라를 위해 상당히 노력했는데, 바로 그 때 연나라와 趙[2](조)나라 사이가 또 나빠져 싸움이 벌어질 위태로운 지경에 놓여 있었다. 이때 소대는 몸소 조나라로 찾아가 惠王(혜왕, 조나라 제7대 임금. 재위 B.C.298 ~ B.C.266)을 만나, 서로 싸우지 말라고 설득했다.

"오늘 臣(신)이 易水(역수)를 지나오다 보니, 강가에 큰 조개 하나가 조가비를 열고 햇볕을 쬐고 있었습니다. **이것을 본 황새가 날아와 조개를 쪼아 먹으려 하자, 조개가 화가 나서 조가비로 황새의 부리를 물었습니다.** 황새가 말하되,

"오늘 비가 안 오고 내일도 비가 안 오면, 곧 너는 죽을 뿐이다."

라고 하니, 조개도 또한 황새에게 이르되,

"오늘 물고서 벌리지 않고 내일도 물고서 벌리지 않으면, 너는 죽을 뿐이다."

하며, 둘이 서로 놓지 않고 싸우거늘, 이때 마침 그곳을 지나가던 어부가 이것을 보고 달려들어, 쉽게 황새와 조개를 모두 잡았습니다. 지금 조나라가 연나라를 쳐서 조와 연이 오랫동안 서로 싸워서 백성들을 괴롭게 하면, 신은 두 나라가 강한 이웃의 진나라에게 먹혀 마치 어부에게 이익을 주게 되지 않을까 두렵습니다. 원컨대 왕은 깊이 생각하소서."

라고 하였다. 혜문왕이 말하되,

"좋은 말이다. 곧 멈추리라."

 原文 趙且伐燕(조차벌연) 蘇代爲燕謂惠王曰(소대위연위혜왕왈) 今者臣來(금자신래) 過易水(과역수) 蚌方出曝(방방출폭) 而鷸啄其肉(이휼탁기육) 蚌合而拑其喙(방합이겸기훼) 鷸曰今日不雨(휼왈금일불우) 明日不雨(명일불우) 卽有死蚌(즉유사방) 蚌亦謂鷸曰(방역위휼왈) 今日不出(금일불출) 明日不出(명일불출) 卽有死鷸(즉유사휼) 兩者不肯相舍(양자불긍상사) 漁者得而幷禽之(어자득이병금지) 今趙且伐燕(금조차벌연) 燕趙久相攻(연조구상공) 以弊大衆(이폐대중) 臣恐强秦之爲漁父也(신공강진지위어부야) 故願王之熟計之也(고원왕지숙계지야) 惠王曰(혜왕왈) 善乃止(선내지)

바로 위의 故事(고사)에서 '蚌鷸之爭(방휼지쟁)' 또는 '鷸蚌之爭(휼방지쟁)'이란 성어가 나왔으며, '漁父之利(어부지리)'란 성어도 생겨났다.

---

1) 燕(연, B.C.1046? ~ B.C.222) : 중국 춘추시대의 제후국이자, 전국시대의 전국 칠웅 가운데 하나이다. 주 무왕 姬發(희발)이 은나라를 멸망시키고, 그의 동생 召公(소공) 奭(석)을 燕(연)의 제후에 봉했다. 彊域(강역 : 강토의 구역)은 동쪽으로 조선에 이르고, 남쪽으로 易水(역수)까지 영토가 이천여 리에 달했으며, 갑병 수십만과 전차 6백 乘(승), 기병 6천 騎(기)를 낼 수 있었다. 秦始皇帝(진시황제)가 燕(연)나라 마지막 왕 喜(희. 재위 B.C.254 ~ B.C.222)와 잔존 세력을 공격하여 완전히 멸망시킨다.

2) 趙(조, B.C.403 ~ B.C.228) : 晉(진)나라에서 분리되어 나온 나라로서, 전국시대의 칠웅 중 하나이다. 魏(위)나라, 韓(한)나라와 더불어 三晉(삼진)이라고 일컬어졌다. 북쪽엔 연나라와 붙어 있고, 남쪽에는 황하가 흐른다. 胡服(호복 : 통소매와 바지)을 채용하였고, 중국에 처음 기마 전술을 도입한 나라이기도 하다. 갑병 수십만과, 전차 천 승, 말 만 필을 낼 수 있었으나, 기원전 228년 秦(진)나라의 침공을 받아 有穆王(유목왕, 제10대 왕. 재위 B.C.238 ~ B.C.228)이 사로잡혀 멸망한다.

267 黑猫白猫 흑묘백묘

字解
黑 : 검을 **흑** [黑幕(흑막) : 검은 장막. 겉으로는 드러나지 않는 내막]
猫 : 고양이 **묘** [猫睛(묘정) : 고양이 눈동자. 때에 따라서 변함]
白 : 흰 **백** [白眉(백미) : 흰 눈썹. 여럿 가운데서 가장 뛰어남]

語義 검은 고양이와 흰 고양이.
(검은 고양이든 흰 고양이든 쥐만 잘 잡으면 된다)

 用例

▶ '黑猫白猫(흑묘백묘)'라는 말이 있듯이, 쥐 잡는 데 검은 고양이 흰 고양이가 무슨 소용이 있는가? 과학은 두 가지 방법으로 완성된다. 하나는 우연한 발견을 문자화, 기호화하여 서로 이해될 수 있게 하여 검증받는 방법이 있고, 다른 하나는 이미 일어난 결론이 왜 일어났는지를 규명하여 문자화, 기호화하는 방법이 있다.

▶ 전문 컨설팅 회사를 수소문했죠. 그것도 우리에게 두 번의 패배를 안긴 경쟁 도시들을 컨설팅했던 회사로요. 미국의 '헬리오스파트너스'였는데 이 회사는 2010년 캐나다의 밴쿠버 올림픽을, 2014년에는 러시아 소치의 유치를 도왔어요. 유치위 내부에서는 '평창을 두 번이나 물 먹인 회사와 협력하는 것은 말이 안 된다.'며 반대했어요. 그래서 내가 '지피지기'하려면 그들과 손을 잡아야 한다고 설득했죠. 鄧小平(등소평)의 **黑猫白猫(흑묘백묘)** 이론이죠. 그들의 조언이 많은 도움이 됐습니다.

 **俗談**(속담) - 黑猫黃猫(흑묘황묘)

1970년대 말부터 중국의 덩샤오핑[1][鄧小平(등소평)]이 취한 경제 정책으로, '黑猫白猫(흑묘백묘)'라는 말이 있다. 이 말은 '不管**黑猫白猫** 捉到老鼠 就是好猫(불관흑묘백묘 착도로서 취시호묘)'의 줄임말이다. '**검은 고양이든 흰 고양이든** 쥐만 잘 잡으면 착한 고양이이다.'라는 뜻이다. 중국의 개혁과 개방을 이끈 덩샤오핑이 1979년 미국을 방문하고 돌아와 주장하면서 유명해진 말로, 흔히 '黑猫白猫論(흑묘백묘론)'이라고 한다.

즉, 고양이 빛깔이 어떻든 고양이는 쥐만 잘 잡으면 되듯이, 자본주의든 공산주의든 상관없이 중국 인민을 잘살게 하면, 그것이 제일이라는 뜻이다. 흑묘는 자본주의를, 백묘는 공산주의를 의미한다. '부유해질 수 있는 사람부터 먼저 부유해지라.'는 뜻의 先富論(선부론)과 함께, 덩샤오핑의 경제 정책을 가장 잘 대변하는 용어이다. 그 뒤 흑묘백묘론은 1980년대 중국식 시장경제를 대표하는 용어로 자리 잡았고, 덩샤오핑의 이러한 개혁·개방 정책에 힘입어, 중국은 비약적인 경제 발전을 거듭하였다. 다시 말해 경제 정책은 흑묘백묘식으로 추진하고, 정치는 기존의 공산주의 체제를 유지하는 정경 분리의 정책을 통해, 덩샤오핑은 세계에서 유례가 없는 중국식 社會主義(사회주의)를 탄생시켰다.

원래 흑묘백묘는 중국 쓰촨성[四川省(사천성)] 지방의 속담인 '黑猫黃猫(흑묘황묘)'에서 유래한 용어로, 덩샤오핑이 최초로 사용한 것은 아니다. 흑묘백묘와 비슷한 뜻의 한자성어로는 '南爬北爬(남파북파)'가 있다. '남쪽으로 오르든 북쪽으로 오르든 산꼭대기에만 오르면 그만이다'라는 뜻이다.

이 외에도 '韜光養晦(도광양회 : 어둠 속에서 은밀히 힘을 기르다)'라는 말 또한 덩샤오핑이 1980년대 개혁, 개방 정책과 함께 이를 대외 정책의 뼈대로 삼으면서 새롭게 부각됐다. 국제적으로 영향력을 행사할 수 있는 경제력이나 국력이 생길 때까지는 '침묵을 지키면서 강대국의 눈치를 살피고, 전술적으로 협력하는 외교 정책'을 말한다.

2002년 11월에 들어선 후진타오[胡錦濤(호금도)] 중심의 중국 지도부는 새로운 외교 노선으로 '和平堀起(화평굴기)', '有所作爲(유소작위)', '富國强兵(부국강병)' 등을 내세웠다. 2013년 등장한 시진핑[習近平(습근평)]은 '中國崛起(중국굴기 : 중국이 우뚝 일어섬)'을 내세우며, 經濟崛起(경제굴기)·軍事崛起(군사굴기) 등으로 中華復興(중화부흥)을 시도하고 있다.

---

1) 덩샤오핑[鄧小平(등소평), 1904 ~ 1997] : 중국의 政治家(정치가). 1970년대 말과 1980년대에 중국에서 가장 강력한 인물이었다. 그는 정통 공산주의 이론을 포기하고, 중국 경제에 자유기업의 요소를 혼합시키고자 했다. 프랑스에서의 유학 기간(1921 ~ 1924) 중 공산주의 운동에 적극 참가했으며, 그 후 소련 유학(1925 ~ 1926)을 마치고 귀국하여, 장시[江西(강서)]에서 지도적인 정치·군사 조직가가 되었다. 장시 소비에트는 마오쩌둥[毛澤東(모택동)]이 중국 서남 지방에 세운 공산당의 독자적인 지배 지역이었다. 덩[鄧(등) : 이하 덩]은 중국공산당의 長征(장정 : 1934 ~ 1935)에 참여하여, 중국 서북부의 새로운 근거지로 이동했다.

그는 제2차 세계대전 중 중국과 일본의 전쟁 기간 내내 공산당의 八路軍(팔로군)에서 정치위원으로 있었다. 공산당이 패권을 차지한 뒤 1952년 총리가 되었다. 1954년 중국공산당 총서기, 1955년 정치국 위원이 되었다. 1950년대 중반부터 덩은 대외정책과 국내정치 면에서 모두 중요한 정책 결정자였다. 덩은 류사오치[劉少奇(유소기)] 같은 실용주의적인 지도자들과 긴밀한 관계를 맺었다. 이들 실용주의적인 지도자들은 중국의 경제 발전을 위해서 물질적인 보상 제도를 채택하고 기술·경영면에서 숙련된 엘리트를 양성하자고 주장했다. 그 결과 덩은 점점 마오쩌둥과 갈등을 빚게 되었다. 덩은 1960년대 후반 마오쩌둥을 추종하는 급진파가 일으킨 문화대혁명 과정에서 공격을 받고, 1967 ~ 1969년에 당과 행정부에서 차지하고 있던 고위직을 박탈당한 채, 대중 앞에서 모습을 감추었다.

그러나 1973년 저우언라이[周恩來(주은래)] 총리의 후원으로 복권되어 총리가 되었으며, 1975년에는 당 중앙위원회의 부주석, 정치국 위원 총참모장이 되었다. 저우언라이가 죽기 몇 달 전부터 정부를 효율적으로 이끌어 간 덩은 저우언라이의 후계자로 널리 알려졌으나, 1976년 1월 저우언라이가 죽자 마오쩌둥의 추종자였던 四人幇(4인방 : 강청, 장춘교, 왕홍문, 요문원)에 의해 다시 권좌에서 밀려났다.

1976년 마오쩌둥이 죽고 4인방이 숙청된 후, 비로소 그해 9월 마오쩌둥의 후계자인 화궈펑[華國鋒(화국봉)]의 동의를 얻어 복직되었다. 1977년 7월경 덩은 이미 고위직을 회복했으며, 당과 정부의 지배권을 둘러싸고 화궈펑과 권력 투쟁을 벌였다. 덩이 화궈펑보다 노련한 정치력과 폭넓은 지지층을 확보하고 있었으므로, 화궈펑은 1980 ~ 1981년에 총리직과 주석직을 내놓아야만 했고, 이들 자리는 덩 휘하의 인물들에게 돌아갔다. 자오쯔양[趙紫陽(조자양)]이 정부 총리가 되었고, 후야오방[胡耀邦(호요방)]이 중국공산당 총서기가 되었는데, 두 사람 다 덩의 지도노선을 따랐다.

이때부터 덩은 중국의 경제 발전을 위해 자신의 독자적인 정책을 실행해 나가기 시작했다. 그는 합의·타협·설득 등의 방법을 써서, 중국의 정치·경제생활의 거의 모든 분야에 걸친 중대한 개혁을 도모했다. 그는 경제 운영에 있어서 지방분권적인 방향을 설정했다. 그리고 효과적·통제적인 경제 성장을 이룩하기 위해 합리적이고 융통성 있는 장기적인 계획을 세웠다. 농민들에게는 자신의 생산물과 이윤에 대해 개인적으로 관리하고 책임을 지게 했는데, 그 결과 1981년 이 정책이 시행된 이래 몇 년 안 되어 농업 생산이 크게 증가했다.

경제에 관한 결정을 내림에 있어서 개인의 책임에 비중을 두었고, 근면과 창의력에 대한 물질적인 보상을 강조했다. 그리고 고등교육을 받아 중국 발전의 선봉에 설 기술자와 경영자들을 양성하는 데 주안점을 두었다. 많은 기업체들을 중앙정부의 통제와 감독에서 벗어나게 했고, 공장 경영자들에게는 생산량을 결정하고 이윤을 추구할 권한을 부여했다. 대외 정책에서는 서구와의 무역 및 문화적 유대를 강화했고, 중국 기업에 대한 외국의 투자를 허용했다.

덩은 당과 정부에서의 최고위직을 피했다. 그러나 강력한 정치국 상임위원회 위원 겸 중국공산당 중앙군사위원회 주석으로 있으면서, 군대에 대한 지배권을 장악하고 있었다. 또한 중국공산당 부주석이기도 했다. 1987년에 덩은 중국공산당 중앙위원회에서 사직함으로써, 정치국과 정치국 내의 막강한 상임위원회 직위에서 물러났다. 이렇게 하여 자기의 개혁에 반대하던 많은 연로한 당 지도자들이 은퇴하도록 했으며, 1987년 후야오방도 총서기직에서 물러나야만 했다. 덩은 군사위원 주석직은 계속 맡고 있었으며, 당내에서의 결정적인 권위도 여전히 가지고 있었다.

1989년 4월 민주화된 정부를 요구하는 학생시위대의 세력 증대로 시위가 베이징[北京(북경)]으로부터 기타 도시로 번지기 시작하자, 덩은 자신의 지도권에 중대한 시련을 맞았다. 톈안먼[天安門(천안문)] 사건이다. 덩은 시위에 대한 무력 진압을 지지하고, 학생 지도자들과 시위 가담자들에 대한 재판과 그들에 대한 처형을 허용했다. 이에 따라 덩의 정치적 거취가 불안했으나, 不倒翁(부도옹)이라는 별명에 걸맞게 위기를 극복하여 중국 정계의 최고 실권자임을 증명했다.

1992년 10월 12일에 개최된 제14회 전국대표대회 제1차 중앙위원회 전체회의에서 양상쿤[楊尙昆(양상곤)] 등의 고위급 정치가들을 요직에서 퇴진시키고, 개혁파 주룽지[朱鎔基(주용기)] 부총리 등을 선출하여 개혁·개방 정책을 이끌 새로운 지도체제를 출범시켰다. 1994년 이후, 공식석상에서 모습을 감춘 덩은 1997년 2월 지병으로 사망했다.

※ **漢字語**(한자어) **原地音**(원지음) 정리

○ **인명**

- 孔子(공자) - 쿵쯔
- 老子(노자) - 라오쯔
- 成龍(성룡) - 청룽
- 江澤民(강택민) - 장쩌민
- 毛澤東(모택동) - 마오쩌둥
- 溫家寶(온가보) - 원자바오
- 袁世凱(원세개) - 위안스카이
- 趙紫陽(조자양) - 자오쯔양
- 周恩來(주은래) - 저우언라이
- 胡耀邦(호요방) - 후야오방
- 魯迅(노신) - 루쉰
- 孟子(맹자) - 멍쯔
- 孫文(손문) - 쑨원
- 鄧小平(등소평) - 덩샤오핑
- 習近平(습근평) - 시진핑
- 吳邦國(오방국) - 우방궈
- 蔣介石(장개석) - 장제스
- 朱鎔基(주용기) - 주룽지
- 胡錦濤(호금도) - 후진타오
- 華國鋒(화국봉) - 화궈펑

○ **지명**

- 桂林(계림) - 구이린
- 吉林(길림) - 지린
- 南京(남경) - 난징
- 丹東(단동) - 단둥
- 北京(북경) - 베이징
- 上海(상해) - 상하이
- 成道(성도) - 청두
- 深圳(심천) - 선전
- 遼東(요동) - 랴오둥
- 重慶(중경) - 충칭
- 泰山(태산) - 타이산
- 香港(향항) - 샹강[홍콩([Hong Kong)]
- 廣東省(광동성) - 광둥성
- 山東省(산동성) - 산둥성
- 張家界(장가계) - 장자제
- 河北省(하북성) - 허베이성
- 廣州(광주) - 광저우
- 洛陽(낙양) - 뤄양
- 大連(대련) - 다롄
- 福州(복주) - 푸저우
- 三峽(삼협) - 싼샤
- 西安(서안) - 시안
- 瀋陽(심양) - 선양
- 煙臺(연대) - 옌타이
- 威海(위해) - 웨이하이
- 靑島(청도) - 칭다오
- 杭州(항주) - 항저우
- 江西省(강서성) - 장시성
- 四川省(사천성) - 쓰촨성
- 遼寧省(요녕성) - 랴오닝성
- 浙江省(절강성) - 저장성

○ **기타**

- 中國(중국) - 중궈
- 華爲(화위) - 화웨이
- 人民日報(인민일보) - 런민르바오
- 天安門(천안문) - 톈안먼

○ **중국의 영어 표기**

- AIDS(에이즈) - 아이쯔빙[艾滋病(예자병)]
- E-mail(이메일) - 뎬쯔유젠[電子郵件(전자우건)]
- Hot dog(핫도그) - 러거우[熱狗(열구)]
- Coca Cola(코카콜라) - 커커우커러[可口可樂(가구가락)]
- E-mart(이마트) - 이마이드[利買得(이매득)]
- Starbucks(스타벅스) - 싱바커[星巴克(성파극)]

多音節(다음절)
– 45개 항목 –

268 家和萬事成(가화만사성)

~

312 學不厭而敎不倦(학불염이교불권)

268 家和萬事成 가화만사성

字解
家 : 집 가 [農家(농가) : 농사를 짓는 사람의 집]
　　집안 가 [家訓(가훈) : 집안의 실천 기준으로 삼는 가르침]
和 : 화할 화, 화목할 화 [和睦(화목) : 서로 뜻이 맞고 정다움]
　　온화할 화 [和氣(화기) : 온화한 기운. 화창한 날씨]
　　화해할 화 [和解(화해) : 다툼을 그치고 불화를 품]
萬 : 일만 만 [萬事(만사) : 일만 가지 일. 모든 일]
　　많을 만 [萬難(만난) : 많은 고난. 온갖 고난]
事 : 일 사 [事由(사유) : 일의 까닭]
　　섬길 사 [事大(사대) : 큰 나라나 강자를 섬김]
成 : 이룰 성 [成就(성취) : 목적한 바를 이룸]

語義 집안이 화목하면, 만 가지 일이 이루어진다.
(집안이 화목하면, 모든 일이 잘된다)

 用例

▶ 부모들은 일 년에 한두 번 받는 비싼 선물보다, 아침저녁으로 문안 인사나 전화를 하는 자식이 훨씬 고맙고 사랑스러울 것이다. **家和萬事成**(가화만사성)이라 했다. 가정의 화목이 무엇보다 중요하다는 의미이다. 행복한 가정은 혼자만의 힘으로 이뤄지는 것이 아니다. 가족 구성원 모두가 가족의 중요성을 깨달아 서로를 존중하고 맞춰 나갈 때, 진정한 **家和萬事成**(가화만사성)을 이룰 수 있다.

▶ 고부간 사이가 좋아야 집안이 평안한 것입니다. **家和萬事成**(가화만사성)이 되는 것입니다. 지난 일요일 서울에 사는 아들집에 다녀오면서, 열차 내에서 며느리가 싸 준 김밥이 너무 맛이 있어 문자 메시지를 보냈습니다.

"지금 대전을 지나고 있다. 싸 준 김밥 잘 먹었다. 식당에서 잘 차려 준 식사 차림상보다 더 맛있게 먹었다. 고맙구나. 집에 가면 작은 녀석 옷 값 보낼 테니, 사서 입혀라."

며느리에게서 답장 문자 메시지가 왔습니다.

"어머님, 칭찬 너무 감사합니다. 다음엔 더 잘 싸 드릴게요. 며느리 올림."

 **出典** **明心寶鑑**(명심보감), **大學**(대학)

이 成語(성어)의 出典(출전)이 무엇인지는 분명하지 않지만, 예로부터 자주 입에 오르내리던 말임은 분명한 듯하다.『明心寶鑑(명심보감)』·『大學(대학)』·『漢詩(한시)』등 여러 곳에서 볼 수 있다.

'家和萬事成(가화만사성)'이란 말이『명심보감』에 나오는데,
"賢婦(현부) 令夫貴(영부귀) 惡婦(악부) 令夫賤(영부천) 子孝雙親樂(자효쌍친락) 家和萬事成(가화만사성)"
이라는 구절이다. 풀이하면 다음과 같다.
"어진 아내는 지아비(남편)로 하여금 貴(귀)하게 되도록 하고, 악한 아내는 지아비(남편)로 하여금 賤(천)하게 되도록 한다. 자식이 孝道(효도)하면 두 부모가 즐겁고, **家庭(집안)이 和睦(화목)하면 모든 일이 잘 이루어진다.**"

『大學(대학)』과『呂氏春秋(여씨춘추)』라는 책에는 "修身齊家治國平天下(수신제가치국평천하)"라는 말이 나온다.
"자신의 몸을 닦고, 가정을 바로잡으며, 나라를 다스리고, 천하를 태평히 한다."라는 말이다. 유교에서의 말로써 가정을 바로잡고, 나라를 다스리며, 천하를 평화롭게 하는 일에는 '修身(수신)'이 따라야 한다는 말이다. 자신을 올바르게 발전시킨 사람이 가족을 잘 이끌 수 있으며, 가족을 잘 이끌음으로써 더 큰일도 할 수 있고, 그것이 곧 자신을 수신하는 길이다.

『通俗篇』[1](통속편)「倫常(윤상)」에 보면,
"집안에 어진 아내가 있으면 장부가 횡액을 당하지 않는다[家有賢妻(가유현처) 丈夫不曹橫事(장부부조횡사)]."
라는 말이 있고,
"사내는 집안일에 대해 간섭하지 않고, 여자는 바깥일에 대해 간섭하지 않는다[男不語內(남불어내) 女不語外(여불어외)]."
라는 말이 있다.
결국 家庭(가정)의 和睦(화목)은 남자가 여자를 믿어 일을 맡기고, 또 여성 역시 이런 믿음에 어긋나지 않게 家事(가사)를 돌볼 때 이루어지는 것이다. 이것이 바로 '家和萬事成(가화만사성)'이다.

---

1) 通俗篇(통속편) : 중국 淸(청)나라 학자 翟灝(적호, 1736～1788)가 중국 역대의 구어·단어·어휘를 그 용례를 들어 풀이한 사전류의 책이다.『통속편』은 이전 문헌 속에 나타난 속어와 방언 어휘 5,000여 개를 모아 그 출처와 용례를 소개하고, 원류를 밝히며 그 단어의 뜻을 풀이하고 있다. 전 38권 10책으로 이루어졌으며, 전체 내용을 38류로 나누어 38권에 각각 실었는데,「天文(천문)」·「地理(지리)」·「時序(시서)」·「倫常(윤상)」·「仕進(사

진)」·「政治(정치)」·「文學(문학)」 등이 그것이다.

『통속편』이 인용한 문헌은 상당히 폭넓어서 經(경)·史(사)·子(자)·傳(전)뿐만 아니라, 詩(시)·文章(문장)·詞曲(사곡)·小說(소설)·字書(자서)·詩話(시화)·佛經(불경) 등까지 포괄하고 있다. 모든 단어 항목마다 문헌에 나타난 용례를 통하여 단어의 연원을 알 수 있고, 그 밖의 문헌에 나타난 용례를 통하여 단어의 뜻이 풀이되어 있다. 수록되어 있는 많은 단어들은 근대 漢語(한어)를 연구하는 데 필수적일 뿐만 아니라, 고대의 제도나 문화 예술·민간풍속 등을 살펴보는 데 귀한 참고서이다.

※ '家和萬事成(가화만사성)'을 주제로 한 전래동화

우리나라 옛 전래동화 중에 이런 이야기가 있다. 한 색시가 시집을 간 지 얼마 되지 않았는데, 하루는 밥을 짓다 말고 부엌에서 울고 있었다. 이 광경을 본 남편이 이유를 물으니, 밥을 태웠다는 것이다.

이야기를 듣고 있던 남편은 오늘은 바빠서 물을 조금밖에 길어오지 못했더니, 물이 부족해서 밥이 탔다며 이것은 자기의 잘못이라 위로하였다. 이 말을 들은 부인은 울음을 그치기는커녕 감격하여 더 눈물을 쏟았다. 부엌 앞을 지나가던 시아버지가 이 광경을 보고 이유를 물었다. 사정을 들은 시아버지는 내가 늙어서 근력이 떨어져서 장작을 잘게 패지 못했기 때문에, 화력이 너무 세서 밥이 탔다고 아들과 며느리를 위로했다. 그때 이 작은 소동을 들은 시어머니가 와서 이제 내가 늙어서 밥 냄새도 못 맡아서 밥 내려놓을 때를 알려주지 못했으니, 자기 잘못이라고 며느리를 감싸 주었다. 옛 사람들은 이 이야기를 들려주면서, 이것이 바로 '家和萬事成(가화만사성)'이라고 말했다.

즉, 집안이 화목하면 모든 일이 잘된다는 것이다. 그런데 이 이야기를 잘 살펴보면 모두가 남에게 책임을 轉嫁(전가)하고 남을 비난하는 것이 아니라, 자기 잘못을 스스로 반성하고 또 자기가 잘못을 뒤집어쓰면서까지 남을 위하려고 하는 것을 볼 수 있다. 위의 동화 같은 분위기에서 가정의 和睦(화목)이 찾아오는 것이다.

※ 聖人(성인)도 하기 힘든 '家和萬事成(가화만사성)'

- 도덕, 윤리와 삼강오륜을 중시한 공자에게도, '孔氏三世出妻(공씨삼세출처)'란 아픈 꼬리표가 붙어 있다. 『孔子家語(공자가어)』「後序(후서)」에는 그의 아버지 叔梁紇(숙량흘 : 노나라 무관), 그의 아들 孔鯉[공리 : 자는 伯魚(백어)], 그의 손자인 子思(자사)가 모두 자기 아내를 쫓아낸 사람으로 전한다. 공자 자신도 아내 幵官氏(견관씨)와 사이가 좋았던 것 같지는 않다. 3대 결손 가정인 셈이다.

- 신화적 성군인 舜(순)임금의 아버지 고수는 전형적인 아동학대 家長(가장)이다. 『맹자』「만장편」에 의하면, '그는 아들인 순을 죽이려고 순에게 倉庫(창고)의 지붕을 고치게 하고는 사다리를 치우고 불을 질렀으며, 우물을 파도록 시키고서는 순이 못 나오도록 흙을 쳐 넣어 메우는 등 그가 하는 짓이 착하지 못했다.'고 한다.

  순은 그럴 때마다 번번이 그 낌새를 눈치 채고 꾀를 내어 자기 목숨을 스스로 구했으며, 그렇게 살아나서 아버지를 섬기며 아들 노릇을 다했다고 한다. 가족이 和睦(화목)을 이루는 것은 그렇게도 힘든 문제였던 모양이다.

- 기원전 11세기경 이스라엘의 대제사장 엘리(아론의 넷째 아들인 이다말의 후손)는 사무엘(선견자·예언자·판관이며, 왕제도입시에 결정적 역할 수행)의 보호자요, 스승이었다. 그러나 엘리는 자신의 가족을 올바르게 이끌지 못했다. 이러한 실패는 결국 종교적 리더로서의 몰락을 가져왔다. 성경에서도 '가화만사성'의 중요성을 가르치고 있다.

269 去者不追 來者不拒 거자불추 내자불거

字解 去 : 갈 거 [去就(거취) : 가거나 옴. 진퇴]
　　　　　　버릴 거, 물리칠 거 [撤去(철거) : 건물·시설 따위를 치워 버림]
　　　　者 : 놈 자, 사람 자 [筆者(필자) : 글이나 글씨를 쓴 사람]
　　　　　　것 자 [小者(소자) : 작은 것]
　　　　追 : 쫓을 추 [追跡(추적) : 뒤를 밟아 쫓음]
　　　　來 : 올 래(내) [來往(내왕) : 오고가고 함]
　　　　拒 : 막을 거, 맞설 거 [拒逆(거역) : 윗사람의 뜻이나 명령을 항거하여 거스름]
　　　　　　물리칠 거 [拒絶(거절) : 거부하여 끊어 버림. 응낙하지 않고 물리침]

語義 가는 자 쫓지 말고, 오는 자 막지 말라.
　　　　(가는 사람 붙들지 말고, 오는 사람은 물리치지도 않음)

 用例

▶ '去者不追 來者不拒(거자불추 내자불거)' 즉 '가는 사람 잡지 않고, 오는 사람 막지 않는다.'라는 성어가 있다. 곱씹어 보면 참 냉정한 표현이다. 수일부터 수십 년까지 같이했던 사람은 인간 본연의 정이 들게 마련이다. 미운정 고운정 말이다. 떠나는 자가 정을 안겨 주었든 한을 주었든, 동고동락 하던 혈육 같은 동질의 정을 느끼며 지내온 터라면, 더욱 깊은 정이 들게 마련이다. 어찌 잡지 않을 수 있으랴?

▶ **去者不追 來者不拒**(거자불추 내자불거)라, 가는 놈 잡지 않고, 오는 놈 막지 않아. 善者不來 來者不善(선자불래 내자불선)라, 선한 놈은 오지 않고, 오는 놈은 선하지 않아.

▶ 페이스북을 하면서 친구로 왔다 갔다 하는 사람들이 많이 보이시죠? 트위터에서는 사실 '**去者不追 來者不拒**(거자불추 내자불거)'라, 즉 팔로우도 하고 언팔도 하고 너무 자유스럽지요. 그런데 페이스북에서는 이런 말들이 많아요. '한번 떠난 친구는 절대 친구 허용하지 않는다.' 또는 '한번 나를 자른 친구는 다시는 친구 추가 신청하지 않는다.'

 **孟子**(맹자) - 盡心下(진심하)

孟子(맹자, B.C.약 372 ~ 289)가 藤(등)나라의 上宮(상궁)에 거처하고 있을 때였다. 등나라는 맹자가 태어난 鄒(추)나라와 가까운 나라로, 등나라 임금 文公(문공)은 세자로 있을 때부터 맹자를 찾아가 가르침을 청한 일이 있었다. 그가 임금이 되었을 때, 맹자의 가르침에 따라 토지개혁을 단행한 일도 있

었다.

맹자는 가는 곳마다 대단한 환영을 받았으며, 또 그의 가르침을 받고자 많은 사람들이 맹자를 찾아왔다. 그런데 맹자가 起居(기거)하는 여관의 일꾼이 미투리를 삼다가 창틀 위에 올려놓았으며, 맹자 일행의 방을 차지하여 들어갔다.

그의 가르침을 받은 사람들이 다 돌아간 다음, 일꾼은 다시 신을 삼고자 창가로 가 보았으나 신이 보이지 않았다. 다른 일 보는 사람이 보기가 흉해서 어디로 치웠을지도 모를 일이었다. 그러나 그 사람은 누군가가 그 신을 훔쳐 갔다고 생각하고 막 떠들어 대었으며, 다른 사람들도 그렇게 생각하고 그중 똑똑한 체하는 한 명이 맹자에게 항의를 하였다. 이 말을 듣고, 맹자는 경솔한 그의 말투에 노여운 생각이 들어,

"나를 따라온 사람이 그 신을 훔치기 위해 왔단 말인가?"

라고 묻자, 그는 당황하여 대답하였다.

"아닙니다. 천만에 그럴 리가 있겠습니까? 선생님께서 사람을 대하는 것은 **가는 사람을 붙들지도 않고 오는 사람을 물리치지도 않으며**[去者不追 來者不拒(거자불추 내자불거)], 진실로 배우고자 하는 마음을 가지고 오면, 그를 받을 뿐입니다."

원래는 去(거)대신 往(왕)으로 되어 있다. '往(왕)'에는 시간이 지나가 버린 것을 말하는 예가 많기 때문에, '去(거)'로 바뀌어 굳어진 것 같다.

『荀子(순자)』「法行篇(법행편)」에는 공자의 제자 子貢(자공)이,

"군자는 몸을 바르게 하여 기다릴 뿐이다. **오고 싶어 하는 사람은 거절하지 아니하고, 가고 싶어 하는 사람은 붙들지 않는다**[君子(군자) 正身以俟(정신이사) **欲來者不拒**(욕내자불거) **欲去者不止**(욕거자부지)]."

라는 구절이 있다. 私慾(사욕)을 超越(초월)한 處世術(처세술)의 한 방편이라고 할 수 있다.

孔子(공자)는 아무나 찾아오는 사람이면 무조건 만나 준다고 제자들이 불평한 일이 있다. 이와 관련하여 『論語(논어)』「述而篇(술이편)」에 보면 이런 이야기가 있다.

互鄕(호향 : 춘추시대 선하지 못한 사람들이 살았던 마을 이름) 사람들이 어떤 사람들이었는지 구체적으로 알 수 없지만, 『논어』에는 함께 말도 하기 어려운 사람들로 표현하고 있다. 그 호향에 사는 한 소년이 공자를 찾아와 가르침을 청했다. 제자들은 문 밖에서 돌려보내고 싶었지만, 공자의 의견을 묻지 않고 마음대로 처리할 수 없었다. 공자는 조금도 주저하지 않고, 그 아이를 들어오게 했다.

즉, 去者不追 來者不拒(거자불추 내자불거)라. 지위를 막론하고 어떠한 사람이라도 가리지 않고, 공히 대면하는 실용적 통합의 뜻을 내포한 고사라 할 것이다. 다시 말해 좋은 사람, 나쁜 사람, 잘난 사람, 못난 사람 구별하지 않는 孔子(공자)의 동등한 대면을 강조한 것이라 하겠다.

270 空手來空手去 공수래공수거

字解 空 : 빌 공 [空間(공간) : (쓰지 않고) 비워둔 곳]
　　　　하늘 공 [蒼空(창공) : 푸른 하늘]
　　　　헛될 공 [空想(공상) : (이루어질 수 없는) 헛된 생각]
　　　手 : 손 수 [手足(수족) : 손과 발. 손발처럼 요긴하게 부리는 사람]
　　　　재주 수 [手腕(수완) : 일을 꾸미거나 치러 나가는 재주나 능력]
　　　來 : 올 래(내) [來往(내왕) : 오고 감]
　　　　다가올 래(내), 앞으로 래(내) [將來(장래) : 앞으로 닥쳐올 때]
　　　去 : 갈 거, 지날 거 [去就(거취) : 가거나 옴. 진퇴]
　　　　버릴 거 [除去(제거) : 털어서 없애 버림]

語義 빈손으로 왔다가, 빈손으로 간다.
(사람의 일생이 허무함)
(재물을 모으려고 너무 욕심을 내지 말라)

 **用例**

▶ 한 주먹밖에 안 되는 손으로 / 그대 무엇을 쥐려 하는가.
한 자밖에 안 되는 가슴에 / 그대 무엇을 품으려 하는가.
길지도 않는 인생 속에서 / 많지도 않는 시간 속에서 / 그대 무엇에 허덕이는가.
일장춘몽 **空手來空手去**(공수래공수거)에 / 우리네 덧없는 인생을 비유했던가.

▶ 세계적인 액션배우 成龍(성룡)이 자신의 재산을 모두 기부하겠다고 밝혔다. 이어 그는 "내 재산의 반은 이미 5년 전에 基金會(기금회)에 기부한 상태다."라며, "나는 죽을 때 은행 잔고가 0원이어야 한다고 내 자신과 약속했다."고 기부에 대한 자신의 지론인 **空手來空手去**(공수래공수거)를 밝혔다. 중국 매체 등에 따르면 중화권 톱스타인 성룡은 약 1조 5,000억 원 수준의 재산을 소유하고 있는 것으로 알려졌다.

 **出典** **懶翁和尙**[1](나옹화상) 누님의 시 – '浮雲(부운)'

'空手來空手去(공수래공수거)'는 '생전에 재물이나 명예 등을 쌓는 일이 부질없다.'는 뜻으로 많이 쓰이는 말이다. 懶翁和尙(나옹화상)의 누님이 동생인 나옹화상에게 스스로 읊었다는 '浮雲(부운)'이라는 題下(제하 : 제목 아래)의 빼어난 禪詩(선시 : 불교의 선사상을 바탕으로 하여 불교의 도를 깨닫는 과정

이나 체험을 읊은 시)로서, 태어남과 죽음을 '한 조각 뜬구름[一片浮雲(일편부운)]'의 起滅(기멸 : 일어나고 없어짐)에 비유하였다. 그 내용은 다음과 같다.

空手來空手去(공수래공수거)	빈손으로 왔다가, 빈손으로 가는 것.
是人生(시인생)	이것이 인생이다.
生從何處來(생종하처래)	태어남은 어디서 오며,
死向何處去(사향하처거)	죽음은 어디로 가는가?
生也一片浮雲起(생야일편부운기)	태어남은 한 조각 구름이 일어남이요,
死也一片浮雲滅(사야일편부운멸)	죽음은 한 조각 구름이 사라지는 것인데,
浮雲自體本無實(부운자체본무실)	뜬구름 자체는 본래 實(실)함이 없나니,
生也去來亦如然(생야거래역여연)	태어남과 죽음도 모두 이와 같다네.
獨有一物常獨露(독유일물상독로)	여기 한 물건이 항상 홀로 있어,
澹然不隨於生死(담연불수어생사)	담연히 生死(생사)를 따르지 않는다네.

---

1) 懶翁和尙(나옹화상, 1320 ~ 1376) : 고려말의 高僧(고승). 彗勤(혜근)이라고도 한다. 성은 牙(아)씨. 속명은 元惠(원혜). 호는 懶翁(나옹). 善官署令(선관서영) 瑞具(서구)의 아들이다. 禪宗(선종)의 계승과 발전에 공헌하였으며, 여주 신륵사에서 入寂(입적)하였다.

21세 때 친구의 죽음으로 인하여 무상을 느끼고, 功德山(공덕산 : 경상북도 문경시 소재) 妙寂庵(묘적암)에 있는 了然禪師(요연선사)를 찾아가 출가하였다. 그 뒤 전국의 이름 있는 사찰을 편력하면서 정진하다가, 1344년(충혜왕 5년) 양주 天寶山(천보산) 檜巖寺(회암사 : 경기도 양주시 소재. 15C 후반 유생들의 방화로 폐사)에서 大悟(대오)하였다. 그때 이 절에 寓居(우거)하고 있던 일본 僧(승) 石翁(석옹)에게 깨달음을 인가받았다.

1347년(충목왕 3년) 元(원)나라로 건너가서 燕京(연경) 法源寺(법원사)에 머물렀다. 그곳에서 인도 승 指空(지공)의 지도를 받으며, 4년 동안 지내다가, 1358년(공민왕 7년)에 귀국하였다. 귀국 후 오대산 象頭庵(상두암)에 은신하였으나, 공민왕과 太后(태후 : 황제의 생존한 모후)의 간곡한 청에 의하여 잠시 神光寺(신광사)에 머무르면서, 설법과 참선으로 후학들을 지도하였다.

그 뒤 功夫選(공부선)의 試官(시관)이 되었고, 1361년부터 용문산 · 원적산 · 금강산 등지를 순력한 뒤 회암사의 주지가 되었다. 1371년 왕으로부터 金襴袈裟(금란가사)와 內外法服(내외법복) · 바리를 하사받고 王師(왕사)에 봉해졌다.

※ **懶翁和尙**(나옹화상)**의 詩**(시) – '**靑山別曲**(청산별곡 : 청산은 나를 보고)'

靑山兮要我以無語(청산혜요아이무어)	청산은 나를 보고 말없이 살라 하고,
蒼空兮要我以無垢(창공혜요아이무구)	창공은 나를 보고 티없이 살라 하네.
聊無愛而無惜兮(료무애이무석혜)	사랑도 벗어 놓고 미움도 벗어 놓고,
如水如風而終我(여수여풍이종아)	물같이 바람같이 살다가 가라 하네.

271 過則勿憚改 과즉물탄개

字解
過 : 허물 과 [改過遷善(개과천선) : 허물을 고치고 착하게 됨]
   지날 과 [過去(과거) : 지나간 때. 옛날]
則 : 곧 즉 [然則(연즉) : 그러한즉]
   법 칙 [原則(원칙) : 근본이 되는 법칙]
勿 : 말 물 [勿驚(물경) : 놀라지 마라]
   없을 물 [勿論(물론) : 말할 것도 없음]
憚 : 꺼릴 탄 [忌憚(기탄) : 꺼림. 어려워함]
   두려워할 탄 [憚服(탄복) : 두려워서 복종함. cf.歎服(탄복) : 감탄]
改 : 고칠 개 [悔改(회개) : 잘못을 뉘우치고 고침]

語義 허물이 있으면 곧 고치기를 꺼려하지 말라.
(잘못이 있으면 곧바로 고쳐라)

 用例

▶학술 행사에서 홍순석 강남대 교수가 '김세필 선생의 교유인물', 거제 향토사학자 고영화 씨가 '거제 유배 십청헌 김세필'이란 주제로 강연했다. 홍 교수는 "신진사림과의 교유, 『성종실록』 편찬과 갑자사화로 인한 유배, 기묘사화 때 화를 당한 후 충주 지비천 낙향 시기 등을 거치며 당대를 대표하는 문신 학자들과 영향을 주고받았다." 그리고 "**過則勿憚改**(과즉물탄개), 즉 '잘못이 있으면 고치기를 꺼려하지 말라.'고 설파했던 그의 정신은 그때나 지금이나 큰 울림이 있다."고 말했다.

▶잘못이 있지만, 이를 무시하고 강행하는 데에는 대체로 두 가지 이유가 있다. 잘못을 인정하기 싫거나, 政治的(정치적)이든, 私的(사적)이든 다른 흑막이 있어서다. 어느 쪽이나 행정 책임자로서 옳지 않은 처신이다. 공자는 『논어』「학이편」에서 **過則勿憚改**(과즉물탄개)라고 했다. 잘못이 있으면 고치는 데 꺼리지 말라는 뜻이다. 공자 말씀이 아니어도 이런 유의 금언은 잘 알아도 지키는 이는 드물다. 그러나 잘못을 고집하는 것보다는 이를 시인하고 고치는 자세야말로, 여론의 믿음을 얻는 가장 빠른 길임을 알아야 한다.

 **出典** 論語(논어) - 學而篇(학이편)

孔子(공자)는 일찍이 君子(군자)의 修養(수양)에 관해 다음과 같이 말했다.
"군자는 重厚(중후)하지 않으면 위엄이 없어, 학문을 해도 견고하지 못하다. 충성과 믿음으로 주장을

삼되, 자기보다 못한 자를 벗으로 삼으려 하지 말고, **허물이 있으면 고치기를 꺼려하지 말아야 한다.**"

 原文 子曰(자왈) 君子不重則不威(군자부중즉불위) 學則不固(학즉불고) 主忠信(주충신) 無友不如己者(무우불여기자) 過則勿憚改(과즉물탄개)

〈어구 풀이〉
- **主忠信**(주충신) : 정성과 신의를 지켜 다하라. 믿고 의심치 않는 것이 信(신)이다. 상대를 의심하지 말라 함이 신이다. 소인은 상대를 이해의 저울로 저울질하지만, 군자는 상대를 믿는다. 신이란 마음과 행동은 둘이 아니라 하나라는 말이요, 마음속에 감춘 것이 없다 함이다.
- **無友不如己者**(무우불여기자) : 나하고 뜻이 같지 않은 자와 사귀지 말라. 뜻이 다른 사람이나, 어질고 착하지 않은 사람과 사귀지 말라는 것이다. 누구와 사귀냐에 따라 사람이 달라지는 것이다.
- **過則勿憚改**(과즉물탄개) : 잘못이 있으면 거리낌 없이 즉시 고쳐라. 소인은 허물이 있으면 덮어 보려고 잔꾀를 부린다. 대인은 잘못을 했다면, 곧바로 뉘우치며 고친다.

공자는 허물이 있으면 고치기를 꺼려하지 말아야 한다는 것을 군자로서 반드시 지켜야 할 것으로 내세웠다. 인간은 누구든지 평생 동안 過失(과실)의 연속 속에서 살아간다고 해도 과언이 아니다. 그러나 그 과실을 알고 고치느냐 아니면 그 과실을 반복하느냐에 따라, 그 사람의 삶의 질이 결정된다. 허물이 있으면 고치기를 꺼리지 말라는 뜻으로, 어떤 잘못을 범했을 때는 그 즉시 바르게 고치는 일을 꺼리지 말라는 의미이다.

衛(위)나라 大夫(대부) 遽伯玉[1](거백옥)은 명망 있는 정치가였는데, 공자의 後援者(후원자)이기도 했다. 어느 날 거백옥으로부터 使者(사자)가 오자, 공자는,
"거대부께서는 요즘 어떻게 지내시나요?"
하고 安否(안부)를 물었다. 사자는 이렇게 대답하였다.
"어른께서는 허물을 적게 하려고 애쓰십니다만, 아직 허물을 적게 하는 일이 잘 안 되고 있습니다[夫子欲寡期過而未能也(부자욕과기과이미능야)]."
사자가 돌아가자, 공자는 그 사자를 매우 칭찬하였다. 거백옥의 近況(근황)을 보탬과 뺌이 없이 그대로 전해 주었기 때문이다. 자기의 허물은 잘 알면서도 덮어두고 싶든가, 구차스럽게라도 변명하고 싶어지는 것이 인간의 속성이다. 그러니 '허물을 없게 하려고'보다 '허물을 적게 하려고' 노력하지만, 그것도 잘 안 된다는 傳言(전언)이 너무나 인간적으로 들렸던 것이다. 『논어』「憲問篇(헌문편)」에 나오는 이야기이다.

『논어』「子張篇(자장편)」에는 이런 구절이 있다.
"소인은 잘못을 저지르면, 그것을 고치려고 하지 않고 꾸며서 얼버무리려 한다[小人之過也必文(소인

지과야필문)]."

『논어』「衛靈公篇(위령공편)」에,
"잘못하고서도 고치지 않는 것, 이것을 잘못이라고 한다[改過而改(개과이개) 是謂過矣(시위과의)]."
라고 하였다.

이와 비슷한 말이 「公冶長(공야장)편」에도 있는데, 공자는 이렇게 말했다.
"어쩔 수 없구나. 나는 아직 자신의 허물을 보고서 內心(내심)으로 자책하는 자를 보지 못했다."

 原文 子曰(자왈) 己矣乎(이의호) 吾未見能見其過而內自訟者也(오미견능견기과이내자송자야)

잘못을 하였다고 후회만 하지 말고, 그것을 빨리 바로잡아야만 다시는 같은 잘못을 저지르지 않는다는 뜻이다. 남의 耳目(이목)을 두려워해서 얼버무린다든가 감추려고 한다면, 다시 잘못을 범하기 때문이다.

孟子(맹자)는 그의 제자들이 과감하게 비평을 접수하는 문제를 말할 때, 역사상 남의 의견을 선하게 받아들이는 사람은 자신의 제자 子路(자로)와 禹(우), 舜(순)이라고 말했다.
"子路(자로)는 다른 사람이 그의 잘못을 지적하면 아주 기뻐한다. 禹(우)는 배움을 말하면, 다른 사람에게 감사를 드린다. 舜(순)임금은 항상 다른 사람과 같이 善(선)한 일을 한다. 자기의 착오를 버리고 다른 사람의 장점을 배우는데, 매우 즐겁게 다른 사람의 장점을 흡수해 善(선)을 행한다. 농사를 짓고 陶器(도기)를 만들고 고기를 잡는 것과 제왕을 하는 것도 다른 사람의 것을 배우지 않은 것이 없다."

특히 후에 王守仁(왕수인 : 중국 명대 중기의 사상가·정치가) 같은 유학자는,
"賢者(현자)라 하더라도 잘못이 없을 수는 없지만, 그가 현자가 될 수 있는 까닭은 바로 능히 잘못을 고치는 데 있다."
라고, 그의 저서『傳習錄(전습록)』에서 허물 고치는 것을 강조하였다. 과실에 대한 이러한 자기반성은 유교에서 '遷善(천선 : 선으로 옮겨감)', '進德(진덕 : 덕으로 나아감)'의 자기 수양으로 중시되어 왔다. 자기의 잘못을 잘 아는 것도 어려운 일이지만, 그것을 깨닫고 그 잘못을 고쳐나가는 과단성과 솔직함은 더 어려운 일이다. 그러기에 聖賢(성현 : 성인과 현인)들도 곳곳에서 허물 고치기를 꺼리지 말라고 강조하고 있다.

---

1) 蘧伯玉(거백옥)의 '세상을 사는 지혜' - 『莊子(장자)』「人間世篇(인간세편)」
　魯(노)나라의 賢者(현자)인 顔闔(안합)이 衛(위) 靈公(영공)의 태자를 가르치게 되자, 위나라 대부인 蘧伯玉(거

백옥)에게 亂國(난국)에서의 처세에 대해 자문을 구했다.

(안합의 질문) 여기에 한 사람이 있습니다. 그의 德(덕)은 천성적으로 경박하기 짝이 없습니다. 그와 더불어 무도한 짓을 하면 곧 나라가 위태로워집니다. 그의 智慧(지혜)는 남의 잘못을 알기에 알맞을 정도이고, 자신의 잘못은 깨닫지도 못합니다. 이러한 사람에 대하여 어떻게 행동하면 좋겠습니까?

(거백옥의 답변) 경계하고 조심하십시오. 그리고 당신의 몸가짐을 올바르게 가지십시오. 태도는 溫順(온순)한 것이 좋으며, 마음은 溫和(온화)한 것이 좋습니다. 그렇지만 두 가지에도 조심이 필요합니다. 온순함은 남에게 끌려 들어가지 않아야 하며, 온화함은 남에게 드러내지 않아야 합니다. 태도의 온순함이 남에게 끌려 들어가다 보면, 멸망을 당하고 낭패를 보게 됩니다. 마음의 온화함을 남에게 드러내다 보면, 나쁜 평판이 생기고 재난을 당하게 됩니다. 그러므로 상대방이 분수없는 사람이라면, 더불어 분수없이 행동하십시오. 상대방이 종잡을 수 없는 사람이라면, 더불어 분수없이 행동하십시오.

(거백옥의 질문) 그대는 '사마귀가 버티고 서서 수레바퀴를 가로막는다[螳螂拒轍(당랑거철 : 제나라 장공이 사냥 길에 만난 사마귀의 이야기)].'는 뜻을 아십니까?

장공이 사냥 길에 벌레 한 마리가 유난히도 큰 앞발을 휘두르며 수레를 향해 덤벼드는 것을 보고, 신하에게 그 벌레가 무엇인가 하고 물었습니다. 신하는 저놈은 사마귀인데요 앞으로 나아갈 줄만 알았지 물러설 줄은 모르며, 제힘은 생각하지 않고 모든 적을 가볍게 아는 저돌적인 벌레입니다. 장공이 이 말을 듣고 고개를 끄덕이며 저 벌레가 사람이라면, '천하제일의 용사가 되었을 것이다.'라고 칭찬하고 사마귀를 피해 가도록 하였다는 이야기 말입니다.

만약 장공이 그대로 수레를 몰고 나가면 어떻게 되었을까요?

(안합의 대답) "바퀴에 깔려 죽었을 것입니다."

(거백옥의 말) "사마귀처럼 자기 재질의 훌륭함만을 믿고 크게 뽐내면서, 상대방의 권위를 범하면 위태로워집니다. 경계하고 조심해야 합니다."

그리고 나서 호랑이를 기르는 이야기와 말을 기른 이야기를 하면서, 다음과 같이 말을 맺는다.

(거백옥의 결론) 이처럼 말을 아무리 사랑한다 하더라도, 하찮은 것으로 노여움이 생기면 사랑이 잊혀지는 것입니다. 그러니 어찌 조심하지 않을 수 있겠습니까? 이처럼 사마귀와 권력자와 맞서도 안 되며, 호랑이를 기르듯 그의 성질에 따라 잘 길들여야 하며, 말을 다루듯 조심하여 권력자를 놀라게 해서는 안 됩니다. 이런 것만 조심하면 천성이 경박하고 무도한 권력자와도 어울려 지낼 수가 있습니다. 다시 말하면 벼슬함에 있어서 자연스러운 행동, 상대방의 본성을 따르는 處世(처세)가 가장 적절한 몸가짐이라 할 것입니다.

272 口是禍之門 구시화지문

字解
口 : **입 구** [口腔(구강) : 입안]
　　말할 구 [口頭契約(구두계약) : 말로 맺은 계약]
　　어귀 구 [洞口(동구) : 동네 어귀]
是 : **이 시** [是日(시일) : 이 날]
　　옳을 시 [是非曲直(시비곡직) : 옳고 그르고 굽고 곧음]
禍 : **재앙 화** [禍根(화근) : 재앙의 근원]
之 : **의 지** [蚌鷸之爭(방휼지쟁) : 조개와 도요새의 싸움]
門 : **문 문** [門前(문전) : 문 앞]
　　집 문, 집안 문 [名門(명문) : 이름 있는 집안]

語義 입은 재앙을 불러들이는 문이다.
(말을 잘못하면 화를 부른다)

 用例

▶당나라가 망한 뒤의 後唐(후당) 때에 입신하여, 재상을 지낸 馮道(풍도)라는 정치가가 있었습니다. 그는 처세의 達人(달인)이었습니다. 그의 '口是禍之門(구시화지문)' 處世觀(처세관)은 오늘을 사는 우리에게도 큰 가르침이 됩니다. 혀를 놀리고 말을 해야 먹고 사는 세상이지만, 말 한마디 행동거지 하나라도 신중히 하는 우리가 됐으면 좋겠습니다.

▶말을 잘못하면, 災殃(재앙)이 들어온다. 그래서 '口是禍之門(구시화지문)'이라는 말이 있다. 입은 화가 들어오는 문이라는 의미이다. 고금의 歷史(역사)를 보면, 말로 인해서 재앙이 초래된 경우가 많다. '心深滄海水(심심창해수) 口重崑崙山(구중곤륜산)'이라는 말이 있다. '마음은 큰 바다의 물처럼 깊어야 하고, 입은 곤륜산처럼 무거워야 한다.'는 뜻이다.

【類義語】 守口如瓶(수구여병) : 입을 병마개처럼 지킴.
　　　　　禍生於口(화생어구) : 화는 입에서 생김.
　　　　　駟不及舌(사불급설) : 네 마리의 말이 끄는 수레의 힘도 혀에는 미치지 못함.
　　　　　禍從口生(화종구생) : 화는 입을 따라서 생김.

 **出典** **全唐詩**[1](전당시, 당나라 시대의 시가를 엮은 책)

『全唐書(전당서)』「舌話篇(설화편)」에 나오는 한 구절이다. 唐(당)나라가 망한 뒤, 後唐(후당) 때에 입신출세하여 晋(진), 契丹(글단:거란), 後漢(후한), 後周(후주) 등 여러 왕조에서 벼슬을 하며 宰相(재상)을 지낸, 馮道(풍도, 822 ~ 895)라는 정치가가 있었다.

그는 五朝八姓十壹君(오조팔성십일군), 즉 다섯 왕조에 걸쳐 여덟 개의 성을 가진 열한 명의 임금을 섬겼으니, 그야말로 처세에 능한 達人(달인)이다. 어지럽고 위험한 시기에 처해서도 長壽(장수)를 누린 사람이다. 풍도는 자기의 處世觀(처세관)을 아래와 같이 후세인들에게 남겼다.

口是禍之門(구시화지문)	입은 재앙을 불러들이는 문이요,
舌是斬身刀(설시참신도)	혀는 몸을 자르는 칼이로다.
閉口深藏舌(폐구심장설)	입을 닫고 혀를 깊이 감추면,
安身處處牢(안신처처뢰)	가는 곳마다 편안하리라.

馮道(풍도)는 인생살이에 있어 입[口(구)]이 禍根(화근)임을 깨닫고, 입조심 말조심을 처세의 근본으로 삼았기에, 亂世(난세)에도 榮達(영달)을 거듭하며 73세의 長壽(장수)를 누렸다.

우리말에 '화는 입으로부터 나오고, 병은 입으로부터 들어간다[禍自口出(화자구출) 病自口入(병자구입)].'는 말이 있다. 이 말은 곳곳에서 볼 수 있다.

『太平御覽(태평어람)』「人事篇(인사편)」에 보면, '병은 입으로 좇아 들어가고, 화는 입을 좇아 나온다[病從口入(병종구입) 禍從口出(화종구출)].'는 말이 있고, 또 『釋氏要覽(석씨요람)』에는, '모든 중생은 화가 입으로 좇아 생긴다[一切衆生禍從口生(일체중생화종구생)].'고 했다. 모든 음식으로 인해 병이 생기고, 말로 인해 화를 입게 되니, 입을 조심하라는 뜻이다.

---

1) **全唐詩**(전당시) : 중국 唐代(당대) 詩歌(시가)의 총집이다. 전 900권으로 淸(청)나라 康熙帝(강희제)의 칙령으로 편찬을 시작하여, 1706년에 완성했다. 그 당시에 볼 수 있는 詩[시, 詞(사)를 포함] 모두를 망라하고 있는데, 작가 2,200여 명, 시 4만 8,900여 首(수)를 수록하고 있어, 당대의 歷史(역사)·文化(문화) 연구의 매우 중요한 자료이다.

그러나 너무 급하게 만들어서(2년도 걸리지 않았음), 잘못 수록되었거나 빠뜨려졌거나 중복되는 등의 결점이 많다. 『양저우시국[揚州詩局(양주시국)]』 각본과 『中華書局(중화서국)』 인쇄본이 있다. 『중화서국』 인쇄본에는 일본인 이치카와 세네이[市河世寧(시하세녕)]가 집록하여 남긴, 『全唐詩逸(전당시일)』 3권이 덧붙여져 있다. 1982년 『중화서국』에서는 왕중민[王重民(왕중민)]·쑨왕[孫望(손망)]·퉁양녠[童養年(동양년)]이 나누어 집록한 것들을 모아 『全唐詩外編(전당시외편)』 2권을 만들었다.

273 口有蜜腹有劍 구유밀복유검

字解
- 口 ; 입 구 [口腔(구강) : 입안]
  인구 구 [人口(인구) : 한 나라나 일정한 지역 안에 사는 사람의 수]
- 有 ; 있을 유 [有給(유급) : 급료가 있음]
  가질 유 [所有(소유) : 자기의 것으로 가짐, 또는 가지고 있음]
- 蜜 ; 꿀 밀 [蜜語(밀어) : 꿀처럼 달콤한 말. 남녀 간의 정담]
- 腹 ; 배 복 [腹痛(복통) : 배의 아픔. 배가 아픈 증세]
  마음 복 [腹案(복안) : 마음속에 품고 있는 생각]
- 劒 ; 칼 검 [劍術(검술) : 칼을 쓰는 기술. 검법]

語義 입에는 꿀이 있고, 배에는 칼이 있다.
(겉으로는 상냥한 체 남을 위하면서, 마음속으로는 해칠 생각을 갖고 있음)
※ 줄이면 '口蜜腹劍(구밀복검)'.

  用例

▶상냥한 체 남을 위하면서, 돌아서서는 남을 끌어내린다는 고사성어가 '口有蜜腹有劒(구유밀복유검)'이다. 뱃속이 검고 책략이 뛰어난 사람들이 대표적인 사람이다.

▶고사성어 중에 '口有蜜腹有劒(구유밀복유검)'이 있다. 입으로는 좋게 말하나, 마음속으로는 해칠 생각을 가지는 것을 의미한다. 성경에도 비슷한 구절이 있다. "그의 입은 엉긴 젖보다도 더 부드러우나, 그의 마음은 다툼으로 가득 차 있구나. 그의 말은 기름보다 더 매끄러우나, 사실은 뽑아든 비수로구나."〈시편 55 : 16-23〉

【類義語】 表裏不同(표리부동) : 마음이 음흉하여 겉과 속이 다름.
羊質虎皮(양질호피) : 속은 양이고 겉은 범. 겉모습만 화려하게 꾸밈.
陽奉陰違(양봉음위) : 겉으로는 복종하는 체하면서 마음속으로는 배반함.
羊頭狗肉(양두구육) : 양머리를 걸어 놓고 개고기를 팖.
面從腹背(면종복배) : 겉으로는 복종하는 체하면서 마음속으로는 배반함.

 **出典** 十八史略(십팔사략, 증선지가 지은 중국 고대사를 담은 역사서)

'口有蜜腹有劍(구유밀복유검)'은 '입에는 꿀을 바르고, 뱃속에는 칼을 품고 있다.'라는 말로, '겉으로는 꿀맛같이 절친한 척하지만, 내심으로는 陰害(음해)할 생각을 하거나, 돌아서서 헐뜯는 것'을 비유한 말이다.

중국 唐(당)나라 玄宗(현종 : 제6대 황제)은 45년 治世(치세)의 초기에는 則天武后(측천무후) 이래의 정치의 亂脈(난맥)을 바로잡고, 안정된 사회를 이룩한 정치를 잘한 인물로 칭송을 받았다. 그러나 시간이 흐르면서 정치에 염증을 느끼고 楊貴妃(양귀비)를 총애하여 주색에 빠져들기 시작하였다.

그 무렵 李林甫[1](이임보)라는 간신이 있었는데, 현종의 宦官(환관)에게 뇌물을 바친 인연으로, 왕비에 들러붙어 현종의 환심을 사 출세하여 宰相(재상)이 된 사람이다. 이임보는 황제의 비위만을 맞추면서 절개가 곧은 신하의 忠言(충언)이나 백성들의 諫言(간언)이 황제의 귀에 들어가지 못하게 하였다. 한번은 非理(비리)를 彈劾(탄핵)하는 御使(어사)에게 이렇게 말하였다.

"陛下(폐하)께서는 名君(명군)이시오. 그러니 우리 신하들이 무슨 말을 아뢸 필요가 있겠소. 저 궁전 앞에 서 있는 말을 보시오. 어사도 말처럼 저렇게 잠자코 있으시오. 만일 쓸데없는 말을 하면 가만두지 않겠소."

이런 식으로 해서 신하들의 입을 봉해 버렸다. 설령 直言(직언)을 생각하고 있는 선비라 할지라도 황제에게 접근할 엄두조차 낼 수 없었다.

이임보는 여자처럼 嫉妬心(질투심)이 강한 사나이로 자신보다 나은 사람을 보면, 그 사람으로 인해 자기 地位(지위)가 추락당하는 것이 아닐까 하여 두려운 나머지 朝廷(조정)에서 추방해 버리기가 일쑤였다. 이임보가 사람을 추방해 버리는 방법은 아주 교묘했다. 그는 자신이 지니고 있는 權力(권력)을 이용해 사람을 쫓아내는 일은 절대 없었다. 사람을 쫓아내려고 마음을 먹으면, 그 사람을 현종에게 薦擧(천거)하여 벼슬자리에 올려놓은 후, 모함하여 다시 떨어뜨리는 수법을 사용했다.

예를 들면, 天寶(천보) 원년(742)에 현종이 이임보를 불러 물었다.

"嚴挺之(엄정지, 673? ~ 742)는 지금 어디 있는고? 그를 불러 일을 더 시키는 것이 어떨꼬?"

엄정지는 매우 강직한 사람으로 이임보가 궁중에서 설치자, 그에게 밀려나 지방으로 추방되어 향군의 태수로 있었다. 이임보는 그날 자기 숙소로 돌아오자, 서울에 있는 엄정지의 아우인 엄존지를 불러 장황하게 떠들었다.

"임금께서는 자네 형님을 몹시 칭찬하고 계시네. 한번 임금님을 배알함이 어떨까? 틀림없이 좋은 관직을 받을 수 있을 거야. 그러니 일단 병을 치료하기 위해 서울로 돌아왔다는 상소문을 올리는 것이 좋을 듯한데 어떠한가?"

엄존지는 이임보의 호의에 감사하고 이 일을 형님인 엄정지에게 알렸음은 더 말할 여지가 없다. 엄정지는 곧 상소문을 올렸고, 상소문을 받은 이임보는 다시 현종에게 아뢰었다.

"전날 말씀하신 엄정지가 이번에 이와 같은 상소문을 올렸습니다만, 그는 이제 노인이고 또 병도 깊어 더 이상 관직을 수행할 능력이 없으니, 서울로 불러들여 閒職(한직 : 중요하지 않은 한가한 관직)에 나 붙여 주심이 좋다고 생각합니다."

"음! 그렇다면 할 수 없지."

엄정지는 이임보의 계획대로 서울로 올라왔지만, 이임보에게 농락당한 것이 화가 나, 그만 울화병으로 죽고 말았다.

『十八史略(십팔사략)』에는 그를 평하여, 다음과 같이 말하고 있다.

"이임보는 현명한 사람을 미워하고 능력 있는 사람을 질투하여, 자기보다 나은 사람을 배척하고 억누르는, 성격이 음험한 사람이다. 사람들이 그를 보고 '입에는 꿀이 있고, 배에는 칼이 있다.'고 말했다."

 原文 李林甫(이임보) 妬賢嫉能(투현질능) 性陰險(성음험) 人以爲(인이위) 口有蜜腹有劍(구유밀복유검)

그가 야밤중에 그의 서재 偃月堂(언월당)에 들어앉아 長考(장고)를 했다 하면, 그 다음날은 예외 없이 누군가가 誅殺(주살 : 목 베어 죽임)되었으며, 자주 獄事(옥사 : 중대한 범죄를 다스리는 일)를 일으켰으므로, 황태자를 비롯해 많은 사람들이 그를 두려워했다. 재상 지위에 있기를 19년 동안에 천하의 난리를 길러냈으나, 현종은 깨닫지 못했다. 그리고 安祿山(안녹산)도 처음에는 이임보의 술수를 두려워했으므로, 감히 반란을 일으키지 못했다.

이임보가 죽자, 양귀비의 일족인 楊國忠[2](양국충)이 재상이 되었다. 양국충은 재상이 되자마자 이임보의 죄목을 하나하나 들어 현종에게 고하자, 그제서야 깨닫고 크게 화가 난 현종은 명령을 내려 그의 생전의 官職(관직)을 모두 박탈하고, 패가망신과 함께 剖棺斬屍(부관참시 : 죽은 뒤에 큰 죄가 드러난 사람을 다시 극형에 처하는 형벌로, 관을 쪼개어 시체를 베거나 목을 잘라 거리에 걸던 일)의 극형에 처했다. 안녹산이 반란을 일으킨 것은 이임보가 죽은 지 3년째 되던 해였다.

---

1) **李林甫**(이임보. ? ~ 752) : 중국 唐(당)나라 玄宗(현종) 때의 宰相(재상)으로 아첨을 일삼고 유능한 관리들을 배척하여, 唐(당)을 쇠퇴의 길로 이끈 인물로 여겨지고 있다. 兒名(아명)은 哥奴(가노)이며, 號(호)는 月堂(월당)이다. 산시[陝西(섬서)] 출신이며, 唐(당) 皇室(황실)의 宗親(종친)으로 唐(당)을 건국한 高祖(고조. 재위 618 ~ 626) 李淵(이연)의 할아버지인 太祖(태조) 李虎(이호)의 五世孫(5세손)이다. 玄宗(현종. 재위 712 ~ 756) 때인 734년[開元(개원) 22년]부터 752년[天寶(천보) 11년]까지 宰相(재상)을 지내며, 커다란 權勢(권세)를 행사하였다. 죽은 뒤 太尉(태위)와 揚州大都督(양주대도독)으로 封(봉)해졌지만, 楊國忠(양국충. ? ~ 756)에 의해 官職(관직)을 박탈당하고 剖棺斬屍(부관참시)의 刑(형)을 받았으며, 子孫(자손)들도 모두 유배되었다.

2) **楊國忠**(양국충. ? ~ 756) : 본명은 釗(소). 산시성 출생. 則天武后(측천무후)의 총신인 張易之(장역지)의 사위. 학문은 없었으나 計數(계수)에 밝았다. 양귀비의 친척(사촌 오빠)으로 등용되어, 현종에게 재상으로 重用(중용)되었다. 뇌물로 人事(인사)를 문란하게 하고, 백성으로부터 재물을 수탈하는 등 失政(실정)을 계속하여, '안사의 난'이 일어나자 쓰촨[四川(사천)]으로 도주 중 살해되었다.

274 國破山河在 국파산하재

字解
- 國 : **나라 국** [國是(국시) : 국가가 내세운 정책상의 기본 방침]
- 破 : **깨뜨릴 파** [破竹之勢(파죽지세) : 대나무를 쪼개는 기세]
  - 다할 파 [走破(주파) : 예정된 거리를 쉬지 않고 끝까지 달림]
- 山 : **산 산**, 뫼 산 [山河衿帶(산하금대) : 산과 강이 둘러싼 자연의 요충지]
- 河 : **물 하** [河床(하상) : 하천 밑의 지반]
- 在 : **있을 재** [在京(재경) : 서울에 머물러 있음]

語義 나라는 깨지고 산과 강만 그대로 남다.
(나라는 망했어도 산과 강은 옛 모습 그대로다)

用例

▶ 승자도 패자도 없고, 가해자와 피해자도 구분되지 않은 민족상잔의 戰爭(전쟁). 그 기막힌 현실을 온몸으로 감내한 그는, '**國破山河在**(국파산하재)'라는 말을 남겼다. 국가와 민족은 간데없고 상처에 신음하는 山河(산하)만 덜렁 남은 전쟁의 참상 앞에 마침내 토해낸 외침이리라.

▶ '**國破山河破**(국파산하파)'. 요즘 대한민국의 하 수상한 처지를 빗대어 '**國破山河在**(국파산하재)'로 시작되는 두보의 시 '春望(춘망)'을 그렇게 변용한 구절이 인터넷에 膾炙(회자)되고 있다. 맞는 말이다. 나라와 산하가 뭉개진다고 해도 과언이 아닐 만큼 지금 대한민국은 난리통이다. 그 하나가 4대강 난리다.

出典 杜甫(두보)의 詩(시) - '春望(춘망)'

중국 唐(당) 肅宗¹⁾(숙종) 至德(지덕) 2년(757년), 杜甫(두보) 나이 46세 때 安祿山(안녹산)·史思明(사사명) 등 반군이 長安(장안)을 차지했다. 그해 7월 두보는 숙종이 靈武(영무)에서 즉위했다는 말을 듣고, 가족이 있는 羌村(강촌)으로 갈 겸 숙종이 있는 조정에 나아가기 위해 홀로 길을 떠났다.

도중에 반란군에 사로잡혀 장안으로 끌려갔는데, 관직이 낮고 머리가 희어 가두지 않았다. 두보는 남의 눈을 피해 거리를 돌아다니며, 전쟁으로 폐허가 된 수도 長安(장안)의 모습을 직접 눈으로 보았다.

至德(지덕) 3년(758년) 3월, 두보가 장안을 읊은 '春望(춘망)'이라는 시이다.

國破山河在(국파산하재) 나라는 망했어도 산하는 그대로요,
城春草木深(성춘초목심) 성안은 봄이 되어 초목이 무성하네.

感時花淺淚(감시화천루)	시대를 슬퍼하여 꽃도 눈물 흘리고,
恨別鳥驚心(한별조경심)	한 맺힌 이별에 나는 새도 놀라는구나.
烽火連三月(봉화연삼월)	봉화불은 석 달이나 계속 오르고,
家書抵萬金(가서저만금)	집에서 온 편지 너무나 소중하여라.
白頭搔更短(백두소갱단)	흰 머리를 긁으니 자꾸 짧아져,
渾欲不勝簪(혼욕불승잠)	이제는 아무리 애써도 비녀도 못 꽂겠네.

〈意譯〉

도성은 파괴되었어도 산과 강은 옛 모습 그대로다.

성안에 봄은 여전히 찾아들어 거칠대로 거칠어진 거리거리에는, 풀과 나무만이 무성해 있다.

시국을 생각하니 꽃도 한결 슬프게만 느껴져 눈물을 자아낼 뿐, 처자와의 이별을 생각하니 새 울음 소리도 가슴을 놀라게만 한다.

전세가 불리함을 알리는 봉화가 석 달을 계속 오르고 있으니, 만금을 주더라도 집 소식이 궁금하구나.

안타까이 흰 머리를 긁으니, 머리털이 더욱 짧아진 것만 같다.

이 모양으로는 앞으로 갓을 쓰고 비녀를 꽂을 상투마저 제대로 틀지 못할 것 같다.

안녹산의 반란에 의해 唐(당)나라 왕실은 쫓겨나 나라가 깨지고 질서가 깨졌으며, 모든 기구가 깨져서 백성들이 발붙일 곳이 없어졌는데, 城(성)에는 草木(초목)이 무성하다. 이것이 國破山河在(국파산하재)이며, '春望(춘망)'의 主題(주제)이다. 두보는 이 시를 읊고 나서 얼마 안 된 4월에 장안을 탈출하여 鳳翔(봉상)까지 와 있는 숙종의 행궁으로 가게 되었고, 다음 달 5월에는 左拾遺(좌습유)라는 諫官(간관)의 벼슬에 오르게 되었다. 두보로서는 그렇게 원하던 벼슬길에 처음 오르게 된 것이다.

宋(송)나라 司馬光(사마광)은 『溫公續詩話(온공속시화)』라는 글에서 이 구절에 대해 "國破山河在(국파산하재)는 '폐허가 되어 남은 물건이 없는 것을 나타낸 것이요[明無餘物矣(명무여물의)]', 城春草木深(성춘초목심)은 '사람이 모두 떠나 인적이 끊긴 것을 드러낸 것이다[明無人跡矣(명무인적의)].'"라고 설명했다.

---

1) 唐 肅宗(당 숙종, 711 ~ 762) : 중국 당의 제7대 황제이며, 아버지는 顯宗(현종 : 제6대 황제) 이융기. 본명은 李亨(이형). '안사의 난'으로 父皇(부황) 이융기가 楊貴妃(양귀비) 등과 함께 도피하자, 부황을 호송하였다. 이때 양귀비가 부황의 명령으로 죽자, 금군의 추대로 황제에 올랐고, 현종 이융기는 태자에게 제위를 물려주고 태상황으로 물러앉았다. '안사의 난'은 진압되었으나, 나라는 엉망이 되어 있었다. 숙종은 당을 부흥시키기 위해 온갖 노력을 기울였으나, 이미 당나라는 쇠퇴하고 있었다. 762년 아버지인 태상황제(현종)가 사망하였고, 얼마 안 되어 숙종 이형 역시 병이 들고 말았다. 같은 해 762년 이형 역시 황궁에서 52세를 일기로 사망하였다. 시호는 숙종, 능호는 建陵(건릉)이다.

275 讀書百遍義自見 독서백편의자현

字解
讀 : 읽을 독 [讀經(독경) : 소리 내어 경문을 읽음]
　　구두 두 [句讀點(구두점) : 마침표와 쉼표. 문장부호를 통틀어 이르는 말]
書 : 글 서, 책 서 [書齋(서재) : 책을 갖추어 두고 글을 읽고 쓰는 방]
　　쓸 서 [淨書(정서) : 읽기 쉽도록 깨끗이 옮겨 씀]
　　편지 서 [書翰(서한) : 편지. 서간]
百 : 일백 백 [百年偕老(백년해로) : 백 년 동안 함께 늙음]
遍 : 두루 편 [遍在(편재) : 두루 퍼지어 있음]
義 : 뜻 의 [廣義(광의) : 넓은 뜻]
　　옳을 의, 바를 의 [義擧(의거) : 바른 거사. 정의를 위해 일으키는 일]
自 : 스스로 자 [自治(자치) : 스스로 자기 일을 처리함]
　　몸 자, 자기 자 [自他(자타) : 자기와 남]
見 : 볼 견 [見蚊拔劍(견문발검) : 모기를 보고 칼을 뽑음. 시시한 일에 성을 냄]
　　나타날 현 [露見(노현) : 겉으로 드러나 나타남]

語義 글을 백 번 읽으면, 뜻이 저절로 나타난다.
(뜻이 어려운 글도 자꾸 되풀이하여 읽으면, 그 뜻을 스스로 깨우쳐 알게 된다)
(열심히 학문을 연마하다 보면, 뜻하는 바가 저절로 이루어진다)

 用例

▶ '**讀書百遍義自見**(독서백편의자현)!'이란 말이 있다. 한 권의 책을 백 번 읽으면 뜻이 통하게 된다는 말이다. '讀書百遍義自通(독서백편의자통)'이라고도 한다. 정말 가능할까라는 의구심이 들 것이다. 중국 후한 말기 사람인 董遇[1](동우)는 글을 배우겠다고 찾아오는 사람에게 늘 이렇게 말한 다음 가르침을 거절했다고 한다. "내게서 배우기보다는 집에서 자네 혼자 읽고 또 읽어 보게, 그러면 저절로 뜻을 알게 될 것이네." 이것 역시 책을 반복하여 읽으면, 의미가 저절로 통하게 된다는 것이다.

▶ 내가 최근에 접한 것은 '사사오가'라는 해괴한 문자였다. 어떤 저명한 인문학자의 글에 이렇게 씌어 있었다. '천자를 정점으로 하는 권력체계가 우주적 정당성을 가진 사사오가 행동의 체계로서 전달될 수 있었기 때문이다.' 되도록이면 혼자서 뜻을 터득해 보려고 이 전대미문의 사자성어를 되풀이 읽어보았지만 허사였다. 영어를 처음 배울 때 '3인칭'이라는 단어에 처음 접한 국문학자 무애 梁柱東[2](양주동)씨는 그 뜻을 알기 위해 **讀書百遍意自見**(독서백편의자현), 자꾸자꾸 되풀이

읽으면 뜻을 알게 된다는 생각에서 수없이 그 말을 다시 읽었다고 한다. 나도 그렇게 해보았지만 알 수가 없었다. 그것은 '사상'과의 誤打(오타)였다.

出典 三國誌(삼국지) - 魏書(위서) 13卷(권) 種繇華歆王朗傳(종요화흠왕랑전)에 裵松之(배송지)가 注(주)로 덧붙인 '董遇(동우)의 古事(고사)'

중국 後漢(후한) 獻帝(헌제 : 제14대이자 마지막 황제) 때 董遇(동우)라는 학자가 있었다. 당시는 모든 사람들이 자기가 가지고 있는 조그마한 재주를 유력자에게 팔아 바침으로써 출세를 하고 생활을 하는 그런 시대였다. 그러나 동우는 그럴 생각은 조금도 없이, 유달리 학문하기를 좋아하여 항상 책을 곁에 끼고 다니면서 공부를 하였다. 그의 이러한 행동은 어느새 헌제의 귀에까지 전해지게 되었다.

獻帝(헌제) 역시 학문에 많은 관심을 가지고 있었으므로, 동우의 학자다운 면모에 반하여 그를 黃門侍廊(황문시랑)으로 임명하고, 經書(경서)를 가르치도록 했다. 그런데 그 당시 丞相(승상)이었던 曹操(조조)의 의심을 받아 한직으로 쫓겨나기도 하였지만, 魏(위)나라 천하가 된 뒤에는 侍中(시중), 大司農(대사농) 등 대신의 벼슬에까지 올랐다.

동우의 명성이 서서히 알려지면서, 世間(세간)에는 그의 밑으로 들어와 弟子(제자)가 되기를 열망하는 사람들이 많아졌다. 그러나 동우는 제자가 되기를 원한다고 해서 아무나 제자로 받아들이지는 않았다.
그는 항상 이렇게 말했다.
"먼저 책을 백 번 읽어라. **백 번 읽으면 그 의미를 저절로 알게 된다**[必當先讀百遍(필당선독백편) **讀書百遍其義自見**(독서백편기의자현)]."
그렇지만 어떤 이는 동우의 말을 이해하면서도 볼멘소리로 했다.
"책을 백 번이나 읽을 만한 여유는 없습니다[苦渴無日(고갈무일)]."
그러자 동우는 말했다.
"세 가지 餘分(여분)을 갖고 해라[當以三餘³⁾(당이삼여)]."
"세 가지 여분이 무엇입니까?"
"세 가지 여분이란 '겨울, 밤, 비오는 때'를 말한다. 겨울은 한 해의 여분이고, 밤은 한 날의 여분이며, 비오는 때는 한 때의 여분이다. 그러니 이 여분을 이용하여 학문에 정진하면 된다[冬者歲之餘(동자세지여) 夜者日之餘(야자일지여) 陰雨者時之餘也(음우자시지여야)]."

'讀書百遍義自見(독서백편의자현)'은 漢字(한자)로 쓸 때, 原文(원문)과 달리 '義(의)'와 '見(현)'字(자)를 '뜻 의(意)'와 '나타날 현(現)' 자로 바꾸어 쓰는 경우가 많다. '義(의)' 자가 '옳을 의', '見(현)' 자가 '볼 견' 자로만 널리 알려져 있기 때문이다. 하지만 '義(의)' 자는 '옳을 의'만이 아니라 '뜻 의' 자로도 쓰이며, 어떤 글이나 말이 지니는 속뜻을 가리킨다. 그리고 '見' 자는 '보다'의 의미를 지닐 때에는 '견'으로 읽지만, '뵈다, 나타나다'의 뜻을 지닐 때에는 '현'으로 읽으며, 古文(고문)에서는 '現(현)' 자를 대신해 '나타나다'의 뜻으로 널리 쓰였다.

---

1) **董遇**(동우) : 後漢(후한) 말기 獻帝(헌제. 재위 189 ~ 220) 때부터 三國時代(삼국시대) 魏(위)의 明帝(명제) 曹叡(조예, 조조의 장남. 위 초대 황제. 재위 227 ~ 239) 때까지 활동했던 學者(학자)로서 字(자)는 季直(계직)이다. 그는 어려서부터 유달리 학문을 좋아하여, 늘 옆구리에 책을 끼고 다니며 독서에 힘을 쏟았다.

    그는 『老子(노자)』나 『左傳(좌전)』에 注(주)를 달았는데, 특히 『左傳(좌전)』에 대한 그의 註釋(주석)은 널리 알려져 唐(당) 시대까지 폭넓게 읽혔다고 한다. 그가 『좌전』에 주석을 써넣을 때에 붉은 빛깔의 朱墨(주묵)을 사용했는데, 이때부터 '朱墨(주묵)'이라는 말이 어떤 글에 대한 注(주)나 加筆(가필), 添削(첨삭)을 뜻하게 되었다고 전해진다. 그는 후한 헌제 때인 建安(건안, 196 ~ 220) 初年(초년)에 孝廉(효렴)으로 천거되어 黃門侍郞(황문시랑)이 되었으며, 獻帝(헌제)에게 侍講(시강)을 하여 신임을 받았다. 삼국시대 魏(위) 明帝(명제) 때에는 侍中(시중)과 大司農(대사농)의 벼슬에 이르렀다.

2) **梁柱東**(양주동, 1903 ~ 1977) : 시인·문학평론가·국문학자. 본관은 南海(남해). 호는 无涯(무애). 아버지 梁元章(양원장)과 어머니 강릉 김씨 사이에서 태어나, 6세에 아버지, 12세에 어머니를 여의었다. 평양고등보통학교에 진학했으나 곧 중퇴하고, 고향에서 5~6년 한학에 몰두했다. 1920년 상경하여 중동학교 고등속성과를 졸업한 후, 일본으로 건너가 와세다대학[早稻田大學(조도전대학)] 예과에 입학하면서 문학에 뜻을 두었다. 1923년 잠시 귀국하여 유엽·백기만·이장희 등과 함께 『금성』을 발간하고, 본격적인 문학 활동을 시작했다. 와세다대학 영문과를 졸업한 후, 평양숭실전문학교 교수로 부임했다가, 일제 말기에 학교가 문을 닫자 경신학교 교사로 근무했다.

    1929년 염상섭과 함께 순문예지 『문예공론』을 펴냈고, 1930년대에는 시 창작과 외국시 번역 소개, 문학비평, 고전문학 연구 등에 걸쳐 폭넓게 활동했다. 해방 후에는 동국대학교·연세대학교 교수를 지냈고, 1957년 연세대에서 명예문학박사 학위를 받았다. 1954년부터 대한민국 예술원 회원으로 있었다. 그는 자신을 '人間國寶(인간국보)'라고 칭하였다.

3) **三餘圖**(삼여도) : 삼여도를 그린 근현대 중국화가 齊白石(제백석)은 三餘(삼여)에 대한 자신의 생각을 다음과 같이 畵題(화제)로 올려놓고 있다.
    畵者工之餘(화자공지여)   그림은 솜씨의 나머지요,
    詩者睡之餘(시자수지여)   시는 졸음의 나머지이며,
    生者劫之餘(생자겁지여)   삶은 영겁의 나머지라.

276 東家食西家宿 동가식서가숙

字解 東 : 동녘 동 [東問西答(동문서답) : 동쪽을 묻는데 서쪽을 대답한다]

家 : 집 가 [農家(농가) : 농사를 짓는 사람의 집]
집안 가 [家門(가문) : 집안. 문중. 대대로 이어오는 그 집안의 사회적 지위]

食 : 먹을 식 [食福(식복) : 먹을 복]
밥 사 [簞食瓢飮(단사표음) : 도시락의 밥과 표주박의 물. 변변찮은 음식]
사람 이름 이 [審食其(심이기) : 사람 이름. ?~B.C.177. 전한 초 정치가로 개국공신]

西 : 서쪽 서 [西歐(서구) : 서쪽 유럽의 여러 나라]

宿 : 잠잘 숙 [宿泊(숙박) : 여관이나 호텔 따위에서 잠을 자고 머무름]
지킬 숙 [宿直(숙직) : 관청, 직장에서 잠을 자면서 밤을 지키는 일]
오랠 숙 [宿願(숙원) : 오래된 소원]
별 수 [星宿(성수) : 모든 별자리의 별들. cf.日月星宿(일월성수) : 해와 달과 별]

語義 동쪽 집에서 밥 먹고, 서쪽 집에서 잠잔다.
(두 가지 좋은 일을 아울러 가지려 함)
(욕심이 지나친 탐욕스러운 사람)
(일정한 거처가 없이 떠돌아다님)

用例

▶여기저기 정처 없이 다니는 떠돌이 같은 삶을 일컬어 '東家食西家宿(동가식서가숙)한다.'고 한다. 참으로 따분한 인생이 아닐 수 없다. 그러나 역설적이게도 '東家食西家宿(동가식서가숙)'은 쉽게 말해 '꿩 먹고 알 먹고' 식의 최대 이익을 추구하려던, 중국 춘추시대 한 처녀의 이야기에서 연유된 말이다. 고사를 생각하면 고소를 짓지 않을 수 없다.

▶지금까지 그녀는 딱 두 번을 울었다. 맨 처음 운 것이 그때였고, 두 번째 운 것이 30년이 흐른 뒤에 강원도 고성에 잠들어 있는 아버지 묘소를 찾았을 때이다. 5일장 장터에서 고무신을 때우시며, **東家食西家宿**(동가식서가숙)하다가 쓸쓸하게 세상을 떠나신 아버지가 불쌍해서 울었다. 오늘은 세 번째로 운다고 했다. '가난의 대물림에서 벗어나려고 이를 악물고 살지만, 현실이 녹록하지 않아 그렁그렁 산다.'는 여인은 "오늘은 행복해서 운다."며, "선생님 드릴 게 없는데 이거라도 받으세요." 하면서 화장품 샘플을 주고 차에서 내린다. 아주 작은 도움에 저렇게 행복해하며, 미끄러운 빙판길을 걸어가는 여인의 뒷모습이 참 아름답게 보였다.

出典 **藝文類聚**(예문유취), **太平御覽**(태평어람)

'東家食西家宿(동가식서가숙)'은 唐(당)나라 高宗[1](고종)의 명으로 歐陽詢(구양순)이 저술한 일종의 백과사전식 저서인 『藝文類聚[2](예문유취)』에 출전을 두고 있는데, 宋(송)나라 때 학자 李昉(이방)이라 는 사람이 지은 역시 일종의 백과 사전류의 서적인 『太平御覽[3](태평어람)』에도 실려 있으며, 그 由來(유래)는 다음과 같다.

옛날 중국 齊(제)나라에 한 처녀가 있었다. 그녀에게 두 집안에서 함께 청혼이 들어왔다. 그런데 동쪽 집 총각은 못 생겼으나 부자였고, 서쪽 집 총각은 인물이 출중했지만 가난했다. 난처해져 결정을 못 한 처녀의 부모는 딸에게 의중을 물어 시집갈 곳을 정하려 하였다.
"지적해서 말하기가 어렵거든, 좌우 중 한쪽 어깨를 벗어서 우리가 알게 하여라."
그러자 딸은 문득 양쪽 어깨를 모두 벗어 버리는 것이다. 괴이하여 그 까닭을 물으니, 이렇게 말하였다.
"**낮엔 동쪽 집에 가서 먹고, 밤엔 서쪽 집에 가서 자려고 해요.**"

 原文 **齊人有女**(제인유녀) **二人求見**(이인구견) **東家子醜而富**(동가자추이부) **西家子好 而貧**(서가자호이빈) **父母疑而不能決**(부모의이불능결) **問其女**(문기녀) **定所欲適**(정소욕적) **難指斥言者**(난지척언자) **偏袒**(편단) **令我知之**(영아지지) **女便兩袒**(여편양단) **怪問 其故**(괴문기고) **云**(운) **欲東家食西家宿**(욕동가식서가숙)

'東家食西家宿(동가식서가숙)'은 '동쪽 집에서 먹고 서쪽 집에서 잔다.'는 뜻으로, 본래 이 말은 욕심이 지나친 탐욕스러운 사람이나 행동'의 의미로 표현된 것이었다. 그런데 현대에서는 보통 '한곳에 정착하지 못하고 여기저기를 떠돌아다니면서 얻어먹고 사는 경우' 혹은 '주소가 일정하지 않은 사람'을 비유해서 활용되어, '바람을 맞으며 밥을 먹고, 이슬을 맞으며 잠을 잔다.'는 '風餐露宿(풍찬노숙)'과 유사한 의미로도 사용되고 있다.

---

1) 唐 高宗(당 고종, 628 ~ 683) : 당나라 제3대 황제로, 당 제2대 황제인 태종 이세민의 9남이며, 이름은 李治(이치)다. 백제, 고구려를 신라와 함께 멸망시킨 황제로 잘 알려져 있는 인물이다. 4세 때 당 태종에 의해 진왕에 봉해졌다. 태종 사후 큰형 이승건, 넷째 형 이태가 황태자에 올랐으나, 649년 7월 10일 폐위되어 아버지 태종이 죽은 지 5일 뒤인 649년 7월 15일, 22세의 나이에 황제에 오르게 되었다.

당 태종의 후궁이며 훗날 이치의 황후이자 중국 최초의 여황제가 되는 무주[則天武后(측천무후)]가 권력을 가지기 위한 자신의 야망을 위해, 이치로 하여금 황제에 오르라는 간곡한 부탁을 하게 된다. 사랑하는 아내의 부탁으로 이치는 황제에 오르겠다는 야망을 가지게 되고, 마침내 태자 이태를 몰아내고 제위에 앉는다. 결과적으로 이치가 평소에 끔찍이 사랑하는 무주의 부탁이 없었다면, 황제 자리에 오르지 못했을 것이라는 것이 역사학자들의 설명이다. 한편 일각에서는 이치가 무주의 꼭두각시 황제라는 의견도 존재한다.

2) 藝文類聚(예문유취) : 중국 唐(당)나라의 歐陽詢(구양순) 등이 624년에 高祖(고조)의 명에 의하여 편찬한 類書(유서 : 만물·만사를 항목별로 나누고 고금의 서적에서 각 항목에 해당하는 내용을 뽑아 편집하여 참고하게 한 책)이다. 구성은 詩文(시문)과 그에 관한 사실을 「天(천)」·「歲時(세시)」·「地(지)」·「州(주)」·「郡(군)」·「山(산)」·「水(수)」·「부명(符命)」·「제왕(帝王)」 등 48부로 되어 있다. 내용은 먼저 사실을 기록하고, 다음에 그것에 관한 詩文(시문)을 수록하였다. 모두 100권으로 되어 있다.

　　89권에는 우리나라에 관련된 내용이 있다. '군자의 나라에는 무궁화가 많은데, 백성들이 그것을 먹는다[君子之國多木菫之華人民食(군자지국다목근지화인민식)].'라는 기록이 있다.

　　91권에서는 漢(한)나라 학자 班固(반고)가 지은 『漢武故事(한무고사)』를 인용해, 한무제가 승화전에서 목욕재계하고 있는데, 갑자기 한 마리 파랑새가 서쪽에서 와서 전각 앞에서 쉬었다. 한무제가 신하 東方朔(동방삭)에게 어찌된 일인지 물어보자, 동방삭은 '이는 西王母(서왕모 : 중국 도교 신화에 나오는 불사의 여왕)께서 오시려는 징조입니다.'라고 대답했다. 과연 얼마 후 서왕모가 왔는데, 두 마리 파랑새가 왕모 옆에서 시중을 들고 있었다고 기록되어 있다.

　　이처럼 중국인들은 파랑새가 평소 서왕모에게 음식을 공급해 줄 뿐만 아니라, 서왕모가 이동할 때에는 앞서 소식을 알려주는 역할을 한다고 생각했다. 파랑새는 서왕모의 메신저(Messenger : 소식을 전달하는 심부름꾼)로 간주되었던 것이다. 후일 중국 사람들은 이 고사를 유추해 파랑새를 메신저의 대명사로 부르게 되었다.

3) 太平御覽(태평어람) : 중국 宋初(송초) 977년에 太宗(태종)의 칙명을 받아, 李昉(이방) 등이 편찬한 類書(유서). 모두 1,000권이며, 이 책을 완성하는 데, 6년 9개월이 걸렸다. 『周易(주역)』「繫辭篇(계사편)」에 기초하여, 전체를 「天(천)」·「時序(시서)」·「地(지)」·「皇王(황왕)」·「偏覇(편패)」·「州郡(주군)」 등의 55門(문)으로 나누어, 모든 事類(사류)를 망라하고 있다. 각 문은 나아가 類(유)로 나뉘는데, 모두 4,558류가 된다. 인용서는 1,660종에 달하며, 현재는 70∼80% 가량이 失傳(실전)되었다.

　　이 책은 자료의 보고로서 학문적으로 매우 중요한 서적이다. 본래 인용서 전부가 宋初(송초)에 남아 있지 않아, 전대에 만들어진 『修文殿御覽(수문전어람)』·『藝文類聚(예문유취)』·『文思博要(문사박요)』 등의 유서에서 다시 인용한 것도 많다. 또 책 이름의 표기가 통일되어 있지 않으며, 간혹 잘못된 경우도 있기 때문에 이용할 때 주의해야 한다. 송초에는 이 책 외에 『太平廣記(태평광기)』·『文苑英華(문원영화)』·『册府元龜(책부원구)』가 편찬되었는데, 이것들을 합하여 '宋四大書(송사대서)'라고 한다.

277 登泰山而小天下 등태산이소천하

字解
- 登 : 오를 등 [登攀(등반) : 높은 곳에 오름]
  올릴 등 [登錄(등록) : 문서나 장부에 올림]
- 泰 : 산 이름 태 [泰山(태산) : 고유명사로 중국에 있는 산 이름]
- 山 : 산 산, 뫼 산 [山勢(산세) : 산의 기복 굴절 등의 형세]
- 而 : 말 이을 이 [視而不見(시이불견) : 보고 있어도 눈에 안 들어옴]
- 小 : 작을 소 [小文字(소문자) : 작은 체의 문자]
- 天 : 하늘 천 [天罰(천벌) : 하늘이 내리는 벌. 천형]
- 下 : 아래 하 [天下(천하) : 하늘 아래. 온 세상]
  내릴 하, 내려갈 하 [下車(하차) : 차에서 내림]

語義 태산에 올라 천하가 작은 것을 안다.
(사람은 그가 있는 위치에 따라 보는 눈이 달라진다)

 用例

▶어린 시절부터 할머니의 이야기나 교과서에 수록된 시조에서 익숙하게 들어온 태산의 정점에 옥황상제가 있다는 것은, 동양인 상상력의 중심에 민간 신앙의 최고 신격으로 그가 존재한다는 것이었고 하나의 충격이었다. 역대 중국의 황제들이 封禪(봉선) 의식을 행한 것도 바로 민중의 마음속에 있는 하늘의 신에게 제사를 드린 것일 터이다.

동악 태산 옥황정의 기둥에 새겨진 편액의 글씨가 건륭제의 필체임을 확인했을 때, 건륭제의 소망 또한 얼마나 간절한 것이었는지 알 수 있었다. 공자 또한 태산에 올라 '**登泰山而小天下**(등태산이소천하)'란 말을 남겼다고, 맹자가 전하는 글귀를 새긴 바위가 있었다. 태산을 등정하고 돌아 내려오는 길에 산하를 굽어보니, 천하의 절경이란 말을 실감할 수 있었다.

▶중국인은 우월성을 나타내기 위해 스스로를 中華(중화)라 부르며, 異民族(이민족)을 東夷(동이), 西戎(서융), 南蠻(남만), 北狄(북적) 등으로 불러 상대적으로 이민족을 가볍게 보고 오랑캐라 불렀다. 중국문화를 이루는 근간의 하나로 '중국이 세계의 중심이 되고, 세계는 중국으로 중국은 세계로 통한다.'는 것이 중화사상의 근본이다.

중국에서 '천하(天下)'라는 말을 자주 사용한다. 이것은 온 세상을 뜻하기도 하지만 대부분 중국을 지칭하는 말이다. 공자가 태산에 올라 '**登泰山而小天下**(등태산이소천하)'라는 말이 있음을 알 수 있다. 스스로 천하의 주인으로 여긴 중국인들은 우월한 문명을 가진 '중화'와 그렇지 못한 주변의 오랑캐 무리로 구별한다. '中華(중화)'는 '문명의 중심'이란 뜻이다.

*夷(이), 戎(융), 蠻(만), 狄(적) : 오랑캐.

 孟子(맹자) - 盡心上(진심상)

『孟子(맹자)』「盡心上(진심상)」에는 다음과 같은 구절을 소개하고 있다.

"孔子(공자)는 동산에 올라가 魯(노)나라가 작다고 하였고, **태산에 올라가 천하를 작다고 하였다**[孔子(공자) 登東山而小魯(등동산이소노) **登泰山而小天下**(등태산이소천하)]."

그리고,

"그렇기 때문에 바다를 구경한 사람에게는 어지간한 큰 강물 따위는 물같이 보이지 않고, 聖人(성인)의 문하에서 배운 사람에게는 어지간한 말들은 말같이 들리지가 않는 법이다[故觀於海者難爲水(고관어해자난위수), 遊於聖人之門者難爲言(유어성인지문자난위언)]."

라는 말이 이어진다.

중국 산둥성[山東省(산동성)] 중부 曲阜(곡부)라는 小邑(소읍)에서 태어 난 孔子(공자), 그는 54세의 나이에 泰山[1](태산)에 올라가서 이렇게 외친다. 東山(동산)은 공자가 살던 고향 곡부에 있는 조그만 산이다. 공자가 자기 고향 뒷산에 올라가서 본 것은 공자가 태어나고 자란 조그만 魯(노)나라였다. 그러나 태산에 올라가서 본 것은 넓고 광활한 새로운 천하였다. 공자는 태산에 올라가 천하를 작다고 바라본 경험이 있기에, 그 안목과 세상을 보는 눈이 일반 사람과 다르다는 찬탄을 하고 있는 것이다.

孟子(맹자)가 이렇게 공자를 평가한 이유는 간단하다. 천하를 보는 눈을 가진 공자 문하에서 공부를 한다는 것은 더 큰 안목으로 세상을 볼 수 있는 기회를 얻는 것이라고 강조하고 있는 것이다. 예로부터 좋은 선생님을 찾아 천리를 멀다 않고 가는 것은 분명 이유가 있다. 바다를 본 사람에게 물에 대하여 이야기하는 것은 우스운 일이다. 내가 살고 있고, 보고 있는 세상을 벗어나 새로운 세계와 공간으로 떠나는 것은 모험이긴 하지만, 더 큰 것을 보기 위한 결단이다.

登泰山而小天下(등태산이소천하)라! 태산에 오르니 천하가 작구나! 우물 안에서 하늘을 보면, 하늘은 우물만 하다. 더 높은 곳에서 세상을 보는 안목, 불확실한 시대에는 매우 중요한 일이다.

---

1) 泰山(태산) : 중국 산둥성[山東省(산동성)]에 있는, 중국 본토의 대표적인 산 가운데 하나이다. 최고봉은 1,535미터 높이의 玉皇峰(옥황봉)이다. 중국의 다섯 名山(명산)인 五嶽[2](오악) 가운데 하나로, 예부터 神靈(신령)한 산으로 여겨졌으며, 진시황제, 전한 무제, 후한 광무제 등이 천하가 평정되었음을 정식으로 하늘에 알리는 封禪儀式(봉선의식 : 중국 신화 속에 나오는 제사의 하나로, 황제가 하늘에 자신의 치적을 보고하는 것)을 거행한 장소이다. 道敎(도교)의 주요 성지 중 하나이기도 하다. 1987년 유네스코 세계유산으로 등록되었다.

2) 中國(중국)의 五嶽(오악)

　　東嶽(동악)은 '泰山(태산)'으로 五嶽(오악)의 으뜸이고 산동성[山東省(산동성)] 타이안[泰安(태안)]에 있으며, 그 높이가 1,535m에 이른다. 중원에 있어 해가 제일 먼저 뜨는 곳이라서, 옛날부터 중국의 왕들이 올라 하늘에 절을 하며, 왕조의 번영을 하늘과 땅에 고하는 封禪式(봉선식)을 올리는 산이다. 지금 현존하는 중국 最古(최고)의 목조 건축물 岱廟(대묘)가 있다. 이 대묘는 베이징의 고궁(자금성)과 취푸[曲埠(곡부)]의 대성전과 함께 중국의 3대 건축에 들어간다.

　　西嶽(서악)은 '華山(화산)'으로 산시성[陝西省(섬서성)]의 고도 長安[장안 : 西安(서안)]에 있다. 옛날에는 天府之國(천부지국)이라 칭하였고, 그 높이가 2,160m에 이르며, 칼날 같은 능선과 깎아지른 화강암 절벽으로 이루어졌다. 주요 동·서·중·남·북 5봉이 손을 뒤집어 손가락을 세운 모양으로 높게 솟아 있는 형세이다. 제일봉은 남봉이고 華山元首(화산원수)로 불리며, 해발 2,154.9m이다. 동쪽에 있어 일출을 볼 수 있는 朝陽峰(조양봉)은 2,096m로 해맞이를 할 수 있는 넓은 평대가 있다. 서쪽에는 연꽃같이 생겼다 하여 이름 붙인 蓮花峰(연화봉)은 2,082.6m이다. 걸어 오르면 제일 먼저 닿는 북봉은 1,614m로 雲臺峰(운대봉)이라 불리고, 중봉의 이름은 玉女峰(옥녀봉)이다.

　　南嶽(남악)은 '衡山(형산)'으로 후난성[湖南省(호남성)] 헝산현에 위치하며, 그 높이는 그다지 높지 않아 그중 으뜸인 祝融峰(축융봉)이 1,300m이다. 그러나 수많은 신화와 전설을 낳은 형산은 寺(사)·廟(묘)·庵(암)을 200여 곳에 품고 있다. 또한 강남 최대 고건축군을 자랑하는 남악대묘는 8개의 道觀(도관)과 8개의 佛寺(불사)를 품고 있다. 형산은 다른 5악의 산보다 기후 조건이 뛰어나 곳곳에 수림과 대나무가 생장하여 일 년 내내 푸르름을 잃지 않는다고 한다.

　　北嶽(북악)은 '恒山(항산)'으로 주봉인 천봉령(天峰岺)은 해발 2,016m이다. 북악은 본시 허난성[河南省(하남성)] 취양[曲陽(곡양)]의 大茂山(대무산)이었으나, 明代(명대)에 이르러 玄岳(현악)을 북악 항산으로 개칭하였다. 항산은 산시성[山西省(산서성)] 훈위엔[渾源(혼원)]현에 있다. 구름을 뚫고 높이 솟아 있는 항산의 모습은 하늘의 정상에 우뚝 서 있는 느낌을 준다. 예로부터 18경이 있었고, 중국의 '그랜드 캐년(Grand Canyon : 미국의 거대한 협곡)'이라고 불린다. 항산은 그 형세가 험악하여, 예로부터 군사상 전략적 요지이기도 하였다.

　　中嶽(중악)은 少林寺(소림사)가 있어 더 유명한 '嵩山(숭산)'으로 높이는 1,491m이다. 중원, 즉 배꼽에 해당되는 허난성[河南省(하남성)] 덩펑[登封(등봉)]에 있다. 숭산 주변에는 956곳의 고적지가 있고, 국가급 중요 문물 보호지역이 9군데, 성급이 38군데에 이르며, 현급은 899곳에 이른다. 禪宗(선종)의 시조인 達磨大師(달마대사)가 9년 동안 면벽 수도를 했다는 소림사는, 오늘날 무술 사찰로 우리에게 널리 알려져 있다. 소림사 경내에는 각양각색의 탑이 모여 있는 塔林(탑림)이 있다. 숭산의 소림사에 가면 '소림 무술'의 관람이 가능하며, 산 아래 덩펑 시내에는 한 집 건너 하나로 소림 무도관이 있을 정도이다.

278 無恒産無恒心 무항산무항심

字解
- 無 : 없을 **무** [無顔(무안) : 볼 낯이 없음. 면목이 없음]
- 恒 : 항상 **항** [恒産(항산) : 살아갈 수 있는 일정한 재산]
- 産 : 재산 **산** [財産(재산) : 재화와 자산의 총칭]
  - 낳을 산 [産室(산실) : 아기를 해산하는 방. 만들어 내는 방]
- 心 : 마음 **심** [銘心(명심) : 마음에 새겨 둠]
  - 염통 심, 심장 심 [心不全(심부전) : 심장의 기능이 쇠약해져서 혈액의 공급이 불안정한 병]
  - 중심 심, 가운데 심 [外心(외심) : 수학에서, 삼각형에 외접하는 원의 중심을 이름. ↔ 내심]

語義 일정한 재산이 없으면, 일정한 마음도 없다.
(생활이 안정되지 않으면, 바른 마음을 유지하기 어렵다)

用例

▶이 말이 회자된 것은 대법관 출신으로 중앙선거관리위원장에서 퇴임한 뒤 아내가 운영하는 편의점에서 근무하며, '이 시대의 淸白吏(청백리)'로 세간에 이목을 끌었던 김능환 전 위원장이 최근 고액 연봉을 받는 대형 로펌에서 변호사 일을 시작하면서였다. 김 전 위원장은, "무항산이면 무항심이라[**無恒産無恒心**(무항산무항심)]. 저는 다음 달부터 법무인 율촌에서 변호사로 일하기로 했습니다."라고 기자들에게 문자 메시지를 보내며, 법조계의 이른바 '전관예우' 문화에 비판적이었던 자신의 입장을 번복한 이유를 말했다.

▶서기 300여년 전 성현인 孟子(맹자)도 '**無恒産無恒心**(무항산무항심)'이라고 했을 정도다. 재산이 없어 생활이 안정되지 않으면, 바른 마음을 견지하기 어렵다는 의미이다. 예컨대 애경사가 있는 상대에게 '마음'만 갖고 가면 낯이 서지 않는다. '작은 성의[微意(미의)]'의 표시라도 물질로 해야만 자신의 뜻을 전할 수 있다. 자금이 넉넉해 喜捨(희사)를 잘하면, 사람이 몰리고 사업 아이템도 풍부해진다. 반면 재물이 없으면, 사람이 떠나는 게 현실이다. '사람이 가난하면 지혜마저 줄어든다[人貧智短(인빈지단)].'는 『명심보감』의 말이 틀린 게 아니다.

出典 孟子(맹자) - 梁惠王篇(양혜왕편) 上(상)

중국의 성인 孟子(맹자)에게 어느 날 濟(제)나라 宣王[1](선왕)이 정치에 대해 묻자, "백성들이 배부르게 먹고 따뜻하게 지내면, 王道(왕도)의 길은 자연히 열리게 된다."며, 그는 다음과 같이 대답하였다.

"경제적으로 생활이 안정되지 않아도 항상 바른 마음을 가질 수 있는 것은 오직 뜻있는 선비만 가능한 일입니다. 일반 백성에 이르러서는 **경제적 안정이 없으면, 항상 바른 마음을 가질 수 없습니다**. 진실로 항상 바른 마음을 가질 수 없다면, 방탕하고 편벽되며 간사하고 사치하여, 이미 어찌할 수가 없게 됩니다. 그들이 죄를 범한 후에 법으로 그들을 처벌한다는 것은 곧 백성을 그물질하는 것과 같습니다.

그리고는 이어서,

"어떻게 어진 임금이 백성들을 그물질할 수 있습니까?"

하고 반문하였다."

 原文 無恒産而有恒心者(무항산이유항심자) 唯士爲能(유사위능) 若民則無恒産因無恒心(약민즉무항산인무항심) 苟無恒心(구무항심) 放僻邪侈無不爲已(방벽사치무불위이) 及陷於罪然後從而刑之(급함어죄연후종이형지) 是罔民也(시망민야) 焉有仁人在位(언유인인재위) 罔民而可爲也(망민이가위야)

임금의 자리는 하늘이 내린 것이라는 생각이 통하던 시대에, 백성을 하늘로 생각하고 그들에게 얼마만큼 안정된 생활을 제공하느냐 하는 것이 정치의 要諦(요체 : 사물의 가장 중요한 점 곧 요점)이며, 백성들의 실생활을 돌보는 것이 임금의 도리라고 설파한 것이다. 맹자의 이러한 생각은 민본 사상을 바탕으로 한 깊은 통찰력의 결과로, 역사상 혁명의 주체는 항상 중산층이었다는 사실과 일치하고 있다.

오늘날도 국민들의 생활 안정이 政治(정치)의 근본이라는 의미에서, '항산이 없으면 항심이 없다. 또는 항산이 있어야 항심이 있다[無恒産無恒心(무항산무항심)].'는 식으로 자주 인용된다.

---

1) 齊 宣王(제 선왕. ? ~ B.C.301. 재위 B.C.319 ~ B.C.301) : 중국 전국시대의 齊(제)나라의 제5대 국왕이다. 성은 嬀(규), 씨는 田(전), 휘는 辟疆(벽강)이다. 선왕 때 제나라는 강해졌다. 그러나 그것만 믿고, 제 선왕은 점차 술과 여자에 빠지기 시작했다. 그는 음악을 좋아했는데, 특히 우[笙簧(생황) : 아악에 쓰이는 관악기의 한 가지] 음악 합주를 좋아했다. 우를 부는 악대가 클수록, 그는 음악 듣는 것이 더욱 흥이 났다.

그의 정치는 부패하고 포악해져 갔다. 그의 곁에 種離春²⁾(종리춘)이라는 여자가 있었는데, 사람들이 놀랄 정도의 추한 용모를 지니고 있었으나, 그녀의 뜻은 컸다. 종리춘은 못생겼지만, 마음이 아름다웠다. 예쁜 여자들이 추한 이름을 남긴 반면, 그녀는 향기로운 이름을 남겼다. 그녀는 선왕을 잘 보좌했다.

2) 鍾離春(종리춘) : 전국시대 제나라 선왕 때의 인물로, 중국의 4대 추녀³⁾ 중 한 사람으로 불리운다. 눈에 붉은 반점이 있는 것으로 유명하다. 제나라의 無鹽縣(무염현 : 현재의 산둥성 둥핑현) 출생이다. 劉向(유향)의 列女傳(열녀전)에 의하면 덕행과 재주를 겸비했지만, 나이가 40살이 다 되도록 얼굴의 붉은 반점 때문에 시집을 가지 못했다 한다.

당시 제나라 왕인 선왕 田辟疆(전벽강 : 선왕)은 정사를 잘 돌보지 않았다. 이에 鍾無艶(종무염 : 본명은 종리춘)은 제나라를 구하기 위한 마음으로 왕을 알현해 나라를 구할 방법 네 가지를 논설하였다. 이에 선왕은 감탄하여 종무염을 황후로 맞이한다. 하지만 외모는 어쩔 수가 없는 도리라. 선왕은 위급 시에는 종리춘을, 태평할 때에는 미모의 夏迎春(하영춘)이란 여인을 총애했다.

3) 中國(중국)의 4대 醜女(추녀)

1. 嫫母(막무) : 중국의 시조인 黃帝(황제)의 처. 그녀의 모습은 爺車(야차 : 모질고 사악한 귀신)와 비슷하여, 추악하기 그지없었다고 한다. 4대 추녀 중에서도 으뜸이라고 할 수 있다. 그러나 막무의 후덕함은 당시 여인들의 귀감이 될 만하였다. 시인 屈原(굴원)도 막무에 대하여는 아주 높이 평가하였다. '嫫母嬌而自好(막무교이자호)' 막무의 지혜도 보통이 넘었다. 그녀의 이러한 내재적인 능력은 황제로 하여금 처로 받아들이게 하였다. 막무는 과연 황제의 뜻을 저버리지 않고, 다른 여인들에게 덕을 베풀었을 뿐 아니라, 황제를 도와 炎帝(염제 : 전설에 나오는 중국 고대의 제왕)를 격파하고, 蚩尤(치우 : 황제와 천하를 다툰 괴물)를 죽였다.

2. 鍾離春(종리춘) : 그녀의 이마와 두 눈은 모두 움푹 파였는데, 아래위의 비율이 전혀 안 맞고, 콧구멍은 하늘을 향하여 벌려 있고, 목에는 남자보다 큰 목젖이 있었고, 머리는 컸는데, 머리카락은 몇 가닥 없고, 피부는 검었다고 한다. 종리춘의 용모는 추했으나, 그녀의 뜻은 컸다. 당시 齊(제) 宣王(선왕)의 부패를 바로 지적하고, 제 선왕은 크게 감동하여 주변에 미녀들을 물리치고 종리춘을 왕후로 삼았다.

3. 孟光(맹광) : 後漢(후한)시대, 맹광은 검고 뚱뚱했으며, 용모가 아주 추하고 촌스러웠다. 힘은 대단하여 장군, 무사들이 조련할 때 쓰는 돌을 쉽게 들어 올릴 정도였다. 집안사람들도 시집보낼 수 없을 것으로 생각하였다. 그런데, 중매쟁이가 맹광을 한 주남에게 소개하자, 맹광은 "나는 梁鴻(양홍)에게 시집갈 것이다."라고 하였다. 양홍은 당시에 매우 유명 인사였고, 문장도 뛰어나고 학식도 풍부한 미남자였다. 그러나 양홍은 맹광의 품성을 잘 알았으며, 맹광을 자신의 처로 삼았다. 후세 사람들이 말하는 '擧案齊眉(거안제미)'는 바로 맹광에게서 유래된 것이다.

4. 阮女(완녀) : 중국 삼국시대 魏(위)나라 許允(허윤)이 완녀와 결혼한 날 밤, '그녀의 모습을 한번 보고는 놀라서 도망쳤다. 완녀가 허윤을 붙잡자, 허윤은 벗어나려고 발버둥치면서 말했다.

"여자에게는 四德(사덕)이 있는데, 너는 그중에 몇 개나 가지고 있느냐?"

완녀가 대답하기를,

"난 단지 아름다운 용모만 없을 뿐인데, 당신은 선비가 가져야 할 백 가지 중에 몇 가지나 가지고 있으시오?"

허윤은,

"나는 백 가지를 다 갖추고 있다."

고 하였다. 완녀는,

"내가 알기로는 백 가지 중에 德行(덕행)을 최고로 알고 있는데, 당신은 그저 여자의 예쁜 얼굴만 좋아하고, 여자의 덕행은 좋아하지 않으니, 어떻게 모든 걸 갖추었다고 할 수 있겠소?"

허윤은 더 이상 말을 못하였고, 완녀의 식견이 보통이 아니라는 것을 알고는 같이 살았다. 허윤은 완녀의 품성이 뛰어나다는 것을 알게 되었고, 평생을 서로 사랑하며 보냈다.

279 百聞不如一見 백문불여일견

字解
百 : 일백 **백** [百尺竿頭(백척간두) : 백 자 길이의 장대 꼭대기. 매우 위험한 상태]

聞 : 들을 **문** [見聞(견문) : 보고 들음. 보고 들어서 얻은 지식]
맡을 문 [聞香(문향) : 향내를 맡음]
알려질 문 [聞望(문망) : 이름이 널리 알려져 숭앙되는 일. 명예와 인망]

不 : 아니 **불**(부) [不共戴天(불공대천) : 한 하늘 아래 같이 살지 못함]

如 : 같을 **여** [如意(여의) : 뜻과 같음. 일이 뜻대로 됨]
어떠할 여, 어찌 여 [如何(여하) : 어떠함. 어떠한가?]

一 : 한 **일**, 하나 일 [一擧兩得(일거양득) : 한 가지 일로 두 가지 이득을 봄. 一石二鳥(일석이조)]

見 : 볼 **견** [見解(견해) : 자기 의견으로 본 해석]
견해 견 [卓見(탁견) : 뛰어난 의견이나 견해]
뵐 현 [謁見(알현) : (지체 높은 사람을) 찾아뵘]
나타날 현 [義自見(의자현) : 뜻이 저절로 나타남]

語義 백 번 듣는 것이 한 번 보는 것만 못하다.
(아무리 많이 들어도 소용없고, 직접 한 번 보는 것이 최고다)
(무엇이든지 실제로 경험해야 확실히 안다)
※ 원문은 '百聞而不如一見(백문이불여일견)'이다.

用例

▶충청남도 평생교육원에서는 '百聞而不如一見(백문이불여일견) 도서관' 현장체험학습을 실시하였다. ○○유치원 원아들은 도서관에서 지켜야 할 예절과 약속에 관한 동영상을 감상하고, 도서관 선생님이 들려주시는 '청개구리'와 '입이 큰 개구리' 구연동화를 들었다. 또 직접 도서관을 둘러보고 책을 보는 체험도 하였다. 이번 체험학습을 통해 다양한 책을 접하고 책을 친근하게 느끼게 되었으며, 도서관을 이용하는 방법에 대해 알고 도서관 이용에 흥미를 갖는 계기가 되었다. 본 유치원에서 실시하는 도서대여 프로그램과 연계하여 지속적으로 지도한다면, 아이들에게 바람직한 독서 습관을 길러줄 수 있을 것으로 기대된다.

▶부동산 시장에 '현장 체험 마케팅' 바람이 일고 있다. 부동산 시장이 전반적으로 경직된 상황이지만, 틈새를 노리는 분양업체들은 '**百聞而不如一見**(백문이불여일견)'이라는 슬로건을 내세우며,

현장으로 직접 고객 모시기에 너도나도 팔을 걷어붙이고 있다. 실제로 지난 9일 고양시 원당의 한 미분양 아파트 현장 설명회에는 80명 가까운 고객이 몰려 예정에도 없는 설명회를 두 차례나 진행하는 등 진풍경을 낳기도 했다.

이곳 분양 관계자는 "미분양 아파트라 많은 혜택이 뒤따르고, 특히 입주 가구를 눈으로 확인할 수 있었다는 점에서 예상보다 참여율이 꽤 높았다."며, "내달에도 2차 현장 설명회 개최를 예정하고 있다."고 전했다. 현재 이 아파트의 미분양 분량은 중대형임에도 불구, 일부 평형대는 완판을 기록한 것으로 알려졌다.

漢書(한서) – 趙充國傳(조충국전)

중국 漢(한)나라 宣帝(선제) 때 티베트 계통의 羌族(강족)에게 湟水(황수 : 하남성에 있는 강) 북쪽에서 유목생활을 하도록 허가했으나, 남쪽으로 조금 더 내려왔다 하여 한나라 군대는 강족 천여 명을 살해하니 반란이 일어났다. 한나라 군대가 대패하자, 어사대부 丙吉(병길)을 趙充國[1](조충국)에게 보내 토벌군 대장으로 임명할 마땅한 사람을 추천받아 오라고 하였다.

趙充國(조충국)은 비록 70을 넘은 노인이지만, 젊은 시절 匈奴戰(흉노전)에 참여하여 한나라 전군이 포위되자, 백여 명의 군사를 이끌고 적진으로 돌진하여 몸에 20여 군데 상처를 받으면서 적의 포위망을 뚫고 한나라 군사를 구출하여, 제7대 武帝(무제)로부터 車騎將軍[2](거기장군)에 임명된 인물이었다. 왕의 명을 듣자, 조충국은 내 비록 늙었으나 직접 가겠다고 했다.

宣帝[3](선제)가 조충국을 불러 반란군 진압에 어떤 전략을 쓸 것인가를 물었다. 이에 조충국은 답하기를, '**백 번 듣는 것이 한 번 보는 것만 못합니다**[**百聞而不如一見**(백문이불여일견)].' 하고는, 군사의 일이란 멀리 떨어져 있어 미리 계획을 짜기 어려우니 현장에 가서 전략을 짜겠다고 말했다. 현지답사를 마친 후, 屯田策[4](둔전책)으로 군사 만 명을 각지에 배치시켜 농사일을 해 가면서 군무에 종사케 하고 1년 만에 반란을 진압하였다. '百聞而不如一見(백문이불여일견)'이라는 말이 바로 여기에서 처음 나왔다 한다.

대부분의 장수들이 왕으로부터 질문을 받으면 자랑삼아 전략을 말하였지만, 조충국은 거기장군답게 대답 대신 '百聞不如一見(백문불여일견)'이라는 말을 쓴 것 같다. 둔전책은 병농합일책으로 비정규전에서 사용하는 전략 중 하나로, 평소에는 농사일을 하고 전투가 벌어지면 삽·곡괭이·쇠스랑 등 농기구 모두를 병장기로 사용한다. 울타리는 방책으로 쓰고, 농사지은 식량은 군량으로 사용할 수 있어 큰 돈을 들이지 않고 전쟁을 치를 수 있는 좋은 전술로 알려져 있었으니, 조충국은 나이는 들었어도 智略(지략)이 뛰어난 장수임에 틀림없는 것 같다.

1) **趙充國**(조충국) : 前漢(전한)의 인물로 武帝(무제) 劉徹(유철), 昭帝(소제) 劉弗陵(유불릉), 宣帝(선제) 劉詢(유순) 등 세 군주를 섬겼다. 武帝(무제)가 6개 군의 양가에서 기사에 능한 자제들을 선발하여 羽林軍(우림군)을 편성했을 때 거기에 들어갔다. 용감하고 큰 꿈을 품었던 그는 어려서부터 兵法(병법)을 익혀 장군으로서의 자질을 갖추었으며, 특히 智略(지략)이 뛰어나고 말타기와 활쏘기를 잘했으며, 四夷(사이 : 사방의 오랑캐)에 관한 일에 밝았다. 屯田(둔전)의 중요성을 강조하였으며, 아들이 죄를 짓고 자살하자 파직되었다.

2) **車騎將軍**(거기장군) : 동한 삼국시대 때 상설되었던 고급 장군의 명칭으로, 중앙 상비군을 통솔하고 정벌전쟁을 관장하였고 기병을 통솔하는 무관직이다. 총사령관격인 大將軍(대장군) 아래 驃騎(표기)·車騎(거기)·衛(위)·前(전)·後(후)·左(좌)·右(우)의 일곱 장군이 있는데, 車騎將軍(거기장군)은 둘째로 높은 관직이었다. 원래 漢 武帝(한 무제) 때 비롯된 功臣(공신)의 名號(명호)였으나, 후한시대에는 驃騎將軍(표기장군) 다음가는 무관직이 되었다.

3) **漢 宣帝**(한 선제, B.C.91 ~ B.C.49, 재위 B.C.74 ~ B.C.49) : 중국 前漢(전한)의 제9대 황제. 지방행정제도를 정비하고, 상평창 설치로 빈민구제를 도모했다. 대외적으로는 흉노를 격파했으며, 소위 서역 36국과 남 흉노도 服屬(복속)시켰다. 전한의 여러 황제 중에서도 賢帝(현제 : 현명한 황제)로 손꼽히고 있다. 휘는 詢(순), 자는 次卿(차경)이다. 武帝(무제)의 曾孫(증손)이며, 戾太子(여태자)의 손자이다. 조부 여태자가 '巫蠱(무고)의 亂(난)'으로 죽었기 때문에 나면서부터 민가에서 자랐다.

　기원전 74년 제8대 昭帝(소제)가 죽은 뒤, 한때 迎立(영립)된 昌邑王(창읍왕) 賀(하)가 霍光(곽광)에 의해 폐위되자, 18세로 皇位(황위)를 이었다. 처음에는 곽광이 攝政(섭정)하였으나, 기원전 68년 곽광이 병들어 죽은 뒤에는, 곽씨 일족을 멸망시키고 친히 政事(정사)를 맡았다.

4) **屯田策**(둔전책) : 屯田制(둔전제)라는 토지제도를 병법에 사용한 정책. 둔전제는 중국 漢(한)나라 이후 淸(청)나라 때까지 시행된 토지제도. 군량의 확보나 또는 직접적인 재원의 확보를 목적으로 하여 국가 주도하에 경작자를 집단적으로 투입하여 관유지나 새로 확보한 변방의 영토 등을 경작하는 토지제도이다.

　중국에서는 크게 軍屯(군둔)과 民屯(민둔)으로 나누었다[명나라 때에는 이외에도 商屯(상둔)이 있었다]. 군둔은 병사가 경작에 종사하는 것으로, 가장 대표적인 예로는 漢代(한대)의 둔전제를 들 수 있다. 변경지대의 병사가 군량을 자급하기 위하여 경작하였는데, 이것은 스스로 경작하면서 스스로 국방에 임하는 방식이었다. 그러나 왕조에 따라 내용상의 차이는 있었다. 明代(명대, 1368 ~ 1644)에는 군제인 衛所制度(위소제도)와 밀접히 결부되어 衛所屯田制(위소둔전제)가 실시되었다. 이 방식에서는 전투에 종사하는 병사와 농경에 종사하는 병사가 명확히 구분되어 있었다.

　또 遼(요, 916 ~ 1125)·金(금, 1115 ~ 1234)·元(원, 1271 ~ 1368) 등의 소위 정복왕조의 유목민은 순수둔병으로서, 경작에는 종사하지 않고 漢人(한인)들에게 소작을 시켰다. 군둔은 성질상 변경에 주로 분포되어 있으나, 삼국시대나 정복왕조의 중국 침입시대와 같이 여러 왕조가 대립하고 있을 때에는 각기 자기 나라 戰線(전선)지대에 설치하고 있었다.

280 白髮三千丈 백발삼천장

字解
- 白 : 흰 백 [潔白(결백) : 깨끗하고 흼. 지조를 더럽힘이 없이 깨끗함]
  - 깨끗할 백 [潔白(결백) : 지조를 더럽힘이 없이 깨끗함]
  - 아뢸 백 [告白(고백) : 마음속에 숨기고 있던 것을 말함]
- 髮 : 머리 발 [削髮(삭발) : 머리를 박박 깎음]
- 三 : 석 삼 [三寒四溫(삼한사온) : 사흘은 춥고, 나흘 동안은 따뜻함]
- 千 : 일천 천 [千載一遇(천재일우) : 천 년에 한 번 만남]
- 丈 : 길 장, 길이의 단위 장 [方丈(방장) : 가로 세로가 1丈(장)인 길이]
  - 어른 장 [丈人(장인) : 아내의 아버지]

語義 흰머리가 삼천 길.
(근심이 자꾸 쌓이며 늙어 가는 것)
(표현이 지나치게 과장됨의 비유)

用例

▶ 白髮三千丈(백발삼천장), 이 태백의 시구 중에서도 가장 유명한 구절로서 늙음에 대한 놀라움과 서글픔이 동심과 노심이 한데 엉긴 가운데 튀어나온 해학이다.

"白髮三千丈(백발삼천장), 근심으로 인하여 이리도 길었구나. 모를 일이야, 거울 속에는 어디서 저리 서리가 내렸을꼬."

중국식 과장법으로서 곧잘 인용되는 시구이거니와 이는 조작적인 과장이라기보다는 순간적인 감동의 반영이라고 보는 편이 옳겠다. 거울을 들여다본 순간 노인의 놀라움은 그것이 익살맞은 까닭에 허탈하고 서글프다.

▶ 축소지향적인 일본 문화는 먼저 언어문학에서 많이 나타난다. 한국어에는 확대를 의미하는 접두어[왕벌 : 왕대포 따위 말의 '왕']는 있어도, 축소를 나타내는 것은 없다. 반대로 일본어에는 확대의 접두어보다는 '마메', '히나' 등 축소를 나타내는 것이 보다 더 일반적이다.

또한 일본의 역사 신화 속의 인물도 대부분 작은 거인이 주인공인 '난장이 문학'이었고, 세계에서 가장 짧은 형식의 시를 만든 것도 일본인이었다. '하이쿠'는 한국의 가장 짧은 시의 형태 '시조'에 비해 3분의 1의 길이밖에 되지 않는다. 겨우 17문자로 넓은 우주와 사계절의 시간을 표현한 하이쿠는 축소지향을 나타내는 일본 문화의 텍스트 구실을 한다. 형식만이 아니라 이태백의 '白髮三千丈(백발삼천장)'처럼 중국 문학은 침소봉대의 과장법이 많기로 유명하지만, 일본 문학의 수식에는 거꾸로 몽둥이를 바늘로 축소하는 표현이 많은 것이다.

 **李白**[1](이백) - 秋浦歌(추포가)

白髮三千丈(백발삼천장), 흰 머리털이 3천 길이나 된다는 뜻이다. '丈(장)'은 사람의 키 곧 '길'을 말한다. 이 말은 단순히 머리털의 길이를 뜻하는 것이 아니고, 근심으로 덧없이 늙어가는 것을 한탄하는 뜻으로 쓰인다. 또한 한편으로는 표현이 지나치게 과장된 것에 대한 비유로 쓰이기도 한다.

李白(이백)이 이미 황혼기(쉰다섯 살)에 접어들 때였다. 절망과 곤궁에 시달릴 대로 시달린 그였다. '安綠山(안녹산)의 亂(난)' 중에 강남의 永王(영왕) 李璘(이린 : 현종의 아들)이 황제(숙종)에 충성하는 의병을 일으켰으나, 蜀(촉)으로 가서 아버님을 뵈라는 숙종의 명령을 따르지 않아 반역자가 된다. '안녹산의 난'을 토벌하려는 영왕의 의병에 가담해 있던 이백은 하루아침에 반란군이 되어 버렸다. 永王(영왕) 李璘(이린)의 거병에 가담한 죄로, 야랑으로 유배되어 무협까지 갔다가 천재일우의 大赦免(대사면)으로 방면되어 심양으로 돌아왔다.

이광필이 백만 대군을 거느리고 역적 史朝義(사조의 : 사사명의 큰아들)를 치러간다! 그런 방을 본 이백은 다시 피가 끓었다. 전선으로 가기 위하여 금릉까지 갔으나 병을 얻고 말았다. 노환이었다. 當塗(당도)에는 현령을 지낸 친족 아저씨 李陽冰(이양빙)이 있었다. 이백은 노구를 그에게 의지할 수밖에 없었다. 어느 날 그는 거울을 들여다보다 말고 깜짝 놀랐다. 머리가 하얗게 세어 있는 것이다. 五言絶句(오언절구)를 읊었다. 바로 '秋浦歌(추포가)'이다. 추포가는 본래 15수의 연작시다. 모든 시행이 애수에 젖어 있는데, 추포가의 열다섯 번째 작품이 이것이다.

　白髮三千丈(백발삼천장)
　흰 머리털이 자라서 어느새 삼천 장이나 길렀으니,
　緣愁似箇長(연수사개장)
　　세상의 근심 때문에 이처럼 흰머리 길어졌네.
　不知明鏡裏(부지명경리)
　　아! 거울 속의 내 성성한 백발의 모습 알지 못하겠구나!
　何處得秋霜(하처득추상)
　　어느 곳에서 이런 가을의 서리를 얻었단 말인가.

'三千丈(삼천장)'이란 시어에서 보듯 시인은 거침없는 誇張法[2](과장법)을 사용해 내면의 시름을 단적으로 표현했다. 흰빛 가을 서리로 '白髮(백발)'의 자아를 대변하며 노년의 슬픔을 노래하였다. 여기서 '白(백)' 자에는 슬프고 초췌한 감정적 색채가 스며 있다. '似箇(사개)'란 시어는 '如此(여차)'의 구어적인 표현으로, '이처럼', '이와 같이'라는 의미이다.

이 작품의 詩眼(시안), 즉 시의 눈은 '得(득)' 자다. '得(득)'은 작자가 반평생 받은 치욕과 고통을 관통하며, 첫 구의 '白髮(백발)' 시어는 맨 마지막 구의 '秋霜(추상)'과 인과관계를 맺으며, 작품의 분위기를 哀喪(애상)의 극치로 몰아갔다.

'一飮三百杯(일음삼백배 : 한 번 마시면 삼백 잔이지)'라고 할 정도로 풍류 기질이 강한 이백. 이 시에는 술과 달의 이미지가 보이지 않고, 耳順(이순)의 나이가 되도록 살아온 자신의 삶에 대한 깊은 회한의 모습이 어렴풋이 묻어난다. 그는 이 시를 쓰고 몇 년 뒤에 생을 마감했다.

1) **李白**(이백, 701 ~ 762) : 중국 唐(당)나라 때 詩人(시인)이다. 자는 太白(태백), 호는 靑蓮居士(청련거사)이다. 蜀(촉)나라 쓰촨성[四川省(사천성)] 출생이다. 杜甫(두보, 712 ~ 770)와 함께 중국 역사상 가장 위대한 시인으로 꼽힌다. 이 두 사람을 합쳐서 '李杜(이두)'라고 칭하며, 이백은 詩仙(시선), 두보는 詩聖(시성)이라고 부른다. 현재 약 1,100여 수의 詩(시)가 전한다. 대체로 이백은 낭만적, 두보는 애상적 詩風(시풍)이다.

2) **誇張法**(과장법) : 사물을 실제보다 훨씬 크거나 작게 표현하는 강조법.
   - 산더미와 같은 파도.
   - 독수리보다 빨리, 사자보다 사납게.
   - 고추나무에 그네를 뛰고, 잣 껍질로 배를 만들어 타겠다.
   - 간이 콩알만 하다.
   - 마음 좁기가 바늘 구멍만 하다.
   - 이제는 아득한 산꼭대기에 겨우 싸라기만큼만 햇볕이 남아 있다.

※ **李白**(이백)**의 또 다른 誇張**(과장)

  李白(이백)은 廬山(여산)의 폭포를 보고 그 웅장함에 놀라 七言絕句(칠언절구)로 다음과 같이 읊었다.

  日照香爐生紫烟(일조향로생자연)　향로봉에 햇빛이 비치니 자색 연무가 일고.
  遙看瀑布掛前川(요간폭포괘전천)　멀리 보이는 폭포는 산 앞에 걸린 白練(백련 : 흰 명주) 같네.
  飛流直下三千尺(비류직하삼천척)　날아 흘러 삼천 자나 곧바로 떨어지니
  疑是銀河落九天(의시은하락구천)　마치 하늘에서 은하수가 떨어지는 듯
  　　　　　　　　　　　　　　　〈望廬山瀑布詩(망여산폭포시)〉

- **중국의 美人**(미인) **칭호에 대한 誇張**(과장)
   西施(서시, 월나라) – 侵魚(침어 : 수중의 물고기가 수영하는 것을 잊고, 강바닥으로 가라앉는다)
   王昭君(왕소군, 한나라) – 落雁(낙안 : 기러기가 날개 움직이는 것을 잊고, 땅으로 떨어지다)
   貂蟬(초선, 삼국시대) – 閉月(폐월 : 달이 부끄러워 얼굴을 가리다)
   楊貴妃(양귀비, 당나라) – 羞花(수화 : 꽃이 부끄러워 잎을 말아 올린다)

281 別有天地非人間 별유천지비인간

字解 別: 다를 별 [別味(별미) : 다른 특별한 맛]
　　　　헤어질 별 [離別(이별) : 서로 헤어짐]
　　有: 있을 유 [有識(유식) : 학식이 있음. 아는 것이 많음]
　　天: 하늘 천 [天職(천직) : 하늘이 준 직분. 마땅히 해야 할 직분]
　　地: 땅 지 [地質(지질) : 땅의 성질. 지각을 구성하는 암석 지층의 성질]
　　　　지위 지, 처지 지 [處地(처지) : 자기가 처해 있는 경우 또는 환경]
　　非: 아닐 비 [非凡(비범) : 보통이 아님. 뛰어남]
　　人: 사람 인 [人智(인지) : 인간의 슬기나 지능]
　　間: 사이 간 [間隔(간격) : 물건과 물건과의 떨어진 사이나 간격]
　　　　※ 人間(인간) - 여기서는 '人間(인간) 世界(세계)'를 뜻함.

語義 다른 특별한 세상이지 인간 세상이 아니다.
　　　　(경험하지 못한 새로운 세계의 체험, 그런 세계가 왔을 때 쓰는 표현)

 用例

▶ '꼭 하나 답사를 권하고 싶은 절은 어느 절인가요?' 하고 간혹 물어올 때가 많다. 그때마다 나는 서슴없이 전남 곡성의 泰安寺(태안사)에 가보라고 권한다. 대부분의 사찰들이 일주문 밖에서 차를 세우고 절까지 한참을 걸어가도록 되어 있는 것과 마찬가지로 태안사 역시 주차장에서부터 약 2km 정도를 걸어 들어가야 한다. 바로 **別有天地非人間**(별유천지비인간)의 선계를 걷는 듯한 느낌이 든다. 우리는 때로 편리함 때문에 혹은 시간이 없다고 절 문턱까지 차를 움직여 가곤 하는데, 이는 예의가 아니기도 하지만 그것보다는 절집을 찾으면서 반쪽만 보고 오는 것과 다름이 없다.

▶ 설악산 공룡능선을 이야기하려 합니다. **別有天地非人間**(별유천지비인간), 표현할 수 있는 단어가 이것밖에 떠오르지 않는 그런 인간 세계가 아닌 이상향 같은 그곳, 오늘은 이곳 설악산 공룡능선을 다녀왔습니다.

　무박산행, 건강하려고 산행을 하는 것인데, 몸을 혹사시키는 것 같아 가능하면 하지 않으려고 했지만, 한 달 전 지리산 종주 때 인연이 된 차차차님으로부터 9월 말에 공룡능선을 같이 가자고 연락이 왔습니다. 선뜻 'Call' 하지 못하고, 갈등을 했습니다. 하지만 오늘 이곳 공룡능선에 오지 않았으면, 그토록 화려한 암봉의 파노라마와 이제 막 물들기 시작한 붉고 노란 단풍 빛깔 그리고 아직 간직하고 있는 푸르름과의 하모니로 빚어낸 아름다운 색의 향연을 즐기지 못할 뻔했습니다.

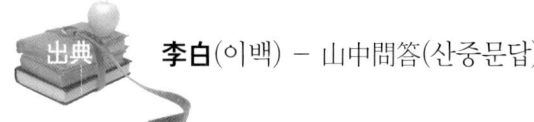 李白(이백) - 山中問答(산중문답)

'別有天地非人間(별유천지비인간)'은 李白(이백)의 '山中問答(산중문답)'이라는 七言絕句(칠언절구)의 結句(결구)에 나오는 말이다.

問余何事棲碧山(문여하사서벽산)	나에게 묻기를 무슨 일로 푸른 산중에 사느냐?
笑而不答心自閑(소이부답심자한)	웃을 뿐 대답을 못하나 마음은 한가롭다.
桃花流水杳然去(도화유수묘연거)	복숭아꽃 흐르는 물 따라 묘연히 떠나가니,
別有天地非人間(별유천지비인간)	**특별한 세상에 있지, 인간 세상이 아니네.**

방랑시인이던 李白(이백)이 산둥[山東(산동)] 지방에서 한동안 隱士(은사)들과 산중에서 悠悠自適(유유자적)을 즐길 때 지은 시이다. 名利(명리)를 추구하는 세속의 사람들은 이런 고상한 심경을 알 수 없으니, 맑고 고요하고 속되지 않으며 고상하고 묘한 그의 시풍을 엿볼 수 있다. 주제는 '세속을 벗어나 자연 속의 한가로움'이라고 볼 수 있는데, 이와 같은 자연에 대한 동경과 낭만주의적 경향은 젊어서 道敎(도교)에 심취했던 작가의 면모를 잘 드러내 준다. 도교가 유행하던 중국 晉(진)나라 때, 陶淵明[1](도연명)이 쓴 '桃花源記(도화원기)에서 소재를 취했다.

이 작품이 그려 내고 있는 것은 물론 속세를 벗어난 仙境(선경)이다. 이미 푸른 산에 동화되어 있는 작가는 번거로운 말의 세계·논리의 세계를 뛰어 넘은 상태로, 그윽한 미소가 있을 뿐이다. 그 미소는 맑은 물에 떠가는 복숭아꽃 이미지와 한데 어울려 非人間(비인간)의 경치를 느끼게 한다.

---

1) 陶淵明(도연명, 365 ~ 427) : 중국 東晉(동진)·宋代(송대)의 시인. 字(자)는 淵明(연명), 이름 潛(잠)이다. 문 앞에 버드나무 5그루를 심어 놓고 스스로 五柳(오류) 선생이라 칭하기도 하였다. 장시성[江西省(강서성)] 주장현[九江縣(구강현)]의 남서 시상[柴桑(시상)] 출생. 그의 증조부는 西晉(서진)의 명장 陶侃(도간)이며, 외조부는 당시의 명사 孟嘉(맹가)였다고 전한다. 이와 같은 가문에서 태어났지만, 생활이 그렇게 풍족하지 못한 소지주 정도의 가정에서 자랐다. 29세 때에 벼슬길에 올라 州(주)의 祭酒(제주)가 되었지만, 얼마 안 가서 사임하였다.

그 후 군벌항쟁의 세파에 밀리면서 생활을 위하여 하는 수 없이 鎭軍參軍(진군참군)·建衛參軍(건위참군) 등의 관직을 역임하였다. 그러나 항상 전원생활에 대한 사모의 정을 달래지 못하고, 41세 때에 누이의 죽음을 구실 삼아 평쩌현[彭澤縣(팽택현)]의 縣令(현령)을 사임한 후 관계에 나가지 않았다. 이때의 퇴관 성명서라고도 할 수 있는 것이 유명한 '歸去來辭(귀거래사)'이다.

『史傳(사전)』에는 상관의 순시 때에 出迎(출영)을 거절하고, '나는 五斗米(5두미)를 위하여 향리의 小人(소인)에게 허리를 굽힐 수 없다.'라고 개탄하였다고 적혀 있다. 향리의 전원에 퇴거하여, 스스로 괭이를 들고 농경생활을 영위하여 가난과 병의 괴로움을 당하면서도, 62세에 깨달음의 경지에 도달한 것처럼 그 생애를 마쳤다.

282 富貴如浮雲 부귀여부운

字解
富 : 넉넉할 **부** [富强(부강) : (나라가) 부유하고 강함]
貴 : 귀할 **귀** [貴重(귀중) : 존귀하고 소중함]
如 : 같을 **여** [如實(여실) : 사실과 같음]
浮 : 뜰 **부** [浮力(부력) : 위쪽으로 뜨는 힘]
　　 가벼울 부 [浮薄(부박) : 가볍고 경솔함]
雲 : 구름 **운** [雲集(운집) : 구름같이 많이 모임]

語義 富貴(부귀)는 뜬구름과 같다.
(옳지 못한 부귀는 한갓 덧없고 허망하다)

用例

▶가진 것이 많지 않고 출세하지 못해 남이 알아주지 않아도, 결코 거칠 것 없이 安貧樂道(안빈낙도)하는 자세는 인생을 외롭지 않고 초라하지 않게 할 것임을 되새겨 봄직하다. 돈도 명예도 다 내 것이 아니다. 이 모든 것이 잠시 우리에게 맡겨져 있다가 우리의 곁을 떠나갈 것들이다. 상실은 우리의 숙명이요 본질이다. 조금씩 비우다가 결국은 아무것도 남아 있지 않을 때, 가지고 가는 것 없이 떠나는 게 자연의 섭리다. 가난한 생활 속에서도 행복을 찾을 수 있고 떳떳하게 살 수 있다. 인생의 의미는 올바르게 사는 데 있기 때문이다. 사람이 올바른 길을 가지 못한다면, 높은 지위나 많은 재물이 무엇에 필요하랴. '富貴如浮雲(부귀여부운)'이라, 옳지 못하게 살면서 부귀한 것은 마치 뜬구름과 같다. 늘 자족하는 마음이 인생의 즐거움을 누리는 길이다.

▶그의 지인들은 그를 두고 '탱크 같은 추진력, 따뜻한 가슴, 그리고 마당발'이라고 평한다. 그는 평소 코치, 선수 등 후배들과 소주잔을 기울일 때, '富貴如浮雲(부귀여부운)'이란 글귀를 자주 읊조린다. 그 이유를 묻자, "이 세상에서 가장 행복한 사람은 자기의 직업을 천직으로 알고, 사명감과 애사심을 가지고 자기 일에 정성을 쏟는 사람이야."라고 설명했다. 그가 바로 가장 행복한 사람으로 보였다.

出典 論語(논어) - 述而篇(술이편)

莊子(장자, ? ~ ?. B.C.4세기경)가 어느 날 魏(위)나라 惠王[1](혜왕)을 찾아갔다. 군데군데 꿰맨 베옷을 입고, 해어진 짚신을 신고 있는 장자를 보고 혜왕이 말했다.

"선생님은 어떻게 그처럼 疲弊(피폐 : 지치고 초라함)하십니까?"

"선비로서 도덕을 가지고도 행하지 않는 것은 피폐한 것이지만, 옷이 해어지고 신이 뚫어진 것은 가난한 것이지 피폐한 것은 아닙니다. 이것이 이른바 때를 만나지 못했다는 것입니다."

'나물 먹고 물 마시고 팔을 베고 누웠으니, 대장부 살림살이 이만하면 족하구나.' 하는 노랫가락은 원래 공자의 『論語(논어)』에 나오는 말을 빌려 쓴 것이다.

孔子(공자)는 『논어』 「술이편」에서 다음과 같이 말했다.

거친 밥을 먹고 물을 마시고, 팔을 굽혀 베개 삼고 있어도, 즐거움이 그 가운데 있다. **의롭지 않으면서 부귀해지는 것은, 나에게는 뜬구름과 같다.**

 原文 子曰(자왈) 飯疏食飮水(반소사음수) 曲肱而枕之(곡굉이침지) 樂亦在其中矣(낙역재기중의) 不義而富且貴(불의이부차귀) 於我如浮雲(어아여부운)

바로 '不義而富且貴(불의이부차귀) 於我如浮雲(어아여부운)'이라는 구절에서 '富貴如浮雲(부귀여부운)'이란 말이 나왔다. '珍羞盛饌(진수성찬)'이 아닌 그저 평범한 식사로 끼니를 때우고, 물 한 모금 마시는 검소한 삶을 살아도 즐거움을 느끼며 살 수 있다.'는 말씀으로 보통 사람들이 실천하기 쉽지 않은 경지라 하겠다.

『論語(논어)』 「雍也篇(옹야편)」에도 유사한 孔子(공자)의 말씀이 보인다.

"富貴(부귀)라는 것은 사람들이 누구나 탐내는 것이지만, 正道(정도)로써 얻은 것이 아니면 누리지 말아야 한다[富與貴(부여귀) 是人之所欲也(시인지소욕야) 不以其道得之(불이기도득지) 不處也(부처야)]."

富貴(부귀)는 사람들이 바라는 것이나, 정당한 절차와 방법으로 얻은 것이 아니면 누리지 말아야 하며, 貧賤(빈천)은 사람들이 싫어하는 것이지만 찾아온 것이라면 이를 삶을 단련하는 계기로 삼을 줄도 알아야 한다는 공자의 역설이다.

孔子(공자)는 이어서,

"정당한 富(부)의 경우 이를 추구해서 얻을 수 있다면, 비록 말채찍을 잡는 일이라도 나 또한 서슴없이 하겠다. 그러나 구해서 안 될 옳지 못한 富(부)라면 나는 이를 버리고 내 좋아하는 바를 따르겠다."

라고 말했다.

---

1) **魏 惠王**(위 혜왕, B.C.400 ~ B.C.319년) : 중국 전국시대 魏(위)나라의 제3대 군주(재위 B.C.369 ~ B.C.319)이다. 梁惠王(양혜왕)으로 불리기도 한다. 武侯(무후)의 적자로 태어났다. 무후의 사후, 이복형 公子(공자) 仲緩(중완)과의 왕위 다툼에서 승리하여 즉위하였다. 위는 당시 최대의 세력을 자랑하고 있었지만, 중원 대륙 중앙에 위치한 관계로 주위의 강국들이 둘러싸고 있는 형국이었다. 계속되는 전쟁에 패하였고, 점차 쇠약해져 漢(한)과 함께 齊(제)에 복속되었다. 魏(위) 文侯(문후) 이후 지속적으로 계승되어 오던 전국의 패권을 잃게 되었다. 혜왕은 기원전 319년에 숙환으로 82세에 崩御(붕어)하였다.

283 不共戴天之讐 불공대천지수

字解
- 不 : 아니 **불**(부) [不朽(불후) : 썩어서 없어지지 아니함. 영구히 전함]
- 共 : 함께 **공** [共存(공존) : 함께 존재함. 함께 살아감]
- 戴 : 일 **대** [戴冠(대관) : 관을 머리에 임. 관을 씀]
  받들 대 [推戴(추대) : 윗사람으로 떠받듦]
- 天 : 하늘 **천** [天文(천문) : 하늘의 현상. 천체의 현상]
  임금 천, 천자 천 [天恩(천은) : 임금의 은혜. 천자의 은혜]
- 之 : 의 **지** [口是禍之門(구시화지문) : 입은 재앙을 불러들이는 문]
- 讐 : 원수 **수** [復讐(복수) : 원수를 갚음]

語義 함께 하늘을 이고 살 수 없는 원수.
(이 세상에는 함께 살 수 없는 원수)
(아주 큰 원수. 원래는 아버지의 원수)

用例

▶ 이른 아침에 조반을 끝내고 여행을 떠나려 했지만, 점막(여인숙)의 법도(예의범절)는 여행자에게 밥상을 줄 때는 노소를 판별해, 그 규칙을 지키지 않으면 안 되지만, 일본인 같은 남성이 밥상을 먼저 요구하면 여점원이 그 사람에게 먼저 밥상을 주므로 마음으로 심하게 분개했다. 그 남자는 아무래도 일본인과 같은 용모이므로, **不共戴天之讐**(불공대천지수)라고 생각이 되자 가슴의 피가 끓었다. 일본인이 한눈을 하고 있을 때에 다리로 차 넘어뜨려, 철의 봉으로 박살해 언 강에 버렸다. 〈백범일지〉

▶ 그것도 이스라엘의 **不共戴天之讐**(불공대천지수)인 앗수르 제국이 몰락의 위기에 처하였다는 것은 이스라엘 민족이 학수고대한 희망이 이루어질지도 모를 가슴 벅찬 희망의 때였다. 그런데 바로 이러한 때에, 이 희망을 성취시킬 수 있는 유일한 민족지도자인 요시야가 어이없게도 앗수르를 지원하러 가는 애굽 원정군의 길을 막다가 비명에 죽게 되었다. 야훼 하나님을 확고히 믿고 있는 이스라엘인들로서는 그 어느 누구도 납득하기 어려운 역사의 수수께끼가 아닐 수 없다.

 禮記[1](예기) – 曲禮篇(곡례편) 上(상)

『禮記(예기)』「曲禮篇(곡례편)」에 다음과 같은 기록이 있다.

"**아버지의 원수는 더불어 함께 하늘을 이지 않고**, 형제의 원수는 兵器(병기)로 돌이키지 않고, 친구의 원수는 나라를 함께 하지 않는다[**父之讐**(부지수) **不與共戴天**(불여공대천) 兄弟之讐(형제지수) 不反兵(불반병) 交遊之讐(교유지수) 不同國(부동국)]. 아버지의 원수는 갚아야 하는, 타협이 허락되지 않는 원수인 것이다."

'不共戴天之讐(불공대천지수)'는 여기에서 나온 말로, '부모의 원수는 한 하늘을 이고 다닐 수 없다.' 곧 함께 세상에 살아 있을 수 없는 원수, 상대를 죽이든가 내가 죽든가 해야 할 원수를 말한다.

兄弟(형제)의 원수도, 그 원한의 깊이에 있어서는 아버지의 경우에 뒤떨어지지 않겠지만, 이에 대하여는 '不反兵(불반병)'이라고 설명되어 있다. 결국 형제의 원수를 만나면, 집으로 무기를 가지러 갈 여유가 없는 것이다. 만일 그렇게 한다면 상대방이 도망할 틈을 얻게 된다. 그러므로 평소에 무기를 지니고 다니다가 형제의 원수를 만나면, 원수를 갚도록 하라는 뜻이다.

親舊(친구) 간의 원수는 부모와 형제에 비교하면, 훨씬 원한이 얕다고 하겠다. 물론 마음을 서로 주던 가까운 친구 사이라면, 적어도 나라를 함께하고 살아서는 안 된다는 말이다. 상대방을 다른 나라로 쫓거나, 자기가 다른 나라로 떠나거나, 친구 사이의 정의 깊고 얕음에 따라, 여러 가지 경우가 있을 것이다. 그러나 孟子(맹자)나 中庸(중용)에서는 인륜으로 五倫[오륜 : 父子(부자)·君臣(군신)·夫婦(부부)·長幼(장유)·朋友(붕우)]을 가르치고 있거니와, 「曲禮篇(곡례편)」에서의 復讐論(복수론)은 아버지와 형제와 친구의 셋으로 한정시키고 있다.

---

1) **禮記**(예기) : 중국 儒家(유가) 五經(5경) 중의 하나. 원문은 孔子(공자, B.C. 551 ~ B.C.479)가 편찬했다고 전해진다. 공자가 직접 지은 책에는 '經(경)' 자를 붙이므로, 원래 이름은 禮經(예경)이었다. 그러나 기원전 2세기경, 大戴[대대 : 본명은 戴德(대덕)]와 그의 사촌 小戴[소대 : 본명은 戴聖(대성)]가 원문에 손질을 가한 것이 분명하므로 '經(경)' 자가 빠지게 되었다. 예기에서는 그 주제인 曲禮(곡례)·檀弓(단궁)·王制(왕제)·月令(월령)·禮運(예운)·學記(학기)·樂記(악기)·大學(대학)·中庸(중용) 등을 다룸에 있어서 도덕적인 면을 매우 중요하게 보았다.

1190년 성리학파의 朱熹(주희)는 『예기』 중의 『**大學**[2](대학)』·『中庸(중용)』 2편을 각각 별개의 책으로 편찬하여 유교 경전인 『論語(논어)』·『孟子(맹자)』와 더불어 四書(4서)에 포함시켰다. 4서는 보통 중국에서 유교 입문서로 사용되고 있다.

2) **大學**(대학) : 중국의 현인 孔子(공자)와 그의 제자 曾子(증자)가 지은 것으로 여겨지는 간략한 유교 경전. 대학에 따르면 세상을 평화롭게 하기 위해서는 군주가 먼저 자기 나라를 잘 다스려야 하고, 그러기 위해서는 먼저 자기 가정의 질서를 잘 유지해야 하며, 또 이를 위해서는 먼저 심성을 바르게 하고 성실하게 자기 생활을 세워야 한다[修身齊家治國平天下(수신제가치국평천하)]. 이와 같은 德(덕)은 만물을 연구해서 지혜가 늘어나면, 자연스럽게 생겨나는 것이다. 그래서 대학은 德治(덕치)와 천하태평은 군주의 개인적인 덕과 뗄 수 없는 관계에 있으며, 군주의 덕이란 학문이 지혜로 발전할 때, 비로소 발현되기 시작한다고 주장하고 있다.

284 不入虎穴 不得虎子 불입호혈 부득호자

字解
不 : 아니 불, **아니할 불** [不可(불가) : 할 수 없음. 되지 않음]
　　 없을 불, 못할 불 [不共戴天(불공대천) : 함께 하늘을 이고 살지 못함. 살려 둘 수 없음]
入 : **들 입** [入閣(입각) : 내각의 일원으로 들어감. 국무위원이 됨]
虎 : **범 호** [虎視耽耽(호시탐탐) : 호랑이 눈으로 사방의 형세를 노려봄]
穴 : **구멍 혈** [墓穴(묘혈) : 무덤 구멍]
　　 움 혈, 굴 혈 [穴居(혈거) : 움막에서 삶. 굴에서 삶]
得 : **얻을 득** [得點(득점) : 점수를 얻음]
子 : **새끼 자** [虎子(호자) : 호랑이 새끼]
　　 첫째지지 자 [子時(자시) : 십이지의 첫째 시. 하오 11시부터 상오 1시까지의 동안]

語義 호랑이 굴에 들어가지 않고는, 호랑이 새끼를 못 잡는다.
(모험을 하지 않고는 큰일을 할 수 없다)

用例

▶ 성공적인 삶을 위해서는 첫째, 부지런히 일하는 사람. 둘째, 사려 깊은 사람. 셋째, 확고한 신념을 가진 사람이 되어야 한다. 쉬운 일만 찾지 말자. 폭염 속에 용광로 앞에서 일한 사람, 눈보라 속에 철탑 위에 매달려 일한 사람들도 있다. 스릴 넘친 삶을 살아보자. 위험하고 힘든 일에도 기꺼이 뛰어들 줄 알자. 勇者(용자)는 위험한 일도 빛나는 도전의 기회로 삼는다. '**不入虎穴 不得虎子**(불입호혈 부득호자)'라고 했다. 호랑이굴에 들어가야 호랑이 새끼라도 잡을 수 있다. 큰 성과는 위험하고 힘든 일 속에 숨어 있다. 위험을 무릅쓰지 않고 이룬 성공은 없다. 성공하기 위하여 용기는 갖되, 말 한 마디도 깊이 생각하여 사용하자.

▶ 중국 東漢(동한)시대의 명장인 班超(반초)라는 장수가 있었다. 그는 당시 西域征伐(서역정벌)에서 큰 전공을 세운 것으로 알려졌다. 서역 정벌 당시에 반초장군은 **不入虎穴 不得虎子**(불입호혈 부득호자)라는 전략 개념을 가지고 곳곳에서 승리할 수 있었다고 한다. 그렇다면, 그 전략은 어떤 것인가? 그 전략은 火攻法(화공법)이었다. 즉, 밤중에 화공법으로 적을 공격함으로써, 적으로 하여금 아군의 병력규모를 알지 못하도록 하는 한편, 적을 매우 놀라게 하면서 적을 섬멸한다는 것이다. 다시 말하면 칠흑의 야음을 이용하여 적을 교란시키면서 일망타진한다는 것이다. 이 방법만이 작은 규모의 병력으로써 적의 대군을 물리치는 기습전술이라 하였다.

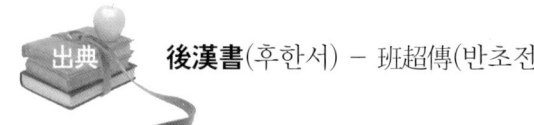 出典 後漢書(후한서) – 班超傳(반초전)

중국 後漢(후한) 초기의 장군 班超(반초)는 명성이 높은 학자인 아버지 班彪(반표), 중국 역사서의 하나인 『漢書(한서)』를 쓴 형 班固(반고), 누이동생 班昭(반소)와는 달리 武人(무인)으로 이름을 떨쳤다.

반초는 후한 제2대 황제인 明帝(명제) 때(74년), 서쪽 오랑캐 나라인 鄯善國[선선국 : 樓蘭(누란)]에 사신으로 떠났다. 선선국 왕은 반초의 일행 6명을 上客(상객 : 높은 지위의 상좌에 모실 만한 손님)으로 厚待(후대)했다. 그런데 어느 날, 이 후대가 薄待(박대)로 돌변했다. 반초는 궁중에 무슨 일이 있음을 직감하고, 즉시 부하 장수를 시켜 진상을 알아보라고 했다.

이윽고 부하 장수는 놀라운 소식을 갖고 왔다.
"지금 선선국에는 匈奴國(흉노국)의 사신이 와 있습니다. 게다가 대동한 군사만 해도 100명이 넘는다고 합니다."

흉노는 옛부터 漢族(한족)이 萬里長城(만리장성)을 쌓아 침입을 막았을 정도로 獰猛(영맹 : 사납고 날램)한 유목 민족이다. 반초는 즉시 일행을 불러 모은 다음 술을 나누며 말했다.

"지금 이곳에는 흉노국의 사신이 100여 명의 군사를 이끌고 와 있다고 한다. 선선 국왕은 우리를 다 죽이거나 흉노국의 사신에게 넘겨 줄 것이다. 그러면 그들에게 끌려가서 개죽음을 당할 텐데 어떻게 하면 좋겠느냐?"

"가만히 앉아서 죽을 수야 없지 않습니까? 싸워야 합니다!"

모두들 죽을 각오로 싸우자고 외쳤다.

"좋다. 그럼 오늘 밤에 흉노들이 묵고 있는 숙소로 쳐들어가자. '호랑이 굴에 들어가지 않고는 호랑이 새끼를 못 잡는다.'는 말도 있지 않은가! 지금 가장 좋은 방책은 야음을 이용하여 불로 공격하는 것이고, 그것도 우리들의 병력을 흉노가 알지 못하게 해야 한다."

 原文 不入虎穴(불입호혈) 不得虎子(부득호자) 當今之計(당금지계) 獨有因夜而火攻(독유인야이화공) 使彼不知我多少(사피부지아다소)

반초 일행이 그날 밤, 강하게 부는 바람을 이용해 흉노의 숙소에 불을 지르자 삽시간에 흉노의 숙소는 불길에 휩싸이고, 군사들은 우왕좌왕했다. 반초는 이 틈을 이용해 흉노의 군사들을 모조리 살해했다. 이 일을 계기고 선선국이 굴복했음은 물론, 인근 50여 오랑캐의 나라들도 漢(한)나라를 上國(상국)으로 섬기게 되었다.

1) 班超(반초, 32 ~ 102) : 중국 後漢(후한)의 명장. 식민지 통치자. 자는 仲升(중승)이라고 하고, 산시성 함양(셴양)에서 태어난 인물이다. 扶風(부풍) 安陵(안릉) 출생이라고도 하는데, 안릉은 현재의 함양이다. 반초의 전투와 모험은 당나라의 高仙芝[4](고선지) 정도를 제외하면, 중원의 어떤 장수와도 다른 이질적인 싸움이었다.

반초의 가문은 본래 학자의 가문이었다. 아버지인 班彪(반표)는 유명한 학자였고, 형제인 班固(반고)와 누이 班昭(반소)는 『漢書(한서)』를 쓴 인물들이다. 반초 역시 본래는 낙양의 도서관에서 司書(사서) 노릇을 하면서 학문 공부에 열심이었다.

하지만 어느 날 흉노의 공격에 변경의 백성들이 수난을 당한다는 말을 듣자, 그 자리에서 붓을 꺾어 버렸다.

"대장부가 되어 지략이 있다면, 마땅히 傅介子(부개자 : 한 소제 때의 장수로 누란을 정벌함)와 張騫(장건 : 한 무제 때의 여행가로 서역의 교통로를 개척함)을 본받아 異域(이역)에서 공을 세워야지, 어찌 벼루와 먹 속에만 파묻혀 있겠는가?"

곧바로 군대를 따라서 머나먼 땅으로 떠났다.

여기서 비롯된 것이 '投筆從戎(투필종융 : 붓을 던져 버리고 군대를 따른다)'이라는 고사이다. 떠나기 전, 그래도 불안한 마음에 반초는 관상에 재주가 있는 사람을 불러 자신의 얼굴을 보게 했다.

"선생은 지금은 書生(서생 : 글 읽는 선비)이시군요. 허나 앞으로는 만 리 밖에서 侯爵(후작)으로 책봉될 것이외다."

"어찌 그렇소?"

"그대는 제비의 턱에 범의 뒷목을 가져 제비처럼 날고 범처럼 고기를 먹을 터이니, 이는 바로 만 리 밖에서 열후에 책봉되는 상이외다!"

그 후 그는 관상가의 말대로 이국땅에서 유명한 장수가 되었다.

2) 漢書(한서) : 중국 前漢(전한)의 역사를 기록한 책. 전 120권. 중국 正史(정사)의 하나로, 후한의 班固(반고, 32 ~ 92)가 建初(건초) 8년 곧 82년 무렵에 완성했다. 반고는 자가 孟堅(맹견)이다. 반고의 아버지 班彪(반표)는 司馬遷(사마천)의 『史記(사기)』가 漢(한) 武帝(무제) 때까지만 기록되어 있고, 그 뒤의 일을 쓴 劉向(유향)·劉歆(유흠)·揚雄(양웅) 등의 역사책이 王莽(왕망) 정권에 아첨하여 곡필한 것을 유감으로 여겼다. 반표는 직접 사료를 찾아 『史記(사기)』 이후의 한나라 역사인 『後傳(후전)』 65편을 저술했다.

반고는 아버지의 뜻을 이어받아 이 책을 더욱 정비함과 아울러 『사기』의 기록을 토대로 무제 이전의 한나라 역사를 덧붙였고, 한 고조로부터 왕망 정권의 멸망에 이르는 230년간(B.C.206 ~ A.D.24)의 역사를 기록했다. 이 책은 「帝紀(제기)」 12편, 「年表(연표)」 8편, 「志(지)」 10편, 「列傳(열전)」 70편 등 총 100편이다. 『史記(사기)』를 모방하여 紀傳體(기전체)를 사용했으나, 『사기』가 通史(통사)인 데 반해 斷代史(단대사)로서의 새로운 장을 열었으며, 중국 정사의 전형이 되었다.

이 책 속에 있는 「八表(8표)」와 「天文志(천문지)」는 班昭(반소)·馬續(마속)이 補撰(보찬)했다. 이 책 전체는 本紀(본기)·表(표)·志(지)·列傳(열전)의 네 부분으로 구성되어 있으며, 이로부터 중국 역사서의 형식이 정해져 후세에도 이 관습이 지켜지게 되었다. 「古今人表(고금인표)」와 「百官公卿表(백관공경표)」를 새로 만들어 넣어, 분명하게 요점을 정리하고 있어 찾아보기가 매우 편리하다. 사료의 채택이 엄격하고 문체는 소박하면서도 근실하여, 전한 역사를 연구하는 데 귀중한 자료이다.

3) 樓蘭[누란(Loulan)] : 현재 중국령인 신장위구르 자치주에 있는 고대의 작은 도시. 그 도시를 중심으로 한 국가를 '누란국'이라 하였다. 서역의 남도와 이어져 공작하 하류의 로프누르 호의 서안에 위치하며, 비단길 교역의 중요한 도시였다. 약 1,600년 전 누란국은 소실되었고, 옛 성터의 유적만 남아 있다.

기원전 77년에 한나라의 영향 아래에 샨샨[鄯善(선선)]으로 개칭하였지만, 그 후에도 누란이라는 이름을 사용하였다. 누란으로 불리는 도시 또는 국가가 언제, 어떻게 성립되었는지 확실하지는 않다. 옛날 신석기 시대로부터 거주가 시작되었던 것이 고고학적으로 확인되고 있어, 이른바 '누란의 미녀'로서 알려진 미이라는 입고 있던 의복의 탄소 연대 측정에 의해서, 기원전 19세기 무렵의 인물이라고 추정되고 있다.

그러나 문헌에 '누란'이라는 이름이 최초로 나타난 것은 『史記(사기)』「匈奴列傳(흉노열전)」에 수록된 편지 중에서 발견된 것이 처음(기원전 2세기)이며, 그 사이의 역사는 空白(공백)으로 남아 있다.

4) 高仙芝(고선지, ? ~ 755) : 고구려 유민 출신의 唐(당)나라 장군. 당나라의 서역 정벌에서 뛰어난 군사전략으로 全勝(전승)을 거두어 명성을 떨쳤다. 고구려가 망하자, 당나라 四鎭校將(사진교장)이었던 아버지 高舍鷄(고사계)를 따라 당나라 安西(안서)에 가서 蔭補(음보 : 출신을 고려하여 관리로 등용하는 제도. 음서. 음사)로 遊擊將軍(유격장군)에 등용되고, 20세 때 장군에 올랐다. 740년경 병력 2,000명을 이끌고 톈산[天山(천산)] 산맥 서쪽의 達奚部(달해부)를 정벌한 공으로 安西副都護(안서부도호)가 되고, 이어 四鎭都知兵馬使(사진도지병마사)에 올랐다.

747년과 750년, 1·2차 서역 원정에서 당나라의 중앙아시아 지배를 위협하던 토번족과 그의 동맹국인 小勃律國(소발률국) 및 타슈켄트 지방의 石國(석국) 등 서역의 여러 나라를 정벌하여 명성을 떨쳤다.

751년 서역 각국과 사라센의 연합군이 석국 정벌을 보복하려고 쳐들어오자, 다시 7만의 정벌군을 편성하여 탈라스(Talas) 대평원으로 제3차 원정에 출전했다. 그러나 당나라와 동맹을 가장한 카르룩[葛邏祿(갈라록)] 군에 의해 배후에서 공격을 받고 섬멸당해 후퇴했다.

귀국 후 하서절도사로 전임되어, 右羽林軍大將軍(우우임군대장군)에 임명된 후, 755년 密雲郡公(밀운군공)에 봉해졌다. 그해 安祿山(안녹산)이 반란을 일으키자, 討賊副元帥(토적부원수)로 출전했다. 그런데 마음대로 방어 담당지역인 陝州(섬주)를 떠나 동관으로 이동한 사실을, 監軍(감군) 邊令誠(변영성)이 현종에게 과장하여 모함해 斬刑(참형)되었다. 서역제국의 정벌에서 보여준 그의 뛰어난 군사전략은 후대의 역사가들에 의하여 높이 평가되었고, 탈라스 전투에서 아라비아의 포로가 된 중국인에 의해 제지법이 아라비아에 전파되었다.

285 死孔明走生仲達 사공명주생중달

字解
死 : 죽을 **사** [決死(결사) : 죽기를 각오함]
孔 : 구멍 공 [毛孔(모공) : 털구멍]
　　성 **공** [孔孟(공맹) : 공자와 맹자]
明 : 밝을 **명** [明月(명월) : 밝은 달]
　　똑똑할 명 [聰明(총명) : 영리하고 똑똑함]
　　※ 孔明(공명) : '諸葛亮(제갈량)'의 자.
走 : 달아날 **주** [走馬看山(주마간산) : 말을 타고 달리면서 산수를 봄]
生 : 날 생 [生日(생일) : 태어난 날. 〈높임말〉 생신]
　　살 **생** [生活(생활) : 살아서 활동함]
仲 : 버금 **중**, 둘째 중 [仲兄(중형) : 둘째 형]
達 : 통할 달 [通達(통달) : 두루 통하여 훤히 앎]
　　달할 **달** [達成(달성) : 목적한 바를 이룸]
　　※ 仲達(중달) : '司馬懿(사마의)'의 자.

語義 죽은 제갈공명이 산 중달을 도망치게 한다.
(죽은 뒤에도 적이 두려워할 정도로 뛰어난 장수 또는 겁쟁이)

用例

▶**死孔明走生仲達**(사공명주생중달)! 諸葛孔明(제갈공명)과 司馬仲達(사마중달)의 최후의 결전인 오장원 전투에서 나온 말이다. 사마의(자는 중달. 위나라의 정치가, 군략가)는 제갈량만큼 많은 존경을 받지는 못했지만, 西晉(서진) 霸業(패업)의 기초를 닦은 대단한 인물이다. 당장은 죽은 공명을 보고 놀라 도망친 겁쟁이였지만, 그런 신중함이 사마의를 삼국시대 최후의 승자로 만들었다고 생각한다. 누가 나에게 두 사람의 일생 중 한 사람으로 살 기회를 준다면, 나는 주저하지 않고 사마의 쪽을 선택할 것이다. 물론 공명도 사랑한다는 사실은 변함이 없다.

▶한국과 영국의 경기는 5일 새벽에 카디프에서 열린다. 아쉽게도 박지성은 이날 경기의 관중석을 찾아 응원하는 것도 어려운 상황이다. 퀸즈파크 레인저스와 독일 전지 훈련을 떠나 트라브존 스포르와 평가전 경기가 같은 날 예정되어 있다. 박지성은 이미 한국 올림픽팀이 영국을 상대하는 데 충분한 기여를 했다. 바로 넘기 어려운 상대가 아닐까라는 심리적 장벽을 무너트린 것이다.
　박지성이 지난 7년 간 영국 무대에서 펼친 활약은 우리도 할 수 있다는 자신감을 심어 주었기 때문이다. **死孔明走生仲達**(사공명주생중달). 죽은 공명이 살아 있는 중달을 도망치게 한다는 삼국지의 유명한 일화다. 한국과 영국의 대결 역시 마찬가지다. 긱스는 살아서 영국 단일팀을 이끌고 있고, 박지성은 이미 국가 대표 선수 자리에서 물러났지만, 한국 팀의 정신을 이끌고 있다. 죽은 박지성이 산 긱스를 이길 수 있을까? 한국과 영국의 올림픽 8강 대결은 여러모로 흥미진진한 이야깃거리를 남길 것으로 기대된다.

 出典 三國志(삼국지), 通鑑綱目¹⁾(통감강목)

중국 삼국시대 建興(건흥) 12년(234년), 蜀(촉)나라 재상 諸葛孔明(제갈공명 : 제갈량)은 10만 대군을 이끌고 魏(위)나라의 司馬仲達²⁾(사마중달 : 사마의)과 五丈原(오장원)에서 대치하던 중 자신의 죽음을 豫感(예감 : 무슨 일이 일어날 것 같다는 것을 사전에 느끼는 일. 또는 그런 느낌)하였다. 그래서 자신의 모습을 본뜬 坐像(좌상 : 앉아 있는 모습을 나타낸 그림이나 조각)을 만들어 수레에 앉혀 살아서 지휘하는 것처럼 보이라는 조치를 취하고는, 병마에 시달리다가 마침내 진중에서 죽고 말았다. 蜀(촉)나라의 군사는 할 수 없이 철수할 수밖에 없었다.

魏(위)나라의 장수 사마중달은 제갈공명에게 여러 차례 혼쭐이 나 적극적인 공세를 취하지 못한 채, 촉나라의 군사가 지칠 때만을 기다리고 있었다. 그런데 제갈공명의 사망 소식이야말로 촉나라의 군대를 무찌를 수 있는 절호의 기회라 생각하고, 총력을 다하여 촉의 군사를 추격하였다. 이때 공명의 신임이 가장 두텁던 姜維³⁾(강유)가 공명의 죽기 전 지시에 따라 軍旗(군기)의 방향을 되돌려서, 북을 크게 울리고 깃발을 흔들면서 위나라의 군사 쪽으로 반격해 왔다.

추격 중 촉나라의 군사가 갑자기 태도를 바꾸어 북을 치고, 게다가 수레 위에 제갈공명이 살아서 앉아 있는 것이 아닌가. 이것을 보고 사마중달은 제갈공명이 죽었다는 소문과 이에 따른 철수 작전은 모두 자기를 유인해 내기 위한 위장 전술이라고 판단하여, 그 즉시 추격을 멈추고 병사들을 철수시켜 정면 대결을 피하였다. 잘못하다가는 앞뒤로 협공을 당할 염려마저 없지 않았으므로, 중달은 허둥지둥 달아나기 바빴다. 그는 철수병들이 결사적으로 공격해 온다면, 오히려 추격하는 쪽이 타격을 받을지도 모른다고 생각하였기 때문이다.

世人(세인)들은 사마중달의 이러한 행동을 보고,

"**죽은 제갈공명이 살아 있는 사마중달을 달아나게 하였다**[死孔明走生仲達(사공명주생중달)]."〈원문은 死孔明(사공명)이 아니고 死諸葛(사제갈)로 되어 있다. 그러나 다음에 있는 仲達(중달)과 맞추기 위해 주로 孔明(공명)을 쓴다.〉

라고 비웃었다. 그러자 사마중달은,

"살아 있는 사람의 일이야 알 수 있지만, 죽은 사람이 하는 일을 어찌 알겠느냐[懿笑曰 吾能料生 不能料死故也(의소왈 오능료생 불능료사고야)]?"

라고 웃으면서 말하였다고 한다.

'死孔明走生仲達(사공명주생중달)'은 '탁월한 지략을 갖춘 인재는 죽어서도 그 값을 한다.'는 뜻이고, 때로는 '한 번 싸워 보지도 않고 미리 도망치는 겁쟁이'라는 뜻도 있다. '사제갈주생중달(死諸葛走生仲達)'이라고도 한다.

---

1) **通鑑綱目**(통감강목) : 중국 南宋(남송) 때 유학자인 朱熹(주희, 1130 ~ 1200)가 쓴 역사서. 『綱目(강목)』이라고도 한다. 北宋(북송)의 재상이며 학자이고 시인인 司馬光(사마광, 1019 ~ 1086)이 기원전 403년부터 960년까지의 역사를 쓴 『資治通鑑(자치통감)』을 주요 사항인 綱(강)과 目(목)으로 나누어 편찬한 책으로, 주희가 綱(강)을 쓰고 그의 제자 趙師淵(조사연)이 강의 상세한 주석인 目(목)을 썼다. 모두 59권이다.

역사적인 사실의 기술보다는 義理(의리)를 중히 여기는 데 치중하였으므로 너무 간단히 적어 앞뒤가 모순되거나 틀린 내용도 많다. 三國(삼국)시대에는 蜀(촉)을 정통으로 하고 魏(위)를 비정통으로 하는 등 宋學(송학)의 도덕적 사관이 드러나는 곳도 있다. 우리나라에서는 世宗(세종) 때 校註(교주)한 『訓義資治通鑑綱目(훈의자치통감강목)』이 있었으며, 그 후 여러 차례 重刊(중간)되었다.

2) **司馬仲達**(사마중달, 179 ~ 251) : 중국 삼국시대 魏(위)나라 大臣(대신). 이름은 懿(의). 허난성[河南省(하남성)] 원현[溫縣(온현)] 사람. 西晉(서진) 건국의 기초를 다졌다. 後漢(후한)말 京兆尹(경조윤)이었던 司馬防(사마방)의 둘째 아들로 어려서부터 영민하고 유학에 조예가 깊었다. 魏(위)가 건국되자, 조조에게 농사를 짓지 않는 사람 20만 명을 屯田(둔전)시키도록 건의했다. 文帝[문제 : 曹丕(조비)] 때에도 요직을 역임했다. 234년 明帝[명제 : 曹叡(조예)] 때 諸葛亮(제갈량)의 도전을 받아, 五丈原(오장원)에서 對陣(대진)하던 중 제갈량이 죽음으로써 그 군사는 물러갔다.

명제가 죽고 齊王(제왕)이 즉위한 뒤 侍中(시중)이 되었고, 持節都督中外諸軍事(지절도독중외제군사)로서 군권을 장악했다. 그 후 대장군 曹爽(조상)이 그를 배척하려 하자, 반란을 일으켜 그를 죽이고 249년 丞相(승상)이 되어, 정치의 실권을 완전히 장악했다. 251년 相國(상국)이 되었고, 安平郡公(안평군공)에 봉해졌다가 죽었다. 사후 그의 손자 사마염이 晉(진)나라를 세웠을 때 宣帝(선제)로 추증되었다.

3) **姜維**(강유, 202 ~ 264) : 중국 삼국시대 蜀(촉)의 무장으로, 자는 伯約(백약)이며, 天水(천수)군 冀(기)현 사람이다. 촉나라 최후의 충신으로도 잘 알려져 있고, 또한 촉의 대표적인 무장이다. 본래 魏(위)의 장수로서 천수태수 馬遵(마준)을 섬겼으나, 227년 諸葛亮(제갈량)의 1차 북벌 때 천수군의 각 현이 촉에 호응한다는 소식을 들은 태수가 의심을 품는 바람에 버림을 받아 갈 곳이 없어졌다. 제갈량이 그의 재능을 알아보고, 그가 지극한 孝子(효자)라는 것을 이용해 투항하게 만든다. 學問(학문)과 武藝(무예), 人品(인품)을 모두 갖춰 제갈량으로부터 '馬良(마량)보다 뛰어난 人材(인재)'라는 평가를 받았다.

姜維(강유)는 제갈량이 生前(생전) 이루지 못했던 北伐(북벌)에 집착하여 9차례 북벌을 하지만, 모두 魏(위)의 장수에게 막히거나 환관 黃皓(황호)의 손아귀에서 놀아난 劉禪(유선, 촉의 제2대이자 마지막 황제. 재위 223 ~ 264)의 퇴각 명령으로 끝났다. 기울어진 촉을 다시 일으켜 세우겠다는 의지를 가졌으나, 결국 魏(위)의 司馬昭

(사마소) 토벌군이 촉으로 왔고, 강유는 결국 투신자살을 한다. 하지만 正史(정사)에서는, 사마소에게 잡혀 사형을 당하는 것으로 되어 있다.

※ 死孔明走生仲達(사공명주생중달)의 새로운 이야기

삼국지에서 사마중달은 제갈공명의 죽음을 예상하고 있었다. 제갈량이 음식을 지나치게 적게 먹으면서, 일은 새벽부터 밤늦게까지 직접 처리하고 있다는 이야기를 들은 것이다[食少事煩(식소사번)]. 사마의는 제갈량이 그렇게 일을 하다가는 얼마 못 가서 죽을 것이라고 내다보았다.

그 제갈량이 마침내 사망했다는 정보가 사마의에게 들어갔다. 하지만 사마의는 의심이 많았다. 부하를 보내서 다시 한 번 확인시켰다. 부하가 돌아와서 보고했다.

"제갈량은 죽어 이미 장사를 지낸 것이 틀림없습니다. 제갈량에게는 천문 지리와 용병술, 각종 병법이 들어 있는 天書(천서)가 있었습니다. 제갈량의 신통한 작전은 모두 그 책에서 나왔다고 했습니다. 제갈량은 책과 함께 묻혔다고 합니다."

사마의는 그 천서가 탐났다. 제갈량의 무덤을 파헤쳐서 차지하기로 했다. 5천 군사를 이끌고 제갈량의 무덤이 있는 定軍山(정군산)으로 갔다. 산 중턱에 새로 세운 전각이 있었다. 전각 앞에는 '諸葛武侯之墓(제갈무후지묘)'라는 글이 새겨진 비석도 있었다. 전각 안으로 들어가니 제갈량의 神像(신상)이 서 있었다. 살아 있던 때와 똑같은 모습이었다. 사마의는 '죽은 사람에게 절이나 하자.'며, 라이벌의 신상 앞에 몸을 엎드렸다. 그리고 일어서려는 순간, 마치 땅속에서 누군가가 자신을 잡아당기는 듯한 느낌이 왔다. 발바닥이 땅에 붙어서 꼼짝도 할 수 없었던 것이다.

당황해서 쩔쩔매다가 살펴봤더니, 전각 대들보에 작은 글씨가 적혀 있었다.

"투구와 갑옷을 벗으면 빠져나갈 수 있을 것이다."

사마의는 황급히 투구와 갑옷을 벗어 던진 뒤, 군사들을 시켜서 땅속을 파보도록 했다. 천 근이나 되는 지남석이 묻혀 있었다. 지남석이 사마의의 투구와 갑옷을 잡아당겼던 것이다. 죽은 제갈량에게 조롱당했다는 생각이 든 사마의는 神像(신상)을 밀어서 쓰러뜨렸다.

전각 뒤에 큰 靑石(청석)으로 덮은 묘가 있었다. 사마의는 묘의 문을 열고, 자기가 직접 들어갔다. 天書(천서)를 눈앞에 두고 부하를 대신 들여보내기는 싫었기 때문이다. 과연, 관 뚜껑을 열었더니 그 속에 천서가 있었다. 사마의는 두 번 다시 제갈량에게 당하지 않겠다고 중얼거리며, 책을 뒷장부터 거꾸로 펼치기 시작했다. 만약을 위해서였다.

사마의는 손가락에 침을 발라서 책장을 넘기는 습관이 있었다. 천서를 볼 때도 그 습관이 나왔다. 그런데 갑자기 현기증이 왔다. 아뿔싸 하며 책의 맨 첫 장을 살펴봤다. 작은 글씨가 적혀 있었다.

"책에 독약을 발라 놓고, 그대를 죽음으로 다스리고자 한다."

사마의는 결국 피를 토하며 비명횡사하고 말았다.

"참으로 증오스러운 제갈공명이여, 죽고 나서도 나를 해치는구나."

사람들은 이를 놓고, '죽은 제갈량이 산 사마의를 죽음으로 다스린 사건[死諸葛治死司馬(사제갈치사사마)]'이라고 불렀다.

전해 내려오는 이야기다. 물론, 사마의의 실제 죽음은 다르다. 제갈량을 영웅으로 띄우려고 만들어 낸 이야기이다. 여하튼 죽은 사람이 산 사람과 싸우는 것은 천하의 제갈량이 아니면 쉽지 않은 일이었다.

286 歲月不待人 세월부대인

字解
歲 : 해 세, **세월 세** [歲月(세월) : 흘러가는 시간]
　　나이 세 [年歲(연세) : 나이의 높임말. 춘추]

月 : 달 월 [滿月(만월) : 가득 찬 달. 보름달]
　　세월 월 [歲月(세월) : 흘러가는 시간]

不 : **아니 불**(부) [不朽(불후) : 썩어서 없어지지 아니함]

待 : **기다릴 대** [待令(대령) : 명령을 기다림]
　　대접할 대, 대우할 대 [虐待(학대) : 혹독하게 대우함]

人 : **사람 인** [證人(증인) : 증거로 서는 사람]

語義 세월은 사람을 기다려 주지 않는다.
(세월은 한 번 지나가면 다시 돌아오지 않으니, 시간을 소중하게 아껴 쓰라는 말)

用例

▶ '**歲月不待人**(세월부대인)', '세월은 사람을 기다려 주지 않는다.'는 말이 있습니다. 시간은 어느 누구에게만 특별히 여유를 주는 것이 아니라, 누구에게나 똑같은 시간을 내어 줍니다. 다만 그 시간을 망각하고 살면, 시간과 세월은 흐르는 물처럼 후딱 지나가 다시는 찾아오지 않게 됩니다. 그래서 우리는 잠깐의 시간이라도 의미 있게 사용해야 훗날 후회가 없게 됩니다. 요즘 사람들이 자주 말하는 '지금 이 순간에 최선을 다하라.'는 말과 상통합니다. 내일이 있다고 미루지 말고, 지금 이 순간이야말로 내 인생에 가장 아름다운 시간이라고 생각하고, 최선을 다해 그 시간을 사용하는 것이 현명한 君子(군자)의 모습이 아닐까요?

▶ 흐르는 시간을 세월이라 한다. 歲月如流(세월여류), **歲月不待人**(세월부대인)이라 했으니, 虛送歲月(허송세월)하는 것은 금물이다. 시간은 잠자는 순간에도 깨어 있고, 일하는 순간에도 쉴 줄 모른다. 눈을 뜨면 언제나 내 곁에서 기다리고 있는 시간, 피할 수 없는 시간이니, 잘 헤아려 가며 살아야지. 다행히 시간은 빈부귀천과 관계없이 누구에게나 하루 24시간씩 공평하게 주어졌다. 시간이 없다면 과거와 미래가 없고, 추억과 꿈도 없다. 시간이 아니라면 여러 현상의 변화과정이나 인과관계도 규명할 수 없다. 시간이 변화와 인과를 만드는 줄 알기 때문에, 우리는 시간을 황금에 비유하고 시간을 아껴 쓰는 것이다.

陶淵明(도연명) – 雜詩(잡시, 정해진 형식에 구애받지 않고 지은 시)

중국의 文人(문인) 陶淵明(도연명, 365 ~ 427)은 東晉(동진 : 중국 진나라 후반기에 해당하는 왕조를 구분하여 일컫는 이름. 317 ~ 420년 중국을 지배한 6조 가운데 하나) 말기에서 南朝(남조)의 宋(송)나라 초기에 살았던 시인으로, 이름은 潛(잠)이고 淵明(연명)은 그의 字(자)이다.

도연명이 살던 때는 王室(왕실)이나 士族(사족)들의 세력이 약화되고, 차츰 신흥 軍閥(군벌)들이 대두하여 서로 각축하던 때였다. 군벌들은 왕을 幽閉(유폐 : 사람을 일정한 곳에 가둠)시키거나 사살하는 행위를 자행했으며, 자기들끼리 엎치락뒤치락하며 흥망성쇠를 거듭하였다. 그리고 외부로부터의 이민족의 침략과 내부에서의 농민 蜂起(봉기) 등이 끊이질 않아, 국가와 사회와 백성들의 생활은 문자 그대로 塗炭(도탄)에 빠져 허덕이고 있었다.

그 당시 도연명의 집안은 대단하지는 않았으나, 士族(사족)에 속했고, 그의 학식은 보수적 문인 계층에 속했다. 그는 신흥 군벌들과 어울릴 수 없어 관직을 떠나게 된다. 그는 '歸去來辭(귀거래사)'를 쓰고 전원으로 들어가 몸소 농사를 지었으며, 때때로 술에 취해 '동쪽 울타리에 국화를 따며 우연히 남산을 바라보던' 隱逸(은일)의 풍류를 즐겼다.

이때 그의 심정을 읊은 '雜詩(잡시)'라는 제목의 다음과 같은 시가 있다.

人生無根蔕(인생무근체)　인생은 뿌리 없이 떠다니는 것.
飄如陌上塵(표여맥상진)　밭두렁의 먼지처럼 표연한 것.
分散逐風轉(분산축풍전)　바람 따라 흐트러져 구르는,
此已非常身(차이비상신)　인간은 원래 무상한 몸.
落地爲兄弟(낙지위형제)　땅에 태어난 모두가 형제이니,
何必骨肉親(하필골육친)　어찌 반드시 골육만이 육친인가?
得歡當作樂(득환당작락)　기쁨 얻거든 마땅히 즐겨야 하며,
斗酒聚比隣(두주취비린)　말술 이웃과 함께 모여 마셔라.
盛年不重來(성년부중래)　젊은 시절은 거듭 오지 않으며,
一日難再晨(일일난재신)　하루에 아침을 두 번 맞이하기는 어렵다.
及時當勉勵(급시당면려)　때에 이르면 마땅히 힘써 노력해야 하나니,
歲月不待人(세월부대인)　**세월은 사람을 기다려 주지 않는다**.

이 시는 소박한 생활을 했던 도연명 시인의 삶에 대한 달관의 경지를 잘 보여 준다. 그는 어지러운 세상을 살면서 드러낼 수 없는 마음속의 번민을 토로했다. 지금 이 순간은 한번 지나가면 영원히 오지 않는, 유수같이 흐르는 세월과 인생의 무상함을 말하며, 욕심을 버리고 순리대로 살아갈 것을 勸勉(권면)한다.

그의 가장 위대한 점은 남을 원망하거나 세상을 탓하지 않는 생활 태도다. 대부분 사람들은 현실에

아부하며 구차하게 살거나, 반대로 현실을 외면하고 달관한 척 現實逃避(현실도피)를 미화한다. 그는 벼슬을 내놓고 농촌에 내려가 손수 농사도 지었으므로 인간미가 흘렀고, 백성들의 생활 자체를 노래한 문학을 이루었다.

때로는 인간의 내면을 그린 철학적인 시도 적지 않다. 청결한 일생으로 '靖節先生(정절선생)'이라는 시호가 내려졌다. '歲月不待人(세월부대인)'은 언제 지나갔는지도 모르게 빨리 흘러가는 것이 인생이니, 매사에 부지런히 힘써야 한다는 것을 일깨워 주는 고사성어이다. 이 시는 '시간을 아껴 즐겁게 지내고 술 마시자.'는 勸酒歌(권주가)이나, 후대에는 勸學詩(권학시)의 뜻으로 주로 쓰였다.

위의 '雜詩(잡시)'에서 歲月不待人(세월부대인) 이외에 '盛年不重來(성년부중래 : 젊은 시절은 거듭 오지 않는다)', '一日難再晨(일일난재신 : 하루에 아침을 두 번 맞이하기는 어렵다)', '及時當勉勵(급시당면려 : 때에 이르면 마땅히 힘써 노력해야 한다)' 등의 고사성어가 유래한다.

그리고 盛年不重來(성년부중래), 一日難再晨(일일난재신), 及時當勉勵(급시당면려), 歲月不待人(세월부대인) 등의 이 구절들은 한국의 『明心寶鑑(명심보감)』에도 실려 '학문을 게을리하지 말라.'는 말로 인용되고 있다. 유의어에 '時難得而易失(시난득이이실 : 시기는 얻기 어렵지만 잃기는 쉽다)'이란 말도 있다.

雜詩(잡시) 중 '飮酒(음주)'라는 제목의 시도 있는데, 시 내용은 다음과 같다.

結廬在人境(결려재인경)　집은 촌락에 지어도,
而無車馬喧(이무거마훤)　거마의 소음이 없네.
問君何能爾(문군하능이)　그대 무엇 하느냐고 묻거든,
心遠地自偏(심원지자편)　마음은 멀고 땅도 한갓지다.
採菊東籬下(채국동리하)　동쪽 시립가의 국화를 따다가,
悠然見南山(유연견남산)　멍하니 남산을 보네.
山氣日夕佳(산기일석가)　어스름 저녁 고운 산마루에,
飛鳥相與還(비조상여환)　돌아오는 새소리.
此中有眞意(차중유진의)　여기에 참뜻 있으련만 무어랄까?
欲辯已忘言(욕변이망언)　할 말이 없다네.

※ **陶淵明**(도연명) **詩**(시)**의 價值**(가치)
　첫째는, '五言古詩(오언고시)의 완성'이다. 五言詩(오언시)의 서정성과 예술성을 최고의 경지로 끌어올렸다.

둘째는, '전원문학이라는 새로운 분야를 개척했다.'는 점이다. 이후 전원은 시인들에게 중요한 주제가 되었다.

셋째는, '理想鄕(이상향)의 제시'다. 桃花源詩(도화원시)에서, '도화원'이라는 이상향을 그려냈고, 그때부터 도화원은 동양적 유토피아의 전형이 되었다.

넷째는, '후세 사람들에게 이상적인 인격의 본보기를 제시하였다는 점'이다. 도연명은 세상을 떠난 직후부터 많은 사람들로부터 칭송을 받았는데, 그것은 문학적 성취 못지않은 그의 인격과 절개 때문이었다.

※ **陶淵明**(도연명)**의 詩風**(시풍)

벼슬을 잠깐 하기는 했지만, 평생 거의 대부분을 평민으로 보냈기 때문에, 그의 시는 생활로부터 나온 마음의 부르짖음이었다. 그의 시는 당시 유행하던 귀족적 생활에서 풍겨 나오는 여유 있는 遊戲文學(유희문학)이 아니라, 민간 생활 그 자체를 노래한 문학이었다. 따라서 그의 시는 따스한 인간미가 있으며, 枯淡(고담)의 풍이 서려 있다. 형식면으로는 對句的技巧(대구적기교)나 典據(전거) 있는 표현은 별로 쓰지 않았으므로, 같은 시대 시인인 謝靈運(사영운)과는 매우 대조적이었다. 梁(양)나라의 鍾嶸(종영)의 『詩品(시품)』에서는 그를 가리켜 '고금 隱逸詩人(은일시인)의 宗(종 : 으뜸, 근본)'이라 평가하였으며, 후세에도 똑같이 평가되고 있다.

그의 시풍은 唐代(당대)의 孟浩然(맹호연)·王維(왕유)·儲光羲(저광희)·韋應物(위응물)·柳宗元(유종원) 등을 비롯하여 많은 시인들에게 영향을 끼쳐, 문학사상으로 남긴 업적은 매우 크다. 도연명은 전원생활과 음주의 樂(낙)을 즐겨 읊었지만, 때로는 인간의 내면을 그린 철학적인 시도 적지 않다.

※ **朱熹**(주희)**의 勸學文**(권학문)

勿謂今日不學而有來日(물위금일불학이유내일)	오늘 배우지 아니하여도 내일이 있다고 말하지 말며,
勿謂今年不學而有來年(물위금년불학이유내년)	금년 배우지 아니하여도 내년이 있다고 말하지 말라.
日月逝矣 歲不我延(일월서의 세불아연)	세월이 흘러가도다. 세월은 나를 위해 늘어나지 아니하노니,
嗚呼老矣 是誰之愆(오호노의 시수지건)	늙었도다. 이것이 누구의 허물인고.

※ **偶成**(우성 : 우연히 이룸) - 朱熹(주희, 1130~1200) 지음

少年易老學難成(소년이로학난성)	소년은 늙기가 쉽고 학문은 이루기가 어려우니,
一寸光陰不可輕(일촌광음불가경)	짤막한 시간이라도 가벼이 여기지 말지니라.
未覺池塘春草夢(미각지당춘초몽)	못가에 돋아난 봄 풀의 꿈을 아직 깨닫지도 못했는데,
階前梧葉已秋聲(계전오엽이추성)	뜰 앞의 오동잎은 벌써 가을 소리라.

287 修身齊家治國平天下 수신제가치국평천하

字解
- 修 : 닦을 수 [修養(수양) : 몸과 마음을 단련하여 품성을 닦음]
- 身 : 몸 신 [身體髮膚(신체발부) : 몸과 머리털과 피부]
- 齊 : 가지런할 제 [整齊(정제) : 정돈되어 한결같이 가지런함]
- 家 : 집 가, 집안 가 [家風(가풍) : 집안에 전하여 내려오는 풍습]
- 治 : 다스릴 치 [治水(치수) : 물을 잘 다스려 그 피해를 막음]
  - 병 고칠 치 [治療(치료) : 병을 고쳐 낫게 함]
- 國 : 나라 국 [鎖國(쇄국) : 나라를 쇠사슬로 묶음. 외국과 단절함]
- 平 : 평평할 평 [平地(평지) : 바닥이 평평한 땅]
  - 고루 다스릴 평 [平亂(평란) : 난리를 평정함]
- 天 : 하늘 천 [天高馬肥(천고마비) : 하늘은 높고, 말은 살찐다. 가을]
- 下 : 아래 하, 내릴 하 [下界(하계) : 아래 세계. 사람이 사는 이 세상]

語義 몸을 닦고, 집안을 가지런히 하며, 나라를 다스리고, 천하를 평정한다.
(심신을 닦고, 집안을 정제한 다음, 나라를 다스리고, 천하를 평정함)

 **用例**

▶ 선거철마다 각 지역의 대표를 뽑는 일은 어려운 숙제다. 투표는 후보의 됨됨이를 보고 유권자가 판단할 문제다. 그런데도 꼭 자신이 뽑혀야만, 지역의 발전이 되는 것처럼 말하곤 한다. 표심을 의식하여 실천 불가능한 공약을 쏟아 내기보다는 적어도 '修身齊家治國平天下(수신제가치국평천하)'의 이념쯤은 제대로 갖추었는지 묻고 싶다. 아이들처럼 가위 바위 보로 일할 사람을 뽑으면 참 쉬울 것 같다.

▶ 성균관유도회는 1945년에 발족됐다. 신임 ○○○ 회장은 "일제강점기 때 일본은 전국의 鄕校(향교)와 지역 儒林(유림)들을 핍박했다. 1945년 10월 전국 유림 2천500여 명이 서울 성균관 명륜당에서 회합을 갖고 유도회를 창립했다."고, 성균관유도회의 역사를 설명했다. 유도회는 공자의 도덕을 근간으로 국민에게 倫理道義(윤리도의) 정신을 함양하는 한편, '修身齊家治國平天下(수신제가치국평천하)'의 큰 도를 세상에 널리 펼치고 실행케 하자는 목적으로 설립됐다.

 **出典** 大學(대학, 유교의 4경전 중 하나)

四書三經(사서삼경) 중 하나인 『大學(대학)』 「八條目[1](팔조목)」에는 다음과 같은 구절이 있다.

"만물에는 근본과 말단이 있고, 모든 일에는 시작과 끝이 있으니, 선후를 알면 도에 가깝다. 그러므로 밝은 덕을 천하에 밝히고자 하는 자는 먼저 그 나라를 잘 다스려야 하고, 그 나라를 잘 다스리고자 하는 자는 먼저 그 집안을 잘 다스려야 하고, 그 집안을 잘 다스리고자 하는 자는 먼저 자기 자신을 수양해야 하고, 자기 자신을 수양하고자 하는 자는 먼저 그 마음을 바로 해야 하고, 그 마음을 바로 하고자 하는 자는 먼저 그 뜻을 성실히 해야 하고, 그 뜻을 성실히 하고자 하는 자는 먼저 그 지식에 힘써야 하고, 지식에 힘쓰고자 하는 것은 만물의 이치를 철저히 연구함에 있다."

 原文 物有本末(물유본말) 事有終始(사유종시) 知所先後(지소선후) 則近道矣(즉근도의) 古之欲明明德於天下者(고지욕명명덕어천하자) 善治其國(선치기국) 欲治其國者(욕치기국자) 先齊其家(선제기가) 欲齊其家者(욕제기가자) 先修其身(선수기신) 欲修其身者(욕수기신자) 先正其心(선정기심) 欲正其心者(욕정기심자) 先誠其意(선성기의) 欲誠其意者(욕성기의자) 先致其知(선치기지) 致知在格物(치지재격물)

"만물의 이치를 철저히 연구한 이후에 지식이 지극히 되고, 지식이 지극히 된 이후에 뜻이 성실히 되고, 뜻이 성실히 된 이후에 마음이 바르게 되며, 마음이 바르게 된 이후에 자신의 몸이 수양이 된다. **자신이 수양된 이후에 집안이 잘 다스려지고, 집안이 잘 다스려진 이후에 나라가 잘 다스려진다. 나라가 잘 다스려진 이후에 천하가 평화롭게 된다.**"

 原文 格物而后 知至(격물이후 지지) 知至而后 意誠(지지이후 의성) 意誠而后 心正(의성이후 심정) 心正而后 身修(심정이후 신수) <u>身修而后 家齊</u>(신수이후 가제) <u>家齊而后 國治</u>(가제이후 국치) <u>國治而后 平天下</u>(국치이후 평천하)

위의 글 중 '身修而后 家齊(신수이후 가제) 家齊而后 國治(가제이후 국치) 國治而后 平天下(국치이후 평천하)'에서 '修身齊家治國平天下(수신제가치국평천하)'라는 말이 유래하게 되었다.

『대학(大學)』에는 수신제가에 선행할 4단계가 나온다. '먼저 그 마음을 바르게 해야 하고[先正其心(선정기심)], 바른 마음을 얻기 위해서 그 뜻을 정성스럽게 하며[先誠其意(선성기의)], 그보다 먼저는 지혜에 이르러야 하는데[致知(치지)], 그 지혜는 사물의 원리 원칙을 깨닫는 데서 비롯된다[格物(격물)].'는 순서이다.

결국 먼저 공부를 해서 세상이 돌아가는 이치를 窮究(궁구)하면 지식과 지혜를 얻게 되는데[致知(치지)], 그런 지식만 가지고는 세상을 다스릴 수 없고 먼저 그 뜻을 정성스럽게[誠意(성의)] 해야 한다는 것이다. 이 정성을 통해 얻은 바른 마음[正心(정심)]이 있어야 비로소 자기를 닦는 修身(수신)이 가능하다고 보았다.

---

1) **八條目**(팔조목) : 유교 경전인 『대학』의 修己治人(수기치인)의 여덟 조목. 格物(격물)·致知(치지)·誠意(성의)·正心(정심)·修身(수신)·齊家(제가)·治國(치국)·平天下(평천하)가 그 내용이다.

288 水至淸則無魚 수지청즉무어

字解
- 水 : 물 **수** [水泡(수포) : 물거품. 헛된 수고]
- 至 : 이를 지 [至今(지금) : 현재에 이르러. 지금까지]
  지극할 치 [至誠(지성) : 지극한 정성]
- 淸 : **맑을 청**, 깨끗할 청 [淸涼(청량) : 맑고 시원함]
  끝맺을 청 [淸算(청산) : 계산을 끝맺음. 지금까지의 관계에 결말을 지음]
- 則 : **곧 즉** [然則(연즉) : 그러한즉, 그리하여 곧]
  법 칙 [規則(규칙) : 정해 놓은 기준의 법]
- 無 : **없을 무** [無顔(무안) : 볼 낯이 없음. 면목이 없음]
- 魚 : **고기 어** [稚魚(치어) : 새끼 물고기]

語義 물이 지극히 맑으면, 곧 물고기가 없다.
(엄격하고 급하면, 친구가 없음)
(청렴결백이 좋다고는 하지만, 그것이 도에 지나치면 사람이 따르지 않는다는 것을 비유해 하는 말)

▶ 조직사회에서 '나 홀로 깨끗한 척 지조를 지킨다.'는 것은 금물이니, 中庸(중용)의 道(도)를 생각하라. **水至淸則無魚**(수지청즉무어)요, 山至高峻處無木(산지고준처무목)이라. 물이 맑으면 고기가 없고, 높은 산 정상에는 나무가 없다. 우리의 삶이 너무 깨끗하고 지나치게 올곧으면, 그 집에는 사람 사는 냄새가 나지 않아 주변에 같이 어울려 더불어 살아가는 사람이 없게 된다는 뜻이다.

▶ **水至淸則無魚**(수지청즉무어) 人至察卽無徒(인지찰즉무도). 물이 너무 맑으면 물고기가 없고, 사람이 너무 살피면 친구가 없다는 뜻이다. 사람이 너무 야박하거나 지나치게 똑똑하면, 다른 사람들이 그를 두려워하고 피하여, 벗을 사귀지 못함을 比喩(비유)하여 쓰는 말이다. 남의 말이 약간 틀려도 그냥 모르는 척 넘어도 가고, 말에 장구를 쳐주어 상대방으로 하여금 관심을 끌면 좋으련만, 그 자리에서 면박을 주고 이야기를 끊는 등 잘난 체하면, 누가 그를 친구로 격의 없이 대해 주고 만나 주겠는가? 모르는 것을 지적해 줌도 좋은 일이지만, 어떤 때는 그냥 대충 넘어감도 그리 나쁜 것은 아닐 듯싶다.

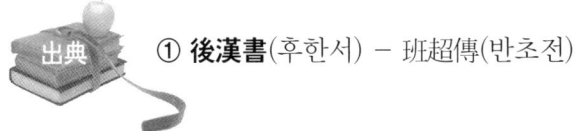 ① **後漢書**(후한서) – 班超傳(반초전)

중국 後漢(후한) 초, 『漢書(한서)』를 지은 班固(반고, 32 ~ 92)의 아우 班超[1](반초)의 이야기이다. 반초는 무예에 뛰어나 明帝[2](명제) 때 오랑캐 50여 나라를 服屬(복속)시켰다. 그 공으로 서역의 都護(도호 : 변경의 여러 이민족의 관리나 정벌의 일을 맡아보던 벼슬. 총독)가 되어 定遠侯(정원후)에 봉해졌다. 반초가 소임을 다하고 귀국하자, 후임 도호로 임명된 임상이 부임 인사차 찾아와서 서역을 다스리는 데 유의할 점을 물었다. 그러자 반초는 이렇게 말했다.

水至淸卽無魚(수지청즉무어)   물이 너무 맑으면 고기가 없고,
人至察卽無徒(인지찰즉무도)   사람이 너무 살피면 동지가 없느니라.
萬事從寬(만사종관)   모든 일에 너그러움을 좇으면
其福自厚(기복자후)   그 복이 스스로(저절로) 두터워지느니라

'사람이 너무 결백해도 따르는 사람이 없다.'는 뜻으로, 때론 사소한 잘못은 덮어주고 대범하게 처신하라는 말이다. '水淸魚不棲(수청어불서)', '水淸無魚(수청무어)'도 같은 뜻이다. 반초는 이 말로 임상의 급한 성격을 지적하고, 정치도 너무 엄하면 아무도 따라오지 않으므로, 사소한 일은 덮어두고 대범하게 다스릴 것을 충고했다.

그러나 임상은 이 충고를 따르지 않고 자기 소신대로 다스렸다. 그 결과 반초가 복속시켰던 50여 나라는 모반을 일으켜 漢(한)나라를 떠났으며, 서역도호부도 폐지되었다.

 ② **史記**(사기) – 管晏列傳(관안열전)

'管鮑之交(관포지교)'라는 고사성어로 널리 알려진 管仲(관중)이 齊(제)나라의 영광을 이룩하고, 늙어 죽을 무렵이었다. 관중이 위독하다는 소식을 듣고, 桓公(환공)이 병문안을 왔다. 그는 관중에게 재상직을 물려줄 만한 인물을 천거할 것을 부탁하였다. 그러나 관중은 한숨만 쉴 뿐 말이 없었다.

그러자 환공이 鮑叔牙(포숙아)는 어떠냐는 말을 꺼냈다. 포숙아는 관중이 평소 '나를 낳아 준 이는 부모이나, 나를 알아준 이는 포숙이다[生我者父母(생아자부모) 知我者鮑叔牙(지아자포숙아)].'라고 할 만큼, 가장 관중이 신뢰하고 또한 관중을 잘 아는 포숙아였다. 그러하니 포숙아가 政事(정사)를 맡으면 어떠냐는 것이 환공의 뜻이었다. 그러나 관중은 고개를 흔들었다.

"아니 됩니다."

"왜 아니 되는 것이오."

"너무 淸貧(청빈)합니다."

포숙아가 너무 청빈한 것이 재상으로서 결격 사유라는 것이었다. 그 까닭을 묻는 환공에게 관중은 이렇게 말하였다.

"물이 너무 맑으면, 고기가 살지 않습니다[水至淸則無魚(수지청즉무어)]. 그렇듯 나라 경영이라는 것

도 너무 청빈만 고집하면 아니 되옵니다."

그런 관중은 재상에 오른 후에 뇌물을 받았다. 그 소식을 들은 환공은 관중을 불러 꾸짖었다. 그러나 관중은 눈 하나 꿈쩍하지 않고 다음과 같이 말하였다.

"재상이 가난하면 슈(令)이 서지 않는 법입니다."

즉, 일을 시켜도 명령이 서지 않는다는 것이었다. 관중은 또 이렇게 말하였다.

"자, 나라의 법은 성문을 6시에 열게 되어 있습니다. 그러나 성안에 사는 어떤 이가 아팠습니다. 그 아들이 찾아와서 모친의 병을 치료하기 위해 의원을 불러야 하니, 성문을 열어 달라고 합니다. 만약 법을 지킨다고 열어주지 않으면 어찌 되겠습니까. 저는 성문을 열어주라고 하였습니다. 그 후 고맙다고 그 아들이 찾아와 닭을 한 마리 가져왔습니다. 저는 그것을 즐거운 마음으로 받았습니다."

관중이 죽고 齊(제)나라 환공이 연로하자, 제나라는 내분이 일어나 국력이 쇠락하고 화려했던 패자의 전성기를 마감한다. 그리고 30년 후 제나라는 망하고 말았다.

---

1) 班超(반초, 33 ~ 102) : 중국 後漢(후한)의 무장. 文士(문사) 가문 출신으로, 서안 근처의 산시성[陝西省(섬서성)] 咸陽(함양)에서 태어났다. 역사가인 班彪(반표)의 아들이자, 『漢書(한서)』의 저자인 班固(반고)의 아우로 이 세 사람을 '三班(삼반)'이라 칭한다.

그의 선임자였던, 霍去病(곽거병)이나 衛靑(위청)처럼 타림 분지에서 흉노족을 효율적으로 방어했으며, 광무제의 통치 기간 기마부대를 이끌고 흉노를 격퇴하고 西域(서역 : 중앙아시아)의 지배권을 확보하였다.

2) 漢 明帝(한 명제, 28 ~ 75. 재위 57 ~ 75) : 후한의 제2대 황제로, 자는 嚴(엄)이고, 이름은 劉莊(유장)이다. 光武帝(광무제)의 네 번째 아들로 태어났다. 57년에 광무제가 죽고, 황태자인 유장이 즉위했다. 이때 나이가 30세였다. 아버지의 시정 방침을 계승한 정책을 실시했다. 외교면에서는 광무제의 소극적인 정책을 고치고, 漢(한) 武帝(무제 : 전한의 제7대 황제)가 진출한 서역 지방에 적극적인 진출을 재개했다. 이 대외 정책에 의하여 班超(반초)가 크게 활약하게 되었다.

明帝(명제) 시대에 불교가 정식으로 전래했다고 전해지지만, 자세한 것은 불명하다. 불교 전래설은 白馬寺(백마사 : 낙양 서옹문 밖에 있던 중국 최초의 절)의 창건과 42장경의 전래에 관한 전승이 있다. 그의 치세는 광무제, 章帝(장제 : 제3대 황제)와 대등하고, 약 200년 지속된 후한의 안정된 전성기를 만들었다.

※ **杜甫**(두보)**의 '五盤**(오반)**'** : 이 詩(시)에는 다음과 같은 구절도 있다.

五盤雖云險(오반수운험)　오반이 비록 험하다고 말하나,
山色佳有餘(산색가유여)　산 빛은 아름다움이 남아 있다.
仰凌棧道細(앙릉잔도세)　우러러 잔도(사다리길) 좁은 곳을 오르고,
俯映江木疎(부영강목소)　굽어 물가 나무 드문 데를 비춰본다.
地僻無網罟(지벽무망고)　지역이 후미지니 그물로 고기 잡는 사람이 없고,
水淸反多魚(수청반다어)　**물이 맑아도 도리어 고기가 많아라.** 〈後略(후략)〉

289 勝敗兵家常事 승패병가상사

字解
勝 : 이길 승 [勝戰(승전) : 전쟁에서 이김]
　　경치 좋을 승 [名勝(명승) : 경치가 뛰어나 이름난 곳]
敗 : 패할 패 [敗亡(패망) : 패하여 망함]
　　썩을 패 [腐敗(부패) : 썩어서 못 쓰게 됨]
兵 : 군사 병 [兵力(병력) : 군대의 세력. 군대의 수효]
　　병기 병, 무기 병 [兵馬(병마) : 병기와 군마]
家 : 집 가 [農家(농가) : 농사를 짓고 사는 사람의 집]
常 : 항상 상 [常備(상비) : 항상 준비함. 늘 준비하여 둠]
　　떳떳할 상 [常理(상리) : 떳떳한 도리. 당연한 이치]
事 : 일 사 [慶事(경사) : 경사할 만한 기쁜 일]
　　섬길 사 [事大(사대) : 큰 것을 섬김]
　　부릴 사 [使役(사역) : 남을 부려서 일을 시킴]

語義 승리와 패배는 兵家(병가)에서 항상 있는 일이다.
(싸움에서 이기기도 하고 지기도 하는 것처럼, 일에도 성공과 실패가 있다)
(이기고 지는 것에 크게 개의치 말고, 최선을 다하는 것이 중요하다)

用例

▶한화의 체면은 최악이다. 그럼에도 한화에 희망은 있다. '승리에 대한 배고픔'만큼은 살아 있기 때문이다. **勝敗兵家常事**(승패병가상사)란 말이 있기는 하지만, 13번을 졌고 그래도 마음가짐만은 흐트러지지 않았다. 결과적으로는 '게도 잃고 구럭도 잃은' 고교 야구식 투수 운용도, 선수들의 삭발 투혼도, '이기려는 마음'속에서 나왔다. 한화 선수들은 휴식일인 15일에도 대전구장에 나와 자율훈련을 하며 필승을 다짐했다.

▶민주 사회에서 선거의 **勝敗**(승패)는 **兵家常事**(병가상사)라고 할 수 있다. 그리스의 철학자 아리스토텔레스가 설파한 바와 같이 '교대로 통치하고 통치받는 것'이 민주정치의 특징이 아니겠는가. 따라서 패배를 했다는 사실보다 패배를 어떻게 받아들일 것인가가 더 중요하다.
　그런데 지금 ○○당이 보여 주는 모습은 무엇인가. 대선 패배 후 갖은 논란 속에 비대위원장 선출조차 22일을 끌어오더니, 수습은커녕 계파 간 이해관계가 첨예하게 엇갈리면서 혼전양상이 벌어지고 있다. 뒤늦게 비대위를 출범하면서 피를 토하고 뼈를 깎는 심정으로 머리부터 발끝까지 다 바꾸겠다고 하더니, 이제는 "토할 피가 없다거나, 깎을 뼈가 없다."는 말이 들린다.

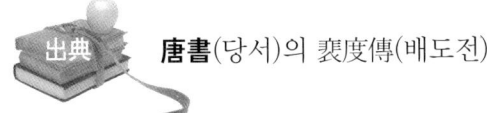

出典: 唐書(당서)의 裵度傳(배도전)

중국 唐(당)나라 황제가 전쟁에 나가 싸움에 지고 온 裵度[1](배도)에게,

"**한 번 이기고 한 번 지는 것은 병가에서 늘 있는 일이다[一勝一敗 兵家常事(일승일패 병가상사)].**"

라고 한 '一勝一敗 兵家常事(일승일패 병가상사)'에서 '勝敗兵家常事(승패병가상사)'라는 말이 유래되었다.

戰爭(전쟁)에 패하여 낙심하고 있는 임금이나 장군을 위로하기 위해, 고전 역사서에 자주 인용되는 말이다. 이 말은 결국 싸움에 있어서 勝敗(승패) 자체가 중요하지만, 그 싸움에 임하는 자세와 승패 후에 오는 마음가짐이 더 중요하다는 뜻으로 쓰인다. 여하튼 그 표현의 참뜻은 '전쟁이든 경쟁이든, 승패가 갈려야 하는 상황에서는 오히려 지고 이김을 초월하여, 그에 크게 개의치 말고 최선을 다하여라.'일 것이다.

여기에서 한걸음 더 나아가 다음을 생각해 보면 좋을 것이다. 무슨 일을 시작할 때, '최선의 경우와 최악의 경우'를 항상 염두에 두고 대책을 강구해 두지 않으면, 비록 성공한다 해도 좋은 끝을 맺기 어렵다. 그러나 두 경우를 대비하는 사람이라면, 비록 실패했더라도 그 실패는 틀림없이 성공의 밑거름이 될 것이다.

---

1) 裵度(배도, 765 ~ 839) : 당나라 河東(하동) 사람. 자는 中立(중립). 德宗(덕종) 5년(789)에 진사에 올랐다. 憲宗[2](헌종) 때 司封員外郞(사봉원외랑)과 中書舍人(중서사인), 御史中丞(어사중승)을 지냈고, 藩鎭(번진)을 없앨 것을 강력하게 주장했다. 당나라 군대가 蔡(채)를 토벌한 뒤, 군대를 行營(행영)하는 일을 감시했다. 穆宗(목종) 때 여러 차례 出鎭入相(출진입상)하면서 천하의 중용을 받았다.

　文宗(문종) 때 파직되어 山南東道節度使(산남동도절도사)가 되었지만, 병으로 사직을 청한 뒤 東都(동도)로 돌아와 綠野堂(녹야당)이란 별장을 짓고, 白樂天(백낙천)·劉禹錫(유우석) 등과 함께 풍류를 즐겼다. 中書令(중서령)까지 올랐고, 시호는 文忠(문충)이다. 절도사를 억압하고 宦官(환관)에 대해서도 강경책을 취하여, 憲宗(헌종)·穆宗(목종)·敬宗(경종)·文宗(문종)의 4조에 걸쳐 활약했다.

2) 唐 憲宗(당 헌종, 778 ~ 820. 재위 805 ~ 820) : 唐(당)의 제11대 황제. 順宗(순종, 제10대 황제, 761 ~ 806. 재위 805)의 일곱 번째 아들이다. 당의 中興之主(중흥지주), 즉 기울어가던 왕조를 다시 일으켜 세운 군주라는 칭송을 받았다. 德宗(덕종 : 제9대 황제)의 장남인 병약한 아버지로부터 양위받아 즉위하였다. 만년에 金丹(금단 : 선단)을 먹고 조급증에 빠져, 결국 환관 王守澄(왕수징)과 陳弘志(진홍지)에게 弑害(시해) 당하였다. 향년 43세로 재위 15년 만의 일이었다.

290 力拔山氣蓋世 역발산기개세

字解
- 力 : 힘 **력(역)**, 힘쓸 력(역) [力士(역사) : 뛰어나게 힘이 센 사람]
- 拔 : 뺄 발, **뽑을 발** [選拔(선발) : 여럿 중에서 가려 뽑음]
  빼어날 발, 뛰어날 발 [拔群(발군) : 여럿 가운데서 특별히 빼어남]
- 山 : 산 **산**, 뫼 산 [山城(산성) : 산에 쌓은 성]
- 氣 : 기운 **기** [精氣(정기) : 만물에 갖추어져 있는 기운]
  기체 기 [大氣(대기) : 지구를 둘러싸고 있는 기체]
  기후 기 [氣象(기상) : 대기 속에서 일어나는 현상]
- 蓋 : 덮을 **개** [蓋世(개세) : 위력이나 기상이 세상을 덮을 만큼 뛰어남]
  대개 개 [蓋然(개연) : 확실하지 못하나 그럴 것같이 추측됨]
- 世 : 세상 **세** [世俗(세속) : 세상의 풍속]
  세대 세 [世代(세대) : 약 30년을 구분으로 하는 연령 또는 사람]

語義 힘은 산을 뽑고, 기개는 세상을 덮는다.
(세상을 뒤엎을 정도로 강한 힘과 기운) / (기력이 매우 웅대함)

用例

▶ 한바탕 거친 꿈에 지나지 않은 걸까. 그에게는 모든 것이 단 7년 사이에 결정났다. 스물넷의 나이에 진나라에 대항하는 군사를 일으키고, 3년 뒤 18명의 제후를 봉하는 서초패왕으로 등극한다. 하지만 4년간의 楚漢(초한)전쟁 끝에 자살로 생을 마감한다. 雙瞳子(쌍동자 : 눈동자가 두 개)에 8척 거구, '**力拔山氣蓋世**(역발산기개세)'라는 말을 들었던 항우다. 옛 도시들을 돌아보는 일정 내내 아쉬운 마음만 가득했다. 항우의 발자취를 좇아가며 그 빛남과 어느 순간 바스라지는 허무함이 그랬다. 장수로서 전략가로서 걸출한 영웅의 면모를 갖췄지만, 항복한 진나라 병사 20만 명을 산 채로 묻어버린 잔혹함과 적재적소에 인재를 기용하는 안목의 부족, 큰 판세를 보는 정치력 부재가 항우를 몰락으로 이끌었다. 지금은 항우의 흔적도 거의 사라지고 없었다.

▶ 무작정 산에 들어간다고 해서 신선이 되는 것이 아니라, 그것에 대한 간절함으로 몸과 마음을 활짝 열어야 그 힘이 몸과 마음속으로 들어오겠죠. 그러면 누구나 산이 주는 그 원초적인 힘과 더불어 자신을 짓누르고 있는 삶의 무게가 점점 가벼워지는 것을 경험하게 되지요. 산마다 그리고 골짜기와 능선마다 독특한 성격이 있는 것 같습니다. 세상살이에 거칠어진 몸과 마음을 가다듬어 주는 어머니 같은 산이 있고, **力拔山氣蓋世**(역발산기개세)의 호연지기를 키워 주는 아버지 같은 산이 있습니다. 그런가 하면 잠든 의식을 새롭게 깨워 주는 산도 있습니다.

 **史記**(사기) – 項羽紀(항우기)

楚(초)나라 項羽(항우)가 漢(한)나라 沛公(패공) 劉邦(유방)을 맞아 垓下[1](해하)에서 최후의 결전을 치르던 날, 군대는 적고 먹을 것마저 떨어져 四面楚歌(사면초가)에 몰렸다. 항우의 진영에 밤이 되자 사방에서 초나라 노래가 들려오고, 대부분 초나라 출신인 항우의 병사들은 고향 생각에 눈물을 흘리며 戰意(전의)를 상실했다. 그는 자신의 여자 虞美人(우미인)과 술을 한잔 마시며, 감개가 무량해서 詩(시) '垓下歌(해하가)'를 읊었다.

力拔山氣蓋世(역발산기개세)
　힘은 산을 뽑을 만하고, 기운 또한 세상을 덮을 만하나,
時不利兮騅不逝(시불리혜추불서)
　때와 운이 불리하니 추 또한 달리지 못하는구나.
騅不逝兮可奈何(추불서혜가내하)
　추가 달리지 못하니 어찌해야 한단 말인가?
虞兮虞兮奈若何(우혜우혜내약하)
　우여, 우여, 그대를 어떻게 하면 좋단 말이냐?

항우는 노래를 마치고 우미인과 눈물을 흘리다가 우미인에게, '너는 얼굴이 아름다우니 沛公(패공)의 사랑을 받아 살아날 수 있을 것이다. 그러나 우미인은 자살을 하고 만다. 위의 시를 '虞兮歌(우혜가)' 또는 '垓下歌(해하가)'라고 한다. 騅(추)는 항우의 烏騅馬(오추마 : 흰 털이 섞인 검은 말)이다.
'力拔山氣蓋世(역발산기개세)'는 바로 이 詩(시)의 첫 구절이다. 이 표현으로부터 '蓋世英雄(개세영웅)'이라는 말도 생겨났는데, '세상을 덮을 만한 영웅'이란 뜻이다. 또 '蓋世之氣(개세지기)'라고 하면 바로 '力拔山氣蓋世(역발산기개세)'를 줄인 말이다. '세상을 뒤엎을 기세'란 뜻으로, 항우 같은 희대의 영웅을 가리키는 표현이다.

---

1) 垓下(해하) **전투 후** : 항우는 강동으로 가 재기하려 한다. 해하에서 남은 28명을 이끌고 전투를 벌이다, 항우는 병졸 1,000명과 장수 9명을 죽인다. 그러나 항우측은 2명만 전사했을 뿐이다. 烏江(오강 : 안휘성에 있는 장강의 지류)에서 亭長(정장)이란 자가 배를 타라고 하나, 항우는 부하 26명과 오추마만 보낸다. 그런데 오추마는 물에 뛰어들어 자살하고, 항우는 한의 기병 5,000명을 베다가, 고향 사람 여마통에게 자신의 목을 가져가면 한왕 유방이 왕으로 봉한다는 말을 들었다. 항우는 옛정을 생각해서 여마통을 왕이 되게 하기 위해 스스로 목을 베어 자살한다. 이로써 한왕 유방이 천하를 통일하고, 呂馬通(여마통)을 비롯하여 항우의 시체를 가져간 장수 9명은 약속대로 列侯(열후)에 봉해진다.

291 燕雀安知鴻鵠之志 연작안지홍곡지지

字解
燕 : 제비 연 [燕雀(연작) : 제비와 참새. 도량이 좁고 작은 인물]
　　연나라 연 [燕京(연경) : 연나라의 서울. 지금의 북경(北京)]
雀 : 참새 작 [雀躍(작약) : 참새가 날고 춤추듯이 뛰면서 기뻐함]
安 : 어찌 안 [安得不然(안득불연) : 어찌 그러하지 않겠는가]
　　편안 안 [安眠(안면) : 편안히 잠을 잠]
知 : 알 지 [知己(지기) : 자기를 알아주는 사람]
鴻 : 큰기러기 홍 [鴻鵠之志(홍곡지지) : 큰기러기와 고니의 뜻. 크고 높게 품은 뜻]
　　클 홍 [鴻恩(홍은) : 넓고 큰 은혜]
鵠 : 고니 곡 [鴻鵠(홍곡) : 큰기러기와 고니]
　　정곡 곡 [正鵠(정곡) : 가장 중요한 요점이나 핵심이 되는 것]
之 : 갈 지 [之東之西(지동지서) : 동으로 갔다 서로 갔다 함]
　　어조사 지 [姑息之計(고식지계) : 임시방편의 당장 편한 꾀나 방법]
志 : 뜻 지 [雄志(웅지) : 웅대한 뜻. 큰 뜻]
　　기록 지, 기록할 지 [三國志(삼국지) : 삼국에 대한 기록. 역사서]

語義 연작(참새와 제비)이 어찌 홍곡(기러기와 고니)의 뜻을 알리오?
(소인배들은 군자나 큰 뜻을 품은 사람의 큰 뜻을 결코 알지 못한다)
(자신의 진심을 남들이 이해하지 못할 때 자탄하는 말)

用例

▶한번 날개를 퍼덕이면 천리를 가며, 벽오동이 아니면 내려앉지를 않는 수컷은 봉이요 암컷은 황이라, 대나무 열매를 먹는 봉황만이 벽오동 심은 뜻을 알지니……. **燕雀安知鴻鵠之志**(연작안지홍곡지지), 제비와 참새가 어찌 큰기러기와 백조의 뜻을 알겠는가! 남이 나를 알아주지 않아도 성내지 않으면 군자인 것을. 무릇 큰 꿈을 품은 자는 작은 비난 따위는 두려워 아니할지니. 때가 되면 마치 물이 증발하여 구름이 되고 이무기가 변하여 용이 되듯, 이 천둥 번개 소리에 천년 잠을 깨어 떨치고 일어나리라.

▶以蠡測海(이려측해)는 '표주박으로 바다를 잰다.'는 것으로 옅은 이치로 심오한 이치를 헤아리려 할 때 쓰는 말이다. 지식인이라면 이런 이려측해의 잘못을 범하지 않을까 노심초사하지 않을 수 없다. 또 세상일을 모르는 소인을 비유할 때 자주 쓰는 '술 단지 속의 날벌레'라는 뜻의 甕裏醯鷄(옹리혜계)도 경계 대상이다. 괜한 시비를 거는 댓글에 대해선 **燕雀不知天地之高**(연작부지천지

지고'의 태도가 어울린다. 제비나 참새 무리가 어찌 천지의 광대함을 알겠는가. 비슷한 말로는 **燕雀安知鴻鵠之志**(연작안지홍곡지지)도 있다. '제비나 참새 따위가 어찌 큰기러기나 고니의 뜻을 알겠느냐.'는 뜻이다.

 **史記**(사기) – 陳涉世家(진섭세가)

陳涉[1](진섭, ? ~ B.C.208)이라는 사람은, 중국 秦(진)나라가 끝날 무렵의 혼란기에 반짝 빛을 발했던 風雲兒(풍운아)다. 훗날 진섭은 '王侯將相(왕후장상)에 씨가 따로 없다.'는 유명한 연설을 하며, 중국 역사상 최초의 농민 봉기를 일으켰다. 가슴속에 큰 뜻을 품은 진섭은 젊었을 때 집안이 가난해서 부잣집 머슴살이를 했는데, 어느 날 밭일을 하다가 잠시 쉬는 짬에 동료들을 돌아보고 이런 소리를 했다.

"우리가 오늘은 비록 이런 꼴로 남의 집 머슴살이를 할망정, 나중의 운명이 어떻게 변할지 누가 알겠소. 만약 富貴(부귀)하게 되더라도 오늘의 정을 잊지 말고 서로 돕도록 합시다."

그 말을 듣고 모두 가당찮다는 듯이 픽 웃었다.

"남의 집 머슴인 주제에 무슨 富貴榮華(부귀영화)가 있을 거라고 기대하나?"

진섭은 하늘을 쳐다보며 탁식했다.

"**연작이 홍곡의 뜻을 어찌 알리오**[燕雀安知鴻鵠之志(연작안지홍곡지지)]?"

그로부터 얼마 후 始皇帝(시황제)가 죽고 그 아들 胡亥(호해)가 2세 황제로 대를 이었는데, 잔혹한 철권통치에 억눌려 있던 민심이 한꺼번에 터지는 바람에 사방에서 반란이 일어났다. 이때 진섭 역시 吳廣[2](오광)이란 자와 함께 반란을 일으켜, 처음에는 승승장구하는 듯했다. 번번이 관군을 깨뜨리고 여러 지역을 손에 넣었고, 날이 갈수록 병력도 강해져 따르는 병사만도 수십만 명에 이르렀다. 마침내 추종자들의 추대를 받아 왕이 된 진섭은 국호를 '張楚(장초)'라고 했다. 이것은 '초나라를 확장한다.'는 뜻이었다.

'이만하면 앞으로 천하가 내 세상이 될 것을 믿어도 무방하렷다.'

진섭은 이렇게 생각하며 자신만만했는데, 그의 몰락은 예상하지 않은 일에서 비롯되었다.

어느 날, 옛 친구를 자처하면서 진섭을 찾아온 사람이 있었다.

"나를 알아보시겠소? 지난날 같이 머슴살이를 하던 아무개올시다."

그 사람은 함께 머슴살이를 할 때, 진섭이 자청해서 한 말을 들먹이며 친분을 과시하려 했다. 그러니 진섭으로서는 왕의 체면이 말이 아니었다. 결국 최측근들이 진왕에게 다가와,

"친구분이 우매하고 무식하여 멋대로 妄言(망언)을 일삼으니, 왕의 위엄을 깎아내리게 됩니다."

라고 했다. 이 말을 들은 진섭은 자신의 過去(과거)가 친구에 의해 낱낱이 드러나게 되면 위엄을 세우기도 어렵다고 판단하여 외쳤다.

"어디서 굴러온 미친놈이 임금의 위엄을 감히 손상시키고 있구나. 도저히 참을 수 없다. 여봐라! 이놈을 당장 끌어내다 斬首(참수)하라!"

이 광경을 본 주위 사람들은 진섭의 인간성에 대해서 회의를 품었다. 그의 前歷(전력)을 뻔히 아는 자신들 역시 나중에 같은 꼴로 당하지 않는다는 보장이 없다고 생각한 것이다. 그래서 옛 동지들은 한 사람 두 사람 그의 곁을 떠나버렸고, 일 년도 채 되지 않아 진섭은 참담하게 몰락하고 말았다. 이런 소문은 빨리 퍼져나가게 마련이다. 진섭의 다른 친구들도 하나둘씩 떠나, 그의 주위에는 아무도 남아 있지 않게 되었다. 외로움에 빠진 진섭은 판단력이 흐려지게 되었고, 마음이 움직이는 대로 함부로 행동하기 시작했다.

진섭은 朱房(주방)을 中正官(중정관)으로 삼아 인사를 관장하게 했고, 胡武(호무)를 신하들의 과실을 감찰하는 司過官(사과관)으로 삼아 감시하게 했다. 여러 장수들이 적을 공략하고 돌아와 復命(복명)할 때, 주방과 호무의 명령에 따르지 않는 사람은 붙잡아 죄를 묻기도 하고 가혹하게 감찰하였다. 진섭은 이 두 사람만 신임했다. 여러 장수들은 이런 이유 때문에 왕에게 가까이 다가설 수 없었으며, 저마다 불평과 불만을 마음속에 담아두게 되었다. 6개월 뒤에는 진섭이 봉하고 파견한 자들이 결국 모반을 일으켰고, 결국 그는 망하고 말았다.

진섭은 '燕雀(연작)이 모르는 鴻鵠(홍곡)의 큰 뜻'을 품기는 했으되, 어떻게 해야만 사람들의 마음을 붙잡을 수 있는가 하는 것은 몰랐던 것이다.

'燕雀安知鴻鵠之志(연작안지홍곡지지)'에서 '鴻鵠之志(홍곡지지)'만 떼어내어, '英雄(영웅)이나 豪傑(호걸)들의 遠大(원대)한 꿈'을 비유한 말로 쓰인다.

---

1) 陳涉(진섭, ? ~ B.C.208) : 秦(진)나라의 반란 주모자로, 자는 涉(섭), 이름은 陳勝(진승)이며, 陽城(양성) 사람이다. 중국 최초의 농민 반란인 '陳勝(진승)·吳廣(오광)의 亂(난)'을 일으켜, 진나라에 맞서 '張楚(장초)'라는 나라를 세우고 왕이 되어 진나라를 압박했으나, 章邯(장한)이 거느린 진나라 토벌군의 공격을 받아 전쟁에 패해서 죽었다. 후에 漢(한)나라의 유방이 진섭에게 隱王(은왕)이라는 시호를 내려주었다.

2) 吳廣(오광, ? ~ B.C.209) : 중국 秦(진) 왕조 말기의 반란의 지도자로, 자는 叔(숙)이며 陽夏(양하) 사람이다. 진나라 2세 황제 호해 재위 때, 陳勝(진승)과 함께 반란을 일으켰으나 실패했다. 오광은 진승과 함께 농민 900명을 이끌고 반란을 일으켜 하남성 일대를 점령했고, 곧 수많은 농민들이 가담하여 허난성의 중심지 진주성을 무혈로 함락시켰다. 그 뒤 진승이 '張楚(장초)'라는 나라를 세우고 帝王(제왕)이 되자, 진승에 의해 副王(부왕)으로 임명되었다. 그는 2만 군사를 이끌고 낙양을 공략하라는 명을 받고 낙양으로 진군하다가, 낙양 근처에서 진나라 장수 章邯(장한)과 싸우던 중 부하 田臧(전장)에게 살해되었다.

292 五十步百步 오십보백보

字解
- 五 : 다섯 **오** [五線紙(오선지) : 오선을 그어 인쇄해 놓은 종이]
- 十 : 열 **십** [十中八九(십중팔구) : 열이면 여덟이나 아홉이 그러함]
- 步 : 걸음 **보**, 걸을 보 [步行(보행) : 걸어서 감]
- 百 : 일백 **백** [百年偕老(백년해로) : 백 년 동안 함께 늙어감]
  많을 백 [百官(백관) : 많은 관리. 모든 관리]

語義 오십 걸음 백 걸음.
오십 걸음 도망친 사람이 백 걸음 도망친 사람을 비웃는다.
(조금 낫고 못한 정도의 차이는 있으나, 본질적으로는 차이가 없음)

 用例

▶ 최근 長期(장기) 수신 상품의 변별력이 높아지고 있는 것은 '비정상의 정상화'에 가깝다. 1년제나 2년제 예금 금리나 **五十步百步**(오십보백보)였다. 장기 예금을 받아도 저금리와 불황으로 대출처가 마땅치 않다 보니, 굳이 고금리를 줘가면서 예금을 유치할 이유가 없었기 때문이다. 심지어 일부 은행은 2년제 금리가 1년제보다 더 싸거나 같을 정도로 금리 체계가 상식을 벗어나 있었다. 실제 ○○은행의 키위정기예금 금리는 연 2.5%로 1년제와 2년제 금리가 똑같았다.

▶ 오십 보 도망가 놓고 백 보 도망간 사람을 손가락질하는 사람이 세상엔 많습니다. 자신의 책임을 남에게 전가하고 남의 잘못을 자신의 잘못보다 과대 포장하고 헐뜯는 것이 생존무기가 되어 버린 시대를 우리는 살고 있습니다. 무작정 다른 사람을 향해 비난할 것이 아니라, 자신에게는 그런 문제점이 없는가를 돌아봐야 합니다. 『논어』에서는 君子(군자)와 小人(소인)을 비교하면서, 군자는 모든 책임을 질 줄 알며, 자신에게 먼저 잘못을 묻는 사람이라 하고 있습니다. 전쟁터에서 오십 보 도망간 병사가 백 보 도망간 병사를 보고 웃었다는 맹자의 **五十步百步**(오십보백보) 이야기가 오늘날 낯선 이야기 같지가 않습니다.

 **出典** **孟子**(맹자) - 梁惠王(양혜왕) 上篇(상편)

중국 春秋時代(춘추시대) 魏(위)나라 惠王(혜왕 : 양 혜왕)은 나름대로 국민의 수효 증가로 富國强兵(부국강병)을 위해 노력했으나 별 효과가 없자, 孟子(맹자)한테 자기 자랑 겸 묻게 되었다.

梁 惠王(양 혜왕)이 가로되,

"과인은 마음을 다해 百姓(백성)을 다스려, 河內(하내) 지방이 흉년이 들면 河東(하동)의 곡식을 옮겨

하내 지방 百姓(백성)을 먹이고, 하동 지방이 흉년이 들면 또한 그같이 하는데, 이웃 나라의 政治(정치)를 보면 나와 같이 하는 사람은 없습니다. 그런데 내 百姓(백성)이 더 많아지지 않은 이유는 무엇입니까?"

이 말을 듣고 孟子(맹자)가 대답하여 가로되,

"왕이 戰爭(전쟁)을 좋아하시니, 그것으로 비유하여 말을 하지요. 전쟁터에서 전쟁이 한창일 때 한 병사가 갑옷을 던져 버리고 병기를 질질 끌며 도망을 쳐서, 백 보쯤 가서 멈추었습니다. 또 다른 병사도 도망치다가 오십 보쯤 가서 멈추었습니다. 그리고 **오십 보 도망친 자는 백 보 도망친 사람을 겁쟁이라고 비웃었습니다**. (왕께서는) 어떻게 생각하십니까?"

(왕이) 가로되, "오십 보나 백 보나 도망친 것은 마찬가지가 아니요?"

(맹자가) 가로되, "그것을 아신다면, 이웃 나라보다 百姓(백성)이 많아지지 않는다고 한탄하지 마십시오."

농사의 때를 어기지 아니하면 곡식을 이루 다 먹을 수 없으며, 촘촘한 그물을 웅덩이와 연못에 넣지 아니하면 고기와 자라를 이루 다 먹을 수 없으며, 도끼와 자귀를 때때로 산림에 들어가게 하면 재목을 이루 다 쓸 수 없을 것입니다. 곡식과 더불어 고기와 자라를 잘 먹지 못하고 재목을 잘 쓰지 못하면, 이것은 백성으로 하여금 살아 있는 사람을 봉양하고 죽은 이를 장사 지냄에 근심이 없게 해야 하는 것이니, 살아 있는 이를 봉양하고 죽은 이를 상사함에 근심이 없음이 왕도의 시작입니다.

다섯 이랑의 터에 뽕나무를 심으면 50명이 비단옷을 입을 수 있고, 닭·돼지·개를 기름에 때를 잃지 않는다면 70명이 고기를 먹을 수 있으며, 백 이랑의 밭을 농사철에 빼앗기지 않는다면 여러 가구의 집들이 굶주림이 없습니다. 학교의 가르침을 삼가서 효제의 의리로서 거듭한다면, 반백의 노인이 도로에서 짐을 지거나 머리에 이지 않을 것이니, 70된 자가 비단옷을 입고 고기를 먹으며 일반 백성이 굶주리지 않고 추위에 떨지 않게 하고서도 왕 노릇하지 못하는 자 있지 않습니다.

개와 돼지가 사람의 음식을 먹되 단속할 줄을 모르며, 도로 위에 굶어 죽은 시체가 있어도 창고를 열 줄을 모르고 사람이 죽거든 말하기를, '내가 그렇게 한 것이 아니라 세월[흉년]이 그렇게 한 것이다.'라고 합니다. 이것은 사람을 찔러 그를 죽이고 말하기를, '내가 한 것이 아니라, 병기가 그렇게 한 것이다.'라고 하는 것과 무엇이 다르겠는가? 왕이 흉년 탓을 함이 없으면, 이 천하의 백성들이 모일 것입니다.

 原文 梁惠王曰(양혜왕왈), "寡人之於國也(과인지어국야) 盡心焉耳矣(진심언이의) 河內凶(하내흉) 則移其民於河東(즉이기민어하동) 移其粟於河內(이기속어하내) 河東凶(하동흉) 亦然(역연) 察鄰國之政(찰인국지정) 無如寡人之用心者(무여과인지용심자) 鄰國之民不加少(인국지민불가소) 寡人之民不加多(과인지민불가다) 何也(하야)?"

孟子對曰(맹자대왈), "王好戰(왕호전) 請以戰喩(청이전유). 塡然鼓之(진연고지) 兵刃旣接(병인기접) 棄甲曳兵而走(기갑예병이주) 或百步而後止(혹백보이후지) 或五十步而後止(혹오십보이후지) 以五十步笑百步(이오십보소백보) 則何如(즉여하)?"

曰(왈), "不可(불가) 直不百步耳(직불백보이) 是亦走也(시역주야)."

曰(왈), "王如知此(왕여지차) 則無望民之多於鄰國也(즉무망민지다어인국야)."

不違農時(불위농시) 穀不可勝食也(곡불가승식야) 數罟(촉고 *數 ; 촘촘할 촉) 不入洿池(불입오지) 漁鼈不可勝食也(어별불가승식야) 斧斤以時入山林(부근이시입산림) 材木不可勝用也(재목불가승용야) 穀與漁鼈(곡여어별) 不可勝食(불가승식) 材木不可勝用(재목불가승용) 是使民養生喪死(시사민양생상사) 無憾也(무감야) 養生喪死無憾(양생상사무감) 王道之始也(왕도지시야).

五畝之宅(오무지택) 樹之以桑(수지이상) 五十者可以衣帛矣(오십자가이의백의) 鷄豚狗彘之畜(계돈구체지축) 無失其時(무실기시) 七十者可以食肉矣(칠십자가이식육의) 百畝之田(백무지전) 勿奪其時(물탈기시) 數口之家可以無飢矣(수구지가가이무기의) 謹庠序之敎(근상서지교 *庠 ; 학교 상) 申之以孝悌之義(신지이효제지의) 頒白者不負戴於道路矣(반백자불부재어도로의) 七十者衣帛食肉(칠십자의백식육) 黎民不飢不寒(여민불기불한) 然而不王者(연이불왕자) 未之有也(미지유야)

狗彘食人食而不知檢(구체식인식이부지검) 塗有餓莩而不知發(도유아표이부지발 *莩 ; 굶어죽을 표) 人死(인사) 則曰(즉왈) '非我也(비아야) 歲也(세야)' 是何異於刺人而殺之(시하이어자인이살지) 曰(왈), '非我也(비아야) 兵也(병야)' 王無罪歲(왕무죄세) 斯天下之民至焉(사천하지민지언) 〈이해를 위해 문장부호를 달고 행을 편집함〉

결국 혜왕이 흉년이 들었을 때, 百姓(백성)을 도운 것은 전쟁을 위한 목적이었기 때문에, 혜왕 밑으로 모이는 百姓(백성)은 더 늘지를 않았다는 것이 핵심 요지다. 五十步百步(오십보백보)는 위의 五十步笑百步(오십보소백보)에서 유래했으며, 유사어로 '大同小異(대동소이 : 크게 다름이 없음)', '彼此一般(피차일반 : 서로가 마찬가지임)' 등이 있다. '도긴개긴'이라는 말도 있다.

※ 유머 四字成語(사자성어)

- 苦盡甘來(고진감래) – 고생을 진탕 하고 나면 감기몸살 온다.
- 群鷄一鶴(군계일학) – 군대에선 계급이 일단 학력보다 우선한다.
- 男尊女卑(남존여비) – 남자가 존재하는 한 여자는 비참하다.
    남자의 존재 이유는 여자의 비위를 맞추기 위해서다.
- 萬事亨通(만사형통) – 모든 일은 형을 통해서 한다.
- 父傳子傳(부전자전) – 아버지가 전씨면 아들도 전씨다.
- 三顧草廬(삼고초려) – 쓰리고를 할 때는 초단을 조심하라.
- 阿片戰爭(아편전쟁) – 아내와 남편의 싸움.
- 有備無患(유비무환) – 비 오는 날은 환자가 없다.
- 全羅南道(전라남도) – 옷을 홀딱 벗은 남자의 그림.
- 竹馬故友(죽마고우) – 죽치고 마주앉아 고스톱 치는 친구.

293 王侯將相寧有種乎 왕후장상영유종호

字解
- 王 : 임금 **왕** [王座(왕좌) : 임금이 앉는 자리]
- 侯 : 제후 **후** [諸侯(제후) : 봉건시대에 일정 영내의 백성을 다스린 사람]
- 將 : 장수 **장** [勇將(용장) : 용감한 장수]
  - 장차 장 [將來(장래) : 장차 옴. 앞날]
  - 나아갈 장 [日就月將(일취월장) : 날로 달로 자라거나 발전해 나감]
- 相 : 서로 **상** [相扶相助(상부상조) : 서로서로 도움]
  - 정승 **상** [宰相(재상) : 임금을 보필하는 이품 이상의 벼슬]
- 寧 : 편안할 **녕(영)** [寧日(영일) : 편안한 날, 평화스러운 날]
  - **어찌 녕(영)** [寧不安乎(영불안호) : 어찌 편안하지 아니한가?]
- 有 : 있을 **유** [有識(유식) : 학식이 있음. 아는 것이 많음]
- 種 : 씨앗 **종**, 심을 종 [播種(파종) : 씨앗을 뿌림]
- 乎 : 어조사 **호** [不亦君子乎(불역군자호) : 또한 군자가 아니겠는가?]

語義 왕과 제후 그리고 장수와 정승이 어찌 따로 씨가 있겠는가?
(사람의 신분은 태어날 때 정해지는 것이 아니라, 노력하면 달라질 수 있음)

 用例

▶ "왕후장상의 씨가 어찌 따로 있겠는가[**王侯將相寧有種乎**(왕후장상영유종호)]. 때가 오면 누구든지 다 할 수 있는 것이다." 고려 무신정권 시대를 이끌었던 崔忠獻(최충헌, 1149 ~ 1219)의 私奴(사노) 萬積(만적)이 1198년 당시 개경의 뒷산에서 함께 나무를 하던 노예들에게 거사를 촉구하며 한 말이다. 물론 중국 秦(진)나라 때 陳勝(진승)이 반란을 일으킬 때 한 말을 인용하여 쓴 것이다.

▶ 최근 15년 만에 고졸 출신 신입행원을 채용했던 IBK 기업은행의 '열린 채용'이 또다시 금융권 안팎에서 화제다. 학력 외에도 전공, 연령을 불문하고 능력과 불꽃 같은 열정만 있으면, 기회를 제공하기로 한 파격적인 인사 실험이 포함돼 있기 때문이다. 은행 관계자는 "이번 채용은 '간판'보다는 능력과 성실성, 열의를 지닌 직원을 발굴해 희망을 주겠다는 조준희 행장의 의지에 따른 것."이라고 말했다. 조 행장은 평소 '**王侯將相寧有種乎**(왕후장상영유종호 : 왕후장상의 씨가 어디 따로 있겠는가)'라는 고사성어를 인용해, 노력하면 누구나 임원, 은행장이 될 수 있도록 꿈과 희망이 담긴 인사가 필요하다는 점을 강조해 왔다.

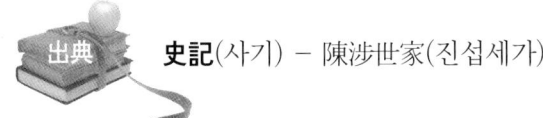

出典 **史記**(사기) - 陳涉世家(진섭세가)

중국 秦(진)나라 始皇帝(시황제)가 죽고 2세 황제 <u>胡亥</u>¹⁾(호해)가 즉위했으나, 그는 어리석은 임금이어서 宦官(환관) 趙高(조고)의 꼭두각시에 불과했다. 그러니 정치가 제대로 시행될 리가 없었고, 국정 문란은 백성들의 고난으로 이어져 그 원망이 이만저만이 아니었다.

이때 조정에서는 골칫거리인 빈민들을 멀리 변방으로 집단 이주시키는 계획을 추진했는데, 그 지휘 통솔을 맡은 사람이 陳勝(진승)과 吳廣(오광)이란 자였다. 그들 역시 미천한 출신으로 移住者(이주자)의 한 사람이었다. 그런데 그들이 大澤鄕(대택향)이란 곳까지 갔을 때, 큰비가 와서 길이 막히는 바람에 한동안 움직일 수 없는 형편에 빠져 버렸다. 따라서 官(관)에서 정해 준 기한 안에 목적지에 도착하는 것은 도저히 무리였다. 만약 기한 안에 목적지에 도착하지 못하면, 법에 따라 斬首刑(참수형)을 받게 되어 있었다.

"가도 죽고 가지 않아도 죽을 판이니, 차라리 큰일 한번 저질러 보는 게 어떻겠나?"

진승이 묻자, 오광도 찬성이었다.

"그래. 기왕 죽을 목숨이라면, 이놈의 세상을 뒤집어 버리자구."

이렇게 의논을 모은 두 사람은 암암리에 동조자를 모았다. 그래서 기회를 보아 감시역으로 따라가는 將尉(장위) 두 명을 처치하고, 나머지 병사들을 꼼짝 못하게 제압한 다음 일행들에게 호소했다.

"우리가 이제부터 아무리 밤낮없이 부지런히 간다 해도, 기한 안에 목적지인 漁陽(어양 : 하북성 밀운현에 있는 지명으로 당나라 때 안녹산의 난이 일어난 곳)에 도착하기란 사실상 불가능하다는 것은 여러분도 잘 아실 거요. 그러니 가 봤자 우리를 기다리는 것은 참수형뿐이오. 설령 참수의 칼날을 면한다 하더라도 그 척박한 변경을 지키다 보면, 열에 일곱 여덟은 얼마 안 가서 황야에 해골을 굴려야 할 운명이외다. 기왕 죽을 목숨이라면 한번 큰일을 도모해 보는 것이 어떻겠소? **'왕과 제후, 장수와 재상이 어디 씨가 정해져 있겠소[王侯將相寧有種乎**(왕후장상영유종호)]?' 누구든지 세상을 얻으면 다 될 수 있는 것이오."

그렇잖아도 술렁거리던 군중 심리는 그 열변 때문에 불이 당겨졌다. 평소 폭정에 시달려온 사람들이라 이 말을 듣고 모두 이들을 따랐다. 그리하여 진나라 멸망의 직접적인 원인이 된 민중 봉기가 일어난 것이다.

---

1) **胡亥**(호해, B.C.229 ~ B.C.207) : 秦(진)의 제32대 왕이고, 통일 秦(진)의 제2대 황제로 진시황제의 18남이다. 재위한 기원전 210년에서 207년까지, 환관 趙高(조고)가 섭정하였다. 시황제가 전국 순행 도중 병에 걸려 유서를 내렸을 당시, 황태자인 <u>扶蘇</u>²⁾(부소)에게 황위를 잇도록 적혀 있었으나, 승상 <u>李斯</u>³⁾(이사)와 중거부령인 환관 趙

高(조고)는 이를 호해와 함께 조작하였고, 시황제의 운구가 수도 咸陽(함양)으로 돌아간 후에 조작한 유서를 증거 삼아 호해가 제위에 올랐다.

　　호해는 재위 후 부소를 비롯한 진시황제의 공자들을 모조리 죽였으며, 자신은 이사와 조고에게 모든 정치를 맡기고 사치와 향락에 빠진 사이에, 조고가 부린 욕심 탓에 이사 승상을 참소하여 고문시킨다. 이사는 호해에게 상소문을 보내었지만, 조고가 불태워 버렸다. 이사는 요참형에 처해지고 조고가 승상이 되나, 진은 이미 陳勝(진승)과 吳廣(오광)이 한 봉기를 시발로 하여 많은 반란이 일어났다.

　　조고는 점점 역심을 품었다. 기원전 207년에 조고는 군사를 이끌고 함양궁으로 쳐들어와 사치와 향락에서 헤어나지 못하던 호해를 결국 자결하라고 다그친다. 겁먹은 호해는 조고에게 살려 달라고 애걸하였으나, 호해는 조고의 조카의 고집에 못이겨 자결하였는데, 그의 나이는 24살이었다.

2) **扶蘇**(부소, ? ~ B.C.210) : 秦(진)나라 始皇帝(시황제)의 長男(장남)이다. 총명하여 아버지나 많은 중신들로부터 장래를 촉망받았다. 부소는 父皇(부황)인 시황제의 정치[焚書坑儒(분서갱유) : 책을 불사르고, 유학자를 묻은 사건]에 諫言(간언)했기 때문에 아버지의 분노를 샀다. 북방의 기마민족인 흉노에 대한 국경 경비의 감독을 명령받아, 장군 蒙恬(몽념)과 함께 국경의 벽지로 보내졌다. 한편으로는 부소가 시황제에게 소중한 嫡子(적자 : 정실의 몸에서 태어난 아들)였기 때문에, 帝王學(제왕학 : 왕가의 특별한 지위의 후계자에 대한 특별 교육)의 일환으로서 몽념 아래로 보낸 것이라는 추측도 있다.

　　기원전 210년에 巡行(순행) 중이던 시황제가 急死(급사)하자, 시황제의 喪(상)을 주관하던 환관 趙高(조고)와 승상 李斯(이사)는 불필요한 혼란을 방지하기 위해 시황제의 죽음을 비밀에 부쳤다. 실제 시황제는 적장자인 부소를 후계로 생각하고 있었을 가능성이 높지만, 앞일의 두려움을 간파한 환관 조고와 승상 이사는 시황제가 아직 살아 있는 것처럼 꾸며 아들 胡亥(호해)를 옹립해 황제로 받들 것을 결의하고 부소에게는 자결을 권하는 거짓 聖旨(성지 : 황제의 뜻을 담은 명령서, 임명장 등)를 내렸다.

　　장군 몽념은 그것이 거짓 성지인 것을 간파하고 곧바로 부소에게 진언했지만, 부소는 "의심하는 것 자체가 道理(도리)에 反(반)한다."고 말하고, 성지 내용에 따라 스스로 목숨을 끊었다. 소설이나 군담 등에서는 진의 마지막 군주인 子嬰(자영, ? ~ B.C.206. 3세이자 마지막 황제 조고를 제거함)이 부소의 아들이라는 말이 있지만, 司馬遷(사마천)의 『史記(사기)』 등의 史書(사서)에 의하면 신빙성이 있는 이야기는 아니다.

3) **李斯**(이사, B.C.280? ~ B.C.208) : 중국 전국시대 정치가. 초나라 上蔡(상채) 출신으로 자는 通古(통고)이며, 한비자와 함께 순자에게 학문을 배웠다. 무자비하나 매우 효율적인 法家(법가) 사상을 이용하여 여러 나라를 합병하고, 통일제국 秦(진, B.C. 221 ~ B.C.206)을 건설하는 데 공헌했다. 기원전 247년, 진나라로 가서 그 후 거의 40년간 나중에 始皇帝(시황제)가 된 진왕 政(정)을 위해 일했다. 진의 丞相(승상)으로서 기원전 221년 이후 시행된 거의 모든 정치·문화의 급진적 개혁을 주도했다. 기원전 210년 시황제가 죽자, 황위 계승자를 바꾸려는 환관 趙高(조고)의 음모에 가담했다.

　　그러나 2년 후 둘 사이에 암투가 생겼고, 조고의 讒訴(참소 : 남을 헐뜯어서 죄가 있는 것처럼 꾸며 윗사람에게 고하여 바침)로 함양의 저잣거리에서 腰斬刑(요참형 : 허리를 잘라 죽이는 형벌)을 당하였고, 삼족 또한 모두 처형되었다.

　　그가 지은 『秦皇逐客書(진황축객서)』에 '海不讓水(해불양수 : 바다는 어떠한 물도 사양하지 않고 받아들인다)'라는 말이 나온다.

294 窈窕淑女 君子好逑 요조숙녀 군자호구

字解
- 窈 : 얌전할 요 [窈窕(요조) : 여자의 얌전하고 아리따운 모양]
- 窕 : 아리따울 조 [窈窕(요조) : 여자의 얌전하고 아리따운 모양]
- 淑 : 맑을 숙 [淑淸(숙청) : 성품·언행이 맑고 깨끗함]
  - 착할 숙 [淑女(숙녀) : 교양과 덕행이 갖추어져 있는 여자]
- 女 : 계집 녀(여) [女權(여권) : 여자의 사회·정치·법률상의 권리]
- 君 : 임금 군 [君主(군주) : 임금]
  - 군자 군 [君子(군자) : 학식과 덕행이 높은 사람]
- 子 : 아들 자 [子孫(자손) : 아들과 손자. 후손]
  - 사람 자 [女子(여자) : 여성인 사람]
- 好 : 좋을 호 [好感(호감) : 좋은 감정]
- 逑 : 짝 구 [好逑(호구) : 좋은 짝]

語義 얌전하고, 아리땁고, 착한 여자는 군자의 좋은 짝이다.
(행실과 품행이 고운 여인은 군자의 좋은 배필이 된다)

 **用例**

▶ 서로 '짝을 찾는 물수리'에 자신의 처지를 견준 것이 이 시의 기본 발상법이다. 5연의 이 시에서 요조숙녀란 말은 네 번이나 등장하며, '**窈窕淑女 君子好逑**(요조숙녀 군자호구)'가 첫 용례다. 여러 번역본에서 이 구절은, '아리따운 고운 아가씨는 군자의 좋은 배필일세.'〈김학주〉, '그윽하고 아리따운 요조숙녀는 일편단심 기다리는 이 몸의 배필'〈이기동〉, '아리따운 아가씨는 사나이의 좋은 배필'〈기세춘·신영복〉, '하늘하늘 그윽한 저 새악시 멋진 사내의 좋은 배필'〈김용옥〉 등으로 옮겨졌다. '군자'란 말이 쓰이긴 했지만, 공자 이전에는 그냥 '사내'를 뜻했다고 한다.

▶ 衛(위)나라로 망명한 孔子(공자)가 君主(군주)의 부인 南子(남자)를 만나는 대목에서다. 미모와 지혜를 겸비했으나, 淫行(음행)이 있는 걸로 소문난 군주의 부인은 공자에게 자신을 찾아오도록 强請(강청)하고 뜻을 이룬다. 부인은 곁돌지 않고 벼르던 질문을 공자에게 바로 찌른다. 공자의 턱밑에 예쁜 코를 들이대고서, 『詩經(시경)』에 나오는 '**窈窕淑女 君子好逑**(요조숙녀 군자호구)'의 뜻을 물었다. '정숙한 여인은 군자의 좋은 배필'이라는 시를 묻는, 아름답지만 음란한 여인에게 공자는 "정은 깊고 깊지만, 사악한 생각은 없다[情思深深 而沒有邪念(정사심심 이몰유사념)]."고 대답한다. 공자가 詩三百(시삼백 : 시경)을 한마디로 '思無邪(사무사)'라고 이른 바로 그 말이다.

出典 **詩經**[1](시경) – 周南編(주남편) 중 첫 편

'窈窕淑女 君子好逑(요조숙녀 군자호구)'라는 구절이 있는 시의 제목은 '關雎(관저 : 물새)'로, 한 남자가 어진 配匹(배필)을 사모하는 정을 그리고 있다. 옛 註釋(주석)에 의하면, 여기서의 君子(군자)는 周(주)나라의 文王(문왕)을 가리키고, 窈窕淑女(요조숙녀)는 문왕의 正妃(정비 : 주나라 무왕의 어머니로, 자식을 키우고 가르치는 데 정성이 지극함)가 된 太姒(태사)를 가리킨다고 풀이하고 있다.

문왕이 태사를 얻어 배필로 삼았을 때, 궁중 사람들이 태사가 그윽하고 조용하며 곧고 고요한 덕이 있음을 보고 이 시를 지어 두 사람의 어울림을 노래했다는 것이다. 나중에 이 시는 단지 문왕과 태사의 어울림을 형용하는 데 그치지 않고, 서로 和樂(화락)하면서도 節度(절도)를 잃지 않고 공경하는 남녀의 아름다운 모습을 표현하는 말로 일반적으로 사용되었다.

關關雎鳩 在河之洲(관관저구 재하지주)	꾸욱 꾸욱 물새는 물가에서 노는데,
窈窕淑女 君子好逑(요조숙녀 군자호구)	**얌전하고 아리따운 여인은 군자의 좋은 짝이네.**
參差荇菜 左右流之(참치행채 좌우류지)	올망졸망 마름풀을 물길 따라 찾아보네.
窈窕淑女 寤寐求之(요조숙녀 오매구지)	아리따운 고운 임 자나깨나 생각하네.
求之不得 寤寐思服(구지부득 오매사복)	찾아봐도 만날 수 없어 자나깨나 그리워하네.
悠哉悠哉 輾轉反側(유재유재 전전반측)	언제나 만날까 잠 못 이뤄 뒤척이네.
參差荇菜 左右采之(참치행채 좌우채지)	올망졸망 마름풀을 물길 따라 캐었네.
窈窕淑女 琴瑟友之(요조숙녀 금슬우지)	아리따운 고운 임과 금슬의 사랑 즐기고파.

후에 孔子(공자)는 이 詩(시)의 아름다움을 말하며, '즐거워하되 지나치지 않고, 슬퍼하되 몸을 해치는 데에는 이르지 않는다[樂而不淫(낙이불음) 哀而不傷(애이불상)].'라고 『論語(논어)』「八佾篇(팔일편)」에서 극찬하였다.

'輾轉反側(전전반측)'이니, '琴瑟相和(금슬상화)'니 하는 성어도 이 시에서 유래한다. 수많은 선남선녀들이 짝을 이루기 좋은 봄꽃이 흩날리는 화창한 날이면, 이 시가 더 아름답게 느껴진다.

---

1) **詩經**(시경) : 지금으로부터 약 3,000년 전 周(주)나라 때부터 춘추전국시대 때까지, 황하강 유역의 사람들 사이에 구전되던 노래들을 공자가 하나하나 모아서 엮은 책이다. 원래 311편인데, 이 중에 6편은 제목만 전하고, 내용은 전하지 않는다.

이렇게 『詩經(시경)』의 시가 300편쯤 되기 때문에, 시경을 '詩三百(시삼백)'이라고 부르기도 한다. 『시경』은 쉽게 말하면 요즘말로 노래 책이다. 여기에는 여자 · 남자 · 농부, 그리고 전쟁터에 나간 병사가 불렀던 노래도 있다. 각양각층의 다양한 사람들이 불렀던, 오래된 노래 책이 바로 『詩經(시경)』이다.

295 危急存亡之秋 위급존망지추

字解
- 危 : <u>위태로울 위</u> [危險(위험) : 위태롭고 험함]
- 急 : <u>급할 급</u> [至急(지급) : 매우 급함]
- 存 : <u>있을 존</u> [存在(존재) : 실제로 있음. 살아 있음]
- 亡 : <u>망할 망</u> [亡國(망국) : 나라가 망함]
- 之 : <u>어조사 지</u>(~의) [糊口之策(호구지책) : 입에 풀칠을 할 방책]
- 秋 : 가을 추 [秋毫(추호) : 가을철에 가늘어진 짐승의 털. 매우 작음]
    <u>때 추</u> [千秋(천추) : 천년의 시기. 매우 오랜 세월]

語義 위태롭고 급한 사느냐 죽느냐의 시기.
(국가의 운명에 관한 중요한 시기)

 用例

▶갑신정변으로 그 주역인 김옥균은 살해되고, 나머지 주역들은 해외로 망명하는 등 쓰라린 인생 역정을 걸었는데, 얼마 전 필자는 당시의 주역들인 김옥균·서재필·박영효 등의 회고록을 접하게 되었고, 이를 통해 그들의 이상과 좌절을 생생히 실감케 되었다. 우선 박영효의 회고록을 보면, "일본은 黑船(흑선)의 來泊(내박)에 놀라 일어나 즉시 메이지[明治(명치)]의 대개혁을 단행한 지 이미 15년이었거늘, 우리 조선은 병인양요(1866년) 이후 17년에 오히려 쇄국·수구의 昏夢(혼몽) 중에서 대원군과 閔妃(민비)의 세도 쟁탈로 이 국운의 **危急存亡之秋**(위급존망지추)를 잃어버리고 말았다."며, 造化主(조화주)를 원망했다.

▶一團(일단)의 무리에게 고하노니, 너희들은 무엇을 바라며 이런 어처구니없는 짓을 하며, 누구를 위하여 이 따위 '저주의 굿판'을 벌이는가? 무엇을 어떻게 해 줘야 너희들의 욕심을 채울 수가 있는가? 지금은 분열이 아니라 합심하여 힘을 모아도 부족한 때인 그야말로 **危急存亡之秋**(위급존망지추)가 아닌가? 晩時之歎(만시지탄)의 불행은 어느 편도 아닌 우리 모두의 책임임을 알아야 할 것이다. '말 장난', '글 장난'으로 날을 지새울 때가 아니다. 도가 지나치면 그 화는 항상 부메랑이 되어 되돌아오는 법. 이제 그 장난은 그칠 때가 되지 않았는가?

 **出典** **諸葛孔明**(제갈공명) – 出師表(출사표)

蜀(촉)나라 諸葛孔明(제갈공명)은 劉備(유비)의 三顧草廬(삼고초려)의 정성에 감동되어, 스물일곱 살에 세상에 나와 蜀漢(촉한)의 기반을 다진다. 재상이 된 이후, 정치·군사면에서 능력을 발휘해 약한

촉나라를 부흥시켜, 魏(위)・吳(오)와 대립하는 삼국시대를 이룩한다. 마침내 유비가 죽고 아들 劉禪(유선, 207~271. 재위 223~264. 제2대이자 마지막 황제)이 즉위하지만, 유선은 평범한 군주라서 촉나라의 운명은 제갈공명의 어깨에 지워진다.

孔明(공명)은 나라 안을 튼튼히 하고서, 魏(위)나라와의 결전을 맞이한다. 그가 군사를 이끌고 나가면서, 蜀王(촉왕) 劉禪(유선)에게 바친 表文(표문)이 「出師表(출사표)」이다. 「출사표」의 出(출)은 '출동한다'는 뜻이며, 師(사)는 '군사, 군대'를 뜻한다. 表(표)는 '자신의 뜻을 밝힌다. 또는 신하가 임금에게 자신의 생각을 아뢰는 글'을 뜻한다. 「출사표」는 결국 '군대를 출동시키면서 임금에게 올리는 글'이라는 뜻이 된다.

제갈공명은 위나라를 공격하러 떠나는 날 아침에, 황제 유선 앞에 나아가 무릎을 꿇고 눈물을 흘리며 「출사표」를 올렸다. 제갈공명의 「출사표」에는 임금을 향한 제갈공명의 한결같은 충성의 마음, 특히 유비에 대한 각별한 마음이 잘 나타나 있다. 나라의 운명을 걱정한 고금의 名文章(명문장)인데, 첫머리가 다음과 같이 되어 있다.

先帝(선제 : 돌아가신 임금, 유비)께선 창업을 반도 이루지 못하신 채, 그만 중도에서 돌아가시고 말았습니다. 지금 천하는 셋으로 나뉘었고, 益州(익주 : 촉을 말함)는 疲弊(피폐)해 있으니, 이는 진실로 **위기가 닥쳐 사느냐 죽느냐의 기로에 선 시기입니다**. 그러나 모시고 지키는 신하들이 (궁중) 안에서 게으르지 않고, 충성스런 뜻이 있는 무사들이 밖에서 자기 몸을 잊고서 애쓰는 것은, 대개 선제의 특별히 두터웠던 대우를 추모하여 이를 폐하에게 갚고자 함입니다. 진실로 마땅히 성스러운 폐하의 귀를 열고 펴시어, 그것으로써 선제가 남긴 덕을 빛나게 하여 뜻있는 선비의 의기를 넓고 크게 해야 하고, 망령되이 스스로 덕이 없다고 여겨 비유를 끌어대 義(의)를 잃어, 그것으로써 충간의 길을 막아서는 안 됩니다.

 原文 先帝創業未半(선제창업미반) 而中道崩殂(이중도붕조) 今天下三分(금천하삼분) 益州疲弊(익주피폐) 此誠<u>危急存亡之秋</u>也(차성위급존망지추야) 然侍衛之臣(연시위지신) 不懈於內(불해어내) 忠志之士(충지지사) 忘身於外者(망신어외자) 蓋追先帝之殊遇(개추선제지수우) 欲報之於陛下也(욕보지어폐하야) 誠宜開張聖聽(성의개장성청) 以光先帝遺德(이광선제유덕) 恢弘志士之氣(회홍지사지기) 不宜妄自菲薄(불의망자비박) 引喩失義(인유실의) 以塞忠諫之路也(이색충간지로야) 〈後略(후략)〉

孔明(공명)은 이 決戰(결전)에서 성공하지 못하고, 다음 해 다시 결전에 나선다. 하지만 하늘은 공명의 편이 아니었다. 마침내 五丈原(오장원)에서 공명이 죽자, 蜀(촉)나라는 삼국 중에서 제일 먼저 멸망하고 만다. 「出師表(출사표)」는 전・후 둘이 있기 때문에 「前出師表(전출사표)」, 「後出師表(후출사표)」로 구분해 부르게 되고, 둘을 합쳐 '出師二表(출사이표)'라고도 한다. 본문은 「전출사표」의 첫 부분이다. 촉한으로 정통을 주장하는 학파가 후세에 우세했던 것은, 이 「출사표」에 감명을 받은 학자들 때문이라고 할 정도로 그 내용과 문장은 감명적이다.

296 衣食足而知禮節 의식족이지예절

字解
- 衣 : 옷 의 [衣類(의류) : 몸에 입는 옷의 총칭]
  - 입을 의 [衣食(의식) : 입는 일과 먹는 일]
- 食 : 먹을 식 [食福(식복) : 먹을 복]
  - 밥 사 [簞食瓢飮(단사표음) : 도시락의 밥과 표주박의 물. 간소한 음식]
  - 사람 이름 이 [審食其(심이기) : 사람 이름. 전한 초의 정치가]
- 足 : 발 족 [手足(수족) : 손과 발. 손발처럼 마음대로 부리는 사람]
  - 족할 족 [豊足(풍족) : 풍성하고 만족하여 모자람이 없음]
- 而 : 말 이을 이 [視而不見(시이불견) : 보지만 보이지 않음]
- 知 : 알 지 [知覺(지각) : 알아서 깨달음]
- 禮 : 예 례(예) [禮度(예도) : 예의와 법도]
- 節 : 마디 절 [關節(관절) : 뼈와 뼈의 마디]
  - 예절 절 [禮節(예절) : 예의와 절도]

語義 입을 것과 먹을 것이 풍족해야 예절을 안다.
(입고 먹는 것이 넉넉해야 예의나 체면을 알게 된다)

用例

▶ 먹는 것이 물과 불처럼 흔하다면, 어느 누가 명예를 택하지 않을 수 있겠습니까? '**衣食足而知禮節**(의식족이지예절)'로 입고 먹는 것이 넉넉해야 예의나 체면을 알게 되는 것입니다. 내 배가 고프면 남의 배고픈 것을 동정할 여지가 없고, 먹고 입는 것을 해결하지 못하면, 명예 같은 것이 그다지 중요하게 느껴질 리가 없습니다. 그 바탕은 먹는 문제를 해결해 주는 데 있습니다. 떳떳한 생활이 없으면, 떳떳한 마음을 가질 수 없는 것입니다.

▶ 그런 吸入(흡입) 수준의 빠른 식사는 비만 위험을 3배로 높이고, 콜레스테롤 수치를 높일 뿐 아니라 고혈당 요인이 된다는 것이 의학계 충고다. 뇌의 포만 중추신경이 포만감을 갖는 데 걸리는 시간인 20분도 되기 전에 식사를 마치기 때문이고, 빨리빨리 문화 그 하나의 표출이라는 것이다. 물론 길게 줄을 선 채 턱을 받치고 지켜보며 빨리 먹기를 재촉하는 식당도 있지만, 반대로 마냥 씹으며 오래 먹는 습관 또한 좋은 건 아니다. '**衣食足而知禮節**(의식족이지예절)'이라는 말도 있지만, 의식이 풍족하기 전에도 반드시 필요하고, 식사 중에도 절실한 게 식사 예절이고 적절히 속도를 맞춰 주는 것도 예의다.

出典 管子(관자, 전국시대 제가백가의 논문집. 관중 지음) - 牧民篇(목민편)

法家[1]思想(법가사상)을 주장한 齊(제)나라 재상 管仲(관중, ?~B.C.645)의 말이다.

"창고에 곡식이 가득 차면, **禮節(예절)을 알고, 의식이 갖추어지면** 榮辱(영욕 : 영예와 치욕)을 안다 [倉庫實則**知禮節**(창고실즉지예절) **衣食足**則知榮辱(의식족즉지영욕)]."

곧 백성은 입고 먹는 것이 넉넉해야 예의나 체면, 법 따위를 알게 된다는 말이다. 앞뒤 구절이 각각 반반 합쳐져서 생긴 말이 '衣食足而知禮節(의식족이지예절)'이다. 관중은 齊(제)나라 桓公(환공, ?~B.C.643, 제15대 왕)을 도와, 그가 천하의 覇者(패자)가 되는데 一助(일조)하였다. 재상으로서 국정을 폈는데, 나라는 부유해지고 병사가 강해졌다. 또한 백성들과는 그 고락을 함께하여 존경을 받았다. 政事(정사)에서는 禍(화)도 福(복)이 되게 하고, 실패도 성공으로 이끌었으며, 일의 輕重(경중)을 잘 헤아려 그 得失(득실)에 신중하였다.

法家(법가)를 주장한 管仲(관중)의 要旨(요지)는 '백성을 부유하게 하고, 바른 길로 인도하는 것'이었다. 그는,

"국가의 도덕의 근본은 禮義廉恥(예의염치)이다. 이것이 없으면 나라는 망한다. 이것을 세우기 위해 법이 있어야 하며, 賞罰(상벌) 또한 분명해야 한다."

고 하였다. 이것이 바로 관중의 法治(법치)였다. 孔子(공자)도 관중의 功績(공적)을 인정하여 이렇게 말하였다.

"관중이 없었다면, 나는 머리를 풀고 옷깃을 왼쪽으로 여몄을 것이다."

만약 관중의 法度(법도)와 敎化(교화)가 없었다면, 공자 자신도 오랑캐의 풍습을 따르게 되었을 것이라는 뜻이다.

---

[1] **法家**(법가) : 고대 중국 철학의 한 학파. 전국시대(B.C.475~B.C.221)에 韓非子[2](한비자)의 영향을 받아 중국 최초의 통일제국인 秦(진, B.C.221~B.C.206)의 이념적 토대를 이루었다. 법가는 인간의 실제 행동에 따라 정치제도를 만들어야 하며, 인간은 본래 이기적이고 앞을 내다볼 줄 모르는 존재라고 믿었다. 그러므로 백성이 통치자의 미덕을 인정한다고 해서 사회적 화합이 보장되지는 않으며, 오직 국가의 강력한 통제와 권위에 대한 절대복종을 통해서만 사회적 화합을 이룰 수 있다고 생각했다.

법가는 특정한 행동에 대해 엄격하게 상벌을 내리는 법률체계를 내세워 정부를 옹호했다. 또한 인간의 모든 활동은 통치자와 국가권력을 강화하는 방향으로 나가야 한다고 강조했다. 그러나 권위주의적인 秦(진)나라는 이 정책을 가혹하게 실행했기 때문에 결국 15년 만에 무너졌고, 한비자의 법가철학도 중국에서 영원히 불신받게 되었다.

2) 韓非子(한비자, ? ~ B.C.233) : 전국시대의 약소국이었던 韓(한)나라의 귀족 출신이다. 한비자는 유가인 筍子(순자)의 문하에서 공부했으나, 나중에 순자를 저버리고, 그 당시 봉건체계가 붕괴되는 상황과 보다 밀접한 이론을 가진 다른 학파를 따랐다. 자신의 충고가 韓(한)나라 王(왕)에게 무시당하자, 한비자는 자신의 생각을 글로 쓰기 시작했다. 그는 말솜씨가 별로 없었기 때문에 자신의 이론에 대해 있을지도 모를 반론에 대한 논박도 글로 썼다.

기원전 221년 중국 통일 후, 시황제가 된 당시의 秦王(진왕) 政(정)은 한비자의 글을 읽고 이를 높이 평가했다. 기원전 234년 秦(진)은 韓(한)을 공격했고, 韓(한)나라 王(왕)은 한비자를 진에 협상자로서 파견했다. 진왕은 한비자를 보고 매우 기뻐하며, 그에게 높은 직위를 주려고 했다. 진의 승상이자 이전에 한비자와 같은 스승 筍卿(순경) 밑에서 공부한 李斯(이사)는 한비자가 자신보다 더 뛰어났기 때문에 왕의 총애를 잃을까 두려워, 한비자가 二心(이심)을 가졌다고 모함하여 그를 투옥시켰다. 그리고 이사는 한비자를 속여 그가 스스로 독약을 마시고 자살하게 했다.

- **韓非子**(한비자)가 말하는 나라가 망할 징조 10가지
  1. 법을 소홀히 하고 음모와 계략에만 힘쓰며, 국내 정치는 어지럽게 두면서 외세만을 의지한다면, 그 나라는 망한다.
  2. 선비들이 논쟁만 즐기고, 상인들은 나라 밖에 재물을 쌓아두며, 대신들은 개인적인 이권만을 취택하면, 그 나라는 망한다.
  3. 군주가 누각이나 연못을 좋아하여, 대형 토목공사를 일으켜 국고를 탕진하면, 그 나라는 망한다.
  4. 간언하는 자의 벼슬이 높고 낮은 것에 근거하여 의견을 듣고, 여러 사람 말을 견주어 판단하지 않으며, 듣기 좋은 말만 하는 사람의 의견만을 받아들여 참고하면, 그 나라는 망한다.
  5. 군주가 고집이 센 성격으로 간언은 듣지 않고, 승부에 집착하여 제멋대로 자신이 좋아하는 일만 하면, 그 나라는 망한다.
  6. 다른 나라와의 동맹만 믿고 이웃 적을 가볍게 생각하여 행동하면, 그 나라는 망할 것이다.
  7. 나라 안의 인재는 쓰지 않고, 나라 밖에서 온 사람을 등용하여, 오랫동안 낮은 벼슬을 참고 봉사한 사람 위에 세우면, 그 나라는 망한다.
  8. 군주가 대범하여 뉘우침이 없고, 나라가 혼란해도 자신은 재능이 많다고 여기며, 나라 안 상황에 어두우면서 이웃 적국을 경계하지 않아 반역 세력이 강성하여, 밖으로 적국의 힘을 빌려 백성들을 착취하는 데도 처벌하지 못하면, 그 나라는 망한다.
  9. 세력가의 천거를 받은 사람은 등용되고, 나라에 공을 세운 지사는 내쫓으며, 국가에 대한 공헌은 무시되고, 아는 사람만 등용되면, 그 나라는 반드시 망한다.
  10. 나라의 창고는 텅 비어 빚더미에 있는데, 권세자의 창고는 가득 차고 백성들은 가난한데, 상공업에 종사하는 사람들은 서로 짜고 이득을 얻어, 반역도가 득세하여 권력을 잡으면, 그 나라는 반드시 망한다.

※ **霸者**(패자)**와 敗者**(패자) - 同音反義語(동음반의어)

한글 專用(전용)의 커다란 맹점 중 하나가 '同音反義語(동음반의어)', 즉 '발음은 같은데 그 뜻은 반대인 용어'의 존재다. 이 경우 漢字(한자)를 倂記(병기)하지 않으면, 그 뜻의 파악에 혼선과 어려움이 따른다. 〈조선일보. 2014.3.3〉

- 패자 : (覇者) – 싸움이나 경기에서 이긴 사람.
  (敗者) – 싸움이나 경기에서 진 사람.

- 연패 : (連覇) – 잇따라 이김.
  (連敗) – 잇따라 짐.

- 배외 : (排外) – 외국 것을 배척해 물리친다.
  (拜外) – 외국 것을 맹목적으로 숭배한다.

- 방화 : (防火) – 불을 막다.
  (放火) – 불을 지르다.

- 방수 : (防水) – 물을 막다.
  (放水) – 물을 흘려보낸다.

- 실권 : (實權) – 실제로 행사할 수 있는 권리나 권세.
  (失權) – 권리나 권세를 잃음.

- 실효 : (實效) – 실제로 나타나는 효과.
  (失效) – 효력을 잃음.

- 정부 : (情婦) – 아내가 아니면서 정을 두고 깊이 사귀는 여성.
  (貞婦) – 슬기롭고 절개가 굳은 여성.

- 수상 : (受賞) – 상을 받는다.
  (授賞) – 상을 준다.

- 소음 : (騷音) – 시끄러운 소리.
  (消音) – 소리를 없애거나 작게 함.

- 과욕 : (過慾) – 욕심이 지나치다.
  (寡慾) – 욕심이 적다.

- 편재 : (偏在) – 한곳에 치우쳐 있다.
  (遍在) – 널리 퍼져 있다.

297 一擧手一投足 일거수일투족

字解
- 一 : 한 **일**, 하나 일 [一心同體(일심동체) : 한마음 같은 몸. 서로 굳게 결합함]
- 擧 : 들 **거** [擧手(거수) : 손을 들다]
  일으킬 거 [擧事(거사) : 큰일을 일으킴]
- 手 : 손 **수** [手工(수공) : 손을 써서 만드는 공예]
  재주 수 [手腕(수완) : 일을 꾸미거나 치러 나가는 재주. 능력]
- 投 : 던질 **투** [投球(투구) : 공을 던짐, 또는 던진 공]
  머무를 투, 묵을 투 [投宿(투숙) : (여관 따위에) 들어가 머무름]
- 足 : 발 **족** [手足(수족) : 손과 발]
  족할 족 [滿足(만족) : 마음에 부족함이 없이 흐뭇함]

語義 손 한 번 들고, 발 한 번 옮겨 놓는다.
(아주 쉽게 할 수 있는 일)
(사소한 하나하나의 동작이나 행동)
※ 一擧一動(일거일동) : 하나하나의 행동이나 동작.

 用例

▶ 인공위성에서 보면 우리의 모든 **一擧手一投足**(일거수일투족)이 보이나요? 예전에 그런 영화가 있었던 거 같은데요. 정말로 다 보이나요?

▶ '어벤져스 에이지 오브 울트론(이하 어벤져스2)'이 서울 첫 촬영에 전혀 예상치 못한 일이 발생, 놀란 가슴을 부여잡아야 했다. 영화 어벤져스2가 3월 30일 서울 마포대교 양방향을 전면 통제한 가운데 첫 촬영에 돌입했다. 이날 마포대교는 오전 6시부터 오후 5시 30분까지 차량과 인명 통행이 제한됐다. 이날 촬영에 대한 관심은 이미 촬영 전부터 지대했다. 촬영 내용에 대한 예측부터 출연 배우들의 행보에 대한 **一擧手一投足**(일거수일투족)이 관심의 초점이 됐다. 이런 가운데 영화와는 전혀 상관없는 사건까지 발생해 가뜩이나 조심스러웠던 '어벤져스2' 측이 당황스런 상황에 놓이게 됐다. '어벤져스2' 촬영이 진행됐던 마포대교 인근에서 시신이 발견됐기 때문이다.

 出典 **文章軌範**(문장궤범) 중 應科目時與人書(응과목시여인서)

중국 唐(당)나라의 韓愈(한유)가 과거를 보게 되었을 때, 조정의 높은 벼슬자리에 있는 이에게 보낸 '應科目時與人書(응과목시여인서 : 과거에 응함에 있어 시험관에게 띄우는 글)'라는 편지에 나오는 한 구절에 '一擧手一投足(일거수일투족)'이 있다.

당시 당나라의 과거 시험은 2단계로 되어 있었다. 처음에는 禮部(예부)에서 시험을 치르는데, 여기서 합격한 사람들은 한 번 더 吏部(이부)의 시험을 통과해야만 하였다. 한유도 25세에 예부의 시험을 통과했지만, 이부의 시험에서는 몇 번을 응했어도 뜻을 이루지 못하였다. 그런데 당시의 풍습으로는 書生(서생)들이 미리 지은 詩文(시문)을 시험관에게 증정하여, 그 역량을 알아주기를 바라는 일들이 있었다. 한유도 吏部(이부)의 시험에 실패하고 난 뒤, 이 편지를 쓴 것으로 보인다.

편지의 주용 내용은,

"나는 보통 사람과는 다른 傑物(걸물)이다. 그러나 아무리 걸물이라도 하늘에 오르려면 물이 있어야 하며, 물이 없으면 말라서 죽어 보통 사람들의 웃음거리가 될 뿐이므로, 마르지 않고 하늘에 올라가 훌륭한 관리가 될 수 있도록 제발 이끌어 달라."

라고 바라는 것을 말하고 있다.

원문을 그 첫머리부터 이 말이 나오는 곳까지 소개하면, 다음과 같다.

"○월 ○일, 한유는 再拜(재배)한다. 하늘 연못의 물과, 큰 강의 물가에는 괴물이 있다고 한다. 그런데 그것은 평범한 물고기나 조개 따위의 종류와는 한가지가 아니다. 물을 얻으면 그것은 바람과 비를 불러 하늘 위아래로 올라가고 내려오는 것도 결코 어려운 일이 아니다. 그러나 물에 이르지 못할 때에는 그 간격이 6자나 그 2배 또는 1자 1치 정도의 길이에 불과하여, 높은 산이나 큰 언덕이나 긴 길이나 위험한 곳이 그 사이에 있는 것은 아니지만, 어쨌든 마른대로 내버려두어 물이 있는 곳에 가져가지 못한다면, 대개 十中八九(십중팔구)는 힘이 있는 자에게 비웃음을 사는 결과로 끝나게 된다.

힘이 있는 그대가 이를 불쌍히 여겨 그 궁한 처지에서 옮겨 주어야 하지 않겠는가. 그것은 **손이나 발을 잠깐 움직이는 것**의 노력에 지나지 않는 것이다[其窮而運轉之蓋 **一擧手一投足**之勞也(기궁이운전지개 일거수일투족지노야)]."

韓愈(한유)의 편지에서 '一擧手一投足(일거수일투족)'은 '아주 쉽게 할 수 있는 일'이라는 뜻이다. 그러나 오늘날에는 이 같은 의미보다 '하나하나의 동작이나 행동'의 뜻으로 주로 쓰인다.

※ **韓愈(한유)의 시 소개 – '初春小雨(초춘소우)'**

자기 체험에서 나온 비교를 통해, 만물을 적셔 주는 봄비와 갓 피어난 버들의 의미와 아름다움을 극찬한 시이다.

天街小雨潤如酥(천가소우윤여소)　　장안의 대로에 보슬비 촉촉이 적시니.
草色遙看近却無(초색요간근각무)　　멀리서 보이던 풀빛 가까이선 안 보이네.
最是一年春好處(최시일년춘호처)　　지금이 일 년의 봄 중에 가장 좋은 시절.
絕勝煙柳滿皇都(절승연류만황도)　　버들 빛이 도성에 가득 찰 때보다 훨씬 낫구나.

298 一日如三秋 일일여삼추

字解
- 一 : 한 일, 하나 일 [一擧兩得(일거양득) : 한 가지 일로 두 가지 이득을 봄]
- 日 : 날 일 [日課(일과) : 날마다 일정하게 하는 일]
- 如 : 같을 여 [如意(여의) : 일이 뜻과 같이 됨]
- 三 : 석 삼 [三權(삼권) : 국가 통치의 세 가지 권력. 입법, 행정, 사법권]
- 秋 : 가을 추 [秋霜(추상) : 가을의 찬 서리. 서슬 퍼런 위엄이나 형벌]
  때 추, 세월 추 [千秋(천추) : 오래고 긴 세월. 먼 미래]

語義 하루가 세 번의 가을과 같다.
(하루가 3년처럼 길게 느껴짐)
(몹시 애태우며 기다림)
※ 一刻如三秋(일각여삼추) : 짧은 시간이 삼 년과 같다. [1각은 15분]

用例

▶ 내 주위에는 오늘 하루를 남은 삶의 전부인 것처럼 살아가는 분들이 많다. 一刻如三秋(일각여삼추)라는 말이 있잖은가? 어떤 이에게는 하염없이 지루할 수 있는 것이 시간이기도 하고 또 다른 이에게는 차라리 **一日如三秋**(일일여삼추)가 될 만큼이기를 간절히 소원하며 살아가는 삶 또한 존재한다. 어떤 삶이어야 할지는 순전히 자신의 몫이다. 하루를 살든, 1년을 살든, 10년을 살든 어떤 의미를 부여하며 살았는지에 따라 그 시간들이 다르지 않겠는가. 허송세월 보낸 허탈함에 10년이 무슨 의미일 것이며, 무의미한 시간으로 쓰일 지금이라면 남은 시간이 과연 무슨 위로가 되겠는가?

▶ 아무 데서나 휴대폰을 누르면 반가운 사람의 목소리가 기다리고, 인터넷으로 많은 지인들과 소통할 수 있는 시대에 사람들은 왜 더 외로울까? 당대를 사는 이들이 겪는 외로움의 정체는 뭘까? 이는 '집 떠난 연인을 하루 동안 만나지 않은 것이 3년을 만나지 않은 것 같다.'는 漢詩(한시) 속의 '**一日如三秋**(일일여삼추)'와는 사뭇 다른 외로움이다. MBC 인기드라마 '베토벤 바이러스'의 괴팍한 지휘자 강마에(김명민)는 스스로 자신을 가두고 외로움을 자처한다. 마음속에 뜨거운 사랑을 갖고 있으면서도, 스스로 세상과의 소통을 거부한다. 이는 예술혼을 지키기 위해 외로움을 자처한 예술가의 초상일 수도 있겠다.

出典 **詩經**(시경) - 王風(왕풍)의 采葛(채갈)

『詩經(시경)』에 있는 王風(왕풍)의 '采葛(채갈 : 칡을 캠)'이라는 이 詩(시)는 戀歌風(연가풍)으로, 칡과 쑥과 약쑥을 캐면서 부른 노래이다. 남편이 나랏일로 멀리 타국에 가고 돌아오지 않는지라, 그 부인이 행여나 하는 생각에 바구니를 들고 나가, 칡뿌리를 캐고 나물을 뜯으며, 남편이 돌아오는 길목을 지켜보는 심정을 노래한 시다.

彼采葛兮 一日不見 如三月兮(피채갈혜 일일불견 여삼월혜)
그녀가 칡을 캐네, 하루를 보지 않으면 석 달이나 지난 듯
彼采蕭兮 一日不見 如三秋兮(피채소혜 일일불견 여삼추혜)
그녀가 쑥을 캐네, **하루를 보지 않으면 가을이 세 번 지난 듯**
彼采艾兮 一日不見 如三歲兮(피채애혜 일일불견 여삼세혜)
그녀가 약쑥을 캐네, 하루를 보지 않으면 삼 년이나 지난 듯

하루를 만나지 않은 것이 3년을 만나지 않은 것 같다는 뜻이다. 戀人(연인)에 대한 情(정)이 사무치는 그리움으로 변해 가는 것을 말한다. '一日如三秋(일일여삼추)'란 실로 '짧은 시간이 오랜 세월로 느껴진다.'는 뜻이다.

'三秋(삼추)'는 세 가지로 풀이될 수 있다. 하나는 孟秋(맹추 : 음력 7월), 仲秋(중추 : 음력 8월), 季秋(계추 : 음력 9월)의 '3개월'로 보아야 한다는 견해와, 두 번째는 이 3개월이 세 번이므로 '9개월'로 풀이해야 한다는 것, 그리고 세 번째는 가을은 1년에 한 번이므로 곧 '3년'이라는 것이다. 여기에서는 세 번째 풀이를 적용하여 3년으로 해석하였다.

같은 의미의 말로, 『呂氏春秋(여씨춘추)』 「順說篇(순설편)」에는 '延經擧踵(연경거종)'이라는 말이 있다. '목을 길게 빼고, 발꿈치를 들고 기다린다.'는 뜻이다. 그래서 옛사람들은 '百難之中待人難(백난지중대인난)'이라고 했다. '많은 어려운 일 중에 사람 기다리는 일이 가장 어렵다.'는 뜻이다.

※ **王風(왕풍)의 시 소개 - '黍稷(서직)'**

彼黍離離(피서이리)	저 기장이 늘어져 있거늘,
彼稷之穗(피직지수)	저 곡식은 이삭이 났도다.
行邁靡靡(행매미미)	길을 감이 흔들흔들하여,
中心如醉(중심여취)	마음속이 취한 듯하노라.
知我者(지아자)	나를 아는 이는,
謂我心憂(위아심우)	나더러 근심이 있다 하거늘.
不知我者(부지아자)	나를 알지 못하는 이는
謂我何求(위아하구)	나더러 무엇을 구하는가 하나니.
悠悠蒼天(유유창천)	아득한 푸른 하늘아,
此何人哉(차하인재)	이 어떤 사람인고.

• 黍 ; 기장 서 / 稷 ; 곡식 직 / 穗 ; 이삭 수 / 邁 ; 갈 매 / 靡 ; 쓰러질 미

299 積善之家 必有餘慶 적선지가 필유여경

字解
- 積: 쌓을 적 [山積(산적) : 산더미같이 쌓임]
- 善: 착할 선 [善良(선량) : 착하고 어질음]
   좋을 선 [善策(선책) : 좋은 대책이나 계책]
   잘할 선 [善用(선용) : 알맞게 잘 씀]
- 之: 갈 지, 어조사 지 [苦肉之策(고육지책) : 자신의 몸을 상해 가면서까지 꾸며내는 방책]
- 家: 집 가 [家畜(가축) : 집에서 기르는 짐승]
- 必: 반드시 필 [必勝(필승) : 반드시 이김]
- 有: 있을 유 [有給(유급) : 급료가 있음]
   가질 유 [保有(보유) : 가지고 있음]
- 餘: 남을 여 [餘暇(여가) : 남은 시간]
- 慶: 경사 경 [慶弔(경조) : 경사스러운 일과 불행한 일]

語義 선한 일을 많이 한 집안에는, 반드시 남는 경사가 있다.
(좋은 일을 많이 하면, 후손들에게 복이 미친다)

用例

▶ 일요일이면 어김없이 修鍊醫(수련의) 시절 동남아 의료 선교봉사의 경험을 살려, 의료 봉사에 가까운 진료를 하는 병원, '행복한 외과병원'이 있어 이 사회가 건강을 유지하지 않을까? 타국에서 건너와 가족의 생계를 위해 열심히 일하는 네팔인, 필리핀인들은 백순만 원장을 슈바이처라 부른다. "수년간 해오던 일인데, 이제는 보람이 있어 행복합니다." 이들을 진료하기 시작한 것은 병원을 개원하면서부터 계속된 행사라고 한다. '積善之家 必有餘慶(적선지가 필유여경)'이라 했던가. 옛날 경주 최씨 일가가 '사방 백 리 안에 밥 굶는 사람이 없어야 한다.'는 신념으로 이웃을 보살폈다고 하여, 오늘날 그 집안을 대표적인 예로 든다.

▶ '積善之家 必有餘慶(적선지가 필유여경)'은 유한양행 전 회장이었던 柳一韓(유일한, 1895~1971) 박사의 좌우명이다. 국세청 세무조사에서 유한양행이란 대기업을 운영하면서도 한 치의 오차도 없이 회계 업무를 운영하여, 실무자와 감찰 나온 세무 담당자들을 감동케 하였고, 투명사회 건설에 이바지하였으며, 국제공항 검색대에서 이분의 짐은 검색을 안했다는 일화가 있다. 한 나라의 경영이라 함은 정치를 뜻함이고, 기업가라면 이윤을 창출하는 사람을 말한다. 무수히 많은 기업가들 중에서도 많은 국민들의 기억에 남아 있는 유일한 유한양행 회장의 좌우명이 '積善之家(적선지가)에 必有餘慶(필유여경)이라.'는 옛 명언이었다는 사실을 우리는 기억하여 본다.

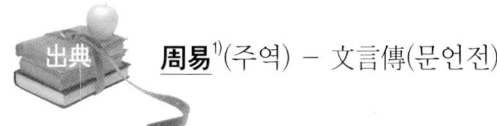 周易[1](주역) - 文言傳(문언전)

'積善之家 必有餘慶(적선지가 필유여경)'은 줄여서 '積善餘慶(적선여경)'이라고도 한다. 『周易(주역)』의 「文言傳(문언전)」은 乾卦(건괘)와 坤卦(곤괘)에 대한 해설서이다. 곤괘를 해설하는 글 가운데 다음과 같은 내용이 있다.

"善(선)을 쌓은 집안은 반드시 남는 경사가 있고, 不善(불선)을 쌓은 집안에는 반드시 남는 재앙이 있다. 신하가 그 임금을 죽이고, 자식이 그 아비를 죽이는 일이 벌어진 것은, 하루아침과 하루저녁에 그렇게 된 것이 아니다. 그 유래는 점차적으로 이루어진 것이니, 辯論(변론 : 의견이나 사실을 논하여 밝힘)하여야 할 일을 변론하지 않은 데서 비롯된 것이다."

 原文 積善之家(적선지가) 必有餘慶(필유여경) 積不善之家(적불선지가) 必有餘殃(필유여앙) 臣弑其君(신시기군) 子弑其父(자시기부) 非一朝一夕之故(비일조일석지고) 其所由來者漸矣(기소유래자점의) 由辯之不早辯也(유변지부조변야)

'餘慶(여경)'은 '선한 일을 많이 행한 보답으로서 그의 자손들이 받는 경사'를 의미하는 것으로, 蔭德(음덕 : 조상의 덕)과 비슷한 의미의 말이다. 孟子(맹자)는 '德不孤 必有隣(덕불고 필유린 : 덕은 외롭지 않으니, 반드시 이웃이 있기 마련이다)'을 말했다. 도덕의 총론은 항상 勸善懲惡(권선징악)으로 요약된다.

『明心寶鑑(명심보감)』은 「繼善篇(계선편)」부터 시작된다. 첫 구절에 孔子(공자)의 '爲善者 天報之以福 爲不善者 天報之以禍(위선자 천보지이복 위불선자 천보지이화 : 선을 행하는 자는 하늘이 돌보고, 악한 일을 하는 자는 하늘이 벌을 내린다)'가 나온다.

太公(태공)의 '見善如渴 聞惡如聾(견선여갈 문악여롱 : 선을 듣거든 목마른 사람처럼 하고, 악을 듣거든 귀머거리같이 하라)'도 유명한 말이다. '善(선)을 행하라'는 勸善(권선)의 句節(구절)들이다.

---

1) 孔子(공자)와 周易(주역)

공자는 자신의 도를 펼칠 나라를 찾아 중국 천하를 周遊(주유)한다. 하지만 춘추시대, 수많은 나라 가운데 공자가 뜻을 실현할 만한 곳은 없었다. 공자는 조국 노나라로 돌아와 제자를 가르치고 옛 서책을 정리하며 때를 기다렸는데, 바로 그때『周易(주역, 주 문왕 지음. 역경)』을 만났다.

사마천의『史記(사기)』에 따르면 공자는『주역』읽기를 무척 좋아했다고 한다. 그때는 책이 竹簡(죽간 : 글자를 적던 대나무 조각)을 이어서 만든 것이었는데 죽간을 연결하는 가죽 끈이 세 번이나 끊어질 정도였다. 여기서 유래된 고사성어가 '韋編三絕(위편삼절)'이다. 평소에도 학문을 좋아하는 스승이었지만, 조금 과하다 싶을 만큼『주역』을 애호하는 공자의 모습에 제자들도 당혹스러워할 정도였다고 한다.

300 精神一到 何事不成 정신일도 하사불성

字解
- 精 : 정신 **정** [精氣(정기) : 만물에 갖추어져 있는 순수한 기운]
  찧을 정 [精米(정미) : 벼를 찧어 쌀을 만듦]
- 神 : 귀신 **신** [精神(정신) : 사고나 감정의 작용을 다스리는 인간의 마음]
- 一 : 한 **일**, 하나 일 [一目瞭然(일목요연) : 한눈에 알아볼 수 있게 분명함]
- 到 : 이를 **도** [到處(도처) : 이르는 곳. 가는 곳마다]
- 何 : 어찌 하, 무슨 **하**, 누구 하 [何事(하사) : 무슨 일. 어떠한 일]
- 事 : 일 **사** [事由(사유) : 일의 까닭. 연고. 연유]
  섬길 사 [事大(사대) : 약자가 강자를, 또는 작은 나라가 큰 나라를 섬김]
- 不 : 아니 **불**(부) [不要不急(불요불급) : 필요하거나 급하지 아니함]
- 成 : 이룰 **성** [成就(성취) : 목적한 바를 이룸]

語義 정신을 한곳으로 하면, 무슨 일인들 이루어지지 않으랴.
(정신을 집중하여 노력하면, 어떤 어려운 일이라도 성취할 수 있다)

 用例

▶해마다 새해를 맞이하면 사람들은 희망찬 새 출발을 다짐하기 위해, 여러 형태로 자신의 각오와 소원을 비는 행위나 행동들을 한다. 필자의 기억으로 여섯 살 때인가, 오형제를 거느린 필자의 부친은 새해 첫날 무슨 생각이셨던지, 새벽에 자고 있던 아들들을 모두 깨워 동네 뒷산 약수터에 데리고 가셨다.

그곳에서 우리는 모두 웃옷을 벗은 채 냉수마찰을 하며, '**精神一到 何事不成**(정신일도 하사불성)' 구호를 외쳤다. 부친이 선창을 하면, 우리 독수리 오형제들은 목청껏 구령을 따라 했다. 마치 군대 훈련을 받는 것처럼. 그리고는 아버님께선 각자 소원을 빌라고 말씀하셨다. 나는 인생을 살면서 가끔 어려운 난관에 부딪혀 힘들 때면, 새벽에 일어나서 산에 올라 산중턱의 냇가에 몸을 담근 후, 답답했던 문제들을 크게 소리쳐 외치곤 했다. 그러고 나면 왠지 막혔던 근심 걱정이 한순간에 확 사라지는 느낌이 들고, 모든 일들이 술술 풀리는 신비한 경험을 한 적이 간혹 있었다.

▶우리의 삶은 스포츠 현장과 비슷하다. 고도의 정신 집중과 마음 관리가 요구되는 경쟁의 고비가 끊임없이 찾아온다. 예부터 선조들은 '**精神一到 何事不成**(정신일도 하사불성)', '호랑이에게 물려 가도 정신만 차리면 산다.' 등 마음먹기에 따라 상황은 달라질 수 있다고 강조했다. 동서양이 따로 없다. '자신감을 가져라.', '하면 된다.'는 주장과 외침은 넘쳐난다. 하지만 일반인들은 구체적인 방법을 모르는 경우가 대부분이다. 최근 많은 선수들이 스포츠심리학이란 '신세계'에 들어가

성공적인 결과를 내고 있다. 스포츠심리학적 여러 방법을 통해 '마음먹기에 따라 인생이 달라질 수 있다.'는 것을 보여주고 있다.

朱子語類[1] (주자어류)

『朱子語類(주자어류)』는 朱子[2](주자, 1130 ~ 1200. 중국 남송의 대유학자로서 본명은 희)의 語錄(어록 : 위인들이 한 말을 간추려 모은 기록)을 집대성한 책으로서, 편저자는 남송 理宗(이종) 때 黎靖德(여정덕)이라는 사람으로 140권으로 출간하였다. 이 책의 제8권 71번째 조목을 보면,

"陽氣發處 金石亦透(양기발처 금석역투) **精神一到 何事不成(정신일도 하사불성)**"이라는 문구가 나온다. 이를 해석하면, "陽氣(양기)가 발하는 곳이면, 쇠와 돌도 또한 뚫어진다. **정신을 한곳에 모으면, 어떤 일이 이루어지지 않겠는가!**"라는 뜻이다.

陽氣(양기)는 해와 같이 뜨겁고 밝고 힘찬 기운이다. 이 기운이 발하면, 쇠도 돌도 뚫어지고 마는 것이다. 情神(정신)은 한결같은 정성에 의해 이루어진 순수한 마음이다. 위대한 사랑과 지혜와 용기를 가진 것이다. 이것이 집중되면 초인적인 힘이 나오고, 무슨 일이든 이루어 내지 못할 것이 없다는 것이다.

---

1) **朱子語類**(주자어류) : 朱子(주자)가 죽은 지 70년 후인 1270년에 편찬되었다. 문인들에 의한 이런 종류의 책들이 주자 사후 11 ~ 12년이 경과하여 나오기 시작하였으나, 黎靖德(여정덕 : 남송의 주자학자)이 편찬한 『주자어류』가 가장 많이 알려졌다. 주자가 여러 문인들과 나눈 대화나 문답을 기록한 것으로, 시기적으로는 그의 사상의 완숙기인 41세부터 죽기 직전까지의 사상을 모아놓은 것이다. 전체 140권으로 되어 있다.

다루고 있는 主題(주제)를 보면, 기초이론에서부터 학문방법론・고전해석학・동시대인 비평・이단론・역사철학・잡류・문학론에 이르기까지 매우 광범위하다. 우주의 森羅萬象(삼라만상)에 관한 논의가 모두 담겨 있다.

2) **朱子**(주자, 1130 ~ 1200)**의 生涯**(생애) : 중국 宋(송)나라의 徽州(휘주)에서 태어났다. 일찍부터 성격이 聰慧謹嚴(총혜근엄)하고, 말수가 적고, 학문 연구에 전념하였다. 그 뒤 周敦頤(주돈이)와 程顥(정호) 등의 혁통을 이은 延平(연평) 李侗(이동)을 찾아가 師事(사사)하였으며, 明道(명도) 伊川(이천)을 사숙하여 학문에 전념하였다. 이후 고대 경전을 탐독하여 주해를 편집하고, 공자・맹자 등의 사상을 풀이하였는데, 이것이 하나의 학문이 되어 성리학으로 발전하였다.

그 뒤 과거 시험에 등제하여 관직에 나갔으며, 관직에 나가서는 황제에게 堯舜(요순)의 德治(덕치)를 설명하며, 封事(봉사)와 上書(상서)로 屢千萬言(누천만언)을 개진하였으나, 뜻한 바를 이루지 못하고 관료들의 미움을 받아 만년에는 모함을 당하고 기인으로 몰리는 등 많은 고생을 겪었다. 1200년에 졸하니 사망 당시 향년 70세였다. 송 寧宗(영종) 때 문공(文公)의 시호가 내려지고, 후에 文廟(문묘)에 從祀(종사)하고 徽國公(휘국공)에 추봉되었다.

※ **精神一到 何事不成**(정신일도 하사불성)**과 의미가 통하는 말**
- **中石沒鏃**(중석몰촉) – '쏜 화살이 돌에 깊이 박혔다.'는 뜻으로, 정신을 집중해서 전력을 다하면 어떤 일에도 성공할 수 있음을 이르는 말. *鏃 ; 화살 촉
- **射石飮羽**(석석음우) – 쏜 화살이 화살 깃까지 묻힐 정도로 돌에 깊이 박혔다. 정신 집중을 의미한다. 원말은 射中石沒鏃(석중석몰촉)이며, 동의어에 射石沒金飮羽(석석몰금음우), 熊渠射虎(웅거석호) 등이 있다.
  *射 ; 쏠 사, 맞힐 석
- **繩鋸木斷 水滴石穿**(승거목단 수적석천) – '노끈으로 톱질하여도 나무를 자를 수 있고, 물방울이 떨어져 돌에 구멍을 낸다.'라는 뜻으로, 꾸준히 노력하면 아무리 어려운 일이라도 결국 성공할 수 있음을 비유하는 고사성어이다.
- **一切唯心造**(일체유심조) – '모든 것은 오직 마음에서 지어내는 것'이란 뜻으로 세상사 모든 일은 마음먹기에 달려 있음을 말한다.

※ **一切唯心造**(일체유심조) **原文**(원문) – 『화엄경』 권37, 「菩薩設偈品(보살설게품)」

心如工畫師(심여공화사)　　마음은 화공과 같아서,
能畫諸世間(능화제세간)　　능히 모든 세간을 그려낸다.
五蘊實從生(오온실종생)　　오온이 마음 따라 생기어서,
無法而不造(무법이부조)　　무슨 법이든 짓지 못함이 없도다.

如心佛亦爾(여심불역이)　　마음과 같이 부처도 그러하고,
如佛衆生然(여불중생연)　　부처와 같이 중생도 그러하다.
應知佛興心(응지불흥심)　　마땅히 부처 마음이 흥함을 알고,
體性皆無盡(체성개무진)　　그 체성 모두 다함이 없도다.

若人知心行(약인지심행)　　만약 어떤 이가 마음을 안다면,
普造諸世間(보조제세간)　　모든 마음이 많은 세간 짓는 줄을.
是人卽見佛(시인즉견불)　　이는 사람이 곧 부처임을 보아,
了佛眞實性(료불진실성)　　부처의 참 성품 알게 되도다.

心不住於身(심부주어신)　　마음이 몸에 있지 않고,
身亦不住心(신역부주심)　　몸 또한 마음에 있지 않네.
而能作佛事(이능작불사)　　불사를 능히 지어,
自在未曾有(자재미증유)　　자재함이 미증유로다.

若人欲了知(약인욕료지)　　만약 어떤 사람이 알고자 한다면,
三世一切佛(삼세일체불)　　삼세의 모든 부처를.
應觀法界性(응관법계성)　　마땅히 법계의 본성을 살펴보아라.
<u>一切唯心造(일체유심조)　　**모든 것은 오직 마음이 지어내는 것이로다.**</u>

301 朝聞道夕死可矣 조문도석사가의

字解 朝 : 아침 조 [朝令暮改(조령모개) : 아침에 영을 내렸다가 저녁에 고침]
聞 : 들을 문 [見聞(견문) : 보고 들음. 보고 들어서 얻은 지식]
道 : 길 도 [人道(인도) : 사람이 다니는 길]
　　 도 도 [師道(사도) : 스승으로서 마땅히 지켜야 할 도리]
夕 : 저녁 석 [夕刊(석간) : 저녁때 배달되는 신문]
死 : 죽을 사 [死境(사경) : 죽게 된 지경]
可 : 가할 가 [可能(가능) : 할 수 있음]
　　 옳을 가 [可決(가결) : 심의하여 옳다고 결정함]
矣 : 어조사 의 [萬事休矣(만사휴의) : 모든 일이 끝났다]

語義 아침에 도를 들으면, 저녁에 죽어도 좋다.
(참된 이치를 깨달았으면, 죽어도 여한이 없다)

 用例

▶사람마다 살아가면서 저마다 한 가지쯤 座右銘(좌우명)을 가지고 있을 것이다. 필자는 '朝聞道夕死可矣(조문도석사가의)'라는『論語(논어)』에 나오는 공자님 말씀을 좋아한다. 이 말을 글자 그대로 해석하면 '아침에 도를 들으면 저녁에 죽어도 좋다.'라는 뜻인데, 진리를 탐구하는 공자의 애절한 念願(염원)이 담긴 뜻으로 볼 수 있다. 그러나 보다 확장해서 생각하면 '간절히 하고 싶은 일에 대해 열정을 갖고 추진한다면, 비록 실패하더라도 아름답지 않겠는가?'라고 해석할 수도 있겠다 싶다.

▶'朝聞道夕死可矣(조문도석사가의)' 도대체 道(도)가 무엇이기에 듣기만 하고도 목숨을 내어놓을 수 있단 말인가. 생과 사는 그 무엇보다도 큰 것이 아닌가. 주자는 도를 마땅히 그렇게 하여야 하는 이치라고 해석하였다. 마땅히 그렇게 하여야 하는 이치로 가장 큰 것이 있다면, 자식이 부모에게 효도함이 그것이라고 할 수 있다. 또 자신이 평생 사업으로 하고 싶은 것이 있고, 그것을 이루기 위해 노력하다 죽을 수 있는 匠人精神(장인정신) 또한 같은 맥락에서 이해할 수 있다.

　무엇인가에 미쳐서 그것을 위해 죽을 수 있다면, 그 또한 도를 안다고 할 수 있다. 이미 도를 안다면 죽고 사는 문제 또한 넘어설 수 있어서, 그 도를 위해 죽을 수 있기 때문이다. 그래서 孔子(공자)는 "도에 뜻을 두고서, 허름한 옷을 입고 거친 음식 먹는 것을 부끄러워하는 자와는 함께 의론하기에 부족하다."고 단언하였다.

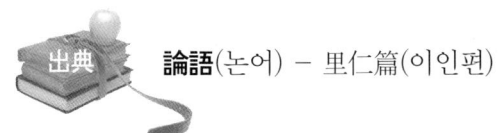 論語(논어) - 里仁篇(이인편)

聖人(성인) 孔子(공자)는 '道(도)'에 대해서 다음과 같이 말했다.

"임금은 인애와 위엄으로써 신하를 대하고, 신하는 임금에게 충절을 다하고, 아비는 자애와 위엄으로써 자식을 대하고, 자식은 어버이에게 효를 다하는 것이다."

朝聞道夕死可矣(조문도석사가의)'는 「里仁篇(이인편)」에 있는 공자의 유명한 말이다. **'아침에 도를 들을 수 있다면, 저녁에 죽어도 좋다.'**라는 뜻이다. 그러나 이에 대한 정의는 학자마다 다르다. 일설에 따르면, 공자가 죽음을 앞둔 친구에게 한 말이라고 한다. 즉, 육체의 생명이 다함보다도 정신적인 깨달음이 더 큼을 격려한 것으로 해석된다. 그러나 더 일반적으로는 공자 자신의 절실한 道(도)의 추구라는 소원을 말한 것으로 보아야 할 것이다.

魏(위)나라의 何晏[1](하안)과 王肅(왕숙)은 이 말을 '아침에 온 세상에 道(도)가 행해지고 있다는 것을 들었다면, 저녁에는 죽어도 좋다.'라는 공자의 歎息(탄식)으로 해석하였다. 즉, 仁義(인의)의 도덕이 올바르게 행하여지는 세상의 재현을 기대한 말이라는 뜻이다. 그러나 이것은 당시의 위의 상황이 투영된 협의의 해석으로 평가된다.

이에 비하여 朱子(주자)는, '道(도)라는 것은 사물의 당연한 이치다. 만일 그것을 들을 수 있다면, 살아서는 이치에 順(순)하고 죽어도 여한이 없을 것이다.'라고 하여, 求道(구도)에 대한 열정의 토로로 해석하였다. 즉, 공자는 진리를 생명보다 귀하게 여겼다는 뜻이다. 이것이 가장 일반적인 해석으로 평가되며, 많은 사람들이 이 의견을 따른다. 그러나 淸(청)의 劉寶楠(유보남)은 이렇게 말하였다. '만일 불행하게도 아침에 道(도)를 듣고 저녁에 죽는다면, 비록 이를 중도에 폐할지라도 그 듣는 것이 없음에 현명함이 멀고 심하다. 그러므로 옳다고 말씀하신 것이다.'

---

[1] 何晏(하안, 193? ~ 249) : 중국 魏(위)나라의 玄學家(현학가)·淸談家(청담가). 南陽(남양) 宛縣(완현), 곧 지금의 허난[河南(하남)] 사람이다. 漢(한)나라의 외척 何進(하진)의 손자이다. 어려서 신동으로 이름을 떨쳤다. 노자와 장자의 학설을 따랐다. 어머니 윤씨가 曹操(조조)의 첩이 됨에 따라 궁에서 자랐으며, 후에 魏(위)나라의 공주와 결혼했다. 조조의 아들 曹丕(조비)가 위나라를 세운 후에 궁 밖으로 쫓겨났다. 그러나 曹爽(조상)이 권력을 잡은 후, 그의 심복이 되어 吏部尙書(이부상서)의 자리에 올랐다. 후에 司馬懿(사마의)에게 살해당했다.

하안과 夏侯玄(하후현)·王弼(왕필) 등은 玄學(현학)을 창도하여 일대 새로운 기풍을 일으켰다. 하안은 도교의 술어와 개념으로 유가경전을 해석했으며, 또한 유가의 사회윤리를 도가사상에 부화시켰다. 그는 '천지만물이 無(무)로써 근본을 삼는다.'고 여겼으며, 세계의 본체는 '無(무)'이고 모든 사물의 존재는 모두 '無(무)'에 의존한다고 생각했다. 정치상의 주장은 '군주는 無爲(무위)로 다스려야 한다.'는 것이었다. 저서로는 『道德論(도덕론)』·『無名論(무명론)』·『無爲論(무위론)』·『論語集解(논어집해)』가 있다.

302 智者樂水 仁者樂山 지자요수 인자요산

字解
- 智 : 지혜 **지**, 슬기 지 [智慧(지혜) : 사물의 도리나 선악을 분별하는 마음. 슬기]
- 者 : 사람 **자** [賢者(현자) : 어진 사람. 현인]
- 樂 : 음악 악 [樂官(악관) : 조정에서 음악을 연주하는 벼슬아치]
  즐거울 락(낙) [樂園(낙원) : 살기 좋은 즐거운 장소]
  좋아할 요 [樂山(요산) : 산을 좋아함]
- 水 : 물 **수** [治水(치수) : 물을 다스림. 수리시설로 홍수나 가뭄을 막음]
- 仁 : 어질 **인** [仁慈(인자) : 마음이 어질고 자애로움]
  씨 인 [杏仁(행인) : 살구씨 껍데기 속의 알맹이]
- 山 : 뫼 **산** [山戰水戰(산전수전) : 산에서 싸우고, 물에서 싸움. 세상의 온갖 고난을 겪은 경험]

語義 지혜로운 사람은 물을 좋아하고, 어진 사람은 산을 좋아한다.
(지자는 사리에 통달하여 막힘이 없음이 물과 같아서 물을 좋아하고, 인자는 의리에 밝아서 변치 않음이 산과 같아서 산을 좋아한다)

 用例

▶『논어』는 이천여 년 동안 동양인들에게 좌우명이 되거나 금언이 되어 왔다. 공자의 명언 중 '**智者樂水 仁者樂山**(지자요수 인자요산), 지자는 물을 좋아하고 인자는 산을 좋아한다.'는 말이 있다. 지자는 지식을 사랑하여 지식을 찾는 사람이다. 지적욕구를 찾아서 움직이고 지적학문에의 신선함을 지키는 애지정신을 가진 사람이다. 그래서 지자는 동적이고 즐거운 것이다. 인이란 항상 영구불변하며 무궁한 것이다. 인을 실천하는 인간애의 세계는 물욕과 세태의 변화에 동요하지 아니한다. 그래서 인자는 산과 같이 조용한 고요와 정적을 즐겨서 장수하는 사람이 많은가 보다. 樂山樂水(요산요수), 누구나 할 수 있으리라.

▶두향[1]은 퇴계의 그런 마음을 깊이 헤아렸다. 그녀는 이렇게 물었다.
"이 누각을 二樂樓(이요루 : 단양에 있는 누각)라고 지은 것은, 『논어』「옹야편」의 **智者樂水 仁者樂山**(지자요수 인자요산)에서 나온 것이옵니까?"
"그렇다네. 눈을 들면 산이고 고개를 숙이면 물이니, 이보다 더 좋은 교실이 어디 있겠는가."
"어찌하여 어진 사람은 산을 좋아하고 지혜로운 사람은 물을 좋아하는지요?"
"어질다[仁(인)] 함은 바른 생각을 굳게 지키며 한뜻으로 세상을 견딜 수 있어야 하니 산처럼 우뚝 솟아 풍상을 견뎌야 할 것이고, 지혜롭다[智(지)] 함은 세상의 흐름과 사물의 이치를 살필 수 있는 것이니, 물처럼 낮은 데로 흐르면서 막힌 곳을 만나면 피하여 가야 하지 않겠는가."

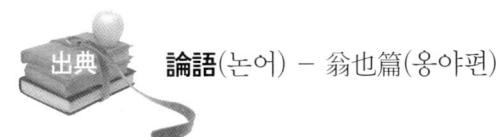 論語(논어) - 翁也篇(옹야편)

聖人(성인) 孔子(공자)가 말하였다.

"**지혜로운 자는 물을 좋아하고, 어진 자는 산을 좋아한다.** 지혜로운 자는 움직이고, 어진 자는 고요하다. 지혜로운 자는 즐기고, 어진 자는 오래 산다."

 原文 智者樂水 仁者樂山(지자요수 인자요산) 智者動 仁者靜(지자동 인자정) 智者樂 仁者壽(지자락 인자수)

孔子(공자)의 말은, 지혜로운 사람들과 어진 사람들의 일반적인 성격과 행동 경향을 설명한 것이다. '지혜로운 사람'은 식별력이 높다. 자신과 맺어지는 인간관계에 관심이 많아 항상 겸허한 자세를 가지려 노력한다. 두루 흘러 맺힘이 없는 것이 물과 같기 때문에 물을 좋아한다고 하였다. 그리고 지적 호기심을 충족시키기 위해 항상 돌아다니며 관찰하고 즐기기를 좋아한다.

반면에 '어진 사람'은 의리를 중시하여, 옮기지 않는 것이 산과 같다. 그래서 산을 좋아한다고 하였다. 늘 자신과 하늘의 관계에만 관심을 두기 때문에 모든 가치를 위에다 두고 있다. 그리고 호기심이 적어 한곳에 가만있기를 좋아하여 고요한 성격이 많다. 또한 마음을 가다듬고 물질적 욕구에 집착하지 않으니 오래 산다.

즉, '지혜로운 사람[智者(지자)]'의 마음은 밝고 깨끗하기 때문에 이해심이 깊고 넓다. 그래서 흐르는 물처럼 시대와 환경에 따라 항상 새롭게 산다는 뜻이다. 반면에 '어진 사람[仁者(인자)]'이 산을 사랑할 수밖에 없는 이유는, 그것은 움직이지 않고 변하지 않으며 고요하기 때문이다.

1) 退溪(퇴계)와 杜香(두향)의 사랑 이야기

退溪(퇴계) 李滉(이황)은 21세에 김해 허씨와 결혼했으나, 그녀는 세 아들을 낳고 6년 만에 산후병으로 세상을 떠났다. 두 번째 아내는 사화를 겪으면서 정신 이상으로 고통을 겪다가 퇴계 나이 46세에 사별했다. 2년 후 퇴계는 48세 때 단양군수로 부임한다. 그곳에서 만났던 官妓(관기) 두향은 18세. 두향은 詩(시)·書(서)·畵(화)와 가야금에 능했으며, 매화를 매우 좋아했다. 두 사람은 마음이 깊이 통했고, 그러나 인연을 맺은 뒤 9개월 만에 이별을 맞이한다.

두 사람은 그렇게 짧은 인연을 마지막으로 퇴계 선생이 69세의 나이로 생애를 마감할 때까지, 21년간 두 번 다시 직접 만난 적은 없다고 한다. 하지만 평생 서로를 애틋하게 여기고 마음속으로 품었다. 선생은 죽을 때까지 두향이 좋아한 매화를 정성으로 길렀으며, 두향은 남한강가에 움막을 치고 선생을 그리워하며 살다가, 선생의 訃音(부음)을 듣고, 남한강에 몸을 던져 이황의 뒤를 따랐다고 전해진다.

303 盡人事待天命 진인사대천명

字解
- 盡 : 다할 **진** [盡力(진력) : 힘이 닿는 데까지 다함]
- 人 : 사람 **인** [人智(인지) : 사람의 지혜나 지능]
- 事 : 일 **사** [萬事亨通(만사형통) : 모든 일이 뜻대로 잘 통하고 이루어짐]
- 待 : 기다릴 **대** [待機(대기) : 때나 기회를 기다림]
- 天 : 하늘 **천** [天罰(천벌) : 하늘이 주는 벌]
- 命 : 목숨 명, **명령할 명** [王命(왕명) : 임금이 내린 명령]

語義 인간으로서 할 일을 다하고, 하늘의 뜻을 기다린다.

(사람으로서 자신이 할 수 있는 어떤 일이든지 노력하여 최선을 다한 뒤에, 하늘의 뜻을 받아들여야 한다)

(자신의 일을 성실히 하지 않고, 요행을 바라는 사람에게 최선을 다하라고 강조하는 말)

 用例

▶학창 시절 내가 늘 새겼던 좌우명은 '**盡人事待天命**(진인사대천명)'이다. 이는 '사람으로 할 수 있는 일을 다하고 나서야 하늘의 명을 기다린다.'란 뜻인데, 알고 보니 삼국지에서 유래한 말이다. 시험을 앞두고 늘 이 말을 책상에 붙여놓고 마음에 새겼다. 이 말을 한 번 떠올리면 괜히 요행을 바라다가도 최선을 다하게 되고, 설령 결과가 좀 안 좋게 나왔어도 위로가 되었다. 할 수 있는 일은 다했다고 하지만 정말로 최선을 다했는가 하는 자기성찰도 되었다.

▶로스쿨 변호사 시험을 제외하고는 사법시험을 비롯해서 행정고시, 노무사 등 각종 국가고시의 2차 시험 결과가 발표되는 날들을 수험생들이 학수고대하면서 기다리고 있습니다. 공부의 분량만으로 합격 여부가 결정되는 것이 아니고, 집중력과 창의력 등이 모두 요구되게 됩니다.

盡人事待天命(진인사대천명)이라고 했습니다. 이제 남은 것은 여러분들이 매 순간 최선을 다하는 것입니다. 모든 문제에 대하여 정답을 쓰는 것이 아니라, 사고하는 과정과 순발력, 창의력 등을 중요한 채점기준으로 삼는 것이 2차 시험입니다.

【俗談】 하늘은 스스로 돕는 사람을 돕는다.

 **出典** **三國志演義**[1](삼국지연의, 나관중이 지은 소설)

중국 삼국시대에 적벽에서 魏(위)나라 曹操(조조, 155 ~ 220)가 吳(오)·蜀(촉)나라 연합군과 전투

를 벌인 赤壁大戰(적벽대전) 중에, 蜀(촉)나라의 關羽(관우, ?~219)는 諸葛亮(제갈량, 181~234)에게 조조를 죽이라는 명령을 받았으나, 華容道(화용도)에서 포위된 조조를 죽이지 않고 길을 내주어 달아나게 하고 돌아왔다.

그래서 제갈량은 관우를 斬首(참수 : 목을 자름)하려 하였으나, 劉備(유비, 161~223)의 간청으로 관우의 목숨을 살려주었다. 제갈량은 유비에게,

"天文(천문 : 천체와 기상의 현상)을 보니 조조는 아직 죽을 운명이 아니므로, 일전에 조조에게 은혜를 입었던 관우로 하여금 그 은혜를 갚으라고 화용도로 보냈습니다. 목숨은 하늘의 뜻에 달렸으니, '나는 **사람으로서 할 수 있는 방법을 다 썼기에, 하늘의 명을 기다려 따를 뿐입니다**[修人事待天命(수인사대천명)].'"

라고 하였다.

제갈량이 관우를 시켜 적벽에서 도망가는 조조를 잡으라고 화룡도로 관우를 보냈을 때, 관우는 조조를 놓아주고 만다. 관우의 오관 돌파 시절에 조조가 그를 놓아주었기 때문에 이에 대한 은혜를 갚기 위해서였다. 이때에 제갈량이 '修人事待天命(수인사대천명)'이라고 말하여, 비록 사람의 기교로 조조를 잡을 수 있었으나 조조의 운이 다하지 아니했다.'는 말에서, '盡人事待天命(진인사대천명)'이 유래했다고 한다.

하지만 실제로 삼국지연의는 明(명)나라 초기에 지어진 소설이며, 正史(정사)에서는 이런 말을 찾을 수 없으므로, 실제로 제갈량이 한 말이 아닐 수도 있다. 일설에는 宋(송)나라 때의 학자인 胡寅(호인)이 그의 저서 『致堂讀書管見(치당독서관견)』에서 '盡人事而待天命(진인사이대천명)'이라고 말했다고 하는데, 막상 자료를 찾아보아도 정확하게 확인하기는 좀 어려우며, 이것이 처음 사용한 것인지도 분명하지 않다.

가장 근접하는 기록이 청나라 李汝珍(이여진)의 『鏡花綠(경화록)』에 기재된 말로서 '盡人事以聽天命(진인사이청천명)'이란 말이 있는데, 뜻을 보자면 '사람이 최선을 다한 후에, 하늘의 명을 듣는다.'라는 의미로 약간의 차이는 있지만, 대체로 비슷한 의미라고 하겠다.

---

1) 三國志演義(삼국지연의) : 중국 明初(명초)의 장편소설로 羅貫中(나관중)이 지었다. 陳壽(진수)의 『三國志(삼국지)』, 裵松之(배송지)의 注(주), 元代(원대)의 『三分事略(삼분사략)』과 『三國志平話(삼국지평화)』에 근거하여 썼다. 후한 말에서 삼국시대까지의 다양한 정치적·군사적 분쟁을 그렸고, 전쟁의 묘사에 주력하여 경쟁적인 생활의 경험과 책략을 제공했다.

諸葛亮(제갈량)·曹操(조조)·張飛(장비) 등의 전형적인 인물을 형상화했는데, 제갈량은 지혜가 많고 책략에 뛰어나서 지혜의 화신으로 일컬어진다. 등장인물이 많고 구성이 웅대하며, 내용이 복잡하나 맥락이 분명하고, 소재의 취사선택에 타당성이 있다. 쉬운 문어체와 거친 필법을 사용했고 묘사에 치중했다. 演義小說(연의소설 : 역사적 사실을 바탕으로 허구적인 내용을 덧붙인 소설)의 최고 걸작으로 후대에 큰 영향을 끼쳤다.

304 天時地利人和 천시지리인화

字解
- 天 : 하늘 천 [天上天下(천상천하) : 하늘 위와 하늘 아래. 온 세상]
- 時 : 때 시 [時流(시류) : 그 시대의 풍조]
- 地 : 땅 지 [地神(지신) : 땅을 맡아 다스린다는 신령]
- 利 : 이로울 리(이) [利害(이해) : 이익과 손해. 득실]
  날카로울 리(이) [銳利(예리) : 매우 날카로움]
- 人 : 사람 인 [人道(인도) : 사람이 다니는 길. 보도]
- 和 : 화목할 화 [和合(화합) : 화목하게 어울림. 화동하여 합함]
  순할 화, 온화할 화 [和氣(화기) : 온화한 기운]

語義 하늘의 때는 땅의 이득만 못하고, 땅의 이득은 사람의 인화만 못하다.
(전쟁을 치르는 데에는 인화가 제일 중요하다)
(천시나 지리보다 인화가 가장 중요하다)

 用例

▶지역의 문제점에 대한 정확한 인식과 해법을 갖고 있으며, 지방재정 조정제도를 적극적으로 활용하여 지역에 보다 많은 예산을 배정받고, 이를 자율적이되 공평무사하게 지역 발전을 위해 쓸 수 있는 사람이 선출되어야 한다. 유권자들은 후보자들이 자신의 입신양명을 위해 허울 좋은 정치적 공약을 내세우는지, 지역을 위한 실천적 정책 공약을 제시하는지 신중히 판단하여 깨끗한 한 표를 행사해야 한다.

　맹자는 '**天時地利人和**(천시지리인화)'라고 하였다. 하늘의 때는 땅의 이점을 이기지 못하고, 땅의 이점은 사람 사이의 조화를 이기지 못한다는 말이다. 최근의 시대적 여건이 어렵더라도 인화를 바탕으로 땅을 잘 이용하면, 능히 극복할 수 있을 것이라는 희망 속에 이를 체득한 지역의 지도자들이 나타나기를 기대해 본다.

▶하루는 어느 소년병사가 등에 창이 나서 사경을 헤매자, 吳起(오기, ? ~ B.C. 381. 중국 위나라 군사 지도자, 정치가) 장군은 스스럼없이 소년병사의 등에 난 등창에 입을 대고 고름을 빨아낸다. 종기는 근본을 치료해야 치유되는 법, 소년병사는 곧 털고 일어났다. 그의 군대가 전쟁에서 큰 승리를 거둔 것은 당연한 결과였다. 人和(인화), 그렇다! 인화는 곧 사기와 직결된다. 군대의 강약은 사기에서 좌우된다. **天時地利人和**(천시지리인화)인 것이다. 人和(인화)가 으뜸이다.

 **出典** **孟子**[1](맹자) – 公孫丑(공손추)

중국의 亞聖(아성) 孟子(맹자)가 그의 王道論(왕도론)을 전개한 말로, 「公孫丑(공손추) 下(하)」의 첫 문장이다. '天時地理人和(천시지리인화)'는 여기에서 나왔다.

"하늘의 때는 땅의 이득만 못하고, 땅의 이득은 사람의 화합만 못하다[天時不如地利 地利不如人和(천시불여지리 지리불여인화)]."

더 이상 설명이 필요 없는 명쾌한 論理(논리)이다. 그러나 맹자는 이어서 약간의 설명을 부연하고 있다.
'3리의 內城(내성)과 7리의 外廓(외곽)을 에워싸고 공격하지만 이기지 못한다. 에워싸고 공격을 하는 데는 반드시 하늘의 때를 얻겠지만, 이기지 못하는 것은 하늘의 때가 땅의 이로움만 못하기 때문이다. 그러나 성이 높지 않은 것도 아니고, 못이 깊지 않은 것도 아니며, 병기와 갑옷이 굳고 이롭지 않은 것도 아니고, 군량이 많지 않은 것도 아닌데 성을 버리고 간다. 이는 땅의 이로움이 사람의 화합(화합)만 못하기 때문이다.'

孟子(맹자)는 승패의 기본적인 요건을 첫째 **하늘의 때**[天時(천시)], 둘째 **땅의 이득**[地利(지리)], 셋째 **사람의 화합**[人和(인화)]의 세 가지로 보았다. 전쟁에서 이기기 위해 아무리 <u>기상과 방위, 시일의 길흉</u>[天時(천시)] 같은 것을 견주어 보아도 지키는 쪽의 견고함을 능가하지 못한다. 그리고 아무리 요새가 지리적 여건이 충족된 땅의 이득[地利(지리)]을 가지고 있다고 하더라도 이것을 지키는 이들의 <u>정신적 교감, 즉 정신적 단결</u>[人和(인화)]이 없으면 지키지 못한다.

이것을 孟子(맹자)는 다음과 같이 결론짓고 있다.
"백성들을 국경 안에 머물게 하는 데는 영토의 경계로써 하지 않고, 방위를 튼튼히 하는 데는 산과 골짜기의 험함으로써 하지 않고, 위엄을 천하에 떨치는 데는 무력으로써 하지 않는다."
즉, 民心(민심)을 얻는 자가 천하를 얻는다는 뜻이다.
요약하면 '天時地理人和(천시지리인화)'는 '天時不如地利 地利不如人和(천시불여지리 지리불여인화)'의 줄임말로써, '天時(천시)나 地利(지리)보다 人和(인화)가 가장 중요하다. 즉, '人和(인화)'를 강조한 것이다. 일반적으로 孟子(맹자)의 이 말은 조직에 있어 人和團結(인화단결)의 중요성을 말할 때 많이 인용된다.

---

1) 孟子(맹자)의 名言(명언) 소개 – 『孟子(맹자)』「告子章句(고자장구) 下(하)」
　　天將降大任於是人也(천장강대임어시인야) 必先苦其心志(필선고기심지) 勞其筋骨(노기근골) 餓其體膚(아기체부) 空乏其身(공핍기신) 行拂亂其所爲(행불란기소위) 所以動心忍性(소이동심인성) 曾益其所不能(증익기소불능)
　　– 하늘이 장차 어떤 사람에게 큰 사명을 맡기려 할 때는, 반드시 먼저 그 마음과 뜻을 괴롭게 하고, 그 몸을 지치게 하고, 그 육체를 굶주리게 하고, 그 생활을 곤궁하게 하여, 하는 일마다 어지럽게 하니, 이는 마음을 두둘겨 타고난 성질을 참게 하여, 할 수 없었던 하늘의 사명을 감당하도록 (힘을 기르게) 하기 위함이다.

305 天地者萬物之逆旅 천지자만물지역려

字解
- 天 : 하늘 천 [天地(천지) : 하늘과 땅. 온 세상]
- 地 : 땅 지 [地質(지질) : 땅의 성질]
- 者 : 놈 자, 것 자 [小者(소자) : 작은 것]
- 萬 : 일만 만 [萬事(만사) : 만 가지 일. 모든 일]
- 物 : 물건 물 [物價(물가) : 물건의 값]
- 之 : 어조사 지 [喪家之狗(상가지구) : 상갓집의 개. 여위고 기운 없이 초라한 모습으로 이곳저곳 기웃거리는 사람]
- 逆 : 거스를 역 [拒逆(거역) : 윗사람의 뜻이나 명령을 어기어 거스름]
  - 맞을 역 [逆旅(역려) : 나그네를 맞이함. 여관]
- 旅 : 나그네 려(여) [旅裝(여장) : 나그네의 몸차림. 여행의 차림]
  - 군대 려(여) [旅團(여단) : 몇 개의 독립 대대로 편성되는 군대의 편제]

語義 천지라는 것은 만물의 객사다.
(세상이란 온갖 사물이 머물다 가는 여관과 같다)

 用例

▶ 중국도 기원전 1,100년경에 물시계와 달력을 만들어 시간의 흐름을 계측했으나, 李白(이백)은 '**天地者萬物之逆旅**(천지자만물지역려) 光陰者百代之過客(광음자백대지과객)' 곧 '천지는 만물이 머무는 여관이요. 시간은 영원한 나그네'라고 탄식하였다. 그러나 그리니치 천문대의 표준시가 있는 오늘날에도 '세월은 흐르는 물과 같다.'는 수사법은 통용되고 있는 셈이다. 우리가 삶의 켜를 셀 수 있는 수명의 한계를 햇수로 계산하면 겨우 팔구십 년에 불과함을 歎(탄)하지만, 5만 년 전 현생 인류의 조상인 호모사피엔스의 수명이 겨우 20년 안팎이었다.

▶ 세상살이가 빠듯해지면 탈출하듯이 어딘가로 떠나고 싶은 유혹을 느낀다. 그 어쩔 수 없는 방랑의 습관을 인간은 버리지 못하는가 보다. 이백은 그의 시에서 '**天地者萬物之逆旅**(천지자만물지역려) 光陰者百代之過客(광음자백대지과객)'이라고 노래했다. '천지는 만물이 쉬어 가는 나그네의 집이요, 세월은 영겁을 두고 흘러가는 길손이다.'라는 뜻이다. 집이라고 생각하면 이렇듯 천지가 모두 집 아닌 것이 없겠지만, 우리 같은 소인들이 그렇게 생각하고 살기에는 그리 쉽지만은 않은 것 같다.

 **出典** 李白(이백) － 春夜宴桃李園序(춘야연도리원서)

중국 唐(당)의 시인 李白(이백)은 복숭아꽃, 오얏꽃이 활짝 핀 봄날, 여러 형제들과 庭園(정원)에 모여 큰 잔치를 벌였다. 이 잔치에 참석한 사람들은 서로 詩(시)와 賦(부)를 지으며 담소를 나누고 술을 마셨는데, 이때 지은 시를 모아 책으로 엮으면서 이백이 序文(서문)으로 지은 것이 바로 '春夜宴桃李園序(춘야연도리원서 : 봄밤에 복숭아와 오얏꽃 밭에서 연회를 즐기며)'이다. 이 시의 첫 부분에 다음과 같은 구절이 나온다.

天地者萬物之逆旅(천지자만물지역려)
천지는 만물이 머물다 가는 객사요,
光陰者百代之過客(광음자백대지과객)
　세월은 영원 속에 지나가는 길손일 따름이다.
而浮生若夢爲歡幾何(이부생약몽위환기하)
　뜬구름과 같은 삶이 꿈 같으니 즐거움이 얼마나 되겠는가?
古人秉燭夜遊良有以也(고인병촉야유양유이야)
　옛 사람이 촛불 밝히고 밤새 논 것이 참으로 까닭이 있구나!

위 시는 자연의 유구함과 인간의 유한성을 생각하며, 현재를 즐기라는 의미를 담고 있다. 길지 않은 인생을 재미있게 살아야 할 이유이다. 광활한 우주와 억겁의 시간 속에서 인간은 어쩌면 티끌보다도 더 미미한 그런 존재일는지도 모른다. 하지만 그런 것을 생각할 수 있는 지혜가 있다는 것은 한 사람 한 사람이 곧 우주일 수 있고, 장구한 세월일 수 있다. 뒷부분을 소개하면 다음과 같다. 그 풀이는 이해를 쉽게 하기 위해 意譯(의역)을 하였다.

況陽春 召我以煙景(황양춘 소아이연경)
大塊假我以文章(대괴가아이문장)
會桃李之芳園(회도리지방원)
序天倫之樂事(서천륜지락사)
群季俊秀 皆爲惠連(군제준수 개위혜련)
吾人詠歌 獨慚康樂(오인영가 독참강락)

〈意譯〉더구나 만물이 소생하는 화창한 봄날, 아지랑이 이내 어린 아름다운 봄 풍경이 활짝 웃으며 날 오라 불러대고, 여기에 하늘이 또 내게 시문을 짓는 재주까지 빌려주며 시 한 수 읊어 보라 하니, 아니 놀고 어찌하리! 그래서 오늘 복숭아꽃, 오얏꽃 활짝 피어 향기 그윽한 여기 이 꽃동산에 즐거운 주연을 베푼다. 우리 형제들 친족들 모두 모여 즐거운 일들을 펼치니, 젊은이들은 모두가 수재라. 명시를 잘 지어내는 惠連(혜련, 397 ~ 433. 남조 송 시인. 사혜련)이 되어 멋진 시들을 다듬어 내는구나. 그런데 나 이태백이 읊은 노래만이 평소에 흠모하던 시인 康樂(강락, 385 ~ 433. 남조 송 시인. 사영운)을 보기가 부끄러울 정도로구나!

幽賞未已 高談轉淸(유상미이 고담전청)

開瓊筵以坐花 飛羽觴而醉月(개경연이좌화 비우상이취월)

不有佳作 何伸雅懷(불유가작 하신아회)

如詩不成 罰依金谷酒數(여시불성 벌의금곡주수)

〈意譯〉 고요히 봄 풍경을 미처 감상도 덜 했는데, 또다시 고상한 이야기들이 갈수록 맑게 들려온다. 주옥 같은 이 자리 아름다운 연석에 꽃을 보며 앉아서, 새 모양의 술잔들을 새 깃마냥 날리며, 이 밤을 달 앞에 취한다. 즐거운 밤놀이, 이렇게 좋은 봄밤에 시 한 수가 없을까 보냐! 썩 좋은 작품이 없고서야 내 이 풍아한 생각들을 무엇으로 풀어 보랴! 만일 좋은 시 한 수씩을 읊어 내지 못한다면, 무엇으로 벌을 줄까? 그렇지! 진나라 石崇[1](석숭)이 금곡의 별장 금곡원에 손님들을 초대하여 酒宴(주연)을 베풀고, 시를 짓지 못하는 사람에게 罰酒(벌주)로 술 서 말을 마시게 했다던데……. 우리도 금곡의 예를 따르리라.

---

1) 石崇(석숭, 249 ~ 300) : 西晉(서진) 渤海(발해) 사람. 자는 季倫(계륜), 石苞(석포)의 아들이다. 20살 무렵 修武令(수무령)이 되었다가, 城陽太守(성양태수)로 옮겼다. 吳(오)나라를 정벌한 공으로 安陽鄕侯(안양향후)에 봉해졌다. 晉(진) 惠帝(혜제) 때 南中郎將(남중랑장)과 荊州刺史(형주자사)로 나갔다. 항해와 무역으로 돈을 많이 모았다. 綠珠(녹주)를 사랑했고, 河陽(하양) 金谷(금곡)에 별장을 두고 豪奢(호사)를 다해, 그의 이름은 후세에 '富者(부자)'를 비유하는 말로 쓰였다.

※ 김삿갓 金炳淵(김병연)의 詩(시) - '天地萬物之逆旅(천지만물지역려)'

造化主人蘧盧場(조화주인거려장)   조물주가 만들어 놓은 이 세상이란,
隙駒過看皆如許(극구과간개여허)   문틈에 닫는 백마 보듯 아차 순간이로다.
兩開闢後仍朝暮(양개벽후잉조모)   천지개벽 후 아침저녁이 있고,
一瞬息間渾來去(일순식간혼래거)   한순간 쉼 속에 혼연히 오고 갔노라.
回看宇宙億千劫(회간우주억천겁)   아득한 억 천겁의 우주를 뒤돌아보니,
有道先生昨宿所(유도선생작숙소)   도를 깨우친 선인들이 어제 자고 간 곳이다.
無涯天地物有涯(무애천지물유애)   가이 없는 천지의 만물은 저마다 한정이 있어,
百年其間吾逆旅(백년기간오역려)   백 년이라는 기간이 내가 보내는 쉼터로다.
蒙仙礧空短長篇(몽선뢰공단장편)   신선의 허공을 덮는 큰 돌도 짧고도 긴 글이며,
釋氏康莊洪覆語(서씨강장홍복어)   석가의 번화한 거리도 널리 덮인 말일 뿐이다.
區區三萬六千日(구구삼만육천일)   삼만육천 날(백 년 인생)도 보잘것없고,
盃酒靑蓮如夢處(배주청련여몽처)   푸른 연을 벗하며 술 마심도 꿈결 같은 일이로다
東園桃李片時春(동원도리편시춘)   동쪽 뜰 복사꽃 오얏꽃도 한 조각 봄일 뿐이고,
一泡乾坤長感敍(일포건곤장감서)   한 물거품 같은 천지는 길게 느껴진다.
光陰倏去倏來局(광음숙거숙래국)   세월은 잠깐 왔다가 잠깐 가는 순간에,
混沌方生方死序(혼돈방생방사서)   혼돈도 문득 태어나자 곧 죽음의 시작이로다. 〈後略(후략)〉

306 春來不似春 춘래불사춘

字解
- 春 : 봄 춘 [春景(춘경) : 봄날의 경치]
- 來 : 올 래(내) [來往(내왕) : 오고가고 함]
- 不 : 아니 불(부) [不朽(불후) : 썩어서 없어지지 아니함]
- 似 : 같을 사 [似而非(사이비) : 같아 보이나 실제로는 다름]
  닮을 사, 비슷할 사 [類似(유사) : 서로 비슷함]

語義 봄이 와도 봄 같지가 않다.
(자신의 처지를 비관함)
(좋은 때가 오고 처지가 되어도, 느끼지 못하고 누리지 못함)

 用例

▶요즘 주변을 둘러보면 '벚꽃 천국'입니다. 따뜻한 봄이 왔습니다. 하지만 발광다이오드(LED) 업계 분들을 만나면 여전히 찬바람 쌩쌩입니다. 말 그대로 이들에겐 '**春來不似春(춘래불사춘)**'입니다. 최근 서울시는 오는 2018년까지 공공조명을 모두 LED로 교체하겠다고 발표했습니다. 또 정부는 LED 조명의 플리커(깜박거림) 현상을 당분간 규제하지 않기로 결정했습니다. 기대만큼 열리지 않고 있는 국내 LED 시장에 봄기운을 드리우기 위한 배려이죠. 하지만 업계는 불안하기 그지없습니다. 중국 업체의 공세가 하루가 다르게 거세지고 있는 상황에서, 언제까지 버틸 수 있을지 장담하기 힘듭니다. 기술 개발 투자는 고사하고, 적자폭이 커지면서 한숨만 깊어가고 있습니다. LED 업계가 그토록 기다리는 봄은 정말 올까요.

▶안녕하세요? 목동 아줌마입니다. 모처럼 날씨가 좀 포근해진 주말입니다. 강추위에 눌려 잔뜩 위축된 몸과 마음을 펴고 다시 한 번 힘차게 도약해 보고 싶어지는 날입니다. 더불어 **春來不似春(춘래불사춘)**의 수준에 이른 부동산 매매시장에 만물이 소생하는 봄의 기운이 넘쳤으면 하는 마음 간절합니다. 흑룡이 여의주를 물고 날아올랐건만, 부동산 경기는 요지부동입니다. 여전히 오는 봄을 기대하며, 인내의 시간을 가져야 할 것 같네요. 목동은 겨울방학을 기해 전세를 구하는 수요가 마무리가 되고, 시장이 안정을 찾고 있네요. 신혼부부들이 찾는 수리 잘된 20평 전세만 귀하고, 나머지 평형에서는 전세 매물이 부족하지 않습니다.

 **出典** **東方虯**(동방규) – 昭君怨(소군원)

중국 秦(진)나라 말기 곧 기원 전 이백여 년 전, 장량과 한신의 도움으로 項羽(항우)를 꺾고 漢(한)

나라 제위에 오른 高祖(고조) 劉邦(유방)에게 두통거리가 있었다. 북쪽의 유목민족 匈奴(흉노)였다. 그들은 가을걷이가 한창일 때면, 국경을 넘어와 노략질을 일삼았다. 마침내 한고조 유방은 32만 대군을 직접 이끌고 흉노족 토벌에 나섰다. 그러나 게릴라 전법으로 치고 빠지는 흉노의 騎馬兵(기마병)을 당해낼 수 없었다. 결국 평성의 백등산에 포위되어 고전하다 가까스로 후퇴했다.

한 고조는 어쩔 수 없이 흉노와 불평등 조약을 맺었는데, 그 조약 중 하나가 '漢(한)나라 공주를 흉노의 왕에게 시집보낸다.'는 것이었다. 일종의 貢女[1](공녀)였다. 그 뒤 정략적인 이유로 흉노왕에게 시집가는 공주를 花番公主(화번공주)라 했다. 한나라 왕은 後宮(후궁) 중에서 화번공주를 고르거나, 신하의 딸을 양녀로 삼아 흉노왕에게 보냈다.

기원전 33년, 漢(한)나라 11대 왕인 元帝(원제, B.C.76 ~ B.C.33) 시대의 일이다. 흉노의 왕인 呼韓耶 單于(호한야 선우)가 화번공주를 요구했다. 당시 원제에게는 수천 명의 후궁이 있었다. 원제는 그 후궁을 일일이 기억할 수 없어 畵工(화공)으로 하여금 초상화를 그려 오도록 해, 그중 아름다운 여인을 골라 잠자리를 같이하기 일쑤였다.

원제는 화공이 그려 온 초상화 중 가장 추하게 생긴 여인을 골라, 흉노왕에게 시집보내기로 결심하였다. 그런데 원제와 흉노왕은 화번공주로 선정된 여인이 나타나자 기절할 정도로 놀랐다. 글자 그대로 천하일색의 미인이었기 때문이다. 바로 이 미인이 西施(서시)·貂嬋(초선)·楊貴妃(양귀비)와 더불어 중국의 4대 미인으로 꼽히는 유명한 王昭君(왕소군)이었다.

왕소군은 16살의 나이에 후궁으로 궁중에 들어왔다. 원제의 후궁들은 초상화가 아름답게 그려져 왕의 선택을 받기 위해 畵工(화공)들에게 뇌물을 바쳤다. 그러나 가난해 돈이 없는 데다, 미모에 자신을 가진 왕소군은 화공을 찾아가지 않았다. 괘씸하게 생각한 화공은 왕소군의 얼굴을 추하게 그렸다. 어떤 기록에는 보기 싫은 점을 얼굴에 넣었다고도 했다. 지금까지 보지 못했던 미인이 흉노왕과 함께 떠나가자, 원제는 화가 치밀어 올라, 왕소군의 초상화를 그린 畵工(화공) 毛延壽(모연수 : 인물 초상의 명인)를 斬刑(참형)에 처했다.

중국의 북쪽 변방인 흉노까지 가는 길은 너무 황량했다. 민가는 물론 나무도 별로 없는 황무지를 가며 왕소군은 비파로 슬픈 마음을 달랬다. 하늘을 날던 기러기가 이 소리를 듣고 날갯짓을 못한 채 땅에 떨어졌다는 기록이 있다. 이때부터 왕소군을 '落雁(낙안 : 기러기를 떨어뜨림) 미인'으로 부르기 시작했다.

흉노왕 호한야가 죽자, 그 아들이 왕위에 오르며 왕소군의 미색에 홀려 아내로 삼았다는 기록도 있고, 아비와 아들의 아내가 된 것을 비관하여 자살했다는 기록도 있다. 오랑캐족에게 강제로 시집간 천하일색의 왕소군은 고국 땅을 밟아보지 못하고, 결국 이국땅에서 쓸쓸하게 죽었다. 왕소군은 죽어 흉노의 땅에 묻혔는데, 겨울이 되어 흉노 땅의 모든 풀이 시들어도 왕소군의 무덤 풀만은 사시사철 푸르렀다 하여 그 무덤을 '靑塚(청총)'이라고 한다.

다음은 初唐(초당)의 시인 東方虯(동방규)가 비운의 여인, 왕소군에 관해 '昭君怨(소군원)'이라는 제목으로 지은 詩(시)다.

胡地無花草(호지무화초) 　오랑캐 땅에 꽃과 풀이 없으니,
春來不似春(춘래불사춘) 　**봄이 와도 봄 같지 않구나.**
自然衣帶緩(자연의대완) 　자연히 옷 띠가 느슨해지니,
非是爲腰身(비시위요신) 　이는 허리 몸매 위함이 아니었도다.

오랑캐 땅에는 꽃과 풀도 없으니 봄이 와도 봄답지 않다는 뜻이다. 오늘날은 좋은 계절이 와도, 제대로 느끼지 못한다. 즉, 정치적으로 억압당하는 사회를 풍자하는 뜻으로 자주 쓰인다. 동방규의 '春來不似春(춘래불사춘)'은 오늘날까지 人口(인구)에 膾炙(회자)되고 있는 것이다.

王昭君(왕소군)에 대한 또 다른 시 한 편을 소개한다.

昭君拂玉鞍(소군불옥안) 　왕소군이 옥안장에 올라타는데,
上馬啼紅頰(상마제홍협) 　말에 오르자 붉은 뺨에 눈물 흐르네.
今日漢宮人(금일한궁인) 　오늘은 한나라 궁인이지만,
明朝胡地妾(명조호지첩) 　내일 아침에는 오랑캐 땅의 첩이네.

---

1) 貢女(공녀) : 고려시대와 조선시대에 元(원)·明(명)·淸(청)의 요구에 응하여 여자를 바치던 일. 기록에 보면 고려 원종 15년(1274) 원나라에서 140명의 부녀자를 요구했다. 조정은 결혼도감이라는 관청을 설치해 공녀를 뽑아 원나라로 보냈다. 조선 태종과 세종 때도 20년에 걸쳐 7차례 140여 명이 공녀로 중국으로 갔다. 사실 중국도 다른 나라에 공녀를 보내기는 마찬가지였다. 대표적인 인물이 王昭君(왕소군)으로 前漢(전한) 元帝(원제)의 후궁이었으나, 흉노의 호한야 선우에게 갔다.

그러나 중국에 가서 호사를 누리는 공녀도 나왔다. 중국 황제의 후궁이 된 경우, 조선 조정에서는 그의 가족을 '皇親(황친)'이라 부르며 극진히 대접했다. 청주 한씨인 韓確(한확, 1403 ~ 1456)은 태종 17년(1471)과 세종 10년(1428) 두 차례에 걸쳐 누이동생 둘을 공녀로 보내어 明(명) 成祖(성조)와 宣宗(선종)의 후궁이 되었으며, 우의정과 좌의정 등 요직을 거쳤다. 한확은 간혹 중국에서 무리한 공물을 요구하면, 베이징[北京(북경)]으로 가서 공물 면제 요청을 했다. 황제와 긴밀한 관계를 맺고 있는 그의 누이들을 활용하기 위해서였다. 이를 통해 청주 韓(한)씨 가문은 조선 전기 최고의 명문가로 입지를 다졌으며, 성종의 어머니 인수대비도 한확의 딸이다.

奇皇后(기황후) 역시 공녀로 元(원) 順帝(순제)의 황후이며, 北元(북원) 昭宗(소종)의 생모가 되었다. 1340년 순제의 제2황후로 책봉되고, 1365년에는 전례를 깨고 正后(정후)가 된 것이다. 기황후의 세력이 강력해짐에 따라, 고려에서도 오빠 奇轍(기철, ? ~ 1356)을 중심으로 한 奇(기)씨 일족이 강력한 세력을 행사했다.

307 忠臣不事二君 충신불사이군

字解
- 忠 : 충성 **충** [不忠(불충) : 충성을 다하지 않음]
- 臣 : 신하 **신** [功臣(공신) : 국가에 공로가 있는 신하]
- 不 : 아니 **불**(부) [不眠不休(불면불휴) : 자지도 않고 쉬지도 않음]
- 事 : 일 사 [事由(사유) : 일의 까닭. 일의 이유]
  - 섬길 **사** [事大(사대) : 큰 나라를 섬김]
- 二 : 두 **이** [二重苦(이중고) : 두 가지가 겹치는 고생]
- 君 : 임금 **군** [君主(군주) : 임금]
  - 남편 군 [夫君(부군) : '남의 남편'의 높임말]

語義 충신은 두 임금을 섬기지 않는다.
(충신은 두 왕조의 임금을 섬기지 않고 충절을 지킴)

 用例

▶ 고려 말 문신 金濟(김제)와 金澍(김주)는 형제로서, 어린 나이에 詩文(시문)을 지을 정도로 두뇌가 총명했습니다. 형 김제는 평해군수로 있을 때, 고려가 망하자 다음의 詩(시) 한 수를 남기고, 뗏목 배를 타고 바다로 나가 돌아오지 않았습니다.

'충절로 몸을 던진 魯仲連(노중련)의 나루터는 어디메뇨 / 오백 년 조정의 한 방울 풀 이슬 같은 이 산하 / 오, 외로운 내 영혼이나마 죽지 않는다면 / 두고두고 임 계신 곳 비추리.'

동생 김주는 예의판서로 聖節使(성절사) 임무를 수행차 明(명)나라로 갔다가, 1392년에 돌아오던 중 압록강에 당도했을 때, 고려가 멸망했다는 슬픈 소식을 전해 듣고, 부인에게 '**忠臣不事二君**(충신불사이군)'이라는 내용의 서찰과 함께 관복과 신발을 보낸 후, 다시 중국으로 들어가 荊楚(형초 : 양자강 중류 유역의 지방)에서 생을 마쳤습니다.

▶ 올곧은 지조와 절개를 지키려다 절명한 成三問(성삼문). 그는 어떤 사람인가? 세종시에 성삼문을 제사하는 곳이 있다. 세종시 금남면 달전리의 文節祠(문절사)이다. 그는 **忠臣不事二君**(충신불사이군)의 화신이었다. 태어난 곳은 충남 홍성군 홍북면 노은리 매화마을이다. 서울에서 살았던 집 자리는 지금의 서울시 종로구 화동 정독도서관 자리이다. 노은리 태어난 집 자리에는 서원이 세워져 있었는데, 조선 말기 흥선대원군 때 철거되었다. 살았던 정독도서관의 자리는 원래 경기고등학교가 있었다. 살았던 곳에 경기고와 정독도서관이 자리하게 된 것은, 이곳에서 500여 년 전에 살았던 절개의 학자 성삼문의 학문적 정신과 뜻을 전하고 싶었던 것이었을까?

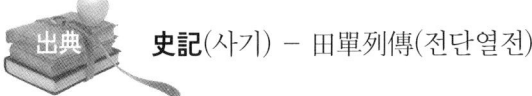
出典 史記(사기) - 田單列傳(전단열전)

　이는 중국에서 예로부터 전해 내려온 속담으로서, 중국뿐 아니라 한국에서도 충신의 상징처럼 쓰이던 말이다. 이 말과 관련된 故事(고사)로는 중국 전국시대 齊(제)나라의 王燭(왕촉, ? ~ B.C.284. 제나라 충신)과 관련된 이야기를 들 수 있다.

　燕(연)나라의 장수 樂毅(악의, ? ~ ?)가 제나라를 정벌하였을 때, 제나라의 畵邑(화읍)에 왕촉이라는 賢者(현자)가 살고 있다는 소문을 들었다. 악의는 화읍 주변의 30리 안으로는 진군하지 말라는 명령을 내렸다. 그리고는 왕촉에게 사람을 보내어 연나라에 귀순하여 장수가 되면, 1만 가구를 봉하겠노라고 제안하였다. 왕촉이 거절하자, 연나라는 말을 듣지 않으면 화읍 사람들을 학살하겠다고 협박하였다.

　그러자 왕촉은,

　"**충신은 두 임금을 섬기지 않고**, 정숙한 여인은 지아비를 두 번 바꾸지 않는 법이다[忠臣不事二君(충신불사이군), 貞女不更二夫(정녀불경이부)]. 제나라 왕이 나의 간언을 듣지 않았으므로, 나는 관직에서 물러나 들에서 농사를 지으며 살았다. 나라가 이미 망하였는데, 내가 살아남을 수 있겠는가. 지금 또 군대로써 위협하여 장수가 되라고 하는데, 이는 폭군 桀王(걸왕)을 돕는 일이나 마찬가지이다. 살아서 의로움이 없을 바에는 차라리 삶겨져 죽는 것이 낫다.'

　라고 답하고는, 스스로 나무에 목을 매 죽었다.

　이 고사는 『史記(사기)』의 「田單列傳(전단열전)편」에 실려 있다. 공자나 맹자의 말씀은 아니다. 忠臣不事二君(충신불사이군) 뒤에 이어진 '貞女不更二夫(정녀불경이부)'는 烈女不更二夫(열녀불경이부)와 같은 뜻이다. '충신불사이군, 열녀불경이부'는 흔히 한 문장처럼 같이 쓰이는데, 여기에는 전제군주 시대에 신하의 忠誠(충성)을 강조함으로써 왕권을 강화하고, 家父長(가부장) 사회에서 여성의 服從(복종)과 守節(수절)을 미덕으로 삼으려는 의도가 다분히 내포되어 있다.

---

1) 王燭(왕촉) : 기원전 3세기 齊(제)나라 제6대 湣王(민왕) 때 인물이다. 연나라 군대가 제나라를 침략하였을 때 항복을 권유하였으나, 충신은 두 임금을 섬기지 않는다고 말하고, 왕촉은 목을 나뭇가지에 걸고 발버둥 치니 목이 부러져 죽었다. 여러 지역으로 흩어진 제나라 유민들은 왕촉의 행동에 자극을 받아, 심기일전하여 태자 田法章(전법장)을 찾아내 왕으로 세우니, 그가 齊(제)나라 제7대 襄王(양왕. 재위 B.C.283 ~ B.C.264)이다. 후에 왕촉은 '忠臣(충신)'의 대명사가 되었다.

2) 樂毅(악의) : 전국시대 연나라의 명장으로 昭王(소왕)을 도와 조나라·초나라·한나라·위나라 연합군을 이끌고 제나라를 징벌하여 제나라의 70여 성을 함락시켜 멸국 직전으로 몰아넣은 큰 공을 세운 인물이다. 마지막으로 남은 거와 즉묵 두 곳을 공격하던 중에 제나라 첩자의 이간, 즉 '樂毅(악의)가 임금이 되려 한다.'는 모함으로 실각하여 본국인 조나라로 망명했으나, 혜왕의 부름에 그 유명한 『報燕王書(보연왕서)』를 지었다. 제갈량의 출사표가 여기서 취한 것으로 알려지고 있다.

308 泰山鳴動鼠一匹 태산명동서일필

字解
泰 ; **클 태** [泰山(태산) : 높고 큰 산. 중국 산둥성(山東省)에 있는 산]
　　　편안할 태 [泰平(태평) : 몸이나 마음이 편안함]
山 ; **산 산**, 뫼 산 [山勢(산세) : 산의 기복, 굴절 등의 형세]
鳴 ; **울 명** [鳴動(명동) : 울리어 진동함]
動 ; **움직일 동** [動搖(동요) : 움직이고 흔들림]
鼠 ; **쥐 서** [鼠輩(서배) : 쥐새끼같이 하찮은 무리]
一 ; **한 일**, 하나 일 [一目瞭然(일목요연) : 한눈에 알아볼 수 있게 분명함]
匹 ; 짝 필 [配匹(배필) : 부부의 짝. 配偶(배우)]
　　　동물 세는 단위 필 [馬五匹(마오필) : 말 다섯 마리]

語義 태산이 울리어 진동하나, 쥐 한 마리이다.
(태산이 떠나갈 듯이 요동하게 하더니, 뛰어나온 것은 쥐 한 마리뿐)
(예고만 떠들썩하고, 실제의 그 결과는 보잘것없음)

 用例

▶ 장관에게 보고한 기관별 혁신안을 입수해 보니, 대부분 비전과 성장동력 아이템, 중소기업 육성 및 지원 방안 등을 빼곡히 담아 놓았다. 하지만 상당 부분이 현실성이 떨어져 보였다. 예를 들면 오는 2020년까지 핵심기술을 개발하고, 글로벌 강소기업 10개를 키워 일자리 1,000개를 만들겠다는 것 등이다. 그런 비전 제시와 약속은 이미 기관장이 선임될 때마다 내놨던 내용이다. 사실 이번 방만 경영 정상화 주문은 부채 많은 공기업이 주대상이다.
　고사에 **泰山鳴動鼠一匹**(태산명동서일필)이란 말이 있다. 중국 태산을 울려 세상을 떠들썩하게 움직였는데, 나온 게 고작 쥐 한 마리밖에 없다는 얘기다. 정부 출연 연구기관을 흔들었는데, 나올 것이나 해당 사항이 별로 없다면, 벼룩 잡으려나 괜스레 초가삼간 다 태우는 격과 다를 바 없다.

▶ **泰山鳴動鼠一匹**(태산명동서일필)! 태산이 움직일 듯 요란했으나, 나온 것은 쥐 한 마리뿐으로 결과가 보잘것없다는 말이다. 대구과학관 수사가 이러했다. 지난 7월 직원 채용 비리로 연일 언론에 오르내리면서 세간의 관심을 집중시켰으나, 정작 뚜껑을 열고 보니 초라했다. 대구지검 서부지청은 5일 대구과학관 수사 결과를 발표했다. 이날 검찰은 채용비리 혐의로 김 모(34세) 대구과학관 인사담당 직원과 정 모(34세) 대구과학관 지원자 등 2명을 불구속 기소하고 수사를 마무리했다.

 **호라티우스**[1](Horatius : 로마의 시인)**의 말**

이 成語(성어)는 로마의 桂冠詩人(계관시인) 호라티우스가 "산들이 산고 끝에 우스꽝스러운 생쥐 한 마리를 낳았다."라고 한 말을 중국에서 漢文(한문)으로 意譯(의역)한 것으로 알려지고 있다. 우리 속담으로 '소문난 잔치에 먹을 것 없다.'는 말이 여기에 해당하는 말이다. '泰山鳴動鼠一匹(태산명동서일필)'을 인용한 한 新聞(신문)의 사설 일부를 소개한다.

'이빨 빠진 호랑이'로 전락했던 일감 몰아주기 규제가 재벌들의 꼼수로 그마저 무력화될 지경에 놓였다. 일감 몰아주기는 중소기업의 공정한 경쟁 기회를 박탈한다는 점에서 비판을 받았다. 또 총수 일가의 편법 상속·증여, 사익 편취의 수단으로 악용돼 왔다. 그런 만큼 일감 몰아주기 규제는 경제 민주화 정책의 핵심이다. 작년만 해도 규제에 대한 의지는 강했다.

대통령과 정부, 여당은 하나같이 "계열사, 지배주주 친족 간 부당 내부거래를 반드시 바로잡겠다."고 호언장담했다. 그러나 시간이 지나며 재벌의 목소리가 커지더니, 결국 취지가 크게 퇴색한 법안이 통과됐다. 그 하나가 애초 모든 계열사 간 거래를 규제하려 했다가 총수 일가의 지분이 일정 비율 미만이면, 규제를 받지 않도록 빠져나갈 길을 열어 준 것이다.

시작은 창대했으나 끝은 미약했다고 할까. 경제 민주화의 본모습은 지금 온데간데없다. 여러 경제 민주화 법안들이 통과됐지만, 재벌들의 압박과 로비로 사실상 흐지부지되고 말았다. '泰山鳴動鼠一匹(태산명동서일필)'이란 이런 것이다. 이렇게 된 데는 근본적으로 정부와 여당의 의지가 약했던 탓이 크고, 야당도 책임을 면키 어렵다. 규제를 피하려고 재벌들이 꼼수를 부린 것도 예고된 것이나 다름없다. 정부와 정치권이 규제하기보다 빠져나갈 길을 안내하는 가이드 역할을 한 꼴이 아닌가. 이래서는 경제 민주화는 또 헛구호로 끝날 것이다.

---

1) 퀸투스 호라티우스 플라쿠스(Quintus Horatius Flaccus, B.C.65 ~ B.C.8년) : 고대 로마 공화정 후기 시대의 으뜸가는 시인이다. 호라티우스의 출신 가문은 정확히 알려져 있지 않다. 그의 아버지는 노예에서 해방된 자유 신분으로서, 로마 자유시민권을 가진 여인과 결혼하였다. 호라티우스는 어린 시절부터 아버지로부터 세심한 교육을 받았다. 기원전 45년에 당시 문화와 예술의 중심지인 고대 그리스의 아테네에 유학하여, 고대 그리스 철학과 문학을 공부했다. 이 시기에 그는 역시 고대 그리스 문화를 사랑하는 브루투스와 친교를 맺게 되어, 그를 따라 소아시아 지방에서 여러 전투에 참가하였다.

기원전 약 40년을 전후로 호라티우스는 로마로 돌아와 젊은 문학자와 사귀면서, 특히 베르길리우스의 주선으로 당시 로마의 문학 애호가이자 부호인 마이케나(Maecena)에게 소개된다. 이 만남은 그가 사망할 때까지 깊은 우정 관계로 발전하였다. 특히 마이케나는 그에게 기원전 32년 사비나 농장을 선물함으로써, 여기서 호라티우스는 경제적 어려움에서 완전히 해방되어 시 창작에 열중하게 되었다.

※ **호라티우스의 名言(명언) 모음**
- 현재를 잡아라. 현재를 즐겨라[Carpe Diem(카르페 디엠)]. 가급적이면 내일에 대한 믿음을 최소화하라. 〈내일을 의지하지 말고 오늘을 붙잡아라. – 그의 좌우명〉
- 재화가 쌓이면 쌓일수록 탐욕도 커져 가고, 탐욕의 걱정거리 또한 늘어만 간다.
- 걱정 근심 없이, 예전 사람들처럼 자신이 만든 도끼로 여전히 아버지의 들판에서 경작하며, 아무런 부채도 없는 사람은 행복할지어다.
- 항상 반전을 생각하라. 어려울 때는 희망을 품고, 만사형통일 때는 경계심을 가져라.
- 중도의 선택이 최상이다.
- 세상에 가득 쌓인 보물에 전혀 동요하지 않고 바라볼 수 있는 자만이 행복하며, 그의 왕관 또한 가장 굳건히 씌워져 있다.
- 나의 친애하는 이여. 아직 시간이 있을 때 삶의 좋은 것들을 즐기고, 그대가 살아갈 날들이 얼마 남지 않았음을 결코 잊지 말지어다.
- 오늘을 자신의 날이라고 할 수 있는 자만이 오로지 행복한 자이리. 내적으로 확신에 찬 자는 말할 수 있으리, 일은 최악이리라, 왜냐하면 오늘을 살았으니.
- 미주알고주알 캐묻는 사람을 피하라. 그런 사람은 수다스러우니.
- 나로 말하자면, 정원에서 거둔 치커리와 당아욱 그리고 작은 올리브 나무에서 따온 올리브로 간결한 식사를 한다. 아폴로는 내가 필히 가져야 할 것으로서 내가 가진 것에 만족하도록, 그리고 내 일을 하면서 심신의 건강과 더불어 보내는 명예로운 노년을 내게 하사하네.
- 탐욕으로 인해, 행복한 삶을 살았노라고 말할 수 있는 사람은 거의 없다.
- 사랑을 할 줄 아는 사람은 자기의 정열을 지배할 줄 아는 사람이다. 반대로 사랑을 할 줄 모르는 사람은 자기의 정열에 지배를 받는 사람이다.
- 어떠한 충고라도 길게 하지 마라.
- 수천 개의 미술품을 아는 사람은, 수천 개의 위조품을 아는 것과 다름없다.
- 덕, 명예, 명성, 그것들이 인간적인 노력에 의한 것이든, 신에 속하는 것이든, 만사가 富(부)의 화려함에 무릎 꿇는다네. 부를 쌓은 이가 진정으로 명예롭고, 용감하며, 정의로우며, 지혜로운 사람이 된다네. 설령 왕이라 할지라도 돈에는 어쩔 수 없네.
- 오늘을 자기의 날이라고 말할 수 있는 자만이 행복하리라.
- 예로부터 화가와 시인들에게는 무엇이든 시도할 수 있는 권한이 주어져 있다.
- 괴로울 때엔 마음의 평정을 보존하려는 노력을 언제나 잊지 말 것이며, 행복할 때엔 과도하게 기뻐하는 것을 삼가라.
- 인생은 짧다. 희망을 크게 갖지 말라. 우리가 이야기하고 있는 순간에도 시샘하는 시간은 지나가나니. 오늘이 세상의 마지막 날인 것처럼 살아라.
- 이웃집이 불타면, 자신의 집도 위태롭다.
- 놓아 버린 말은 두 번 다시 돌아오지 않는다.

309 風馬牛不相及 풍마우불상급

字解
- 風 : 바람 풍 [風霜(풍상) : 바람과 서리. 세월. 세상에서 겪는 고난]
- 馬 : 말 마 [駿馬(준마) : 잘 달리는 좋은 말]
- 牛 : 소 우 [牛步(우보) : 소걸음. 느린 걸음]
- 不 : 아니 불(부) [不撓不屈(불요불굴) : 흔들리지 않고, 굽히지 않음. 억셈]
- 相 : 서로 상 [相扶相助(상부상조) : 서로서로 도움]
  모습 상, 모양 상 [眞相(진상) : 사물의 참된 내용이나 모습]
- 及 : 미칠 급 [過不及(과불급) : (능력이) 지나치거나 미치지 못함]
  및 급, 와 급 [予及汝偕亡(여급여해망) : 나와 네가 함께 망함]

語義 바람난 말과 소라 할지라도 서로 미치지 못한다.
(서로 멀리 떨어져 있어 전혀 관계가 없음)

 用例

▶ '헨리 키신저의 중국이야기'를 읽으면서, 새삼 '현실주의 정치이론'을 처음 만났을 때의 충격이 떠올라 몸서리쳤다. 저자는 역사가와 정치학자의 꼭 중간에서, 현대 중국을 고민하는 사람들의 궁금증을 빠뜨리지 않고 서술한다. 역사와 문화, 그리고 세계사적인 조건들을 씨줄과 날줄로 엮으며, 중국이라는 실체를 구성해 가는 저자의 솜씨는 놀랍다.
　이 책의 절정은 역시 1970년대 초, 저자가 직접 개입해 이뤄낸 중·미 관계 정상화다. 베트남 전쟁에 대해 마오쩌둥[毛澤東(모택동)]의 사뭇 전향적인 태도, 저우언라이[周恩來(주은래)]에 대한 동지적인 감정, 詩的(시적)이기까지 한 마오쩌둥과 키신저의 대화는 외교적 수사학의 백미다. 마치 管仲(관중)이 "술 거를 띠풀이 없어, 제사를 못 지내겠습니다." 하니, 屈完(굴완)이 "風馬牛不相及(풍마우불상급)한데 어찌 이곳까지 오셨습니까?" 하는 격이다.
▶ 제가 배우는 중2 교과서 국어 책에「토끼전(토끼의 간)」이라는 글이 있어요. 그리고 '風馬牛不相及(풍마우불상급)'이라는 말이 나와요. 이 소설에서의 뜻으로 보면, '병 걸린 용왕과 토끼는 상관없다.'는 내용인 것 같아요. 참고로 토끼전 결말은 거북이는 토끼를 놓쳐서 자살하고, 용왕은 병으로 죽었어요.

 **史記**(사기) - 齊桓公紀(제환공기)

중국 춘추시대 齊(제)나라 桓公(환공)이 패권을 행사하던 무렵, 楚(초)나라는 성왕(成王)이 다스리고

있었다. 성왕은 문왕이 息(식)나라 군주로부터 빼앗아 온 식부인이 낳아준 두 아들 중의 하나다. 성왕은 제위에 오른 뒤 백성들에게 은덕을 베풀어 민심을 수습하고 인근 제후들과 우호관계를 회복하는 데 힘썼다. 天子(천자)인 周(주)나라 왕에게 예물을 보내자 천자는 제사 지낸 고기를 하사하며, 중국 남방의 이민족들을 다스리는 권한을 위임했다. 초나라의 왕권은 안정이 되고, 영토는 천리로 확장되었다. 전성시대를 맞은 것이다. 제나라 환공이 맹위를 떨칠 무렵, 제나라의 군대는 초나라 변경까지 이르렀다.

그런데 齊(제)나라 桓公(환공)의 부인 중에 蔡姬(채희)라는 여자가 있었다. 그녀는 蔡(채)나라에서 바친 貢女(공녀 : 약소국이 강대국에 조공의 하나로 바친 여자)였다. 하루는 환공이 채희와 함께 뱃놀이를 나갔다. 그녀가 성장한 곳은 물이 많은 곳이었기에, 물이 전혀 두렵지 않은 그녀는 환공을 놀려주려고 배를 심하게 흔들며 재미있어했다. 이 일로 성이 난 환공은 궁궐로 돌아오자마자, 채희를 채나라로 돌려보냈다. 그런데, 채나라에서는 그녀를 다른 사람에게 개가시켰고, 환공은 이것을 빌미로 채나라를 공격하였다. 채나라 공략에 성공한 환공은 그 여세를 몰아 선봉 부대를 이끌고 楚(초)나라 국경과 인접한 召陵(소릉)까지 진군했다.

이에 놀란 楚(초)나라 成王(성왕)은 사신을 보내, 齊(제)나라 桓公(환공)의 본심을 알아보려고 이렇게 물었다.

"임금은 북해에 있고 과인은 남해에 있으니, **바람난 말이나 소라 할지라도 서로 미치지 못한다**[君處北海(군처북해) 寡人處南海(과인처남해) 唯是**風馬牛不相及**也(유시풍마우불상급야)]. 우리 양국은 서로 싸울 까닭이 전혀 없다. 그럼에도 귀공이 쳐들어오려는 까닭이 도대체 무엇인가? 임금께서 내 땅으로 건너리라고는 생각지도 않았다. 그런데 이게 무슨 까닭인가?"

이에 환공을 대신하여 宰相(재상) 管仲(관중)이 나서서 말하기를,

"첫째는 공물로 苞茅(포모 : 띠풀)를 바치지 않아, 제사 지낼 때 술지게미를 거를 수 없는 것이요, 둘째는 周(주)나라 昭王(소왕)이 漢水(한수)에서 빠져 죽은 경위를 알고자 하는 것이오."

라고 對答(대답)했다.

그 후 초나라 대부 屈完(굴완)이 사신으로 와서 환공과 화평 교섭을 했다. 환공이 軍隊(군대)를 열병하면서,

"이 군사로 공격한다면, 어떤 나라도 어떤 城(성)도 막아낼 수 없소."

라고 말하자, 굴완은,

"使君(사군)의 은덕에는 복종하나, 무력에는 초나라의 견고한 요새가 있소."라고 응수했다. 이리하여 양국의 화평조약이 이루어지고 충돌을 피할 수 있었다.

지금까지 살펴본 것처럼, '바람난 말과 소도 멀리 떨어져 있으면 미치지 못한다.'는 뜻의 '風馬牛不相及(풍마우불상급)'이란 말이, 오늘날에는 '전혀 상관이 없다.'는 뜻의 비유로 쓰인다.

310 彼一時此一時 피일시차일시

字解
- 彼 : 저 **피** [彼此(피차) : 저쪽과 이쪽. 저것과 이것. 서로]
- 一 : 한 **일**, 하나 일 [一片丹心(일편단심) : 한 조각의 붉은 마음. 충성심]
- 時 : 때 **시** [時流(시류) : 그때의 흐름. 그 시대의 풍조]
- 此 : 이 **차** [此日彼日(차일피일) : 이 날 저 날. 오늘내일하며 기한을 미룸]

語義 저때도 한때이고, 이때도 한때이다.
(그때 그렇게 한 것도 하나의 경우였고, 이때 이렇게 한 것도 또한 하나의 경우여서, 그때그때의 경우에 한 것이므로 결코 모순되지 않음)
(그때와 지금은 사정이 다름)

 用例

▶부자란 상대적인 개념이지, 근데 절반을 훌쩍 넘은 주택 소유자가 있는데, 상대적인 부자가 될 수는 없다. 이제 이들 중 많은 수가 하우스푸어로 전락했다. 2008년에 빚지고 구입한 사람들이 너무 많고, 이들이 하우스푸어로 몰렸고, 경매는 쌓였다. 그때와 지금은 **此一時彼一時**(차일시피일시)이다. 미래 소득을 몽땅 당겨서 샀기에, 시장은 구매력을 상실한 것이다.

▶'時(시)'는 당면한 국내 및 국제적인 정세를 일컫는 時局(시국), 한 시대의 여론인 時論(시론), 시각을 알리는 보도인 時報(시보), 하늘의 도움이 있는 시기인 天時(천시), 뜻하지 아니한 때를 일컫는 不時(불시), 자꾸자꾸 시간 가는 대로라는 時時刻刻(시시각각), 이것도 한때요 저것도 한때라는 의미로 이때 한 일과 저때 한 일이 서로 사정이 다르다는 **此一時彼一時**(차일시피일시)에서는 '때', '시각'이라는 의미이다.

그런데 한 시간에 달리는 속도를 일컫는 時速(시속)이나 시간을 가리키는 바늘인 時針(시침)에서는 '時間(시간)'이라는 의미이다.

 **孟子**(맹자) - 公孫丑下(공손추하)

孟子(맹자)가 자기의 정치적 理想(이상) 실현에 가장 희망을 걸었던 齊(제) 宣王(선왕, 전국시대 제나라의 제4대 왕. 재위 B.C.319 ~ B.C.301. 중국 동부 제국 중에서 최강국을 만들고, 학술·문화를 융성시킴)을 단념하고, 제나라를 떠나게 되었을 때이다.

故事成語 多音節 837

充虞[1](충우)라는 제자가 맹자를 모시고 함께 오다가 路上(노상)에서 물었다.

"선생님께서 매우 언짢으신 기색이십니다. 전에 선생님께서 말씀하시기를, '君子(군자)는 하늘도 원망하지 않고, 사람도 탓하지 않는다[君子不怨天不尤人(군자불원천불우인)].'고 하시지 않았습니까?"

그러자 孟子(맹자)는,

"그것도 한때요, 이것도 한때이다[彼一時此一時(피일시차일시)]."

라고 한 다음,

"오백 년마다 統一天下(통일천하) 하는 王者(왕자)가 일어난 것이 지금까지의 역사였다. 그 왕자가 일어나면 반드시 세상에 이름을 남기는 사람이 있기 마련이다. 周(주)나라가 일어난 지 지금 칠백 년이 지났다. 오백이란 수도 훨씬 지났지만, 세상 형편으로 보아서는 지금이 그 시기다. 하늘이 천하를 바로잡으려 하지 않고 있다. 만일 바로잡기로 말하면, 지금 세상에 나를 버리고 또 누가 있겠는가. 내가 어떻게 마음이 좋을 수 있겠느냐?"

孟子(맹자)도 어지러운 세상을 버려두는 하늘을 원망하고 있다. 맹자의 이 같은 원망은 백성을 건지려는 聖人(성인)의 지극한 사랑에서였다. 그러나 지금은 이 말이 인간의 약점을 변호하는 선례로 전락하고 말았다. 그래서 '自家撞着(자가당착)에 빠져서, 一貫性(일관성) 없는 처사에 대한 자기변명으로 쓰이는 말'이 되었다. 물론 '답변에 궁한 상대방을 변호하거나 위로하기 위한 말'로도 쓰이고 있다.

---

1) 充虞(충우)와 孟子(맹자)와의 대화

孟子(맹자)가 齊(제)나라에서 魯(노)나라로 가서 어머니 장사를 지냈다. 제나라로 돌아오는 길에 嬴(영) 땅에 머물렀다. 충우가 청하여 가로되,

"전날에는 저의 불초함을 모르시고, 저에게 관 만드는 일을 맡기셨습니다. 급하여 제가 감히 말씀드리지 못했는데, 이제 원컨데 간절히 청함이 있는 바, 棺木(관목)이 너무 아름다웠던 것 같았습니다."

라고 했다. 맹자 가로되,

"옛날에는 棺槨(관곽)에 법도가 없었다. 棺(관)이 칠촌이요, 槨(곽 : 덧널)은 거기에 맞추었다. 천자로부터 서인에 이르기까지 단지 보기 좋게 하기 위함이 아니라, 그렇게 하여야 사람의 마음을 다하는 것이다. 그렇게 하지 않으면 마음이 흡족할 수가 없었고, 재물이 없으면 흡족할 수가 없었다. 자격이 있고 그렇게 할 재물이 있는데, 옛사람들이 모두 그렇게 썼는데, 내 어찌 홀로 그렇게 하지 않겠느냐. 또한 죽은 이를 위하여 흙이 살갗에 닿지 않게 하면, 사람 마음엔들 좋지 않겠느냐. 군자는 천하를 위하여 그 어버이를 검소하게 하지 않는다 하느니라."

맹자는 어머니의 장례를 성대하게 치렀으므로, 다른 학파의 사람들은 그 사실을 비난했다. 제자 充虞(충우)조차도 맹자가 어머니를 위해 사용한 棺槨(관곽)이 지나치게 아름다웠다고 느낄 정도였다. 하지만 맹자는 돌아가신 어버이를 위해 좋은 관곽을 사용하는 것은 다른 이들이 말려도 소용없는 마음 때문에 그런 것이지, 외관을 꾸미려고 그런 것이 아니라고 했다. 나아가 맹자는 옛사람도 법에 抵觸(저촉)되지 않고, 재물이 허락할 때에는 어버이를 위해 좋은 관곽을 사용했다고 환기시키고, 나도 역시 그렇게 했을 따름이라고 스스로를 변호했다.

311 必死則生 必生則死 필사즉생 필생즉사

字解
- 必 : 반드시 **필** [必死(필사) : 죽을 결심을 하고 전력을 다함]
- 死 : 죽을 **사** [死生決斷(사생결단) : 사생을 돌보지 않고 끝장을 냄]
- 則 : 곧 **즉** [然則(연즉) : 그러한즉]
  법칙 칙 [原則(원칙) : 근본이 되는 법칙]
- 生 : 날 **생** [生日(생일) : 난 날. 태어난 날]
  살 **생** [生存競爭(생존경쟁) : 살아남기 위해 다툼]

語義 반드시 죽으려고 하면 곧 살고, 반드시 살려고 하면 곧 죽는다.
(죽기로 싸우면 반드시 살고, 살려고 비겁하면 반드시 죽는다.)

 用例

▶ 이순신 장군의 명량해전을 소재로 한 영화 '鳴梁(명량)'이 15일 현재 누적 관객수 1,250만 명을 돌파하며 신기록 행진을 이어가고 있다. '이순신 리더십 캠프' 기업교육 프로그램은 이순신 장군의 '**必死則生 必生則死**(필사즉생 필생즉사)' 정신을 불황기에 리더십과 목표 달성을 위한 강한 의지와 팀워크로 단합해, 글로벌 시장에서 회사의 경쟁력을 높이기 위해 직장인들에게 전파한다는 계획이다. 한편 재계에서도 '이순신 리더십'이 유행처럼 번지고 있는 가운데, 이순신 장군의 리더십에 관심을 갖고 배우기에 나서고 있어, 재계에는 그야말로 '명량 신드롬'이 불고 있다.

▶ 광양제철소와 전남 드래곤즈가 2014년 K-리그의 선전과 우승을 다짐했다. 백○○ 광양제철소장은 지난 13일 구단기를 들고 제철소를 방문한 박○○ 전남 드래곤즈 사장과 하○○ 감독을 만나, '**必死則生 必生則死**(필사즉생 필생즉사)'라고 적힌 힘찬 우승 기원 리본을 구단기에 함께 달고 선수들의 필승을 기원했다. 이어 백 소장은 "'FC서울'과의 첫 승리를 시작으로 16일 홈그라운드 첫 경기에서도 우승의 기쁨을 안을 수 있게 되길 바란다."고 격려했다.

이에 전남 드래곤즈 박 사장은 "2013년 K-리그는 선수들의 선전에도 불구하고 지역민의 기대에 미치지 못했다."며, "'**必死則生 必生則死**(필사즉생 필생즉사)'의 각오로 선전을 펼쳐 포스코 패밀리와 지역민에게 기필코 우승컵을 안겨 주겠다."고 각오를 다졌다.

 **이순신 장군의 亂中日記**[1] (난중일기)

임진왜란 중 명량해전은 1597년(선조 30) 9월 정유재란 때 조선 수군이 명량에서 일본 수군을 쳐부순 싸움이다. 이순신이 統制使(통제사)에서 물러난 뒤, 元均(원균)은 三道水軍統制使(삼도수군통제사)

가 되어 일본 수군과 대전했으나, 多大浦(다대포)·漆川谷(칠천곡)에서 대패하여 해상권을 상실하였다. 조정은 원균의 패전으로 같은 해 白衣從軍(백의종군) 중인 이순신을 다시 삼도수군통제사로 기용하였다.

이때 이순신은 패전 후 남은 12척의 전선과 수군을 정비하여 닥쳐올 전투에 대비하였다. 8월에 왜선 8척이 남해 於蘭浦(어란포)에 출현하자 이를 격퇴하고, 陣(진)을 珍島(진도) 碧波津(벽파진 : 동부 해안가)으로 옮겼다. 9월 7일에는 서쪽으로 이동하던 왜선 55척 중 호위 적선 13척이 어란포에 나타나자, 한밤중에 이순신이 선두에서 지휘하여 적선을 격퇴시켰다.

다시 적의 함대가 어란포에 들어온다는 보고를 받고, 9월 15일에 벽파진에서 右水營(우수영)으로 진을 옮긴 뒤, 군사들에게 "必死卽生, 必生卽死(필사즉생 필생즉사)"라고 말하고, 필승의 신념으로 적의 내습을 기다리고 있었다. 9월 16일, 왜선 133척이 어란포를 떠나 명량으로 공격해 오자, 12척(어선 1척 포함 13척)의 戰船(전선)과 군사를 정비하여 구루시마 미치후사[來島道總(내도도총)]와 도도 다카토라[藤堂高虎(등당고호)]가 지휘하는 왜선 31척을 침몰시키고 1,800여 왜군을 전사시켰다. 이 싸움으로 조선은 다시 해상권을 회복하였다.

명량해전은 해상권을 상실한 칠천량 해전 이후, 남해안에서 승승장구하던 왜군의 수륙병진 계획을 송두리째 부수어 버린 해전으로, 정유재란의 전환점을 마련해 주었다. 수군통제사 이순신은 진도와 화원반도 사이에 있는 울돌목[鳴梁(명량)]이 수로가 협소하고 조류가 국내에서 가장 빠른 점을 이용하였다. 울돌목에 쇠줄을 설치하고 일자진을 펴서 왜군을 유인하여 함포 공격을 퍼부었다.

그 결과 조선 수군은 단 1척도 피해를 입지 않았고, 전사자 2명과 부상자 2명만 발생했을 뿐이었다. 이는 세계 해전사에 그 유례를 찾아볼 수 없을 만큼 완전한 승리였다. 다음에 명량해전이 있기 전날의 이순신 장군의 亂中日記(난중일기)를 소개한다.

〈정유(1597년) 9월 15일 계묘. 맑다. 수가 적은 수군으로써 명량을 등지고 진을 칠 수 없다. 그래서 진을 우수영 앞바다로 옮겼다. 여러 장수들을 불러 모아 약속하면서 이르되, "병법에 **반드시 죽고자 하면 살고 살려고만 하면 죽는다**고 했으며, 또 '한 사람이 길목을 지키면 천 사람이라도 두렵게 한다.'고 했음은 지금 우리를 두고 한 말이다. 너희 여러 장수들이 살려는 생각은 하지 마라. 조금이라도 명령을 어기면 군법으로 다스릴 것이다."고 재삼 엄중히 약속했다. 이날 밤 신인이 꿈에 나타나, "이렇게 하면 크게 이기고, 이렇게 하면 지게 된다."고 일러 주었다.〉

 原文 十五日癸卯(십오일계묘) 晴(청) 數小舟師(수소주사) 不可背鳴梁爲陣(불가배명량위진) 故移陣于右水營前洋(고이진우우수영전양) 招集諸將約束曰(초집제장약속왈) 兵法云(병법운) 必死則生(필사즉생) 必生則死(필생즉사) 又曰(우왈) 一夫當逕(일부당경) 足懼千夫(족구천부) 今我之謂矣(금아지위의) 爾各諸將(이각제장) 勿以生爲心(물이생위심) 小有違令(소유위령) 卽當軍律(즉당군률) 再三嚴約(재삼엄약) 是夜(시야) 神人夢告曰(신인몽고왈) 如此則大捷(여차즉대첩) 如此則取敗云(여차즉취패운)

이순신은 매우 엄하고 치밀한 분이었다. 그리하여 대첩 하루 전 적은 수의 배로 적을 상대하기에는 병사들의 사기가 떨어질까 염려하여, 諸將(제장)들을 모아 놓고 그 유명한 '必死則生(필사즉생) 必生則死(필생즉사)'의 각오를 다진다. 그 뒤의 말 '一夫當逕(일부당경) 足懼千夫(족구천부)'는 李白(이백)의 '蜀道難[2](촉도난 : 장안에서 촉나라 가는 길의 어려움)'에 비슷한 구절이 있다.

아무튼 그렇게 치밀하고 엄하면서도 두려움이 없지는 않았는가 보다. 꿈에 神人(신인)이 나타나 "이러하면 이기고 또 저러하면 질 것이라." 했다 썼으니, 가히 영웅이면서도 인간적인 면모를 볼 수 있다 하겠다.

『吳子兵法(오자병법)』의 「治兵(치병)편」에 다음과 같은 말이 있으니, 굳이 따진다면 여기가 原典(원전)이라 할 수 있을 것 같다. "전쟁터는 곧장 시체가 될 수 있는 곳이니, 반드시 죽겠다고 생각하면 살고, 요행히 살아남겠다고 생각하면 죽게 된다[凡兵戰之場 立屍之地(범병전지장 입시지지) 必死則生 幸生則死(필사즉생 행생즉사)]." '幸生(행생)'이 '必生(필생)'으로 바뀐 정도이다. '生卽必死 死卽必生(생즉필사 사즉필생)'이란 말도 같은 의미이다.

---

1) **亂中日記**(난중일기) : 李舜臣(이순신, 1545 ~ 1598) 장군이 쓴 임진왜란 7년간의 일기로 모두 7권의 책과 1권의 부록으로 되어 있다. 본래 이순신 장군의 일기에는 아무런 이름도 붙지 않았는데, 正祖(정조) 19년(1795년) 간행한 李忠武公全書(이충무공전서, 이순신의 행적 및 유고를 모아 편찬한 책)에서 이름을 붙였다. 난중일기에는 한산도·명량·노량해전(이순신 장군의 3대 대첩)의 승리를 비롯해 1598년 노량 앞바다에서 전사하기 전까지 해전의 기록이 상세히 담겨 있고, 국난의 극복 과정 모습이 담겨 있다.

전쟁 준비, 한 인간으로서의 고뇌, 부하를 아끼고 백성을 사랑하는 마음, 전투 상황에 관한 기록 등이 실려 있다. 임란 당시의 조선 사회상과 수군의 모습을 연구하는 데 좋은 자료가 된다. 난중일기는 현재 국보 제76호로 지정되어 충남 아산의 현충사에 소장되어 있으며, 2013년 6월에는 그 가치를 인정받아 유네스코 세계기록유산으로 등재되었다.

2) **蜀道難**(촉도난 : 촉도의 어려움) – 이백 지음

噫吁戲(희우희) 危乎高哉(위호고재)	어휴, 험하고도 높구나!
蜀道之難難于上靑天(촉도지난난우 상청천)	촉도의 어려움이 푸른 하늘 오르는 것보다 어렵구나.
蠶叢及魚鳧(잠총급어부)	잠총과 어부 같은 촉나라 왕들이
開國何茫然(개국하망연)	나라를 연 것이 어찌 그리 아득한가?
爾來四萬八千歲(이래사만팔천세)	개국 이래로 사만팔천 년에,
不與秦塞通人煙(불여진새통인연)	비로소 진나라 변방과 인가가 통하였다네.
西當太白有鳥道(서당태백유조도)	서쪽에 태백산과 통하여 험한 좁은 조도가 있어,
可以橫絶峨眉巓(가이횡절아미전)	아미산 꼭대기를 가로지른다.
地崩山摧壯士死(지붕산최장사사)	땅이 무너지고 산이 꺾이고 장사가 죽어서야

然後天梯石棧相鉤連(연후천제석잔상구련)	구름다리와 돌길을 고리처럼 이어 놓았네.
上有六龍回日之高標(상유륙룡회일지고표)	산 위에는 육룡이 해를 둘러싸 정상을 알리는 표시가 있고,
下有沖波逆折之回川(하유충파역절지회천)	밑에는 물결을 찌르고 거슬러 꺾어져 돌아가는 냇물이 있다.
黃鶴之飛尙不得過(황학지비상부득과)	황학이 날아도 지나지 못하고,
猿猱欲度愁攀援(원노욕도수반원)	원숭이가 건너려 해도 근심스러워 나뭇가지를 휘잡는다.
靑泥何盤盤(청니하반반)	청니령 고개는 어찌 그렇게 돌아가나.
百步九折縈岩巒(백보구절영암만)	백 걸음에 아홉 번 꺾어 바위 봉우리를 감쌌네.
捫參歷井仰脅息(문삼력정앙협식)	삼을 만지고 정을 지나 우러러 숨죽여,
以手撫膺坐長嘆(이수무응좌장탄)	손으로 가슴 만지며 앉아서 길게 탄식하나니.
問君西游何時還(문군서유하시환)	그대에게 묻노니, 서방으로 떠나면 언제 돌아오나?
畏途巉岩不可攀(외도참암부가반)	두려워라, 길이 험한 바위라 잡고 오르지 못하겠구나.
但見悲鳥號古木(단견비조호고목)	다만 슬픈 새 고목에 앉아 슬피 울고,
雄飛雌從繞林間(웅비자종요림간)	수컷 날면 암컷 따라다니며 숲 속을 돌아다닌다.
又聞子規啼(우문자규제)	또 두견새 울고,
夜月愁空山(야월수공산)	밤에 뜬 달은 빈산을 슬퍼한다.
蜀道之難(촉도지난)	촉도의 어려움은
難于上靑天(난우상청천)	푸른 하늘을 오르기보다 어렵구나.
使人聽此凋朱顔(사인청차조주안)	사람이 이를 들으면 붉던 얼굴 창백해진다.
連峰去天不盈尺(연봉거천부영척)	연이은 봉우리들 하늘에서 떨어진 거리 한 자도 못되고,
枯松倒挂倚絶壁(고송도괘의절벽)	마른 소나무 거꾸로 걸리어 절벽에 의지해 있네.
飛湍瀑流爭喧豗(비단폭류쟁훤회)	나는 듯한 여울, 사납게 흐르는 물결 다투어 소란하고,
砯崖轉石萬壑雷(빙애전석만학뢰)	바위에 부딪쳐 언덕에서 굴러 떨어지는 돌, 온 골짜기에 우레 소리,
其險也若此(기험야약차)	그 험함이 이와 같도다.
嗟爾遠道之人(차이원도지인)	아, 당신 길 떠나는 사람이여.
胡爲乎來哉(호위호래재)	어떻게 오시려오?
劍閣崢嶸而崔嵬(검각쟁영이최외)	검각산은 가파르고도 높아라.
一夫當關(일부당관)	한 남자가 관을 지키면,
萬夫莫開(만부막개)	만 남자들도 열지 못하리.
所守或匪親(소수혹비친)	지키는 곳이 익숙하지 못하면,
化爲狼與豺(화위낭여시)	변하여 이리나 승냥이가 되리라.
朝避猛虎(조피맹호)	아침에는 사나운 호랑이 피하고,
夕避長蛇(석피장사)	저녁에는 긴 뱀을 피하네.
磨牙吮血(마아연혈)	이를 갈고 피를 빨아,
殺人如麻(살인여마)	사람 죽인 것이 삼대같이 많다네.
錦城雖雲樂(금성수운락)	금성이 비록 즐거우나,
不如早還家(불여조환가)	일찍 집에 돌아옴만 못하도다.

蜀道之難(촉도지난)	촉도의 험난함이여,
難于上靑天(난우상청천)	푸른 하늘로 오르는 것보다 어렵도다!
側身西望長咨嗟(측신서망장자차)	몸 돌려 서쪽 바라보며 길게 탄식하네.

※ 충무공 李舜臣(이순신) 장군의 名言(명언) 모음

- 三尺誓天 山河動色(삼척서천 산하동색) 一揮掃蕩 血染山河(일휘소탕 혈염산하)

  석 자 되는 칼로 하늘에 맹세하니 산과 물이 떨고, 한번 휘둘러 쓸어버리니 피가 강산을 물들인다. 〈이순신 장군의 칼에 친필로 새긴 글씨. 칼의 전장 197cm, 칼날의 길이 137cm〉

- 今臣戰船 尙有十二(금신전선 상유십이)

  신에게는 아직 12척의 배가 있사옵니다.

- 勿令妄動 靜重如山(물령망동 정중여산)

  가벼이 움직이지 마라. 침착하게 태산같이 무겁게 행동하라. 〈처음으로 출전한 옥포해전을 앞두고〉

- 절대로 안 된다. 아무리 좌수사의 명령이라 하더라도 나라의 물건을 마음대로 자를 수는 없다. 〈전라 좌수사가 객사에 사람을 보내어 거문고를 만들 오동나무를 찍어 오라고, 고흥 지방의 만호인 이순신에게 청하자 이렇게 말하고 거절했다〉

- 장부가 세상에 나서 쓰일진대, 목숨을 다해 충성을 바칠 것이요, 만일 쓰이지 않으면 물러가 밭가는 농부가 된다 해도 또한 족할 것이다.

- 나의 죽음을 적에게 알리지 마라. 〈1598년 노량해전 중 유탄에 전사하기 직전〉

- 집안이 나쁘다고 탓하지 마라. 나는 몰락한 역적의 가문에서 태어나, 가난 때문에 외갓집에서 자라났다. 머리가 나쁘다 말하지 마라. 나는 첫 시험에서 낙방하고 서른둘의 늦은 나이에 겨우 과거에 급제했다.

- 좋은 직위가 아니라고 불평하지 마라. 나는 14년 동안 변방 오지의 말단 수비 장교로 돌았다.

- 윗사람의 지시라 어쩔 수 없다고 말하지 마라. 나는 불의한 직속 상관들과의 불화로 몇 차례나 파면과 불이익을 받았다.

- 몸이 약하다고 고민하지 마라. 나는 평생 동안 고질적인 위장병과 전염병으로 고통받았다.

- 기회가 주어지지 않는다고 불평하지 마라. 나는 적군의 침입으로 나라가 위태로워진 후, 마흔일곱에 제독이 되었다.

- 조직의 지원이 없다고 실망하지 마라. 나는 스스로 논밭을 갈아 군자금을 만들었고 스물세 번 싸워 스물세 번 이겼다.

- 윗사람이 알아주지 않는다고 불만 갖지 마라. 나는 끊임없는 임금의 오해와 의심으로 모든 공을 뺏긴 채 옥살이를 해야 했다.

- 자본이 없다고 절망하지 마라. 나는 빈손으로 돌아온 전쟁터에서 12척의 낡은 배로 133척의 적을 막았다.

- 옳지 못한 방법으로 가족을 사랑한다고 말하지 마라. 나는 스무 살의 아들을 적의 칼날에 잃었고, 또 다른 아들들과 함께 전쟁터로 나섰다.

- 죽음이 두렵다고 말하지 마라. 나는 적들이 물러가는 마지막 전투에서 스스로 죽음을 택했다.

- 이 오동나무는 나라의 땅 위에 있으니 나라의 물건입니다. 이것은 여러 해 동안 길러 온 것이니 하루아침에 사사로이 베어버릴 수 없습니다.

- 오늘 진실로 죽음을 각오하오니, 하늘에 바라건대 반드시 이 적을 섬멸하게 하여 주소서.

312 學不厭而敎不倦 학불염이교불권

字解
- 學 : 배울 학 [學生(학생) : 배우는 사람]
- 不 : 아니 불(부) [不可(불가) : 가능하지 아니함]
- 厭 : 싫을 염, 미워할 염 [厭世(염세) : 세상을 싫어함]
- 而 : 말 이을 이 [視而不見(시이불견) : 보나 보지 못함]
  뿐 이 [而已(이이) : 뿐이다. 따름이다. 而已矣(이이의)]
- 敎 : 가르칠 교 [敎師(교사) : 학술이나 기예를 가르치는 사람. 교원]
  종교 교, 교령 교 [國敎(국교) : 국가가 지정하여 국민이 믿는 종교]
- 倦 : 게으를 권 [倦怠(권태) : 게으름이나 싫증]

語義 배우기를 싫어하지 아니하며, 가르치기를 게을리하지 않는다.
(남에게 배우기를 싫어하는 일이 없고, 배우려 하는 사람에게 가르쳐 주는 것을 게을리하지 않음)
(열심히 배우고, 힘써 가르침)

 用例

▶敎育立國(교육입국)의 마음가짐으로 교직에 들어오셔서, **學不厭而敎不倦**(학불염이교불권)의 자세로 스승의 길을 걸어오신 ○○○님께서는, 그 동안 富(부)도 권력도 명예도 뒤로 한 채, 제자들이 스승보다 우뚝하게 자라는 出藍之譽(출람지예)를 보람으로 교단을 지켜오셨다.

▶공자와 같은 훌륭한 스승도 배우기를 싫어하지 않고, 가르치는 데 게으름을 피우지 않았는데, 하물며 평범한 대다수의 교사들은 교직의 전문성을 신장시키기 위해 부단한 자기 硏鑽(연찬)과 노력이 필요하다고 생각된다. 교직에 새로운 출발을 하는 새내기 교사들은 '**學不厭而敎不倦**(학불염이교불권)'이란 좌우명을 마음에 새기고 열정을 가지면, 우리 아이들이 행복할 것이다. 배움과 가르침에는 끝이 없다.

 孟子(맹자) - 公孫丑上(공손추상) *丑 ; 둘째지지 축, 사람 이름 추

이 말은 『孟子(맹자)』 「公孫丑上(공손추상)」에 있는, 孟子(맹자)의 말 가운데 나오는 孔子(공자)에 대한 이야기이다.

公孫丑[1](공손추)가 이야기 끝에 스승 孟子(맹자)에게,

"그러시면 선생님은 벌써 聖人(성인)이십니다."

하고 말하자, 맹자는 이를 사양하여,

"옛날에 子貢(자공)이 孔子(공자)에게 '선생님은 聖人(성인)이십니다.' 하고 말하자, 공자께서 말씀하시기를 '내가 성인은 되지 못하지만, **나는 배우기를 싫어하지 않고, 가르치기를 게을리하지 않는다.**'고 하셨다[孔子曰(공자왈) 聖則吾不能(성즉오불능) **學不厭而敎不倦**(학불염이교불권)]. 성인은 공자 같은 성인도 自處(자처)하신 일이 없는데, 그게 무슨 소리냐?"

하고 否認(부인)도 是認(시인)도 아닌 말을 했다.

다음 이야기 속의 공자의 말은 『論語(논어)』「述而篇(술이편)」에 나온다.

공자가 자신을 가리켜,

"말이 없이 마음속으로 깨닫고, **배우기를 싫어하지 아니하며, 남을 가르치기를 게을리하지 않으니**, 무엇이 내게 있으리오[黙而識之(묵이식지) **學而不厭**(학이불염) **誨人不倦**(회인불권), 何有於我哉(하유어아재)]?"

하고 말했다. 이 말은 공자가 謙辭(겸사 : 겸손한 말)의 뜻으로 쓴 것 같기도 하고, 그것은 내게 있어서 별로 문제될 것이 없다고 自負(자부)하는 말로도 풀이할 수 있겠다. 맹자는 자공의 말을 빌려, 공자에 대해 이렇게 말하고 있다.

"배우기를 싫어하지 않는다는 것은 智(지)요, 가르치기를 게을리하지 않는 것은 仁(인)입니다. 仁(인)과 智(지)를 겸하셨으니, 선생님은 聖人(성인)이십니다."

---

1) 公孫丑(공손추, ? ~ ?) : 전국시대 齊(제)나라 사람. 孟子(맹자)의 제자로, 일찍이 맹자에게 管仲(관중)과 晏嬰(안영)의 업적에 대해 물었다. '不動心(부동심)'과 '浩然之氣(호연지기)' 등에 대한 문답이 『맹자』「공손추장구」에 기록되어 있다.

※ **公孫丑**(공손추)**와 孟子**(맹자)**의 대화 하나**

孔子(공자)에게 顔回(안회)라는 제자가 있었다면, 孟子(맹자)에게는 公孫丑(공손추)라는 제자가 있었다. 四書(사서) 중 하나인 孟子(맹자, 책명)에서 맹자(B.C.372 ~ B.C.289)와 그의 제자 공손추와의 대화 첫머리에 나오는 내용을 간추려 본다.

"선생님께서 만일 제나라의 요직을 맡게 되신다면, 업적이 대단했던 齊(제)나라 宰相(재상) 管仲(관중, ? ~ B.C.645)과 大夫(대부) 晏嬰(안영, ? ~ ?)의 공적을 다시 재현할 수 있겠습니까?" 물으니, 맹자는 공손추를 齊(제)나라 촌놈이라고 꾸중하면서, "왜 나를 그들과 비교하느냐?" 하고 언짢아했다. 다시 제자 공손추가 물었다.

"관중은 그가 모시던 임금을 春秋五霸(춘추오패)의 한 사람으로 만들었고, 안영은 그가 섬긴 주군의 이름을 천하에 널리 알리는 功(공)이 있는데, 그들이 부족한 인물이란 말입니까?"

이에 맹자는, "임금을 霸者(패자)로 만들고 이름을 천하에 높이 알리는 것보다 王道(왕도)로서 천하를 통일하는 계책이 더 중요한데, 그것이 내 손안에 들어 있다." 하며 氣魄(기백)을 토한다.

出典(출전) 및 인용 詩(시), 文章(문장) 정리 〈참고 문헌〉

⊙ 出典(출전) 〈가나다순〉

(ㄱ)	開元天寶遺事 (개원천보유사)	83. 解語花(해어화)
	孔子家語(공자가어)	11. 濫觴(남상) 245. 風樹之嘆(풍수지탄)
	管子(관자)	296. 衣食足而知禮節(의식족이지예절)
(ㄴ)	南柯太守傳(남가태수전)	117. 南柯一夢(남가일몽)
	老峰集諡狀(노봉집시장)	254. 咸興差使(함흥차사)
	老子(노자)	126. 大器晚成(대기만성)
	論語(논어)	1. 敬遠(경원) 21. 木鐸(목탁) 42. 庭訓(정훈) 96. 見利思義(견리사의) 104. 過猶不及(과유불급) 124. 簞食瓢飮(단사표음) 143. 聞一知十(문일지십) 155. 殺身成仁(살신성인) 183. 溫故知新(온고지신) 187. 欲速不達(욕속부달) 203. 仁者樂山(인자요산) 271. 過則勿憚改(과즉물탄개) 282. 富貴如浮雲(부귀여부운) 301. 朝聞道夕死可矣(조문도석사가의) 302. 知者樂水 仁者樂山(지자요수 인자요산)
(ㄷ)	唐書(당서)	49. 泰斗(태두) 50. 推敲(퇴고) 59. 獨眼龍(독안룡) 132. 磨斧作針(마부작침) 135. 望雲之情(망운지정) 227. 泉石膏肓(천석고황) 289. 勝敗兵家常事(승패병가상사)
	大東韻府群玉 (대동운부군옥)	100. 鷄卵有骨(계란유골)
	大梵天王問佛決疑經 (대범천왕문불경의경)	179. 拈華示衆(염화시중)
	大莊嚴經 轉法輪品 (대장엄경 전법윤품)	194. 唯我獨尊(유아독존)
	大學(대학)	95. 格物致知(격물치지) 213. 切磋琢磨(절차탁마) 268. 家和萬事成(가화만사성) 287. 修身齊家治國平天下(수신제가치국평천하)
(ㅁ)	孟子(맹자)	14. 壟斷(농단) 28. 四端(사단) 43. 助長(조장) 53. 膾炙(회자) 58. 大丈夫(대장부) 67. 不動心(부동심)

		69. 似而非(사이비)	101. 膏粱珍味(고량진미)	112. 君子三樂(군자삼락)
		170. 食前方丈(식전방장)	178. 緣木求魚(연목구어)	192. 流連荒亡(유련황망)
		202. 仁者無敵(인자무적)	210. 自暴自棄(자포자기)	215. 齊東野人(제동야인)
		222. 衆寡不敵(중과부적)	226. 採薪之憂(채신지우)	234. 惻隱之心(측은지심)
		244. 飽食暖衣(포식난의)	247. 匹夫之勇(필부지용)	259. 浩然之氣(호연지기)
		269. 去者不追 來者不拒(거자불추 내자불거)		
		277. 登泰山而小天下(등태산이소천하)		278. 無恒産無恒心(무항산무항심)
		292. 五十步百步(오십보백보)		304. 天時地利人和(천시지리인화)
		310. 彼一時此一時(피일시차일시)		312. 學不厭而敎不倦(학불염이교불권)
	明心寶鑑(명심보감)	268. 家和萬事成(가화만사성)		
	蒙求(몽구)	19. 輓歌(만가)		
	文錄(문록)	206. 一葉知秋(일엽지추)		
	文選(문선)	80. 秋風扇(추풍선)	105. 瓜田李下(과전이하)	110. 九牛一毛(구우일모)
		125. 螳螂拒轍(당랑거철)	229. 千載一遇(천재일우)	
	文章軌範(문장궤범)	297. 一擧手一投足(일거수일투족)		
(ㅂ)	福建通志(복건통지)	78. 鐵面皮(철면피)		
	封神演義(봉신연의)	220. 酒池肉林(주지육림)		
	北夢瑣言(북몽쇄언)	78. 鐵面皮(철면피)	82. 破天荒(파천황)	
	北史(북사)	232. 靑出於藍(청출어람)		
	北齊書(북제서)	237. 快刀亂麻(쾌도난마)		
(ㅅ)	史記(사기)	5. 管見(관견)	9. 奇貨(기화)	10. 落魄(낙백)
		23. 無恙(무양)	29. 席卷(석권)	37. 完璧(완벽)
		44. 左袒(좌단)	48. 逐鹿(축록)	55. 乞骸骨(걸해골)
		63. 背水陣(배수진)	65. 法三章(법삼장)	66. 付驥尾(부기미)
		76. 採薇歌(채미가)	87. 火牛計(화우계)	97. 犬馬之勞(견마지로)
		102. 鼓腹擊壤(고복격양)	103. 曲學阿世(곡학아세)	106. 管鮑之交(관포지교)
		109. 口尙乳臭(구상유취)	118. 囊中之錐(낭중지추)	121. 累卵之危(누란지위)
		122. 多多益善(다다익선)	136. 麥秀之嘆(맥수지탄)	142. 刎頸之交(문경지교)
		146. 傍若無人(방약무인)	152. 焚書坑儒(분서갱유)	154. 四面楚歌(사면초가)
		157. 喪家之狗(상가지구)	159. 先聲後實(선성후실)	160. 先則制人(선즉제인)

	164. 首鼠兩端(수서양단)	176. 兩虎相鬪(양호상투)	185. 臥薪嘗膽(와신상담)
	190. 愚者一得(우자일득)	195. 流言蜚語(유언비어)	197. 意氣揚揚(의기양양)
	198. 衣繡夜行(의수야행)	204. 一擧兩得(일거양득)	205. 日暮途遠(일모도원)
	208. 一敗塗地(일패도지)	212. 轉禍爲福(전화위복)	217. 朝令暮改(조령모개)
	220. 酒池肉林(주지육림)	224. 知己之友(지기지우)	225. 指鹿爲馬(지록위마)
	239. 兎死狗烹(토사구팽)	242. 炮烙之刑(포락지형)	247. 匹夫之勇(필부지용)
	255. 合縱連衡(합종연횡)	263. 畵蛇添足(화사첨족)	
	288. 水至淸則無魚(수지청즉무어)		290. 力拔山氣蓋世(역발산기개세)
	291. 燕雀安知鴻鵠之志(연작안지홍곡지지)		
	293. 王侯將相寧有種乎(왕후장상영유종호)		307. 忠臣不事二君(충신불사이군)
	309. 風馬牛不相及(풍마우불상급)		
三國遺事(삼국유사)	261. 弘益人間(홍익인간)		
三國志/演義(삼국지/연의)	26. 白眉(백미)	107. 刮目相對(괄목상대)	128. 桃園結義(도원결의)
	153. 髀肉之嘆(비육지탄)	156. 三顧草廬(삼고초려)	165. 水魚之交(수어지교)
	174. 良禽擇木(양금택목)	196. 泣斬馬謖(읍참마속)	223. 櫛風沐雨(즐풍목우)
	236. 七縱七擒(칠종칠금)	275. 讀書百遍義自見(독서백편의자현)	
	285. 死孔明走生仲達(사공명주생중달)		
	303. 盡人事待天命(진인사대천명)		
湘山野錄(상산야록)	18. 杜撰(두찬)		
書經(서경)	3. 股肱(고굉)	32. 食言(식언)	129. 塗炭之苦(도탄지고)
	140. 無稽之言(무계지언)	193. 有備無患(유비무환)	
禪林類聚(선림유취)	209. 自家撞着(자가당착)		
世說新語(세설신어)	15. 斷腸(단장)	81. 七步才(칠보재)	116. 難兄難弟(난형난제)
	221. 竹馬故友(죽마고우)		
續幽怪錄(속유괴록)	191. 月下氷人(월하빙인)		
孫子兵法(손자병법)	150. 百戰百勝(백전백승)	182. 吳越同舟(오월동주)	
松南雜識(송남잡지)	100. 鷄卵有骨(계란유골)		
宋史(송사)	78. 鐵面皮(철면피)		
宋書(송서)	148. 白面書生(백면서생)		
隋唐佳話(수당가화)	173. 暗中摸索(암중모색)		

	隋書(수서)	115. 騎虎之勢(기호지세)	
	搜神記(수신기)	27. 駙馬(부마)	71. 相思病(상사병)
	水衡記(수형기)	262. 畵龍點睛(화룡점정)	
	荀子(순자)	11. 濫觴(남상)	232. 靑出於藍(청출어람)
	詩經(시경)	6. 跼蹐(국척)　　33. 蛾眉(아미)　　38. 維新(유신)	
		120. 弄璋之慶(농장지경), 弄瓦之慶(농와지경)　　136. 麥秀之嘆(맥수지탄)	
		207. 日就月將(일취월장)　211. 輾轉反側(전전반측)　213. 切磋琢磨(절차탁마)	
		238. 他山之石(타산지석)　294. 窈窕淑女 君子好逑(요조숙녀 군자호구)	
		298. 一日如三秋(일일여삼추)	
	新五代史(신오대사)	172. 眼中之釘(안중지정)　243. 豹死留皮(표사유피)	
	十八史略(십팔사략)	16. 豚犬(돈견)　　75. 月旦評(월단평)　　102. 鼓腹擊壤(고복격양)	
		109. 口尙乳臭(구상유취)　119. 內憂外患(내우외환)　152. 焚書坑儒(분서갱유)	
		163. 宋襄之仁(송양지인)　185. 臥薪嘗膽(와신상담)　196. 泣斬馬謖(읍참마속)	
		253. 含哺鼓腹(함포고복)　273. 口有蜜腹有劍(구유밀복유검)	
(ㅇ)	夜客叢書(야객총서)	18. 杜撰(두찬)	
	呂氏春秋(여씨춘추)	46. 掣肘(절주)	90. 刻舟求劍(각주구검)
	麗朝忠烈傳(여조충열전)	131. 杜門不出(두문불출)	
	易經/周易(역경/주역)	39. 積善(적선)　　52. 豹變(표변)　　246. 風雲之會(풍운지회)	
		251. 寒往暑來(한왕서래)　299. 積善之家 必有餘慶(적선지가 필유여경)	
	烈女傳(열녀전)	105. 瓜田李下(과전이하)　123. 斷機之戒(단기지계)　137. 孟母三遷(맹모삼천)	
	列子(열자)	8. 杞憂(기우)　　45. 知音(지음)　　149. 伯牙絶絃(백아절현)	
		189. 愚公移山(우공이산)　218. 朝三暮四(조삼모사)　264. 華胥之夢(화서지몽)	
	禮記(예기)	35. 弱冠(약관)　　41. 正鵠(정곡)　　89. 苛政猛虎(가정맹호)	
		258. 狐死首丘(호사수구)　260. 昏定晨省(혼정신성)	
		283. 不共戴天之讎(불공대천지수)	
	藝文類聚(예문유취)	276. 東家食西家宿(동가식서가숙)	
	五代史(오대사)	59. 獨眼龍(독안룡)	
	吳越春秋(오월춘추)	130. 同病相憐(동병상련)	
	魏書(위서)	77. 千里眼(천리안)	
(ㅈ)	字書(자서)	213. 切磋琢磨(절차탁마)	

	莊子(장자)	5. 管見(관견)	7. 肯綮(긍경)	54. 嚆矢(효시)
		72. 壽辱多(수욕다)	79. 淸白吏(청백리)	84. 胡蝶夢(호접몽)
		125. 螳螂拒轍(당랑거철)	127. 大同小異(대동소이)	134. 望洋之嘆(망양지탄)
		138. 明鏡止水(명경지수)	168. 壽則多辱(수즉다욕)	184. 蝸角之爭(와각지쟁)
		214. 井底之蛙(정저지와)	218. 朝三暮四(조삼모사)	223. 櫛風沐雨(즐풍목우)
		230. 轍鮒之急(철부지급)	235. 置錐之地(치추지지)	250. 邯鄲之步(한단지보)
		253. 含哺鼓腹(함포고복)		
	戰國齊策(전국제책)	23. 無恙(무양)	144. 門前成市(문전성시)	
	戰國策(전국책)	257. 狐假虎威(호가호위)	204. 一擧兩得(일거양득)	266. 鷸蚌之爭(휼방지쟁)
	全唐詩(전당시)	272. 口是禍之門(구시화지문)		
	傳燈錄(전등록)	70. 獅子吼(사자후)	188. 龍頭蛇尾(용두사미)	194. 唯我獨尊(유아독존)
	傳心法要(전심법요)	108. 敎外別傳(교외별전)		
	趙州語錄(조주어록)	57. 茶飯事(다반사)		
	朱子語類(주자어류)	300. 精神一到 何事不成(정신일도 하사불성)		
	中庸(중용)	183. 溫故知新(온고지신)		
	地藏菩薩本願經(지장보살본원경)	139. 無間地獄(무간지옥)		
	晉書(진서)	2. 鷄肋(계륵)	5. 管見(관견)	47. 淸談(청담)
		64. 白眼視(백안시)	92. 改過遷善(개과천선)	111. 群鷄一鶴(군계일학)
		162. 城狐社鼠(성호사서)	191. 月下氷人(월하빙인)	221. 竹馬故友(죽마고우)
		240. 破竹之勢(파죽지세)	256. 螢雪之功(형설지공)	
(ㅊ)	楚史(초사)	23. 無恙(무양)	68. 氷炭間(빙탄간)	
	逐睡篇(축수편)	254. 咸興差使(함흥차사)		
	春秋左氏傳(춘추좌씨전)	31. 菽麥(숙맥)	32. 食言(식언)	61. 未亡人(미망인)
		62. 彌縫策(미봉책)	73. 食指動(식지동)	98. 結草報恩(결초보은)
		145. 拔本塞源(발본색원)	147. 百年河淸(백년하청)	161. 城下之盟(성하지맹)
		169. 脣亡齒寒(순망치한)	174. 良禽擇木(양금택목)	193. 有備無患(유비무환)
		248. 匹夫匹婦(필부필부)		
	沈中記(침중기)	249. 邯鄲之夢(한단지몽)		
(ㅌ)	太平廣記(태평광기)	51. 破鏡(파경)	228. 天衣無縫(천의무봉)	

	太平御覽(태평어람)	276. 東家食西家宿(동가식서가숙)		
	通鑑綱目(통감강목)	285. 死孔明走生仲達(사공명주생중달)		
(ㅎ)	鶴林玉露(학림옥로)	166. 水滴石穿(수적석천)	233. 寸鐵殺人(촌철살인)	
	韓非子(한비자)	20. 矛盾(모순)	36. 逆鱗(역린)	86. 和氏璧(화씨벽)
		97. 犬馬之勞(견마지로)	126. 大器晚成(대기만성)	167. 守株待兎(수주대토)
		177. 餘桃之罪(여도지죄)	220. 酒池肉林(주지육림)	
	漢詩外傳(한시외전)	125. 螳螂拒轍(당랑거철)	220. 酒池肉林(주지육림)	245. 風樹之嘆(풍수지탄)
	漢書(한서)	13. 綠林(녹림)	24. 物議(물의)	30. 細君(세군)
		34. 雁書(안서)	40. 折檻(절함)	80. 秋風扇(추풍선)
		99. 傾國之色(경국지색)	110. 九牛一毛(구우일모)	128. 桃園結義(도원결의)
		144. 門前成市(문전성시)	160. 先則制人(선즉제인)	
		279. 百聞而不如一見(백문이불여일견)		
	解冤釋結(해원석결)	181. 烏飛梨落(오비이락)		
	淮南子(회남자)	158. 塞翁之馬(새옹지마)	206. 一葉知秋(일엽지추)	
	後漢書(후한서)	2. 鷄肋(계륵)	13. 綠林(녹림)	25. 跋扈(발호)
		56. 老益壯(노익장)	60. 登龍門(등용문)	66. 付驥尾(부기미)
		74. 連理枝(연리지)	75. 月旦評(월단평)	93. 擧案齊眉(거안제미)
		125. 螳螂拒轍(당랑거철)	126. 大器晚成(대기만성)	175. 梁上君子(양상군자)
		180. 五里霧中(오리무중)	186. 樂此不疲(요차불피)	199. 以夷制夷(이이제이)
		214. 井底之蛙(정저지와)	216. 糟糠之妻(조강지처)	221. 竹馬故友(죽마고우)
		231. 鐵中錚錚(철중쟁쟁)	284. 不入虎穴 不得虎子(불입호혈 부득호자)	
		288. 水至淸則無魚(수지청즉무어)		

※ **出典(출전)이 복수인 경우 각각 항목에 모두 제시함.**

⊙ 인용 詩(시), 文章(문장), 語錄(어록) 기타 〈가나다순〉

- 懶翁和尙(나옹화상) 누님의 浮雲(부운) – 270. 空手來空手去(공수래공수거)
- 陶淵明(도연명)의 桃花源記(도화원기) – 141. 武陵桃源(무릉도원)
- 陶淵明(도연명)의 雜詩(잡시) – 286. 歲月不待人(세월부대인)
- 東方虯(동방규)의 昭君怨(소군원) – 306. 春來不似春(춘래불사춘)
- 杜牧(두목)의 題烏江亭(제오강정) – 113. 捲土重來(권토중래)
- 杜甫(두보)의 曲江二首(곡강이수) – 4. 古稀(고희)
- 杜甫(두보)의 短歌行贈王郎司直(단가행증왕랑사직) – 171. 眼中之人(안중지인)
- 杜甫(두보)의 春望(춘망) – 274. 國破山河在(국파산하재)
- 盟郊(맹교)의 登科後詩(등과후시) – 219. 走馬看山(주마간산)
- 白樂天(백낙천)의 王昭君(왕소군) – 33. 蛾眉(아미)
- 白樂天(백낙천)의 長恨歌(장한가) – 22. 無顔(무안)
  - 74. 連理枝(연리지)
  - 99. 傾國之色(경국지색)
- 佛敎用語(불교용어) – 201. 理判事判(이판사판)
- 司馬光(사마광)의 枇杷洲詩(비파주시) – 101. 膏粱珍味(고량진미)
- 蘇軾(소식)의 薄命佳人(박명가인) – 88. 佳人薄命(가인박명)
- 王安石(왕안석)의 石榴詩(석류시) – 85. 紅一點(홍일점)
- 王安石(왕안석)의 卽事(즉사) – 114. 錦上添花(금상첨화)
- 劉禹錫(유우석)의 竹枝詞(죽지사) – 241. 平地風波(평지풍파)
- 柳宗元(유종원)의 陸文通先生(육문통선생) – 252. 汗牛充棟(한우충동)
- 李公佐(이공좌)의 南柯太守傳(남가태수전) – 117. 南柯一夢(남가일몽)
- 李密(이밀)의 陳情表(진정표) – 12. 狼狽(낭패)
- 李白(이백)의 答王十二寒夜獨酌有懷(답왕십이한야독작유회) – 133. 馬耳東風(마이동풍)
- 李白(이백)의 山中問答(산중문답) – 133. 馬耳東風(마이동풍)
  - 281. 別有天地非人間(별유천지비인간)
- 李白(이백)의 淸平調詞(청평조사) – 99. 傾國之色(경국지색)
- 李白(이백)의 秋浦歌(추포가) – 280. 白髮三千丈(백발삼천장)
- 李白(이백)의 春夜宴桃李園序(춘야연도리원서) – 151. 浮生若夢(부생약몽)
  - 305. 天地者萬物之逆旅(천지자만물지역려)
- 李舜臣(이순신)의 亂中日記(난중일기) – 311. 必死則生 必生則死(필사즉생 필생즉사)
- 李子卿(이자경)의 聽秋蟲賦(청추충부) – 206. 一葉知秋(일엽지추)

• 鄭道傳(정도전)의 語錄(어록) –	200. 泥田鬪狗(이전투구)
• 諸葛孔明(제갈공명)의 出師表(출사표) –	156. 三顧草廬(삼고초려)
	295. 危急存亡之秋(위급존망지추)
• 中國俗談(중국속담) 黑猫黃猫(흑묘황묘) –	267. 黑猫白猫(흑묘백묘)
• 韓愈(한유)의 過鴻溝(과홍구) –	94. 乾坤一擲(건곤일척)
• 韓愈(한유)의 柳子厚墓誌銘(유자후묘지명) –	17. 頭角(두각)
	91. 肝膽相照(간담상조)
• 호라티우스(Horatius)의 말 –	308. 泰山鳴動鼠一匹(태산명동서일필)
• 洪自誠(홍자성)의 菜根譚(채근담) –	166. 水滴石穿(수적석천)

※ 한 故事成語(고사성어)가 꼭 하나의 出典(출전)만은 아니고, 여러 곳인 경우가 많이 있음(예를 일부 소개함).

예) 2. 鷄肋(계륵) –	① 後漢書(후한서)
	② 晉書(진서)
23. 無恙(무양) –	① 戰國策(전국책)
	② 楚辭(초사)
	③ 史記(사기)
74. 連理枝(연리지) –	① 後漢書(후한서)
	② 長恨歌(장한가)
78. 鐵面皮(철면피) –	① 北夢瑣言(북몽쇄언)
	② 福建通志(복건통지)
	③ 宋史(송사)
99. 傾國之色(경국지색) –	① 漢書(한서)
	② 白居易(백거이)의 長恨歌(장한가)
	③ 李白(이백)의 淸平調詞(청평조사)
144. 門前成市(문전성시) –	① 漢書(한서)
	② 戰國齊策(전국제책)
220. 酒池肉林(주지육림) –	① 漢詩外傳(한시외전)
	② 史記(사기)
	③ 韓非子(한비자)
	④ 封神演義(봉신연의)
276. 東家食西家宿(동가식서가숙) –	① 藝文類聚(예문유취)
	② 太平御覽(태평어람)
288. 水至淸則無魚(수지청즉무어) –	① 後漢書(후한서)
	② 史記(사기)

■ 편저자 소개

김석민

1967년	- 배재고등학교 졸업
1972년	- 고려대학교 문과대학 국어국문학과 졸업
1974년 ~ 2009년	- 서라벌 중·고등학교 국어·한문교사 재직
1993년 ~ 2005년	- 논술 관련 저서 다수 출간
1995년 ~ 2015년	- 문화원, 평생학습관에서 인문학, 역사, 문화재 등 한자 관련 과목 강의
2009년 ~ 2015년	- 문화유산체험학습지도사로 활동
2011년 ~ 2015년	- 문화해설사 단체 궁아리 회장 취임
2013년	- 문화재 강의 및 답사해설 봉사로 감사장 수상

教養 故事成語 大辭典

초판 1쇄 인쇄　2016년 1월 5일
초판 1쇄 발행　2016년 1월 10일

발행인　박해성
발행처　정진출판사
편저자　김석민
편집　김양섭, 조윤수
기획마케팅　이훈, 이현주
본문디자인　프리콤
표지디자인　로그트리
출판등록　1989년 12월 20일
주소　136-130 서울특별시 성북구 화랑로 119-8
전화　02-917-9900
팩스　02-917-9907
홈페이지　www.jeongjinpub.co.kr

ISBN　978-89-5700-135-6　*13710

- 본 책은 저작권법에 따라 한국 내에서 보호받는 저작물이므로 무단전재와 복제를 금합니다.
- 이 도서의 국립중앙도서관 출판예정도서목록(CIP)은 서지정보유통지원시스템 홈페이지(http://seoji.nl.go.kr)와 국가자료공동목록시스템(http://www.nl.go.kr/kolisnet)에서 이용하실 수 있습니다. (CIP제어번호 : CIP2015032831)
- 파본은 교환해 드립니다. 책값은 뒤표지에 있습니다.